竇田灌韓傳第二十二　班固　漢書五十三

祕書監上護軍琅邪縣開國子顏師古注

竇嬰字王孫孝文皇后從兄子也父世觀津人也師古曰縣名也地理志屬信都觀音工喚反喜賓客師古曰喜好也音許吏反孝文時爲吳相病免孝景即位爲詹事帝弟梁孝王母竇太后愛之孝王朝因燕昆弟飲師古曰序家人昆弟之親不爲君臣禮也是時上未立太子酒酣上從容曰千秋萬歲後傳王師古曰從音千庸反太后驩嬰引卮酒進上曰天下者高祖天下父子相傳漢之約也上何以得傳梁王太后由此憎嬰嬰亦薄其官師古曰自嫌其官輕薄之也因病免太后除嬰門籍

不得朝請師古曰請音才性反其下亦同孝景三年吳楚反上察宗室諸竇無如嬰賢師古曰宗室帝之同姓親也諸竇摠謂帝外家也以吳楚之難故欲用內外之親爲將也召入見固讓謝稱病不足任太后亦慙於是上曰天下方有急王孫寧可以讓邪廼拜嬰爲大將軍賜金千斤嬰言爰盎欒布諸名將賢士在家者進之所賜金陳廊廡下師古曰廊堂下周屋也廡門屋也音侮軍吏過輒令財取爲用師古曰財與裁同謂裁量而用之也金無入家者嬰守滎陽監齊趙兵七國破封爲魏其侯游士賓客爭歸之每朝議大事條侯魏其列侯莫敢與亢禮師古曰言特敬此二人也四年立栗太子師古曰栗姬之子故曰栗太子以嬰爲傅七年栗

太子廢嬰爭弗能得謝病屏居田南山下師古曰屏隱也數月諸竇賓客辯士說莫能來梁人高遂廼說嬰曰能富貴將軍者上也能親將軍者太后也今將軍傅太子太子廢爭不能拔又不能死自引謝病擁趙女屏閒處而不朝師古曰擁抱也閒處猶言私處也祇加懟自明揚主之過師古曰祇適也懟怨也祇音支其字從衣懟音直類反有如兩宮奭將軍師古曰兩宮太后及帝也奭怒貌也音赫則妻子無類矣師古曰言被誅戮無遺類也嬰然之廼起朝請如故桃侯免相服虔曰劉舍也竇太后數言魏其景帝曰太后豈以臣有愛相魏其者師古曰愛猶惜也魏其沾沾自喜耳多易張晏曰沾沾言自整頓也多易多輕易之行也或曰沾音瞻師古曰沾沾輕

薄也沾音他兼反今俗言薄沾沾喜音許吏反易音弋豉反難以爲相持重遂不用用建陵侯衛綰爲丞相

田蚡孝景王皇后同母弟也生長陵竇嬰已爲大將軍方盛蚡爲諸曹郎未貴往來侍酒嬰所跪起如子姓師古曰姓生也言同子禮若己所生及孝景晚節蚡益貴幸師古曰晚節猶言末時也爲中大夫辯有口學槃盂諸書應劭曰黃帝史孔甲所作也凡二十九篇書盤盂中所以爲法戒也諸書諸子之書也孟康曰孔甲盤盂二十六篇雜家書兼儒墨名法者也晉灼曰案藝文志孟說是也王后賢之孝景崩武帝初即位蚡以舅封爲武安侯弟勝爲周陽侯蚡新用事卑下賓客師古曰下音胡稼反進名士家居者貴之晉灼曰滯在里巷未仕者欲以傾諸將相師古

曰傾謂踰越而勝之也上所填撫多蚡賓客計策師古曰多薦名士名士得進爲帝畫
計策也師古曰填音竹刃反會丞相綰病免上議置丞相太尉藉福
說蚡曰魏其侯貴久矣素天下士歸之今將軍初
興未如即上以將軍爲相必讓魏其魏其爲相將
軍必爲太尉太尉相尊等耳師古曰言其尊貴同一等也有讓賢
名蚡迺微言太后風上師古曰風讀曰諷於是迺以嬰爲丞
相蚡爲太尉藉福賀嬰因弔曰君侯資性喜善疾
惡師古曰喜好也音許吏反方今善人譽君侯故至丞相然惡人
衆亦且毀君侯君侯能兼容則幸久師古曰兼容謂不嫉惡人令其怨也
不能今以毀去矣嬰不聽嬰蚡俱好儒術推轂趙

綰爲御史大夫王臧爲郎中令師古曰推轂謂外薦之若轉車轂之爲也迎
魯申公欲設明堂令列侯就國除關服虔曰除關禁也以禮
爲服制師古曰謂喪服之制也以興太平舉適諸竇宗室無行
者除其屬藉諸外家爲列侯列侯多尚公主皆不
欲就國以故毀日至竇太后太后好黃老言而嬰
蚡趙綰等務隆推儒術貶道家言是以竇太后滋
不說師古曰滋益也說讀曰悅二年御史大夫趙綰請毋奏事東宮
竇太后大怒曰此欲復爲新垣平邪迺罷逐趙綰
王臧而免丞相嬰太尉蚡以柏至侯許昌爲丞相
武彊侯莊青翟爲御史大夫嬰蚡以侯家居蚡雖

不任職以王太后故親幸數言事多效師古曰效謂見聽用士
吏趨埶利者皆去嬰而歸蚡蚡日益橫師古曰橫恣也音胡孟反
六年竇太后崩丞相昌御史大夫青翟坐喪事不
辦免上以蚡爲丞相大司農韓安國爲御史大夫
天下士郡諸侯愈益附蚡師古曰郡及諸侯也猶言郡國耳蚡爲人貌
侵生貴甚服虔曰侵短小也師古曰生貴謂自尊高示貴寵也又以爲諸侯王多長
張晏曰多長年上初即位富於春秋師古曰謂年幼也齒歷方久故云富於春秋蚡以肺
附爲相師古曰舊解云肺附如肝肺之相附著也一說肺斫木札也喻其輕薄附著大材也非痛折節
以禮屈之天下不肅師古曰痛猶甚也言以尊貴臨之皆令其屈節而下己也當是
時丞相入奏事語移日所言皆聽薦人或起家至

二千石權移主上上迺曰君除吏盡未吾亦欲除
吏師古曰凡言除者除去故官就新官嘗請考工地益宅上怒曰遂取
武庫是後迺退師古曰考工少府之屬官也主作器械上責其此請故謂之曰何不遂取武庫蚡乃退也
召客飲坐其兄蓋侯北鄉自坐東鄉師古曰自處尊位也鄉讀皆曰嚮
以爲漢相尊不可以兄故私橈師古曰橈曲也音女教反由此滋
驕師古曰滋益也治宅甲諸第師古曰言爲諸第之最也以甲乙之次言甲則爲上矣田園極
膏腴師古曰膏腴謂肥厚之處市買郡縣器物相屬於道師古曰屬聯及
也音之欲反前堂羅鍾鼓立曲旃如淳曰旃旗之名也通帛曰旃曲旃僭也蘇林曰禮大夫建旃
曲柄上曲也師古曰蘇說是也許慎云旃旗曲柄也所以旃表士衆也後房婦女以百數諸奏
珍物狗馬玩好不可勝數師古曰奏進也而嬰失竇太后

益跡不用無埶諸公稍自引而怠驁師古曰驁與傲同唯灌夫獨否故嬰墨墨不得意而厚遇夫也

灌夫字仲孺潁陰人也父張孟常爲潁陰侯灌嬰舍人得幸因進之師古曰進薦也嬰薦孟也至二千石故蒙灌氏姓爲灌孟師古曰蒙冒也吳楚反時潁陰侯灌嬰爲將軍屬太尉師古曰時潁陰侯是灌嬰之子名何轉寫誤爲嬰耳請孟爲校尉夫以千人與父俱孟康曰官主千人如候司馬也孟年老潁陰侯彊請之鬱鬱不得意故戰常陷堅遂死吳軍中漢法父子俱有死事得與喪歸夫不肯隨喪歸奮曰願取吳王若將軍頭以報父仇張晏曰自奮厲也於是夫被甲持戟募軍中壯士所善願從數十人師古曰所善素與己善者及出壁門莫敢前獨兩人及從奴十餘騎馳入吳軍至戲下師古曰戲大將之旗也讀與麾同又音許宜反所殺傷數十人不得前復還走漢壁師古曰走趨響也音奏亡其奴獨與一騎歸夫身中大創十餘適有萬金良藥故得無死師古曰萬金者言其價貴也金字或作全言得之者必生全也創少瘳師古曰瘳差也音丑流反又復請將軍曰吾益知吳壁曲折請復往師古曰曲折猶言委曲也將軍壯而義之恐亡夫迺言太尉太尉召固止之吳軍破夫以此名聞天下潁陰侯言夫夫爲郎中將數歲坐法去家居長安中諸公莫不稱由是復爲代相武帝即位以爲

淮陽天下郊勁兵處師古曰郊謂四交輻湊而兵又勁彊故徙夫爲淮陽太守入爲太僕二年夫與長樂衛尉竇甫飲輕重不得晉灼曰飲酒輕重不得其平也師古曰禮數之輕重也夫醉搏甫師古曰搏以手擊之甫竇太后昆弟上恐太后誅夫徙夫爲燕相數歲坐法免家居長安夫爲人剛直使酒師古曰使酒因酒而使氣也不好面諛貴戚諸埶在己之右欲必陵之士在己左愈貧賤尤益禮敬與鈞師古曰右尊也左卑也鈞等也稠人廣衆薦寵下輩師古曰稠多也下輩下等之人也每於人衆之中故寵薦也士亦以此多之師古曰多猶重之夫不好文學喜任俠已然諾師古曰已必也謂一言許人必信之也喜音許吏反諸所與交通無非豪桀大猾家累數千萬食客日數十百人師古曰或八九十或百人也波池田園宗族賓客爲權利橫潁川師古曰橫音胡孟反其下亦同潁川兒歌之曰潁水清灌氏寧潁水濁灌氏族師古曰深怨嫉之故爲此言也夫家居卿相侍中賓客益衰師古曰以夫居家而卿相侍中素爲夫之賓客者漸以衰退不復往也及竇嬰失埶亦欲倚夫引繩排根生平慕之後棄者蘇林曰二人相倚引繩直排根賓客去之者不與交通也孟康曰根音根格引繩以彈排擯根格之也師古曰孟說近之根音下恩反格音下各反言嬰與夫共相提挈有人生平慕嬰夫後見其失職而頗慢弛如此者共排退之不復與交辭如相對挽繩而根格之也今吳楚俗猶謂牽引前郤爲根格夫亦得嬰通列侯宗室爲名高兩人相爲引重張晏曰相薦達爲聲勢也師古曰相牽引而致於尊重也爲音于僞反其游如父子然相得驩甚無猒恨相知之晚夫嘗有服師古曰謂喪服也過丞

相蚡蚡從容曰師古曰從音千容反吾欲與仲孺過魏其侯會
仲孺有服夫曰將軍迺肯幸臨況魏其侯師古曰況賜也夫
安敢以服爲解師古曰解謂辭之也若今言分疏矣請語魏其具師古曰具辦具酒食
將軍旦日蚤臨師古曰旦日明旦也蚤古早字蚡許諾夫以語嬰嬰與
夫人益市牛酒師古曰益多也夜洒埽張具師古曰洒音灑又音所寄反至
旦平明令門下候司至日中蚡不來嬰謂夫曰丞
相豈忘之哉夫不懌師古曰懌悅也曰夫以服請不宜師古曰不當忘
也迺駕自往迎蚡蚡特前戲許夫師古曰特但也殊無意
往夫至門蚡尚臥也於是夫見曰將軍昨日幸許
過魏其魏其夫妻治具至今未敢嘗食蚡悟謝曰

吾醉忘與仲孺言迺駕往往又徐行夫愈益怒及
飲酒酣夫起舞屬蚡師古曰屬付也猶今之舞訖相勸也屬音之欲反蚡不起
夫從坐語侵之師古曰徙坐謂移就其坐也嬰迺扶夫去謝蚡蚡卒
飲至夜極驩而去後蚡使藉福請嬰城南田嬰大
望曰師古曰望怨也老僕雖棄將軍雖貴寧可以埶相奪乎
不許夫聞怒罵福福惡兩人有隙迺謾好謝蚡師古
曰謾猶詭也詐爲好言也謾讀與慢同又音莫連反曰魏其老且死易忍且待之巳
而蚡聞嬰夫實怒不予亦怒曰魏其子嘗殺人蚡
活之蚡事魏其無所不可愛數頃田且灌夫何與
也師古曰與讀曰預預干也吾不敢復求田由此大怒元光四年春

蚡言灌夫家在潁川橫甚民苦之請案之上曰此
丞相事何請夫亦持蚡陰事爲姦利受淮南王金
與語言賓客居閒遂巳俱解師古曰兩家賓客處於中閒和解之夏蚡取
燕王女爲夫人師古曰燕王澤之子康王嘉女太后詔召列侯宗室皆
往賀嬰過夫欲與俱夫謝曰夫數以酒失過丞相
丞相今者又與夫有隙嬰曰事巳師古曰言因酒有失得罪過於丞相
解彊與俱酒酣蚡起爲壽坐皆避席伏巳嬰爲壽
獨故人避席餘半膝席蘇林曰下席而膝半在席上也如淳曰以膝跪席上也師古曰如說是也
夫行酒至蚡蚡膝席曰不能滿觴夫怒因嘻笑曰
將軍貴人也畢之張晏曰行酒過之爲已畢如淳曰言雖貴且當盡酒以其埶劫之也師古曰如說近之言

將軍雖貴人也請盡此觴嘻強笑也音許其反時蚡不肯師古曰不爲盡觴也行酒次至臨
汝侯灌賢賢方與程不識耳語師古曰附耳小語也又不避席
夫無所發怒迺罵賢曰平生毀程不識不直一錢
今日長者爲壽迺效女曹兒呫囁耳語師古曰女曹兒猶言兒女輩也
呫音昌涉反囁音人涉反蚡謂夫曰程李俱東西宮衛尉孟康曰李廣爲東宮
程不識爲西宮今衆辱程將軍仲孺獨不爲李將軍地乎蘇林
曰不爲李將軍除道地邪如淳曰二人同號比尊今辱一人不當爲毀廣邪師古曰如說近之言既毀程令廣何地自安處夫曰
今日斬頭穴匈何知程李晉灼曰斬頭見剌猶不止也坐乃起更衣
師古曰坐謂坐上之人也更改也凡久坐者皆起更衣以其寒煖或變也稍稍去嬰去戲夫晉灼曰戲古麾
字也師古曰招麾之令出也漢書多以戲爲麾字夫出蚡遂怒曰此吾驕灌夫罪

也廼令騎留夫師古曰騎謂常從之騎也夫不得出藉福起爲謝
案夫項令謝師古曰使其拜也夫愈怒不肯順蚡廼戲騎縛
夫師古曰戲讀亦曰麾謂指麾命之而令收縛夫也置傳舍師古曰傳舍解在酈食其傳召長史
曰今日召宗室師古曰長史丞相長史也召宗室謂請召之爲客也有詔劾灌夫
罵坐不敬師古曰於大坐中罵詈爲不敬繫居室師古曰居室署名也屬少府其後改名曰保宮
遂其前事師古曰遂竟也遣吏分曹逐捕諸灌氏支屬皆
得棄市罪嬰愧爲資使賓客請莫能解如淳曰爲出資費使人爲夫請
罪也師古曰如說非也爲資爲其入資地耳非財物也爲讀如本字蚡吏皆爲耳目諸灌氏皆
亡匿夫繫遂不得告言蚡陰事嬰銳爲救夫嬰
夫人諫曰灌將軍得罪丞相與太后家迕師古曰相違迕也迕音悟

寧可救邪嬰曰侯自我得之自我捐之無所恨師古
曰言不過失爵耳且終不令灌仲孺獨死嬰獨生廼匿其家
竊出上書師古曰匿避也不令家人知之恐其又止諫也立召入具告言灌夫醉
飽事不足誅上然之賜嬰食曰東朝廷辨之如淳曰東朝太
后朝也張晏曰會公卿大夫東朝共理而分別也嬰東朝盛推夫善言其醉飽得
過廼丞相以它事誣罪之蚡盛毀夫所爲橫恣罪
逆不道嬰度無可柰何師古曰度音徒各反因言蚡短蚡曰天
下幸而安樂無事蚡得爲肺附所好音樂狗馬田
宅所愛倡優巧匠之屬師古曰倡樂人也優諧戲者也不如魏其灌
夫日夜招聚天下豪桀壯士與論議腹誹而心謗

卬視天俛畫地張晏曰視天占三光也畫地知分野所在也念欲作反事也師古曰卬讀曰仰辟睨兩
宮閒張晏曰占太后與帝吉凶之期也師古曰辟睨傍視也辟音普計反字本作睥睨音五計反幸天下有
變而欲有大功張晏曰幸有反者當爲將立大功也臣瓚曰天下有變謂因國家變難之際得立大功也師古曰瓚說是
臣乃不如魏其等所爲上問朝臣兩人孰是
御史大夫韓安國曰魏其言灌夫父死事身荷戟
馳不測之吳軍師古曰荷負也不測言其彊盛也荷音何身被數十創名冠
三軍此天下壯士非有大惡爭杯酒不足引它過
以誅也魏其言是丞相亦言灌夫通姦猾侵細民
家累巨萬橫恣潁川輘轢宗室侵犯骨肉師古曰輘轢謂蹈蹴
之也輘音陵轢音郎擊反此所謂支大於幹脛大於股不折必披師古

曰披音丕靡反丞相言亦是唯明主裁之主爵都尉汲黯是
魏其內史鄭當時是魏其後不堅餘皆莫敢對上
怒內史曰公平生數言魏其武安長短今日廷論
局趣效轅下駒應劭曰駒者駕馬著轅下局趣小之貌也張晏曰俛頭於車轅下隨母而已師古曰張說非也
駕車不以牝馬小雅皇皇者華之詩曰我馬維駒非隨母也吾并斬若屬矣師古曰若汝也即罷
起入上食太后太后亦已使人候司具以語太后
太后怒不食曰我在也而人皆藉吾弟晉灼曰藉蹈也令我
百歲後皆魚肉之乎師古曰以比魚肉而食啖也且帝寧能爲石人
邪師古曰言徒有人形耳不知好惡也一曰石人者謂常存不死也此特帝在即錄錄師古
曰錄錄言循衆也設百歲後是屬寧有可信者乎師古曰設猶脫也上

謝曰俱外家故廷辨之師古曰嬰景帝從舅田蚡太后同母弟故言俱外家不然此一獄吏所決耳是時郎中令石建爲上分別言兩人蚡已罷朝出止車門召御史大夫安國載師古曰韓安國也載謂共乘車怒曰與長孺共禿翁何爲首鼠兩端服虔曰禿翁言嬰無官位版授也首鼠一前一却也張晏曰嬰年老又耆酒頭禿言當共治一禿翁也師古曰服說是也安國良久謂蚡曰君何不自喜師古曰何不自謙遜爲可喜之事也喜音許吏反夫魏其毀君君當免冠解印綬歸師古曰歸印綬於天子也曰臣以肺附幸得待罪固非其任魏其言皆是如此上必多君有讓師古曰多猶重也不廢君魏其必媿杜門齰舌自殺師古曰杜塞也齰齧也音仕客反今人毀君君亦毀之譬如賈豎女子爭言何其無大體也蚡謝曰爭時急不知出此於是上使御史簿責嬰師古曰簿責以文簿一一責之也簿音步戶反所言灌夫頗不讎晉灼曰讎當也劾繫都司空師古曰都司空宗正屬官也見百官公卿表孝景時嬰嘗受遺詔曰事有不便以便宜論上師古曰論說其事而上於天子及繫灌夫罪至族事日急諸公莫敢復明言於上嬰廼使昆弟子上書言之幸得召見師古曰幸冀也書奏案尚書大行無遺詔如淳曰大行主諸侯官也師古曰此說非也大行景帝大行也尚書之中無此大行遺詔也詔書獨臧嬰家嬰家丞封孟康曰以家丞印封遺詔也廼劾嬰矯先帝詔害罪當棄市鄭氏曰矯詔有害不害也五年十月悉論灌夫支屬嬰良久廼聞有劾即陽病痱不食欲死師古曰痱風病

也音肥或聞上無意殺嬰復食治病議定不死矣廼有飛語爲惡言聞上張晏曰蚡爲作飛揚誹謗之語也臣瓚曰無根而至也故以十二月晦論棄市渭城張晏曰著日月者見春垂至恐遇赦贖之春蚡疾一身盡痛若有擊者謼服謝罪晉灼曰服音瓝關西俗謂得杖呼及小兒啼呼爲呼瓝或言蚡號呼謝服罪也師古曰兩說皆通謼古呼字也若謂啼爲謼服則謼音火交反服音平卓反上使視鬼者瞻之曰魏其侯與灌夫共守笞欲殺之竟死子恬嗣元朔中有罪免後淮南王安謀反覺始安入朝時蚡爲太尉迎安霸上謂安曰上未有太子大王最賢高祖孫即宮車晏駕非大王立尚誰立哉師古曰言大王尚不得立當誰立也淮南王大喜厚遺金錢財物上自嬰夫事時不直蚡特爲太后故及聞淮南事上曰使武安侯在者族矣師古曰言其賴自死

韓安國字長孺梁成安人也後徙睢陽嘗受韓子雜說鄒田生所師古曰田生鄒縣人事梁孝王爲中大夫吳楚反時孝王使安國及張羽爲將扞吳兵於東界張羽力戰安國持重以故吳不能過梁吳楚破安國張羽名由此顯梁梁王以至親故得自置相二千石出入游戲僭於天子師古曰僭儗也天子聞之心不善太后知帝弗善廼怒梁使者弗見案責王所爲安國爲梁使見大長公主而泣如淳曰大長公主景帝姊也曰何梁王

爲人子之孝爲人臣之忠而太后曾不省也（師古曰省視也）夫前日吳楚齊趙七國反自關以東皆合從而西鄉（師古曰從音子容反）唯梁最親爲限難梁王念太后帝在中（師古曰中關中也一說謂京師爲中猶言中國也）而諸侯擾亂壹言泣數行而下跪送臣等六人將兵擊卻吳楚吳楚以故兵不敢西而卒破亡梁之力也今太后以小苛禮責望梁王（師古曰苛細也）梁王父兄皆帝主而所見者大故出稱趕入言警（師古曰趕止行人也警戒肅也天子出入皆備此儀而令云出稱警入言趕者互舉之耳）車旗皆帝所賜即以嫮鄙小縣（服虔曰嫮音姱嫮姱也晋灼曰嫮音𡡉嫮之嫮鄧展曰嫮好也自以車服之好曜邊鄙之邑也師古曰服說晋音是也鄙小縣言在外鄙之小縣也）驅馳國中欲夸諸侯令

天下知太后帝愛之也今梁使來輒案責之梁王恐日夜涕泣思慕不知所爲何梁王之忠孝而太后不卹也長公主具以告太后太后喜曰爲帝言之言之帝心迺解而免冠謝太后曰兄弟不能相敎迺爲太后遺憂悉見梁使厚賜之其後梁王益親驩太后長公主更賜安國直千餘金（師古曰更音工衡反）由此顯結於漢其後安國坐法抵罪蒙（師古曰蒙梁國之縣也）獄吏田甲辱安國安國曰死灰獨不復然乎甲曰然即溺之（師古曰溺讀曰尿）居無幾梁內史缺（師古曰無幾未多時也幾音居豈反）漢使使者拜安國爲梁內史起徒中爲二千石田甲

亡安國曰甲不就官我滅而宗（師古曰而汝也）甲肉袒謝安國笑曰公等足與治乎（師古曰治謂當敵也今人猶云對治治音丈吏反一曰不足繩治也治讀如本字）卒善遇之內史之缺也王新得齊人公孫詭說之（師古曰說讀曰悅）欲請爲內史竇太后所乃詔王以安國爲內史公孫詭羊勝說王求爲帝太子及益地事恐漢大臣不聽迺陰使人刺漢用事謀臣及殺故吳相爰盎景帝遂聞詭勝等計畫迺遣使捕詭勝必得（師古曰必令得之）漢使十輩至梁相以下舉國大索（師古曰索搜也音山客反）月餘弗得安國聞詭勝匿王所迺入見王而泣曰主辱者臣死大王無良臣故紛紛至此今

勝詭不得請辭賜死王曰何至此安國泣數行下曰大王自度於皇帝孰與太上皇之與高帝及皇帝與臨江王親（師古曰孰與猶言何如也）王曰弗如也安國曰夫太上皇臨江親父子閒然高帝曰提三尺取天下者朕也（師古曰三尺謂劍也）故太上終不得制事居于櫟陽臨江適長太子（師古曰適讀曰嫡）以一言過廢王臨江（師古曰景帝嘗屬諸姬子太子母栗姬言不遜由是廢太子栗姬夏死也）用宮垣事卒自殺中尉府（張晏曰以侵堧垣徵自殺也）何者治天下終不用私亂公語曰雖有親父安知不爲虎雖有親兄安知不爲狼（師古曰言其恩愛不可必保也）今大王列在諸侯訹邪臣浮說（師古曰訹誘也音戌）犯上禁橈明

法（師古曰撓曲也音女教反）天子以太后故不忍致法於大王太后
日夜涕泣幸大王自改大王終不覺寤有如太后
宮車即晏駕大王尚誰攀乎語未卒王泣數行而
下謝安國曰吾今出之即日詭勝自殺漢使還報
梁事皆得釋（師古曰釋解也）安國力也景帝太后益重安國
孝王薨共王即位（師古曰共讀曰恭）安國坐法失官家居武
帝即位武安侯田蚡爲太尉親貴用事安國以五
百金遺蚡蚡言安國太后上素聞安國賢即召以
爲北地都尉遷爲大司農閩東越相攻遣安國大
行王恢將兵未至越越殺其王降漢兵亦罷其年

田蚡爲丞相安國爲御史大夫匈奴來請和親上
下其議（師古曰下音胡亞反）大行王恢燕人數爲邊吏習胡事
議曰漢與匈奴和親率不過數歲即背約不如勿
許舉兵擊之安國曰千里而戰即兵不獲利今匈
奴負戎馬足懷鳥獸心（師古曰負恃也）遷徙鳥集難得而
制得其地不足爲廣有其衆不足爲彊自上古弗
屬（師古曰不內屬於中國）漢數千里爭利則人馬罷（師古曰罷讀曰疲）虜
以全制其敝埶必危殆臣故以爲不如和親羣臣
議多附安國於是上許和親明年鴈門馬邑豪聶
壹（師古曰豪猶帥也）因大行王恢言匈奴初和親親信邊可

誘以利致之伏兵襲擊必破之道也上迺召問公
卿曰朕飾子女以配單于幣帛文錦賂之甚厚單
于待命加嫚侵盜無已邊竟數驚朕甚閔之（師古曰竟讀曰境其下亦同）
今欲舉兵攻之何如大行恢對曰陛下雖未
言臣固願效之（師古曰效致也致其計）臣聞全代之時（服虔曰代未分之時也李奇曰六國之時全代爲一國尚能以擊匈奴況今加以漢之大乎）
北有彊胡之敵內連中國之兵
然尚得養老長幼種樹以時倉廩常實（師古曰樹殖也）匈奴
不輕侵也今以陛下之威海內爲一天下同任（如淳曰任事也）
又遣子弟乘邊守塞（師古曰乘登也登其城而備守也）轉粟輓輸
以爲之備（師古曰輓引車也音晚）然匈奴侵盜不已者無它以不

恐之故耳（師古曰不示威令恐懼也）臣竊以爲擊之便御史大夫
安國曰不然臣聞高皇帝嘗圍於平城匈奴至者
投鞍高如城者數所（師古曰解脫其馬示閑暇也投積其鞍若營壘也）平城之飢
七日不食天下歌之及解圍反位而無忿怒之心
夫聖人以天下爲度者也（師古曰言當隨天下人心而寬大其度量也）不以己
私怒傷天下之功故迺遣劉敬奉金千斤以結和
親至今爲五世利孝文皇帝又嘗壹擁天下之精
兵聚之廣武常谿（張晏曰廣武鴈門縣常谿谿名）然終無尺寸之功
而天下黔首無不憂者孝文寤於兵之不可宿（師古曰宿久留也）
故復合和親之約此二聖之迹足以爲效矣

臣竊以為勿擊便恢曰不然臣聞五帝不相襲禮三王不相復樂（師古曰襲因也復重也復音扶目反）非故相反也各因世宜也且高帝身被堅執銳蒙霧露沐霜雪行幾十年（師古曰幾近也音鉅依反）所以不報平城之怨者非力不能所以休天下之心也今邊竟數驚士卒傷死中國槥車相望（師古曰槥小棺也從軍死者以槥送致其喪載槥之車相望於道言其多也槥音衛）此仁人之所隱也（張晏曰隱痛也）臣故曰擊之便安國曰不然臣聞利不十者不易業功不百者不變常是以古之人君謀事必就祖發政占古語重作事也（師古曰祖祖廟也占問也重猶難之也）且自三代之盛夷狄不與正朔服色（師古曰與讀曰豫）非威不能制彊弗能服也以為遠方絕地不牧之民不足煩中國也（師古曰不牧謂不可牧養也）且匈奴輕疾悍亟之兵也（師古曰悍勇也亟急也音居力反）至如猋風去如收電（師古曰猋疾風也音必遙反）畜牧為業弧弓射獵（師古曰以木曰弧以角曰弓）逐獸隨草居處無常難得而制今使邊郡久廢耕織以支胡之常事其勢不相權也（師古曰輕重不等也）臣故曰勿擊便恢曰不然臣聞鳳鳥乘於風聖人因於時昔秦繆公都雍（師古曰繆讀與穆同）地方三百里知時宜之變攻取西戎辟地千里并國十四（師古曰辟讀曰闢次下亦同）隴西北地是也及後蒙恬為秦侵胡辟數千里以河為竟（師古曰竟讀曰境）累石為城樹榆為

塞（如淳曰塞上種榆也）匈奴不敢飲馬於河置逢燧然後敢牧馬（師古曰燧古燧字）夫匈奴獨可以威服不可以仁畜也今以中國之盛萬倍之資遣百分之一以攻匈奴譬猶以彊弩射且潰之癰也必不留行矣（師古曰留止也言無所礙也）若是則北發月氏可得而臣也（師古曰發猶徵召也言威聲之盛北自月支以來皆可徵召而為臣也氏讀曰支）臣故曰擊之便安國曰不然臣聞用兵者以飽待饑正治以待其亂定舍以待其勞（師古曰舍止息也）故接兵覆眾伐國墮城（師古曰覆敗也墮毀也言兵與敵接則敗其眾所伐之國則毀其城也覆音芳目反墮音火規反）常坐而役敵國此聖人之兵也且臣聞衝風之衰不能起毛羽（師古曰衝風疾風之衝突者也）彊弩之末力不能入魯縞（師古曰縞素也曲阜之地俗善作之尤為輕細故以取喻也）夫盛之有衰猶朝之必莫也今將卷甲輕舉深入長敺難以為功（師古曰敺與驅同）從行則迫脅衡行則中絕（師古曰從音子容反衡猶橫也）疾則糧乏徐則後利（師古曰後利謂不及於利）不至千里人馬乏食兵法曰遺人獲也（師古曰言以軍遺敵人令其虜獲也遺音弋季反）意者有它繆巧可以禽之則臣不知也不然則未見深入之利也臣故曰勿擊便恢曰不然夫草木遭霜者不可以風過（師古曰言易零落）清水明鏡不可以形逃（師古曰言美惡皆見）通方之士不可以文亂（師古曰方道也）今臣言擊之者固非發而深入也將順因單于之欲誘而致之邊吾選梟騎壯

士陰伏而處以為之備審遮險阻以為其戒吾埶
已定或營其左或營其右或當其前或絶其後單
于可禽百全必取上曰善迺從恢議陰使聶壹為閒
師古曰閒音居莧反亡入匈奴謂單于曰吾能斬馬邑令丞以
城降財物可盡得單于愛信以為然而許之聶壹
迺詐斬死罪囚縣其頭馬邑城下視單于使者為
信師古曰視讀曰示曰馬邑長吏已死可急來於是單于穿
塞將十萬騎入武州塞師古曰在鴈門當是時漢伏兵車
騎材官三十餘萬匿馬邑旁谷中衛尉李廣為驍
騎將軍大僕公孫賀為輕車將軍大行王恢為將

屯將軍太中大夫李息為材官將軍御史大夫安
國為護軍將軍諸將皆屬約單于入馬邑縱兵王
恢李息別從代主擊輜重師古曰輜衣車也重謂載重物車也故行者之資揔曰輜重重
音直用反於是單于入塞未至馬邑百餘里覺之還去
語在匈奴傳塞下傳言單于已去漢兵追至塞度
弗及師古曰度音徒各反王恢等皆罷兵上怒恢不出擊單于
輜重也恢曰始約為入馬邑城兵與單于接而臣
擊其輜重可得利今單于不至而還臣以三萬人
衆不敵祇取辱師古曰祇適也音支固知還而斬然完陛下士
三萬人於是下恢廷尉廷尉當恢逗橈當斬服虔曰逗

音企應劭曰逗曲行避敵也橈顧望也軍法語也蘇林曰逗音豆如淳
曰軍法行而逗留畏懦者要斬師古曰服應二說皆非也逗謂留止也
橈屈弱也逗又音住恢行千金丞相蚡蚡不敢言上而言於太
后曰王恢首為馬邑事今不成而誅恢是為匈奴
報仇也上朝太后太后以蚡言告上上曰首為馬
邑事者恢故發天下兵數十萬從其言為此且縱
單于不可得恢所部擊猶頗可得以慰士大夫心
師古曰或當得其輜重人衆也古尉安之字正如此其後流俗乃加心耳今不誅恢無以謝天下於
是恢聞迺自殺安國為人多大略知足以當世取
舍師古曰舍止也取舍言可取則取可止則止而出於忠厚貪耆財利師古曰耆讀曰
嗜然所推舉皆廉士賢於己者於梁舉壺遂臧固

至它皆天下名士師古曰於梁舉二人至於他餘所舉亦皆名士也士亦以此稱
慕之唯天子以為國器師古曰言臣下皆敬重之天子一人亦以為國器國器者言其器用重大
可施於國政也安國為御史大夫五年丞相蚡薨安國行丞
相事引墮車蹇如淳曰為天子導引而墮車跛蹇也上欲用安國為丞相
使使視蹇甚迺更以平棘侯薛澤為丞相安國病
免師古曰以足疾數月瘉復為中尉歲餘徙為衛尉而將軍
衛青等擊匈奴破龍城明年匈奴大入邊語在青
傳安國為材官將軍屯漁陽捕生口虜言匈奴遠
去即上言方佃作時師古曰安國上奏也佃治田也音與田同請且罷屯罷
屯月餘匈奴大入上谷漁陽安國壁迺有七百餘

人出與戰安國傷入壁匈奴虜略千餘人及畜產去上怒使使責讓安國徙益東屯右北平是時虜言當入東方安國始為御史大夫及護軍後稍下遷新壯將軍衛青等有功益貴安國既斥疏將屯又失亡多甚自媿幸得罷歸師古曰冀得罷歸以爲幸也他皆類此迺益東徙意忽忽不樂數月病歐血死壺遂與大史遷等定漢律歷官至詹事其人深中篤行君子上方倚欲以為相會其病卒師古曰倚謂杖任之也音於綺反

贊曰竇嬰田蚡皆以外戚重灌夫用一時決策師古曰謂馳入吳軍欲報父讎也而各名顯並位卿相大業定矣然嬰不

知時變夫亡術而不遜師古曰遜順也蚡負貴而驕溢師古曰負恃也凶德參會待時而發師古曰三人相遇故曰參會藉福區區其間惡能救斯敗哉師古曰惡音烏謂於何也以韓安國之見器臨其摯而顛墜李奇曰摯極也陵夷以憂死師古曰陵夷即陵遲也言漸卑替也遇合有命悲夫若王恢為兵首而受其咎豈命也虖師古曰言自己為之非由命也

竇田灌韓傳卷第二十二

景十三王傳第二十三　班固　漢書五十三

秘書監上護軍琅邪縣開國子顏師古注

孝景皇帝十四男王皇后生孝武皇帝栗姬生臨江閔王榮河間獻王德臨江哀王閼師古曰閼音烏曷反程姬生魯共王餘師古曰共讀曰恭下皆類此江都易王非師古曰易音改易之易謚法云好更故舊曰易膠西于王端師古曰于遠也言其所行不善遠乖道德故以為謚賈夫人生趙敬肅王彭祖中山靖王勝唐姬生長沙定王發王夫人生廣川惠王越膠東康王寄清河哀王乘常山憲王舜師古曰王夫人即王皇后之妹也

河間獻王德以孝景前二年立脩學好古實事求是師古曰務得事實每求真是也今流俗書本云求長長老以是從人得善書蓋妄加之從民得善書必為好寫與之留其真師古曰真正也留其正本加金帛賜以招之繇是四方道術之人不遠千里師古曰不以千里為遠而自致也繇與由同或有先祖舊書多奉以奏獻王者師古曰奏進也故得書多與漢朝等是時淮南王安亦好書所招致率多浮辯師古曰言浮辯無實用耳獻王所得書皆古文先秦舊書師古曰先秦猶言秦先謂未焚書之前周官尚書禮禮記師古曰禮者禮經也禮記者諸儒記禮之說也孟子老子之屬皆經傳說記七十子之徒所論師古曰七十子孔子弟子也論具在藝文志其學舉六藝師古曰此六藝謂六經立毛氏詩左氏春秋博士脩禮樂被服儒術造次必於儒者師古曰被服言常居處其中也造次謂所向必行也被音皮義反造音千到反山

東諸儒多從而遊武帝時獻王來朝獻雅樂對三雍宮應劭曰辟雍明堂靈臺也雍和也言天地君臣人民皆和也及詔策所問三十餘事其對推道術而言得事之中師古曰中音竹仲反文約指明師古曰約少也指謂義之所趨若人以手指物也他皆類此立二十六年薨中尉常麗以聞曰王身端行治師古曰端直治理也溫仁恭儉篤敬愛下明知深察惠于鰥寡大行令奏謚法曰聰明睿知曰獻師古曰睿深通也宜謚曰獻王子共王不害嗣四年薨子剛王堪嗣十二年薨子頃王授嗣師古曰頃音傾諸為謚者皆類此也十七年薨子孝王慶嗣四十三年薨子元嗣元取故廣陵厲王厲王太子及中山懷王故姬廉等以為姬甘露中冀州刺史敞奏元事下廷尉逮召廉等元迫脅凡七人令自殺有司奏請誅元有詔削二縣萬一千戶後元怒少史留貴留貴踰垣出欲告元元使人殺留貴母有司奏元殘賊不改不可君國子民廢勿王處漢中房陵師古曰房陵漢中縣居數年坐與妻若共乘朱輪車怒若又笞擊令自髡漢中太守請治病死立十七年國除絕五歲成帝建始元年復立元弟上郡庫令良如淳曰漢官北邊郡庫官兵之所藏故置令是為河間惠王良脩獻王之行母太后薨服喪如禮哀帝下詔褒揚曰河間王良喪太后三年為宗室儀表其

益封萬戶二十七年薨子尚嗣王莽時絕
臨江哀王閼以孝景前二年立三年薨無子國除
爲郡　臨江閔王榮以孝景前四年爲皇太子
四歲廢爲臨江王三歲坐侵廟壖地爲宮師古曰壖
音人緣反解在食貨志及鼂錯傳上徵榮榮行祖於江陵北門師古曰祖者送行之
祭因饗飲也昔黃帝之子纍祖好遠遊而死於道故後人以爲行神也既上車軸折車廢師古曰廢壞也
江陵父老流涕竊言曰吾王不反矣榮至詣中尉
府對簿中尉郅都簿責訊王師古曰簿皆音薄戶反訊問也音信王恐
自殺葬藍田燕數萬銜土置冢上百姓憐之榮最
長亡子國除師古曰榮實最長而傳居二王之後者以其從太子被廢後乃立爲王也地入于漢

爲南郡　魯恭王餘以孝景前二年立爲淮陽
王吳楚反破後以孝景前三年徙王魯好治宮室
苑囿狗馬季年好音師古曰季年末年也不喜辭師古曰喜音許吏反爲人
口吃難言師古曰吃音訖二十八年薨子安王光嗣初好音
樂輿馬晚節遴師古曰晚節猶言末時也遴與吝同猶言貪嗇也唯恐不足於
財四十年薨子孝王慶忌嗣三十七年薨子頃王
勁嗣二十八年薨子文王睃嗣十八年薨亡子國
除哀帝建平三年復立頃王子睃弟郚鄉侯閔爲
王蘇林曰郚音魚縣名也屬東海郡師古曰又音吾王莽時絕恭王初好治宮
室壞孔子舊宅以廣其宮聞鐘磬琴瑟之聲遂

不復敢壞於其壁中得古文經傳　江都易
王非以孝景前二年立爲汝南王吳楚反時非年
十五有材氣上書自請擊吳景帝賜非將軍印
擊吳吳已破徙王江都治故吳國師古曰治謂都之劉濞所居也以
軍功賜天子旗元光中匈奴大入漢邊非上書願
擊匈奴上不許非好氣力治宮館招四方豪桀驕
奢甚二十七年薨子建嗣建爲太子時邯鄲人梁
蚡持女欲獻之易王建聞其美私呼之因留不出
蚡宣言曰子迺與其公爭妻建使人殺蚡蚡家上
書下廷尉考會赦不治易王薨未葬建居服舍師古

曰倚廬堊室之次也召易王所愛美人淖姬等凡十人與姦鄭氏
曰淖音卓王孫之卓蘇林曰淖音泥淖師古曰蘇說是音女教反建女弟徵臣爲蓋侯子婦
師古曰女弟即妹也以易王喪來歸建復與姦建異母弟定國
爲淮陽侯易王最小子也其母幸立之師古曰冀得立其子爲易王嗣
具知建事行錢使男子荼恬上書蘇林曰荼音食邪反告建淫
亂不當爲後事下廷尉廷尉治恬受人錢財爲上
書論棄市建罪不治後數使使至長安迎徵臣魯
恭王太后聞之師古曰易王即魯恭王同母之弟徵臣則大后之孫也故與書戒之遺徵臣
書曰國中口語籍籍慎無復至江都師古曰籍籍諠聒之意後
建使謁者吉請問共大后師古曰謂請問起居也大后泣謂吉

歸以吾言謂而王師古曰謂告也而汝也王前事漫漫今當自謹獨不聞燕齊事乎張晏曰燕王定國齊王次昌皆與子昆弟姦發覺自殺也言吾為而王泣也吉歸致共大后語建大怒擊吉斥之師古曰斥謂退棄之建游章臺宮令四女子乘小船建以足蹈覆其船師古曰覆音芳目反其下亦同四人皆溺二人死後游雷波師古曰波讀為陂雷陂陂名其下云入波中亦同天大風建使郎二人乘小船入波中船覆兩郎溺攀船乍見乍沒建臨觀大笑令皆死師古曰不救上之並死波中也宮人姬八子有過者輒令臝立擊鼓師古曰八子姬妾官名也臝者露其形也音來果反或置樹上久者三十日乃得衣或髡鉗以鉛杵舂師古曰鉛者錫之類也音弋全反不中程輒掠師古曰程者作之課也掠笞擊也或縱狼令齧殺之師古曰縱放也建觀而大笑或閉不食令餓死凡殺不辜三十五人建欲令人與禽獸交而生子彊令宮人臝而四據與羝羊及狗交師古曰羝牡羊音丁奚反專為淫虐自知罪多國中多欲告言者建恐誅心內不安與其后成光共使越婢下神祝詛上與郎中令等語怨望漢廷使者即復來覆我我決不獨死師古曰覆治也不獨死言欲反也覆音芳目反建亦頗聞淮南衡山陰謀恐一日發為所并遂作兵器號王后父胡應為將軍中大夫疾有材力善騎射師古曰疾者中大夫之名號曰靈武君作治黃屋蓋刻皇帝璽鑄將軍都尉金

銀印作漢使節二十綬千餘具置軍官品員及拜爵封侯之賞具天下之輿地及軍陳圖遣人通越繇王閩侯遺以錦帛奇珍繇王閩侯亦遺建荃葛蘇林曰荃音詮細布屬也服虔曰音蓀細葛也臣瓚曰荃香草也師古曰服瓚二說皆非也許愼云荃細布也字林本作絟音千全反又音千劣反蓋今南方筩布之屬皆為荃也葛即今之葛布也以荃及葛遺建也珠璣師古曰璣謂珠之不圜者也音機又音譏犀甲翠羽蝯熊奇獸數通使往來約有急相助師古曰約謂言契也及淮南事發治黨與頗連及建建使人多推金錢絕其獄師古曰行賄賂以絕其蹤緒也後復謂近臣曰我為王詔獄歲至生又無驩怡日壯士不坐死欲為人所不能為耳師古曰亦言欲反也建時佩其父所賜將軍印載天子

旗出積數歲事發覺漢遣丞相長史與江都相雜案索得兵器璽綬節反具師古曰索搜也有司請捕誅建制曰與列侯吏二千石博士議議皆曰建失臣子道積久輒蒙不忍遂謀反逆所行無道雖桀紂惡不至於此天誅所不赦當以謀反法誅有詔宗正廷尉即問建師古曰即就也就其國問之建自殺后成光等皆棄市六年國除地入于漢為廣陵郡絕百二十一年平帝時新都侯王莽秉政興滅繼絕立建弟盱眙侯子宮為廣陵王師古曰盱音許于反眙音怡奉易王後莽篡國絕

膠西于王端孝景前三年立為人賊盭又陰痿師古

曰盭古戾字也言其性則害而很戾也㾖音萎一近婦人病數月有所愛幸少年以為郎郎與後宮亂端禽滅之及殺其子母數犯法師古曰數音所角反次下亦同漢公卿數請誅端天子弗忍而端所為滋甚師古曰滋益也有司比再請削其國去太半張晏曰三分之二為太半一為少半師古曰比頻也端心慍遂為無訾省蘇林曰為無所省錄也師古曰訾訾財也省視也言不視訾財也府庫壞漏盡腐財物以鉅萬計終不得收徙師古曰不收又不徙置他處令吏毋得收租賦端皆去衛封其宮門從一門出入數變名姓為布衣之它國師古曰之往也相二千石至者奉漢法以治端輒求其罪告之亡罪者詐藥殺之所以設詐究變師古曰究極也彊足以距

諫知足以飾非相二千石從王治則漢繩以法故膠西小國而所殺傷二千石甚眾立四十七年薨無子國除地入于漢為膠西郡

趙敬肅王彭祖以孝景前二年立為廣川王趙王遂反破後徙王趙彭祖為人巧佞卑諂足共師古曰共讀曰恭足恭謂便辟也而心刻深好法律持詭辯以中人師古曰詭辯違道之辯也中傷也音竹仲反多內寵姬及子孫相二千石欲奉漢法以治則害於王家是以每相二千石至彭祖衣皁布單衣師古曰或皁或布以為單衣自行迎除舍師古曰至除舍迎之也除舍謂初所至之舍多設疑事以詐動之得二千石失言中忌諱輒書之二千石欲

治者則以此迫劫不聽迺上書告之及汙以姦利事彭祖立六十餘年相二千石無能滿二歲輒以罪去大者死小者刑以故二千石莫敢治而趙王擅權使使即縣為賈人榷會韋昭曰平會兩家買賣之賈者榷者禁他家獨王家得為之也師古曰即就也就諸縣而專榷賈人之會若今和市矣榷音角會音工外反入多於國租稅以是趙王家多金錢然所賜姬諸子亦盡之矣彭祖不好治宮室禨祥服虔曰求福也師古曰禨鬼俗也字或作䲨淮南子曰荆人鬼越人禨禨祥禨謂鬼神之事也服說失之禨音居衣反好為吏上書願督國中盜賊師古曰督視察也常夜從走卒行徼邯鄲中師古曰徼謂巡察也音工釣反諸使過客以彭祖險陂莫敢留邯鄲師古曰使謂京師使人也過客行客從趙過者也陂謂傾側也音皮義反父之太子丹與

其女及同產姊姦江充告丹淫亂又使人椎埋攻剽為姦甚眾師古曰椎殺人而埋之故曰椎埋剽劫也椎音直佳反其字從木剽音頻妙反其字從刀武帝遣使者發吏卒捕丹下魏郡詔獄治罪至死彭祖上書冤訟丹願從國中勇敢擊匈奴師古曰以勇敢自隨贖丹罪上不許久之竟赦出後彭祖入朝因帝姊平陽隆慮公主師古曰慮音廬求復立丹為太子上不許彭祖取江都易王寵姬王建所姦淖姬者甚愛之生一男號淖子彭祖以征和元年薨諡敬肅王彭祖薨時淖姬兄為漢宦者上召問淖子何如對曰為人多欲上曰多欲不宜君國

子民問武始侯昌曰無咎無譽上曰如是可矣遣使者立昌是爲頃王十九年薨子懷王尊嗣五年薨無子絕二歲宣帝立尊弟高是爲哀王數月薨子共王充嗣五十六年薨子隱嗣王莽時絕初武帝復以親親故立敬肅王小子偃爲平干王孟康曰今廣平是爲頃王十一年薨子繆王元嗣二十五年薨大鴻臚禹奏元前以刃賊殺奴婢子男殺謁者爲刺史所舉奏罪名明白病先令令能爲樂奴婢從死師古曰先令者預爲遺令也能爲樂作樂之人也從死以殉葬也迫脅自殺者凡十六人暴虐不道故春秋之義誅君之子不宜立元雖未伏

誅不宜立嗣奏可國除

中山靖王勝以孝景前三年立武帝初即位大臣懲吳楚七國行事議者多冤鼂錯之策師古曰言錯策爲是枉見殺也皆以諸侯連城數十泰強欲稍侵削數奏暴其過惡師古曰暴謂披布之諸侯王自以骨肉至親先帝所以廣封連城犬牙相錯者爲盤石宗也師古曰錯雜也言其地相交雜今或無罪爲臣下所侵辱有司吹毛求疵師古曰疵病也音才斯反皆服其臣使證其君多自以侵冤建元三年代王登長沙王發中山王勝濟川王明來朝天子置酒勝聞樂聲而泣問其故勝對曰臣聞悲者不可爲絫欷師古曰絫古累字東重也欷歔欷也音許既反思者不可爲歎息師古曰言聞欷歎之聲則悲思益甚故高漸離擊筑易水之上荊軻爲之低而不食應劭曰燕太子丹遣荊軻刺秦王賓客祖於易水之上漸離擊筑士皆垂泣荊卿不能復食也師古曰低謂俛首雍門子壹微吟孟嘗君爲之於邑張晏曰齊之賢者居雍門因以爲號蘇林曰六國時人名周善鼓琴毋死無以葬見孟嘗君而微吟也如淳曰雍門子以善鼓琴見孟嘗君先說萬歲之後高臺既已顛曲池又已平墳墓生荊棘牧豎游其上孟嘗君亦如是乎孟嘗君喟然歎息也師古曰如說是也蘇林失之矣於邑短氣貌於音烏邑音一合反或讀如本字今臣心結日久每聞幼眇之聲不知涕泣之橫集也師古曰幼音一笑反眇音妙幼妙精微也夫衆喣漂山應劭曰喣吹喣也師古曰漂動也喣音許句反又音許于反漂音匹遙反聚民蟁成靁師古曰蟁古蚊字靁古雷字言衆蚊飛聲有若雷也朋黨執虎十夫橈椎師古曰橈曲也音女孜反是以文王拘於牖里孔子阨於陳蔡此乃烝庶之成

風增積之生害也師古曰烝庶謂衆人也臣身遠與寡莫爲之先師古曰身遠者去帝京遠與寡者少黨與也先謂素爲延譽言也衆口鑠金積毀銷骨師古曰解在鄒陽傳叢輕折軸羽翮飛肉師古曰言積載輕物物多至令車軸毀折而鳥之所以能飛翔者以羽翮扇揚之故也紛驚逢羅潸然出涕晉灼曰言皆驚亂遇法罔可爲出涕者也師古曰潸垂涕貌音所姦反臣聞白日曬光幽隱皆照師古曰曬暴也舒也音山豉反又音丑支反明月曜夜蟁蝱宵見師古曰宵亦夜也蝱音盲然雲烝列布杳冥晝昬塵埃抪覆昧不見泰山師古曰抪亦布散也昧暗也抪音鋪何則物有蔽之也今臣雍閼不得聞師古曰雍讀曰壅雍塞也閼猶止也音烏曷反讒言之徒蠭生師古曰蠭生言衆多也一曰蠭與鋒同道遼路遠曾莫爲臣聞臣竊自悲也臣聞社鼷不灌屋鼠不熏師古

曰飈小鼠音奚何則所託者然也臣雖薄也得蒙肺附位雖
卑也得爲東藩屬又稱兄師古曰言於戚屬爲帝兄今羣臣非有
葭莩之親鴻毛之重張晏曰葭蘆葉也莩葉裏白皮也晉灼曰莩葭裏之白皮也皆取喻於輕薄
也師古曰葭蘆也莩者其筩中白皮至薄者也葭莩喻薄鴻毛喻輕薄甚也莩音孚張言葉裏白皮非也羣居黨議
朋友相爲使夫宗室擯卻骨肉冰釋師古曰擯卻謂斥退也冰釋言銷散
也擯音必刃反卻音丘略反斯伯奇所以流離比干所以横分也師古曰伯
奇周尹吉甫之子也事後母至孝而後母譖之於吉甫吉甫欲殺之伯奇乃亡走山林比干諫紂紂怒殺而剖其心故云横分也詩
云我心憂傷惄焉如擣假寐永歎唯憂用老心之
憂矣疢如疾首師古曰小雅小弁之詩也惄思也擣築也不脫衣冠而寐曰假寐永長也疢病也言我心中憂
思如被擣築假寐長歎以憂致老至於若病如遇首疾也臣之謂也具以吏所侵聞於

是上乃厚諸侯之禮省有司所奏諸侯事師古曰省減也加
親親之恩焉其後更用主父偃謀令諸侯以私恩
自裂地分其子弟而漢爲定制封號輒別屬漢郡
漢有厚恩而諸侯地稍自分析弱小云勝爲人樂
酒好内師古曰好内躭於妻妾也樂音五教反有子百二十餘人常與趙
王彭祖相非曰兄爲王專代吏治事王者當日聽
音樂御聲色趙王亦曰中山王但奢淫不佐天子
拊循百姓何以稱爲藩臣四十三年薨子哀王昌
嗣一年薨子糠王昆侈嗣二十一年薨子頃王輔
嗣四年薨子憲王福嗣十七年薨子懷王循嗣十

五年薨無子絶四十五歲成帝鴻嘉二年復立憲
王弟孫利鄉侯子雲客是爲廣德夷王三年薨無
子絶十四歲哀帝復立雲客弟廣漢爲廣平王薨
無後平帝元始二年復立廣川惠王曾孫倫爲廣
德王奉靖王後王莽時絶
長沙定王發母唐姬故程姬侍者景帝召程姬程
姬有所避不願進師古曰謂月事而飾侍者唐兒使夜進上
醉不知以爲程姬而幸之遂有身已乃覺非程姬
也及生子因名曰發張晏曰長沙王朱乃發寤己之繆幸唐姬以孝景前二
年立以其母微無寵故王卑溼貧國應劭曰景帝後二年諸王來朝

有詔更前稱壽歌舞定王但張袖小舉手左右笑其拙上怪問之對曰臣國小地狹不足回旋帝乃以武陵零陵桂陽益焉
十八年薨子戴王庸嗣二十七年薨子頃王鮒鮈
嗣服虔曰鮒音拘師古曰鮒音附鮈音劬字或作駙駒其音同耳十七年薨子剌王建德嗣
師古曰剌音來曷反宣帝時坐獵縱火燔民九十六家師古曰縱放也殺
二人又以縣官事怨内史教人誣告以棄市罪削
八縣罷中尉官師古曰減其官屬所以貶抑之三十四年薨子煬王旦
嗣師古曰煬音弋向反二年薨無子絶歲餘元帝初元三年復
立旦弟宗是爲孝王五年薨子魯人嗣王莽時絶
廣川惠王越以孝景中二年立十三年薨子繆王
齊嗣師古曰謚法曰蔽仁傷善曰也四十四年薨初齊有幸臣乘距

已而有罪欲誅距距亡齊因禽其宗族距怨王乃上書告齊與同產姦師古曰謂其姊妹也是後齊數告言漢公卿及幸臣所忠等師古曰所姓忠名解具在食貨志又告中尉蔡彭祖捕子明孟康曰彭祖子名明也師古曰孟說非也明廣川王子也罵曰吾盡汝種矣師古曰王誣彭祖罵明云然有司案驗不如王言劾齊誣罔大不敬請繫治齊恐上書願與廣川勇士奮擊匈奴上許之未發病薨有司請除國奏可後數月下詔曰廣川惠王於朕為兄朕不忍絕其宗廟其以惠王孫去為廣川王去即繆王齊太子也師受易論語孝經皆通好文辭方技博弈倡優其殿門有成慶畫短衣大絝長劍晉灼曰成慶荆軻也衛人謂之慶卿燕人謂之荆卿師古曰成慶古之勇士也事見淮南子非荆卿也去好之作七尺五寸劍被服皆効焉有幸姬王昭平王地餘許以為后去嘗疾姬陽成昭信侍視甚謹師古曰陽成姓也昭信名也更愛之去與地餘戲得褏中刀師古曰褏古衣褏字笞問狀服欲與昭平共殺昭信笞問昭平不服以鐵鍼鍼之師古曰以鍼刺也鍼音之林反彊服乃會諸姬去以劍自擊地餘令昭信擊昭平皆死昭信曰兩姬婢且泄口復絞殺從婢三人後昭信病夢見昭平等以狀告去去曰虜乃復見畏我師古曰言其見形令我畏忌也見音胡電反獨可燔燒耳掘出尸皆燒為灰後去立昭信為后幸姬陶望卿

為脩靡夫人主繒帛崔脩成為明貞夫人主永巷昭信復譖望卿曰與我無禮衣服常鮮於我師古曰鮮謂新華也盡取善繒匄諸宮人師古曰匄乞遺之也音工艾反去曰若數惡望卿不能減我愛師古曰若汝也惡謂讒毀也設聞其淫我亨之矣後昭信謂去曰前畫工畫望卿舍望卿袒裼傅粉其傍師古曰袒裼脫衣露其肩背也袒音但裼音錫又數出入南戶窺郎吏疑有姦去曰善司之以故益不愛望卿後與昭信等飲諸姬皆侍去為望卿作歌曰背尊章嫖以忽孟康曰嫖音匹昭反師古曰尊章猶言舅姑也今關中俗婦呼舅為鍾鍾者章聲之轉也謀屈奇起自絕師古曰屈奇奇異也屈音其勿反行周流自生患諒非望今誰怨師古曰諒信也言昔被愛寵信非所望今見罪責無所怨也使美人相和歌之去曰是中當有自知者昭信知去已怒即誣言望卿歷指郎吏臥處具知其主名又言郎中令錦被疑有姦去即與昭信從諸姬至望卿所臝其身更擊之師古曰更音工衡反令諸姬各持燒鐵共灼望卿望卿走自投井死昭信出之椓杙其陰中師古曰杙橜也椓音竹角反杙音弋割其鼻脣斷其舌謂去曰前殺昭平反來畏我師古曰令我恐畏也今欲靡爛望卿使不能神師古曰靡碎也音糜其下亦同與去共支解置大鑊中取桃灰毒藥并煮之召諸姬皆臨觀連日夜靡盡復共殺其女弟都後去數召姬榮愛與飲昭信復

譖之曰榮姬視瞻意態不善疑有私時愛爲去刺方領繡服虔曰如今小兒卻襲衣也頸下施衿領正方直晉灼曰今之婦人直領也繡爲方領上刺作黼黻文王莽傳曰有人著赤繢方領方領上服也師古曰晉說是也去取燒之愛恐自投井出之未死笞問愛自誣與醫姦去縛繫柱燒刀灼潰兩目師古曰潰決也生割兩股銷鉛灌其口中愛死支解以棘埋之諸幸於去者昭信輒譖殺之凡十四人皆埋太后所居長壽宮中宮人畏之莫敢復迕師古曰迕逆也不敢迕昭信意昭信欲擅愛曰王使明貞夫人主諸姬淫亂難禁請閉諸姬舍門無令出敖師古曰敖謂游戲也使其大婢爲僕射師古曰大婢婢之長年也主永巷盡封閉諸舍上籥於后非大

置酒召不得見去憐之爲作歌曰愁莫愁居無聊師古曰聊賴也心重結意不舒内茀鬱憂哀積師古曰茀音拂上不見天生何益日崔隤時不再師古曰崔隤猶言蹉跎也崔音千回反隤音頹願棄軀死無悔令昭信聲鼓爲節以教諸姬歌之歌罷輒歸永巷封門獨昭信兄子初爲乘華夫人得朝夕見昭信與去從十餘奴博飲游敖初去年十四五事師受易師數諫正去師古曰數音所角反其下亦同去益大逐之師古曰益大謂年漸長大也内史請以爲掾師數令内史禁切王家去使奴殺師父子不發覺後去數置酒令倡俳臝戲坐中師古曰倡樂人也俳雜戲者也以爲樂相彊劾繫倡闌入

殿門如淳曰彊相名也奏狀事下考案倡辭本爲王教脩靡夫人望卿弟都歌舞使者召望卿都去對皆淫亂自殺會赦不治望卿前亨煑即取他死人與都死并付其母師古曰死者尸也次下求其死亦同母曰都是望卿非也數號哭求死昭信令奴殺之奴得辭服師古曰得者爲吏所捕得本始三年相内史奏狀具言赦前所犯天子遣大鴻臚丞相長史御史丞廷尉正雜治鉅鹿詔獄奏請逮捕去及后昭信制曰王后昭信諸姬奴婢證者皆下獄辭服有司復請誅王制曰與列侯中二千石二千石博士議議者皆以爲去悖虐聽后昭信讒

言燔燒亨煑生割剥人距師之諫殺其父子凡殺無辜十六人至一家母子三人逆節絕理其十五人在赦前大惡仍重師古曰仍頻也重音直用反當伏顯戮以示衆制曰朕不忍致王於法議其罰有司請廢勿王與妻子徙上庸奏可與湯沐邑百戶去道自殺昭信棄市立二十二年國除後四歲宣帝地節四年復立去兄文是爲戴王文素正直數諫王去故上立焉二年薨子海陽嗣十五年坐畫屋爲男女臝交接置酒請諸父姊妹飲令仰視畫又海陽女弟爲人妻而使與幸臣姦又與從弟調等謀殺一家

三人已殺甘露四年坐廢徙房陵國除後十五年
平帝元始二年復立戴王弟襄隄侯子瘉爲廣德
王師古曰隄音丁奚反瘉音愈奉惠王後二年薨子赤嗣王莽時
絶　膠東康王寄以孝景中二年立二十八年
薨淮南王謀反時寄微聞其事私作兵車鏃矢應劭
曰樓車也所以看敵國營壘之虛實也師古曰兵車止謂戰車耳鏃矢大鏃之矢今所謂兵箭者也鏃音子木反戰守備
備淮南之起及吏治淮南事辭出之師古曰辭語所連出其事寄
於上最親師古曰寄母王夫人即王皇后之妹於上爲從母故寄於諸兄弟之中又更親也此下有常山王云天子爲最
親其義亦同意自傷發病而死不敢置後於是上聞寄
有長子賢母無寵少子慶母愛幸寄常欲立之爲

非次因有過遂無所言上憐之立賢爲膠東王奉
康王祀而封慶爲六安王王故衡山地膠東
王賢立十五年薨謚爲哀王子戴王通平嗣二十
四年薨子頃王音嗣五十四年薨子共王授嗣十
四年薨子殷嗣王莽時絶　六安共王慶立三
十八年薨子夷王祿嗣十年薨子繆王定嗣二十
二年薨子頃王光嗣二十七年薨子育嗣王莽時
絶　清河哀王乘以孝景中三年立十二年薨
無子國除　常山憲王舜以孝景中五年立舜
帝少子驕淫數犯禁上常寬之三十三年薨子勃

嗣爲王初憲王有不愛姬生長男梲蘇林曰音奪師古曰音他活反
其字從木梲以母無寵故亦不得幸於王王后脩生大
子勃王内多所幸姬生子平子商王后稀得幸及
憲王疾甚諸幸姬侍病王后以妬媢不常在師古曰媢亦妬
也媢音冒輒歸舍醫進藥太子勃不自嘗藥又不宿留
侍疾及王薨王后太子乃至憲王雅不以梲爲子
數師古曰雅素也數數音所具反不分與財物郎或説太子王后令
分梲財皆不聽太子代立又不收恤梲梲怨王后
及太子漢使者視憲王喪梲自言憲王病時王后
太子不侍及薨六日出舍如淳曰出服舍也太子勃私姦飲

酒博戲擊筑與女子載馳環城過市師古曰環繞也音宦入獄
視囚天子遣大行騫驗問師古曰張騫也逮諸證者師古曰逮捕之
王又匿之吏求捕勃使人致擊笞掠擅出漢所疑
囚有司請誅勃及憲王后脩上曰脩素無行使梲
陷之罪勃無良師傅不忍致誅有司請廢勿王徙
王勃以家屬處房陵上許之勃王數月廢國除月
餘天子爲最親詔有司曰常山憲王早夭后妾不
和適孽誣爭師古曰適音嫡孽庶也陷于不誼以滅國朕甚閔
焉其封憲王子平三萬戶爲眞定王子商三萬戶
爲泗水王頃王平立二十五年薨師古曰眞定頃王也子烈王

偃嗣十八年薨子孝王由嗣二十二年薨子安王
雍嗣二十六年薨子共王普嗣十五年薨子陽嗣
王莽時絕　泗水思王商立十二年薨子哀王
安世嗣一年薨無子於是武帝憐泗水王絕復立
安世弟賀是為戴王立二十二年薨有遺腹子煖
（師古曰煖音許遠反）相內史不以聞大后上書昭帝閔之抵相
內史罪立煖是為勤王（師古曰勤謚也）立三十九年薨子戾
王駿嗣三十一年薨子靖嗣王莽時絕

贊曰昔魯哀公有言寡人生於深宮之中長於婦
人之手未嘗知憂未嘗知懼（師古曰哀公與孔子言也事見孫卿子）信哉
斯言也雖欲不危亡不可得已（師古曰已語終辭）是故古人
以宴安為鴆毒（師古曰左氏傳管敬仲云宴安鴆毒不可懷也）亡德而富貴謂
之不幸漢興至于孝平諸侯王以百數率多驕淫
失道何則沈溺放恣之中居勢使然也自凡人猶
繫于習俗而況哀公之倫乎夫唯大雅卓爾不羣
河間獻王近之矣

景十三王傳第二十三

李廣蘇建傳第二十四　班固　漢書五十四

秘書監上護軍琅邪縣開國子顏師古注

李廣隴西成紀人也其先曰李信秦時爲將逐得燕太子丹者也廣世世受射師古曰受射法孝文十四年匈奴大入蕭關師古曰在上郡北而廣以良家子從軍擊胡用善射殺首虜多爲郎騎常侍師古曰官爲郎而常騎以侍天子故曰騎常侍數從射獵格殺猛獸文帝曰惜廣不逢時令當高祖世萬戸侯豈足道哉景帝即位爲騎郎將師古曰爲騎郎之將吳楚反時爲驍騎都尉從太尉亞夫戰昌邑下顯名以梁王授廣將軍印故還賞不行文穎曰廣爲漢將私受梁印故不得賞也爲上谷太守數與匈奴戰典屬國公孫昆邪爲上泣曰服虔曰昆邪中國人也師古曰對上而泣也昆音下溫反李廣材氣天下亡雙自負其能數與虜确恐亡之師古曰負恃也确謂競勝敗也确音角上乃徙廣爲上郡太守匈奴侵上郡上使中貴人從廣服虔曰内臣之貴幸者勒習兵擊匈奴中貴人者將數十騎從張晏曰放從遊獵也師古曰張讀作縱此說非也直言將數十騎自隨在大軍前行而忽遇敵也從音才用反見匈奴三人與戰射傷中貴人殺其騎且盡中貴人走廣師古曰走趣也音奏廣曰是必射鵰者也文穎曰鵰鳥也故使善射者射之師古曰鵰大鷙鳥也一名鷲黑色翮可以爲箭翮音隔廣乃從百騎往馳三人師古曰疾馳而逐之三人亡馬步行行數十里廣令其騎張左右翼師古曰旁引其騎若鳥翼之爲而

廣身自射彼三人者殺其二人生得一人果匈奴射鵰者也已縛之上山望匈奴數千騎見廣以爲誘騎驚上山陳師古曰爲陳以待廣也廣之百騎皆大恐欲馳還走廣曰我去大軍數十里今如此走匈奴追射我立盡今我留匈奴必以我爲大軍之誘不我擊師古曰不我擊不敢擊我也廣令曰前未到匈奴陳二里所止令曰皆下馬解鞍騎曰虜多如是解鞍即急柰何廣曰彼虜以我爲走今解鞍以示不去用堅其意師古曰示以堅牢令敵意知之有白馬將出護兵師古曰將之乘白馬者也護謂監視之廣上馬與十餘騎奔射殺白馬將而復還至其百騎中解鞍縱馬臥師古曰縱放也時會暮胡兵終怪之弗敢擊夜半胡兵以爲漢有伏軍於傍欲夜取之即引去平旦廣乃歸其大軍後徙爲隴西北地鴈門雲中太守武帝即位左右言廣名將也由是入爲未央衛尉而程不識時亦爲長樂衛尉程不識故與廣俱以邊太守將屯及出擊胡而廣行無部曲行陳師古曰續漢書百官志云將軍領軍皆有部曲大將軍營五部部校尉一人部下有曲曲有軍候一人今廣尚於簡易故行道之中而不立部曲也就善水草頓舍人人自便師古曰頓止也舍息也便安利也音頻面反其下亦同不擊刁斗自衛孟康曰刁斗以銅作鐎受一斗晝炊飯食夜擊持行夜名曰刁斗今在滎陽庫中也蘇林曰形如鋗無緣師古曰鐎音譙鄭之譙溫器也鋗音火玄反鋗即銚也今俗或呼銅銚音姚莫府省文書晉灼曰將軍職

莽征行無常處所在爲治故言莫府也莫大也或曰衞青征匈奴絶大莫大克獲帝就拜大將軍於幕中府故曰莫府莫府之名始於此也師古曰二說皆非也
莫府者以軍幕爲義古字通單用耳軍旅無常居止故以帳幕言之廉頗李牧市租皆入幕府此則非因衞青始有其號又莫訓大於義乖
矣省少也音所領反然亦遠斥候未嘗遇害程不識正部曲行
伍營陳擊刁斗吏治軍簿師古曰簿文簿音步戶反至明軍不得自
便不識曰李將軍極簡易然虜卒犯之無以禁師古
曰卒讀曰猝而其士亦佚樂師古曰佚與逸同逸樂謂閑豫也爲之死我軍雖煩
擾虜亦不得犯我是時漢邊郡李廣程不識爲名
將然匈奴畏廣士卒多樂從而苦程不識師古曰苦謂厭苦之也
不識孝景時以數直諫爲太中大夫爲人廉謹於
文法後漢誘單于以馬邑城使大軍伏馬邑傍而

廣爲驍騎將軍屬護軍將軍師古曰韓安國單于覺之去漢
軍皆無功後四歲廣以衞尉爲將軍出鴈門擊匈
奴匈奴兵多破廣軍生得廣單于素聞廣賢令曰
得李廣必生致之胡騎得廣廣時傷置兩馬閒絡
而盛臥行十餘里廣陽死睨其傍有一兒騎善馬
師古曰睨邪視也音五係反暫騰而上胡兒馬上師古曰騰跳躍也因抱兒鞭
馬南馳數十里得其餘軍匈奴騎數百追之廣行
取兒弓射殺追騎師古曰且行且射也以故得脫於是至漢漢
下廣吏吏當廣亡失多爲虜所生得師古曰當謂處其罪也當斬
贖爲庶人數歲與故潁陰侯屛居藍田南山中射

獵師古曰潁陰侯灌嬰之孫名彊嘗夜從一騎出從人田閒飮還至亭
霸陵尉醉呵止廣廣騎曰故李將軍尉曰今將軍
尚不得夜行何故也宿廣亭下居無何匈奴入隴西
殺太守敗韓將軍蘇林曰韓安國韓將軍後徙居右北平死
於是上乃召拜廣爲右北平太守廣請霸陵尉與
俱師古曰奏請天子而將行至軍而斬之上書自陳謝罪上報曰將
軍者國之爪牙也司馬法曰登車不式遭喪不服
服虔曰式撫車之式以禮敬人也式者車前橫木也字或作軾振旅撫師以征不服率三軍
之心同戰士之力故怒形則千里竦威振則萬物
伏師古曰竦驚也是以名聲暴於夷貉威稜憺乎鄰國李奇曰神靈之

威曰稜憺猶動也蘇林曰陳留人語恐言憺之師古曰稜音來登反憺音徒濫反夫報忿除害捐殘去殺
朕之所圖於將軍也若迺免冠徒跣稽顙請罪豈
朕之指哉師古曰指意也將軍其率師東轅彌節白檀孟康曰白檀縣
名也屬右北平李奇曰彌節少安之貌師古曰彌音亡俾反以臨右北平盛秋師古曰盛秋馬肥恐虜爲寇故令折
衝禦難也廣在郡匈奴號曰漢飛將軍避之數歲不入
界廣出獵見草中石以爲虎而射之中石沒
矢視之石也他日射之終不能入矣廣所居
郡聞有虎常自射之及居右北平射虎虎騰
傷廣廣亦射殺之石建卒上召廣代爲郎
中令元朔六年廣復爲將軍從大將軍

出定襄諸將多中首虜率為侯者如淳曰中猶充也充本法得首若干封侯也師古曰率謂軍功封賞之科著在法令者也中音竹仲反其下率亦同而廣軍無功後三歲廣以郎中令將四千騎出右北平博望侯張騫將萬騎與廣俱異道行數百里匈奴左賢王將四萬騎圍廣廣軍士皆恐廣迺使其子敢往馳之敢從數十騎直貫胡騎出其左右而還報廣曰胡虜易與耳軍士乃安為圜陳外鄉師古曰鄉讀曰嚮胡急擊矢下如雨漢兵死者過半漢矢且盡廣乃令持滿毋發師古曰注矢於弓弩弓而引滿之不發矢也而廣身自以大黃射其裨將服虔曰黃肩弩也孟康曰太公陷堅卻敵以大黃參連弩也晉灼曰黃肩即黃閒也大黃其大者也師古曰服晉二說是也殺數人胡虜益

解會暮吏士無人色師古曰言懼也而廣意氣自如師古曰自如猶云如舊益治軍師古曰部曲整行陳也軍中服其勇也明日復力戰而博望侯軍亦至匈奴迺解去漢軍罷弗能追師古曰罷讀曰疲是時廣軍幾沒師古曰幾音鉅依反歸漢法博望侯後期當死贖為庶人廣軍自當亡賞師古曰自當謂為虜所勝又能勝虜功過相當也初廣與從弟李蔡俱為郎事文帝景帝時蔡積功至二千石武帝元朔中為輕車將軍從大將軍擊右賢王有功中率封為樂安侯師古曰此傳及百官表並為樂安侯而功臣表作安樂侯是功臣表誤也元狩二年代公孫弘為丞相蔡為人在下中師古曰在下輩之中名聲出廣下遠甚然廣不得爵邑官不過

九卿廣之軍吏及士卒或取封侯廣與望氣王朔語曰自漢征匈奴廣未嘗不在其中而諸妄校尉巳下張晏曰妄猶凡也材能不及中師古曰中謂中庸之人也以軍功取侯者數十人廣不為後人然終無尺寸功以得封邑者何也豈吾相不當侯邪朔曰將軍自念豈嘗有恨者乎師古曰恨悔也廣曰吾為隴西守羌嘗反吾誘降者八百餘人詐而同日殺之至今恨獨此耳朔曰禍莫大於殺巳降此迺將軍所以不得侯者也廣歷七郡太守前後四十餘年得賞賜輒分其戲下師古曰戲讀曰麾又音許宜反飲食與士卒共之家無餘財終不言生

產事為人長爰臂如淳曰臂如猨臂通肩也或曰以當為猨臂也師古曰王國風兔爰之詩云有兔爰爰爰緩意也其義兩通其善射亦天性雖子孫他人學者莫能及廣吶口少言師古曰吶亦訥字與人居則畫地為軍陳射闊狹以飲專以射為戲如淳曰為戲求跡密持酒以飲不勝者也將兵乏絕處見水士卒不盡飲不近水不盡餐不嘗食寬緩不苛師古曰苛細也士以此愛樂為用其射見敵非在數十步之內度不中不發師古曰度音徒各反中音竹仲反發即應弦而倒用此其將數困辱及射猛獸亦數為所傷云元狩四年大將軍票騎將軍大擊匈奴廣數自請行上以為老不許良久乃許之以為前將軍大將軍青出

塞捕虜知單于所居迺自以精兵走之(師古曰走趣也音奏)而令廣并於右將軍軍出東道(師古曰并合也合軍而同道)東道少回遠(師古曰回繞也曲也音胡悔反)大軍行水草少其勢不屯行(張晏曰以水草少不可群輩也)廣辭曰臣部為前將軍今大將軍乃徙臣出東道且臣結髮而與匈奴戰(師古曰言始勝冠即在戰陳)迺今一得當單于臣願居前先死單于(師古曰致死而取單于)大將軍陰受上指以為李廣數奇(孟康曰奇隻不耦也如淳曰數為匈奴所敗為奇不耦師古曰言廣命隻不耦合也孟說是矣數音所角反奇音居宜反)毋令當單于恐不得所欲(師古曰謂不勝敵也)是時公孫敖新失侯為中將軍大將軍亦欲使敖與俱當單于故徙廣廣知之固辭大將軍弗聽令長史封書與之莫府(師古曰之往也莫府衞青行軍府)曰急詣部如書廣不謝大將軍而起行意象慍怒(師古曰言慍怒之色形於外也)而就部引兵與右將軍食其合軍出東道(師古曰趙食其也食音異其音基)惑失道後大將軍(師古曰惑迷也在後不及期也)大將軍與單于接戰單于遁走弗能得而還南絕幕迺遇兩將軍(師古曰絕渡也)廣已見大將軍還入軍大將軍使長史持糒醪遺廣(師古曰糒乾飯也醪汁滓酒也糒音備醪音牢)因問廣食其失道狀曰青欲上書報天子失軍曲折(師古曰曲折猶言委曲也)廣未對大將軍長史急責廣之莫府上簿(師古曰之往也簿謂文狀也音步戶反)廣曰諸校尉亡罪乃我自失道吾今自上簿至莫府謂其麾下

曰廣結髮與匈奴大小七十餘戰今幸從大將軍出接單于兵而大將軍徙廣部行回遠又迷失道豈非天哉且廣年六十餘終不能復對刀筆之吏矣遂引刀自剄百姓聞之知與不知老壯皆為垂泣(師古曰知謂素相識知也)而右將軍獨下吏當死贖為庶人廣三子曰當戶椒敢皆為郎上與韓嫣戲嫣少不遜(師古曰嫣音偃)當戶擊嫣嫣走於是上以為能當戶蚤死(師古曰蚤古早字)乃拜椒為代郡太守皆先廣死廣死軍中時敢從票騎將軍廣死明年李蔡以丞相坐詔賜冢地陽陵當得二十畝蔡盜取三頃頗賣得四十餘萬又盜取神道外壖地一畝葬其中(師古曰壖音人掾反)當下獄自殺敢以校尉從票騎將軍擊胡左賢王力戰奪左賢王旗鼓斬首多賜爵關內侯食邑二百戶代廣為郎中令頃之怨大將軍青之恨其父(師古曰令其父恨而死也)迺擊傷大將軍大將軍匿諱之居無何敢從上雍至甘泉宮獵(師古曰無何謂未多時也雍之所在地形積高故云上也上音時掌反他皆類此)票騎將軍去病怨敢傷青射殺敢去病時方貴幸上為諱云鹿觸殺之居歲餘去病死敢有女為太子中人愛幸敢男禹有寵於太子然好利亦有勇嘗與侍中貴人飲侵陵之莫敢應(師古曰言畏其勇氣)後愬之上上召禹

使剌虎縣下圈中未至地有詔引出之禹從落中
以劒斫絕纍欲剌虎師古曰落與絡同謂當時繩絡之而下也纍索也音力追反上壯
之遂救止焉而當戶有遺腹子陵將兵擊胡兵敗
降匈奴後人告禹謀欲亡從陵下吏死
陵字少卿少爲侍中建章監善騎射愛人謙讓下
士師古曰下音胡亞反甚得名譽武帝以爲有廣之風使將八
百騎深入匈奴二千餘里過居延視地形不見虜
還拜爲騎都尉將勇敢五千人教射酒泉張掖以
備胡數年漢遣貳師將軍伐大宛使陵將五校兵
隨後行至塞會貳師還上賜陵書陵留吏士與輕

騎五百出燉煌至鹽水迎貳師還復留屯張掖天
漢二年貳師將三萬騎出酒泉擊右賢王於天山
召陵欲使爲貳師將輜重師古曰重音直用反陵召見武臺師古曰未央宮有武臺殿叩頭自請曰臣所將屯邊者皆荊楚勇士
奇材劒客也力扼虎射命中師古曰扼謂捉持之也命中者所指名處即中之也扼音厄願得自當一隊師古曰隊部也音徒內反到蘭干山南以分單于
兵毋令專鄉貳師軍師古曰鄉讀曰嚮上曰將惡相屬邪吾
發軍多毋騎予女陵對無所事騎師古曰猶言不事須騎也臣願
以少擊衆步兵五千人涉單于庭上壯而許之因
詔彊弩都尉路博德將兵半道迎陵軍博德故伏

波將軍亦羞爲陵後距奏言方秋匈奴馬肥未可
與戰臣願留陵至春俱將酒泉張掖騎各五千人
並擊東西浚稽可必禽也師古曰浚稽山名時虜分居此兩山也浚音峻稽音雞書
奏上怒疑陵悔不欲出而教博德上書廼詔博德
吾欲予李陵騎云欲以少擊衆今虜入西河其引
兵走西河遮鉤營之道張晏曰胡來要害道令博德遮之師古曰走音奏詔陵以
九月發出遮虜鄣師古曰鄣者塞上險要之處往往修築別置候望之人所以自鄣蔽而伺敵也遮虜鄣名也至東浚稽山南龍勒水上徘徊觀虜即亡所見
從浞野侯趙破奴故道抵受降城休士師古曰抵歸也受降城本公孫敖所築休息也浞音仕角反因騎置以聞師古曰騎置謂驛騎也所與博德言者

云何張晏曰天子疑陵教博德上書求至春乃俱西也具以書對陵於是將其步
卒五千人出居延北行三十日至浚稽山止營舉
圖所過山川地形使麾下騎陳步樂還以聞步樂
召見道陵將率得士死力上甚說師古曰說讀曰悅拜步樂
爲郎陵至浚稽山與單于相值騎可三萬圍陵軍
軍居兩山閒以大車爲營陵引士出營外爲陳前
行持戟盾後行持弓弩師古曰行音胡剛反令曰聞鼓聲而
縱聞金聲而止師古曰金謂鉦也一名鐲鐲音濁虜見漢軍少直前就
營陵搏戰攻之如淳曰手對戰也千弩俱發應弦而倒虜還
走上山漢軍追擊殺數千人單于大驚召左右地

兵八萬餘騎攻陵陵且戰且引南行數日抵山谷
中師古曰抵當也至也其下亦同連戰士卒中矢傷三創者載輦兩創
者將車一創者持兵戰陵曰吾士氣少衰而鼓不
起者何也師古曰擊鼓進士而士氣不起也一曰士卒以有妻婦故聞鼓音而不時起也軍中豈有女
子乎始軍出時關東羣盜妻子徙邊者隨軍爲卒
妻婦大匿車中陵搜得皆劍斬之明日復戰斬首
三千餘級引兵東南循故龍城道行四五日抵大
澤葭葦中師古曰葭即蘆也音家虜從上風縱火陵亦令軍中
縱火以自救師古曰預自燒其旁草木令虜火不得延及也南行至山下單于
在南山上使其子將騎擊陵陵軍步鬬樹木間復

殺數千人因發連弩射單于服虔曰三十弩共一弦也張晏曰三十絭共一臂也師古曰
張說是也絭音去權反又音眷單于下走是日捕得虜言單于曰此
漢精兵擊之不能下日夜引吾南近塞得毋有伏
兵乎諸當戶君長皆言師古曰當戶匈奴官名也單于自將數萬
騎擊漢數千人不能滅後無以復使邊臣令漢益
輕匈奴復力戰山谷間尚四五十里得平地不能
破迺還是時陵軍益急匈奴騎多戰一日數十合
復傷殺虜二千餘人虜不利欲去會陵軍候管敢
爲校尉所辱亡降匈奴具言陵軍無後救射矢且
盡獨將軍麾下及成安侯校各八百人爲前行以

黄與白爲幟師古曰幟旗也音式志反當使精騎射之即破矣成
安侯者潁川人父韓千秋故濟南相奮擊南越戰
死武帝封子延年爲侯以校尉隨陵單于得敢大
喜使騎並攻漢軍疾呼曰李陵韓延年趣降師古曰且攻且
呼也呼音火故反趣讀曰促遂遮道急攻陵陵居谷中虜在山上
四面射矢如雨下漢軍南行未至鞮汗山師古曰鞮音丁奚反
一日五十萬矢皆盡即棄車去士尚三千餘人徒
斬車輻而持之師古曰徒但也軍吏持尺刀抵山入陿谷單
于遮其後乘隅下壘石服虔曰山名也師古曰此說非也言放石以投人因山隅曲而下也壘音
盧對反士卒多死不得行昏後陵便衣獨步出營蘇林

曰攣衣卷褏而行也師古曰此說非也便衣謂著短衣小褏也止左右毋隨我丈夫一取
單于耳師古曰言一身獨取也良久陵還大息曰兵敗死矣軍吏
或曰將軍威震匈奴天命不遂後求道徑還歸如
浞野侯爲虜所得後亡還天子客遇之況於將軍
乎陵曰公止吾不死非壯士也於是盡斬旌旗及珍
寶埋地中陵歎曰復得數十矢足以脫矣今無兵
復戰師古曰兵即謂矢及矛戟之屬也天明坐受縛矣各鳥獸散猶
有得脫歸報天子者師古曰脫免也音土活反次下亦同令軍士人持二
升糒一半冰如淳曰半讀曰片或曰五升曰半師古曰半讀曰判判大片也時冬寒有冰持之以備渴也期
至遮虜鄣者相待夜半時擊鼓起士鼓不鳴陵與

韓延年俱上馬壯士從者十餘人虜騎數千追之韓延年戰死陵曰無面目報陛下遂降軍人分散脫至塞者四百餘人陵敗處去塞百餘里邊塞以聞上欲陵死戰召陵母及婦使相者視之無死喪色後聞陵降上怒甚責問陳步樂步樂自殺羣臣皆罪陵上以問太史令司馬遷遷盛言陵事親孝與士信常奮不顧身以殉國家之急（師古曰殉營也一曰從也）其素所畜積也（師古曰畜讀曰蓄）有國士之風今舉事一不幸全軀保妻子之臣隨而媒糱其短（服虔曰媒音欺謂誣欺也孟康曰媒酒教糱麴也謂釀成其罪也師古曰孟說是也齊人名麴餅曰媒）誠可痛也且陵提步卒不滿五

千深輮戎馬之地（師古曰輮踐也音人九反）抑數萬之師虜救死扶傷不暇悉舉引弓之民共攻圍之轉鬬千里矢盡道窮士張空拳（文穎曰拳弓弩拳也師古曰拳字與絭同音去權反又音眷）冒白刃北首爭死敵（師古曰冒犯也北首北嚮也冒音莫北反首音式救反）得人之死力雖古名將不過也身雖陷敗然其所摧敗亦足暴於天下（師古曰所摧敗謂匈奴之兵也暴猶章也）彼之不死宜欲得當以報漢也（師古曰言欲立功以當其罪也）初上遣貳師大軍出財令陵為助兵（師古曰財與纔同謂淺也僅也史傳通用字他皆類此）及陵與單于相值而貳師功少上以遷誣罔欲沮貳師為陵游說（師古曰沮謂毀壞之音才呂反）下遷腐刑久之上悔陵無救曰陵當發出塞迺詔彊弩都尉令迎軍坐預詔之得令老將生姦詐（孟康曰坐預詔彊弩都尉路博德迎陵博德老將出塞不至令陵見沒也）迺遣使勞賜陵餘軍得脫者陵在匈奴歲餘上遣因杅將軍公孫敖（孟康曰因杅胡地名也師古曰杅音于）將兵深入匈奴迎陵敖軍無功還曰捕得生口言李陵教單于為兵以備漢軍故臣無所得上聞於是族陵家母弟妻子皆伏誅隴西士大夫以李氏為愧（師古曰恥其不能死節累及家室）其後漢遣使使匈奴陵謂使者曰吾為漢將步卒五千人橫行匈奴以亡救而敗何負於漢而誅吾家使者曰漢聞李少卿教匈奴為兵陵曰迺李緒非我也李緒本漢塞外都尉居

奚侯城匈奴攻之緒降而單于客遇緒常坐陵上陵痛其家以李緒而誅使人刺殺緒大閼氏欲殺陵（師古曰大閼氏單于之母）單于匿之北方大閼氏死迺還單于壯陵以女妻之立為右校王衛律為丁靈王（師古曰丁靈胡之別種也立為王而主其人也）皆貴用事衛律者父本長水胡人律生長漢善協律都尉李延年延年薦言律使匈奴使還會延年家收律懼并誅亡還降匈奴匈奴愛之常在單于左右陵居外有大事迺入議昭帝立大將軍霍光左將軍上官桀輔政素與陵善遣陵故人隴西任立政等三人（師古曰故人謂舊與相知者）俱至匈奴招陵立政

等至單于置酒賜漢使者李陵衛律皆侍坐立政
等見陵未得私語即目視陵師古曰以目相視而感動之今俗所謂眼語者也而數數
自循其刀環師古曰循謂摩順也握其足陰諭之言可遠歸
漢也後陵律持牛酒勞漢使博飲蘇林曰博且飲也師古曰勞音力到反兩
人皆胡服椎結師古曰結讀曰髻一撮之髻其形如椎立政大言曰漢已大
赦中國安樂主上富於春秋師古曰言天子年少霍子孟上官
少叔用事師古曰子孟光之字少叔桀之字以此言微動之陵墨不應
孰視而自循其髮荅曰吾已胡服矣有頃律起更
衣立政曰咄少卿良苦師古曰言甚勞苦霍子孟上官少叔
謝女師古曰謝以辭相問也陵曰霍與上官無恙乎師古曰恙憂病也立政

曰請少卿來歸故鄉毋憂富貴陵字立政曰少公
師古曰呼其字歸易耳恐再辱柰何語未卒衛律還頗聞餘
語曰李少卿賢者不獨居一國范蠡徧遊天下由
余去戎入秦今何語之親也因罷去立政隨謂陵
曰亦有意乎師古曰隨其後而語之陵曰丈夫不能再辱陵在
匈奴二十餘年元平元年病死　蘇建杜陵
人也以校尉從大將軍青擊匈奴封平陵侯以將
軍築朔方後以衛尉爲游擊將軍從大將軍出朔
方後一歲以右將軍再從大將軍出定襄亡翕侯
服虔曰趙信也失軍當斬贖爲庶人其後爲代郡太守卒官

有三子嘉爲奉車都尉賢爲騎都尉中子武最知
名　武字子卿少以父任兄弟並爲郎稍遷
至移中廄監師古曰移中廄名爲之監也移音移時漢連伐胡數通使相
窺觀匈奴留漢使郭吉路充國等前後十餘輩匈
奴使來漢亦留之以相當天漢元年且鞮侯單于
初立師古曰且音子閭反鞮音丁奚反恐漢襲之迺曰漢天子我丈人
行也師古曰丈人尊老之稱行音胡浪反盡歸漢使路充國等武帝嘉其
義迺遣武以中郎將使持節送匈奴使留在漢者
因厚賂單于荅其善意武與副中郎將張勝及假
吏常惠等師古曰假吏猶言兼吏也時權爲使之吏若今之差人充使典矣募士斥候百

餘人俱師古曰苴募人以充士卒及在道爲斥候者既至匈奴置幣遺單于單
于益驕非漢所望也方欲發使送武等會緱王與
長水虞常等謀反匈奴中師古曰緱音工侯反緱王者昆邪王
姊子也師古曰昆音胡門反與昆邪王俱降漢後隨浞野侯沒
胡中師古曰從趙破奴擊匈奴兵敗而降及衛律所將降者陰相與謀劫
單于母閼氏歸漢會武等至匈奴虞常在漢時素
與副張勝相知私候勝曰聞漢天子甚怨衛律常
能爲漢伏弩射殺之吾母與弟在漢幸蒙其賞賜
張勝許之以貨物與常後月餘單于出獵獨閼氏
子弟在虞常等七十餘人欲發其一人夜亡告之

單于子弟發兵與戰緱王等皆死虞常生得師古曰被執獲也單于使衛律治其事張勝聞之恐前語發以狀語武武曰事如此此必及我見犯迺死重負國欲自殺師古曰言被匈奴侵犯然後迺死是爲更負漢國故欲先自殺也重音直用反勝惠共止之虞常果引張勝單于怒召諸貴人議欲殺漢使者左伊秩訾曰臣瓚曰胡官之號也即謀單于何以復加師古曰言謀殺衛律而殺之其罰太重也宜皆降之單于使衛律召武受辭師古曰致單于之命而取其對也武謂惠等屈節辱命雖生何面目以歸漢引佩刀自刺衛律驚自抱持武馳召毉鑿地爲坎置熅火師古曰熅謂聚火無焱者也音於云反焱音弋贍反覆武其上師古曰覆身於坎上也覆音芳目反蹈

其背以出血武氣絕半日復息師古曰息謂出氣也惠等哭輿歸營單于壯其節朝夕遣人候問武而收繫張勝武益愈單于使使曉武師古曰諭武說令降也會論虞常欲因此時降武劒斬虞常已律曰漢使張勝謀殺單于近臣師古曰衛律自謂也當死單于募降者赦罪舉劒欲擊之勝請降律謂武曰副有罪當相坐武曰本無謀又非親屬何謂相坐復舉劒擬之武不動律曰蘇君律前負漢歸匈奴幸蒙大恩賜號稱王擁衆數萬馬畜彌山富貴如此師古曰彌滿也蘇君今日降明日復然空以身膏草野誰復知之武不應律曰君因我降與

君爲兄弟今不聽吾計後雖欲復見我尚可得乎武罵律曰女爲人臣子不顧恩義畔主背親爲降虜於蠻夷何以女爲見師古曰言何用見女爲也且單于信女使決人死生不平心持正反欲鬬兩主觀禍敗南越殺漢使者屠爲九郡宛王殺漢使者頭縣北闕朝鮮殺漢使者即時誅滅獨匈奴未耳若知我不降明師古曰若汝也言汝知我不肯降明矣欲令兩國相攻匈奴之禍從我始矣律知武終不可脅白單于單于愈益欲降之迺幽武置大窖中師古曰舊米粟之窖而空者也音工孝反絕不飲食師古曰飲音於禁反食讀曰飤天雨雪武臥齧雪與旃毛幷咽之師古曰咽吞也音宴數日不

死匈奴以爲神乃徙武北海上無人處使牧羝羝乳乃得歸師古曰羝牡羊也羝不當産乳故設此言示絕其事若燕太子丹烏白頭馬生角之比也羝音丁奚反乳音人喻反別其官屬常惠等各置他所武既至海上廩食不至師古曰無人給飤之掘野鼠去屮實而食之蘇林曰取鼠所去草實而食之張晏曰取鼠及草實幷而食之師古曰蘇說是也屮古草字去謂藏之也音丘呂反杖漢節牧羊臥起操持節旄盡落積五六年單于弟於靬王弋射海上師古曰靬音居言反武能網紡繳檠弓弩師古曰繳生絲縷也可以弋射檠謂輔正弓弩也繳音斫檠音警又音巨京反於靬王愛之給其衣食三歲餘王病賜武馬畜服匿穹廬劉德曰服匿如小旃帳孟康曰服匿如甖小口大腹方底用受酒酪穹廬旃帳也晉灼曰河東北界人呼小石甖受二斗所曰服匿師古曰孟晉二說是也王死後人衆徙去其冬丁令盜武

牛羊師古曰令音零丁令即上所謂丁零耳武復窮厄初武與李陵俱爲侍中武使匈奴明年陵降不敢求武久之單于使陵至海上爲武置酒設樂因謂武曰單于聞陵與子卿素厚故使陵來說足下虛心欲相待終不得歸漢空自苦亡人之地信義安所見乎前長君爲奉車服虔曰武兄嘉從至雍棫陽宮扶輦下除張晏曰主扶輦下除道也師古曰除謂門屏之閒觸柱折轅劾大不敬伏劒自刎師古曰刎斷也斷其頸也音武粉反賜錢二百萬以葬孺卿從祠河東后土張晏曰武弟賢宦騎與黃門駙馬爭船師古曰宦騎宦者而爲騎也黃門駙馬天子駙馬之在黃門者也駙副也金日磾傳曰養馬於黃門也推墮駙馬河中溺死宦騎亡詔使孺卿逐

捕不得惶恐飲藥而死來時大夫人已不幸師古曰不幸亦謂死陵送葬至陽陵子卿婦年少聞已更嫁矣獨有女弟二人兩女一男今復十餘年存亡不可知人生如朝露師古曰朝露見日則晞乾人命短促亦如之何久自苦如此陵始降時忽忽如狂自痛負漢加以老母繫保宮師古曰百官公卿表云少府屬官有居室武帝太初元年更名保宮子卿不欲降何以過陵且陛下春秋高法令亡常大臣亡罪夷滅者數十家安危不可知子卿尚復誰爲乎願聽陵計勿復有云武曰武父子亡功德皆爲陛下所成就位列將爵通侯兄弟親近常願肝腦塗地今得殺身自效雖蒙

斧鉞湯鑊誠甘樂之臣事君猶子事父也子爲父死無所恨願勿復再言陵與武飲數日復曰子卿壹聽陵言武曰自分已死久矣師古曰分音扶問反王必欲降武請畢今日之驩效死於前師古曰效致也陵見其至誠喟然歎曰嗟乎義士陵與衛律之罪上通於天因泣下霑衿與武決去師古曰決別也陵惡自賜武師古曰謂若示已於匈奴中富饒以夸武使其妻賜武牛羊數十頭後陵復至北海上語武區脫捕得雲中生口服虔曰區脫土室胡兒所作以候漢者也李奇曰匈奴邊境羅落守衛官也晉灼曰匈奴傳東胡與匈奴閒有棄地千餘里各居其邊爲區脫又云漢得區脫王發人民屯區脫以備漢此爲因邊境以爲官李說是也師古曰匈奴邊境爲候望之室服說是也本非官號區脫王者以其所部居區脫之處因呼之耳李晉二說皆失之區讀與甌同音一侯反脫音土活反言太守以下吏民皆白服曰上崩武聞之南

鄉號哭歐血旦夕臨師古曰鄉讀曰嚮臨哭也音力禁反數月昭帝即位數年匈奴與漢和親漢求武等匈奴詭言武死後漢使復至匈奴常惠請其守者與俱得夜見漢使具自陳道教使者謂單于言天子射上林中得鴈足有係帛書言武等在某澤中使者大喜如惠語以讓單于師古曰讓責也單于視左右而驚謝漢使曰武等實在於是李陵置酒賀武曰今足下還歸揚名於匈奴功顯於漢室雖古竹帛所載丹青所畫何以過子卿陵雖駑怯令漢且貰陵罪師古曰貰寬也全其老

毋使得奮大辱之積志　庶幾乎曹柯之盟　李奇曰欲劫單于如曹劌劫齊桓公柯盟之時　此陵宿昔之所不忘也收族陵家為世大戮陵尚復何顧乎已矣令子卿知吾心耳異域之人壹別長絕陵起舞歌曰徑萬里兮度沙幕為君將兮奮匈奴路窮絕兮矢刃摧士衆滅兮名已隤老母已死雖欲報恩將安歸　師古曰隤墜也音大回反　陵泣下數行因與武決單于召會武官屬　師古曰會謂集聚也　前以降及物故凡隨武還者九人　師古曰物故謂死也言其同於鬼物而故也一說不欲斥言但云其所服用之物皆已故耳而說者妄欲改物為勿非也　武以始元六年春至京師詔武奉一太牢謁武帝園廟拜為典屬國秩中二千石賜錢二百萬公田二頃宅一區常惠徐聖趙終根皆拜為中郎賜帛各二百匹其餘六人老歸家賜錢人十萬復終身　師古曰復音方目反　常惠後至右將軍封列侯自有傳武留匈奴凡十九歲始以彊壯出及還須髮盡白武來歸明年上官桀子安與桑弘羊及燕王蓋主謀反武子男元與安有謀坐死初桀安與大將軍霍光爭權數疏光過失予燕王　師古曰疏謂條錄之　令上書告之又言蘇武使匈奴二十年不降還迺為典屬國　師古曰實十九年而言二十者欲久其事以見冤屈故多言也　大將軍長史無功勞為搜粟都尉光顓權自恣　師古曰顓與專同　及燕王等

反誅窮治黨與武素與桀弘羊有舊數為燕王所訟子又在謀中廷尉奏請逮捕武霍光寑其奏免武官數年昭帝崩武以故二千石與計謀立宣帝　師古曰與讀曰預　賜爵關內侯食邑三百戶久之衛將軍張安世薦武明習故事奉使不辱命先帝以為遺言宣帝即時召武待詔宦者署　師古曰宦者署百官公卿表少府屬官有宦者令丞以其署親近故令於此待詔也　數進見復為右曹典屬國以武著節老臣令朝朔望號稱祭酒　師古曰加祭酒之號所以示優尊也祭酒已解在伍被傳　甚優寵之武所得賞賜盡以施予昆弟故人家不餘財皇后父平恩侯帝舅平昌侯樂昌侯　師古曰平恩侯許伯平昌侯王無故樂昌侯王武也　車騎將軍韓增丞相魏相御史大夫丙吉皆敬重武武年老子前坐事死上閔之問左右武在匈奴久豈有子乎武因平恩侯自白前發匈奴時胡婦適產一子通國有聲問來願因使者致金帛贖之上許焉後通國隨使者至上以為郎又以武弟子為右曹武年八十餘神爵二年病卒甘露三年單于始入朝上思股肱之美迺圖畫其人於麒麟閣　張晏曰武帝獲麒麟時作此閣圖畫其象於閣遂以為名師古曰漢宮閣疏云蕭何造　法其形貌署其官爵姓名　師古曰署表也顯也　唯霍光不名曰大司馬大將軍博陸侯姓霍氏次曰衛將軍富平侯張安

世次曰車騎將軍龍頟侯韓增次曰後將軍營平侯趙充國次曰丞相高平侯魏相次曰丞相博陽侯丙吉次曰御史大夫建平侯杜延年次曰宗正陽城侯劉德次曰少府梁丘賀次曰太子太傅蕭望之次曰典屬國蘇武皆有功德知名當世是以表而揚之明著中興輔佐列於方叔召虎仲山甫焉師古曰三人皆周宣王之臣有文武之功佐宣王中興者也言宣帝亦重興漢室而霍光等並為名臣皆比於方叔之屬召讀曰邵凡十一人皆有傳自丞相黃霸廷尉于定國大司農朱邑京兆尹張敞右扶風尹翁歸及儒者夏侯勝等皆以善終著名宣帝之世然不得列於名臣

之圖以此知其選矣

贊曰李將軍恂恂如鄙人口不能出辭師古曰恂恂誠謹貌也音荀及死之日天下知與不知皆為流涕彼其中心誠信於士大夫也諺曰桃李不言下自成蹊師古曰蹊謂徑道也此言言桃李以其華實之故非有所召呼而人爭歸趣來往不絕其下自然成徑以喻人懷誠信之心故能潛有所感也蹊音奚雖小可以喻大然三代之將道家所忌自廣至陵遂亡其宗哀哉孔子稱志士仁人有殺身以成仁無求生以害仁使於四方不辱君命師古曰皆論語載孔子之言蘇武有之矣

李廣蘇建傳第二十四

衛青霍去病傳第二十五　班固　漢書五十五

秘書監上護軍琅邪縣開國子顔師古注

衛青字仲卿。其父鄭季，河東平陽人也，以縣吏給事侯家。平陽侯曹壽尚武帝姊陽信長公主。師古曰壽姓曹爲平陽侯當是曹參之後然參傳及功臣侯表並無之未詳其意也季與主家僮衛媼通，師古曰僮者婢妾之總稱也媼者年老之號非當時所呼也衛者舉其夫家姓也生青。青有同母兄衛長君及姊子夫，子夫自平陽公主家得幸武帝，故青冒姓爲衛氏。師古曰謂假稱若人首之有覆冒也衛媼長女君孺，次女少兒，次女則子夫。子夫男弟步、廣皆冒衛氏。師古曰言步廣及青二人皆不姓衛而冒稱青爲侯家人，少時歸其父，父使牧羊。民母之子皆奴畜之，不以爲兄弟數。服虔曰民母嫡母也師古曰言鄭季正妻太子在編戶之間以別於公主家也今流俗書本二云牧羊人間先母之子不以爲兄弟數妄增也青嘗從人至甘泉居室，張晏曰居室甘泉中徒所居也有一鉗徒相青曰：「貴人也，官至封侯。」青笑曰：「人奴之生，得無笞罵即足矣，安得封侯事乎！」青壯，爲侯家騎，從平陽主。建元二年春，青姊子夫得入宮幸上。皇后，大長公主女也，文穎曰陳皇后武帝姑女也無子，妒。大長公主聞衛子夫幸，有身，妒之，迺使人捕青。青時給事建章，師古曰建章宮中也未知名。大長公主執囚青，欲殺之。其友騎郎公孫敖與壯士往篡之，師古曰逆取曰篡故得不死。上聞，迺召青爲建章監、侍

中，及母昆弟貴，賞賜數日間累千金。君孺爲太僕公孫賀妻，少兒故與陳掌通，師古曰掌陳平曾孫也上召貴掌。公孫敖由此益顯。子夫爲夫人，青爲大中大夫。元光六年，拜爲車騎將軍，擊匈奴，出上谷；公孫賀爲輕車將軍，出雲中；大中大夫公孫敖爲騎將軍，出代郡；衛尉李廣爲驍騎將軍，出鴈門：軍各萬騎。青至籠城，師古曰籠讀與龍同斬首虜數百。騎將軍敖亡七千騎，衛尉廣爲虜所得，得脫歸，皆當斬，贖爲庶人。賀亦無功。唯青賜爵關內侯。是後匈奴仍侵犯邊。師古曰仍頻也語在匈奴傳。元朔元年春，衛夫人有男，立爲皇后。其秋，青復將三萬騎出鴈門，李息出代郡，青斬首虜數千。明年，青復出雲中，西至高闕，師古曰高闕山名也一曰塞名也在朔方之北遂至于隴西，捕首虜數千，畜百餘萬，走白羊、樓煩王。遂取河南地爲朔方郡。師古曰當北地郡之北黃河之南也以三千八百戶封青爲長平侯。青校尉蘇建爲平陵侯，張次公爲岸頭侯。晉灼曰河東皮氏亭也使建築朔方城。師古曰蘇建築之也上曰：「匈奴逆天理，亂人倫，暴長虐老，師古曰謂其俗貴少壯而賤長老也以盜竊爲務，行詐諸蠻夷，造謀藉兵，數爲邊害。張晏曰從蠻夷借兵鈔邊故興師遣將，以征厥罪。詩不云乎？薄伐玁狁，至于太原，師古曰小雅六月之詩美宣王北伐也薄伐者言逐出之也玁狁北狄名即匈奴也玁音險

出車彭彭城彼朔方師古曰小雅出車之詩也彭彭衆車聲也朔方北方也此詩人美出車而征因築城以攘獫狁也今車騎將軍青度西河至高闕獲首二千三百級車輜畜產畢收為鹵已封為列侯遂西定河南地案榆谿舊塞如淳曰案尋也榆谿舊塞名也師古曰上郡之北有諸次山諸次水出焉東經榆林塞為榆谿言軍尋此塞而行也絕梓領梁北河討蒲泥破符離如淳曰絕度也晉灼曰蒲泥符離二王號也師古曰符離塞名也斬輕銳之卒捕伏聽者張晏曰伏於隱處聽軍虛實三千一十七級師古曰本以斬敵一首拜爵一級故謂一首為一級因復名生獲一人為一級也執訊獲醜師古曰執訊者謂生執其人而訊問之也獲醜者得其衆也一曰醜惡訊音信毆馬牛羊百有餘萬全甲兵而還益封青三千八百戶其後匈奴比歲入代郡鴈門定襄上郡朔方師古曰比頻也所殺略甚衆語在匈奴傳元朔五年春令青將三萬騎出高闕衛尉蘇建為游擊將軍左內史李沮為彊弩將軍文穎曰沮音組大僕公孫賀為騎將軍代相李蔡為輕車將軍皆領屬車騎將軍俱出朔方大行李息岸頭侯張次公為將軍俱出右北平匈奴右賢王當青等兵以為漢兵不能至此飲醉漢兵夜至圍右賢王右賢王驚夜逃獨與其愛妾一人騎數百馳潰圍北去漢輕騎校尉郭成等追數百里弗得得右賢裨王十餘人師古曰裨王小王也若言裨將也裨音頻移反衆男女萬五千餘人畜數十百萬師古曰數十萬以至百萬於是引兵而還

至塞天子使使者持大將軍印即軍中拜青為大將軍師古曰即就也諸將皆以兵屬立號而歸上曰大將軍青躬率戎士師大捷獲匈奴王十有餘人益封青八千七百戶而封青子伉為宜春侯師古曰伉音抗又音工郎反子不疑為陰安侯子登為發干侯青固謝曰師古曰固謂再三也臣幸得待罪行間賴陛下神靈軍大捷皆諸校力戰之功也陛下幸已益封臣青臣青子在繈褓中未有勤勞上幸裂地封為三侯非臣待罪行間所以勸士力戰之意也伉等三人何敢受封上曰我非忘諸校功也今固且圖之乃詔御史曰護軍都尉公孫敖三從大將軍擊匈奴常護軍傅校獲王師古曰傅讀曰附言敖揔護諸軍每附部校以致克捷而獲王也校者營壘之稱故謂軍之一部為一校或曰幡旗之名非也每軍一校則別為旛耳不名校也封敖為合騎侯晉灼曰猶冠軍從票之名也都尉韓說從大軍出窴渾服虔曰塞名也師古曰說讀曰悅窴音田渾音魂至匈奴右賢王庭為戲下師古曰戲讀曰麾又音許宜反言在大將軍麾旗之下不別統衆也搏戰獲王服虔曰搏戰擊封說為龍頟侯師古曰頟字或作額騎將軍賀從大將軍獲王封賀為南窌侯臣瓚曰茂陵中書云南奅侯此本字也師古曰窌音普教反奅亦同字輕車將軍李蔡再從大將軍獲王封蔡為樂安侯校尉李朔趙不虞公孫戎奴各三從大將軍獲王封朔為陟軹侯不虞為隨成侯戎奴為從平侯將軍李沮

李息及校尉豆如意中郎將綰皆有功賜爵關內
侯沮息如意食邑各三百戶其秋匈奴入代殺都
尉明年春大將軍青出定襄合騎侯敖為中將軍
大僕賀為左將軍翕侯趙信為前將軍衛尉蘇建
為右將軍郎中令李廣為後將軍左內史李沮為
彊弩將軍咸屬大將軍斬首數千級而還月餘悉
復出定襄斬首虜萬餘人蘇建趙信并軍三千餘
騎獨逢單于兵與戰一日餘漢兵且盡信故胡人
降為翕侯見急匈奴誘之還將其餘騎可八百犇
降單于師古曰犇古奔字也蘇建盡亡其軍獨以身得亡去自

歸青青問其罪正閎長史安議郎周霸等張晏曰正軍正也閎
名也如淳曰律都軍官長史一人建當云何師古曰謂處斷其罪法何至也霸曰自大將軍
出未甞斬裨將今建棄軍可斬以明將軍之威閎
安曰不然兵法小敵之堅大敵之禽也師古曰言衆寡不敵以其堅戰
無有退心故士卒喪盡也一說若建恥敗而不自歸則亦被匈奴禽之而去今建以數千當單于數
萬力戰一日餘士皆不敢有二心自歸而斬之是
示後無反意也不當斬青曰青幸得以胏附待罪
行閒師古曰胏附謂親戚也解在田蚡傳也不患無威而霸說我以明威
甚失臣意且使臣職雖當斬將以臣之尊寵而不
敢自擅專誅於境外其歸天子天子自裁之於以

風為人臣不敢專權不亦可乎師古曰風讀曰諷軍吏皆曰
善遂囚建行在所是歲也霍去病始侯　霍去
病大將軍青姊少兒子也其父霍仲孺先與少兒
通生去病及衛皇后尊少兒更為詹事陳掌妻去
病以皇后姊子年十八為侍中善騎射再從大將
軍大將軍受詔予壯士為票姚校尉服虔曰音飄搖師古曰票音頻妙反
搖音羊召反票姚勁疾之貌也荀悅漢紀作票鷂字去病後為票騎將軍尚取票姚之字耳今讀者音飄遙則不當其義也與輕
勇騎八百直棄大將軍數百里赴利斬捕首虜過
當師古曰言計其所將人數則捕首虜為多過於所當也一曰漢軍失亡者少而殺獲匈奴數多故曰過當也其下並同於是
上曰票姚校尉去病斬首捕虜二千二十八級得

相國當戶斬單于大父行藉若侯產張晏曰藉若胡侯也產名也師古曰
此人單于祖父之行也行音胡浪反捕季父羅姑比再冠軍師古曰亦單于之季父也羅姑其名
也比頻也以二千五百戶封去病為冠軍侯上谷太守郝
賢四從大將軍捕首虜千三百級封賢為終利侯
騎士孟已有功賜爵關內侯邑二百戶是歲失兩
將軍亡翕侯功不多故青不益封蘇建至上弗誅
贖為庶人青賜千金是時王夫人方幸於上甯乘
說青曰師古曰史記云甯乘齊人將軍所以功未甚多身食萬戶三
子皆為侯者以皇后故也今王夫人幸而宗族未
富貴願將軍奉所賜千金為王夫人親壽師古曰親母也青

以五百金爲王夫人親壽上聞問青青以實對上
迺拜甯乘爲東海都尉校尉張騫從大將軍以嘗
使大夏留匈奴中久道軍知善水草處師古曰道讀曰導
軍得以無飢渴因前使絕國功封騫爲博望侯去
病侯一歲元狩二年春爲票騎將軍將萬騎出隴
西有功上曰票騎將軍率戎士隃烏盭師古曰隃與踰同盭古戾
字也烏盭山名也討遬濮師古曰遬古速字也遬濮匈奴部落名也涉狐奴晉灼曰水名也歷五
王國輜重人衆攝讋者弗取師古曰攝讋謂振動失志氣言距戰者誅服者則赦也讋
音之涉反幾獲單于子師古曰幾音距衣反轉戰六日過焉支山千
有餘里合短兵鏖皋蘭下應劭曰隴西白石縣塞外河名也蘇林曰匈奴中山關名也李

奇曰鏖音麃津名也晉灼曰世俗謂盡死殺人爲鏖糟文穎曰鏖音意曹反師古曰鏖字本從金麀聲轉寫訛耳鏖謂苦擊而多殺也皋蘭
山名也言苦戰於皋蘭山下而多殺虜也晉說文音皆得之今俗猶謂打擊之甚者曰鏖麀牝鹿也音於求反殺折蘭王
斬盧侯王張晏曰折蘭盧侯胡國名也殺者殺之而巳斬者獲其首也師古曰折蘭匈奴中姓也今鮮卑有是蘭姓者即其
種也折音上列反銳悍者誅全甲獲醜執渾邪王子師古曰全甲謂軍中之甲
不喪失也渾音下昆反及相國都尉捷首虜八千九百六十級收
休屠祭天金人如淳曰祭天以金人爲主也張晏曰佛徒祠金人也師古曰今之佛像是也休音許虯反屠音儲
師率減什七師古曰言其破敵故匈奴之師十減其七也一曰漢兵失亡之數下皆類此也益封去病
二千二百戶其夏去病與合騎侯敖俱出北地異
道博望侯張騫郎中令李廣俱出右北平異道廣
將四千騎先至騫將萬騎後匈奴左賢王將數萬

騎圍廣廣與戰二日死者過半所殺亦過當騫至
匈奴引兵去騫坐行留當斬贖爲庶人師古曰軍行而輒稽留故坐法
而去病出北地遂深入合騎侯失道不相得去病
至祁連山師古曰祁連山即天山也匈奴呼天爲祁連祁音上夷反捕首虜甚多上曰
票騎將軍涉鈞耆濟居延張晏曰鈞耆居延皆水名也瓚曰涉深曰濟師古曰涉謂人
馬涉度也濟謂以舟舩遂臻小月氏師古曰臻至也氏音支攻祁連山揚武乎
鱳得鄭氏曰鱳音鹿張掖縣也師古曰鄭說非也此鱳得匈奴中地名而張掖縣轉取其名耳得單于單
桓酋涂王張晏曰單桓酋涂皆胡王也師古曰酋音才由反涂音塗及相國都尉以衆
降下者二千五百人可謂能舍服知成而止矣師古
曰服而舍之功成則止也捷首虜三萬二百獲五王王母單于閼氏

王子五十九人相國將軍當戶都尉六十三人師
大率減什三益封去病五千四百戶賜校尉從至
小月氏者爵左庶長師古曰第十爵鷹擊將軍破奴師古曰趙破奴
再從票騎將軍斬遬濮王捕稽且王師古曰且音子閭反右千騎將
王王母各一人王子以下四十一人捕虜三千三百三十人前行
捕虜千四百人師古曰前行謂在軍之前而行封破奴爲從票侯張晏曰從
票騎將軍有功因以爲號校尉高不識從票騎將軍捕呼于耆王
王子以下十一人捕虜千七百六十八人封不識爲
宜冠侯校尉僕多有功封爲煇渠侯師古曰功臣侯表作僕朋今此作多
轉寫者誤也煇音暉也合騎侯敖坐行留不與票騎將軍會當

斬贖爲庶人諸宿將所將士馬兵亦不如去病師古曰宿舊也兵兵器也去病所將常選師古曰選取驍鋭然亦敢深入常與壯騎先其大軍軍亦有天幸未嘗困絕然而諸宿將常留落不耦師古曰留謂遲留落謂墜落故不諧耦而無功也由此去病日以親貴比大將軍其後單于怒渾邪王居西方數爲漢所破亡數萬人以票騎之兵也欲召誅渾邪王渾邪王與休屠王等謀欲降漢使人先要道邊師古曰道猶言也先爲要約來言之於邊界是時大行李息將城河上得渾邪王使即馳傳以聞師古曰傳音張戀反次下亦同上恐其以詐降而襲邊乃令去病將兵往迎之去病既度河與渾邪衆

相望渾邪裨王將見漢軍而多欲不降者師古曰恐被擒覆也頗遁去去病乃馳入得與渾邪王相見斬其欲亡者八千人遂獨遣渾邪王乘傳先詣行在所盡將其衆度河降者數萬人號稱十萬既至長安天子所以賞賜數十鉅萬封渾邪王萬戶爲漯陰侯如淳曰漯陰平原縣也師古曰漯音吐合反封其裨王呼毒尼爲下摩侯文穎曰呼毒尼胡王名也雁疪爲煇渠侯文穎曰雁音鷹疪音庇蔭之庇師古曰疪音匹履反其字從疒非庇蔭之庇疒音女華反禽黎爲河綦侯師古曰功臣侯表作烏黎今此作黎轉寫誤耳大當戶調雖爲常樂侯師古曰功臣侯表作稠雕今此傳作調雖表傳不同當有誤者於是上嘉去病之功曰票騎將軍去病率師征匈奴西域王渾邪

王及厥衆萌咸犇於率師古曰萌字與甿同犇古奔字也以軍糧接食幷將控弦萬有餘人師古曰言能引弓皆堪戰陳誅獟悍師古曰獟健行輕貌也字或作趬悍勇也獟音丘昭反又音丘召反捷首虜八千餘級降異國之王三十三戰士不離傷師古曰離遭也十萬之衆畢懷集服仍與之勞爰及河塞庶幾亡患師古曰重興軍旅之勞及北何沙塞之表可得寧息無憂患也以千七百戶益封票騎將軍減隴西北地上郡戍卒之半以寬天下繇役迺分處降者於邊五郡故塞外而皆在河南因其故俗爲屬國師古曰不改其本國之俗而屬於漢故號屬國其明年匈奴入右北平定襄殺略漢千餘人其明年上與諸將議曰翕侯趙信爲單于畫計常以爲

漢兵不能度幕輕留師古曰言輕易漢軍故留而不去也一曰謂漢兵不能輕入而久留也今大發卒其埶必得所欲是歲元狩四年也春上令大將軍青票騎將軍去病各五萬騎步兵轉者踵軍數十萬師古曰轉者謂運輜重也踵接也而敢力戰深入之士皆屬去病去病始爲出定襄當單于捕虜虜言單于東迺更令去病出代郡令青出定襄郎中令李廣爲前將軍太僕公孫賀爲左將軍主爵趙食其爲右將軍師古曰食音異其音基平陽侯襄爲後將軍師古曰曹襄皆屬大將軍趙信爲單于謀曰漢兵即度幕人馬罷師古曰罷讀曰疲匈奴可坐收虜耳師古曰言收虜漢軍人馬可不費力故言坐迺悉遠北其輜重

師古曰送輜重遠去令趣北也皆以精兵待幕北而適直青軍出塞千
餘里師古曰直讀曰值見單于兵陳而待師古曰爲行陳而待於是青令
武剛車自環爲營張晏曰兵車也師古曰環繞也而縱五千騎往當匈
奴匈奴亦從萬騎會日且入師古曰言日欲没也而大風起沙
礫擊面師古曰礫小石也音歷兩軍不相見漢益縱左右翼繞單
于師古曰翼謂左右舒引其兵如鳥之翅翼單于視漢兵多而士馬尚彊戰
而匈奴不利薄莫單于遂乘六贏壯騎可數百直
冒漢圍西北馳去師古曰贏者驢種馬子堅忍單于自乘善走贏而壯騎隨之也冒犯也贏音來戈反冒
音莫克反昏漢匈奴相紛挐師古曰紛挐亂相持搏也挐音女居反殺傷大當
師古曰各大相殺傷漢軍左校捕虜言單于未昏而去漢軍因

發輕騎夜追之青因隨其後匈奴兵亦散走會明
行二百餘里不得單于頗捕斬首虜萬餘級遂至
寘顏山趙信城如淳曰趙信降匈奴匈奴築城居之得匈奴積粟食軍師古
曰食讀曰飤軍留一日而還悉燒其城餘粟以歸青之與
單于會也而前將軍廣右將軍食其軍別從東道
或失道師古曰或迷大將軍引還過幕南迺相逢青欲使
使歸報令長史簿責廣師古曰簿音步戶反廣自殺食其贖
爲庶人青軍入塞凡斬首虜萬九千級是時匈奴
衆失單于十餘日右谷蠡王自立爲單于師古曰谷音鹿蠡音
盧奚反單于後得其衆右王迺去單于之號師古曰去除也音丘
呂反去病騎兵車重與大將軍軍等師古曰重音直用反而亡裨
將悉以李敢等爲大校當裨將出代右北平二千
餘里直左方兵師古曰直當也所斬捕功已多於青既皆還
上曰票騎將軍去病率師躬將所獲葷允之士服虔
曰葷音熏葷允匈奴別名也堯時曰葷粥周曰獫狁秦曰匈奴師古曰葷字與薰同粥音弋六反約輕齎絕大幕師古
曰輕齎者不以輜重自隨而所齎糧食少也一曰齎字與資同謂資裝也涉獲單于章渠師古曰涉謂涉
水也章渠單于之近臣也涉水而破獲之以誅北車耆晉灼曰王號也轉擊左大將雙
獲旗鼓歷度難侯師古曰山名也濟弓盧晉灼曰水名也獲屯頭王韓
王等三人李奇曰皆匈奴王號將軍相國當戶都尉八十三人
封狼居胥山禪於姑衍登臨翰海張晏曰登海邊山以望海也有大功故增山而

廣地也如淳曰翰海北海名也師古曰積土增山曰封爲墠祭地曰禪也執訊獲醜七萬有四百四
十三級師率減什二取食於敵卓行殊遠而糧不
絕師古曰卓亦遠意以五千八百戶益封票騎將軍右北平
大守路博德屬票騎將軍會與城不失期從至檮
余山師古曰檮音籌其字從木斬首捕虜二千八百級封博德爲
邳離侯北地都尉衛山從票騎將軍獲王封山爲
義陽侯故歸義侯因淳王復陸支師古曰復音芳福反樓剸王
伊即靬師古曰剸音之兗反靬音居言反皆從票騎將軍有功封復陸
支爲杜侯伊即靬爲衆利侯從票侯破奴昌武侯
安稽從票騎有功益封各三百戶漁陽大守解校

尉敢皆復鼓旗賜爵關內侯解食邑三百戶敢二百戶
校尉自爲爵左庶長軍吏卒爲官賞賜甚多而靑不
得益封吏卒無封者唯西河太守常惠雲中太守遂成
受賞遂成秩諸侯相賜食邑二百戶黃金百斤惠爵
關內侯兩軍之出塞塞閱官及私馬凡十四萬匹
而後入塞者不滿三萬匹廼置大司馬位大將軍
票騎將軍皆爲大司馬晉灼曰悉加大司馬者欲令票騎將軍去病與大將軍靑等耳定
令令票騎將軍秩祿與大將軍等自是後靑日衰
而去病日益貴靑故人門下多去事去病輒得官
爵唯獨任安不肯去師古曰安滎陽人後爲益州刺史即遺司馬遷書者去病爲人

少言不泄有氣敢往上嘗欲教之吳孫兵法師古曰吳吳起也孫孫武也
對曰顧方略何如耳不至學古兵法師古曰顧念也上
爲治第令視之對曰匈奴不滅無以家爲也由此
上益重愛之然少而侍中貴不省士師古曰省視也不恤視也其從
軍上爲遣太官齎數十乘師古曰齎與資同解已在前也既還重車餘
棄粱肉師古曰粱粟類也米之善者重音直用反而士有飢者其在塞外卒
乏糧或不能自振師古曰振舉也而去病尙穿域蹋鞠也服虔曰穿地作
鞠室也師古曰鞠以皮爲之實以毛蹵蹋而戲也蹋音徒臘反鞠音鉅六反事多此類靑仁喜士退
讓師古曰喜音許吏反以和柔自媚於上然於天下未有稱也
去病自四年軍後三歲元狩六年薨上悼之發屬

國玄甲軍陳自長安至茂陵師古曰送其葬所以寵衞之也屬國即上所云分處降者於
邊五郡者也玄甲謂甲之黑色也爲冢象祁連山師古曰在茂陵旁冢上有豎石冢前有石人馬者是也
諡之幷武與廣地曰景桓侯蘇林曰景武諡也桓廣地諡也義見諡法張晏曰諡法布
義行剛曰景辟土服遠曰桓也子嬗嗣師古曰嬗音上戰反嬗字子侯上愛之幸
其壯而將之爲奉車都尉從封泰山而薨無子國
除自去病死後靑長子宜春侯伉坐法失侯後五
歲伉弟二人陰安侯不疑發干侯登皆坐酎金失
侯後二歲冠軍侯國絕後四年元封五年靑薨諡
曰烈侯子伉嗣六年坐法免自靑圍單于後十四
歲而卒竟不復擊匈奴者以漢馬少又方南誅兩

越東伐朝鮮擊羌西南夷以故久不伐胡初靑既
尊貴而平陽侯曹壽有惡疾就國長公主問列侯
誰賢者左右皆言大將軍主笑曰此出吾家常騎
從我奈何左右曰於今尊貴無比於是長公主風
白皇后師古曰風讀曰諷皇后言之上廼詔靑尙平陽主如淳曰本陽信長公主也爲平
陽侯所尙故稱平陽主與主合葬起冢象廬山云師古曰在茂陵
東次去病冢之西相併者是也最師古曰最亦凡也大將軍靑凡七出擊匈奴斬
捕首虜五萬餘級一與單于戰收河南地置朔方
郡再封凡萬六千三百戶封三子爲侯侯千三百
戶幷之二萬二百戶其裨將及校尉侯者九人爲

特將者十五人師古曰特將謂獨別爲將而出征也李廣張騫公孫賀李
蔡曹襄韓說蘇建皆自有傳師古曰七人自有傳八人今列於此下凡十五人也說讀曰悅事景帝至武帝立八
李息郁郅人也師古曰北地之縣也郅音之日反
歲爲材官將軍軍馬邑後六歲爲將軍出代後三
歲爲將軍從大將軍出朔方皆無功凡三爲將軍其
後常爲大行　公孫敖義渠人以郎事景帝
至武帝立十二歲爲騎將軍出代亡卒七千人當
斬贖爲庶人後五歲以校尉從大將軍封合騎侯
後一歲以中將軍從大將軍再出定襄無功後二
歲以將軍出北地後票騎期當斬贖爲庶人後二

歲以校尉從大將軍無功後十四歲以因杅將軍
築受降城七歲復以因杅將軍再出擊匈奴至余
吾師古曰水名也在朔方北亡士多下吏當斬詐死亡居民閒五六
歲後覺復繫坐妻爲巫蠱族凡四爲將軍
李沮雲中人沮音阻事景帝武帝立十七歲以左內史
爲彊弩將軍後一歲復爲彊弩將軍　張次
公河東人以校尉從大將軍封岸頭侯其後大后
崩爲將軍軍北軍後一歲復從大將軍凡再爲將
軍後坐法失侯　趙信以匈奴相國降爲侯
武帝立十八年爲前將軍與匈奴戰敗降匈奴

趙食其祋祤人師古曰馮翊之縣也祋音丁活反又音丁外反祤音許羽反武帝立十八
年以主爵都尉從大將軍斬首六百六十級元狩
三年賜爵關內侯黃金百斤明年爲右將軍從大
將軍出定襄迷失道當斬贖爲庶人　郭昌
雲中人以校尉從大將軍元封四年以大中大夫
爲拔胡將軍屯朔方還擊昆明無功奪印　荀彘
大原廣武人以御見侍中師古曰以善御得見因爲侍中也御謂御車也用
校尉數從大將軍元封三年爲左將軍擊朝鮮無
功坐捕樓船將軍誅　最票騎將軍去病凡
六出擊匈奴其四出以將軍師古曰再出爲票姚校尉也斬首虜

十一萬餘級渾邪王以衆降數萬開河西酒泉之
地西方益少胡寇四益封凡萬七千七百戶其校
吏有功侯者六人爲將軍者二人　路博德
西河平州人以右北平大守從票騎將軍封邳離
侯票騎死後博德以衛尉爲伏波將軍伐破南越
益封其後坐法失侯爲彊弩都尉屯居延卒
趙破奴大原人嘗亡入匈奴已而歸漢爲票騎將
軍司馬出北地封從票侯坐酎金失侯後一歲爲
匈河將軍攻胡至匈河水無功後一歲擊虜樓蘭
王後爲浞野侯後六歲以浚稽將軍將二萬騎擊

匈奴左王左王與戰兵八萬騎圍破奴破奴為虜所得遂沒其軍居匈奴中十歲復與其大子安定亡入漢後坐巫蠱族自衛氏興大將軍青首封其後支屬五人為侯凡二十四歲而五侯皆奪國征和中戾大子敗衛氏遂滅而霍去病弟光貴盛自有傳

贊曰蘇建嘗責大將軍至尊重而天下之賢士大夫無稱焉（師古曰言不為賢士大夫所稱譽）願將軍觀古名將所招選者勉之哉（師古曰勸令招賢薦士也）青謝曰自魏其武安之厚賓客天子常切齒彼親待士大夫招賢黜不肖者人主之柄也人臣奉法遵職而已何與招士（師古曰與讀曰豫）票騎亦方此意為將如此（師古曰方比類也）

衛青霍去病傳第二十五

董仲舒傳第二十六　班固　漢書五十六

秘書監上護軍琅邪縣開國子顏師古注

董仲舒廣川人也少治春秋孝景時為博士下帷講誦弟子傳以久次相授業或莫見其面師古曰言新學者但就其舊弟子受業不必親見仲舒蓋三年不窺園其精如此師古曰雖有園圃不窺視之言專學也進退容止非禮不行學士皆師尊之武帝即位舉賢良文學之士前後百數師古曰數音所具反而仲舒以賢良對策焉制曰朕獲承至尊休德師古曰休美也言承先帝極尊之位至美之德也傳之亡窮而施之罔極師古曰罔亦無也極盡也任大而守重是以夙夜不皇康寧師古曰皇暇也康樂也永惟萬事之統猶懼有闕師古曰永深也惟思也統緒也故廣延四方之豪儁郡國諸侯公選賢良脩絜博習之士師古曰郡郡守也國王國也諸侯列侯也郡國及諸侯摠謂四方在外者公選謂以公正之道選士無偏私也欲聞大道之要至論之極師古曰極中也今子大夫褎然為舉首服虔曰子男子之美號也張晏曰褎進也為舉賢良之首也師古曰褎然盛服貌也詩邶風旄丘之篇曰褎如充耳褎音弋授反朕甚嘉之子大夫其精心致思朕垂聽而問焉蓋聞五帝三王之道改制作樂而天下洽和百王同之當虞氏之樂莫盛於韶師古曰韶舜樂於周莫盛於勺張晏曰勺周頌篇也言能成先祖之功以養天下也師古曰勺讀與酌同聖王已沒鍾鼓筦絃之聲未衰師古曰筦與管字同而大道微缺陵夷至虖桀紂之行師古曰陵夷言漸積替也解在成紀王道大壞矣

夫五百年之間守文之君當塗之士欲則先王之法以戴翼其世者甚眾師古曰翼助也然猶不能反日以仆滅師古曰反還也還於正道也仆斃也音赴至後王而後止豈其所持操或誖繆而失其統與師古曰操執也誖乖也統緒也操音千高反與讀曰歟後皆類此固天降命不可復反必推之於大衰而後息與師古曰息止也烏虖師古曰虖讀曰呼嗚呼歎辭也凡所為屑屑夙興夜寐務法上古者又將無補與師古曰屑屑動作之貌補益也三代受命其符安在災異之變何緣而起性命之情或夭或壽或仁或鄙師古曰夭壽命也仁鄙性也鄙謂不通也習聞其號未燭厥理師古曰燭照也伊欲風流而令行刑輕而姦改師古曰伊惟也百姓和樂政事宣昭何脩何飭而膏露降百穀登師古曰登成也悳潤四海澤臻屮木師古曰臻至也屮古草字也三光全寒暑平受天之祜師古曰祜福也音怙享鬼神之靈師古曰為鬼神所歆饗悳澤洋溢施虖方外延及羣生師古曰施亦延也洋音羊施音弋豉反子大夫明先聖之業習俗化之變終始之序講聞高誼之日久矣其明以諭朕師古曰諭謂曉告也科別其條勿猥勿并師古曰猥積也并合也欲其一二陳理而言之取之於術慎其所出迺其不正不直不忠不極枉于執事書之不泄興于朕躬毋悼後害師古曰極中也公卿執事有不忠直而阿枉者皆令言之朕自發書不有漏泄勿懼有後害而不言也子大夫其盡心靡有所隱朕將親覽焉仲舒對曰陛下發德音下

明詔求天命與情性皆非愚臣之所能及也臣謹案春秋之中視前世已行之事以觀天人相與之際甚可畏也國家將有失道之敗而天廼先出災害以譴告之師古曰譴責也不知自省又出怪異以警懼之師古曰省視也尚不知變而傷敗廼至以此見天心之仁愛人君而欲止其亂也自非大亡道之世者天盡欲扶持而全安之事在彊勉而已矣師古曰彊音其兩反此下並同彊勉學問則聞見博而知益明彊勉行道則德日起而大有功此皆可使還至而有效者也師古曰還讀曰旋旋速也詩曰夙夜匪解師古曰大雅烝人之詩也夙早也解讀曰懈懈怠也其下亦同書云茂哉茂哉師古曰虞書咎繇謨之辭也茂勉也皆彊勉之謂也道者所繇適於治之路也師古曰繇讀與由同由從也適往也仁義禮樂皆其具也故聖王已沒而子孫長久安寧數百歲此皆禮樂教化之功也王者未作樂之時廼用先王之樂宜於世者而以深入教化於民教化之情不得雅頌之樂不成故王者功成作樂樂其德也樂者所以變民風化民俗也其變民也易其化人也著師古曰著明也易音弋豉反著音竹筯反故聲發於和而本於情接於肌膚臧於骨髓故王道雖微缺而筦絃之聲未衰也夫虞氏之不為政久矣然而樂頌遺風猶有存者是以孔

子在齊而聞韶也夫人君莫不欲安存而惡危亡然而政亂國危者甚衆所任者非其人而所繇者非其道師古曰繇讀與由同下亦類此是以政日以仆滅也夫周道衰於幽厲非道亡也幽厲不繇也至於宣王思昔先王之德興滯補弊明文武之功業周道粲然復興詩人美之而作上天祐之為生賢佐後世稱誦至今不絕此夙夜不解行善之所致也孔子曰人能弘道非道弘人也師古曰論語載孔子之言也言明智之人則能行道內無其質非道所化故治亂廢興在於己非天降命不得可反其所操持誖謬失其統也臣聞天之所大奉使之王者必有非人力所能致而自至者此受命之符也天下之人同心歸之若歸父母故天瑞應誠而至書曰白魚入于王舟有火復于王屋流為烏師古曰今文尚書泰誓之辭也謂伐紂之時有此瑞也復歸也音扶目反此蓋受命之符也周公曰復哉復哉師古曰周公視火烏之瑞乃曰復哉復哉報也言周有盛德故天報以此瑞也亦見今文泰誓也孔子曰德不孤必有鄰師古曰論語載孔子之言也鄰近也言脩德者不獨空為之而已必有近助也皆積善累德之效也師古曰累古累字及至後世淫佚衰微師古曰佚與逸同不能統理羣生諸侯背畔殘賊良民以爭壤土廢德教而任刑罰刑罰不中則生邪氣師古曰中音竹仲反邪氣積於下怨惡畜於上師古曰畜讀曰蓄蓄聚也上下不和則陰

陽繆盭而妖孽生矣師古曰盭古戾字孽災也此災異所緣而起也臣聞命者天之令也性者生之質也情者人之欲也或夭或壽或仁或鄙陶冶而成之不能粹美師古曰陶以喻造瓦冶以喻鑄金也言天之生人有似於此也粹純也有治亂之所生故不齊也孔子曰君子之德風小人之德屮屮上之風必偃師古曰論語載孔子之言也言人之從化若草遇風則偃仆也故堯舜行德則民仁壽桀紂行暴則民鄙夭夫上之化下下之從上猶泥之在鈞唯甄者之所為師古曰甄作瓦之人也鈞造瓦之法其中旋轉者甄音吉延反猶金之在鎔唯冶者之所鑄師古曰鎔謂鑄器之摸範也鎔音容綏之斯倈動之斯和此之謂也師古曰論語載子貢對陳子禽之言也綏安也言治國家者安之則競來動之則和悅耳臣謹案春秋之文求王道之端得之於正師古曰謂正月也音之盛反正次王王次春師古曰解春秋書春王正月之一句也春者天之所為也正者王之所為也其意曰上承天之所為而下以正其所為正王道之端云爾然則王者欲有所為宜求其端於天天道之大者在陰陽陽為德陰為刑刑主殺而德主生是故陽常居大夏而以生育養長為事陰常居大冬而積於空虛不用之處以此見天之任德不任刑也天使陽出布施於上而主歲功使陰入伏於下而時出佐陽陽不得陰之助亦不能獨成歲終陽以成歲為名蘇林曰卒以陽

名歲尚德不尚刑也師古曰謂年首稱春也即上所云王次春者是也此天意也王者承天意以從事故任德教而不任刑刑者不可任以治世猶陰之不可任以成歲也為政而任刑不順於天故先王莫之肯為也今廢先王德教之官而獨任執法之吏治民毋乃任刑之意與師古曰與讀曰歟孔子曰不教而誅謂之虐師古曰論語載孔子之言虐政用於下而欲德教之被四海故難成也臣謹案春秋謂一元之意師古曰釋公始即位何不稱一年而言元年也一者萬物之所從始也元者辭之所謂大也師古曰易稱元者善之長也故曰辭之所謂大也謂一為元者視大始而欲正本也師古曰視讀曰示春秋深探其本而反自貴者始故為人君者正心以正朝廷正朝廷以正百官正百官以正萬民正萬民以正四方四方正遠近莫敢不壹於正而亡有邪氣奸其間者師古曰奸犯也音干是以陰陽調而風雨時群生和而萬民殖五穀孰而屮木茂天地之間被潤澤而大豐美四海之內聞盛德而皆倈臣諸福之物可致之祥莫不畢至而王道終矣孔子曰鳳鳥不至河不出圖吾已矣夫師古曰論語載孔子之言自悲可致此物而身卑賤不得致也師古曰鳳鳥河圖皆王者之瑞仲尼自歎有德無位故不至也今陛下貴為天子富有四海居得致之位操可致之勢師古曰操執持也音千高反又有能致

之資師古曰資材質也行高而恩厚知明而意美愛民而好士可謂誼主矣然而天地未應而美祥莫至者何也凡以教化不立而萬民不正也夫萬民之從利也如水之走下師古曰走音奏不以教化隄防之不能止也是故教化立而姦邪皆止者其隄防完也教化廢而姦邪並出刑罰不能勝者其隄防壞也古之王者明於此是故南面而治天下莫不以教化為大務立大學以教於國設庠序以化於邑師古曰庠序教學處也所以養老而行禮焉禮學記曰古之教者家有塾黨有庠術有序國有學也漸民以仁摩民以誼師古曰漸謂浸潤之摩謂砥礪之也節民以禮故其刑罰甚輕而禁不犯者教化行而習俗美也聖王之繼亂世也埽除其迹而悉去之師古曰去亦除也音丘呂反復脩教化而崇起之教化已明習俗已成子孫循之師古曰循順也順而行之行五六百歲尚未敗也至周之末世大為亡道以失天下秦繼其後獨不能改又益甚之重禁文學不得挾書棄捐禮誼而惡聞之其心欲盡滅先聖之道而顓為自恣苟簡之治蘇林曰苟為簡易之治也師古曰此說非也苟謂苟於權利也簡謂簡於仁義也簡易乾坤之德豈秦所行乎顓與專同故立為天子十四歲而國破亡矣自古以來未嘗有以亂濟亂大敗天下之民如秦者也師古曰濟益也其遺毒餘烈至今未滅使習俗薄

惡人民嚚頑抵冒殊扞文穎曰扞突也師古曰口不道忠信之言為嚚心不則德誼之經為頑抵觸也冒犯也殊絕也扞距也冒讀如字又音莫克反孰爛如此之甚者也孔子曰腐朽之木不可彫也糞土之牆不可圬也師古曰論語載孔子之言也圬鏝也所以泥飾牆也言內質敗壞不可脩治也圬音一胡反鏝音莫干反今漢繼秦之後如朽木糞牆矣雖欲善治之亡可柰何法出而姦生令下而詐起師古曰下音胡亞反如以湯止沸抱薪救火愈甚亡益也竊譬之琴瑟不調甚者必解而更張之乃可鼓也為政而不行甚者必變而更化之乃可理也當更張而不更張雖有良工不能善調也當更化而不更化雖有大賢不能善治也故漢得天下以來常欲治而至今不可善治者失之於當更化而不更化也古人有言曰臨淵羨魚不如退而結網師古曰言當自求之今臨政而願治七十餘歲矣不如退而更化更化則可善治善治則災害日去福祿日來詩云宜民宜人受祿于天師古曰大雅假樂之詩也為政而宜於民者固當受祿于天夫仁誼禮知信五常之道王者所當脩飾也五者脩飾故受天之祜而享鬼神之靈德施于方外延及群生也天子覽其對而異焉乃復策之曰制曰蓋聞虞舜之時游於巖廓之上文穎曰巖廓殿下小屋也晉灼曰堂邊廡巖廓謂嚴峻之廓也師古曰晉說是垂拱無為而天下太

平周文王至於日昃不暇食師古曰昃亦昊字而宇內亦治
夫帝王之道豈不同條共貫與師古曰與讀曰歟何逸勞之
殊也蓋儉者不造玄黃旌旗之飾及至周室設兩
觀乘大路朱干玉戚八佾陳於庭師古曰兩觀謂闕也大路玉路之車也干
盾也戚鉞也朱丹其盾玉為戚把也佾列也舞者之行列也一列八人天子八列六十四人也而頌聲興夫帝
王之道豈異指哉師古曰言意趣不同或曰良玉不瑑師古曰瑑謂彫刻為
文也音篆下皆類此又云非文亡以輔德二端異焉殷人執五
刑以督姦傷肌膚以懲惡師古曰督視責也懲止也成康不式四
十餘年師古曰式用也成康之時刑措不用天下不犯囹圄空虛秦國用
之死者甚衆刑者相望秏矣哀哉師古曰秏虛也言用刑酷烈誅殺甚衆天

下空虛也秏音呼到反或曰秏不明也言刑罰闇亂音莫報反烏虖師古曰虖讀曰呼朕夙寤晨興
師古曰夙早也寤寐之覺也興起也覺音工孝反惟前帝王之憲師古曰憲法也永思所
以奉至尊章洪業師古曰章明也洪大也皆在力本任賢師古
曰力本謂勤力行於本業也本謂農也今朕親耕藉田以為農先勸孝弟
崇有德使者冠蓋相望問勤勞恤孤獨盡思極神
功烈休德未始云獲也今陰陽錯繆氛氣充塞師古
曰氛惡氣也充滿也群生寡遂黎民未濟師古曰遂成也廉恥貿亂賢不
肖渾殽師古曰貿易也渾殽雜也貿音武又反渾音胡本反未得其真故詳延特
起之士庶幾乎師古曰詳盡也一曰審今子大夫待詔百有餘
人或道世務而未濟稽諸上古之不同考之于今

而難行毋迺牽於文繫而不得騁與師古曰牽於文繫謂懼於文吏之法
與讀曰歟其下類此將所繇異術所聞殊方與師古曰繇讀與由同方謂道也各悉
對著于篇師古曰悉謂盡意而對毋諱有司師古曰言不當忌畏有司而不極言明其
指略切磋究之以稱朕意師古曰究極也磋音千何反仲舒對曰臣
聞堯受命以天下為憂而未以位為樂也故誅逐
亂臣務求賢聖是以得舜禹稷卨咎繇衆聖輔德
賢能佐職教化大行天下和洽萬民皆安仁樂誼
各得其宜動作應禮從容中道師古曰從音千容反中音竹仲反故孔
子曰如有王者必世而後仁此之謂也師古曰論語載孔子之言
也言如有受命王者必三十年仁政乃成堯在位七十載迺遜于位以禪虞

舜堯崩天下不歸堯子丹朱而歸舜舜知不可辟
師古曰辟讀曰避乃即天子之位以禹為相因堯之輔佐繼
其統業是以垂拱無為而天下治孔子曰韶盡美
矣又盡善矣師古曰論語載孔子之言韶舜樂也孔子嘉舜之德故聽其樂而云盡善盡美矣此之
謂也至於殷紂逆天暴物殺戮賢知殘賊百姓伯
夷太公皆當世賢者隱處而不為臣守職之人皆
奔走逃亡入于河海師古曰謂若鼓方叔播鼗武少師陽之屬也事在禮樂志天下
秏亂萬民不安師古曰秏不明也音莫報反故天下去殷而從周文
王順天理物師用賢聖是以閎夭大顛散宜生等
亦聚於朝廷臣瓚曰皆文王賢臣愛施兆民天下歸之故太公

起海濱而即三公也（師古曰濱涯也即就也濱音賓又音頻）當此之時紂尚在上尊卑昏亂百姓散亡故文王悼痛而欲安之是以日昃而不暇食也孔子作春秋先正王而繫萬事見素王之文焉（師古曰見顯示也）繇此觀之（師古曰繇讀與由同）帝王之條貫同然而勞逸異者所遇之時異也孔子曰武盡美矣未盡善也（師古曰亦論語載孔子之言也武周武王樂也以其用兵伐紂故有慙德未盡善也）此之謂也臣聞制度文采玄黃之飾所以明尊卑異貴賤而勸有德也故春秋受命所先制者改正朔易服色所以應天也然則宮室旌旗之制有法而然者也故孔子曰奢則不遜儉則固（師古曰論語載孔子之言遜順也固陋也）儉非聖人之中制也臣聞良玉不瑑資質潤美不待刻瑑此亡異於達巷黨人不學而自知也（孟康曰人項橐也）然則常玉不瑑不成文章君子不學不成其德臣聞聖王之治天下也少則習之學長則材諸位（服虔曰在位當知材知曰有益於政也應劭曰隨其材之優劣而授之位也師古曰應說近之謂授之位以試其材也）爵祿以養其德刑罰以威其惡故民曉於禮誼而恥犯其上武王行大誼平殘賊周公作禮樂以文之至於成康之隆囹圄空虛四十餘年此亦教化之漸而仁誼之流非獨傷肌膚之效也至秦則不然師申商之法行韓非之說（師古曰申申不害也商商

鞅也）憎帝王之道以貪狼為俗（師古曰狼性皆貪故謂貪為貪狼也）非有文德以教訓於下也誅名而不察實（師古曰誅責也）為善者不必免而犯惡者未必刑也是以百官皆飾虛辭而不顧實外有事君之禮內有背上之心造偽飾詐趣利無恥又好用憯酷之吏（師古曰憯痛也音千感反）賦斂亡度竭民財力百姓散亡不得從耕織之業羣盜並起是以刑者甚眾死者相望而姦不息俗化使然也故孔子曰導之以政齊之以刑民免而無恥（師古曰論語載孔子之言也言以政法教導之以刑罰整齊之則人苟免而已無恥愧也）此之謂也今陛下并有天下海內莫不率服廣覽兼聽極羣下之知盡天下之美至德昭然施于方外夜郎康居殊方萬里說德歸誼（師古曰夜郎西南夷也康居西域國也說讀曰悅）此太平之致也然而功不加於百姓者殆王心未加焉曾子曰尊其所聞則高明矣行其所知則光大矣高明光大不在於它在乎加之意而已（師古曰曾子之書也曾子曾參）願陛下因用所聞設誠於內而致行之則三王何異哉陛下親耕藉田以為農先夙寤晨興憂勞萬民思惟往古而務以求賢此亦堯舜之用心也然而未云獲者士素不厲也（師古曰厲謂勸勉之也一曰砥礪其行也）夫不素養士而欲求賢譬猶不瑑玉而求文采也故養士之大者

莫大虖太學太學者賢士之所關也師古曰關由也教化之本原也今以一郡一國之衆對亡應書者師古曰書謂舉賢良文學之詔書也是王道往往而絶也臣願陛下興太學置明師以養天下之士數考問以盡其材則英俊宜可得矣今之郡守縣令民之師帥所使承流而宣化也故師帥不賢則主德不宣恩澤不流今吏既亡教訓於下或不承用主上之法暴虐百姓與姦爲市師古曰言小吏有爲姦欺者守令不舉乃反與之交易求利也貧窮孤弱寃苦失職甚不稱陛下之意是以陰陽錯繆氛氣充塞羣生寡遂黎民未濟皆長吏不明使至於此也夫長吏

多出於郎中中郎吏二千石子弟選郎吏又以富訾未必賢也師古曰訾讀與資同且古所謂功者以任官稱職爲差師古曰差次也非謂積日絫久也故小材雖絫日不離於小官賢材雖未久不害爲輔佐師古曰害猶妨也是以有司竭力盡知務治其業而以赴功今則不然絫日以取貴積久以致官是以廉恥貿亂賢不肖渾殽未得其眞臣愚以爲使諸列侯郡守二千石各擇其吏民之賢者歲貢各二人以給宿衞且以觀大臣之能所貢賢者有賞所貢不肖者有罰夫如是諸侯吏二千石皆盡心於求賢天下之士可得而

官使也師古曰摠之以官以使其材也徧得天下之賢人則三王之盛易爲而堯舜之名可及也毋以日月爲功實試賢能爲上量材而授官録德而定位師古曰録謂存視也則廉恥殊路賢不肖異處矣陛下加惠寬臣之罪令勿牽制於文使得切磋究之臣敢不盡愚於是天子復冊之制曰蓋聞善言天者必有徵於人師古曰徵證也善言古者必有驗於今故朕垂問虖天人之應上嘉唐虞下悼桀紂寖微寖滅寖明寖昌之道師古曰寖古浸字浸漸也虛心以改今子大夫明於陰陽所以造化習於先聖之道業然而文采未極豈惑虖當世之務哉

條貫靡竟統紀未終意朕之不明與聽若眩與師古曰眩惑也音郡縣之縣與讀皆曰歟夫三王之教所祖不同而皆有失師古曰祖始也或謂久而不易者道也意豈異哉今子大夫既已著大道之極陳治亂之端矣其悉之究之孰之復之師古曰悉盡也究竟也復反復重言之也復音扶目反詩不云虖嗟爾君子毋常安息神之聽之介爾景福師古曰小雅大明之詩也安息安處也介助也景大也言人君不當苟自安處而已若能靖恭其位直道而行則神聽而知之助以大福也朕將親覽焉子大夫其茂明之師古曰茂勉也仲舒復對曰臣聞論語曰有始有卒者其唯聖人虖師古曰論語載孔子之言也卒終也言終始如一者惟聖人能之今陛下幸加惠留聽於承學之臣師古曰言轉承師說而學之蓋謙辭也

復下明冊以切其意而究盡聖德非愚臣之所能具也前所上對條貫靡竟統紀不終辭不別白指不分明此臣淺陋之罪也冊曰善言天者必有徵於人善言古者必有驗於今臣聞天者群物之祖也故徧覆包函而無所殊師古曰函與含同殊異也建日月風雨以和之經陰陽寒暑以成之故聖人法天而立道亦溥愛而亡私師古曰溥徧也音普布德施仁以厚之設誼立禮以導之春者天之所以生也仁者君之所以愛也夏者天之所以長也德者君之所以養也霜者天之所以殺也刑者君之所以罰也繇此言之師古曰繇讀與由同下皆類此天人之徵古今之道也孔子作春秋上揆之天道下質諸人情參之於古考之於今故春秋之所譏災害之所加也春秋之所惡怪異之所施也書邦家之過兼災異之變以此見人之所爲其美惡之極乃與天地流通而往來相應此亦言天之一端也古者修教訓之官務以德善化民民已大化之後天下常亡一人之獄矣今世廢而不脩亡以化民民以故棄行誼而死財利是以犯法而罪多一歲之獄以萬千數以此見古之不可不用也師古曰古謂古法也故春秋變古則譏之天令之謂命命

非聖人不行質樸之謂性性非教化不成人欲之謂情情非度制不節是故王者上謹於承天意以順命也下務明教化民以成性也正法度之宜別上下之序以防欲也脩此三者而大本舉矣人受命於天固超然異於羣生入有父子兄弟之親出有君臣上下之誼會聚相遇則有耆老長幼之施師古曰施設也陳設其序粲然有文以相接師古曰粲明貌驩然有恩以相愛此人之所以貴也生五穀以食之桑麻以衣之師古曰食讀曰飤衣音於旣反六畜以養之服牛乘馬圈豹檻虎是其得天之靈貴於物也故孔子曰天地之性人爲貴師古曰孝經載孔子之言也性生也明於天性知自貴於物知自貴於物然後知仁誼知仁誼然後重禮節重禮節然後安處善師古曰處於善道以爲安安處善然後樂循理師古曰循順也樂循理然後謂之君子故孔子曰不知命亡以爲君子師古曰論語載孔子之言也此之謂也冊曰上嘉唐虞下悼桀紂寖微寖滅寖明寖昌之道虛心以改臣聞衆少成多積小致鉅師古曰鉅大也故聖人莫不以晻致明以微致顯師古曰晻與暗同是以堯發於諸侯師古曰謂從唐侯外天子之位舜興虖深山孟康曰舜耕於歷山非一日而顯也蓋有漸以致之矣言出於己不可塞也行發於身不可掩也言行治

之大者君子之所以動天地也故盡小者大慎微者著師古曰能盡衆小則致高大能慎至微則著明也詩云惟此文王小心翼翼師古曰大雅大明之詩也翼翼恭肅貌故堯兢兢日行其道而舜業業日致其孝師古曰兢兢戒慎也業業危懼也善積而名顯德章而身尊此其寖明寖昌之道也積善在身猶長日加益而人不知也師古曰長言身形之脩短自幼及壯也積惡在身猶火銷膏而人不見也非明虖情性察虖流俗者孰能知之此唐虞之所以得令名而桀紂之可爲悼懼者也夫善惡之相從如景鄉之應形聲也師古曰鄉讀曰響故桀紂暴謾師古曰謾與慢同讒賊並進賢知隱伏惡日顯國日亂晏然自以如日在天師古曰晏然自安意也如日在天言終不墜亡也終陵夷而大壞夫暴逆不仁者非一日而亡也亦以漸至故桀紂雖亡道然猶享國十餘年此其寖微寖滅之道也冊曰三王之教所祖不同而皆有失或謂久而不易者道也意豈異哉臣聞夫樂而不亂復而不厭者謂之道師古曰復謂反復行之也音扶目反道者萬世亡弊弊者道之失也師古曰言有弊非道由失道故有弊先王之道必有偏而不起之處故政有眊而不行師古曰眊不明也音莫報反舉其偏者以補其弊而已矣三王之道所祖不同非其相反將以捄溢扶衰所遭之變然也師古曰捄古救字故孔子

曰亡爲而治者其舜虖師古曰論語載孔子之言改正朔易服色以順天命而已其餘盡循堯道何更爲哉故王者有改制之名亡變道之實然夏上忠殷上敬周上文者所繼之捄當用此也師古曰繼謂所受先代之次也救謂救其弊也孔子曰殷因於夏禮所損益可知也周因於殷禮所損益可知也其或繼周者雖百世可知也師古曰論語載孔子之言謂忠敬與文因循爲教立政垂則不遠此也此言百王之用以此三者矣夏因於虞而獨不言所損益者其道如一而所上同也道之大原出于天天不變道亦不變是以禹繼舜舜繼堯三聖相受而守一道亡救弊之政也師古曰言政和平一不須救弊也故不言其所損益也繇是觀之繼治世者其道同繼亂世者其道變今漢繼大亂之後若宜少損周之文致師古曰致至極也用夏之忠者陛下有明德嘉道愍世俗之靡薄悼王道之不昭師古曰靡散也薄輕也昭明也故舉賢良方正之士論誼考問將欲興仁誼之休德明帝王之法制師古曰休美也建太平之道也臣愚不肖述所聞誦所學道師之言廑能勿失耳師古曰廑與僅同僅少也若迺論政事之得失察天下之息耗師古曰息生也耗虛也耗音呼到反此大臣輔佐之職三公九卿之任非臣仲舒所能及也然而臣竊有怪者夫古之天下亦今之

天下今之天下亦古之天下天下共是天下古亦大治上下和睦習俗美盛不令而行不禁而止吏亡姦邪民亡盜賊囹圄空虛德潤草木澤被四海鳳皇來集麒麟來游以古準今壹何不相逮之遠也安所繆盭而陵夷若是師古曰安焉也意者有所失於古之道與有所詭於天之理與師古曰與讀皆曰歟詭違也試迹之古返之於天黨可得見乎師古曰反謂還歸之也黨音他朗反夫天亦有所分予予之齒者去其角師古曰謂牛無上齒則有角其餘無角者則有上齒傅其翼者兩其足師古曰傅讀曰附附著也言鳥不四足是所受大者不得取小也古之所予祿者不食於力不動於末師古曰末謂工商之業也是亦受大者不得取小與天同意者也夫已受大又取小天不能足而況人虖此民之所以囂囂苦不足也師古曰囂讀與嗸同音敖嗸嗸衆怨愁聲也身寵而載高位家溫而食厚祿師古曰載亦乘也因乘富貴之資力以與民爭利於下民安能如之哉是故衆其奴婢多其牛羊廣其田宅博其產業畜其積委師古曰畜讀曰蓄務此而亡已以迫蹵民師古曰蹵音子六反民日削月朘孟康曰朘音揎謂轉蹵踧也蘇林曰朘音鐫石俗語謂縮朒為朘縮師古曰孟說是也揎音宣踧音子六反寖以大窮富者奢侈羨溢貧者窮急愁苦師古曰羨饒也讀與衍同音弋戰反窮急愁苦而上不救則民不樂生民不樂生尚不避死安能避

罪此刑罰之所以蕃而姦邪不可勝者也師古曰蕃多也音扶元反故受祿之家食祿而已不與民爭業然後利可均布而民可家足此上天之理而亦太古之道天子之所宜法以為制大夫之所當循以為行也故公儀子相魯師古曰公儀休之其家見織帛怒而出其妻食於舍而茹葵慍而拔其葵師古曰食菜曰茹音汝曰吾已食祿又奪園夫紅女利虖師古曰紅讀曰工古之賢人君子在列位者皆如是是故下高其行而從其教民化其廉而不貪鄙及至周室之衰其卿大夫緩於誼而急於利亡推讓之風而有爭田之訟故詩人疾而刺之曰節彼南山惟石巖巖赫赫師尹民具爾瞻師古曰小雅節南山之詩也節高峻貌巖巖積石貌赫赫顯盛也師尹周太師尹氏也言三公之位人所瞻仰若山之高也節音子結反爾好誼則民鄉仁而俗善師古曰爾汝也鄉讀曰嚮爾好利則民好邪而俗敗由是觀之天子大夫者下民之所視效遠方之所四面而內望也近者視而放之遠者望而效之師古曰放依也音甫往反豈可以居賢人之位而為庶人行哉夫皇皇求財利常恐乏匱者庶人之意也師古曰皇皇急速之貌也皇皇求仁義常恐不能化民者大夫之意也易曰負且乘致寇至師古曰此易解卦六三爻辭也乘車者君子之位也負擔者小人之事也此言居君子之位

而爲庶人之行者其患禍必至也若居君子之位當君子之行則舍公儀休之相魯亡可爲者矣師古曰舍廢也言爲君子之行者當如公儀休若廢其所行則無可爲也春秋大一統者天地之常經古今之通誼也師古曰一統者萬物之統皆歸於一也春秋公羊傳隱公元年春王正月何言乎王正月大一統也此言諸侯皆繫統天子不得自專也今師異道人異論百家殊方指意不同是以上亡以持一統法制數變下不知所守臣愚以爲諸不在六藝之科孔子之術者皆絕其道勿使並進邪辟之說滅息師古曰辟讀曰僻然後統紀可一而法度可明民知所從矣對既畢天子以仲舒爲江都相事易王易王帝兄素驕好勇仲舒以

禮誼匡正王敬重焉久之王問仲舒曰粵王句踐與大夫泄庸種蠡謀伐吳師古曰種大夫種也蠡范蠡也種音之勇反蠡音禮遂滅之孔子稱殷有三仁寡人亦以爲粵有三仁師古曰泄庸一也大夫種二也范蠡三也桓公決疑於管仲寡人決疑於君仲舒對曰臣愚不足以奉大對師古曰大對謂對大問也聞昔者魯君問柳下惠師古曰魯大夫展禽也柳下所食菜邑之名惠謚也吾欲伐齊何如柳下惠曰不可歸而有憂色曰吾聞伐國不問仁人此言何爲至於我哉徒見問耳且猶羞之師古曰徒但也況設詐以伐吳虖繇此言之粵本無一仁夫仁人者正其誼不謀其利明其道不計其功是以仲尼

之門五尺之童羞稱五伯師古曰伯讀曰霸次下亦同爲其先詐力而後仁誼也苟爲詐而已故不足稱於大君子之門也張晏曰仲尼之門故稱大也五伯比於他諸侯爲賢其比三王猶武夫之與美玉也應劭曰武夫石而似玉者也王曰善仲舒治國以春秋災異之變推陰陽所以錯行故求雨閉諸陽縱諸陰其止雨反是師古曰謂若閉南門禁舉火及開北門水灑人之類是也行之一國未嘗不得所欲中廢爲中大夫先是遼東高廟長陵高園殿災仲舒居家推說其意屮稾未上師古曰所作起草爲稾也主父偃候仲舒私見嫉之竊其書而奏焉上召視諸儒師古曰視讀曰示仲舒弟子呂步

舒不知其師書以爲大愚於是下仲舒吏當死詔赦之仲舒遂不敢復言災異仲舒爲人廉直是時方外攘四夷師古曰攘卻也公孫弘治春秋不如仲舒而弘希世用事師古曰希觀相也位至公卿仲舒以弘爲從諛弘嫉之膠西王亦上兄也尤縱恣數害吏二千石弘乃言於上曰獨董仲舒可使相膠西王膠西王聞仲舒師古曰素聞其賢也大善待之仲舒恐久獲辠病免凡相兩國輒事驕王正身以率下數上疏諫爭教令國中所居而治及去位歸居終不問家產業以脩學著書爲事仲舒在家朝廷如有大議使使者

及廷尉張湯就其家而問之其對皆有明法自武帝初立魏其武安侯爲相而隆儒矣及仲舒對冊推明孔氏抑黜百家立學校之官師古曰校音下教反州郡舉茂材孝廉皆自仲舒發之年老以壽終於家家徙茂陵子及孫皆以學至大官仲舒所著皆明經術之意及上疏條教凡百二十三篇而說春秋事得失聞舉玉杯蕃露清明竹林之屬師古曰皆其所著書名也杯音布回反蕃音扶元反復數十篇十餘萬言皆傳於後世掇其切當世施朝廷者著于篇師古曰掇采拾也音丁活反

贊曰劉向稱董仲舒有王佐之材雖伊呂亡以加師古曰伊伊尹呂呂望也筦晏之屬伯者之佐殆不及也師古曰筦筦仲也晏晏嬰也伯者齊桓晉文之屬也伯讀曰霸至向子歆以爲伊呂聖人之耦師古曰耦對也王者不得則不興故顏淵死孔子曰噫天喪余師古曰事見論語噫歎聲也言夫其輔佐也噫音於其反唯此一人爲能當之自宰我子贛子游子夏不與焉師古曰與讀曰豫仲舒遭漢承秦滅學之後六經離析下帷發憤潛心大業令後學者有所統壹爲群儒首然考其師友淵原所漸猶未及乎游夏師古曰漸浸潤也游子游夏子夏也而曰筦晏弗及伊呂不加過矣至向曾孫龔篤論君子也以歆之言爲然

董仲舒傳第二十六

司馬相如傳卷第二十七上 師古曰近代之讀相如賦者多矣皆改易文字競為音說致失本真徐廣鄒誕生諸詮之陳武之屬是也今依班書舊文為正於彼數家並無取焉自喻巴蜀之後分為下卷

班固 漢書五十七

秘書監上護軍琅邪縣開國子顏師古注

司馬相如字長卿蜀郡成都人也少時好讀書學擊劍 師古曰擊劍者以劍遙擊而中之非斬刺也 名犬子 師古曰父母愛之不欲稱斥故為此名也 相如既學慕藺相如為人也更名相如 師古曰藺相如六國時趙人也義而有勇故追慕之 以訾為郎事孝景帝為武騎常侍非其好也 師古曰訾讀與貲同貲財也以家財多得拜為郎也武騎常侍秩六百石 會景帝不好辭賦是時梁孝王來朝從游說之士齊人鄒陽淮陰枚乘吳嚴忌夫子之徒 師古曰嚴忌本姓莊當時尊尚號曰夫子史家避漢明帝諱故遂為嚴耳 相如見而說之 師古曰說讀曰悅 因病免客游梁得與諸侯游士居數歲乃著子虛之賦會梁孝王薨相如歸而家貧無以自業素與臨邛令王吉相善吉曰長卿久宦游不遂而困 師古曰遂達也 來過我於是相如往舍都亭 師古曰臨邛所治都之亭 臨邛令繆為恭敬 師古曰繆詐也 日往朝相如相如初尚見之後稱病使從者謝吉吉愈益謹肅臨邛多富人卓王孫僮客八百人 師古曰僮謂奴 程鄭亦數百人 師古曰程鄭亦人姓名言其家富亞王孫也 乃相謂曰令有貴客為具召之 師古曰具謂酒食之具召請也 并召令令既至卓氏客以百數至日中請司馬長卿長卿謝病不能臨臨邛令不敢嘗食身自迎相如相如為不得已而強往 師古曰示眾人以此意也 一坐盡傾 師古曰皆傾仰慕其風采也 酒酣臨邛令前奏琴曰竊聞長卿好之願以自娛 師古曰奏進也 相如辭謝為鼓一再行 師古曰行謂曲引也古樂府長歌行短歌行此其義也 是時卓王孫有女文君新寡好音故相如繆與令相重而以琴心挑之 師古曰寄心於琴聲以挑動之也挑徒了反 相如時從車騎雍容閒雅 師古曰閒讀曰閑 甚都 張揖曰甚得都士之節也韋昭曰都邑之容也師古曰都閑美之稱也張說近之詩鄭風有女同車之篇曰洵美且都山有扶蘇之篇又云不見子都則知都者美也韋言都邑失之遠矣 及飲卓氏弄琴文君竊從戶窺心說而好之 師古曰說讀曰悅悅其人而好其音也 恐不得當也 師古曰當謂對偶之 既罷相如乃令侍人重賜文君侍者通殷勤文君夜亡奔相如相如與馳歸成都家徒四壁立 師古曰徒空也但有四壁更無資產 卓王孫大怒曰女不材我不忍殺一錢不分也人或謂王孫王孫終不聽文君久之不樂謂長卿曰弟俱如臨邛 文穎曰弟且也張揖曰如往也師古曰弟但也發語之急耳酈食其曰弟言之此類甚多義非凡讀 從昆弟假貸猶足以為生 師古曰貸音吐得反 何至自苦如此相如與俱之臨邛盡賣車騎買酒舍乃令文君當盧 郭璞曰盧酒盧師古曰賣酒之處累土為盧以居酒瓮四邊隆起其一面高形如鍛盧故名盧耳而俗之學者皆謂當盧為對溫酒火盧失其義矣 相如身自著犢鼻褌 師古曰即今之衳也形似犢鼻故以名云衳音之容反 與庸保雜作 師古曰庸即謂賃作者保謂庸之可信任

者也滌器於市中師古曰滌洒也器食器也食已則洒之賤人之役也洒音先禮反卓王孫恥之為杜門不出師古曰杜塞也昆弟諸公更謂王孫曰師古曰更互也音工衡反有一男兩女所不足者非財也師古曰言不患少財也今文君既失身於司馬長卿長卿故倦游文穎曰倦疲也言疲厭游學博物多能也雖貧其人材足依也且又令客柰何相辱如此師古曰言縣令之客不可以辱也卓王孫不得已師古曰已止也分與文君僮百人錢百萬及其嫁時衣被財物文君乃與相如歸成都買田宅為富人居久之蜀人楊得意為狗監師古曰主天子田獵犬也侍上上讀子虛賦而善之曰朕獨不得與此人同時哉得意曰臣邑人司馬相如自言

為此賦上驚乃召問相如相如曰有是然此乃諸侯之事未足觀請為天子游獵之賦上令尚書給筆札師古曰札木簡之薄小者也時未多用紙故給札以書札音壯黠反相如以子虛虛言也為楚稱師古曰稱說楚之美也烏有先生者烏有此事也師古曰烏於何也為齊難師古曰難詰楚事也亡是公者亡是人也師古曰亡讀曰無下皆類此欲明天子之義故虛藉此三人為辭師古曰藉假也以推天子諸侯之苑囿其卒章歸之於節儉師古曰卒終也謂終篇之言若隤牆填塹之比者因以風諫師古曰風讀曰諷其辭曰楚使子虛使於齊齊王悉發車騎與使者出田師古曰田獵也田罷子虛過姹烏有先生師古曰姹誇誑之也音丑亞反字本作詫也亡是公存焉

坐定烏有先生問曰今日田樂乎子虛曰樂獲多乎曰少然則何樂對曰僕樂王之欲夸僕以車騎之眾而僕對以雲夢之事也張揖曰楚藪也在南郡華容縣師古曰夢讀如本字又音莫風反字或作瞢其音同耳曰可得聞乎子虛曰可王駕車千乘選徒萬騎田於海濱師古曰濱涯也音賓又音頻列卒滿澤罘罔彌山師古曰罘覆車也即今幡車罔也王國兔爰之詩曰雉罹于罦罦亦罘字耳彌竟也罘音浮掩菟轔鹿射麋格麟師古曰轔謂車踐轢之也音吝格字或作腳言持引其腳也鶩於鹽浦割鮮染輪張揖曰海水之涯多出鹽也李奇曰鮮生也染擩也切生肉擩車輪鹽而食之也師古曰鶩謂亂馳也擩揾也鶩音務擩音如閱反揾音一頓反射中獲多矜而自功師古曰自矜其能以為功也顧謂僕曰楚亦有平原廣澤遊獵之地饒樂若此者乎

楚王之獵孰與寡人師古曰與猶如也僕下車對曰臣楚國之鄙人也幸得宿衛十有餘年時從出遊遊於後園覽於有無然猶未能徧覩也又烏足以言外澤乎齊王曰雖然略以子之所聞見言之僕對曰唯唯師古曰唯唯恭應之辭也音弋癸反臣聞楚有七澤嘗見其一未覩其餘也臣之所見蓋特其小小者耳名曰雲夢雲夢者方九百里其中有山焉其山則盤紆岪鬱郭璞曰詰屈竦起也岪音佛岑崟參差日月蔽虧張揖曰高山壅蔽日月虧缺半見也師古曰岑音仕林反崟音吟交錯糾紛上干青雲郭璞曰言相摎結而峻絕罷池陂陀下屬江河郭璞曰言旁穨也屬連也罷音疲陂音婆陀音馳文穎曰南方無河也冀州凡水大小皆謂之河詩賦通方言耳晉灼曰文章

假借協隨之韻也師古曰文晉之說皆非也下屬江河者摠言其土
山之廣大所連者遠耳於文無妨陂音普河反屬音之欲反
則丹青赭堊雌黃白坿錫碧金銀張揖曰丹丹沙也青青雘也赭赤赭也堊
白堊也蘇林曰白坿白石英也師古曰丹沙今之朱砂也青雘今之空
青也赭今之赤土也堊今之白土也錫青金也碧謂玉之青白色者也
堊音惡坿音附 衆色炫燿照爛龍鱗師古曰言采色相輝
雘音一郭反 若龍鱗之間雜也炫
音州縣 其石則赤玉玫瑰琳瑉昆吾 張揖曰琳珠也瑉石
之縣 之次玉者也昆吾山
名也出善金尸子曰昆吾之金晉灼曰玫瑰火齊珠也師古曰火
齊珠今南方之出火珠也玫音枚瑰音回又音瓌琳音林瑉音旻 瑊
玏玄厲 張揖曰瑊玏石之次玉者玄厲黑石 碝石武夫 張揖曰
可用磨也如淳曰瑊音緘玏音勒 皆石之
次玉者碝石白者如水半有赤色武夫赤地 其東則有蕙圃衡
白采蔥蘢白黑不分郭璞曰碝音而兗反
蘭芷若 張揖曰蕙圃蕙草之圃也衡杜衡也其狀若葵其臭如蘪
蕪芷白芷若杜若也師古曰蘭即今澤蘭也今流俗書本
芷若下有射干 穹窮昌蒲江離蘪蕪 張揖曰江離香草也蘪
字妄增之也 蕪蘄芷也似蛇牀而香

師古曰蘪蕪即芎藭苗也郭璞曰江離似水薺而蘪對曰蘪蕪一名江
蘺張勃又云江離出臨海縣海水中正青似亂髮郭義恭云江離赤
葉諸說不同未知孰是今無識之者然非蘪蕪也蘪蕪對誤耳 諸柘巴且 張揖曰諸柘甘柘也蒪
且蘘荷也文穎曰巴且
草一名巴蕉師古曰文說巴且是也且音子余 其南則有平原
反蒪音普各反蒪且自蘘荷耳非巴且也
廣澤登降陁靡 師古曰登上也降下也陁 案衍壇曼 師古
靡旁衺也陁音弋爾反
曰寬廣之貌也衍音弋戰反 緣以大江限以巫山 張揖曰巫
壇音徒且反曼音莫幹反 山在南郡
巫縣 其高燥則生葴菥苞荔 張揖曰葴馬藍也菥似燕麥
也 荔苞藨也荔馬荔蘇林曰析音
斯師古曰藨即今所用作席者也馬荔今之馬
藺也葴音之林反苞音包荔音隸藨音皮表反 薛莎青薠 張揖
曰薛
賴蒿也莎鎬侯也青薠似莎而大生江湖
鴈所食師古曰莎即今青莎草薠音煩 其埤溼則生藏莨
蒹葭 郭璞曰藏莨草中牛馬芻蒹蒹荻也似雚而細小葭蘆葦也
師古曰埤音婢謂下地也莨音郎蒹葭音兼遐荻音敵 東
蘠彫胡 張揖曰東蘠實可食彫胡菰米也
師古曰東蘠似蓬其實如葵子也 蓮藕觚盧 張揖曰
蓮荷之

實也其根藕張晏曰觚盧扈魯也郭璞曰菰蔣也盧葦也師
古曰晝不爲菰葦子郭璞非也但不知觚盧於今是何草耳 奄閭
軒于 張揖曰奄閭蒿也子可治疾軒于蕕草也 衆物居之不
生水中揚州有之師古曰奄音淹蕕音猶
可勝圖 師古曰勝舉也不可盡 其西則有涌泉清池激
舉而圖寫之言其多也
水推移 郭璞曰激 外發夫容蔆華內隱鉅石白沙 張揖
抑揚也
曰夫容蓮華也蔆芰
也師古曰鉅大也
其中則有神龜蛟鼉瑇瑁鼈黿 張揖
曰蛟狀魚身而蛇尾皮有珠鼉似蜥蜴而大身有甲皮可作鼓瑇瑁似
觜蠵甲有文黿似鼈而大師古曰張說蛟者乃是鮫魚非蛟龍之蛟也
蛟解在武紀鼉音徒河反又音大
河反毒音代冒音妹他皆倣此 其北則有陰林巨樹楩柟
豫章 服虔曰陰林山北之林也豫章大木也生七年乃可知師古曰
陰林言其樹木衆而且大常多陰也楩音便又音步田反即今
黃楩木也柟音 桂椒木蘭檗離朱楊 師古曰桂即藥之所用其
南今所謂楠木 皮者也椒即所食椒樹也
木蘭皮似椒而香可作面膏藥檗黃檗
也離山梨也朱楊赤莖柳也生水邊 樝梨梬栗橘柚芬芳

張揖曰樝似梨而甘梬梬棗也師古曰樝即今所謂樝子也梬棗即今
之梬棗也柚即橙也似橘而大味酢皮厚樝音側加反梬音弋整反柚
音弋救反橙音丈莖反
芬芳言橘柚之氣也 其上則有宛雛孔鸞騰遠射干 張揖
曰宛雛似鳳孔孔雀鸞鸞鳥也射干似狐能緣木服虔曰騰遠獸名也
師古曰鸞鳥形如翟而五采文見山海經宛音於元反射音弋舍反
其下則有白虎玄豹蟃蜒貙豻 郭璞曰蟃蜒大獸似貍
長百尋貙似貍而大豻
胡地野犬也似狐而小蟃音萬蜒音延豻音岸師古
曰蜒又音弋戰反貙音丑于反豻合韻音五安反 於是乎乃使
剸諸之倫手格此獸 師古曰剸諸吳人刺吳王僚者也 楚
方言勇士故舉以爲類剸與專同
王乃駕馴駮之駟 張揖曰馴擾也駮如馬白身黑尾一角鋸
牙食虎豹擾而駕之以當駟馬也師古曰
馴音 乘彫玉之輿 師古曰以玉飾 靡魚須之橈旃 張揖
旬 輿而雕鏤之
曰以魚須爲旃柄馳逐獸旌橈靡也郭璞曰遒帛爲旃師古
曰大魚之須出東海見尚書大傳橈旃即曲旃也橈音女教反 曳明
月之珠旗 張揖曰以明月 建干將之雄戟 張揖曰干將韓王
珠綴飾旗也 劒師也雄戟胡中

有餚者千將所造左烏號之雕弓應劭曰楚有柘桑烏棲其上支下著地不得飛欲墮號呼故曰烏號張揖曰黃帝乘龍上天小臣不得上挽持龍髯髯拔墮黃帝弓臣下抱弓而號故名弓烏號郭璞曰彫畫也師古曰烏號應張二說皆有據也右夏服之勁箭伏儼曰服盛箭器也夏后氏之良弓名繁弱其矢亦良即繁弱箭服也故曰夏服師古曰箭服即今之步叉也陽子驂乘孅阿為御張揖曰陽子伯樂也秦繆公臣姓孫名陽郭璞曰孅阿古之善御者孅音纖也案節未舒即陵狡獸師古曰案節未舒言未盡意騁馳已凌狡獸狡捷之獸也蹵蛩蛩轔距虛張揖曰蛩蛩青獸狀如馬距虛似贏而小郭璞曰距虛即蛩蛩變文互言耳師古曰據爾雅文郭說是也蹵音子六反軼野馬轊騊駼張揖曰軼過也野馬似馬而小北海內有獸狀如馬名騊駼郭璞曰轊車軸頭也師古曰轊謂軸頭衝而殺之也軼音逸轊音衛騊音陶駼音塗乘遺風射游騏張揖曰遺風千里馬也爾雅曰驨如馬一角不角者曰騏師古曰驨音攜騏音其儵胂倩浰張揖曰皆疾貌也師古曰儵音式六反胂音式刃反倩音千見反浰音練雷動猋至師古曰猋疾風也若雷之動如猋之至言其威且疾也猋音必遙反星流

電擊弓不虛發中必決眦師古曰眦即決獸之目眦言射審也眦即眥字洞胷達腋絕乎心繫張揖曰自左射之貫胷通右髃中心絕系也師古曰髃謂肩前骨也音五口反繫讀曰系也獲若雨獸揜屮蔽地師古曰言獲殺之多如天雨獸也雨音于具反屮古草字也於是楚王乃弭節徘徊翱翔容與郭璞曰弭猶低也節所杖信節也翱翔容與言自得也師古曰弭節者示安徐也覽乎陰林觀壯士之暴怒與猛獸之恐懼徼㕙受詘蘇林曰㕙音倦㕙之㕙詘音輕強之輕郭璞曰詘詘折也㕙疲極詘音屈師古曰蘇音是也㕙音與劇同詘音其勿反徼工堯反徼要也詘盡也言獸有倦極者要而取之力盡者受而有之殫覩衆物之變態郭璞曰殫盡也變態姿則也師古曰殫音單於是鄭女曼姬文穎曰鄭國出好女曼者言其色理曼澤也如淳曰鄭女夏姬也曼姬楚武王夫人鄧曼也師古曰文說是也被阿錫揄紵縞張揖曰阿細繒也錫細布也揄引也師古曰紵織紵也縞鮮支也今之所謂素者也揄音踰又音投也雜纖羅垂霧縠張揖曰縠縐如霧垂

以為裳也師古曰纖細也霧縠者言其輕細如霧非謂綢文襞積褰縐鬱橈谿谷張揖曰襞積簡齰也褰縮也縐蹙也其縐中文理郁鬱然有似於谿谷也師古曰張說非也襞積即今之帬攝古所謂皮弁素積者即謂此積也言襞積文理隨身所著或褰縐委屈如谿谷也襞音壁縐音側救反衯衯裶裶揚袘戌削張揖曰衯音芬袘衣袖也戌鮮也削衣刻除貌也師古曰揚舉也袘衣袂也或舉或曳則戌削然見其隆殺之美也裶音霏袘音弋示反戌讀如本字蜚纖垂髾張揖曰纖離桂也髾燕尾也師古曰張說非也纖桂衣之長帶也髾謂燕尾之屬皆衣上假飾非髾垂也蜚古飛字也纖音纖髾音所交反扶輿猗靡張揖曰扶持楚王車輿相隨也師古曰張說非也此自言鄭女曼姬為侍從者所扶輿而猗靡耳非謂扶持楚王車輿也猗音於綺反今人猶呼相扶掩容養為猗靡翕呷萃蔡張揖曰翕呷衣張起也萃蔡衣聲也師古曰呷音火甲反萃音翠又音千賄反下摩蘭蕙上拂羽蓋師古曰下摩蘭蕙謂垂髾也上拂羽蓋謂飛纖也錯翡翠之威蕤師古曰錯雜也威蕤羽飾貌繆繞玉綏張揖曰楚王車之綏以玉飾之也郭璞曰綏登車所執也師古曰二說皆非也以玉飾綏亦謂鄭女曼姬之容服也綏即今之所謂采緌垂饡者也繆繞相纏

結也繆音[illegible]眇眇忽忽若神之髣髴郭璞曰言其容飾奇麗非世所見戰國策曰鄭之美女粉白黛黑而立於衢不知者謂之神也於是乃群相與獠於蕙圃文穎曰宵獵為獠師古曰獠力笑反媻姍勃窣上金隄師古曰媻姍勃窣謂行於叢薄之閒也金隄言水之隄塘堅如金也媻音盤姍音先安反窣音先忽反隄音丁兮反揜翡翠射鵕鸃師古曰鳥赤羽者曰翡青羽者曰翠鵕鸃鷩鳥也似山雞而小冠背毛黃腹下赤項綠色其尾毛紅赤光采鮮明今俗呼為山雞其實非也鵕音峻鸃音儀微矰出纖繳施師古曰矰短矢也繳生絲縷也以繳係矰仰射高鳥謂之弋射矰音增繳音灼弋白鵠連駕鵞師古曰鵠水鳥也其鳴聲鵠鵠云鴐鵞野鵞也連謂重累獲之也鵠音胡沃反鴐音加雙鶬下玄鶴加師古曰鶬鴰也今關西呼為鴰鹿山東通謂之鶬鄙俗名為錯落錯者亦言鶬聲之急耳又謂鴰捋捋音來奪反鴰鹿鴰捋皆象其鳴聲也玄鶴黑鶴也相鶴經云鶴壽滿二百六十歲則色純黑言弋射之妙既中白鵠而連駕鵞又下雙鶬而加玄鶴也鶬音倉怠而後遊於清池郭璞曰怠倦也浮文鷁張揖曰鷁水鳥也畫其象於船首淮南曰龍舟鷁首

天子之乘也師古曰鷁音五歷反揚旌枻張揖曰揚舉也析羽為旌建於船上枻拖也師古曰枻音曳拖音大可反張
翠帷建羽蓋郭璞曰施之船上也師古曰翠帷帷翠色也羽蓋以雜羽飾蓋罔毒冒釣紫
貝郭璞曰紫貝紫質黑文也師古曰貝水中介蟲古以為貨也摐金鼓師古曰摐撞也金鼓謂鉦也摐音窻
吹鳴籟張揖曰籟籟簫也榜人歌張揖曰榜船也月令云命榜人榜人船長也主倡聲而歌者也師古曰榜
音謗又方孟反聲流喝郭璞曰言悲嘶也師古曰喝音一介反嘶音蘇奚反水蟲駭波鴻沸郭璞
曰魚鼈讙譁濤浪作也師古曰沸音普蓋反涌泉起奔揚會郭璞曰暴溢激相鼓薄也師古曰溢音普頓反
礧石相擊琅琅礚礚師古曰礧石轉石也礧音盧對反礚音口蓋反若雷霆之
聲聞乎數百里外將息獠者擊靈鼓起烽燧師古曰靈鼓六
面鼓之所以警衆也車案行騎就隊師古曰案依也行列也隊部也行音胡郎反隊音大內反纚乎
淫淫般乎裔裔郭璞曰皆羣行貌也師古曰纚音屣般音盤於是楚王乃登

陽雲之臺孟康曰雲夢中高唐之臺宋玉所賦者言其高出雲之陽也泊乎無為澹乎
自持師古曰泊澹皆安靜意也泊音步各反澹音徒濫反勺藥之和具而後御之伏儼
曰勺藥以蘭桂調食文穎曰五味之和也晉灼曰南都賦曰歸鴈鳴鵽
香稻鮮魚以為勺藥酸恬滋味百種千名文說是也師古曰諸家之說
皆未當也勺藥藥草名其根主和五藏又辟毒氣故合之於蘭桂五味
以助諸食因呼五味之和為勺藥耳讀賦之士不得其意妄為音訓以
誤後學今人食馬肝馬腸者猶合勺藥
而煑之豈非古之遺法乎鵽音竹滑反不若大王終日馳騁曾
不下輿脟割輪焠自以為娛師古曰脟字與臠同焠音千內反焠亦揾染之義耳言臠
割其肉揾車輪鹽而食之此蓋以譏上割鮮染輪之言也臣竊觀之齊殆不如師古曰殆近也於
是王無以應僕也烏有先生曰是何言之過也足
下不遠千里來況齊國師古曰言有惠賜而來也王悉境內之士
備車騎之衆師古曰悉盡也與使者出田乃欲戮力致獲以

娛左右也師古曰謙不斥言使者故指云其左右也何名為夸哉問楚地之
有無者願聞大國之風烈先生之餘論也張晏曰願聞先賢之
遺談美論也師古曰此說非也先生即謂子虛耳下又言先生行之豈先賢也今足下不稱楚王之德
厚而盛推雲夢以為驕奢言淫樂而顯侈靡竊為
足下不取也必若所言固非楚國之美也有而言
之是章君之惡也無而言之是害足下之信也
章君惡傷私義師古曰非楚國之美是章君惡害足下之信是傷私義也二者無一可
而先生行之必且輕於齊而累於楚矣師古曰言楚使者失辭自
為累重而於齊無所負擔故云輕也累音力瑞反且齊東陼鉅海南有琅邪蘇林曰小洲曰
陼張揖曰琅邪臺名也在勃海間師古曰東陼鉅海東有大海之渚字與渚同也觀乎成山張揖曰觀闕也成山在東

萊不夜縣於其上築宮闕師古曰觀音工喚反射乎之罘晉灼曰之罘山在東萊腄縣射獵其上也師古曰腄音直瑞反
又音誰浮勃澥師古曰勃澥海別枝也澥音蟹游孟諸文穎曰宋之大澤也故屬齊邪與
肅慎為鄰郭璞曰肅慎國名在海外也師古曰邪讀為左謂東北接也右以湯谷為界
師古曰湯谷日所出也許慎云熱如湯也秋田乎青丘服虔曰青丘國在海東三百里仿偟乎
海外師古曰仿音旁吞若雲夢者八九其於匈中曾不帶芥
張揖曰蔕芥刺鯁也師古曰蔕音丑介反若乃俶儻瑰瑋異方殊類師古曰俶儻猶非常
也俶音吐歷反珍怪鳥獸萬端鱗崪師古曰崪與萃同萃集也如鱗之集言其多也充仞
其中者不可勝記禹不能名卨不能計張揖曰禹為堯司空辨九
州名山別草木卨為堯司徒敷五教率萬事師古曰言其所有衆多雖禹卨之賢聖不能名而數之也然在諸侯
之位不敢言游戲之樂苑囿之大先生又見客師古

曰見猶至也言至此國爲客也若今人自稱云見顧見眷耳是以王辭不復師古曰復反也謂不反報也何爲無以應哉亡是公听然而笑曰師古曰听笑貌也音斷又音牛隱反楚則失矣而齊亦未爲得也夫使諸侯納貢者非爲財幣所以述職也郭璞曰諸侯朝於天子曰述職師古曰述循也謂順行也封彊畫界者非爲守禦所以禁淫也郭璞曰天下有道守在四夷立境界者欲以禁絕淫放耳師古曰彊讀曰疆今齊列爲東蕃而外私肅愼郭璞曰私與通也捐國踰限越海而田師古曰捐棄也謂田於青丘也其於義固未可也且二君之論不務明君臣之義正諸侯之禮徒事爭於游戲之樂苑囿之大欲以奢侈相勝荒淫相越此不可以揚名發譽而適足以貶君自損也

前漢傳二十七上　十一

師古曰貶古貶字且夫齊楚之事又烏足道乎師古曰烏於何也道言也君未覩夫巨麗也師古曰巨大也麗美也獨不聞天子之上林乎左蒼梧右西極文穎曰蒼梧郡屬交州在長安東南故言左爾雅曰西至于豳國爲西極在長安西故言右也丹水更其南應劭曰丹水出上洛冢領山東南至析縣入鈞水師古曰更歷也音工衡反紫淵徑其北文穎曰西河穀羅縣有紫澤在縣西北於長安爲在北也終始霸產出入涇渭師古曰霸水出藍田谷西北而入渭產水亦出藍田谷北至霸陵入霸二水終始盡於苑中不復出也涇水出安定涇陽开頭山東至陽陵入渭渭水出隴西首陽縣鳥鼠同穴山東北至華陰入河從苑外來又出苑去也开音牽又音口見反酆鎬潦潏紆餘委蛇經營其內應劭曰潦流也潏涌出聲也張揖曰酆水出鄠南山豐谷北入渭鎬在昆明池北潦行潦也又有潏水出南山晉灼曰下言八川計從丹水以下至潏除潦爲行潦凡九川從霸產以下爲數凡七川潏音決潏水涌出聲也除潦潏下爲水餘適八下言經營其內於數則計其外者矣師古曰應晉二說皆非也張言潦爲行潦又失之潦音牢亦水名也出鄠縣西南山潦谷而北流入于渭上言左蒼梧右西極丹水更其南紫泉徑其北皆謂苑外耳丹水紫泉非八川數也霸產涇渭酆鎬潦潏是爲八川言經營其內信則然矣潏晉音是也地里志鄠縣有潏水北過上林苑入渭而今之鄠縣則無此水許愼云潏水在京兆杜陵此即今所謂沈水從皇子陂西北流經昆明池入渭者也蓋爲字或作水旁穴與沈字相似俗人因名沈水乎將鄠縣潏水今則改名人不識也但八川之義實在於斯耳蕩蕩乎八川分流相背異態郭璞曰態不同也東西南北馳騖往來郭璞曰言更相錯涉也師古曰來音盧代反出乎椒丘之闕服虔曰丘名也兩山俱起象雙闕者行乎州淤之浦師古曰水中可居者曰州淤漫也浦水涯也淤音於庶反徑乎桂林之中如淳曰桂樹之林也過乎泱莽之壄張揖曰山海經所謂大荒之野也師古曰凡言此者著水流之長遠也泱音烏朗反汩乎混流順阿而下師古曰汩疾貌也混流豐流也曲陵曰阿汩音于筆反混音下本反赴隘陿之口師古曰兩岸間相迫近者也隘音於懈反陿音狹觸穹石激堆埼張揖曰穹石大石也埼曲岸頭也師古曰堆高阜也音丁回反埼音巨依反沸乎暴

前漢傳二十七上　十二

怒郭璞曰沸水聲也音拂洶涌彭湃師古曰洶涌跳起也彭湃相戾也洶音許勇反湃音普拜反滭弗宓汨蘇林曰滭音畢宓音密師古曰滭弗盛貌也宓汨去疾也汨音于筆反偪側泌瀄郭璞曰泌瀄音筆櫛師古曰偪側相逼也泌瀄相揳也偪字與逼同揳音先結反橫流逆折轉騰潎洌孟康曰潎洌轉騰相過也潎洌相撇也師古曰潎音匹列反洌音列撇又音普結反滂濞沆溉郭璞曰滂音旁濞音匹秘反溉音胡慨反皆水流聲貌師古曰沆音胡朗反穹隆雲橈師古曰橈曲也言水急旋回如雲之屈曲也橈音女教反宛潬膠盭郭璞曰憤薄相摎也師古曰宛音婉潬音善盭古戾字踰波趨浥涖涖下瀨郭璞曰踰躍也浥宛陷也涖涖聲也師古曰浥音於怏反涖音利瀨疾流也批巖衝擁奔揚滯沛師古曰批反擊也擁曲隈也言水觸批巖崖而衝隈曲則奔揚而滯沛然也批音步結反滯音丑制反沛音普蓋反臨坻注壑瀺灂霣隊師古曰坻謂水中隆高處也秦風終南之詩曰宛在水中坻坻音遲瀺音士咸反灂音才弱反又音仕角反霣即隕字隊音直類反沈沈隱隱砰磅訇磕師古曰砰音普冰反磅音普萌反訇音呼

宏反磕音口蓋反皆水流鼓怒之聲也潏潏淈淈湁潗鼎沸郭璞曰皆水微轉細涌貌也淈音骨
湁音勑立反師古曰潏音決潗音子入反言水之流如鼎沸也馳波跳沫汨㴔漂疾晉灼
曰㴔音華給反郭璞曰㴔音許立反師古曰言水波急馳而白沫跳起汨㴔然也汨音于筆反㴔晉郭二音皆通漂匹姚反悠遠
長懷寂漻無聲郭璞曰懷亦歸變文耳漻音聊師古曰言長流安靜肆乎永歸然
後灝溔潢漾郭璞曰皆水無涯際貌師古曰灝音浩溔音弋少反潢音胡廣反漾音弋丈反肆放也言水放流而
長歸也安翔徐佪郭璞曰言運轉也翯乎滈滈郭璞曰水白光貌也師古曰翯高音胡角反
滈音鎬東注大湖郭璞曰大湖在吳縣尚書所謂震澤也衍溢陂池郭璞曰言溢而出
也陂沛江旁小水於是蛟龍赤螭文穎曰龍子為螭張揖曰赤螭雌龍也如淳曰螭山神也獸形師古曰許
慎云螭山神也字則單作螭形若龍字乃從虫此作螭別是一物既非山神又非雌龍龍子三家之說皆失之虫音許尾反䱭鰽
漸離李奇曰周洛曰鮪蜀曰䱭鰽出鞏山穴中三月遡河上能度龍門之限則得為龍矣漸離未聞師古曰䱭音工鄧反鰽音莫鄧

反鰅鰫鰬魠如淳曰鰅音顒鰬音乾魠音託郭璞曰鰫音常容反鰅魚有文采鰫似鰱而黑鰬似鱓魠鱤也一名
黃頰師古曰鰅如音是也鰫鰬魠郭說是也鱔音善鱤音感也禺禺魼鰨如淳曰魼音去魚反晉灼曰鰨音如榻反
郭璞曰禺禺魚皮有毛黃地黑文魼比目魚也狀似牛脾細鱗紫色兩相合乃得行鰨鯢魚也似鮎有四足聲如嬰兒師古曰禺音隅又音顒
鯢音五奚反鮎音乃兼反揵鰭掉尾振鱗奮翼師古曰揵舉也鰭魚背上鬣也掉搖也揵音鉅言反
掉音徒釣反潛處乎深巖郭璞曰隱岸底也魚鼈讙聲萬物眾夥
師古曰讙譁也夥多也讙音許元反夥音下果反明月珠子的皪江靡應劭曰明月珠子生於江
中其光耀乃照於江邊也師古曰皪音歷的皪光貌也江靡江邊靡迆之處也迆音弋爾反蜀石黃碝水玉
磊砢張揖曰蜀石石次玉者也郭璞曰碝石黃色水玉水精也師古曰碝音如兗反磊音洛賄反砢音洛可反又音可磷
磷爛爛采色澔汗郭璞曰皆玉石符采映曜也師古曰磷音吝澔音浩藂積乎其
中鳿鷫鵠鴇駕鵞屬玉張揖曰鳿大鳥也郭璞曰鷫鷞也鴇似鴈而

無後指屬玉似鴨而大長頸赤目紫紺色鷫音肅鴇音保師古曰鳿古鴻字鳿即今俗呼為獨豹者也豹者鴇聲之訛耳駕音加屬音之
欲反鷞音霜交精旋目郭璞曰交精似鳧而腳高有毛冠辟火災旋目未聞也師古曰今荊郢間有水鳥大於鷺而
短尾其色紅白深目目旁毛皆長而旋此其旋目乎煩鶩鷛渠郭璞曰煩鶩鴨屬也鷛渠似鳧灰色而雞腳一名章渠鶩
音木師古曰鷛渠即今之水雞也箴疵鵁盧張揖曰箴疵以魚虎而蒼黑色鵁鶄頭鳥也盧白雉也郭璞曰盧盧鶿也
箴音針師古曰盧郭說是也白雉不浮水上疵音貲鵁音火交反鶄音鳥了反鶿音慈也群浮乎其上汎淫
氾濫隨風澹淡郭璞曰皆鳥任風波自縱漂貌師古曰汎音馮氾音敷劒反澹大覽反淡音琰與波
搖蕩奄薄水渚張揖曰奄覆也草叢生曰薄郭璞曰薄猶集也師古曰薄郭說是也言奄集渚上而遊戲
唼喋菁藻咀嚼蔆藕張揖曰蔆芰也郭璞曰菁水草藻聚藻也師古曰唼喋銜食也唼音所甲反喋
音文甲反咀音才汝反嚼音才削反於是乎崇山矗矗巃嵸崔巍郭璞曰皆高峻貌也
巃音籠嵸音才總反崔音摧巍音五回反師古曰嵸音總深林巨木嶄巖參差師古曰嶄巖尖銳貌

嵾差不齊也嶄音士銜反嵾音楚林反差音楚宜反九嵕巀嶭南山峩峩師古曰九嵕山今在醴泉縣界
巀嶭山即今所謂嵳峩山也在三原縣西也南山終南山也峩峩高貌嵕音子公反又音總巀音巀嶭音齧巀又音在割五割反峩音娥
巖陁甗錡摧崣崛崎張揖曰摧崣高貌崛崎斗絕也蘇林曰山摧音頹水反崣音卒鄙反郭璞曰陁岸
際也音豸甗錡隆屈窊折貌甗音魚晚反錡音蟻崛音掘崎音倚摧音作罪反崣字作委師古曰蘇郭兩說並通郭音作罪反又音將水反
振溪通谷蹇產溝瀆張揖曰振拔也水注川曰溪注溪曰谷蹇產屈折也郭璞曰自溪及瀆皆水相
通注也谽呀豁閜阜陵別隝郭璞曰谽呀豁閜谷之形容也隝水中山也谽音呼含反呀
音呼加反閜音呼下反隝音禱師古曰大阜曰陵言阜陵居在水中各別為隝也豁音呼活反崴磈嵔廆丘虛
堀礨郭璞曰皆其形勢也崴音於鬼反磈音魚鬼反嵔音惡罪反廆音磈虛音墟堀音窟礨音磊師古曰磈又音於虺反廆音胡賄
反隱轔鬱壘登降施靡郭璞曰隱轔鬱壘堆壟不平貌轔音洛盡反師古曰壘音律施音弋爾
反施靡猶連延也陂池貏豸郭璞曰陂池旁積貌也陂音皮貏音衣被之被師古曰陂又音彼奇反貏又音彼沇

溶淫鬻薄張揖曰水流溪谷之間也師古曰溶音容鬻音育散渙夷陸師古曰散渙分散而渙然也易
曰風行水上渙夷平也廣平曰陸亭皋千里靡不被築師古曰為亭候於皋隰之中千里相接皆
築令平也被音皮義反揜以綠蕙張揖曰揜覆也綠王芻也蕙薰草也師古曰綠蕙言蕙草色綠耳非王芻也
被以江離糅以蘼蕪雜以留夷張揖曰留夷新夷也師古曰留夷香草也非新
夷新夷乃樹耳布結縷師古曰結縷蔓生著地之處皆生細根如綫相結故名結縷今俗呼鼓箏草兩幼童對銜之手鼓中
央則聲如箏也因以名云欑戾莎師古曰欑聚也戾莎言莎草相交戾也欑音材官反揭車衡蘭應劭曰揭
車一名艺輿香草也師古曰揭音丘列反艺音乞槀本射干師古曰槀本草類白芷根似芎藭射干即烏扇耳射音弋
舍反茈薑蘘荷如淳曰茈薑薑上齊也師古曰薑之息生者連其株本則紫色也蘘荷蒪苴也根旁生筍可以為葅
又治蠱毒茈音紫蘘音人羊反葴持若蓀如淳曰葴音鍼張揖曰葴持闕若杜若也蓀香草也師古曰葴寒漿也持當為
符符字之誤耳符鬼目也杜若苗頗類薑而為㯳葉之狀今流俗書本持字或作橙非也後人妄改耳其下乃言黃甘橙榛此無橙也葴音之林

反蓀音孫鮮支黃礫師古曰鮮支即今支子樹也黃礫今用染者黃屑之木也二者雖非草類既云延曼大原或者
賦雜言之耳蔣芧青薠張揖曰蔣菰也芧三稜也郭璞曰芧音杼師古曰蔣音將芧丈與反布濩閎
澤延曼太原郭璞曰布濩猶布露也師古曰閎亦大也濩音護延弋戰反離靡廣衍師古
曰離靡謂相連不絕也衍布也靡力爾反應風披靡吐芳揚烈師古曰烈酷烈之氣也披丕蟻反
郁郁菲菲衆香發越郭璞曰香氣射散也菲音妃肸蠁布寫晻薆
咇茀師古曰肸蠁盛作也寫吐也晻薆咇茀皆芳香意也肸音許乙反蠁音響晻音烏感反薆音愛咇音步必反茀音勃薆字或作
曖也於是乎周覽氾觀師古曰氾普也音敷劍反縝紛軋芴孟康曰縝紛衆盛也
軋芴緻密也師古曰縝丑人反軋於黠反芴音勿芒芒怳忽郭璞曰言眼亂也師古曰芒莫郎反視之無
端察之無涯師古曰涯畔也音儀日出東沼入虖西陂張揖曰朝出苑
之東池莫入於苑西陂中也其南則隆冬生長涌水躍波師古曰言其土地氣溫經

冬草木不死水不凍其獸則庸旄貘犛沈牛麈麋張揖曰旄旄牛其狀如牛而四節毛
犛牛黑色出西南徼外沈牛水牛也能沈沒水中麈似鹿而大郭璞曰庸牛領有肉堆貘似熊庳腳銳頭骨無髓食銅鐵貘音陌犛音貍師
古曰庸牛即今之犎牛也旄牛即今所謂偏牛者也犛牛即今之貓牛者也犛又音茅麈音主赤首圜題窮
奇象犀張揖曰題頟也窮奇狀如牛而蝟毛其音如嗥狗食人師古曰象大獸也長鼻牙長一丈犀頭似豬一角在鼻一角
在頟其北則盛夏含凍裂地涉冰揭河師古曰言其土地氣寒當
暑猶凍地為之裂故涉冰而渡河也揭褰衣也詩邶風匏有苦葉之篇曰深則厲淺則揭揭音丘例反其獸則麒麟
角端騊駼橐駝張揖曰雄曰麒雌曰麟其狀麇身牛尾狼題一角角端角端似牛其角可以為弓郭璞曰麒似麟而
無角角端似豬角在鼻上中作弓師古曰麒麟角端郭說是也橐駝者言其可負橐囊而駝物故以名云蛩蛩驒騱
駃騠驢騾郭璞曰驒騱駏驉類也駃騠生三日而超其母驒音顛騱音奚駃音決騠音提於是乎
離宮別館彌山跨谷師古曰彌滿也跨猶騎也高廊四注重坐曲

閣師古曰廊堂下四周屋也重坐謂增室也曲閣閣之屈曲相連者也華榱璧璫輦道纚
屬師古曰榱椽也華謂彫畫之也璧璫以玉為椽頭當即所謂璧璫玉題者也一曰以玉飾瓦之當也輦道謂閣道可以乘輦而行者
也纚屬聯也纚連屬也纚音力爾反屬音之欲反步櫩周流長途中宿師古曰步櫩言其下可行
步即今之步廊也謂其途長遠雖經日行之尚不能達故中道而宿也夷嵕築堂纍臺增成
師古曰夷平也山之高聚者曰嵕纍古累字言平山而築堂於其上為累臺也增重也一重為一成也嵕子公反巖窔洞
房師古曰於巖穴底為室若窨寵突然潛通臺上頫杳眇而無見仰攀橑而捫
天師古曰頫古俯字也杳眇視遠貌攀古攀字也橑椽也捫摸也言臺榭之高有升上之者俯視則不見地仰攀其椽可以攬天也橑
音老捫音門奔星更於閨闥宛虹拖於楯軒師古曰奔星流星也更歷也閨
闥宮中小門也宛虹屈曲之虹也拖謂申加於上也楯軒軒之闌板也並言室宇之高故星虹得經加之也更音工衡反虹音紅拖吐賀反又
徒可反青龍蚴蟉於東箱象輿婉僤於西清師古曰象輿瑞應車也西

清者因箱清靜之處也蚴蟉蜿蟬皆行動之貌蚴一糾反蟉力糾反蟬音善靈圄燕於閒館張揖曰靈
圄衆仙號也師古曰閒讀曰閑偓佺之倫暴於南榮郭璞曰偓佺仙人也食松子而眼方暴謂
偃卧日中也榮屋南檐也偓音握佺音銓醴泉涌於清室通川過於中庭師古
曰醴泉瑞水味甘如醴言於室中涌出而通流爲川從中庭而過也磐石裖崖孟康曰裖砇致也崖巖也以石致川之巖
也師古曰裖砇並之忍反致直二反謂重疊而累積嶔巖倚傾郭璞曰嶔巖欹貌師古曰嶔口銜反倚於綺反
嵯峩嶕嶫刻削崢嶸蘇林曰削音陗峻之陗崢音爭反嶸戶抨反郭璞曰言自然若彫刻也嶕
音昨焦反嶫音五盍反師古曰直言刻削耳非云峭峻郭說是也嶕音捷嶫音業玫瑰碧琳珊瑚叢
生郭璞曰珊瑚生水底石邊大者樹高三尺餘枝格交錯無有葉瑉玉旁唐玢豳文鱗蘇林曰玢
音分郭璞曰旁唐言盤礴玢豳文理貌師古曰旁唐文石也唐字本作磄言瑉玉及石並玢豳也玢彼旻反豳又彼閑反赤瑕駁
犖雜臿其間張揖曰赤瑕赤玉也郭璞曰言雜廁崖石中駁犖采點也犖洛角反鼂采琬

前漢傳二十七上　十七　徐真

琰和氏出焉晉灼曰鼂采關師古曰鼂古朝字也朝采者美玉每旦有白虹之氣光采上出故名朝采猶言夜光
之璧矣琬琰美玉名和氏之璧卞和所得亦美玉也言今皆出於上林於是乎盧橘夏孰應劭曰伊尹書
曰箕山之東青馬之所有盧橘夏孰晉灼曰此雖賦上林博引異方珍奇不係於一也師古曰盧黑色也黃甘橙楱
郭璞曰黃甘橘屬而味精楱亦橘之類也音湊張揖曰楱小橘也出武陵師古曰橙即柚也音丈耕反枇杷橪柹亭
柰厚朴張揖曰枇杷似斛樹長葉子若杏橪橪支香草也亭山梨也厚朴藥名也郭璞曰橪支木也師古曰此二句揔論樹
木不得雜以香草也橪郭說得之朴木皮也此藥以皮爲用而皮厚故呼厚朴云橪音煙朴匹角反楟棗楊梅張揖
曰楊梅其實似穀子而有核其味酢出江南也櫻桃蒲陶師古曰櫻桃即今之朱櫻也禮記謂含桃爾雅謂之荊桃
櫻於耕反隱夫薁棣師古曰隱夫未詳薁即今之郁李也棣今之山櫻桃薁於六反棣徒計反荅遝離
支張揖曰荅遝似李出蜀晉灼曰離支大如雞子皮麤剝去皮肌如雞子中黃味甘多酢少師古曰遝音沓離力智反羅乎
後宮列乎北園馳丘陵下平原師古曰馳猶延也一曰次弟而重也馳弋豉反

楊翠葉杌紫莖師古曰杌搖也音兀發紅華垂朱榮煌煌扈
扈照曜鉅野師古曰言其光采之盛也鉅野大野煌音皇沙棠櫟櫧張揖曰沙棠狀如棠
黃華赤實其味似李無核呂氏春秋曰果之美者沙棠之實櫟果名也櫧似柃葉冬不落應劭曰櫟采木也郭璞曰櫧似采柔師古曰櫟非果
名又非采木之櫟蓋木叢生也葉辛初生可食櫟音歷櫧音諸柃音零采音菜柔音食諸反華楓枰櫨師古曰華即今
之皮貼弓者也楓樹脂可爲香今之楓膠香也爾雅云一名欇欇枰即平仲木也櫨今黃櫨木也華音胡化反楓音風枰音平櫨音盧留
落胥邪仁頻并閭張揖曰并閭椶也郭璞曰落穫也中作器素胥邪似并閭皮可作索師古曰仁頻即
賓根也頻字或作賓胥音先余反邪弋奢反穫音鑊欃檀木蘭孟康曰欃檀檀別名郭璞曰欃音讒豫章女
貞師古曰女貞樹冬夏常青未嘗凋落若有節操故以名焉長千仞大連抱師古曰八尺曰仞連抱者
言非一人所抱夸條直暢實葉葰楙郭璞曰夸張布也張揖曰葰甬也師古曰暢通也通謂上下相
稱也葰音峻楙古茂字也甬音踊攢立叢倚連卷欐佹師古曰攢立聚立也叢倚相倚也連卷屈

前漢傳二十七上　十八　徐真

曲也欐佹支住也倚音於綺反卷音丘專反又音巨專反欐音力爾反佹音跪崔錯癹骫師古曰崔錯交雜也癹委
蟠戾也崔音千罪反癹音步葛反骫古委字坑衡閜砢師古曰坑衡勁直貌也閜砢相扶持也坑口庚反閜烏可
反砢來可反坑字或作抗言樹之支幹相抗爭衡也其義兩通垂條扶疏落英幡纚師古曰扶
疏四布也英謂華也幡纚飛揚貌也纚山爾反紛溶箾蔘猗柅從風郭璞曰紛溶箾蔘支竦擢也猗
柅猶阿那也箾音蕭蔘音森猗音於氏反柅音諸氏反師古曰溶音容箾亦山交反瀏莅卉歙師古曰林木鼓動之
聲也瀏音劉莅音利卉古卉字也音諱歙音翕蓋象金石之聲管籥之音師古曰金石謂
鍾磬也管長一尺圍一寸六孔無底籥三孔並以竹爲之柴池茈虒旋還乎後宮如淳曰茈音此
虒音豸張揖曰柴池參差也茈虒不齊也郭璞曰柴音老還還繞音官雜襲纍輯師古曰雜襲相因也纍輯重積
也纍古累字輯與集同被山緣谷循阪下隰師古曰循順也下溼曰隰視之無端
究之亡窮於是乎玄猨素雌蜼玃飛蠝張揖曰蜼如母猴卬鼻而

長尾獑似獼猴而大飛蠝飛鼠也其狀如兔而鼠首以其頯飛郭璞曰
蠝鼯鼠也毛紫赤色飛且生一名飛生雌音贈遺之遺蠝音誄師古曰
玄猨素雌言猨之雄者玄黑而雌者白素也爾雅曰玃父善顧也玃音钁鼯音吾 蛭蜩玃猱 如淳曰蛭音質張揖
曰蛭蟣也蜩蟬也玃猱獼猴也師古曰方言獸屬而引蛭蟣木蟲又及蜩蟬乖於事類如說非也但未詳是何獸耳猱音乃高反又音柔即今
所謂戎皮為案褥者也戎音柔聲之轉耳非獼猴也 獑胡豰蛫 張揖曰獑胡似獼猴頭上有鬣要以後黑豰白狐子也郭
璞曰豰似貔而大要以後黃一名黃要食獼猴蛫未聞也獑音讒豰呼穀反蛫音詭師古曰豰郭說是也 棲息乎其
間長嘯哀鳴翩幡互經 郭璞曰互經互相經過也 夭蟜枝格偃蹇
杪顛 郭璞曰皆猨猴在樹共戲姿態也夭蟜頻申也師古曰杪顛枝上端也蟜音矯杪音眇 隃絕梁騰殊
榛 師古曰絕梁謂正絕水無橋梁也殊榛特立株枿也言超度無梁之水而跳上株枿之上也隃字與踰同榛仕人反枿五曷反 捷
垂條掉希間 張揖曰捷持懸垂之條掉往著稀疏無支之間也師古曰掉徒釣反 牢落陸離
爛漫遠遷 師古曰言其聚散不恒雜亂移徙也 若此者數百千處娛游

往來宮宿館舍 師古曰娛戲也戲許其反 庖廚不徙後宮不移百
官備具 師古曰言所在之處供具皆足也 於是乎背秋涉冬天子校獵
李奇曰以五校兵出獵也師古曰李說非也校獵者以木相貫穿總為闌校遮止禽獸而獵取之說者或以為周官校人掌田獵之馬因
云校獵亦失其義養馬稱校人者謂以為闌校以養馬耳故呼為闌也事具周禮非以獵馬故稱校人 乘鏤象六
玉虯 張揖曰鏤象象路也以象牙疏鏤其車輅六玉虯謂駕六馬以王飾其鑣勒有似玉虯龍子有角曰虯 拖蜺
旌 張揖曰析羽毛染以五采綴以縷為旌有似虹蜺之氣也師古曰拖土賀反又徒可反 靡雲旗 張揖曰畫熊虎
於旍為旗似雲氣 前皮軒後道游 文穎曰皮軒以虎皮飾車天子出道車五乘游車九乘在乘輿車前賦頌
為偶辭耳師古曰文說非也言皮軒最車前而道游次皮軒之後耳非謂在乘輿之後也皮軒之上以赤皮為重蓋今此制尚存又非猛獸之
皮用飾車也道讀曰導 孫叔奉轡衛公參乘 鄭氏曰孫叔者太僕公孫賀也字子叔衛公者大將
軍衛青也大駕太僕御大將軍參乘師古曰參乘在車之右也解具在文紀也 扈從橫行出乎四校

之中 文穎曰凡五校今言四者一校中隨天子乘輿也師古曰此說又非也四校者闌校之四面也言其跋扈縱恣而行出於校之
四外也 鼓嚴簿縱獵者 孟康曰鼓嚴嚴鼓也簿鹵簿也師古曰縱放也簿步戶反 江河為
阹泰山為櫓 蘇林曰阹獵者圍陳遮禽獸也張揖曰櫓大盾以為櫓也郭璞曰櫓望樓也因山谷遮禽獸為阹師
古曰因江河以遮禽獸登泰山而望獲言田獵之廣遠耳郭說是也阹音祛 車騎靁起殷天動地 郭璞
曰殷猶震也師古曰靁古雷字也殷音隱 先後陸離散別追 師古曰陸離分散也言各有所追逐
也追合韻音竹遂反 淫淫裔裔緣陵流澤雲布雨施 郭璞曰言徧山野也
貔豹搏豺狼 郭璞曰貔執夷虎屬也音毗師古曰貔豹二物皆猛獸也生謂生取之也搏擊也 手熊
羆足墜羊 張揖曰熊犬身人足黑色羆如熊黃白色墜羊麐羊也似羊而青師古曰墜羊今之所謂山羊也非麐羊也手
言手擊殺之足謂蹴蹈而獲之 蒙鶡蘇 孟康曰鶡鶡尾也蘇析羽也張揖曰鶡似雉鬬死不卻郭璞曰蒙其尾為帽也鶡音
曷 絝白虎 張揖曰著白虎文絝也師古曰絝古袴字 被斑文 師古曰被謂衣著之也斑文亦謂豹之皮

也被皮義反 跨墜馬 師古曰騎之也 陵三嵕之危 師古曰陵上也三嵕三聚之山也 下
磧歷之坻 師古曰磧歷沙石之貌也坻水中高處也磧音千狄反坻音遲 徑峻赴險越壑
厲水 師古曰厲以衣度也 椎蜚廉弄解廌 郭璞曰飛廉龍雀也鳥身鹿頭張揖曰解廌似鹿而一角
人君刑罰得中則生於朝庭主觸不直者可得而弄也師古曰椎亦謂弄之也其字從手今流俗讀作椎擊之椎失其義矣解音蟹廌丈介
反 格蝦蛤鋋猛氏 孟康曰蝦蛤猛氏皆獸名也郭璞曰今蜀中有獸狀如熊而小毛淺有光澤名猛氏師古
曰鋋鐵把短矛也蝦音遐蛤音閤鋋音蟬 羂騕褭射封豕 張揖曰騕褭馬金喙赤色一日行萬里者郭璞
曰封豕大豬也騕音窈褭音嫋師古曰羂謂羅繫之也音工犬反 箭不苟害解脰陷腦弓不
虛發應聲而倒 張揖曰脰項也師古曰言射必命中非詭遇也脰音豆 於是乘輿弭
節徘徊翱翔往來 郭璞曰言周旋也 睨部曲之進退覽將
帥之變態 師古曰睨亦視也部曲解在李廣傳睨五計反 然後侵淫促節 郭璞曰言短驅

也儵敻遠去師古曰儵然敻然疾遠貌流離輕禽蹵履狡獸師古曰流離困
苦之也轊白鹿捷狡菟郭璞曰狡菟健跳故捷取之也軼赤電遺光耀
張揖曰軼過也郭璞曰皆妖氣爲變怪者遊光之屬追怪物出宇宙張揖曰怪物奇禽也天地四方曰宇
古往今來曰宙師古曰張說宙非也許氏說文解字云宙舟輿所極覆也彎蕃弱滿白羽文穎曰彎牽也蕃弱
夏后氏之良弓名引弓盡箭鏑爲滿以白羽羽箭故言白羽也師古曰彎烏還反蕃扶元反射游梟櫟蜚遽
張揖曰梟惡鳥故射之也櫟梢也飛遽天上神獸也鹿頭而龍身郭璞曰梟梟羊也似人長脣被髮食人師古曰梟郭說近是矣非謂惡
鳥之梟也櫟音洛遽音鉅擇肉而后發先中而命處郭璞曰言必如所志者也弦
矢分藝殪仆文穎曰所射準的爲藝一發死爲殪郭璞曰仆斃也殪音翳仆音赴師古曰言弦矢適分則殪死而赴如
射藝也藝讀射的即今之垛上臬也藝讀與藝同字亦作臬魚列反然後揚節而上浮郭璞曰言騰遊
也陵驚風歷駭猋師古曰猋謂疾風從下而上也音必遥反乘虛亡與神俱

張揖曰虛無寥廓與元通靈言其所乘氣之高故能出飛鳥之上而與神俱也藺玄鶴亂昆雞張揖曰昆雞似
鶴黃白色郭璞曰亂者言亂其行伍也遒孔鸞促鵔鸃郭璞曰遒促皆追捕之也師古曰遒材由反
拂翳鳥張揖曰山海經曰九疑之山有五采之鳥名曰翳鳥也捎鳳皇師古曰捎山交反捷鵷
雛揜焦明張揖曰焦明似鳳西方之鳥也道盡塗殫迴車而還消搖乎
襄羊降集乎北紘張揖曰淮南子云九州之外曰八澤八澤之外乃有八紘北方之紘曰委羽郭璞曰襄羊
猶彷徉也師古曰紘音宏率乎直指師古曰率然直去意揜乎反鄉師古曰揜然疾歸貌蹷
石關歷封巒過鳷鵲望露寒張揖曰此四觀武帝建元中作在雲陽甘泉宮外師古曰
蹷蹋歷經也蹷巨月反巒音鸞鳷音支下棠梨息宜春張揖曰棠梨宮名在雲陽南三十里師古曰宜
春宮名在杜縣東即今曲江池是其處也西馳宣曲張揖曰宣曲宮名也在昆明池西濯鷁牛首
張揖曰牛首池名也在上林苑西頭師古曰濯者所以刺船也鷁即鷁首之舟也濯直孝反登龍臺張揖曰觀名也在豐

水西北近渭掩細柳郭璞曰觀名也在昆明池南也觀士大夫之勤略師古曰略智略也觀
士之勤大夫之略也鈞獵者之所得獲郭璞曰平其多少也徒車之所閵轢
郭璞曰徒步也閵蹸也轢輾也音來各反師古曰輾女展反騎之所蹂若人之所蹈藉師古
曰蹂若謂踐蹋也蹂人九反與其窮極倦谻驚憚讋伏郭璞曰窮極倦谻疲憊也驚憚
讋伏懾伏不動貌師古曰谻音劇憚丁曷反讋之涉反不被創刃而死者它它藉藉
郭璞曰言交橫也師古曰它音徒河反填坑滿谷掩平彌澤師古曰平平原也彌亦滿也於
是乎游戲懈怠置酒乎顥天之臺張揖曰臺高上干皓天也師古曰顥胡考
反張樂乎膠葛之寓郭璞曰言曠遠深貌也撞千石之鐘張揖曰千石十
二萬斤也立萬石之虡師古曰虡獸名也立一百二十萬斤之虡以縣鐘也建翠華之旗
樹靈鼉之鼓師古曰翠華之旗以翠羽爲旗上葆也靈鼉之鼓以鼉皮爲鼓鼉音徒河反又徒丹反奏

陶唐氏之舞郭璞曰陶唐堯有天下號也如淳曰舞咸池也師古曰二家之說皆非也陶唐當爲陰康傳寫字誤耳
古今人表有葛天氏陰康氏呂氏春秋曰昔陰康氏之始陰多滯伏湛積陽道壅塞不行其序民氣鬱閼筋骨縮栗不達故作爲舞以宣
導之高誘亦誤解云陶唐堯有天下之號也案呂氏說陰康之後方一一歷言黃帝顓頊帝嚳乃及堯舜作樂之本皆有次弟豈并陳堯而
錯亂其序乎蓋誘不視古今人表妄改易呂氏本文聽葛天氏之歌張揖曰葛天氏三皇時君號也其樂三人
持牛尾投足以歌八曲一曰載民二曰玄鳥三曰遂草木四曰奮五穀五曰敬天常六曰徹帝功七曰依地德八曰總禽獸之極師古曰張說
八曲是也其事亦見呂氏春秋張云三皇時君失之矣千人倡萬人和師古曰倡讀曰唱山陵
爲之震動川谷爲之蕩波郭璞曰波浪起也巴俞宋蔡淮南
干遮師古曰巴俞之人剛勇好舞初高祖用之克平三秦美其功力後使樂府習之因名巴俞舞也宋蔡二國名淮南地名干遮曲
名也文成顛歌文穎曰文成遼西縣名也其縣人善歌顛益州顛縣其民能作西南夷歌也師古曰顛即滇字也其
音則同耳族居遞奏金鼓迭起師古曰族聚也聚居而遞奏也金鐘也鐘之與鼓亦互起也迭

徒結反鏗鎗闛鞈洞心駭耳師古曰鏗鎗金聲也闛鞈鼓音也洞徹也駭驚也鏗口耕反鎗
初衡反闛託郎反鞈音榻荆吳鄭衛之聲郭璞云皆淫哇之聲韶濩武象之樂
文穎曰韶舜樂也濩湯樂也武武王樂也張揖曰象周公樂也南人服象爲虐於夷成王命周公以兵追之至於海南乃爲三象樂也陰
淫案衍之音郭璞曰淶洏曲也師古曰衍弋戰反鄢郢繽紛激楚結風
李奇曰鄢今宜城縣也郢楚都也繽紛舞貌也郭璞曰激楚歌曲也師古曰結風亦曲名也繽匹人反俳優侏儒狄
鞮之倡張揖曰狄鞮西方譯名郭璞曰西戎樂名也師古曰俳優侏儒倡樂可狎玩者也狄鞮郭說是也鞮丁奚反所
以娛耳目樂心意者麗靡爛漫於前郭璞曰言恣所觀也靡曼
美色於後張揖曰靡細也曼澤也若夫青琴宓妃之徒伏儼曰青琴古神女
也文穎曰宓妃洛水之神女也師古曰宓讀與伏字同字本作虙也絕殊離俗郭璞曰世無雙也妖冶閑
都靚莊刻飾便嬛綽約郭璞曰靚莊粉白黛黑也刻刻畫鬋鬢也便嬛輕麗也綽約婉約也嬛音

翾靚音淨師古曰妖冶美好也閑都雅麗也綽音綽柔橈嬛嬛嫵媚孅弱師古曰橈動曲也嬛柔屈
貌也孅細也弱𢘽謂骨體也橈音女教反嬛音於圓反嫵音武孅即纖字耳曳獨繭之褕絏眇閻
易以恤削張揖曰褕襜褕也絏褻也郭璞曰獨繭一繭絲也閻易衣長貌也恤削言如刻畫作之也師古曰褕音踰絏音
曳易弋示反便姍嫳屑與世殊服師古曰言其行步安詳容服絕異也便音步千反姍音先嫳音
步結反芬芳漚鬱酷烈淑郁郭璞曰香氣盛也師古曰漚一候反皓齒粲
爛宜笑的皪郭璞曰鮮明貌也師古曰皪音礫長眉連娟微睇緜藐
郭璞曰連娟言曲細緜藐視遠貌藐音邈師古曰微睇小視也娟一全反睇大計反色授魂予心愉於側
張揖曰彼色來授魂往與接也師古曰愉樂也音踰於是酒中樂酣師古曰酒中飲酒中半也樂酣奏樂洽也
中竹仲反天子芒然而思師古曰芒然猶罔然也芒莫郎反似若有亡師古曰如有失
也曰嗟乎此大奢侈朕以覽聽餘閒無事棄日師古

曰言聽政餘暇不能棄日也閒讀曰閑順天道以殺伐郭璞曰因秋氣也時休息以
於此郭璞曰謂苑囿中也恐後世靡麗遂往而不返非所以爲
繼嗣創業垂統也郭璞曰言不可以示將來也師古曰爲音于僞反於是乎乃解
酒罷獵而命有司曰地可墾辟悉爲農郊以贍氓
隸師古曰辟讀曰闢闢開也邑外謂之郊郊野之田故曰農郊也衞風碩人之詩曰稅于農郊也隤牆填塹師古
曰隤墜也音徒回反使山澤之民得至焉師古曰恣其芻牧獵采者也實陂池
而勿禁虛宮館而勿仞師古曰實讀曰充滿其中言恣其有所取也仞亦滿也勿仞言廢塞之
也發倉廩以救貧窮補不足恤鰥寡存孤獨出德
號省刑罰師古曰德號德音之號令也易夬卦曰孚號有厲是也改制度易服色
革正朔與天下爲始於是歷吉日以齋戒張揖曰歷算也襲

朝服乘法駕建華旗鳴玉鸞郭璞曰鸞鈴也在軛曰鸞在軾曰和游于六
藝之囿馳騖乎仁義之塗郭璞曰六藝禮樂射御書數也塗道也師古曰郭說非也此六
藝謂六經者也覽觀春秋之林如淳曰春秋義理繁茂故比之於林藪也射貍首兼騶
虞郭璞曰貍首逸詩篇名諸侯以爲射節騶虞召南之卒章天子以爲射節也弋玄鶴舞干戚郭璞
曰干盾戚斧也載雲罕揜群雅張揖曰罕畢也前有九斿雲罕之車詩小雅之材七十四人大雅之材三十一
人故曰羣雅也悲伐檀師古曰伐檀魏國之詩刺在位貪鄙也樂樂胥鄭氏曰詩云君子胥樂兮師古曰
此說非也謂取小雅桑扈之篇云君子樂胥萬邦之屏耳胥有材知之人也王者樂得有材知之人使在位也胥先呂反修容乎
禮園翺翔乎書圃師古曰此以上皆取經典之嘉辭以代游獵之娛樂述易道郭璞曰脩絜靜
精微之術放怪獸張揖曰苑中奇怪之獸不復獵也登明堂坐清廟恣羣臣
奏得失四海之內靡不受獲師古曰言天下之人皆受恩惠豈直如田獵得獸而已

於斯之時天下大説鄉風而聽隨流而化師古曰說讀曰悅鄉讀曰嚮芔然興道而遷義師古曰芔然猶歘然也遷徙也徙就於義也芔許貴反刑錯而不用德隆於三皇功羨於五帝師古曰錯置也羨饒也五帝謂黃帝顓頊帝嚳堯舜也一曰少昊顓頊高辛堯舜也錯千故反羨弋戰反若此故獵乃可喜也若夫終日馳騁勞神苦形罷車馬之用抏士卒之精師古曰罷讀曰疲抏挫也音五官反費府庫之財而無德厚之恩務在獨樂不顧衆庶忘國家之政貪雉菟之獲則仁者不繇也師古曰繇讀與由同由用也從此觀之齊楚之事豈不哀哉地方不過千里而囿居九百是草木不得墾辟而民無所食也師古曰辟讀曰闢夫以諸侯之細而樂萬乘之

所侈僕恐百姓被其尤也師古曰尤過也被皮義反於是二子愀然改容超若自失師古曰愀變色貌音材小反逡巡避席曰鄙人固陋不知忌諱乃今日見教謹受命矣賦奏天子以爲郎亡是公言上林廣大山谷水泉萬物及子虛言雲夢所有甚衆侈靡多過其實且非義理所上故刪取其要歸正道而論之師古曰言不尚其侈靡之論但取終篇歸於正道耳非謂削除其辭也而說者便謂此賦已經史家刊剟失其意矣

司馬相如傳卷第二十七上

司馬相如傳卷第二十七下　班固　漢書五十七

秘書監上護軍琅邪縣開國子顏師古注

相如爲郎數歲會唐蒙使略通夜郎僰中 師古曰行取曰略夜郎僰中皆西南夷也僰音蒲北反 發巴蜀吏卒千人郡又多爲發轉漕萬餘人用軍興法誅其渠率 師古曰渠大也 巴蜀民大驚恐上聞之乃遣相如責唐蒙等因諭告巴蜀民以非上意檄曰告巴蜀太守蠻夷自擅不討之日久矣時侵犯邊境勞士大夫陛下即位存撫天下集安中國然後興師出兵北征匈奴單于怖駭交臂受事屈膝請和康居西域重譯納貢稽首來亨 師古曰來入朝覲亨亨祀也一曰亨獻也獻其國珍也 移師東指閩越相誅右弔番禺太子入朝 文穎曰弔至也番禺南海郡治也東伐越後至番禺故言右也師古曰南越爲東越所伐漢發兵救之南越蒙天子德惠故遣太子入朝所以云弔耳非訓至也 南夷之君西僰之長常效貢職不敢惰怠延頸舉踵喁喁然 師古曰喁喁衆口向上也音魚龍反 皆鄉風慕義欲爲臣妾 師古曰鄉讀曰嚮 道里遼遠山川阻深不能自致 師古曰致至也 夫不順者已誅而爲善者未賞故遣中郎將往賓之發巴蜀之士各五百人以奉幣衛使者不然 張揖曰不然之變也 靡有兵革之事戰鬭之患今聞其乃發軍興制 師古曰以發軍之法爲興衆之制也 驚懼子弟憂患長老郡又擅爲轉粟運輸皆非陛下之意也當行者或

亡逃自賊殺 師古曰賊猶害也 亦非人臣之節也夫邊郡之士聞熢舉燧燔 孟康曰熢如覆米䉛縣著契皋頭有寇則舉之燧積薪有寇則燔然之也 皆攝弓而馳荷兵而走 師古曰攝謂張弓注矢而持之也攝女涉反 流汗相屬唯恐居後 師古曰屬逮也音之欲反 觸白刃冒流矢 師古曰冒犯也 議不反顧計不旋踵人懷怒心如報私讎彼豈樂死惡生非編列之民而與巴蜀異主哉 師古曰編列謂編戶也編布先反 計深慮遠急國家之難而樂盡人臣之道也故有剖符之封析圭而爵 如淳曰析中分也白藏天子青在諸侯也 位爲通侯居列東第 師古曰東第甲宅也居帝城之東故曰東第也 終則遺顯號於後世傳土地於子孫事行甚忠敬居位甚安佚 師古曰佚樂也讀與逸同 名聲施於無窮功烈著而不滅是以賢人君子肝腦塗中原膏液潤壄屮而不辭也 師古曰壄與埜同古野字也屮古草字也 今奉幣役至南夷即自賊殺或亡逃抵誅 師古曰抵至也亡逃而至於誅也 身死無名 師古曰無善名也 謚爲至愚 師古曰謚者行之迹也終以愚死後葉傳稱故謂之謚 恥及父母爲天下笑人之度量相越豈不遠哉然此非獨行者之罪也父兄之教不先子弟之率不謹 師古曰不先者謂往日不素教之也 寡廉鮮恥而俗不長厚也 師古曰寡鮮皆少也鮮音息淺反 其被刑戮不亦宜乎陛下患使者有司之若彼悼不肖愚民之如此故遣信使 師古曰誠信之人以爲使也 曉諭百姓以發卒之事 師古曰諭告也 因數之以不忠死亡之

罪（師古曰數責也音所具反）讓三老孝弟以不教誨之過（師古曰讓責也責其不教誨不備也）方今田時重煩百姓（師古曰重難也不欲召聚之也）已親見近縣（師古曰近縣之人使者以自見而口諭之矣故為檄文馳以示遠所也）恐遠所谿谷山澤之民不徧聞檄到亟下縣道（師古曰亟急也縣有蠻夷曰道）咸諭陛下意毋忽（師古曰忽怠忽也）相如還報（師古曰使訖還報天子也）唐蒙已略通夜郎因通西南夷道發巴蜀廣漢卒作者數萬人治道二歲道不成士卒多物故（師古曰物故死也解在蘇武傳）費以億萬計蜀民及漢用事者多言其不便是時邛莋之君長（文穎曰邛者今為邛都縣莋者今為定莋縣師古曰莋才各反）聞南夷與漢通得賞賜多多欲願為內臣妾請吏比南夷上問相如相如曰邛莋冉駹者近蜀道易通（師古曰今夔州開州等首領姓冉者皆舊冉種也駹音尨）異時嘗通為郡縣矣（師古曰異時猶言往時也）至漢興而罷今誠復通為置縣愈於南夷（晉灼曰南夷謂犍為牂柯也西夷謂越巂益州也師古曰愈勝也）上以為然乃拜相如為中郎將建節往使副使者王然于壺充國呂越人馳四乘之傳（師古曰傳張戀反）因巴蜀吏幣物以賂西南夷至蜀太守以下郊迎（師古曰迎於郊界之上也）縣令負弩矢先驅（師古曰馬導路也）蜀人以為寵於是卓王孫臨邛諸公皆因門下獻牛酒以交驩卓王孫喟然而歎自以得使女尚司馬長卿晚（師古曰尚猶配也義與尚公主同今流俗書本此尚字作當蓋後人見前云文君恐不得當故改此文以就之耳）乃厚分與

其女財與男等相如使略定西南夷邛莋冉駹斯榆之君皆請為臣妾除邊關邊關益斥（師古曰斥開廣也）西至沫若水（張揖曰沫水出蜀廣平徼外若水出旄牛徼外師古曰沫音妹）南至牂柯為徼（張揖曰徼謂以木石水為界者也如淳曰斯榆之君等自求去邊關欲與牂柯作徼塞也師古曰徼工釣反）通靈山道（張揖曰鑿開靈山道置靈道縣孫水出臺登縣）橋孫水（南至會無入若水師古曰於孫水上作橋也）以通邛莋還報天子大說（師古曰說讀曰悅）相如使時蜀長老多言通西南夷之不為用大臣亦以為然相如欲諫業已建之不敢（師古曰本由相如立此事故不敢更諫也）乃著書藉蜀父老為辭而己詰難之以風天子（師古曰藉假也風讀曰諷）且因宣其使指令百姓皆知天子意其辭曰漢興七十有八載德茂存乎六世威武紛云湛恩汪濊（師古曰紛云盛貌汪濊深廣也湛讀曰沈汪烏皇反濊音於喙反）群生霑濡洋溢乎方外（師古曰洋音羊）於是乃命使西征隨流而攘（師古曰攘卻也音人羊反）風之所被罔不披靡（師古曰被丕靡反）因朝冉從駹定莋存邛略斯榆舉苞蒲結軼還轅東鄉將報（師古曰結屈也軼車迹也鄉讀曰嚮報報天子也）至于蜀都耆老大夫搢紳先生之徒二十有七人儼然造焉（師古曰造至也音千到反）辭畢進曰（師古曰辭謂初謁見之辭）蓋聞天子之於夷狄也其義羈縻勿絕而已（師古曰羈馬絡頭也縻牛紖也言牽制之故取諭也）今罷三郡之士通夜郎之塗（師古曰罷讀曰疲）三年於茲而功不竟士卒勞倦萬民不贍今又接之以西

夷百姓力屈恐不能卒業（師古曰屈盡也卒終也業事也屈其勿反）此亦使者之累也（師古曰累音力瑞反）竊爲左右患之且夫邛筰西僰之與中國並也歷年茲多不可記已（師古曰已語終之辭也）仁者不以德來强者不以力并意者殆不可乎（師古曰言往帝王雖有仁德不能招來之雖有强力不能并吞之以其險遠理不可也）今割齊民以附夷狄弊所恃以事無用（師古曰所恃即中國之人也無用謂西南夷也）鄙人固陋不識所謂使者曰烏謂此乎（師古曰烏於何也）必若所云則是蜀不變服而巴不化俗也僕尚惡聞若說（師古曰尚猶也若如也言僕猶惡聞如此之說況乎遠識之人也惡一故反）然斯事體大固非觀者之所覯也（師古曰覯見也音構）余之行急其詳不可得聞已（師古曰言行程急速不暇

爲汝詳言之）請爲大夫粗陳其略（師古曰粗猶麤也音千戶反）蓋世必有非常之人然后有非常之事有非常之事然后有非常之功非常者固常人之所異也（師古曰常人見之以爲異也）故曰非常之元黎民懼焉（師古曰元始也非常之事其始難知衆人懼之）及臻厥成天下晏如也（師古曰臻至也晏安也）昔者洪水沸出氾濫衍溢民人升降移徙崎嶇而不安夏后氏戚之乃堙洪原（師古曰堙塞也水本曰原堙音因）決江疏河灑沈澹災東歸之於海（師古曰疏通也灑分也沈深也澹安也言分散其深水以安定其災也灑所宜反澹徒濫反）而天下永寧當斯之勤豈惟民哉心煩於慮而身親其勞躬傶骿胝無胈膚不生毛（張揖曰躬體也傶湊理也孟康曰胈毳膚皮也言禹勤勞骿胝無有毳毛也師古

曰胈步曷反骿步千反胝竹尸反）故休烈顯乎無窮聲稱浹乎于茲（師古曰休美也烈業也浹徹也于茲猶言今茲也浹子牒反）且夫賢君之踐位也豈特委瑣握齪拘文牽俗（師古曰握齪局促也不拘微細之文不牽流俗之議也齪初角反）循誦習傳當世取說云爾哉（師古曰說讀曰悅言非直因循口誦習所傳聞取美悅於當時而已）必將崇論閎議（師古曰閎深也音宏）創業垂統爲萬世規故馳騖乎兼容并包而勤思乎參天貳地（師古曰比德於地是貳地也地與己并天爲三是參天也）且詩不云乎普天之下莫非王土率土之濱莫非王臣（師古曰小雅北山之詩也普大也濱涯也）是以六合之內八方之外（師古曰天地四方謂之六合四方四維謂之八方也）浸淫衍溢（師古曰浸淫猶漸漬也衍溢言有餘也）懷生之物有不浸潤於澤者賢君恥之今封疆之

內冠帶之倫（師古曰倫類也）咸獲嘉祉靡有闕遺矣而夷狄殊俗之國遼絕異黨之域舟車不通人迹罕至政教未加流風猶微內之則犯義侵禮於邊境外之則邪行橫作放殺其上（師古曰內之謂通其朝獻也外之謂棄而絕之也橫胡孟反殺讀曰弒）君臣易位尊卑失序父兄不辜幼孤爲奴虜係纍號泣（師古曰爲人所獲而纍係之故號泣也纍力追反）內鄉而怨（師古曰鄉讀曰嚮嚮中國而怨慕也）曰蓋聞中國有至仁焉德洋恩普物靡不得其所（師古曰洋多也）今獨曷爲遺己（師古曰曷何也己謂怨者之身也）舉踵思慕若枯旱之望雨盭夫爲之垂涕（張揖曰盭很戾之夫也師古曰盭古戾字）況乎上聖又烏能已（師古曰烏猶焉也已止也）故北出師以討強胡南

馳使以誚勁越（師古曰誚責也音材笑反）四面風德（師古曰風化也）二方之君鱗集仰流（師古曰二方謂西夷及南夷也若魚鱗之相次而仰向承流也）願得受號者以億計（師古曰號謂爵號也一曰受天子之號令也）故乃關沫若（張揖曰以沫若水為關也）徼牂柯鏤靈山梁孫原（師古曰鏤謂疏通之以開道也梁橋也孫原孫水之原也）創道德之塗垂仁義之統將博恩廣施遠撫長駕（張揖曰駕行也）使疏逖不閉（師古曰逖遠也言使遠者不被閉絕也）曶爽闇昧得燿乎光明（師古曰曶爽未明也曶音忽）以偃甲兵於此而息討伐於彼遐邇一體中外禔福不亦康乎（師古曰禔安也康樂也禔音止支反）夫拯民於沈溺（師古曰拯升也言人在沈溺之中升而舉之也）奉至尊之休德（師古曰休美也）反衰世之陵夷繼周氏之絕業（師古曰陵夷謂陵替也）天子之急務也百姓雖勞又惡可以已哉（師古曰惡讀與烏同已止也）且夫王者固未有不始於憂勤而終於佚樂者也（師古曰言始能憂勤則終獲逸樂也佚字與逸同）然則受命之符合在於此（張揖曰合在於憂勤逸樂之中也）方將增太山之封加梁父之事鳴和鸞揚樂頌上咸五下登三（李奇曰五帝之德比漢為減三王之德漢出其上師古曰此說非也咸皆也言漢德與五帝皆盛而登於三王之上也相如不當言漢減於五帝也）觀者未覩指聽者未聞音猶焦朋已翔乎寥廓（師古曰寥廓天上寬廣之處寥音聊）而羅者猶視乎藪澤（師古曰澤無水曰藪）悲夫於是諸大夫茫然（師古曰茫莫郎反）喪其所懷來失厥所以進（師古曰初有所懷而來欲進而陳之今並喪失其來意也）喟然並稱曰允哉漢德（師古曰允信也小雅車攻之詩曰允矣君子）此鄙

人之所願聞也百姓雖勞請以身先之敞罔靡徙遷延而辭避（師古曰敞罔失志貌靡徙自抑退也）其後人有上書言相如使時受金失官居歲餘復召為郎相如口吃而善著書常有消渴病與卓氏婚饒於財故其事宦未嘗肯與公卿國家之事（師古曰與讀曰豫）常稱疾閒居不慕官爵（師古曰閒讀曰閑）嘗從上至長楊獵（師古曰長楊宮也在盩厔）是時天子方好自擊熊豕馳逐壄獸相如因上疏諫其辭曰臣聞物有同類而殊能者故力稱烏獲捷言慶忌（師古曰烏獲秦武王力士也慶忌吳王僚子也射能捷矢也）勇期賁育（師古曰孟賁古之勇士也水行不避蛟龍陸行不避豺狼發怒吐氣聲響動天夏育亦猛士也）臣之愚竊以為人誠有之獸亦宜然今陛下好陵阻險射猛獸卒然遇逸材之獸駭不存之地（師古曰卒讀曰猝千忽反謂暴疾也不存不可得安存也）犯屬車之清塵（應劭曰古者諸侯貳車九乘秦滅九國兼其車服漢依秦制故大駕屬車八十一乘師古曰屬者言相連續不絕也塵謂行而起塵也言清者尊貴之意也而說者乃以為清道灑塵謂之清塵非也屬音之欲反）輿不及還轅人不暇施巧雖有烏獲逢蒙之技不得用（師古曰逢蒙古之善射者也孟子曰逢蒙學射於羿也）枯木朽株盡為難矣是胡越起於轂下而羌夷接軫也（師古曰軫車後橫木）豈不殆哉（殆危也）雖萬全而無患然本非天子之所宜近也且夫清道而後行中路而馳猶時有銜橜之變（張揖曰銜馬勒銜也橜騑馬口長銜也師古曰橜謂車之鉤心也銜橜之變言馬銜或斷鉤心或出則致傾敗以傷人也橜音鉅月反）況乎涉豐草騁丘虛

師古曰豐草茂草也虛讀曰墟前有利獸之樂而內無存變之意其為害也不亦難矣夫輕萬乘之重不以為安樂出萬有一危之塗以為娛臣竊為陛下不取蓋明者遠見於未萌而知者避危於無形師古曰萌謂事始生若草木初生者也禍固多藏於隱微而發於人之所忽者也故鄙諺曰家累千金坐不垂堂張揖曰畏櫩瓦墮中人也師古曰垂堂者近堂邊外自恐墜墮耳非畏櫩瓦也言富人之子則自愛深也此言雖小可以諭大臣願陛下留意幸察上善之還過宜春宮相如奏賦以哀二世行失師古曰宜春本秦之離宮胡亥於此為閻樂所殺故感其處而哀之其辭曰登陂陁之長阪兮坌入曾宮之嵯峩蘇林曰坌音馬坌吒之坌張揖曰坌並也師古曰曾重也嵯峩高貌也陂普何反陁徒何反坌普頓反又步頓反臨曲江之隑州兮望南山之參差張揖曰隑長也苑中有曲江之象中有長州也師古曰曲岸頭曰隑隑即碕字耳言臨曲岸之州今猶謂其處曰曲江隑鉅依反巖巖深山之谾谾兮通谷䜱乎谽谺晉灼曰谾音籠古礱字也師古曰谾谾深通貌䜱呼活反谽谺大開貌谽呼含反谺呼加反汩淢靸以永逝兮注平皋之廣衍師古曰汩淢疾貌也靸然輕舉意也皋水邊地也汩于筆反淢音域靸先合反觀眾樹之蓊薆兮覽竹林之榛榛師古曰蓊薆蔭蔽貌榛榛盛貌蓊烏孔反薆音愛榛側巾反東馳土山兮北揭石瀨師古曰揭褰衣而渡也石而淺水曰瀨揭丘例反弭節容與兮歷弔二世持身不謹兮亡國失勢信讒不寤兮宗廟滅絕師古曰信讒謂殺李斯也烏乎操行之不得師古曰操千到反墓蕪穢而不脩兮魂亡歸而不食相如拜為孝文園令上既美子

虛之事相如見上好僊因曰上林之事未足美也尚有靡者師古曰靡麗也臣嘗為大人賦未就師古曰就成也請具而奏之相如以為列僊之儒居山澤閒師古曰儒柔也術士之稱也凡有道術皆為儒今流俗書本作傳字非也後人所改耳形容甚臞師古曰臞瘠也音鉅句反又音衢此非帝王之僊意也乃遂奏大人賦其辭曰世有大人兮在乎中州師古曰大人以諭天子也中州中國也宅彌萬里兮曾不足以少留師古曰彌滿也悲世俗之迫隘兮朅輕舉而遠游師古曰朅去意也音丘例反乘絳幡之素蜺兮載雲氣而上浮張揖曰乘用也赤氣為幡繒以白氣也師古曰上時掌反建格澤之脩竿兮張揖曰格澤之氣如炎火狀黃白色起地上至天下大上鋭脩長也建此氣為長竿也師古曰格胡各反澤大各反總光燿之采旄張揖曰旄旄也總係也係光燿之氣於長竿以為旄旄也師古曰總音揔旄即今所謂旄頭也垂旬始以為幓兮李奇曰旬始氣如雄雞見北斗旁張揖曰幓旒也旒旬始於旒下以為十二旒也師古曰幓所銜反抴彗星而為髾張揖曰髾燕尾也抴彗星繫著旒以為燕尾也掉指橋以偃蹇兮張揖曰指橋隨風靡也偃蹇委曲貌師古曰掉徒釣反蹇居偃反又猗抳以招搖晉灼曰猗音依倚反抳年爾反張揖曰猗抳下垂貌招搖跳踉也師古曰招音韶踊音蕭攬欃槍以為旌兮靡屈虹而為綢張揖曰彗星為欃槍注旄首曰旌今以彗星代之也靡順也綢韜也以斷虹為杠之韜也師古曰韜謂裹冒旌旗之竿也欃初咸反槍初衡反屈其勿反綢直流反紅杳眇以玄湣兮猋風涌而雲浮蘇林曰玄音炫湣音麵晉灼曰紅赤色貌杳眇深遠也玄湣眩合也言自絳幡以下眾色盛光采相燿幽藹炫亂也師古曰如猋風之踊如雲之浮言輕舉也猋必遙反駕應龍象輿之蠖略委麗兮驂赤螭青虯之蚴蟉宛蜒文穎曰有翼曰應龍最其神然者也師古曰蠖略委麗蚴蟉宛蜒皆其行步進止之貌也蠖於縛反略力灼反蚴一糾反蟉力糾反宛於元反

蜒音延

低卬夭蟜据以驕驁兮詘折隆窮蠼以連卷 張揖曰据直項也驕驁縱恣也詘折曲委也隆窮舉身也蠼蹞跳也連卷句踡也師古曰据音倨驕居召反驁五到反蠼鉅縛反卷鉅圓反

沛艾赳螑仡以佁儗兮 張揖曰沛艾駊騀也赳螑申頸低卬也仡舉頭也佁儗不前也師古曰沛普蓋反赳古幼反螑火幼反仡魚乞反佁丑吏反儗魚吏反佁儗又音態礙

放散畔岸驤以孱顏 師古曰畔岸自縱之貌也驤舉也孱顏不齊也孱士顏反

跮踱輵螛容以骫麗兮 張揖曰跮踱前卻也輵螛搖目吐舌也容容龍體貌也骫麗左右相隨也師古曰跮丑日反踱丑略反輵音遏螛音曷骫古委字也麗力爾反

蜩蟉偃蹇怵臭以梁倚 張揖曰蜩蟉掉頭也怵臭奔走也梁倚相著也師古曰蜩徒釣反蟉盧釣反怵音黜臭丑若反倚於綺反

糾蓼叫奡踏以艐路兮 張揖曰糾蓼相引也叫奡相呼也踏下也艐著也皆下著道也師古曰叫奡高舉之貌蓼力糾反奡五到反踏音沓艐音屆

蔑蒙踊躍騰而狂趡 張揖曰蔑蒙飛揚也踊躍跳也騰馳也趡奔走也師古曰蒙莫孔反趡音雖

莅颯卉歙猋至電過

兮煥然霧除霍然雲消 張揖曰莅颯飛相及也卉歙走相追也師古曰莅音利颯音立卉音諱歙音翕

邪絕少陽而登太陰兮與真人乎相求 張揖曰少陽東極大陰北極邪度東極而升北極也真人謂若士也遊於太陰之中師古曰真人至真之人也非指謂若士也

互折窈窕以右轉兮橫厲飛泉以正東 張揖曰飛泉飛谷也在崑崙山西南師古曰厲渡也

悉徵靈圉而選之兮部署衆神於搖光 張揖曰搖光北斗杓頭第一星

使五帝先導兮反大壹而從陵陽 應劭曰五帝五時大皞之屬也如淳曰天極大星一明者太一常居也張揖曰陵陽仙人陵陽子明也師古曰令太一反其所居而使陵陽侍從於己

左玄冥而右黔雷兮 張揖曰玄冥北方黑帝佐也黔雷黔嬴也天上造化神名也楚辭曰召黔嬴而見之或曰水神也

前長離而後矞皇 服虔曰皆神名也師古曰長離靈鳥也辭在禮樂志矞以出反

廝征伯僑而役羨門兮詔岐伯使尚方 應劭曰廝役也張揖曰伯僑仙人王子僑也羨門碣石山上仙人羨門高也尚主也岐伯者黃帝大醫屬使主方藥也師古曰征伯僑者仙人姓征名伯僑非王子僑也郊祀志征字作正其音同耳或說云征謂役使之也

祝融警而蹕御兮清氣氛而后行 張揖曰祝融南方炎帝之佐也獸身人面乘兩龍師古曰蹕止行人也御禦也氛惡氣也

屯余車而萬乘兮綷雲蓋而樹華旗 師古曰綷合也合五采雲以為蓋也綷子內反

使句芒其將行兮吾欲往乎南娭 張揖曰句芒東方青帝之佐也鳥身人面乘兩龍師古曰將行將領從行也娭許其反

歷唐堯於崇山兮過虞舜於九疑 張揖曰崇山狄山也海外經曰狄山帝堯葬於其陽九疑山在零陵營道縣舜所葬也師古曰疑似也山有九峯其形相似故曰九疑

紛湛湛其差錯兮雜遝膠輵以方馳 師古曰湛湛積厚之貌差錯交互也雜遝重累也膠輵猶交加也湛徒感反遝大合反輵音葛

騷擾衝蓯其紛挐兮滂濞泱軋麗以林離 張揖曰衝蓯相入貌滂濞衆盛貌泱軋不前也麗靡也林離摻纚也師古曰衝尺勇反蓯相勇反挐女居反滂普郎反濞普備反泱烏朗反軋於黠反摻所林反纚所宜反

攢羅列聚叢以蘢茸兮衍曼流爛痑以陸離 張揖曰痑衆貌一曰罷極也陸離參差也師古曰蘢茸聚貌流爛布散也痑自放縱也蘢來孔反茸而孔反衍弋善反痑式爾反張云罷極義則非矣

徑入雷室之砰磷鬱律兮洞出鬼谷之堀礨崴魁 張揖曰雷室雷淵也洞通也鬼谷在北辰下衆鬼之所聚也堀礨崴魁不平也師古曰砰磷鬱律深峻貌砰普萌反磷力耕反堀口骨反礨路罪反崴一迴反

遍覽八紘而觀四海兮朅度九江越五河 張揖曰九江在廬江尋陽縣南皆東合為大江者服虔曰河有九今越其五也晉灼曰五河五湖取河之聲合其音耳師古曰服晉說五河皆非也五河五色之河也仙經說有紫碧絳青黃之河非謂九河之內亦非五湖也

經營炎火而浮弱水兮杭絕浮渚涉流沙 應劭曰楚辭曰越炎火之萬里弱水出張掖刪丹西至酒泉合黎餘波入于流沙張揖曰杭船也絕度也浮渚流沙中渚也流沙沙與水流行也師古曰弱水謂西域絕遠之水乘毛車以度者耳非張掖弱水也又流沙但有沙流耳無水也言絕度浮渚乃涉流沙也杭音下郎反

奄息葱極氾濫水娭兮 張揖曰奄然休

息也慈極怱領山也在西域中使靈媧鼓瑟兮而舞馮夷服虔曰靈媧女媧也伏羲作琴使女媧鼓之馮夷河伯字也淮南子曰馮夷得道以潛大川師古曰媧音瓜又工蛙反時若曖曖將混濁兮召屏翳誅風伯刑雨師應劭曰屏翳天神使也張揖曰風伯字飛廉師古曰屏步丁反西望崑崙之軋沕荒忽兮張揖曰崑崙去中國五萬里天帝之下都也其山廣袤百里高八萬仞增城九重面有九井以玉為檻旁有五門開明獸守之軋沕荒忽不分明之貌師古曰沕音勿荒呼廣反直徑馳乎三危張揖曰三危山在鳥鼠之西與岷山相近黑水出其南陂書曰導黑水至于三危也排閶闔而入帝宮兮載玉女而與之歸張揖曰玉女青要乘弋等也登閬風而遙集兮亢鳥騰而壹止張揖曰閬風山在崑崙閶闔之中遙遠也應劭曰亢然高飛如鳥之騰也師古曰閬音浪亢音抗低徊陰山翔以紆曲兮吾乃今日覩西王母暠然白首戴勝而穴處兮亦幸有三足烏為之使張揖曰陰山在崑崙西二千七百里西王母其狀如人豹尾虎首蓬髮暠然白首石城金室穴居其中三足烏三足青鳥也主為西王母取食在崑崙墟之北如淳曰山海經曰西王母梯几而戴勝師古曰低佪猶徘徊也勝婦人首飾也漢代謂之華勝暠工老反字或作翯音學必長生若此而不死兮雖濟萬世不足以喜師古曰昔之談者咸以西王母為仙靈之最故相如言大人之仙娛游之盛顧視王母鄙而陋之不足羨慕也回車朅來兮絕道不周張揖曰不周山在崑崙東南二千三百里也會食幽都呼吸沆瀣兮餐朝霞張揖曰幽都在北方如淳曰淮南云八極西北曰幽都之門應劭曰列仙傳陵陽子言春食朝霞朝霞者日始欲出赤黃氣也夏食沆瀣沆瀣北方夜半氣也幷天地玄黃之氣為六氣師古曰沆胡朗反瀣音蟹咀噍芝英兮嘰瓊華張揖曰芝草莽也榮而不實謂之英嘰食也瓊樹生崑崙西流沙濱大三百圍高萬仞華藥也食之長生師古曰芝英芝菌之英也咀才汝反噍才笑反又才爵反嘰音機又音祈僸祲尋而高縱兮紛鴻溶而上厲張揖曰僸卬也鴻溶竦踊也師古曰僸音角甚反祲晉子禁反鴻音胡孔反溶音弋孔反貫列缺之倒景兮服虔

曰列缺天閃也人在天上下向視日月故景倒在下也張揖曰貫穿也陵陽子明經曰列缺氣去地二千四百里倒景氣去地四千里其景皆倒在下也涉豐隆之滂濞應劭曰豐隆雲師也楚辭曰吾令豐隆乘雲兮淮南子曰季春三月豐隆乃出以將雨師古曰豐隆將雨故言涉也滂濞雨多也滂普郎反濞匹備反騁遊道而脩降兮騖遺霧而遠逝張揖曰馳疾而遺霧在後也師古曰游游車也道道車也脩長也降下也言周覽天上然後騁車也循長路而下馳乘遺霧而遠逝也道讀曰導迫區中之隘陝兮舒節出乎北垠師古曰舒緩也垠崖也音銀遺屯騎於玄闕兮張揖曰玄闕北極之山也軼先驅於寒門應劭曰寒門北極之門也師古曰軼過也音逸下崢嶸而無地兮師古曰崢嶸深遠貌崢音仕耕反嶸音宏上嵺廓而無天師古曰嵺廓廣遠也嵺音遼視眩泯而亡見兮聽敞怳而亡聞師古曰眩泯目不安也敞怳耳不諦也眩音州縣之縣泯音眄乘虛亡而上遐兮超無友而獨存師古曰上音時掌反相如既奏大人賦天

子大說師古曰說讀曰悅飄飄有陵雲氣游天地之間意相如既病免家居茂陵天子曰司馬相如病甚可往從悉取其書若後之矣師古曰若汝也言汝今去已在他人後也所忠往師古曰使者姓名也解在食貨志而相如已死家無遺書問妻對曰長卿未嘗有書也時時著書人又取去長卿未死時為一卷書曰有使來求書奏之其遺札書言封禪事師古曰書於札而留之故云遺札所忠奏焉天子異之其辭曰伊上古之初肇自顥穹生民師古曰肇始也顥穹皆謂天也顥言氣顥汗也穹言形穹隆也謂自初始有天地以來也顥胡老反歷選列辟以迄乎秦師古曰選數也辟君也迄至也辟音辟率邇者踵武聽逖者風聲文穎曰率循也邇近也踵蹤也武迹也逖遠也言循履近者之

遺迹聽遠者之風聲風謂著於雅頌者也師古曰風聲總謂遺風嘉聲耳無繫於雅頌也紛綸威蕤堙滅而
不稱者不可勝數也張揖曰紛綸威蕤亂貌繼昭夏崇號謚略
可道者七十有二君文穎曰昭明也夏大也德明大相繼封禪於泰山者七十有二人也罔若
淑而不昌疇逆失而能存應劭曰罔無也若順也淑善也疇誰也師古曰言行順善者無
不昌大爲逆失者誰能久存也軒轅之前遐哉邈乎其詳不可得聞已
師古曰遐邈皆遠也巳終之辭五三六經載籍之傳維見可觀也師古曰五五帝
也三三皇也書曰元首明哉股肱良哉師古曰此虞書益稷之辭也元首君也股肱大
臣也因斯以談君莫盛於堯臣莫賢於后稷后稷創
業於唐公劉發迹於西戎文王改制爰周郅隆大
行越成文穎曰郅至也行道也文王始開王業改正朔服色太平之道於是成也應劭曰大行道德大行也師古曰郅音質

而后陵遲衰微千載亡聲豈不善始善終哉鄧氏曰無聲無
有惡聲也師古曰雖後嗣衰微政教頹替猶經千載而無惡聲然無異端愼所由於前謹
遺教於後耳師古曰言既創業定制又垂裕後昆也故軌迹夷易易遵也
師古曰夷易皆平也易弋豉反湛恩厖洪易豐也師古曰湛讀曰沈沈深也厖洪皆大也厖音尨憲
度著明易則也垂統理順易繼也張揖曰垂縣也統緒也理道也文王重易
六爻窮理盡性縣於後世其道和順易續而明孔子得緒其象而彖其辭也師古曰統業直言所垂之業其理至順故令後嗣易繼之耳非謂
續易也是以業隆於繦保而崇冠乎二后孟康曰繦保謂成王也二后謂
文武也周公負成王以致太平功德冠於文武者遵成法易故也揆厥所元終都攸卒師古曰元始也
都於也攸所也卒亦終也言度其所始究其所終也未有殊尤絕迹可考於今者也
師古曰尤異也考校也言不得與之校其德也然猶躡梁甫登大山建顯號施尊

名大漢之德逢涌原泉沕潏曼羨師古曰逢讀曰蓬言如蓬火之升原泉之
流也沕潏曼羨盛大之意也沕音勿潏音聿羨弋扇反旁魄四塞雲布霧散師古曰旁魄廣被也
魄步各反上暢九垓下泝八埏服虔曰暢達也垓重也天有九重如淳曰淮南云若士謂盧敖吾與
汗漫期乎九垓之上孟康曰泝流也埏地之八際也言德上達於九重之天下流於地之八際師古曰埏本音延合韻音弋戰反淮南子作八
寅也懷生之類霑濡浸潤協氣橫流武節猋逝師古曰言和氣
橫被四表威武如猋之疾邇陿游原迥闊泳末孟康曰邇近也原本也迥遠也闊廣也泳浮也恩德
比之於水近者游其原遠者浮其末也首惡鬱沒闇昧昭晢師古曰始爲惡者皆即湮滅素闇昧
者皆得光明也晢之舌反昆蟲闓懌回首面內文穎曰闓懌皆樂也師古曰闓讀曰凱言四方幽遐
皆懷和樂回首革面而內嚮也然后囿騶虞之珍群徼麋鹿之怪獸師古
曰言騶虞自擾而充苑囿怪獸自來若入徼塞言符瑞之盛也徼工釣反導一莖六穗於庖鄭氏曰導擇也

一莖六穗謂嘉禾之米於庖廚以供祭祀也犧雙觡共抵之獸服虔曰犧牲也觡角也抵本也武帝獲白
麟兩角共一本因以爲牲也獲周餘放龜于岐文穎曰周放畜餘龜於池沼之中至漢得之於岐山之旁
龜能吐故納新千歲不死也招翠黃乘龍於沼張揖曰乘龍四龍也孟康曰翠黃乘黃也龍翼馬身黃帝
乘之而仙言見乘黃而招呼之禮樂志曰訾黃其何不來下余吾渥洼水中出神馬故曰乘龍於沼也師古曰此說非也言招致翠黃及乘龍
於池沼耳乘音食證反春秋傳曰帝賜之乘龍鬼神接靈圉賓於閒館文穎曰是時上求神
仙之人得上郡之巫長陵女子能與鬼神交接治病輒愈置於上林苑中號曰神君有似於古之靈圉禮待之於閒館舍中也師古曰閒讀曰
閑奇物譎詭俶儻窮變師古曰俶音吐歷反欽哉符瑞臻茲猶
以爲薄不敢道封禪蓋周躍魚隕杭休之以燎應劭
曰杭舟也休美也師古曰燎祭天也謂武王伐紂白魚入于王舟俯取以燎微夫斯之爲符也以
登介丘不亦恧乎服虔曰介大也丘山也言周以白魚爲瑞登大山封禪不亦慙乎進攘

之道何其爽與張揖曰進周也爽差也言周未可封禪而封爲進漢可封禪而不爲爲攘也師古曰攘古讓字也於是大司馬進曰文穎曰大司馬上公故先進議也陛下仁育群生義征不憓文穎曰憓順也諸夏樂貢百蠻執贄師古曰夏大也諸夏謂中國之人比蠻夷爲大也德侔往初功無與二師古曰侔等也休烈浹洽符瑞衆變期應紹至不特創見師古曰言符瑞衆多應期相續而至不獨初創而見也意者大山梁父設壇場望幸蓋號以況榮孟康曰意者言大山梁父設壇場望聖帝往封禪紀號以表榮名也師古曰幸臨幸也蓋發語辭也上帝垂恩儲祉將以慶成師古曰上帝天也言垂恩於下豫積祉福用慶告成之禮陛下嗛讓而弗發也張揖曰不肯發意往也師古曰嗛古謙字挈三神之懽缺王道之儀應劭曰挈絕也缺闕也如淳曰三神地祇天神山嶽也師古曰挈口計反群臣恧焉師古曰恧慙也音女六反或謂且天爲質闇

示珍符固不可辭師古曰言天道質昧以符瑞見意不可辭讓也若然辭之是泰山靡記而梁甫罔幾也張揖曰泰山之上無所表記梁父壇場無所庶幾也亦各並時而榮咸濟厥世而屈說者尚何稱於後而云七十二君哉應劭曰屈絕也言古帝王若但各一時之榮畢世而絕者則說者無從顯稱於後也師古曰屈其勿反夫脩德以錫符奉符以行事不爲進越也文穎曰越踰也不爲苟進踰禮也故聖王弗替而脩禮地祇謁款天神文穎曰謁告也款誠也師古曰替廢也不廢封禪之事也勒功中岳以章至尊張揖曰蓋先禮中岳而幸大山也師古曰章明也舒盛德發號榮受厚福以浸黎民皇皇哉斯事天下之壯觀王者之卒業不可貶也師古曰皇皇盛貌也卒終也字或作丕丕大也願陛下全之張揖曰願以封禪全其終也而后因雜

縉紳先生之略術使獲曜日月之末光絕炎以展采錯事文穎曰采官也使諸儒記功著業得觀日月末光殊絕之明以展其官職設錯其事業也李奇曰炎音火之光炎師古曰炎弋贍反錯千故反猶兼正列其義祓飾厥文作春秋一藝孟康曰猶作春秋者正天時列人事也言諸儒既得展事業因兼正天時列人事敘述大義爲一經也師古曰祓除也祓飾者言除去舊事更飾新文也祓音敷勿反將襲舊六爲七攄之無窮文穎曰六經加一爲七也師古曰攄布也音丑居反俾萬世得激清流揚微波蜚英聲騰茂實師古曰蜚古飛字前聖之所以永保鴻名而常爲稱首者用此師古曰稱尺孕反宜命掌故悉奏其儀而覽焉師古曰掌故太常官屬主故事者於是天子沛然改容曰俞乎朕其試哉師古曰沛然感動之意也俞者然也然其所請也沛普大反俞音踰乃遷思回慮總公卿之議詢封禪

之事詩大澤之博廣符瑞之富孟康曰詩所以詠功德謂下四章之頌也大澤之博謂自我天覆雲之油油也廣符瑞之富謂般般之獸以下三章言符應廣大富饒也遂作頌曰自我天覆雲之油油蘇林曰油音油麻之油李奇曰油油雲行貌孟子曰油然作雲沛然下雨甘露時雨厥壤可游師古曰言雨露滂沛其澤可以游泳也滋液滲漉何生不育師古曰滲漉謂潤澤下究故無生而不育也滲音山禁反漉音鹿嘉穀六穗我穡曷蓄李奇曰我之稼穡何等不蓄積匪唯雨之又潤澤之匪唯偏我氾布護之師古曰氾普也布護言遍布也氾敷劍反萬物熙熙懷而慕之名山顯位望君之來君兮君兮侯不邁哉師古曰侯何也邁行也言君何不行封禪般般之獸樂我君囿白質黑章其儀可喜師古曰謂騶虞也般字與班同耳從丹青之丹喜許記反旼旼穆穆君子之態孟康曰旼旼和也穆穆敬也言容態和且敬有似君子也張揖

日敃音旻 蓋聞其聲今視其來 師古曰言往昔但聞其聲今親見其來也來合韻音郎代反
厥塗靡從天瑞之徵 文穎曰其來之道何從乎此乃天瑞之應也 兹爾於舜虞
氏以興 文穎曰百獸舞則騶虞在其中也 濯濯之麟游彼靈畤孟冬十
月君徂郊祀 文穎曰濯濯肥也武帝冬幸雍祠五時獲白麟也師古曰濯直角反大雅靈臺之詩云麀鹿濯濯
馳我君輿帝用享祉 文穎曰馳我君車之前也師古曰帝天帝也以此祭天天旣享之荅以祉福也
三代之前蓋未嘗有宛宛黃龍興德而升 文穎曰起至德而見
也 采色玄燿煥炳煇煌 師古曰玄讀曰炫煇煌光貌煇下本反 正陽顯見
覺寤黎烝 文穎曰陽明也師古曰黎烝衆庶也 於傳載之云受命所乘 師古
曰謂易云時乘六龍以御天也 厥之有章不必諄諄 文穎曰天之所命表以符瑞章明其德不必諄
諄然有語言也師古曰諄諄告諭之孰也音之純反 依類託寓諭以封巒 文穎曰寓寄也巒山也言

依事類託寄以諭封禪 披藝觀之天人之際已交上下相發允
荅聖王之事兢兢翼翼 師古曰兢兢戒也翼翼敬也 故曰於興必慮
衰安必思危是以湯武至尊嚴不失肅祗 師古曰言居天子之
位猶不忘恭敬也 舜在假典顧省厥遺 師古曰在察也假大也典則也言舜察璇璣玉衡恐己政
化有所遺失不合天心今漢亦當順天意而封禪也 此之謂也相如旣卒五歲上始
祭后土八年而遂禮中岳封于大山至梁甫禪肅
然相如它所著若遺平陵侯書與五公子相難屮
木書篇不采采其尤著公卿者云
贊曰司馬遷稱春秋推見至隱 李奇曰隱猶微也言其義顯而文隱若隱公見
弒死而經不書隱諱之也 易本隱以之顯 張揖曰作八卦以通神明之德是本隱也有天道焉有地道焉

有人道焉以類萬物之情是之顯也師古曰之往也 大雅言王公大人而德逮黎庶
張揖曰謂文王公劉在位大人之德下及衆民者也 小雅譏小己之得失其流及上
張揖曰己詩人自謂也己小有得失不得其所作詩流言以諷其上也師古曰小己者謂卑少之人以對上言大人耳 所言雖
殊其合德一也相如雖多虛辭濫說然要其歸引
之於節儉此亦詩之風諫何異 師古曰風讀曰諷次下亦同 楊雄以
爲靡麗之賦勸百而風一 師古曰奢靡之辭多而節儉之言少也 猶騁鄭
衛之聲曲終而奏雅不已戲乎 張揖曰不亦輕戲乎哉

司馬相如傳卷第二十七下

司馬相如難蜀文中云身親其勞躬僢胝無胈
膚不生毛張揖注曰躬體也戚湊理也臣佖撿字書
無僢字又戚字說文云戍也按李善注文選云孟
康曰湊湊理也疑漢書舊傳寫相承誤以湊字作僢
字耳合爲湊

公孫弘卜式兒寬傳第二十八　班固　漢書五十八

秘書監上護軍琅邪縣開國子顏師古注

公孫弘菑川薛人也少時為獄吏有罪免家貧牧豕海上年四十餘乃學春秋雜說武帝初即位招賢良文學士是時弘年六十以賢良徵為博士使匈奴還報不合意 師古曰奏事不合天子之意 上怒以為不能弘乃移病免歸 師古曰移病謂移書言病也一曰以病移居 元光五年復徵賢良文學菑川國復推上弘弘謝曰前已嘗西用不能罷願更選國人固推弘弘至太常上策詔諸儒制曰蓋聞上古至治畫衣冠異章服而民不犯陰陽和

五穀登六畜蕃 師古曰登成也蕃多也音扶元反 甘露降風雨時嘉禾興朱中生 師古曰中古草字 山不童澤不涸 師古曰童無草木也涸水竭也音胡各反 河洛出圖書麟鳳在郊藪龜龍游於沼 師古曰邑外謂之郊澤無水曰藪沼池也 父不喪子兄不哭弟北發渠搜南撫交阯 師古曰言威德之盛北則徵發於渠搜南則綏撫於交阯也渠搜遠夷之國也 舟車所至人迹所及跂行喙息咸得其宜 師古曰跂行有足而行者也喙息謂有口能息者也跂音岐喙音許穢反 朕甚嘉之今何道而臻乎此 師古曰臻至也 子大夫修先聖之術明君臣之義講論洽聞有聲乎當世敢問子大夫天人之道何所本始吉凶之效安所期焉 師古曰安焉也 禹湯水旱厥咎何由仁義禮知四者之宜當安設施屬統垂業物鬼變化 師古曰屬聯也音之欲反其下亦同 天命之符廢興何如天文地理人事之紀子大夫習焉其悉意正議詳具其對著之于篇 師古曰悉盡也篇簡也 朕將親覽焉靡有所隱弘對曰臣聞上古堯舜之時不貴爵賞而民勸善不重刑罰而民不犯躬率以正而遇民信也 師古曰躬謂身親行之遇謂處待之而已 末世貴爵厚賞而民不勸深刑重罰而姦不止其上不正遇民不信也夫厚賞重刑未足以勸善而禁非必信而已矣是故因能任官則分職治 師古曰分音扶問反 去無用之言則事情得不作無用之器即賦斂省不奪民時不妨民力則百姓

富有德者進無德者退則朝廷尊有功者上無功者下則群臣逡 李奇曰言有次第也師古曰逡音七旬反其字從辶 罰當罪則姦邪止賞當賢則臣下勸凡此八者治民之本也故民者業之即不爭理得則不怨有禮則不暴愛之則親上 師古曰各得其業則無爭心各申其理則無所怨使之由禮則無暴慢子而愛之則知親上也 此有天下之急者也故法不遠義則民服而不離和不遠禮則民親而不暴 師古曰遠違也音于萬反 故法之所罰義之所去也 師古曰去除也音丘呂反 和之所賞禮之所取也禮義者民之所服也而賞罰順之則民不犯禁矣故畫衣冠異章服而民不犯者此道素行也臣聞之氣同則從聲比

則應(師古曰比亦和也音頻篠反)今人主和德於上百姓和合於下(師古曰合謂與上合德也)故心和則氣和氣和則形和形和則聲和聲和則天地之和應矣故陰陽和風雨時甘露降五穀登六畜蕃嘉禾興朱草生山不童澤不涸此和之至也故形和則無疾無疾則不夭故父不喪子兄不哭弟德配天地明並日月則麟鳳至龜龍在郊河出圖洛出書遠方之君莫不說義(師古曰說讀曰悅)奉幣而來朝此和之極也臣聞之仁者愛也義者宜也禮者所履也(師古曰履而行之)智者術之原也致利除害兼愛無私謂之仁(師古曰致謂引而至也)明是非立可否謂之義進退有度尊卑有分謂之禮(師古曰分音扶問反)擅殺生之柄通壅塞之塗(師古曰擅專也)權輕重之數論得失之道使遠近情僞必見於上謂之術(師古曰見顯也)凡此四者治之本道之用也皆當設施不可廢也得其要則天下安樂法設而不用(師古曰下不犯法無所加刑也)不得其術則主蔽於上官亂於下此事之情屬統垂業之本也臣聞堯遭鴻水使禹治之未聞禹之有水也若湯之旱則桀之餘烈也桀紂行惡受天之罰禹湯積德以王天下因此觀之天德無私親順之和起逆之害生此天文地理人事之紀臣弘愚戇不足以奉

大對(師古曰大對大問之對)時對者百餘人太常奏弘第居下策奏天子擢弘對爲第一召見容貌甚麗拜爲博士待詔金馬門(如淳曰武帝時相馬者東門京作銅馬法獻之立馬於魯班門外更名魯班門爲金馬門)弘復上疏曰陛下有先聖之位而無先聖之名有先聖之民而無先聖之吏是以勢同而治異先世之吏正故其民篤(師古曰篤厚也)今世之吏邪故其民薄政弊而不行令倦而不聽夫使邪吏行弊政用倦令治薄民民不可得而化此治之所以異也臣聞周公旦治天下朞年而變三年而化五年而定唯陛下之所志(師古曰言志所在也)書奏天子以冊書荅曰問弘稱周公之治弘之材能自視孰與周公賢(師古曰與猶如也)弘對曰愚臣淺薄安敢比材於周公雖然愚心曉然見治道之可以然也夫虎豹馬牛禽獸之不可制者也及其教馴服習之(師古曰馴順也音巡)至可牽持駕服唯人之從(師古曰從人意)臣聞揉曲木者不累日(師古曰揉謂矯而正之累積也揉音人九反)銷金石者不累月夫人之於利害好惡豈比禽獸木石之類哉(師古曰好音呼到反惡音一故反)朞年而變臣弘尚竊遲之上異其言時方通西南夷巴蜀苦之詔使弘視焉還奏事盛毁西南夷無所用上不聽每朝會議開陳其端使人主自擇不肯面折庭爭於是上察其行

愼厚辯論有餘習文法吏事緣飾以儒術師古曰緣飾者譬之於衣加純緣者上說之師古曰說讀曰悅一歲中至左內史弘奏事有所不可不肯庭辯師古曰不於朝庭顯辯論之常與主爵都尉汲黯請閒師古曰求空隙之暇黯先發之弘推其後上常說師古曰說讀曰悅所言皆聽以此日益親貴嘗與公卿約議師古曰約要也至上前皆背其約以順上指汲黯庭詰弘曰齊人多詐而無情始爲與臣等建此議今皆背之不忠上問弘弘謝曰夫知臣者以臣爲忠不知臣者以臣爲不忠上然弘言左右幸臣每毁弘上益厚遇之弘爲人談笑多聞師古曰善於談笑而又多聞也談字或作諔音俶謂啁也善啁詭也常稱

以爲人主病不廣大人臣病不儉節養後母孝謹後母卒服喪三年爲內史數年遷御史大夫時又東置蒼海北築朔方之郡弘數諫以爲罷弊中國以奉無用之地師古曰罷讀曰疲願罷之於是上迺使朱買臣等難弘置朔方之便發十策弘不得一師古曰言其利害十條弘無以應之弘迺謝曰山東鄙人不知其便若是願罷西南夷蒼海專奉朔方上迺許之汲黯曰弘位在三公奉祿甚多師古曰奉音扶用反其下亦同然爲布被此詐也上問弘弘謝曰有之夫九卿與臣善者無過黯然今日庭詰弘誠中弘之病夫以三公爲布被誠飾詐欲

以釣名師古曰釣取也言若釣魚之謂也且臣聞管仲相齊有三歸師古曰三歸取三姓女也婦人謂嫁曰歸侈擬於君師古曰擬疑也言相似也桓公以霸亦上僭於君晏嬰相景公食不重肉妾不衣絲齊國亦治亦下比於民師古曰比方也曰比近也頻寐反今臣弘位爲御史大夫爲布被自九卿以下至於小吏無差誠如黯言且無黯陛下安聞此言上以爲有讓愈益賢之元朔中代薛澤爲丞相先是漢常以列侯爲丞相唯弘無爵上於是下詔曰朕嘉先聖之道開廣門路宣招四方之士蓋古者任賢而序位量能以授官勞大者厥祿厚德盛者獲爵尊故武功以顯重而

文德以行褒其以高成之平津鄉戶六百五十封丞相弘爲平津侯其後以爲故事至丞相封自弘始也時上方興功業婁舉賢良師古曰婁古屢字弘自見爲舉首起徒步數年至宰相封侯於是起客館開東閤以延賢人師古曰閤者小門也東向開之避當庭門而引賓客以別於掾史官屬也與參謀議弘身食一肉脫粟飯師古曰才脫粟而已不精鑿也脫音他活反故人賓客仰衣食師古曰故人平生故交也仰音牛向反奉祿皆以給之家無所餘然其性意忌外寬內深師古曰意忌多所忌害也諸常與弘有隙無近遠雖陽與善後竟報其過殺主父偃徙董仲舒膠西皆弘力也後淮南衡山謀反治黨與方急弘

病甚自以爲無功而封侯居宰相位宜佐明主填撫國家師古曰填音竹刃反使人由臣子之道師古曰由從也今諸侯有畔逆之計此大臣奉職不稱也師古曰稱副也恐病死無以塞責師古曰塞當也乃上書曰臣聞天下通道五所以行之者三君臣父子夫婦長幼朋友之交五者天下之通道也仁知勇三者所以行之也故曰好問近乎知師古曰疑則問知之故成其智力行近乎仁師古曰屈己濟物故爲仁也知恥近乎勇師古曰不求苟得故爲勇也知此三者知所以自治知所以自治然後知所以治人師古曰自好問近乎智以下皆禮記中庸之辭未有不能自治而能治人者也陛下躬孝弟監三王建周道兼

文武招倈四方之士任賢序位量能授官將以厲百姓勸賢材也今臣愚駑無汗馬之勞師古曰言未嘗從軍旅陛下過意擢臣弘卒伍之中師古曰過猶誤也封爲列侯致位三公臣弘行能不足以稱師古曰不副其任也加有負薪之疾恐先狗馬填溝壑終無以報德塞責願歸侯乞骸骨避賢者路上報曰古者賞有功褒有德守成上文遭遇右武師古曰右亦上也禍亂時則上武耳未有易此者也師古曰易改也朕夙夜庶幾獲承至尊懼不能寧惟所與共爲治者君宜知之師古曰惟思也知謂知道治也蓋君子善善及後世若茲行常在朕躬師古曰朕常思此不息於心也君不幸罹霜露之疾何恙

不已師古曰罹遭也恙憂也已止也言何憂於疾不止也禮記曰疾止復初也乃上書歸侯乞骸骨是章朕之不德也師古曰章明也今事少閒師古曰閒言有空隙也閒讀曰閑君其存精神止念慮輔助醫藥以自持因賜告牛酒雜帛居數月有瘳視事凡爲丞相御史六歲年八十終丞相位其後李蔡嚴青翟趙周石慶公孫賀劉屈氂繼踵爲丞相師古曰繼踵言相躡也屈音丘勿反又鉅勿反氂音力之反自蔡至慶丞相府客館丘虛而已師古曰言不能進賢故不繕脩其室屋也虛讀曰墟至賀屈氂時壞以爲馬廄車庫奴婢室矣唯慶以惇謹復終相位師古曰惇厚也音敦其餘盡伏誅云弘子度嗣侯爲山陽太守十餘歲詔徵鉅野令史成詣公

車度留不遣坐論爲城旦元始中脩功臣後下詔曰漢興以來股肱在位身行儉約輕財重義未有若公孫弘者也位在宰相封侯而爲布被脫粟之飯奉祿以給故人賓客無有所餘可謂減於制度應劭曰禮貴有常尊衣服有品而率下篤俗者也師古曰篤厚也與內富厚而外爲詭服以釣虛譽者殊科師古曰詭違也詭服謂與心志相違也一曰違衆之服也夫表德章義所以率世厲俗聖王之制也其賜弘後子孫之次見爲適者師古曰見音胡電反適讀曰嫡爵關內侯食邑三百戶

卜式河南人也以田畜爲事有少弟弟壯式脫身出師古曰脫身謂引身出也脫音他活反獨取畜羊百餘田宅財物盡與

弟式入山牧十餘年羊致千餘頭買田宅而弟盡破其產式輒復分與弟者數矣 師古曰數音所角反 時漢方事匈奴式上書願輸家財半助邊上使使問式欲為官乎式曰自小牧羊不習仕宦不願也使者曰家豈有冤欲言事乎式曰臣生與人亡所爭邑人貧者貸之 師古曰貸音土戴反 不善者教之所居人皆從式式何故見冤使者曰苟子何欲 師古曰言子苟如此輸財必有所欲 式曰天子誅匈奴愚以為賢者宜死節有財者宜輸之如此而匈奴可滅也使者以聞上以語丞相弘弘曰此非人情不軌之臣 師古曰軌亦法也 不可以為化而亂法願

陛下勿許上不報數歲乃罷式式歸復田牧歲餘會渾邪等降縣官費衆倉府空 師古曰倉粟所積也府錢所聚也 貧民大徙皆卬給縣官 師古曰卬音牛向反 無以盡贍式復持錢二十萬與河南太守以給徙民河南上富人助貧民者上識式姓名曰是固前欲輸其家半財助邊乃賜式外繇四百人 蘇林曰外繇謂戍邊也一人出三百錢謂之過更式歲得十二萬錢也一說在繇役之外得復除四百人也師古曰一說是也 式又盡復與官是時富豪皆爭匿財 師古曰匿藏也 唯式尤欲助費上於是以式終長者乃召拜式為中郎賜爵左庶長 師古曰第十爵 田十頃布告天下尊顯以風百姓 師古曰風讀曰諷 初式不願為郎上曰吾

有羊在上林中欲令子牧之式既為郎布衣屮蹻而牧羊 師古曰蹻即今之鞋也南方謂之蹻字本作屩並音居略反 歲餘羊肥息 師古曰息生也言羊既肥而又生多也 上過其羊所善之式曰非獨羊也治民亦猶是矣以時起居惡者輒去 師古曰去除也音丘呂反 毋令敗羣上奇其言欲試使治民拜式緱氏令緱氏便之遷成皋令將漕最 師古曰為縣令而又使領漕其課最上 上以式朴忠 師古曰朴質也 拜為齊王太傅轉為相會呂嘉反式上書曰臣聞主媿臣死羣臣宜盡死節其駑下者宜出財以佐軍如是則彊國不犯之道也 師古曰國家威彊而不見侵犯 臣願與子男 師古曰子男自謂其子也 及臨菑習弩博昌習船者請行死之以盡

臣節 師古曰從軍而致死 上賢之下詔曰朕聞報德以德報怨以直 師古曰論語稱孔子曰以直報怨以德報德故詔引之 今天下不幸有事郡縣諸侯未有奮繇直道者也 孟康曰未有奮迅樂出身勞於傜役者也臣瓚曰言未有奮厲於正直之道也師古曰二說皆非也奮憤激也繇讀與由同由從也直道謂報怨以直征南越也言無欲奮厲而從於報怨之道也 齊相雅行躬耕 臣瓚曰雅素也言卜式躬耕於野不要名利晉灼曰雅正也師古曰晉說是也言其行雅正又躬耕也 隨牧蓄番輒分昆弟更造 師古曰言蓄牧蕃多則與昆弟而更自營為也番音扶元反 不為利惑 師古曰言不惑於利 日者北邊有興 師古曰日者往日也興謂發軍 上書助官往年西河歲惡率齊人入粟 師古曰西河歲惡猶凶歲也禮記曰歲凶年穀不登 今又首奮 師古曰為首而奮厲願從軍也 雖未戰可謂義形於內矣 師古曰形見也 其賜式爵關內侯黃金四十斤田十頃

布告天下使明知之元鼎中徵式代石慶為御史大夫式既在位言郡國不便鹽鐵而船有筭可罷上由是不說式（師古曰說讀曰悅）明年當封禪式又不習文章貶秩為太子太傅以兒寬代之式以壽終

兒寬千乘人也（師古曰千乘郡千乘縣也兒音五奚反）治尚書事歐陽生以郡國選詣博士受業孔安國貧無資用嘗為弟子都養（師古曰都凡衆也養主給烹炊者也貧無資用故供諸弟子烹炊也養音弋向反）時行賃作帶經而鉏休息輒讀誦其精如此以射策為掌故功次補廷尉文學卒史（蘇林曰秩六百石舊郡亦有也臣瓚曰漢注卒史秩百石師古曰瓚說是也）寬為人溫良有廉知自將（師古曰將衞也以智自衞護也）善屬文（師古曰屬綴也

音之欲反）然懦於武（師古曰懦柔也音乃喚反又音儒）口弗能發明也時張湯為廷尉廷尉府盡用文史法律之吏（師古曰史謂善史書者）而寬以儒生在其間見謂不習事不署曹（張晏曰不署為列曹也師古曰署表也置也凡言署官表其秩位置立為之也）除為從史（師古曰從史者但隨官僚不主文書）之北地視畜數年（師古曰之往也畜謂廷尉之畜在北地者若今諸司公廨牛羊）還至府上畜簿（師古曰簿謂文計也）會廷尉時有疑奏已再見卻矣（師古曰卻退也）掾史莫知所為寬為言其意掾史因使寬為奏成讀之皆服以白廷尉湯湯大驚召寬與語乃奇其材以為掾上寬所作奏即時得可異日湯見上問曰前奏非俗吏所及誰為之者湯言兒寬上曰吾固聞之久矣湯由是鄉學（師古曰鄉讀曰嚮）以寬為奏讞掾以古法義決疑獄甚重之及湯為御史大夫以寬為掾舉侍御史見上語經學上說之（師古曰說讀曰悅）從問尚書一篇擢為中大夫遷左內史寬既治民勸農業緩刑罰理獄訟卑體下士務在於得人心（師古曰下音胡嫁反）擇用仁厚士推情與下不求名聲吏民大信愛之寬表奏開六輔渠（韋昭曰六輔謂京兆馮翊扶風河東河南河內也劉德曰於六輔界中為渠也師古曰二說皆非也溝洫志云兒寬為左內史奏請穿六輔渠以益溉鄭國傍高卬之田此則於鄭國渠上流南岸更開六道小渠以輔助溉灌耳今雍州雲陽三原兩縣界此渠尚存鄉人名曰六渠亦號輔渠故河渠書云關內則輔渠靈軹是也焉說三河之地哉）定水令以廣溉田（師古曰為用水之次具立法令皆得其所也）收租稅時裁闊狹與民

相假貸（師古曰謂有貧弱及農要之時不即徵收也貸音土代反）以故租多不入後有軍發左內史以負租課殿當免民聞當免皆恐失之大家牛車小家擔負輸租繦屬不絕（師古曰繦索也言輸者接連不絕若道若繩索之相屬也猶今言續索矣屬音之欲反）課更以最上由此愈奇寬及議欲放古巡狩封禪之事（師古曰放依也音甫往反）諸儒對者五十餘人未能有所定先是司馬相如病死有遺書頌功德言符瑞足以封泰山上奇其書以問寬寬對曰陛下躬發聖德統楫群元（張晏曰統宗揖聚也如淳曰曆數之元也臣瓚曰統猶總覽也楫當作輯師古曰輯與集三字並同虞書曰楫五瑞是也其字從木瓚曰當為輯不通）宗祀天地薦禮百神精神所鄉徵兆必報（師古曰鄉讀曰嚮徵證也）天地並應符

瑞昭明其封泰山禪梁父昭姓考瑞帝王之盛節
也然享薦之義不著于經師古曰封禪之享薦也以非常禮故經無其文著音竹筋反
以為封禪告成合祛於天地神祇李奇曰祛開散合閉也開閉於天地也
祗戒精專以接神明總百官之職各稱事宜而為
之節文師古曰稱副也唯聖王所由制定其當師古曰當猶中也非群
臣之所能列今將舉大事優游數年師古曰言不決也使群
臣得人自盡終莫能成師古曰所言不同各有執見也唯天子建中和
之極兼總條貫師古曰極正也周禮曰以為人極也金聲而玉振之師古曰言振揚
德音如金玉之聲也以順成天慶垂萬世之基上然之乃自制
儀采儒術以文焉既成將用事拜寬為御史大夫

從東封泰山還登明堂寬上壽曰臣聞三代改制
屬象相因李奇曰政教之法象相因屬師古曰屬連也音之欲反間者聖統廢絕師古
曰聖統聖人之遺業謂禮文也陛下發憤合指天地祖立明堂辟雍
師古曰祖始也宗祀泰一師古曰宗尊也六律五聲師古曰六律謂黃鍾大蔟姑洗蕤賓夷則無射也五
聲宮商角徵羽也幽贊聖意師古曰幽深也贊明也神樂四合各有方象
如淳曰四方色及五神祭祀聲樂各有等以丞嘉祀為萬世則師古曰則法也天下幸
甚將建大元本瑞登告岱宗發祉闓門以候景至
癸亥宗祀日宣重光上元甲子肅邕永享李奇曰太平之世日
抱重光謂日有重日也蘇林曰將甫始之辭也太元太初歷也本瑞謂
白麟寶鼎之屬也以候景至冬至之景也上元甲子太初元年甲子朔
旦冬至也師古曰宗尊也肅敬也雍和也既敬且和則長為天所享也闓讀與開同光輝充塞天文粲然

師古曰塞滿也粲然明貌見象日昭報降符應師古曰言大顯示景象日昭明也降下符應以報
德化臣寬奉觴再拜上千萬歲壽制曰敬舉君之觴
後太史令司馬遷等言歷紀壞廢漢興未改正朔
宜可正上乃詔寬與遷等共定漢太初歷語在律
歷志初梁相褚大通五經為博士時寬為弟子及
御史大夫缺徵褚大大自以為得御史大夫至洛
陽聞兒寬為之褚大笑及至與寬議封禪於上前
大不能及退而服曰上誠知人寬為御史大夫以
稱意任職故久無有所匡諫於上官屬易之師古曰易輕也
音弋鼓反居位九歲以官卒

贊曰公孫弘卜式兒寬皆以鴻漸之翼困於燕爵
李奇曰漸進也鴻一舉而進千里者羽翼之材也弘等皆以大材初為
俗所薄若燕爵不知鴻志也師古曰易漸卦上九爻辭曰鴻漸于陸其
羽可以為儀鴻大鳥也漸進也高平曰陸言鴻進於陸以其羽
翼為威儀也喻弘等皆有鴻之羽儀未進之時燕爵所輕也遠迹
羊豕之間師古曰遠竄其迹也非遇其時焉能致此位乎師古曰焉於何
也是時漢興六十餘載海內艾安師古曰艾讀曰乂府庫充
實而四夷未賓制度多闕上方欲用文武求之如
弗及師古曰恐失之始以蒲輪迎枚生見主父而歎息師古曰謂言公
皆安在何相見之晚群士慕嚮異人並出卜式拔於芻牧弘羊
擢於賈豎衛青奮於奴僕日磾出於降虜斯亦曩
時版築飯牛之明已師古曰版築傳說也飯牛寗戚也已語終辭也飯音扶晚反漢之得

人於茲為盛儒雅則公孫弘董仲舒兒寬篤行則石建石慶質直則汲黯卜式推賢則韓安國鄭當時定令則趙禹張湯文章則司馬遷相如滑稽則東方朔枚皋（師古曰滑稽轉利之稱也滑亂也稽礙也言其變亂無留礙也一說稽考也言可滑亂不可考校也滑音骨稽音工奚反）應對則嚴助朱買臣歷數則唐都洛下閎協律則李延年運籌則桑弘羊奉使則張騫蘇武將率則衛青霍去病受遺則霍光金日磾其餘不可勝紀（師古曰紀記也）是以興造功業制度遺文後世莫及孝宣承統纂修洪業亦講論六藝招選茂異而蕭望之梁丘賀夏侯勝韋玄成嚴彭祖尹更始以儒術進劉向王褒以文章顯將相則張安世趙充國魏相丙吉于定國杜延年治民則黃霸王成龔遂鄭弘召信臣（師古曰召讀曰邵）韓延壽尹翁歸趙廣漢嚴延年張敞之屬皆有功迹見述於世參其名臣亦其次也（師古曰次於武帝時）

公孫弘卜式兒寬傳第二十八

張湯傳第二十九　班固　漢書五十九

祕書監上護軍琅邪縣開國子顏師古注

張湯杜陵人也父爲長安丞出湯爲兒守舍師古曰稱爲兒者言其尚幼少也還鼠盜肉父怒笞湯湯掘熏得鼠及餘肉劾鼠掠治傳爰書訊鞫論報師古曰傳謂傳逮若今之追送赴對也爰換也以文書代換其口辭也訊考問也鞫窮也謂窮覈之也論報謂上論之而獲報也訊音信幷取鼠與肉具獄磔堂下師古曰具爲治獄之文處正其罪而磔鼠也父見之視文辭如老獄吏大驚遂使書獄如淳曰決獄之書謂律令也父死後湯爲長安吏周陽侯爲諸卿時師古曰姓趙嘗繫長安湯傾身事之及出爲侯大與湯交徧見貴人湯給事內史爲甯成掾以

湯爲無害言大府師古曰大府丞相府也無害言其最勝也解在蕭何傳調茂陵尉師古曰調選也選以爲此官也調音徒釣反治方中孟康曰方中陵上土作方也湯主治之蘇林曰天子即位豫作陵諱之故言方中或言斥上如淳曰漢注陵方中用地一頃深十三丈師古曰蘇說非也古謂掘地爲阬曰方今荊楚俗土功築作筭程課者猶以方計之非謂避諱也武安侯爲丞相師古曰田蚡徵湯爲史薦補侍御史治陳皇后巫蠱獄深竟黨與上以爲能遷太中大夫與趙禹共定諸律令務在深文拘守職之吏蘇林曰拘刻於守職之吏已而禹至少府湯爲廷尉兩人交驩兄事禹師古曰事之如兄禹志在奉公孤立而湯舞知以御人師古曰舞弄其智制御它人也始爲小吏乾沒與長安富賈田甲魚翁叔之屬交私服虔曰乾沒射成敗也如淳曰豫居物以待之得利爲乾失利爲沒師古曰

曰乾音干及列九卿收接天下名士大夫己心內雖不合然陽浮道與之師古曰陽以道義爲交非其中心故云浮也是時上方鄉文學師古曰鄉讀曰嚮湯決大獄欲傅古義師古曰傅讀曰附乃請博士弟子治尚書春秋補廷尉史平亭疑法李奇曰亭亦平也師古曰亭均也調也言平均疑法及爲讞疑奏之奏讞疑必奏先爲上分別其原上所是受而著讞法廷尉挈令韋昭曰在板挈也師古曰著謂明書之也挈獄訟之要也書於讞法挈令以爲後式也挈音口計反揚主之明師古曰言此自天子之意非由臣下有司奏事即譴湯湯摧謝蘇林曰深自挫按也師古曰若上有責即摧折而謝也鄉上意所便師古曰謂如天子責湯之指而言其端也鄉讀曰嚮必引正監掾史賢者固爲臣議如上責臣臣弗用愚抵此蘇林曰坐不用諸掾語故至於此師古曰如上之意

罪常釋臣瓚曰謂常見原也閒即奏事上善之曰臣非知爲此廼監掾史某所爲師古曰閒謂非當朝奏者其欲薦吏揚人之善解人之過如此所治即上意所欲辠子監吏深刻者即上意所欲釋子監吏輕平者所治即豪必舞文巧詆師古曰詆誣也音丁禮反其下並同即下戶羸弱時口言雖文致法上裁察於是往往釋湯所言李奇曰先見上口言之欲與輕平故皆見原釋也如淳曰雖文書按察致下戶之罪湯以先口解之矣上以湯言輒裁察之輕其罪也師古曰李如二說皆非也此言下戶羸弱湯欲佐助雖具文奏之而又口奏言雖律令之文合致此罪聽上裁察蓋爲此人希恩宥也於是上得湯此言往往釋其人辠非未奏之前口豫言也湯至於大吏內行脩交通賓客飲食於故人子弟爲吏及貧昆弟調護之尤厚師古曰調和適之令得其所也護謂保祐也其

造請諸公不避寒暑師古曰造至也請謁問也造音七到反 是以湯雖
文深意忌不專平然得此聲譽而深刻吏多爲爪
牙用者依於文學之士丞相弘數稱其美及治淮
南衡山江都反獄皆窮根本嚴助伍被上欲釋之
湯爭曰伍被本造反謀而助親幸出入禁闥腹心
之臣乃交私諸侯如此弗誅後不可治上可論之
師古曰可湯所奏而論決之 其治獄所巧排大臣自以爲功多此類
繇是益尊任師古曰繇讀與由同 遷御史大夫會渾邪等降漢
大興兵伐匈奴山東水旱貧民流徙皆卬給縣官
師古曰卬音牛向反 縣官空虛湯承上指請造白金及五銖錢

籠天下鹽鐵師古曰籠羅其事皆令利入官 排富商大賈出告緡令
鉏豪彊并兼之家舞文巧詆以輔法師古曰輔助也以巧詆助法言不公
平也 湯每朝奏事語國家用日旰師古曰旰晚也論事既多至於日晚旰音幹
天子忘食丞相取充位師古曰但充其位而已無所造設也 天下事皆決
湯百姓不安其生騷動縣官所興未獲其利姦吏
並侵漁師古曰並且也 於是痛繩以辠自公卿以下至于庶
人咸指湯湯嘗病上自至舍視其隆貴如此匈奴
求和親群臣議前師古曰於上前議事 博士狄山曰和親便上
問其便山曰兵凶器未易數動師古曰言難可憂動 高帝欲
伐匈奴大困平城乃遂結和親孝惠高后時天下

安樂及文帝欲事匈奴北邊蕭然苦兵師古曰蕭然猶騷然擾動
之貌也 孝景時吳楚七國反景帝往來東宮間師古曰謂諮謀
於太后也 天下寒心數月師古曰懼於兵難也 吳楚已破竟景帝不
言兵師古曰訖景帝之身更不議征伐之事 天下富實今自陛下興兵擊
匈奴中國以空虛邊大困貧由是觀之不如和親
上問湯湯曰此愚儒無知狄山曰臣固愚忠若御
史大夫湯乃詐忠湯之治淮南江都以深文痛詆
諸侯別跡骨肉使藩臣不自安臣固知湯之詐忠
於是上作色曰吾使生居一郡能無使虜入盜乎
師古曰博士之官故呼爲生也 山曰不能曰居一縣曰不能復曰居一

障閒師古曰鄣謂塞上要險之處別築爲城因置吏士而爲鄣蔽以扞寇也鄣音之向反 山自度辯窮
且下吏師古曰度計也見詰自辯而辭窮當下吏也 曰能迺遣山乘障師古曰乘登也
登而守之 至月餘匈奴斬山頭而去是後群臣震讋師古
曰震動也讋失氣也讋音之涉反 湯客田甲雖賈人有賢操師古曰操謂所執持之
志行也音千到反 始湯爲小吏與錢通師古曰爲小吏之時與田甲爲錢財之交 及爲
大吏而甲所責湯行義有烈士之風湯爲御史大
夫七歲敗河東人李文故嘗與湯有隙已而爲御
史中丞薦數從中文事有可以傷湯者不能爲地
服虔曰薦藉也文與湯故有隙已而爲御史中丞藉己在內專中文書有可用傷湯者因會致之不能爲湯作道地蘇林曰薦仍也師古曰薦
數義同蘇說是也數數在中其有文書事可用傷湯者不爲作道地也薦音在見反數音所角反大雅雲漢之詩曰飢饉薦臻字亦如此

湯有所愛史魯謁居知湯弗平使人上飛變告文姦事(師古曰飛變猶言急變也)事下湯湯治論殺文而湯心知謁居為之上問變事從迹安起(師古曰從讀曰蹤)湯陽驚曰此殆文故人怨之(師古曰殆近也)謁居病卧閭里主人湯自往視病為謁居摩足趙國以冶鑄為業王數訟鐵官事湯常排趙王趙王求湯陰事謁居嘗案趙王趙王怨之并上書告湯大臣也史謁居有病湯至為摩足疑與為大姦事下廷尉謁居病死事連其弟弟繫導官(蘇林曰漢儀注獄二十六所導官無獄也師古曰蘇說非也導擇也以主擇米故曰導官事見百官表時或以諸獄皆滿故權寄在此署繫之非本獄所也)湯亦治它囚導官見謁居弟欲

陰為之而陽不省(師古曰省視也)謁居弟不知而怨湯使人上書告湯與謁居謀共變李文事下減宣宣嘗與湯有隙及得此事窮竟其事未奏也會人有盜發孝文園瘞錢(如淳曰瘞埋也埋錢於園陵以送死也)丞相青翟朝與湯約俱謝(師古曰將入朝之時為此要約)至前(師古曰至天子之前)湯念獨丞相以四時行園當謝湯無與也不謝(師古曰行音下更反與讀曰豫無豫無不干其事也)丞相謝上使御史案其事湯欲致其文丞相見知(張晏曰見知故縱以其罪罪之也)丞相患之三長史皆害湯欲陷之(師古曰百官表丞相有兩長史今此云三者蓋以守者非正員也)始長史朱買臣素怨湯語在其傳王朝齊人以術至右內史邊通學短長(應劭曰短長術興於六國時長短其語隱謬用相激怒也張晏曰蘇秦張儀之謀趣彼為短歸此為長戰國策名短長術也)剛暴人也官至濟南相故皆居湯右(師古曰言舊在湯上)已而失官守長史詘體於湯(師古曰謂拜伏也)湯數行丞相事知此三長史素貴常陵折之故三長史合謀曰始湯約與君謝已而賣君今欲劾君以宗廟事此欲代君耳吾知湯陰事使吏捕案湯左田信等(李奇曰左證左也師古曰謂之左者言除罪人正身之外又取其左右者考問也)曰湯且欲為請奏信輒先知之居物致富與湯分之(服虔曰居謂儲也)及它姦事事辭頗聞(師古曰聞於天子也)上問湯曰吾所為賈人輒知益居其物(師古曰益多也)是類有以吾謀告之者(師古曰類似也)湯不謝又陽驚曰固宜有

減宣亦奏謁居事上以湯懷詐面欺(師古曰對面欺誣也)使使八輩簿責湯(蘇林曰簿音主簿之簿簿悉責也師古曰以文簿次第一一責之)湯具自道無此不服於是上使趙禹責湯禹至讓湯曰(師古曰讓亦責也)君何不知分也(師古曰分音扶問反)君所治夷滅者幾何人矣(師古曰幾音居起反)今人言君皆有狀天子重致君獄(師古曰重猶難也)欲令君自為計(師古曰言引決也)何多以對為(師古曰言何用多對)湯迺為書謝曰湯無尺寸之功起刀筆吏陛下幸致位三公無以塞責(師古曰塞當也)然謀陷湯者三長史也遂自殺湯死家產直不過五百金皆所得奉賜(師古曰奉音扶用反)無它贏(師古曰贏餘也)昆弟諸子欲厚葬湯湯母曰湯為

天子大臣被惡言而死（師古曰被加也音皮義反）何厚葬爲載以牛車有棺而無槨上聞之曰非此母不生此子乃盡按誅三長史丞相青翟自殺出田信上惜湯復稍進其子安世

安世字子孺少以父任爲郎用善書給事尚書（師古曰於尚書中給事也給供也）精力於職休沐未嘗出上行幸河東嘗亡書三篋詔問莫能知唯安世識之（師古曰識記也音式志反）具作其事後購求得書以相校無所遺失上奇其材擢爲尚書令遷光祿大夫昭帝即位大將軍霍光秉政以安世篤行（師古曰篤厚也）光親重之會左將軍上官桀父子及御史大夫桑弘羊

皆與燕王蓋主謀反誅光以朝無舊臣白用安世爲右將軍光祿勳以自副焉久之天子下詔曰右將軍光祿勳安世輔政宿衛肅敬不怠十有三年咸以康寧夫親親任賢唐虞之道也其封安世爲富平侯明年昭帝崩未葬大將軍光白太后徙安世爲車騎將軍與共徵立昌邑王王行淫亂光復與安世謀廢王尊立宣帝帝初即位襃賞大臣下詔曰夫襃有德賞有功古今之通義也車騎將軍光祿勳富平侯安世宿衛忠正宣德明恩勤勞國家守職秉義以安宗廟其益封萬六百戶功次大將軍光安世子千秋延壽彭祖皆中郎將侍中大將軍光薨後數月御史大夫魏相上封事曰聖王襃有德以懷萬方（師古曰懷來也）顯有功以勸百寮是以朝廷尊榮天下鄉風（師古曰鄉讀曰嚮）國家承祖宗之業制諸侯之重新失大將軍宜宣章盛德以示天下顯明功臣以填藩國（師古曰填音竹刃反）毋空大位以塞爭權（師古曰大臣位空則起爭奪之權也）所以安社稷絕未萌也（師古曰未萌謂變故未生者也）車騎將軍安世事孝武皇帝三十餘年忠信謹厚勤勞政事夙夜不怠與大將軍定策天下受其福國家重臣也宜尊其位以爲大將軍毋令領光祿勳事

使專精神憂念天下思惟得失安世子延壽重厚可以爲光祿勳領宿衛臣上亦欲用之安世聞指懼不敢當請閒求見免冠頓首曰老臣耳妄聞言之爲先事不言情不達（師古曰事未施行而遽言之故曰先事也）誠自量不足以居大位繼大將軍後唯天子財哀以全老臣之命（師古曰財與裁同）上笑曰君言泰謙君而不可尚誰可者（師古曰言君尚不可誰更可也）安世深辭弗能得後數日竟拜爲大司馬車騎將軍領尚書事數月罷車騎將軍屯兵更爲衛將軍兩宮衛尉城門北軍兵屬焉時霍光子禹爲右將軍上亦以禹爲大司馬罷其右將軍

屯兵以虛尊加之而實奪其衆後歲餘禹謀反夷宗族安世素小心畏忌巳內憂矣師古曰忌者戒盈滿之禍其女孫敬爲霍氏外屬婦師古曰女孫即女令所謂孫女也當相坐安世瘦懼形於顏色師古曰形見也上怪而憐之以問左右乃赦敬以慰其意安世寖恐師古曰寖益也職典樞機以謹慎周密自著外內無閒師古曰著明也閒隙每定大政巳決輒移病出師古曰移病謂移書言病也一曰以病而移居聞有詔令乃驚使吏之丞相府問焉自朝廷大臣莫知其與議也師古曰與讀曰豫嘗有所薦其人來謝安世大恨以爲舉賢達能豈有私謝邪絶弗復爲通師古曰有欲謝者皆不通也一曰告此人而絶之更不與相見也有郎功高不調師古曰調選也音徒釣反自言安世應曰君之功高明主所知人臣執事何長短而自言乎絶不許巳而郎果遷師古曰安世外陽距之而實令其遷莫府長史遷辭去之官安世問以過失師古曰問己有何失長史曰將軍爲明主股肱而士無所進論者以爲譏安世曰明主在上賢不肖較然師古曰較明貌臣下自脩而巳何知士而薦之其欲匿名迹遠權埶如此師古曰遠離也音于萬反爲光祿勳郎有醉小便殿上主事白行法安世曰何以知其不反水漿邪師古曰反讀曰翻如何以小過成罪郎淫官婢婢兄自言安世曰奴以恚怒誣汙衣冠告署適奴師古曰適讀曰謫其隱人

過失皆此類也安世自見父子尊顯懷不自安爲子延壽求出補吏上以爲北地太守歲餘上閔安世年老復徵延壽爲左曹太僕初安世兄賀幸於衛太子太子敗賓客皆誅安世爲賀上書得下蠶室師古曰謂腐刑也凡養蠶者欲其溫而早成故爲密室蓄火以置之而新腐刑亦有中風之患須入密室乃得以全因呼爲蠶室耳後爲掖庭令而宣帝以皇曾孫收養掖庭賀內傷太子無辜而曾孫孤幼所以視養拊循恩甚密焉及曾孫壯大賀教書令受詩爲取許妃以家財聘之曾孫數有徵怪師古曰徵證也語在宣紀賀聞知爲安世道之稱其材美安世輒絶止以爲少主在上不宜稱述曾孫及宣帝即位而賀巳死上謂安世曰掖廷令平生稱我將軍止之是也上追思賀恩欲封其冢爲恩德侯置守冢二百家師古曰身死追封故云封冢也賀有一子蚤死師古曰蚤古早字無子子安世小男彭祖師古曰言養以爲子彭祖又小與上同席研書指欲封之先賜爵關內侯故安世深辭賀封又求損守冢戶數稍減至三十戶上曰吾自爲掖廷令非爲將軍也安世乃止不敢復言遂下詔曰其爲故掖廷令張賀置守家三十家上自處置其里師古曰處安也音昌汝反居冢西鬭雞翁舍南上少時所嘗游處也明年復下詔曰朕微眇時故

掖廷令張賀輔道朕躬師古曰道讀曰導脩文學經術恩惠卓異厥功茂焉詩云無言不讎無德不報師古曰大雅抑之詩其封賀弟子侍中關內侯彭祖爲陽都侯賜賀謚曰陽都哀侯時賀有孤孫霸年七歲拜爲散騎中郎將賜爵關內侯食邑三百戶安世以父子封侯在位大盛乃辭祿詔都內別臧張氏無名錢以百萬數文穎曰都內主臧官也張晏曰安世以還官官不簿也安世尊爲公侯食邑萬戶然身衣弋綈師古曰弋黑色也綈厚繒也夫人自紡績家童七百人皆有手技作事內治產業累積纖微是以能殖其貨師古曰殖生也富於大將軍光天子甚尊憚大將

軍然內親安世心密於光焉元康四年春安世病上疏歸侯乞骸骨天子報曰將軍年老被病朕甚閔之雖不能視事折衝萬里君先帝大臣明於治亂朕所不及得數問焉師古曰言意所不及者即以問君也何感而上書歸衞將軍富平侯印師古曰感恨也音胡闇反薄朕忘故蘇林曰本望君重於此也師古曰蘇說非也薄猶嫌也君意嫌朕遺忘故舊而求去也非所望也願將軍強餐食近醫藥專精神以輔天年安世復強起視事至秋薨天子贈印綬送以輕車介士師古曰輕車古之戰車續漢書云彫朱輪輿不巾不蓋𦊅矛戟幢麾輹弩介士謂甲士也𦊅插也輹皮箙盛弩也𦊅音側事反輹音服謚曰敬侯賜塋杜東師古曰塋冢地也將作穿復土起冢祠堂子延壽嗣

延壽已歷位九卿既嗣侯國在陳留別邑在魏郡租入歲千餘萬延壽自以身無功德何以能久堪先人大國數上書讓減戶邑又因弟陽都侯彭祖口陳至誠天子以爲有讓迺徙封平原并一國戶口如故而租稅減半薨謚曰愛侯子勃嗣爲散騎諫大夫元帝初即位詔列侯舉茂材勃舉太官獻丞陳湯蘇林曰獻丞主貢獻物也湯有罪勃坐削戶二百會薨故賜謚曰繆侯師古曰以其所舉不得人故加惡謚繆者妄也後湯立功西域世以勃爲知人子臨嗣臨亦謙儉每登閣殿常歎曰桑霍爲我戒豈不厚哉師古曰桑桑弘羊也霍霍禹也言以驕奢致禍也且死分

施宗族故舊師古曰言將死之時多以財分施也薄葬不起墳臨尚敬武公主文穎曰成帝妹也臣瓚曰敬武公主是元帝妹也師古曰二說皆非也薛宣傳云主怒曰嫂何以取妹殺之既謂元后爲嫂是則元帝妹也薨子放嗣鴻嘉中上欲遵武帝故事與近臣游宴放以公主子開敏得幸放取皇后弟平恩侯許嘉女上爲放供張師古曰供音居用反張音竹亮反賜甲第充以乘輿服飾號爲天子取婦皇后嫁女大官私官並供其第服虔曰私官皇后之官也兩宮使者冠蓋不絕賞賜以千萬數放爲侍中中郎將監平樂屯兵置莫府儀比將軍與上卧起寵愛殊絕常從爲微行出游北至甘泉南至長楊五莋師古曰莋與柞同鬬雞走馬長安中積

數年是時上諸舅皆害其寵白太后太后以上春秋富動作不節甚以過放（師古曰以放爲罪過）時數有災異議者歸咎放等於是丞相宣御史大夫方進（師古曰薛宣翟方進）奏放驕蹇縱恣奢淫不制前侍御史脩等四人奉使至放家逐名捕賊（劉德曰謂詔捕罪人有名者也）時放見在奴從者閉門設兵弩射吏距使者不肯内知男子李游君欲獻女使樂府音監景武强求不得（孟康曰音監監主樂人也姓景名武）使奴康等之其家賊傷三人又以縣官事怨樂府游徼莽（師古曰樂府之游徼名莽）而使大奴駿等四十餘人群黨盛兵弩白晝入樂府攻射官寺縛束長吏子弟斫破器物宫中皆犇走伏匿（師古曰犇古奔字）莽自髠鉗衣赭衣及守令史調等皆徒跣叩頭謝放放乃止奴從者支屬並乘權勢爲暴虐至求吏妻不得殺其夫或恚一人妄殺其親屬輒亡入放弟不得幸得勿治放行輕薄連犯大惡有感動陰陽之咎爲臣不忠首（師古曰不忠之罪放爲首）罪名雖顯前蒙恩驕逸悖理（師古曰悖乖也音布内反）與背畔無異臣子之惡莫大於是不宜宿衛在位臣請免放歸國以銷衆邪之萌厭海内之心（師古曰萌始生者也厭滿也音一豔反）上不得已（師古曰已止也）左遷放爲北地都尉數月復徵入侍中太后以放爲言出放爲

天水屬國都尉永始元延間比年日蝕（師古曰比頻也）故久不還放璽書勞問不絶居歲餘徵放歸第視母公主疾數月主有瘳出放爲河東都尉上雖愛放然上迫太后下用大臣故常涕泣而遣之後復徵放爲侍中光禄大夫秩中二千石歲餘丞相方進復奏放上不得已免放賜錢五百萬遣就國數月成帝崩放思慕哭泣而死初安世長子千秋與霍光子禹俱爲中郎將將兵隨度遼將軍范明友擊烏桓還謁大將軍光問千秋戰鬬方略山川形埶千秋口對兵事畫地成圖無所忘失光復問禹禹不能記曰皆有文書光由是賢千秋以禹爲不材歎曰霍氏世衰張氏興矣及禹誅滅而安世子孫相繼自宣元以來爲侍中中常侍諸曹散騎列校尉者凡十餘人功臣之世唯有金氏張氏親近寵貴比於外戚放子純嗣侯恭儉自脩明習漢家制度故事有敬侯遺風王莽時不失爵建武中歷位至大司空更封富平之別鄉爲武始侯張湯本居杜陵安世武昭宣世輒隨陵（服虔曰隨所事帝徙處其陵也）凡三徙復還杜陵

贊曰馮商稱張湯之先與留侯同祖而司馬遷不

言故闕焉如淳曰班固目録馮商長安人成帝時以能屬書待詔金馬門受詔續太史公書十餘篇師古曰劉歆七略云商陽陵人治易事五鹿充宗能屬文博通強記與孟柳俱待詔頗序列傳未卒會病死漢興以來侯者百數保國持寵未有若當平者也湯雖酷烈及身蒙咎其推賢揚善固宜有後安世履道滿而不溢賀之陰德亦有助云

張湯傳第二十九

杜周傳卷第三十　班固　漢書六十

祕書監上護軍琅邪縣開國子顔師古注

杜周南陽杜衍人也義縱爲南陽太守以周爲爪牙薦之張湯爲廷尉史使案邊失亡（文穎曰邊卒多亡也或曰郡縣主守有所亡失也師古曰此說皆非也謂因虜入爲寇而失人畜甲兵倉廩者也）所論殺甚多奏事中意任用（師古曰以奏事當天子之意故被任用也中音竹仲反）與減宣更爲中丞者十餘歲（師古曰更互也音工衡反）周少言重遲（師古曰遲謂性非敏速也）而內深次骨（李奇曰其用法深刻至骨）宣爲左內史周爲廷尉其治大抵放張湯（師古曰大抵大歸也放依也音甫往反）而善候司（師古曰觀望天子意）上所欲擠者因而陷之（孟康曰擠音薺師古曰擠墜也）上所欲釋久繫待問而微見其冤狀（師古曰見顯也）客有謂周曰君爲天下決平不循三尺法（孟康曰以三尺竹簡書法律也師古曰循因也順也）專以人主意指爲獄獄者固如是乎（師古曰不當然也）周曰三尺安出哉（師古曰安猶焉也）前主所是著爲律後主所是疏爲令（師古曰著謂明表也疏謂分條也）當時爲是何古之法乎（師古曰各當其時而爲是也）至周爲廷尉詔獄亦益多矣二千石繫者新故相因不減百餘人郡吏大府舉之廷尉（如淳曰郡吏大守也文穎曰大府公府也孟康曰舉之廷尉以章劾付廷尉治之也師古曰孟說非也舉皆也言郡吏大府獄事皆歸廷尉也大府丞相御史之府也）一歲至千餘章章大者連逮證案數百小者數十人遠者數千里近者數百里會獄（師古曰往赴對也）吏因責如章告劾

（師古曰皆令服罪如所告劾之本章）不服以掠笞定之（師古曰定其辭令服也）於是聞有逮證皆亡匿獄久者至更數赦十餘歲而相告言（師古曰更歷也其罪或非赦例故不得除而久逃亡不出至於十餘歲猶相告言由周用法深刻故也更音工衡反）大氐盡詆以不道以上（師古曰氐讀與抵同抵歸也詆誣也並音丁禮反）廷尉及中都官詔獄逮至六七萬人（師古曰中都官凡京師諸官府也獄辭所及追考問者六七萬人也）吏所增加十有餘萬（師古曰吏又於此外以文致之更增加也）周中廢後爲執金吾逐捕桑弘羊衞皇后昆弟子刻深上以爲盡力無私遷爲御史大夫始周爲廷史有一馬（師古曰廷史即廷尉史也）及久任事列三公而兩子夾河爲郡守家訾累巨萬矣（師古曰訾與貲同）治皆酷暴唯少子延年行寬厚云

延年字幼公亦明法律昭帝初立大將軍霍光秉政以延年三公子吏材有餘補軍司空（蘇林曰主獄官也如淳曰律營軍司空軍中司空各二人）始元四年益州蠻夷反延年以校尉將南陽士擊益州還爲諫大夫左將軍上官桀父子與蓋主燕王謀爲逆亂假稻田使者燕倉知其謀以告大司農楊敞敞惶懼移病（師古曰移病謂移書言病也一曰以病而移居）以語延年延年以聞桀等伏辜延年封爲建平侯延年本大將軍霍光吏首發大姦（師古曰首謂初首先發之）有忠節由是擢爲太僕右曹給事中光持刑罰嚴延年輔之以寬治燕王獄時御史大夫桑弘羊子遷亡過

父故吏侯史吴（師古曰姓侯史名吴）後遷捕得伏法會赦侯史吴自出繫獄廷尉王平與少府徐仁雜治反事（師古曰交雜同共治之也）皆以爲桑遷坐父謀反而侯史吴臧之非匿反者廼匿爲隨者也（孟康曰言桑遷但隨坐耳非自反也）即以赦令除吴罪後侍御史治實（師古曰重覈其事也）以桑遷通經術知父謀反而不諫爭與反者身無異侯史吴故三百石吏首匿遷（師古曰首匿者言身爲謀首而藏匿人也他皆類此）不與庶人匿隨從者等吴不得赦奏請覆治劾廷尉少府縱反者（師古曰縱放也）少府徐仁即丞相車千秋女壻也故千秋數爲侯史吴言恐光不聽千秋即召中二千石博士會公車門議問吴法（師古曰於法律之中吴當得何罪）議者知大將軍指皆執吴爲不道明日千秋封上衆議光於是以千秋擅召中二千石以下外内異言（張晏曰外則去疾欲盡内則爲其壻也師古曰此說非也外内謂外朝及内朝也）遂下廷尉平少府仁獄朝廷皆恐丞相坐之延年乃奏記光爭以爲吏縱罪人有常法今更詆吴爲不道恐於法深（師古曰詆誣也次下亦同）又丞相素無所守持而爲好言於下盡其素行也（師古曰言非故有所執持但其素行好與在下人言議耳）至擅召中二千石甚無狀（師古曰無善狀）延年愚以爲丞相久故及先帝用事（師古曰言在位已久是爲故舊又嘗仕先帝而任事也）非有大故不可棄也閒者民頗言獄深吏爲峻詆（師

古曰峻謂峭刻也）今丞相所議又獄事也如是以及丞相恐不合衆心羣下讙譁庶人私議流言四布延年竊重將軍失此名於天下也（師古曰重猶難也以此爲重事也）光以廷尉少府弄法輕重皆論棄市而不以及丞相終與相竟（師古曰謂終丞相之身無貶黜也）延年論議持平合和朝廷皆此類也見國家承武帝奢侈師旅之後數爲大將軍光言年歲比不登流民未盡還（師古曰比頻也）宜脩孝文時政示以儉約寬和順天心說民意年歲宜應（師古曰言儉約寬和則豐年當應也說讀曰悅）光納其言舉賢良議罷酒榷鹽鐵皆自延年發之吏民上書言便宜有異輒下延年平處復奏言可官試者至爲縣令或丞相御史（師古曰先平處其可否然後奏言處音昌汝反）除用滿歲以狀聞或抵其罪法（師古曰抵至也言事之人有姦妄者則致之於罪法）常與兩府及廷尉分章（如淳曰兩府丞相御史府也諸章有所疑使延年決之師古曰此說非也上書言事者其章或下丞相御史或付延年故二分章耳非令決疑也）昭帝末寢疾徵天下名醫延年典領方藥帝崩昌邑王即位廢大將軍光車騎將軍張安世與大臣議所立時宣帝養於掖廷號皇曾孫與延年中子佗相愛善延年知曾孫德美勸光安世立焉宣帝即位襃賞大臣延年以定策安宗廟益戶二千三百與始封所食邑凡四千三百戶詔有司論定策功大司馬大將軍光功

德過太尉絳侯周勃車騎將軍安世丞相楊敞功比丞相陳平前將軍韓增御史大夫蔡誼功比潁陰侯灌嬰大僕杜延年功比朱虛侯劉章後將軍趙充國大司農田延年少府史樂成功比典客劉揭（師古曰據如此傳樂成姓史而霍光傳云使樂成小冢子則又似姓使功臣侯表乃云便樂成三者不同尋史使一也故當姓史或作使字而表遂誤爲便耳）皆封侯益土延年爲人安和備於諸事（師古曰言皆明習也）久典朝政上任信之出即奉駕入給事中居九卿位十餘年賞賜賂遺訾數千萬霍光薨後子禹與宗族謀反誅上以延年霍氏舊人欲退之而丞相魏相奏延年素貴用事官職多姦遣吏考案但得苑馬多死官奴婢乏衣食（師古曰傳言延年身不犯法但丞相致之於罪耳）延年坐免官削戶二千後數月復召拜爲北地大守延年以故九卿外爲邊吏治郡不進（師古曰比於諸郡不爲最也）上以璽書讓延年（師古曰讓責也）延年乃選用良吏捕擊豪強郡中清靜居歲餘上使謁者賜延年璽書黃金二十斤徙爲西河太守治甚有名五鳳中徵入爲御史大夫延年居父官府不敢當舊位坐臥皆易其處是時四夷和海內平延年視事三歲以老病乞骸骨天子優之使光祿大夫持節賜延年黃金百斤酒加致醫藥延年遂稱病篤賜安車駟馬罷

就第（師古曰安車坐乘之車也後漢輿服志云公列侯安車朱斑輪倚鹿較伏熊軾皁蓋倚鹿較者畫立鹿於車之前兩轓外也伏熊軾者車前橫軾爲伏熊之形也）後數月薨謚曰敬侯子緩嗣緩少爲郎本始中以校尉從蒲類將軍擊匈奴（文穎曰趙充國也臣瓚曰征蒲類海故以爲名）還爲諫大夫遷上谷都尉鴈門太守父延年薨徵視喪事拜爲太常治諸陵縣每冬月封具獄日常去酒省食（師古曰獄案已具當論決之故封上）官屬稱其有恩元帝初即位穀貴民流永光中西羌反緩輒上書入錢穀以助用前後數百萬緩六弟五人至大官少弟熊歷五郡二千石三州牧刺史有能名唯中弟欽官不至而最知名

欽字子夏少好經書家富而目偏盲（師古曰盲目無見也偏盲者患目也今俗乃以兩目無見者始爲盲語移轉也）故不好爲吏茂陵杜鄴與欽同姓字（師古曰並字子夏）俱以材能稱京師故衣冠謂欽爲盲杜子夏以相別（師古曰衣冠謂士大夫也）欽惡以疾見詆（師古曰詆毀也音丁禮反）迺爲小冠高廣財二寸（師古曰財與纔同古通用字）由是京師更謂欽爲小冠杜子夏而鄴爲大冠杜子夏云時帝舅大將軍王鳳以外戚輔政求賢知自助鳳父頃侯禁與欽兄緩相善故鳳深知欽能奏請欽爲大將軍軍武庫令職閒無事欽所好也（師古曰閒讀曰閑）欽爲人深博有謀自上爲太子時以好色聞及即位皇太后

詔采良家女欽因是說大將軍鳳曰禮壹娶九女
所以極陽數廣嗣重祖也張晏曰陽數一三五七九九數之極也臣瓚曰天子一娶九女夏殷之制也欽故舉前代之約以刺今之奢者也必鄉舉求窈窕不問華色師古曰鄉舉者博問鄉里而舉之也窈窕幽閑也窈音一了反窕音徒了反所以助德理內也娣姪雖缺不復補所以養壽塞爭也師古曰媵女之內兄弟之女則謂之姪己之女弟則謂之娣塞絕也故后妃有貞淑之行則胤嗣有賢聖之君制度有威儀之節則人君有壽考之福廢而不由則女德不厭師古曰由用也從也女德不厭言耽色之甚也女德不厭則壽命不究於高年師古曰究竟也書云或四三年師古曰周書亡逸篇曰惟湛樂之從罔或克壽或十年或七八年或五六年或四三年謂逸欲過度則損壽詩也言失欲之生害也師古曰失讀曰佚佚與逸同男子五十好色未衰婦人四十容貌改前以改前之容侍於未衰之年而不以禮為制則其原不可救而後徠異態後徠異態則正后自疑而支庶有閒適之心師古曰閒代也音居莧反適讀曰嫡次下亦同是以晉獻被納讒之謗申生蒙無罪之辜師古曰蒙亦被也今聖主富於春秋未有適嗣方鄉術入學師古曰鄉讀曰嚮未親后妃之議將軍輔政宜因始初之隆建九女之制詳擇有行義之家求淑女之質毋必有聲色音技能為萬世大法師古曰惟求淑質無論美色及音聲技能如此則可為萬代法也夫少戒之在色師古曰論語孔子曰君子有三戒少之時血氣未定戒之在色言好色無節則致損敗故戒之也小卞之作可為寒心張晏曰刺幽王廢申后而立褒姒黜太子宜咎而立

伯服也臣瓚曰小卞之詩大子之傅作也哀大子之放逐愍周室之大壞也師古曰詩小雅也二說皆是卞音盤唯將軍常以為憂鳳白之大后大后以為故事無有欽復重言師古曰重音直用反詩云殷監不遠在夏后氏之世師古曰大雅蕩之詩也言殷之所監見其事不遠近在夏后氏之時刺戒者至迫近而省聽者常怠忽師古曰忽忘也可不慎哉前言九女略陳其禍福甚可悼懼竊恐將軍不深留意后妃之制夭壽治亂存亡之端也迹三代之季世覽宗宣之饗國察近屬之符驗韋昭曰宗殷高宗也宣周宣王也皆饗國長久師古曰宗宣之義韋說是也近屬者謂漢家之事耳屬猶言甫爾也音之欲反禍敗曷常不由女德是以佩玉晏鳴關雎歎之李奇曰后夫人雞鳴佩玉去君所周康王后不然故詩人歎而傷之臣瓚曰此魯詩也知好色之伐性短年離制度之生無厭天下將蒙化陵夷而成俗也師古曰蒙被也故詠淑女幾以配上師古曰關雎之詩云窈窕淑女君子好仇故云然也淑善也幾讀曰冀忠孝之篤仁厚之作也師古曰作謂作詩也夫君親壽尊國家治安誠臣子之至願所當勉之也易曰正其本萬物理師古曰今易無此文凡事論有疑未可立行者求之往古則典刑無考之來今則吉凶同卒搖易之則民心惑鄭氏曰卒急也師古曰卒音千忽反若是者誠難施也今九女之制合於往古無害於今不逆於民心至易行也行之至有福也將軍輔政而不蚤定師古曰蚤古早字非天下之所望也唯將軍信臣子之願念關雎之思師古曰信讀曰申逮

委政之隆及始初清明（師古曰委政之隆言天子委鳳政事權寵隆盛也始初清明天子新即位宜立法制）爲漢家建無窮之基誠難以忽不可以遴（李奇曰遴難也師古曰遴與吝同）鳳不能自立法度循故事而已會皇大后女弟司馬君力（蘇林曰字君力爲司馬氏婦）與欽兄子私通事上聞欽慙懼乞骸骨去後有日蝕地震之變詔舉賢良方正能直言士合陽侯梁放舉欽欽上對曰陛下畏天命悼變異延見公卿舉直言之士將以求天心迹得失也（師古曰觀得失之蹤迹也）臣欽愚戇經術淺薄不足以奉大對（師古曰大對謂對大問也）臣聞日蝕地震陽微陰盛也臣者君之陰也子者父之陰也妻者夫之陰也

夷狄者中國之陰也春秋日蝕三十六地震五（師古曰解在劉向傳）或夷狄侵中國或政權在臣下或婦乘夫（師古曰乘陵也）或臣子背君父事雖不同其類一也臣竊觀人事以考變異則本朝大臣無不自安之人外戚親屬無乖刺之心（師古曰刺戾也音來曷反）關東諸侯無強大之國三垂蠻夷無逆理之節（師古曰三垂謂東南西也）殆爲後宮（師古曰殆近也）何以言之日以戊申蝕時加未戊未土也土者中宮之部也其夜地震未央宮殿中此必適妾將有爭寵相害而爲患者（師古曰適讀曰嫡嫡謂正后也）唯陛下深戒之變感以類相應人事失於下變象見於上能應之以德則異咎消亡不能應之以善則禍敗至高宗遭雊雉之戒飭己正事享百年之壽殷道復興（師古曰解在五行志）要在所以應之應之非誠不立非信不行宋景公小國之諸侯耳有不忍移禍之誠出人君之言三熒惑爲之退舍（張晏曰宋景公熒惑守心太史子韋請移之於大臣及國人與歲公皆不聽天感其誠熒惑爲之退舍景公享延期之祚也）以陛下聖明內推至誠深思天變何應而不感何搖而不動孔子曰仁遠乎哉（師古曰論語載孔子之言也言仁道不遠求之而至也）唯陛下正后妾抑女寵防奢泰去佚游躬節儉親萬事數御安車由輦道（師古曰由從也）親二宮之饔膳（韋昭曰二宮邛成大后與成帝母也師古曰孰食曰饔具食曰膳膳之言善也）致昏晨之

定省如此即堯舜不足與比隆咎異何足消滅如不留聽於庶事不論材而授位殫天下之財以奉經侈匱萬姓之力以從耳目（師古曰殫匱皆盡也從讀曰縱）近諂諛之人而遠公方（師古曰方正也）信讒賊之臣以誅忠良賢俊失在巖穴大臣怨於不以（師古曰失在巖穴謂隱處巖穴朝廷失之也論語稱周公謂魯公不使大臣怨乎不以以用也不見用而怨也）雖無變異社稷之憂也天下至大萬事至衆祖業至重誠不可以佚豫爲不可以奢泰持也（師古曰爲治也）唯陛下忍無益之欲以全衆庶之命臣欽愚戇言不足采其夏上盡召直言之士詣白虎殿對策（師古曰此殿在未央宮也）策曰天地之道何貴王者之法

何如六經之義何上人之行何先取人之術何以師古曰以用也當世之治何務各以經對師古曰據經義以對欽對曰臣聞天道貴信地道貴貞師古曰貞正也不信不貞萬物不生生天地之所貴也王者承天地之所生理而成之昆蟲草木靡不得其所王者法天地非仁無以廣施非義無以正身克己就義恕以及人師古曰恕仁也言以仁愛為心内省己志施之於人也六經之所上也不孝則事君不忠涖官不敬師古曰涖臨也戰陳無勇朋友不信孔子曰孝無終始而患不及者未之有也師古曰孝經載孔子之言也言人能終始行孝而患不及於道者未之有也一說行孝終始不備而患禍不及者無此事也孝人行之所先也觀本行於鄉黨考功能於官職達觀其所舉富觀其所予窮觀其所不為乏觀其所不取近觀其所為遠觀其所主師古曰所為謂託人以為援而自進也其所主為人之援而進也孔子曰視其所以觀其所由察其所安人焉廋哉師古曰論語載孔子之言也廋匿也此言視人之所用觀人之所從察人之所樂則可知其善惡無所匿其情也取人之術也殷因於夏尚質周因於殷尚文今漢家承周秦之敝宜抑文尚質廢奢長儉表實去偽師古曰長謂崇貴之也表明也孔子曰惡紫之奪朱師古曰論語載孔子之言也朱正色也紫閒色之好者也惡其邪好而奪正色以喻利口之人多言少實傾惑者也當世治之所務也臣竊有所憂言之則拂心逆指師古曰拂謂違戾也音佛不言則漸日長為禍不細然小臣不敢廢道而求從違忠而

耦意師古曰從順也耦合也臣聞玩色無厭必生好憎之心好憎之心生則愛寵偏於一人愛寵偏於一人則繼嗣之路不廣而嫉妬之心興矣如此則匹婦之說不可勝也師古曰匹婦一婦人也唯陛下純德普施無欲是從師古曰從讀曰縱不縱心於所欲也此則衆庶咸說師古曰說讀曰悅繼嗣日廣而海内長安萬事之是非何足備言師古曰如此則細故萬端不足憂也欽以前事病賜帛罷後為議郎復以病免徵詣大將軍莫府國家政謀鳳常與欽慮之師古曰慮計也數稱達名士王駿韋安世王延等師古曰王駿王陽子也韋安世韋賢之孫方山之子也王延即成帝時塞河隄者也救解馮野王王尊胡常之罪過及繼功臣絕世填撫四夷師古曰填音竹刃反當世善政多出於欽者見鳳專政泰重戒之曰昔周公身有至聖之德屬有叔父之親而成王有獨見之明無信讒之聽然管蔡流言而周公懼穰侯昭王之舅也文穎曰穰侯魏冉也權重於秦威震鄰敵有旦莫偃伏之愛師古曰言昭王幼少旦夕偃伏戲弄於舅之旁側也心不介然有間然范雎起徒步由異國無雅信師古曰雅信謂素相信任開一朝之說而穰侯就封文穎曰范雎為丞相穰侯就國及近者武安侯之見退師古曰武安侯謂田蚡也退謂請考工地益宅上怒乃退之也三事之跡相去各數百歲若合符節甚不可不察願將軍由周公之謙懼師古曰由從也用也損穰侯之威放武安之欲毋使

范雎之徒得閒其說（師古曰閒音居莧反）頃之復日蝕京兆尹
王章上封事求見果言鳳專權蔽主之過宜廢勿
用以應天變於是天子感寤召見章與議欲退鳳
鳳甚憂懼欽令鳳上疏謝罪乞骸骨文指甚哀太
后涕泣為不食上少而親倚鳳亦不忍廢（師古曰倚音於綺反）
復起鳳就位鳳心慙稱病篤欲遂退欽復說之曰
將軍深悼輔政十年變異不已故乞骸骨歸咎於
身刻己自責至誠動衆愚知莫不感傷雖然是無
屬之臣執進退之分絜其去就之節者耳（師古曰無屬無親屬
於上也分音扶問反字或作介介隔也其義兩通）非主上所以待將軍非將軍所

以報主上也昔周公雖老猶在京師明不離成周
示不忘王室也仲山父異姓之臣無親於宣就封
于齊（鄧展曰詩言仲山甫徂齊者言銜命往治齊城郭也而韓詩以為封於齊此誤耳晉灼曰韓詩誤而歆引之同附權貴求容媚也師古曰韓詩既有明文而歆引以為喻則是其義非繆而與今說詩者不同鄧晉諸人雖曰涉學未得韓非杜氏追咎韓詩也）猶
嘆息永懷宿夜徘徊不忍遠去況將軍之於主上
主上之與將軍哉夫欲天下治安變異之意莫有
將軍（師古曰言衆人之意皆不如也）主上照然知之故攀援不遣（師古曰援
引也音爰）書稱公毋困我（師古曰此周書洛誥成王告周公詞也言公必須留此毋得遂去而令我困蓋成帝與鳳
詔書引此言之）唯將軍不為四國流言自疑於成王以固至
忠鳳復起視事上令尚書劾奏京兆尹章章死詔

獄語在元后傳章既死衆庶寃之以譏朝廷欽欲救
其過復說鳳曰京兆尹章所坐事密吏民見章素
好言事以為不坐官職疑其以日蝕見對有所言
也假令章內有所犯雖陷正法事不暴揚自京師
不曉況於遠方恐天下不知章實有罪而以為坐
言事也如是塞爭引之原損寬明之德（師古曰爭引謂引事類以諫爭
也一曰下有諫爭之言上引而納之也）欽愚以為宜因章事舉直言極諫並
見郎從官展盡其意加於往前以明示四方使天
下咸知主上聖明不以言罪下也若此則流言消
釋疑惑著明鳳白行其策欽之補過將美皆此類

也（師古曰將勸也）優游不仕以壽終欽子及昆弟支屬至二
千石者且十人欽兄綏前免大常以列侯奉朝請
成帝時乃薨子業嗣業有材能以列侯選復為
大常數言得失不事權貴與丞相翟方進衛尉定
陵侯淳于長不平後業坐法免官復為函谷關都
尉會定陵侯長有罪當就國長舅紅陽侯立與業
書曰誠哀老姊垂白隨無狀子出關（師古曰垂白者言白髮下垂也無狀
猶言不肖）願勿復用前事相侵定陵侯既出關伏罪復發
（蘇林曰長與許后書也語在外戚傳）下雒陽獄丞相史搜得紅陽侯書奏
業聽請不敬（服虔曰受立屬請為不敬）坐免就國其春丞相方進

薨業上書言方進本與長深結厚更相稱薦師古曰更音工衡反長陷大惡獨得不坐苟欲鄣塞前過不爲陛下廣持平例師古曰俱與長厚善而方進獨不坐是不平也又無恐懼之心反因時信其邪辟師古曰信讀曰伸辟讀曰僻報睚眦怨師古曰睚音厓睚舉眼也眦即眥字謂目匡也言舉目相忤者即報之也一說睚音五懈反眦音仕懈反睚眦瞋目貌也兩義並通他皆類此故事大逆朋友坐免官無歸故郡者今坐長者歸故郡巳深一等紅陽侯立坐子受長貨賂故就國耳非大逆也而方進復奏立黨友後將軍朱博鉅鹿太守孫宏故少府陳咸皆免官歸咸故郡刑罰無平在方進之筆端衆庶莫不疑惑皆言孫宏不與紅陽侯相愛

宏前爲中丞時方進爲御史大夫舉掾隆可侍御史師古曰御史大夫之掾也名隆宏奏隆前奉使欺謾師古曰謾誑也音慢又音莫連反不宜執法近侍方進以此怨宏又方進爲京兆尹時陳咸爲少府在九卿高弟陛下所自知也方進素與司直師丹相善臨御史大夫缺使丹奏咸爲姦利請案驗卒不能有所得而方進果自得御史大夫爲丞相即時詆欺奏免咸師古曰詆誣也復因紅陽侯事歸咸故郡衆人皆言國家假方進權大甚案師丹行能無異及光祿勳許商被病殘人服虔曰殘癃也皆但以附從方進尚獲尊官丹前親薦邑子丞相史能使

巫下神爲國求福幾獲大利師古曰幾讀曰冀幸頼陛下至明遣使者毛莫如先考驗卒得其姦皆坐死假令丹知而白之此誣罔罪也不知而白之是背經術惑左道也師古曰左道不正之道也二者皆在大辟重於朱博孫宏陳咸所坐方進終不舉白專作威福阿黨所厚排擠英俊師古曰擠墜也音子詣反託公報私橫厲無所畏忌師古曰縱橫陵厲也欲以熏轑天下師古曰熏言熏灼之轑讀曰燎假借用字天下莫不望風而靡師古曰靡猶弭自尚書近臣皆結舌杜口師古曰杜塞也骨肉親屬莫不股栗師古曰言懼之甚故股戰慄也威權泰盛而不忠信非所以安國家也今聞方進卒病死師古曰卒讀曰猝不以尉

示天下反復賞賜厚葬唯陛下深思往事以戒來今會成帝崩哀帝即位業復上書言王氏世權日久朝無骨骾之臣師古曰骾亦鯁字宗室諸侯微弱與繫囚無異自佐史以上至於大吏皆權臣之黨曲陽侯根前爲三公輔政知趙昭儀殺皇子不輒白奏反與趙氏比周恣意妄行師古曰比音頻寐反譖愬故許后被加以非罪師古曰被音皮義反誅破諸許族敗元帝外家内嫉妬同産兄姊紅陽侯立及淳于氏師古曰兄紅陽侯立也姊淳于長母也皆老被放棄新喋血京師威權可畏高陽侯薛宣有不養母之名安昌侯張禹姦人之雄惑亂朝廷使

先帝負謗於海內尤不可不慎陛下初即位謙讓未皇師古曰未皇暇也孤獨特立莫可據杖權臣易世意若探湯師古曰言重難之若以手探熱湯也宜蚤以義割恩安百姓心竊見朱博忠信勇猛材略不世出師古曰言其希有也誠國家雄俊之寶臣也宜徵博置左右以塡天下師古曰塡音竹刃反此人在朝則陛下可高枕而臥矣昔諸呂欲危劉氏賴有高祖遺臣周勃陳平尚存不者幾爲姦臣笑師古曰幾音鉅依反業又言宜爲恭王立廟京師以章孝道時高昌侯董宏亦言宜尊帝母定陶王丁后爲帝太后大司空師丹等劾宏誤朝不道坐免爲庶人業復上

書訟宏前後所言皆合指施行朱博果見拔用業由是徵復爲太常歲餘左遷上黨都尉會司隸奏業爲太常選舉不實業坐免官復就國哀帝崩王莽秉政諸前議立廟尊號者皆免徙合浦業以前罷黜故見闊略師古曰闊略謂寬縱不問也憂恐發病死業成帝初尚帝妹潁邑公主主無子薨業家上書求還京師與主合葬不許而賜謚曰荒侯傳子至孫絕初杜周武帝時徙茂陵至延年徙杜陵云

贊曰張湯杜周並起文墨小吏致位三公列於酷吏而俱有良子德器自過師古曰言其子德器各過二人之身爵位尊顯繼世立朝相與提衡如淳曰提衡猶言相提攜也臣瓚曰衡平也言二人齊也師古曰瓚說是也至于建武杜氏爵乃獨絕師古曰建武之後張氏尚有張純爲侯故言杜氏獨絕也迹其福祚元功儒林之後莫能及也師古曰元功蕭曹張陳之屬也儒林貢薛韋匡之輩自謂唐杜苗裔豈其然乎師古曰謂在周爲唐杜氏也及欽浮沈當世好謀而成以建始之初深陳女戒終如其言庶幾乎關雎之見微師古曰關雎國風之始言夫婦之際政化所由故云見微微謂微妙也非夫浮華博習之徒所能規也業因勢而抵陒服虔曰抵音紙陒音羲謂罪敗而復抨彈之蘇秦書有此法師古曰抵擊也陒毀也言因事形勢而擊毀之也陒音詭一說陒讀與戲同音許宜反戲亦險也言擊其危險之處鬼谷有抵戲篇也稱朱博毀師丹愛憎之議可不畏哉

杜周傳卷第三十

張騫李廣利傳第三十一　班固　漢書六十一

秘書監上護軍琅邪縣開國子顏　師古　注

張騫漢中人也（師古曰陳壽益部耆舊傳云騫漢中成固人也）建元中爲郎時匈奴降者言匈奴破月氏王（師古曰月氏西域胡國也氏音支）以其頭爲飲器（韋昭曰飲器椑榼也晉灼曰飲器虎子屬也或曰飲酒之器也師古曰匈奴傳云以所破月氏王頭共飲血盟然則飲酒之器是也韋云椑榼晉云獸子皆非也椑榼即今之偏榼所以盛酒耳非用飲者也獸子褻器所以溲便者也椑音鼙）月氏遁而怨匈奴無與共擊之（師古曰無人援助也）漢方欲事滅胡聞此言欲通使道必更匈奴中（師古曰更過也音工衡反）迺募能使者騫以郎應募使月氏與堂邑氏奴甘父（服虔曰堂邑姓也漢人其奴名甘父師古曰堂邑氏之奴本胡人名甘父下云堂邑父者蓋取主之姓以爲氏而單稱其名曰父）俱出隴西徑匈奴（師古曰道由匈奴過）匈奴得之傳詣單于單于曰月氏在吾北漢何以得往使吾欲使越漢肯聽我乎留騫十餘歲予妻有子然騫持漢節不失居匈奴西騫因與其屬亡鄉月氏（師古曰屬謂同使之官屬鄉讀曰嚮）西走數十日（師古曰走趨也不指知其道里多少故以日數言之走音奏一曰走謂奔走也讀如本字）至大宛聞漢之饒財欲通不得見騫喜問欲何之騫曰爲漢使月氏而爲匈奴所閉道今亡唯王使人道送我（師古曰道讀曰導）誠得至反漢漢之賂遺王財物不可勝言大宛以爲然遣騫爲發道譯抵康居（師古曰抵至也道讀曰導）康居傳致大月氏大月氏王已爲胡所殺立其夫人爲王既

臣大夏而君之（師古曰以大夏爲臣爲之作君也）地肥饒少寇志安樂又自以遠遠漢殊無報胡之心（師古曰下遠音于萬反）騫從月氏至大夏竟不能得月氏要領（李奇曰要領要契也師古曰李說非也要衣要也領衣領也凡持衣者則執要與領言騫不能得月氏意趣無以持歸於漢故以要領爲喻要音一遥反）留歲餘還並南山欲從羌中歸（師古曰並音步浪反）復爲匈奴所得留歲餘單于死國內亂騫與胡妻及堂邑父俱亡歸漢拜騫太中大夫堂邑父爲奉使君騫爲人彊力寬大信人（師古曰彊力言堅忍於事）蠻夷愛之堂邑父胡人善射窮急射禽獸給食（師古曰給供也）初騫行時百餘人去十三歲唯二人得還騫身所至者大宛大月氏大夏康居而傳聞其旁大國五六具爲天子言其地形所有（師古曰土地之形及所生之物也）語皆在西域傳騫曰臣在大夏時見邛竹杖蜀布（臣瓚曰邛山名生此竹高節可作杖服虔曰布細布也師古曰邛竹杖人皆識之無假多釋而蘇林乃言節間合而體離誤後學矣）問安得此大夏國人曰吾賈人往市之身毒國（鄧展曰毒音篤李奇曰一名天篤則浮屠胡是也師古曰即敬佛道者）身毒國在大夏東南可數千里其俗土著（師古曰土著者謂有城郭常居不隨畜牧移徙也著音直略反其下亦同）與大夏同而卑溼暑熱其民乘象以戰（師古曰象大獸垂鼻長牙）其國臨大水焉以騫度之（師古曰度計也）大夏去漢萬二千里居西南今身毒又居大夏東南數千里有蜀物此其去蜀不遠矣今使大夏從羌中險羌人惡之少北

則爲匈奴所得從蜀宜徑又無寇（師古曰徑直也宜猶當也從蜀向大夏其道當直）
天子既聞大宛及大夏安息之屬皆大國多奇
物土著頗與中國同俗而兵弱貴漢財物其北則
大月氏康居之屬兵彊可以賂遺設利朝也（師古曰設施也施之以利誘令入朝）
誠得而以義屬之（師古曰謂不以兵革）則廣地萬里重
九譯致殊俗威德徧於四海天子欣欣以騫言爲
然迺令因蜀犍爲發閒使四道並出（師古曰閒使者求閒隙而行）出
駹出莋出徙邛出僰（師古曰皆夷名駹音尨莋音材各反徙音斯僰音蒲北反）皆各一二
千里其北方閉氐莋（服虔曰漢使見閉於夷也師古曰氐與莋二種也）南方閉巂
昆明（師古曰巂昆明亦皆夷種名也巂先蘂反）昆明之屬無君長善寇盜輒

殺略漢使終莫得通然聞其西可千餘里有乘象
國名滇越（服虔曰滇音顛滇馬出其國）而蜀賈閒出物者或至焉（師古曰閒出物謂私往市者）
於是漢以求大夏道始通滇國初漢欲通
西南夷費多罷之及騫言可以通大夏迺復事西
南夷（師古曰事謂經略通之專以爲事也）騫以校尉從大將軍擊匈奴知
水草處軍得以不乏迺封騫爲博望侯（師古曰取其能廣博瞻望）
是歲元朔六年也後二年騫爲衞尉與李廣俱出
右北平擊匈奴匈奴圍李將軍軍失亡多而騫後
期當斬贖爲庶人是歲驃騎將軍破匈奴西邊殺
數萬人至祁連山其秋渾邪王率衆降漢而金城

河西並南山至鹽澤空無匈奴（師古曰並步浪反）匈奴時有
候者到而希矣後二年漢擊走單于於幕北天子
數問騫大夏之屬騫既失侯因曰臣居匈奴中聞
烏孫王號昆莫昆莫父難兜靡本與大月氏俱在
祁連焞煌閒小國也（師古曰祁連山以東焞煌以西）大月氏攻殺難兜
靡奪其地人民亡走匈奴子昆莫新生傅父布就
翎侯抱亡置草中（服虔曰傅父如傅母也李奇曰布就字也翎侯烏孫官名也爲昆莫作傅父也師古曰翎侯烏孫大臣官號其數非一亦猶漢之將軍耳而布就者又翎侯之中別號猶右將軍左將軍耳非其人之字翎與翕同）爲求
食還見狼乳之（師古曰以乳飲之）又烏銜肉翔其旁以爲神
遂持歸匈奴單于愛養之及壯以其父民衆與昆

莫使將兵數有功時月氏已爲匈奴所破西擊塞
王（師古曰塞音先得反西域國名即佛經所謂釋種者塞釋聲相近本一姓耳）塞王南走遠徙月氏
居其地昆莫既健自請單于報父怨遂西攻破大
月氏大月氏復西走徙大夏地昆莫略其衆因留
居兵稍彊會單于死不肯復朝事匈奴匈奴遣兵
擊之不勝益以爲神而遠之（師古曰遠離也音于萬反）今單于新
困於漢而昆莫地空蠻夷戀故地又貪漢物誠以
此時厚賂烏孫招以東居故地漢遺公主爲夫人
結昆弟其埶宜聽（師古曰言事事聽從於漢）則是斷匈奴右臂也
既連烏孫自其西大夏之屬皆可招來而爲外臣

天子以爲然拜騫爲中郎將將三百人馬各二匹牛羊以萬數齎金幣帛直數千鉅萬多持節副使道可便遣之旁國（師古曰爲騫之副而各令持節）騫既至烏孫致賜諭指（師古曰以天子意指曉告之）未能得其決語在西域傳騫即分遣副使使大宛康居月氏大夏烏孫發道譯送騫（師古曰道讀曰導）與烏孫使數十人馬數十匹報謝（師古曰與騫相隨而來報謝天子）因令窺漢知其廣大騫還拜爲大行歲餘騫卒後歲餘其所遣副使通大夏之屬者皆頗與其人俱來（晉灼曰其國人）於是西北國始通於漢矣然騫鑿空（蘇林曰鑿開也空通也騫始開通西域道也師古曰空孔也猶言始鑿其孔穴也故此下言當空道而西域傳謂孔道也）諸後使往者皆稱博望侯以爲質於外國（李奇曰質信也）外國由是信之其後烏孫竟與漢結婚初天子發書易（鄧展曰發易書以卜）曰神馬當從西北來得烏孫馬好名曰天馬及得宛汗血馬益壯更名烏孫馬曰西極馬宛馬曰天馬云而漢始築令居以西（臣瓚曰令居縣名也屬金城築塞西至酒泉也師古曰令音零）初置酒泉郡以通西北國因發使抵安息奄蔡犛軒條支身毒國（李奇曰軒音劍服虔曰犛軒張掖縣名也師古曰抵至也自安息以下五國皆西域胡也犛軒即大秦國也張掖驪軒縣蓋取此國爲名耳驪犛聲相近軒讀與軒同李奇音是也服說非也）而天子好宛馬使者相望於道一輩大者數百少者百餘人所齎操大放博望侯時（師古曰操持也所齎持謂節及幣也放依也音甫往反）其後益習

而衰少焉（師古曰以其串習故不多發人）漢率一歲中使者多者十餘少者五六輩遠者八九歲近者數歲而反（師古曰道遠則還遲近則來疾）是時漢既滅越蜀所通西南夷皆震請吏置牂柯越巂益州沈黎文山郡欲地接以前通大夏（李奇曰欲地界相接至大夏也）乃遣使歲十餘輩出此初郡（師古曰文山以上初置者）復閉昆明（如淳曰爲昆明所閉）爲所殺奪幣物於是漢發兵擊昆明斬首數萬後復遣使竟不得通語在西南夷傳自騫開外國道以尊貴其吏士爭上書言外國奇怪利害求使天子爲其絕遠非人所樂聽其言（師古曰凡人皆不樂去故有自請爲使者即聽而遣之）予節募吏民無問所從來（師古曰不爲限禁遠近雖家人私隸並許應募）爲具備人衆遣之以廣其道來還不能無侵盜幣物及使失指（師古曰乖天子指意）天子爲其習之輒覆按致重罪（師古曰言其串習不以爲難以當更求充使也）以激怒令贖（師古曰令立功以贖罪）復求使使端無窮而輕犯法其吏卒亦輒復盛推外國所有言大者予節言小者爲副故妄言無行之徒皆爭相效其使皆私縣官齎物（師古曰言所齎官物竊自用之同於私有）欲賤市以私其利（師古曰所市之物得利多者不盡入官也）外國亦厭漢使人人有言輕重（服虔曰漢使言於外國人人輕重不實）度漢兵遠不能至（師古曰度計也）而禁其食物以苦漢使（師古曰令其困苦也）漢使乏絕責怨至相攻擊樓蘭姑師小國當空道（師古曰空即孔也）攻

劫漢使王恢等尤甚而匈奴奇兵又時時遮擊之使者爭言外國利害〔師古曰言服之則利不討則爲害〕皆有城邑兵弱易擊於是天子遣從票侯破奴〔師古曰趙破奴〕將屬國騎及郡兵數萬以擊胡胡皆去明年擊破姑師虜樓蘭王酒泉列亭鄣至玉門矣〔韋昭曰玉門關在龍勒界〕而大宛諸國發使隨漢使來觀漢廣大以大鳥卵及黎軒眩人獻於漢〔應劭曰卵大如一二石甕也眩相詐惑也鄧太后時西夷檀國來朝賀詔令爲之而諫大夫陳禪以爲夷狄僞道不可施行後數日尚書陳忠案漢舊書乃知世宗時黎軒獻見幻人天子大悅與俱巡狩乃知古有此事師古曰鳥卵如汲水之甕耳無一二石也應說失之眩讀與幻同即今吞刀吐火植瓜種樹屠人截馬之術皆是也本從西域來甕音瓮〕天子大說〔師古曰說讀曰悅〕而漢使窮河源其山多玉石采來〔臣瓚曰漢使采取持來至漢〕天子案古圖書名河所出山曰昆侖云是時上方數巡狩海上迺悉從外國客大都多人則過之散財帛賞賜厚具饒給之以覽視漢富厚焉〔師古曰視讀曰示言示之令其觀覽〕大角氐〔師古曰氐丁禮反解在武紀〕出奇戲諸怪物多聚觀者〔師古曰聚都邑人令觀看以誇示之觀音工喚反〕行賞賜酒池肉林令外國客徧觀名倉庫府臧之積欲以見漢廣大傾駭之〔師古曰見顯示〕及加其眩者之工而角氐奇戲歲增變其益興自此始而外國使更來更去〔師古曰遞互來去前後不絕更工衡反〕大宛以西皆自恃遠尚驕恣未可詘以禮羈縻而使也漢使往既多其少從率進孰於天子〔孟康曰少從不如計也或曰少者少年從行之

識者也進孰美語如成孰也晉灼曰多進虛美之言必成之計於天子而卒不果也師古曰漢時謂隨使而出外國者爲少從總言其少年而從使也從音材用反事見班固弟仲升書進孰者但空進成孰之言〕言大宛有善馬在貳師城匿不肯示漢使天子既好宛馬聞之甘心〔師古曰志懷美悅專事求之〕使壯士車令等持千金及金馬以請宛王貳師城善馬宛國饒漢物〔師古曰素有漢地財物故不貪金馬之幣〕相與謀曰漢去我遠而鹽水中數有敗〔服虔曰水名道從水中行師古曰沙磧之中不生草木水又鹹苦即今焞煌西北惡磧者也數有敗言每自死亡也〕出其北有胡寇出其南乏水草又且往往而絕邑〔師古曰言近道之處無城郭之居也〕乏食者多漢使數百人爲輩來常乏食死者過半是安能致大軍乎且貳師馬宛寶馬也遂不肯予漢使漢使怒妄言椎金馬而去〔如淳曰罵詈也師古曰椎破馬也椎音直追反其字從木〕金宛中貴人怒曰〔師古曰中貴人中臣之貴者〕漢使至輕我遣漢使去令其東邊郁成王遮攻殺漢使取其財物天子大怒諸嘗使宛姚定漢等言宛兵弱誠以漢兵不過三千人強弩射之即破宛矣天子以嘗使浞野侯攻樓蘭以七百騎先至虜其王以定漢等言爲然而欲侯寵姬李氏〔師古曰欲封其兄弟〕迺以李廣利爲將軍伐宛騫孫猛字子游有俊才元帝時爲光祿大夫使匈奴給事中爲石顯所譖自殺

李廣利女弟李夫人有寵於上產昌邑哀王太初

元年以廣利爲貳師將軍發屬國六千騎及郡國
惡少年數萬人以往（師古曰惡少年謂無行義者）期至貳師城取善
馬故號貳師將軍故浩侯王恢使道軍既西過鹽
水當道小國各堅城守不肯給食攻之不能下下
者得食不下者數日則去比至郁成士財有數千（師古曰比音必寐反財與才同）皆飢罷（師古曰罷讀曰疲）攻郁成城郁成距之所
殺傷甚衆貳師將軍與左右計至郁成尚不能舉
況至其王都乎引而還往來二歲至燉煌士不過
什一二（師古曰十人之中一二人得還）使使上書言道遠多乏食且士
卒不患戰而患飢人少不足以拔宛願且罷兵益

發而復往（師古曰益多也）天子聞之大怒使使遮玉門關曰
軍有敢入斬之貳師恐因留屯燉煌其夏漢亡浞
野之兵二萬餘於匈奴（師古曰趙破奴後封浞野侯浞音上角反）公卿議者
皆願罷宛軍專力攻胡天子業出兵誅宛宛小國
而不能下則大夏之屬漸輕漢而宛善馬絕不來
烏孫輪臺易苦漢使（晉灼曰易輕也師古曰輪臺亦國名）爲外國笑迺案
言伐宛尤不便者鄧光等（師古曰案其罪而行罰）赦囚徒扞寇
盜（如淳曰放囚徒使其扞御寇盜師古曰使從軍爲扞候）發惡少年及邊騎歲餘而
出燉煌六萬人（師古曰興發部署歲餘乃得行）負私從者不與（師古曰負私糧食及私從者不在六萬人數中與讀曰豫）牛十萬馬三萬匹驢橐駝以萬數齎

糧兵弩甚設（師古曰施張甚具也）天下騷動轉相奉伐宛五十
餘校尉宛城中無井汲城外流水於是遣水工徙
其城下水空以穴其城（師古曰空孔也徙其城下水者令從他道流不迫其城也空以穴其城者圍而攻之令作孔使穿穴也下云決其水原移之又云圍其城攻之皆冊敘其事也一曰既徙其水不令於城下流而因其舊引水入城之孔攻而穴之）益發戍甲卒十八萬酒泉張掖北置居延休屠
以衛酒泉（如淳曰立二縣以衛邊）而發天下七科適（師古曰適讀曰謫七科解在武紀）及載糒給貳師（師古曰糒乾飯音備）轉車人徒相連屬
至燉煌（師古曰屬音之欲反）而拜習馬者二人爲執驅馬校尉（師古曰習猶便也一人爲執馬校尉一人爲驅馬校尉）備破宛擇取其善馬云於是貳
師後復行兵多所至小國莫不迎出食給軍至輪

臺輪臺不下攻數日屠之自此而西平行至宛城（師古曰平行言無寇難）
兵到者三萬宛兵迎擊漢兵漢兵射敗
之宛兵走入保其城貳師欲攻郁成城恐留行而
令宛益生詐（師古曰留行謂留止軍廢其行）迺先至宛決其水原移之
則宛固已憂困圍其城攻之四十餘日宛貴人謀
曰王毋寡匿善馬殺漢使（師古曰毋寡宛王名）今殺王而出善
馬漢兵宜解即不迺力戰而死未晚也宛貴人皆
以爲然共殺王其外城壞虜宛貴人勇將煎靡（師古曰宛之貴人爲將而勇者名煎靡也煎音子延反）宛大恐走入中城相與謀曰漢
所爲攻宛以王毋寡持其頭遣人使貳師約曰漢

無攻我我盡出善馬恣所取而給漢軍食即不聽
我我盡殺善馬康居之救又且至至我居內康居
居外與漢軍戰孰計之何從師古曰令貳師孰計之而欲攻戰乎欲不攻而取馬乎
是時康居候視漢兵尚盛不敢進貳師聞宛城中
新得漢人知穿井而其內食尚多計以為來誅首
惡者毋寡毋寡頭已至如此不許則堅守而康居
候漢兵罷來救宛破漢軍必矣師古曰罷讀曰疲軍吏皆以
為然許宛之約宛迺出其馬令漢自擇之而多出
食食漢軍師古曰下食讀曰飤漢軍取其善馬數十匹中馬
以下牝牡三千餘匹而立宛貴人之故時遇漢善

者名昧蔡為宛王服虔曰蔡音楚言蔡師古曰昧音本末之末蔡音千曷反與盟而罷
兵終不得入中城罷而引歸初貳師起燉煌西為
人多道上國不能食師古曰起發也道上國近道諸國也食讀曰飤分為數軍
從南北道校尉王申生故鴻臚壺充國等千餘人
別至郁成城守不肯給食申生去大軍二百里負
而輕之師古曰負恃也恃大軍之威而輕敵人攻郁成急郁成窺知申生軍
少晨用三千人攻殺申生等數人脫亡走貳師師古
曰走音奏貳師令搜粟都尉上官桀往攻破郁成郁成降
其王亡走康居桀追至康居康居聞漢已破宛出
郁成王與桀桀令四騎士縛守詣大將軍如淳曰時多別將故

謂貳師為大將軍四人相謂郁成漢所毒師古曰毒言毒恨今生將卒
失大事師古曰卒讀曰猝欲殺莫適先擊師古曰適主也無有主意先擊者也音丁歷反
上邽騎士趙弟拔劍擊斬郁成王桀等遂追及大
將軍初貳師後行天子使使告烏孫大發兵擊宛
烏孫發二千騎往持兩端不肯前貳師將軍之東
師古曰東旋軍東出諸所過小國聞宛破皆使其子弟從入貢
獻見天子因為質焉軍還入馬千餘匹後行非乏
食戰死不甚多而將吏貪不愛卒侵牟之以此物
故者眾師古曰侵牟言如牟賊之食苗也物故謂死也解具在景紀及蘇武傳天子為萬里而
伐不錄其過迺下詔曰匈奴為害久矣今雖徙幕

北與旁國謀共要絕大月氏使遮殺中郎將江故
鴈門守攘危須以西及大宛皆合約殺期門車令
服虔曰危須國名也文穎曰漢使期門郎也車令姓名也中郎將朝及身毒國使隔東
西道貳師將軍廣利征討厥罪伐勝大宛賴天之
靈從泝河山涉流沙通西海山雪不積張晏曰是歲雪少故得往還喜
得天人之應也師古曰從由也泝逆流而上也言路由山險又泝河也泝音素士大夫徑度師古曰言無屯難也獲
王首虜珍怪之物畢陳於闕其封廣利為海西侯
食邑八千戶又封斬郁成王者趙弟為新時侯軍
正趙始成功最多為光祿大夫上官桀敢深入為
少府李哆有計謀為上黨太守師古曰哆音昌野反軍官吏為

九卿者三人諸侯相郡守二千石百餘人千石以下千餘人奮行者官過其望（孟康曰奮迅也自樂而行者）以適過行皆黜其勞（師古曰適讀曰讁讁言以罪讁而行者免其所犯不敘功勞）士卒賜直四萬錢（師古曰或以他財物充之故云直）伐宛再反（師古曰再反猶今言兩迴）凡四歲而得罷焉後十一歲征和三年貳師復將七萬騎出五原擊匈奴度郅居水（師古曰郅音質）兵敗降匈奴爲單于所殺語在匈奴傳

贊曰至禹本紀言河出昆侖昆侖高二千五百里餘日月所相避隱爲光明也自張騫使大夏之後窮河原惡睹所謂昆侖者乎（鄧展曰漢以窮河原於何見昆侖乎尚書曰道河積石是謂河原出於積石積石在金城河關不言出昆侖也師古曰惡音烏）故言九州山川尚書近之矣至禹本紀山經所有放哉（如淳曰放蕩迂闊不可信也師古曰如說是也荀悅誤以放爲效字因解爲不效荀失之矣）

張騫李廣利傳第三十一

司馬遷傳第三十二　班固　漢書六十二

秘書監上護軍琅邪縣開國子顏師古注

昔在顓頊命南正重司天火正黎司地張晏曰南方陽也火水配也水為陰故命南正重主天火正黎兼地職也臣瓚曰重黎司天地之官也唐虞謂之羲和則司地者宜曰長正古文作北正師古曰瓚說非也據班氏幽通賦云黎淳耀於高辛則此為火正是也唐虞之際紹重黎之後使復典之至于夏商故重黎氏世序天地其在周程伯休甫其後也應劭曰封為程國伯休甫字也當宣王時官失其守而為司馬氏師古曰失其所守之職也司馬氏世典周史惠襄之間司馬氏適晉張晏曰周惠王襄王有子穨叔帶之難故司馬氏奔晉也晉中軍隨會奔魏如淳曰左氏傳晉偽使魏壽餘誘士會於秦喿而還時也師古曰犇古奔字也據春秋隨會奔秦其後自秦入魏而還晉今此言隨會奔魏司馬氏因入

少梁則似謂自晉出奔魏耳但魏國在獻公時已滅為邑封畢萬矣既非別國不得言奔未詳遷之所說而司馬氏入少梁師古曰少梁本梁國也為秦所滅號為少梁自司馬氏去周適晉分散或在衛或在趙或在秦其在衛者相中山張晏曰司馬喜為中山相在趙者以傳劍論顯服虔曰世善劍也師古曰劍論劍術之論也論來頓反蒯聵其後也如淳曰刺客傳之蒯聵也師古曰蒯苦怪反聵五怪反在秦者錯與張儀爭論應劭曰秦惠王欲伐蜀張儀曰不如伐韓司馬錯以當先伐蜀惠王從之起兵伐蜀取之師古曰錯音千各反於是惠王使錯將兵伐蜀遂拔因而守之蘇林曰為郡守錯孫蘄師古曰蘄音祈事武安君白起而少梁更名夏陽蘄與武安君阬趙長平軍文穎曰趙孝成王時趙括為將還而與之俱賜死杜郵李奇曰地名在咸陽西十里師古曰郵音尤葬於華池晉灼曰縣名也在鄠縣師古曰晉說非也華池在左馮翊界近夏陽非鄠縣蘄

孫昌為秦王鐵官當始皇之時蒯聵玄孫卬為武信君將而徇朝歌師古曰武信君即武臣也未為趙王之前號武信君項籍傳曰趙將司馬卬是知為武臣之將也諸侯之相王王卬於殷師古曰項羽封卬為殷王漢之伐楚卬歸漢以其地為河內郡昌生毋懌毋懌為漢市長師古曰懌弋赤反毋懌生喜喜為五大夫卒皆葬高門蘇林曰長安北門也師古曰蘇說非也高門地名在夏陽西北而東去華池三里喜生談談為太史公如淳曰漢儀注太史公武帝置位在丞相上天下計書先上太史公副上丞相序事如古春秋遷死後宣帝以其官為令行太史公文書而已晉灼曰百官表無太史公在丞相上又衛宏所說多不實未可以為正師古曰談為太史令耳遷尊其父故謂之為公如說非也太史公學天官於唐都師古曰即律曆志所云方士唐都者受易於楊何師古曰何字叔元菑川人見儒林傳習道論於黃子師古曰景帝時人也儒林傳謂之黃生與轅固爭論於上前謂湯武非受命乃

殺也太史公仕於建元元封之間愍學者不達其意而師誖師古曰誖惑也各習師法惑於所見誖布內反乃論六家之要指曰易大傳張晏曰大傳謂易繫辭天下一致而百慮同歸而殊塗夫陰陽儒墨名法道德此務為治者也直所從言之異路有省不省耳師古曰言發迹雖殊同歸於治但學者不能省察昧其端緒耳直猶但也嘗竊觀陰陽之術大詳而衆忌諱使人拘而多畏李奇曰陰陽之術月令星官是其枝葉也師古曰拘曲礙也然其敘四時之大順不可失也儒者博而寡要勞而少功是以其事難盡從然其敘君臣父子之禮列夫婦長幼之別不可易也師古曰易變也墨者儉而難遵是以其事不可徧循師古曰言難盡用

然其彊本節用不可廢也法家嚴而少恩然其正君臣上下之分不可改也名家使人儉而善失眞師古曰劉向別録云名家者流出於禮官古者名位不同禮亦異數孔子曰必也正名乎然其正名實不可不察也道家使人精神專一動合無形澹足萬物師古曰澹古贍字其爲術也因陰陽之大順采儒墨之善撮名法之要師古曰撮揔取也音千活反與時遷徙應物變化立俗施事無所不宜指約而易操事少而功多師古曰操執持也音千高反儒者則不然以為人主天下之儀表也君唱臣和主先臣隨如此則主勞而臣佚師古曰佚樂也字與逸同至於大道之要去健羨服虔曰門戶健壯也如淳曰知雄守雌是去健也不見可欲使心不亂是去羨也晉灼曰老子

曰善閉者無關揵嚴君平曰折關破揵使姦者自止服說是也師古曰二義並通健其偃反然今書本字皆作健字也黜聰明如淳曰不尚賢絕聖棄知也晉灼曰嚴君平曰黜聰弃明倚依太素反本歸眞則理得而海內鈞也師古曰黜廢也釋此而任術夫神大用則竭形大勞則敝神形蚤衰欲與天地長久非所聞也師古曰蚤古早字夫陰陽四時八位十二度二十四節各有教令張晏曰八位八卦位也十二度十二次也二十四節就中氣也各有禁謂月令者曰順之者昌逆之者亡未必然也故曰使人拘而多畏夫春生夏長秋收冬臧此天道之大經也師古曰經常法弗順則無以爲天下紀綱故曰四時之大順不可失也夫儒者以六埶爲法六埶經傳以千萬數累世不能通其學當年不能究其禮師古曰究盡也

故曰博而寡要勞而少功若夫列君臣父子之禮序夫婦長幼之別雖百家弗能易也墨者亦上堯舜言其德行曰堂高三尺土階三等茅茨不翦採椽不斵師古曰屋蓋曰茨茅茨以茅覆屋也採柞木也茨疾茲反採音采又音菜飯土簋歠土刑師古曰簋所以盛飯也刑以盛羹也土謂燒土爲之即瓦器也飯扶晚反簋音軌歠尺悅反糲粱之食服虔曰糲粗米也張晏曰一斛粟七斗米爲糲音賴師古曰食飯也藜藿之羹師古曰藜草似蓬也藿豆葉也夏日葛衣冬日鹿裘其送死桐棺三寸舉音不盡其哀教喪禮必以此爲萬民率故天下法若此則尊卑無別也夫世異時移事業不必同故曰儉而難遵也要曰彊本節用則人給家足之道也師古曰給亦足也人人家家皆

得足也此墨子之所長雖百家不能廢也法家不別親疏不殊貴賤壹斷於法則親親尊尊之恩絕矣可以行一時之計而不可長用也故曰嚴而少恩若尊主卑臣明分職不得相踰越雖百家不能改也師古曰分扶問反名家苛察繳繞如淳曰繳繞猶纏繞也師古曰繳公鳥反使人不得反其意剸決於名時失人情師古曰剸讀與專同又音章兗反故曰使人儉而善失眞若夫控名責實參伍不失晉灼曰引名責實參錯交互明知事情者此不可不察也道家無爲又曰無不爲師古曰無爲者守靜一也無不爲者功利大也其實易行其辭難知師古曰言指趣幽遠其術以虛無爲本以因循爲用師古曰任自然也無成埶無常形

故能究萬物之情不爲物先後故能爲萬物主有法無法因時爲業有度無度因物與合師古曰與起也合發也故曰聖人不巧時變是守師古曰無機巧之心但順時也虛者道之常也因者君之綱也師古曰言因百姓之心以爲教但執其綱而已群臣並至使各自明也其實中其聲者謂之端實不中其聲者謂之款服虔曰款空也李奇曰聲則名也師古曰中當也充也音竹仲反款言不聽姦迺不生賢不肖自分白黑迺形師古曰形見也在所欲用耳何事不成迺合大道混混冥冥師古曰元氣之貌也混胡本反光燿天下復反無名師古曰反還也凡人所生者神也所託者形也神大用則竭形大勞則敝形神離則死死者不可復生離者不可復合故聖人重之由此觀之神者生之本形者生之具不先定其神形而曰我有以治天下何由哉師古曰凡此皆言道家之教爲長也太史公既掌天官不治民有子曰遷遷生龍門蘇林曰禹所鑿龍門也師古曰龍門山其東則在今秦州龍門縣北其西則在今同州韓城縣北而河從其中下流耕牧河山之陽師古曰河之北山之南也年十歲則誦古文二十而南游江淮上會稽探禹穴窺九疑張晏曰禹巡狩至會稽而崩因葬焉上有孔穴民間云禹入此穴九疑舜塟在焉師古曰會稽山名本茅山也禹於此會諸侯之計因名曰會稽九疑山有峯解在司馬相如傳浮沅湘師古曰沅水出牂柯湘水出零陵二水皆入江北涉汶泗師古曰汶泗兩水名在地理志汶音問講業齊魯之都觀夫子遺風鄉射鄒嶧師古曰鄒縣名也嶧山名也近曲阜地也於此行鄉射之禮嶧音繹戹困蕃薛彭城師古曰蕃縣名也音皮過

梁楚以歸於是遷仕爲郎中奉使西征巴蜀以南略邛筰昆明師古曰筰才各反還報命是歲天子始建漢家之封而太史公留滯周南如淳曰周南洛陽也張晏曰洛陽而謂周南者自陝以東皆周南之地也不得與從事師古曰與讀曰豫發憤且卒而子遷適反見父於河雒之間太史公執遷手而泣曰予先周室之太史也自上世嘗顯功名虞夏典天官事後世中衰絕於予乎女復爲太史則續吾祖矣今天子接千歲之統封泰山而予不得從行是命也夫命也夫予死爾必爲太史爲太史毋忘吾所欲論著矣且夫孝始於事親中於事君終於立身揚名於後世以顯父母此孝之大也師古曰此孔子說孝經之辭也夫天下稱周公言其能論歌文武之德宣周召之風師古曰召讀曰邵達大王王季思慮爰及公劉以尊后稷也師古曰爰曰也發語辭也一曰爰於也幽厲之後王道缺禮樂衰孔子脩舊起廢論詩書作春秋則學者至今則之自獲麟以來四百有餘歲諸侯相兼史記放絕今漢興海內壹統明主賢君忠臣義士予爲太史而不論載廢天下之文予甚懼焉爾其念哉遷俯首流涕曰小子不敏請悉論先人所次舊聞不敢闕卒三歲而遷爲太史令紬史記石室金鐀之書如淳曰紬徹舊書故事而次述之師古曰此說非也紬謂綴集

之音曰胥讀與饋同 五年而當太初元年李奇曰遷爲太史後五年適當武帝太初元年時述史記也十一月甲子朔旦冬至天歷始改建於明堂諸神受記張晏曰以元新改立明堂朝諸侯及郡守受正朔各有山川之祀故曰諸神受記孟康曰明堂班十二月之政歷紀四時故云建於明堂諸神受記若句芒祝融之屬皆受瑞記遷因此而作師古曰張說是矣 太史公曰先人有言自周公卒五百歲而有孔子孔子至于今五百歲有能紹而明之正易傳繼春秋本詩書禮樂之際意在斯乎小子何敢攘焉師古曰攘古讓字言當已述成先人之業何敢自謙當五百歲而上讓之也 上大夫壺遂曰昔孔子爲何作春秋哉太史公曰余聞之董生服虔曰仲舒也 周道廢孔子爲魯司寇諸侯害之大夫壅之孔子知時之不用道之不行也

是非二百四十二年之中師古曰是非謂本其得失 以爲天下儀表貶諸侯討大夫以達王事而已矣師古曰時諸侯僭侈大夫擅權故貶討之也貶退也討治也 子曰我欲載之空言不如見之於行事之深切著明也春秋上明三王之道下辨人事之紀別嫌疑明是非定猶與師古曰與讀曰豫 善善惡惡賢賢賤不肖存亡國繼絕世補敝起廢王道之大者也易著天地陰陽四時五行故長於變師古曰以變化之道爲長也長讀如本字一曰長謂宗長也音竹兩反下皆類此 禮綱紀人倫故長於行書記先王之事故長於政詩記山川谿谷禽獸草木牝牡雌雄故長於風樂樂所以立故長於和春秋辯是非

故長於治人是故禮以節人樂以發和書以道事詩以達意易以道化春秋以道義師古曰道言也 撥亂世反之正莫近於春秋春秋文成數萬張晏曰春秋萬八千字當言減而云成字誤也師古曰張說非也一萬之外即以萬言之故云數萬何乃忽言減乎學者又爲曲解云公羊經傳凡四萬四千餘字尤疏謬矣史遷豈謂公羊之傳爲春秋乎 其指數千萬物之散聚皆在春秋春秋之中弒君三十六亡國五十二諸侯奔走不得保社稷者不可勝數師古曰解並在劉向傳 察其所以皆失其本已師古曰已語終之辭 故易曰差以豪氂謬以千里師古曰今之易經及彖象繫辭並無此語所稱易緯者則有之焉斯蓋易家之別記者也 故臣弒君子弒父非一朝一夕之故其漸久矣師古曰易坤卦文言之辭 有國者不可以不知春秋

前有讒而不見後有賊而不知爲人臣者不可以不知春秋守經事而不知其宜遭變事而不知其權師古曰經常也 爲人君父者而不通於春秋之義者必蒙首惡之名師古曰蒙猶被也 爲人臣子不通於春秋之義者必陷篡弒誅死之罪其實皆以善爲之而不知其義師古曰其心雖善以不知義理之故則陷於惡也 被之空言不敢辭蘇林曰趙盾不知討賊而不敢辭弒君之罪 夫不通禮義之指至於君不君臣不臣父不父子不子夫君不君則犯師古曰爲臣下所干犯也一曰違犯禮義也 臣不臣則誅父不父則無道子不子則不孝此四行者天下之大過也以天下大過予之受而不敢辭

故春秋者禮義之大宗也夫禮禁未然之前法施
已然之後法之所為用者易見而禮之所為禁者
難知壺遂曰孔子之時上無明君下不得任用故
作春秋垂空文以斷禮義（師古曰斷決也決之於禮義也）當一王之法
今夫子上遇明天子下得守職萬事既具咸各序
其宜夫子所論欲以何明太史公曰唯唯否否（晉灼曰唯唯謙應也否否不通也師古曰唯弋癸反）不然余聞之先人曰虙戲至純厚
作易八卦（師古曰虙讀與伏同）堯舜之盛尚書載之禮樂作焉
湯武之隆詩人歌之春秋采善貶惡推三代之德
襃周室非獨刺譏而已也漢興已來至明天子獲

符瑞封禪改正朔易服色受命於穆清（師古曰於歎辭也穆美也言天子有美德而政化清也於讀曰烏）
澤流罔極（師古曰罔無也極止也）海外殊俗重譯
款塞（師古曰款叩也）請來獻見者不可勝道（師古曰道言也）臣下百官
力誦聖德猶不能宣盡其意（師古曰力勤也）且士賢能矣而
不用有國者恥也主明聖德不布聞有司之過也
且余掌其官廢明聖盛德不載滅功臣賢大夫之
業不述墮先人所言（師古曰墮毀也謂不修之也音火規反）罪莫大焉余
所謂述故事整齊其傳非所謂作也而君比之春
秋謬矣於是論次其文十年而遭李陵之禍幽於
纍紲（師古曰纍係也紲長繩也纍力追反紲先列反）迺喟然而歎曰是余之辠（師古
曰喟然歎息皃也音丘位反）夫身虧不用矣退而深惟曰（師古曰惟思也）夫詩
書隱約者欲遂其志之思也（師古曰隱憂也約屈也）卒述陶唐
以來至于麟止（服虔曰武帝得白麟而鑄金作麟足形作史記止於此也張晏曰武帝獲麟遷以為述事之端上記黃帝下至麟止猶春秋止於獲麟也師古曰遷序事盡太初故言至麟而止張說是也）自黃帝始（師古曰遷之書序衆篇各別有辭班氏以其文多故略而不載但取最後一首故此單目盡於六十九至惟漢繼五帝末流之後乃言第七十讀者不詳其意或於目中加云敘傳第七十此大妄矣）五帝本紀第一夏本紀第二殷本
紀第三周本紀第四秦本紀第五始皇本紀第六
項羽本紀第七高祖本紀第八呂后本紀第九孝
文本紀第十孝景本紀第十一今上本紀第十二
三代世表第一十二諸侯年表第二六國年表第

三秦楚之際月表第四漢諸侯年表第五高祖功
臣年表第六惠景間功臣年表第七建元以來侯
者年表第八王子侯者年表第九漢興以來將相
名臣年表第十禮書第一樂書第二律書第三歷
書第四天官書第五封禪書第六河渠書第七平
準書第八吳太伯世家第一齊太公世家第二魯
周公世家第三燕召公世家第四（師古曰召讀曰邵）管蔡世
家第五陳杞世家第六衛康叔世家第七宋微子
世家第八晉世家第九楚世家第十越世家第十
一鄭世家第十二趙世家第十三魏世家第十四

韓世家第十五田完世家第十六孔子世家第十七陳涉世家第十八外戚世家第十九楚元王世家第二十荆燕王世家第二十一齊悼惠王世家第二十二蕭相國世家第二十三曹相國世家第二十四留侯世家第二十五陳丞相世家第二十六絳侯世家第二十七梁孝王世家第二十八五宗世家第二十九師古曰景帝子凡十三人爲王而母五人所生遷謂同母者爲一宗故云五宗也三王世家第三十伯夷列傳第一管晏列傳第二老子韓非列傳第三司馬穰苴列傳第四師古曰苴音子閭反孫子吳起列傳第五伍子胥列傳第六仲尼弟子列

傳第七商君列傳第八蘇秦列傳第九張儀列傳第十樗里甘茂列傳第十一穰侯列傳第十二白起王翦列傳第十三孟子荀卿列傳第十四平原虞卿列傳第十五孟嘗君列傳第十六魏公子列傳第十七春申君列傳第十八范雎蔡澤列傳第十九樂毅列傳第二十廉頗藺相如列傳第二十一田單列傳第二十二魯仲連列傳第二十三屈原賈生列傳第二十四呂不韋列傳第二十五刺客列傳第二十六李斯列傳第二十七蒙恬列傳第二十八張耳陳餘列傳第二十九魏豹彭越列

傳第三十黥布列傳第三十一淮陰侯韓信列傳第三十二韓信盧綰列傳第三十三田儋列傳第三十四樊酈滕灌列傳第三十五張丞相列傳第三十六酈生陸賈列傳第三十七傅靳蒯成侯列傳第三十八師古曰蒯成侯周緤也蒯音苦肯反又音陪劉敬叔孫通列傳第三十九季布欒布列傳第四十袁盎朝錯列傳第四十一張釋之馮唐列傳第四十二萬石張叔列傳第四十三田叔列傳第四十四扁鵲倉公列傳第四十五吳王濞列傳第四十六魏其武安列傳第四十七韓長孺列傳第四十八李將軍列

傳第四十九衞將軍驃騎列傳第五十平津主父列傳第五十一匈奴列傳第五十二南越列傳第五十三閩越列傳第五十四朝鮮列傳第五十五西南夷列傳第五十六司馬相如列傳第五十七淮南衡山列傳第五十八循吏列傳第五十九汲鄭列傳第六十儒林列傳第六十一酷吏列傳第六十二大宛列傳第六十三游俠列傳第六十四佞幸列傳第六十五滑稽列傳第六十六日者列傳第六十七龜策列傳第六十八貨殖列傳第六十九惟漢繼五帝末流接三代絕業周道既廢秦撥去

古文焚滅詩書故明堂石室金鐀玉版圖籍散亂
如淳曰玉版刻玉版畫爲文字也漢興蕭何次律令韓信申軍法張倉
爲章程叔孫通定禮儀則文學彬彬稍進詩書往
往間出師古曰彬彬文章貌彬音邠閒音居莧反自曹參薦蓋公言黃老而
賈誼朝錯明申韓公孫弘以儒顯百年之閒天下
遺文古事靡不畢集太史公仍父子纂其職師古曰纂讀
與撰同曰於戲師古曰於戲歎聲也於讀曰烏戲讀曰呼古字或作烏虖今字或作烏呼音義皆同耳而俗之讀者
隨字而別文曲爲解釋云有吉凶美惡之殊是不通其大指也義例具在詩及尚書不可一二徧舉之余維先人嘗
掌斯事顯於唐虞至于周復典之故司馬氏世主
天官至于余乎欽念哉師古曰欽敬也罔羅天下放失舊聞

王迹所興原始察終見盛觀衰論考之行事略三
代錄秦漢上記軒轅下至于茲著十二本紀既科
條之矣並時異世年差不明作十表師古曰並時則年歷差殊異代則難
以時辨故作表也禮樂損益律歷改易兵權山川鬼神天人
之際承敝通變作八書二十八宿環北辰三十輻
共一轂運行無窮孟康曰象黃帝以下三十家也老子言車三十輻運行無窮以象王者如此也師古曰此
說非也言衆星共繞北辰諸輻咸歸車轂若文武之臣尊輔天子也輔弼股肱之臣配焉忠信
行道以奉主上作三十世家扶義俶儻不令已失
時師古曰俶儻大節也俶吐歷反立功名於天下作七十列傳凡百三
十篇五十二萬六千五百字爲太史公書序略以

拾遺補闕藝成一家言孟康曰藝音楪謂嶪下嶪楪李奇曰藝六藝也師古曰李說是也藝古藝
字協六經異傳齊百家雜語藏之名山副在京師
師古曰藏於山者備亡失也其副貳本乃留京師也以竢後聖君子第七十師古曰竢古俟字
遷之自敘云爾師古曰自此前皆自敘之辭也自此以後乃班氏作傳語耳而十篇缺
有錄無書張晏曰遷沒之後亡景紀武紀禮書樂書兵書漢興以來將相年表日者列傳三王世家龜策列傳傅靳列傳
元成之閒褚先生補缺作武帝紀三王世家龜策日者言辭鄙陋非遷本意也師古曰序目本無兵書張云亡失此說非也遷既
被刑之後爲中書令尊寵任職故人益州刺史任
安師古曰故人者言其舊交也予遷書責以古賢臣之義遷報之曰
少卿足下如淳曰少卿任安字曩者辱賜書教以慎於接物推
賢進士爲務意氣勤勤懇懇師古曰懇懇至誠也音墾若望僕

不相師用師古曰望怨也而流俗人之言師古曰謂隨俗人之言而流移其志僕非
敢如是也雖罷駑亦側聞長者遺風矣師古曰罷讀曰疲顧
自以爲身殘處穢動而見尤師古曰顧思念也尤過也欲益反損
是以抑鬱而無誰語師古曰無誰語者言無相知心之人誰可告語諺曰誰爲
爲之孰令聽之師古曰言無知己者設欲修名節立言立行誰可爲作之又令誰聽之上爲音于僞反蓋
鍾子期死伯牙終身不復鼓琴師古曰伯牙鍾子期皆楚人也伯牙鼓琴子期
聽之方鼓琴而志在泰山子期曰巍巍乎若泰山旣而志在流水子期又曰湯湯乎若流水及子期死伯牙破琴絕弦終身不復鼓琴以時人
無足復爲鼓琴耳何則士爲知己用女爲說己容師古曰說讀曰悅若僕
大質已虧缺雖材懷隨和行若由夷應劭曰由許由伯夷也師古曰隨
隨侯珠也和和氏璧終不可以爲榮適足以發笑而自點耳師古

曰黜汙也 書辭宜荅 師古曰宜早荅 會東從上來 服虔曰從武帝還也 又迫賤事
孟康曰卑賤之事苦煩務也晉灼曰賤事家之私事賤小者也師古曰謂所供職也孟說是也 相見日淺卒卒
無須臾之閒得竭指意 文穎曰卒言倉卒師古曰卒卒促遽之意也閒隙也卒音千忽反
今少卿抱不測之罪 如淳曰平居時遷不肯報其書今有罪在獄故報往日書欲使其恕以度己也師
古曰不測謂深也 涉旬月迫季冬僕又薄從上上雍 李奇曰薄迫也迫當
從行也如淳曰遷時從上在鹵簿中也師古曰李說是也 恐卒然不可諱 師古曰卒讀曰猝不可諱謂安死也
是僕終已不得舒憤懣以曉左右 師古曰懣煩悶也曉告喻也懣音滿 則
長逝者魂魄私恨無窮 師古曰謂任安恨不見報 請略陳固陋闕
然不報幸勿過 師古曰謂中閒久不報也 僕聞之修身者智之府
也 師古曰府者所聚之處也 愛施者仁之端也取予者義之符也 師古

曰符信也 恥辱者勇之決也立名者行之極也士有此五
者然後可以託於世列於君子之林矣故禍莫憯
於欲利 師古曰憯亦痛也音千敢反 悲莫痛於傷心行莫醜於辱先
而詬莫大於宮刑 師古曰詬恥也音垢 刑餘之人無所比數非
一世也所從來遠矣昔衛靈公與雍渠載孔子適陳
應劭曰雍渠奄人也靈公近之 商鞅因景監見趙良寒心 應劭曰景監秦嬖人也服虔曰趙良
賢者 同子參乘爰絲變色 蘇林曰趙談也與遷父同諱故曰同子 自古而恥
之夫中材之人事關於宦豎莫不傷氣況忼慨之
士乎 師古曰忼音口朗反 如今朝雖乏人柰何令刀鋸之餘薦
天下豪儁哉僕賴先人緒業得待罪輦轂下二十

餘年矣 師古曰言侍從天子之車輿 所以自惟 師古曰惟思也 上之不能納
忠效信 師古曰效致也 有奇策材力之譽自結明主次之又
不能拾遺補闕招賢進能顯巖穴之士外之不能
備行伍攻城野戰有斬將搴旗之功 師古曰搴拔也取敵人之旗也搴音
蹇 下之不能累日積勞取尊官厚祿以為宗族交
遊光寵四者無一遂苟合取容無所短長之效可
見於此矣鄉者僕亦嘗廁下大夫之列 韋昭曰周官太史位下大夫也
臣瓚曰漢太史令千石故比下大夫師古曰鄉讀曰嚮嘗音時也 陪外廷末議不以此時引
維綱盡思慮今已虧形為埽除之隸在闒茸之中
師古曰闒茸猥賤也闒下也茸細毛也言非豪桀也闒吐合反茸人勇反 迺欲卬首信眉論列是

非 師古曰卬讀曰仰信讀曰伸列陳也 不亦輕朝廷羞當世之士邪 師古曰羞辱也
嗟乎嗟乎如僕尚何言哉且事本末未易明也僕
少負不羈之才長無鄉曲之譽 師古曰不羈言其材質高遠不可羈繫也負者
亦言無此事也 主上幸以先人之故使得奉薄技出入周衛
之中 服虔曰薄技薄材也師古曰周衛言宿衛周密也 僕以為戴盆何以望天 如淳
曰頭戴盆則不得望天望天則不得戴盆事不可兼施言己方有所求不暇修人事也師古曰言營職務耳未論造書也如說失之 故
絕賓客之知忘室家之業日夜思竭其不肖之材
力務壹心營職以求親媚於主上而事乃有大謬
不然者夫僕與李陵俱居門下素非相善也趣舍
異路 師古曰趣所嚮也舍所廢也 未嘗銜盃酒接殷勤之歡然僕觀

其爲人自奇士事親孝與士信臨財廉取予義分
別有讓恭儉下人 師古曰下胡亞反 常思奮不顧身以徇國
家之急 師古曰徇從也營也 其素所畜積也 師古曰畜讀曰蓄 僕以爲有
國士之風夫人臣出萬死不顧一生之計赴公家
之難斯已奇矣今舉事壹不當而全軀保妻子之
臣隨而媒孽其短 臣瓚曰媒謂遘合會之孽謂爲生其罪釁也師古曰媒如媒娉之媒孽如麴孽之
孽一曰齊人謂麴餅爲媒也 僕誠私心痛之且李陵提步卒不滿五
千深踐戎馬之地足歷王庭垂餌虎口橫挑彊胡
李奇曰挑音誂師古曰音徒了反 卬億萬之師 師古曰卬讀曰仰漢軍北向匈奴南下北方地高故云然 與
單于連戰十餘日所殺過當 師古曰率計戰士殺敵數多故云過當也 虜救

死扶傷不給 師古曰給猶供也 旃裘之君長咸震怖迺悉徵
左右賢王舉引弓之民 師古曰能引弓者皆發之 一國共攻而圍
之轉鬬千里矢盡道窮救兵不至士卒死傷如積
然李陵壹呼勞軍 師古曰呼火故反 士無不起躬流涕沬血
飲泣張空拳冒白刃北首爭死敵 孟康曰沬音頮李奇曰拳弓弩也師古曰
沬古頮字頮洒面也言流血在面如盥頮冒犯也首嚮也沬呼內反字從午未之未拳丘權反又音眷冒莫克反首式救反或讀乃以拳敺手之
拳大謬矣拳則屈指不當言張時矢盡故張弩之空弓非是手拳也 陵未沒時使有來報漢
公卿王侯皆奉觴上壽後數日陵敗書聞主上爲
之食不甘味聽朝不怡大臣憂懼不知所出僕竊
不自料其卑賤 師古曰料量也音聊 見主上慘悽怛悼誠欲効

其款款之愚以爲李陵素與士大夫絕甘分少 師古
曰自絕言甘而與衆人分之共同其少多也 能得人之死力雖古名將不過也
身雖陷敗彼觀其意且欲得其當而報漢 師古曰欲立功於匈奴立
功而歸以其當破敗之罪 事已無可柰何其所摧敗功亦足以暴
於天下 師古曰謂摧破匈奴之兵也 僕懷欲陳之而未有路適會召
問即以此指推言陵功 師古曰指意也 欲以廣主上之意塞
睚眦之辭未能盡明 師古曰睚眦舉目貲也猶言顧瞻之頃也睚音厓眦音士賜反 明主
不深曉以爲僕沮貳師而爲李陵遊說 師古曰沮毀壞也音才汝反
遂下於理拳拳之忠終不能自列 師古曰拳拳忠謹之貌劉向傳作惓惓字
音義同耳列陳也 因爲誣上卒從吏議 師古曰卒終也 家貧財賂不足

以自贖交遊莫救左右親近不爲壹言身非木石
獨與法吏爲伍深幽囹圄之中誰可告愬者此正
少卿所親見僕行事豈不然邪李陵既生降隤其
家聲 孟康曰家世爲將有名聲陵降而隤之也師古曰隤墜也音頹 而僕又茸以蠶室 蘇林
曰茸次也若人相畀次師古曰此說非也茸音人勇反推也蠶室初腐刑所居溫密之室也謂推致蠶室之中也 重爲天下
觀笑 師古曰觀視之而笑也 悲夫悲夫事未易一二爲俗人言
也僕之先人非有剖符丹書之功文史星曆近乎
卜祝之間固主上所戲弄倡優畜之流俗之所輕
也假令僕伏法受誅若九牛亡一毛與螻螘何異
師古曰螻螻蛄也螘蚍蜉也皆蟲之微小者螻音樓 而世又不與能死節者比 師古曰比與許也

(不許其能死節)特以爲智窮罪極不能自免卒就死耳何也素所自樹立使然人固有一死死有重於太山或輕於鴻毛用之所趨異也(師古曰趨讀曰趣趣嚮也)太上不辱先其次不辱身其次不辱理色其次不辱辭令其次詘體受辱其次易服受辱其次關木索被箠楚受辱(師古曰箠杖也音止蘂反)其次鬄毛髮嬰金鐵受辱(師古曰嬰繞也鬄吐計反)其次毀肌膚斷支體受辱最下腐刑極矣(師古曰腐刑解在景紀)傳曰刑不上大夫此言士節不可不厲也猛虎處深山百獸震恐及其在穽檻之中搖尾而求食(師古曰穽掘地以陷獸也音才性反)積威約之漸也故士有畫地爲牢埶不入削木爲吏議不對定計於鮮也(文穎曰未遇刑自殺爲鮮明也)今交手足受木索暴肌膚受榜箠(師古曰榜音彭)幽於圜牆之中(師古曰圜牆獄也周禮謂之圜土)當此之時見獄吏則頭槍地(師古曰槍千羊反)視徒隸則心惕息(師古曰惕懼也息喘息也)何者積威約之埶也及已至此言不辱者所謂彊顏耳曷足貴乎(師古曰彊其兩反)且西伯伯也拘牖里李斯相也具五刑(師古曰說在刑法志)淮陰王也受械於陳(師古曰高祖僞遊雲夢而信至陳上謁即見囚執械謂桎梏之)彭越張敖南鄉稱孤繫獄具罪(師古曰或繫於獄或至大罪也鄉讀曰嚮)絳侯誅諸呂權傾五伯囚於請室(師古曰伯讀曰霸)魏其大將也衣赭關三木(師古曰三木在頸及手足)季布爲朱家鉗奴灌夫受

辱居室此人皆身至王侯將相聲聞鄰國及罪至罔加不能引決自財(師古曰財與裁同古通用字)在塵埃之中古今一體安在其不辱也由此言之勇怯埶也彊弱形也審矣曷足怪乎且人不能蚤自財繩墨之外已稍陵夷至於鞭箠之間迺欲引節斯不亦遠乎古人所重施刑於大夫者殆爲此也(師古曰重難也)夫人情莫不貪生惡死念親戚顧妻子至激於義理者不然(師古曰言激於義理者則不顧於念親戚妻子)迺有不得已也今僕不幸蚤失二親無兄弟之親獨身孤立少卿視僕於妻子何如哉且勇者不必死節怯夫慕義何處不免焉(師古曰勇敢之人闇於分理未必能死名節怯懦之夫心知慕義則處處皆能免勵也)僕雖怯耎欲茍活(師古曰耎柔弱也音人阮反)亦頗識去就之分矣何至自湛溺累紲之辱哉(師古曰湛讀曰沈累力追反)且夫臧獲婢妾猶能引決(應劭曰揚雄方言云海岱之間罵奴曰臧罵婢曰獲燕之北郊民而壻婢謂之臧女而婦奴謂之獲晉灼曰臧獲敗敵所被虜獲爲奴隸者師古曰應說是也)況若僕之不得已乎所以隱忍苟活函糞土之中而不辭者恨私心有所不盡鄙沒世而文采不表於後也古者富貴而名摩滅不可勝記唯俶儻非常之人稱焉蓋西伯拘而演周易仲尼戹而作春秋屈原放逐乃賦離騷左丘失明厥有國語孫子髕脚兵法脩列(文穎曰孫子與龐涓學而爲龐涓所斷足師古曰髕音頻忍反)不韋遷蜀世

傳呂覽（蘇林曰呂氏春秋篇名八覽六論）韓非囚秦說難孤憤（師古曰說難孤憤韓子之篇名）詩三百篇大氐賢聖發憤之所爲作也（師古曰氐歸也音丁禮反）此人皆意有所鬱結不得通其道故述往事思來者（師古曰令將來之人見己志也）及如左丘無目孫子斷足終不可用退論書策以舒其憤思垂空文以自見（師古曰見胡電反）僕竊不遜近自託於無能之辭網羅天下放失舊聞考之行事稽其成敗興壞之理（師古曰稽計也）凡百三十篇亦欲以究天人之際通古今之變成一家之言草創未就適會此禍惜其不成是以就極刑而無慍色僕誠已著此書藏之名山傳之其人通邑大都（師古曰其人謂能行其書者）則僕償前辱之責雖萬被戮豈有悔哉然此可爲智者道難爲俗人言也且負下未易居上流多謗議僕以口語遇遭此禍重爲鄉黨戮笑汙辱先人亦何面目復上父母之丘墓乎雖累百世垢彌甚耳是以腸一日而九回居則忽忽若有所亡出則不知所如往（師古曰如亦往也）每念斯恥汗未嘗不發背霑衣也身直爲閨閤之臣寧得自引深臧於巖穴邪故且從俗浮湛與時俯仰（師古曰湛讀曰沉）通其狂惑今少卿迺教以推賢進士無迺與僕之私指謬乎（師古曰指意也）今雖欲自彫瑑（師古曰瑑刻也音篆）曼辭以

自解（如淳曰曼美也　師古曰曼音萬）無益於俗不信祇取辱耳（師古曰祇適也）要之死日然後是非迺定書不能盡意故略陳固陋

遷既死後其書稍出宣帝時遷外孫平通侯楊惲祖述其書遂宣布焉王莽時求封遷後爲史通子（應劭曰以遷世爲史官通於古今也李奇曰史通國子爵也）

贊曰自古書契之作而有史官其載籍博矣至孔氏篹之（師古曰篹與撰同）上繼唐堯下訖秦繆唐虞以前雖有遺文其語不經（師古曰非經典所說）故言黃帝顓頊之事未可明也及孔子因魯史記而作春秋而左丘明論輯其本事以爲之傳（師古曰輯與集同）又篹異同爲國語又有世本錄黃帝以來至春秋時帝王公侯卿大夫祖世所出春秋之後七國並爭（服虔曰關東六國與秦七國）秦兼諸侯有戰國策漢興伐秦定天下有楚漢春秋故司馬遷據左氏國語采世本戰國策述楚漢春秋接其後事訖于大漢其言秦漢詳矣至於采經摭傳（師古曰摭拾也音之亦反）分散數家之事甚多踈略或有抵梧（如淳曰梧讀曰迕相觸迕也師古曰抵觸也梧相支柱不安也梧音悟）亦其涉獵者廣博貫穿經傳馳騁古今上下數千載閒斯以勤矣又其是非頗繆於聖人（師古曰頗普我反）論大道則先黃老而後六經序遊俠則退處士而進姦雄述貨殖則崇埶

利而羞賤貧此其所蔽也然自劉向揚雄博極羣書皆稱遷有良史之材服其善序事理辨而不華質而不俚 劉德曰俚鄙也如淳曰言雖質猶不如閭里之鄙言也師古曰劉說是也俚音里 其文直其事核 師古曰核堅實也 不虛美不隱惡故謂之實録 應劭曰言其録事實 烏呼以遷之博物洽聞而不能以知自全既陷極刑幽而發憤書亦信矣 師古曰言其報任安書自陳已志信不謬 迹其所以自傷悼小雅巷伯之倫 師古曰巷伯奄官也遇讒而作詩列在小雅其詩曰萋兮斐兮成是貝錦也 夫唯大雅既明且哲能保其身難矣哉 師古曰尹吉甫作蒸民之詩以美宣王而論仲山甫之德既明且哲以保其身其詩列於大雅故贊云然

司馬遷傳第三十二

武五子傳第三十三（師古曰諸帝子傳皆言王而此獨云子者以戾太子在其中也）

班固　漢書六十三

秘書監上護軍琅邪縣開國子顏　師古　注

孝武皇帝六男衛皇后生戾太子趙婕妤生孝昭帝王夫人生齊懷王閎（師古曰閎音宏）李姬生燕剌王旦廣陵厲王胥（師古曰不知官秩故云李姬謚法暴戾無親曰剌剌音來葛反）李夫人生昌邑哀王髆（師古曰髆音博）

戾太子據元狩元年立爲皇太子年七歲矣初上年二十九乃得太子甚喜爲立禖（師古曰禖求子之神也解在枚皐傳）使東方朔枚皐作禖祝（師古曰祝禖之祝辭）少壯詔受公羊春秋（師古曰少壯者言漸長大也少讀如本字）又從瑕丘江公受穀梁及冠就宮上爲立博望苑（師古曰取其廣博觀望也）使通賓客從其所好故多以異端進者元鼎四年納史良娣（韋昭曰良娣太子之內官也太子有妃有良娣有孺子凡三等師古曰娣音弟）產子男進號曰史皇孫（晉灼曰皆以舅氏姓爲氏以相別也師古曰進者皇孫名）武帝末衛后寵衰江充用事充與太子及衛氏有隙（師古曰充爲直指使者劾太子家車行馳道上沒入車馬太子求充充不聽也）恐上晏駕後爲太子所誅會巫蠱事起充因此爲姦是時上春秋高意多所惡以爲左右皆爲蠱道祝詛窮治其事丞相公孫賀父子陽石諸邑公主（師古曰兩公主）及皇后弟子長平侯衛伉皆坐誅（師古曰伉音抗又音剛）語在公孫

賀江充傳充典治巫蠱既知上意白言宮中有蠱氣入宮至省中壞御座掘地上使按道侯韓說御史章贛黃門蘇文等助充（師古曰說讀曰悅贛音貢）充遂至太子宮掘蠱得桐木人時上疾辟暑甘泉宮（師古曰辟讀曰避）獨皇后太子在（師古曰在京師）太子召問少傅石德（師古曰德石慶子）德懼爲師傅幷誅因謂太子曰前丞相父子兩公主及衛氏皆坐此今巫與使者掘地得徵驗不知巫置之邪將實有也無以自明可矯以節收捕充等繫獄（師古曰矯託也託詔命也）窮治其姦詐且上疾在甘泉皇后及家吏請問皆不報（蘇林曰家吏皇后吏也臣瓚曰太子稱家家吏是太子吏也師古曰既言皇后及家吏此爲皇后吏及太子吏瓚說是也）上存亡未可知而姦臣如此太子將不念秦扶蘇事邪（韋昭曰始皇死趙高詐殺扶蘇而立胡亥也）太子急然德言征和二年七月壬午乃使客爲使者收捕充等按道侯說疑使者有詐不肯受詔客格殺說御史章贛被創突亡自歸甘泉太子使舍人無且（師古曰且音子閭反）持節夜入未央宮殿長秋門因長御倚華（鄭氏曰長音長者如淳曰漢儀注女長御比侍中皇后見娙娥以下長御稱謝倚華字也師古曰倚音於綺反）具白皇后發中廄車載射士（師古曰中廄皇后車馬所在也）出武庫兵發長樂宮衛告令百官曰江充反迺斬充以徇炙胡巫上林中（服虔曰作巫蠱之胡人也炙燒也師古曰胡巫受充意指妄作蠱狀太子特忿且欲得其情實故以火炙之令毒痛耳）遂部賓客

為將率與丞相劉屈氂等戰長安中擾亂言太子反以故衆不附太子兵敗亡不得師古曰太子出亡而吏追捕不得也上怒甚羣下憂懼不知所出師古曰計無所出壺關三老茂上書曰師古曰壺關上黨之縣也荀悅漢紀云令狐茂班史不載其姓不知於何得也臣聞父者猶天母者猶地子猶萬物也故天平地安陰陽和調物迺茂成父慈母愛室家之中子迺孝順陰陽不和則萬物夭傷父子不和則室家喪亡故父不父則子不子君不君則臣不臣雖有粟吾豈得而食諸師古曰論語云齊景公問政於孔子孔子對曰君君臣臣父父子子公曰善哉信如君不君臣不臣父不父子不子雖有粟吾豈得而食諸言父子君臣之道不立則國必危亡倉稟雖多吾不得食也昔者虞舜孝之至也而不中

於瞽叟師古曰中當也瞽叟舜父也言不當其意也中音竹仲反孝己被謗伯奇放流師古曰孝己伯奇並已解於上骨肉至親父子相疑何者積毀之所生也由是觀之子無不孝而父有不察今皇太子為漢適嗣師古曰適讀曰嫡承萬世之業體祖宗之重親則皇帝之宗子也江充布衣之人閭閻之隸臣耳師古曰隸賤也陛下顯而用之銜至尊之命以迫蹵皇太子師古曰蹵音千六反造飾姦詐羣邪錯謬是以親戚之路鬲塞而不通師古曰鬲與隔同太子進則不得上見退則困於亂臣獨冤結而亡告不忍忿忿之心起而殺充恐懼逋逃師古曰逋亡也子盜父兵以救難自免耳臣竊以為無邪心

詩曰營營青蠅止于藩愷悌君子無信讒言讒言罔極交亂四國師古曰小雅青蠅之詩也營營往來之皃也藩籬也愷樂悌易也言青蠅來往止於藩籬變白作黑讒人構毀間親令疏樂易之君子不當信用君讒言讒言無極則四國亦以交亂宜深察也往者江充讒殺趙太子天下莫不聞其罪固宜師古曰充宜得罪也陛下不省察深過太子師古曰以太子為罪過而深責之發盛怒舉大兵而求之三公自將智者不敢言辯士不敢說臣竊痛之臣聞子胥盡忠而忘其號師古曰忘亡也吳王殺之被以惡名失其善稱號比干盡仁而遺其身師古曰比干殷之賢臣以道諫紂紂怒殺之而剖其心也忠臣竭誠不顧鈇鉞之誅師古曰鈇所以斫人如今莝刃也音膚以陳其愚志在匡君安社稷也師古曰匡正也正其失也詩云取彼譖人投畀豺虎師古曰小雅巷伯之詩也言譖

讒之人誠可疾惡願投與猛獸食之畀音必寐反唯陛下寬心慰意少察所親師古曰父子之道天性之親也毋患太子之非亟罷甲兵無令太子久亡師古曰亟急也音居力反臣不勝惓惓師古曰惓讀曰拳拳解在劉向傳出一旦之命待罪建章闕下書奏天子感寤太子之亡也東至湖師古曰湖縣名今虢州閿鄉湖城二縣皆其地也臧匿泉鳩里師古曰泉鳩水今在閿鄉縣東南十五里見有戾太子冢冢在澗東也主人家貧常賣屨以給太子太子有故人在湖聞其富贍使人呼之師古曰贍足也而發覺吏圍捕太子太子自度不得脫師古曰度音大各反即入室距戶自經山陽男子張富昌為卒足蹋開戶新安令史李壽趨抱解太子主人公遂格鬭死皇孫二人皆并遇害

上既傷太子乃下詔曰蓋行疑賞所以申信也其封李壽爲邘侯韋昭曰邘在河內師古曰邘音于張富昌爲題侯孟康曰縣名也晉灼曰地理志鉅鹿縣也功臣表食邑鉅鹿師古曰晉說是也久之巫蠱事多不信上知太子惶恐無他意而車千秋復訟太子冤上遂擢千秋爲丞相而族滅江充家焚蘇文於橫橋上孟康曰橫音光師古曰即橫門渭橋也及泉鳩里加兵刃於太子者初爲北地太守後族上憐太子無辜乃作思子宮爲歸來望思之臺於湖師古曰言己望而思之庶太子之魂歸來也其臺在今湖城縣之西閿鄉之東基趾猶存天下聞而悲之初太子有三男一女女者平輿侯嗣子尚焉及太子敗皆同時遇害衛后史良娣葬長

安城南史皇孫皇孫妃王夫人及皇女孫葬廣明蘇林曰苑名也皇孫二人隨太子者與太子并葬湖師古曰今太子冢北有二冢相對則二皇孫也太子有遺孫一人史皇孫子王夫人男年十八即尊位是爲孝宣帝帝初即位下詔曰故皇太子在湖未有號謚歲時祠其議謚置園邑有司奏請禮爲人後者爲之子也故降其父母不得祭師古曰謂太子生之父母也尊祖之義也陛下爲孝昭帝後承祖宗之祀制禮不踰閑師古曰閑猶限也謹行視孝昭帝所爲故皇太子起位在湖文穎曰位冢位也師古曰行音下更反史良娣冢在博望苑北親史皇孫位在廣明郭北如淳曰親謂父也謚法曰謚

者行之迹也愚以爲親謚宜曰悼母曰悼后比諸侯王園置奉邑三百家故皇太子謚曰戾置奉邑二百家史良娣曰戾夫人置守冢三十家園置長丞周衛奉守如法以湖閿鄉邪里聚爲戾園孟康曰閿古閿字從門中旻建安中正作閿師古曰旻舉目使人也旻音許密反閿字本從旻其後轉訛誤遂作門中受耳而郭璞迺音汝授反蓋失理遠耳長安白亭東爲戾后園廣明成鄉爲悼園皆改葬焉後八歲有司復言禮父爲士子爲天子祭以天子悼園宜稱尊號曰皇考立廟因園爲寢以時薦享焉益奉園民滿千六百家以爲奉明縣尊戾夫人曰戾后置園奉邑及益戾園各滿三百家

齊懷王閎與燕王旦廣陵王胥同日立皆賜策各以國土風俗申戒焉曰惟元狩六年四月乙巳皇帝使御史大夫湯師古曰張湯廟立子閎爲齊王師古曰於廟授策也曰烏呼小子閎受茲青社張晏曰王者以五色土爲大社封四方諸侯各以其方色土與之苴以白茅歸以立社朕承天序惟稽古建爾國家師古曰言考於古道而立子爲王封于東土世爲漢藩輔烏呼念哉共朕之詔師古曰共讀曰恭言敬聽我詔惟命于不常師古曰言皇天無親惟德是輔善則得之惡則失之人之好德克明顯光義之不圖俾君子怠師古曰言人若好德則能明顯有光輝若不圖於義則君子懈怠無所歸附之者圖謀也俾使也悉爾心允執其中天祿永終師古曰能盡爾心信執中和之德則能終天祿者也厥有愆不臧迺凶于乃國而害于爾躬

師古曰臧善也乃汝也 嗚呼保國乂民可不敬與王其戒之 師古曰保安也
乂治也與讀曰歟 閔母王夫人有寵閔尤愛幸立八年薨無
子國除燕刺王旦賜策曰嗚呼小子旦受茲玄社
建爾國家封于北土世為漢藩輔嗚呼薰鬻氏虐
老獸心以姦巧邊甿 服虔曰薰鬻堯時匈奴號也孟康曰甿音萌師古曰虐老謂貴少壯而食甘肥
賤耆老而與粗惡也獸心言貪暴而無仁義也甿庶人也薰音勳鬻音育 朕命將率徂征厥罪 師古
曰徂往也 萬夫長千夫長三十有二帥 張晏曰時所獲三十二帥也 降旗奔
師 如淳曰昆邪王偃其旗鼓而來降也 薰鬻徙域 張晏曰匈奴徙東 北州以妥 孟康曰古綏字
也臣瓚曰妥安也師古曰瓚說是也妥音他果反 悉爾心毋作怨毋作棐德 服虔曰棐薄也
師古曰棐古匪字也匪非也 毋迺廢備 師古曰衞邊之備不可廢 非教士不得從徵

張晏曰士不素習不得應召 王其戒之旦壯大就國為人辯略博學
經書雜說好星曆數術倡優射獵之事招致游士
及衞太子敗齊懷王又薨旦自以次第當立上書
求入宿衞上怒下其使獄後坐臧匿亡命削良鄉
安次文安三縣武帝由是惡旦後遂立少子為太
子帝崩太子立是為孝昭帝賜諸侯王璽書旦得
書不肯哭曰璽書封小 張晏曰文少則封小 京師疑有變遣幸
臣壽西長孫縱之王孺等之長安 師古曰之往也 以問禮儀
為名王孺見執金吾廣意 師古曰郭廣意 問帝崩所病 師古
曰因何疾而崩 立者誰子年幾歲廣意言待詔五柞宮 師古曰柞

讀與作同 宮中讙言帝崩諸將軍共立太子為帝年八
九歲葬時不出臨 師古曰臨音力禁反 歸以報王王曰上棄羣
臣無語言蓋主又不得見甚可怪也復遣中大夫
至京師上書言竊見孝武皇帝躬聖道孝宗廟慈
愛骨肉和集兆民德配天地明並日月威武洋溢
師古曰洋溢言盛多也洋音羊 遠方執寶而朝增郡數十斥地且倍 師古
曰斥開也 封泰山禪梁父巡狩天下遠方珍物陳于太廟
德甚休盛 師古曰休美也 請立廟郡國奏報聞時大將軍霍
光秉政褒賜燕王錢三千萬益封萬三千戶旦怒
曰我當為帝何賜也遂與宗室中山哀王子劉長

齊孝王孫劉澤等結謀詐言以武帝時受詔得職
吏事修武備備非常 如淳曰諸侯不得治民與職事是以為詐言受詔得知職事發兵為備也 長
於是為旦命令羣臣曰寡人賴先帝休德 師古曰休美也 獲
奉北藩親受明詔職吏事領庫兵飭武備 師古曰飭讀與勑同
飭整也 任重職大夙夜兢兢子大夫將何以規佐寡人
且燕國雖小成周之建國也 師古曰自周以來即為燕國言以久遠 上自
召公下及昭襄 師古曰召公謂召公奭也昭襄六國時燕之二王也召讀曰邵 于今千載
豈可謂無賢哉寡人束帶聽朝三十餘年曾無聞
焉其者寡人之不及與 師古曰與讀曰歟 意亦子大夫之思
有所不至乎其咎安在方今寡人欲撟邪防非章

閭揚和師古曰撟正也章表也撟與矯同其字從手也撫慰百姓移風易俗厥
路何由子大夫其各悉心以對寡人將察焉羣臣
皆免冠謝郎中成軫謂旦曰大王失職獨可起而
索不可坐而得也師古曰失職謂當爲漢嗣而不被用也索求也大王壹起國
中雖女子皆奮臂隨大王旦曰前高后時僞立子
弘爲皇帝諸侯交手事之八年師古曰交手謂拱手也呂太后
崩大臣誅諸呂迎立文帝天下乃知非孝惠子也
我親武帝長子反不得立上書請立廟又不聽立
者疑非劉氏即與劉澤謀爲姦書言少帝非武帝
子大臣所共立天下宜共伐之使人傳行郡國以

搖動百姓澤謀歸發兵臨淄與燕王俱起旦遂招
來郡國姦人賦斂銅鐵作甲兵數閱其車騎材官
卒建旌旗鼓車旄頭先敺師古曰敺與驅同郎中侍從者著
貂羽黃金附蟬晉灼曰以翠羽飾冠也師古曰貂羽以貂尾爲冠之羽也附蟬爲金蟬以附冠前也凡此旄頭
先驅皆天子之制而貂羽附蟬又天子侍中之飾王僭爲之皆號侍中旦從相中尉以下
勒車騎發民會圍大獵文安縣以講士馬須期日
師古曰講習也須待也郎中韓義等數諫旦旦殺義等凡十五
人會缾侯劉成知澤等謀師古曰缾侯菑川靖王子也缾步丁反告之青
州刺史雋不疑不疑收捕澤以聞天子遣大鴻臚
丞治連引燕王有詔勿治而劉澤等皆伏誅益封

缾侯父之旦姊鄂邑蓋長公主張晏曰食邑鄂蓋侯王信妻也師古曰爲蓋侯妻是
也非王信信者武帝之舅耳不取鄂邑主爲妻當是信子頃侯充耳左將軍上官桀父子與霍
光爭權有隙皆知旦怨光即私與燕交通旦遣孫
縱之等前後十餘輩多齎金寶走馬師古曰走馬馬之善走者賂
遺蓋主上官桀及御史大夫桑弘羊等皆與交通
數記疏光過失與旦令上書告之桀欲從中下其
章師古曰下音胡稼反旦聞之喜上疏曰昔秦據南面之位制
一世之命威服四夷輕弱骨肉顯重異族廢道任
刑無恩宗室其後尉佗入南夷陳涉呼楚澤師古曰呼
音火故反近狎作亂內外俱發師古曰狎習也近習之人謂趙高也趙氏無炊火

焉韋昭曰趙秦之別氏師古曰無炊火言絕祀也高皇帝覽蹤迹觀得失見秦
建本非是故改其路規土連城布王子孫師古曰規畫也是
以支葉扶踈異姓不得閒也師古曰閒音工莧反今陛下承明
繼成師古曰承聖明之後繼已成之業委任公卿羣臣連與成朋非毀
宗室師古曰與謂黨與也膚受之愬日騁於廷惡吏廢法立威
主恩不下究師古曰究竟也言不終竟於下臣聞武帝使中郎將蘇武
使匈奴見留二十年不降還亶爲典屬國師古曰亶音但
今大將軍長史敞無勞爲搜粟都尉師古曰楊敞也又將軍
都郎羽林張晏曰都試郎羽林也師古曰都大也謂大會試之漢光祿挈令諸當試者不會都所免之道上
移蹕如淳曰移猶傳也太官先置師古曰昭紀云詐令人爲燕王旦上書又云上曰朕知此書詐也將軍都郎

屬劉耳燕王何以得知之而此傳乃云旦自上疏此下又云帝覺有詐遂親信光參錯不同疑此傳爲誤旦且願歸符
璽入宿衞察姦臣之變是時昭帝年十四覺其有
詐遂親信霍光而疏上官桀等桀等因謀共殺光
廢帝迎立燕王爲天子旦置驛書往來相報許立
桀爲王外連郡國豪桀以千數旦以語相平平曰
大王前與劉澤結謀事未成而發覺者以劉澤素
夸好侵陵也平聞左將軍素輕易車騎將軍少而
驕臣恐其如劉澤時不能成又恐既成反大王也
旦曰前日一男子詣闕自謂故太子長安中民趣
鄉之師古曰鄉讀曰嚮正讙不可止師古曰人衆既多故讙譁也大將軍恐出

兵陳之以自備耳我帝長子天下所信何憂見反
後謂羣臣蓋主報言獨患大將軍與右將軍王莽
張晏曰天水人也字稚叔今右將軍物故師古曰謂死也丞相病幸事必成
徵不久令羣臣皆裝是時天雨虹下屬宮中師古曰屬猶注
也音之欲反飲井水井水竭廁中豕羣出壞大官竈師古曰廁
養豕圂也圂音胡困反烏鵲鬭死鼠舞殿端門中師古曰端門正門也殿上戶
自閉不可開天火燒城門大風壞宮城樓折拔樹
木流星下墮后姬以下皆恐王驚病使人祠葭水
台水晉灼曰地理志葭水在廣平南和台水在鴈門師古曰葭音家台音怡王客呂廣等知星
爲王言當有兵圍城期在九月十月漢當有大臣

戮死者語具在五行志王愈憂恐謂廣等曰謀事
不成妖祥數見兵氣且至奈何會蓋主舍人父燕
倉知其謀告之由是發覺丞相賜璽書部中二千
石逐捕孫縱之及左將軍桀等皆伏誅旦聞之召
相平曰事敗遂發兵乎平曰左將軍已死百姓皆
知之不可發也王憂懣師古曰懣音滿又音悶解在司馬遷傳置酒萬載
宮會賓客羣臣妃妾坐飲王自歌曰歸空城兮狗
不吠雞不鳴橫術何廣廣兮固知國中之無人蘇林
曰廣音曠臣瓚曰術道路也師古曰廣讀如本字此歌意言身死之後國當空也華容夫人起舞曰髮
紛紛兮寘渠孟康曰寘音罣髮亂罣挂罣也臣瓚曰寘塞滿渠師古曰瓚說是也寘音徒千反骨籍

籍兮亡居師古曰籍籍從橫貌也居處也母求死子兮妻求死夫裴回
兩渠間兮君子獨安居師古曰置酒之宮地在其間有渠故即其所見以爲歌辭也坐
者皆泣有赦令到王讀之曰嗟乎獨赦吏民不赦
我因迎后姬諸夫人之明光殿王曰老虜曹爲事
當族師古曰曹輩也欲自殺左右曰黨得削國師古曰黨音他朗反幸不
死后姬夫人共啼泣止王會天子使使者賜燕王
璽書曰昔高皇帝王天下建立子弟以藩屏社稷
先日諸呂陰謀大逆劉氏不絕若髮賴絳侯等誅
討賊亂尊立孝文以安宗廟非以中外有人表裏
相應故邪樊酈曹灌攜劍推鋒師古曰樊噲酈商曹參灌嬰等從高

皇帝躬菑除害耘鉏海內師古曰菑古災字當此之時頭如蓬葆頭亂不理如蓬草羽葆也師古曰草叢生曰葆音保勤苦至矣然其賞不過封侯今宗室子孫曾無暴衣露冠之勞裂地而王之分財而賜之父死子繼兄終弟及今王骨肉至親敵吾一體師古曰言若四支之一也迺與佗姓異族謀害社稷親其所疏疏其所親有逆悖之心無忠愛之義如使古人有知當何面目復奉齊酎見高祖之廟乎師古曰古人謂先人旦得書以符璽屬醫工長師古曰屬委也醫工長王官之主醫者也屬音之欲反謝相二千石奉事不謹死矣即以綬自絞后夫人隨旦自殺者二十餘人天子加恩赦王太子建為庶人賜旦謚曰剌王旦立三十八年而誅國除後六年宣帝即位封旦兩子慶為新昌侯賢為安定侯又立故太子建是為廣陽頃王二十九年薨子穆王舜嗣二十一年薨子思王璜嗣二十年薨子嘉嗣王莽時皆廢漢藩王家人嘉獨以獻符命封扶美侯賜姓王氏廣陵厲王胥賜策曰嗚呼小子胥受茲赤社建爾國家封于南土世世為漢藩輔古人有言曰大江之南五湖之閒其人輕心楊州保彊李奇曰保恃也三代要服不及以正師古曰要服次荒服之內者也正政也要音一遙反嗚呼悉爾心祗祗兢兢迺惠迺順師古曰祗祗敬也兢兢慎也言當慈

惠于下忠順于上也毋桐好逸毋邇宵人應劭曰無好逸游之事邇近小人也張晏曰桐音同師古曰桐音通桐輕脫之貌也惟法惟則師古曰言當依法則書云臣不作福不作威師古曰周書洪範云臣無有作威作福也靡有後羞王其戒之師古曰言宜戒慎勿令後有羞辱之事也胥壯大好倡樂逸游力扛鼎師古曰扛舉也音江空手搏熊彘猛獸動作無法度故終不得為漢嗣昭帝初立益封胥萬三千戶元鳳中入朝復益萬戶賜錢二千萬黃金二千斤安車駟馬寶劍及宣帝即位封胥四子聖曾寶昌皆為列侯又立胥小子弘為高密王所以褒賞甚厚始昭帝時胥見上年少無子有覬欲心師古曰覬音冀而楚地巫鬼師古曰言其土俗尊尚巫鬼之事胥迎女巫李女須使下神祝詛師古曰女須者巫之名也女須泣曰孝武帝下我左右皆伏師古曰見女須云武帝神下故伏而聽之言吾必令胥為天子胥多賜女須錢使禱巫山師古曰即楚地之巫山也會昭帝崩胥曰女須良巫也殺牛塞禱師古曰以為因禱祝詛而崩也塞音先代反及昌邑王徵復使巫祝詛之後王廢胥寖信女須等師古曰寖古浸字也寖漸也益也數賜予錢物宣帝即位胥曰太子孫何以反得立復令女須祝詛如前又胥女為楚王延壽后弟婦數相餽遺通私書師古曰餽亦饋字後延壽坐謀反誅辭連及胥有詔勿治賜胥黃金前後五千斤它器物甚眾胥又聞漢立太子謂姬南等曰我終

不得立矣乃止不詛後胥子南利侯寶坐殺人奪爵還歸廣陵與胥姬左修姦事發覺繫獄棄市相勝之奏奪王射陂草田以賦貧民張晏曰射水之陂在射陽縣奏可胥復使巫祝詛如前胥宮園中棗樹生十餘莖莖正赤葉白如素池水變赤魚死有鼠晝立舞王后廷中胥謂姬南等曰棗水魚鼠之怪甚可惡也居數月祝詛事發覺有司按驗胥惶恐藥殺巫及宮人二十餘人以絕口公卿請誅胥天子遣廷尉大鴻臚即訊師古曰訊就問也胥謝曰罪死有餘誠皆有之師古曰誠實也事久遠請歸思念具對胥既見使者還置酒顯

陽殿召太子霸及子女董訾胡生等夜飲師古曰董訾胡生皆女名使所幸八子郭昭君家人子趙左君等鼓瑟歌舞師古曰八子姬妾之秩也家人子無官秩者也王自歌曰欲久生兮無終長不樂兮安窮師古曰人所以欲久生者貴其安豫無有終極而我在生長不歡樂焉用窮盡年壽也奉天期兮不得須臾張晏曰奉天子期當死不得復延年千里馬兮駐待路張晏曰二卿亭驛待以莒詔命黃泉下兮幽深人生要死何爲苦心師古曰言人生必當有死無假勞心懷悲戚何用爲樂心所喜出入無悰爲樂亟韋昭曰悰亦樂也音裁宗反亟數亦疾也謂不久也言人生以何爲樂但以心志所喜好耳今我出入皆無歡悰不得久長也喜音許吏反亟音丘吏反蒿里召兮郭門閱師古曰蒿里死人里死不得取代庸身自逝師古曰言死當自去不如他徭役得顧庸自代也逝合韻音上列反左右悉更涕泣奏酒師古曰更互也奏進也更音工衡反至雞鳴時罷胥謂太子霸曰上遇我厚今負之甚我死骸骨當暴幸而得葬薄之無厚也即以綬自絞死及八子郭昭君等二人皆自殺天子加恩赦王諸子皆爲庶人賜諡曰厲王立六十四年而誅國除後七年元帝復立胥太子霸是爲孝王十三年薨子共王意嗣師古曰共讀曰恭三年薨子哀王護嗣十六年薨無子絕後六年成帝復立孝王子守是爲靖王立二十年薨子宏嗣王莽時絕初高密哀王弘本始元年以廣陵王胥少子立九年薨子頃王章嗣三十三年薨子懷王寬嗣十一年薨

子愼嗣王莽時絕

昌邑哀王髆天漢四年立十一年薨子賀嗣立十三年昭帝崩無嗣大將軍霍光徵王賀典喪師古曰令爲喪主璽書曰制詔昌邑王師古曰太后璽書使行大鴻臚事少府樂成師古曰史樂成宗正德光祿大夫吉師古曰丙吉也中郎將利漢師古曰不知姓徵王乘七乘傳詣長安邸夜漏未盡一刻以火發書其日中賀發餔時至定陶行百三十五里侍從者馬死相望於道郎中令龔遂諫王令還郎謁者五十餘人賀到濟陽求長鳴雞師古曰鳴聲長者也道買積竹杖文穎曰合竹作杖也過弘農使大奴善以衣車載女

子師古曰凡言大奴者謂奴之尤長大者也至湖師古曰即湖縣使者以讓相安樂張晏
曰使者長安使人也師古曰讓責也安樂告遂遂入問賀賀曰無有遂曰
即無有何愛一善以毀行義請收屬吏師古曰以善付吏也屬音之欲
反其下亦同以湔洒大王師古曰湔澣也洒濯也湔子顛反洒先禮反即捽善屬衛士
長行法師古曰捽持頭也衛士長主衞之官捽音才兀反賀到霸上大鴻臚郊迎
騶奉乘輿車王使僕壽成御郎中令遂參乘旦至
廣明東都門遂曰禮奔喪望見國都哭此長安東
郭門也賀曰我嗌痛不能哭師古曰嗌喉咽也音益至城門遂
復言賀曰城門與郭門等耳且至未央宮東闕遂
曰昌邑帳在是闕外馳道北文穎曰弔哭帳也師古曰是謂此未至帳
所有南北行道馬足未至數步大王宜下車鄉闕
西面伏哭盡哀止師古曰鄉讀曰嚮王曰諾到哭如儀王受
皇帝璽綬襲尊號即位二十七日行淫亂大將軍
光與羣臣議白孝昭皇后廢賀歸故國賜湯沐邑
二千戶故王家財物皆與賀及哀王女四人各賜
湯沐邑千戶語在霍光傳國除爲山陽郡初賀在
國時數有恠嘗見白犬高三尺無頭其頸以下似
人而冠方山冠後見熊左右皆莫見又大鳥飛集
宮中王知惡之輒以問郎中令遂遂爲言其故語
在五行志王卬天嘆曰不祥何爲數來師古曰卬讀曰仰遂

叩頭曰臣不敢隱忠數言危亡之戒大王不説師古
曰説讀曰悦夫國之存亡豈在臣言哉願王内自揆度師古
曰度音徒各反大王誦詩三百五篇人事浹王道備師古曰浹徹也音子
牒反王之所行中詩一篇何等也師古曰言王所行皆不合法度王自謂當於何詩之
文也中音竹仲反大王位爲諸侯王行汙於庶人師古曰汙濁穢以存
難以亡易宜深察之後又血汙王坐席王問遂遂
叫然號曰宮空不久祅祥數至血者陰憂象也宜
畏慎自省賀終不改節居無何徵既即位後王夢
青蠅之矢積西階東可五六石以屋版瓦覆師古曰版瓦大
瓦也發視之青蠅矢也以問遂遂曰陛下之詩不云
乎蘇林曰猶言陛下所讀之詩也營營青蠅至于藩愷悌君子毋信讒
言師古曰已解於上陛下左側讒人衆多如是青蠅惡矣師古曰惡即矢
也越王句踐爲吳王嘗惡亦其義也宜進先帝大臣子孫親近以爲左右
如不忍昌邑故人師古曰如若也不忍謂不能疏遠也信用讒諛必有凶
咎願詭禍爲福皆放逐之師古曰詭猶反臣當先逐矣賀不
用其言卒至於廢大將軍光更尊立武帝曾孫是
爲孝宣帝即位心内忌賀元康二年遣使者賜山
陽太守張敞璽書曰制詔山陽太守其謹備盜賊
察往來過客毋下所賜書師古曰密令警察不欲宣露也敞於是條
奏賀居處著其廢亡之效師古曰著明也曰臣敞地節三年

五月視事故昌邑王居故宮奴婢在中者百八十三人閉大門開小門廉吏一人爲領錢物市買朝內食物(師古曰每旦一內之)它不得出入(師古曰食物之外皆不得妄有出入)督盜一人別主徼循察往來者以王家錢取卒迾宮清中備盜賊(李奇曰迾遮也鄧展曰令其清靖不得妄有異人也師古曰以王家錢顧人爲卒也)臣敞數遣丞吏行察(師古曰行音下更反)四年九月中臣敞入視居處狀故王年二十六七爲人青黑色小目鼻末銳卑少須眉身體長大疾痿行步不便(師古曰痿風痺疾也音人隹反)衣短衣大絝冠惠文冠(蘇林曰治獄法冠也孟康曰今侍中所著也服虔曰武冠也或曰趙惠文王所服故曰惠文晉灼曰柱後惠文法冠也但言惠文侍中冠孟說是也)佩玉環簪筆持牘趨謁(師古曰簪筆插筆於首也牘木簡也)臣敞與坐語中庭閱妻子奴婢臣敞欲動觀其意即以惡鳥感之曰昌邑多梟故王應曰然前賀西至長安殊無梟復來東至濟陽迺復聞梟聲臣敞閱至子女持轡(師古曰賀之子女名持轡)故王跪曰持轡母嚴長孫女也臣敞故知執金吾嚴延年字長孫女羅紨(師古曰羅紨其名也紨音敷)前爲故王妻察故王衣服言語跪起清狂不惠(蘇林曰凡狂者陰陽脉盡濁今此人不狂似狂者故言清狂也或曰色理清徐而心不慧曰清狂清狂如今白癡也)妻十六人子二十二人其十一人男十一人女昧死奏名籍及奴婢財物簿臣敞前書言昌邑哀王歌舞者張修等十人無子又非姬但良人無官

名王薨當罷歸太傅豹等擅留以爲哀王園中人所不當得爲(師古曰於法不當然)請罷歸故王聞之曰中人守園疾者當勿治相殺傷者當勿法欲令亟死太守柰何而欲罷之(師古曰亟急也音居力反)其天資喜由亂亡終不見仁義如此(師古曰喜好也由從也喜音許吏反)後丞相御史以臣敞書聞奏可皆以遣上由此知賀不足忌其明年春迺下詔曰蓋聞象有罪舜封之骨肉之親析而不殊(師古曰析分也殊絕也)其封故昌邑王賀爲海昏侯食邑四千戶(師古曰海昏豫章之縣)侍中衞尉金安上上書言賀天之所棄陛下至仁復封爲列侯賀嚚頑放廢之人不宜得奉宗廟朝聘之禮奏可賀就國豫章數年揚州刺史柯奏賀(師古曰柯者刺史之名也)與故太守卒史孫萬世交通萬世問賀前見廢時何不堅守毋出宮斬大將軍而聽人奪璽綬乎賀曰然失之萬世又以賀且王豫章不久爲列侯賀曰且然(師古曰謂亦將如此)非所宜言有司案驗請逮捕制曰削戶三千後薨豫章太守廖奏言舜封象於有鼻(師古曰廖太守名也有鼻在零陵今鼻亭是也廖音聊)死不爲置後以爲暴亂之人不宜爲太祖(師古曰謂一國之始祖)海昏侯賀死上當爲後者子充國(師古曰上謂由上其名於有司)充國死復上弟奉親奉親復死是天絕之也陛下聖仁於賀甚

厚雖舜於象無以加也宜以禮絕賀以奉天意願下有司議議皆以為不宜為立嗣國除元帝即位復封賀子代宗為海昏侯傳子至孫今見為侯

贊曰巫蠱之禍豈不哀哉此不唯一江充之辜亦有天時非人力所致焉建元六年蚩尤之旗見其長竟天後遂命將出征略取河南建置朔方其春戾太子生自是之後師行三十年兵所誅屠夷滅死者不可勝數及巫蠱事起京師流血僵尸數萬師古曰僵偃也音居羊反太子子父皆敗故太子生長於兵與之終始何獨一嬖臣哉秦始皇即位三十九年內平六國外攘四夷死人如亂麻暴骨長城之下頭盧相屬於道師古曰盧頟骨也屬連也音之欲反不一日而無兵由是山東之難興四方潰而逆秦秦將吏外畔賊臣內發亂作蕭牆禍成二世師古曰蕭牆謂屏牆也解在五行志故曰兵猶火也弗戢必自焚師古曰左傳隱四年衞有州吁之亂公問於衆仲曰州吁其成乎對曰兵猶火也不戢將自焚也言兵不可妄動久而不戢則自焚燒戢斂也信矣是以倉頡作書止戈為武師古曰武字從止從戈所謂會意聖人以武禁暴整亂止息兵戈非以為殘而興縱之也易曰天之所助者順也人之所助者信也君子履信思順自天祐之吉無不利也師古曰易上繫辭也故車千秋指明蠱情章太子之冤千秋材知未必

能過人也以其銷惡運遏亂原師古曰遏止也音一曷反因衰激極道迎善氣師古曰激去至極之災引致福善之氣也道讀曰導傳得天人之祐助云師古曰傳引也

武五子傳第三十三

嚴朱吾丘主父徐嚴終王賈傳第三十四上 師古曰分嚴安以後爲下卷

漢書六十四

班固

秘書監上護軍琅邪縣開國子顏師古注

嚴助會稽吳人嚴夫子子也 張晏曰夫子嚴忌也 或言族家子也 師古曰亦云夫子之族子也 郡舉賢良對策百餘人武帝善助對繇是獨擢助爲中大夫後得朱買臣吾丘壽王司馬相如主父偃徐樂嚴安東方朔枚皐膠倉終軍嚴葱奇等並在左右是時征伐四夷開置邊郡軍旅數發內改制度朝廷多事婁舉賢良文學之士 師古曰婁古屢字 公孫弘起徒步數年至丞相開東閤延賢

人與謀議朝覲奏事因言國家便宜上令助等與大臣辯論中外相應以義理之文 師古曰中謂天子之賓客若嚴助之輩也外謂公卿大夫也 大臣數詘 師古曰詘計議不如助等每詘服也音丘勿反 其尤親幸者東方朔枚皐嚴助吾丘壽王司馬相如相如常稱疾避事朔皐不根持論上頗俳優畜之 師古曰論議委隨不能持正如樹木之無根柢也 唯助與壽王見任用而助最先進建元三年閩越舉兵圍東甌東甌告急於漢時武帝年未二十以問大尉田蚡蚡以爲越人相攻擊其常事又數反覆不足煩中國往救也自秦時棄不屬 師古曰言不臣屬於中華 於是助詰蚡曰特患力不能救德不能覆誠

能何故棄之且秦舉咸陽而棄之何但越也 師古曰舉摠也言摠天下乃至京師皆棄也 今小國以窮困來告急天子不振尚安所愬 師古曰振舉也愬訴也安焉也 又何以子萬國乎 師古曰子謂畜爲臣子也 上曰大尉不足與計吾新即位不欲出虎符發兵郡國迺遣助以節發兵會稽會稽守欲距法不爲發 師古曰以法距之爲無符驗也 助迺斬一司馬諭意指 師古曰以天子意指曉告之 遂發兵浮海救東甌未至閩越引兵罷後三歲閩越復興兵擊南越南越守天子約不敢擅發兵而上書以聞上多其義 師古曰多猶重也 大爲發興遣兩將軍將兵誅閩越淮南王安上書諫曰陛下臨天下布德施惠

緩刑罰薄賦斂哀鰥寡恤孤獨養耆老振匱乏盛德上隆和澤下洽近者親附遠者懷德天下攝然 孟康曰攝安也音奴協反 人安其生自以沒身不見兵革今聞有司舉兵將以誅越臣安竊爲陛下重之 師古曰重難也 越方外之地劗髮文身之民也 晉灼曰淮南云越人劗髮張揖以爲古翦字也師古曰劗與翦同張說是也 不可以冠帶之國法度理也自三代之盛胡越不與受正朔 師古曰與讀曰豫 非彊弗能服威弗能制也以爲不居之地不牧之民不足以煩中國也 師古曰地不可居而民不可牧養也 故古者封內甸服 師古曰封內謂圻千里之內也甸服主治王田以供祭祀也 封外侯服 師古曰封外千里之外也侯服侯候也爲王者斥候 侯衛賓服 服虔曰侯服之外又有衛服賓服見於王

也侯衞二服同爲賓也蠻夷要服師古曰又在侯衞之外而居九州之内也要言以文德要來之耳音一遥反戎狄荒服師古曰此在九州之外者也荒言其荒忽絕遠來去無常也遠近埶異也自漢初定已來七十二年吳越人相攻擊者不可勝數然天子未嘗舉兵而入其地也臣聞越非有城郭邑里也處谿谷之閒篁竹之中服虔曰竹叢也音皇師古曰竹田曰篁習於水鬭便於用舟地深昧而多水險師古曰昧暗也言多草木中國之人不知其埶阻而入其地雖百不當其一得其地不可郡縣也攻之不可暴取也以地圖察其山川要塞相去不過寸數而閒獨數百千里師古曰閒中閒也或入九百里或千里也阻險林叢弗能盡著師古曰不可盡載於圖也著音竹助反視之若易行之甚難天下賴宗廟之靈方內大寧戴白之老不見兵革師古曰戴白言白髮在首民得夫婦相守父子相保陛下之德也越人名爲藩臣貢酎之奉不輸大內應劭曰國僻遠珍奇之貢宗廟之祭皆不與也大內都內也國家寶藏也師古曰百官公卿表云治粟屬官有都內令丞也一卒之用不給上事師古曰給供也自相攻擊而陛下發兵救之是反以中國而勞蠻夷也師古曰疲勞中國之人於蠻夷之地且越人愚戇輕薄負約反覆其不用天子之法度非一日之積也師古曰積久也壹不奉詔舉兵誅之臣恐後兵革無時得息也閒者數年歲比不登民待賣爵贅子以接衣食如淳曰淮南俗賣子與人作奴婢名爲贅子三年不能贖遂爲奴婢師古曰贅質也一說云贅子者謂令子出

就婦家爲贅壻耳贅壻解在賈誼傳賴陛下德澤振救之得毋轉死溝壑四年不登五年復蝗民生未復師古曰生謂生業復音扶目反今發兵行數千里資衣糧入越地師古曰資猶齎也輿轎而隃領服虔曰轎音橋梁謂隘道輿車也臣瓚曰今竹輿車也江表作竹輿以行是也項昭曰陵絕水曰轎音旗廟反領山領也不通船車運轉皆擔輿也師古曰服音瓚說是也項氏謬矣此直言以轎過領耳何云陵絕水乎又旗廟之音無所依據隃與踰同拕舟而入水師古曰拕曳也音它行數百千里夾以深林叢竹水道上下擊石師古曰謂船觸石林中多蝮蛇猛獸師古曰蝮惡蛇也音敷福反解在田儋傳夏月暑時歐泄霍亂之病相隨屬也師古曰泄吐也弋制反屬音之欲反曾未施兵接刃死傷者必衆矣前時南海王反陛下先臣使將軍閒忌將兵擊之文穎曰先臣淮南厲王長也閒忌人姓名師古曰淮南王傳作簡忌此本閒轉寫字誤省耳以其軍降處之上淦蘇林曰淦音耿弇之弇師古曰音工含反後復反會天暑多雨樓船卒水居擊櫂師古曰言常居舟中水上而又有擊櫂行舟之役故多死也櫂音直孝反未戰而疾死者過半親老涕泣孤子謕號師古曰謕古啼字破家散業迎尸千里之外裹骸骨而歸悲哀之氣數年不息長老至今以爲記曾未入其地而禍已至此矣臣聞軍旅之後必有凶年言民之各以其愁苦之氣薄陰陽之和感天地之精師古曰薄迫也而災氣爲之生也陛下德配天地明象日月恩至禽獸澤及草木一人有飢寒不終其天年而死者爲之悽愴於心今方內無狗吠之警師古曰方內中國四方之內也

而使陛下甲卒死亡暴露中原霑漬山谷邊境之民爲之早閉晏開（師古曰晏晚也言有兵難故邊城日閉而晚開也）鼂不及夕（師古曰鼂古朝字也言憂危亡不自保也）臣安竊爲陛下重之（師古曰重難也）不習南方地形者多以越爲人衆兵彊能難邊城（服虔曰爲邊城作難也）淮南全國之時多爲邊吏（師古曰全國謂未分爲三之時也淮南人於邊爲吏與越接境故知其地形也）臣竊聞之與中國異（師古曰言其風土不同）限以高山人迹絕車道不通天地所以隔外內也其入中國必下領水之山峭峻漂石破舟（師古曰言水流湍急石爲之漂轉觸破舟船也漂音匹遥反）不可以大船載食糧下也越人欲爲變必先田餘干界中（韋昭曰越邑今鄱陽縣也）積食糧迺入伐材治船邊城

守候誠謹越人有入伐材者輒收捕焚其積聚雖百越奈邊城何且越人緜力薄材（孟康曰緜音緘薄力也師古曰緜弱也言其柔弱如緜讀如本字孟說非也）不能陸戰又無車騎弓弩之用然而不可入者以保地險而中國之人不能其水土也（師古曰能堪也）臣聞越甲卒不下數十萬所以入之五倍迺足（師古曰不下言不減也漢軍多之五倍然後可入其地也）輓車奉饟者不在其中（師古曰輓引也音晚饟亦餉字）南方暑溼近夏癉熱（師古曰癉黃病音丁幹反）暴露水居蝮蛇蠚生（師古曰蠚毒也音壑）疾疢多作兵未血刃而病死者什二三雖舉越國而虜之不足以償所亡（師古曰舉謂總取也）臣聞道路言閩越王弟甲弒而殺之（師古曰甲者閩王弟之名）

甲以誅死其民未有所屬陛下若欲來內處之中國使重臣臨存（師古曰存謂省問之）施德垂賞以招致之此必攜幼扶老以歸聖德若陛下無所用之則繼其絕世存其亡國建其王侯以爲畜越（李奇曰如人畜養六畜也師古曰直謂畜養之耳非六畜也）此必委質爲藩臣世共貢職（師古曰共讀曰供）陛下以方寸之印丈二之組塡撫方外（師古曰組者印之綬）不勞一卒不頓一戟（師古曰頓壞也一曰頓讀曰鈍）而威德並行今以兵入其地此必震恐以有司爲欲屠滅之也必雉兔逃入山林險阻（師古曰如雉兔之逃竄而入山林險阻之中）背而去之則復相羣聚留而守之歷歲經年則士卒罷勌食糧乏絕（師古曰罷讀曰

疲勌亦倦字）男子不得耕稼樹種婦人不得紡績織紝（師古曰樹植也機縷曰紝紝音人禁反）丁壯從軍老弱轉餉（師古曰餉亦饟字）居者無食行者無糧民苦兵事亡逃者必衆隨而誅之不可勝盡盜賊必起臣聞長老言秦之時嘗使尉屠睢擊越（張晏曰郡都尉姓屠名睢也）又使監祿鑿渠通道（張晏曰監郡御史也名祿）越人逃入深山林叢不可得攻留軍屯守空地曠日引久士卒勞倦越出擊之秦兵大破迺發適戍以備之（師古曰適讀曰謫）當此之時外內騷動百姓靡敝（師古曰靡散也音糜）行者不還往者莫反皆不聊生亡逃相從羣爲盜賊於是山東之難始興此老子所謂師之

所處荆棘生之者也師古曰老子道經之言也師旅行必殺傷士衆侵暴田畝故致荒殘而生荆棘也兵
者凶事一方有急四面皆從臣恐變故之生姦邪
之作由此始也周易曰高宗伐鬼方三年而克之
師古曰既濟九三爻辭鬼方小蠻夷高宗殷之盛天子也以盛
天子伐小蠻夷三年而後克言用兵之不可不重
也臣聞天子之兵有征而無戰言莫敢校也師古曰校計也
不敢與計彊弱曲直如使越人蒙徼幸以逆執事之顏行文穎曰顏行猶
鴈行在前行故曰顏也師古曰蒙犯也行音胡郎反厮輿之卒有一不備而歸者張晏
曰厮微輿衆也師古曰厮析薪者與王駕車者此皆言賤役之人雖得越王之首臣猶竊爲
大漢羞之陛下以四海爲境九州爲家八藪爲囿

江漢爲池師古曰八藪謂魯有大野晉有大陸秦有楊汙宋有孟諸楚有雲夢吳越之間有具區齊有海隅鄭有圃田
生民之屬皆爲臣妾人徒之衆足以奉千官之共
師古曰千官猶百官也多言之耳共讀曰供租稅之收足以給乘輿之御玩心
神明秉執聖道負黼依師古曰負背也白與黑畫爲斧文謂之黼也依讀曰扆扆形如屏風而曲
之畫以黼文張於牖間馮玉几師古曰馮讀曰凭南面而聽斷號令天下四
海之內莫不嚮應師古曰嚮讀曰響陛下垂德惠以覆露之
師古曰露謂使之霑潤澤也或露或覆言養育也使元元之民安生樂業則澤被
萬世傳之子孫施之無窮天下之安猶泰山而四
維之也師古曰維謂聯繫之夷狄之地何足以爲一日之間如淳
曰得其地物不足爲一日閑暇之虞也而煩汗馬之勞乎詩云王猶允塞徐

方既來師古曰大雅常武之詩也猶道也允信也塞滿也既盡也言王道信充滿於天下則徐方淮夷盡來服也言王
道甚大而遠方懷之也臣聞之農夫勞而君子養
焉師古曰言農夫勤力於耕稼所得五穀以養君子也愚者言而智者擇焉臣安幸
得爲陛下守藩以身爲鄣蔽人臣之任也邊境有
警愛身之死而不畢其愚非忠臣也師古曰畢盡也盡言其意也臣
安竊恐將吏之以十萬之師爲一使之任也師古曰言漢發
一使鎭撫之則越人賓服不煩兵往是時漢兵遂出踰領適會閩越王弟
餘善殺王以降漢兵罷上嘉淮南之意美將卒之
功迺令嚴助諭意風指於南越師古曰風讀曰諷以天子之意指諷告也南
越王頓首曰天子迺幸興兵誅閩越死無以報即

遣太子隨助入侍助還又諭淮南曰皇帝問淮南
王使中大夫玉上書言事聞之朕奉先帝之休德
夙興夜寐明不能燭師古曰燭照也重以不德師古曰重音直用反是以
比年凶菑害衆師古曰菑古災字夫以眇眇之身託于王侯
之上內有飢寒之民南夷相攘師古曰攘謂相侵奪也音人羊反使邊
騷然不安朕甚懼焉今王深惟重慮師古曰惟思也慮計也明
太平以弼朕失稱三代至盛際天接地人迹所及
咸盡賓服藐然甚慙如淳曰王之所言藐然聞之甚慙也師古曰藐遠也言不可及也藐音武卓反嘉
王之意靡有所終師古曰靡無也終極也使中大夫助諭朕意
告王越事助諭意曰今者大王以發屯臨越事上

書陛下故遣臣助告王其事王居遠事薄遽不與王同其計（如淳曰薄迫也言事迫不暇得先與王共議之或曰薄語助也師古曰薄迫是也遽速也音其據反）朝有闕政遺王之憂（師古曰言朝政有闕乃使王有憂也遺猶與也）陛下甚恨之夫兵固凶器明主之所重出也（師古曰重難也）然自五帝三王禁暴止亂非兵未之聞也漢爲天下宗操殺生之柄（師古曰操執持也音千高反）以制海內之命危者望安亂者卬治（師古曰卬讀曰仰謂仰而望之）今越閩王狠戾不仁（師古曰狠性貪戾凡言狠戾者謂貪而戾）殺其骨肉離其親戚所爲甚多不義又數舉兵侵陵百越并兼鄰國以爲暴彊陰計奇策入燔尋陽樓船（師古曰漢有樓船貯在尋陽也）欲招會稽之地以踐句踐之迹（師古曰先是越王句踐稱霸中國今越王欲慕之句音功候反）今者邊又言閩王率兩國擊南越陛下爲萬民安危久遠之計使人諭告之曰天下安寧各繼世撫民禁毋敢相并有司疑其以虎狼之心貪據百越之利或於逆順不奉明詔則會稽豫章必有長患且天子誅而不伐焉有勞百姓苦士卒乎（師古曰王者之兵但行誅耳無有戰鬭故云不伐也）故遣兩將屯於境上震威武揚聲鄉（師古曰鄉讀曰嚮也）屯曾未會（師古曰言兵未盡集）天誘其衷閩王隕命輒遣使者罷屯毋後農時（師古曰令及農時不待後也）南越王甚嘉被惠澤蒙休德願革心易行身從使者入謝（師古曰革改也）有狗馬之病不能勝服（師古曰服謂朝服也）故

遣太子嬰齊入侍病有瘳願伏北闕望大廷以報盛德閩王以八月舉兵於冶南（蘇林曰山名也今名東冶屬會稽）士卒罷倦（師古曰罷讀曰疲）三王之衆相與攻之因其弱弟餘善以成其謀至今國空虛遣使者上符節請所立不敢自立以待天子之明詔此一舉不挫一兵之鋒不用一卒之死而閩王伏辜南越被澤威震暴王義存危國此則陛下深計遠慮之所出也事效見前（師古曰見顯也前謂目前）故使臣助來諭王意於是王謝曰雖湯伐桀文王伐崇誠不過此臣安妄以愚意狂言陛下不忍加誅使使者臨詔臣安以所不聞（師古曰先未聞者今得聞也）誠不勝厚幸助由是與淮南王相結而還上大說（師古曰說讀曰悅）助侍燕從容（師古曰從容閒語也從音千容反）上問助居鄉里時助對曰家貧爲友壻富人所辱（師古曰友壻同門之壻）上問所欲對願爲會稽太守於是拜爲會稽太守數年不聞問（師古曰無善聲）賜書曰制詔會稽太守君猒承明之廬（張晏曰承明廬在石渠閣外直宿所止曰廬）勞侍從之事懷故土（師古曰懷思也）出爲郡吏會稽東接於海南近諸越（師古曰越種非一故言諸）北枕大江（師古曰枕臨也）間者闊焉久不聞問具以春秋對毋以蘇秦從橫（師古曰從音子容反）助恐上書謝稱春秋天王出居于鄭不能事母故絕之（師古曰周惠王之子襄王也弟叔帶有寵於惠后欲立之故襄王避

難而出奔也僖二十四年經書天王出居於鄭公羊傳曰王者無外此其言出何不能乎母也臣事君猶子事
父母也臣助當伏誅陛下不忍加誅願奉三年計
最如淳曰舊法當使丞奉歲計今躬自欲入奉也晉灼曰最凡要也詔許因留侍中有奇
異輒使爲文師古曰謂非常之文及作賦頌數十篇後淮南王
來朝厚賂遺助交私論議及淮南王反事與助相
連上薄其罪欲勿誅師古曰以其過爲輕小廷尉張湯爭以爲
助出入禁門腹心之臣而外與諸侯交私如此不
誅後不可治助竟棄市

朱買臣字翁子吳人也家貧好讀書不治產業常
艾薪樵賣以給食師古曰艾讀曰刈給供也擔束薪行且誦書其

妻亦負戴相隨數止買臣毋歌嘔道中師古曰嘔讀曰謳音一侯反
買臣愈益疾歌妻羞之求去買臣笑曰我年五十
當富貴今已四十餘矣女苦日久待我富貴報女功
師古曰女皆讀曰汝妻恚怒曰如公等終餓死溝中耳何能富
貴買臣不能留即聽去其後買臣獨行歌道中負
薪墓間故妻與夫家俱上冢見買臣飢寒呼飯飲
之師古曰飯謂飤之音扶晚反飲音於禁反後數歲買臣隨上計吏爲卒將
重車至長安師古曰買臣身自充卒而與計吏將重車也載衣食具曰重車重音直用反詣闕上
書書久不報待詔公車糧用乏上計吏卒更乞匄
之師古曰更音工衡反乞音氣匄音工大反會邑子嚴助貴幸薦買臣召見

說春秋言楚詞帝甚說之師古曰說讀曰悅拜買臣爲中大
夫與嚴助俱侍中是時方築朔方公孫弘諫以爲
罷敝中國師古曰罷讀曰疲上使買臣難詘弘語在弘傳後
買臣坐事免久之召待詔是時東越數反覆買臣
因言故東越王居保泉山師古曰泉山即今泉州之山也臨海去海十餘里保者保守之
以自固說者乃云保是地名失之矣一人守險千人不得上今聞東越王
更徙處南行去泉山五百里居大澤中今發兵浮
海直指泉山陳舟列兵席卷南行可破滅也上拜
買臣會稽太守上謂買臣曰富貴不歸故鄉如衣
繡夜行今子何如買臣頓首辭謝詔買臣到郡治

樓船備糧食水戰具須詔書軍到與俱進師古曰須待也初
買臣免待詔常從會稽守邸者寄居飯食師古曰飯音扶晚反
拜爲太守買臣衣故衣懷其印綬步歸郡邸直上
計時會稽吏方相與羣飲師古曰直讀曰值不視買臣買臣
入室中守邸與共食食且飽少見其綬師古曰見顯示也守
邸怪之前引其綬視其印會稽太守章也守邸驚
出語上計掾吏皆醉大呼曰妄誕耳師古曰誕大言也呼音火故反下
亦同守邸曰試來視之其故人素輕買臣者入內視
之還走疾呼曰實然坐中驚駭白守丞服虔曰守邸丞也張晏曰漢舊
郡國丞長吏與計吏俱送計也師古曰張說是也謂之守丞者繫太守而言也守音式授反相推排陳列中

庭拜謁買臣徐出戶有頃長安廄吏乘駟馬車來
迎張晏曰故事大夫乘官車駕駟如今州牧刺史矣買臣遂乘傳去師古曰傳音張戀反會稽
聞太守且至發民除道縣長吏並送迎車百餘乘
入吳界見其故妻妻夫治道買臣駐車呼令後車
載其夫妻到太守舍置園中給食之師古曰食讀曰飤居一
月妻自經死買臣乞其夫錢令葬師古曰乞音氣悉召見故
人與飲食諸嘗有恩者皆報復焉師古曰復音扶目反居歲餘
買臣受詔將兵與橫海將軍韓說等俱擊破東越
有功師古曰說讀曰悅徵入爲主爵都尉列於九卿數年坐
法免官復爲丞相長史張湯爲御史大夫始買臣

與嚴助俱侍中貴用事湯尚爲小吏趨走買臣等
前後湯以廷尉治淮南獄排陷嚴助買臣怨湯及
買臣爲長史湯數行丞相事知買臣素貴故陵折
之買臣見湯坐牀上弗爲禮師古曰言不動容以禮之也爲音于僞反買臣
怨常欲死之師古曰致死以害之後遂告湯陰事湯自殺上亦
誅買臣買臣子山拊如淳曰拊音夫官至郡守右扶風
吾丘壽王字子贛趙人也年少以善格五召待詔
蘇林曰博之類不用箭但行梟散孟康曰格音各行伍相各故言各劉德曰格五棊行簺法曰塞白乘五至五格不得行故云格五師古曰即今戲之簺也音先代反詔使從中大夫董仲舒受春秋高材通
明遷爲侍中中郎坐法免上書謝罪願養馬黃門

上不許師古曰請於黃門供養馬之事後願守塞扞寇難復不許久
之上疏願擊匈奴詔問狀壽王對良善復召爲郎
稍遷會東郡盜賊起拜爲東郡都尉上以壽王爲
都尉不復置太守是時軍旅數發年歲不孰多盜
賊詔賜壽王璽書曰子在朕前之時知略輻湊師古曰言其無方而至若車輻之歸於轂以爲天下少雙海內寡二及至連十
餘城之守任四千石之重師古曰郡守都尉皆二千石以壽王爲都尉不置太守兼揔二任故云四千石也職事並廢盜賊從橫師古曰從音子庸反甚不稱在前
時何也壽王謝罪因言其狀復徵入爲光祿大夫
侍中丞相公孫弘奏言民不得挾弓弩十賊彍弩

百吏不敢前張晏曰彍音郭師古曰引滿曰彍盜賊不輒伏辜免脫者
衆害寡而利多此盜賊所以蕃也師古曰蕃亦多也音扶元反禁民
不得挾弓弩則盜賊執短兵短兵接則衆者勝以
衆吏捕寡賊其埶必得盜賊有害無利則莫犯法
刑錯之道也臣愚以爲禁民毋得挾弓弩便上下
其議壽王對曰臣聞古者作五兵非以相害以禁
暴討邪也師古曰五兵謂矛戟弓劍戈安居則以制猛獸而備非常
有事則以設守衛而施行陣及至周室衰微上無
明王諸侯力政彊侵弱衆暴寡海內抏敝巧詐並
生師古曰抏訛盡也音五官反是以知者陷愚勇者威怯苟以得勝

爲務不顧義理故機變械飾所以相賊害之具不可勝數於是秦兼天下廢王道立私議滅詩書而首法令(師古曰以法令爲首)去仁恩而任刑戮(師古曰戮去除也)墮名城殺豪桀(師古曰墮毀也音火規反)銷甲兵折鋒刃其後民以耰鉏箠梃相撻擊(師古曰耰摩田之器也箠馬撾也梃大杖也耰音憂箠音之累反梃音大鼎反)犯法滋衆盜賊不勝(師古曰滋益也不勝言不可勝也)至於赭衣塞路羣盜滿山卒以亂亡故聖王務教化而省禁防知其不足恃也今陛下昭明德建太平舉俊材興學官三公有司或由窮巷起白屋裂地而封(師古曰白屋以白茅覆屋也壽王言此者并以譏公孫弘)宇內日化方外鄉風(師古曰鄉讀曰嚮)然而盜賊猶有者

郡國二千石之罪非挾弓弩之過也禮曰男子生桑弧蓬矢以舉之明示有事也(師古曰有四方扞禦之事)孔子曰吾何執執射乎(師古曰論語載孔子之言)大射之禮自天子降及庶人三代之道也詩云大侯既抗弓矢斯張射夫既同獻爾發功(師古曰小雅賓之初筵之詩也侯所以居的以皮爲之天子射豹侯諸侯射熊侯卿大夫射麋侯士射鹿豕侯抗舉也射夫衆射者也同同耦也言既舉大侯又張弓矢分耦而射則獻其發矢中的之功也)言貴中也(師古曰中音竹仲反)愚聞聖王合射以明教矣未聞弓矢之爲禁也且所爲禁者爲盜賊之以攻奪也攻奪之罪死然而不止者大姦之於重誅固不避也臣恐邪人挾之而吏不能止良民以自備而抵法禁(師古曰抵觸也)是擅賊威而奪民救也(師古曰擅專也)竊以爲無益於禁姦而廢先王之典使學者不得習行其禮大不便書奏上以難丞相弘弘詘服焉及汾陰得寶鼎武帝嘉之薦見宗廟臧於甘泉宮群臣皆上壽賀曰陛下得周鼎壽王獨曰非周鼎上聞之召而問之曰今朕得周鼎羣臣皆以爲然壽王獨以爲非何也有說則可無說則死壽王對曰臣安敢無說臣聞周德始乎后稷長於公劉大於大王(師古曰公劉后稷曾孫也大王文王之祖則古公亶甫也)成於文武顯於周公德澤上昭天下漏泉(師古曰昭明也漏言潤澤下霑如屋之漏)無所不通上天報應鼎爲周出故名曰周

鼎今漢自高祖繼周亦昭德顯行布恩施惠六合和同至於陛下恢廓祖業功德愈盛天瑞並至珍祥畢見昔秦始皇親出鼎於彭城而不能得天祚有德而寶鼎自出此天之所以與漢迺漢寶非周寶也上曰善羣臣皆稱萬歲是日賜壽王黃金十斤後坐事誅

主父偃齊國臨菑人也學長短從橫術(服虔曰蘇秦法百家書說也師古曰長短解在張湯傳從橫說在蓺文志)晚迺學易春秋百家之言游齊諸子閒(師古曰諸子諸侯王子)諸儒生相與排儐不容於齊家貧假貣無所得(師古曰貣音土得反)北游燕趙中山皆莫能厚客甚

困以諸侯莫足游者元光元年迺入關見衛將軍（師古曰衛青）衛將軍數言上上不省資用乏留久諸侯賓客多厭之迺上書闕下朝奏暮召入見所言九事其八事為律令一事諫伐匈奴曰臣聞明主不惡切諫以博觀忠臣不避重誅以直諫是故事無遺策而功流萬世今臣不敢隱忠避死以效愚計願陛下幸赦而少察之司馬法曰國雖大好戰必亡天下雖平忘戰必危（師古曰司馬穰苴善用兵著書言兵法謂之司馬法一說司馬古主兵之官有軍陳用兵之法）天下既平天子大愷（應劭曰大愷周禮還師振旅之樂也）春蒐秋獮諸侯春振旅秋治兵所以不忘戰也（師古曰春為陽中其行木也秋為陰中其行金也金木兵器所貢故以此時蒐獮治兵也蒐蒐索也取不孕者獮應殺氣也振整旅眾也獮音先淺反）且怒者逆德也兵者凶器也爭者末節也古之人君一怒必伏尸流血故聖王重行之（師古曰重難也）夫務戰勝窮武事未有不悔者也昔秦皇帝任戰勝之威蠶食天下并吞戰國海內為一功齊三代務勝不休欲攻匈奴李斯諫曰不可夫匈奴無城郭之居委積之守遷徙鳥舉難得而制輕兵深入糧食必絕運糧以行重不及事得其地不足以為利得其民不可調而守也（李奇曰不可和調也）勝必棄之非民父母靡敝中國甘心匈奴（師古曰靡散也音縻其下類此）非完計也秦皇帝不聽遂使蒙恬

將兵而攻胡卻地千里以河為境地固澤鹵不生五穀（師古曰地多沮澤而鹹鹵）然後發天下丁男以守北河暴兵露師十有餘年死者不可勝數終不能踰河而北是豈人眾之不足兵革之不備哉其勢不可也又使天下飛芻輓粟（師古曰運載芻槀令其疾至故曰飛芻也輓謂引車船也音晚）起於黃腄琅邪負海之郡轉輸北河（師古曰黃腄二縣名也並在東萊言自東萊及琅邪緣海諸郡皆令轉輸至北河也腄音直瑞反又音誰）率三十鍾而致一石（師古曰六斛四斗為鍾計其道路所費凡用百九十二斛乃得一石至）男子疾耕不足於糧餉（師古曰餉亦饟字）女子紡績不足於帷幕百姓靡敝孤寡老弱不能相養道死者相望（師古曰道死謂死於路也）蓋天下始叛也及至高皇帝定天下略地於邊聞匈奴聚代谷之外而欲擊之御史成諫曰不可夫匈奴獸聚而鳥散從之如搏景（師古曰搏擊也搏人之陰景言不可得也）今以陛下盛德攻匈奴臣竊危之高帝不聽遂至代谷果有平城之圍高帝悔之迺使劉敬往結和親然後天下亡干戈之事故兵法曰興師十萬日費千金秦常積眾數十萬人雖有覆軍殺將係虜單于（師古曰覆音芳目反）適足以結怨深讎不足以償天下之費夫匈奴行盜侵敺所以為業天性固然（師古曰來侵邊境而敺略人畜也敺與驅同其字從攴音普木反）上自虞夏殷周固不程督（師古曰程課也督視責也）禽獸畜之不比為人夫不上

觀虞夏殷周之統而下循近世之失此臣之所以大恐百姓所疾苦也且夫兵久則變生事苦則慮易師古曰言思慮變易失其常也使邊境之民靡敝愁苦將吏相疑而外市張晏曰與外國交求己利若章邯之比也故尉佗章邯得成其私師古曰佗音徒何反而秦政不行權分二子此得失之效也故周書曰安危在出令存亡在所用師古曰此周書者本尚書之餘願陛下孰計之而加察焉是時徐樂嚴安亦俱上書言世務書奏上召見三人謂曰公皆安在何相見之晚也師古曰言皆者各在何處迺拜偃樂安皆為郎中偃數上疏言事遷謁者中郎中大夫歲中四遷偃說上曰古者諸侯地

不過百里彊弱之形易制今諸侯或連城數十地方千里緩則驕奢易為淫亂急則阻其彊而合從師古曰從音子容反以逆京師今以法割削則逆節萌起師古曰萌謂事之始生如草木之萌牙也前日朝錯是也今諸侯子弟或十數而適嗣代立師古曰適讀曰嫡餘雖骨肉無尺地之封則仁孝之道不宣願陛下令諸侯得推恩分子弟以地侯之彼人人喜得所願上以德施實分其國必稍自銷弱矣於是上從其計又說上曰茂陵初立天下豪桀兼幷之家亂衆民皆可徙茂陵內實京師外銷姦猾此所謂不誅而害除上又從之尊立衛皇后及

發燕王定國陰事偃有功焉大臣皆畏其口賂遺累千金或說偃曰大橫師古曰橫音胡孟反偃曰臣結髮游學四十餘年身不得遂師古曰遂猶達也親不以為子昆弟不收賓客弃我我阨日久矣丈夫生不五鼎食死則五鼎亨耳張晏曰五鼎食牛羊豕魚麋也諸侯五卿大夫三師古曰五鼎亨之謂被鑊亨之誅吾日暮故倒行逆施之師古曰暮言年齒老也倒行逆施謂不遵常理此語本出五子胥偃述而稱之偃盛言朔方地肥饒外阻河蒙恬城以逐匈奴內省轉輸戍漕廣中國滅胡之本也上覽其說下公卿議皆言不便公孫弘曰秦時嘗發三十萬衆築北河終不可就師古曰就成也已而弃之朱買臣難詘弘遂置朔方

本偃計也元朔中偃言齊王內有淫失之行師古曰失讀曰佚音尹一反上拜偃為齊相至齊徧召昆弟賓客散五百金予之數曰師古曰數責也數音所具反始吾貧時昆弟不我衣食賓客不我內門師古曰衣音於既反食讀曰飤內門謂內之於門中也今吾相齊諸君迎我或千里吾與諸君絕矣毋復入偃之門迺使人以王與姊姦事動王王以為終不得脫恐效燕王論死迺自殺偃始為布衣時嘗游燕趙及其貴發燕事趙王恐其為國患欲上書言其陰事為居中不敢發及其為齊相出關即使人上書告偃受諸侯金以故諸侯子多以得封者及齊王以自

殺閭上大怒以爲偃劫其王令自殺迺徵下吏治
偃服受諸侯之金實不劫齊王令自殺上欲勿誅
公孫弘爭曰齊王自殺無後國除爲郡入漢偃本
首惡非誅偃無以謝天下迺遂族偃偃方貴幸時
客以千數及族死無一人視獨孔車收葬焉上聞
之以車爲長者

徐樂燕無終人也上書曰臣聞天下之患在於土
崩不在瓦解古今一也何謂土崩秦之末世是也陳
涉無千乘之尊疆土之地身非王公大人名族之
後鄉曲之譽非有孔曾墨子之賢陶朱猗頓之富

也然起窮巷奮棘矜師古曰棘戟也矜者戟之把也時秦銷兵器故但有戟之把耳矜音巨巾反此
下亦同偏袒大呼天下從風師古曰呼音火故反此其故何也由民
困而主不恤下怨而上不知俗已亂而政不脩此
三者陳涉之所以爲資也此之謂土崩故曰天下
之患在乎土崩何謂瓦解吳楚齊趙之兵是也七
國謀爲大逆號皆稱萬乘之君帶甲數十萬威足
以嚴其境內財足以勸其士民然不能西攘尺寸
之地師古曰攘謂侵取漢地而身爲禽於中原者此其故何也
非權輕於匹夫而兵弱於陳涉也當是之時先帝
之德未衰而安土樂俗之民衆故諸侯無竟外之

助師古曰竟讀曰境其下同此之謂瓦解故曰天下之患不在瓦
解由此觀之天下誠有土崩之埶雖布衣窮處之
士或首難而危海內師古曰首難謂首唱而作難也陳涉是也況三晉
之君或存乎師古曰韓魏趙三國本共分晉故稱三晉天下雖未治也誠能
無土崩之埶雖有彊國勁兵不得還踵而身爲禽
師古曰還讀曰旋吳楚是也況羣臣百姓能爲亂乎此二體
者安危之明要賢主之所留意而深察也間者關
東五穀數不登年歲未復師古曰復音扶目反民多窮困重之
以邊境之事師古曰重音直用反推數循理而觀之民宜有不
安其處者矣不安故易動易動者土崩之埶也故

賢主獨觀萬化之原明於安危之機脩之廟堂之
上而銷未形之患也其要期使天下無土崩之埶
而已矣故雖有彊國勁兵陛下逐走獸射飛鳥弘
游燕之囿淫從恣之觀極馳騁之樂自若師古曰自若者言如
其常無所廢損也從讀曰縱金石絲竹之聲不絕於耳帷幄之私俳
優朱儒之笑不乏於前而天下無宿憂師古曰宿久也名何
必夏子俗何必成康服虔曰夏禹也子湯也湯子姓雖然臣竊以陛下
天然之質寬仁之資而誠以天下爲務則湯文不
難侔而成康之俗未必不復興也師古曰侔等也此二體者
立然後處尊安之實揚廣譽於當世親天下而服

四夷餘恩遺德爲數世隆南面背依攝袂而揖王公（師古曰依讀曰扆已解於上）此陛下之所服也（師古曰服事也）臣聞圖王不成其敝足以安（師古曰言其敝末之法猶足自安也）安則陛下何求而不得何威而不成奚征而不服哉（師古曰奚何也）

嚴朱吾丘主父徐嚴終王賈傳第三十四上

嚴朱吾丘主父徐嚴終王賈傳三十四下 師古曰此卷首尚載嚴朱
吾丘主父徐者存其本書題目以示不變易也 班固 漢書六十四
秘書監上護軍琅邪縣開國子顏 師古 注
嚴安者臨菑人也以故丞相史上書曰臣聞鄒子
曰 師古曰鄒衍之書也 政教文質者所以云救也 師古曰以救敝 當時則
用過則舍之 師古曰非其時則廢置也 有易則易之 師古曰可變易者則易也 故
守一而不變者未睹治之至也今天下人民用財
侈靡車馬衣裘宮室皆競修飾調五聲使有節族
蘇林曰族音奏師古曰節止也奏進也 雜五色使有文章重五味方丈於
前以觀欲天下 孟康曰觀猶顯也欲音慾師古曰顯示之使其慕欲也 彼民之情見

美則願之是教民以侈也侈而無節則不可贍 師古
曰贍足也 民離本而徼末矣 師古曰徼要求也音工堯反 末不可徒得 師古
曰徒空也 故搢紳者不憚為詐帶劒者夸殺人以矯奪
師古曰夸大也競也矯僞也 而世不知媿故姦軌浸長 師古曰浸漸也 夫佳麗
珍怪固順於耳目故養失而泰樂失而淫禮失而
采 如淳曰采飾也師古曰采者文過其實也 教失而僞僞采淫泰非所以範
民之道也 師古曰範謂為之立法也 是以天下人民逐利無已犯法
者眾臣願為民制度以防其淫使貧富不相燿以
和其心心既和平其性恬安恬安不營則盜賊銷
盜賊銷則刑罰少刑罰少則陰陽和四時正風雨

時草木暢茂五穀蕃孰六畜遂字 師古曰蕃多也遂成也字生也蕃音扶元反
民不夭厲和之至也 師古曰厲病也 臣聞周有天下其治三
百餘歲成康其隆也刑錯四十餘年而不用及其
衰亦三百餘年故五伯更起 師古曰伯讀曰霸更音工衡反其下並同 伯者
常佐天子興利除害誅暴禁邪匡正海內以尊天
子五伯既沒賢聖莫續天子孤弱號令不行諸侯
恣行彊陵弱眾暴寡田常篡齊六卿分晉並為戰
國此民之始苦也於是彊國務攻弱國備守合從
連衡馳車轂擊 師古曰車轂相擊言其眾多也從音子容反 介胄生蟣蝨民
無所告愬及至秦王蠶食天下并吞戰國稱號皇

帝一海內之政壞諸侯之城銷其兵鑄以為鍾虡
師古曰虡懸鍾者也解在賈山司馬相如傳 示不復用元元黎民得免於戰國
逢明天子人人自以為更生 師古曰言天下既免戰國之苦若逢明聖之主則可以更
生而秦皇反為虐政以殘害也 鄉使秦緩刑罰薄賦斂 師古曰鄉讀曰嚮 省繇役
貴仁義賤權利上篤厚下佞巧變風易俗化於海
內則世世必安矣秦不行是風循其故俗為知巧
權利者進篤厚忠正者退法嚴令苛讇諛者眾 師古
曰讇古諂字 日聞其美意廣心逸欲威海外使蒙恬將兵
以北攻彊胡辟地進境 師古曰辟讀曰闢 戍於北河飛芻輓
粟以隨其後又使尉屠睢將樓船之士攻越使監

祿鑿渠運糧深入越地越人遁逃曠日持久糧食乏絕越人擊之秦兵大敗秦乃使尉佗將卒以戍越當是時秦禍北構於胡南挂於越師古曰挂縣也宿兵於無用之地師古曰宿留也進而不得退行十餘年丁男被甲丁女轉輸苦不聊生自經於道樹死者相望及秦皇帝崩天下大畔陳勝吳廣舉陳師古曰舉謂起兵也武臣張耳舉趙項梁舉吳田儋舉齊景駒舉郢周市舉魏韓廣舉燕窮山通谷豪士並起不可勝載也然本皆非公侯之後非長官之吏師古曰長官謂一官之長也無尺寸之埶起閭巷杖棘矜應時而動不謀而俱起不約而同

會壤長地進至乎伯王張晏曰長進益也師古曰言其稍稍攻伐進益土境以至彊大也長音竹兩反伯讀曰霸時教使然也秦貴為天子富有天下滅世絕祀窮兵之禍也故周失之弱秦失之彊不變之患也今徇南夷朝夜郎降羌僰略薉州建城邑張晏曰薉貊也師古曰薉與穢同深入匈奴燔其龍城師古曰燔燒也龍城匈奴祭天處燔音扶元反議者美之此人臣之利非天下之長策也今中國無狗吠之驚而外累於遠方之備靡敝國家師古曰累音力瑞反非所以子民也師古曰子謂養之如子也行無窮之欲甘心快意結怨於匈奴非所以安邊也禍挐而不解兵休而復起師古曰挐相連引也音女居反近者愁苦遠者驚駭非所以持久也

今天下鍛甲摩劍矯箭控弦師古曰矯正曲使直也控引也轉輸軍糧未見休時此天下所共憂也夫兵久而變起事煩而慮生今外郡之地或幾千里師古曰幾音鉅依反下亦同列城數十形束壤制孟康曰言其土地形埶足以束制其民帶脅諸侯師古曰帶者言諸侯之於郡守譬若佩帶謂細小也脅謂其威力足以脅之也一曰帶在脅旁附著之義也非宗室之利也上觀齊晉所以亡公室卑削六卿大盛也下覽秦之所以滅刑嚴文刻欲大無窮也今郡守之權非特六卿之重也地幾千里非特閭巷之資也甲兵器械非特棘矜之用也以逢萬世之變則不可勝諱也師古曰言不可盡諱者言必滅亡也後以安為騎馬令師古曰主天子之騎馬也騎音其寄反

終軍字子雲濟南人也少好學以辯博能屬文聞於郡中師古曰屬音之欲反年十八選為博士弟子至府受遣師古曰博士弟子屬太常受遣者由郡遣詣京師太守聞其有異材召見軍甚奇之與交結軍揖太守而去至長安上書言事武帝異其文拜軍為謁者給事中從上幸雍祠五畤獲白麟一角而五蹄師古曰每一足有五蹄也時又得奇木其枝旁出輒復合於木上上異此二物博謀羣臣師古曰訪其徵應也軍上對曰臣聞詩頌君德樂舞后功異經而同指明盛德之所隆也南越竄屏葭葦與鳥魚羣師古曰葭蘆也成長則曰葦葭音加正朔不及其俗有司臨境而東甌內附閩

王伏𦍒南越賴救北胡隨畜薦居蘇林曰薦草也師古曰蘇說非也薦讀曰荐荐屢也言隨畜牧屢易故居不安住也左傳戎狄荐居者也禽獸行虎狼心上古未能攝大將軍秉鉞單于犇幕師古曰犇古奔字票騎抗旌昆邪右衽師古曰抗舉也右衽從中國化也昆音下門反是澤南洽而威北暢也師古曰洽溥也暢達也昔罰不阿近舉不遺遠設官竢賢縣賞待功師古曰竢古俟字次下亦同能者進以保祿罷者退而勞力師古曰罷讀曰疲謂不堪職任者也勞力歸農畝也刑於宇內矣師古曰刑法也謂成法於宇內也一曰刑見之履衆美而不足懷聖明而不專師古曰言自謙也建三宮之文質章厥職之所宜服虔曰三宮明堂辟雍靈臺也鄭氏曰於三宮班政教有文質者也封禪之君無聞焉張晏曰前世封禪之君不聞若斯之美也夫天命初定萬事草創師古曰謂

始受命之君也及臻六合同風九州共貫必待明聖潤色祖業傳於無窮師古曰潤色謂光飾之故周至成王然後制定而休徵之應見師古曰休美也徵證也陛下盛日月之光垂聖思於勤成專神明之敬奉燔瘞於郊宮師古曰燔祭天也瘞祭地也祭天則燒之祭地則薶之郊宮謂泰畤及后土也獻享之精交神積和之氣塞明師古曰塞荅也明者明靈亦謂神也而異獸來獲宜矣昔武王中流未濟白魚入於王舟俯取以燎羣公咸曰休哉師古曰謂伐紂時解在董仲舒傳今郊祀未見於神祇而獲獸以饋師古曰以饋謂充祭祖也此天之所以示饗而上通之符合也宜因昭時令日改定告元張晏曰改元年以告神祇也師古曰昭明也令善也苴以白茅於江淮發嘉

號于營丘以應緝熙服虔曰苴作席也張晏曰江淮職貢三脊茅為藉也孟康曰嘉號封禪也泰山在齊分野故曰營丘也或曰登封泰山以明姓號也師古曰苴音祖又音子豫反非苞苴之苴也使著事者有紀焉師古曰謂史官也紀記也蓋六鶂退飛逆也張晏曰六鶂退飛象諸侯畔逆宋襄公伯道退也白魚登舟順也張晏曰周木德也舟木也殷水德魚水物魚躍登舟象諸侯順周以紂畀武王也臣瓚曰時論者未以周為木殷為水也謂武王伐殷而魚入王舟象征而必獲故曰順也師古曰瓚說是也夫明闇之徵上亂飛鳥下動淵魚師古曰亂變也各以類推今野獸并角明同本也師古曰并合也獸皆兩角今此獨一故云并也衆支內附示無外也若此之應殆將有解編髮削左衽襲冠帶要衣裳而蒙化者焉師古曰要衣裳謂著中國之衣裳也編讀曰辮要音一遙反斯拱而竢之耳師古曰拱手而待之言其即至對奏上甚異之由是改元為元狩後數月越

地及匈奴名王有率衆來降者時皆以軍言為中師古曰中音竹仲反元鼎中博士徐偃使行風俗師古曰行音下更反偃矯制師古曰矯託也託言受詔也使膠東魯國鼓鑄鹽鐵如淳曰鑄銅鐵扇熾火謂之鼓還奏事徙為太常丞御史大夫張湯劾偃矯制大害法至死偃以為春秋之義大夫出疆有可以安社稷存萬民顓之可也師古曰顓與專同下亦類此湯以致其法不能詘其義有詔下軍問狀軍詰偃曰古者諸侯國異俗分百里不通時有聘會之事安危之埶呼吸成變故有不受辭造命顓已之宜今天下為一萬里同風故春秋王者無外偃巡封域之中稱以出疆

何也且鹽鐵郡有餘臧師古曰先有畜積正二國廢國家不足以爲利害而以安社稷存萬民爲辭何也又詰偃膠東南近琅邪北接北海魯國西枕泰山東有東海受其鹽鐵偃度四郡口數田地師古曰度計也音大各反率其用器食鹽不足以并給二郡邪將埶宜有餘而吏不能也何以言之偃矯制而鼓鑄者欲及春耕種贍民器也師古曰贍足也今魯國之鼓當先具其備師古曰備者猶今言調度至秋乃能舉火此言與實反者非師古曰重問之偃已前三奏無詔師古曰不報聽也不惟所爲不許師古曰惟思也而直矯作威福以從民望干名采譽師古曰干求也采取也此明聖所

必加誅也枉尺直尋孟子稱其不可師古曰孟子孟軻也八尺曰尋孟子之書曰陳代問於孟子曰枉尺直尋若何爲也孟子曰子過矣枉己者未有能直人者也尋長而尺短故陳代言所直者多而所曲者少則可爲之孟子以爲苟有少曲則害於大直故不可也今所犯罪重所就者小師古曰就成也偃自予必死而爲之邪師古曰予許也將幸誅不加欲以采名也師古曰幸冀也偃窮詘服罪當死軍奏偃矯制顓行非奉使體請下御史徵偃即罪師古曰徵召也即就也奏可上善其詰有詔示御史大夫初軍從濟南當詣博士步入關關吏予軍繻張晏曰繻音須繻符也書帛裂而分之若券契矣蘇林曰繻帛邊也舊關出入皆以傳傳煩因裂繻頭合以爲符信也師古曰蘇說是也軍問以此何爲吏曰爲復傳師古曰復返也謂返出關更以爲傳復音扶福反傳音張戀反次下亦同還當以合符軍曰丈夫西游

終不復傳還棄繻而去軍爲謁者使行郡國師古曰行音下更反其後亦同建節東出關關吏識之曰此使者迺前棄繻生也軍行郡國所見便宜以聞還奏事上甚說師古曰說讀曰悅當發使匈奴師古曰漢朝欲遣人爲使於匈奴也軍自請曰軍無橫草之功師古曰言行草中使草偃臥故云橫草也得列宿衛食祿五年邊境時有風塵之警臣宜被堅執銳當矢石啓前行師古曰行音下郎反駑下不習金革之事今聞將遣匈奴使者臣願盡精厲氣奉佐明使畫吉凶於單于之前臣年少材下孤於外官師古曰孤遠也外官謂非侍衞之臣也不足以亢一方之任師古曰亢當也音抗竊不勝憤懣詔問畫吉凶之狀上奇

軍對擢爲諫大夫南越與漢和親迺遣軍使南越說其王欲令入朝比內諸侯軍自請願受長纓必羈南越王而致之闕下師古曰言如馬羈也軍遂往說越王越王聽許請舉國內屬天子大說師古曰說讀曰悅賜南越大臣印綬壹用漢法以新改其俗令使者留填撫之師古曰填音竹刃反越相呂嘉不欲內屬發兵攻殺其王及漢使者皆死語在南越傳軍死時年二十餘故世謂之終童

王褒字子淵蜀人也宣帝時修武帝故事講論六藝羣書博盡奇異之好徵能爲楚辭九江被公師古

曰被姓也音皮義反召見誦讀益召高材劉向張子僑華龍柳褒等待詔金馬門師古曰華音戶化反神爵五鳳之閒天下殷富數有嘉應上頗作歌詩欲興協律之事丞相魏相奏言知音善鼓雅琴者渤海趙定梁國龔德皆召見待詔於是益州刺史王襄欲宣風化於衆庶聞王褒有俊材請與相見使褒作中和樂職宣布詩師古曰中和者言政治和平也樂職者言百官各得其職也宣布者風化普洽無所不被選好事者令依鹿鳴之聲習而歌之時氾鄉侯何武爲僮子選在歌中師古曰氾音凡久之武等學長安歌太學下轉而上聞宣帝召見武等觀之皆賜帛謂曰此盛德之事吾

何足以當之褒既爲刺史作頌師古曰即上中和樂職宣布詩也以美盛德故謂之頌也又作其傳師古曰解釋頌歌之義及作者之意益州刺史因奏褒有軼材師古曰軼與逸同上迺徵褒既至詔褒爲聖主得賢臣頌其意褒對曰夫荷旃被毳者難與道純緜之麗密師古曰純絲也謂織爲繒帛之麗緻緜纊之密也一說純緜不雜緜也羹藜唅糗者不足與論大牢之滋味服虔曰唅音含師古曰糗即今之熬米麥所爲者音丘九反又音昌少反今臣辟在西蜀師古曰辟讀曰僻生於窮巷之中長於蓬茨之下師古曰蓬茨以蓬蓋屋也茨音才私反無有游觀廣覽之知顧有至愚極陋之累師古曰顧猶反也累音力瑞反不足以塞厚望應明指師古曰塞當也雖然敢不略陳愚而抒情素師古曰抒猶泄也音食汝反記曰共惟春秋法

五始之要服虔曰共敬也張晏曰要春秋稱元年春王正月此五始也師古曰元者氣之始春者四時之始王者受命之始正月者政敎之始公即位者一國之始是爲五始共讀曰恭在乎審己正統而已夫賢者國家之器用也所任賢則趨舍省而功施普師古曰趨讀曰趣普博也器用利則用力少而就效衆故工人之用鈍器也勞筋苦骨終日矻矻應劭曰矻矻勞極貌如淳曰健作貌也師古曰如說是也矻音口骨反及至巧冶鑄干將之樸淸水焠其鋒師古曰焠謂燒而內水中以堅之也鋒刃芒端也焠音千內反越砥斂其咢晉灼曰砥石出南昌故曰越也師古曰咢刃旁也音五各反水斷蛟龍陸剸犀革師古曰剸截也音之究反又音徒官反忽若篲氾畫塗師古曰篲帚也氾氾灑地也塗泥也如以帚埽氾灑之地以刀畫泥中言其易如此則使離婁督繩公輸削墨張晏曰離婁黃帝時明目者也應劭曰公輸魯般性巧者也師古曰督察視也雖崇臺

五增延袤百丈而不溷者工用相得也師古曰溷亂也音胡頓反庸人之御駑馬亦傷吻敝策而不進於行師古曰吻口角也策所以擊馬也匈喘膚汗人極馬倦及至駕齧厀驂乘旦孟康曰良馬低頭口至厀故曰齧厀張晏曰駕則且至故曰乘且師古曰乘音食證反王良執靶張晏曰王良郵無恤字伯樂晉灼曰靶音霸謂轡也師古曰參驗左氏傳及國語孟子郵無恤郵良劉無止王良揔一人也楚辭云驥躊躇於敝輦遇孫陽而得代王逸云孫陽伯樂姓名也列子云伯樂秦穆公時人考其年代不相當張說云良字伯樂斯失之矣韓哀附輿應劭曰世本韓哀作御師古曰宋衷云韓哀韓文侯也時已有御此復言作者加其精巧也然則善御者耳非始作也縱馳騁騖忽如景靡師古曰亂馳曰騖景靡者如光景之徙靡也過都越國蹶如歷塊師古曰如經歷一塊言其速疾之甚塊音口內反追奔電逐遺風師古曰呂氏春秋云遺風之乘言馬行尤疾每在風前故遺風於後今此言逐遺風則是風之遺逸在後者馬能逐及也周流八極萬里壹息何

其遼哉人馬相得也師古曰遼遠也謂所行遠 故服絺綌之涼者不苦盛暑之鬱燠師古曰鬱熱氣也燠溫也音於六反 襲貂狐之煖者不憂至寒之悽愴師古曰悽愴寒冷也煖音乃短反 何則有其具者易其備賢人君子亦聖王之所以易海內也是以嘔喻受之應劭曰嘔喻和悅貌師古曰嘔音於付反 開寬裕之路以延天下英俊也師古曰裕饒也 夫竭知附賢者必建仁策索人求士者必樹伯迹師古曰伯讀曰霸 昔周公躬吐捉之勞故有囹空之隆師古曰一飯三吐食一沐三捉髮以賓賢士故能成太平之化刑措不用囹圄空虛也 齊桓設庭燎之禮故有匡合之功應劭曰有以九九求見桓公桓公不納其人曰九九小術而君不納之況大於九九者乎於是桓公設庭燎之禮而見之居無幾隰朋自遠而至齊桓遂以霸師古曰九九計數之書若今筭經也匡謂一匡天下也合謂九合諸侯 由此觀之君人者勤於求賢而逸於得人師古曰逸閑也 人臣亦然昔賢者之未遭遇也圖事揆策則君不用其謀陳見悃誠則上不然其信師古曰悃至也音口本反 進仕不得施效斥逐又非其愆是故伊尹勤於鼎俎太公困於鼓刀師古曰勤於鼎俎謂負鼎俎以干湯也鼓刀謂屠牛於朝歌也 百里自鬻甯子飯牛師古曰鬻賣也呂氏春秋云百里奚之未遇時也虞亡而虜縛以五羊之皮公孫枝得而悅之獻諸穆公飯牛解在鄒陽傳鬻音弋六反 離此患也師古曰離遭也 及其遇明君遭聖主也運籌合上意諫諍即見聽進退得關其忠任職得行其術去卑辱奧渫而升本朝張晏曰奧幽也渫狎也汙也言撥奧渫汙不章顯也師古曰渫音先列反 離疏釋蹻而享膏粱應劭曰離此疏食釋此木屩也臣瓚曰以繩為蹻也師古曰蹻即今之鞋耳瓚說是也蹻音居略反

剖符錫壤而光祖考傳之子孫以資說士師古曰談說之士傳以為資也 故世必有聖知之君而後有賢明之臣故虎嘯而風冽龍興而致雲師古曰冽冽風貌也音列 蟋蟀俟秋唫蜉蝤出以陰孟康曰蜉蝤渠略也師古曰蟋蟀今之促織也蜉蝤甲蟲也好叢聚而生朝生而夕死蝤音由字亦作蝣其音同也 易曰飛龍在天利見大人師古曰乾卦九五爻辭也言王者居正陽之位賢才見之則利用也 詩曰思皇多士生此王國師古曰大雅文王之詩也思語辭也皇美也言美哉此眾多賢士生此周王之國也 故世平主聖俊艾將自至師古曰艾讀曰乂 若堯舜禹湯文武之君獲稷契皋陶伊尹呂望師古曰契讀與卨同字本作偰後從省耳 明明在朝穆穆列布師古曰明明察也穆穆美也 聚精會神相得益章師古曰章明也 雖伯牙操遞鍾晉灼曰遞音遞迭之遞二十四鍾各有節奏擊之不常故曰遞臣瓚曰楚辭云奏伯牙之號鍾號鍾琴名也馬融笛賦曰號鍾高調伯牙以善鼓琴不聞說能擊鍾也師古曰琴名是也字既作遞則與楚辭不同不得即讀為號當依晉音耳 逢門子彎烏號師古曰逢門善射者即逢蒙也烏號弓名也並解在前也 猶未足以喻其意也故聖主必待賢臣而弘功業俊士亦俟明主以顯其德上下俱欲驩然交欣千載壹合論說無疑翼乎如鴻毛過順風沛乎如巨魚縱大壑師古曰巨亦大也沛音普大反 其得意若此則胡禁不止曷令不行師古曰胡曷皆何也 化溢四表橫被無窮遐夷貢獻萬祥畢溱師古曰溱字與臻同 是以聖王不徧窺望而視已明不單頃耳而聽已聰師古曰單盡也頃讀曰傾 恩從祥風翱德與和氣游師古曰翱翔也 太平之責塞優游之

望得師古曰塞滿也適遊自然之埶恬淡無爲之場休徵自
至壽考無疆雍容垂拱永永萬年何必偃卬詘信
若彭祖呴噓呼吸如僑松如淳曰五帝紀彭祖堯舜時人列僊傳彭祖殷大夫也歷夏至商末
號年七百師古曰信讀曰伸呴噓皆開口出氣也僑王僑松赤松子皆仙人也呴音許于反噓音虛眇然絕俗離世
哉師古曰眇然高遠之意也詩云濟濟多士文王以寧師古曰亦文王之詩也濟濟盛
貌也言文王能多用賢人故邦國得以安寧也蓋信乎其以寧也是時上頗好神
僊故褒對及之上令褒與張子僑等並待詔數從
褒等放獵師古曰放士衆大獵也一曰游放及田獵所幸宮館輒爲歌頌第
其高下以差賜帛議者多以爲淫靡不急上曰不
有博弈者乎爲之猶賢乎已師古曰此論語載孔子之詞也言博弈雖非道藝無事爲

之猶賢也弈今之圍棊也辭賦大者與古詩同義小者辯麗可喜師古
曰喜好也音許吏反辟如女工有綺縠音樂有鄭衛師古曰辟讀曰譬今
世俗猶皆以此虞說耳目師古曰虞與娛同說讀曰悅辭賦比之尚
有仁義風諭師古曰風讀曰諷鳥獸草木多聞之觀賢於倡
優博弈遠矣頃之擢褒爲諫大夫其後太子體不
安苦忽忽善忘不樂詔使褒等皆之太子宮虞侍
太子師古曰之往也朝夕誦讀奇文及所自造作疾平復迺
歸師古曰復音扶目反太子喜褒所爲甘泉及洞簫頌師古曰喜音許吏反
令後宮貴人左右皆誦讀之後方士言益州有金
馬碧鷄之寶可祭祀致也宣帝使褒往祀焉褒於

道病死上閔惜之
賈捐之字君房賈誼之曾孫也元帝初即位上疏
言得失召待詔金馬門初武帝征南越元封元年
立儋耳珠厓郡皆在南方海中洲居師古曰居海中之洲也水中可居者
曰洲廣袤可千里師古曰袤長也合十六縣戶二萬三千餘其
民暴惡自以阻絕數犯吏禁吏亦酷之率數年壹
反殺吏漢輒發兵擊定之自初爲郡至昭帝始元
元年二十餘年間凡六反叛至其五年罷儋耳郡
并屬珠厓至宣帝神爵三年珠厓三縣復反反後
七年甘露元年九縣反輒發兵擊定之元帝初元

元年珠厓又反發兵擊之諸縣更叛連年不定師古
曰更音工衡反上與有司議大發軍捐之建議以爲不當擊
上使侍中駙馬都尉樂昌侯王商詰問捐之曰珠
厓內屬爲郡久矣今背畔逆節而云不當擊長蠻
夷之亂虧先帝功德經義何以處之師古曰於六經之內當何者之科條
也捐之對曰臣幸得遭明盛之朝蒙危言之策無
忌諱之患師古曰危言直言也言出而身危故云危言論語稱孔子曰邦有道危言危行敢昧死竭
卷卷師古曰卷讀與拳同臣聞堯舜聖之盛也禹入聖域而不
優臣瓚曰禹之功德裁入聖人區域但不能優泰耳故孔子稱堯曰大哉韶曰盡
善禹曰無閒師古曰論語稱孔子曰大哉堯之爲君也又曰韶盡美矣又盡善也又曰禹吾無閒然矣韶舜樂名閒音

工莧反以三聖之德地方不過數千里西被流沙東漸于海朔南暨聲教迄于四海師古曰此引禹貢之辭漸入也一曰浸也朔北方也暨及也迄至也欲與聲教則治之不欲與者不彊治也師古曰與讀曰豫故君臣歌德師古曰言皆有德可歌頌含氣之物各得其宜武丁成王殷周之大仁也師古曰武丁殷之高宗然地東不過江黃西不過氐羌南不過蠻荊北不過朔方是以頌聲並作視聽之類咸樂其生越裳氏重九譯而獻晉灼曰遠國使來因九譯言語乃通也張晏曰越不著衣裳慕中國化遣譯來著衣裳也故曰越裳也師古曰張說非也越裳自是國名非以襲衣裳始爲稱號王充論衡作越甞此則不作衣裳之字明矣此非兵革之所能致及其衰也南征不還師古曰謂昭王也爲楚所溺也齊桓捄其難師古曰謂襄王也初爲太子而惠王欲立王子帶者

桓公爲首止之盟以定太子之位事在左傳僖九年孔子定其文張晏曰孔子作春秋夷狄之國雖大自稱王者皆貶爲子以至乎秦興兵遠攻貪外虛內務欲廣地不慮其害然地南不過閩越北不過太原而天下潰畔禍卒在於二世之末師古曰卒終也長城之歌至今未絕賴聖漢初興爲百姓請命平定天下至孝文皇帝閔中國未安偃武行文則斷獄數百民賦四十丁男三年而一事如淳曰常賦歲百二十歲一事時天下民多故出賦四十三歲而一事時有獻千里馬者詔曰鸞旗在前屬車在後師古曰鸞旗編以羽毛列繫幢旁載於車上大駕出則陳於道而先行屬車相連屬而陳於後也屬音之欲反吉行日五十里師行三十里朕乘千里之馬獨先安之師古曰安之言何所適往於是還馬與道里費而下詔曰朕不受獻也其令四方毋求來獻當此之時逸游之樂絕奇麗之賂塞鄭衛之倡微矣夫後宮盛色則賢者隱處佞人用事則諍臣杜口而文帝不行故謚爲孝文廟稱太宗至孝武皇帝元狩六年太倉之粟紅腐而不可食師古曰粟久腐壞則色紅赤也都內之錢貫朽而不可校師古曰校謂數計也迺探平城之事師古曰追討其事故言探錄冒頓以來數爲邊害籍兵馬因富民以攘服之師古曰攘卻也西連諸國至于安息東過碣石以玄菟樂浪爲郡師古曰樂音洛浪音郎北卻匈奴萬里更起營塞制南海以爲八郡則天下斷獄萬數民賦數

百造鹽鐵酒榷之利以佐用度猶不能足當此之時寇賊並起軍旅數發父戰死於前子鬬傷於後女子乘亭鄣孤兒號於道老母寡婦飲泣巷哭師古曰淚流被面以入於口故言飲泣也遙設虛祭想魂乎萬里之外淮南王盜寫虎符陰聘名士關東公孫勇等詐爲使者是皆廓地泰大征伐不休之故也今天下獨有關東關東大者獨有齊楚民衆久困連年流離離其城郭相枕席於道路如淳曰席音藉師古曰席即藉也不勞借音人情莫親父母莫樂夫婦至嫁妻賣子法不能禁義不能止此社稷之憂也今陛下不忍悁悁之忿欲驅士衆擠之

大海之中（師古曰擿擲也音子詣反又子奚反）快心幽冥之地非所以救助飢饉保全元元也詩云蠢爾蠻荊大邦爲讎（師古曰詩小雅采芑之詩也蠢動貌也蠻荊荊州之蠻也言敢與大國爲讎敵也）言聖人起則後服中國衰則先畔動爲國家難自古而患之久矣何況迺復其南方萬里之蠻乎駱越之人父子同川而浴相習以鼻飲與禽獸無異本不足郡縣置也顓顓獨居一海之中（師古曰顓與專同專專猶區區也一曰圜貌也）霧露氣濕多毒草蟲蛇水土之害人未見虜戰士自死又非獨珠厓有珠犀瑇瑁也（師古曰瑇瑁文甲也瑇音代瑁音昧）棄之不足惜不擊不損威其民譬猶魚鼈何足貪也臣竊以往者

羌軍言之暴師曾未一年兵出不踰千里費四十餘萬萬大司農錢盡迺以少府禁錢續之（師古曰少府錢主供天子故曰禁錢）夫一隅爲不善費尚如此況於勞師遠攻亡士毋功乎求之往古則不合施之當今又不便臣愚以爲非冠帶之國禹貢所及春秋所治皆可且無以爲（師古曰爲猶用也）願遂棄珠厓專用恤關東爲憂對奏上以問丞相御史御史大夫陳萬年以爲當擊丞相于定國以爲前日興兵擊之連年護軍都尉校尉及丞凡十一人還者二人卒士及轉輸死者萬人以上費用三萬萬餘尚未能盡降今關東困

乏民難搖動捐之議是上迺從之遂下詔曰珠厓虜殺吏民背畔爲逆今廷議者或言可擊或言可守或欲棄之其指各殊朕日夜惟思議者之言羞威不行則欲誅之狐疑辟難則守屯田（師古曰辟讀曰避次下亦同）通于時變則憂萬民夫萬民之饑餓與遠蠻之不討危孰大焉且宗廟之祭凶年不備況乎辟不嫌之辱哉今關東大困倉庫空虛無以相贍又以動兵非特勞民凶年隨之其罷珠厓郡民有慕義欲內屬便處之（師古曰欲有來入內郡者所至之處即安置也）不欲勿彊珠厓由是罷捐之數召見言多納用時中書令石顯用事捐之數短顯（師古曰數說其長短）以故不得官後稀復見而長安

令楊興新以材能得幸與捐之相善捐之欲得召見謂興曰京兆尹缺使我得見言君蘭（張晏曰楊興字）京兆尹可立得興曰縣官嘗言興瘉薛大夫（張晏曰瘉勝也薛廣德爲御史大夫師古曰瘉與愈同）我易助也君房下筆言語妙天下（師古曰於天下最爲精妙耳）使君房爲尚書令勝五鹿充宗遠甚捐之曰令我得代充宗君蘭爲京兆京兆郡國首尚書百官本天下眞大治士則不隔矣捐之前言平恩侯可爲將軍（張晏曰許嘉也）期思侯並可爲諸曹（師古曰期思侯當是賁赫之後嗣也而表不載）皆如言又薦謁者滿宣立爲冀州刺史言中

謁者不宜受事，宦者不宜入宗廟，丘止相薦之信不當如是乎（師古曰：與相薦之効，當如前所言諸事見納用）興曰：我復見言君房也，捐之復短石顯。興曰：顯鼎貴（如淳曰：鼎音釘，言方且欲貴矣。師古曰：方且是也，讀如今字）上信用之，今欲進，弟從我計（師古曰：弟，但也）且與合意，即得入矣。捐之即與興共為薦顯奏曰：竊見石顯本山東名族，有禮義之家也。持正六年，未嘗有過，明習於事，敏而疾見，出公門入私門（師古曰：言自公庭出，即歸其家，不妄交遊）宜賜爵關內侯，引其兄弟以為諸曹。又共為薦興奏曰：竊見長安令興，幸得以知名數召見。興事父母有曾氏之孝（師古曰：曾參也）事師有顏閔之材（師古曰：顏回、閔子騫）榮名聞於四方。明詔舉茂材，列侯以為首。為長安令，吏民敬鄉（師古曰：鄉讀曰嚮）道路皆稱能。觀其下筆屬文，則董仲舒；進談動辭，則東方生；置之爭臣，則汲直（張晏曰：汲黯方直，故世謂之汲直）用之介冑，則冠軍侯；施之治民，則趙廣漢；抱公絕私，則尹翁歸。興兼此六人而有之，守道堅固，執義不回（師古曰：回，邪也）臨大節而不可奪，國之良臣也，可試守京兆尹。石顯聞知，白之上，迺下興、捐之獄，令皇后父陽平侯禁與顯共雜治，奏興、捐之懷詐偽，以上語相風，更相薦譽（師古曰：風讀曰諷。更音工衡反）欲得大位，漏泄省中語，罔上不道。書曰：讒說殄行，震驚朕師（師古曰：虞書舜典之辭也。言讒巧之說殄絕君子之行，震驚我衆）王制：順非而澤，不聽而誅（師古曰：禮記王制云：行偽而堅，言偽而辯，學非而博，順非而澤以疑衆，殺。謂有堅為辯言，不以識質，學姦非道，無用飾非，文過辭語，順澤不聽教命，有如此者，皆誅殺也）請論如法。捐之竟坐棄市。興減死罪一等，髡鉗為城旦。成帝時至部刺史。

贊曰：詩稱戎狄是膺，荊舒是懲（師古曰：魯頌閟宮之詩也。膺，當也。懲，創也。言魯僖公與齊桓舉義兵，北當戎狄，南創荊蠻與羣舒，以靖難）久矣其為諸夏患也。漢興，征伐胡越，於是為盛。究觀淮南、捐之、主父、嚴安之義，深切著明（師古曰：究，極也）故備論其語。世稱公孫弘排主父，張湯陷嚴助，石顯譖捐之，察其行迹，主父求欲鼎亨而得族，嚴、賈出入禁門招權利，死皆其所也，亦何排陷之恨哉！

嚴朱吾丘徐嚴終王賈傳第三十四下

東方朔傳第三十五

秘書監上護軍琅邪縣開國子顏　師古　注

東方朔字曼倩師古曰倩音千見反平原厭次人也師古曰高祖功臣表有厭次侯爰類是則厭次之名也其來久矣而說者乃云後漢始為縣於此致疑斯未通也厭音一涉反又音一琰反武帝初即位徵天下舉方正賢良文學材力之士待以不次之位師古曰不拘常次言超擢也四方士多上書言得失自衒鬻者以千數師古曰衒行賣也鬻亦賣也衒音州縣之縣又音工縣反其不足采者輒報聞罷師古曰報云天子已聞其所上之書而罷之令歸朔初來上書曰臣朔少失父母長養兄嫂年十三學書三冬文史足用如淳曰貧子冬日乃得學書言文史之事足可用也十五學擊劍十六學詩書師古曰擊劍遙擊而中之非斬刺之誦二十二萬言十九學孫吳兵法戰陣之具鉦鼓之教師古曰鉦鼓所以為進退士衆之節也鉦音正亦誦二十二萬言凡臣朔固已誦四十四萬言又常服子路之言服虔曰無宿諾臣朔年二十二長九尺三寸目若懸珠齒若編貝師古曰編列次也音鞭勇若孟賁師古曰孟賁衛人古之勇士也尸子說云人謂孟賁生乎曰勇貴乎曰勇富乎曰勇三者人之所難而皆不足以易勇故能攝三軍服猛獸也捷若慶忌師古曰王子慶忌也射之矢滿把不能中駟馬追之不能及也廉若鮑叔師古曰齊大夫也與管仲分財自取其少而說者乃妄解云鮑焦非也焦自介士耳信若尾生師古曰尾生古之信士與女子期於梁下待之不至遇水而死一曰即微生高也若此可以為天子大臣矣臣朔昧死再拜以聞朔文辭不遜高自稱譽上偉之師古曰以為大奇也令待詔公車師古曰公車令屬衛尉上書者所詣也奉祿薄未得省見

師古曰不被省納不得見於天子也奉音扶用反其下並同久之朔紿騶朱儒文穎曰朱儒之為騶者也師古曰朱儒短人也騶本廄之御騶也後人以為騎謂之騶騎曰上以若曹無益於縣官師古曰若汝也曹輩也耕田力作固不及人臨衆處官不能治民從軍擊虜不任兵事無益於國用徒索衣食如淳曰索盡也師古曰音先各反下云索長安米亦同也今欲盡殺若曹朱儒大恐啼泣朔教曰上即過叩頭請罪居有頃聞上過朱儒皆號泣頓首上問何為對曰東方朔言上欲盡誅臣等上知朔多端召問朔何恐朱儒為對曰臣朔生亦言死亦言朱儒長三尺餘奉一囊粟錢二百四十臣朔長九尺餘亦奉一囊粟錢二百四十朱儒飽欲死臣朔飢欲死臣言可用幸異其禮不可用罷之無令但索長安米上大笑因使待詔金馬門稍得親近上嘗使諸數家射覆師古曰數家術數之家也於覆器之下而置諸物令闇射之故云射覆數音所具反覆音芳目反置守宮盂下射之皆不能中師古曰守宮蟲名也術家云以器養之食以丹沙滿七斤擣治萬杵以點女人體終身不滅若有房室之事則滅矣言可以防閑淫逸故謂之守宮也今俗呼為辟宮辟亦禦扞之義耳盂食器也若盋而大今之所謂盋盂也盋音撥朔自贊曰臣嘗受易請射之師古曰贊進也迺別著布卦而對曰師古曰別分也音彼列反臣以為龍又無角謂之為蛇又有足跂跂脈脈善緣壁是非守宮即蜥蜴師古曰跂跂行貌也脈脈視貌也爾雅云蠑螈蜥蜴蜥蜴蝘蜓守宮是則一類耳揚雄方言云其在澤中者謂之蜥蜴故朔曰是非守宮則蜥蜴也蜥音先歷反蜴音余赤反蠑音榮螈音原蝘音烏典反蜓音殄上曰善賜帛十匹復

使射他物連中輒賜帛師古曰中音竹仲反其下並同時有幸倡郭舍人滑稽不窮師古曰幸倡倡優之見幸遇者也滑音骨滑稽解在公孫弘傳常侍左右曰朔狂幸中耳非至數也師古曰至實也臣願令朔復射朔中之臣榜百不能中臣賜帛師古曰榜擊也音步行反迺覆樹上寄生令朔射之朔曰是寠藪也蘇林曰寠音貧寠之寠藪音數錢之數寠藪鉤灌四股鉤也師古曰寠藪戴器也以盆盛物戴於頭者則以寠藪薦之今賣白團餅人所用者是也寄生者芝菌之類淋潦之日著樹而生形有周圜象寠藪者今關中俗亦呼爲寄生非爲蔦之寄生寓木宛童有枝葉者也故朔云著樹爲寄生盆下爲寠藪明其常在盆下今讀書者不曉其意謂射覆之物覆在盆下輒改前覆守宮盂下爲盆字失之遠矣楊惲傳鼠不容穴銜寠藪也盆下之物有飲食氣故鼠銜之四股钀鉤非所銜也舍人曰果知朔不能中也朔曰生肉爲膾乾肉爲脯著樹爲寄生盆下爲寠藪上令倡監榜舍人舍人不勝痛呼謈服虔曰謈音暴鄧展曰呼音髐箭之髐謈音瓜瓝之瓝師古曰鄧音是也痛切而叫呼也與田蚡傳呼服音義皆同一曰鄧音近之謈自冤痛之聲也舍人榜痛乃呼云謈今人痛甚則稱阿謈音步高反是故朔逐韻而嘲之云口無毛聲謷謷也朔笑之曰咄口無毛聲謷謷尻益高鄧展曰咄音納衣之納也師古曰咄叱咄之聲也音丁骨反鄧說非也謷音敖舍人恚曰朔擅詆欺天子從官當棄市師古曰詆毀辱也音丁禮反上問朔何故詆之對曰臣非敢詆之迺與爲隱耳師古曰隱謂隱語也上曰隱云何朔曰夫口無毛者狗竇也聲謷謷者鳥哺鷇也項昭曰凡鳥哺子而活者爲鷇生而自啄曰雛師古曰鷇音口豆反尻益高者鶴俛啄也師古曰俛即俯字也俯低也啄鳥觜也俛又音俛啄音竹角反舍人不服因曰臣願復問朔隱語不知亦當榜即妄爲諧語曰師古曰諧者和韻之言也令壺齟老柏塗

伊優亞狋吽牙何謂也張晏曰齟音摣棃之摣應劭曰狋音鉏師古曰齟音側加反又壯加反塗音丈加反優音一侯反亞音烏加反狋音五伊反吽音五侯反朔曰令者命也壺者所以盛也師古曰盛受物音時政反齟者齒不正也老者人所敬也柏者鬼之廷也師古曰言鬼神尚幽闇故以松柏之樹爲廷府塗者漸洳徑也師古曰漸洳浸溼也漸音子廉反洳音人庶反伊優亞者辭未定也狋吽牙者兩犬爭也舍人所問朔應聲輒對變詐鋒出莫能窮者左右大驚上以朔爲常侍郎遂得愛幸久之伏日師古曰三伏之日也解在郊祀志詔賜從官肉大官丞日晏不來師古曰晏晚也朔獨拔劍割肉謂其同官曰伏日當蚤歸師古曰蚤古早字請受賜即懷肉去大官奏之朔入上曰昨賜肉不待詔以劍割肉而去之何也朔免冠謝上曰先生起自責也朔再拜曰朔來朔來受賜不待詔何無禮也拔劍割肉壹何壯也割之不多又何廉也歸遺細君又何仁也師古曰細君朔妻之名一說細小也朔自比於諸侯謂其妻曰小君上笑曰使先生自責迺反自譽復賜酒一石肉百斤歸遺細君初建元三年微行始出北至池陽西至黃山晉灼曰宮名在槐里南獵長楊東游宜春師古曰宜春宮也在長安城東南說者乃以爲在鄠非也在鄠者自是宜春觀耳在長安城西豈得言東游也微行常用飲酎已師古曰酎酒新孰以祭宗廟也酎音紂解在景紀八九月中與侍中常侍武騎及待詔隴西北地良家子能騎射者期諸殿門故有期門之號

自此始微行以夜漏下十刻迺出常稱平陽侯如淳曰平陽侯曹壽尚帝姊時見尊寵故稱之旦明入山下馳射鹿豕狐兔手格熊羆馳騖禾稼稻秔之地師古曰稻有芒之穀揔稱也秔其不黏者也音庚民皆號呼罵詈師古曰呼音火故反相聚會自言鄠杜令令往欲謁平陽侯諸騎欲擊鞭之令大怒使吏呵止獵者數騎見留迺示以乘輿物久之迺得去時夜出夕還後齎五日糧會朝長信宮師古曰五日一朝長信宮故齎五日糧也長信太后之宮也上大驩樂之是後南山下乃知微行數出也然尚迫於太后未敢遠出丞相御史知指師古曰指謂天子之意也乃使右輔都尉徼循長楊以東師古曰徼遮繞也循行視也戒備非常也徼音工釣反右

內史發小民共待會所師古曰共讀曰供後迺私置更衣師古曰爲休息易衣之處亦置宮人從宣曲以南十二所中休更衣師古曰宣曲宮名在昆明池西投宿諸宮師古曰晝休更衣夜則別宿於諸宮長揚五柞倍陽宣曲尤幸師古曰倍陽即萯陽也其音同耳宮名在鄠縣也於是上以爲道遠勞苦又爲百姓所患迺使太中大夫吾丘壽王與待詔能用筭者二人舉籍阿城以南師古曰舉計其數而爲簿籍也阿城本秦阿房宮也以其牆壁崇廣故俗呼爲阿城盩厔以東宜春以西提封頃畝及其賈直師古曰提封亦謂提舉四封之內緫計其數也賈讀曰價欲除以爲上林苑屬之南山師古曰屬聯也音之欲反又詔中尉左右內史表屬縣草田欲以償鄠杜之民師古曰時未爲京兆馮翊扶風故云中尉及左右內史也草田謂荒田未耕墾也吾丘壽

王奏事上大說稱善師古曰說讀曰悅時朔在傍進諫曰臣聞謙遜靜愨天表之應應之以福師古曰愨謹也音口角反驕溢靡麗天表之應應之以異今陛下累郎臺恐其不高也師古曰郎堂下周屋弋獵之處恐其不廣也如天不爲變則三輔之地盡可以爲苑何必盩厔鄠杜乎師古曰中尉及左右內史則爲三輔矣非必謂京兆馮翊扶風也學者疑此言爲後人所增斯未達也奢侈越制天爲之變上林雖小臣尚以爲大也夫南山天下之阻也南有江淮北有河渭其地從汧隴以東商雒以西服虔曰商與上雒二縣也師古曰汧汧水也隴隴坻也厥壤肥饒漢興去三河之地止霸產以西都涇渭之南此所謂天下陸海之地師古

曰高平曰陸關中地高故稱耳海者萬物所出言關中山川物產饒富是以謂之陸海也秦之所以虜西戎兼山東者也其山出玉石金銀銅鐵豫章檀柘異類之物不可勝原師古曰原本也言說不能盡其根本此百工所取給萬民所卬足也師古曰卬音牛向反又有秔稻梨栗桑麻竹箭之饒土宜薑芋水多䵷魚師古曰芋草名其葉似蘋荷而長不圓其根正白可食䵷即蛙字也似蝦蟆而小長腳蓋人亦取食之貧者得以人給家足無飢寒之憂故酆鎬之間號爲土膏其賈畝一金師古曰賈讀曰價今規以爲苑絕陂池水澤之利而取民膏腴之地上乏國家之用下奪農桑之業棄成功就敗事損耗五穀師古曰耗減也音呼到反是其不可一也且盛荊棘之林而長養麋

鹿廣狐菟之苑大虎狼之虛師古曰虛讀曰墟又壞人冢墓發人室廬令幼弱懷土而思耆老泣涕而悲是其不可二也斥而營之垣而囿之師古曰斥卻也騎馳東西車騖南北師古曰亂馳曰騖又有深溝大渠夫一日之樂不足以危無隄之輿蘇林曰隄限也輿乘輿也無限若言不訾也不敢斥天子故言輿也張晏曰一日之樂謂田獵也無隄之輿謂天子富貴無隄限也師古曰張說是也音丁奚反是其不可三也故務苑囿之大不恤農時非所以彊國富人也夫殷作九市之宮而諸侯畔應劭曰紂於宮中設九市靈王起章華之臺而楚民散師古曰楚靈王作章華之臺納亡人以實之卒有乾谿之禍也章華臺在華容城也秦興阿房之殿而天下亂糞土愚臣忘生觸死師古曰忽忘其生而觸死罪也逆盛

意犯隆指罪當萬死不勝大願願陳泰階六符孟康曰泰階三台也每台二星凡六星符六星之符驗也應劭曰黃帝泰階六符經曰太階者天之三階也上階爲天子中階爲諸侯公卿大夫下階爲士庶人上階上星爲男主下星爲女主中階上星爲諸侯三公下星爲卿大夫下階上星爲元士下星爲庶人三階平則陰陽和風雨時社稷神祇咸獲其宜天下大安是爲太平三階不平則五神乏祀日有食之水潤不浸稼穡不成冬雷夏霜百姓不寧故治道傾天子行暴令好興甲兵修宮榭廣苑囿則上階爲之奄奄踈闊也以孝武皆有此事故朔爲陳之以觀天變不可不省是日因奏泰階之事上迺拜朔爲太中大夫給事中賜黃金百斤然遂起上林苑如壽王所奏云久之隆慮公主子昭平君師古曰慮音盧尚帝女夷安公主隆慮主病困以金千斤錢千萬爲昭平君豫贖死罪上許之隆慮主卒昭平君日驕醉殺主傅獄繫內官服虔曰主傅主之官也如淳曰禮有傅姆說者又曰傅者老大夫也漢使中行說傅翁主也師古曰傅姆是也服說失之內官署名解在律歷志以公主子廷尉上請請論師古曰論決其罪也左右人人爲言前又入贖陛下許之上曰吾弟老有是一子死以屬我師古曰老乃有子言其晚孕育也屬音之欲反於是爲之垂涕歎息良久曰法令者先帝所造也用弟故而誣先帝之法吾何面目入高廟乎又下負萬民迺可其奏哀不能自止左右盡悲朔前上壽曰臣聞聖王爲政賞不避仇讎誅不擇骨肉書曰不偏不黨王道蕩蕩師古曰周書洪範之辭也蕩蕩平坦之貌此二者五帝所重三王所難也陛下行之是以四海之內元元之民各得其所天

下幸甚臣朔奉觴昧死再拜上萬歲壽上迺起入省中夕時召讓朔師古曰讓責也曰傳曰時然後言人不厭其言師古曰論語稱孔子問公叔文子於公明賈曰信乎夫子不言不笑不取乎對曰夫子時然後言人不厭其言樂然後笑人不厭其笑義然後取人不厭其取今先生上壽時乎師古曰言所上壽豈謂時乎朔免冠頓首曰臣聞樂太甚則陽溢哀太甚則陰損陰陽變則心氣動心氣動則精神散而邪氣及銷憂者莫若酒臣朔所以上壽者明陛下正而不阿因以止哀也愚不知忌諱當死先是朔嘗醉入殿中小遺殿上師古曰小遺者小便也劾不敬有詔免爲庶人待詔宦者署因此時復爲中郎賜帛百匹初帝姑館陶公主

號竇太主如淳曰竇太后之女也故曰竇太主也堂邑侯陳午尚之午死主
寡居年五十餘矣近幸董偃始偃與母以賣珠爲
事偃年十三隨母出入主家左右言其姣好師古曰姣美麗也音狡
主召見曰吾爲母養之因留第中教書計相馬
御射師古曰計謂用筭也頗讀傳記至年十八而冠出則執轡
入則侍內爲人溫柔愛人以主故諸公接之名稱
城中號曰董君主因推令散財交士令中府曰師古曰中
府掌金帛之臧者也董君所發一日金滿百斤錢滿百萬帛滿
千匹乃白之師古曰言不滿此數者皆恣與之安陵爰叔者爰盎兄子
也與偃善謂偃曰足下私侍漢主挾不測之罪將

前漢傳三十五　九　隱信

欲安處乎師古曰不測者言其深也安處何以自安處也一曰身挾大罪延欲自安而居處者乎偃懼曰
憂之久矣不知所以師古曰以用也不知用何計爰叔曰顧城廟遠
無宿宮又有萩竹籍田如淳曰其間雖有地皆有萩竹籍田無可作宿觀也師古曰如說非也萩即楸字也言有楸樹及竹林可遊玩而籍田所在上又須躬親行事當有宿宮故宜獻此園足下何不白主獻
長門園如淳曰竇太主園在長門長門在長安城東南園可以爲宿館處所故獻之也此上所欲也
如是上知計出於足下也則安枕而卧長無慘怛
之憂久之不然上且請之於足下何如偃頓首曰
敬奉教入言之主主立奏書獻之上大說師古曰說讀曰悅
更名竇太主園爲長門宮主大喜使偃以黃金百
斤爲爰叔壽叔因是爲董君畫求見上之策令主

稱疾不朝上往臨疾問所欲主辭謝曰妾幸蒙陛
下厚恩先帝遺德奉朝請之禮備臣妾之儀師古曰請音才姓反
列爲公主賞賜邑入師古曰既列得賞賜又所食之邑入其租賦也隆天重
地死無以塞責師古曰塞補也一日卒有不勝洒埽之職師古曰卒讀曰猝洒音信又音山豉反
先狗馬塡溝壑竊有所恨不勝大願
願陛下時忘萬事養精游神從中掖庭回輿枉路
臨妾山林應劭曰公主園中有山謙不敢稱第故託山林也服虔曰帝臨其主所豫作陵故曰山林師古曰山林應說是也不當謂冢墓也得獻觴上壽娛樂左右如是而死何恨之有
上曰主何憂幸得愈恐羣臣從官多大爲主費上
還有頃主疾愈起謁上以錢千萬從主飲後數日

前漢傳三十五　十　邢瑋

上臨山林主自執宰敝膝師古曰爲宰者之服道入登階就坐
坐未定上曰願謁主人翁主迺下殿去簪珥師古曰珥珠玉飾耳者也音餌徒跣頓首謝曰妾無狀師古曰狀形皃也無狀猶言無顏面以見人也一曰自言所行醜惡無善狀負陛下身當伏誅陛下不致之法頓首
死罪有詔謝主簪履起之東箱自引董君師古曰之往也董
君綠幘傅韝應劭曰宰人服也韋昭曰韝形如射韝以縛左右手於事便也師古曰綠幘賤人之服也傅著也韝即今之臂韝也傅讀曰附韝音工侯反隨主前伏殿下主迺贊師古曰贊進也進傳謁辭館
陶公主胞人臣偃昧死再拜謁師古曰胞與庖同因叩頭謝
上爲之起有詔賜衣冠上師古曰上上坐偃起走就衣冠主
自奉食進觴當是時董君見尊不名稱爲主人翁

飲大驩樂主廼請賜將軍列侯從官金錢雜繒各
有數於是董君貴寵天下莫不聞郡國狗馬蹵鞠
劒客輻湊師古曰蹵音子六反鞠音鉅六反解在藝文志董氏常從游戲北宮馳
逐平樂觀雞鞠之會角狗馬之足師古曰角猶校也上大歡
樂之於是上為竇太主置酒宣室使謁者引內董
君是時朔陛戟殿下師古曰持戟列陛側辟戟而前曰師古曰辟音頻亦反
董偃有斬罪三安得入乎上曰何謂也朔曰偃以
人臣私侍公主其罪一也敗男女之化而亂婚姻
之禮傷王制其罪二也陛下富於春秋方積思於
六經留神於王事馳騖於唐虞折節於三代偃不

遵經勸學反以靡麗為右奢侈為務師古曰右尊也盡狗
馬之樂極耳目之欲行邪枉之道徑淫辟之路師古
曰徑由也辟讀曰僻是乃國家之大賊人主之大蜮師古曰蜮魅也音或說者以為
短狐非也短狐射工耳於此不當其義今俗猶云魅蜮也偃為淫首其罪三也昔伯姬燔
而諸侯憚應劭曰憚敬也敬其節直也師古曰伯姬宋恭姬也遇火灾待傅不出而死也柰何乎陛下
上默然不應良久曰吾業以設飲後而自改朔曰
不可夫宣室者先帝之正處也非法度之政不得
入焉故淫亂之漸其變為篡是以豎貂為淫而易
牙作患師古曰豎貂易牙皆齊桓公臣也管仲有病桓公往問之曰將何以教寡人管仲曰願君之遠易牙豎貂公曰易牙亨其子以快寡人尚可疑邪對曰人之情非不愛其子其子之忍又將何有於君公曰豎貂自宮以近寡人猶可疑邪對曰人之情非不愛其身也其身

之忍又將何有於君公曰諾管仲死盡逐之而公食不甘宮不治居三年公曰仲父不亦過乎於是皆復召而反之明年公有病易牙豎貂相與作亂塞宮門築高牆不通人有一婦人踰垣入至公所公曰我欲食婦人曰吾無所得又曰我欲飲婦人曰吾無所得公曰何故對曰易牙豎貂相與作亂塞宮門築高牆不通人故無所得公慨然歎涕出曰嗟乎聖人所見豈不遠哉若死者有知我將何面目見仲父乎蒙衣袂而絕乎壽宮蟲流出於戶蓋以楊門之扉三月不葬慶父死而魯國全師古曰慶父魯桓公子莊公弟也莊公薨慶父殺莊公之子閔公而欲作亂不克奔莒其後僖公立以賂求之于莒莒人歸之及密乃縊而死僖公乃定其位管蔡誅而周
室安上曰善有詔止更置酒北宮引董君從東司
馬門東司馬門更名東交門蘇林曰以偃從此門入交會於內故以名焉賜
朔黃金三十斤董君之寵由是日衰至年三十而
終後數歲竇太主卒與董君會葬於霸陵是後公
主貴人多踰禮制自董偃始時天下侈靡趨末師古

曰趨讀曰趣末謂工商之業百姓多離農畝上從容問朔吾欲化民
豈有道乎師古曰從音千容反朔對曰堯舜禹湯文武成康上
古之事經歷數千載尚難言也臣不敢陳願近述
孝文皇帝之時當世耆老皆聞見之貴為天子富
有四海身衣弋綈師古曰弋黑色也綈厚繒音徒奚反足履革舄師古曰革生皮也不
用柔韋言儉率也以韋帶劒師古曰但空用韋不加飾莞蒲為席師古曰莞夫離也今謂之
葱蒲以莞及蒲為席亦尚質也莞音桓又音官兵木無刃服虔曰兵器如木而無刃言不大治兵器也衣緼
無文師古曰緼亂絮也言內有亂絮上無文綵也緼音於粉反集上書囊以為殿帷
師古曰集謂合聚也以道德為麗以仁義為準師古曰麗美也準平法也於是
天下望風成俗昭然化之今陛下以城中為小圖

起建章左鳳闕右神明如淳曰闕名也師古曰鳳闕闕名神明臺名也號稱千
門萬戶木土衣綺繡狗馬被繢罽師古曰繢五綵也罽織毛也即氍毹之屬
宮人簪瑇瑁垂珠璣師古曰瑇瑁文甲也璣珠之不圜者瑇音代瑁音昧璣音居依反又音鉅依反設
戲車教馳逐飾文采叢珍怪師古曰叢古蘩字撞萬石之鐘
擊雷霆之鼓師古曰言其聲震大也作俳優舞鄭女上爲淫侈
如此而欲使民獨不奢侈失農事之難者也師古曰失
農謂失此農業也陛下誠能用臣朔之計推甲乙之帳燔之於
四通之衢應劭曰帳多故以甲乙第之耳孟康曰西域傳贊云興造甲乙之帳絡以隨珠和璧天子襲翠被憑玉几而處其中
也師古曰謂推而去之燔焚燒也却走馬示不復用師古曰却退也走馬善走之則堯舜
之隆宜可與比治矣易曰正其本萬事理失之豪

氂差以千里師古曰今易無此文巳解於上也願陛下留意察之朔雖
詼笑師古曰詼謿戲也詼笑謂謿謔發言可笑也詼音恢其下詼啁詼諧並同然時觀察顏色直
言切諫上常用之自公卿在位朔皆敖弄無所爲
屈師古曰敖讀曰傲爲音于僞反上以朔口諧辭給師古曰給捷也好作問之師古
曰故動作之而問以言辭也嘗問朔曰先生視朕何如主也朔對曰
自唐虞之隆成康之際未足以諭當世臣伏觀陛
下功德陳五帝之上在三王之右師古曰右亦高上也非若此而
已誠得天下賢士公卿在位咸得其人矣譬若以
周邵爲丞相師古曰周公旦邵公奭二人也孔丘爲御史大夫應劭曰御史大夫職
典制度文章大公爲將軍師古曰太公呂望也知戰陳征伐之事故云爲將軍畢公高拾遺

於後師古曰畢公高文王之子也爲周太師故云拾遺也弁嚴子爲衛尉師古曰以其有勇皋陶
爲大理師古曰以其作士士亦理官后稷爲司農師古曰主播種伊尹爲少府
應劭曰伊尹善亨割太官屬少府故令作之子贛使外國師古曰以其有辯說顏閔爲博士
師古曰顏回閔子騫爲皆有德行也子夏爲太常師古曰以有文學故爲太常也而應劭以子夏兩字揔合爲夔解云夔
知樂故可以爲太常此說非也益爲右扶風應劭曰益作舜虞掌山澤之官也諸苑多在右扶風故令作之季
路爲執金吾師古曰亦以有勇力契爲鴻臚應劭曰卨爲作司徒敬敷五教是時諸侯王治民鴻臚
主諸侯王也師古曰契讀與卨同字本作偰蓋後從省耳龍逢爲宗正師古曰關龍逢桀之臣也忠諫而死也以其直無所
阿私伯夷爲京兆應劭曰帝曰伯夷汝作秩宗秩宗主郊廟京兆與太常同典齋祀故令爲之管仲爲
馮翊應劭曰管仲定民之居寄軍令於內政終令臣霸故令爲馮翊也魯般爲將作師古曰以其巧也般
與班同仲山爲光祿晉灼曰光祿主三大夫諫正之官取其柔亦不茹剛亦不吐申伯爲太僕

應劭曰申伯周宣王之舅也太僕主大駕親御職又密近故用親親也延陵季子爲水衡應劭曰水衡主池苑
季子吳人故使爲之師古曰季子即吳公子札百里奚爲典屬國應劭曰奚秦人秦近西戎曉其風俗故令
爲之柳下惠爲大長秋師古曰惠魯大夫展禽也食菜柳下謚曰惠以其貞絜故爲大長秋史魚
爲司直師古曰史魚衞大夫史鰌也論語稱孔子曰直哉史魚邦有道如矢邦無道如矢蘧伯玉爲太
傅如淳曰太傅傅人主使無過伯玉欲寡其過故令爲之師古曰蘧伯玉衞大夫也名瑗蘧音渠孔父爲詹事應劭
曰孔父正色而立於朝則莫敢過而致難乎其君故爲詹事師古曰孔父宋大夫也父讀曰甫孫叔敖爲諸侯相
子產爲郡守師古曰善治邦邑也王慶忌爲期門應劭曰以其勁捷可爲期門郎也師
古曰王慶忌即王子慶忌也夏育爲鼎官或曰夏育衞人力舉千鈞鼎官今殿前舉鼎者也羿爲旄
頭應劭曰羿善射故令爲旄頭今以羽林爲之髮正上向而長衣繡衣在乘輿車前師古曰羿音詣宋萬爲式
道候師古曰萬宋閔公臣亦有勇力也式表也表道之候若今之武候引駕上迺大笑是時

朝廷多賢材，上復問朔方今公孫丞相兒大夫師古曰公孫弘及兒寬也兒音五奚反董仲舒夏侯始昌司馬相如吾丘壽王主父偃朱買臣嚴助汲黯膠倉終軍嚴安徐樂司馬遷之倫皆辯知閎達溢于文辭師古曰溢者言其有餘也先生自視何與比哉師古曰何與猶言何如也朔對曰臣觀其臿齒牙樹頰胲師古曰頰肉曰胲音改吐脣吻擢項頤師古曰頤頷下也音怡結股腳連脽尻師古曰脽臀也音誰遺蛇其迹行步偊旅師古曰遺蛇猶逶迤也偊旅曲躬貌也蛇音移偊音禹臣朔雖不肖尚兼此數子者朔之進對澹辭皆此類也師古曰澹古贍字也贍給也武帝既招英俊程其器能用之如不及師古曰程謂量計之也如不及者恐失之也時方外事胡越內

興制度國家多事自公孫弘以下至司馬遷皆奉使方外或為郡國守相至公卿而朔嘗至太中大夫後常為郎與枚皋郭舍人俱在左右詼啁而已師古曰啁與嘲同音竹交反久之朔上書陳農戰彊國之計因自訟獨不得大官欲求試用其言專商鞅韓非之語也指意放蕩頗復詼諧辭數萬言終不見用朔因著論設客難己用位卑以自慰諭其辭曰客難東方朔曰蘇秦張儀一當萬乘之主而都卿相之位如淳曰都居也澤及後世今子大夫修先王之術慕聖人之義諷誦詩書百家之言不可勝數著於竹帛脣腐

齒落服膺而不釋師古曰服膺俯其胷臆也釋發置也好學樂道之效明白甚矣自以智能海內無雙則可謂博聞辯智矣然悉力盡忠以事聖帝曠日持久官不過侍郎位不過執戟意者尚有遺行邪師古曰遺行可遺之行言一不盡善也同胞之徒無所容居其故何也蘇林曰胞音胞胎之胞也言親兄弟東方先生喟然長息仰而應之曰是固非子之所能備也彼一時也此一時也豈可同哉夫蘇秦張儀之時周室大壞諸侯不朝力政爭權相禽以兵并為十二國未有雌雄師古曰十二國謂魯衛齊楚宋鄭魏燕趙中山秦韓也得士者彊失士者亡故談說行焉身處尊位珍寶充內外有廩

倉澤及後世子孫長享今則不然聖帝流德天下震懾諸侯賓服師古曰懾恐也音之涉反連四海之外以為帶師古曰言如帶之相連也安於覆盂師古曰言不可傾搖動猶運之掌師古曰言至易賢不肖何以異哉遵天之道順地之理物無不得其所故綏之則安動之則苦尊之則為將卑之則為虜抗之則在青雲之上抑之則在深泉之下用之則為虎不用則為鼠雖欲盡節效情安知前後夫天地之大士民之眾竭精談說並進輻湊者不可勝數悉力募之困於衣食或失門戶師古曰言不得所由入也一曰謂被誅戮喪其家室也使蘇秦張儀與僕並生於今之世曾不得掌

故安敢望常侍郎乎故曰時異事異雖然安可以
不務修身乎哉詩云鼓鍾于宮聲聞于外師古曰小雅白華之
詩也言苟有於中必形於外也鶴鳴于九皐聲聞于天師古曰小雅鶴鳴之詩也言處卑而聲徹其高
遠苟能修身何患不榮太公體行仁義七十有二
迺設用於文武得信厥說師古曰設施也信讀曰伸封於齊七百
歲而不絕此士所以日夜孳孳敏行而不敢怠也
師古曰孳與孜同孳孳勉也辟若鶺鴒飛且鳴矣師古曰鶺鴒雍渠小青雀也飛則鳴行則搖言
其勤苦也辟讀曰譬鶺音脊鴒音零傳曰天不為人之惡寒而輟其冬師古
曰輟止也地不為人之惡險而輟其廣君子不為小人
之匈匈而易其行師古曰匈匈讙譟之聲天有常度地有常形

君子有常行君子道其常小人計其功師古曰道由也詩云
禮義之不愆何恤人之言師古曰逸詩也愆過也恤憂也故曰水至清
則無魚人至察則無徒師古曰徒眾也冕而前旒所以蔽明
黈纊充耳所以塞聰如淳曰黈音土苟反謂以玉為瑱用黈纊縣之也師古曰如說非也黈黃色也
纊綿也以黃綿為丸用組縣之於冕垂兩耳旁示不外聽非玉瑱之縣也明有所不見聰有所不
聞舉大德赦小過無求備於一人之義也師古曰論語仲弓問
政於孔子孔子曰赦小過舉賢才周公謂魯公曰故舊無大故則不棄也毋求備於一人故朔引此言也士有百行功過相除不可求備也
枉而直之使自得之優而柔之使自求之揆而度
之使自索之師古曰枉曲也索亦求也度音徒各反蓋聖人教化如此欲自
得之自得之則敏且廣矣師古曰敏疾也今世之處士魁然無

徒廓然獨居師古曰魁讀曰塊上觀許由下察接輿計同范
蠡忠合子胥師古曰許由堯讓以天下而恥聞之楚狂接輿陽狂匿跡范蠡佐句踐功成而退子胥忠諫至死不易
天下和平與義相扶寡耦少徒固其宜也師古曰偶合也徒眾
也子何疑於我哉若夫燕之用樂毅秦之任李斯
酈食其之下齊說行如流曲從如環所欲必得功
若丘山海內定國家安是遇其時也子又何怪之
邪語曰以筦闚天以蠡測海服虔曰筦音管張晏曰蠡瓠瓢也師古曰筦古管字蠡音
來奚反瓢音頻遙反以莛撞鐘文穎曰謂稾莛也師古曰音徒丁反豈能通其條貫考
其文理發其音聲哉師古曰考究也繇是觀之譬猶鼱鼩
之襲狗服虔曰音蹤劬如淳曰鼱鼩小鼠也音精劬孤豚之咋虎師古曰孤豚孤特之豚也咋齧也音仕客

反至則靡耳何功之有師古曰靡碎滅也耳語辭今以下愚而非處
士雖欲勿困固不得已此適足以明其不知權變
而終惑於大道也又設非有先生之論其辭曰
非有先生仕於吳進不稱往古以厲主意退不能
揚君美以顯其功默然無言者三年矣吳王怪而
問之曰寡人獲先人之功寄於眾賢之上夙興夜
寐未嘗敢怠也今先生率然高舉遠集吳地師古曰率
然猶颯然將以輔治寡人誠竊嘉之體不安席食不甘味
目不視靡曼之色耳不聽鐘鼓之音虛心定志欲
聞流議者三年于茲矣師古曰流末流也猶言餘論也今先生進無以

輔治退不揚主譽竊不爲先生取之也蓋懷能而不見是不忠也見而不行主不明也師古曰見顯也意者寡人殆不明乎非有先生伏而唯唯師古曰唯唯恭應也音弋癸反吳王曰可以談矣寡人將竦意而覽焉師古曰竦企待也先生曰於戲師古曰於讀曰烏戲讀曰呼可乎哉可乎哉師古曰言不可談何容易師古曰不見寬容則事不易故曰何容易也易音弋豉反夫談有悖於目拂於耳謬於心而便於身者師古曰悖逆也拂違戾也悖音布内反拂音佛或有說於目順於耳快於心而毀於行者師古曰說讀曰悅非有明王聖主孰能聽之吳王曰何爲其然也中人已上可以語上也師古曰引論語載孔子之言中品之人則可以與言上道也先生試言寡人將聽焉先生

對曰昔者關龍逢深諫於桀而王子比干直言於紂此二臣者皆極慮盡忠閔主澤不下流而萬民騷動師古曰閔病也故直言其失切諫其邪者將以爲君之榮除主之禍也今則不然反以爲誹謗君之行無人臣之禮師古曰不省其忠而被以此罪也果紛然傷於身蒙不辜之名師古曰蒙被也戮及先人爲天下笑故曰談何容易是以輔弼之臣瓦解而邪諂之人並進遂及蜚廉惡來革等蘇林曰二人皆紂時邪佞人也孟康曰蜚廉善走師古曰蜚古飛字二人皆詐僞巧言利口以進其身陰奉琱瑑刻鏤之好以納其心師古曰琱與彫同畫也瑑謂刻爲文也音篆務快耳目之欲以苟容爲度遂往不戒

身沒被戮宗廟崩弛國家爲虛師古曰陁積也音直氏反虛讀曰墟放戮賢聖親近讒夫詩不云乎讒人罔極交亂四國師古曰小雅青蠅之詩也解在戾太子傳此之謂也故卑身賤體說色微辭師古曰說讀曰悅愉愉呴呴終無益於主上之治師古曰愉愉和顏色也呴呴言語順也呴音許于反則志士仁人不忍爲也將儼然作矜嚴之色深言直諫上以拂主之邪下以損百姓之害師古曰拂與弼同損減也則忤於邪主之心歷於衰世之法師古曰忤逆也歷猶經也離也故養壽命之士莫肯進也遂居深山之閒積土爲室編蓬爲戶彈琴其中以咏先生之風亦可以樂而忘死矣是以伯夷叔齊避周餓于首陽之下後世稱其仁如是邪

主之行固足畏也故曰談何容易於是吳王懼然易容師古曰懼然失守之貌也懼音居具反捐薦去几危坐而聽師古曰捐薦席而去馮几自貶損也先生曰接輿避世箕子被髮陽狂師古曰解並在鄒陽傳此二人者皆避濁世以全其身者也使遇明王聖主得清燕之閒寬和之色師古曰閒讀曰閑閑暇也發憤畢誠師古曰畢盡也圖畫安危揆度得失師古曰圖謀畫計也上以安主體下以便萬民則五帝三王之道可幾而見也師古曰幾庶幾故伊尹蒙恥辱負鼎俎和五味以干湯師古曰蒙冒也犯也太公釣於渭之陽以見文王心合意同謀無不成計無不從誠得其君也深念遠慮引義以正其身推恩

以廣其下本仁祖義師古曰以仁爲本以義爲始褒有德祿賢能誅惡亂總遠方一統類美風俗此帝王所由昌也上不變天性下不奪人倫則天地和洽遠方懷之故號聖王臣子之職既加矣於是裂地定封爵爲公侯傳國子孫名顯後世民到于今稱之以遇湯與文王也太公伊尹以如此龍逢比干獨如彼豈不哀哉故曰談何容易於是吳王穆然張晏曰穆音默師古曰穆然靜思貌俛而深惟仰而泣下交頤曰嗟乎余國之不亡也緜緜連連殆哉世之不絕也師古曰殆危也於是正明堂之朝齊君臣之位舉賢材布德惠施仁義賞有功躬節儉減後宮之費損車馬之用放鄭聲遠佞人師古曰遠離也音于萬反省庖廚去侈靡卑宮館壞苑囿填池塹以予貧民無產業者開內藏振貧窮存耆老卹孤獨薄賦斂省刑辟行此三年海內晏然天下大洽陰陽和調萬物咸得其宜國無災害之變民無飢寒之色家給人足畜積有餘囹圄空虛師古曰畜讀曰蓄鳳皇來集麒麟在郊甘露既降朱草萌芽遠方異俗之人鄉風慕義師古曰鄉讀曰嚮各奉其職而來朝賀故治亂之道存亡之端若此易見而君人者莫肯爲也臣愚竊以爲過故詩云王國克生惟周之楨濟濟多

士文王以寧師古曰大雅文王之詩也言文王之國生此多士爲周室楨幹之臣所以安寧也此之謂也朔之文辭此二篇最善其餘有封泰山責和氏璧及皇太子生禖屏風殿上柏柱平樂觀賦獵八言七言上下晉灼曰八言七言詩各有上下篇從公孫弘借車凡劉向所錄朔書具是矣師古曰劉向別錄所載世所傳他事皆非也師古曰謂如東方朔別傳及俗用五行時日之書皆非實事也

贊曰劉向言少時數問長老賢人通於事及朔時者師古曰與朔同時也皆曰朔口諧倡辯不能持論喜爲庸人誦說師古曰喜音許吏反爲音于僞反故令後世多傳聞者而楊雄亦以爲朔言不純師行不純德其流風遺書蔑如也師古曰言辭義淺薄不足稱也然朔名過實者以其詼達多端不名一行應諧似優不窮似智正諫似直穢德似隱非夷齊而是柳下惠戒其子以上容應劭曰容身避害也首陽爲拙應劭曰伯夷叔齊不食周粟餓死首陽山爲拙柱下爲工應劭曰老子爲周柱下史朝隱故終身無患是爲工也飽食安步以仕易農依隱玩世詭時不逢如淳曰依違朝隱樂玩其身於一世也反時直言正諫則與富貴不相逢矣臣瓚曰行與時詭而不逢禍害也師古曰瓚說是也詭違也其滑稽之雄乎師古曰雄謂爲之長帥也朔之詼諧逢占射覆如淳曰逢占逢人所問而占之也師古曰此說非也逢占逆占事猶云逆刺也其事浮淺行於眾庶童兒牧豎莫不眩燿而後世好事者因取奇言怪語附著之朔故詳錄焉師古曰言此傳所以詳錄朔之辭語者爲俗人多以奇異妄附於朔故耳欲明傳所不記皆非其實也而今之爲漢書學者猶

何安

更取他書雜說假合東方朔之事以博異聞良可歎矣他皆類此著音直略反

東方朔傳第三十五

東方朔傳云一日卒有不勝洒埽之職顏師古注云卒讀曰猝洒音信又音山豉反檢諸本及前所校過並如此愚按許慎說文洒字解云音先禮反古又為灑埽字其灑字解云汛也汛音信今校定此注合云洒音先禮反古文為灑埽字灑汛也所蟹反汛音信蓋傳寫脫誤少一十七字多又音山豉反五字

公孫劉田王楊蔡陳鄭傳第三十六　班固　漢書六十六

秘書監上護軍琅邪縣開國子顏　師古　注

公孫賀字子叔北地義渠人也賀祖父昆邪（師古曰昆音戶門反）景帝時為隴西守以將軍擊吳楚有功封平曲侯著書十餘篇（師古曰藝文志陰陽家有公孫渾邪十五篇是也）賀少為騎士從軍數有功自武帝為太子時賀為舍人及武帝即位遷至大僕賀夫人君孺衛皇后姊也賀由是有寵元光中為輕車將軍軍馬邑後四歲出雲中後五歲以車騎將軍從大將軍青出有功封南窌侯（臣瓚曰茂陵中書賀封南奅侯表亦作窌師古曰窌奅二字同耳音普教反）後再以左將軍出

定襄無功坐酎金失侯復以浮沮將軍出五原二千餘里無功（師古曰沮音子閭反）後八歲遂代石慶為丞相封葛繹侯時朝廷多事督責大臣（師古曰督謂察視也）自公孫弘後丞相李蔡嚴青翟趙周三人比坐事死（師古曰比頻也）石慶雖以謹得終然數被譴初賀引拜為丞相不受印綬頓首涕泣曰臣本邊鄙以鞍馬騎射為官材誠不任宰相上與左右見賀悲哀感動下泣曰扶起丞相賀不肯起上廼起去賀不得已拜出左右問其故賀曰主上賢明臣不足以稱恐負重責從是殆矣（師古曰殆危也）賀子敬聲代賀為太僕父子

並居公卿位敬聲以皇后姊子驕奢不奉法征和中擅用北軍錢千九百萬發覺下獄是時詔捕陽陵朱安世不能得上求之急賀自請逐捕安世以贖敬聲罪上許之後果得安世安世者京師大俠也聞賀欲以贖子笑曰丞相禍及宗矣南山之竹不足受我辭斜谷之木不足為我械（師古曰斜谷名也其中多木械謂桎梏也言我方欲告丞相事獄辭且多械繫方久故云然也斜音弋奢反）安世遂從獄中上書告敬聲與陽石公主私通（師古曰武帝女）及使人巫祭祠詛上且上甘泉當馳道埋偶人（師古曰甘泉宮在北山故欲往皆言上也刻木為人象人之形謂之偶人偶並也對也）祝詛有惡言下有司案驗賀窮治所犯遂

父子死獄中家族巫蠱之禍起自朱安世成於江充遂及公主皇后太子皆敗語在江充戾園傳（師古曰武五子傳敘戾太子謚曰戾而置園邑故云戾園也）劉屈氂武帝庶兄中山靖王子也（師古曰屈音丘勿反又音其勿反）不知其始所以進征和二年春制詔御史故丞相賀倚舊故乘高埶而為邪（師古曰帝為太子賀已為舍人故云舊故）興美田以利子弟賓客不顧元元無益邊穀（如淳曰戍邊卒糧乏不能為方計以益之也）貨賂上流（師古曰丞相貪冒受賂于下故使衆庶貨賄隨上流執事者也）朕忍之久矣終不自革（師古曰革改也）廼迺以邊為援（如淳曰使內郡自作車耕者自轉所以饒邊饒邊所以行恩施為己名援也或曰以胡為援也）使內郡自省作車又（服虔曰詐令內郡自省作車轉輸也邊屯無事之時宜自治作車以給軍用師古曰令郡自省減諸餘功用而作車也省音所領反）

令耕者自轉文穎曰自輸穀於邊以困農煩擾畜者重馬傷秏
武備衰減師古曰重謂懷孕者也言轉運之勞畜產疲困故反使懷孕者為之傷秏以減武備也秏音呼到反下吏
妄賦百姓流亡又詐為詔書以姦傳朱安世師古曰傳逮捕
也獄已正於理其以涿郡太守屈氂為左丞相分
丞相長史為兩府以待天下遠方之選師古曰待得賢人當拜為右丞
相夫親親任賢周唐之道也以澎戶二千二百封
左丞相為澎侯服虔曰澎音彭晉灼曰東海縣其秋戾太子為江充所
譖殺充發兵入丞相府屈氂挺身逃亡其印綬師古
曰挺引也獨引身而逃難故失印綬也是時上避暑在甘泉宮丞相長史
乘疾置以聞師古曰置謂所置驛也上問丞相何為對曰丞相
祕之未敢發兵上怒曰事籍籍如此何謂祕也師古
曰籍籍猶紛紛也丞相無周公之風矣周公不誅管蔡乎乃
賜丞相璽書曰捕斬反者自有賞罰以牛車為櫓師古曰櫓楯也遠與敵戰故以車為櫓用自蔽也一說櫓望敵之樓也
毋接短兵多殺傷士眾師古曰用短兵則士眾多死傷堅閉城門毋令反者得出太子既誅充
發兵宣言帝在甘泉病困疑有變姦臣欲作亂上
於是從甘泉來幸城西建章宮詔發三輔近縣兵
部中二千石以下丞相兼將太子亦遣使者撟制
師古曰撟與矯同其字從手撟制託稱詔命也赦長安中都官囚徒師古曰京師諸官府發武
庫兵命少傅石德及賓客張光等分將使長安囚

如侯持節發長水及宣曲胡騎師古曰長水校名宣曲宮也並胡騎所屯今鄠縣東
長水鄉即舊營校之地皆以裝會侍郎莽通使長安因追捕如
侯告胡人曰節有詐勿聽也遂斬如侯引騎入長
安又發輯濯士以予大鴻臚商丘成師古曰輯濯士主用輯及濯行船者
也短曰輯長曰濯輯音集字本從木其音同耳濯字本亦作櫂並音直孝反初漢節純赤以太子
持赤節故更為黃旄加上以相別太子召監北軍
使者任安發北軍兵安受節已閉軍門不肯應太
子太子引兵去毆四市人師古曰毆與驅同凡數萬眾至長
樂西闕下逢丞相軍合戰五日死者數萬人血流
入溝中師古曰溝街衢之旁通水者也丞相附兵浸多師古曰浸漸也太子軍敗
南犇覆盎城門得出師古曰長安城南出東頭第一門曰覆盎城門一號杜門會夜司
直田仁部閉城門坐令太子得出丞相欲斬仁御
史大夫暴勝之謂丞相曰司直吏二千石當先請
柰何擅斬之丞相釋仁師古曰釋放也上聞而大怒下吏責
問御史大夫曰司直縱反者丞相斬之法也大夫
何以擅止之勝之惶恐自殺及北軍使者任安坐
受太子節懷二心司直田仁縱太子皆要斬上曰
侍郎莽通獲反將如侯長安男子景建從通獲少
傅石德可謂元功矣大鴻臚商丘成力戰獲反將
張光其封通為重合侯建為德侯成為秺侯孟康曰秺音[illegible]

在濟陰城武今有亭 諸太子賓客嘗出入宮門皆坐誅其隨太
子發兵以反法族吏士劫略者皆徙燉煌郡 師古曰非其本
心然被太子劫略故徙之也 以太子在外始置屯兵長安諸城門後
二十餘日太子得於湖 語在太子傳 師古曰湖縣名 其明年
貳師將軍李廣利將兵出擊匈奴丞相爲祖道送
至渭橋 師古曰祖者送行之祭因設宴飲焉 與廣利辭決廣利曰願君侯
早請昌邑王爲太子 如淳曰漢儀注列侯爲丞相稱君侯 師古曰楊惲傳丘常謂惲爲君侯是則通呼列
侯之尊稱耳非必在於丞相也如氏之說不爲通矣 如立爲帝君侯長何憂乎 師古曰如若也
屈氂許諾昌邑王者貳師將軍女弟李夫人子也
貳師女爲屈氂子妻故共欲立焉是時治巫蠱獄
急內者令郭穰告丞相夫人以丞相數有譴使巫
祠社祝詛主上有惡言及與貳師共禱祠欲令昌
邑王爲帝有司奏請按驗罪至大逆不道有詔載
屈氂廚車以徇 師古曰廚車載食之車也徇行示也 要斬東市妻子梟首
華陽街貳師將軍妻子亦收貳師聞之降匈奴宗
族遂滅　車千秋本姓田氏其先齊諸田徙長
陵 師古曰劉敬所言徙關東九族者 千秋爲高寢郎 師古曰高廟衛寢之郎 會衛太
子爲江充所譖敗久之千秋上急變訟太子冤 師古
曰所告非常故云急變也 曰子弄父兵罪當笞天子之子過誤殺
人當何罪哉臣嘗夢見一白頭翁教臣言是時上

頗知太子惶恐無他意迺大感寤召見千秋至前
千秋長八尺餘體貌甚麗武帝見而說之 師古曰說讀曰悅
謂曰父子之閒人所難言也公獨明其不然此高
廟神靈使公教我公當遂爲吾輔佐立拜千秋爲
大鴻臚 師古曰當其立見而即拜之言不移時也 數月遂代劉屈氂爲丞相
封富民侯千秋無他材能術學又無伐閱功勞 師古
曰伐積功也閱經歷也 特以一言寤意旬月取宰相封侯世未
嘗有也後漢使者至匈奴單于問曰聞漢新拜丞
相何用得之 師古曰言此人何以得爲相也 使者曰以上書言事故單
于曰如是漢置丞相非用賢也妄一男子上書即
得之矣使者還道單于語武帝以爲辱命欲下之
吏良久迺貰之 師古曰貰寬縱也謂釋放之也其下亦同 然千秋爲人敦厚
有智居位自稱踰於前後數公 師古曰言稱其職也 初千秋始
視事見上連年治太子獄誅罰尤多羣下恐懼思
欲寬廣上意尉安衆庶 師古曰尉安之字本無心也是以漢書往往存古體字焉 迺
與御史中二千石共上壽頌德美勸上施恩惠緩
刑罰玩聽音樂養志和神爲天下自虞樂 師古曰虞與娛同
上報曰朕之不德自左丞相與貳師陰謀逆亂巫
蠱之禍流及士大夫 師古曰謂與太子戰死者也 朕日一食者累月
迺何樂之聽痛士大夫常在心既事不咎 師古曰言既往之事

不可追咎雖然巫蠱始發詔丞相御史督二千石求捕師古曰督察視也廷尉治未閒九卿廷尉有所鞫也師古曰鞫問也曩者江充先治甘泉宮人轉至未央椒房師古曰椒房殿名皇后所居也以椒和泥塗壁取其溫而芳也以及敬聲之疇李禹之屬謀入匈奴有司無所發今丞相親掘蘭臺蠱驗所明知也至今餘巫頗脫不止師古曰言往往尚為蠱也陰賊侵身遠近為蠱朕媿之甚何壽之有敬不舉君之觴謹謝丞相二千石各就館師古曰謝告也館官舍也書曰毋偏毋黨王道蕩蕩師古曰周書洪範之辭也毋有復言師古曰不許其更請後歲餘武帝疾立皇子鉤弋夫人男為太子曰鉤弋宮名也昭帝母趙婕妤居之故號鉤弋夫人也拜大將

軍霍光車騎將軍金日磾御史大夫桑弘羊及丞相千秋並受遺詔輔道少主師古曰道讀曰導武帝崩昭帝初即位未任聽政師古曰年幼故未堪聽政政事壹決大將軍光千秋居丞相位謹厚有重德每公卿朝會光謂千秋曰始與君侯俱受先帝遺詔今光治內君侯治外宜有以教督使光毋負天下師古曰督視也千秋曰唯將軍留意即天下幸甚終不肯有所言光以此重之每有吉祥嘉應數褒賞丞相訖昭帝世國家少事百姓稍益充實始元六年詔郡國舉賢良文學士問以民所疾苦於是鹽鐵之議起焉師古曰議罷鹽鐵之官令

百姓皆得煑鹽鑄鐵因總論政治得失也千秋為相十二年薨謚曰定侯初千秋年老上優之朝見得乘小車入宮殿中故因號曰車丞相子順嗣侯官至雲中太守宣帝時以虎牙將軍擊匈奴坐盜增鹵獲自殺國除桑弘羊為御史大夫八年自以為國家興權筦之利師古曰權謂專其利使入官也筦即管字也義與幹同皆謂主也權解在昭紀伐其功師古曰自矜其功也欲為子弟得官怨望霍光與上官桀等謀反遂誅滅

王訢濟南人也師古曰訢字與欣同以郡縣吏積功稍遷為被陽令孟康曰故千乘縣也被音罷師古曰音皮彼反武帝末軍旅數發郡國盜賊羣起繡衣御史暴勝之使持斧逐捕盜賊以軍

興從事誅二千石以下勝之過被陽欲斬訢訢已解衣伏質師古曰質鍖也欲斬人皆伏於鍖上也鍖音竹林反仰言曰使君顓殺生之柄威震郡國師古曰為使者故謂之使君使音所吏反顓與專同今復斬一訢不足以增威不如時有所寬以明恩貸師古曰貸猶假也言饒假之貸音土戴反令盡死力勝之壯其言貰不誅因與訢相結厚勝之使還薦訢徵為右輔都尉守右扶風上數出幸安定北地過扶風宮館馳道修治供張辦師古曰供音居用反張音竹亮反武帝嘉之駐車拜訢為真視事十餘年昭帝時為御史大夫代車千秋為丞相封宜春侯明年薨謚曰敬侯子譚嗣以列侯與謀廢昌邑王

立宣帝師古曰與讀曰豫益封三百戶薨子咸嗣王莽妻即咸女莽篡位宜春氏以外戚寵張晏曰莽諱取同姓故氏侯邑也師古曰此說非也若云王氏則與莽族相涉故以侯號稱之耳莽本以與譚得姓不同祖系各別故爲婚娶既非私竊不須避諱諱亦不可掩也自訢傳國至玄孫莽敗迺絕　楊敞華陰人也給事大將軍莫府爲軍司馬霍光愛厚之稍遷至大司農元鳳中稻田使者燕蒼知上官桀等反謀以告敞敞素謹畏事不敢言迺移病臥師古曰移病謂移書言病一曰以病而移居也以告諫大夫杜延年延年以聞蒼延年皆封敞以九卿不輒言故不得侯師古曰聞之不即告言也後遷御史大夫代王訢爲丞相封安平侯明年昭帝崩昌邑王

徵即位淫亂大將軍光與車騎將軍張安世謀欲廢王更立議既定使大司農田延年報敞敞驚懼不知所言汗出洽背徒唯唯而已師古曰唯唯恭應之辭也音弋癸反延年起至更衣師古曰古者延賓必有更衣之處也敞夫人遽從東箱師古曰遽速也謂敞曰此國大事今大將軍議已定使九卿來報君侯君侯不疾應與大將軍同心猶與無決先事誅矣師古曰與讀曰豫延年從更衣還敞夫人與延年參語許諾師古曰三人共言故云參語請奉大將軍教令遂共廢昌邑王立宣帝宣帝即位月餘敞薨謚曰敬侯子忠嗣以敞居位定策安宗廟益封三千五百戶忠弟惲字

子幼師古曰惲音於粉反以忠任爲郎補常侍騎師古曰爲騎郎而常侍故謂之常侍騎也惲母司馬遷女也惲始讀外祖太史公記頗爲春秋以材能稱好交英俊諸儒名顯朝廷擢爲左曹霍氏謀反惲先聞知因侍中金安上以聞召見言狀霍氏伏誅惲等五人皆封惲爲平通侯遷中郎將郎官故事令郎出錢市財用給文書迺得出名曰山郎張晏曰山財用之所出故取名焉移病盡一日輒償一沐晉灼曰五日一洗沐也師古曰言出財用者雖非休沐常得在外也貧者實病皆以沐假償之也或至歲餘不得沐其豪富郎日出游戲或行錢得善部師古曰郎官部之職各有主部故行錢財而擇其善以招權也貨賂流行傳相放效師古曰放音甫往反惲爲中

郎將罷山郎移長度大司農以給財用應劭曰長度也一歲之調度也蘇林曰簿書餘饒之長也師古曰應說是也言總計一歲所須財用及文書之調度而移大司農以官錢供給之更不取於郎也其疾病休謁洗沐皆以法令從事郎謁者有罪過輒奏免薦舉其高弟有行能者至郡守九卿郎官化之莫不自厲絕請謁貨賂之端令行禁止宮殿之內翕然同聲由是擢爲諸吏光祿勳親近用事初惲受父財五百萬及身封侯皆以分宗族後母無子財亦數百萬死皆予惲惲盡復分後母昆弟再受訾千餘萬皆以分施其輕財好義如此惲居殿中廉絜無私郎官稱公平然惲伐其行治師古曰自矜其

節行及政治之能也又性刻害好發人陰伏同位有忤己者必
欲害之以其能高人由是多怨於朝廷與大僕戴
長樂相失卒以是敗師古曰卒終也長樂者宣帝在民間時
與相知及即位拔擢親近長樂嘗使行事肄宗廟
服虔曰兼行天子事先肄習威儀也師古曰肄音弋二反還謂掾史曰我親面見受詔
副帝肄秺侯御師古曰我副帝肄而秺侯爲御耳御謂御車也秺音丁故反人有上書
告長樂非所宜言事下廷尉長樂疑惲教人告之
亦上書告惲罪高昌侯車犇入北掖門師古曰犇古奔字也惲
語富平侯張延壽曰聞前曾有犇車抵殿門師古曰抵
觸也音丁禮反門關折馬死而昭帝崩今復如此天時非人
力也左馮翊韓延壽有罪下獄惲上書訟延壽郎
中丘常謂惲曰聞君侯訟韓馮翊當得活乎惲曰
事何容易脛脛者未必全也師古曰脛直皃也我不能自保
師古曰言我尚不能自保訟人何以得活眞人所謂鼠不容穴銜窶數者也
李奇曰眞人正人也如淳曰所以不容穴坐銜窶數自妨故不得入穴師古曰窶數戴器也窶音其羽反數音山羽反解在東方朔傳惲自
云今之訟人亦於已有妨又中書謁者令宣持單于使者語視諸
將軍中朝二千石師古曰謂譯者所錄也視讀曰示惲曰冒頓單于
得漢美食好物謂之殠惡單于不來明甚師古曰時使者
云單于欲來朝故惲云不來惲上觀西閣上畫人指桀紂畫謂樂
昌侯王武曰天子過此一二問其過可以得師矣

師古曰過此謂經過此也問其過謂桀紂之過惡畫人有堯舜禹湯不稱而舉桀
紂惲聞匈奴降者道單于見殺惲曰得不肖君大
臣爲畫善計不用自令身無處所師古曰無處所謂死滅也若秦
時但任小臣誅殺忠良竟以滅亡令親任大臣即
至今耳師古曰言國祚長遠可以至今猶不亡也古與今如一丘之貉師古曰言其同
類也貉獸名似狐而善睡音胡各反惲妄引亡國以誹謗當世無人臣禮
又語長樂曰正月以來天陰不雨此春秋所記夏
侯君所言張晏曰夏侯勝諫昌邑王曰天久陰不雨臣下必有謀上者春秋無久陰不雨之異也漢史記勝所言故曰春
秋所記謂說春秋災異者耳師古曰春秋有不雨事說者因論久陰附著之也張謂漢史爲春秋失之矣行必不至
河東矣張晏曰后土祠在河東天子歲祠之以上主爲戲語尤悖逆絕
理事下廷尉廷尉定國考問左驗明白師古曰定國于定國也左證左右見此事者也奏惲不服罪而召戶將尊蘇林曰直主門戶者也師
古曰戶將官名主戶衞屬光祿也欲令戒飭富平侯延壽師古曰飭與敕同富平侯張延
壽也曰太僕定有死罪數事朝暮人也師古曰言不久活也惲幸
與富平侯婚姻今獨三人坐語侯言時不聞惲語
自與太僕相觸也師古曰令延壽證云惲無此語長樂誣之也尊曰不可惲
怒持大刀曰蒙富平侯力得族罪師古曰惲言富平侯依大僕言而證之則
我得罪至於族滅深恐之辭也毋泄惲語令大僕聞之亂餘事文穎曰勿使大僕聞
惲此語師古曰亂餘事者恐長樂心忿更加增其餘罪狀也惲幸得列九卿諸吏宿衞近
臣上所信任與聞政事師古曰與讀曰豫不竭忠愛盡臣子

義而妄怨望稱引為訞惡言師古曰訞與妖同大逆不道請逮捕治上不忍加誅有詔皆免惲長樂為庶人惲既失爵位家居治產業起室宅以財自娛歲餘其友人安定太守西河孫會宗知略士也與惲書諫戒之為言大臣廢退當闔門惶懼為可憐之意師古曰闔閉也不當治產業通賓客有稱譽惲宰相子少顯朝庭一朝晻昧語言見廢師古曰晻與暗同內懷不服報會宗書曰惲材朽行穢文質無所厎師古曰厎致也音之履反幸賴先人餘業得備宿衛遭遇時變以獲爵位終非其任卒與禍會師古曰卒亦終也足下哀其愚蒙賜書

教督以所不及師古曰蒙蔽督視也殷勤甚厚然竊恨足下不深惟其終始師古曰惟思也而猥隨俗之毀譽也師古曰猥曲也言鄙陋之愚心若逆指而文過師古曰逆足下之意指而自文飾其過默而息乎恐違孔氏各言爾志之義師古曰論語云顏回季路侍子曰盍各言爾志故惲引之故敢略陳其愚唯君子察焉惲家方隆盛時乘朱輪者十人位在列卿爵為通侯總領從官與聞政事師古曰與讀曰豫曾不能以此時有所建明以宣德化又不能與羣僚同心并力陪輔朝廷之遺忘已負竊位素餐之責久矣師古曰素空也不稱其職空食祿也懷祿貪勢不能自退遭遇變故橫被口語師古曰橫音胡孟反身幽北闕妻子滿

獄當此之時自以夷滅不足以塞責師古曰塞補也豈意得全首領復奉先人之丘墓乎伏惟聖主之恩不可勝量君子游道樂以忘憂小人全軀說以忘罪師古曰說讀曰悅竊自思念過已大矣行已虧矣長為農夫以沒世矣是故身率妻子勠力耕桑灌園治產以給公上師古曰充縣官之賦斂也不意當復用此為譏議也夫人情所不能止者聖人弗禁故君父至尊親師古曰父至親君至尊送其終也有時而既張晏曰喪不過三年臣見放逐降居三月復初師古曰既已也臣之得罪已三年矣田家作苦歲時伏臘亨羊炰羔斗酒自勞師古曰炰毛炙肉也即今所謂爊也炰音步交反爊音一高反勞音來到反家本秦也

能為秦聲婦趙女也雅善鼓瑟奴婢歌者數人酒後耳熱仰天拊缶應劭曰缶瓦器也秦人擊之以節歌師古曰缶即今之盆類也而呼烏烏師古曰李斯上書云擊甕叩缶彈箏搏髀而呼烏烏快耳者真秦聲也是關中舊有此曲也其詩曰田彼南山蕪穢不治種一頃豆落而為萁人生行樂耳須富貴何時張晏曰山高而在陽人君之象也蕪穢不治言朝廷之荒亂也一頃百畝以喻百官也言豆者貞實之物當在囷倉零落在野喻已見放棄也萁曲而不直言朝臣皆諂諛也師古曰其豆莖也音其須待也是日也拂衣而喜奮褎低卬師古曰褎古衣袖字頓足起舞誠淫荒無度不知其不可也師古曰自謂為可也惲幸有餘祿方糴賤販貴逐什一之利此賈豎之事汙辱之處惲親行之下流之人眾毀所歸不寒而栗師古曰栗竦縮也雖雅知惲者猶

隨風而靡師古曰言逐衆議皆相毀也尚何稱譽之有董生不云乎明明求仁義常恐不能化民者卿大夫意也明明求財利常恐困乏者庶人之事也師古曰引董仲舒之辭也仲舒傳作皇皇故道不同不相為謀師古曰論語載孔子之辭也惲又引之為音于僞反今子尚安得以卿大夫之制而責僕哉夫西河魏土文侯所興有段干木田子方之遺風應劭曰段干木田子方魏賢人也漂然皆有節槩知去就之分師古曰漂然高遠意槩度量也漂音匹遥反槩音工代反分音扶問反頃者足下離舊土臨安定安定山谷之閒昆戎舊壤文穎曰昆夷之地也子弟貪鄙豈習俗之移人哉於今迺睹子之志矣師古曰言豈隨安定貪鄙之俗而易其操乎平生謂子為達道今乃見子之志與我

不同者也方當盛漢之隆願勉旃毋多談師古曰旃之也言子當自勉厲以立功名不須多與我言也

又惲兄子安平侯譚為典屬國謂惲曰西河太守建平杜侯師古曰杜延年前以罪過出今徵為御史大夫侯罪薄又有功且復用惲曰有功何益縣官不足為盡力惲素與蓋寬饒韓延壽善譚即曰縣官實然蓋司隷韓馮翊皆盡力吏也俱坐事誅會有日食變騶馬猥佐成上書告惲如淳曰騶馬以給騶使乘之佐主猥馬史也有吏有佐名成者驕奢不悔過日食之咎此人所致章下廷尉按驗得所予會宗書宣帝見而惡之廷尉當惲大逆無道師古曰當謂處斷其罪要斬妻子徙酒泉郡譚坐不諫正惲與相應有怨望語免為庶人召拜成為郎諸在位與惲厚善者未央衛尉韋玄成京兆尹張敞及孫會宗等皆免官

蔡義河内温人也以明經給事大將軍莫府家貧常步行資禮不逮衆門下好事者相合師古曰言衆斂錢物為義買犢車令乘之數歲遷補覆盎城門候師古曰門候主候時而開閉也久之詔求能為韓詩者徵義待詔久不進見義上疏曰臣山東草萊之人行能亡所比容貌不及衆然而不棄人倫者竊以聞道於先師自託於經術也願賜清閒之燕師古曰燕安息也閒讀曰閑得盡精思於前上召見義說詩甚說

之師古曰下說讀曰悅擢為光祿大夫給事中進授昭帝數歲拜為少府遷御史大夫代楊敞為丞相封陽平侯又以定策安宗廟益封加賜黃金二百斤義為丞相時年八十餘短小無須眉貌似老嫗行步俛僂師古曰俛即俯字也僂曲背也僂音力主反常兩吏扶夾迺能行時大將軍光秉政議者或言光置宰相不選賢苟用可顓制者師古曰顓與專同其後類此光聞之謂侍中左右及官屬曰以為人主師當為宰相何謂云云師古曰云云衆語謂有不選賢之言也此語不可使天下聞也義為相四歲薨謚曰節侯無子國除

陳萬年字幼公沛郡相人也為郡吏察舉

至縣令遷廣陵太守師古曰居要被密示廉及舉薦故得遷之也以高弟入爲
右扶風遷太僕萬年廉平內行修然善事人賂遺
外戚許史傾家自盡尤事樂陵侯史高丞相丙吉
病中二千石上謁問疾師古曰上謁若今通名也遣吏家丞出謝謝
已皆去萬年獨留昏夜迺歸及吉病甚上自臨問
以大臣行能吉薦于定國杜延年及萬年萬年竟
代定國爲御史大夫八歲病卒子咸字子康年十
八以萬年任爲郎有異村抗直數言事刺譏近臣
書數十上遷爲左曹萬年嘗病召咸教戒於牀下
語至夜半咸睡頭觸屏風萬年大怒欲杖之曰乃

公教戒汝汝反睡不聽吾言何也咸叩頭謝曰具
曉所言大要教咸讇也師古曰大要大歸也讇古諂字也萬年迺不復
言萬年死後元帝擢咸爲御史中丞總領州郡奏
事課第諸刺史內執法殿中公卿以下皆敬憚之
是時中書令石顯用事顯權咸頗言顯短顯等恨
之時槐里令朱雲殘酷殺不辜有司舉奏未下師古
曰天子未下其章也咸素善雲雲從刺候教令上書自訟晉灼曰雲
從咸刺探伺候事之輕重咸因教令上書於是石顯微伺知之白奏咸漏泄省
中語下獄掠治師古曰掠笞擊也音力向反減死髡爲城旦因廢成
帝初即位大將軍王鳳以咸前指言石顯有忠直

節奏請咸補長史遷冀州刺史奉使稱意徵爲諫
大夫復出爲楚內史北海東郡太守坐爲京兆尹
王章所薦章誅咸免官起家復爲南陽太守所居
以殺伐立威豪猾吏及大姓犯法輒論輸府師古曰府謂郡
之府以律程作司空師古曰司空主行役之官爲地臼木杵舂不中程
或私解脫鉗釱衣服不如法師古曰鉗在頸釱在足皆以鐵爲之鉗音其炎反釱音第
輒加罪笞督作劇不勝痛師古曰作程劇苦又被督察笞罰既多故不勝痛也自絞
死歲數百千人久者蟲出腐爛家不得收其治放
嚴延年其廉不如所居調發屬縣所出食物以自
奉養師古曰調徒鈞反奢侈玉食師古曰玉食美食如玉也然操持掾史師古曰操

執也音千高反郡中長吏皆令閉門自斂不得踰法公移敕
書曰師古曰公然移書以約勑也即各欲求索自快是一郡百太守
也何得然哉下吏畏之豪彊執服師古曰執讀曰慹音之涉反令
行禁止然亦以此見廢咸三公子少顯名於朝廷
而薛宣朱博翟方進孔光等仕官絕在咸後皆以
廉儉先至公卿而咸滯於郡守時車騎將軍王音
輔政信用陳湯咸數賂遺湯予書曰即蒙子公力
得入帝城死不恨師古曰子公湯之字後竟徵入爲少府少府
多寶物屬官咸皆鉤校發其姦臧師古曰鉤音工侯反沒入辜
榷財物師古曰辜罪也榷專固也官屬及諸中宮黃門鉤盾掖庭

官吏舉奏按論畏咸皆失氣為少府三歲與翟方進有隙方進為丞相奏咸前為郡守所在殘酷毒螫加於吏民主守盜受所監（如淳曰律主守而盜直十金棄市師古曰受所監法解在景紀也）而官媚邪臣陳湯以求薦舉苟得無恥不宜處位咸坐免頃之紅陽侯立舉咸方正為光祿大夫給事中方進復奏免之後數年立有罪就國方進奏歸咸故郡以憂死　鄭弘字穉卿泰山剛人也（師古曰穉古穉字）兄昌字次卿亦好學皆明經通法律政事次卿為太原涿郡太守弘為南陽太守皆著治迹條教法度為後所述次卿用刑罰深不如弘平遷

淮陽相以高第入為右扶風京師稱之代韋玄成為御史大夫六歲坐與京房論議免語在房傳

贊曰所謂鹽鐵議者起始元中徵文學賢良問以治亂皆對願罷郡國鹽鐵酒榷均輸（師古曰酒榷均輸解在武紀及食貨志）務本抑末毋與天下爭利然後化可興御史大夫弘羊以為此迺所以安邊竟制四夷（師古曰竟讀曰境）國家大業不可廢也當時相詰難頗有其議文至宣帝時汝南桓寬次公（師古曰次公者寬之字）治公羊春秋舉為郎至廬江太守丞博通善屬文推衍鹽鐵之議增廣條目極其論難著數萬言（師古曰即今之所行鹽鐵論十卷是也）亦欲以究治亂成一家之法焉其辭曰（師古曰謂桓寬總評議其善惡）觀公卿賢良文學之議異乎吾所聞（師古曰論語載子張之言言不與己志同也故寬引之）聞汝南朱生言當此之時英俊並進賢良茂陵唐生文學魯國萬生之徒六十有餘人咸聚闕庭舒六藝之風陳治平之原知者贊其慮仁者明其施勇者見其斷（師古曰斷音丁喚反）辯者騁其辭齗齗焉行行焉（師古曰齗齗辯爭之皃行行剛彊之皃也齗音牛斤反行音胡浪反）雖未詳備斯可略觀矣中山劉子推言王道橋當世反諸正（師古曰正曲曰橋橋讀與矯同其字從手）彬彬然弘博君子也（師古曰彬彬文章皃也音彼旻反）九江祝生奮史魚之節發憤懣譏公卿（師古曰懣音滿又莫本反）介然直而不撓

（師古曰撓曲也音女教反）可謂不畏彊圉矣桑大夫據當世合時變上權利之略雖非正法鉅儒宿學不能自解（師古曰解釋也言理不出於弘羊也）博物通達之士也然攝公卿之柄不師古始放於末利（師古曰放縱也謂縱心於利也一說放依也音方往反論語稱孔子曰放於利而行多怨也）處非其位行非其道果隕其性以及厥宗（師古曰性生也謂與上官桀謀反誅也）車丞相履伊呂之列當軸處中括囊不言容身而去（師古曰括結也易坤卦六四爻辭曰括囊無咎無譽言自閉慎如囊之括結也）彼哉彼哉（師古曰論語云或問子西孔子曰彼哉彼哉言彼人哉無足稱也）若夫丞相御史兩府之士不能正議以輔宰相成同類長同行阿意苟合以說其上（師古曰說讀曰悅）斗筲之徒何足選也（師古曰筲竹器也容一斗選數也論語云子貢問曰今之

從政者何如孔子曰噫斗筲之人何足選也言其材器小劣不足數也筲音所交反選音先吮反噫歎聲也噫音於其反

公孫田劉王楊蔡陳鄭傳第三十六

楊胡朱梅云傳第三十七　　班固　漢書六十七

秘書監上護軍琅邪縣開國子顏師古注

楊王孫者，孝武時人也。學黃老之術，家業千金，厚自奉養生，亡所不致。（師古曰致至也）及病且終，先令其子，（師古曰先令為遺令）曰：「吾欲臝葬，以反吾真，（師古曰臝者不為衣衾棺槨者也反歸也真者自然之道也臝音郎果反）必亡易吾意。（師古曰易改也）死則為布囊盛尸，入地七尺，既下，從足引脫其囊，以身親土。」其子欲默而不從，重廢父命，（師古曰重難也）欲從之，心又不忍，迺往見王孫友人祁侯。（師古曰祁侯繒賀之孫承嗣者名它）

祁侯與王孫書曰：「王孫苦疾，僕迫從上祠雍，未得詣前。（師古曰詣至也至前言來見也）願存精神，省思慮，進醫藥，厚自持。竊聞王孫先令臝葬，令死者亡知則已，若其有知，是戮尸地下，將臝見先人，竊為王孫不取也。且孝經曰『為之棺槨衣衾』，是亦聖人之遺制，何必區區獨守所聞？（師古曰區區小意也）願王孫察焉。」

王孫報曰：「蓋聞古之聖王，緣人情不忍其親，故為制禮，今則越之，（師古曰言踰禮而厚葬也）吾是以臝葬，將以矯世也。（師古曰正曲曰矯）夫厚葬誠亡益於死者，而俗人競以相高，靡財單幣，腐之地下。（師古曰靡散也單盡也）或迺今日入而明日發，（師古曰言見發掘也）此真與暴骸於中野何異！且夫死者，終生之化，而物之歸者也。歸者得至，化者得變，是物各反其真也。反真冥冥，亡形亡聲，迺合道情。夫飾外以華眾，厚葬以鬲真，（師古曰鬲與隔同其後並類此）使歸者不得至，化者不得變，是使物各失其所也。且吾聞之，精神者天之有也，形骸者地之有也。（師古曰文子稱天氣為魂延陵季子云骨肉下歸於土是以云然）精神離形，各歸其真，故謂之鬼，鬼之為言歸也。其尸塊然獨處，豈有知哉？（師古曰塊音口對反）裹以幣帛，鬲以棺槨，支體絡束，口含玉石，欲化不得，鬱為枯腊，千載之後，棺槨朽腐，迺得歸土，就其真宅。繇是言之，焉用久客！（師古曰言不用久為客也繇讀與由同）昔帝堯之葬也，窾木為匵，葛藟為緘，（服虔曰窾音款款空也空木為匵師古曰匵即櫝字也匵小棺也藟葛藟也一曰藟亦草名葛之類也緘束也藟音力水反緘音工咸反）其穿下不亂泉，上不泄殠。（師古曰亂絕也）故聖王生易尚，死易葬。（師古曰尚崇也言生死皆儉約也）不加功於亡用，不損財於亡謂。（師古曰謂者名稱也亦指趣也）今費財厚葬，留歸鬲至，死者不知，生者不得，是謂重惑。於戲！（師古曰於讀曰烏戲讀曰呼）吾不為也。」祁侯曰：「善。」遂臝葬。

胡建字子孟，河東人也。孝武天漢中，守軍正丞，（師古曰南北軍各有正正又置丞而建未得真官兼守之）貧亡車馬，常步與走卒起居，所以慰薦走卒，甚得其心。（師古曰慰者自上安之也薦者舉藉也）時監軍御史為姦，穿北軍壘垣以為賈區，（師古曰坐賣曰賈為賣物之區也區者小室之名若今小菴屋之類耳故衛士之屋謂之區廬宿衛宮外士稱為區士也賈音古其下亦同）建欲誅之，迺約其走卒師古曰約束也曰我欲與公有所誅吾言取之則取斬之則斬於是當選士馬日監御史與護軍諸校列坐堂皇上 師古曰校者軍之諸部校也室無四壁曰皇 建從走卒趨至堂皇下拜謁因上堂走卒皆上建指監御史曰取彼走卒前曳下堂皇建曰斬之遂斬御史護軍諸校皆愕驚不知所以建亦已有成奏在其懷中遂上奏曰臣聞軍法立武以威衆誅惡以禁邪今監御史公穿軍垣以求賈利 師古曰公謂顯然爲之 私買賣以與士市不立剛毅之心勇猛之節亡以帥先士大夫尤失理不公用文吏議不至重法黃帝李法曰 蘇林曰獄官名也天文志左角李右角將孟康曰兵書之法也師古曰李者法官之號也總主征伐刑戮之事也故稱其書曰李法蘇說近之 壁壘已定穿窬不繇路是謂姦人姦人者殺 師古曰穿窬小竇也音踰繇讀與由同下皆類此 臣謹案軍法曰正亡屬將軍將軍有罪以聞 師古曰言軍正不屬將軍將軍有罪過得表奏之 二千石以下行法焉 孟康曰二千石謂軍中校尉都尉之屬 丞於用法疑 孟康曰丞屬軍正斬御史於法有疑 執事不諉上 師古曰諉累也言執事者當見法即行不可以事累於上也諉音女瑞反累音力端反 臣謹以斬昧死以聞制曰司馬法曰國容不入軍軍容不入國何文吏也 師古曰司馬法亦兵書之名也解在主父偃傳部言在於軍中何用文吏議也 三王或誓於軍中欲民先成其慮也或誓於軍門之外欲民先意以待事也 師古曰慮謂計念也先意謂先爲之意也 或將交刃而誓致民志也 師古曰欲致民勇志使不奔北

建又何疑焉建繇是顯名後爲渭城令治甚有聲值昭帝幼皇后父上官將軍安與帝姊蓋主私夫丁外人相善外人驕恣怨故京兆尹樊福使客射殺之客臧公主廬吏不敢捕渭城令建將吏卒圍捕蓋主聞之與外人上官將軍多從奴客往犇射追吏 師古曰犇古奔字也奔走赴之而射也 吏散走主使僕射劾渭城令游徼傷主家奴建報亡它坐 服虔曰言游徼奉公無它坐也 蓋主怒使人上書告建侵辱長公主射甲舍門 師古曰甲舍即甲第公主之宅 知吏賊傷奴辟報故不窮審 蘇林曰辟迴也報論也斷獄爲報故言有故也不窮審竆其事也師古曰蘇說非也言爲游徼避罪而妄報文書故不窮治也辟讀曰避 大將軍霍光寢其奏後光病上官氏代聽事下吏捕建建自殺吏民稱寃至今渭城立其祠

朱雲字游魯人也徙平陵少時通輕俠借客報仇 師古曰借助也音子夜反 長八尺餘容貌甚壯以勇力聞年四十迺變節從博士白子友受易又事前將軍蕭望之受論語皆能傳其業好倜儻大節 師古曰倜音吐歷反 當世以是高之元帝時琅邪貢禹爲御史大夫而華陰守丞嘉上封事 師古曰守華陰縣丞者其人名嘉 言治道在於得賢御史之官宰相之副九卿之右 師古曰右言在上也 不可不選平陵朱雲兼資文武忠正有智略可使以六百石秩試守御史大夫以盡其能上

廼下其事問公卿太子少傅匡衡對以爲大臣者國家之股肱萬姓所瞻仰明王所愼擇也傳曰下輕其上爵賤人圖柄臣則國家搖動而民不靜矣師古曰上爵大官也圖謀也柄臣執權之臣今嘉從守丞而圖大臣之位欲以匹夫徒步之人而超九卿之右非所以重國家而尊社稷也自堯之用舜文王於太公猶試然後爵之又況朱雲者乎雲素好勇數犯法亡命受易頗有師道其行義未有以異今御史大夫禹絜白廉正經術通明有伯夷史魚之風海內莫不聞知而嘉猥稱雲師古曰猥曲也欲令爲御史大夫妄相稱舉疑有

姦心漸不可長宜下有司案驗以明好惡嘉竟坐之是時少府五鹿充宗貴幸爲梁丘易自宣帝時善梁丘氏說元帝好之欲考其異同令充宗與諸易家論充宗乘貴辯口師古曰乘因也言因藉尊貴之權也諸儒莫能與抗皆稱疾不敢會有薦雲者召入攝齋登堂師古曰齋衣下之裳音子私反抗首而請音動左右師古曰抗舉也旣論難連拄五鹿君師古曰拄刺也距也音竹庚反故諸儒爲之語曰五鹿嶽嶽朱雲折其角師古曰嶽嶽長角之貌繇是爲博士遷杜陵令坐故縱亡命會赦舉方正爲槐里令時中書令石顯用事與充宗爲黨百僚畏之唯御史中丞陳咸年少抗節不

附顯等而與雲相結雲數上疏言丞相韋玄成容身保位亡能往來李奇曰不能有所前卻也師古曰周書君奭之篇稱周公曰惟文王尚克修和有夏有若虢叔閎夭散宜生泰顚南宮括又曰亡能往來故雲引此以爲言也而咸數毀石顯久之有司考雲疑風吏殺人師古曰風讀曰諷羣臣朝見上問丞相以雲治行丞相玄成言雲暴虐亡狀師古曰無善狀也時陳咸在前聞之以語雲雲上書自訟咸爲定奏草求下御史中丞事下丞相丞相部吏考立其殺人罪師古曰立成也雲亡入長安復與咸計議丞相具發其事奏咸宿衞執法之臣幸得進見漏泄所聞以私語雲爲定奏草欲令自下治師古曰咸爲御史中丞而奏請下中丞故云自下治後知

雲亡命罪人而與交通雲以故不得師古曰吏捕之不得上於是下咸雲獄減死爲城旦咸雲遂廢錮終元帝世至成帝時丞相故安昌侯張禹以帝師位特進甚尊重雲上書求見公卿在前雲曰今朝廷大臣上不能匡主下亡以益民皆尸位素餐師古曰尸主也素空也尸位者不舉其事但主其位而已素餐者德不稱官空當食祿孔子所謂鄙夫不可與事君苟患失之亡所不至者也師古曰皆論語所載孔子之言也苟患失其寵祿則言行僻邪無所不至也臣願賜尚方斬馬劒斷佞臣一人以厲其餘師古曰尚方少府之屬官也作供御器物故有斬馬劒劒利可以斬馬也上問誰也對曰安昌侯張禹上大怒曰小臣居下訕上廷辱師傅師古曰訕謗也音所諫反

又音删罪死不赦御史將雲下雲攀殿檻檻折師古曰檻軒前闌也雲呼曰師古曰呼叫也音火故反臣得下從龍逢比干遊於地下足矣師古曰關龍逢桀臣王子比干紂之諸父皆以諫而死故云然未知聖朝何如耳師古曰言殺直臣其聲惡御史遂將雲去於是左將軍辛慶忌免冠解印綬叩頭殿下曰此臣素著狂直於世師古曰著表也言此名久彰表使其言是不可誅其言非固當容之臣敢以死爭慶忌叩頭流血上意解然後得已及後當治檻上曰勿易因而輯之以旌直臣師古曰輯與集同謂補合之也旌表也雲自是之後不復仕常居鄠田時出乘牛車從諸生所過皆敬事焉薛宣為丞相雲往見之宣備賓

主禮因留雲宿從容謂雲曰師古曰從音七庸反在田野亡事且留我東閤可以觀四方奇士雲曰小生廼欲相吏邪師古曰小生謂其新學後進言欲以我為吏乎宣不敢復言其教授擇諸生然後為弟子九江嚴望及望兄子元字仲能傳雲學皆為博士望至泰山太守雲年七十餘終於家病不呼醫飲藥遺言以身服斂棺周於身土周於槨師古曰棺周於身小棺裁容身也土周於槨冢壙裁容槨也為丈五墳葬平陵東郭外

梅福字子真九江壽春人也少學長安明尚書穀梁春秋為郡文學補南昌尉師古曰豫章之縣後去官歸壽春數因縣道上言變事師古曰附縣道之使而封奏也變謂非常之事求假軺傳師古曰小車之傳也軺音遥傳音張戀反詣行在所條對急政師古曰條對者一一條錄而對之輒報罷是時成帝委任大將軍王鳳鳳專埶擅朝而京兆尹王章素忠直譏刺鳳為鳳所誅王氏浸盛師古曰浸漸也災異數見羣下莫敢正言福復上書曰臣聞箕子佯狂於殷而為周陳洪範叔孫通遁秦歸漢制作儀品師古曰遁逃也夫叔孫先非不忠也師古曰先猶言先生也一曰先謂在秦時箕子非疏其家而畔親也師古曰箕子紂之諸父故言疏家畔親也不可為言也昔高祖納善若不及從諫若轉圜師古曰不及恐失之也轉圜言其順也聽言不求其能舉功不考其素師古曰直取其功不論其舊行及所從來也陳平起於亡命而為謀

主韓信拔於行陳而建上將師古曰立為大將軍故天下之士雲合歸漢師古曰言四面而至爭進奇異知者竭其策愚者盡其慮勇士極其節怯夫勉其死合天下之知并天下之威是以舉秦如鴻毛取楚若拾遺師古曰鴻毛輕拾遺言其易也此高祖所以亡敵於天下也師古曰亡讀曰無孝文皇帝起於代谷師古曰從代而來即帝位非有周召之師伊呂之佐也師古曰召讀曰邵循高祖之法加以恭儉當此之時天下幾平師古曰幾音鉅依反繇是言之循高祖之法則治不循則亂何者秦為亡道削仲尼之迹滅周公之軌師古曰軌法也壞井田除五等禮廢樂崩王道不通故欲行王道者

莫能致其功也孝武皇帝好忠諫說至言師古曰說讀曰悅出爵不待廉茂慶賜不須顯功師古曰謂諫爭合意即得官爵不由廉舉及軍功也廉廉吏也茂茂材也是以天下布衣各厲志竭精以赴闕廷自衒鬻者不可勝數漢家得賢於此為盛使孝武皇帝聽用其計升平可致張晏曰民有三年之儲曰升平於是積尸暴骨快心胡越故淮南王安緣間而起所以計慮不成而謀議泄者以衆賢聚於本朝師古曰本朝漢朝也故其大臣埶陵不敢和從也服虔曰臣埶陵君也師古曰謂淮南大臣相內史之屬也方今布衣廼窺國家之隙見間而起者蜀郡是也孟康曰成帝鴻嘉中廣漢男子鄭躬等反是也及山陽亡徒蘇令之羣蹈藉名都大郡求黨與索隨和李奇曰求索與己和及隨己者而亡逃匿之意此皆輕量大

臣亡所畏忌國家之權輕故匹夫欲與上爭衡也士者國之重器得士則重失士則輕詩云濟濟多士文王以寧師古曰大雅文王之詩也已解於上廟堂之議非草茅所當言也臣誠恐身塗野草尸并卒伍故數上書求見輒報罷臣聞齊桓之時有以九九見者桓公不逆欲以致大也師古曰九九筭術若今九章五曹之輩今臣所言非特九九也陛下距臣者三矣此天下士所以不至也昔秦武王好力任鄙叩關自鬻師古曰秦武王即孝公之孫惠文王之子也任鄙力士也繆公行伯繇余歸德師古曰即秦穆公也伯讀曰霸繇讀曰由今欲致天下之士

民有上書求見者輒使詣尚書問其所言言可采取者秩以升斗之祿賜以一束之帛若此則天下之士發憤懣吐忠言師古曰懣音滿嘉謀日聞於上天下條貫國家表裏爛然可睹矣師古曰爛然分明貌夫以四海之廣士民之數能言之類至衆多也然其儁桀指世陳政言成文章質之先聖而不繆施之當世合時務師古曰質正也若此者亦亡幾人師古曰無幾言不多也幾音居豈反故爵祿束帛者天下之底石高祖所以厲世摩鈍也師古曰底細石也音之履反又音祇孔子曰工欲善其事必先利其器師古曰論語載孔子之言也工以喻國政利器喻賢材至秦則不然張誹謗之罔以為漢敺除

倒持泰阿授楚其柄師古曰大阿劔名歐冶所鑄也言秦無道令陳涉項羽乗間而發譬倒持劔而以把授與人也故誠能勿失其柄天下雖有不順莫敢觸其鋒此孝武皇帝所以辟地建功為漢世宗也師古曰辟讀曰闢今不循伯者之道師古曰伯讀曰霸次下亦同廼欲以三代選舉之法取當世之士猶察伯樂之圖求騏驥於市而不可得亦已明矣故高祖棄陳平之過而獲其謀師古曰盜嫂受金之事晉文召天王齊桓用其讎師古曰召天王謂狩于河陽也用其讎謂以管仲為相並解於上亡益於時不顧逆順此所謂伯道者也一色成體謂之醇白黑雜合謂之駁欲以承平之法治暴秦之緒師古曰緒謂餘業也猶以鄉飲酒之禮理軍市也

今陛下既不納天下之言又加戮焉夫鳶鵲遭害則仁鳥增逝師古曰鳶鴟也仁鳥鸞鳳也鳶音緣愚者蒙戮則知士深退師古曰蒙被也間者愚民上疏多觸不急之法或下廷尉而死者衆師古曰以其所言爲不急而罪之也自陽朔以來天下以言爲諱朝廷尤甚師古曰防人之口法禁嚴切羣臣皆承順上指莫有執正何以明其然也取民所上書陛下之所善試下之廷尉廷尉必曰非所宜言大不敬以此卜之一矣故京兆尹王章資質忠直敢面引廷爭孝元皇帝擢之以厲具臣而矯曲朝師古曰具臣具位之臣無益者也矯正也及至陛下戮及妻子且惡惡止其身王章非有反畔之

辜而殃及家折直士之節結諫臣之舌羣臣皆知其非然不敢爭天下以言爲戒最國家之大患也願陛下循高祖之軌杜亡秦之路師古曰杜塞也數御十月之歌孟康曰福讖切王氏十月之詩刺后族太盛也師古曰詩小雅十月之交篇也留意亡逸之戒師古曰周書篇名也周公作之以戒成王除不急之法下亡諱之詔博覽兼聽謀及疏賤令深者不隱遠者不塞所謂辟四門明四目也師古曰虞書舜典曰闢四門明四目言開四門以致衆賢則明視於四方也且不急之法誹謗之微者也往者不可及來者猶可追方今君命犯而主威奪師古曰君命犯者謂大臣犯君之命外戚之權日以益隆陛下不見其形願察其景建始以來日食

地震以率言之三倍春秋水災亡與比數師古曰言其極多不可比校而數也陰盛陽微金鐵爲飛此何景也張晏曰河平二年沛郡鐵官鑄鐵如星飛上去權臣用事之異也蘇林曰言之不從是謂不艾則金不從革景象也何象言將危亡也漢興以來社稷二危呂霍上官皆母后之家也親親之道全之爲右師古曰務全安之此爲上當與之賢師良傅教以忠孝之道今乃尊寵其位授以魁柄師古曰以斗爲喻也斗身爲魁使之驕逆至於夷滅師古曰夷平也謂平除之此失親親之大者也自霍光之賢不能爲子孫慮故權臣易世則危書曰毋若火始庸庸師古曰周書洛誥之辭也庸庸微小貌也言火始微小不早撲滅則至熾盛大臣貴擅亦當圖黜其權也埶陵於君權隆於主然後防之亦亡及已師古曰已語終辭

上遂不納成帝久亡繼嗣福以爲宜建三統封孔子之世以爲殷後復上書曰臣聞不在其位不謀其政政者職也位卑而言高者罪也越職觸罪危言世患雖伏質橫分臣之願也師古曰伏質斬刑也橫分謂身首分離也守職不言沒齒身全死之日尸未腐而名滅雖有景公之位伏歷千駟臣不貪也師古曰景公齊景公也論語云齊景公有馬千駟死之日人無得而稱焉故引之也故願壹登文石之陛涉赤墀之途應劭曰以丹淹泥塗殿上也當戶牖之法坐師古曰戶牖之間謂之扆言負扆也法坐正坐也聽朝之處猶言法官法駕也坐音才卧反盡平生之愚慮亡益於時有遺於世師古曰遺留也此臣寢所以不安食所以忘味也願陛下深省臣言

師古曰省察也臣聞存人所以自立也壅人所以自塞也善惡之報各如其事昔者秦滅二周夷六國師古曰二周東周西周君也六國齊楚韓魏趙燕隱士不顯佚民不舉師古曰佚與逸同也絕三統滅天道是以身危子殺厥孫不嗣張晏曰身爲燕丹張良所謀子二世見殺孫謂子嬰所謂壅人以自塞者也故武王克殷未下車存五帝之後封殷於宋紹夏於杞師古曰謂封黃帝之後於薊帝堯之後於祝帝舜之後於陳并杞宋是爲五帝明著三統示不獨有也是以姬姓半天下遷廟之主流出於戶李奇曰言其多所謂存人以自立者也今成湯不祀殷人亡後陛下繼嗣久微殆爲此也春秋經曰宋殺其大夫穀梁傳曰其不稱名

姓以其在祖位尊之也師古曰事在僖二十五年穀梁所云在祖位者謂孔子本宋孔父之後防叔奔魯遂爲魯人今宋所殺者亦孔父之後畱在宋者於孔子爲祖列故尊而不名也此言孔子故殷後也雖不正統封其子孫以爲殷後禮亦宜之何者諸侯奪宗聖庶奪適如淳曰奪宗始封之君尊爲諸侯則奪其舊爲宗子之事也奪適文王舍伯邑考而立武王是也孔子雖庶可爲殷後師古曰適讀曰嫡傳曰賢者子孫宜有土而況聖人又殷之後哉昔成王以諸侯禮葬周公而皇天動威雷風著災師古曰尚書大傳云周公疾曰吾死必葬於成周示天下臣於成王也周公死天乃雷雨以風禾盡偃大木斯拔國恐王與大夫開金縢之書執書以泣曰周公勤勞王家予幼人弗及知乃不葬之於成周而葬之於畢示天下不敢臣今仲尼之廟不出闕里師古曰闕里孔子舊里也言除此之外更無祭祀孔子者孔氏子孫不免編戶師古曰列爲庶人也以聖人而歆匹夫之

祀非皇天之意也今陛下誠能據仲尼之素功以封其子孫師古曰素功素王之功也穀梁傳曰孔子素王則國家必獲其福又陛下之名與天亡極何者追聖人素功封其子孫未有法也後聖必以爲則不滅之名可不勉哉福孤遠又譏切王氏故終不見納武帝時始封周後姬嘉爲周子南君至元帝時尊周子南君爲周承休侯位次諸侯王使諸大夫博士求殷後分散爲十餘姓郡國往往得其大家推求子孫絕不能紀師古曰不自知其昭穆之數也時匡衡議以爲王者存二王後所以尊其先王而通三統也其犯誅絕之罪者絕而更封

他親爲始封君上承其王者之始祖春秋之義諸侯不能守其社稷者絕今宋國已不守其統而失國矣則宜更立殷後爲始封君而上承湯統非當繼宋之絕侯也宜明得殷後而已今之故宋推求其嫡久遠不可得雖得其嫡嫡之先已絕不當得立禮記孔子曰丘殷人也先師所共傳宜以孔子世爲湯後上以其語不經師古曰不合於經也遂見寢至成帝時梅福復言宜封孔子後以奉湯祀綏和元年立二王後推迹古文以左氏穀梁世本禮記相明遂下詔封孔子世爲殷紹嘉公語在成紀是時福居

家常讀書養性爲事至元始中王莽顓政師古曰顓讀與專同福一朝棄妻子去九江至今傳以爲仙其後人有見福於會稽者變名姓爲吳市門卒云師古曰其後謂棄妻子去之後

云敞字幼孺平陵人也師事同縣吳章章治尚書經爲博士平帝以中山王即帝位年幼莽秉政自號安漢公以平帝爲成帝後不得顧私親帝母及外家衞氏皆留中山不得至京師莽長子宇非莽鬲絕衞氏師古曰鬲讀與隔同恐帝長大後見怨宇與吳章謀夜以血塗莽門若鬼神之戒異以懼莽章欲因對其咎事發覺莽殺宇誅滅衞氏謀所聯及

死者百餘人章坐要斬磔尸東市門初章爲當世名儒教授尤盛弟子千餘人莽以爲惡人黨皆當禁錮不得仕宦門人盡更名他師師古曰更以他人爲師諱不言是章弟子敞時爲大司徒掾自劾吳章弟子收抱章尸歸棺斂葬之師古曰棺音工喚反斂音力贍反京師稱焉車騎將軍王舜高其志節比之欒布表奏以爲掾薦爲中郎諫大夫莽篡位王舜爲太師復薦敞可輔職師古曰爲輔弼之任以病免唐林言敞可典郡擢爲魯郡大尹更始時安車徵敞爲御史大夫復病免去卒于家

贊曰昔仲尼稱不得中行則思狂狷師古曰論語載孔子曰不得中行而與之必也狂狷乎狂者進取狷者有所不爲中行中庸也狷介也言必不得中庸之人與之論道則思狂狷猶愈於頑嚚無識者也狷音工掾反觀楊王孫之志賢於秦始皇遠矣世稱朱雲多過其實故曰蓋有不知而作之者我亡是也師古曰論語稱孔子之言也疾時人妄有述作非有實也胡建臨敵敢斷武昭於外師古曰昭明也斬伐姦隤軍旅不隊梅福之辭合於大雅雖無老成尚有典刑殷監不遠夏后所聞師古曰大雅蕩之詩曰雖無老成人尚有典刑言今雖無其人尚有故法可案用也又曰殷監不遠在夏后之時言殷視夏桀之亡可爲戒也贊引此者謂梅福請封孔子後是案武王克商之法而行之又視秦滅二周夷六國不爲立後自取喪亡可爲戒也遂從所好全性市門云敞之義著於吳章爲仁由己再入大府師古曰論語稱孔子曰爲仁由己而由人乎哉故此贊引之再入大府謂初爲大司徒掾後爲車騎將軍掾也清則濯纓何遠之有師古曰楚辭漁父之歌曰滄浪之水清可以濯我纓滄浪之水濁可以濯我足遇治則仕遇亂則隱云敞謝病去職近於此義也

楊胡朱梅云傳第三十七

霍光金日磾傳第三十八　班固　漢書六十八

秘書監上護軍琅邪縣開國子顏師古注

霍光字子孟票騎將軍去病弟也父中孺河東平陽人也〔師古曰中讀曰仲〕以縣吏給事平陽侯家〔師古曰縣遣吏於侯家供事也〕與侍者衛少兒私通而生去病中孺吏畢歸家娶婦生光因絕不相聞久之少兒女弟子夫得幸於武帝立為皇后去病以皇后姊子貴幸既壯大迺自知父為霍中孺未及求問會為票騎將軍擊匈奴道出河東河東太守郊迎負弩矢先驅〔師古曰郊迎迎於郊界之上也先驅者導其路也〕至平陽傳舍遣吏迎霍中孺中孺趨入拜謁將軍迎拜因跪曰去病不早自知為大人遺體也中孺扶服叩頭〔師古曰服音蒲北反〕曰老臣得託命將軍此天力也去病大為中孺買田宅奴婢而去還復過焉迺將光西至長安時年十餘歲任光為郎稍遷諸曹侍中去病死後光為奉車都尉光祿大夫出則奉車入侍左右出入禁闥二十餘年〔師古曰宮中小門謂之闥〕小心謹慎未嘗有過甚見親信征和二年衛太子為江充所敗而燕王旦廣陵王胥皆多過失是時上年老寵姬鉤弋趙倢伃有男〔師古曰倢伃居鉤弋宮故稱之〕上心欲以為嗣命大臣輔之察羣臣唯光任大重可

屬社稷〔師古曰任堪也屬委也任音壬屬音之欲反〕上迺使黃門畫者畫周公負成王朝諸侯以賜光〔師古曰黃門之署職任親近以供天子百物在焉故亦有畫工〕後元二年春上游五柞宮病篤光涕泣問曰如有不諱誰當嗣者〔師古曰不諱言不可諱也〕上曰君未諭前畫意邪〔師古曰諭曉也〕立少子君行周公之事光頓首讓曰臣不如金日磾日磾亦曰臣外國人不如光上以光為大司馬大將軍日磾為車騎將軍及太僕上官桀為左將軍搜粟都尉桑弘羊為御史大夫皆拜臥內牀下〔師古曰於天子所臥牀前拜職〕受遺詔輔少主明日武帝崩太子襲尊號是為孝昭皇帝帝年八歲政事壹決於光先是後元年侍中僕射莽何羅與弟重合侯通謀為逆〔師古曰莽音莫戶反〕時光與金日磾上官桀等共誅之功未錄武帝病封璽書曰帝崩發書以從事遺詔封金日磾為秺侯上官桀為安陽侯光為博陸侯〔文穎曰博大陸平取其嘉名無此縣也食邑北海河東城師古曰蓋亦取鄉聚之名以為國號非必縣也公孫弘平津鄉則是矣〕皆以前捕反者功封時衛尉王莽子男忽侍中〔師古曰即右將軍王莽也其子名忽〕揚語曰〔師古曰揚謂宣唱之〕帝崩忽常在左右安得遺詔封三子事〔師古曰安猶焉〕羣兒自相貴耳光聞之切讓王莽〔師古曰切深也讓責也〕莽酖殺忽光為人沈靜詳審長財七尺三寸〔師古曰財與纔同〕白晳疏眉目美須䫇〔師古曰晳絜白也䫇頰毛也晳音先

（歷反髯音人占反）每出入下殿門止進有常處郎僕射竊識
視之不失尺寸（師古曰識記也音式志反）其資性端正如此初輔
幼主政自己出（師古曰自從也）天下想聞其風采（師古曰采文采）殿
中嘗有怪一夜羣臣相驚光召尚符璽郎（師古曰恐有變
難故欲收取璽）郎不肯授光光欲奪之郎按劍曰臣頭可得
璽不可得也光甚誼之明日詔增此郎秩二等衆
庶莫不多光（師古曰多猶重也以此事爲多足重也）光與左將軍桀結婚相
親光長女爲桀子安妻有女年與帝相配（晉灼曰漢語光嫡妻
東閭氏生安夫人昭后之母也）桀因帝姊鄂邑蓋主內安女後宮爲倢
伃（師古曰鄂邑所食邑爲蓋侯所尚故云蓋主也）數月立爲皇后父安爲票騎

將軍封桑樂侯光時休沐出桀輒入代光決事桀
父子既尊盛而德長公主（師古曰懷其恩德也）公主內行不修
近幸河閒丁外人桀安欲爲外人求封幸依國家
故事以列侯尚公主者光不許又爲外人求光祿
大夫欲令得召見又不許長主大以是怨光而桀
安數爲外人求官爵弗能得亦慙自先帝時桀已
爲九卿位在光右（師古曰右上也）及父子並爲將軍有椒房
中宮之重（師古曰椒房殿皇后所居）皇后親安女光廼其外祖而
顧專制朝事（師古曰顧猶反也）繇是與光爭權（師古曰繇讀與由同）燕
王旦自以昭帝兄常懷怨望及御史大夫桑弘羊

建造酒榷鹽鐵爲國興利伐其功（師古曰伐矜也）欲爲子弟
得官亦怨恨光於是蓋主上官桀安及弘羊皆與
燕王旦通謀詐令人爲燕王上書言光出都肄郎
羽林道上稱趕（孟康曰都試也肄習也師古曰謂總閱試習武備也）大官先置（師古曰供食欲
之具）又引蘇武前使匈奴拘留二十年不降還廼爲
典屬國而大將軍長史敞亡功爲搜粟都尉（師古曰揚敞也）
又擅調益莫府校尉（師古曰調選也莫府大將軍府也調音徒釣反）光專權自
恣疑有非常臣旦願歸符璽入宿衛察姦臣變候
司光出沐日奏之桀欲從中下其事（師古曰下謂下有司也音胡稼反）
桑弘羊當與諸大臣共執退光書奏帝不肯下明

旦光聞之止畫室中不入（如淳曰近臣所止計畫之室也或曰彫畫之室也師古曰彫畫是也）
上問大將軍安在左將軍桀對曰以燕王告其罪
故不敢入有詔召大將軍光入免冠頓首謝上曰
將軍冠（師古曰令復著冠也）朕知是書詐也將軍亡罪光曰陛
下何以知之上曰將軍之廣明都郎屬耳（師古曰之往也廣明
亭名也屬耳近耳也屬音之欲反）調校尉以來未能十日燕王何以得
知之且將軍爲非不須校尉（文穎曰帝云將軍欲反不由一校尉）是時帝
年十四尚書左右皆驚而上書者果亡捕之甚急
桀等懼白上小事不足遂（師古曰遂猶竟也不須窮竟也）上不聽後桀
黨與有譖光者上輒怒曰大將軍忠臣先帝所屬

以輔朕身師古曰屬委也音之欲反其下亦同敢有毀者坐之自是桀等不敢復言迺謀令長公主置酒請光伏兵格殺之因廢帝迎立燕王爲天子事發覺光盡誅桀安弘羊外人宗族燕王蓋主皆自殺光威震海內昭帝既冠遂委任光訖十三年百姓充實四夷賓服元平元年昭帝崩亡嗣武帝六男獨有廣陵王胥在羣臣議所立咸持廣陵王王本以行失道先帝所不用光內不自安郎有上書言周太王廢太伯立王季文王舍伯邑考立武王唯在所宜師古曰太伯者王季之兄伯邑考文王長子也雖廢長立少可也廣陵王不可以承宗廟言合光意光以其書視丞相敞等師古曰視讀曰示敞即楊敞也擢郎爲九

江太守即日承皇太后詔遣行大鴻臚事少府樂成宗正德光祿大夫吉中郎將利漢迎昌邑王賀賀者武帝孫昌邑哀王子也既至即位行淫亂光憂懣師古曰懣音滿又音悶字獨以問所親故吏大司農田延年延年曰將軍爲國柱石師古曰柱者梁下之柱石承柱之礎也言大臣負國重任如屋之柱及其石也審此人不可何不建白太后師古曰立議而白之更選賢而立之光曰今欲如是於古嘗有此不師古曰光不涉學故有此問也延年曰伊尹相殷廢太甲以安宗廟後世稱其忠師古曰商書太甲篇曰太甲既立弗明伊尹放諸桐是也將軍若能行此亦漢之伊尹也光迺引延年給事中陰與車騎將軍張安世圖計師古曰圖謀也遂召丞相御史將軍

列侯中二千石大夫博士會議未央宮光曰昌邑王行昏亂恐危社稷如何羣臣皆驚鄂失色師古曰凡言鄂者皆謂阻礙不依順也後字作愕其義亦同莫敢發言但唯唯而已田延年前離席按劍曰先帝屬將軍以幼孤寄將軍以天下以將軍忠賢能安劉氏也今羣下鼎沸社稷將傾且漢之傳謚常爲孝者以長有天下令宗廟血食也如令漢家絕祀師古曰如若也將軍雖死何面目見先帝於地下乎今日之議不得旋踵師古曰宜速決羣臣後應者臣請劒斬之光謝曰九卿責光是也天下匈匈不安光當受難師古曰受其憂責也於是議者皆叩頭曰萬姓之

命在於將軍唯大將軍令師古曰言一聽之也光即與羣臣俱見白太后具陳昌邑王不可以承宗廟狀皇太后迺車駕幸未央承明殿詔諸禁門毋內昌邑羣臣王入朝太后還乘輦欲歸溫室中黃門宦者各持門扇王入門閉昌邑羣臣不得入王曰何爲大將軍跪曰有皇太后詔毋內昌邑羣臣王曰徐之何迺驚人如是光使盡驅出昌邑羣臣置金馬門外車騎將軍安世將羽林騎收縛二百餘人皆送廷尉詔獄令故昭帝侍中中臣侍守王光勑左右謹宿衞卒有物故自裁令我負天下有殺主名師古曰卒讀曰

捽物故死也自裁自殺也王尚未自知當廢謂左右我故羣臣從官
安得罪而大將軍盡繫之乎師古曰安焉也頃之有太后詔
召王王聞召意恐迺曰我安得罪而召我哉太后
被珠襦如淳曰以珠飾襦也晉灼曰貫珠以為襦形若今革襦矣師古曰晉說是也盛服坐武帳
中侍御數百人皆持兵期門武士陛戟陳列殿下
師古曰陛戟謂執戟以衛陛下也羣臣以次上殿召昌邑王伏前聽詔
光與羣臣連名奏王尚書令讀奏曰丞相臣敞師古
曰楊敞也大司馬大將軍臣光車騎將軍臣安世師古曰張子孺度
遼將軍臣明友師古曰范明友前將軍臣增師古曰韓增後將軍
臣充國師古曰趙充國御史大夫臣誼師古曰蔡誼宜春侯臣譚師古

曰王訢子當塗侯臣聖師古曰姓魏也隨桃侯臣昌樂師古曰姓趙故蒼梧王趙
光子杜侯臣屠耆堂師古曰故胡人太僕臣延年師古曰杜延年太常
臣昌師古曰蒲侯蘇昌大司農臣延年師古曰田延年宗正臣德師古曰劉
向父少府臣樂成師古曰姓史也延尉臣光師古曰李光執金吾臣延
壽師古曰李延壽大鴻臚臣賢師古曰韋賢左馮翊臣廣明師古曰田廣明
右扶風臣德師古曰周德長信少府臣嘉師古曰不知姓典屬國
臣武師古曰蘇武京輔都尉臣廣漢師古曰趙廣漢司隸校尉臣
辟兵師古曰不知姓諸吏文學光祿大夫臣遷師古曰王遷臣畸師古
曰宋畸臣吉師古曰景吉臣賜臣管臣勝臣梁臣長幸師古曰並不知
姓也臣夏侯勝李奇曰同官同名故以姓別也太中大夫臣德師古曰不知姓臣

卬師古曰趙充國子也昧死言皇太后陛下臣敞等頓首死罪
天子所以永保宗廟總壹海內者以慈孝禮誼賞
罰為本孝昭皇帝早棄天下亡嗣臣敞等議禮曰
為人後者為之子也昌邑王宜嗣後遣宗正大鴻
臚光祿大夫奉節使徵昌邑王典喪服斬縗師古曰典喪服
言為喪主也斬縗謂縗裳下不緶直斬割之而已緶音步千反亡悲哀之心廢禮誼居道上
不素食師古曰素食菜食無肉也言王在道常肉食非居喪之制也而鄭康成解喪服素食云平常之食失之遠矣素食義亦見
王莽傳使從官略女子載衣車內所居傳舍始至謁見
立為皇太子常私買雞豚以食受皇帝信璽行璽
大行前孟康曰漢初有三璽天子之璽自佩行璽信璽在符節臺大行前昭帝柩前也晉灼曰大行不反之辭也就次

發璽不封師古曰璽既國器常當緘封而王於大行前受之還所次遂爾發漏更不封之得令凡人皆見言不重慎從
官更持節師古曰更音工衡反次下亦同引內昌邑從官騶宰官奴二
百餘人常與居禁闥內敖戲自之符璽取節十六
師古曰之往也自往至署取節也朝暮臨師古曰臨哭臨也音力禁反令從官更持節從
師古曰更互執節從至哭臨之所為書曰皇帝問侍中君卿師古曰昌邑之侍中名君卿也
使中御府令高昌奉黃金千斤賜君卿取十妻大
行在前殿發樂府樂器引內昌邑樂人擊鼓歌吹
作俳倡師古曰俳優諧戲也倡樂人也俳音排會下還上前殿如淳曰下謂柩之入冢葬還不
居喪位便處前殿也師古曰下音胡稼反擊鐘磬召內泰壹宗廟樂人輦道
牟首鄭氏曰祭泰壹神樂人也孟康曰牟首地名上有觀如淳曰輦道閣道也牟首屏面也以屏面自鄣無哀戚也臣瓚曰牟首池也

名也在上林苑中方在衰絰而歡游於池言無哀戚也師古曰召泰壹樂人内之於輦道牟首而鼓吹歌舞也牟首晉說是也昇面之言失之遠矣
又左思吳都賦云長塗牟首劉逵以爲牟首閣道有室屋也此說更無所出或者思及逵據此輦道牟首便謬用之乎鼓吹歌
舞悉奏衆樂發長安廚三太牢具祠閣室中如淳曰黃圖北
出中門有長安廚故謂之廚城門閣室閣道之有室者不知矯何淫祀祀已與從官飲啗師古曰啗食也
音徒敢反駕法駕皮軒鸞旗驅馳北宮桂宮弄彘鬬虎
師古曰皮軒鸞旗皆法駕所陳也北宮桂宮並在未央宮北召皇太后御小馬車張晏曰皇太后
所駕遊宮中輦車也漢廄有果下馬高三尺以駕輦師古曰小馬可於果樹下乘之故號果下馬使官奴騎乘遊
戲掖庭中與孝昭皇帝宮人蒙等淫亂詔掖庭令
敢泄言要斬太后曰止師古曰令且止讀奏爲人臣子當悖亂
如是邪師古曰責王也悖乖也音布内反王離席伏尚書令復讀曰取

諸侯王列侯二千石綬及墨綬黃綬以并佩昌邑
郎官者免奴師古曰免奴謂免放爲良人者變易節上黃旄以赤師古曰以劉屈
氂與戾太子戰加節上黃旄遂以爲常賀今輒改之發御府金錢刀劍玉器采繒賞
賜所與遊戲者與從官官奴夜飲湛沔於酒師古曰湛
讀曰沉又讀曰耽沔荒迷也詔太官上乘輿食如故食監奏未釋服
未可御故食師古曰釋謂解脫也復詔太官趣具無關食監師古
曰趣讀曰促關由也太官不敢具即使從官出買雞豚詔殿門
内以爲常師古曰内入也令每日常入雞豚也獨夜設九賓溫室師古曰於溫室中設
九賓之禮也九賓解在叔孫通傳延見姊夫昌邑關内侯祖宗廟祠未
舉爲璽書使使者持節以三太牢祠昌邑哀王園

廟稱嗣子皇帝師古曰時在喪服故未祠宗廟而私祭昌邑哀王也受璽以來二十
七日使者旁午如淳曰旁午分布也師古曰一從一横爲旁午猶言交横也持節詔諸官
署徵發凡一千一百二十七事文學光祿大夫夏
侯勝等及侍中傅嘉數進諫以過失使人簿責勝
師古曰簿音步戶反簿責以文簿具責之縛嘉繫獄荒淫迷惑失帝王禮誼
亂漢制度臣敞等數進諫不變更師古曰更改也日以益甚
恐危社稷天下不安臣敞等謹與博士臣霸臣雋
舍晉灼曰雋姓舍名也下有臣虞舍故以姓別之師古曰雋音辭阮反又字阮反臣德臣虞舍臣射臣
倉議皆曰高皇帝建功業爲漢太祖孝文皇帝慈
仁節儉爲太宗今陛下嗣孝昭皇帝後行淫辟不

軌師古曰軌法也辟讀曰僻詩云籍曰未知亦既抱子師古曰大雅抑之詩衛武公刺
厲王籍假也此言假令人云王尚幼少未有所知亦已長大而抱子矣實不幼少也五辟之屬莫大不孝
師古曰五辟即五刑也辟音頻亦反周襄王不能事毋春秋曰天王出居
于鄭繇不孝出之絕之於天下也師古曰襄王惠王子也僖二十四年經書天王
出居于鄭公羊傳曰王者無外此其言出何不能乎母也繇讀與由同宗廟重於君陛下未見
命高廟不可以承天序奉祖宗廟子萬姓當廢
臣請有司御史大夫臣誼宗正臣德太常臣昌與
太祝以一太牢具告祠高廟臣敞等昧死以聞皇
太后詔曰可光令王起拜受詔王曰聞天子有爭
臣七人雖亡道不失天下師古曰引孝經之言光曰皇太后詔

廢安得天子璽即持其手（師古曰即就也）解脫其璽組奉上太后扶王下殿出金馬門羣臣隨送王西面拜曰愚戇不任漢事起就乘輿副車大將軍光送至昌邑邸光謝曰王行自絕於天臣等駑怯不能殺身報德臣寧負王不敢負社稷願王自愛臣長不復見左右（師古曰言不復得侍見於左右）光涕泣而去羣臣奏言古者廢放之人屛於遠方不及以政（師古曰言不豫政令）請徙王賀漢中房陵縣太后詔歸賀昌邑賜湯沐邑二千戶昌邑羣臣坐亡輔導之誼陷王於惡光悉誅殺二百餘人出死號呼市中（師古曰呼音火故反）曰當斷不斷反受

其亂（師古曰悔不早殺光等也）光坐庭中會丞相以下議定所立廣陵王已前不用及燕剌王反誅其子不在議中近親唯有衛太子孫號皇曾孫在民間咸稱述焉光遂復與丞相敞等上奏曰禮曰人道親親故尊祖尊祖故敬宗太宗亡嗣擇支子孫賢者為嗣孝武皇帝曾孫病已武帝時有詔掖庭養視至今年十八師受詩論語孝經躬行節儉慈仁愛人可以嗣孝昭皇帝後奉承祖宗廟子萬姓臣昧死以聞皇太后詔曰可光遣宗正劉德至曾孫家尚冠里洗沐賜御衣太僕以軨獵車迎曾孫就齋宗正府入

未央宮見皇太后封為陽武侯（師古曰解並在宣紀軨音零）已而光奉上皇帝璽綬謁于高廟是為孝宣皇帝明年下詔曰夫褒有德賞元功古今通誼也大司馬大將軍光宿衛忠正宣德明恩守節秉誼以安宗廟其以河北東武陽益封光萬七千戶與故所食凡二萬戶賞賜前後黃金七千斤錢六千萬雜繒三萬疋奴婢百七十人馬二千疋甲第一區自昭帝時光子禹及兄孫雲皆中郎將雲弟山奉車都尉侍中領胡越兵光兩女壻為東西宮衛尉昆弟諸壻外孫皆奉朝請為諸曹大夫騎都尉給事中黨

親連體根據於朝廷光自後元秉持萬機及上即位廼歸政上謙讓不受諸事皆先關白光然後奏御天子光每朝見上虛己斂容禮下之已甚（師古曰下音胡稼反）光秉政前後二十年地節二年春病篤車駕自臨問光病上為之涕泣光上書謝恩曰願分國邑三千戶以封兄孫奉車都尉山為列侯奉兄票騎將軍去病祀事下丞相御史即日拜光子禹為右將軍光薨上及皇太后親臨光喪太中大夫任宣與侍御史五人持節護喪事中二千石治莫府冢上（如淳曰典為冢者）賜金錢繒絮繡被百領衣五十篋璧珠

璣玉衣 師古曰漢儀注以玉為襦如鎧狀連綴之以黃金為縷要已下玉為札長尺廣二寸半為甲下至足亦綴以黃金縷 梓
宮 服虔曰棺也師古曰以梓木為之親身之棺也為天子制故亦稱梓宮 便房黃腸題湊各一
具 服虔曰便房藏中便坐也蘇林曰以柏木黃心致累棺外故曰黃腸木頭皆內向故曰題湊如淳曰漢儀注天子陵中明中高丈二尺四寸周二丈內梓宮次楩椁柏黃腸題湊師古曰便房小曲室也如氏以為楩木名非也 樅木外臧椁十五
具 服虔曰在正臧外婢妾臧也或曰廚廄之屬也蘇林曰樅木柏葉松身師古曰爾雅及毛詩傳並云樅木松葉柏身檜木乃柏葉松身耳
蘇說非也樅音七庸反檜音工闊反字亦作栝 東園溫明 服虔曰東園處此器形如方漆桶開一面漆畫之以鏡置其中以懸屍上大斂并蓋之師古曰東園署名也屬少府其署主作此器也 皆如乘輿制度載光尸
柩以輼輬車 文穎曰輼輬車如今喪轜車也孟康曰如衣車有窗牖閉之則溫開之則涼故名之輼輬車也臣瓚曰秦始皇道崩祕其事載以輼輬車百官奏事如故此不得是轜車類也案杜延年奏載霍光柩以輬車駕大廄白虎駟以輼車駕大廄白鹿駟為倅師古曰輼輬本安車也可以卧息後因載喪飾以柳翣故遂為喪車耳輼者密閉輬者旁開窗牖各別一乘隨事為名後人既專以載喪又
去其一總為藩飾而合二名呼之耳倅副也音千內反 黃屋左纛 師古曰解在高紀也 發材官輕
車北軍五校士軍陳至茂陵以送其葬謚曰宣成
侯發三河卒穿復土起冢祠堂置園邑三百家長
丞奉守如舊法既葬封山為樂平侯以奉車都尉
領尚書事天子思光功德下詔曰故大司馬大將
軍博陸侯宿衛孝武皇帝三十有餘年輔孝昭皇
帝十有餘年遭大難躬秉誼率三公九卿大夫定
萬世冊以安社稷天下蒸庶咸以康寧功德茂盛
朕甚嘉之復其後世疇其爵邑 應劭曰疇等也師古曰復音方目反 世世
無有所與功如蕭相國 師古曰與讀曰豫 明年夏封太子外

祖父許廣漢為平恩侯復下詔曰宣成侯光宿衛
忠正勤勞國家善善及後世 師古曰善善者謂褒寵善人也 其封光兄
孫中郎將雲為冠陽侯禹既嗣為博陸侯大夫人
顯改光時所自造塋制而侈大之 師古曰塋墓域也音營 起三
出闕築神道北臨昭靈南出承恩 服虔曰昭靈承恩皆館名也李奇曰昭靈高祖母冢園也文穎曰承恩宣平侯冢園也師古曰服說是也文李並失之 盛飾祠室輦閣通屬永
巷而幽良人婢妾守之 晉灼曰閣道乃通屬至永巷中也師古曰此亦甚其家上作輦閣之道及永巷也非謂掖庭之永巷也 廣治第室作乘輿輦加畫繡絪馮黃金
塗 如淳曰絪亦茵茵馮謂所馮者也以黃金塗飾之師古曰茵蓐也以繡為茵馮而黃金塗輿輦也 韋絮薦輪 晉灼曰御輦以韋緣輪著之以絮師古曰取其行安不搖動也著音張呂反 侍婢以五采絲輓顯游戲
第中 師古曰輓謂牽引車輦也音晚 初光愛幸監奴馮子都常與計
事及顯寡居與子都亂 晉灼曰漢語東閭氏亡顯以婢代立素與馮殷姦也師古曰監奴謂奴之監知家務者也子都之名 而禹山亦並繕治第宅走馬馳逐平樂
館雲當朝請數稱病私出 師古曰請音才姓反 多從賓客張圍
獵黃山苑中使倉頭奴上朝謁 文穎曰朝當用謁不自行而令奴上謁者也師古曰上謁若今參見尊貴而通名也 莫敢譴者而顯及諸女晝夜出入長
信宮殿中亡期度 師古曰長信宮上官太后所居 宣帝自在民間聞知
霍氏尊盛日久內不能善光薨上始躬親朝政御
史大夫魏相給事中顯謂禹雲山女曹不務奉大
將軍餘業 師古曰女音汝曹輩也 今大夫給事中他人壹間女

能復自救邪(師古曰閒音居莧反)後兩家奴爭道(師古曰謂霍氏及御史家)霍
氏奴入御史府欲躢大夫門御史為叩頭謝迺去
人以謂霍氏(師古曰告語也)顯等始知憂會魏大夫為丞
相數燕見言事平恩侯與侍中金安上等徑出入省
中時霍山自若領尚書(師古曰自若猶言如故也)上令吏民得奏
封事不關尚書羣臣進見獨往來(師古曰謂各各得盡言於上也)於
是霍氏甚惡之宣帝始立立微時許妃為皇后顯
愛小女成君欲貴之私使乳醫淳于衍行毒藥殺
許后(師古曰乳醫視産乳之疾者乳音而樹反)因勸光內成君代立為后語
在外戚傳始許后暴崩吏捕諸醫劾衍侍疾亡

狀不道下獄吏簿問急(師古曰簿音步戶反)顯恐事敗即具以
實語光光大驚欲自發舉不忍猶與(師古曰猶與不決也與讀曰豫)會
奏上因署衍勿論(師古曰署者題其奏後也)光薨後語稍泄於是
上始聞之而未察(師古曰未知其虛實)迺徙光女壻度遼將軍
未央衛尉平陵侯范明友為光祿勳次壻諸吏中
郎將羽林監任勝出為安定太守數月復出光姊
壻給事中光祿大夫張朔為蜀郡太守羣孫壻中
郎將王漢為武威太守頃之復徙光長女壻長樂
衛尉鄧廣漢為少府更以禹為大司馬冠小冠亡
印綬罷其右將軍屯兵官屬特使禹官名與光

俱大司馬者(蘇林曰特但也)又收范明友度遼將軍印綬但
為光祿勳及光中女壻趙平為散騎騎都尉光祿
大夫將屯兵又收平騎都尉印綬諸領胡越騎羽
林及兩宮衛將屯兵悉易以所親信許史子弟代
之禹為大司馬稱病禹故長史任宣候問禹曰我
何病縣官非我家將軍不得至是(如淳曰縣官謂天子)今將軍
墳墓未乾盡外我家(師古曰外謂疏斥之)反任許史奪我印綬
令人不省死(師古曰不自省有過耳)宣見禹恨望深(師古曰望怨也)迺謂
曰大將軍時何可復行(師古曰言今何得復如此也)持國權柄殺
生在手中廷尉李种王平(師古曰种音冲)左馮翊賈勝胡及

車丞相女壻少府徐仁皆坐逆將軍意下獄死使
樂成小家子得幸將軍至九卿封侯(師古曰即上所云少府樂成者也使
者其姓也字或作史)百官以下但事馮子都王子方等(服虔曰皆光奴)視
丞相亡如也(師古曰無如猶言無所象似也)各自有時今許史自天子
骨肉貴正宜耳大司馬欲用是怨恨愚以為不可
禹默然數日起視事顯及禹山雲自見日侵削數
相對啼泣自怨山曰今丞相用事縣官信之盡變
易大將軍時法令以公田賦與貧民發揚大將軍
過失又諸儒生多窶人子(師古曰窶貧而無禮音其羽反)遠客飢寒
喜妄說狂言(師古曰喜音許吏反)不避忌諱大將軍常讎之(師古

（曰言嫉之如仇讎也）今陛下好與諸儒生語，人人自使書對事，多言我家者。嘗有上書言大將軍時主弱臣強，專制擅權，今其子孫用事，昆弟益驕恣，恐危宗廟，災異數見，盡為是也。其言絕痛，山屏不奏其書。後上書者益黠，盡奏封事，輒下中書令出取之，不關尚書，益不信人。顯曰：丞相數言我家，獨亡罪乎？山曰：丞相廉正，安得罪？我家昆弟諸壻多不謹。又聞民間讙言霍氏毒殺許皇后（師古曰讙眾聲也音許爰反），寧有是邪？顯恐急，即具以實告山、雲、禹。山、雲、禹驚曰：如是，何不早告禹等！縣官離散斥逐諸壻，用是故也。此大事，誅罰不小，柰何？於是始有邪謀矣。初，趙平客石夏善為天官（師古曰曉星文者），語平曰：熒惑守御星，御星，太僕奉車都尉也，不黜則死。平內憂山等。雲舅李竟所善張赦見雲家卒卒（師古曰卒讀曰猝猝遽之貌也），謂竟曰：今丞相與平恩侯用事，可令太夫人言太后，先誅此兩人。移徙陛下，在太后耳。長安男子張章告之，事下廷尉。執金吾捕張赦、石夏等，後有詔止勿捕。山等愈恐，相謂曰：此縣官重太后，故不竟也（師古曰重難也竟窮竟其事也）。然惡端已見，又有弒許后事，陛下雖寬仁，恐左右不聽，久之猶發，發即族矣，不如先也（師古曰言先反）。遂令諸女各

歸報其夫，皆曰安所相避（師古曰言無處相避當受禍也）。會李竟坐與諸侯王交通，辭語及霍氏，有詔雲、山不宜宿衛，免就第。光諸女遇太后無禮（服虔曰光諸女自以於上官太后為姨母遇之無禮），馮子都數犯法，上并以為讓（師古曰揔以此事責之也），山、禹等甚恐。顯夢第中井水溢流庭下，竈居樹上，又夢大將軍謂顯曰：知捕兒不（師古曰知兒見捕不）？亟下捕之（蘇林曰且疾下捕之　師古曰亟音居力反）。第中鼠暴多，與人相觸，以尾畫地。鴞數鳴殿前樹上（師古曰鴞惡聲之鳥也古者室屋高大則通呼為殿耳非止天子宮中其語亦見黃霸傳鴞音羽驕反）。第門自壞。雲尚冠里宅中門亦壞。巷端人共見有人居雲屋上，徹瓦投地，就視，亡有，大怪之。禹夢車騎聲正讙來捕禹，舉家憂愁。山曰：丞相擅減宗廟羔、菟、鼃（如淳曰高后時定令敢有擅議宗廟者弃市　師古曰羔菟鼃所以供祭也），可以此罪也。謀令太后為博平君置酒（文穎曰宣帝外祖母也），召丞相、平恩侯以下，使范明友、鄧廣漢承太后制引斬之，因廢天子而立禹。約定未發，雲拜為玄菟太守，太中大夫任宣為代郡太守。山又坐寫祕書，顯為上書獻城西第，入馬千匹，以贖山罪。書報聞（師古曰不許之）。會事發覺，雲、山、明友自殺，顯、禹、廣漢等捕得。禹要斬，顯及諸女昆弟皆弃市。唯獨霍后廢處昭臺宮。與霍氏相連坐誅滅者數千家。上廼下詔曰：廼者東織室令史張赦

使魏郡豪李竟報冠陽侯雲謀爲大逆[師古曰解在宣紀也]朕以大將軍故抑而不揚冀其自新今大司馬博陸侯禹與母宣成侯夫人顯及從昆弟子冠陽侯雲樂平侯山諸姊妹壻謀爲大逆欲詿誤百姓賴宗廟神靈先發得咸伏其辜[師古曰事發而捕得]朕甚悼之諸爲霍氏所詿誤事在丙申前未發覺在吏者皆赦除之男子張章先發覺以語期門董忠忠告左曹楊惲惲告侍中金安上惲召見對狀後章上書以聞侍中史高與金安上建發其事[師古曰言共立意發之也]言無入霍氏禁闥卒不得遂其謀[師古曰遂成也]皆讎有功[晉灼曰讎等也]

[師古曰言其功相等類也]封章爲博成侯忠高昌侯惲平通侯安上都成侯高樂陵侯初霍氏奢侈茂陵徐生曰霍氏必亡夫奢則不遜不遜必侮上侮上者逆道也在人之右衆必害之[師古曰右上也]霍氏秉權日久害之者多矣天下害之而又行以逆道不亡何待迺上疏言霍氏泰盛陛下即愛厚之宜以時抑制無使至亡書三上輒報聞其後霍氏誅滅而告霍氏者皆封人爲徐生上書曰臣聞客有過主人者見其竈直突傍有積薪客謂主人更爲曲突遠徙其薪不者且有火患主人嘿然不應俄而家果失火鄰里

共救之幸而得息於是殺牛置酒謝其鄰人灼爛者在於上行[師古曰灼謂被燒炙者也行音胡郎反]餘各以功次坐而不錄言曲突者人謂主人曰鄉使聽客之言不費牛酒終亡火患[師古曰鄉讀曰嚮次下亦同也]今論功而請賓曲突徙薪亡恩澤燋頭爛額爲上客耶主人迺寤而請之今茂陵徐福數上書言霍氏且有變宜防絕之鄉使福說得行則國亡裂土出爵之費臣亡逆亂誅滅之敗往事既已而福獨不蒙其功唯陛下察之貴徙薪曲突之策使居焦髮灼爛之右[師古曰右上也]上迺賜福帛十疋後以爲郎宣帝始立謁見高廟大將

軍光從驂乘上内嚴憚之若有芒刺在背後車騎將軍張安世代光驂乘天子從容肆體甚安近焉[師古曰肆放也展也近音鉅靳反]及光身死而宗族竟誅故俗傳之曰威震主者不畜霍氏之禍萌於驂乘[師古曰萌謂始生也]至成帝時爲光置守冢百家吏卒奉祠焉元始二年封光從父昆弟曾孫陽爲博陸侯千戶

金日磾字翁叔[師古曰磾音丁奚反]本匈奴休屠王太子也[師古曰休音許虯反屠音儲]武帝元狩中票騎將軍霍去病將兵擊匈奴右地多斬首虜獲休屠王祭天金人其夏票騎復西過居延攻祁連山大克獲於是單于

怨昆邪休屠居西方多為漢所破(師古曰昆音下門反)召其王欲誅之昆邪休屠恐謀降漢休屠王後悔昆邪王殺之并將其衆降漢封昆邪王為列侯日磾以父不降見殺與母閼氏弟倫俱沒入官輸黃門養馬時年十四矣久之武帝游宴見馬(師古曰方於宴游之時而召閱諸馬)後宮滿側日磾等數十人牽馬過殿下莫不竊視(師古曰視宮人)至日磾獨不敢日磾長八尺二寸容貌甚嚴馬又肥好上異而問之具以本狀對上奇焉即日賜湯沐衣冠拜為馬監遷侍中駙馬都尉光祿大夫日磾既親近未嘗有過失上甚信愛之賞賜累千金出則驂乘入侍左右貴戚多竊怨曰陛下妄得一胡兒反貴重之上聞愈厚焉日磾母教誨兩子甚有法度上聞而嘉之病死詔圖畫於甘泉宮署曰休屠王閼氏(師古曰題其畫)日磾每見畫常拜鄉之涕泣然後迺去(服古曰鄉讀曰嚮)日磾子二人皆愛為帝弄兒常在旁側弄兒或自後擁上項(師古曰擁抱也)日磾在前見而目之(師古曰目視怒也)弄兒走且啼曰翁怒上謂日磾何怒吾兒為其後弄兒壯大不謹自殿下與宮人戲日磾適見之惡其淫亂遂殺弄兒弄兒即日磾長子也上聞之大怒日磾頓首謝具言所以殺弄兒狀

上甚哀為之泣已而心敬日磾初莽何羅與江充相善及充敗衛太子何羅弟通用誅太子時力戰得封後上知太子冤迺夷滅充宗族黨與何羅兄弟懼及(師古曰及謂及於禍也)遂謀為逆日磾視其志意有非常心疑之陰獨察其動靜與俱上下(師古曰上下於殿也)何羅亦覺日磾意以故久不得發是時上行幸林光宮(服虔曰甘泉一名林光師古曰秦之林光宮胡亥所造漢又於其旁起甘泉宮)日磾小疾臥廬(師古曰殿中所止曰廬)何羅與通及小弟安成矯制夜出共殺使者發兵明旦上未起何羅亡何從外入(師古曰無何猶言無故也)日磾奏廁心動(師古曰奏向也日磾方向廁而心動)立入坐內戶下須臾何羅褏白刃從東箱上(師古曰置刃於衣褏中也褏古袖字)見日磾色變走趨臥內欲入(師古曰趨讀曰趣趣向也臥內天子臥處也)行觸寶瑟僵日磾得抱何羅因傳曰莽何羅反(師古曰傳謂傳聲而唱之)上驚起左右拔刃欲格之上恐并中日磾(師古曰中音竹仲反)止勿格日磾捽胡投何羅殿下(孟康曰胡音互捽胡若今相僻臥輪之類也晉灼曰胡頸也捽其頸而投殿下也師古曰晉說是也捽音才兀反)得禽縛之窮治皆伏辜繇是著忠孝節(師古曰繇讀與由同)日磾自在左右目不忤視者數十年(師古曰忤逆也)賜出宮女不敢近上欲內其女後宮不肯其篤慎如此上尤奇異之(師古曰篤厚也)及上病屬霍光以輔少主(師古曰屬音之欲反)光讓日磾日磾曰臣外國人且使匈奴輕漢於

是遂爲光副光以女妻日磾嗣子賞初武帝遺詔
以討莽何羅功封日磾爲秺侯師古曰秺音丁故反日磾以帝
少不受封輔政歲餘病困大將軍光白封日磾卧
授印綬一日薨賜葬具冢地送以輕車介士軍陳
至茂陵謚曰敬侯日磾兩子賞建俱侍中與昭帝
略同年共卧起賞爲奉車建駙馬都尉及賞嗣侯
佩兩綬上謂霍將軍曰金氏兄弟兩人不可使俱
兩綬邪霍光對曰賞自嗣父爲侯耳上笑曰侯不
在我與將軍乎光曰先帝之約有功廼得封侯時
年俱八九歲宣帝即位賞爲太僕霍氏有事萌牙

上書去妻師古曰萌牙者言始有端緒若草之始生上亦自哀之獨得不坐
元帝時爲光祿勳薨亡子國除元始中繼絕世封
建孫當爲秺侯奉日磾後初日磾所將俱降弟倫
字少卿爲黃門郎早卒日磾兩子貴及孫則衰矣
而倫後嗣遂盛子安上始貴顯封侯
安上字子侯少爲侍中惇篤有智宣帝愛之頗與
發舉楚王延壽反謀師古曰與讀曰豫賜爵關內侯食邑三
百戶後霍氏反安上傳禁門闥無內霍氏親屬師古
曰禁止也門闥宮中大小之門也傳聲而止諸門闥也封爲都成侯至建章衛尉薨
賜冢塋杜陵謚曰敬侯四子常敞岑明岑明皆爲

諸曹中郎將常光祿大夫元帝爲太子時敞爲中
庶子幸有寵帝即位爲騎都尉光祿大夫中郎將
侍中元帝崩故事近臣皆隨陵爲園郎敞以世名
忠孝太后詔留侍成帝爲奉車水衡都尉至衛尉
敞爲人正直敢犯顏色左右憚之唯上亦難焉師古
曰臣下皆敬憚唯有天子一人亦難之病甚上使使者問所欲以弟岑爲
託上召岑拜爲使主客服虔曰官名屬鴻臚主胡客也敞子涉本爲
左曹上拜涉爲侍中使待幸綠車載送衛尉舍李奇
曰綠車常設以待幸也臨敞病困拜子爲侍中以此車送欲敞見其榮寵也如淳曰幸綠車當置左右以待召載皇孫今遣涉歸以皇孫車載之寵之也晉灼曰漢注綠車名皇孫車太子有子乘以從師古曰如晉二說是也須臾卒敞三子涉

參饒涉明經儉節諸儒稱之成帝時爲侍中騎都
尉領三輔胡越騎師古曰胡越騎之在三輔者若長水長楊宣曲之屬是也哀帝即位
爲奉車都尉至長信少府而參使匈奴匈奴中郎
將師古曰以其出使匈奴故拜爲匈奴中郎將也越騎校尉關內都尉安定東
海太守饒爲越騎校尉涉兩子湯融皆侍中諸曹
將大夫師古曰將亦謂中郎將也而涉之從父弟欽舉明經爲太子
門大夫哀帝即位爲太中大夫給事中欽從父弟
遷爲尚書令兄弟用事帝祖母傅太后崩欽使護
作師古曰監主葬送之事也職辦擢爲泰山弘農太守著威名平
帝即位徵爲大司馬司直京兆尹帝年幼選置師

及大司徒孔光以明經高行爲孔氏師京兆尹金欽以家世忠孝爲金氏友徙光祿大夫侍中秩中二千石封都成侯時王莽新誅平帝外家衛氏召明禮少府宗伯鳳 如淳曰宗伯姓 入說爲人後之誼白令公卿將軍侍中朝臣並聽 師古曰令皆聽之 欲以內厲平帝而外塞百姓之議 師古曰塞止也 欽與族昆弟秺侯當俱封初當曾祖父日磾傳子節侯賞而欽祖父安上傳子夷侯常皆亡子國絕故莽封欽當奉其後當母南即莽母功顯君同產弟也當上南大行爲大夫人 文穎曰南名也大行官名也當上名狀於大行也鄧展曰當上南爲大夫人恃莽姨母故耳爲父立廟非也 欽因緣謂當詔書陳日磾功亡有賞語當名爲以孫繼祖也自當爲父祖父立廟 晉灼曰當是賞弟建之孫此言自當爲其父及祖父建立廟也 賞故國君使大夫主其祭 如淳曰以賞故國君使大夫掌其祭事臣瓚曰當是支庶上繼大宗不得顧其外親也而欽見當毋南爲大夫人遂尊其父祖以續日磾不復爲後賞而令大夫主賞祭事師古曰瓚說是也 時甄邯在旁庭叱欽 師古曰於朝庭中叱之也 因劾奏曰欽幸得以通經術超擢侍帷幄重蒙厚恩封襲爵號 師古曰重音直用反 知聖朝以世有爲人後之誼前遭故定陶太后悖本逆天孝哀不獲厥福迺者呂寬衛寶復造姦謀至於反逆咸伏厥辜太皇太后懲艾悼懼 師古曰艾讀曰乂乂創也 逆天之咎非聖誣法大亂之殃誠欲奉承天心遵明

聖制專壹爲後之誼以安天下之命數臨正殿延見羣臣講習禮經孫繼祖者謂亡正統持重者也賞見嗣日磾後成爲君持大宗重則禮所謂尊祖故敬宗大宗不可以絕者也欽自知與當俱拜同誼即數揚言殿省中教當云云 師古曰云云者多言也謂上所陳以孫繼祖也 當即如其言則欽亦欲爲父明立廟而不入夷侯常廟矣進退異言頗惑衆心亂國大綱開禍亂原誣祖不孝罪莫大焉尤非大臣所宜大不敬秺侯當上母南爲太夫人失禮不敬莽白太后下四輔公卿大夫博士議郎皆曰欽宜以時即罪 師古曰即就也 謁者召欽詣詔獄欽自殺邯以綱紀國體亡所阿私忠孝尤著益封千戶更封長信少府涉子右曹湯爲都成侯湯受封日不敢還歸家以明爲人後之誼益封之後莽復用欽弟遵封侯歷九卿位

贊曰霍光以結髮內侍起於階闥之間確然秉志誼形於主 師古曰形見也 受襁褓之託任漢室之寄當廟堂擁幼君摧燕王仆上官 師古曰仆頓也音赴 因權制敵以成其忠處廢置之際臨大節而不可奪遂匡國家安社稷擁昭立宣光爲師保雖周公阿衡何以加此 師古曰阿衡伊尹官號也阿倚也衡平也言天子所倚羣下取平也 然光不學亡術闇於大理

陰妻邪謀晉灼曰不揚其過也立女爲后湛溺盈溢之欲以增顛覆之禍師古曰湛讀曰沈死財三年宗族誅夷師古曰財與纔同哀哉昔霍叔封於晉師古曰霍叔文王之子武王之弟也晉即河東光豈其苗裔乎金日磾夷狄亡國羈虜漢庭而以篤敬寤主忠信自著勒功上將傳國後嗣世名忠孝七世内侍何其盛也本以休屠作金人爲祭天主故因賜姓金氏云

霍光金日磾傳第三十八

趙充國辛慶忌傳第三十九　班固　漢書六十九

秘書監上護軍琅邪縣開國子顏師古注

趙充國字翁孫隴西上邽人也師古曰邽音圭後徙金城令居師古曰令音零始為騎士以六郡良家子服虔曰金城隴西天水安定北地上郡是也師古曰隴西天水安定北地上郡西河是也昭帝分隴西天水置金城充國武帝時已為假司馬則初以六郡良家子者非金城也此名數正與地理志同善騎射補羽林為人沈勇有大略少好將帥之節而學兵法通知四夷事師古曰通知者謂明曉也武帝時以假司馬從貳師將軍擊匈奴大為虜所圍漢軍乏食數日死傷者多充國迺與壯士百餘人潰圍陷陳貳師引兵隨之遂得解身被二十餘創貳師奏狀

詔徵充國詣行在所武帝親見視其創嗟歎之拜為中郎遷車騎將軍長史昭帝時武都氐人反師古曰氐音丁奚反充國以大將軍護軍都尉將兵擊定之遷中郎將將屯上谷師古曰領兵屯於上谷也將音子亮反還為水衡都尉擊匈奴獲西祁王文穎曰匈奴王也擢為後將軍兼水衡如故與大將軍霍光定冊尊立宣帝封營平侯本始中為蒲類將軍征匈奴斬虜數百級還為後將軍少府匈奴大發十餘萬騎南旁塞至符奚盧山師古曰旁依也音步浪反欲入為寇亡者題除渠堂降漢言之遣充國將四萬騎屯緣邊九郡文穎曰五原朔方之屬也師古曰九郡者五原朔方雲中代郡鴈門定襄北平上谷漁陽也四萬騎分屯之而充國總統領之單于聞之引去是時光祿大夫義渠安國使行諸羌師古曰行音下更反先零豪言願時度湟水北鄭氏曰零音憐孟康曰豪帥長也師古曰湟水出金城臨羌塞外東入河湟水之北是漢地湟音皇逐民所不田處畜牧安國以聞充國劾安國奉使不敬是後羌人旁緣前言抵冒度湟水師古曰旁依也抵冒犯突而前旁音步浪反冒音莫北反郡縣不能禁元康三年先零遂與諸羌種豪二百餘人解仇交質盟詛師古曰羌人無大君長而諸種豪遞相殺伐故每有仇讎往來相報今解仇交質者自相親結欲入漢為寇也上聞之以問充國對曰羌人所以易制者以其種自有豪數相攻擊埶不壹也往三十餘歲西羌反時亦先解仇合約攻令居師古曰合約共為要契也與

漢相距五六年迺定至征和五年先零豪封煎等通使匈奴師古曰煎讀曰翦匈奴使人至小月氏師古曰氏音支傳告諸羌曰漢貳師將軍眾十餘萬人降匈奴羌人為漢事苦師古曰事使役張掖酒泉本我地地肥美可共擊居之以此觀匈奴欲與羌合非一世也間者匈奴困於西方聞烏桓來保塞恐兵復從東方起數使使尉黎危須諸國設以子女貂裘欲沮解之師古曰設謂開許之也沮壞也欲壞其計令解散之沮音才汝反其計不合疑匈奴更遣使至羌中道從沙陰地出鹽澤過長阬入窮水塞南抵屬國與先零相直師古曰直當也臣恐羌變未止此且復結聯他

種宜及未然爲之備師古曰未然者其計未成後月餘羌侯狼何
果遣使至匈奴藉兵師古曰藉借也欲擊鄯善敦煌以絕漢
道師古曰鄯音善充國以爲狼何小月氏種在陽關西南埶
不能獨造此計疑匈奴使已至羌中先零罕开乃
解仇作約蘇林曰罕开在金城南師古曰罕开羌之別種也此下言遣开豪雕庫宣天子至德罕开之屬皆聞知明詔其
下又云河南大开小开則罕羌开羌姓族殊矣开音口堅反而地理志天水有罕开縣蓋以此二種羌來降處之此地因以名縣也而今之羌姓
有罕开者總是罕开之類合而言之因爲姓耳變开爲幵字之訛也到秋馬肥變必起矣宜遣
使者行邊兵豫爲備敕視諸羌毋令解仇師古曰行音下更反
視讀曰示示語之也其下並同以發覺其謀於是兩府復白遣義渠安
國行視諸羌分別善惡安國至召先零諸豪三十

餘人以尤桀黠皆斬之師古曰桀堅也言不順從也黠惡也爲惡堅也縱兵擊
其種人斬首千餘級於是諸降羌及歸義羌侯楊
玉等恐怒亡所信鄉師古曰恐中國汎怒不信其心而納嚮之鄉讀曰嚮遂劫略
小種背畔犯塞攻城邑殺長吏安國以騎都尉將
騎三千屯備羌至浩亹師古曰浩音誥亹音門水名也解在地理志爲虜所
擊失亡車重兵器甚衆師古曰重音直用反安國引還至令居
以聞是歲神爵元年春也時充國年七十餘上老
之使御史大夫丙吉問誰可將者充國對曰亡踰
於老臣者矣上遣問焉曰將軍度羌虜何如當用
幾人師古曰度計也音大各反其下亦同充國曰百聞不如一見兵難隃

度鄭氏曰隃遥也三輔言也師古曰隃讀作遥臣願馳至金城圖上方略師古曰圖其地
形并爲攻討方略俱奏上也然羌戎小夷逆天背畔滅亡不久願
陛下以屬老臣勿以爲憂師古曰屬委也音之欲反上笑曰諾充
國至金城須兵滿萬騎師古曰須待也欲度河恐爲虜所遮
即夜遣三校銜枚先度師古曰銜枚者欲其無聲使虜不覺度輒營陳
會明畢遂以次盡度虜數十百騎來出入軍傍充國
曰吾士馬新倦不可馳逐此皆驍騎難制又恐其
爲誘兵也擊虜以殄滅爲期小利不足貪令軍勿
擊遣騎候四望陿中亡虜文穎曰金城有三陿在南六百里師古曰山脅而夾水曰陿四
望者陿名也陿音狹夜引兵上至落都服虔曰山名也召諸校司馬謂曰

吾知羌虜不能爲兵矣使虜發數千人守杜四望
陿中兵豈得入哉師古曰杜塞也充國常以遠斥候爲務行
必爲戰備止必堅營壁尤能持重愛士卒先計而
後戰遂西至西部都尉府孟康曰在金城日饗軍士師古曰饗飲食之
士皆欲爲用虜數挑戰充國堅守捕得生口言羌
豪相數責曰語汝亡反今天子遣趙將軍來年八
九十矣善爲兵今請欲壹鬬而死可得邪充國子
右曹中郎將卬將期門佽飛羽林孤兒胡越騎爲
支兵至令居虜並出絕轉道師古曰並猶且也轉道運糧之道也並讀如字又音
步朗反卬以聞有詔將八校尉與驍騎都尉金城太

守合跡捕山閒虜蘇林曰跡搜索師古曰跡字本作迹言尋跡而捕之也通轉道
津度初罕开豪靡當兒使弟雕庫來告都尉曰先
零欲反後數日果反雕庫種人頗在先零中都尉
即留雕庫為質充國以為亡罪迺遣歸告種豪大
兵誅有罪者明白自別毋取并滅師古曰言勿相和同自取滅亡天子
告諸羌人犯法者能相捕斬除罪斬大豪有罪者
一人賜錢四十萬中豪十五萬下豪二萬大男三
千女子及老小千錢又以其所捕妻子財物盡與
之充國計欲以威信招降罕开及劫略者解散虜
謀徼極迺擊之師古曰徼要也要其倦極者也徼音工堯反時上已發三輔大

常徒弛刑師古曰弛刑謂不加鉗釱者也弛之言解也音式爾反三河潁川沛郡淮
陽汝南材官金城隴西天水安定北地上郡騎士
羌騎與武威張掖酒泉太守各屯其郡者合六萬
人矣酒泉太守辛武賢奏言郡兵皆屯備南山北
邊空虛埶不可久或曰至秋冬迺進兵此虜在竟
外之冊師古曰竟讀曰境今虜朝夕為寇土地寒苦漢馬不
能冬師古曰能讀曰耐屯兵在武威張掖酒泉萬騎以上皆
多羸瘦可益馬食以七月上旬齎三十日糧分兵
並出張掖酒泉合擊罕开在鮮水上者虜以畜產
為命今皆離散兵即分出雖不能盡誅亶奪其畜

產虜其妻子師古曰亶讀曰但復引兵還冬復擊之大兵仍出
虜必震壞師古曰仍頻也天子下其書充國令與校尉以下吏
士知羌事者博議充國及長史董通年以為武賢欲
輕引萬騎分為兩道出張掖回遠千里師古曰回謂路紆曲也音胡悔反以一
馬自佗負三十日食師古曰佗音徒何反凡以畜產載負物者皆為佗為米二斛四斗麥
八斛又有衣裝兵器難以追逐勤勞而至虜必商軍
進退稍引去師古曰商計度也逐水屮入山林師古曰屮古草字隨而深入
虜即據前險守後阸以絕糧道必有傷危之憂為夷
狄笑千載不可復師古曰復音扶目反而武賢以為可奪其畜產
虜其妻子此殆空言非至計也師古曰殆近也又武威縣張掖

日勒皆當北塞有通谷水草師古曰日勒張掖之縣臣恐匈奴與羌
有謀且欲大入幸能要杜張掖酒泉以絕西域師古曰要遮也杜塞也
其郡兵尤不可發先零首為畔逆它種劫略師古曰言被劫略而反叛非其本心
故臣愚冊欲捐罕开闇昧之過隱而勿
章先行先零之誅以震動之宜悔過反善因赦其罪
選擇良吏知其俗者揗循和輯師古曰揗古撫字輯與集同此全師保勝
安邊之冊天子下其書公卿議者咸以為先零兵盛
而負罕开之助師古曰負恃也不先破罕开則先零未可圖也
上迺拜侍中樂成侯許延壽為彊弩將軍即拜酒泉
太守武賢為破羌將軍師古曰即就也就其郡而拜之賜璽書嘉納其

冊以書敕讓充國曰師古曰讓責也皇帝問後將軍甚苦暴
露將軍計欲至正月迺擊罕羌羌人當獲麥已遠
其妻子師古曰徙其妻子令遠居而身來為寇也精兵萬人欲為酒泉敦煌
寇邊兵少民守保不得田作今張掖以東粟石百
餘芻槀束數十師古曰皆謂錢直之數言其貴轉輸並起百姓煩擾
將軍將萬餘之衆不早及秋共水草之利爭其畜
食師古曰此畜謂畜産牛羊之屬也食謂穀麥之屬也一曰畜食畜之所食即謂草也欲至冬虜皆當
畜食師古曰此畜讀曰蓄蓄謂聚積也多臧匿山中依險阻將軍士寒手
足皸瘃文穎曰皸坼裂也瘃寒創也師古曰皸音軍瘃音竹足反寧有利哉將軍不念
中國之費欲以歲數而勝微師古曰久歷年歲乃勝小敵也數音所具反將

軍誰不樂此者師古曰言凡為將軍者皆樂此今詔破羌將軍武賢
將兵六千一百人敦煌太守快將二千人長水校
尉富昌酒泉侯奉世將婼月氏兵四千人服虔曰婼音兒羌名
也蘇林曰婼音兒遮反師古曰蘇音是也亡慮萬二千人師古曰亡慮大計也解在食貨志齎三十
日食以七月二十二日擊罕羌入鮮水北句廉上
服虔曰句音鉤師古曰句廉謂水岸曲而有廉稜也去酒泉八百里去將軍可千二
百里將軍其引兵便道西並進雖不相及使虜聞
東方北方兵並來分散其心意離其黨與雖不能
殄滅當有瓦解者已詔中郎將卬將胡越佽飛射士步
兵二校尉益將軍兵今五星出東方中國大利蠻

夷大敗張晏曰五星所聚其下勝羌人在西星在東則為漢太白出高用兵深入
敢戰者吉弗敢戰者凶將軍急裝因天時誅不義
萬下必全勿復有疑充國既得讓以為將任兵在
外便宜有守以安國家師古曰言為將之道受任行兵於外雖受詔命若有便宜則當固守以求
安利也迺上書謝罪因陳兵利害曰臣竊見騎都尉安
國前幸賜書擇羌人可使使罕諭告以大軍當至
漢不誅罕以解其謀恩澤甚厚非臣下所能及臣
獨私美陛下盛德至計亡已故遣开豪雕庫宣天
子至德罕开之屬皆聞知明詔今先零羌楊玉將
騎四千及煎鞏騎五千阻石山木候便為寇師古曰謂依阻

山之木石以自保固罕羌未有所犯今置先零先擊罕釋有罪
誅亡辜師古曰釋置也赦也起壹難就兩害誠非陛下本計也
臣聞兵法攻不足者守有餘又曰善戰者致人不
致於人師古曰皆兵法之辭也致人引致而取之也致於人為人所引也今罕羌欲為敦煌酒
泉寇宜飭兵馬練戰士以須其至師古曰飭整也須待也飭與勑同坐
得致敵之術以逸擊勞取勝之道也今恐二郡兵
少不足以守而發之行攻釋致虜之術而從為虜
所致之道師古曰釋發弃臣愚以為不便先零羌虜欲為背
畔故與罕开解仇結約然其私心不能亡恐漢兵
至而罕开背之也臣愚以為其計常欲先赴罕开

之急以堅其約先擊罕羌先零必助之今虜馬肥
糧食方饒擊之恐不能傷害適使先零得施德於
罕羌堅其約合其黨師古曰施德自樹恩德也虜交堅黨合精兵
二萬餘人迫脅諸小種附著者稍衆莫須之屬不
輕得離也服虔曰莫須小種羌名也如是虜兵寖多師古曰寖漸也誅之用
力數倍臣恐國家憂累繇十年數不二三歲而已
師古曰累音力瑞反繇與由同臣得蒙天子厚恩父子俱爲顯列臣
位至上卿爵爲列侯犬馬之齒七十六爲明詔塡
溝壑死骨不朽亡所顧念獨思惟兵利害至孰悉
也於臣之計先誅先零已則罕幵之屬不煩兵而

服矣先零已誅而罕幵不服涉正月擊之得計之
理又其時也以今進兵誠不見其利唯陛下裁察
六月戊申奏七月甲寅璽書報從充國計焉充國
引兵至先零在所虜久屯聚解弛師古曰解讀曰懈弛放也望見
大軍棄車重欲度湟水師古曰重音直用反道阨狹充國徐行
驅之或曰逐利行遲師古曰逐利宜疾今行大遲充國曰此窮寇不
可迫也緩之則走不顧急之則還致死師古曰謂更迴還盡力而
死戰諸校皆曰善虜赴水溺死者數百降及斬首五
百餘人鹵馬牛羊十萬餘頭車四千餘兩兵至罕
地令軍毋燔聚落芻牧田中師古曰不得燔燒人居及於田畝之中刈芻放牧也罕

羌聞之喜曰漢果不擊我矣豪靡忘使人來言願
得還復故地服虔曰靡忘羌帥名也充國以聞未報靡忘來自
歸充國賜飲食遣還諭種人護軍以下皆爭之曰
此反虜不可擅遣充國曰諸君但欲便文自營師古
曰苟取文墨之便而自營衞便音頻面反非爲公家忠計也師古曰爲音于僞反語未卒
璽書報令靡忘以贖論後罕竟不煩兵而下其秋
充國病上賜書曰制詔後將軍聞苦腳脛寒泄師古
曰脛膝以下骨也寒泄下利也言其寒足脛又苦下利脛音下定反泄音息列反將軍年老加疾一
朝之變不可諱師古曰恐其死朕甚憂之今詔破羌將軍
詣屯所爲將軍副急因天時大利吏士銳氣以十二

月擊先零羌即疾劇留屯毋行獨遣破羌彊弩將
軍時羌降者萬餘人矣充國度其必壞欲罷騎兵
屯田以待其敝作奏未上會得進兵璽書中郎將
卬懼使客諫充國曰誠令兵出破軍殺將以傾國
家將軍守之可也即利與病又何足爭一旦不合
上意遣繡衣來責將軍將軍之身不能自保師古曰繡衣謂
御史何國家之安充國歎曰是何言之不忠也本用
吾言羌虜得至是邪師古曰言豫防之可無今日之寇也往者舉可先行
羌者吾舉辛武賢師古曰行音下更反丞相御史復白遣義
渠安國竟沮敗羌師古曰沮壞也音才汝反金城湟中穀斛八錢

吾謂耿中丞（服虔曰耿壽昌也為司農中丞）糴三百萬斛穀羌人不敢動矣（師古曰言豫儲糧食可以制敵）耿中丞請糴百萬斛迺得四十萬斛耳義渠再使且費其半失此二冊羌人故敢為逆失之毫氂差以千里是既然矣今兵久不決四夷卒有動搖相因而起（師古曰卒讀曰猝）雖有知者不能善其後羌獨足憂邪（師古曰言如此則所憂不獨在羌）吾固以死守之明主可為忠言遂上屯田奏曰臣聞兵者所以明德除害也故舉得於外則福生於內不可不慎臣所將吏士馬牛食月用糧穀十九萬九千六百三十斛鹽千六百九十三斛茭藳二十五萬二百八十六石（師古曰茭乾芻也藳禾稈也石百二十斤稈音工旱反）難久不解繇役不息又恐它夷卒有不虞之變（師古曰卒讀曰猝）相因並起為明主憂誠非素定廟勝之冊（師古曰廟勝謂謀於廟堂而勝敵也）且羌虜易以計破難用兵碎也故臣愚心以為擊之不便計度臨羌東至浩亹（師古曰度音大各反）羌虜故田及公田民所未墾可二千頃以上其間郵亭多壞敗者臣前部士入山伐材木大小六萬餘枚皆在水次願罷騎兵留弛刑應募及淮陽汝南步兵與吏私從者合凡萬二百八十一人用穀月二萬七千三百六十三斛鹽三百八斛分屯要害處冰解漕下繕鄉

亭浚溝渠（師古曰漕下以水運木而下也繕補也浚深治也）治湟陿以西道橋七十所令可至鮮水左右田事出賦人二十晦（師古曰晦古畝字）至四月草生發郡騎及屬國胡騎伉健各千倅馬什二就草（師古曰倅副也什二者千騎則與副馬二百匹也伉音口浪反）為田者遊兵以充入金城郡益積畜省大費（師古曰畜讀曰蓄）今大司農所轉穀至者足支萬人一歲食謹上田處及器用簿（師古曰簿音步戶反）唯陛下裁許上報曰皇帝問後將軍言欲罷騎兵萬人留田即如將軍之計虜當何時伏誅兵當何時得決孰計其便復奏充國上狀曰臣聞帝王之兵以全取勝是以貴謀而賤戰戰而百勝非善之善者也故先為不可勝以待敵之可勝（師古曰此兵法之辭也言先自完堅令敵不能勝我乃可以勝敵也）蠻夷習俗雖殊於禮義之國然其欲避害就利愛親戚畏死亡一也今虜亡其美地薦草（師古曰薦稠草也）愁於寄託遠遯骨肉心離人有畔志而明主般師罷兵（鄭氏曰般音班班還也）萬人留田順天時因地利以待可勝之虜雖未即伏辜兵決可期月而望羌虜瓦解前後降者萬七百餘人及受言去者凡七十輩（如淳曰羌胡言欲降受其言遣去者師古曰如說非也謂羌受充國之言歸相告喻者也羌虜即羌賊耳無豫於胡也）此坐支解羌虜之具也臣謹條不出兵留田便宜十二事步兵九

校師古曰一部為一校也 吏士萬人留屯以為武備因田致穀
威德並行一也又因排折羌虜令不得歸肥饒之
墜師古曰墜古地字也 貧破其衆以成羌虜相畔之漸二也居
民得並田作不失農業三也師古曰並且也讀如本字又音步浪反 軍馬
一月之食度支田士一歲師古曰度音大各反 罷騎兵以省大
費四也至春省甲士卒循河湟漕穀至臨羌以眎
羌虜師古曰眎亦示字 揚威武傳世折衝之具五也以閒暇
時下所伐材師古曰閒讀曰閑 繕治郵亭充入金城六也兵
出乘危徼幸師古曰言不可必勝 不出令反畔之虜竄於風寒之
地離霜露疾疫瘃墯之患師古曰離遭也墯謂因寒瘃而墯指者也 坐得必

勝之道七也亡經阻遠追死傷之害八也內不損
威武之重外不令虜得乘閒之埶九也師古曰閒謂軍之閒隙者也
又亡驚動河南大开小开服虔曰皆羌種在河西之河南也 使生它
變之憂十也治湟陿中道橋令可至鮮水以制西
域信威千里師古曰信讀曰申 從枕席上過師十一也鄭氏曰橋成軍行安易若於枕席上過也
大費既省繇役豫息以戒不虞十二也
留屯田得十二便出兵失十二利臣充國材下犬
馬齒衰不識長冊唯明詔博詳公卿議臣採擇上
復賜報曰皇帝問後將軍言十二便聞之虜雖未
伏誅兵決可期月而望期月而望者謂今冬邪謂

何時也將軍獨不計虜聞兵頗罷且丁壯相聚攻
擾田者及道上屯兵復殺略人民將何以止之又
大开小开前言曰我告漢軍先零所在兵不往擊
久留得亡效五年時不分別人而并擊我如淳曰此語謂本始
五年伐先零不分別大小开本意是以大小开有此言也 其意常恐今兵不出得亡變
生與先零為一將軍孰計復奏充國奏曰臣聞兵
以計為本故多筭勝少筭先零羌精兵今餘不過
七八千人失地遠客分散飢凍罕开莫須又頗暴
略其羸弱畜產畔還者不絕皆聞天子明令相捕
斬之賞臣愚以為虜破壞可日月冀遠在來春故

曰兵決可期月而望竊見北邊自燉煌至遼東萬
一千五百餘里乘塞列隧有吏卒數千人虜數大
衆攻之而不能害今留步士萬人屯田地埶平易
多高山遠望之便部曲相保為塹壘木樵師古曰樵與譙同謂
為高樓以望敵也音才消反 校聯不絕如淳曰播校相連也師古曰此校謂用木自相貫穿以為固者亦猶周易荷校
滅耳也周禮校人掌王馬之政六廄成校蓋用關械闌養馬也說文解字云校木囚也亦謂以木相貫遮闌禽獸也今云校聯不絕言營壘相次
便兵弩飭鬬具師古曰便利也飭整也其字從力 逢火幸通埶及并力
以逸待勞兵之利者也臣愚以為屯田內有亡費
之利外有守禦之備騎兵雖罷虜見萬人留田為
必禽之具其土崩歸德宜不久矣從今盡三月虜

馬羸瘦必不敢捐其妻子於它種中遠涉河山而
來爲寇又見屯田之士精兵萬人終不敢復將其
累重還歸故地師古曰累重謂妻子也累音力瑞反重音直用反是臣之愚計
所以度虜且必瓦解其處師古曰各於其處自瓦解不戰而自破
之冊也至於虜小寇盜時殺人民其原未可卒禁師古曰卒讀曰猝
臣聞戰不必勝不苟接刃攻不必取不苟
勞衆誠令兵出雖不能滅先零亶能令虜絕不爲
小寇則出兵可也師古曰亶讀曰但即今同是師古曰但不能止小寇盜而
釋坐勝之道從乘危之埶往終不見利空內自罷
敝師古曰罷讀曰疲貶重而自損非所以視蠻夷也師古曰視讀曰示

又大兵一出還不可復留湟中亦未可空如是繇
役復發也且匈奴不可不備烏桓不可不憂今
久轉運煩費傾我不虞之用以澹一隅師古曰澹古贍字贍給也
臣愚以爲不便校尉臨衆幸得承威德奉厚幣拊
循衆羌諭以明詔宜皆鄉風師古曰諭曉告之鄉讀曰嚮雖其前
辭嘗曰得亡效五年宜亡它心不足以故出兵臣
竊自惟念奉詔出塞引軍遠擊窮天子之精兵散
車甲於山野雖亡尺寸之功媮得避慊之便師古曰媮
苟且也慊亦嫌字而亡後咎餘責此人臣不忠之利非明主
社稷之福也臣幸得奮精兵討不義久留天誅師古
曰言不早殄滅賊也罪當萬死陛下寬仁未忍加誅令臣數得孰計
曰數音所角反其下亦同愚臣伏計孰甚不敢避斧鉞之誅昧死
陳愚唯陛下省察充國奏每上輒下公卿議臣初
是充國計者什三中什五最後什八有詔詰前言
不便者皆頓首服丞相魏相曰臣愚不習兵事利
害後將軍數畫軍冊其言常是臣任其計可必用
也師古曰任保也上於是報充國曰皇帝問後將軍上書言
羌虜可勝之道今聽將軍將軍計善其上留屯田
及當罷者人馬數將軍強食慎兵事自愛上以破
羌強弩將軍數言當擊又用充國屯田處離散恐

虜犯之於是兩從其計詔兩將軍與中郎將卬出
擊強弩出降四千餘人破羌斬首二千級中郎將
卬斬首降者亦二千餘級而充國所降復得五千
餘人詔罷兵獨充國留屯田明年五月充國奏言
羌本可五萬人軍凡斬首七千六百級降者三萬
一千二百人溺河湟飢餓死者五六千人定計遣
脫與煎鞏黃羝俱亡者不過四千人羌靡忘等自
詭必得師古曰詭責也自以爲憂責言必能得之請罷屯兵奏可充國振旅
而還所善浩星賜迎說充國鄧展曰浩星姓賜名也曰衆人皆
以破羌強弩出擊多斬首獲降虜以破壞然有識

者以爲虜勢窮困兵雖不出必自服矣將軍即見宜歸功於二將軍出擊非愚臣所及如此將軍計未失也充國曰吾年老矣爵位已極豈嫌伐一時事以欺明主哉兵勢國之大事當爲後法老臣不以餘命壹爲陛下明言兵之利害卒死誰當復言之者師古曰卒讀曰猝卒以其意對師古曰卒終也上然其計罷遣辛武賢歸酒泉太守官充國復爲後將軍衛尉其秋羌若零離留且種兒庫師古曰且音子閭反共斬先零大豪猶非楊玉首文穎曰猶非人名也師古曰猶非及楊玉二人也宣紀作酋非而此傳作猶字疑誤及諸豪弟澤陽雕良兒靡忘皆帥煎鞏黃羝屬四千餘人降漢封若零弟澤二人爲帥衆王離留且種二人爲侯兒庫爲君陽雕爲言兵侯良兒爲君靡忘爲獻牛君初置金城屬國以處降羌詔舉可護羌校尉者時充國病四府舉辛武賢小弟湯充國遽起奏湯使酒不可典蠻夷師古曰使酒因酒以使氣若今言惡酒者不如湯兄臨衆時湯已拜受節有詔更用臨衆後臨衆病免五府復舉湯湯數醉酌羌人師古曰酌音況務反師古曰酌即酗字也醉怒曰酌羌人反畔卒如充國之言初破羌將軍武賢在軍中時與中郎將卬宴語師古曰閒宴時共語也卬道車騎將軍張安世始嘗不快上如淳曰所爲行不可上意上欲誅之卬家將軍

以爲安世本持橐簪筆張晏曰橐契囊也近臣負橐簪筆從備顧問或有所紀也師古曰橐所以盛書也有底曰囊無底曰橐簪筆者插筆於首橐音行各反又音託事孝武帝數十年見謂忠謹宜全度之師古曰全安而免度之不令喪敗也安世用是得免及充國還言兵事武賢罷歸故官深恨上書告卬泄省中語卬坐禁止而入至充國莫府司馬中亂屯兵如淳曰方見禁止而入至充國莫府司馬中律所謂營軍司馬中也下吏自殺充國乞骸骨賜安車駟馬黃金六十斤罷就第朝庭每有四夷大議常與參兵謀問籌策焉師古曰與讀曰豫年八十六甘露二年薨謚曰壯侯傳子至孫欽欽尚敬武公主主亡子主教欽良人習詐有身名它人子欽薨子岑嗣侯習爲太夫人岑父母求錢財亡已忿恨相告岑坐非子免國除元始中修功臣後復封充國曾孫伋爲營平侯師古曰伋音汲初充國以功德與霍光等列畫未央宮成帝時西羌嘗有警上思將帥之臣追美充國迺召黃門郎楊雄即充國圖畫而頌之師古曰即就也就於畫側而書頌曰明靈惟宣戎有先零先零昌狂侵漢西疆漢命虎臣惟後將軍整我六師是討是震師古曰震合韻音真既臨其域諭以威德有守矜功謂之弗克請奮其旅于罕之羌天子命我從之鮮陽應劭曰酒泉大守辛武賢自將萬騎出張掖擊羌宣帝使充國共武賢討罕开於鮮水之陽也營平守節婁奏封

章師古曰要古要字料敵制勝威謀靡亢師古曰料量也亢當也合韻音康遂克西戎還師於京鬼方賓服罔有不庭師古曰鬼方言其幽昧也庭來帝庭也一說庭直也昔周之宣有方有虎張晏曰方叔邵虎也詩人歌功迺列于雅師古曰大雅小雅之詩也在漢中興充國作武赳赳桓桓亦紹厥後師古曰赳赳勁也桓桓威也紹繼也謂繼周之方邵也

充國為後將軍徙杜陵辛武賢自羌軍還後七年復為破羌將軍征烏孫至敦煌後不出徵未到病卒子慶忌至大官

辛慶忌字子眞少以父任為右校丞隨長羅侯常惠屯田烏孫赤谷城與歙侯戰師古曰歙即翕字也歙侯烏孫官名陷陳卻敵惠奏其功拜為侍郎遷校尉將吏士屯焉耆國還為謁者尚未知名元帝初補金城長史舉茂材遷郎中車騎將軍朝廷多重之者轉為校尉遷張掖大守徙酒泉所在著名成帝初徵為光祿大夫遷左曹中郎將至執金吾始武賢與趙充國有隙後充國家殺辛氏至慶忌為執金吾坐子殺趙氏左遷酒泉大守歲餘大將軍王鳳薦慶忌前在兩郡著功迹徵入歷位朝廷莫不信鄉師古曰鄉讀曰嚮質行正直仁勇得衆心通於兵事明略威重任國柱石師古曰任堪也父破羌將軍武賢顯名前世有威西夷臣鳳不宜久處慶忌之右師古曰右上也迺復徵為光祿大夫

執金吾數年坐小法左遷雲中大守復徵為光祿勳時數有災異丞相司直何武上封事曰虞有宮之奇晉獻不寐應劭曰晉獻公欲伐虞以宮之奇在寢不寐衛青在位淮南寢謀故賢人立朝折衝厭難勝於亡形師古曰厭抑也未有禍難之形豫勝之也厭音一葉反司馬法曰天下雖安忘戰必危夫將不豫設則亡以應卒師古曰卒讀曰猝謂暴也士不素厲則難使死敵是以先帝建列將之官近戚主內異姓距外故姦軌不得萌動而破滅師古曰始生曰萌誠萬世之長冊也光祿勳慶忌行義修正柔毅敦厚師古曰和柔而能毅也尚書咎繇謩曰擾而毅擾亦柔也今流俗書本柔字作果者妄改之謀慮深遠前在邊郡數破敵獲虜外夷莫不聞迺者大異並見未有其應加以兵革久寢春秋大災未至而豫禦之師古曰莊十六年公追戎於濟西公羊傳曰此未有伐中國者言追何大其未至而豫禦之也慶忌宜在爪牙官以備不虞師古曰虞度也言有憂難非意所度也其後拜為右將軍諸吏散騎給事中歲餘徙為左將軍慶忌居處恭儉食飲被服尤節約然性好輿馬號為鮮明唯是為奢為國虎臣遭世承平匈奴西域親附敬其威信年老卒官長子通為護羌校尉中子遵函谷關都尉少子茂水衡都尉出為郡守皆有將帥之風宗族支屬至二千石者十餘人元始中安漢公王莽秉政見慶忌本

大將軍鳳所成三子皆能欲親厚之是時莽方立威柄用甄豐甄邯以自助豐邯新貴威震朝廷水衡都尉茂自見名臣子孫兄弟並列不甚詘事兩甄時平帝幼外家衞氏不得在京師而護羌校尉通長子次兄素與帝從舅衞子伯相善(師古曰次兄其字也兄讀如本字亦讀曰況)兩人俱游俠賓客甚盛及呂寬事起莽誅衞氏兩甄搆言諸辛陰與衞子伯為心腹有背恩不說安漢公之謀(師古曰說讀曰悅)於是司直陳崇舉奏其宗親隴西辛興等侵陵百姓威行州郡莽遂按通父子遵茂兄弟及南郡太守辛伯等皆誅殺之辛氏繇是廢(師古曰繇讀與由同)慶忌本狄道人為將軍徙昌陵昌陵罷留長安

贊曰秦漢已來山東出相山西出將秦時將軍白起郿人(師古曰郿扶風之縣也音媚)王翦頻陽人漢興郁郅王圍甘延壽(師古曰圍為強弩將軍見藝文志郁音於六反郅音質)義渠公孫賀傅介子成紀李廣李蔡杜陵蘇建蘇武上邽上官桀趙充國襄武廉褒狄道辛武賢慶忌皆以勇武顯聞蘇辛父子著節此其可稱列者也其餘不可勝數何則山西天水隴西安定北地處勢迫近羌胡民俗修習戰備高上勇力鞍馬騎射故秦詩曰王于興師修我甲兵與子皆行(師古曰小戎之詩也解在地理志)其風聲氣俗自古而然今之歌謠慷慨風流猶存耳

趙充國辛慶忌傳第三十九

傅常鄭甘陳段傳第四十　班固　漢書七十

秘書監上護軍琅邪縣開國子顏　師古　注

傅介子北地人也 師古曰趙充國傳贊云義渠公孫賀傅介子然則介子北地義渠人也 以從軍為官先是龜茲樓蘭皆嘗殺漢使者 服虔曰龜茲音丘慈 語在西域傳至元鳳中介子以駿馬監求使大宛因詔令責樓蘭龜茲國介子至樓蘭責其王教匈奴遮殺漢使大兵方至王苟不教匈奴匈奴使過至諸國何為不言王謝服言匈奴使屬過 師古曰屬近也近始過去屬音之欲反 當至烏孫道過龜茲介子至龜茲復責其王王亦服罪介子從大宛還到龜茲龜茲言匈奴使從烏孫還在此介子因率其吏士共誅斬匈奴使者還奏事詔拜介子為中郎遷平樂監介子謂大將軍霍光曰樓蘭龜茲數反覆而不誅無所懲艾 師古曰艾讀曰乂 介子過龜茲時其王近就人易得也 師古曰附近而親就言不相猜阻也 願往刺之以威示諸國大將軍曰龜茲道遠且驗之於樓蘭於是白遣之介子與士卒俱齎金幣揚言以賜外國為名至樓蘭樓蘭王意不親介子介子陽引去至其西界使譯謂曰漢使者持黃金錦繡行賜諸國 師古曰徧往賜之 王不來受我去之西國矣即出金幣以示譯譯還報王王貪漢物來

見使者介子與坐飲陳物示之飲酒皆醉介子謂王曰天子使我私報王 師古曰謂密有所論 王起隨介子入帳中屏語 師古曰屏人而獨共語也 壯士二人從後刺之刃交匈立死其貴人左右皆散走介子告諭以王負漢罪天子遣我來誅王當更立前太子質在漢者漢兵方至毋敢動動滅國矣遂持王首還詣闕公卿將軍議者咸嘉其功上迺下詔曰樓蘭王安歸嘗為匈奴間候遮漢使者 師古曰言為匈奴之間而候伺 發兵殺略衛司馬安樂光祿大夫忠期門郎遂成等三輩及安息大宛使盜取節印獻物 晉灼曰此安息大宛遠遣使獻漢而樓蘭王使人盜取所獻之物也師古曰節及印漢使者所齎也獻物大宛等使所獻也樓蘭既殺漢使又殺諸國使者 甚逆天理平樂監傅介子持節使誅斬樓蘭王安歸首縣之北闕以直報怨 師古曰論語載孔子言曰以直報怨以德報德言怨於我者則直道而報之故詔引之也 不煩師眾其封介子為義陽侯食邑七百戶士刺王者皆補侍郎介子薨子敞有罪不得嗣國除元始中繼功臣世復封介子曾孫長為義陽侯王莽敗迺絕

常惠太原人也少時家貧自奮應募隨栘中監蘇武使匈奴 師古曰栘中廄名也音移解在昭紀 并見拘留十餘年昭帝時迺還漢嘉其勤勞拜為光祿大夫是時烏孫公主上書言匈奴發騎田車師 師古曰車師西域國名也 車師與匈奴

爲一共侵烏孫唯天子救之漢養士馬議欲擊匈
奴會昭帝崩宣帝初即位本始二年遣惠使烏孫
公主及昆彌皆遣使因惠言匈奴連發大兵擊烏
孫取車延惡師地收其人民去使使脅求公主師古
曰耆讀以威絕之也欲隔絕漢昆彌願發國半精兵自給人馬
五萬騎盡力擊匈奴唯天子出兵以救公主昆彌
於是漢大發十五萬騎五將軍分道出師古曰祁連將軍田廣明蒲類
將軍趙充國武牙將軍田順度遼將軍范明友前將軍韓增語在匈奴傳以惠爲校尉持
節護烏孫兵昆彌自將翖侯以下五萬餘騎師古曰翖即翕
字也翖侯烏孫官號也從西方入至右谷蠡庭師古曰谷音鹿蠡音黎獲單于

父行及嫂居次晉灼曰匈奴女號若言公主也師古曰行胡浪反名王騎將以下
三萬九千人得馬牛驢贏橐佗五萬餘匹羊六十
餘萬頭烏孫皆自取鹵獲惠從吏卒十餘人隨昆
彌還未至烏孫烏孫人盜惠印綬節惠還自以當
誅師古曰謂失印綬及節爲辱命時漢五將皆無功天子以惠奉使克
獲遂封惠爲長羅侯復遣惠持金幣還賜烏孫貴
人有功者惠因奏請龜茲國嘗殺校尉賴丹未伏
誅請便道擊之宣帝不許大將軍霍光風惠以便
宜從事師古曰言至前所專命而行也風讀曰諷惠與吏士五百人俱至烏
孫還過發西國兵二萬人令副使發龜茲東國二

萬人烏孫兵七千人從三面攻龜茲兵未合先遣
人責其王以前殺漢使狀王謝曰迺我先王時爲
貴人姑翼所誤耳我無罪惠曰即如此縛姑翼來
吾置王師古曰置猶放王執姑翼詣惠惠斬之而還後代蘇
武爲典屬國明習外國事勤勞數有功甘露中後
將軍趙充國薨天子遂以惠爲右將軍典屬國如
故宣帝崩惠事元帝三歲薨謚曰壯武侯傳國至
曾孫建武中迺絕

鄭吉會稽人也以卒伍從軍數出西域由是爲郎
吉爲人彊執習外國事師古曰彊力而有執志者自張騫通西域

李廣利征伐之後初置校尉屯田渠黎至宣帝時
吉以侍郎田渠黎積穀因發諸國兵攻破車師遷
衞司馬使護鄯善以西南道師古曰鄯音善神爵中匈奴乖
亂日逐王先賢撣欲降漢師古曰撣音纏使人與吉相聞吉
發渠黎龜茲諸國五萬人迎日逐王口萬二千人
小王將十二人隨吉至河曲頗有亡者吉追斬之
遂將詣京師漢封日逐王爲歸德侯吉既破車師
降日逐威震西域遂幷護車師以西北道故號都護
師古曰並護南北二道故謂之都都猶大也總也都護之置自吉始焉上嘉其功
效迺下詔曰都護西域騎都尉鄭吉拊循外蠻宣

明威信師古曰禮記云東夷北狄西戎南蠻然夷蠻戎狄亦四方之總稱耳故史傳又云百蠻也迎匈奴單于
從兄日逐王衆擊破車師兜訾城師古曰訾子移反功效茂
著其封吉爲安遠侯食邑千戶吉於是中西域而
立莫府師古曰中西域者言處與諸國之中近遠均也中竹仲反治烏壘城鎮撫諸國誅
伐懷集之漢之號令班西域矣師古曰班布也始自張騫而
成於鄭吉語在西域傳吉薨謚曰繆侯子光嗣薨
無子國除元始中錄功臣不以罪絕者封吉曾孫
永爲安遠侯
甘延壽字君況北地郁郅人也少以良家子善騎
射爲羽林投石拔距絕於等倫應劭曰投石以石投人也拔距即下超踰羽林

亭樓是也張晏曰范蠡兵法飛石重十二斤爲機發行三百步延壽有力能以手投之拔距超距也師古曰投石應說是也拔距者有人連坐相把據地距以爲堅而能拔取之皆言其有手掣之力超踰亭樓又言其趫捷耳非拔距也今人猶有拔爪之戲蓋拔距之遺法嘗超踰羽林亭樓由是遷爲郎試弁爲期
門孟康曰弁手搏以材力愛幸稍遷至遼東太守免官車
騎將軍許嘉薦延壽爲郎中諫大夫使西域都
護騎都尉與副校尉陳湯共誅斬郅支單于
封義成侯薨謚曰壯侯傳國至曾孫王莽敗
迺絕
陳湯字子公山陽瑕丘人也少好書博達善屬文
師古曰屬音之欲反家貧丐貸無節不爲州里所稱師古曰丐乞也貸音吐得反

西至長安求官得太官獻食丞數歲富平侯張勃
與湯交高其能初元二年元帝詔列侯舉茂材勃
舉湯湯待遷父死不奔喪師古曰犇古奔字司隸奏湯無循
行勃選舉故不以實坐削戶二百會薨因賜謚曰
繆侯師古曰以其繆舉人也湯下獄論後復以薦爲郎數求使外
國久之遷西域副校尉與甘延壽俱出先是宣帝
時匈奴乖亂五單于爭立呼韓邪單于與郅支單
于俱遣子入侍漢兩受之後呼韓邪單于身入稱
臣朝見郅支以爲呼韓邪破弱降漢不能自還即
西收右地會漢發兵送呼韓邪單于郅支由是遂

西破呼偈堅昆丁令服虔曰呼偈小國名在匈奴北師古曰偈起竭反令與零同兼三國
而都之怨漢擁護呼韓邪而不助己困辱漢使者
江迺始等初元四年遣使奉獻因求侍子願爲內
附漢議遣衛司馬谷吉送之御史大夫貢禹博士
匡衡以爲春秋之義許夷狄者不壹而足師古曰言節制之不
皆稱其所求也今郅支單于鄉化未醇師古曰鄉讀曰嚮不雜曰醇醇壹也厚也所在絕
遠宜令使者送其子至塞而還吉上書言中國與
夷狄有羈縻不絕之義今既養全其子十年德澤
甚厚空絕而不送近從塞還示棄捐不畜師古曰畜謂愛養也
使無鄉從之心師古曰鄉讀曰嚮嚮從謂向化而從命也棄前恩立後怨不便

議者見前江迺始無應敵之數知勇俱困以致恥辱即豫為臣憂臣幸得建彊漢之節承明聖之詔宣諭厚恩不宜敢桀（師古曰言郅支畏威當不敢桀黠也）若懷禽獸加無道於臣則單于長嬰大罪（師古曰嬰猶帶也）必遁逃遠舍不敢近邊（師古曰舍止也）沒一使以安百姓國之計臣之願也願送至庭（師古曰單于庭）上以示朝者禹復爭以為吉往必為國取悔生事不可許右將軍馮奉世以為可遣上許焉既至郅支單于怒竟殺吉等自知負漢又聞呼韓邪益彊遂西奔康居康居王以女妻郅支郅支亦以女予康居王康居甚尊敬郅支欲倚其威以脅諸國（師古曰倚音於綺反）郅支數借兵擊烏孫深入至赤谷城殺略民人敺畜產（師古曰敺與驅同下皆類此）烏孫不敢追西邊空虛不居者且千里郅支單于自以大國威名尊重又乘勝驕不為康居王禮怒殺康居王女及貴人人民數百或支解投都賴水中（師古曰支解謂解截其四支也都賴郅支水名）發民作城日作五百人二歲迺已又遣使責闔蘇大宛諸國歲遺（師古曰胡廣云康居北可一千里有國名奄蔡一名闔蘇然則闔蘇即奄蔡也歲遺者年常所獻遺之物遺弋季反）不敢不予漢遣使三輩至康居求谷吉等死（師古曰死尸也）郅支困辱使者不肯奉詔而因都護上書言居困厄願歸計彊漢遣子入侍（師古曰故為此言以調戲也歸計謂歸附而受計策也）其驕嫚如此建昭三年湯與延壽出西域湯為人沈勇有大慮多策謀喜奇功（師古曰喜許吏反）每過城邑山川常登望既領外國與延壽謀曰夷狄畏服大種其天性也西域本屬匈奴今郅支單于威名遠聞侵陵烏孫大宛常為康居畫計欲降服之如得此二國北擊伊列西取安息南排月氏山離烏弋數年之間城郭諸國危矣（服虔曰山離烏弋不在三十六國中去中國二萬里師古曰謂西域國為城郭者言不隨畜牧遷徙以別於匈奴也）且其人剽悍（師古曰剽輕也悍勇也剽頻妙反又匹妙反悍胡幹反）好戰伐數取勝久畜之必為西域患郅支單于雖所在絕遠蠻夷無金城強弩之守如發屯田吏士敺從烏孫眾兵（師古曰驅帥之令隨從也）直指其城下彼亡則無所之守則不足自保（師古曰之往保安也）千載之功可一朝而成也延壽亦以為然欲奏請之湯曰國家與公卿議大策非凡所見事必不從（師古曰言凡庸之人不能遠見故壞其事也）延壽猶與不聽（師古曰與讀曰豫）會其久病湯獨矯制發城郭諸國兵車師戊己校尉屯田吏士延壽聞之驚起欲止焉湯怒按劍叱延壽曰大眾已集會豎子欲沮眾邪（師古曰沮止也壞也音才汝反）延壽遂從之部勒行陳益置揚威白虎合騎之校（張晏曰西域陳法之名也師古曰張說非也一校則別為一部軍故稱校耳湯特新置此等諸校名以為威聲也）漢兵胡兵合四萬餘人延壽湯上

跡自劾奏矯制陳言兵狀即日引軍分行別爲六校其三校從南道踰葱領徑大宛其三校都護自將發溫宿國從北道入赤谷過烏孫涉康居界至闐池西而康居副王抱闐將數千騎寇赤谷城東文穎曰闐音填殺略大昆彌千餘人敺畜產甚多從後與漢軍相及頗寇盜後重師古曰重謂輜重也音直用反湯縱胡兵擊之殺四百六十人得其所略民四百七十人還付大昆彌其馬牛羊以給軍食又捕得抱闐貴人伊奴毒入康居東界令軍不得爲寇師古曰勿抄掠閒呼其貴人屠墨見之師古曰閒謂密呼也諭以威信與飲盟遣去徑引行未

至單于城可六十里止營復捕得康居貴人貝色子男開牟以爲導貝色子卽屠墨母之弟師古曰母之弟卽謂舅皆怨單于由是具知郅支情明日引行未至城三十里止營單于遣使問漢兵何以來應曰單于上書言居困阸願歸計彊漢身入朝見天子哀閔單于棄大國屈意康居故使都護將軍來迎單于妻子恐左右驚動故未敢至城下使數往來相答報延壽湯因讓之師古曰讓責也我爲單于遠來而至今無名王大人見將軍受事者師古曰名王諸王之貴者受事受教命而供事也何單于忽大計失客主之禮也師古曰忽忘也兵來道遠人畜罷極

食度且盡師古曰罷讀曰疲度大各反恐無以自還願單于與大臣審計策明日前至郅支城都賴水上離城三里止營傅陳師古曰傅讀曰敷敷布也望見單于城上立五采幡織師古曰織讀曰幟音式志反數百人被甲乘城師古曰乘謂登之備守也又出百餘騎往來馳城下步兵百餘人夾門魚鱗陳師古曰言其相接次形若魚鱗講習用兵城上人更招漢軍曰鬭來師古曰更互也音工行反百餘騎馳赴營營皆張弩持滿指之騎引卻頗遣吏士射城門騎步兵騎步兵皆入延壽湯令軍聞鼓音皆薄城下師古曰薄迫也四面圍城各有所守穿塹塞門戶鹵楯爲前戟弩爲後卬射城中樓上人師古曰卬讀曰仰樓上

人下走土城外有重木城從木城中射頗殺傷外人外人發薪燒木城夜數百騎欲出外迎射殺之初單于聞漢兵至欲去疑康居怨已爲漢內應又聞烏孫諸國兵皆發自以無所之師古曰之往也郅支已出復還曰不如堅守漢兵遠來不能久攻單于乃被甲在樓上諸閼氏夫人數十皆以弓射外人外人射中單于鼻諸夫人頗死單于下騎傳戰大內師古曰下騎謂下樓而騎馬也傳戰轉戰也大內單于之內室也言且戰且行而入內室夜過半木城穿中人卻入土城乘城呼師古曰乘登也呼火故反下亦同時康居兵萬餘騎分爲十餘處四面環城亦與相應和師古曰環繞也和音胡臥反夜

數犇營不利輒卻師古曰犇古奔字也平明四面火起吏士喜大呼乘之師古曰乘逐也鉦鼓聲動地康居兵引卻漢兵四面推鹵楯並入土城中單于男女百餘人走入大內漢兵縱火吏士爭入單于被創死軍候假丞杜勳斬單于首得漢節使二及谷吉等所齎帛書諸鹵獲以畀得者師古曰畀予也各以與所得人畀必寐反凡斬閼氏太子名王以下千五百一十八級生虜百四十五人降虜千餘人賦予城郭諸國所發十五王師古曰賦謂班與之也所發十五王謂所發諸國之兵共圍郅支王者也於是延壽湯上疏曰臣聞天下之大義當混為一師古曰混同也音胡本反昔有唐虞今有彊漢匈奴呼韓邪單于已稱北藩唯郅支單于叛逆未伏其辜大夏之西以為彊漢不能臣也師古曰謂漢為不能使郅支臣服也郅支單于慘毒行於民大惡通於天臣延壽臣湯將義兵行天誅賴陛下神靈陰陽並應天氣精明陷陳克敵斬郅支首及名王以下宜縣頭槀街蠻夷邸閒晉灼曰黃圖在長安城門內師古曰槀街街名蠻夷邸在此街也邸若今鴻臚客館也崔浩以為槀當為橐橐街即銅駝街也此說失之銅駝街在雒陽西京無也以示萬里明犯彊漢者雖遠必誅事下有司丞相匡衡御史大夫繁延壽師古曰繁音蒲何反以為郅支及名王首更歷諸國蠻夷莫不聞知師古曰更音工衡反月令春掩骼埋胔之時應劭曰禽獸之骨曰骼骼大也鳥鼠之骨曰胔胔可惡也臣瓚曰枯骨曰骼有肉曰胔師古曰瓚說

是也骼工客反胔才賜反宜勿縣車騎將軍許嘉右將軍王商以為春秋夾谷之會優施笑君孔子誅之師古曰夾谷地名即祝其也定十年公會齊侯於夾谷孔子攝相事齊侯奏宮中之樂俳優侏儒戲於前孔子歷階而上曰匹夫侮諸侯者罪應誅於是斬侏儒首足異處齊侯懼有慚色施者優人之名夾音頰方盛夏首足異門而出宜縣十日迺埋之有詔將軍議是初中書令石顯嘗欲以姊妻延壽延壽不取及丞相御史亦惡其矯制皆不與湯師古曰與猶許湯素貪所鹵獲財物入塞多不法師古曰不法者私自取之不依軍法司隸校尉移書道上繫吏士按驗之湯上疏言臣與吏士共誅郅支單于幸得禽滅萬里振旅師古曰師入曰振旅振整也旅眾也宜有使者迎勞道路師古曰勞音來到反今司隸反逆收繫按驗是為郅支報讎也上立出吏士令縣道具酒食以過軍既至論功石顯匡衡以為延壽湯擅興師矯制幸得不誅如復加爵土則後奉使者爭欲乘危徼幸生事於蠻夷師古曰如甚也為國招難漸不可開元帝內嘉延壽湯功而重違衡顯之議師古曰重難也議久不決故宗正劉向上疏曰郅支單于囚殺使者吏士以百數事暴揚外國傷威毀重群臣皆閔焉師古曰閔病也陛下赫然欲誅之意未嘗有忘西域都護延壽副校尉湯承聖指倚神靈總百蠻之君攬城郭之兵師古曰攬總持之也其字從手出百死入絕域遂蹈康居

署五重城，搴歙侯之旗，師古曰搴拔也音騫 斬郅支之首，縣旌萬里之外，揚威昆山之西，埽谷吉之恥，立昭明之功，萬夷慴伏，莫不懼震。師古曰慴恐也音之涉反 呼韓邪單于見郅支已誅，且喜且懼，鄉風馳義，稽首來賓，師古曰馳義者慕義驅馳而來也 鄉讀曰嚮 願守北藩，累世稱臣。立千載之功，建萬世之安，羣臣之勳莫大焉。昔周大夫方叔、吉甫為宣王誅獫狁而百蠻從，其詩曰：「嘽嘽焞焞，如霆如雷，顯允方叔，征伐獫狁，蠻荊來威。」師古曰小雅采芑之詩也嘽嘽衆也焞焞盛也言車徒既衆且盛有如雷霆故能克定獫狁而令荊土之蠻亦畏威而來也嘽音他丹反焞音他回反 易曰：「有嘉折首，獲匪其醜。」師古曰離上九爻辭也嘉善也醜類也言王者出征克勝斬首多獲非類故以為善 言美誅首惡之人，而諸不順者皆來從也。今延壽、湯所誅震，雖易之折首、詩之雷霆不能及也。論大功者不錄小過，舉大美者不疵細瑕。司馬法曰「軍賞不踰月」，欲民速得為善之利也。蓋急武功，重用人也。吉甫之歸，周厚賜之，其詩曰：「吉甫宴喜，既多受祉，來歸自鎬，我行永久。」師古曰小雅六月之詩也鎬地名非豐鎬之鎬也比鎬及方皆在周之北時獫狁侵鎬及方至于涇陽吉甫薄伐自鎬而還王以燕禮樂之多受福賜以其行役有功日月長久故也 千里之鎬猶以為遠，況萬里之外，其勤至矣！延壽、湯既未獲受祉之報，反屈捐命之功，久挫於刀筆之前，師古曰捐弃其軀命言無所顧也挫屈折也 刀筆謂吏 非所以勸有功厲戎士也。昔齊桓前有尊周之

功，師古曰謂伐楚責苞茅及會王大子于首山 後有滅項之罪，師古曰項國名也春秋僖十七年夏滅項公羊傳曰齊滅之也不言齊為桓公諱也桓常有繼絕存亡之功故君子為之諱 君子以功覆過而為之諱行事。師古曰行事謂滅項之事也 貳師將軍李廣利捐五萬之師，靡億萬之費，經四年之勞，師古曰靡散也音縻 而廑獲駿馬三十匹，師古曰廑與僅同僅少也 雖斬宛王毋鼓之首，師古曰西域傳作毋寡而此云毋鼓鼓寡聲相近蓋戎狄之言不甚諦也 猶不足以復費，師古曰復償也音扶目反 其私罪惡甚多。孝武以為萬里征伐，不錄其過，遂封拜兩侯、三卿、二千石百有餘人。今康居國彊於大宛，郅支之號重於宛王，殺使者罪甚於留馬，而延壽、湯不煩漢士，不費斗糧，比於貳師，功德百之。師古曰百倍勝之 且常惠隨欲擊之烏孫，鄭吉迎自來之日逐，猶皆裂土受爵。故言威武勤勞則大於方叔、吉甫，列功覆過則優於齊桓、貳師，近事之功則高於安遠、長羅，師古曰安遠侯鄭吉長羅侯常惠也 而大功未著，小惡數布，臣竊痛之！宜以時解縣通籍，孟康曰縣罪未竟也如言縣罰也通籍不禁止令得出入也 除過勿治，尊寵爵位，以勸有功。」於是天子下詔曰：「匈奴郅支單于背畔禮義，留殺漢使者吏士，甚逆道理，朕豈忘之哉！所以優游而不征者，重動師眾，勞將率，師古曰重難也 故隱忍而未有云也。今延壽、湯睹便宜，乘時利，結城郭諸國，擅興師矯制而征之，賴天地宗廟

之靈誅討郅支單于斬獲其首及閼氏貴人名王以下千數雖踰義干法師古曰干犯也內不煩一夫之役不開府庫之臧因敵之糧以贍軍用立功萬里之外威震百蠻名顯四海為國除殘兵革之原息邊竟得以安師古曰竟讀曰境然猶不免死亡之患罪當在於奉憲朕甚閔之其赦延壽湯罪勿治詔公卿議封焉議者以為宜如軍法捕斬單于令臣衡石顯以為郅支本亡逃失國竊號絕域非眞單于元帝取安遠侯鄭吉故事封千戶衡顯復爭廼封延壽為義成侯賜湯爵關內侯食邑各三百戶加賜黃金百斤告上帝宗廟大赦天下拜延壽為長水校尉湯為射聲校尉延壽遷城門校尉護軍都尉薨於官

成帝初即位丞相衡復奏湯以吏二千石奉使顓命蠻夷中師古曰顓與專同不正身以先下而盜所收康居財物戒官屬曰絕域事不覆校雖在赦前不宜處位湯坐免後湯上言康居王侍子非王子也按驗實王子也湯下獄當死大中大夫谷永上疏訟湯曰臣聞楚有子玉得臣文公為之仄席而坐師古曰子玉楚大夫也得臣其名也春秋僖二十八年子玉帥師與晉文公戰于城濮楚師敗績晉師三日館穀而文公猶有憂色曰得臣猶在憂未歇也及楚殺子玉公喜而後可知也禮記曰有憂者仄席而坐蓋自貶也仄古側字也 趙有廉頗馬服彊秦不

敢窺兵井陘師古曰廉頗趙將也馬服君趙奢者亦趙將也井陘之口趙之西界山險道也 近漢有郅都魏尚匈奴不敢南鄉沙幕師古曰鄉讀曰嚮 由是言之戰克之將國之爪牙不可不重也蓋君子聞鼓鼙之聲則思將率之臣師古曰禮記樂記曰鼓鼙之聲讙讙以立動動以進眾君子聽鼓鼙之聲則思將率之臣也竊見關內侯陳湯前使副西域都護忿郅支之無道閔王誅之不加師古曰閔憂也策慮愊億義勇奮發師古曰愊億憤怒之見也愊皮逼反卒興師奔逝橫厲烏孫踰集都賴如淳曰踰遠也遠集郅支都賴水上也師古曰卒讀曰猝厲度也踰讀曰遙 屠三重城斬郅支首報十年之逋誅雪邊吏之宿恥師古曰逋亡也威震百蠻武暢西海漢元以來征伐方外之將未嘗有也今湯坐言事非是幽囚久繫歷時不決執憲之吏欲致之大辟昔白起為秦將南拔郢都北阬趙括以纖介之過賜死杜郵師古曰地名也在咸陽西也秦民憐之莫不隕涕今湯親秉鉞席卷喋血萬里之外師古曰如席之卷言其疾也喋血解在文紀薦功祖廟告類上帝張晏曰謂以所征之國事類告天也介冑之士靡不慕義以言事為罪無赫赫之惡周書曰記人之功忘人之過宜為君者也師古曰尚書之外周書也夫犬馬有勞於人尚加帷蓋之報師古曰禮記稱孔子云敝帷不弃為埋馬也敝蓋不弃為埋狗也況國之功臣者哉竊恐陛下忽於鼙鼓之聲不察周書之意而忘帷蓋之施庸臣遇湯卒從吏議師古曰以庸臣之禮待遇之也卒終也使

百姓介然有秦民之恨師古曰介然猶耿耿非所以厲死難之臣也書奏天子出湯奪爵爲士伍後數歲西域都護段會宗爲烏孫兵所圍驛騎上書願發城郭燉煌兵以自救師古曰西域城郭諸國及燉煌兵也丞相王商大將軍王鳳及百僚議數日不決鳳言湯多籌策習外國事可問上召湯見宣室湯擊郅支時中寒病兩臂不詘申湯入見有詔毋拜示以會宗奏湯辭謝曰將相九卿皆賢材通明小臣罷癃不足以策大事師古曰罷讀曰疲上曰國家有急君其毋讓對曰臣以爲此必無可憂也上曰何以言之湯曰夫胡兵五而當漢兵

一何者兵刃朴鈍弓弩不利今聞頗得漢巧然猶三而當一又兵法曰客倍而主人半然後敵今圍會宗者人衆不足以勝會宗唯陛下勿憂且兵輕行五十里重行三十里今會宗欲發城郭燉煌歷時迺至所謂報讎之兵非救急之用也上曰奈何其解可必乎度何時解師古曰度徒各反湯知烏孫瓦合不能久攻師古曰瓦合謂碎瓦之雜居不齊同故事不過數日師古曰故事謂以舊事測之因對曰已解矣詘指計其日曰不出五日當有吉語聞師古曰吉善也善謂兵解之事居四日軍書到言已解大將軍鳳奏以爲從事中郎莫府事壹決於湯湯明法令善因

事爲勢納說多從常受人金錢作章奏卒以此敗初湯與將作大匠解萬年相善自元帝時渭陵不復徙民起邑成帝起初陵數年後樂霸陵曲亭南更營之萬年與湯議以爲武帝時工楊光以所作數可意師古曰可天子之意自致將作大匠及大司農中丞耿壽昌造杜陵賜爵關內侯將作大匠乘馬延年以勞苦秩中二千石師古曰姓乘馬名延年乘食孕反今作初陵而營起邑居成大功萬年亦當蒙重賞子公妻家在長安兒子生長長安不樂東方宜求徙可得賜田宅俱善湯心利之即上封事言初陵京師之地最爲肥

美可立一縣天下民不徙諸陵三十餘歲矣關東富人益衆多規良田役使貧民師古曰規畫也自占爲疆界也可徙初陵以彊京師衰弱諸侯又使中家以下得均貧富湯願與妻子家屬徙初陵爲天下先於是天子從其計果起昌陵邑後徙內郡國民萬年自詭三年可成師古曰詭責也自以爲憂責也後卒不就師古曰卒終也就亦成也羣臣多言其不便者下有司議皆曰昌陵因卑爲高積土爲山度便房猶在平地上師古曰度徒各反客土之中不保幽冥之靈淺外不固卒徒工庸以鉅萬數至難脂火夜作師古曰難古然字也取土東山且與穀同賈師古曰賈讀曰價作治數

年天下徧被其勞國家罷敝府臧空虛師古曰罷讀曰疲下
至衆庶敖敖苦之師古曰敖敖衆愁聲故陵因天性據真土處
勢高敞旁近祖考前又已有十年功緒師古曰緒謂端次也宜
還復故陵勿徙民上迺下詔罷昌陵語在成紀丞
相御史請廢昌陵邑中室師古曰徙人新所起室居奏未下人以
問湯第宅不徹得毋復發徙師古曰問其不被發徹更移徙邪湯曰縣
官且順聽羣臣言猶且復發徙之也時成都侯商
新爲大司馬衞將軍輔政素不善湯商聞此語白
湯惑衆下獄治按驗諸所犯湯前爲騎都尉王莽
上書言父早死獨不封母明君共養皇太后尤勞

苦師古曰莽傳言莽母渠今此云明君則明君者字也宜封竟爲新都侯後皇太
后同母弟苟參爲水衡都尉死子伋爲侍中師古曰伋音級
參妻欲爲伋求封湯受其金五十斤許爲求比上
奏師古曰比例也音必寐反弘農太守張匡坐臧百萬以上狡猾
不道有詔即訊師古曰就其所居考問之恐下獄使人報湯湯爲
訟罪得踰冬月許謝錢二百萬皆此類也事在赦
前後東萊郡黑龍冬出人以問湯曰是所謂玄門
開微行數出出入不時故龍以非時出也又言當
復發徙傳相語者十餘人丞相御史奏湯惑衆不
道妄稱詐歸異於上非所宜言大不敬廷尉增壽

議以爲不道無正法晉灼曰增壽姓趙也以所犯劇易爲罪師古
曰易弋豉反臣下承用失其中故移獄廷尉如淳曰如今讞罪輕重無
比者先以聞師古曰比謂相比附也所以正刑罰重人命也明
主哀憫百姓下制書罷昌陵勿徙吏民已申布湯
妄以意相謂且復發徙雖頗驚動所流行者少百
姓不爲變不可謂惑衆湯稱詐虛設不然之事非
所宜言大不敬也制曰廷尉增壽當是師古曰當謂處正其罪也
湯前有討郅支單于功其免湯爲庶人徙邊又曰
故將作大匠萬年佞邪不忠妄爲巧詐多賦斂煩
繇役興卒暴之作師古曰卒讀曰猝卒徒蒙辜死者連屬師古

曰蒙被也屬之欲反毒流衆庶海內怨望雖蒙赦令不宜居京
師於是湯與萬年俱徙燉煌久之燉煌太守奏湯
前親誅郅支單于威行外國不宜近邊塞詔徙安
定議郎耿育上書言便宜因冤訟湯曰延壽湯爲
聖漢揚鉤深致遠之威雪國家累年之恥討絕域
不羈之君係萬里難制之虜豈有比哉先帝嘉之
仍下明詔宣著其功師古曰仍頻也改年垂歷傳之無窮師古
曰謂改年爲竟寧也不以此事蓋當其年上書者附著耳應是南郡獻白虎邊垂無警
備會先帝寑疾然猶垂意不忘數使尚書責問丞
相趣立其功師古曰趣讀曰促獨丞相匡衡排而不予封延

壽湯數百戶此功臣戰士所以失望也孝成皇帝承建業之基乘征伐之威兵革不動國家無事而大臣傾邪讒佞在朝曾不深惟本末之難以防未然之戒欲專主威排妒有功使湯塊然（師古曰塊然獨處之意如土塊也音口內反）被冤拘囚不能自明卒以無罪老棄燉煌正當西域通道令威名折衝之臣旋踵及身復為郅支遺虜所笑誠可悲也至今奉使外蠻者未嘗不陳郅支之誅以揚漢國之盛夫援人之功以懼敵棄人之身以快讒（師古曰援引也音爰）豈不痛哉且安不忘危盛必慮衰今國家素無文帝累年節儉富饒之畜（師古曰畜讀曰蓄謂府庫也）又無武帝薦延（如淳曰薦延使薦臣薦士而延納之）梟俊禽敵之臣獨有一陳湯耳（師古曰梟謂斬其首而縣之也俊謂敵之魁率郅支是也春秋左氏傳曰得俊曰克）假使異世不及陛下尚望國家追錄其功封表其墓以勸後進也湯幸得身當聖世功曾未久反聽邪臣鞭逐斥遠使亡逃分竄死無處所（師古曰分謂散離也虞書舜典曰分北三苗）遠覽之士莫不計度（師古曰度大各反）以為湯功累世不可及而湯過人情所有（師古曰言湯所犯之罪過人情共有此事耳非特詭異深可誅責也）湯尚如此雖復破絕筋骨暴露形骸猶復制於脣舌為嫉妒之臣所係虜耳此臣所以為國家尤戚戚也書奏天子還湯卒於長安死後數年王莽為安漢公秉政既內德湯舊恩又欲諂皇太后以討郅支功尊元帝廟稱高宗以湯延壽前功大賞薄及候丞杜勳不賞廼益封延壽孫遷千六百戶追謚湯曰破胡壯侯封湯子馮為破胡侯勳為討狄侯

段會宗字子松天水上邽人也竟寧中以杜陵令五府舉為西域都護騎都尉光祿大夫西域敬其威信三歲更盡還（如淳曰邊吏三歲一更下言終更皆是也師古曰更工衡反其下並同）拜為沛郡太守以單于當朝徙為鴈門太守數年坐法免西域諸國上書願得會宗陽朔中復為都護會宗為人好大節矜功名與谷永相友善谷永閔其老復遠出予書戒曰足下以柔遠之令德復典都護之重職（師古曰柔安也柔遠言能安遠人虞書舜典曰柔遠能邇）甚休甚休（師古曰休美也）若子之材可優遊都城而取卿相何必勒功昆山之亢總領百蠻懷柔殊俗子之所長愚無以喻（師古曰言子思慮深長當不待己曉告也）雖然朋友以言贈行敢不略意（師古曰贈行謂將別相贈也略意略陳本意也）方今漢德隆盛遠人賓伏傅鄭甘陳之功沒齒不可復見願吾子因循舊貫毋求奇功（師古曰貫事也）終更亟還亦足以復鴈門之踦（應劭曰踦隻也會宗從沛郡下為鴈門又坐法免為踦隻不偶也師古曰亟急也復猶補也亟居力反踦居宜反）萬里之外以身為本願

詳思愚言會宗既出諸國遣子弟郊迎小昆彌安日前為會宗所立德之師古曰懷會宗之恩德也欲往謁諸翎侯止不聽遂至龜茲謁城郭甚親附師古曰謂城郭諸國康居太子保蘇匿率衆萬餘人欲降會宗奏狀漢遣衛司馬逢迎師古曰迎之於道隨所到而逢之故曰逢迎也會宗發戊己校尉兵隨司馬受降司馬畏其衆欲令降者皆自縛保蘇匿怨望舉衆亡去會宗更盡還以擅發戊己校尉之兵乏興有詔贖論拜為金城太守以病免歲餘小昆彌為國民所殺諸翎侯大亂徵會宗為左曹中郎將光祿大夫使安輯烏孫師古曰輯與集同也立小昆彌兄末

振將服虔曰人姓名也師古曰其名也昆彌之兄不可別舉姓也定其國而還明年末振將殺大昆彌會病死漢恨誅不加元延中復遣會宗發戊己校尉諸國兵即誅末振將太子番丘師古曰番步安反會宗恐大兵入烏孫驚番丘亡逃不可得即留所發兵墊婁地服虔曰墊音墊阨之墊鄭氏曰墊音龕師古曰墊丁念反婁音樓選精兵三十弩李奇曰三十人人將一弩徑至昆彌所在召番丘責以末振將骨肉相殺殺漢公主子孫未伏誅而死使者受詔誅番丘即手劍擊殺番丘官屬以下驚恐馳歸小昆彌烏犂靡者末振將兄子也勒兵數千騎圍會宗會宗為言來誅之意今圍守殺我如取漢牛

一毛耳宛王郅支頭縣槀街烏孫所知也昆彌以下服曰末振將負漢誅其子可也獨不可告我令飲食之邪師古曰飲於禁反食讀曰飤次下亦同會宗曰豫告昆彌逃匿之為大罪即飲食以付我傷骨肉恩故不先告昆彌以下號泣罷去會宗還奏事公卿議會宗權得便宜以輕兵深入烏孫即誅番丘師古曰即就也宣明國威宜加重賞天子賜會宗爵關內侯黃金百斤是時小昆彌季父卑爰疐師古曰疐竹二反擁衆欲害昆彌漢復遣會宗使安輯與都護孫建并力明年會宗病死烏孫中年七十五矣城郭諸國為發喪立祠焉

贊曰自元狩之際張騫始通西域至于地節鄭吉建都護之號訖王莽世凡十八人皆以勇略選然其有功迹者具此廉褒以恩信稱郭舜以廉平著孫建用威重顯其餘無稱焉陳湯儻蕩不自收斂師古曰儻蕩無行撿也蕩音蕩卒用困窮議者閔之故備列云

傅常鄭甘陳段傳第四十

雋疏于薛平彭傳第四十一　班固　漢書七十一

祕書監上護軍琅邪縣開國子顏　師古　注

雋不疑字曼倩勃海人也師古曰雋音徂兗反治春秋為郡文學進退以禮名聞州郡武帝末郡國盜賊群起暴勝之為直指使者衣繡衣持斧逐捕盜賊督課郡國師古曰督謂察視之東至海以軍興誅不從命者師古曰有所追捕及行誅罰皆依興軍之制也威振州郡勝之素聞不疑賢至勃海遣吏請與相見不疑冠進賢冠帶櫑具劍應劭曰櫑具木摽首之劍櫑落壯大也晉灼曰古長劍首以玉作井鹿盧形上刻木作山形如蓮華初生未敷時今大劍木首其狀似此師古曰晉說是也櫑音雷摽音匹遥反佩環玦師古曰環玉環也玦即玉佩之玦也帶環而又著玉佩也禮記曰孔子佩象環也褒衣博帶師古曰褒大裾也言著褒大之衣廣博之帶也而說者乃以為朝服垂褒之衣非也盛服至門上謁師古曰上謁若今通名也門下欲使解劍不疑曰劍者君子武備所以衛身不可解請退吏白勝之勝之開閤延請望見不疑容貌尊嚴衣冠甚偉勝之躧履起迎文穎曰躧音屣師古曰履不著跟曰躧躧謂納履未正曳之而行言其遽也躧音山爾反登堂坐定不疑據地曰竊伏海瀕聞暴公子舊矣師古曰瀕崖也公子勝之字也舊久也瀕音頻又音賓今乃承顏接辭凡為吏太剛則折太柔則廢威行施之以恩然後樹功揚名永終天祿師古曰樹立也勝之知不疑非庸人師古曰庸常也敬納其戒深接以禮意問當世所施行門下諸從事皆州郡選吏師古曰選州郡吏之最者乃得為從事側聽不疑莫

不驚駭至昏夜罷去勝之遂表薦不疑徵詣公車拜為青州刺史久之武帝崩昭帝即位而齊孝王孫劉澤交結郡國豪桀謀反欲先殺青州刺史不疑發覺收捕皆伏其辜擢為京兆尹賜錢百萬京師吏民敬其威信每行縣錄囚徒還師古曰省錄之知其情狀有冤滯與不也今云慮四本錄聲之去者耳音力具反而近俗不曉其意訛其文遂為思慮之慮失其源矣行音下更反其母輒問不疑有所平反活幾何人如淳曰反音幡幡奏使從輕也師古曰幾音居起反即不疑多有所平反母喜笑為飲食語言異於他時或亡所出母怒為不食故不疑為吏嚴而不殘始元五年有一男子乘黃犢車建黃旐師古曰旐旌旗之屬畫龜蛇曰旐也衣黃襜褕著黃冒師古曰襜褕直裾襌衣襜音昌瞻反褕音踰冒所以覆冒其首即今之下裾冒也詣北闕自謂衛太子師古曰戾太子公車以聞師古曰公車主受章奏者詔使公卿將軍中二千石雜識視師古曰雜共也有素識之者令視知其是非也長安中吏民聚觀者數萬人右將軍勒兵闕下以備非常丞相御史中二千石至者立莫敢發言京兆尹不疑後到叱從吏收縛或曰是非未可知且安之師古曰安猶徐也不疑曰諸君何患於衛太子昔蒯聵違命出奔輒距而不納春秋是之師古曰蒯聵衛靈公太子輒蒯聵子也蒯聵得罪於靈公而出奔晉及靈公卒使輒嗣位而晉趙鞅納蒯聵於戚欲求入衛魯哀公三年春齊國夏衛石曼姑帥師圍戚公羊傳曰曼姑受命於靈公而立輒曼姑之義固可以距蒯聵也輒之義可以立乎曰可柰何不以父命辭王父命也衛太子得罪先帝亡不即

死今來自詣此罪人也遂送詔獄天子與大將軍
霍光聞而嘉之曰公卿大臣當用經術明於大誼
繇是名聲重於朝廷師古曰繇讀與由同在位者皆自以不及
也大將軍光欲以女妻之不疑固辭不肯當久之
以病　免終於家京師紀之後趙廣漢爲京兆尹
言我禁姦止邪行於吏民至於朝廷事不及不疑
遠甚廷尉驗治何人竟得姦詐師古曰凡不知姓名及所從來者皆曰何人他皆類此
本夏陽人姓成名方遂居湖師古曰湖縣名以卜筮爲事有故
太子舍人嘗從方遂卜謂曰子狀貌甚似衛太子
方遂心利其言幾得以富貴師古曰幾讀曰冀即詐自稱詣

闕廷尉逮召鄉里識知者張宗祿等方遂坐誣罔
不道要斬東市一姓張名延年師古曰故昭紀謂之張延年
踈廣字仲翁東海蘭陵人也少好學明春秋家居
教授學者自遠方至徵爲博士太中大夫地節三
年立皇太子選丙吉爲太傅廣爲少傅數月吉遷
御史大夫廣徙爲太傅廣兄子受字公子亦以賢
良舉爲太子家令受好禮恭謹敏而有辭師古曰敏謂所見捷利
宣帝幸太子宮受迎謁應對及置酒宴奉觴上
壽辭禮閑雅上甚驩說師古曰說讀曰悅頃之拜受爲少傅
太子外祖父特進平恩侯許伯以爲太子少白使

其弟中郎將舜監護太子家上以問廣廣對曰太
子國儲副君師友必於天下英俊不宜獨親外家
許氏且太子自有太傅少傅官屬已備今復使舜
護太子家視陋非所以廣太子德於天下也師古曰視讀曰示言獨親外家示天下以淺陋
上善其言以語丞相魏相相免冠謝曰
此非臣等所能及廣繇是見器重數受賞賜師古曰繇讀與由同
太子每朝因進見太傅在前少傅在後父子並
爲師傅朝廷以爲榮在位五歲皇太子年十二通
論語孝經廣謂受曰吾聞知足不辱知止不殆功
遂身退天之道也師古曰此皆老子之言廣引之殆危也遂成也今仕官至二

千石宦成名立如此不去懼有後悔豈如父子相
隨出關歸老故鄉以壽命終不亦善乎受叩頭曰
從大人議即日父子俱移病師古曰移病謂移書言病也一曰以病而移居滿三
月賜告廣遂稱篤上踈乞骸骨上以其年篤老皆
許之加賜黃金二十斤皇太子贈以五十斤公卿
大夫故人邑子設祖道供張東都門外蘇林曰長安東郭門也師古曰祖道餞行也解在景十三王及劉屈氂傳供音居共反張音竹亮反送者車數百兩辭決而去
及道路觀者皆曰賢哉二大夫或歎息爲之下泣
廣既歸鄉里日令家共具設酒食師古曰日日設之也共讀曰供其他類此
請族人故舊賓客與相娛樂數問其家金餘尚

有幾所趣賣以共具師古曰幾所猶言幾許也趣讀曰促居歲餘廣子孫
竊謂其昆弟老人廣所愛信者曰子孫幾及君時
頗立產業基阯師古曰幾讀曰冀今日飲食費且盡宜從丈
人所勸說君買田宅鄧展曰宜令意自從丈人所出無泄我言也師古曰丈人嚴莊之稱也故親而老者
皆稱焉老人即以閒暇時爲廣言此計師古曰閒即閑字也廣曰
吾豈老誖不念子孫哉師古曰誖惑也音布內反顧自有舊田廬
師古曰顧思念也令子孫勤力其中足以共衣食與凡人齊
今復增益之以爲贏餘但教子孫怠惰耳賢而多
財則損其志愚而多財則益其過且夫富者衆之
怨也吾既亡以教化子孫不欲益其過而生怨又

此金者聖主所以惠養老臣也故樂與鄉黨宗族
共饗其賜以盡吾餘日不亦可乎於是族人說服
師古曰說讀曰悅皆以壽終
于定國字曼倩東海郯人也師古曰郯音談其父于公爲縣
獄史郡決曹決獄平羅文法者于公所決皆不恨
師古曰羅罹也遭也郡中爲之生立祠號曰于公祠東海有孝
婦少寡亡子養姑甚謹姑欲嫁之終不肯姑謂鄰
人曰孝婦事我勤苦哀其亡子守寡我老久絫丁
壯柰何師古曰絫古累字也音力瑞反其後姑自經死師古曰不欲累婦故自殺姑女
告吏婦殺我母吏捕孝婦孝婦辭不殺姑吏驗治孝

婦自誣服具獄上府師古曰府郡之府也上音時掌反于公以爲此婦
養姑十餘年以孝聞必不殺也太守不聽于公爭
之弗能得乃抱其具獄哭於府上師古曰具獄者獄案已成其文備具也
因辭疾去太守竟論殺孝婦郡中枯旱三年後太
守至卜筮其故于公曰孝婦不當死前太守彊斷
之咎黨在是乎師古曰黨音他朗反於是太守殺牛自祭孝婦
冢因表其墓天立大雨歲孰郡中以此大敬重于
公定國少學法於父父死後定國亦爲獄史郡決
曹補廷尉史以選與御史中丞從事治反者獄以
材高舉侍御史遷御史中丞會昭帝崩昌邑王徵

即位行淫亂定國上書諫後王廢宣帝立大將軍
光領尚書事條奏羣臣諫昌邑王者皆超遷定國
繇是爲光祿大夫師古曰繇與由同平尚書事甚見任用數
年遷水衡都尉超爲廷尉定國乃迎師學春秋身
執經北面備弟子禮爲人謙恭尤重經術士雖卑
賤徒步往過定國皆與鈞禮師古曰鈞禮猶言亢禮恩敬甚備
學士咸稱焉其決疑平法務在哀鰥寡罪疑從輕
加審慎之心朝廷稱之曰張釋之爲廷尉天下無
冤民師古曰言決罪皆當于定國爲廷尉民自以不冤師古曰言知其寬平
皆無冤枉之慮定國食酒至數石不亂如淳曰食酒猶言喜酒也師古曰若依如氏之說食字當

言嗜此說非也下敍定國子永乃言嗜酒耳食酒者謂能多飲費盡其酒猶云食言焉今流俗書本輒改食字作飲字失其眞也冬
月治請讞飲酒益精明師古曰讞平議也音魚列反爲廷尉十八歲
遷御史大夫甘露中代黃霸爲丞相封西平侯三
年宣帝崩元帝立以定國任職舊臣敬重之時陳
萬年爲御史大夫與定國並位八年論議無所拂
師古曰言不相違戾也拂音佛後貢禹代爲御史大夫數處駮議師古曰言與定
國不同定國明習政事率常丞相議可師古曰天子皆可定國所言然上
始即位關東連年被災害民流入關言事者歸咎
於大臣師古曰言事者謂上書陳事也上於是數以朝日引見丞相御
史師古曰五日一聽朝故云朝日也入受詔條責以職事曰惡吏負賊

妄意良民師古曰賊發不得恐負其罪故妄疑善人致其罪也至亡辜死或盜賊發
吏不亟追而反繫亡家師古曰亟急也不急追賊反禁繫失物之家後不敢
復告以故寖廣師古曰寖漸也民多冤結州郡不理連上書
者交於闕廷二千石選舉不實是以在位多不
任職師古曰謂令長丞尉民田有災害吏不肯除收趣其租以
故重困師古曰趣讀曰促重音直用反關東流民飢寒疾疫已詔吏轉
漕虛倉廩開府臧相振救賜寒者衣至春猶恐不
贍師古曰贍足也今丞相御史將欲何施以塞此咎師古曰塞補也悉
意條狀陳朕過失師古曰悉盡也定國上書謝罪永光元年
春霜夏寒日青亡光上復以詔條責曰郎有從東

方來者言民父子相棄師古曰以遭飢饉不能相養丞相御史案事
之吏匿不言邪將從東方來者加增之也何以錯
繆至是師古曰錯互也繆違也謂吏及東方人言不相同也欲知其實方今年歲未
可預知也即有水旱其憂不細公卿有可以防其
未然救其已然者不各以誠對師古曰言能防救已不宜各以實對毋有
所諱定國惶恐上書自劾歸侯印乞骸骨上報曰
君相朕躬不敢怠息師古曰息謂自休息萬方之事大錄于君
師古曰大錄總錄也能毋過者其唯聖人方今承周秦之敝俗
化陵夷師古曰言頹替也民寡禮誼陰陽不調災咎之發不
爲一端而作自聖人推類以記不敢專也況於非

聖者乎師古曰非聖者謂常人日夜惟思所以未能盡明師古曰所以所由也言何由致此災
經曰萬方有罪罪在朕躬師古曰此論語堯曰篇載殷湯伐桀告天之辭君雖
任職何必顓焉師古曰顓與專同事不專由君也其勉察郡國守相羣
牧非其人者毋令久賊民永執綱紀務悉聰明彊
食愼疾師古曰悉盡也定國遂稱篤固辭上迺賜安車駟馬
黃金六十斤罷就第數歲七十餘薨謚曰安侯子
永嗣少時耆酒多過失師古曰耆讀曰嗜年且三十乃折節
修行以父任爲侍中中郎將長水校尉定國死居
喪如禮孝行聞由是以列侯爲散騎光祿勳至御
史大夫尚館陶公主施施者宣帝長女成帝姑也

賢有行永以選尚焉上方欲淯之會永薨子恬嗣恬
不肖薄於行始定國父于公其閭門壞父老方共治
之（師古曰閭里門也）于公謂曰少高大閭門令容駟馬高蓋
車我治獄多陰德未嘗有所冤子孫必有興者至
定國為丞相永為御史大夫封侯傳世云

薛廣德字長卿沛郡相人也以魯詩教授楚國龔
勝舍師事焉蕭望之為御史大夫除廣德為屬數
與論議器之（師古曰以為大器也）薦廣德經行宜充本朝（師古曰經明行修宜於本朝任職也）
為博士論石渠（張晏曰石渠閣名也）遷諫大夫代貢禹
為長信少府御史大夫廣德為人溫雅有醞藉（服虔
曰寬博有餘也師古曰醞言如醞釀也藉有所薦藉也醞音於問反藉才夜反）及為三公直言諫爭始
拜旬日間上幸甘泉郊泰畤禮畢因留射獵廣德
上書曰竊見關東困極人民流離陛下日撞亡秦
之鐘聽鄭衛之樂（師古曰撞音丈江反）臣誠悼之今士卒暴露
從官勞倦願陛下亟反宮（師古曰亟急也）思與百姓同憂樂
天下幸甚上即日還其秋上酎祭宗廟出便門（師古
曰長安城南面西頭第一門）欲御樓船廣德當乘輿車免冠頓首曰
宜從橋詔曰大夫冠廣德曰陛下不聽臣臣自刎
以血汙車輪陛下不得入廟矣（師古曰言不以理終不得立廟也一曰以見死傷犯
於齋絜不得入廟祠也）上不說（師古曰說讀曰悅）先敺光祿大夫張猛進

曰（師古曰先敺導乘輿也敺與驅同猛張騫之孫）臣聞主聖臣直乘船危就橋安
聖主不乘危御史大夫言可聽上曰曉人不當如
是邪（師古曰謂諫爭之言當如猛之詳善也）乃從橋後月餘以歲惡民流
（師古曰歲惡年穀不孰也）與丞相定國大司馬車騎將軍史高俱
乞骸骨皆賜安車駟馬黃金六十斤罷廣德為御
史大夫凡十月免東歸沛太守迎之界上沛以為
榮縣其安車傳子孫（師古曰縣其所賜安車以示榮寵也致仕縣車蓋亦古法韋孟詩云縣車之義以洎小臣也）

平當字子思祖父以訾百萬自下邑徙平陵
（師古曰下邑梁國之縣也）當少為大行治禮丞功次補大鴻臚文
學察廉為順陽長栒邑令（師古曰栒音詢）以明經為博士公
卿薦當論議通明給事中每有災異當輒傅經術
言得失（師古曰傅讀曰附）文雅雖不能及蕭望之匡衡然指
意略同自元帝時韋玄成為丞相奏罷太上皇寢
廟園當上書言臣聞孔子曰如有王者必世而後
仁（師古曰論語載孔子之言也言治天下者三十年然後仁道成著也）三十年之間道德和洽
制禮興樂災害不成禍亂不作今聖漢受命而王
繼體承業二百餘年孜孜不怠政令清矣然風俗
未和陰陽未調災害數見意者大本有不立與（師古
曰與讀曰歟）何德化休徵不應之久也禍福不虛必有因
而至者焉宜深迹其道而務修其本（師古曰迹謂求其蹤迹也）

昔者帝堯南面而治先克明俊德以親九族而化及萬國師古曰虞書堯典序堯之德曰克明俊德以親九族九族既睦平章百姓百姓昭明協和萬邦故云然也孝經曰天地之性人爲貴人之行莫大於孝孝莫大於嚴父嚴父莫大於配天則周公其人也師古曰言嚴謂尊嚴夫孝子善述人之志周公既成文武之業而制作禮樂修嚴父配天之事知文王不欲以子臨父故推而序之上極於后稷而以配天師古曰言文王始受命宜爲周之始祖乃追王太王王季以及后稷是不以卑臨尊此聖人之德亡以加於孝也高皇帝聖德受命有天下尊太上皇猶周文武之追王太王王季也此漢之始祖後嗣所宜尊奉以廣盛德孝

之至也書云正稽古建功立事可以永年傳於亡窮師古曰今文泰誓之辭言能正考古道以立功立事則可長年享國上納其言下詔復太上皇寢廟園頃之使行流民幽州師古曰行音下更反舉奏刺史二千石勞倈有意者師古曰勞倈謂勸勉也勞者恤其勤勞也倈者以恩招倈也勞音盧到反倈音郎代反言勃海鹽池可且勿禁以救民急師古曰恣民煑鹽官不專也所過見稱奏使者十一人爲最遷丞相司直坐法左遷朔方刺史師古曰武帝初置朔方郡別令刺史監之不在十三州之限復徵入爲太中大夫給事中絫遷長信少府大鴻臚光祿勳師古曰絫古累字先是太后姊子衛尉淳于長白言昌陵不可成下有司議當以爲作治連年可遂就師古曰就亦成也上既罷

昌陵以長首建忠策復下公卿議封長當又以爲長雖有善言不應封爵之科坐前議不正左遷鉅鹿太守師古曰前議謂罷昌陵後上遂封長當以經明禹貢使行河師古曰尚書禹貢載禹治水次第山川高下當明此經故使行河也行音下更反爲騎都尉領河隄哀帝即位徵當爲光祿大夫諸吏散騎復爲光祿勳御史大夫至丞相以冬月賜爵關内侯明年春上使使者召欲封當如淳曰漢儀注御史大夫爲丞相更春乃封故先賜爵關内侯也李奇曰以冬月非封侯時故且先賜爵關内侯也師古曰李說是也當病篤不應召室家或謂當不可强起受侯印爲子孫邪當曰吾居大位已負素餐責矣起受侯印還臥而死死有餘罪今不

起者所以爲子孫也遂上書乞骸骨上報曰朕選於衆以君爲相視事日寡輔政未久陰陽不調冬無大雪旱氣爲災朕之不德何必君罪君何疑而上書乞骸骨歸關内侯爵邑使尚書令譚賜君養牛一上尊酒十石如淳曰律稻米一斗得酒一斗爲上尊稷米一斗得酒一斗爲中尊粟米一斗得酒一斗爲下尊師古曰稷即粟也中尊者宜爲黍米不當言稷且作酒自有澆醇之異爲上中下耳非必繫之米君其勉致醫藥以自持後月餘卒子晏以明經歷位大司徒封防鄉侯漢興唯韋平父子至宰相師古曰韋謂韋賢也

彭宣字子佩淮陽陽夏人也師古曰夏音假治易事張禹舉爲博士遷東平太傅禹以帝師見尊信薦宣經明

有威重可任政事繇是入爲右扶風（師古曰繇讀與由同）遷廷尉以王國人出爲太原太守（李奇曰初漢制王國人不得在京師）數年復入爲大司農光禄勳右將軍哀帝即位徙爲左將軍歲餘上欲令丁傅處爪牙官迺策宣曰有司數奏言諸侯國人不得宿衛將軍不宜典兵馬處大位朕唯將軍任漢將之重而子又前取淮陽王女婚姻不絕非國之制使光禄大夫曼賜將軍黃金五十斤安車駟馬其上左將軍印綬以關內侯歸家宣罷數歲諫大夫鮑宣數薦宣會元壽元年正月朔日蝕鮑宣復言上迺召宣爲光禄大夫遷御史

大夫轉爲大司空封長平侯會哀帝崩新都侯王莽爲大司馬秉政專權宣上書言三公鼎足承君一足不任則覆亂美實（師古曰美實謂鼎中之實也易鼎卦九四爻辭曰鼎折足覆公餗餗食也故宣引以爲言覆音芳目反）臣資性淺薄年齒老眊（師古曰眊與耄同）數伏疾病昏亂遺忘願上大司空長平侯印綬乞骸骨歸鄉里竢寘溝壑（師古曰竢古俟字）莽白太后策宣曰惟君視事日寡功德未效迫于老眊昏亂非所以輔國家綏海內也使光禄勳豐冊詔君其上大司空印綬便就國莽恨宣求退故不賜黃金安車駟馬宣居國數年薨謚曰頃侯傳子至孫王莽敗迺絕

贊曰雋不疑學以從政臨事不惑遂立名迹終始可述踈廣行止足之計免辱殆之絫（師古曰絫音力端反）亦其次也于定國父子哀鰥哲獄爲任職臣（應劭曰哲智也鄭氏曰當言折獄師古曰哀鰥哀恤鰥寡也哲獄知獄情也）薛廣德保縣車之榮平當逡遁有恥彭宣見險而止（師古曰遁讀與巡同）異乎苟患失之者矣（師古曰論語稱孔子曰鄙夫不可與事君其未得之患得之既得之患失之苟患失之無所不至矣謂其患於失位而爲傾邪也贊言當宣二人立操有異於此矣）

雋踈于薛平彭傳第四十一

王貢兩龔鮑傳第四十二　班固　漢書

秘書監上護軍琅邪縣開國子顏師古注

昔武王伐紂遷九鼎於雒邑師古曰九鼎即夏禹所鑄者也遷謂從紂都遷之以來春秋左氏傳曰夏之方有德也遠方圖物貢金九牧以鑄鼎象物桀有昏德鼎遷于商載祀六百商紂暴虐鼎遷于周伯夷叔齊薄之師古曰夷齊以武王父死不葬而用干戈爲不孝以臣伐君爲不忠餓死于首陽不食其祿師古曰馬融云首陽山在河東蒲阪華山之北河曲之中高誘則云在雒陽東北阮籍詠懷詩亦以爲然今此二山並有夷齊祠耳而曹大家注幽通賦云隴西首陽縣是也今隴西亦有首陽山許愼又云首陽山在遼西諸說不同致有疑惑而伯夷歌云登彼西山則當隴西者近爲是也周猶稱盛德焉然孔子賢此二人以爲不降其志不辱其身也師古曰事見論語而孟子亦云聞伯夷之風者貪夫廉懦夫有立志師古曰懦柔弱也音乃喚反又音儒奮乎百世之上百世之下莫不興起非賢人而能若是乎漢興有園公綺里季夏黃公甪里先生師古曰四皓稱號本起於此更無姓名可稱知此蓋隱居之人匿跡遠害不自標顯祕其氏族故史傳無得而詳至於後代皇甫謐圈稱之徒及諸地理書說競爲四人施安姓字自相錯互語又不經班氏不載於書諸家皆臆說今並弃略一無取焉此四人者當秦之世避而入商雒深山師古曰即今之商州商雒縣山也以待天下之定也自高祖聞而召之不至其後呂后用留侯計使皇太子卑辭束帛致禮安車迎而致之四人既至從太子見高祖客而敬焉太子得以爲重遂用自安語在留侯傳其後谷口有鄭子眞蜀有嚴君平師古曰地理志謂君平爲嚴遵三輔決錄云子眞名樸君平名尊則君平子眞皆其字也皆修身自保非其服弗服非其食弗

食成帝時元舅大將軍王鳳以禮聘子眞子眞遂不詘而終君平卜筮於成都市以爲卜筮者賤業而可以惠衆人有邪惡非正之問則依蓍龜爲言利害與人子言依於孝與人弟言依於順與人臣言依於忠各因埶導之以善從吾言者已過半矣裁日閱數人師古曰裁與才同閱歷也得百錢足自養則閉肆下簾而授老子師古曰肆者市也列所坐之處也博覽亡不通依老子嚴周之指著書十餘萬言師古曰嚴周即莊周楊雄少時從游學已而仕京師顯名數爲朝廷在位賢者稱君平德杜陵李彊素善雄久之爲益州牧喜謂雄曰吾眞得嚴君平矣雄曰君備禮以待之彼人可見而不可得詘也彊心以爲不然及至蜀致禮與相見卒不敢言以爲從事乃歎曰楊子雲誠知人君平年九十餘遂以其業終蜀人愛敬至今稱焉及雄著書言當世士稱此二人其論曰或問君子疾沒世而名不稱師古曰以身沒而無名爲病盍埶諸名卿可幾曰君子德名爲幾孟康曰盍何不也言何不因名卿之埶以求名韋昭曰言有勢之人以事權力之卿用自表顯則其名可庶幾而立楊雄以爲自著其德則有名也師古曰或名卿庶幾可不朽楊子以爲不然唯有德者可以有名梁齊楚趙之君非不富且貴也師古曰謂當時諸侯王也惡虖成其名師古曰惡於何也惡音烏谷口鄭子眞不詘其志耕於巖石之下名震于京師豈

其卿豈其卿楚兩龔之絜其清矣乎蜀嚴湛冥 孟康曰蜀郡嚴君平湛深玄黙無欲也師古曰湛讀曰沈 不作苟見不治苟得 師古曰不爲苟顯之行不事苟得之業 久幽而不改其操雖隨和何以加諸 師古曰隨隨侯珠也和和氏璧也諸之也 舉茲以旃不亦寶乎 師古曰旃亦之也言舉此人而用之不亦國之寶乎自此巳上皆揚雄之言也 自園公綺里季夏黃公甪里先生鄭子眞嚴君平皆未甞仕然其風聲足以激貪厲俗近古之逸民也若王吉貢禹兩龔之屬皆以禮讓進退云

王吉字子陽琅邪皐虞人也少好學明經以郡吏舉孝廉爲郎補若盧右丞 師古曰少府之屬官有若盧令丞漢舊儀以爲主治庫兵者 遷雲陽令舉賢良爲昌邑中尉而王好游獵驅馳

國中動作亡節吉上䟽諫曰臣聞古者師日行三十里吉行五十里詩云匪風發兮匪車揭兮顧瞻周道中心怛兮 師古曰檜國匪風之篇發發飄風貌揭揭疾驅貌怛古怛字傷也言見此飄風及疾驅則顧念哀傷思周道也揭音丘列反 說曰是非古之風也發發者是非古之車也揭揭者蓋傷之也 師古曰今之發發然者非古有道之風也今之揭揭然者非古有道之車也故傷之 今者大王幸方與 師古曰縣名也音房預 曾不半日而馳二百里百姓頗廢耕桑治道牽馬臣愚以爲民不可數變 師古曰數音所角反 昔召公述職 師古曰召讀曰邵邵公名奭自陜以西邵公主之 當民事時舍於棠下而聽斷焉 師古曰舍止息 是時人皆得其所後世思其仁恩至虖不伐甘棠甘棠之詩是也 師古曰邵南之詩也其詩曰蔽芾甘棠勿翦勿伐邵伯所茇蔽芾小樹貌也甘棠杜也茇舍也蔽音必二反芾音方味反茇音步末反 大王不好書術而樂逸游馮式撙銜 臣瓚曰撙促也師古曰撙挫也音子本反 馳騁不止口倦乎叱咤 師古曰咤亦叱字也音竹駕反 手苦於箠轡 師古曰箠馬策音止蘂反 身勞乎車輿朝則冒霧露晝則被塵埃 師古曰冒犯也音莫克反 夏則爲大暑之所暴炙冬則爲風寒之所匽薄 師古曰匽與偃同言遇疾風則偃靡也薄迫也 數以耎脆之玉體犯勤勞之煩毒 師古曰耎柔也音而兗反 非所以全壽命之宗也 師古曰宗尊也 又非所以進仁義之隆也 師古曰隆高也 夫廣夏之下細旃之上 師古曰廣夏大屋也旃與氈同 明師居前勸誦在後上論唐虞之際下及殷周之盛考仁聖之風習治國之道訢訢焉發憤忘食日新

厥德 師古曰訢古欣字 其樂豈徒銜橛之間哉 師古曰銜馬銜也橛車鉤心也張揖以橛爲馬之長銜非也橛音其月反 休則俛仰詘信以利形 師古曰形體也信讀曰伸 進退步趨以實下 如淳曰令人不行則膝已下虛弱不實 吸新吐故以練臧專意積精以適神 師古曰臧五臧也練練其氣也適和也 於以養生豈不長哉大王誠留意如此則心有堯舜之志體有喬松之壽 師古曰喬松仙人伯喬及赤松子也 美聲廣譽登而上聞則福祿其轃而社稷安矣 師古曰轃與臻同臻至也 皇帝仁聖至今思慕未怠 師古曰皇帝謂昭帝也言武帝晏駕未久故尚思慕 於宮館囿池弋獵之樂未有所幸大王宜夙夜念此以承聖意諸侯骨肉莫親大王大王於屬則子也於位則臣也一身而二任之

責加焉恩愛行義孅介有不具者於以上聞非饗
國之福也臣吉愚戇願大王察之王賀雖不遵道
然猶知敬禮吉乃下令曰寡人造行不能無惰中
尉甚忠數輔吾過使謁者千秋賜中尉牛肉五百
斤酒五石脯五束其後復放從自若師古曰從音子用反吉
輒諫爭甚得輔弼之義雖不治民國中莫不敬重焉
久之昭帝崩亡嗣大將軍霍光秉政遣大鴻臚宗
正迎昌邑王吉即奏書戒王曰臣聞高宗諒闇三
年不言師古曰已解於上今大王以喪事徵宜日夜哭泣悲
哀而已愼毋有所發師古曰發謂興舉衆事且何獨喪事凡南面

之君何言哉天不言四時行焉百物生焉師古曰論語稱孔子
曰天何言哉四時行焉百物生焉天何言哉故吉引之願大王察之大將軍仁愛勇智
忠信之德天下莫不聞事孝武皇帝二十餘年未
嘗有過先帝弃羣臣屬以天下寄幼孤焉師古曰屬音之欲反
大將軍抱持幼君襁緥之中布政施教海內晏然
雖周公伊尹亡以加也今帝崩亡嗣大將軍惟思
可以奉宗廟者攀援而立大王師古曰援引也音爰其仁厚豈
有量哉師古曰言其深多也量音力向反臣願大王事之敬之政事壹
聽之大王垂拱南面而已願留意常以為念王既
到即位二十餘日以行淫亂廢昌邑群臣坐在國

時不舉奏王罪過令漢朝不聞知又不能輔道陷
王大惡師古曰道讀曰導皆下獄誅唯吉與郎中令龔遂以
忠直數諫正得減死髡為城旦起家復為益州刺
史病去官復徵為博士諫大夫是時宣帝頗修武
帝故事宮室車服盛於昭帝時外戚許史王氏貴
寵而上躬親政事任用能吏吉上疏言得失曰陛
下躬聖質總萬方帝王圖籍日陳于前惟思世務
將興太平詔書每下民欣然若更生臣伏而思之
可謂至恩未可謂本務也師古曰言天子如此雖於百姓為至恩然未盡政務之本也欲
治之主不世出師古曰言有時過之不常值公卿幸得遭遇其時言

聽諫從然未有建萬世之長策舉明主於三代之
隆也師古曰三代夏殷周其務在於期會簿書斷獄聽訟而已
此非太平之基也臣聞聖王宣德流化必自近始
朝廷不備難以言治左右不正難以化遠民者
弱而不可勝愚而不可欺也聖主獨行於深宮得
則天下稱誦之失則天下咸言之行發於近必見
於遠故謹選左右審擇所使左右所以正身也所
使所以宣德也詩云濟濟多士文王以寧師古曰大雅文王之
詩此其本也春秋所以大一統者六合同風九州
共貫也師古曰解在董仲舒傳今俗吏所以牧民者非有禮義科

指可世世通行者也獨設刑法以守之其欲治者
不知所繇師古曰繇與由同以意穿鑿各取一切權譎自在
故一變之後不可復修也師古曰言其敝深難久行是以百里不
同風千里不同俗戶異政人殊服詐僞萌生刑罰
亡極師古曰萌生言其爭出如草木之初生質樸日銷恩愛寖薄師古曰寖漸也孔子
曰安上治民莫善於禮師古曰孝經載孔子之言非空言也王者
未制禮之時引先王禮宜於今者而用之臣願陛
下承天心發大業與公卿大臣延及儒生述舊禮
明王制敺一世之民躋之仁壽之域師古曰以仁撫下則羣生安逸而壽考則
俗何以不若成康壽何以不若高宗師古曰高宗殷王武丁也享國百年

竊見當世趨務不合於道者謹條奏師古曰趨讀曰趣趣嚮也唯
陛下財擇焉師古曰財與裁同吉意以爲夫婦人倫大綱夭
壽之萌也師古曰由之而生故云萌世俗嫁娶太早未知爲人父
母之道而有子是以教化不明而民多夭聘妻送
女亡節則貧人不及故不舉子又漢家列侯尚公
主諸侯則國人承翁主晉灼曰娶天子女則曰尚公主國人娶諸侯女曰承翁主尚承皆卑下之名也師古曰翁主者言其父自主婚也解具在高紀使男事女夫詘於婦逆陰陽之位
故多女亂古者衣服車馬貴賤有章以褒有德而
別尊卑今上下僭差人人自制師古曰言無節度是以貪財
誅利不畏死亡周之所以能致治刑措而不用者

以其禁邪於冥冥絕惡於未萌也師古曰冥冥言未有端緒又言
舜湯不用三公九卿之世而舉皋陶伊尹李奇曰不繼世而爵也言皋陶伊尹非三公九卿之世不仁者遠師古曰任用賢人故黜讒佞今使俗吏得任
子弟張晏曰子弟以父兄任爲郎率多驕驁不通古今師古曰驁與傲同至於
積功治人亡益於民此伐檀所爲作也師古曰伐檀詩篇名刺不用賢也在魏國風也宜明選求賢除任子之令外家及故人可厚
以財不宜居位去角抵減樂府省尚方師古曰尚方主巧作明
視天下以儉師古曰視讀曰示古者工不造琱瑑商不通侈
靡師古曰瑑者刻鏤爲文瑑音篆非工商之獨賢政教使之然也民見
儉則歸本本立而末成其指如此上以其言迂闊

不甚寵異也師古曰迂遠也音于吉遂謝病歸琅邪始吉少時
學問居長安東家有大棗樹垂吉庭中吉婦取棗
以啖吉師古曰啖謂使食之音徒濫反啖亦啗字耳此義與高紀啗以利同吉後知之乃去婦
東家聞而欲伐其樹鄰里共止之因固請吉令還
婦里中爲之語曰東家有樹王陽婦去東家棗完
去婦復還其厲志如此吉與貢禹爲友世稱王陽
在位貢公彈冠師古曰彈冠者且入仕也言其取舍同也師古曰取進趣也舍止息也
元帝初即位遣使者徵貢禹與吉吉年老道病
卒上悼之復遣使者弔祠云初吉兼通五經能爲
騶氏春秋以詩論語教授好梁丘賀說易令子駿

受焉駿以孝廉爲郎左曹陳咸薦駿賢父子經明行修宜顯以厲俗光祿勳匡衡亦舉駿有專對材師古曰專對謂見問即對無所疑也論語稱孔子曰使於四方不能專對雖多亦奚以爲遷諫大夫使責淮陽憲王師古曰以其有口辭遷趙內史吉坐昌邑王被刑後戒子孫毋爲王國吏故駿道病免官歸起家復爲幽州刺史遷司隸校尉奏免丞相匡衡遷少府八歲成帝欲大用之出駿爲京兆尹試以政事先是京兆有趙廣漢張敞王尊王章至駿皆有能名故京師稱曰前有趙張後有三王而薛宣從左馮翊代駿爲少府會御史大夫缺谷永奏言聖王不以名

譽加於實效師古曰言不聽虛名考績用人之法師古曰言用人之法皆須考以功績薛宣政事已試師古曰言有效也上然其議宣爲少府月餘遂超御史大夫至丞相駿乃代宣爲御史大夫並居位六歲病卒翟方進代駿爲大夫數月薛宣免遂代爲丞相衆人爲駿恨不得封侯駿爲少府時妻死因不復娶或問之駿曰德非曾參子非華元如淳曰華與元曾參之二子也韓詩外傳曰曾參喪妻不更娶人問其故曾子曰以華元善人也一曰曾參之子字華元師古曰二子是也亦何敢娶駿子崇以父任爲郎歷刺史郡守治有能名建平三年以河南太守徵入爲御史大夫數月是時成帝舅安成共侯夫人放寡居共養長信宮師古曰放者夫人之名也共音居用反養音弋亮反坐祝詛下獄崇奏封事爲放言放外家解氏與崇爲昏師古曰謂婚姻之家哀帝以崇爲不忠誠策詔崇曰朕以君有累世之美故踰列次師古曰謂自祖及身皆有名也在位以來忠誠匡國未聞所繇師古曰繇與由同由從也反懷詐諼之辭師古曰諼詐言也音虛袁反欲以攀救舊姻之家大逆之辜舉錯專恣師古曰錯置也不遵法度亡以示百僚左遷爲大司農後徙衛尉左將軍平帝即位王莽秉政大司空彭宣乞骸骨罷崇代爲大司空封扶平侯歲餘崇復謝病乞骸骨皆避王莽莽遣就國歲餘爲傅婢所毒薨國除師古曰凡言傅婢者謂傅相其衣服衽席之事一說傅曰附謂近幸也

自吉至崇世名清廉然材器名稱稍不能及父而祿位彌隆皆好車馬衣服其自奉養極爲鮮明而亡金銀錦繡之物及遷徙去處所載不過囊衣師古曰一囊之衣也有底曰囊無底曰橐不畜積餘財師古曰畜讀曰蓄去位家居亦布衣疏食天下服其廉而怪其奢故俗傳王陽能作黃金師古曰以其無所求取不營產業而車服鮮明故謂自作黃金以給用

貢禹字少翁琅邪人也以明經絜行著聞徵爲博士涼州刺史病去官復舉賢良爲河南令歲餘以職事爲府官所責師古曰太守之府免冠謝禹曰冠壹免安復可冠也遂去官元帝初即位徵禹爲諫大夫數

虛已問以政事師古曰虛已謂聽受其言也是時年歲不登郡國多困禹奏言古者宮室有制宮女不過九人秣馬不過八匹師古曰秣養也謂以粟米飤也牆塗而不琱木摩而不刻師古曰琱字與彫同彫畫也車輿器物皆不文畫苑囿不過數十里與民共之任賢使能什一而稅亡它賦斂繇戍之役使民歲不過三日千里之內自給千里之外各置貢職而已師古曰言天子以畿內賦斂自供千里之外令其以時入貢不欲煩勞也故天下家給人足頌聲並作至高祖孝文孝景皇帝循古節儉宮女不過十餘廄馬百餘匹孝文皇帝衣綈履革師古曰綈厚繒也音徒奚反器亡琱文金銀之飾後世爭為奢侈轉轉

益甚臣下亦相放效師古曰放音甫往反其下亦同衣服履綺刀劍亂於主上師古曰綺古袴字主上時臨朝入廟眾人不能別異甚非其宜然非自知奢僭也猶魯昭公曰吾何僭矣今大夫僭諸侯諸侯僭天子天子過天道其日久矣承衰救亂矯復古化在於陛下師古曰正曲曰矯復音方目反臣愚以為盡如太古難宜少放古以自節焉論語曰君子樂節禮樂師古曰論語稱孔子曰益者三樂樂節禮樂樂道人之善樂多賢友也方今宮室已定亡可奈何矣其餘盡可減損故時齊三服官輸物不過十笥師古曰三服官主作天子之服在齊地笥盛衣竹器音先嗣反方今齊三服官作工各數千人一歲費數鉅萬蜀廣漢

主金銀器歲各用五百萬三工官官費五千萬如淳曰地理志河內懷蜀郡成都廣漢皆有工官工官主作漆器物者也師古曰如說非也三工官謂少府之屬官考工室也右工室也東園匠也上言蜀漢主金銀器是不入三工之數也東西織室亦然廄馬食粟將萬匹臣禹嘗從之東宮師古曰從天子往太后宮見賜杯案盡文畫金銀飾非當所以賜食臣下也師古曰食讀曰飤東宮之費亦不可勝計天下之民所為大飢餓死者是也今民大飢而死死又不葬為犬豬食師古曰食人之骸骨人至相食而廄馬食粟苦其大肥氣盛怒至乃日步作之師古曰日日行步而動作之以散充溢之氣王者受命於天為民父母固當若此乎天不見邪武帝時又多取好女至數千人以

填後宮師古曰此填字讀與寘同及棄天下昭帝幼弱霍光專事不知禮正妄多臧金錢財物鳥獸魚鱉牛馬虎豹生禽凡百九十物盡瘞臧之又皆以後宮女置於園陵大失禮逆天心又未必稱武帝意也昭帝晏駕光復行之至孝宣皇帝時陛下惡有所言師古曰言不能自言減省之事羣臣亦隨故事甚可痛也故使天下承化取女皆大過度師古曰取讀曰娶諸侯妻妾或至數百人豪富吏民畜歌者至數十人是以內多怨女外多曠夫師古曰曠空也室家空也及眾庶葬埋皆虛地上以實地下其過自上生師古曰自從也上謂天子也皆在大臣循故事之辠也唯陛

下深察古道從其儉者大減損乘輿服御器物三分去二子產多少有命審察後宮擇其賢者留二十人餘悉歸之（師古曰言人產子多少自有定命非由廣娶媵也故請止留二十人）及諸陵園女亡子者宜悉遣獨杜陵宮人數百誠可哀憐也廄馬可亡過數十匹獨舍長安城南苑地以為田獵之囿（師古曰舍置也獨留置之其餘皆發去）自城西南至山西至鄠皆復其田以與貧民（師古曰復音方目反）方今天下飢饉可亡大自損減以救之稱天意乎天生聖人蓋為萬民非獨使自娛樂而已也故詩曰天難諶斯不易惟王上帝臨女毋貳爾心（師古曰大雅大明之詩也諶誠也上帝亦天也言承天之意此誠難矣王者之命不妄改易天常降監信可畏也毋貳爾心楨事易失勿猶豫也）當仁不讓（師古曰論語稱孔子曰當仁不讓於師故引之）獨可以聖心參諸天地揆之往古（師古曰揆度也）不可與臣下議也若其阿意順指隨君上下（師古曰上下猶言高下謂苟順從也上音時掌反）臣禹不勝拳拳不敢不盡愚心（師古曰拳拳解在劉向傳下鮑宣傳惓惓音義亦同）天子納善其忠乃下詔令太僕減食穀馬水衡減食肉獸省宜春下苑以與貧民又罷角抵諸戲及齊三服官遷禹為光祿大夫頃之禹上書曰臣禹年老貧窮家訾不滿萬錢妻子糠豆不贍裋褐不完（師古曰裋者謂僮豎所著布長襦也褐毛布之衣也裋音豎）有田百三十畝陛下過意徵臣（師古曰過猶誤也）臣賣田百畝以供車馬至拜為

諫大夫秩八百石奉錢月九千二百（師古曰奉音扶用反其下亦同）廩食太官（師古曰謂太官給其食）又蒙賞賜四時雜繒緜絮衣服酒肉諸果物德厚甚深疾病侍醫臨治（師古曰侍醫天子之醫也）賴陛下神靈不死而活又拜為光祿大夫秩二千石奉錢月萬二千祿賜愈多家日以益富身日以益尊誠非中茅愚臣所當蒙也（師古曰中古草字）伏自念終亡以報厚德日夜慚愧而已臣禹犬馬之齒八十一血氣衰竭耳目不聰明非復能有補益所謂素餐尸祿洿朝之臣也（師古曰洿與污同音一故反）自痛去家三千里凡有一子年十二非有在家為臣具棺槨者也誠恐一旦蹎仆氣竭不復自還（師古曰蹎音顛蹷也仆音赴頓也不自還者遂死也還讀曰旋）洿席薦於官室骸骨弃捐孤魂不歸不勝私願願乞骸骨及身生歸鄉里（師古曰及身生謂及未死之前）死亡所恨天子報曰朕以生有伯夷之廉史魚之直（師古曰生謂先生也史魚衛大夫史鰌也論語稱孔子曰直哉史魚邦有道如矢邦無道如矢言其壹志）守經據古不阿當世孳孳於民俗之所寡（師古曰孳與孜同孜孜不息也寡少也言少有此人）故親近生幾參國政（師古曰幾讀曰冀）今未得久聞生之奇論也而云欲退意豈有所恨與（師古曰與讀曰歟）將在位者與生殊乎（師古曰言志趣不同）往者嘗令金敞語生欲及生時祿生之子既已諭矣今復云子少夫以王命辨護生家雖百子

何以加傳曰亡懷土師古曰論語孔子曰君子懷德小人懷土何必思故鄉
生其強飯慎疾以自輔後月餘以禹為長信少府
會御史大夫陳萬年卒禹代為御史大夫列於三
公自禹在位數言得失書數十上禹以為古民亡
賦筭口錢起武帝征伐四夷重賦於民民產子三
歲則出口錢故民重困師古曰重音直用反至於生子輒殺甚
可悲痛宜令兒七歲去齒乃出口錢年二十乃筭又
言古者不以金錢為幣專意於農故一夫不耕必
有受其飢者今漢家鑄錢及諸鐵官皆置吏卒徒
攻山取銅鐵一歲功十萬人已上中農食七人是

七十萬人常受其飢也鑿地數百丈銷陰氣之精
地臧空虛不能含氣出雲斬伐林木亡有時禁水
旱之災未必不繇此也師古曰繇讀與由同自五銖錢起已來
七十餘年民坐盜鑄錢被刑者眾富人積錢滿室
猶亡厭足民心動搖商賈求利東西南北各用智
巧好衣美食歲有十二之利師古曰若有萬錢為賈則獲二千之利而不
出租稅農夫父子暴露中野不避寒暑捽屮杷土
手足胼胝師古曰捽拔取也屮古草字也杷手掊之也胼胝繭也捽音才兀反杷音蒲巴反其字從木胼音步千反胝音竹尸反掊音蒲交反已奉穀租又出稾稅師古曰稾禾稈也鄉部私求
不可勝供師古曰言鄉部之吏又私有所求不能供之故民棄本逐末耕者

不能半貧民雖賜之田猶賤賣以賈師古曰賣田與人而更為商賈之業
窮則起為盜賊何者末利深而惑於錢也是以姦
邪不可禁其原皆起於錢也疾其末者絕其本宜
罷採珠玉金銀鑄錢之官亡復以為幣市井勿得
販賣師古曰賤買貴賣曰販除其租銖之律師古曰租稅之法皆依田畝不得雜計百物之銖兩
租稅祿賜皆以布帛及穀使百姓壹歸於農復古
道便師古曰追遵古法於事便也復音扶目反又言諸離宮及長樂宮衛可
減其太半以寬繇役師古曰繇讀曰傜又諸官奴婢十萬餘
人戲游亡事稅良民以給之歲費五六鉅萬宜免
為庶人廩食師古曰給其食令代關東戍卒乘北邊亭塞候

望師古曰乘登也又欲令近臣自諸曹侍中以上家亡得私
販賣與民爭利犯者輒免官削爵不得仕宦禹又
言孝文皇帝時貴廉絜賤貪汙賈人贅壻及吏坐
臧者皆禁錮不得為吏賞善罰惡不阿親戚罪白
者伏其誅師古曰白明也疑者以與民師古曰罪疑從輕也亡贖罪之法
故令行禁止海內大化天下斷獄四百與刑錯亡
異武帝始臨天下尊賢用士闢地廣境數千里自
見功大威行遂從耆欲師古曰從讀曰縱耆讀曰嗜用度不足乃行
一切之變使犯法者贖罪入穀者補吏是以天下
奢侈官亂民貧盜賊並起亡命者眾郡國恐伏其

誅則擇便巧史書習於計簿能欺上府者以爲右
職師古曰上府謂所屬之府右職高職也姦軌不勝則取勇猛能操切百
姓者以苛暴威服下者使居大位師古曰操持也切刻也操音千高反故
亡義而有財者顯於世欺謾而善書者尊於朝
師古曰謾誑也謾音慢又武連反誖逆而勇猛者貴於官師古曰誖亂也音布內反故
俗皆曰何以孝弟爲財多而光榮何以禮義爲史
書而仕宦何以謹慎爲勇猛而臨官故黥劓而髡鉗
者猶復攘臂爲政於世行雖犬彘家富勢足目指
氣使是爲賢耳師古曰動目以指物出氣以使人故謂居官而置富者
爲雄桀處姦而得利者爲壯士兄勸其弟父勉其

子俗之壞敗乃至於是察其所以然者皆以犯法
得贖罪求士不得眞賢相守崇財利師古曰相諸侯相也守郡守也崇尚也
誅不行之所致也今欲興至治致太平宜除贖
罪之法相守選舉不以實及有臧者輒行其誅
亡但免官師古曰不止免官而已則爭盡力爲善貴孝弟賤
賈人進眞賢舉實廉而天下治矣孔子匹夫
之人耳以樂道正身不解之故師古曰解讀曰懈四海之
內天下之君微孔子之言亡所折中師古曰微亦無也折
斷也非孔子之言則無以爲中也音竹仲反斷音丁煥反況乎以漢地之廣陛下之德
處南面之尊秉萬乘之權因天地之助其於變世

易俗調和陰陽陶冶萬物化正天下易於決流抑
隊師古曰決流之水抑隊之物言其便易自成康以來幾且千歲師古曰幾音鉅依反
欲爲治者甚衆然而太平不復興者何也以其舍
法度而任私意奢侈行而仁義廢也陛下誠深念
高祖之苦師古曰言取天下艱難也醇法太宗之治正已以先下
選賢以自輔開進忠正致誅姦臣遠放讇佞師古曰遠離也
音于萬反讇古諂字放出園陵之女罷倡樂絕鄭聲去甲乙之
帳退僞薄之物修節儉之化驅天下之民皆歸於
農如此不解師古曰解讀曰懈也則三王可侔五帝可及唯陛
下留意省察天下幸甚天子下其議令民產子七

歲乃出口錢自此始又罷上林宮館希幸御者及
省建章甘泉宮衛卒減諸侯王廟衛卒省其半餘
雖未盡從然嘉其質直之意禹又奏欲罷郡國廟
定漢宗廟迭毀之禮皆未施行師古曰迭互也親盡則毀故曰迭毀迭音大結
反爲御史大夫數月卒天子賜錢百萬以其子爲
郎官至東郡都尉禹卒後上追思其議竟下詔罷
郡國廟定迭毀之禮然通儒或非之語在韋玄成傳
兩龔皆楚人也勝字君賓舍字君倩師古曰倩音千見反二人
相友並著名節故世謂之楚兩龔少皆好學明經
勝爲郡吏舍不仕久之楚王入朝聞舍高名聘舍

爲常侍不得已隨王歸國固辭願卒學復至長安師古曰卒終也終其經業而勝爲郡吏三舉孝廉以王國人不得宿衛補吏再爲尉壹爲丞勝輒至官迺去州舉茂材爲重泉令師古曰重泉左馮翊縣也病去官大司空何武執金吾閻崇薦勝哀帝自爲定陶王固已聞其名徵爲諫大夫引見勝薦龔舍及亢父甯壽濟陰侯嘉師古曰亢音抗父音甫有詔皆徵勝曰竊見國家徵醫巫常爲駕徵賢者宜駕上曰大夫乘私車來邪勝曰唯唯師古曰唯唯恭應之詞也音弋癸反有詔爲駕龔舍侯嘉至皆爲諫大夫甯壽稱疾不至勝居諫官數上書求見言百姓貧盜

賊多吏不良風俗薄災異數見不可不憂制度泰奢刑罰泰深賦斂泰重宜以儉約先下其言祖述王吉貢禹之意爲大夫二歲餘遷丞相司直徙光祿大夫守右扶風數月上知勝非撥煩吏乃復還勝光祿大夫師古曰依舊官諸吏給事中勝言董賢亂制度繇是逆上指師古曰繇讀與由同後歲餘丞相王嘉上書薦故廷尉梁相等尚書劾奏嘉言事恣意迷國罔上不道下將軍中朝者議左將軍公孫祿司隸鮑宣光祿大夫孔光等十四人皆以爲嘉應迷國不道法勝獨書議曰嘉資性邪辟所舉多貪殘吏位

列三公陰陽不和諸事並廢咎皆繇嘉師古曰繇讀與由同迷國不疑文穎曰信必迷國不疑也今舉相等過微薄日暮議者罷明旦復會左將軍祿問勝君議亡所據今奏當上宜何從師古曰今欲奏此事君定從何議也勝曰將軍以勝議不可者通劾之師古曰幷劾勝博士夏侯常見勝應祿不和起至勝前謂曰宜如奏所言師古曰謂如尚書所劾奏也勝以手推常曰去後數日復會議可復孝惠孝景廟不議者皆曰宜復勝曰當如禮常復謂勝禮有變勝疾言曰去是時之變師古曰疾急也言時人意自變耳禮不變也常恚謂勝曰我視君何若師古曰何若言無所似也君欲小與衆異外以采名君乃申徒狄

屬耳服虔曰殷之末世介士也自沈於河者先是常又爲勝道高陵有子殺母者勝白之尚書問誰受師古曰言於誰聞之也對曰受夏侯常尚書使勝問常常連恨勝師古曰連恨謂再被詘去即應曰聞之白衣戒君勿言也服虔曰聞之白衣耳戒君勿言之如何便上之邪師古曰白衣給官府趨走賤人若今諸司亭長掌固之屬奏事不詳妄作觸罪師古曰言奏事不審妄有發作自觸罪勝窮亡以對尚書即自劾奏與常爭言洿辱朝廷事下御史中丞召詰問劾奏勝吏二千石常位大夫皆幸得給事中與論議師古曰與讀曰豫不崇禮義而居公門下相非恨疾言辯訟嫚謾亡狀師古曰疾急也嫚古慢字謾讀與慢同亡狀無善狀也皆不敬制曰貶秩各一等勝謝罪乞骸骨

上乃復加賞賜以子博爲侍郎出勝爲渤海太守
勝謝病不任之官積六月免歸上復徵爲光祿大
夫勝常稱疾臥數使子上書乞骸骨會哀帝崩初
琅邪邴漢亦以清行徵用至京兆尹後爲太中大
夫王莽秉政勝與漢俱乞骸骨自昭帝時涿郡韓
福以德行徵至京師賜策書束帛遣歸詔曰朕閔
勞以官職之事其務修孝弟以教鄉里行道舍傳
舍師古曰於傳舍止宿若今官人行得過驛也縣次具酒肉食從者及馬師古曰道次給
酒肉并飲其從者及馬也食讀曰飤長吏以時存問常以歲八月賜羊一
頭酒二斛不幸死者賜複衾一祠以中牢於是王

莽依故事白遣勝漢策曰惟元始二年六月庚寅
光祿大夫太中大夫耆艾二人以老病罷太皇太
后使謁者僕射策詔之曰蓋聞古者有司年至則
致仕所以恭讓而不盡其力也今大夫年至矣朕
愍以官職之事煩大夫其上子若孫若同產同產
子一人師古曰同產兄弟也同產子即兄弟子也大夫其修身守道以終高
年賜帛及行道舍宿歲時羊酒衣衾皆如韓福故
事所上子男皆除爲郎於是勝漢遂歸老于鄉里
漢兄子曼容亦養志自修爲官不肯過六百石輒
自免去其名過出於漢 初龔舍以龔勝薦徵爲諫

大夫病免復徵爲博士又病去頃之哀帝遣使者
即楚拜舍爲太山太守師古曰即猶就也舍家居在武原使
者至縣請舍欲令至廷拜授印綬師古曰廷謂縣之庭內舍曰王
者以天下爲家何必縣官遂於家受詔便道之官
既至數月上書乞骸骨上徵舍至京兆東湖界師古
曰湖縣也時屬京兆固稱病篤天子使使者收印綬拜舍爲光
祿大夫數賜告舍終不肯起乃遣歸舍亦通五經
以魯詩教授舍勝既歸鄉里郡二千石長吏初到
官皆至其家如師弟子之禮舍年六十八王莽居
攝中卒莽既篡國遣五威將帥行天下風俗將帥

親奉羊酒存問勝明年莽遣使者即拜勝爲講學
祭酒師古曰即就也就其家而拜之勝稱疾不應徵後二年莽復遣使
者奉璽書太子師友祭酒印綬安車駟馬迎勝即
拜師古曰就家迎之因拜官秩上卿先賜六月祿直以辦裝使者
與郡太守縣長吏三老官屬行義諸生千人以上
入勝里致詔師古曰行義謂鄉邑有行義之人也諸生謂學徒也行音下更反使者欲令
勝起迎久立門外勝稱病篤爲牀室中戶西南牖
下師古曰牖窗也於戶之西室之南牖下也東首加朝服拕紳師古曰拕引也卧著朝衣故云加引
大帶於體也論語稱孔子疾君視之東首加朝服拕紳故放之也拕音土賀反使者入戶西行南面立
致詔付璽書遷延再拜奉印綬內安車駟馬進謂

勝曰聖朝未甞忘君制作未定待君爲政思聞所欲施行以安海内勝對曰素愚加以年老被病命在朝夕隨使君上道必死道路師古曰不若尊敬使者故謂之使君無益萬分使者要說師古曰要音一遙反說音式銳反至以印綬就加勝身勝輒推不受使者即上言方盛夏暑熱勝病少氣可須秋涼迺發師古曰須待也有詔許使者五日壹與太守俱問起居爲勝兩子及門人高暉等言朝廷虛心待君以茅土之封雖疾病宜動移至傳舍示有行意必爲子孫遺大業暉等白使者語勝自知不見聽即謂暉等吾受漢家厚恩亡以報今年老矣旦

暮入地誼豈以一身事二姓下見故主哉勝因敕以棺斂喪事師古曰棺音工煥反斂音力贍反衣周於身棺周於衣勿隨俗動吾冢種柏作祠堂師古曰若葬多設器備則恐被掘故云動吾家也亦不得種柏及作祠堂皆不隨俗語畢遂不復開口飲食積十四日死死時七十九矣使者太守臨斂賜複衾祭祠如法門人衰經治喪者百數有老父來弔哭甚哀既而曰嗟虖薰以香自燒膏以明自銷師古曰薰芳草龔生竟夭天年非吾徒也遂趨而出莫知其誰勝居彭城廉里後世刻石表其里門

鮑宣字子都渤海高城人也好學明經爲縣鄉嗇夫守東州丞師古曰東州渤海之縣也後爲都尉太守功曹舉孝廉爲郎病去官復爲州從事大司馬衛將軍王商辟宣薦爲議郎後以病去哀帝初大司空何武除宣爲西曹掾甚敬重焉薦宣爲諫大夫遷豫州牧歲餘丞相司直郭欽奏宣舉錯煩苛代二千石署吏聽訟所察過詔條師古曰出六條之外行部乘傳去法駕師古曰行音下更反傳音張戀反駕一馬師古曰言其單率不依典制也舍宿鄉亭爲衆所非宣坐免歸家數月復徵爲諫大夫宣每居位常上書諫爭其言少文多實是時帝祖母傅太后欲與成帝母俱稱尊號封爵親屬丞相孔光大司

空師丹何武大司馬傅喜始執正議失傅太后指皆免官丁傅子弟並進董賢貴幸宣以諫大夫從其後上書諫曰竊見孝成皇帝時外親持權人人牽引所私以充塞朝廷師古曰塞滿也妨賢人路濁亂天下奢泰亡度窮困百姓是以日蝕且十彗星四起危亡之徵陛下所親見也今奈何反覆劇於前乎朝臣亡有大儒骨鯁白首耆艾魁壘之士服虔曰魁壘壯貌也師古曰魁音口賄反壘音磊論議通古今喟然動衆心師古曰喟然歎息貌音丘位反憂國如飢渴者臣未見也敦外親小童及幸臣董賢等在公門省戶下師古曰敦謂厚重也陛下欲與此共承天地安

海内甚難師古曰共讀曰恭今世俗謂不智者爲能謂智者爲不能昔堯放四罪而天下服師古曰四罪謂流共工于幽州放驩兜於崇山竄三苗于三危殛鯀于羽山也今除一吏而衆皆惑古刑人尚服今賞人反惑鄧展曰不得其人使之天下惑也請寄爲姦師古曰請寄謂以事私相託也羣小日進國家空虛用度不足民流亡去城郭盜賊並起吏爲殘賊歲增於前凡民有七亡師古曰亡謂失其作業也陰陽不和水旱爲災一亡也縣官重責更賦租稅二亡也師古曰更謂爲更卒也音工行反貪吏並公受取不已三亡也師古曰並依也音步浪反豪強大姓蠶食亡厭四亡也苛吏繇役失農桑時五亡也部落鼓鳴男女遮迣六亡也晉灼曰迣古列字也師古曰言聞桴鼓之聲以爲有盜賊皆當遮列而追捕

盜賊劫略取民財物七亡也七亡尚可又有七死酷吏毆殺一死也師古曰毆擊也音一口反治獄深刻二死也冤陷亡辜三死也盜賊橫發四死也師古曰橫音胡孟反怨讎相殘五死也歲惡飢餓六死也時氣疾疫七死也民有七亡而無一得欲望國安誠難民有七死而無一生欲望刑措誠難此非公卿守相貪殘成化之所致邪師古曰守郡守也相諸侯相也羣臣幸得居尊官食重祿豈有肯加惻隱於細民助陛下流教化者邪師古曰惻隱皆痛也志但在營私家稱賓客爲姦利而已師古曰務稱賓客所求也稱音尺孕反以苟容曲從爲賢以拱默

尸祿爲智師古曰尸主也不憂其職但主食祿而已謂如臣宣等爲愚陛下擢臣巖穴誠冀有益豈徒欲使臣美食大官重高門之地哉晉灼曰高門殿名也師古曰在未央宮中天下乃皇天之天下也陛下上爲皇天子下爲黎庶父母爲天牧養元元視之當如一合尸鳩之詩師古曰尸鳩曹國風之篇也其詩云尸鳩在桑其子七兮淑人君子其儀一兮言尸鳩之鳥養其子七平均如一善人君子布德施惠亦當然也尸鳩秸鞠也秸音居黠反今貧民菜食不厭衣又穿空師古曰厭飽足也空孔也父子夫婦不能相保誠可爲酸鼻陛下不救將安所歸命乎師古曰安焉也奈何獨私養外親與幸臣董賢多賞賜以大萬數使奴從賓客漿酒霍肉劉德曰視酒如漿視肉如霍也師古曰霍豆葉也貧人茹之也蒼頭

廬兒皆用致富非天意也孟康曰黎民黔首黎黔皆黑也下民陰類故以黑爲號漢名奴爲蒼頭非純黑以別於良人也諸給殿中者所居爲廬蒼頭侍從因呼爲廬兒臣瓚曰漢儀注官奴給書計從侍中已下爲蒼頭青幘及汝昌侯傅商亡功而封夫官爵非陛下之官爵乃天下之官爵也陛下取非其官官非其人師古曰此官不當於此人此人不當受於此官也而望天說民服豈不難哉師古曰說讀曰悅方陽侯孫寵宜陵侯息夫躬辯足以移衆彊可用獨立姦人之雄或世尤劇者也宜以時罷退及外親幼童未通經術者皆宜令休就師傅急徵故大司馬傅喜使領外親故大司空何武師丹故丞相孔光故左將軍彭宣經皆更博士位皆歷三公師古曰更亦歷也音

工衡反 智謀威信可與建教化圖安危 師古曰建立也圖謀也 龔勝為司直郡國皆慎選舉三輔委輸官不敢為姦 師古曰委輸謂輸委積者也委音於偽反輸音式喻反 可大委任也陛下前以小不忍退武等海內失望 師古曰小有不快於心不能忍之也 陛下尚能容亡功德者甚眾曾不能忍武等邪治天下者當用天下之心為心不得自專快意而已也上之皇天見譴下之黎庶怨恨次有諫爭之臣陛下苟欲自薄而厚惡臣天下猶不聽也臣雖愚戇獨不知多受祿賜美食大官廣田宅厚妻子不與惡人結仇怨安身邪誠迫大義官以諫爭為職不敢不竭愚惟陛下少留神明覽五經之文原聖人之至意深思天地之戒臣宣吶鈍於辭 師古曰吶亦訥字也 不勝惓惓盡死節而已上以宣名儒優容之是時郡國地震民訛言行籌明年正月朔日蝕上乃徵孔光免孫寵息夫躬罷侍中諸曹黃門郎數十人宣復上書言陛下父事天母事地子養黎民即位已來父虧明母震動子訛言相驚恐今日蝕於三始 如淳曰正月一日為歲之朝月之朝日之朝始由朝也 誠可畏懼小民正月朔日尚恐毀敗器物何況於日虧乎陛下深內自責避正殿舉直言求過失罷退外親及旁仄素餐之人 師古曰仄古側字也 徵拜孔

光為光祿大夫發覺孫寵息夫躬過惡免官遣就國眾庶歙然莫不說喜 師古曰歙音翕說音悅下亦同也 天人同心人心說則天意解矣乃二月丙戌白虹虷日連陰不雨 師古曰虷音于 此天有憂結未解民有怨望未塞者也侍中駙馬都尉董賢本無葭莩之親 師古曰葭音工遐反莩音孚葭莩喻輕薄而附著也解在景十三王傳 但以令色諛言自進 師古曰令善也諛諂也 賞賜亡度竭盡府臧并合三第尚以為小復壞暴室 師古曰時以三第并為一第賜賢猶嫌陋小復取暴室之地以增益之也 賢父子坐使天子使者將作治第行夜吏卒皆得賞賜 師古曰為賢第上持時行夜者音下更反 上冢有會輒太官為供海內貢獻當養一君今反盡之賢家豈天意與民意邪天不可久負厚之如此反所以害之也誠欲哀賢宜為謝過天地解讎海內免遣就國收乘輿器物還之縣官如此可以父子終其性命不者海內之所仇未有得久安者也孫寵息夫躬不宜居國可皆免以視天下 師古曰視讀曰示 復徵何武師丹彭宣傅喜曠然使民易視以應天心 師古曰易改也 建立大政以興太平之端高門去省戶數十步求見出入二年未省 師古曰不被省視也 欲使海瀕仄陋自通遠矣 師古曰瀕涯也音頻又音賓 願賜數刻之間 師古曰刻漏刻也間空隙 極竭毣毣之思 師古曰毣音沐沐猶蒙蒙也如淳曰盡愿之貌也 退入三泉死亡所恨 師古

曰三重之泉言其深也上感大異納宣言徵何武彭宣旬月皆
復爲三公拜宣爲司隸時哀帝改司隸校尉但爲
司隸官比司直丞相孔光四時行園陵師古曰行音下更反官
屬以令行馳道中如淳曰令諸使有制得行馳道中者行旁道無得行中央三丈也宣出
逢之使吏鉤止丞相掾史師古曰鉤留也沒入其車馬摧辱
宰相事下御史中丞侍御史至司隸官欲捕從事
閉門不肯內師古曰御史欲捕從事而司隸閉門不得入也宣坐距閉使者亡
人臣禮大不敬不道下廷尉獄博士弟子濟南王
咸舉幡大學下曰欲救鮑司隸者會此下諸生會
者千餘人朝日遮丞相孔光自言師古曰朝日謂早旦欲入朝也丞相

車不得行又守闕上書上遂抵宣罪減死一等
髡鉗宣既被刑乃徙之上黨以爲其地宜田牧又
少豪俊易長雄師古曰長爲之長帥也雄爲之雄豪也遂家于長子師古曰上黨之
縣也長讀如本字平帝即位王莽秉政陰有篡國之心乃風
州郡以皁法案誅諸豪桀師古曰風讀曰諷及漢忠直臣不附
己者宣及何武等皆死時名捕隴西辛興師古曰詔顯其名而
捕之興與宣女壻許紺俱過宣一飯去師古曰飯音扶晩反宣不
知情坐繫獄自殺自成帝至王莽時清名之士琅
邪又有紀逡王思齊則薛方子容太原則郇越臣
仲郇相稚賓沛郡則唐林子高唐尊伯高師古曰弁列其

人本土及姓名字也後皆類此逡音千旬反郇音荀又音胡頑反今荀郇二姓並有之俱稱周武王之後也皆以明經
飭行顯名於世師古曰飭讀與敕同也紀逡兩唐皆仕王莽封侯
貴重歷公卿位唐林數上疏諫正有忠直節唐尊
衣敝履空服虔曰履猶屨也師古曰衣音於既反著敝衣躡空履也空穿也以瓦器飲食又
以歷遺公卿服虔曰以瓦器遺之被虛僞名師古曰被音皮義反郇越相同
族昆弟也並舉州郡孝廉茂材數病去官越散
其先人訾千餘萬以分施九族州里志節尤高相
王莽時徵爲太子四友病死莽太子遣使裞以衣
衾師古曰贈喪衣服曰裞裞音式芮反其字從衣其子攀棺不聽曰死父遺言
師友之送勿有所受今於皇太子得託友官故不

受也京師稱之薛方嘗爲郡掾祭酒嘗徵不至及
莽以安車迎方方因使者辭謝曰堯舜在上下有巢由
今明主方隆唐虞之德小臣欲守箕山之節也張晏
曰許由隱於箕山在陽城有許由祠使者以聞莽說其言不强致師古曰說讀曰悅
方居家以經教授喜屬文師古曰喜音許吏反屬音之欲反著詩賦
數十篇始隃麋郭欽哀帝時爲丞相司直師古曰隃麋扶風之
縣也隃音踰奏免豫州牧鮑宣京兆尹薛修等又奏董賢左
遷盧奴令平帝時遷南郡太守而杜陵蔣詡元卿
爲兗州刺史亦以廉直爲名王莽居攝欽詡皆以
病免官歸鄉里臥不出戶卒於家齊栗融客卿北

海禽慶子夏蘇章游卿山陽曹竟子期皆儒生去官不仕於莽莽死漢更始徵竟以為丞相封侯欲視致賢人銷寇賊師古曰視讀曰示竟不受侯爵會赤眉入長安欲降竟竟手劒格死世祖即位徵薛方道病卒兩龔鮑宣子孫皆見襃表至大官

贊曰易稱君子之道或出或處或默或語師古曰上繫辭也謂發跡雖異同歸於道言其各得道之一節譬諸草木區以別矣師古曰言蘭桂異類而各芬芳香也故曰山林之士往而不能反朝廷之士入而不能出二者各有所短春秋列國卿大夫及至漢興將相名臣懷祿耽寵以失其世者多

矣師古曰懷思也言不能去是故清節之士於是為貴然大率多能自治而不能治人王貢之材優於龔鮑守死善道勝實蹈焉師古曰論語稱孔子曰篤信好學守死善道危邦不入亂邦不居今龔勝不受莽官蹈斯之迹也貞而不諒薛方近之師古曰論語稱孔子曰君子貞而不諒謂君子之人正其道耳言不必信也薛方志避亂朝詭引巢許為喻近此義也郭欽蔣詡好遯不汙絕紀唐矣師古曰欽詡不仕於莽遯逃濁亂不汙其節殊於紀逡及兩唐

王貢兩龔鮑傳第四十二

韋賢傳第四十三　班固　漢書七十三

秘書監上護軍琅邪縣開國子顏　師古　注

韋賢字長孺魯國鄒人也其先韋孟家本彭城為楚元王傅傅子夷王及孫王戊師古曰官為楚王傅而歷相三王也戊荒淫不遵道孟作詩風諫後遂去位徙家於鄒又作一篇其諫詩曰

肅肅我祖國自豕韋應劭曰在商為豕韋氏也黼衣朱紱四牡龍旂師古曰黼衣畫為斧形而白與黑為彩也朱紱為朱裳畫為亞文也亞古弗字也故因謂之紱字又作黻其音同聲彤弓斯征撫寧遐荒師古曰言受彤弓之賜於此得專征伐也總齊群邦以翼大商師古曰翼佐助也迭彼大彭勳績惟光應劭曰國語曰大彭豕韋為商伯師古曰迭互也自

言豕韋氏與大彭互為伯於殷商也迭徒結反至于有周歷世會同師古曰言為諸侯預盟會之事也王赧聽譖寔絕我邦應劭曰王赧周末王聽讒受譖絕豕韋氏也我邦既絕厥政斯逸應劭曰言自絕豕韋氏之後政教逸漏不由王者也臣瓚曰逸放也管仲曰令而不行謂之放師古曰瓚說是也賞罰之行非繇王室師古曰繇與由同也庶尹群后靡扶靡衛五服崩離宗周以隊應劭曰五服謂甸服侯服綏服要服荒服也師古曰庶尹眾官之長也群后諸侯也隊失也音直類反我祖斯微遷于彭城師古曰言我之先祖於此遂微也遷古遷字其下並同在予小子勤誒厥生師古曰誒歎聲音許其反阸此嫚秦耒耜以耕師古曰言遭秦暴嫚無有列位躬耕於野悠悠嫚秦上天不寧迺眷南顧授漢于京師古曰高祖起在豐沛於秦為南故曰南顧言以秦之京邑授與漢也於赫有漢四方是征師古曰於讀曰烏烏歎辭也赫明貌凡此詩中諸歎辭稱於者其音皆同靡適不懷

萬國逌平師古曰懷思也來也逌古攸字攸所也言漢兵所往之處人皆思附而來萬國所以平也迺命厥弟建侯于楚俾我小臣惟傅是輔兢兢元王恭儉淨壹師古曰兢兢謹戒也惠此黎民納彼輔弼饗國漸世垂烈于後師古曰元王立二十七年而薨是垂遺業於後嗣也迺及夷王克奉厥緒咨命不永唯王統祀師古曰咨嗟也永長也夷王立四年而薨戊乃嗣位故言不永也左右陪臣此惟皇士師古曰爾雅云皇正也如何我王不思守保不惟履冰以繼祖考師古曰惟亦思也言不思念戒慎如履薄冰之義用繼其祖考之業也邦事是廢逸游是娛犬馬繇繇是放是驅師古曰繇與悠同悠悠行貌也放放犬也驅驅馬也務彼鳥獸忽此稼苗烝民以匱我王以媮師古曰媮與愉同樂也言眾人失此稼穡以致困匱而王反以為樂也所弘非德所親非俊唯囿是恢

唯諛是信師古曰恢大也諛諂言也睮睮諂夫咢咢黃髮如淳曰睮睮自媚貌也師古曰咢咢直言也睮音踰咢音五各反如何我王曾不是察既藐下臣追欲從逸應劭曰藐遠也言疏遠忠賢之輔追情欲從逸遊也臣瓚曰藐陵藐也師古曰藐與邈同應說是也下臣孟自謂也從讀曰縱嫚彼顯祖輕茲削黜嗟嗟我王漢之睦親師古曰睦密也言服屬近也曾不夙夜以休令聞師古曰休美也令善也聞聲名也穆穆天子臨爾下土明明群司執憲靡顧師古曰靡無也言執天子之法無所顧望也顧讀如古協韻正遐繇近殆其怙茲師古曰言欲正遠人先從近親始而王怙恃與漢戚屬不自恐懼以致危殆也繇讀與由同嗟嗟我王曷不此思非思非鑒嗣其罔則師古曰不思鑒戒之義是令後嗣無所法則也彌彌其失岌岌其國應劭曰彌彌猶稍稍也罪過益甚也岌岌欲毀壞也師古曰岌岌危動貌音五合反致冰匪霜致隊靡嫚瞻

惟我王昔靡不練師古曰言堅冰之成起於微霜隕隊之咎由於怠嫚也練猶閱歷之言往昔之事皆在王心無所不閱也興國救顛孰違悔過追思黃髮秦繆以霸師古曰言興復邦國救止顛隊之道無如能自悔其過惡秦穆公伐鄭為晉所敗而歸乃作秦誓曰雖則員然尚猷詢茲黃髮則罔所愆謂雖有員然之失庶幾以道謀於黃髮之賢則行無所過矣黃髮老壽之人也謂髮落更生黃者也員與云同歲月其徂年其逮耇師古曰逮及也耇者老人面色如垢也言歲月已往年將及老者不可殆忽於昔君子庶顯于後師古曰於歎辭也言昔之君子庶幾善道所以能光顯於後世也我王如何曾不斯覽師古曰覽視也叶韻音濫黃髮不近胡不時監師古曰黃髮不近者斥遠耆老之人也近其靳反

其在鄒詩曰

微微小子既耇且陋師古曰自言年老朴質鄙陋也豈不牽位穢我王朝應劭曰言豈不戀此爵位乎以王朝行穢不肅肅故也師古曰此說非也恐己穢王朝所以去耳故下又言懼穢此征也王朝肅清唯俊之庭顧瞻余躬懼穢此征李奇曰於此便行也師古曰此皆孟已去遜辭不欲顯王之過惡也我之退征請于天子天子我恤矜我髮齒赫赫天子明悊且仁縣車之義以洎小臣應劭曰古者七十縣車致仕洎及也天子以縣車之義及我也師古曰洎鉅冀反嗟我小子豈不懷土庶我王寤越遷于魯應劭曰言豈不懷土乎庶幾王之寤覺欲還輔相之相近居魯也既去禰祖惟懷惟顧師古曰父廟曰禰言去其父祖舊居所以懷顧也禰乃禮反祁祁我徒戴負盈路師古曰祁祁衆貌一曰祁祁徐行也徒謂學徒也戴負者謂隨其徒居也爰戾于鄒鬋茅作堂師古曰戾至也鬋字與剪同我徒我環築室于牆師古曰環遶也我既遷逝心存我舊夢我瀆上立于王朝應劭曰瀆上孟所居彭城東里名也猶不忘本也其夢如何夢爭王室其爭如何夢王我弼師古曰弼輔也言夢爭王室之事王違戾我言也寤其外邦歎其喟然師古曰夢在王朝及寐之寤乃在鄒也寤覺也喟丘位反覺工効反念我祖考泣涕其漣師古曰漣漣泣下貌音連微微老夫咨既遷絕師古曰咨嗟也絕謂與舊居絕也洋洋仲尼視我遺烈師古曰洋洋美盛也烈業也視讀曰示孔子鄒人故言示我遺業也洋音祥又音羊濟濟鄒魯禮義唯恭誦習弦歌于異他邦師古曰言禮樂之教不同餘士也我雖鄙耇心其好而我徒侃爾樂亦在而師古曰而者句端之辭侃和樂貌音口旦反

孟卒于鄒或曰其子孫好事述先人之志而作是詩也自孟至賢五世賢為人質朴少欲篤志於學師古曰篤厚也兼通禮尚書以詩教授號稱鄒魯大儒徵為博士給事中進授昭帝詩稍遷光祿大夫詹事至大鴻臚昭帝崩無嗣大將軍霍光與公卿共尊立孝宣帝帝初即位賢以與謀議安宗廟賜爵關內侯食邑師古曰與讀曰豫徙為長信少府師古曰長信者太后宮名為太后官屬也以先帝師甚見尊重本始三年代蔡義為丞相封扶陽侯孟康曰屬沛郡食邑七百戶時賢七十餘為相五歲地節三年以老病乞骸骨賜黃金百斤罷歸加賜第一區丞相致仕自賢始年八十二薨諡曰節侯賢四子長子方山為高寢令早終次子弘至東海太守次子舜留魯守墳墓少子玄成復以明經歷位至丞相故鄒魯諺曰遺子黃金滿籯不如一經如淳曰籯竹器受三四斗今陳留俗有此器蔡謨

曰篅䉒者言其多耳非器名也若論陳留之俗則吾陳人也不聞有此器師古曰許慎說文解字云篅𥫗令也揚雄方言云陳楚宋魏之間謂筲爲篅䉒然則篅籠之屬是也今書本篅䉒字或作盈又是盈滿之義蓋兩通也玄成字少翁以父任爲郎常侍騎少好學修父業尤謙遜下士師古曰下胡亞反出遇知識步行輒下從者與載送之師古曰輒從者之車馬也以爲常其接人貧賤者益加敬繇是名譽日廣師古曰繇與由同以明經擢爲諫大夫遷大河都尉服虔曰今東平郡也本爲濟東國後王國除爲大河郡初玄成兄弘爲太常丞職奉宗廟典諸陵邑煩劇多罪過父賢以弘當爲嗣故勑令自免師古曰恐其有罪見黜妨爲嗣故令以病去官也弘懷謙不去官師古曰謂若欲代父爲侯故避嫌不肯也及賢病篤弘竟坐宗廟事繫獄罪未決室家問賢

當爲後者賢恚恨不肯言於是賢門下生博士義倩等與宗家計議師古曰博士姓義名倩也宗家賢之同族也倩千見反共矯賢令師古曰矯託也使家丞上書言大行師古曰爲文書於大行以言其事也以大河都尉玄成爲後賢薨玄成在官聞喪又言當爲嗣玄成深知其非賢雅意即陽爲病狂臥便利妄笑語昏亂師古曰便利大小便徵至長安既葬當襲爵以狂不應召大鴻臚奏狀章下丞相御史案驗玄成素有名聲士大夫多疑其欲讓爵辟兄者師古曰辟讀曰避案事丞相史廼與玄成書師古曰即案驗玄成事者曰古之辭讓必有文義可觀故能垂榮於後今子獨壞容貌蒙恥辱爲狂癡光曜

晻而不宣師古曰晻讀與暗同微哉子之所託名也李奇曰名聲名也僕素愚陋過爲宰相執事師古曰過猶謬也願少聞風聲不然恐子傷高而僕爲小人也玄成友人侍郎章亦上疏言聖王貴以禮讓爲國宜優養玄成勿枉其志使得自安衡門之下師古曰衡門謂橫一木於門上貧者之所居也而丞相御史遂以玄成實不病劾奏之有詔勿劾引拜玄成不得已受爵宣帝高其節以玄成爲河南太守兄弘太山都尉遷東海太守數歲玄成徵爲未央衛尉遷太常坐與故平通侯楊惲厚善惲誅黨友皆免官後以列侯侍祀孝惠廟當晨入廟天雨淖

師古曰淖泥也音女教反不駕駟馬車而騎至廟下有司劾奏等輩數人皆削爵爲關內侯玄成自傷貶黜父爵歎曰吾何面目以奉祭祀作詩自劾責曰赫矣我祖侯于豕韋賜命建伯有殷以綏師古曰建立也立爲伯也綏安也以有此伯故天下安也厥績既昭車服有常朝宗商邑四牡翔翔師古曰翔翔安舒貌德之令顯慶流于裔宗周至漢羣后歷世應劭曰歷世有爵位肅肅楚傅輔翼元夷師古曰元夷王也厥駟有庸惟慎惟祗孟康曰駟四馬也尚書車服以庸庸功也師古曰庸亦常也即上車服有常同義也祗敬也嗣王孔佚越遷于鄒師古曰孔甚也佚與逸同五世壙僚至我節侯應劭曰自孟至賢五世無官壙空也惟我節侯顯德遐聞師古曰聞合韻音問左右昭宣五品以訓師古

曰左右助也言爲相也五品五教也訓理也左讀曰佐右讀曰佑旣耇致位惟懿惟奐師古曰言以年
致仕也懿美也奐盛也厥賜祁祁百金洎館師古曰祁祁行來貌洎及也國彼扶
陽在京之東惟帝是留政謀是從繹繹六轡是列
是理師古曰繹繹和調之貌威儀濟濟朝享天子天子穆穆是
宗是師師古曰穆穆天子之容也宗尊也言天子尊之以爲師四方遐爾觀國之煇
師古曰煇光也茅土之繼在我俊兄惟我俊兄是讓是形師古
曰形見也言其謙讓志節顯見也於休厥德於赫有聲師古曰於皆歎辭也休美也致
我小子越留於京師古曰言致爵位於己身而留在京師豫朝請惟我小子不
肅會同師古曰肅敬也婧彼車服黜此附庸師古曰婧古情字也削爵爲關內侯故云
黜此附庸言見黜而爲附庸也赫赫顯爵自我隊之微微附庸自我

招之誰能忍媿寄之我顏誰將遐征從之夷蠻師古
曰言己恥辱之甚無所自措故曰誰有能忍媿者以我顏寄之誰欲遠行去者當與相從適於蠻夷不能見朝廷之士也於赫
三事匪俊匪作於蔑小子終焉其度師古曰於歎辭也三事三公之位也誰謂華高企其齊
度居也言三公顯職以賢俊爲之我雖微蔑方自免黜終當居此也度大各反後並同而誰謂德難厲其庶而師古曰華華山也華山雖高企仰則能齊觀道德不易克厲然庶幾
可及也嗟我小子于貳其尤師古曰于往也尤過也自戒云今以往勿貳其過一曰貳謂不一也
言心不專一致此過也隊彼令聲申此擇辭師古曰令善也擇可擇之辭一曰擇謂創也
四方羣后我監我視威儀車服唯肅是履師古曰戒他人初
宣帝寵姬張婕妤男淮陽憲王好政事通法律上
奇其材有意欲以爲嗣然用太子起於細微又早

失母故不忍也久之上欲感風憲王輔以禮讓之
臣師古曰風讀曰諷乃召拜玄成爲淮陽中尉是時王未就
國玄成受詔與太子太傅蕭望之及五經諸儒雜
論同異於石渠閣條奏其對及元帝即位以玄成
爲少府遷太子太傅至御史大夫永光中代于定
國爲丞相貶黜十年之閒遂繼父相位封侯故國
榮當世焉玄成復作詩自著復玷缺之艱難師古曰玉缺曰
玷復房目反艱古艱字玷丁念反因以戒示子孫曰於肅君子既令厥
德師古曰於歎辭也肅敬也令善也言君子之人皆肅敬以善其德也儀服此恭棣棣其則
李奇曰善威儀也師古曰詩邶柏舟曰威儀逮逮不可選也逮逮閑習之貌音徒繼反咨余小子既德靡

逮師古曰逮及也自言德不及也曾是車服荒嫚以隊師古曰曾之言則也明明天
子俊德烈烈不遂我遺恤我九列師古曰恤安也九列卿之位謂少府我
既兹恤惟夙惟夜師古曰夙早也言早夜常自戒也畏忌是申供事靡
憜師古曰申言自約束也憜古惰字天子我監登我三事師古曰監察也三事三公之位謂丞
相也顧我傷隊爵復我舊我既此登望我舊階先后
兹度漣漣孔懷應劭曰我既此登爲丞相也先后兹度父所在也臣瓚曰案古文宅度同師古曰先后即先君
也以父昔居此位故泣涕而甚思之也司直御事我熙我盛師古曰司直丞相司直也御事治事之吏
也言司直及治事之人助我興盛而爲職務也羣公百僚我嘉我慶于異卿士非
同我心三事惟囏莫我肯矜師古曰言己居尊位懼不克勝而羣公百官皆來相慶是
與我心不同也赫赫三事力雖此畢非我所度退其罔日師古

日我雖畢力於此然懼非所居賤退無日 昔我之隊畏不此居 師古曰居合韻音基庚反 今
我度茲戚戚其懼 師古曰度亦居也 嗟我後人命其靡常靖享
爾位瞻仰靡荒 師古曰靖謀也享當也言天命無常唯善是祐謀當爾位無荒怠也 慎爾會
同戒爾車服無媠爾儀以保爾域 師古曰媠亦古惰字也域謂封邑也 爾
無我視不慎不整我之此復惟祿之幸 師古曰言我之得復此爵乃蒙天之福幸而遇之爾等不當視効而怠慢也 於戲後人惟肅惟栗 師古曰於戲讀曰嗚呼 無
忝顯位以蕃漢室玄成為相七年守正持重不及
父賢而文采過之建昭三年薨謚曰共侯初賢以
昭帝時徙平陵玄成別徙杜陵病且死因使者自
白曰不勝父子恩願乞骸骨歸葬父墓上許焉子

頃侯寬嗣薨子僖侯育嗣薨子節侯沈嗣自賢傳
國至玄孫乃絕玄成兄高寢令方山子安世歷郡
守大鴻臚長樂衛尉朝廷稱有宰相之器會其病
終而東海太守弘子賞亦明詩哀帝為定陶王時
賞為太傅哀帝即位賞以舊恩為大司馬車騎將
軍列為三公賜爵關內侯食邑千戶亦年八十餘
以壽終宗族至吏二千石者十餘人初高祖時令
諸侯王都皆立太上皇廟至惠帝尊高帝廟為太
祖廟景帝尊孝文廟為太宗廟行所嘗幸郡國各
立太祖太宗廟至宣帝本始三年復尊孝武廟為

世宗廟行所巡狩亦立焉凡祖宗廟在郡國六十
八合百六十七所 師古曰六十八者郡國之數也百六十七所宗廟之數也 而京師自
高祖下至宣帝與太上皇悼皇考各自居陵旁立
廟 師古曰悼皇考者宣帝之父即史皇孫 并為百七十六又園中各有寢
便殿 如淳曰黃圖高廟有便殿是中央正殿也師古曰如說非也凡言便殿便室者皆非正大之處寢者陵上正殿若平生露寢矣便殿者寢側之別殿耳 日祭於寢月祭於廟時祭於便殿寢日
四上食廟歲二十五祠 如淳曰月祭朔望加臘為二十五晉灼曰漢儀注宗廟一歲十二祠五月嘗麥六月七月三伏立秋貙劉又嘗粢八月先夕饋饗皆一太牢酎祭用九太牢十月嘗稻又飲蒸二太牢十一月嘗十二月臘二太牢又每月一太牢如閏加一祀與此上十二為二十五祠師古曰晉說是也 便殿歲四祠又月一游衣冠
而昭靈后武哀王昭哀后孝文太后孝昭太后衛

思后戾太子戾后各有寢園與諸帝合凡三十所
一歲祠上食二萬四千四百五十五用衛士四萬
五千一百二十九人祝宰樂人萬二千一百四十
七人養犧牲卒不在數中至元帝時貢禹奏言古
者天子七廟今孝惠孝景廟皆親盡宜毀及郡國
廟不應古禮宜正定天子是其議未及施行而禹
卒永光四年乃下詔先議罷郡國廟曰朕聞明王
之御世也遭時為法因事制宜 師古曰言不必同也 往者天下
初定遠方未賓因嘗所親以立宗廟 師古曰親謂親臨幸處也 蓋
建威銷萌一民之至權也 師古曰銷過逆亂使不得萌生 今賴天地之

靈宗廟之福四方同軌蠻貊貢職師古曰同軌言車轍皆同示教化齊也久遵而不定令迹遠𤰞賤共承尊祀師古曰共讀曰恭殆非皇天祖宗之意朕甚懼焉傳不云乎吾不與祭如不祭師古曰論語載孔子之言與讀曰預其與將軍列侯中二千石二千石諸大夫博士議郎議丞相玄成御史大夫鄭弘太子太傅嚴彭祖少府歐陽地餘諫大夫尹更始等七十人皆曰臣聞祭非自外至者也繇中出生於心也師古曰繇讀與由同故唯聖人爲能饗帝孝子爲能饗親師古曰言情禮皆備立廟京師之居躬親承事四海之內各以其職來助祭尊親之大義五帝三王所共

不易之道也師古曰易改也詩云有來雝雝至止肅肅相維辟公天子穆穆師古曰此周頌雝篇禘太祖之詩也雝雝和也肅肅敬也相助也辟百辟卿士也公諸侯也有來而和者至而敬者助主禘祭是百辟諸侯也天子是時則穆穆然承事也春秋之義父不祭於支庶之宅君不祭於臣僕之家王不祭於下土諸侯臣等愚以爲宗廟在郡國宜無修臣請勿復修奏可因罷昭靈后武哀王昭哀后衞思后戾太子戾后園皆不奉祠裁置吏卒守焉罷郡國廟後月餘復下詔曰蓋聞明王制禮立親廟四祖宗之廟萬世不毀所以明尊祖敬宗著親親也師古曰著亦明也朕獲承祖宗之重惟大禮未備戰栗恐懼不敢自顓師古曰顓與專同其與將軍列侯中二千石二千石諸大夫博士議玄成等四十四人奏議曰禮王者始受命諸侯始封之君皆爲太祖以下五廟而迭毀師古曰迭至也親盡則毀故云迭也音大結反毀廟之主臧乎太祖五年而再殷祭言壹禘壹祫也師古曰殷大也禘諦也一一祭之也祫合也禘大系反祫音洽祫祭者毀廟與未毀廟之主皆合食於太祖父爲昭子爲穆孫復爲昭古之正禮也師古曰昭穆者父子易其號序也昭明也穆美也後以晉室諱昭故學者改昭爲韶祭義曰王者禘其祖自出師古曰祖所從出者以其祖配之而立四廟言始受命而王祭天以其祖配而不爲立廟親盡也立親廟四親親也親盡而迭毀親踈

之殺示有終也師古曰殺漸降也音所例反周之所以七廟者以后稷始封文王武王受命而王是以三廟不毀與親廟四而七非有后稷始封文武受命之功者皆當親盡而毀成王成二聖之業師古曰二聖文王武王也制禮作樂功德茂盛廟猶不世以行爲謚而已師古曰謂之成王則是以行表謚也禮廟在大門之內不敢遠親也師古曰遠離也音于萬反臣愚以爲高帝受命定天下宜爲帝者太祖之廟世世不毀承後屬盡者宜毀今宗廟異處昭穆不序宜入就太祖廟而序昭穆如禮太上皇孝惠孝文孝景廟皆親盡宜毀皇考廟親未盡如故張晏曰悼皇考於元帝祖也

大司馬車騎將軍許嘉等二十九人以爲孝文皇
帝除誹謗去肉刑躬節儉不受獻罪人不帑不私
其利師古曰重罪之人不及妻子是不私其利也帑讀與孥同出美人重絕人類賓賜
長老收恤孤獨德厚侔天地利澤施四海宜爲帝
者太宗之廟廷尉忠以爲孝武皇帝改正朔易服
色攘四夷宜爲世宗之廟師古曰忠尹忠也攘卻也諫大夫更始
等十八人以爲皇考廟上序於昭穆非正禮宜毀
於是上重其事師古曰重難也依違者一年師古曰依違者不決也乃下
詔曰蓋聞王者祖有功而宗有德尊尊之大義也
存親廟四親親之至恩也高皇帝爲天下誅暴除

亂受命而帝功莫大焉孝文皇帝國爲代王諸呂
作亂海內搖動然群臣黎庶靡不壹意北面而歸
心猶謙辭固讓而後即位削亂秦之迹興三代之
風是以百姓晏然咸獲嘉福德莫盛焉高皇帝爲
漢太祖孝文皇帝爲太宗世世承祀傳之無窮朕
甚樂之孝宣皇帝爲孝昭皇帝後於義壹體師古曰一體謂
俱爲昭也禮孫與祖俱爲昭宣帝之於昭帝爲從孫故云於義一體孝景皇帝廟及皇考廟
皆親盡其正禮儀玄成等奏曰祖宗之廟世世不
毀繼祖以下五廟而迭毀今高皇帝爲太祖孝文
皇帝爲太宗孝景皇帝爲昭孝武皇帝爲穆孝昭

皇帝與孝宣皇帝俱爲昭皇考廟親未盡太上孝
惠廟皆親盡宜毀太上廟主宜瘞園孝惠皇帝爲
穆主遷於太祖廟寢園皆無復修奏可議者又以
爲清廟之詩言交神之禮無不清靜師古曰清廟周頌祀文王之詩其詩云於穆清廟肅雍顯相又曰對越在天駿奔走在廟今衣冠出游有車騎之衆風
雨之氣非所謂清靜也祭不欲數數則瀆瀆則不
敬師古曰此禮記祭法之言瀆煩汙也數所角反宜復古禮四時祭於廟諸寢園
日月間祀皆可勿復修師古曰間音工莧反上亦不改也明年
玄成復言古者制禮別尊卑貴賤國君之母非適
不得配食則薦於寢師古曰適讀曰嫡也身沒而已陛下躬至

孝承天心建祖宗定迭毀序昭穆大禮既定孝文
太后孝昭太后寢祠園宜如禮勿復修奏可後歲
餘玄成薨匡衡爲丞相上寢疾夢祖宗譴罷郡國
廟上少弟楚孝王亦夢焉上詔問衡議欲復之衡
深言不可上疾久不平衡惶恐禱高祖孝文孝武
廟曰嗣曾孫皇帝恭承洪業夙夜不敢康寧思育
休烈以章祖宗之盛功師古曰育養也休美也烈業也故動作接神必
因古聖之經往者有司以爲前因所幸而立廟將
以繫海內之心非爲尊祖嚴親也今賴宗廟之靈
六合之內莫不附親廟宜一居京師天子親奉郡

國廟可止毋修皇帝祗肅舊禮尊重神明即告于祖宗而不敢失 師古曰不敢失禮 今皇帝有疾不豫廼夢祖宗見戒以廟楚王夢亦有其序 師古曰序緒也謂端緒也 皇帝悼懼即詔臣衡復修立謹案上世帝王承祖禰之大禮皆不敢不自親郡國吏卑賤不可使獨承又祭祀之義以民爲本間者歲數不登百姓困乏郡國廟無以修立禮凶年則歲事不舉以祖禰之意爲不樂是以不敢復 師古曰復音房目反 如誠非禮義之中違祖宗之心咎盡在臣衡 師古曰如若也中音竹仲反 當受其殃大被其疾隊在溝瀆之中皇帝至孝肅慎宜蒙祐福唯高皇

帝孝文皇帝孝武皇帝省察右饗皇帝之孝 師古曰右讀曰祐 開賜皇帝眉壽亡疆 師古曰眉壽言壽考而眉秀也疆竟也 令所疾日瘳平復反常 師古曰反猶還也 永保宗廟天下幸甚又告謝毀廟曰往者大臣以爲在昔帝王承祖宗之休典取象於天地 師古曰休美也典法也 天序五行人親五屬 師古曰五屬謂同族之五服斬衰齊衰大功小功緦麻也 天子奉天故率其意而尊其制是以禘嘗之序靡有過五受命之君躬接于天萬世不墮繼烈以下五廟而遷 師古曰墮毀也烈業也繼謂始嗣位者也墮火規反 上陳太祖間歲而祫 師古曰間歲隔一歲也 其道應天故福祿永終太上皇非受命而屬盡義則當遷又以爲孝莫

大於嚴父故父之所尊子不敢不承父之所異子不敢同禮公子不得爲母信爲後則於子祭於孫止 李奇曰不得信其父也公子去其所而爲太宗後尚得私祭其母爲孫則止不得祭公子母也明繼祖不復顧其私祖母也師古曰信讀曰伸 尊祖嚴父之義也寢日四上食園廟間祠皆可亡修 師古曰間工莧反 皇帝思慕悼懼未敢盡從惟念高皇帝聖德茂盛受命溥將欽若稽古承順天心 師古曰溥廣也將大也欽敬也若善也稽考也商頌烈祖之篇曰我受命溥將虞書堯典曰欽若昊天又曰若稽古帝堯故衡摠引之 子孫本支陳錫亡疆 師古曰詩大雅文王之篇曰陳錫載周侯文王孫子本支百世陳敷也載始也本宗也支支子也言子孫承受敷錫初始之福故得永久無窮竟也 誠以爲遷廟合祭久長之策高皇帝之意廼敢不聽 師古曰言不敢不從 即以令日 師古曰令善也謂吉

日也 遷太上孝惠廟孝文太后孝昭太后寢將以昭祖宗之德順天人之序定亡窮之業今皇帝未受茲福乃有不能共職之疾 師古曰共讀曰恭 皇帝願復修立承祀臣衡等咸以爲禮不得 師古曰於禮不合也 如不合高皇帝孝惠皇帝孝文皇帝孝武皇帝孝昭皇帝孝宣皇帝太上皇孝文太后孝昭太后之意罪盡在臣衡等當受其咎今皇帝尚未平詔中朝臣具復毀廟之文臣衡中朝臣咸復以爲天子之祀義有所斷禮有所承違統背制不可以奉先祖皇天不祐鬼神不饗六藝所載皆言不當 師古曰六藝六經也 無所依緣

以作其文事如失指罪迺在臣衡當深受其殃皇帝宜厚蒙祉福嘉氣日興疾病平復永保宗廟與天亡極羣生百神有所歸息師古曰息止也諸廟皆同文久之上疾連年遂盡復諸所罷寢廟園皆修祀如故初上定迭毀禮獨尊孝文廟為太宗而孝武廟親未盡故未毀上於是迺復申明之曰孝宣皇帝尊孝武廟曰世宗損益之禮不敢有與焉師古曰與讀曰預其下亦同他皆如舊制唯郡國廟遂廢云元帝崩衡奏言前以上體不平故復諸所罷祠卒不蒙福師古曰卒終也案衛思后戾太子戾后園親未盡師古曰言不當毀也孝惠孝景廟親盡宜毀及太上皇孝文孝昭太后昭靈后昭哀后武哀王祠請悉罷勿奉奏可初高后時患臣下妄非議先帝宗廟寢園官故定著令敢有擅議者棄市至元帝改制蠲除此令成帝時以無繼嗣河平元年復復太上皇寢廟園世世奉祠昭靈后武哀王昭哀后并食於太上寢廟如故又復擅議宗廟之命師古曰復音方目反成帝崩哀帝即位丞相孔光大司空何武奏言永光五年制書高皇帝為漢太祖孝文皇帝為太宗建昭五年制書孝武皇帝為世宗損益之禮不敢有與臣愚以為迭毀之次當以時

定非令所為擅議宗廟之意也臣請與群臣雜議奏可於是光祿勳彭宣詹事滿昌博士左咸等五十三人皆以為繼祖宗以下五廟而迭毀後雖有賢君猶不得與祖宗並列子孫雖欲褒大顯揚而立之鬼神不饗也孝武皇帝雖有功烈親盡宜毀太僕王舜中壘校尉劉歆議曰臣聞周室既衰四夷並侵獫狁最彊於今匈奴是也至宣王而伐之詩人美而頌之曰薄伐獫狁至于太原師古曰小雅六月之詩也薄伐言逐出之又曰嘽嘽推推如霆如雷顯允方叔征伐獫狁荊蠻來威師古曰小雅采芑之詩也嘽嘽衆也推推盛也顯明也允信也方叔周之卿士命為將率也言出師衆盛有如雷霆方叔又能信明其德既伐獫狁懲其侵暴則南荊之蠻亦畏威而來服也嘽音他丹反推他回反故稱中興及至幽王犬戎來伐殺幽王取宗器師古曰宗器宗廟之器也自是之後南夷與北夷交侵中國不絕如綫師古曰綫縷也音思薦反春秋紀齊桓南伐楚北伐山戎孔子曰微管仲吾其被髮左衽矣師古曰論語載孔子之言也微無也被髮左衽戎狄之服言無管仲佐齊桓公征討則中夏皆將為戎狄也是故弃桓之過而錄其功以為伯首師古曰伯讀曰霸及漢興冒頓始彊破東胡禽月氏師古曰氏讀曰支并其土地地廣兵彊為中國害南越尉佗總百粵自稱帝故中國雖平猶有四夷之患且無寧歲一方有急三面救之是天下皆動而被其害也孝文皇帝厚以貨

賂與結和親猶侵暴無已甚者興師十餘萬衆近屯京師及四邊歲發屯備虜其爲患久矣非一世之漸也諸侯郡守連匈奴及百粤以爲逆者非一人也匈奴所殺郡守都尉略取人民不可勝數孝武皇帝愍中國罷勞無安寧之時（師古曰罷讀曰疲）乃遣大將軍驃騎伏波樓船之屬南滅百粤起七郡北攘匈奴降昆邪十萬之衆（師古曰昆下門反）置五屬國起朔方以奪其肥饒之地東伐朝鮮起玄菟樂浪以斷匈奴之左臂（師古曰樂來各反浪音郎）西伐大宛并三十六國結烏孫起敦煌酒泉張掖以鬲婼羌裂匈奴之右肩（師古

曰婼音而遮反）單于孤特遠遁于幕北四垂無事斥地遠境起十餘郡（師古曰斥開也遠廣也）功業既定迺封丞相爲富民侯以大安天下富實百姓其規橅可見（師古曰橅讀曰摹其字從木）又招集天下賢俊與協心同謀興制度改正朔易服色立天地之祠建封禪殊官號存周後定諸侯之制永無逆爭之心至今累世賴之單于守藩百蠻服從萬世之基也中興之功未有高焉者也高帝建大業爲太祖孝文皇帝德至厚也爲文太宗孝武皇帝功至著也爲武世宗此孝宣帝所以發德音也禮記王制及春秋穀梁傳天子七廟諸侯

五大夫三士二天子七日而殯七月而葬諸侯五日而殯五月而葬此喪事尊卑之序也與廟數相應其文曰天子三昭三穆與太祖之廟而七諸侯二昭二穆與太祖之廟而五故德厚者流光德薄者流卑（師古曰流謂流風餘福）春秋左氏傳曰名位不同禮亦異數自上以下降殺以兩禮也（師古曰殺音所例反）七者其正法數可常數者也宗不在此數中宗變也（師古曰言非常數故云變也）苟有功德則宗之不可預爲設數故於殷太甲爲太宗大戊曰中宗武丁曰高宗（師古曰太甲湯之孫太丁之子也太戊太庚之子雍己之弟也武丁小乙之子）周公爲毋逸之戒舉殷三宗以勸成王

（師古曰毋逸尚書篇名戒以無逸豫也）繇是言之宗無數也（師古曰繇與由同也）然則所以勸帝者之功德博矣以七廟言之孝武皇帝未宜毀以所宗言之則不可謂無功德禮記祀典曰夫聖王之制祀也功施於民則祀之以勞定國則祀之能救大災則祀之竊觀孝武皇帝功德皆兼而有焉凡在於異姓猶將特祀之況于先祖或說天子五廟無見文又說中宗高宗者宗其道而毀其廟名與實異非尊德貴功之意也詩云蔽芾甘棠勿鬋勿伐邵伯所茇（師古曰召南甘棠之詩也解已在前鬋字與翦同茇音步葛反）思其人猶愛其樹況宗其道而毀其廟乎迭毀之

禮自有常法無殊功異德固以親跡相推及至祖
宗之序多少之數經傳無明文至尊至重難以疑
文虛說定也孝宣皇帝舉公卿之議用衆儒之謀
旣以爲世宗之廟建之萬世宣布天下臣愚以爲
孝武皇帝功烈如彼孝宣皇帝崇立之如此不宜
毀上覽其議而從之制曰太僕舜中壘校尉歆議
可歆又以爲禮去事有殺師古曰去除也殺漸也去音丘呂反殺音所例反其下並同也故
春秋外傳曰日祭月祀時享歲貢終王祖禰則日
祭曾高則月祀二祧則時享壇墠則歲貢張晏曰去祧爲壇去壇爲墠墠地而祭也師古曰祧是遠祖也築土爲壇除地爲墠祧他堯反墠音善大禘則終王服虔曰蠻夷終王乃入助

祭各以其珍貢以共大禘之祭也師古曰海一王終新王卽位乃來助祭德盛而游廣親親之殺
也如淳曰游猶亦疏也彌遠則彌尊故禘爲重矣孫居王父之
處正昭穆則孫常與祖相代此遷廟之殺也聖人
於其祖出於情矣禮無所不順故無毀廟晉灼曰以情推子以子況祖得人心禮何所違故無毀棄不禘之主也謂下三廟廢而爲虛者也自貢禹建迭毀之議
惠景及太上寢園廢而爲虛師古曰虛讀曰墟失禮意矣平
帝元始中大司馬王莽奏本始元年丞相義等議師古曰蔡義也
謚孝宣皇帝親曰悼園置邑三百家至元康
元年丞相相等奏師古曰魏相也父爲士子爲天子祭以天
子悼園宜稱尊號曰皇考立廟益故奉園民滿千
六百家以爲縣臣愚以爲皇考廟本不當立累世
奉之非是又孝文太后南陵師古曰在霸陵之南故曰南陵孝昭太后
雲陵園雖前以禮不復修陵名未正謹與大司徒
晏等百四十七人議皆曰孝宣皇帝以兄孫繼統
爲孝昭皇帝後以數故孝元世以孝景皇帝及皇
考廟親未盡不毀此兩統貳父違於禮制案義奏
親謚曰悼裁置奉邑皆應經義相奏悼園稱皇考
立廟益民爲縣違離祖統乖繆本義父爲士子爲
天子祭以天子者乃謂若虞舜夏禹殷湯周文漢
之高祖受命而王者也非謂繼祖統爲後者也臣
請皇高祖考廟奉明園毀勿修張晏曰奉明園悼皇考園也罷南陵

雲陵爲縣奏可
司徒掾班彪曰師古曰漢書諸贊皆固所爲其有叔皮先論述者固亦具顯以示後人而或者謂固竊盜父名觀此可以免矣漢承亡秦絕學之後祖宗之制因時施宜
自元成後學者蕃滋師古曰蕃扶元反貢禹毀宗廟匡衡改
郊兆何武定三公後皆數復故紛紛不定師古曰數所角反復扶目反何者禮文缺微古今異制各爲一家未易可偏
定也考觀諸儒之議劉歆博而篤矣

韋賢傳第四十三

魏相丙吉傳第四十四　班固　漢書七十四

祕書監上護軍琅邪縣開國子顏師古注

魏相字弱翁濟陰定陶人也師古曰說者謂相即魏無知之後蓋承淺近之書爲妄深矣徙平陵少學易爲郡卒史舉賢良以對策高第爲茂陵令頃之御史大夫桑弘羊客詐稱御史止傳師古曰傳謂縣之傳舍丞不以時謁客怒縛丞相疑其有姦收捕案致其罪論棄客市師古曰殺之於市茂陵大治後遷河南太守禁止姦邪豪彊畏服會丞相車千秋死先是千秋子爲雒陽武庫令自見失父而相治郡嚴恐久獲罪乃自免去相使掾追呼之遂不肯還相獨

恨曰大將軍聞此令去官必以爲我用丞相死不能遇其子使當世貴人非我殆矣師古曰殆危也武庫令西至長安大將軍霍光果以責過相曰幼主新立以爲函谷京師之固武庫精兵所聚故以丞相弟爲關都尉子爲武庫令今河南太守不深惟國家大策師古曰惟思也苟見丞相不在而斥逐其子何淺薄也後人有告相賊殺不辜事下有司河南卒戍中都官者二三千人師古曰來京師諸官府爲卒若今衛士上番分守諸司遮大將軍自言願復留作一年以贖太守罪河南老弱萬餘人守關欲入上書關吏以聞大將軍用武庫令事遂下相

廷尉獄師古曰光心以武庫令事嫌之而下其賊殺不辜之獄久繫踰冬會赦出復有詔守茂陵令遷楊州刺史考案郡國守相多所貶退相與丙吉相善時吉爲光祿大夫予相書曰朝廷已深知弱翁治行方且大用矣願少慎事自重臧器于身師古曰易下繫辭云君子臧器於身待時而動言不顯見其材能相心善其言爲霽威嚴蘇林曰霽音限齊之齊臣瓚曰此雨霽字也霽止也師古曰二說皆是也音才詣反又子詣反居部二歲徵爲諫大夫復爲河南太守數年宣帝即位徵相入爲大司農遷御史大夫四歲大將軍霍光薨上思其功德以其子禹爲右將軍兄子樂平侯山復領尚書事師古曰山者去病之孫今言兄子此傳誤相因平恩侯許伯奏封

事言春秋譏世卿惡宋三世爲大夫師古曰解在五行志及魯季孫之專權皆危亂國家自後元以來祿去王室政繇冢宰師古曰繇與由同今光死子復爲大將軍兄子秉樞機昆弟諸壻據權勢在兵官光夫人顯及諸女皆通籍長信宮師古曰通籍謂禁門之中皆有名籍恣出入也或夜詔門出入驕奢放縱恐寖不制師古曰寖漸也不制不可制御也宜有以損奪其權破散陰謀以固萬世之基全功臣之世又故事諸上書者皆爲二封署其一曰副領尚書者先發副封所言不善屏去不奏相復因許伯白去副封以防雍蔽師古曰雍讀曰壅宣帝善之詔相給事中皆從其議

霍氏殺許后之謀始得上聞乃罷其三侯令就第
師古曰禹及雲山也親屬皆出補吏於是韋賢以老病免相遂
代為丞相封高平侯食邑八百戶及霍氏怨相又
憚之謀矯太后詔先召斬丞相然後廢天子事發
覺伏誅宣帝始親萬機厲精為治練羣臣核名實
而相總領衆職甚稱上意元康中匈奴遣兵擊漢
屯田車師者不能下上與後將軍趙充國等議欲
因匈奴衰弱出兵擊其右地使不敢復擾西域相
上書諫曰臣聞之救亂誅暴謂之義兵兵義者王
敵加於己不得已而起者謂之應兵兵應者勝爭

恨小故不忍憤怒者謂之忿兵兵忿者敗利人土
地貨寶者謂之貪兵兵貪者破恃國家之大矜民
人之衆欲見威於敵者謂之驕兵兵驕者滅此五
者非但人事乃天道也間者匈奴嘗有善意所得
漢民輒奉歸之未有犯於邊境雖爭屯田車師不
足致意中今聞諸將軍欲興兵入其地臣愚不知
此兵何名者也今邊郡困乏父子共犬羊之裘食
草菜之實常恐不能自存難以動兵師古曰不可以兵事動之軍旅
之後必有凶年師古曰此引老子道經之語言民以其愁苦之氣傷
陰陽之和也出兵雖勝猶有後憂恐災害之變因

此以生今郡國守相多不實選師古曰言不得其人風俗尤薄
水旱不時案今年計子弟殺父兄妻殺夫者凡二
百二十二人臣愚以為此非小變也今左右不憂
此師古曰左右謂近臣在天子左右者乃欲發兵報纖介之忿於遠夷殆
孔子所謂吾恐季孫之憂不在顓臾而在蕭牆之
內也師古曰論語季氏將伐顓臾孔子謂冉有季路曰吾恐季孫之憂不在顓臾而在蕭牆之內故相引之顓臾魯附庸國蕭牆屏牆也
解在五行志願陛下與平昌侯樂昌侯平恩侯及有識者
詳議乃可師古曰平昌侯王無故樂昌侯王武並帝之舅平恩侯許伯皇太子外祖父也上從相言而
止相明易經有師法好觀漢故事及便宜章奏師古
曰既觀國家故事又觀前人所奏便宜之章以為古今異制方今務在奉行故

事而已數條漢興已來國家便宜行事及賢臣賈
誼朝錯董仲舒等所言奏請施行之曰臣聞明主
在上賢輔在下則君安虞而民和睦師古曰虞與娛同臣相
幸得備位不能奉明法廣教化理四方以宣聖德
民多背本趨末師古曰本農業也末商賈也趨讀曰趣或有飢寒之色為
陛下之憂臣相罪當萬死臣相知能淺薄不明國
家大體時用之宜惟民終始未得所繇師古曰惟思也繇讀與由同由
從也因也竊伏觀先帝聖德仁恩之厚勤勞天下垂意黎
庶憂水旱之災為民貧窮發倉廩振乏餧師古曰餧餓也音乃
賄反遣諫大夫博士巡行天下師古曰行音下更反察風俗舉賢

良平冤獄冠蓋交道(師古曰言其往來不絕也)省諸用寬租賦弛
山澤波池(師古曰弛放也言不禁障之也波音陂)禁秣馬酤酒貯積(師古曰秣以粟
米飤馬也酤酒者糜費深也貯積者滯米粟也)所以周急繼困慰安元元便利
百姓之道甚備臣相不能悉陳昧死奏故事詔書
凡二十三事臣謹案王法必本於農而務積聚量
入制用以備凶災(師古曰謂視年歲之豐儉)亡六年之畜尚謂之急(
師古曰畜讀曰蓄禮記王制云國無九年之蓄曰不足無六年之蓄曰急無三年之蓄曰國非其國也)元鼎三年平
原勃海太山東郡溥被災害(師古曰溥與普同)民餓死於道
路二千石不豫慮其難使至於此(師古曰豫慮思也)賴明詔振
捄乃得蒙更生(師古曰捄古救字)今歲不登穀暴騰踊(師古曰價忽大
貴也)臨秋收斂猶有乏者至春恐甚亡以相恤西羌
未平師旅在外兵革相乘臣竊寒心宜蚤圖其備(
師古曰蚤古早字也)唯陛下留神元元帥繇先帝盛德以撫海
內(師古曰帥循也繇與由同由從也)上施行其策又數表采易陰陽
及明堂月令奏之(師古曰表謂標明之采撮取也)曰臣相幸得備員
奉職不修不能宣廣教化陰陽未和災害未息咎
在臣等臣聞易曰天地以順動故日月不過四時
不忒聖王以順動故刑罰清而民服(師古曰豫卦彖辭也忒差也)天
地變化必繇陰陽(師古曰繇與由同)陰陽之分以日為紀日
冬夏至則八風之序立萬物之性成各有常職不

得相干東方之神太昊乘震執規司春(張晏曰木為仁仁者生生者圜
故為規)南方之神炎帝乘離執衡司夏(張晏曰火為禮禮者齊齊者平故為衡)
西方之神少昊乘兌執矩司秋(張晏曰金為義義者成成者方故為矩)北方
之神顓頊乘坎執權司冬(張晏曰水為智智者謀謀者重故為權)中央之
神黃帝乘坤艮執繩司下土(張晏曰土為信信者誠誠者直故為繩)茲五
帝所司各有時也東方之卦不可以治西方南方
之卦不可以治北方春興兌治則饑秋興震治則
華冬興離治則泄(師古曰天地之氣不閉密也)夏興坎治則雹明王
謹于尊天慎于養人故立羲和之官以乘四時(師古
曰乘治也)節授民事(師古曰各依其節而授以事)君動靜以道奉順陰陽
則日月光明風雨時節寒暑調和三者得敘則災
害不生五穀孰絲麻遂(師古曰遂成也)屮木茂鳥獸蕃(師古曰屮古草
字蕃多也音扶元反)民不夭疾衣食有餘若是則君尊民說上
下亡怨(師古曰說讀曰悅)政教不違禮讓可興夫風雨不時
則傷農桑農桑傷則民飢寒飢寒在身則亡廉恥
寇賊姦宄所繇生也(師古曰亂在外為姦在內為宄繇與由同其下類此)臣愚以
為陰陽者王事之本羣生之命自古賢聖未有不
繇者也天子之義必純取法天地而觀於先聖高
皇帝所述書天子所服第八(如淳曰第八天子衣服之制也於施行詔書第八)曰
大謁者臣章受詔長樂宮曰令羣臣議天子所服

以安治天下相國臣何御史大夫臣昌(師古曰蕭何周昌也)謹與將軍臣陵太子太傅臣通等議(師古曰陵王陵通叔孫通)春夏秋冬天子所服當法天地之數中得人和故自天子王侯有土之君下及兆民能法天地順四時以治國家身亡禍殃年壽永究(師古曰究竟也)是奉宗廟安天下之大禮也臣請法之中謁者趙堯舉春(應劭曰四時各舉所施行政事服虔曰主一時衣服禮物朝祭百事也師古曰服說是也)李舜舉夏兒湯舉秋貢禹舉冬(師古曰高帝時自有一貢禹也兒五奚反)四人各職一時大謁者襄章奏制曰可孝文皇帝時以二月施恩惠於天下賜孝弟力田及罷軍卒祠死事者頗非時節(師古曰罷軍卒卒之疲於軍事者也罷音疲一曰新從軍而休罷者也音蒲蟹反)御史大夫朝錯時為太子家令奏言其狀臣相伏念陛下恩澤甚厚然而災氣未息竊恐詔令有未合當時者也願陛下選明經通知陰陽者四人各主一時時至明言所職以和陰陽天下幸甚相數陳便宜上納用焉相敕掾史案事郡國及休告從家還至府輒白四方異聞或有逆賊風雨災變郡不上相輒奏言之時丙吉為御史大夫同心輔政上皆重之相為人嚴毅不如吉寬視事九歲神爵三年薨謚曰憲侯子弘嗣甘露中有罪削爵為關內侯(師古曰弘坐騎至宗廟下大不敬也)

丙吉字少卿魯國人也治律令為魯獄史積功勞稍遷至廷尉右監坐法失官歸為州從事武帝末巫蠱事起吉以故廷尉監徵(師古曰被召詣京師)詔治巫蠱郡邸獄時宣帝生數月以皇曾孫坐衛太子事繫吉見而憐之又心知太子無事實重哀曾孫無辜(師古曰重直用反)吉擇謹厚女徒令保養曾孫置閒燥處(師古曰閒讀曰閑閑寬淨之處也燥高敞也)吉治巫蠱事連歲不決後元二年武帝疾往來長楊五柞宮(師古曰長楊五柞官並在盩厔往來二官之間)望氣者言長安獄中有天子氣於是上遣使者分條中都官詔獄繫者(師古曰條謂疏錄之)亡輕重一切皆殺之內者令郭穰夜到郡邸獄吉閉門拒使者不納曰皇曾孫在他人亡辜死者猶不可況親曾孫乎相守至天明不得入穰還以聞因劾奏吉武帝亦寤曰天使之也因赦天下郡邸獄繫者獨賴吉得生恩及四海矣(師古曰吉拒閉使者天子感寤乃普赦天下其郡邸繫獄者既因吉得生而赦宥之恩遂及四海也)曾孫病幾不全者數焉(師古曰幾鉅依反數所角反次下亦同)吉數敕保養乳母加致醫藥視遇甚有恩惠以私財物給其衣食後吉為車騎將軍市令遷大將軍長史霍光甚重之入為光祿大夫給事中昭帝崩亡嗣大將軍光遣吉迎昌邑王賀賀即位以行淫亂廢光與車騎將軍

張安世諸大臣議所立未定吉奏記光曰將軍事孝武
皇帝受襁褓之屬任天下之寄(師古曰屬之欲反)孝昭皇帝早
崩亡嗣海內憂懼欲亟聞嗣主(師古曰亟急也音居力反)發喪之日以
大誼立後(師古曰雖無嫡嗣旁立支屬令宗廟有奉故云大誼)所立非其人復以大誼廢之
(師古曰恐危社稷故廢黜之)天下莫不服焉方今社稷宗廟羣生之命在
將軍之壹舉竊伏聽於衆庶察其所言諸侯宗室在
位列者未有所聞於民間也而遺詔所養武帝曾孫
名病已在掖庭外家者(蘇林曰外家猶言外人民家不在宮中晉灼曰出郡邸獄歸在外家史氏後入掖庭耳師
古曰晉說是也)吉前使居郡邸時見其幼少至今十八九矣通
經術有美材行安而節和願將軍詳大議參以著龜
豈宜褒顯先使入侍(師古曰侍太后)令天下昭然知之然後決定大
策天下幸甚光覽其議(師古曰省納而用之)遂尊立皇曾孫遣宗
正劉德與吉迎曾孫於掖庭宣帝初即位賜吉爵關
內侯吉爲人深厚不伐善自曾孫遭遇吉絕口不道前
恩(師古曰遭遇謂升大位也)故朝廷莫能明其功也地節三年立皇太
子吉爲太子太傅數月遷御史大夫及霍氏誅上躬
親政省尚書事是時掖庭宮婢則令民夫上書自陳嘗
有阿保之功(師古曰謂未爲宮婢時有舊夫見在俗閒者)章下掖庭令考問則辭
引使者丙吉知狀掖庭令將則詣御史府以視吉(師古曰視
讀曰示)吉識謂則曰汝嘗坐養皇曾孫不謹督笞汝安得

有功(師古曰督謂視察之)獨渭城胡組淮陽郭徵卿有恩耳分
別奏組等共養勞苦狀(師古曰共居用反養弋亮反)詔吉求組徵卿
已死有子孫皆受厚賞詔免則爲庶人賜錢十萬
上親見問然後知吉有舊恩而終不言上大賢之
制詔丞相朕微眇時御史大夫吉與朕有舊恩厥
德茂焉(師古曰茂美也)詩不云虖亡德不報(師古曰大雅抑之詩)其封吉
爲博陽侯邑千三百戶臨當封吉疾病上將使人
加紼而封之及其生存也(應劭曰吉時疾不能起欲如君視疾加朝服拖紳就封之也師古曰
紼繫印之組也)上憂吉疾不起太子太傅夏侯勝曰此未死
也臣聞有陰德者必饗其樂以及子孫今吉未獲
報而疾甚非其死疾也後病果瘉(師古曰瘉與愈同)吉上書
固辭自陳不宜以空名受賞上報曰朕之封君非
空名也而君上書歸侯印是顯朕之不德也方今
天下少事君其專精神省思慮近醫藥以自持後
五歲代魏相爲丞相吉本起獄法小吏後學詩禮
皆通大義及居相位上寬大好禮讓掾史有罪臧
不稱職輒予長休告(師古曰長給休假令其去職也)終無所案驗客
或謂吉曰君侯爲漢相姦吏成其私然無所懲艾(師古曰艾
讀曰乂)吉曰夫以三公之府有案吏之名吾竊陋
焉後人代吉因以爲故事公府不案吏自吉始於

官屬掾史務掩過揚善吉馭吏耆酒數逋蕩師古曰逋亡也蕩放也謂亡其所供之職而游放也耆讀曰嗜嘗從吉出醉歐丞相車上師古曰歐吐也音一口反西曹主吏白欲斥之師古曰斥弃逐吉曰以醉飽之失去士使此人將復何所容師古曰言無所容身西曹地忍之李奇曰地猶弟也師古曰地亦但也語聲之急也此不過汙丞相車茵耳師古曰茵蓐也音因遂不去也此馭吏邊郡人習知邊塞發犇命警備事師古曰犇古奔字也有命則奔赴之言應速也嘗出適見驛騎持赤白囊邊郡發犇命書馳來至馭吏因隨驛騎至公車刺取師古曰刺謂探候之也知虜入雲中代郡遽歸府見吉白狀師古曰遽速也因曰恐虜所入邊郡二千石長吏有老病不任兵

馬者宜可豫視吉善其言召東曹案邊長吏瑣科條其人張晏曰瑣録也欲科條其人老少及所經歷知其本以文武進也未已詔召丞相御史問以虜所入郡吏吉具對御史大夫卒遽不能詳知師古曰卒讀曰猝以得譴讓師古曰讓責也而吉見謂憂邊思職馭吏力也吉乃歎曰士亡不可容能各有所長嚮使丞相不先聞馭吏言何見勞勉之有掾史繇是益賢吉師古曰繇與由同吉又嘗出逢清道羣鬬者死傷橫道李奇曰清道時反羣鬬也師古曰清道謂天子當出或有齋祠先令道路清淨吉過之不問掾史獨怪之吉前行逢人逐牛牛喘吐舌師古曰喘急息音昌兗反吉止駐使騎吏問逐牛行幾里矣掾史獨謂丞相前

後失問或以譏吉吉曰民鬬相殺傷長安令京兆尹職所當禁備逐捕歲竟丞相課其殿最奏行賞罰而已宰相不親小事非所當於道路問也方春少陽用事未可大熱師古曰少式邵反恐牛近行用暑故喘此時氣失節恐有所傷害也三公典調和陰陽職當憂是以問之掾史乃服以吉知大體五鳳三年春吉病篤上自臨問吉曰君即有不諱誰可以自代者師古曰不諱言死不可復諱也吉辭謝曰羣臣行能明主所知愚臣無所能識上固問吉頓首曰西河太守杜延年明於法度曉國家故事前為九卿十餘年今在郡

治有能名廷尉于定國執憲詳平天下自以不寃太僕陳萬年事後母孝惇厚備於行止此三人能皆在臣右唯上察之上以吉言皆是而許焉及吉薨御史大夫黃霸為丞相徵西河太守杜延年為御史大夫會其年老乞骸骨病免以廷尉于定國代為御史大夫黃霸薨而定國為丞相太僕陳萬年代定國為御史大夫居位皆稱職上稱吉為知人吉薨諡曰定侯子顯嗣甘露中有罪削爵為關內侯官至衛尉太僕始顯少為諸曹嘗從祠高廟至夕牲日乃使出取齋衣師古曰未祭一日其夕展視牲具謂之夕牲丞相吉

大怒謂其夫人曰宗廟至重而顯不敬慎亡吾爵
者必顯也夫人爲言然後乃已師古曰免其罪爵也吉中子禹
爲水衡都尉少子高爲中壘校尉元帝時長安士
伍尊上書師古曰先嘗有爵經奪免之而與士卒爲伍故稱士伍其人名尊言臣少時爲郡
邸小吏竊見孝宣皇帝以皇曾孫在郡邸獄是時
治獄使者丙吉見皇曾孫遭離無辜吉仁心感動
涕泣悽惻選擇復作胡組養視皇孫吉常從臣尊
日再侍臥庭上師古曰郡邸之庭也侍謂參省之也時皇孫孩弱常在襁褓故指言臥也後遭條獄
之詔吉扞拒大難不避嚴刑峻法既遭大赦吉謂
守丞誰如皇孫不當在官孟康曰郡守丞也來詣京師邸治獄姓誰名如言皇孫不當在獄官
宜屬郡縣也文穎曰不當在郡邸官也師古曰守丞者守獄官之丞耳非郡丞也誰如者其人名不作讎字言姓又非也使誰
如移書京兆尹遣與胡組俱送京兆尹不受復還
及組日滿當去皇孫思慕吉以私錢顧組令留與
郭徵卿並養數月乃遣組去後少內嗇夫白吉曰
食皇孫亡詔令師古曰少內掖庭主府臧之官也食讀曰飤詔令無文無從得其廩具也時吉得
食米肉月月以給皇孫吉即時病師古曰有病時也輒使臣
尊朝夕請問皇孫視省席蓐燥濕候伺組徵卿不
得令晨夜去皇孫敖盪師古曰去離也敖游戲也盪放也盪讀與蕩同數奏甘
毳食物師古曰奏進也毳讀與脆同所以擁全神靈成育聖躬功德
已亡量矣時豈豫知天下之福而徼其報哉師古曰徼要也

音工堯反誠其仁恩內結於心也雖介之推割肌以存君
不足以比師古曰韓詩外傳云晉公子重耳之亡也過曹里鳧須以從因盜其資而逃重耳無糧餒不能行介子推割其股肉以食重耳然後能行也孝宣皇帝時臣上書言狀幸得下吉吉謙
讓不敢自伐刪去臣辭師古曰刪削也專歸美於組徵卿組
徵卿皆以受田宅賜錢吉封爲博陽侯臣尊不得比
組徵卿臣年老居貧死在旦暮欲終不言恐使有
功不著吉子顯坐微文奪爵爲關內侯臣愚以爲
宜復其爵邑師古曰復扶目反以報先人功德先是顯爲太僕
十餘年與官屬大爲姦利臧千餘萬司隸校尉昌
案劾罪至不道奏請逮捕上曰故丞相吉有舊恩
朕不忍絕免顯官奪邑四百戶後復以爲城門校
尉顯卒子昌嗣爵關內侯成帝時修廢功以吉舊
恩尤重鴻嘉元年制詔丞相御史蓋聞褒功德繼
絕統所以重宗廟廣賢聖之路也故博陽侯吉以
舊恩有功而封今其祀絕朕甚憐之夫善善及子
孫古今之通誼也其封吉孫中郎將關內侯昌爲
博陽侯奉吉後國絕三十二歲復續云昌傳子至
孫王莽時乃絕
贊曰古之制名必繇象類師古曰繇與由同也遠取諸物近取
諸身故經謂君爲元首臣爲股肱師古曰謂虞書益稷云元首明哉股肱良

哉也明其一體相待而成也是故君臣相配古今常道自然之埶也近觀漢相高祖開基蕭曹爲冠師古曰名位在衆臣之上孝宣中興丙魏有聲是時黜陟有序衆職修理公卿多稱其位師古曰稱副也海內興於禮讓覽其行事豈虛虖哉師古曰言君明臣賢所以致治非徒然也

魏相丙吉傳第四十四

睢兩夏侯京翼李傳第四十五　班固　漢書七十五

秘書監上護軍琅邪縣開國子顏師古注

眭弘字孟，魯國蕃人也。（師古曰：眭音息隨反，今河朔尚有此姓，音字皆然。而韋昭、應劭並云音桂，非也。今有炅姓，乃音桂耳。漢之決錄又不作眭字，寧可混糅，將為一族？又近代學者旁引炅氏譜以相附著，私譜之文出於閭巷，家自為說，事非經典，苟引先賢，妄相假託，無所取信，寧足據乎？蕃音皮。）少時好俠，鬬雞走馬，長乃變節，從嬴公受春秋。（師古曰：嬴，姓也。公，長老之號耳。）以明經為議郎，至符節令。孝昭元鳳三年正月，泰山萊蕪山南匈匈有數千人聲，民視之，有大石自立，高丈五尺，大四十八圍，入地深八尺，三石為足。石立後有白烏數千下集其旁。是時昌邑有枯社木臥復生，（師古曰：社木，社主之樹也。）又上林苑中大柳樹斷枯臥地，亦自立生，有蟲食樹葉成文字，曰「公孫病已立」。孟推春秋之意，以為石柳皆陰類，下民之象，泰山者岱宗之嶽，王者易姓告代之處。今大石自立，僵柳復起，（師古曰：僵，偃也。偃臥於地。音居羊反。）非人力所為，此當有從匹夫為天子者。枯社木復生，故廢之家公孫氏當復興者也。孟意亦不知其所在，即說曰：「先師董仲舒有言，雖有繼體守文之君，不害聖人之受命。漢家堯後，有傳國之運。漢帝宜誰差天下，求索賢人，（孟康曰：誰，問也。差，擇也。問擇天下賢人。）禪以帝位，（師古曰：禪，古禪字也。）而退自封百里，如殷周二王後，以承順天命。」孟使友人內官長賜上此書。（師古曰：內官，署名。百官表云內官長丞初屬少府，中屬主爵，後屬宗正。賜者，其長之名。）時昭帝幼，大將軍霍光秉政，惡之，下其書廷尉。奏賜、孟妄設祅言惑眾，大逆不道，皆伏誅。後五年，孝宣帝興於民間，即位，徵孟子為郎。

夏侯始昌，魯人也。通五經，以齊詩、尚書教授。自董仲舒、韓嬰死後，武帝得始昌，甚重之。始昌明於陰陽，先言柏梁臺災日，至期日果災。時昌邑王以少子愛，上為選師，始昌為太傅。年老，以壽終。族子勝亦以儒顯名。

夏侯勝字長公。初，魯共王分魯西寧鄉（師古曰：共讀如恭。恭王名餘，景帝之子也。）以封子節侯，別屬大河，大河後更名東平，故勝為東平人。勝少孤，好學，從始昌受尚書及洪範五行傳，說災異。後事蕑卿，（師古曰：姓蕑，名卿。蕑音姦。）又從歐陽氏問。為學精孰，所問非一師也。善說禮服。（師古曰：禮之喪服也。）徵為博士、光祿大夫。會昭帝崩，昌邑王嗣立，數出。（師古曰：每出游戲也。）勝當乘輿前諫曰：「天久陰而不雨，臣下有謀上者，陛下出欲何之？」（師古曰：之，往也。）王怒，謂勝為祅言，縛以屬吏。（師古曰：屬，委也。音之欲反。）吏白大將軍霍光，光不舉法。是時光與車騎將軍張安世謀欲廢昌邑王。光讓安世以為泄語，安世實不言。迺召問勝，勝對言在鴻範傳曰皇之不極厥罰常陰時則下人有伐上者惡察察言（師古曰惡謂忌諱也察爲計謀不敢明顯言之也五行志曰不敢察察言也）故云臣下有謀光安世大驚以此益重經術士後十餘日光卒與安世白太后（師古曰卒終也）廢昌邑王尊立宣帝光以爲羣臣奏事東宮太后省政（師古曰省視也）宜知經術白令勝用尚書授太后遷長信少府賜爵關內侯以與謀廢立（師古曰與讀曰豫）定策安宗廟益千戶宣帝初即位欲襃先帝詔丞相御史曰朕以眇身蒙遺德承聖業奉宗廟夙夜惟念（師古曰惟思也）孝武皇帝躬仁誼厲威武北征匈奴單于遠遁南平氐羌昆明甌駱兩越（師古曰甌駱皆越號）東定薉貉朝鮮（張晏曰薉也貉也在遼東之東師古曰薉字與穢同貉音莫客反）廓地斥境立郡縣百蠻率服款塞自至珍貢陳於宗廟協音律造樂歌薦上帝封太山立明堂改正朔易服色明開聖緒尊賢顯功興滅繼絕襃周後備天地之禮廣道術之路上天報況（師古曰況賜也）符瑞並應寶鼎出白麟獲海效鉅魚（師古曰效致也鉅大也）神人並見山稱萬歲功德茂盛不能盡宣而廟樂未稱（師古曰稱副也）朕甚悼焉其與列侯二千石博士議於是羣臣大議廷中皆曰宜如詔書長信少府勝獨曰武帝雖有攘四夷廣土斥境之功然多殺士眾竭民財力奢泰

亡度天下虛耗（師古曰耗減也音呼到反）百姓流離物故者半（師古曰物故謂死也）蝗蟲大起赤地數千里（師古曰言無五穀之苗）或人民相食畜積至今未復（師古曰畜讀曰蓄）亡德澤於民不宜爲立廟樂公卿共難勝曰此詔書也勝曰詔書不可用也人臣之誼宜直言正論非苟阿意順指議已出口雖死不悔於是丞相義御史大夫廣明（師古曰蔡義田廣明）劾奏勝非議詔書毀先帝不道及丞相長史黃霸阿縱勝不舉劾俱下獄有司遂請尊孝武帝廟爲世宗廟奏盛德文始五行之舞天下世世獻納以明盛德武帝巡狩所幸郡國凡四十九皆立廟如高祖太宗焉勝霸既久繫霸欲從勝受經勝辭以罪死霸曰朝聞道夕死可矣（師古曰論語稱孔子曰朝聞道夕死可矣故霸引之）勝賢其言遂授之繫再更冬講論不怠（師古曰更歷也音工衡反）至四年夏關東四十九郡同日地動或山崩壞城郭室屋殺六千餘人上乃素服避正殿遣使者弔問吏民賜死者棺錢下詔曰蓋災異者天地之戒也朕承洪業託士民之上未能和羣生曩者地震北海琅邪壞祖宗廟朕甚懼焉其與列侯中二千石博問術士有以應變補朕之闕毋有所諱因大赦勝出爲諫大夫給事中霸爲揚州刺史勝爲人質樸

守正簡易亡威儀見時謂上爲君（師古曰見於天子）誤相字
於前（師古曰前天子之前也君前臣名不當相呼字也）上亦以是親信之（師古曰知其質樸也）嘗
見出道上語（師古曰入見天子而以其言爲外人道之）上聞而讓勝（師古曰讓責也）勝曰
陛下所言善臣故揚之堯言布於天下至今見誦
臣以爲可傳故傳耳朝廷每有大議上知勝素直
謂曰先生通正言無懲前事（師古曰通謂陳道之也懲創也前事謂坐議廟樂事）
勝復爲長信少府遷太子太傅受詔撰尚書論語
說（師古曰解說其意若今義疏也）賜黃金百斤年九十卒官賜冢塋葬
平陵太后賜錢二百萬爲勝素服五日以報師傅
之恩儒者以爲榮始勝每講授常謂諸生曰士病
不明經術經術茍明其取青紫如俛拾地芥耳（師古曰地芥謂草芥之橫在地上者俛而拾之言其易而必得也青紫卿大夫之服也俛即俯字也）學經不明不如
歸耕勝從父子建字長卿（師古曰從父昆弟之子名建字長卿）自師事勝
及歐陽高左右采獲（師古曰言從勝及高兩處采問疑義而得）又從五經諸儒
問與尚書相出入者牽引以次章句具文飾說勝
非之曰建所謂章句小儒破碎大道建亦非勝爲
學疏略難以應敵建卒自顓門名經（師古曰顓與專同專門者自別爲一家之學）爲議郎博士至太子少傅勝子兼爲左曹太
中大夫孫堯至長信少府司農鴻臚曾孫蕃郡守
州牧長樂少府勝同產弟子賞爲梁內史梁內史

子定國爲豫章太守而建子千秋亦爲少府太子
少傅
京房字君明東郡頓丘人也治易事梁人焦延壽
延壽字贛（師古曰贛音貢）贛貧賤以好學得幸梁王王共其資
用（師古曰共讀曰恭）令極意學既成爲郡史察舉補小黃令
以候司先知姦邪盜賊不得發（師古曰以其常先知姦邪故欲爲盜賊者不敢發起）
愛養吏民化行縣中舉最當遷（師古曰以課最而被舉故欲遷爲他官也）
三老官屬上書願留贛有詔許增秩留（師古曰依許留而增其秩）
卒於小黃贛常曰得我道以亡身者京生也其說
長於災變分六十卦更直日用事以風雨寒溫爲
候（孟康曰分卦直日之法一爻主一日六十四卦爲三百六十日餘四卦震離兌坎爲方伯監司之官所以用震離兌坎者是二至二分用事之日又是四時各專王之氣各卦主時其占法各以其日觀其善惡也師古曰更工衡反）各有占驗房用之
尤精好鍾律知音聲初元四年以孝廉爲郎永光
建昭閒西羌反日蝕又久青亡光陰霧不精（師古曰精謂日光清明也）
房數上疏先言其將然（師古曰言且欲有此事）近數月遠
一歲所言屢中天子說之（師古曰說讀曰悅）數召見問房對
曰古帝王以功舉賢則萬化成瑞應著（師古曰萬化萬機之事施教化者也一曰萬物之類也）末世以毀譽取人故功業廢而致災異
宜令百官各試其功災異可息詔使房作其事房
奏考功課吏法（晉灼曰令丞尉治一縣崇教化亡犯法者輒遷有盜賊滿三日不覺者則尉事也令覺之自除）

二尉負其二率相准如此法上令公卿朝臣與房會議溫室師古曰溫室殿名也
皆以房言煩碎令上下相司不可許上意鄉之師古曰鄉讀曰嚮
時部刺史奏事京師上召見諸刺史令房曉
以課事刺史復以爲不可行唯御史大夫鄭弘光
祿大夫周堪初言不可後善之是時中書令石顯
顓權師古曰顓與專同顯友人五鹿充宗爲尚書令與房同
經論議相非二人用事房嘗宴見師古曰以閒宴時而入見天子問
上曰幽厲之君何以危所任者何人也上曰君不
明而所任者巧佞房曰知其巧佞而用之邪將以
爲賢也上曰賢之房曰然則今何以知其不賢也

上曰以其時亂而君危知之房曰若是任賢必治
任不肖必亂必然之道也幽厲何不覺寤而更求
賢曷爲卒任不肖以至於是師古曰卒終也上曰臨亂之君
各賢其臣令皆覺寤天下安得危亡之君房曰齊
桓公秦二世亦嘗聞此君而非笑之然則任豎刁
趙高政治日亂盜賊滿山何不以幽厲卜之而覺
寤乎上曰唯有道者能以往知來耳房因免冠頓
首曰春秋紀二百四十二年災異以視萬世之君
師古曰視讀曰示今陛下即位已來日月失明星辰逆行山
崩泉涌地震石隕夏霜冬靁師古曰靁古雷字春凋秋榮

隕霜不殺水旱螟蟲民人飢疫盜賊不禁刑人滿
市春秋所記災異盡備師古曰言今皆備有之陛下視今爲治
邪亂邪所任用者誰與師古曰與讀曰歟上曰然幸其瘉於
彼又以爲不在此人也師古曰瘉與愈同愈猶勝也言今之災異及政道猶幸勝於往日又不由所任之人
房曰夫前世之君亦皆然矣臣恐後之視今猶今
之視前也上良久迺曰今爲亂者誰哉房曰明主
宜自知之上曰不知也如知何故用之師古曰如若也房曰
上最所信任與圖事帷幄之中進退天下之士者
是矣師古曰圖謀也房指謂石顯上亦知之謂房曰已諭師古
曰言已曉此意房罷出後上令房上弟子曉知考功課吏事

者欲試用之房上中郎任良姚平願以爲刺史試
考功法臣得通籍殿中爲奏事以防雍塞師古曰雍讀曰壅
石顯五鹿充宗皆疾房欲遠之師古曰出之令遠去建言宜試
以房爲郡守師古曰立議云然也元帝於是以房爲魏郡太守
秩八百石居得以考功法治郡房自請願無屬
刺史得除用它郡人自弟吏千石已下如淳曰令長屬郡縣自課吏
殿最歲竟乘傳奏事師古曰傳張戀反其下亦同天子許焉房自知
數以論議爲大臣所非內與石顯五鹿充宗有隙
不欲遠離左右及爲太守憂懼以建昭二年二月
朔拜上封事曰辛酉以來蒙氣衰去太陽精明臣

獨欣然以爲陛下有所定也然少陰倍力而乘消息孟康曰房以消卦爲辟辟君也息卦曰太陰其餘卦曰少陰少陽謂臣下也并力雜卦氣干消息也臣疑陛下雖行此道猶不得如意臣竊悼懼守陽平侯鳳欲見未得己卯臣拜爲太守此言上雖明下猶勝之効也師古曰言上雖明而臣蔽之故己出爲郡守也臣出之後恐爲用事所蔽身死而功不成故願歲盡乘傳奏事蒙哀見許迺辛巳蒙氣復乘卦太陽侵色張晏曰晉卦解卦也太陽侵色謂大壯也此上大夫覆陽而上意疑也師古曰覆掩蔽也己卯庚辰之間必有欲隔絶臣令不得乘傳奏事者房未發上令陽平侯鳳承制詔房止無乘傳奏事房意愈恐去至新豐因郵上封事師古曰郵行書者也若今傳送文書矣郵音尤曰臣前以六月中言遯卦不効法曰道人始去寒涌水爲災師古曰道人有道術之人也天氣寒而又有水涌出也至其七月涌水出臣弟子姚平謂臣曰房可謂知道未可謂信道也房言災異未嘗不中涌水已出道人當逐死尚復何言臣曰陛下至仁於臣尤厚雖言而死臣猶言也師古曰自云不避死也平又曰房可謂小忠未可謂大忠也昔秦時趙高用事有正先者非刺高而死孟康曰姓正名先秦博士也高威自此成故秦之亂正先趣之師古曰趣讀曰促今臣得出守郡自詭効功師古曰詭責也自以爲憂責也恐未效而死惟陛下毋使臣塞涌水之異師古曰塞亦當也當正先之死爲姚平所笑房至陝復上封事師古曰陝弘農之縣也音式冉反曰乃丙戌小雨丁亥蒙

氣去然少陰并力而乘消息戊子益甚到五十分蒙氣復起孟康曰分一日爲八十分分起夜半是爲戊子之日日在巳西而蒙也蒙常以晨夜今向中而蒙起是臣黨盛君不勝也此陛下欲正消息雜卦之黨并力而爭消息之氣不勝彊弱安危之機不可不察己丑夜有還風盡辛卯孟康曰諸卦氣以寒溫不效後九十一日爲還風還風暴風也風爲教令言正令還也太陽復侵色至癸巳日月相薄孟康曰京房傳曰雖非日月同宿之時陰道盛猶上薄日光如此但日無光不食也此邪陰同力而太陽爲之疑也臣前白九年不改必有星亡之異張晏曰九陽數之極也孟康曰晝食爲既夜食爲盡而星亡爲星不見也臣願出任良試考功臣得居內星亡之異可去議者知如此於身不利臣不可蔽故云使弟子不若試師臣爲刺史又當奏事故復云爲刺史恐太守不與同心不若以爲太守此其所以隔絶臣也陛下不違其言而遂聽之此迺蒙氣所以不解太陽亡色者也臣去稍遠太陽侵色益甚唯陛下毋難還臣而易逆天意師古曰易輕也音弋豉反邪說雖安于人天氣必變故人可欺天不可欺也願陛下察焉房去月餘竟徵下獄初淮陽憲王舅張博從房受學以女妻房房與相親每朝見輒爲博道其語師古曰所與天子言皆具識之以爲上意欲用房議而羣臣惡其害己故爲衆所排博曰淮陽王上親弟敏達好政欲爲國忠師古曰爲音于僞反今

欲令王上書求入朝得佐助房房曰得無不可師古曰恐不可也
博曰前楚王朝薦士何爲不可房曰中書令
石顯尚書令五鹿君相與合同巧佞之人也事縣
官十餘年及丞相韋侯皆久亡補於民可謂亡功
矣師古曰韋玄成也此尤不欲行考功者也淮陽王即朝見
勸上行考功事善不然但言丞相中書令任事久
而不治可休丞相以御史大夫鄭弘代之遷中書
令置他官以鉤盾令徐立代之如此房考功事得
施行矣博具從房記諸所說災異事因令房爲淮
陽王作求朝奏草皆持東與淮陽王石顯微司具

知之以房親近未敢言及房出守郡顯告房與張
博通謀非謗政治歸惡天子詿誤諸侯王語在憲
王傳初房見道幽厲事出爲御史大夫鄭弘言之
房博皆棄市弘坐免爲庶人房本姓李推律自定
爲京氏死時年四十一

翼奉字少君東海下邳人也治齊詩與蕭望之匡
衡同師三人經術皆明衡爲後進望之施之政事
而奉惇學不仕好律歷陰陽之占元帝初即位諸
儒薦之徵待詔宦者署數言事宴見天子敬焉時
平昌侯王臨以宣帝外屬侍中稱詔欲從奉學其

術奉不肯與言而上封事曰臣聞之於師治道要務
在知下之邪正人誠鄉正雖愚爲用師古曰鄉讀曰嚮若乖懷邪
知益爲害知下之術在於六情十二律而已北方之情
好也好行貪狼申子主之孟康曰北方水水生於申盛於子水性觸地而行觸物而潤多所好故多好則
貪而無厭故爲貪狼也東方之情怒也怒行陰賊亥卯主之孟康曰東方木木生
於亥盛於卯木性受水氣而生貫地而出故爲怒以陰氣賊害土故爲陰賊也貪狼必待陰賊而後動陰賊
必待貪狼而後用二陰並行是以王者忌子卯也禮經
避之春秋諱焉李奇曰北方陰也卯又陰賊故爲二陰王者忌之不擧樂奉
秋禮記說皆同賈氏說桀以乙卯亡紂以甲子喪惡以爲戒
張晏曰子刑卯卯刑子相刑之日故以爲忌而云夏以乙卯亡殷以甲子亡不推湯武
以興此說非也師古曰儒者以爲子卯夏殷亡日大失之矣何儒亮以爲學者雖廢
云只取夏殷亡日不論殷周之興以爲大失不博考其義且天人之際其理相符有
德者昌無德者亡以桀紂之暴虐又遇惡日其理必亡以湯武之德固先天而天不違所
謂德能消殃矣豈殃能消德也南方之情惡也惡行廉貞寅午主之孟康曰南方火
火性生於寅盛於午火性炎猛無所容受故爲惡其氣精專嚴整故爲廉貞西方之情喜也喜行寬大巳
酉主之孟康曰西方金金生於巳盛於酉金之爲物喜以利刃加於萬物故爲喜利刃所加無不寬大故曰寬大也二陽並
行是以王者吉午酉也詩曰吉日庚午師古曰小雅吉
日之詩也其詩曰吉日庚午既差我馬言以庚午之吉日簡擇車馬以出田也上方之情樂也樂行
姦邪辰未主之孟康曰上方謂北與東也陽氣所萌生故爲上辰窮水也未窮木也翼氏風角曰木落歸本水
流歸末故木利在亥水利在辰盛衰各得其所故樂也水窮則無隙不入木上出窮則旁行故爲姦邪下方之情哀
也哀行公正戌丑主之孟康曰下方謂南與西也陰氣所萌生故爲下戌窮火也丑窮金也翼氏
風角曰金剛火彊各歸其鄉故火刑於午金刑於酉午金火之盛也盛時而受刑至窮無所歸故曰哀也火性無所私金性方剛故曰公正
辰未屬陰戌丑屬陽萬物各以其類應今陛

下明聖虛靜以待物至萬事雖衆何聞而不諭師古曰諭謂曉解之豈況乎執十二律而御六情於以知下參實亦甚優矣萬不失一自然之道也迺正月癸未日加申有暴風從西南來未主姦邪申主貪狼風以大陰下抵建前是人主左右邪臣之氣張晏曰初元二年歲在甲戌正月二十二日癸未也大陰在太歲後孟康曰時太陰在未月建在寅風從未下至寅南也建爲主氣太陰臣氣也加主氣是人主左右邪臣驗也晉灼曰癸未日風未辰也時加申張說是也平昌侯比三來見臣皆以正辰加邪時辰爲客時爲主人以律知人情王者之祕道也張晏曰平昌侯欲辰上來學爲時邪也風日加申申知祕道也孟康曰謂乙丑之日也丑爲正日加未而來爲邪時晉灼曰奉以未爲邪時占知平昌侯爲邪人此當言皆以邪辰加邪時字誤作正耳下言大邪之見辰時俱邪是也翼氏五行動爲五音四刑

散爲十二律也愚臣誠不敢以語邪人上以奉爲中郎召問奉來者以善日邪時孰與邪日善時奉對曰師法用辰不用日孟康曰假令甲子日子爲辰甲爲日用子不用甲也辰爲客時爲主人見於明主侍者爲主人張晏曰禮君燕見臣則使臣爲主人故侍者爲主人辰正時邪見者正侍者邪辰邪時正見者邪侍者正忠正之見侍者雖邪辰時俱正孟康曰大正厭小邪也凡辰時屬南與西爲正北與東爲邪晉灼曰以上占推之南方巳午西方酉戌東北寅丑爲正西南申未北方亥子東方辰卯爲邪大邪之見侍者雖正辰時俱邪孟康曰大邪厭小正也即以自知侍者之邪而時邪辰正見者反邪孟康曰凡占以見者爲本今自知侍者邪而時復邪則邪無所施故屬見者晉灼曰上言中正客見侍者雖邪辰時俱正然則小邪屬主人矣何以知之見者以大正來反我小邪故也即以自知

侍者之正而時正辰邪見者反正孟康曰已自知侍者正而時復正則正無所施辰雖邪而見者更正也晉灼曰上言大邪客見侍者雖正辰時俱邪然則小正屬主人矣以此法占之即以自知主人之正而時正辰邪矣何以知之見者以大邪來反我小正故也辰爲常事時爲一行孟康曰假令甲子日則一日一夜爲子時十二時也日加之行過也辰疏而時精其效同功必三五觀之然後可知故曰察其所繇省其進退師古曰繇與由同參之六合五行則可以見人性知人情難用外察從中甚明故詩之爲學情性而已五性不相害六情更興廢師古曰更工衡反觀性以歷張晏曰性謂五行也歷謂日也晉灼曰翼氏五性肝性靜靜行仁甲己主之心性躁躁行禮丙辛主之脾性力力行信戊癸主之肺性堅堅行義乙庚主之腎性智智行敬丁壬主之也觀情以律張晏曰情謂廉貞寬大公正姦邪陰賊貪狼也律十二律也明主所宜獨用難與二人共也

故曰顯諸仁臧諸用師古曰易上繫之辭也道周萬物故曰顯諸仁日用不知故曰藏諸用也露之則不神獨行則自然矣唯奉能用之學者莫能行是歲關東大水郡國十一飢疫尤甚上迺下詔江海陂湖園池屬少府者以假貧民勿租稅損大官膳減樂府員省苑馬諸宮館稀御幸者勿繕治太僕少府減食穀馬水衡省食肉獸明年二月戊午地震其夏齊地人相食七月己酉地復震上曰蓋聞賢聖在位陰陽和風雨時日月光星辰靜黎庶康寧考終厥命今朕共承天地託于公侯之上明不能燭德不能綏災異並臻連年不息乃二月

戊午地大震于隴西郡毀落太上廟殿壁木飾壞敗獂道縣（師古曰獂音桓）城郭官寺及民室屋厭殺人衆山崩地裂水泉涌出一年地再動天惟降災震驚朕躬治有大虧咎至於此夙夜兢兢不通大變深懷鬱悼未知其序比年不登元元困乏不勝飢寒以陷刑辟朕甚閔焉憯怛於心（師古曰憯千感反）已詔吏虛倉廩開府臧振捄貧民（師古曰捄古救字）羣司其茂思天地之戒（師古曰茂勉也）有可蠲除減省以便萬姓者各條奏悉意陳朕過失靡有所諱（師古曰悉盡也）因赦天下舉直言極諫之士奉奏封事曰臣聞之於師曰天地設位懸日月布星辰分陰陽定四時列五行以視聖人名之曰道（師古曰視讀曰示下亦類此）聖人見道然後知王治之象故畫州土建君臣立律歷陳成敗以視賢者名之曰經賢者見經然後知人道之務則詩書易春秋禮樂是也易有陰陽詩有五際（應劭曰君臣父子兄弟夫婦朋友也孟康曰詩內傳曰五際卯酉午戌亥也陰陽終始際會之歲於此則有變改之政也）春秋有災異皆列終始推得失考天心以言王道之安危至秦乃不說傷之以法（師古曰說音悅言不悅詩書而以文法傷文學之人也）是以大道不通至於滅亡今陛下明聖深懷要道燭臨萬方（師古曰燭照也）布德流惠靡有闕遺罷省不急之用振救困貧賦醫藥賜棺

錢（師古曰賦謂分給之）恩澤甚厚又舉直言求過失盛德純備天下幸甚臣奉竊學齊詩聞五際之要十月之交篇（師古曰小雅篇名也）知日蝕地震之效昭然可明猶巢居知風穴處知雨（師古曰巢居鳥鵲之屬也穴處狐貍之類也）亦不足多適所習耳臣聞人氣內逆則感動天地天變見於星氣日蝕地變見於奇物震動所以然者陽用其精陰用其形猶人之有五臧六體五臧象天六體象地故臧病則氣色發於面體病則欠申動於貌今年太陰建於甲戌律以庚寅初用事歷以甲午從春（孟康曰太陰在甲戌則太歲在子十一月庚寅日黃鍾律初起用事也）歷中甲庚律得參陽性中仁義情得公正貞廉（張晏曰甲庚皆三陽甲在東方為仁庚在西方為義戊為公正寅午為廉貞晉灼曰木數三寅在東方木位之始故曰參陽也師古曰中音竹仲反）百年之精歲也正以精歲本首王位（張晏曰春也）日臨中時接律而地大震其後連月久陰雖有大令猶不能復（師古曰大令謂虛倉廩開府庫之屬也復補也音扶目反）陰氣盛矣古者朝廷必有同姓以明親親必有異姓以明賢賢此聖王之所以大通天下也同姓親而易進異姓疏而難通故同姓一異姓五廼為平均今左右亡同姓獨以舅后之家為親異姓之臣又疏二后之黨滿朝非特處位埶尤奢僭過度呂霍上官足以卜之甚非愛人之道又非後嗣之長

棄也陰氣之盛不亦宜乎臣又聞未央建章甘泉
宮才人各以百數皆不得天性師古曰言絕男女之好也若杜陵
園其已御見者臣子不敢有言雖然太皇太后之
事也及諸侯王國與其後宮宜爲設員出其過制
者此損陰氣應天救邪之道也今異至不應災將
隨之其法大水極陰生陽反爲大旱甚則有火災
春秋宋伯姬是矣師古曰伯姬魯成公女宋恭公之夫人也幽居守寡既久而遇火災極陰生陽也
唯陛下財察師古曰財與裁同明年夏四月乙未孝武園白
鶴館災奉自以爲中上䟽曰臣前上五際地震之
效曰極陰生陽恐有火災不合明聽未見省答臣

竊內不自信今白鶴館以四月乙未時加於卯月
宿亢災與前地震同法臣奉迺深知道之可信也
不勝拳拳願復賜閒卒其終始師古曰閒空隙也卒盡也上復延問
以得失奉以爲祭天地於雲陽汾陰及諸寢廟不
以親䟽迭毀皆煩費違古制又宮室苑囿奢泰難
供以故民困國虛亡累年之畜所繇來久師古曰畜讀曰蓄繇與
由同不改其本難以末正迺上䟽曰臣聞昔者盤庚
改邑以興殷道聖人美之師古曰盤庚殷王名也將遷亳殷衆庶咸怨作盤庚三篇以告
之遂乃遷都事見尚書也竊聞漢德隆盛在於孝文皇帝躬行節
儉外省繇役其時未有甘泉建章及上林中諸離

宮館也未央宮又無高門武臺麒麟鳳皇白虎玉
堂金華之殿獨有前殿曲臺漸臺宣室溫室承
明耳孝文欲作一臺度用百金師古曰度計也音大各反重民之
財廢而不爲其積土基至今猶存師古曰今在新豐縣南驪山頂上也又
下遺詔不起山墳故其時天下大和百姓洽足德
流後嗣如令處於當今因此制度必不能成功名
天道有常王道亡常亡常者所以應有常也必有
非常之主然後能立非常之功臣願陛下徙都於
成周左據成臯右阻黽池前鄉崧高後介大河師古
曰鄉讀曰嚮介隔也崧也建滎陽扶河東南北千里以爲關而入

敖倉地方百里者八九足以自娛東厭諸侯之權
西遠羌胡之難師古曰厭抑也音一葉反遠于萬反陛下共已亡爲師古
曰共讀曰恭按成周之居兼盤庚之德萬歲之後長爲高
宗漢家郊兆寢廟祭祀之禮多不應古臣奉誠難
亶居而改作如淳曰亶居猶虛居也欲徙都乃可更制度也師古曰亶讀曰但但居謂依舊都也故
願陛下遷都正本衆制皆定亡復繕治宮館不急
之費歲可餘一年之畜師古曰畜讀曰蓄次下亦同臣聞三代之
祖積德以王然皆不過數百年而絕周至成王有
上賢之材因文武之業以周召爲輔師古曰召讀曰邵有司
各敬其事在位莫非其人師古曰言所在皆得賢材也天下甫二

世耳師古曰甫始也然周公猶作詩書深戒成王以恐失天下書則曰王毋若殷王紂師古曰周書亡逸篇也其書曰周公曰烏虖毋若殷王紂之迷亂酗于酒德哉是也其詩則曰殷之未喪師克配上帝宜監于殷駿命不易師古曰詩大雅文王之詩也師眾也駿大也言殷家自帝乙以上未喪天下之時皆能配天而行至紂荒怠自取敗滅今宜以殷王賢愚爲鑒知天之大命甚難也今漢初取天下起於豐沛以兵征伐德化未洽後世奢侈國家之費當數代之用非直費財又乃費士孝武之世暴骨四夷不可勝數有天下雖未久至於陛下八世九主矣如淳曰呂后爲主不得爲世故八世九主矣雖有成王之明然亡周召之佐師古曰召讀曰邵今東方連年飢饉加之以疾疫百姓菜色

或至相食師古曰人專食菜故肌膚青黃爲菜色也地比震動天氣溷濁日光侵奪師古曰比頻也溷汙也音下頓反繇此言之師古曰繇與由同執國政者豈可以不懷怵惕而戒萬分之一乎故臣願陛下因天變而徙都所謂與天下更始者也天道終而復始窮則反本故能延長而亡窮也今漢道未終陛下本而始之於以永世延祚不亦優乎如因丙子之孟夏順太陰以東行張晏曰如因今丙子四月也太陰是時在甲戌當轉在乙亥丙子左旋之也到後七年之明歲必有五年之餘蓄然後大行考室之禮李奇曰凡宮新成殺牲以釁祭致其五祀之神謂之考室師古曰考成也成其禮也詩小雅斯干之詩序曰斯干宣王考室也故奉引之雖周之隆盛亡以加此唯陛下

留神詳察萬世之策書奏天子異其意荅曰問奉今園廟有七云東徙狀何如奉對曰昔成王徙洛般庚遷殷其所避就皆陛下所明知也非有聖明不能一變天下之道臣奉愚戇狂惑唯陛下裁赦其後貢禹亦言當定迭毀禮上遂從之及匡衡爲丞相奏徙南北郊其議皆自奉發之奉以中郎爲博士諫大夫年老以壽終子及孫皆以學在儒官

李尋字子長平陵人也治尚書與張孺鄭寬中同師寬中等守師法教授尋獨好洪範災異又學天文月令陰陽事丞相翟方進方進亦善爲星歷除

尋爲吏數爲翟侯言事帝舅曲陽侯王根爲大司馬票騎將軍厚遇尋是時多災異根輔政數虛己問尋尋見漢家有中衰阸會之象其意以爲且有洪水爲災乃說根曰書曰天聰明師古曰虞書臯陶謨之辭也天視聽人君之行不可不畏慎也蓋言紫宮極樞通位帝紀孟康曰紫宮天之北宮也極天之北極星也樞是其迴轉者也天文志曰天極其一明者太一常居也太一天皇大帝也與通極爲一體故曰通位帝紀也太微四門廣開大道孟康曰太微天之南宮也四門太微之四門也五經六緯尊術顯士孟康曰六緯五經與樂緯也張晏曰六緯五經就孝經緯也師古曰六緯者五經之緯及樂緯也孟說是也翼張舒布燭臨四海張晏曰翼二十八星十八度舒布張廣也翼翅夾張故言也少微處士爲比爲輔孟康曰少微四星在太微西主處士儒學之官爲太微輔佐也故大帝廷女宮在

後(孟康曰言少微四星在太微西太微爲天帝廷女官謂軒轅星也)聖人承天賢賢易色取法於此(師古曰賢賢尊上賢人易色輕略於色不貴之也易弋二反)天官上相上將皆顓面正朝(孟康曰朝太微宮垣也西垣爲上將東垣爲上相各尃一面而正天之朝事也)憂責甚重要在得人得人之效成敗之機不可不勉也昔秦穆公說諓諓之言任仡仡之勇身受大辱社稷幾亡(師古曰諓諓小善也仡仡壯健也謂聽杞子逢孫楊孫之言言鄭可襲乃使孟明視西乞術白乙丙帥師伐鄭遂爲晉襄公所禦而敗於殽三帥盡獲匹馬隻輪皆無反者諓音踐仡巨乙反又牛乞反)悔過自責思惟黃髮任用百里奚卒伯西域德列王道(師古曰謂晉歸三師之後穆公自悔作秦誓云雖則員然尚猷詢茲黃髮則罔所愆言自言前有云然之過今庶幾以道謀此黃髮賢老則行事無所過失矣百里奚本虞人也穆公用之卒成霸業)二者禍福如此可不愼哉夫士者國家之大寶功

名之本也將軍一門九侯二十朱輪漢興已來臣子貴盛未嘗至此夫物盛必衰自然之理唯有賢友彊輔庶幾可以保身命全子孫安國家書曰歷象日月星辰(師古曰虞書堯典之辭也)此言仰視天文俯察地理觀日月消息候星辰行伍揆山川變動參人民繇俗(師古曰繇讀與謠同繇俗者謂若童謠及輿人之誦)以制法度考禍福舉錯誖逆咎敗將至徵兆爲之先見(師古曰誖乖也音布內反)明君恐懼修正側身博問轉禍爲福不可救者即蓄備以待之故社稷亡憂竊見往者赤黃四塞地氣大發動土竭民天下擾亂之徵也彗星爭明(張晏曰與日月爭明)庶雄爲桀

大寇之引也(師古曰將引致大寇也)此二者已頗效矣城中訛言大水奔走上城朝廷驚駭女孽入宮(應劭曰謂小女陳持弓也)此獨未效閒者重以水泉涌溢旁宮闕仍出(李奇曰旁宮闕而出水也師古曰旁附也仍頻也重直用反旁薄郎反)月太白入東井犯積水缺天淵(張晏曰犯東井有水災孟康曰積水一星在北河北天淵十星在北斗星東南缺者拂其角而過之也)日數湛於極陽之色(張晏曰極陽之宗故爲極陽也色宜明耀而無光也)羽氣乘宮(孟康曰天文志曰西方爲羽羽少陰之位少陰臣氣乘於君也晉灼曰羽北方水也水陰爲臣宮中央土也土爲君今水乘土言臣氣勝於君也)起風積雲又錯以山崩地動河不用其道(師古曰錯雜也言河徙泲不從故道也)盛冬雷電潛龍爲孽(孟康曰黑龍冬見張晏曰五行傳曰龍見井中幽囚之象也)繼以隕星流彗維塡上見(孟康曰有地維星有四塡星皆妖星也晉灼曰天文志四鎭星出四隅去地可四丈地維

藏光亦出四隅去地可二丈若月始出所見下有亂者亡有德者昌)日蝕有背鄉(師古曰背步內反鄉讀曰嚮)此亦高下易居洪水之徵也不憂不改洪水迺欲盪滌流彗迺欲埽除改之則有年亡期(師古曰言可延期得禳災)故屬者頗有變改小貶邪猾(師古曰屬者謂近時也屬之欲反)日月光精時雨氣應(師古曰精謂光明也)此皇天右漢亡已也(師古曰右讀曰祐)何況致大改之宜急博求幽隱拔擢天士任以大職(李奇曰天士知天道者也晉灼曰嚴君平言師於天士天士應宿台鼎之臣也師古曰李說是也)諸闒茸佞諂抱虛求進(師古曰闒吐臘反茸人勇反諂古諂字)及用殘賊酷虐聞者若此之徒皆嫉善憎忠壞天文敗地理涌趯邪陰湛溺太陽(師古曰趯字與躍同湛讀曰沈)爲主結怨於民(師古曰爲于僞反)宜以時

廢退不當得居位誠必行之凶災銷滅子孫之福不旋日而至政治感陰陽猶鐵炭之低卬見效可信者也（孟康曰天文志云縣土炭也以鐵易土耳先冬夏至縣鐵炭於衡各一端令適停冬陽氣至炭仰而鐵低夏陰氣至炭低而鐵仰以此候二至也）及諸蓄水連泉務通利之修舊隄防省池澤稅以助損邪陰之盛案行事考變易訛言之效未嘗不至請徵韓放（服虔曰姓名也曉水）掾周敞王望可與圖之根於是薦尋哀帝初即位召尋待詔黃門使侍中衛尉傅喜問尋間者水出地動日月失度星辰亂行災異仍重（師古曰重直用反）極言毋有所諱尋對曰陛下聖德尊天敬地畏命重民悼懼變異不忘踈

賤之臣幸使重臣臨問愚臣不足以奉明詔竊見陛下新即位開大明除忌諱博延名士靡不並進臣尋位卑術淺過隨衆賢待詔（師古曰過猶謬也）食大官衣御府久汙玉堂之署（師古曰玉堂殿在未央宮）比得召見亡以自效（師古曰比頻也）復特見延問至誠自以逢不世出之命願竭愚心不敢有所避庶幾萬分有一可采唯弃須臾之間宿留瞽言（師古曰間謂空隙之時也宿先就反留力救反）考之文理稽之五經揆之聖意以參天心夫變異之來各應象而至臣謹條陳所聞易曰縣象著明莫大乎日月（師古曰上繫之辭也在天成象故曰縣象也）夫日者衆陽之長煇光所燭萬里同晷

人君之表也（師古曰晷景也）故日將旦清風發羣陰伏君以臨朝不牽於色日初出炎以陽君登朝佞不行忠直進不蔽障日中煇光君德盛明大臣奉公日將入專以壹君就房有常節君不修道則日失其度晻昧亡光（師古曰晻與暗同又音烏感反）各有云爲其於東方作日初出時（師古曰作起也日出之時人物皆起）陰雲邪氣起者法爲牽於女謁有所畏難（服虔曰謁請也）日出後爲近臣亂政日中爲大臣欺誣日且入爲妻妾役使所營（師古曰營謂繞也）間者日尤不精光明侵奪失色邪氣珥蜺數作本起於晨相連至昏其日出後至日中間差瘉（師古曰瘉與愈同）小臣不

知內事竊以日視陛下志操衰於始初多矣其咎恐有以守正直言而得罪者傷嗣害世不可不慎也唯陛下執乾剛之德強志守度毋聽女謁邪臣之態諸保阿乳母甘言悲辭之託斷而勿聽勉強大誼絕小不忍良有不得已可賜以貨財不可私以官位誠皇天之禁也日失其光則星辰放流（張晏曰日夜食則失光晝立六尺木不見其景也日陽失光明陰得施也）陽不能制陰陰桀得作間者太白正晝經天宜隆德克躬以執不軌臣聞月者衆陰之長銷息見伏百里爲品千里立表萬里連紀（孟康曰品同也言百里內數度同也千里則當立表度其景萬里則總其本所起紀其宿度也）妃后大臣

諸侯之象也朔晦正終始弦爲繩墨望成君德春
夏南秋冬北間者月數以春夏與日同道孟康曰房有四星其
間有三道春夏南行南頭第一星裏道也秋冬北行北頭第一星裏道也與日同道者謂中央道也此三道者日月五星之所由也過軒
轅上后受氣孟康曰軒轅南大星爲后入太微帝廷揚光煇犯上
將近臣列星皆失色厭厭如滅鄭氏曰厭音檿桑之檿師古曰音烏點反此
爲母后與政亂朝師古曰與讀曰豫陰陽俱傷兩不相便外
臣不知朝事竊信天文即如此近臣已不足杖矣
師古曰杖謂倚仗也屋大柱小可爲寒心師古曰言天下事重大臣之任當得賢能者唯
陛下親求賢士無彊所惡以崇社稷尊彊本朝師古
曰邪佞之人誠可賤惡勿得寵異令其盛彊也臣聞五星者五行之精五帝司命

應王者號令爲之節度歲星主歲事爲統首號
令所紀今失度而盛此君指意欲有所爲未得其
節也又填星不避歲星者后帝共政相留於奎婁
張晏曰歲星爲帝填星爲女主也當以義斷之熒惑往來亡常周歷兩
宮作態低卬張晏曰兩宮謂紫微太微入天門上明堂貫尾亂宮
孟康曰角兩星爲天門房爲明堂尾爲後宮蘇林曰常占當從尾北而今貫之尾爲後宮之義也太白發越犯庫
張晏曰發越疾貌也庫天庫也孟康曰奎爲天庫兵寇之應也貫黃龍入帝庭張晏
曰黃龍軒轅也當門而出隨熒惑入天門至房而分欲與熒
惑爲患不敢當明堂之精此陛下神靈故禍亂不
成也熒惑厥弛張晏曰厥弛動搖貌佞巧依執微言毀譽進類

蔽善師古曰進其黨類而擁蔽善人太白出端門孟康曰端門太微正南門臣有不臣者
火入室金上堂張晏曰熒惑入營室也孟康曰火入室謂熒惑歷兩宮也金謂太白也上堂入房星也不以
時解其憂凶填歲相守又主內亂宜察蕭牆之內
毋忽親疏之微師古曰微謂其事微誅放佞人防絕萌牙以盪
滌濁濊消散積惡師古曰濊與穢同也毋使得成禍亂辰星主
正四時當效於四仲四時失序則辰星作異今出
於歲首之孟天所以譴告陛下也政急則出蚤政
緩則出晚政絕不行則伏不見而爲彗茀師古曰茀與孛同
四孟皆出爲易王命四季皆出星家所諱今幸獨
出寅孟之月蓋皇天所以篤右陛下師古曰篤厚也右與祐同祐猶助也

宜深自改治國故不可以戚戚欲速則不達經曰
三載考績三考黜陟師古曰虞書舜典之辭也言三年一考功績三考一行黜陟也加以號
令不順四時既往不咎來事之師也間者春三月
治大獄時賊陰立逆恐歲小收季夏舉兵法時寒
氣應恐後有霜雹之災秋月行封爵其月土溼奧
張晏曰違於月令也師古曰奧溫也音於六反恐後有雷雹之變夫以喜怒賞罰
而不顧時禁雖有堯舜之心猶不能致和善言天
者必有效於人設上農夫而欲冬田肉袒深耕汙
出種之然猶不生者非人心不至天時不得也易
曰時止則止時行則行動靜不失其時其道光明

師古曰此艮卦彖辭也言動止隨時則有光明也書曰欽 授民時師古曰虞書堯典之辭也言授下以四時之命不可不欽也故古之王者尊天地重陰陽欽四時嚴月令順之以善政則和氣可立致猶枹鼓之相應也師古曰枹擊鼓之椎也音孚其字從木也今朝庭忽於時月之令諸侍中尚書近臣宜皆令通知月令之意設羣下請事若陛下出令有謬於時者當知爭之以順時氣臣聞五行以水爲本其星玄武婺女天地所紀終始所生孟康曰婺女須女也北方天地之紀陰陽之終始也水爲準平王道公正脩明則百川理落脈通師古曰落謂經絡也偏黨失綱則踊溢爲敗書云水曰潤下師古曰周書洪範之辭也陰動而卑不失其道天下有

道則河出圖洛出書故河洛決溢所爲最大今汝潁畎澮皆川水漂踊與雨水並爲民害師古曰畎澮小流也許慎說廣尺深尺曰畎廣二尋深二刃謂之澮川者水貫穿而通流也畎工犬反澮工外反此詩所謂爗爗震電不寧不令百川沸騰者也師古曰詩小雅十月之交之詩也爗爗光貌寧安也令善也言陰陽失和雷電失序不安不善故百川又沸騰其咎在於皇甫卿士之屬師古曰皇甫卿士周室女寵之族也解在劉向傳唯陛下留意詩人之言少抑外親大臣臣聞地道柔靜陰之常義也地有上中下其上位震應妃后不順中位應大臣作亂下位應庶民離畔震或於其國國君之咎也四方中央連國歷州俱動者其異最大間者關東地數震五星作異亦

未大逆宜務崇陽抑陰以救其咎固志建威閉絕私路拔進英儁退不任職以彊本朝夫本彊則精神折衝本弱則招殃致凶爲邪謀所陵師古曰折衝言有欲衝突爲害者則能折挫之聞往者淮南王作謀之時其所難者獨有汲黯以爲公孫弘等不足言也弘漢之名相於今亡比而尚見輕何況亡弘之屬乎故曰朝廷亡人則爲賊亂所輕其道自然也天下未聞陛下奇策固守之臣也語曰何以知朝廷之衰人人自賢不務於通人故世陵夷師古曰通人謂薦達賢材也陵夷謂頹替也馬不伏歷不可以趨道士不素養不可以重國師古曰伏歷謂伏槽歷而秣之也趨讀曰趣

詩曰濟濟多士文王以寧師古曰大雅文王之詩也已解於上孔子曰十室之邑必有忠信師古曰論語載孔子之言也非虛言也陛下秉四海之衆曾亡柱幹之固守聞於四境殆開之不廣取之不明勸之不篤傳曰土之美者善養禾君之明者善養士人皆可使爲君子師古曰言在所以勸厲之詔書進賢良赦小過無求備以博聚英儁如近世貢禹以言事忠切蒙尊榮當此之時士厲身立名者多禹死之後日日以衰及京兆尹王章坐言事誅滅智者結舌師古曰不敢出言也邪僞並興外戚顓命師古曰顓與專同君臣隔塞至絕繼嗣女宮作亂師古曰謂趙飛燕姊妹也此行事之敗

誠可畏而悲也本在積任母后之家非一日之漸
往者不可及來者猶可追也先帝大聖深見天意
昭然使陛下奉承天統欲矯正之也宜少抑外親
選練左右舉有德行道術通明之士充備天官然
後可以輔聖德保帝位承大宗下至郎吏從官行
能亡以異又不通一藝及博士無文雅者宜皆使
就南畝師古曰遣歸農業以視天下師古曰視讀曰示明朝廷皆賢材君
子於以重朝尊君滅凶致安此其本也臣自知所
言害身不辟死亡之誅唯財留神反覆覆愚臣之
言師古曰財與裁同謂裁量而反思之是時哀帝初立成帝外家王氏未

甚抑黜而帝外家丁傅新貴祖母傅太后尤驕恣
欲稱尊號丞相孔光大司空師丹執政諫爭久之
上不得已遂免光丹而尊傅太后語在丹傳上雖
不從尋言然采其語每有非常輒問尋對屢中遷
黃門侍郎以尋言且有水災故拜尋爲騎都尉使
護河隄初成帝時齊人甘忠可詐造天官歷包元
太平經十二卷以言漢家逢天地之大終當更受
命於天天帝使眞人赤精子下教我此道忠可以
教重平夏賀良容丘丁廣世服虔曰重平勃海縣也晉灼曰容丘東海縣也東郡
郭昌等中壘校尉劉向奏忠可假鬼神罔上惑衆

下獄治服未斷病死賀良等坐挾學忠可書以不
敬論後賀良等復私以相教哀帝初立司隸校尉
解光亦以明經通災異得幸白賀良等所挾忠可
書事下奉車都尉劉歆歆以爲不合五經不可施
行而李尋亦好之光曰前歆父向奏忠可下獄歆
安肯通此道時郭昌爲長安令勸尋宜助賀良等
尋遂白賀良等皆待詔黃門數召見陳說漢歷中
衰當更受命成帝不應天命故絕嗣今陛下久疾
變異屢數師古曰數所角反天所以譴告人也宜急改元易
號乃得延年益壽皇子生災異息矣得道不得行

咎殃且亡師古曰言知道不能行之必有殃咎將至滅亡不有洪水將出災火且
起滌盪民人哀帝久寢疾幾其有益師古曰幾讀曰冀遂從
賀良等議於是詔制丞相御史蓋聞尚書五曰考
終命師古曰周書洪範五福之數也言得壽考而終其命也言大運壹終更紀天元人元
考文正理推歷定紀數如甲子也朕以眇身入繼
太祖承皇天總百僚子元元未有應天心之效即
位出入三年災變數降日月失度星辰錯謬高下
貿易師古曰言山崩川竭也大異連仍盜賊並起師古曰仍頻也朕甚懼焉
戰戰兢兢唯恐陵夷師古曰陵夷漸減亡也惟漢至今二百載歷
紀開元皇天降非材之右漢國再獲受命之符師古

（師古曰右讀曰祐祐助也帝自言不材而得天助也）朕之不德曷敢不通夫受天之元命必與天下自新其大赦天下以建平二年為太初元年號曰陳聖劉太平皇帝漏刻以百二十為度布告天下使明知之後月餘上疾自若（師古曰自若言如故也）賀良等復欲妄變政事大臣爭以為不可許賀良等奏言大臣皆不知天命宜退丞相御史以解光李尋輔政上以其言亡驗遂下賀良等吏而下詔曰朕獲保宗廟為政不德變異屢仍恐懼戰栗未知所繇（師古曰繇讀與由同）待詔賀良等建言改元易號增益漏刻可以永安國家朕信道不篤過聽其言（師古曰過誤也）

幾為百姓獲福（師古曰幾冀也）卒無嘉應久旱為災以問賀良等對當復改制度皆背經誼違聖制不合時宜夫過而不改是為過矣六月甲子詔書非赦令也皆蠲除之（師古曰唯赦令不改餘皆除之）賀良等反道惑眾姦態當窮竟皆下獄光祿勳平當光祿大夫毛莫如與御史中丞廷尉雜治當賀良等執左道亂朝政（師古曰當謂處正其罪名）傾覆國家誣罔主上不道賀良等皆伏誅尋及解光減死一等徙敦煌郡

贊曰幽贊神明通合天人之道者莫著乎易春秋（師古曰幽深贊明也）然子贛猶云夫子之文章可得而聞（師古曰謂易辭文言及春秋之屬是）夫子之言性與天道不可得而聞已矣（師古曰性命玄遠天道幽深故孔子不言之也此皆論語述子貢之言也）漢興推陰陽言災異者孝武時有董仲舒夏侯始昌昭宣則眭孟夏侯勝元成則京房翼奉劉向谷永哀平則李尋田終術此其納說時君著明者也察其所言仿佛一端（師古曰仿讀曰髣佛與髴同）假經設誼依託象類或不免乎億則屢中（師古曰論語稱孔子曰賜不受命而貨殖焉億則屢中故此贊引之言仲舒等億度所言既多故時有中者耳非必道術皆通明也億於力反）仲舒下吏夏侯囚執眭孟誅戮李尋流放此學者之大戒也京房區區不量淺深危言刺譏構怨彊臣罪辜不旋踵亦不密以失身悲失（師古曰易上繫辭曰君不密則失臣臣不密則失身故贊引之也）

眭兩夏侯京翼李傳第四十五

趙尹韓張兩王傳第四十六 班固 漢書七十六

秘書監上護軍琅邪縣開國子顏師古注

趙廣漢字子都涿郡蠡吾人也 師古曰蠡音禮 故屬河間 師古曰言蠡吾舊屬河間後屬涿郡 少爲郡吏州從事以廉絜通敏下士爲名 師古曰敏謂材識捷疾也下胡嫁反 舉茂材平準令察廉爲陽翟令以治行尤異遷京輔都尉守京兆尹會昭帝崩而新豐杜建爲京兆掾護作平陵方上 孟康曰壙藏上也師古曰方上解在張湯傳 建素豪俠賓客爲姦利廣漢聞之先風告不改 師古曰風讀曰諷 於是收案致法 師古曰致至也令至於罪罰之法 中貴人豪長者爲請無不至終無所聽 師古曰中貴人居中朝而貴者也豪豪桀也長者有名德之人也

宗族賓客謀欲篡取 師古曰逆取曰篡 廣漢盡知其計議主名起居 師古曰起居謂居止之處及欲發起之狀 使吏告曰若計如此且并滅家令數吏將建弃市莫敢近者京師稱之是時昌邑王徵即位行淫亂大將軍霍光與羣臣共廢王尊立宣帝廣漢以與議定策賜爵關內侯 師古曰與讀曰豫 遷潁川太守郡大姓原褚宗族橫恣 李奇曰原音元師古曰原褚二姓也原讀如本字橫胡孟反 賓客犯爲盜賊前二千石莫能禽制廣漢既至數月誅原褚首惡郡中震栗先是潁川豪桀大姓相與爲婚姻吏俗朋黨廣漢患之厲使其中可用者受記 服虔曰受相訟讞記也師古曰擇其中可使者獎厲而使之 出有

案問既得罪名行法罰之廣漢故漏泄其語令相怨咎 師古曰遣知其事由其人發故結怨咎也 又教吏爲缿筩 蘇林曰缿音項如瓶可受投書孟康曰缿音竹筩也如今官受密事筩也師古曰缿若今盛錢臧瓶爲小孔可入而不可出或缿或筩皆爲此制而用受書令投於其中也筩音同 及得投書削其主名而託以爲豪桀大姓子弟所言其後彊宗大族家家結爲仇讎姦黨散落風俗大改吏民相告訐 師古曰面相斥曰訐音居乂反又音居謁反 廣漢得以爲耳目盜賊以故不發發又輒得壹切治理威名流聞 師古曰言諸事皆治理也治直吏反一切解在平紀 及匈奴降者言匈奴中皆聞廣漢本始二年漢發五將軍擊匈奴徵遣廣漢以太守將兵屬蒲類將軍趙充國從軍還復用守

京兆尹滿歲爲眞廣漢爲二千石以和顏接士其尉薦待遇吏殷勤甚備 如淳曰尉亦薦藉也師古曰尉薦謂安尉而薦達之 事推功善歸之於下曰某掾卿所爲非二千石所及行之發於至誠吏見者皆輸寫心腹無所隱匿咸願爲用僵仆無所避 師古曰僵偃也仆頓也僵音薑仆音赴 廣漢聰明皆知其能之所宜盡力與否其或負者輒先聞知風諭不改乃收捕之 師古曰風讀曰諷 無所逃案之皐立具即時伏辜廣漢爲人彊力天性精於吏職見吏民或夜不寢至旦尤善爲鉤距以得事情 蘇林曰鉤得其情使不得去也晉灼曰鉤致也距閉也使對者無疑若不問而自知衆莫覺所由以閉其術爲距也師古曰晉說是也 鉤距者設欲知馬

賈則先問狗師古曰賈讀曰價已問羊又問牛然後及馬參
伍其賈以類相準則知馬之貴賤不失實矣唯廣
漢至精能行之它人效者莫能及郡中盜賊閭里
輕俠其根株窟穴所在及吏受取請求銖兩之姦
皆知之長安少年數人會窮里空舍謀共劫人
師古曰窮里里中之極隱處坐語未訖廣漢使吏捕治具服富人蘇
回為郎二人劫之師古曰劫取其身為質令家將財物贖之有頃廣漢將吏
到家自立庭下使長安丞龔奢叩堂戶曉賊師古曰曉謂諭
告之曰京兆尹趙君謝兩卿無得殺質此宿衛臣也
釋質束手得善相遇幸逢赦令或時解脫師古曰若束手自來
雖合勠牢獄當善勠遇之或逢赦令則得免脫也脫土活反二人驚愕又素聞廣漢名
即開戶出下堂叩頭廣漢跪謝曰幸全活郎甚厚
送獄勑吏謹遇給酒肉至冬當出死豫為調棺給
斂葬具告語之師古曰調謂具之也棺斂以棺衣斂尸也調徒釣反棺工喚反斂力贍反皆曰死
無所恨廣漢嘗記召湖都亭長師古曰為書記以召之若今之下符追呼人也
湖都亭長西至界界上亭長戲曰至府為我多
問趙君師古曰多厚也言殷勤若今人言千萬問訊矣亭長既至廣漢與問事
畢謂曰界上亭長寄聲謝我師古曰謝告也何以不為致
問亭長叩頭服實有之廣漢因曰還為吾謝界上
亭長勉思職事有以自效京兆不忘卿厚意其發

姦擿伏如神皆此類也師古曰擿謂動發之也音它狄反廣漢奏請
令長安游徼獄吏秩百石師古曰特增其秩以厲其行其後百石吏
皆差自重不敢枉法妄繫留人京兆政清吏民稱
之不容口長老傳以為自漢興治京兆者莫能及
左馮翊右扶風皆治長安中師古曰治直吏反犯法者從迹
喜過京兆界師古曰從讀曰蹤喜許吏反廣漢歎曰亂吾治者常
二輔也誠令廣漢得兼治之直差易耳初大將
軍霍光秉政廣漢事光及光薨後廣漢心知微指師古
曰謂天子意也發長安吏自將與俱至光子博陸侯禹第直
突入其門廋索私屠酤椎破盧罌斧斬其門關

而去師古曰廋讀與搜同謂入室求之也盧所以居罌罌所以盛酒也盧解在食貨志司馬相如傳罌於耕反時光女
為皇后聞之對帝涕泣帝心善之以召問廣漢廣
漢由是侵犯貴戚大臣所居好用世吏子孫新進
年少者師古曰言舊吏家子孫而其人後出求進又年少也專厲彊壯蠭氣師古曰
蠭與鋒同言鋒銳之氣見事風生無所回避師古曰風生言其速疾不可當也回曲也率多果
敢之計莫為持難廣漢終以此敗初廣漢客私酤
酒長安市丞相吏逐去客疑男子蘇賢言之以語
廣漢廣漢使長安丞案賢師古曰案致其罪也尉史禹故劾賢為騎
士屯霸上不詣屯所乏軍興文穎曰尉史尉部吏也禹其名賢父上
書訟罪告廣漢事下有司覆治禹坐要斬請逮

捕廣漢有詔即訊(師古曰令就問之不追入獄也)辭服會赦貶秩一等
廣漢疑其邑子榮畜教令(師古曰蘇賢之邑子也令力成反)後以它法
論殺畜人上書言之事下丞相御史案驗甚急廣
漢使所親信長安人爲丞相府門卒令微司丞相
門內不法事地節三年七月中丞相傅婢有過自
絞死廣漢聞之疑丞相夫人妬殺之府舍而丞相
奉齋酎入廟祠(師古曰將酎祭宗廟而先絜齋也)廣漢得此使中郎
趙奉壽風曉丞相(師古曰風讀曰諷)欲以脅之毋令窮正已
事丞相不聽案驗愈急廣漢欲告之先問太史知
星氣者言今年當有戮死大臣廣漢即上書告

丞相罪制曰下京兆尹治廣漢知事迫切遂自將
吏卒入丞相府召其夫人跪庭下受辭(師古曰受其對辭也)收
奴婢十餘人去責以殺婢事丞相魏相上書自陳
妻實不殺婢廣漢數犯罪法不伏辜以詐巧迫脅
臣相幸臣相寬不奏願下明使者治廣漢所驗臣
相家事事下廷尉治實丞相自以過譴笞傅婢出
至外弟乃死不如廣漢言司直蕭望之劾奏廣漢
摧辱大臣欲以劫持奉公逆節傷化不道宣帝惡
之下廣漢廷尉獄又坐賊殺不辜鞫獄故不以實
擅斥除騎士乏軍興數罪(師古曰斥除逐遣之)天子可其奏吏

民守闕號泣者數萬人或言臣生無益縣官願代
趙京兆死使牧養小民廣漢竟坐要斬廣漢爲京
兆尹廉明威制豪彊小民得職(師古曰得職各得其常所也)百姓追
思歌之至今
尹翁歸字子兄(師古曰兄讀曰況)河東平陽人也徙杜陵翁
歸少孤與季父居爲獄小吏曉習文法喜擊劒人
莫能當(師古曰喜許吏反)是時大將軍霍光秉政諸霍在平
陽奴客持刀兵入市鬬變吏不能禁(師古曰變亂也)及翁歸
爲市吏莫敢犯者公廉不受餽(師古曰餽亦饋字也)百賈畏之
後去吏居家會田延年爲河東太守行縣至平陽悉

召故吏五六十人延年親臨見令有文者東有武
者西閱數十人次到翁歸獨伏不肯起對曰翁歸
文武兼備唯所施設功曹以爲此吏倨敖不遜(師古曰敖讀曰傲)
延年曰何傷遂召上辭問(師古曰爲文辭而問之)甚奇其對
除補卒史便從歸府案事發姦窮竟事情延年大
重之自以能不及翁歸徙署督郵河東二十八縣
分爲兩部閎孺部汾北翁歸部汾南(師古曰閎姓也音宏)所舉
應法得其罪辜屬縣長吏雖中傷莫有怨者舉
廉爲緱氏尉歷守郡中所居治理(師古曰歷於郡中守丞尉之職也)遷
補都內令舉廉爲弘農都尉徵拜東海太守過辭

廷尉于定國定國家在東海欲屬託邑子兩人（師古曰邑子同邑之人之子也屬音之欲反）令坐後堂待見定國與翁歸語終日不敢見其邑子旣去定國乃謂邑子曰此賢將汝不任事也又不可干以私（師古曰任堪也干求也）翁歸治東海明察郡中吏民賢不肖及姦邪罪名盡知之縣縣各有記籍自聽其政（師古曰言決斷諸縣姦邪之事不委令長）有急名則少緩之吏民小解輒披籍（服虔曰披有罪者籍也師古曰解讀曰懈）縣縣收取黠吏豪民案致其罪高至於死取人必於秋冬課吏大會中及出行縣（師古曰於大會之中及行縣時則收取罪人以警衆也行音下更反）不以無事時其有所取也以一警百吏民皆服恐懼改行自新東海大豪郯許仲孫（師古曰郯縣之豪姓許名仲孫）為姦猾亂吏治郡中苦之二千石欲捕者輒以力勢變詐自解終莫能制翁歸至論弃仲孫市一郡怖栗莫敢犯禁東海大治以高弟入守右扶風滿歲為眞選用廉平疾姦吏以為右職接待以禮好惡與同之其負翁歸罰亦必行治如在東海故迹姦邪罪名亦縣縣有名籍盜賊發其比伍中（師古曰比謂左右相次者也五家為伍若今五保也比頻寐反）翁歸輒召其縣長吏曉告以姦黠主名教使用類推迹盜賊所過抵（師古曰抵歸也所經過及所歸投也）類常如翁歸言無有遺脫（師古曰類猶率也）緩於小弱急於豪彊豪彊有論罪輸掌畜官（師古曰論罪決罪也扶風畜牧所在有苑師之屬故曰掌畜官也畜音許救反）使斫莝（師古曰莝斬芻音千卧反）責以員程不得取代（師古曰員數也計其人及日數為功程）不中程輒笞督（師古曰督責也）極者至以鈇自

剄而死（師古曰鈇所莝刃也音大夫之夫使其所莝故因以莝刃自剄而說者或謂為斧或云劍鉞皆失之也）京師畏其威嚴扶風大治盜賊課常為三輔最（師古曰言發則獲之無有遺失故為最也）翁歸為政雖任刑其在公卿之間清絜自守語不及私然溫良嗛退不以行能驕人（師古曰嗛古以為謙字）甚得名譽於朝廷視事數歲元康四年病卒家無餘財天子賢之制詔御史朕夙興夜寐以求賢為右（師古曰右猶上也）不異親疏近遠務在安民而已扶風翁歸廉平鄉正（師古曰鄉讀曰嚮）治民異等早夭不遂不得終其功業朕甚憐之其賜翁歸子黃金百斤以奉其祭祠翁歸三子皆為郡守少子岑歷位九卿至後將軍而閎孺亦至廣陵相有治名由是世稱田延年為知人

韓延壽字長公燕人也徙杜陵少為郡文學父義為燕郎中剌王之謀逆也義諫而死燕人閔之是時昭帝富於春秋大將軍霍光持政徵郡國賢良文學問以得失時魏相以文學對策以為賞罰所以勸善禁惡政之本也日者燕王為無道（師古曰日者猶言往日也）韓義出身彊諫為王所殺義無比干之親而蹈比干之節（師古曰殷之比干紂之諸父諫紂而死故以為喻也）宜顯賞其子以示天下明為人臣之義光納其言因擢延壽為諫大夫遷淮陽太守治甚有名徙潁川潁川多豪彊難治國家常為選良二千石先是趙廣漢為太守患其俗

朋黨故構會吏民令相告訐（師古曰擿結也）一切以爲聰明
潁川由是以爲俗民多怨讎延壽欲改更之教以
禮讓恐百姓不從乃歷召郡中長老爲鄉里所信
向者數十人設酒具食親與相對接以禮意人人
問以謠俗民所疾苦（師古曰謠俗謂閭里歌謠政教善惡也）爲陳和睦親
愛銷除怨咎之路長老皆以爲便可施行因與議
定嫁娶喪祭儀品略依古禮不得過法延壽於是
令文學校官諸生皮弁執俎豆（師古曰校學也音效）爲吏民行
喪嫁娶禮百姓遵用其教賣偶車馬下里僞物者
弃之市道（張晏曰下里地下蒿里僞物也師古曰偶謂木土爲之象人車馬之形也偶對也弃其物於市之道上也）數年

徙爲東郡太守黃霸代延壽居潁川霸因其迹而
大治延壽爲吏上禮義好古教化所至必聘其賢
士以禮待用廣謀議納諫爭舉行喪讓財表孝
弟有行修治學官（師古曰學官謂庠序之舍也）春秋鄉射陳鐘鼓
管弦盛升降揖讓及都試講武設斧鉞旌旗習
射御之事治城郭收賦租先明布告其日以期會
爲大事吏民敬畏趨鄉之（師古曰趨讀曰趣鄉讀曰嚮）又置正五長
（師古曰正若今之鄉正里正也伍長同伍之中置一人爲長也）相率以孝弟不得舍姦人（師古曰舍止也）
閭里仟佰有非常吏輒聞知姦人莫敢入界
其始若煩後吏無追捕之苦民無箠楚之憂（師古曰箠

杖也楚荊木也即今之荊子也箠止忍菙反）皆便安之接待下吏恩施甚厚而
約誓明或欺負之者延壽痛自刻責豈其負之何
以至此（師古曰言豈我負之邪其人何以爲此事）吏聞者自傷悔其縣尉至自
刺死及門下掾自剄人救不殊因瘖不能言（師古曰殊絕也
以人救之故身首不相絕也瘖於今反）延壽聞之對掾史涕泣遣吏醫治視（師古
曰遣醫治之而吏護視之）厚復其家（師古曰復方目反）延壽嘗出臨上車騎
吏一人後至敕功曹議罰白（師古曰令定其罪名而更白之）還至府門
門卒當車願有所言延壽止車問之卒曰孝經曰
資於事父以事君而敬同故母取其愛而君取其
敬兼之者父也（師古曰資取也取事父之道以事君其敬則同也母則極愛君則極敬不如父之兼敬愛）今

旦明府早駕久駐未出騎吏父來至府門不敢入
騎吏聞之趨走出謁適會明府登車以敬父而見
罰得毋虧大化乎延壽舉手輿中曰微子太守不
自知過（師古曰微無也）歸舍召見門卒卒本諸生聞延壽賢
無因自達故代卒（師古曰代人爲卒也）延壽遂待用之其納善聽
諫皆此類也在東郡三歲令行禁止斷獄大減爲
天下最入守左馮翊滿歲稱職爲眞歲餘不肯出
行縣（師古曰行下更反其後亦同）丞掾數白宜循行郡中覽觀民俗
考長吏治迹延壽曰縣皆有賢令長督郵分明善
惡於外行縣恐無所益重爲煩擾（師古曰重直用反）丞掾皆

以為方春月可壹出勸耕桑延壽不得已行縣至
高陵民有昆弟相與訟田自言延壽大傷之曰幸
得備位為郡表率不能宣明教化至令民有骨肉
爭訟既傷風化重使賢長吏嗇夫三老孝弟受其
恥（師古曰重直用反）咎在馮翊當先退是日移病不聽事因
入臥傳舍閉閤思過一縣莫知所為令丞嗇夫三
老亦皆自繫待罪於是訟者宗族傳相責讓此兩
昆弟深自悔皆自髡肉袒謝願以田相移終死不
敢復爭（師古曰移猶傳也一說兄以讓弟弟又讓之故云相移）延壽大喜開閤延見內
酒肉與相對飲食厲勉以意告鄉部有以表勸悔
過從善之民（師古曰以其悔過從善故令表顯以示勸勵）延壽乃起聽事勞謝
令丞以下引見尉薦郡中歙然莫不傳相敕厲不
敢犯延壽恩信周徧二十四縣莫復以辭訟自言
者推其至誠吏民不忍欺紿（師古曰紿誑也）延壽代蕭望之
為左馮翊而望之遷御史大夫侍謁者福為望之
道延壽在東郡時放散官錢千餘萬望之與丞相
丙吉議吉以為更大赦不須考（師古曰更工衡反）會御史當
問東郡望之因令并問之（師古曰望之以延壽代己為馮翊而有能名出己之上故忌害之欲陷以罪法）
延壽聞知即部吏案校望之在馮翊時廩犧官錢
放散百餘萬廩犧吏掠治急自引與望之為姦延

壽劾奏移殿門禁止望之望之自奏職在總領天下聞
事不敢不問而為延壽所拘持上由是不直延壽
各令窮竟所考望之卒無事實而望之遣御史案
東郡具得其事延壽在東郡時試騎士（師古曰每歲大試也）治
飾兵車畫龍虎朱爵延壽衣黃紈方領（晉灼曰以黃色素作直領也師古曰衣於敢反）
駕四馬傅總建幢棨（李奇曰戟也晉灼曰傅著也總以緹繒飾鑣銜也建立也幢旌幢也棨戟也師古曰幢麾也棨有衣之戟也其衣以赤黑繒為之幢大江反棨音啓）植羽葆（師古曰植亦立也羽葆聚翟尾為之亦今纛之類也植常職反）
鼓車歌車（孟康曰如今郊駕時車上鼓吹也師古曰郊駕郊祀時備法駕也）功曹
引車皆駕四馬載棨戟五騎為伍分左右部軍假司
馬千人持幢旁轂（師古曰旁步浪反）歌者先居射室（李奇曰都試射堂也）
望見延壽車噭咷楚歌（服虔曰噭音叫呼之叫咷音濯濯之濯師古曰咷它釣反）延壽
坐射室騎吏持戟夾陛列立騎士從者帶弓鞬羅
後（師古曰鞬弓衣也音居言反）令騎士兵車四面營陳被甲鞮鞪居
馬上抱弩負籣（如淳曰籣盛弩矢箙也師古曰鞮鞪即兜鍪也籣盛弩矢者也其形如木桶鞮丁奚反鞪莫侯反）
又使騎士戲車弄馬盜驂（孟康曰戲車弄馬之技也驂盜解驂馬御者不見也）延
壽又取官銅物候月蝕鑄作刀劍鉤鐔放效尚方
事（師古曰鉤亦兵器也似劍而曲所以鉤殺人也鐔劍喉也又曰鐔以劍而小匳鐔音淫又音尋）及取官錢帛私
假繇使吏（師古曰假謂顧賃也繇讀與徭同）及治飾車甲三百萬以上
於是望之劾奏延壽上僭不道又自陳前為延壽
所奏今復舉延壽罪衆庶皆以臣懷不正之心侵

寬延壽願下丞相中二千石博士議其罪事下公卿皆以延壽前既無狀後復誣愬典法大臣欲以解罪狡猾不道天子惡之延壽竟坐弃市吏民數千人送至渭城老小扶持車轂爭奏酒炙(師古曰奏進也)延壽不忍距逆人人為飲計飲酒石餘使掾史分謝送者遠苦吏民延壽死無所恨百姓莫不流涕延壽三子皆為郎吏且死屬其子勿為吏以己為戒(師古曰屬之欲反)子皆以父言去官不仕至孫威乃復為吏至將軍威亦多恩信能拊衆得士死力威又坐奢僭誅延壽之風類也

張敞字子高本河東平陽人也祖父孺為上谷太守徙茂

陵敞父福事孝武帝官至光祿大夫敞後隨宣帝徙杜陵敞本以鄉有秩補太守卒史(師古曰鄉有秩者嗇夫之類也)察廉為甘泉倉長稍遷太僕丞杜延年甚奇之(師古曰延年時為太僕也)會昌邑王徵即位動作不由法度敞上書諫曰孝昭皇帝蚤崩無嗣(師古曰蚤古早字)大臣憂懼選賢聖承宗廟東迎之日唯恐屬車之行遲(師古曰不欲斥乘輿故但言屬車耳屬之欲反)今天子以盛年初即位天下莫不拭目傾耳觀化聽風(師古曰言改易視聽欲聞見善政化也拭音式)國輔大臣未褒而昌邑小輦先遷(李奇曰挽輦小臣也)此過之大者也後十餘日王賀廢敞以切諫顯名擢為豫州刺史以數上事有忠言宣帝徵敞為太中大夫與于定國並平尚書事以正違忤大將軍霍光(師古曰守正不阿也)而使主兵車出軍省減用度(師古曰令其主節減軍興用度也)復出為函谷關都尉宣帝初即位廢王賀在昌邑上心憚之徙敞為山陽太守久之大將軍霍光薨宣帝始親政事封光兄孫山雲皆為列侯以光子禹為大司馬頃之山雲以過歸第霍氏諸壻親屬頗出補吏敞聞之上封事曰臣聞公子季友有功於魯大夫趙衰有功於晉(師古曰衰初爲反)大夫田完有功於齊皆疇其庸延及子孫終後田氏篡齊趙氏分晉季氏顓魯(師古曰顓與專同下皆類此)故仲尼作春秋迹盛衰(師古曰著盛衰之跡)譏世卿

最甚迺者大將軍決大計安宗廟定天下功亦不細矣夫周公七年耳而大將軍二十歲海內之命斷於掌握方其隆時感動天地侵迫陰陽月朓日蝕晝冥宵光(師古曰冥闇也宵夜也朓它了反)地大震裂火生地中天文失度祆祥變怪不可勝記皆陰類盛長臣下顓制之所生也朝臣宜有明言曰陛下褒寵故大將軍以報功德足矣間者輔臣顓政貴戚大盛君臣之分不明請罷霍氏三侯皆就弟及衞將軍張安世宜賜几杖歸休時存問召見以列侯為天子師明詔以恩不聽群臣以義固爭而後許天下必以陛

下爲不忘功德而朝臣爲知禮霍氏世世無所患
苦今朝廷不聞直聲師古曰言朝臣不進直言以陳其事而令明詔自親
其文非策之得者也師古曰言失計也今兩侯以出人情不
相遠以臣心度之大司馬及其枝屬必有畏懼之
心夫近臣自危非完計也臣敞願於廣朝白發其
端直守遠郡其路無由師古曰直讀曰值夫心之精微口不
能言也言之微眇書不能文也師古曰眇細也故伊尹五就
桀五就湯師古曰孟子云五就湯五就桀者伊尹也伊尹爲湯臣見貢於桀桀不用而湯復貢之如此者五也蕭相
國薦淮陰累歲乃得通況乎千里之外因書文諭
事指哉唯陛下省察上甚善其計然不徵也久之
勃海膠東盜賊並起敞上書自請治之曰臣聞忠
孝之道退家則盡心於親進官則竭力於君夫小
國中君猶有奮不顧身之臣況於明天子乎今陛
下遊意於太平勞精於政事亹亹不舍晝夜師古
曰亹亹言勉強也不舍息也亹音尾君臣有司宜各竭力致身山陽郡戶
九萬三千口五十萬以上訖計盜賊未得者七十
七人師古曰訖盡也它課諸事亦略如此臣敞愚駑既無以
佐思慮久處閒郡師古曰閒讀曰閑身逸樂而忘國事非忠
孝之節也伏聞膠東勃海左右郡歲數不登師古曰年穀不熟也
盜賊並起至攻官寺篡囚徒搜市朝劫列侯吏失

綱紀姦軌不禁臣敞不敢愛身避死唯明詔之所
處願盡力摧挫其暴虐存撫其孤弱事即有業所
至郡條奏其所由發及所以興之狀師古曰有業言各得其所書
奏天子徵敞拜膠東相賜黃金三十斤敞辭之官
自請治劇郡非賞罰無以勸善懲惡師古曰懲止也吏追
捕有功效者願得壹切比三輔尤異如淳曰壹切權時也趙廣漢奏請令長
安遊徼獄吏秩百石又循吏傳左馮翊有二百石卒史此之謂尤異也天子許之敞到膠東明設
購賞開群盜令相捕斬除罪吏追捕有功上名尚
書調補縣令者數十人師古曰調選也音徒釣反由是盜賊解散
傳相捕斬吏民歙然師古曰歙音翕國中遂平居頃之王太
后數出遊獵敞奏書諫曰臣聞秦王好淫聲華
陽后爲不聽鄭衛之樂孟康曰華陽秦昭王后也師古曰葉音式涉反楚嚴好
田獵樊姬爲不食鳥獸之肉師古曰樊姬楚莊王姬也口非惡旨甘
耳非憎絲竹也所以抑心意絕耆欲者師古曰耆讀曰嗜將
以率二君而全宗祀也禮君母出門則乘輜軿下
堂則從傅母師古曰輜軿衣車也輜音甾又楚疑反軿步千反又步丁反進退則鳴玉佩內飾則結
綢繆文貌一曰[illegible]此言尊貴所以自斂制不從恣
之義也師古曰從讀曰縱今太后資質淑美慈愛寬仁諸侯莫不聞而
少以田獵縱欲爲名於以上聞亦未宜也師古曰上聞謂聞於天子也唯觀覽於往古
全行乎來今令后姬得有所法則下臣有所稱誦敞幸甚

書奏太后止不復出是時潁川太守黃霸以治行第一入守京兆尹霸視事數月不稱罷歸潁川於是制詔御史其以膠東相敞守京兆尹自趙廣漢誅後比更守尹 師古曰比頻也更歷也音工衡反 如霸等數人皆不稱職京師寖廢 師古曰寖漸也 長安市偷盜尤多百賈苦之上以問敞敞以爲可禁敞既視事求問長安父老偷盜酋長數人 應劭曰酋長帥師古曰酋才由反 居皆溫厚出從童騎閭里以爲長者 師古曰溫厚言富足也童騎以童奴爲騎而自從也 敞皆召見責問因貰其罪把其宿負 師古曰貰緩也把執持也音布馬反 令致諸偷以自贖 師古曰致至也引至於官府 偷長曰今一旦召詣府恐諸偷驚駭願壹切受署 師古曰自言願權補吏職也 敞皆以爲吏遣歸休置酒小偷悉來賀且飲醉偷長以赭汙其衣裾 師古曰赭赤土也 吏坐里閭閱出者 師古曰閭謂里之門也 汙赭輒收縛之一日捕得數百人窮治所犯或一人百餘發盡行法罰由是枹鼓稀鳴市無偷盜 師古曰枹擊鼓椎也音桴其字從木也 天子嘉之敞爲人敏疾賞罰分明見惡輒取時時越法縱舍有足大者 如淳曰有貴異而大之者也晉灼曰越法縱舍即足大者也師古曰晉說是也 其治京兆略循趙廣漢之迹方略耳目發伏禁姦不如廣漢然敞本治春秋以經術自輔其政頗雜儒雅往往表賢顯善不醇用誅罰以此能自全竟免於刑戮京兆

典京師長安中浩穰於三輔尤爲劇 師古曰浩大也穰盛也言人衆之多也穰人掌反 郡國二千石以高弟入守及爲眞者久者不過二三年近者數月一歲輒毀傷失名以罪過罷唯廣漢及敞爲久任職敞爲京兆朝廷每有大議引古今處便宜公卿皆服天子數從之然敞無威儀時罷朝會過走馬章臺街 孟康曰在長安中臣瓚曰在章臺下街也 使御吏驅自以便面拊馬 師古曰便面所以障面蓋扇之類也不欲見人以此自障面則得其便故曰便面亦曰屏面今之沙門所持竹扇上褒平而下圜即古之便面也音頻面反 又爲婦畫眉長安中傳張京兆眉憮 應劭曰憮大也孟康曰憮音詡北方人謂媚好爲詡畜蘇林曰憮音嫵師古曰本以好媚爲稱何豫於大乎蘇音是 有司以奏敞上問之對曰臣聞閨房之內夫婦之私有過於畫眉者上愛其能弗備責也然終不得大位敞與蕭望之于定國相善始敞與定國俱以諫昌邑王超遷定國爲大夫平尚書事敞出爲刺史時望之大行丞後望之先至御史大夫定國後至丞相敞終不過郡守爲京兆九歲坐與光祿勳楊惲厚善後惲坐大逆誅公卿奏惲黨友不宜處位等比皆免 師古曰比例也音必寐反 而敞奏獨寢不下 師古曰天子惜敞故留所奏事不出 敞使賊捕掾絮舜有所案驗 李奇曰絮音挐師古曰賊捕掾主捕賊者也絮姓也音女居反又人餘反 舜以敞劾奏當免不肯爲敞竟事私歸其家人或諫舜舜曰吾爲是公盡力多矣今五日京兆耳安能復案事敞聞舜語即部吏收舜繫獄是時冬月未盡數日案事吏晝夜驗

治舜竟致其死事舜當出死敞使主簿持教告舜曰五日京兆竟何如冬月已盡延命乎師古曰言汝不欲望延命乎乃弃舜市會立春行寃獄使者出師古曰行下更反舜家載尸并編敞教師古曰編聯也聯之於章前也自言使者使者奏敞賊殺不辜天子薄其罪師古曰以其事為輕小也欲令敞得自便利師古曰從輕法以免也便頻面反即先下敞前坐楊惲不宜處位奏免為庶人敞免奏既下詣闕上印綬便從闕下亡命師古曰不還其本縣邑也數月京師吏民解弛枹鼓數起師古曰弛放也音式尔反而冀州部中有大賊天子思敞功効使使者即家在所召敞師古曰就其所居處而召之敞身被重劾師古曰謂前有賊殺不辜之事及使者至

妻子家室皆泣惶懼而敞獨笑曰吾身亡命為民郡吏當就捕今使者來此天子欲用我也裝隨使者詣公車上書曰臣前幸得備位列卿待罪京兆坐殺賊捕掾絮舜舜本臣敞素所厚吏數蒙恩貸師古曰貸土帶反以臣有章劾當免受記考事師古曰記書也若今之州縣為符教也便歸卧家謂臣五日京兆背恩忘義傷薄俗化臣竊以舜無狀枉法以誅之臣敞賊殺無辜鞫獄故不直雖伏明法死無所恨天子引見敞拜為冀州刺史敞起亡命復奉使典州既到部而廣川王國羣輩不道賊連發不得敞以耳目發起賊主

名區處師古曰區謂居止之所也誅其渠帥廣川王姬昆弟及王同族宗室劉調等通行為之囊橐師古曰言容止賊盜若囊橐之盛物也吏逐捕窮竟蹤迹皆入王宮敞自將郡國吏車數百兩師古曰一乘車為一兩也圍守王宮搜索調等果得之殿屋重轑中蘇林曰轑椽也重轑重棼也師古曰重棼即今之廊舍也一邊虛為兩夏者也轑音老棼扶分反敞傅吏皆捕格斷頭師古曰傅讀曰附言敞自監護吏而捕之縣其頭王宮門外因劾奏廣川王天子不忍致法削其戶敞居部歲餘冀州盜賊禁止守太原太守滿歲為真太原郡清之宣帝崩元帝初即位待詔鄭朋薦敞先帝名臣宜傅輔皇太子上以問前將軍蕭望之望之以為

敞能吏任治煩亂材輕非師傅之器天子使使者徵敞欲以為左馮翊會病卒敞所誅殺太原吏吏家怨敞隨至杜陵刺殺敞中子璜敞三子官皆至都尉初敞為京兆尹而敞弟武拜為梁相是時梁王驕貴民多豪彊號為難治敞問武欲何以治梁武敬憚兄謙不肯言敞使吏送至關戒吏自問武武應曰馭黠馬者利其銜策梁國大都吏民凋敝且當以柱後惠文彈治之耳應劭曰柱後以鐵為柱今法冠是也一名惠文冠晉灼曰漢注法冠也一號柱後惠文以纚裹鐵柱卷秦制執法服今御史服之謂之解廌一角今冠兩角以解廌為名耳師古曰晉說是也纚即今方目紗也纚山爾反卷去權反秦時獄法吏冠柱後惠文武意欲以刑

法治梁吏還道之敞笑曰審如掾言武必辨治梁吳武既到官其治有迹亦能吏也敞孫竦王莽時至郡守封侯博學文雅過於敞然政事不及也竦死敞無後

王尊字子贛（師古曰贛音貢）涿郡高陽人也少孤歸諸父使牧羊澤中尊竊學問能史書年十三求為獄小吏數歲給事太守府問詔書行事尊無不對（師古曰以施行詔條問之皆曉其事）太守奇之除補書佐署守屬監獄（師古曰署為守屬令監獄主囚也監工銜反）久之尊稱病去事師郡文學官（師古曰郡有文學官而尊事之以為師也）治尚書論語略通大義復召署守屬治

獄為郡決曹史數歲以令舉幽州刺史從事（如淳曰漢儀注刺史得擇所部二千石卒史與從事）而太守察尊廉補遼西鹽官長（如淳曰地理志遼西有鹽官）數上書言便宜事事下丞相御史初元中舉直言遷虢令（如淳曰本西虢也屬右扶風）轉守槐里兼行美陽令事春正月美陽女子告假子不孝曰兒常以我為妻妬笞我尊聞之遣吏收捕驗問辭服尊曰律無妻母之法聖人所不忍書此經所謂造獄者也（晉灼曰歐陽尚書有此造獄事也師古曰非常刑名造殺戮之法）尊於是出坐廷上取不孝子縣磔著樹使騎吏五人張弓射殺之吏民驚駭後上行幸雍過虢尊供張如法而辦（師古曰尊雖行美陽令而就虢供張也供居用反張竹亮反）以高弟擢為安定太守到官出教告屬縣曰令長丞尉奉法守城為民父母（師古曰城謂縣城也）抑彊扶弱宣恩廣澤甚勞苦矣太守以今日至府願諸君卿勉力正身以率下故行貪鄙能變更者與為治（師古曰更改也有如此者太守乃共為治者也）明慎所職毋以身試法又出教敕掾功曹各自底厲助太守為治其不中用趣自避退毋久妨賢（師古曰趣讀曰促）夫羽翮不修則不可以致千里閫內不理無以整外（師古曰閫門橛也音魚列反）府丞悉署吏行能分別白之賢為上毋以富賈人百萬不足與計事昔孔子治魯七日誅少正卯今太守視事已一

月矣五官掾張輔懷虎狼之心貪汙不軌（師古曰汙濁也不軌不修法制也）一郡之錢盡入輔家然適足以葬矣今將輔送獄直符史詣閤下從太守受其事（師古曰直符史若今之當直佐史也）丞戒之戒之相隨入獄矣（師古曰意丞數戒張輔令其避罪故以此言豫勑之）輔繫獄數日死盡得其狡猾不道百萬姦臧威震郡中盜賊分散入傍郡界豪彊多誅傷伏辜者坐殘賊免起家復為護羌將軍轉校尉（師古曰為校尉主轉運事而屬護羌將軍）護送軍糧委輸而羌人反絕轉道（師古曰絕轉運之道）兵數萬圍尊尊以千餘騎奔突羌賊功未列（師古曰未列上於天子也）坐擅離部署會赦免歸家涿郡太守徐明薦尊不宜久

在閭巷上以尊爲郿令師古曰右扶風之縣音眉遷益州刺史先
是琅邪王陽爲益州刺史行部至邛郲九折阪應劭曰在蜀郡嚴道縣臣瓚曰郲山名也師古曰郲音來歎曰奉先人遺體柰何數乘此險
師古曰乘登也後以病去及尊爲刺史至其阪問吏曰此非
王陽所畏道邪吏對曰是尊叱其馭曰驅之師古曰驅馬令疾行也
王陽爲孝子王尊爲忠臣尊居部二歲懷來徼
外蠻夷歸附其威信博士鄭寛中使行風俗師古曰行下更反
舉奏尊治狀遷爲東平相是時東平王以至
親驕奢不奉法度傅相連坐師古曰前任傅相者頻坐以王得罪及尊視
事奉璽書至庭中王未及出受詔尊持璽書歸

舍食已乃還致詔後謁見王太傅在前說相鼠之
詩師古曰相鼠鄘風篇名刺無禮之詩也其辭曰相鼠有皮人而無儀人而無儀不死何爲相視也言視鼠有皮雖處高顯之地偷食苟得不知廉恥人無禮儀亦與鼠同不如速死也尊曰毋持布鼓過雷門師古曰雷門會稽城門也有大鼓越擊此鼓聲聞洛陽故尊引之也布鼓謂以布爲鼓故無聲王怒起入後宮尊亦直趨
出就舍先是王數私出入驅馳國中與后姬家交
通尊到官召敕廄長大王當從官屬鳴和鸞乃
出自今有令駕小車叩頭爭之言相教不得後尊
朝王王復延請登堂尊謂王曰尊來爲相人皆弔
尊也以尊不容朝廷故見使相王耳天下皆言王
勇顧但負貴安能勇師古曰顧念也負恃也安焉也如尊乃勇耳王變

色視尊意欲格殺之即好謂尊曰願觀相君佩刀
師古曰陽爲好語也尊舉掖顧謂傍侍郎前引佩刀視王師古曰視讀曰示
王欲誣相拔刀向王邪王情得師古曰謂尊所測正得其情也又雅聞
尊高名大爲尊屈酌酒具食相對極驩太后徵史
奏尊張晏曰太后名也韋昭曰徵召也召東平史令爲奏也師古曰張說是也徵史太后之名亦猶東平王后之稱謁也爲
相倨慢不臣王血氣未定不能忍愚誠恐母子俱
死今妾不得使王復見尊陛下不留意妾願先自
殺不忍見王之失義也尊竟坐免爲庶人大將軍
王鳳奏請尊補軍中司馬擢爲司隸校尉初中書
謁者令石顯貴幸專權爲姦邪丞相匡衡御史大

夫張譚皆阿附畏事顯不敢言久之元帝崩成帝
初即位顯徙爲中太僕師古曰皇后之屬官不復典權衡譚乃
奏顯舊惡請免顯等尊於是劾奏丞相衡御史
大夫譚位三公典五常九德師古曰五常仁義禮智信也九德寛而栗柔而立愿而恭亂而敬擾而毅直而溫簡而廉剛而塞彊而義也事見虞書皐陶謨也以總方略壹統類廣教化
美風俗爲職知中書謁者令顯等專權擅埶大
作威福縱恣不制無所畏忌爲海內患害不以時
白奏行罰而阿諛曲從附下罔上懷邪迷國無大
臣輔政之義也皆不道在赦令前赦後衡譚舉奏
顯不自陳不忠之罪而反揚著先帝任用傾覆之

徒妄言百官畏之甚於主上卑君尊臣非所宜稱
失大臣體又正月行幸曲臺臨饗罷衛士如淳曰諸衞士更盡
得代去故天子自臨而饗之衡與中二千石大鴻臚賞等會坐殿
門下衡南鄉賞等西鄉衡更爲賞布東鄉席師古曰鄉讀曰嚮也
起立延賞坐私語如食頃衡知行臨如淳曰天子當臨饗時百官
共職萬衆會聚師古曰共讀曰供而設不正之席使下坐上
相比爲小惠於公門之下師古曰比周也音頻寐反動不中禮師古曰中當也
音竹仲反亂朝廷爵秩之位衡又使官大奴入殿中問
行起居還言漏上十四刻行臨到衡安坐不變色
改容無怵惕肅敬之心驕慢不謹皆不敬有詔勿

治於是衡慙懼免冠謝罪上丞相侯印綬天子以
新即位重傷大臣師古曰重難也乃下御史丞問狀劾奏尊
妄詆欺非謗赦前事師古曰詆毀也音丁禮反非讀曰誹也猥歷奏大臣
師古曰猥多也曲也歷謂所奏非一人無正法飾成小過以塗汙宰相摧辱
公卿輕薄國家奉使不敬有詔左遷尊爲高陵
令數月以病免會南山群盜傰宗等數百人蘇林曰傰音朋
晉灼曰音倍師古曰晉音是也爲吏民害拜故弘農太守傅剛爲校
尉將迹射士千人逐捕師古曰迹射言能尋迹而射取之也射食亦反歲餘不
能禽或說大將軍鳳賊數百人在轂下師古曰在天子輦轂之下明其
逼近也發軍擊之不能得難以視四夷師古曰視讀曰示獨選賢

京兆尹乃可於是鳳薦尊徵爲諫大夫守京輔都
尉行京兆尹事旬月間盜賊清遷光禄大夫守京
兆尹後爲眞凡三歲坐遇使者無禮司隸遣假佐
放奉詔書白尊發吏捕人蘇林曰胡公漢官假佐取內郡善史書佐給諸府也放謂
尊詔書所捕宜密尊曰治所公正京兆善漏泄人
事師古曰謂司隸官屬爲治所者尊之也若今謂使人爲尚書矣治直吏反放曰所捕宜今發吏
師古曰當即發也尊又曰詔書無京兆文不當發吏及長安
繫者三月間千人以上尊出行縣男子郭賜自言
尊師古曰有冤事自言而與許仲相訟也許仲家十餘人共殺賜兄賞公
歸舍師古曰公然而歸無所避畏者吏不敢捕尊行縣還上奏曰彊不

陵弱各得其所寬大之政行和平之氣通御史大
夫中奏尊暴虐不改外爲大言倨嫚姍上師古曰姍古訕字也訕誹
也音所諫反又音刪威信日廢不宜備位九卿尊坐免吏民多
稱惜之湖三老公乘興等師古曰湖縣名也今虢州湖城縣取其名上書訟尊
治京兆功效日著往者南山盜賊阻山橫行剽劫
良民殺奉法吏道路不通城門至以警戒步兵校
尉使逐捕暴師露衆曠日煩費不能禽制二卿坐
黜如淳曰三輔皆秩中二千石号爲卿也即前京兆尹王昌貶爲鴈門太守甄遵河內太守也群盜寖彊吏氣
傷沮師古曰寖益也沮壞也音才汝反流聞四方爲國家憂當此之時有
能捕斬不愛金爵重賞關內侯寬中使問所徵故

司隸校尉王尊捕群盜方略拜為諫大夫守京輔都尉行京兆尹事尊盡節勞心夙夜思職卑體下士師古曰下胡嫁反厲奔北之吏起沮傷之氣二旬之間大黨震壞渠率效首師古曰效致也斬其首而致之也賊亂蠲除民反農業拊循貧弱鉏耘豪強長安宿豪大猾東市賈萬城西萬章翦張禁酒趙放蘇林曰萬音矩晉灼曰翦張禁酒趙放此二人作翦作酒之家杜陵楊章等皆通邪結黨挾養姦軌上干王法下亂吏治并兼役使侵漁小民為百姓豺狼更數二千石二十年莫能禽師古曰更歷也音工衡反尊以正法案誅皆伏其辜姦邪銷釋吏民說服師古曰釋解也音懌說讀曰悅尊撥劇整

亂誅暴禁邪皆前所稀有名將所不及雖拜為真未有殊絕褒賞加於尊身今御史大夫奏尊傷害陰陽為國家憂無承用詔書意靖言庸違象龔滔天師古曰引虞書堯典之辭也靖治也庸用也違僻也滔漫也謂其言假託於治實用違僻貌象恭敬過惡漫天也漫莫干反一曰滔漫也原其所以出御史丞楊輔故為尊書佐素行陰賊惡口不信師古曰謂其口惡而心不信也好以刀筆陷人於法輔常醉過尊大奴利家利家捽搏其頰師古曰捽持頭也音才兀反搏擊也兄子閎拔刀欲剄之輔以故深怨疾毒欲傷害尊疑輔內懷怨恨外依公事建畫為此議傳致奏文師古曰建立謀畫也此議也傳讀曰附謂益其事而引致於罪狀浸潤加誣以復私怨師古曰浸潤猶漸漬也復報也

昔白起為秦將東破韓魏南拔郢都應侯譖之賜死杜郵師古曰應侯范雎也杜郵地名在咸陽也吳起為魏守西河而秦韓不敢犯讒人間焉斥逐奔楚師古曰間工莧反秦聽浸潤以誅良將魏信讒言以逐賢守此皆偏聽不聰失人之患也臣等竊痛傷尊修身絜己砥節首公師古曰砥厲也首向也砥一音指首式救反刺譏不憚將相誅惡不避豪彊誅不制之賊解國家之憂功著職修威信不廢誠國家爪牙之吏折衝之臣今一旦無辜制於仇人之手傷於詆欺之文上不得以功除罪下不得蒙棘木之聽張晏曰周禮三槐九棘公卿於下聽訟獨掩怨讎之偏奏被共工之大惡臣瓚曰共工官名堯時諸侯舜流之於幽州也無所陳怨愬罪尊以京師廢亂群盜並興選賢徵用起家為卿賊亂既除豪猾伏辜即以佞巧廢黜一尊之身三期之間乍賢乍佞豈不甚哉師古曰期年也音基孔子曰愛之欲其生惡之欲其死是惑也浸潤之譖不行焉可謂明矣師古曰論語稱孔子之言願下公卿大夫博士議郎定尊素行夫人臣而傷害陰陽死誅之罪也靖言庸違放殛之刑也師古曰殛誅也音居力反審如御史章尊乃當伏觀闕之誅張晏曰孔子誅少正卯於兩觀之間放於無人之域不得苟免師古曰非止合免官而已也及任舉尊者當獲選舉之辜不可但已師古曰但徒也空也已止也不可空然而止也即不如

章飾文深詆以愬無罪（師古曰詆毀也）亦宜有誅以懲讒
賊之口絕詐欺之路（師古曰懲創也）唯明主參詳使白黑分
別書奏天子復以尊為徐州刺史遷東郡太守久
之河水盛溢泛浸瓠子金隄老弱奔走恐水大決
為害尊躬率吏民投沈白馬（師古曰以祭水也）祀水神河伯
尊親執圭璧使巫策祝請以身塡金隄（師古曰塡塞也音大賢反）因
止宿廬居隄上吏民數千萬人爭叩頭救止尊終
不肯去及水盛隄壞吏民皆奔走唯一主簿泣在
尊旁立不動而水波稍卻迴還吏民嘉壯尊之勇
節白馬三老朱英等奏其狀下有司考皆如言於

是制詔御史東郡河水盛長毀壞金隄未決三尺
百姓惶恐奔走太守身當水衝履咫尺之難不避
危殆以安眾心吏民復還就作水不為災朕甚嘉
之秩尊中二千石加賜黃金二十斤數歲卒官吏
民紀之尊子伯亦為京兆尹坐耎弱不勝任免
王章字仲卿泰山鉅平人也少以文學為官稍遷
至諫大夫在朝廷名敢直言元帝初擢為左曹中
郎將與御史中丞陳咸相善共毀中書令石顯為
顯所陷咸減死髡章免官成帝立徵章為諫大夫
遷司隸校尉大臣貴戚敬憚之王尊免後代者不

稱職章以選為京兆尹時帝舅大將軍王鳳輔政章
雖為鳳所舉非鳳專權不親附鳳會日有蝕之章
奏封事召見言鳳不可任用宜更選忠賢上初受
章言後不忍退鳳章由是見疑遂為鳳所陷罪
至大逆語在元后傳初章為諸生學長安獨與妻
居章疾病無被臥牛衣中（師古曰牛衣編亂麻為之即今俗呼為龍具者）與妻
決涕泣（師古曰自謂將死故辭決）其妻呵怒之曰仲卿京師尊貴
在朝廷人誰踰仲卿者今疾病困戹不自激卬（如淳曰激厲抗揚之意也師古曰卬讀曰仰仰頭為健）
乃反涕泣何鄙也後章任官
歷位及為京兆欲上封事妻又止之曰人當知足

獨不念牛衣中涕泣時邪章曰非女子所知也書
遂上果下廷尉獄妻子皆收繫章小女年可十二
夜起號哭曰平生獄上呼囚數常至九今八而止
（張晏曰平生先時也獄卒夜閱囚時有九人常呼問九人今八人便止知一人死也）我君素剛先死者必
君明日問之章果死妻子皆徙合浦大將軍鳳薨後
弟成都侯商復為大將軍輔政白還章妻子故郡
其家屬皆完具采珠致產數百萬時蕭育為泰
山太守皆令贖還故田宅章為京兆二歲死不以其
罪眾庶冤紀之號為三王王駿自有傳駿即王陽
子也

贊曰自孝武置左馮翊右扶風京兆尹而吏民爲之語曰前有趙張後有三王然劉向獨序趙廣漢尹翁歸韓延壽馮商傳王尊楊雄亦如之 張晏曰劉向作新序又道王尊馮商續史記爲作傳雄作法言亦論其美也 廣漢聰明下不能欺延壽厲善所居移風然皆訐上不信以失身墮功 師古曰墮毀也音火規反 翁歸抱公絜己爲近世表張敞衎衎履忠進言 師古曰衎衎彊敏之皃也音口翰反 緣飾儒雅刑罰必行縱赦有度條教可觀然被輕媠之名 師古曰媠古惰字也謂走馬樹馬及畫眉 王尊文武自將 師古曰將助也 所在必發譎詭不經好爲大言王章剛直守節不量輕重以陷刑戮妻子流遷哀哉

趙尹韓張兩王傳第四十六

蓋諸葛劉鄭孫毋將何傳第四十七　班固　漢書七十七

秘書監上護軍琅邪縣開國子顏師古注

蓋寬饒字次公，魏郡人也。師古曰蓋音公盍反 明經為郡文學，以孝廉為郎，舉方正，對策高第，遷諫大夫，行郎中戶將事。師古曰百官公卿表郎中令屬官有郎中車戶騎三將，蓋各以所主為名也。戶將者主戶衛也 劾奏衛將軍張安世子侍中陽都侯彭祖不下殿門，師古曰過殿門不下車也 并連及安世居位無補。彭祖時實下門，寬饒坐舉奏大臣非是，師古曰不以實也 左遷為衛司馬。蘇林曰如今衛士令也。臣瓚曰漢注有衛司馬

先是時，衛司馬在部，見衛尉拜謁，常為衛官繇使市買。師古曰繇讀與徭同 寬饒視事，案舊令，遂揖官屬以下行衛者。蘇林曰衛尉官屬也。或曰詔遣使行衛者也。師古曰或說非也。行音下更反 衛尉私使寬饒出，寬饒以令詣官府門上謁辭。文穎曰私見使而公辭尚書也。蘇林曰以法辭衛尉府門上謁也。師古曰文說是也 尚書責問衛尉，文穎曰由寬饒以法令不給使，尚書責衛尉不復使司馬 由是衛官不復私使候、司馬。候、司馬不拜，出先置衛，輒上奏辭。如淳曰天子出，為天子先導，先天子發，故上奏辭 自此正焉。寬饒初拜為司馬，未出殿門，斷其禪衣，令短離地，師古曰禪音單，其字從衣 冠大冠，帶長劍，躬案行士卒廬室，視其飲食居處，有疾病者身自撫循臨問，加致醫藥，遇之甚有恩。及歲盡交代，上臨饗罷衛卒，師古曰得代當歸者也 衛卒數千人皆叩頭自請，願復留共更一年，師古曰更猶今言上番也，音工衡反 以報寬饒厚德。宣帝嘉之，以

寬饒為太中大夫，使行風俗，師古曰行音下更反 多所稱舉貶黜，奉使稱意。擢為司隸校尉，刺舉無所回避，小大輒舉，所劾奏眾多，廷尉處其法，半用半不用，師古曰以其峻刻，故有不用者 公卿貴戚及郡國吏繇使至長安，皆恐懼莫敢犯禁，師古曰繇讀與徭同，供徭役及為使而來者 京師為清。平恩侯許伯入第，師古曰許伯，皇太子外祖也。入第者，治第新成，始入居之 丞相御史將軍中二千石皆賀，寬饒不行。許伯請之，迺往，從西階上，東鄉特坐。師古曰言自尊抗，無所詘也。鄉讀曰嚮 許伯自酌曰：「蓋君後至。」寬饒曰：「無多酌我，我迺酒狂。」丞相魏侯笑曰：「次公醒而狂，何必酒也？」坐者皆屬目卑下之。師古曰屬猶注也，音之欲反。下音胡稼反 酒酣樂作，長信少府檀長卿起舞，為沐猴與狗鬭，師古曰沐猴，獼猴 坐皆大笑。寬饒不說，卬視屋而歎，師古曰說讀曰悅，卬讀曰仰 曰：「美哉！然富貴無常，忽則易人，此如傳舍，所閱多矣。師古曰言如客舍，行客輕過之，故多所經歷也 唯謹慎為得久，君侯可不戒哉！」因起趨出，劾奏長信少府以列卿而沐猴舞，失禮不敬。上欲罪少府，許伯為謝，良久，上迺解。寬饒為人剛直高節，志在奉公。家貧，奉錢月數千，師古曰奉音扶用反 半以給吏民為耳目言事者。身為司隸，子常步行自戍北邊，蘇林曰子自行戍，不取代 公廉如此。然深刻喜陷害人，師古曰喜音許吏反 在位及貴戚人與為怨，師古曰人人皆怨之 又好言

事刺譏奸犯上意（師古曰奸音干）上以其儒者優容之然亦不得遷同列後進或至九卿寬饒自以行清能高有益於國而為凡庸所越愈失意不快數上疏諫爭太子庶子王生高寬饒節而非其如此予書曰明主知君絜白公正不畏彊禦（師古曰彊禦彊梁而禦善者也）故命君以司察之位擅君以奉使之權尊官厚祿已施於君矣君宜夙夜惟思當世之務奉法宣化憂勞天下雖日有益月有功猶未足以稱職而報恩也自古之治三王之術各有制度（師古曰三王謂夏殷周文質不同也）今君不務循職而已迺欲以太古久遠之事匡拂天子（師古曰匡正也拂讀曰弼）數進不用難聽之語以摩切左右非所以揚令名全壽命者也方今用事之人皆明習法令言足以飾君之辭文足以成君之過君不惟蘧氏之高蹤（師古曰蘧伯玉邦無道則可卷而懷之）而慕子胥之末行（師古曰伍子胥知吳王不可諫而不能止自取誅滅也）用不訾之軀臨不測之險（師古曰訾與貲同不貲者言無貲量可以比之貴重之極也不測謂深也）竊為君痛之夫君子直而不挺曲而不詘（師古曰挺然直貌言雖執直道而遭遇時變與時紆曲然其本志不屈撓也挺音吐鼎反）大雅云既明且哲以保其身（師古曰蒸民之詩也言明哲者可以自全不至亡身）狂夫之言聖人擇焉唯裁省覽寬饒不納其言是時上方用刑法信任中尚書宦官寬饒奏封事曰方今聖道寖廢儒

術不行（師古曰寖漸也）以刑餘為周召（師古曰言使奄人當權軸也周謂周公旦也召謂召公奭也召讀曰邵）以法律為詩書（師古曰言以刑法成教化也）又引韓氏易傳言五帝官天下三王家天下家以傳子官以傳賢若四時之運功成者去不得其人則不居其位書奏上以寬饒怨謗終不改下其書中二千石時執金吾議以為寬饒指意欲求禮大逆不道（師古曰禮古禪字言欲使天子傳位於已）諫大夫鄭昌愍傷寬饒忠直憂國以言事不當意而為文吏所詆挫（師古曰詆毀也挫折也）上書頌寬饒曰（師古曰頌謂稱其美）臣聞山有猛獸藜藿為之不采國有忠臣姦邪為之不起司隸校尉寬饒居不求安食不求飽（師古曰論語稱孔子曰君子食無求飽居無求安故引之）進有憂國之心退有死節之義上無許史之屬下無金張之託（應劭曰許伯宣帝皇后父史高宣帝外家也金金日磾也張張安世也此四家屬無不聽師古曰此說非也許氏史氏有外屬之恩金氏張氏自託於近狎也屬讀如本字也）職在司察直道而行多仇少與（師古曰仇怨讎也與黨與也）上書陳國事有司劾以大辟臣幸得從大夫之後官以諫為名不敢不言上不聽遂下寬饒吏寬饒引佩刀自剄北闕下眾莫不憐之

諸葛豐字少季琅邪人也以明經為郡文學名特立剛直貢禹為御史大夫除豐為屬舉侍御史元帝擢為司隸校尉刺舉無所避京師為之語曰

間何闊逢諸葛師古曰言間者何久闊不相見以逢諸葛故也上嘉其節加豐秩
光祿大夫時侍中許章以外屬貴幸奢淫不奉法
度賓客犯事與章相連豐案劾章欲奏其事適逢
許侍中私出豐駐車舉節詔章曰下欲收之章迫
窘馳車去豐追之許侍中因得入宮門自歸上師古曰歸
謂乞哀於天子也豐亦上奏於是收豐節司隸去節自豐始
豐上書謝曰臣豐駑怯文不足以勸善武不足以
執邪陛下不量臣能否拜為司隸校尉未有以自
效復秩臣為光祿大夫官尊責重非臣所當處也
又迫年歲衰暮常恐卒塡溝渠無以報厚德師古曰卒讀曰猝
使論議士譏臣無補長獲素餐之名師古曰素空也言不舉職務而空食祿奉而
已故常願捐一旦之命不待時而斷姦臣之首縣
於都市編書其罪師古曰編謂聯次簡牘也使四方明知為惡之
罰然後卻就斧鉞之誅師古曰卻退也誠臣所甘心也夫以
布衣之士尚猶有刎頸之交師古曰刎斷也音吻今以四海之
大曾無伏節死誼之臣率盡苟合取容阿黨相為
念私門之利忘國家之政邪穢濁溷之氣上感于
天師古曰溷亦濁也音下頓反是以災變數見百姓困乏此臣下不
忠之效也臣誠恥之亡已凡人情莫不欲安存而
惡危亡然忠臣直士不避患害者誠為君也今陛

下天覆地載物無不容師古曰如天之覆如地之載也使尚書令堯賜
臣豐書曰夫司隸者刺舉不法善善惡惡非得顓
之也師古曰善善褒賞善人也惡惡誅罰惡人也顓與專同勉處中和順經術意恩
深德厚臣豐頓首幸甚臣竊不勝憤懣願賜清宴
師古曰懣音滿唯陛下裁幸上不許是後所言益不用豐復
上書言臣聞伯奇孝而棄於親子胥忠而誅於君
師古曰並解於上隱公慈而殺於弟師古曰魯隱公欲立弟桓公為其尚少且攝位而卒為桓公所殺
叔武弟而殺於兄師古曰叔武衛成公之弟夷叔也成公避晉之難出奔陳使大夫元咺奉叔武以居守其後晉人納成公成公疑叔武而先期入叔武將沐聞君至喜捉髮走出前驅射而殺之事在左傳僖二十八年叔武弟音大計反夫以四
子之行屈平之材師古曰屈平即是屈原也然猶不能自顯而被
刑戮豈不足以觀哉使臣殺身以安國蒙誅以顯
君師古曰蒙被也臣誠願之獨恐未有云補而為衆邪所排
令讒夫得遂正直之路雍塞師古曰雍讀曰壅忠臣沮心智
士杜口師古曰沮壞也杜塞也沮音才汝反此愚臣之所懼也豐以春夏
繫治人在位多言其短上徙豐為城門校尉豐上
書告光祿勳周堪光祿大夫張猛上不直豐迺制
詔御史城門校尉豐前與光祿勳堪光祿大夫猛
在朝之時數稱言堪猛之美豐前為司隸校尉不
順四時修法度專作苛暴以獲虛威朕不忍下吏
以為城門校尉不內省諸己師古曰省察也而反怨堪猛以

求報舉(師古曰舉言其事以報怨)告案無證之辭暴揚難驗之罪毀譽恣意不顧前言(師古曰前言謂舉堪猛之美今乃更言其短是不顧也)不信之大者也朕憐豐之耆老不忍加刑其免為庶人終於家

劉輔河閒宗室人也舉孝廉為襄賁令(蘇林曰賁音肥東海縣也)上書言得失召見上美其材擢為諫大夫會成帝欲立趙倢伃為皇后先下詔封倢伃父臨為列侯輔上書言臣聞天之所與必先賜以符瑞天之所違必先降以災變此神明之徵應自然之占驗也昔武王周公承順天地以饗魚烏之瑞(師古曰謂伐紂時有白魚赤烏之瑞也事見今文尚書)然猶君臣祗懼動色相戒況於季世不

蒙繼嗣之福屢受威怒之異者虖雖夙夜自責改過易行畏天命念祖業妙選有德之世考卜窈窕之女(師古曰窈窕幽閒也)以承宗廟順神祇心塞天下望(師古曰塞滿也)子孫之祥猶恐晚暮今迺觸情縱欲傾於卑賤之女欲以母天下不畏于天不媿于人惑莫大焉里語曰腐木不可以為柱卑人不可以為主天人之所不予必有禍而無福市道皆共知之(師古曰市道市中之道也一曰市人及行於道路者也)朝廷莫肯壹言臣竊傷心自念得以同姓拔擢尸祿不忠汙辱諫爭之官不敢不盡死唯陛下深察書奏

上使侍御史收縛輔繫掖庭祕獄(師古曰漢舊儀掖庭詔獄令丞宦者為之主理婦人女官也)羣臣莫知其故於是中朝左將軍辛慶忌右將軍廉褒光祿勳師丹太中大夫谷永(孟康曰中朝內朝也大司馬左右前後將軍侍中常侍散騎諸吏為中朝丞相以下至六百石為外朝也)俱上書曰臣聞明王垂寬容之聽崇諫爭之官廣開忠直之路不罪狂狷之言(師古曰狷急也音絹)然後百僚在位竭忠盡謀不懼後患朝廷無諂諛之士元首無失道之諐(師古曰元首謂天子也諐古愆字也)竊見諫大夫劉輔前以縣令求見擢為諫大夫此其言必有卓詭切至當聖心者(師古曰卓高遠也詭異於眾也)故得拔至於此旬日之間收下祕獄臣等愚以為輔

幸得託公族之親在諫臣之列新從下土來未知朝廷體獨觸忌諱不足深過小罪宜隱忍而已如有大惡宜暴治理官與眾共之(師古曰令眾人知其罪狀而罰之)昔趙簡子殺其大夫鳴犢孔子臨河而還(張晏曰趙簡子欲分晉國故先殺鳴犢又聘孔子孔子聞其死至河而還也師古曰戰國策說二人姓名云鳴犢鐸犨而史記及古今人表並以為鳴犢竇犨蓋鐸犢及竇其聲相近故有不同耳今永等指舉殺鳴犢一人不論竇犨也)今天心未豫(張晏曰豫悅豫也)災異屢降水旱迭臻(師古曰迭互也音徒結反)方當隆寬廣問褒直盡下之時也而行慘急之誅於諫爭之臣震驚群下失忠直心假令輔不坐直言所坐不著(師古曰著明也)天下不可戶曉(師古曰言不可家家曉喻之也)同姓近臣本以言顯其於

治親養忠之義誠不宜幽囚于掖庭獄公卿以下見陛下進用輔亟而折傷之暴(師古曰亟急也)人有懼心(師古曰人人皆懼也)精銳銷耎(蘇林曰耎弱也師古曰音乃喚反)莫敢盡節正言非所以昭有虞之聽廣德美之風(師古曰舜有敢諫之鼓故言有虞之聽也一曰謂達四聰也)臣等竊深傷之唯陛下留神省察上迺徙繫輔共工獄(蘇林曰考工也師古曰少府之屬官也亦有詔獄共讀與龔同)減死罪一等論爲鬼薪終於家

鄭崇字子游本高密大族世與王家相嫁娶(師古曰女嫁王家男又娶女也)祖父以訾從平陵父賓明法律爲御史事貢公(師古曰貢禹也)名公直崇少爲郡文學史至丞相大車屬(如淳曰丞相大車屬如今公府御屬)弟立與高武侯傅喜同門學相友善(師古曰同門謂同師也)喜爲大司馬薦崇哀帝擢爲尚書僕射數求見諫爭上初納用之每見曳革履(師古曰孰曰韋生曰革)上笑曰我識鄭尚書履聲久之上欲封祖母傅太后從弟商崇諫曰孝成皇帝封親舅五侯天爲赤黃晝昏日中有黑氣今祖母從昆弟二人已侯孔鄉侯皇后父高武侯以三公封尚有因緣(師古曰孔鄉侯傅晏也高武侯傅喜也)今無故欲復封商壞亂制度逆天人之心非傅氏之福也臣聞師曰逆陽者厥極弱逆陰者厥極凶短折犯人者有亂亡之患犯神者有疾夭之

禍故周公著戒曰惟王不知艱難唯耽樂是從時亦罔有克壽(師古曰周書亡逸之篇也言王者不知稼穡之艱難唯從耽樂則致天喪無能壽考也)故衰世之君夭折蚤沒(師古曰蚤古早字也)此皆犯陰之害也臣願以身命當國咎崇因持詔書案起(李奇曰持當受詔書案起也師古曰李說非也案者即寫詔之文)傅太后大怒曰何有爲天子乃反爲一臣所顓制邪(師古曰顓與專同也)上遂下詔曰朕幼而孤皇太太后躬自養育免于襁褓教道以禮至於成人(師古曰道讀曰導)惠澤茂焉(師古曰茂美也)欲報之德皡天罔極(師古曰詩小雅蓼莪之篇曰父兮生我母兮鞠我欲報之德昊天罔極言欲報父母之恩德心無已也呼昊天者陳己至誠也皡字與昊同)前追號皇太太后父爲崇祖侯惟念德報未殊朕甚恧焉(師古曰殊異也恧慚也音女六反)侍中光祿大夫商皇太太后父同産子小自保大(如淳曰太后從小養之使至大也)恩義最親其封商爲汝昌侯爲崇祖侯後更號崇祖侯爲汝昌哀侯崇又以董賢貴寵過度諫由是重得罪(師古曰重音直用反)數以職事見責發疾頸癰欲乞骸骨不敢尚書令趙昌佞諂素害崇知其見疏因奏崇與宗族通疑有姦請治上責崇曰君門如市人何以欲禁切主上(師古曰言請求者多交通賓客)崇對曰臣門如市臣心如水(師古曰言至清也)願得考覆上怒下崇獄窮治死獄中

孫寶字子嚴潁川鄢陵人也(師古曰鄢音偃)以明經爲郡吏

御史大夫張忠辟寶爲屬欲令授子經更爲除舍
師古曰除謂修飾掃除也設儲偫師古曰謂預備器物也偫音丈紀反寶自劾去忠固還之
師古曰固者謂再三留之心內不平師古曰假其去後署寶主簿寶徙入舍祭
竈請比鄰忠陰察怪之使所親問寶實削大夫爲君
設除大舍子自劾去者欲爲高節也今兩府高士
俗不爲主簿子既爲之徙舍甚說師古曰說讀曰悅何前後
不相副也寶曰高士不爲主簿而大夫君以寶爲
可一府莫言非師古曰言大夫以爲寶適可爲主簿耳府中之人又不以爲不當也士安得獨
自高前日君男欲學文而移寶自近師古曰文謂書也禮有
來學義無往教道不可詘身詘何傷且不遭者可

前漢傳四十七　十一　楊琪

無不爲況主簿乎師古曰言士不遭遇知己則當屈辱無所不爲也忠聞之甚慙
上書薦寶經明質直宜備近臣爲議郎遷諫大夫
鴻嘉中廣漢群盜起選爲益州刺史廣漢太守扈
商者大司馬車騎將軍王音姊子軟弱不任職寶
到部親入山谷諭告群盜非本造意渠率皆得
悔過自出師古曰渠大也遣歸田里自劾矯制奏商爲亂首
師古曰擅放群盜歸故云矯制由商不任職致有賊盜故云爲亂首也春秋之義誅首惡而已
商亦奏寶所縱或有渠率當坐者師古曰縱放也商徵下獄
寶坐失死罪免益州吏民多陳寶功效言爲車騎
將軍所排上復拜寶爲冀州刺史遷丞相司直時

帝舅紅陽侯立使客因南郡太守李尚占墾草田
數百頃師古曰隱度而取之也草田荒田也占音之贍反頗有民所假少府陂澤
略皆開發師古曰舊爲陂澤本屬少府其後以假百姓百姓皆已田之而立總謂爲草田占云新自墾上書願
以入縣官師古曰立上書云新墾得此田請以入官也有詔郡平田予直師古曰受其當
而準償價直也錢有貴一萬萬以上師古曰增於時價寶聞之遣丞相
史按驗發其姦劾奏立尚懷姦罔上狡猾不道尚
下獄死立雖不坐後兄大司馬衛將軍商薨次當
代商上度立而用其弟曲陽侯根爲大司馬票騎
將軍如淳曰度過也過立而用根會益州蠻夷犯法巴蜀頗不安上
以寶著名西州拜爲廣漢太守秩中二千石賜黃

前漢傳四十七　十二　楊琪

金三十斤蠻夷安輯吏民稱之師古曰輯與集同徵爲京兆
尹故吏侯文以剛直不苟合常稱疾不肯仕寶以
恩禮請文欲爲布衣友日設酒食妻子相對文求
受署爲掾進見如賓禮數月以立秋日署文東部
督郵入見敕曰今日鷹隼始擊當順天氣取姦惡
以成嚴霜之誅掾部渠有其人乎師古曰渠讀曰詎詎豈也言掾所部內豈有其
人乎文卬曰無其人不敢空受職師古曰卬讀曰仰謂仰頭而對也寶曰誰
也文曰霸陵杜穉季寶曰其次師古曰除穉季之外更有誰也文曰
豺狼橫道不宜復問狐狸師古曰言不當釋大而取小也寶默然穉季
者大俠與衛尉淳于長大鴻臚蕭育等皆厚善

寶前失車騎將軍與紅陽侯有郤師古曰失車騎將軍謂失王音意奏邑商
事也郤與隙同自恐見危時淳于長方貴幸友寶寶亦欲附
之始視事而長以稱季託寶故寶窮無以復應文
文怪寶氣索師古曰索盡也音先各反知其有故因曰明府素著
威名今不敢取稱季當且闔閤勿有所問師古曰闔閉也如
此音歲吏民未敢誣明府也師古曰誣謗也即度稱季而譴
它事李奇曰過度不治罪衆口讙譁終身自墮師古曰墮毀也音火規反寶曰
受教稱季耳目長聞知之杜門不通水火師古曰杜塞也不通水火謂
鄰伍亦不往來也穿舍後牆爲小戶但持鉏自治園因文所
厚自陳如此師古曰具言恐懼改節之狀也文曰我與稱季幸同土壤

素無睚眦師古曰睚音涯眦音才賜反睚又音五懈反眦又音仕懈反已解於前也顧受將命分
當相直師古曰言自顧念受郡將之命分當相值遇也分音扶問反直讀曰值也誠能自改嚴將
不治前事即不更心但更門戶過趣禍耳師古曰更改也趣讀
曰促稱季遂不敢犯法寶亦音歲無所譴明年稱季
病死寶爲京兆尹三歲京師稱之會淳于長敗寶
與蕭育等皆坐免官文復去吏死於家稱季子杜
蓍字君敖名出稱季右在游俠中哀帝即位徵寶
爲諫大夫遷司隸初傅太后與中山孝王母馮太
后俱事元帝有郤師古曰以當熊事懟而嫉之傅太后使有司考馮
太后令自殺衆庶冤之寶奏請覆治傅太后大怒

曰帝置司隸主使察我馮氏反事明白故欲擿觖
以揚我惡師古曰擿觖謂挑發之也擿音它歷反觖音決挑音它聊反我當坐之上廼
順指下寶獄尚書僕射唐林爭之上以林朋黨比
周師古曰比音頻寐反左遷敦煌魚澤障候大司馬傅喜光祿
大夫龔勝固爭上爲言太后出寶復官頃之鄭崇
下獄寶上書曰臣聞疏不圖親外不慮內師古曰圖謀也慮思也
臣幸得銜命奉使職在刺舉不敢避貴幸之埶以
塞視聽之明按尚書令昌奏僕射崇下獄覆治榜
掠將死卒無一辭師古曰榜掠謂笞擊而考問之也榜音彭道路稱冤疑昌
與崇內有纖介師古曰言有細故宿嫌也浸潤相陷自禁門內樞

機近臣蒙受冤譖師古曰蒙被也虧損國家爲謗不小臣請
治昌以解衆心書奏天子不說師古曰說讀曰悅以寶名臣
不忍誅廼制詔丞相大司空司隸寶奏故尚書僕
射崇冤請獄治尚書令昌案崇近臣罪惡暴著而
寶懷邪附下罔上以春月作詆欺遂其姦心蓋國
之賊也傳不云乎惡利口之覆國家師古曰論語稱孔子之言其
免寶爲庶人哀帝崩王莽白王太后徵寶以爲光
祿大夫與王舜等俱迎中山王平帝立寶爲大司
農會越巂郡上黃龍游江中太師孔光大司徒馬
宮等咸稱莽功德比周公宜告祠宗廟寶曰周公

上聖召公大賢尚猶有不相說著於經典兩不相損師古曰周書君奭之序曰召公爲保周公爲師相成王爲左右召公不說周公作君奭是也兩不相損者言俱有令名也召讀曰邵說讀曰悅今風雨未時百姓不足每有一事羣臣同聲師古曰言當同阿附妄說福祥得無非其美者師古曰言此非朝廷美事也時大臣皆失色侍中奉車都尉甄邯即時承制罷議者會寶遣吏迎母母道病留弟家獨遣妻子司直陳崇以奏寶事下三公即訊師古曰就問之也寶對曰年七十詩眊恩衰師古曰詩惑也眊與耄同自言老耄心志亂惑供養之恩衰具如所奏之章也詩音布內反共讀曰供音居用反共養營妻子如章寶坐免終於家建武中錄舊德臣以寶孫伉爲諸長師古曰伉音抗諸琅邪之縣也

毋將隆字君房東海蘭陵人也大司馬車騎將軍王音內領尚書外典兵馬踵故選置從事中郎師古曰踵猶躡也言承躡故事也與參謀議奏請隆爲從事中郎遷諫大夫成帝末隆奏封事言古者選諸侯入爲公卿以褒功德宜徵定陶王使在國邸以塡萬方師古曰塡音竹刃反其後上竟立定陶王爲太子隆遷冀州牧潁川太守哀帝即位以高第入爲京兆尹遷執金吾時侍中董賢方貴上使中黃門發武庫兵前後十輩送董賢及上乳母王阿舍隆奏言武庫兵器天下公用國家武備繕治造作皆度大司農錢蘇林曰用度皆出大司農大司農錢自乘輿不以給共養師古曰共音居用反養音弋向反共養勞賜壹出少府蓋不以本臧給末用不以民力共浮費師古曰共讀曰供別公私示正路也古者諸侯方伯得顓征伐迺賜斧鉞師古曰顓與專同也漢家邊吏職在距寇亦賜武庫兵皆任其事然後蒙之春秋之誼家不臧甲所以抑臣威損私力也今賢等便僻弄臣私恩微妾而以天下公用給其私門契國威器共其家備李奇曰契缺也晉灼曰契取也師古曰李說是也共讀曰供民力分於弄臣武兵設於微妾建立非宜以廣驕僭非所以示四方也孔子曰奚取於三家之堂師古曰三家謂魯大夫叔孫仲孫季孫也論語云三家者以雍徹孔子曰相維辟公天子穆穆奚取於三家之堂言三家以雍徹食此乃天子之禮耳何爲在三家之堂也

臣請收還武庫上不說師古曰說讀曰悅頃之傅太后使謁者買諸官婢賤取之復取執金吾官婢八人隆奏言賈賤請更平直師古曰賈讀曰價其下亦同上於是制詔丞相御史大夫交讓之禮興則虞芮之訟息師古曰虞芮二國名文王爲西伯爲斷其訟二國各慙而止也隆位九卿既無以匡朝廷之不逮而反奏請與永信宮爭貴賤之賈程奏顯言蘇林曰露奏也眾莫不聞舉錯不由誼理師古曰錯音千故反爭求之名自此始無以示百僚傷化失俗以隆前有安國之言如淳曰徵定陶王使在國邸也左遷爲沛郡都尉遷南郡太守王莽少時慕與隆交

隆不甚附哀帝崩莽秉政使大司徒孔光奏隆前爲冀州牧治中山馮太后獄冤陷無辜不宜處位在中土本中謁者令史立侍御史丁玄自典考之但與隆連名奏事史立時爲中太僕丁玄泰山太守及尚書令趙昌譖鄭崇者爲河內太守皆免官徙合浦

何並字子廉祖父以吏二千石自平輿徙平陵（師古曰平輿汝南之縣也）並爲郡吏至大司空掾事何武武高其志節舉能治劇爲長陵令道不拾遺初邛成太后外家王氏貴（應劭曰宣帝王皇后父奉光封邛成侯成帝母亦姓王故以父爵別之也）而侍中王林

卿通輕俠傾京師後坐法免賓客愈盛歸長陵上冢因留飲連日並恐其犯法自造門上謁（師古曰造至也音千到反）謂林卿曰冢間單外君宜以時歸（師古曰單外言在郊郭之外而單露）林卿曰諾先是林卿殺婢壻埋冢舍（師古曰婢壻外人與其婢姦者也冢舍守冢之舍也）並具知之以非已時又見其新免故不發舉欲無令留界中而已即且遣吏奉謁侍送林卿素驕慙於賓客並度其爲變儲兵馬以待之（師古曰儲豫備也度音徒各反）林卿既去北度涇橋令騎奴還至寺門拔刀剥其建鼓（師古曰諸官曹之所通呼爲寺建鼓一名植鼓建立也謂植木而旁懸鼓焉縣有此鼓者所以召集號令爲開閉之時）並自從吏兵追林卿行數十里林卿迫窘廼

令奴冠其冠被其襜褕自代乘車從童騎（師古曰襜褕曲裾禪衣也童騎童奴之騎也）身變服從間徑馳去會日暮追及收縛冠奴奴曰我非侍中奴耳並心自知已失林卿廼曰王君困自稱奴得脫死邪叱吏斷頭持還縣所剥鼓置都亭下署曰故侍中王林卿坐殺人埋冢舍使奴剥寺門鼓（師古曰署謂書表其事也）吏民驚駭林卿因亡命衆庶讙譁以爲實死（師古曰讙譁衆議也讙音許元反）成帝太后以邛成太后愛林卿故聞之涕泣爲言哀帝哀帝問狀而善之遷並隴西太守徙潁川太守代陵陽嚴詡詡本以孝行爲官謂掾史爲師友有過輒閉

閤自責終不大言郡中亂王莽遣使徵詡官屬數百人爲設祖道詡據地哭掾史曰明府吉徵不宜若此詡曰吾哀潁川士身豈有憂哉我以柔弱徵必選剛猛代代到將有僵仆者故相弔耳（師古曰僵也仆也僵音薑仆音赴）詡至拜爲美俗使者（文穎曰宣美風化使者）是時潁川鍾元爲尚書令領廷尉用事有權弟威爲郡掾臧千金（師古曰臧謂致罪之臧也）並爲太守過辭鍾廷尉廷尉免冠爲弟請一等之罪（如淳曰減死罪一等）願蚤就髡鉗並曰罪在弟身與君律不在於太守元懼馳遣人呼弟陽翟輕俠趙季李款多畜賓客以氣力漁食閭里（師古曰漁者謂侵

（取之若漁獵之爲也）至姦人婦女持吏長短從橫郡中（師古曰從音子用反橫音胡孟反）聞並且至皆亡去並下車求勇猛曉文法吏且十人使文吏治三人獄武吏往捕之各有所部敕曰三人非負太守迺負王法不得不治鍾威所犯多在赦前驅使入函谷關勿令汙民間不入關迺收之趙李桀惡雖遠去當得其頭以謝百姓鍾威負其兄止雒陽（師古曰負謂恃其權力也）吏格殺之亦得趙李它郡持頭還並皆縣頭及其具獄於市郡中清靜表善好士（師古曰好音呼到反）見紀潁川名次黃霸性清廉妻子不至官舍數年卒疾病召丞掾作先令書（師古曰先令爲遺令也）曰告子恢吾生素餐日久死雖當得法賻勿受（如淳曰公令吏死官得法賻師古曰贈終者布帛曰賻音附）葬爲小槨亶容下棺（張晏曰禮三重棺趙簡子曰不設屬辟下卿之罰也或曰但下棺無餘器物也師古曰言止作小槨纔容下棺而已無令高大也亶讀曰但）恢如父言王莽擢恢爲關都尉建武中以並孫爲郎

贊曰蓋寬饒爲司臣正色立於朝雖詩所謂國之司直無以加也（師古曰詩鄭風羔裘之篇曰彼己之子邦之司直言其德美可主正直之任也）若采王生之言以終其身斯近古之賢臣矣諸葛劉鄭雖云狂瞽有異志焉孔子曰吾未見剛者（師古曰論語稱孔子之言也言有剛德者爲難也）以數子之名迹然毋將汙於冀州（孟康曰汙下也師古曰毋將隆爲冀州牧與史立丁玄共奏馮太后事是爲汙曲也汙音一胡反）孫寶橈於定陵（師古曰橈亦曲也謂受淳于長託而不治杜穉季也橈音女教反）況俗人乎何並之節亞尹翁歸云

蓋諸葛劉鄭孫毋將何傳第四十七

蕭望之傳第四十八　班固　漢書七十八

祕書監上護軍琅邪縣開國子顏師古注

蕭望之字長倩東海蘭陵人也（師古曰近代譜諜妄相託附乃云望之蕭何之後追次昭穆流俗學者共祖述焉但鄭侯漢室宗臣功高位重子孫胄緒具詳表傳長倩鉅儒達學名節並隆博覽古今能言其祖市朝未變年載非遥長老所傳耳目相接若其實承何後史傳寧得弗詳漢書既不叙論後人焉所取信不然之事斷可識矣）徙杜陵家世以田為業至望之好學治齊詩事同縣后倉且十年以令詣太常受業（如淳曰令郡國官有好文學敬長肅政教者二千石奏上與計偕詣太常受業如弟子也）復事同學博士白奇（師古曰常同於后倉受業而奇後為博士）又從夏侯勝問論語禮服（師古曰禮之喪服也）京師諸儒稱述焉

是時大將軍霍光秉政長史丙吉薦儒生王仲翁

與望之等數人皆召見先是左將軍上官桀與蓋主謀殺光光既誅桀等後出入自備吏民當見者露索去刀兵兩吏挾持（師古曰索搜也露形體而搜也索山客反）望之獨不肯聽自引出閤曰不願見吏牽持匈光聞之告吏勿持望之既至前說光曰將軍以功德輔幼主將以流大化致於洽平（師古曰令太平之化通洽四方也）是以天下之士延頸企踵爭願自効以輔高明今士見者皆先露索挾持恐非周公相成王躬吐握之禮致白屋之意（師古曰周公攝政一沐三捉髮一飯三吐餔以接天下之士白屋謂白蓋之屋以茅覆之賤人所居蓋音合）於是光獨不除用望之而仲翁等皆補大將軍史三歲閒仲翁至光祿大夫給事中望之以射策甲科為郎（師古曰射策者謂為難問疑義書之於策量其大小署為甲乙之科列而置之不使彰顯有欲射者隨其所取得而釋之以知優劣射之言投射也對策者顯問以政事經義令各對之而觀其文辭定高下也）署小苑東門候（師古曰署補署也門候主候時而開閉也）仲翁出入從倉頭廬兒（師古曰皆官府之給賤役者也解在貢禹傳）下車趨門傳呼甚寵（師古曰趨讀曰趣趣嚮也下車而嚮門傳聲而呼侍從者甚有尊寵也）顧謂望之曰不肯錄錄反抱關為（師古曰錄錄謂循常也言望之不能隨例搜索以逢迕執政不得大官而守門也）望之曰各從其志後數年坐弟犯法不得宿衛免歸為郡吏及御史大夫魏相除望之為屬察廉為大行治禮丞時大將軍光薨子禹復為大司馬兄子山領尚書（師古曰霍去病之孫今云兄子者轉寫誤尔）親屬皆宿衛

內侍地節三年夏京師雨雹望之因是上疏願賜清閒之宴口陳災異之意（師古曰閒讀曰閑）宣帝自在民閒聞望之名曰此東海蕭生邪下少府宋畸問狀（師古曰畸居宜反）無有所諱望之對以為春秋昭公三年大雨雹是時季氏專權卒逐昭公鄉使魯君察於天變宜亡此害（師古曰鄉讀曰嚮亡讀曰無）今陛下以聖德居位思政求賢堯舜之用心也然而善祥未臻陰陽不和是大臣任政一姓擅執之所致也附枝大者賊本心私家盛者公室危（師古曰本心樹之本干也）唯明主躬萬機選同姓舉賢材以為腹心與參政謀令公卿大臣朝見奏

事明陳其職以考功能如是則庶事理公道立姦
邪塞私權廢矣對奏天子拜望之為謁者時上初
即位思進賢良多上書言便宜輒下望之問狀高
者請丞相御史師古曰望之以其人所言之狀請於丞相御史或以奏聞即見超擢次者中二
千石試事滿歲以狀聞師古曰試令行其所言之事或以諸它職事試之下者
報聞或罷歸田里所白處奏皆可師古曰當主上之意也累遷
諫大夫丞相司直歲中三遷官至二千石其後霍
氏竟謀反誅望之寖益任用師古曰寖漸也是時選博士諫
大夫通政事者補郡國守相以望之為平原太守
望之雅意在本朝遠為郡守內不自得乃上疏曰

陛下哀愍百姓恐德化之不究師古曰究竟也謂周徧於天下悉出
諫官以補郡吏所謂憂其末而忘其本者也朝無
爭臣則不知過國無達士則不聞善師古曰達士謂通達於政事也願
陛下選明經術溫故知新通於幾微謀慮之士以
為內臣與參政事諸侯聞之則知國家納諫憂政
亡有闕遺若此不怠成康之道其庶幾乎師古曰周成康
二王致太平也外郡不治豈足憂哉書聞徵入守少府宣帝
察望之經明持重論議有餘材任宰相師古曰任堪也欲詳
試其政事復以為左馮翊望之從少府出為左遷
恐有不合意即移病師古曰移病謂移書言病一曰以病而移居上聞之使

侍中成都侯金安上諭意曰所用皆更治民以考
功師古曰更猶經歷也更音工衡反君前為平原太守日淺故復試之三
輔非有所聞也師古曰所聞謂聞其短失望之即視事是歲西羌
反漢遣後將軍征之京兆尹張敞上書言國兵在
外軍以夏發隴西以北安定以西吏民並給轉輸
田事頗廢素無餘積雖羌虜以破來春民食必
乏窮辟之處買亡所得師古曰辟讀曰僻也縣官穀度不足以
振之師古曰度徒各反願令諸有辠非盜受財殺人及犯法
不得赦者皆得以差入穀此八郡贖罪師古曰差次也八郡即隴西以北安定以西
務益致穀以豫備百姓之急事下有司望

之與少府李彊議以為民函陰陽之氣有仁義欲
利之心師古曰函與含同也在教化之所助堯在上不能去民
欲利之心而能令其欲利不勝其好義也雖桀在
上不能去民好義之心而能令其好義不勝其欲
利也故堯桀之分在於義利而已道民不可不慎
也師古曰道讀曰導今欲令民量粟以贖罪如此則富者得
生貧者獨死是貧富異刑而法不壹也人情貧窮
父兄囚執聞出財得以生活為人子弟者將不顧
死亡之患敗亂之行以赴財利求救親戚一人得
生十人以喪如此伯夷之行壞公綽之名滅師古曰公綽魯

大夫孟公綽也論語稱孔子曰若臧武仲之智公綽之不欲卞莊子之勇冉求之藝文之以禮樂可以爲成人矣政教壹傾
雖有周召之佐恐不能復師古曰召讀曰邵復扶目反古者臧於民
不足則取有餘則與詩曰爰及矜人哀此鰥寡師古
曰小雅鴻鴈之詩也矜人可哀矜之人謂貧弱者也言王者惠澤下及哀矜之人以至鰥寡上惠下也又曰
雨我公田遂及我私師古曰小雅大田之詩也言衆庶喜於時雨先潤公田又及私田是則其心先公後
私雨于具反下急上也今有西邊之役民失作業雖戶賦
口斂以贍其困乏師古曰率戶而賦計口而斂也古之通義百姓莫以
爲非以死救生恐未可也師古曰子弟竭死以救父兄令其生也陛下布
德施教教化既成堯舜亡以加也今議開利路以
傷既成之化臣竊痛之於是天子復下其議兩府

丞相御史以難問張敞敞曰少府左馮翊所言常
人之所守耳昔先帝征四夷兵行三十餘年百姓
猶不加賦而軍用給今羌虜一隅小夷跳梁於山
谷閒漢但令罪人出財減罪以誅之其名賢於煩
擾良民橫興賦斂也師古曰橫音胡孟反又諸盜及殺人犯不
道者百姓所疾苦也皆不得贖首匿見知縱所不
當得爲之屬議者或頗言其法可蠲除師古曰以其罪輕而法重故常
欲除此科條今因此令贖其便明甚何化之所亂甫刑之
罰小過赦薄罪贖師古曰呂侯爲周穆王司寇作贖刑之法謂之呂刑後改爲甫侯故又稱甫刑也有
金選之品應劭曰選音刷金銖兩名也師古曰音刷是也字本作鋝鋝即鍰也其重十一銖一十五分銖之十三一曰重六兩呂

刑曰墨辟疑赦其罰百鍰劓辟疑赦其罰惟倍剕辟疑赦其罰倍差宮辟疑赦其罰六百鍰大辟疑赦其罰千鍰是其品也所
從來久矣何賊之所生敞備皁衣二十餘年如淳曰雖有五
時服至朝皆著皁衣嘗聞罪人贖矣未聞盜賊起也竊憐涼
州被寇方秋饒時民尚有飢乏之病死於道路況至
來春將大困乎不早慮所以振救之策而引常經
以難恐後爲重責常人可與守經未可與權也敞
幸得備列卿以輔兩府爲職不敢不盡愚望之彊
復對曰先帝聖德賢良在位作憲垂法爲無窮之
規永惟邊竟之不贍師古曰惟思也竟讀曰境其下亦同故金布令甲曰
師古曰金布者令篇名也其上有府庫金錢布帛之事因以篇名令甲者其篇甲乙之次邊郡數被兵離

飢寒師古曰離遭也夭絕天年父子相失令天下共給其費
師古曰同共給之也自此以上令甲之文固爲軍旅卒暴之事也師古曰卒讀曰猝言此令
文專爲軍旅猝暴而施設聞天漢四年常使死罪人入五十萬錢
減死罪一等豪彊吏民請奪假貣師古曰貣音土得反至爲
盜賊以贖罪其後姦邪橫暴群盜並起師古曰橫音胡孟反至
攻城邑殺郡守充滿山谷吏不能禁明詔遣繡衣
使者以興兵擊之師古曰軍興之法也誅者過半然後衰止愚
以爲此使死罪贖之敗也故曰不便時丞相魏相
御史大夫丙吉亦以爲羌虜且破轉輸略足相給
遂不施敞議望之爲左馮翊三年京師稱之遷大

鴻臚先是烏孫昆彌翁歸靡因長羅侯常惠上書師古曰昆彌烏孫之王號也翁歸靡其人名也願以漢外孫元貴靡爲嗣得復尚少主蘇林曰宗室女也結婚内附畔去匈奴詔下公卿議望之以爲烏孫絕域信其美言萬里結婚非長策也天子不聽神爵二年遣長羅侯惠使送公主配元貴靡未出塞翁歸靡死其兄子狂王背約自立惠從塞下上書願留少主敦煌郡惠至烏孫責以負約因立元貴靡還迎少主詔下公卿議望之復以爲不可烏孫持兩端亡堅約其效可見前少主在烏孫四十餘年恩愛不親密邊境未以安此已事之驗也今少主以元貴靡不得立而還信無負於四夷此中國之大福也少主不止繇役將興其原起此天子從其議徵少主還後烏孫雖分國兩立以元貴靡爲大昆彌漢遂不復與結婚三年代丙吉爲御史大夫五鳳中匈奴大亂議者多曰匈奴爲害日久可因其壞亂舉兵滅之詔遣中朝大司馬車騎將軍韓增諸吏富平侯張延壽光祿勳楊惲太僕戴長樂問望之計策望之對曰春秋晉士匄帥師侵齊聞齊侯卒引師而還君子大其不伐喪師古曰士匄晉大夫范宣子也春秋公羊傳襄十九年齊侯瑗卒晉士匄帥師侵齊至穀聞齊侯卒乃還還者何善

辭也大其不伐喪也以爲恩足以服孝子誼足以動諸侯前單于慕化鄉善稱弟蘇林曰弟順也師古曰鄉讀曰嚮弟音悌遣使請求和親海内欣然夷狄莫不聞未終奉約不幸爲賊臣所殺今而伐之是乘亂而幸災也彼必奔走遠遁不以義動兵恐勞而無功宜遣使者弔問輔其微弱救其災患四夷聞之咸貴中國之仁義如遂蒙恩得復其位必稱臣服從此德之盛也上從其議後竟遣兵護輔呼韓邪單于定其國是時大司農中丞耿壽昌奏設常平倉上善之望之非壽昌師古曰此望之不知權道丞相丙吉年老上重焉望之又奏言百姓或乏困盜賊未止二千石多材下不任職三公非其人則三光爲之不明今首歲日月少光師古曰首歲歲之初首謂正月也咎在臣等上以望之意輕丞相師古曰言三公非其人又云咎在臣等是其意毀丞相乃下侍中建章衛尉金安上光祿勳楊惲御史中丞王忠并詰問師古曰三人同共問之望之免冠置對天子繇是不說師古曰繇讀與由同說讀曰悅後丞相司直緐延壽師古曰緐音蕃奏侍中謁者良使承制詔望之望之再拜已良與望之言望之不起因故下手蘇林曰伏地而言也而謂御史曰良禮不備故事丞相病明日御史大夫輒問病朝奏事會庭中差居丞相後丞相謝大夫少進揖今丞相數

病望之不問病會庭中與丞相鈞禮（師古曰不爲前後之差也）時
議事不合意望之曰侯年寧能父我邪（服虔曰寧能與吾父同年邪）
知御史有令不得擅使望之多使守史自給車馬
之杜陵護視家事（如淳曰漢儀注御史大夫史員四十五人皆六百石其十五人給事殿中其餘三十人留守治百事皆冠法冠師古曰自給車馬者令其自乘私車馬也）少史冠法冠爲妻先引（蘇林曰少史曹史之下者也文穎曰先引謂導車前）又使吏買賣私所附益凡十萬三千（師古曰使其史爲望之家有所賣買而史以其私錢增益之用潤望之也）案望之大臣通經術居九
卿之右本朝所仰（師古曰右上也）至不奉法自脩踞慢不遜
攘（師古曰攘古讓字）受所監臧二百五十以上（師古曰二百五十以上者當時律令坐罪之次若今律條言一尺以上一疋以上矣）請逮捕繫治上於是策望之曰有
司奏君責使者禮遇丞相亡禮廉聲不聞敖慢
不遜（師古曰敖讀曰傲）亡以扶政帥先百僚君不深思陷于
玆穢朕不忍致君于理使光祿勳惲策詔左遷君
爲太子太傅授印其上故印使者（師古曰使者即謂楊惲也命惲授太傅印而望之以大夫印上於使者）便道之官君其秉道明孝正直是與帥意
亡侶言靡有後言（師古曰侶古愆字後言謂自申理）望之既左遷而黃
霸代爲御史大夫數月閒丙吉薨霸爲丞相霸
薨于定國復代焉望之遂見廢不得相爲太傅以
論語禮服授皇太子初匈奴呼韓邪單于來朝詔
公卿議其儀丞相霸御史大夫定國議曰聖王之

制施德行禮先京師而後諸夏先諸夏而後夷狄
詩云率禮不越遂視既發相土烈烈海外有截（師古曰商頌長發之詩也率循也遂徧也既盡也發行也相土契之孫也烈烈威也截齊也言殷宗受命爲諸侯能修禮度無有所踰越也徧省視之教令盡行而相土之威烈烈然盛四海之外皆整齊）陛下聖德充塞天地（師古曰充實也塞滿也）
光被四表（師古曰四表四海之外）匈奴單于鄉風慕化奉珍朝賀
（師古曰鄉讀曰嚮）自古未之有也其禮儀宜如諸侯王位次
在下望之以爲單于非正朔所加故稱敵國宜待
以不臣之禮位在諸侯王上外夷稽首稱藩中國
讓而不臣此則羈縻之誼謙亨之福也（師古曰易謙卦之辭曰謙亨天道下濟而光明地道卑而上行言謙之爲德無所不通也亨次庚反）書曰戎狄荒服（師古曰逸書也）言其
來服荒忽亡常如使匈奴後嗣卒有鳥竄鼠伏闕
於朝享不爲畔臣（卒終也師古曰本以客禮待之若後不來非叛臣）信讓行乎
蠻貉福祚流于亡窮萬世之長策也天子采之下
詔曰蓋聞五帝三王教化所不施不及以政今匈
奴單于稱北藩朝正朔朕之不逮德不能弘覆其
以客禮待之令單于位在諸侯王上贊謁稱臣而
不名及宣帝寢疾選大臣可屬者（師古曰屬之欲反）引外屬
侍中樂陵侯史高太子太傅望之少傅周堪至禁
中拜高爲大司馬車騎將軍望之爲前將軍光祿
勳堪爲光祿大夫皆受遺詔輔政領尚書事宣帝

崩太子襲尊號是爲孝元帝望之堪本以師傅見尊重上即位數宴見言治亂陳王事望之選白宗室明經達學散騎諫大夫劉更生給事中與侍中金敞並拾遺左右四人同心謀議勸道上以古制師古曰道讀曰導多所欲匡正上甚鄉納之師古曰鄉讀曰嚮嚮意信嚮之而納用其言初宣帝不甚從儒術任用法律而中書宦官用事中書令弘恭石顯久典樞機明習文法亦與車騎將軍高爲表裏論議常獨持故事不從望之等恭顯又時傾仄見詘文穎曰恭顯心不自安也師古曰文說非也言其不能持正故議論大事見詘於天子也仄古側字望之以爲中書政本宜以賢明之選自武帝游宴後庭故用宦者非國舊制又違古不近刑人之義師古曰禮曰刑人不在君側也白欲更置士人繇是大與高恭顯忤師古曰繇讀與由同忤謂相違逆也上初即位謙讓重改作師古曰重難也不欲更置士人於中書也議久不定出劉更生爲宗正望之堪數薦名儒茂材以備諫官會稽鄭朋陰欲附望之上疏言車騎將軍高遣客爲姦利郡國及言許史子弟罪過章視周堪師古曰視讀曰示以朋所奏之章示堪也堪白令朋待詔金馬門朋奏記望之曰將軍體周召之德秉公綽之質有卞莊之威師古曰周謂周公旦召謂召公奭公綽孟公綽也廉正寡欲卞莊子魯卞邑大夫蓋勇士也召讀曰邵至乎耳順之年師古曰論語孔子曰六十而耳順履折衝之位號至將軍

誠士之高致也窟穴黎庶莫不懽喜咸曰將軍其人也師古曰國家委任誠得其人也今將軍規橅云若管晏而休遂行日仄至周召乃留乎師古曰問望之立意當趣如管晏而止爲欲恢廓其道日昃不食追周邵之蹟然後已乎橅讀曰模其字從木若管晏而休則下走將歸延陵之皐應劭曰下走僕也張晏曰吳公子札食邑延陵菑薄吳王之行弃國而耕於皐澤朋云望之所爲若但如管晏則不處漢朝將歸會稽尋延陵之軌耕皐澤之中也師古曰下走者自謙言趨走之役也修農圃之疇師古曰美田曰疇畜雞種黍竢見二子沒齒而已矣師古曰論語云子路從而後遇丈人以杖荷蓧止子路宿殺雞爲黍而食之見其二子焉明日子路行以告子曰隱者也使子路反見之至則行矣朋之所云蓋謂此也竢古俟字也俟待也沒齒終身也蓧草器也音徒釣反如將軍昭然度行積思塞邪枉之險蹊宣中庸之常政師古曰度行度越常檢而爲高行也蹊徑謂道也音奚興周召之遺業親日仄之兼聽則下走其庶幾願竭區區底厲鋒鍔師古曰鋒刃端也鍔刃旁也音五各反奉萬分之一望之見納朋接待以意師古曰與之相見納用其說也朋數稱述望之短車騎將軍師古曰短謂毀其短惡也言許史過失後朋行傾邪望之絕不與通朋與大司農史李宮俱待詔堪獨白宮爲黃門郎朋楚士怨恨張晏曰朋會稽人會稽并屬楚蘇林曰楚人脃急也更求入許史推所言許史事曰皆周堪劉更生教我我關東人何以知此於是侍中許章白見朋朋出揚言曰我見言前將軍小過五大罪一中書令在旁知我言狀望之聞之以問弘恭石顯顯恭恐望之自訟下於它吏

即挾朋及待詔華龍師古曰華胡化反龍者宣帝時與張子蟜等待詔師古曰蟜丘遥反字或作僑以行汙穢不進師古曰穢與穢同欲入堪等堪等不納故與朋相結恭顯令二人告望之等謀欲罷車騎將軍疏退許史狀候望之出休日令朋龍上之事下弘恭問狀望之對曰外戚在位多奢淫欲以匡正國家非為邪也恭顯奏望之堪更生朋黨相稱舉數譖訴大臣毀離親戚欲以專擅權勢為臣不忠誣上不道請謁者召致廷尉時上初即位不省謁者召致廷尉為下獄也可其奏後上召堪更生曰繫獄上大驚曰非但廷尉問

邪以責恭顯皆叩頭謝上曰令出視事恭顯因使高言上新即位未以德化聞於天下而先驗師傅既下九卿大夫獄宜因決免於是制詔丞相御史前將軍望之傅朕八年亡它罪過今事久遠識忘難明師古曰言不能盡記有遺忘者故難明其赦望之罪收前將軍光祿勳印綬及堪更生皆免為庶人而朋為黃門郎後數月制詔御史國之將興尊師而重傅故前將軍望之傅朕八年道以經術厥功茂焉師古曰道讀曰導茂美也其賜望之爵關內侯食邑六百戶給事中朝朔望坐次將軍天子方倚欲以為丞相師古曰倚於綺反會望之子

散騎中郎伋上書訟望之前事師古曰伋音級事下有司復奏望之前所坐明白無譖訴者師古曰言望之自有罪非人譖而訴之也而教子上書稱引亡辜之詩失大臣體不敬請逮捕弘恭石顯等知望之素高節不詘辱建白望之師古曰建立此議而白之於天子前為將軍輔政欲排退許史專權擅朝幸得不坐復賜爵邑與聞政事師古曰與讀曰豫不悔過服罪深懷怨望教子上書歸非於上師古曰言歸惡於天子自以託師傅懷終不坐師古曰言恃舊恩自謂終無罪坐懷此心非頗詘望之於牢獄塞其怏怏心則聖朝亡以施恩厚服虔曰非不也上曰蕭太傅素剛安肯就吏顯等曰人命至重望之所坐語言薄罪必亡所憂上乃可其奏顯等封以付謁者敕令召望

之手付因令太常急發執金吾車騎馳圍其第使者至召望之望之欲自殺其夫人止之以為非天子意望之以問門下生朱雲雲者好節士勸望之自裁於是望之卬天歎曰師古曰卬讀曰仰吾嘗備位將相年踰六十矣老入牢獄苟求生活不亦鄙乎字謂雲曰游師古曰朱雲字游呼其字趣和藥來無久留我死師古曰趣讀曰促竟飲鴆自殺天子聞之驚拊手曰曩固疑其不就牢獄果然殺吾賢傅是時太官方上晝食上乃卻食為之涕泣哀慟左右師古曰慟動也於是召顯等責問以議不詳師古曰詳審也皆免冠謝良久然後已望之有罪死有司請

絕其爵邑有詔加恩長子伋嗣爲關內侯天子追念望之不忘每歲時遣使者祠祭望之冢終元帝世望之八子至大官者育咸由

育字次君少以父任爲太子庶子元帝即位爲郎病免後爲御史大將軍王鳳以育名父子著材能除爲功曹遷謁者使匈奴副校尉（師古曰時令校尉爲使於匈奴而育爲之副使故授副校尉也）後爲茂陵令會課育弟六（師古曰如令之考弟高下）而漆令郭舜殿見責問（師古曰殿後也言有所負冣居下也殿丁見反）育爲之請扶風怒曰君課弟六裁自脫（師古曰脫免也音吐活反）何暇欲爲左右言（師古曰左右者言與同列在其左右若今言旁人也）及罷出傳召茂陵令詣後

曹（如淳曰賊曹決曹皆後曹）當以職事對（師古曰揔其爲漆令言故欲以職事責之）育徑出曹書佐隨育育案佩刀曰蕭育杜陵男子何詣曹也（師古曰自言欲免官而去但是杜陵一白衣男子耳何須召我詣曹乎）遂趨出欲去官明旦詔召入拜爲司隸校尉育過扶風府門官屬掾史數百人拜謁車下後坐失大將軍指免官復爲中郎將使匈奴歷冀州青州兩部刺史長水校尉泰山太守入守大鴻臚以鄠名賊梁子政阻山爲害久不伏辜（師古曰名賊者自顯其名無所避匿言其彊也）育爲右扶風數月盡誅子政等坐與定陵侯淳于長厚善免官哀帝時南郡江中多盜賊拜育爲南郡太守上以

育耆舊名臣乃以三公使車載育入殿中受策（孟康曰使車三公奉使之車若安車也）曰南郡盜賊群輩爲害朕甚憂之以太守威信素著故委南郡太守之官其於爲民除害安元元而已亡拘於小文加賜黃金二十斤育至南郡盜賊靜病去官起家復爲光祿大夫執金吾以壽終於官育爲人嚴猛尚威居官數免稀遷少與陳咸朱博爲友著聞當世往者有王陽貢公故長安語曰蕭朱結綬王貢彈冠言其相薦達也始育與陳咸俱以公卿子顯名咸最先進年十八爲左曹二十餘御史中丞時朱博尚爲杜陵亭

長爲咸育所攀援入王氏（師古曰援引也音爰）後遂並歷刺史郡守相及爲九卿而博先至將軍上卿歷位多於咸育遂至丞相育與博後有隙不能終故世以交爲難

咸字仲爲丞相史舉茂材好畤令遷淮陽泗水內史張掖弘農河東太守所居有迹數增秩賜金後免官復爲越騎校尉護軍都尉中郎將使匈奴至大司農終官

由字子驕爲丞相西曹衛將軍掾遷謁者使匈奴副校尉後舉賢良爲定陶令遷太原都尉安定太

守治郡有聲多稱薦者初哀帝爲定陶王時由爲定陶令失王指頃之制書免由爲庶人哀帝崩爲復土校尉京輔左輔都尉遷江夏太守平江賊成重等有功增秩爲陳留太守元始中作明堂辟雍大朝諸侯徵由爲大鴻臚會病不及賓贊(師古曰贊導九賓之事)還歸故官病免復爲中散大夫終官家至吏二千石者六七人

贊曰蕭望之歷位將相籍師傅之恩可謂親昵亡間(師古曰間隙也)及至謀泄隙開讒邪構之卒爲便嬖宦豎所圖(師古曰圖謀也)哀哉不然望之堂堂折而不橈(師古曰橈曲也

音女教反)身爲儒宗有輔佐之能近古社稷臣也

蕭望之傳第四十八

馮奉世傳第四十九　　班固　　漢書七十九

秘書監上護軍琅邪縣開國子顏師古注

馮奉世字子明，上黨潞人也（師古曰：潞音路）。徙杜陵。其先馮亭爲韓上黨守。秦攻上黨，絕太行道（師古曰：太行，山名。險道所經行也），韓不能守，馮亭乃入上黨城守於趙（師古曰：據守上黨城而以降趙）。趙封馮亭爲華陽君，與趙將括距秦（師古曰：括，趙奢之子也），戰死於長平。宗族繇是分散（師古曰：繇讀與由同），或留潞，或在趙。在趙者爲官帥將（師古曰：帥，所類反。字或作師，其義兩通），官帥將子爲代相。及秦滅六國，而馮亭之後馮毋擇、馮去疾、馮劫皆爲秦將相焉。漢興，文帝時馮唐顯名，即代相子也。至武帝末，奉世以良家子選爲郎。昭帝時，以功次補武安長。失官，年三十餘矣，乃學春秋涉大義，讀兵法。前將軍韓增奏以爲軍司空令。本始中，從軍擊匈奴。軍罷，復爲郎。先是時漢數出使西域，多辱命不稱，或貪汙，爲外國所苦（師古曰：苦謂困辱之）。是時烏孫大有擊匈奴之功，而西域諸國新輯（師古曰：輯與集同。集，和也），漢方善遇，欲以安之，選可使外國者。前將軍增舉奉世以衞候使持節送大宛諸國客至伊修城（師古曰：伊修城在鄯善國。漢於其中置屯田吏士也）。都尉宋將言莎車與旁國共攻殺漢所置莎車王萬年（師古曰：莎車，國名。萬年，其王名也。莎，素和反），并殺漢使

者奚充國。時匈奴又發兵攻車師城，不能下而去。莎車遣使揚言北道諸國已屬匈奴矣，於是攻劫南道，與歃盟畔漢，從鄯善以西皆絕不通（師古曰：鄯音善）。都護鄭吉、校尉司馬意皆在北道諸國閒。奉世與其副嚴昌計，以爲不亟擊之（師古曰：亟，急也。音居力反），則莎車日彊，其埶難制，必危西域。遂以節諭告諸國王，因發其兵，南北道合萬五千人，進擊莎車，攻拔其城。莎車王自殺，傳其首詣長安。諸國悉平，威振西域。奉世乃罷兵以聞。宣帝召見韓增曰：賀將軍所舉得其人。奉世遂西至大宛。大宛聞其斬莎車王，敬之異於它使。得其名馬象龍而還（師古曰：言馬形似龍者）。上甚說（師古曰：說讀曰悅），下議封奉世（師古曰：下其事令議之）。丞相將軍皆曰：春秋之義，大夫出疆，有可以安國家，則顓之可也（師古曰：顓與專同）。奉世功效尤著，宜加爵土之賞。少府蕭望之獨以奉世奉使有指（師古曰：本爲送諸國客），而擅矯制違命，發諸國兵，雖有功效，不可以爲後法。即封奉世，開後奉使者利，以奉世爲比（師古曰：比，必寐反），爭遂發兵，要功萬里之外（師古曰：遂音也），爲國家生事於夷狄，漸不可長。奉世不宜受封。上善望之議，以奉世爲光祿大夫、水衡都尉。元帝即位，爲執金吾。上郡屬國歸義降胡

萬餘人反去初昭帝末西河屬國胡伊酋若王亦將衆數千人畔 師古曰酋音才由反 奉世輒持節將兵追擊 師古曰言西河上郡羌胡反畔子明再追擊之 右將軍典屬國常惠薨奉世代爲右將軍典屬國加諸吏之號數歲爲光祿勳永光二年秋隴西羌彡姐旁種反 師古曰彡所廉反又先廉反姐音紫今西羌尚有此姓而彡音先冉反 詔召丞相韋玄成御史大夫鄭弘大司馬車騎將軍王接左將軍許嘉右將軍奉世入議是時歲比不登 師古曰比頻也登成也 京師穀石二百餘 師古曰一石直二百餘錢也下皆類此 邊郡四百關東五百四方飢饉朝庭方以爲憂而遭羌變玄成等漠然莫有對者 師古曰漠無聲也音莫 奉世曰羌

虜近在竟內背畔 師古曰竟讀曰境 不以時誅亡以威制遠蠻臣願帥師討之上問用兵之數對曰臣聞善用兵者役不再興糧不三載故師不久暴而天誅亟決 師古曰暴露也亟急也音居力反 往者數不料敵 師古曰料量也音聊 而師至於折傷再三發軵 如淳曰軵推也淮南子曰內郡軵車而餉音而隴反 則曠日煩費威武虧矣今反虜無慮三萬人 師古曰無慮舉凡之言也無小思慮而大計也 法當倍用六萬人然羌戎弓矛之兵耳器不犀利 如淳曰今俗刀兵利爲犀晉灼曰犀堅也師古曰晉說是 可用四萬人一月足以決丞相御史兩將軍皆以爲民方收斂時未可多發萬人屯守之且足奉世曰不可天下被飢饉士馬羸耗 師古曰耗損也音呼到反 守戰之備久廢不簡 師古曰簡謂選揀 夷狄皆有輕邊吏之心而羌首難 師古曰言首爲寇難也 今以萬人分屯數處虜見兵少必不畏懼戰則挫兵病師守則百姓不救如此怯弱之形見羌人乘利諸種並和 師古曰和應也音胡卧反 相扇而起臣恐中國之役不得止於四萬非財幣所能解也故少發師而曠日 師古曰曠空也空費其日而無功也 與一舉而疾決利害相萬也 師古曰相比爲萬倍也 固爭之不能得有詔益二千人於是遣奉世將萬二千人騎以將屯爲名 師古曰且云領兵屯田不言討賊 典屬國任立護軍都尉韓昌爲偏裨到隴西分屯三處典屬國爲右軍屯白石護

軍都尉爲前軍屯臨洮奉世爲中軍屯首陽西極上 如淳曰西極山名也 前軍到降同阪 師古曰阪平陂也降同者阪名也阪音府板反降下江反陂音彼何反 先遣校尉在前與羌爭地利又別遣校尉救民於廣陽谷羌虜盛多皆爲所破殺兩校尉奉世具上地形部衆多少之計願益三萬六千人乃足以決事書奏天子大爲發兵六萬餘人拜太常弋陽侯任千秋爲奮武將軍以助焉奉世上言願得其衆不須煩大將因陳轉輸之費上於是以璽書勞奉世且讓之 師古曰讓責也責其不須大將 曰皇帝問將兵右將軍 師古曰官爲右將軍而將兵在外故謂之將兵右將軍也 甚苦暴露羌虜侵邊境殺吏

民甚逆天道故遣將軍帥士大夫行天誅以將軍材質之美奮精兵誅不軌百下百全之道也今乃有畔敵之名（如淳曰不敢當敵攻戰爲畔敵也）大爲中國羞以昔不閑習之故邪（師古曰言未嘗當羌虜不測其形便）以恩厚未洽信約不明也（師古曰言將軍恩惠未合於士卒又不能明其約誓使在下信也）朕甚怪之上書言羌虜依深山多徑道不得不多分部遮要害須得後發營士足以決事部署已定埶不可復置大將聞之前爲將軍兵少不足自守故發近所騎日夜詣（師古曰近所謂近之處也日夜言兼行不休息也詣謂詣軍所）非爲擊也（師古曰助其守）今發三輔河東弘農越騎迹射佽飛彀者羽林孤兒及呼速絫嗕種（劉德曰嗕音辱羌別種也彀者謂能張弩者也彀工豆反絫力追反嗕乃彀反）方急遣（師古曰言今遣速至軍所也）且兵凶器也必有成敗者患策不豫定料敵不審也故復遣奮武將軍兵法曰大將軍出必有偏裨所以揚威武參計策將軍又何疑焉夫愛吏士得衆心舉而無悔禽敵必全將軍之職也若乃轉輸之費則有司存將軍勿憂須奮武將軍兵到合擊羌虜（師古曰須待也）十月兵畢至隴西十一月並進羌虜大破斬首數千級餘皆走出塞兵未決閒漢復發募士萬人拜定襄太守韓安國爲建威將軍（師古曰自別有此安國非武帝時人也）未進聞羌破還上曰羌虜破散創艾亡

逃出塞（師古曰創艾謂懲懼也創初向反艾讀曰乂）其罷吏士頗留屯田備要害處明年二月奉世還京師更爲左將軍光祿勳如故其後錄功拜爵下詔曰羌虜桀黠賊害吏民攻隴西府寺燔燒置亭（師古曰置謂置驛之所也）絕道橋甚逆天道左將軍光祿勳奉世前將兵征討斬捕首虜八千餘級鹵馬牛羊以萬數賜奉世爵關內侯食邑五百戶黃金六十斤裨將校尉三十餘人皆拜後歲餘奉世病卒居爪牙官前後十年爲折衝宿將功名次趙充國奮武將軍任千秋者其父宮昭帝時以丞相徵事捕斬反者左將軍上官桀封侯宣帝時爲太常薨千秋嗣後復爲太常成帝時樂昌侯王商代奉世爲左將軍而千秋爲右將軍後亦爲左將軍子孫傳國至王莽乃絕云奉世死後二年西域都護甘延壽以誅郅支單于封爲列侯時丞相匡衡亦用延壽矯制生事據蕭望之前議以爲不當封而議者咸美其功上從衆而侯之於是杜欽上疏追訟奉世前功曰前莎車王殺漢使者約諸國背畔（師古曰約謂共爲契約）左將軍奉世以衞候便宜發兵誅莎車王策定城郭功施邊境（師古曰城郭謂西域諸國爲城郭而居者）議者以奉世奉使有指春秋之義亡遂事漢

家之法有矯制師古曰無遂事者謂臨時制宜前事不可必遂也漢家之法擅矯詔命雖有功勞不加賞也
故不得侯今匈奴郅支單于殺漢使者亡保康居
都護延壽發城郭兵屯田吏士四萬餘人以誅斬
之封爲列侯臣愚以爲比罪則郅支薄量敵則莎
車衆用師則奉世寡計勝則奉世爲功於邊境安
慮害則延壽爲禍於國家深其違命而擅生事同
延壽割地封而奉世獨不録臣聞功同賞異則勞
臣疑罪鈞刑殊則百姓惑疑生無常惑生不知所
從亡常則節趨不立師古曰趨讀曰趣趣謂意所嚮不知所從則百
姓無所措手足師古曰錯置也音千故反奉世圖難忘死信命殊

俗師古曰圖難謂除國難也信讀曰伸威功白著爲世使表師古曰白著謂顯明也表猶首
獨抑厭而不揚師古曰厭一涉反非聖主所以塞疑厲節之
意也願下有司議上以先帝時事不復録奉世有
子男九人女四人長女媛以選充後宮爲元帝昭儀
産中山孝王元帝崩媛爲中山太后隨王就國奉
世長子譚太常舉孝廉爲郎功次補天水司馬
如淳曰漢注邊郡置都尉及千人司馬皆不治民也奉世擊西羌譚爲校尉隨父從
軍有功未拜病死譚弟野王逡立參至大官師古曰逡千旬反
野王字君卿受業博士通詩少以父任爲太子中
庶子年十八上書願試守長安令宣帝奇其志問

丞相魏相相以爲不可許後以功次補當陽長遷
爲櫟陽令徙夏陽令元帝時遷隴西太守以治行
高入爲左馮翊歲餘而池陽令並素行貪汙輕野
王外戚年少治行不改野王部督郵掾祋祤趙都
師古曰祋祤人而爲掾也祋丁活反又丁外反祤音許羽反案驗得其主守盜十金罪
收捕並不首吏師古曰不首吏謂不伏從收捕也都格殺並家上書陳
冤事下廷尉都詣吏自殺以明野王京師稱其威
信遷爲大鴻臚數年御史大夫李延壽病卒在位
多舉野王上使尚書選第中二千石師古曰定其高下之差也而
野王行能第一上曰吾用野王爲三公後世必謂

我私後宮親屬以野王爲比師古曰比例也音必寐反乃下詔曰
剛彊堅固確然亡欲大鴻臚野王是也心辨善辭
可使四方少府五鹿充宗是也廉絜節儉太子
少傅張譚是也其以少傅爲御史大夫上繇下第
而用譚師古曰繇讀與由同越次避嫌不用野王以昭儀兄故
也野王乃歎曰人皆以女寵貴我兄弟獨以賤野
王雖不爲三公甚見器重有名當世成帝立有司
奏野王王舅不宜備九卿以秩出爲上郡太守如淳
曰以鴻臚秩爲太守加賜黃金百斤朔方刺史蕭育奏封事
薦言野王行能高妙內足與圖身外足以慮化師古

曰圖謀慮思也 竊惜野王懷國之寶而不得陪朝廷與朝者
並野王前以王舅出以賢復入明國家樂進賢也
上自為太子時聞知野王會其病免復以故二千
石使行河隄因拜為琅邪太守是時成帝長舅
陽平侯王鳳為大司馬大將軍輔政八九年矣時
數有災異京兆尹王章譏鳳顓權不可任用薦野
王代鳳上初納其言而後誅章語在元后傳於是
野王懼不自安遂病滿三月賜告與妻子歸杜陵
就醫藥大將軍鳳風御史中丞劾奏野王 師古曰風讀曰諷
賜告養病而私自便 師古曰便安也音頻面反 持虎符出界歸家

奉詔不敬杜欽時在大將軍莫府欽素高野王父
子行能奏記於鳳為野王言曰竊見令曰吏二千
石告過長安謁 如淳曰謁者自白得告也律吏二千石以上告歸歸寧道不過行在所者便道之官無辭 不
分別予賜 如淳曰予予告也賜賜告也 今有司以為予告得歸賜告
不得是一律兩科失省刑之意 師古曰省減也音所領反 夫三最
予告令也 師古曰在官連有三最則得予告也 病滿三月賜告詔恩也令
告則得詔恩不得失輕重之差又二千石病賜告
得歸有故事不得去郡亡著令 如淳曰律埶行無不得去郡之文也 傳
曰賞疑從予所以廣恩勸功也 師古曰疑當賞不當賞則與之疑厚薄則從厚 罰
疑從去所以慎刑闕難知也 師古曰疑當罰不當罰則赦之疑輕重則從輕 令

釋令與故事而假不敬之法 師古曰釋廢弃也假謂假託法律而致其罪 甚
違闕疑從去之意即以二千石守千里之地任兵
馬之重不宜去郡將以制刑為後法者則野王之
罪在未制令前也刑賞大信不可不慎鳳不聽竟
免野王郡國二千石病賜告不得歸家自此始初
野王嗣父爵為關內侯免歸數年年老終于家子
座嗣爵 師古曰座音才戈反 至孫坐中山太后事絕遂字子產
通易太常察孝廉為郎補謁者建昭中選為復
土校尉光祿勳于永舉茂材為美陽令功次遷長
樂屯衛司馬清河都尉隴西太守治行廉平年四

十餘卒為都尉時言河隄方略在溝洫志立字聖
卿通春秋以父任為郎稍遷諸曹竟寧中以王
舅出為五原屬國都尉數年遷五原太守徙西河
上郡立居職公廉治行略與野王相似而多知有
恩貸 師古曰貸吐戴反 好為條教吏民嘉美野王立相代為
太守歌之曰大馮君小馮君兄弟繼踵相因循聰
明賢知惠吏民政如魯衛德化鈞周公康叔猶二君
師古曰論語稱孔子曰魯衛之政兄弟也言周公康叔親則兄弟治國之政又相似 後遷為東海太守下
溼病痺 師古曰東海土地下溼故立病痺也痺音必寐反 天子聞之徙立為太原太
守更歷五郡 師古曰更音工衡反 所居有迹年老卒官參字叔

平學通尚書少爲黃門郎給事中宿衞十餘年參爲人矜嚴好修容儀進退恂恂甚可觀也（師古曰恂恂謹信之皃音荀）參昭儀少弟行又敕備以嚴見憚終不得親近侍帷幄音屋中以王舅出補渭陵食官令（如淳曰給陵上祭祀之事）以數病徙爲寢中郎（師古曰亦渭陵之寢郎也）有詔勿事（張晏曰不與勝役職事擾之師古曰但居其官不親職也）陽朔中中山王來朝參擢爲上河農都尉（師古曰上河在西河富平於此爲農都尉）病免官復爲渭陵寢中郎永始中超遷代郡太守以邊郡道遠徙爲安定太守數歲病免復爲諫大夫使領護左馮翊都水綏和中立定陶王爲皇太子以中山王見廢（師古曰見廢謂不得爲漢嗣也）

故封王舅參爲宜鄉侯以慰王意參之國上書願至中山見王太后行未到而王薨王病時上奏願貶參爵以關內侯食邑留長安上憐之下詔曰中山孝王短命早薨願以舅宜鄉侯參爲關內侯歸家朕甚愍之其還參京師以列侯奉朝請五侯皆敬憚之（師古曰王氏五侯也）丞相翟方進亦甚重焉數謂參物禁太甚（師古曰言萬物之禁在於太甚人道亦當隨時不宜獨異）君侯以王舅見廢不得在公卿位今五侯至尊貴也與之並列宜少詘節卑體視有所宗（師古曰視讀曰示宗尊也）而君侯盛修容貌以威嚴加之此非所以下五侯而自益者也（師古曰下胡亞反）參性好禮儀終不改其恒操頃之哀帝即位帝祖母傅太后用事追怨參姊中山太后陷以祝詛大逆之罪語在外戚傳參以同產當相坐謁者承制召參詣廷尉參自殺且死仰天歎曰參父子兄弟皆備大位身至封侯今被惡名而死姊弟不敢自惜傷無以見先人於地下死者十七人衆莫不憐之宗族徙歸故郡

贊曰詩稱抑抑威儀惟德之隅（師古曰大雅抑之詩也抑抑密也隅廉也言有密靜之德審於威儀則其持心有廉隅）宜鄉侯參鞠躬履方擇地而行（師古曰鞠躬謹敬見履方踐方直之道也鞠居六反）可謂淑人君子然卒死於非罪不能自

免（師古曰卒終也）哀哉讒邪交亂貞良被害自古而然故伯奇放流（師古曰說苑云王國子前母子伯奇後母子伯封兄弟相重後母欲令其子立爲太子乃譖伯奇而王信之乃放伯奇也）孟子宮刑（張晏曰寺人孟子賢者被讒見宮刑作巷伯之詩也）申生雉經（師古曰國語云晉獻公黜太子申生乃雉經于新城之廟蓋爲俛頸閉氣而死若雉之爲）屈原赴湘（師古曰楚辭漁父之篇云屈原曰寧赴湘流葬於江魚腹中也）小弁之詩作離騷之辭興（師古曰小弁小雅篇名也太子之傅作焉刺幽王信讒黜申后而放太子宜咎也離騷經屈原所作也離遭也騷憂也遭憂而作辭弁音盤）經曰心之憂矣涕既隕之（師古曰即小弁之詩也隕墜也）馮參姊弟亦云悲矣

馮奉世傳第四十九

宣元六王傳第五十　班固　漢書八十

秘書監上護軍琅邪縣開國子顏師古注

孝宣皇帝五男許皇后生孝元帝張倢伃生淮陽憲王欽衛倢伃生楚孝王囂(師古曰囂音敖)公孫倢伃生東平思王宇戎倢伃生中山哀王竟淮陽憲王欽元康三年立母張倢伃有寵於宣帝霍皇后廢後上欲立張倢伃為后久之懲艾霍氏欲害皇太子(師古曰艾讀曰乂乂創也)迺更選後宮無子而謹慎者迺立長陵王倢伃為后令母養太子后無寵希御見唯張倢伃最幸而憲王壯大好經書法律聰達有材帝甚愛之太子寬仁喜儒術(師古曰喜好也音許吏反)上數嗟歎憲王曰眞我子也常有意欲立張倢伃與憲王然用太子起於微細上少依倚許氏(師古曰倚音於起反)及即位而許后以殺死太子蚤失母故弗忍也(師古曰蚤古早字也)久之上以故丞相韋賢子玄成陽狂讓侯兄經明行高稱於朝廷乃召拜玄成為淮陽中尉欲感諭憲王輔以推讓之臣由是太子遂安宣帝崩元帝即位乃遣憲王之國時張倢伃已卒憲王有外祖母舅張博兄弟三人歲至淮陽見親(師古曰憲王外祖母隨王在淮陽博等每來謁見其母)輒受王賜後王上書請徙外家張氏於國博上書願

留守墳墓獨不徙王恨之後博至淮陽王賜之少博言負責數百萬(師古曰責謂假貸人財物未償者也責音側懈反)願王為償王不許博辭去令弟光恐云王遇大人益解(師古曰恐謂怖動也大人博自稱其母也解讀曰懈)博欲上書為大人乞骸骨去王迺遣人持黃金五十斤送博博喜還書謝(師古曰還為書報書)為諂語盛稱譽王因言當今朝廷無賢臣災變數見足為寒心萬姓咸歸望於大王大王柰何恬然(師古曰恬然安靜皃也恬音大兼反)不求入朝見輔助主上乎使弟光數說王宜聽博計令於京師說用事貴人為王求朝不納其言後光欲至長安辭王復言願盡力與博共為王求朝王即日至長安可因平陽侯光得王欲求朝語馳使人語博博知王意動復遺王書曰博幸得肺附(師古曰自云於王有親也)數進愚策未見省察北游燕趙欲循行郡國求幽隱之士聞齊有騶先生者善為司馬兵法大將之材也博得謁見承間進問五帝三王究竟要道卓爾非世俗之所知(師古曰卓爾高遠皃也自言見騶先生問以要道知其高遠也)今邊境不安天下騷動微此人其莫能安也(師古曰微無也)又聞北海之瀕有賢人焉(師古曰瀕涯也音頻又音賓)累世不可逮然難致也(師古曰逮及也言其材智不可及也致至也難得召而至也)得此二人而薦之功亦不細矣博願馳西以此赴

助漢急無財幣以通顯之趙王使謁者持牛酒黃金三十斤勞博博不受師古曰勞謂問遺之音來到反復使人願尚女聘金二百斤博未許師古曰尚女者王欲取博女以自配也會得光書云大王已遣光西與博并力求朝博自以弃捐不意大王還意反義結以朱顏師古曰還猶回也願殺身報德朝事何足言大王誠賜咳唾使得盡死湯禹所以成大功也駟先生蓄積道術書無不有師古曰言凡是書籍皆有之願知大王所好請得輒上王得書喜說如淳曰上報與王也報博書曰子高遇幸左顧存恤發心惻隱師古曰左顧猶言枉顧也顯至誠納以嘉謀語以至事師古曰以至極之事告語我雖亦不

敏敢不諭意師古曰諭曉也今遣有司爲子高償責二百萬是時博女壻京房以明易陰陽得幸於上數召見言事自謂爲石顯五鹿充宗所排謀不得用數爲博道之博常欲誑燿淮陽王即具記房諸所說災異及召見密語持予淮陽王以爲信驗詐言已見中書令石君求朝許以金五百斤賢聖制事盡慮功而不計費師古曰志在成功不惜財費也昔禹治鴻水百姓罷勞師古曰罷讀曰疲成功既立萬世賴之今聞陛下春秋未滿四十髮齒墮落太子幼弱佞人用事陰陽不調百姓疾疫飢饉死者且半鴻水之害殆不過此師古曰謂堯時水災不大於今大王緒欲救世師古曰緒業也一曰始爲端緒將比功德何可以忽師古曰言比功德於古帝王也忽怠忘也博已與大儒知道者爲大王爲便宜奏師古曰大儒知道謂京房也道道術也陳安危指災異大王朝見先口陳其意而後奏之上必大說師古曰說讀曰悅事成功立大王即有周邵之名邪臣散亡公卿變節功德亡比而梁趙之寵必歸大王如淳曰梁王景帝弟欲爲嗣趙王如意幾代惠帝也外家亦將富貴何復望大王之金錢王喜說師古曰說讀曰悅報博書曰遇者詔下止諸侯朝者寡人憯然不知所出師古曰憯痛也不知計策何所出也憯音才感反子高素有顏冉之資臧武之智師古曰顏顏回也冉冉耕也字伯牛皆孔子弟子論語稱孔子曰德行顏淵閔子騫冉伯牛仲弓臧武者魯大夫臧武仲也名紇論語稱子曰若臧武仲之智故王引之爲言也子貢之辯師古曰論語稱孔子云言語宰我子貢

卞莊子之勇師古曰卞莊子古之勇士兼此四者世之所鮮師古曰鮮少也音先踐反既開端緒願卒成之師古曰卒終也求朝義事也柰何行金錢乎博報曰已許石君須以成事師古曰須待也王以金五百斤予博會房出爲郡守離左右顯具得此事告之房漏泄省中語博兄弟詿誤諸侯王誹謗政治狡猾不道皆下獄有司奏請逮捕欽上不忍致法遣諫大夫王駿賜欽璽書曰皇帝問淮陽王有司奏王王舅張博數遺王書非毀政治謗訕天子褒舉諸侯稱引周湯以諂惑王師古曰諂古諂字也所言尤

惡悖逆無道王不舉奏而多與金錢報以好言辠至不赦朕惻焉不忍聞師古曰惻痛也爲王傷之推原厥本不祥自博師古曰祥善也自從也不善之事從博起也惟王之心匪同于凶已詔有司勿治王事遣諫大夫駿申諭朕意師古曰申謂約東之詩不云乎靖共爾位正直是與師古曰大雅小明之詩也靖借也言人能安靜而恭以守其位偕於正直則明神聽之用錫福善王其勉之駿諭指曰師古曰璽書之外天子又有指意并令駿曉告於王也禮爲諸侯制相朝聘之義蓋以考禮壹德尊事天子也師古曰考成也壹德謂不二其心也且王不學詩乎詩云俾侯於魯爲周室輔師古曰魯頌閟宮之詩也言立周公子伯禽使爲諸侯於魯國而作周家之藩輔今王舅博數遣王書所言悖逆王

幸受詔策通經術如淳曰詔策若廣陵王策曰無邇宵人毋作匪德也經術之義不得內交知諸侯名譽不當出竟師古曰竟讀曰境天子普覆德布於朝而恬有博言師古曰恬安也聞博邪言安而受之多予金錢與相報應不忠莫大焉故事諸侯王獲罪京師罪惡輕重縱不伏誅必蒙遷削貶黜之罪師古曰故事者言舊制如此也未有但已者也師古曰但徒也空也已止也未有空然而止者也今聖主赦王之罪又憐王失計忘本爲博所惑加賜璽書使諫大夫申諭至意殷勤之恩豈有量哉博等所犯惡大群下之所共攻王法之所不赦也自今以來王毋復以博等累心師古曰累音力瑞反務與衆弃之春秋

之義大能變改師古曰以有過而能變改者爲大易曰藉用白茅无咎師古曰此大過初六爻辭也茅者絜白之物取其自然故用藉致享於神慎之至也言臣子之道改過自新絜己以承上然後免於咎也王其留意慎戒惟思所以悔過易行塞重責稱厚恩者師古曰塞猶補也稱副也如此則長有富貴社稷安矣於是淮陽王欽免冠稽首謝曰奉藩無狀師古曰無善狀過惡暴列師古曰暴謂章顯也陛下不忍致法加大恩遣使者申諭道術守藩之義伏念博罪惡尤深當伏重誅臣欽願悉心自新奉承詔策師古曰悉盡也頓首死罪京房及博兄弟三人皆弃市妻子徙邊至成帝即位以淮陽王屬爲叔

父敬寵之異於它國王上書自陳舅張博時事頗爲石顯等所侵因爲博家屬徙者求還丞相御史復劾欽前與博相遺私書指意非諸侯王所宜蒙恩勿治事在赦前不悔過而復稱引自以爲直失藩臣體不敬上加恩許王還徙者三十六年薨子文王玄嗣二十六年薨子縯嗣孟康曰縯音引師古曰音弋善反王莽時絕

楚孝王囂甘露二年立爲定陶王三年徙楚成帝河平中入朝時被疾天子閔之下詔曰蓋聞天地之性人爲貴人之行莫大於孝師古曰孝經載孔子之言楚王囂

素行孝順仁慈之國以來二十餘年孅介之過未
嘗聞朕甚嘉之今迺遭命離于惡疾師古曰離亦遭夫子
所痛曰蔑之命矣夫斯人也而有斯疾也師古曰夫子孔子也
論語云伯牛有疾子問之自牖執其手曰蔑之命矣夫斯人也而有斯疾也蔑無也言命之所遭無有善惡如斯善人而有如此惡疾深
痛之也朕甚閔焉夫行純茂而不顯異則有國者將
何勗哉師古曰純大也一曰善也茂美也勗勉厲也書不云乎用德章厥善師古
曰商書盤庚之辭也言褒賞有德以明其善行今王朝正月詔與子男一人俱
師古曰從王入朝也其以廣戚縣戶四千三百封其子勳爲廣
戚侯明年囂薨子懷王文嗣一年薨無子絕明年
成帝復立文弟平陸侯衍是爲思王二十一年薨
子紆嗣王莽時絕初成帝時又立紆弟景爲定
陶王廣戚侯勳薨謚曰煬侯子顯嗣平帝崩無
子王莽立顯子嬰爲孺子奉平帝後莽篡位以
嬰爲定安公漢既誅莽更始時嬰在長安平陵方
望等頗知天文以爲更始必敗嬰本統當立者也
師古曰言其舊已繼平帝後當正統共起兵將嬰至臨涇立爲天子更始
遣丞相李松擊破殺嬰云
東平思王宇甘露二年立元帝即位就國壯大通
姦犯法師古曰與姦猾交通好犯法上以至親貰弗罪傅相連坐
師古曰頻坐王獲罪久之事太后內不相得太后上書言之求

守杜陵園張晏曰宣帝陵也官人無子乃守園陵也上於是遣太中大夫張
子蟜師古曰蟜字或作僑並音鉅昭反奉璽書敕諭之師古曰約敕而曉告之也曰皇
帝問東平王蓋聞親親之恩莫重於孝尊尊之義
莫大於忠故諸侯在位不驕以致孝道制節謹度
以翼天子師古曰翼佐也然後富貴不離於身而社稷可保
今聞王自修有闕本朝不和師古曰謂東平國之朝也流言紛紛
謗自內興朕甚憯焉爲王懼之師古曰憯痛也音千感反詩不云
乎毋念爾祖述修厥德永言配命自求多福師古曰大雅文
王之詩也無念念也言當念爾先祖之道修其德則長配天命此乃所以自求多福朕惟王之春秋方
剛師古曰言其年少血氣盛忽於道德師古曰忽遺忘也意有所移忠言
未納師古曰謂漸染其惡人而移其性未受忠言也故臨遣太中大夫子蟜諭
王朕意師古曰親臨遣之令以朕意曉告王孔子曰過而不改是謂過矣
師古曰論語載孔子之言也謂人有失行許以自新王其深惟孰思之無違朕意又
特以璽書賜王太后曰皇帝使諸吏宦者令承
問東平王太后朕有聞師古曰言母子不和也不欲指斥言之故云有聞也王太
后少加意焉夫福善之門莫美於和睦患咎之首
莫大於內離今東平王出繈褓之中而託于南面
之以年齒方剛涉學日寡驁忽臣下師古曰驁讀與傲同不
自它於太后李奇曰不自它者親之辭也師古曰言不自同它人以是之間能無失
禮義者其唯聖人乎傳曰父爲子隱直在其中矣

師古曰論語云葉公謂孔子曰吾黨有直躬者其父攘羊而子證之孔子曰吾黨之直者異於是父爲子隱子爲父隱直在其中矣故引之也
王太后明察此意不可不詳閨門之內母子之
間同氣異息骨肉之恩豈可忽哉豈可忽哉昔周
公戒伯禽曰故舊無大故則不可弃也毋求備於
一人師古曰事見論語言人有小惡當思其善不可責以備行而即弃之耳夫以故舊之恩猶
忍小惡而況此乎已遣使者諭王王既悔過服罪
太后寬忍以貫之師古曰貫猶縱後宜不敢師古曰言王於後當不敢更爲非也王
太后強餐止思念愼疾自愛宇慙懼因使者頓首
謝死罪願洒心自改師古曰洒音先禮反詔書又敕傅相曰夫
人之性皆有五常及其少長耳目牽於耆欲師古曰耆讀曰
嗜故五常銷而邪心作情亂其性利勝其義張晏

曰性者所受而生也情者見物而動者也而不失厥家者未之有也今王富
於春秋氣力勇武獲師傅之教淺加以少所聞
見自今以來非五經之正術敢以游獵非禮道王
者輒以名聞師古曰道讀曰導宇立二十年元帝崩宇謂中
謁者信等曰漢大臣議天子少弱未能治天下以
爲我知文法建欲使我輔佐天子師古曰建謂立其議我見尚
書晨夜極苦使我爲之不能也今暑熱縣官年少
張晏曰不敢指斥成帝謂之縣官也持服恐無處所如淳曰言不從道與如昌邑王也我危得
之孟康曰危殆也我殆得爲天子也師古曰危者猶今之言險不得之矣比至下宇凡三哭張晏曰下

下猶也師古曰比音必寐反下音胡稼反飲酒食肉妻妾不離側又姬朐臑
故親幸後所遠服虔曰朐音劬臑音奴攜反又音奴皐反數歎息呼天宇聞
斥朐臑爲家人子師古曰黜其秩位埽除永巷數䛐罵之朐
臑私跡宇過失數令家告之宇覺知絞殺朐臑有
司奏請逮捕有詔削樊亢父二縣師古曰亢音抗甫後三歲天
子詔有司曰蓋聞仁以親親古之道也前東平王
有闕師古曰闕謂過失也有司請廢朕不忍又請削朕不敢專
惟王之至親未嘗忘於心今聞王改行自新尊修
經術親近仁人非法之求不以奸吏師古曰奸音干朕甚嘉
焉傳不云乎朝過夕改君子與之其復前所削縣
如故師古曰復音扶目反後年來朝上疏求諸子及太史公書

上以問大將軍王鳳對曰臣聞諸侯朝聘考文章
正法度非禮不言今東平王幸得來朝不思制節
謹度以防危失師古曰危失謂失道而傾危也而求諸書非朝聘之義
也諸子書或反經術非聖人或明鬼神信物怪師古
曰物亦鬼太史公書有戰國從橫權譎之謀漢興之初謀
臣奇策天官災異地形阸塞皆不宜在諸侯王
不可予不許之辭宜曰五經聖人所制萬事靡不
畢載王審樂道傅相皆儒者旦夕講誦足以正身
虞意師古曰虞與娛同也夫小辯破義小道不通致遠恐泥皆

不足以留意師古曰論語稱孔子曰雖小道必有可觀者焉致遠恐泥是以君子不爲也泥爲陷滯不通也音乃
細反諸益於經術者不愛於王師古曰愛惜也於王無所惜也對奏天子
如鳳言遂不與立三十三年薨師古曰皇覽云東平思王冢在無鹽人傳言王
在國思歸京師後葬其冢上松柏皆西靡也子煬王雲嗣哀帝時無鹽危山
土自起覆草如馳道狀又瓠山石轉立晉灼曰漢注作報山山脅石一
枚轉側起立高九尺六寸旁行一丈廣四尺也師古曰報山山名也古作瓠字爲其形似瓠耳晉說是也雲及后謁自
之石所祭治石象瓠山蘇林曰於宮中作山象立石束倍草并
祠之師古曰倍草黃倍草也音步賄反建平三年息夫躬孫寵等共因
幸臣董賢告之是時哀帝被疾多所惡事下有司
逮王后謁下獄驗治言使巫傅恭婢合歡等祠祭

詛祝上如淳曰傅恭巫姓字爲雲求爲天子雲又與知災異者
高尚等指星宿言上疾必不愈雲當得天下石立
宣帝起之表也有司請誅王有詔廢徙房陵雲自
殺謁棄市立十七年國除元始元年王莽欲反哀
帝政師古曰改其所爲也白太皇太后立雲太子開明爲東平
王又立思王孫成都爲中山王開明立三年薨無
子復立開明兄嚴鄉侯信子匡爲東平王奉開明
後王莽居攝東郡太守翟義與嚴鄉侯信謀舉
兵誅莽立信爲天子兵敗皆爲莽所滅
中山哀王竟初元二年立爲清河王三年徙中山

以幼少未之國建昭四年薨邸葬杜陵無子絕
太后歸居外家戎氏
孝元皇帝三男王皇后生孝成帝傅昭儀生定陶
共王康師古曰共讀曰恭馮昭儀生中山孝王興
定陶共王康永光三年立爲濟陽王八年徙爲山
陽王八年徙定陶王少而愛師古曰言少小即爲帝所愛長多材
藝習知音聲上奇器之母昭儀又幸幾代皇后太
子師古曰幾音鉅衣反語在元后及史丹傳成帝即位緣先帝
意厚遇異於它王十九年薨子欣嗣十五年成帝
無子徵入爲皇太子上以太子奉大宗後不得顧

私親乃立楚思王子景爲定陶王奉共王後成帝
崩太子即位是爲孝哀帝即位二年追尊共王爲
共皇帝置寢廟京師序昭穆儀如孝元帝如淳曰恭王元帝子
也爲廟京師列昭穆之次如元帝言如天子之儀徙定陶王景爲信都王云如淳曰不復爲
定陶王立後者哀帝自以巳爲後故
中山孝王興建昭二年立爲信都王十四年徙中
山成帝之議立太子也御史大夫孔光以爲尚書
有殷及王兄終弟及師古曰謂兄死以弟代立非父子相繼故言及中山王元
帝之子宜爲後成帝以中山王不材又兄弟不得
相入廟外家王氏與趙昭儀皆欲用哀帝爲太子

故遂立焉。上乃封孝王舅馮參為宜鄉侯，而益封孝王萬戶，以尉其意。三十年薨，子衎嗣。（師古曰：諸侯王表云中山孝王薨，綏和二年王箕子嗣，而平紀元始二年詔云皇帝二名通于器物，今更名合於古制，是則嗣位之時名為箕子，未諱衎也。今此傳云子衎嗣，蓋史家追書之也。）七年，哀帝崩，無子，徵中山王衎入即位，是為平帝。太皇太后以帝為成帝後，故立東平思王孫桃鄉頃侯子成都為中山王，奉孝王後。王莽時絕。

贊曰：孝元之後，徧有天下，（師古曰：孝元之子孫徧為天子也。徧即古遍字。）得然而世絕於孫，豈非天哉！淮陽憲王於時諸侯為聰察矣，張博誘之，幾陷無道。（師古曰：幾音鉅依反。）詩云「貪人敗類」，（師古曰：大雅蕩之詩也。類，善也。言貪惡之人不可習近，則敗善也。）古今一也。

宣元六王傳第五十

匡張孔馬傳第五十一　班固　漢書八十一

祕書監上護軍琅邪縣開國子顏師古注

匡衡字稚圭東海承人也師古曰承音證父世農夫至衡好學家貧庸作以供資用師古曰庸作言賃功庸為人作役而受顧也尤精力過絕人諸儒為之語曰無說詩匡鼎來服虔曰鼎猶言當也言匡且來也應劭曰鼎方也張晏曰匡衡少時字鼎長乃易字稚圭世所傳衡與貢禹書上言衡敬報下言匡鼎白知是字也師古曰服應二說是也賈誼曰天子春秋鼎盛其義亦同而張氏之說蓋穿鑿矣假有其書乃是後人見此傳云匡鼎來不曉其意妄作衡書云鼎白耳字以表德豈人之所自稱乎今有西京雜記者其書淺俗出於里巷多有妄說乃云匡衡小名鼎蓋絕知者之聽匡語詩解人頤如淳曰使人笑不能止也衡射策甲科以不應令除為太常掌故師古曰投射得甲科之策而所對文指不應令條也儒林傳說歲課甲科為郎中乙科為太子舍人景科補文學掌故今不應令是不中甲科之令所以止為掌故調補平原文學師古曰調選也音徒釣反學者多上書薦衡經明當世少雙令為文學就官京師後進皆欲從衡平原衡不宜在遠方事下大子大傅蕭望之少府梁丘賀問衡對詩諸大義其對深美望之奏衡經學精習說有師道可觀覽宣帝不甚用儒遣衡歸官而皇太子見衡對私善之會宣帝崩元帝初即位樂陵侯史高以外屬為大司馬車騎將軍領尚書事前將軍蕭望之為副望之名儒有師傅舊恩天子任之多所貢薦高充位而已師古曰言凡事不在也與望之有隙長安令楊興說高曰將軍以親戚輔

政貴重於天下無二然衆庶論議令問休譽不專在將軍者何也師古曰令善問名休美也彼誠有所聞也師古曰以其不能進賢也以將軍之莫府海內莫不卬望師古曰卬讀曰仰而所舉不過私門賓客乳母子弟人情忽不自知師古曰言高輕忽此事不自知其非然一夫竊議語流天下夫富貴在身而列士不譽是有狐白之裘而反衣之也師古曰狐白謂狐掖下之皮其毛純白集以為裘輕柔難得故貴也反衣之者以其毛在內也今人則以背毛為裘而弃其白蓋取厚而溫也衣於既反古人病其若此故卑體勞心以求賢為務傳曰以賢難得之故因曰事不待賢以食難得之故而曰飽不待食或之甚者也平原文學匡衡材智有餘經學絕倫但以無階朝廷故隨牒在遠方師古曰階謂升次也隨牒謂隨選補之恒牒不被超擢者將軍誠召置莫府學士歙然歸仁師古曰誠謂實行之也歙音翕與參事議觀其所有貢之朝廷必為國器師古曰所有謂材藝所長以此顯示衆庶名流於世高然其言辟衡為議曹史薦衡於上上以為郎中遷博士給事中是時有日蝕地震之變上問以政治得失衡上疏曰臣聞五帝不同禮三王各異教民俗殊務所遇之時異也陛下躬聖德開大平之路閔愚吏民觸法抵禁師古曰抵觸也比年大赦師古曰比頻也使百姓得改行自新天下幸甚臣竊見大赦之後姦邪不為衰止今日大赦

明日犯法相隨入獄此殆導之未得其務也蓋保民者陳之以德義示之以好惡（師古曰保養也陳施也孝經曰陳之以德義而民莫遺其親示之以好惡而民知禁故衡引以爲言）觀其失而制其宜故動之而和綏之而安今天下俗貪財賤義好聲色上侈靡廉恥之節薄淫辟之意縱（師古曰辟讀曰僻）綱紀失序疏者踰內（師古曰疏者妻妾之家內者同姓骨肉也踰謂過越也）親戚之恩薄婚姻之黨隆苟合徼幸以身設利不改其原（師古曰設施也原本也）雖歲赦之刑猶難使錯而不用也（師古曰歲赦謂每歲一赦也錯置也音千故反）臣愚以爲宜壹曠然大變其俗孔子曰能以禮讓爲國乎何有（師古曰論語載孔子之言謂能以禮讓治國則其事甚易）朝廷者天下之楨

幹也公卿大夫相與循禮恭讓則民不爭（師古曰循順也）好仁樂施則下不暴上義高節則民興行寬柔和惠則衆相愛四者明王之所以不嚴而成化也何者朝有變色之言則下有爭鬭之患上有自專之士則下有不讓之人上有克勝之佐則下有傷害之心上有好利之臣則下有盜竊之民此其本也（師古曰言下之所行皆取化於上也）今俗吏之治皆不本禮讓而上克暴或忮害好陷人於罪（師古曰忮堅也謂酷害之心堅也忮音之豉反）貪財而莫執故犯法者衆姦邪不止雖嚴刑峻法猶不爲變此非其天性有由然也（師古曰非其天性自惡由上失於教化耳）臣竊

考國風之詩周南召南被賢聖之化深故篤於行而廉於色（師古曰篤厚也謂樂得淑女以配君子憂在進賢不淫其色之類）鄭伯好勇而國人暴虎（師古曰詩鄭風大叔于田之篇曰襢裼暴虎獻于公所將叔無狃戒其傷汝襢裼肉袒也暴虎空手以搏之也公鄭莊公也將請也叔莊公之弟大叔也狃狎也汝亦大叔也言以莊公好勇之故大叔肉袒空手搏虎取而獻之國人愛叔故請之曰勿狃爲之恐傷汝也襢音但裼音錫字並從衣狃女九反）秦穆貴信而士多從死（應劭曰秦穆公與群臣飲酒酣公曰生共此樂死共此哀於是奄息仲行鍼虎許諾及公薨皆從死黃鳥詩所爲作也）陳夫人好巫而民淫祀（張晏曰胡公夫人武王之女大姬無子好祭鬼神鼓舞而祀故其詩云坎其擊鼓宛丘之下無冬無夏値其鷺羽）晉侯好儉而民畜聚（師古曰唐風山有樞之詩序云刺晉昭公也不能脩道以正其國有財不能用有鐘鼓不能以自樂其詩曰子有衣裳弗曳弗婁子有車馬弗馳弗驅宛其死矣它人是愉故其俗皆吝嗇而積財畜讀曰蓄）大王躬仁邠國貴恕（師古曰大王周文王之祖即古公亶父也國於邠脩德行義戎狄攻之欲得地與之人人皆怨欲戰古公曰以我故戰殺人父子而居之子不忍也乃與其私屬度漆沮踰梁山止於岐下邠人舉國扶老攜弱盡復歸古公於岐下及它旁國聞古公仁亦多歸之邠即今豳州是其地也言化大王之仁故其俗皆貴誠恕）由此觀之治天下者審所上而已（師古曰上謂崇尚也）

今之僞薄忮害不讓極矣臣聞教化之流非家至而人說之也（師古曰言非家家皆到人人勸說也）賢者在位能者布職朝廷崇禮百僚敬讓道德之行由內及外自近者始然後民知所法遷善日進而不自知是以百姓安陰陽和神靈應而嘉祥見詩曰商邑翼翼四方之極壽考且寧以保我後生（師古曰商頌殷武之詩也商邑京師也極中也言商邑之禮俗翼翼然可則傚乃四方之中正也王則壽考且安以此全守我子孫也）此成湯所以建至治保子孫化異俗而懷鬼方也（應劭曰鬼方遠方也）今長安天子之都

親承聖化然其習俗無以異於遠方郡國來者無
所法則或見侈靡而放效之師古曰放依也音甫往反此教化之原
本風俗之樞機宜先正者也臣聞天人之際精祲
有以相盪李奇曰祲氣也言天人精氣相動也師古曰祲謂陰陽氣相浸漸以成災祥者也音子鴆反善惡
有以相推事作乎下者象動乎上陰陽之理各應
其感陰變則靜者動陽蔽則明者晻鄧展曰靜者動謂地震也明者晻謂日蝕也師古曰晻與暗同水旱之災隨類而至今關東連年飢
饉百姓乏困或至相食此皆生於賦斂多民所共
者大師古曰共讀曰供而吏安集之不稱之效也陛下祗畏
天戒哀閔元元大自減損省甘泉建章宮衛罷

珠厓偃武行文將欲度唐虞之隆絕殷周之衰
也師古曰度過也絕謂除其惡政也諸見罷珠厓詔書者莫不欣欣
人自以將見太平也宜遂減宮室之度省靡麗之
飾考制度脩外內近忠正遠巧佞放鄭衛進雅頌
舉異材開直言任溫良之人退刻薄之吏顯絜白
之士昭無欲之路師古曰昭亦明也覽六蓺之意察上世之
務明自然之道博和睦之化以崇至仁匡失俗易
民視師古曰匡正也易變也令海內昭然咸見本朝之所貴道德
弘於京師淑問揚乎疆外師古曰淑善也問名也然後大化可
成禮讓可興也上說其言師古曰說讀曰悅遷衡為光祿大

夫太子少傅時上好儒術文辭頗改宣帝之政言
事者多進見人人自以為得上意又傅昭儀及子
定陶王愛幸寵於皇后太子師古曰寵踰也衡復上疏曰臣
聞治亂安危之機在乎審所用心蓋受命之王務
在創業垂統傳之無窮繼體之君心存於承宣先
王之德而褒大其功昔者成王之嗣位思述文武
之道以養其心休烈盛美皆歸之二后而不敢專
其名師古曰休亦美也烈業也二后君也二君文王武王也是以上天歆享鬼神祐焉
其詩曰念我皇祖陟降廷止師古曰周頌閔予小子之詩言成王常念文王武王之德奉而行之故鬼神上下臨其朝廷言成王常思祖考之業而鬼神祐助其

治也陛下聖德天覆子愛海內然陰陽未和姦邪
未禁者殆論議者未丕揚先帝之盛功師古曰丕大也丕字或作本言脩其本業而顯揚也爭言制度不可用也務變更之師古曰更改也所更
或不可行而復復之師古曰下復音扶目反是以群下更相是
非師古曰更音工衡反吏民無所信臣竊恨國家釋樂成之業
而虛為此紛紛也師古曰釋廢也樂成謂已成之業人情所樂也願陛下詳覽
統業之事留神於遵制揚功以定群下之心大雅
曰無念爾祖聿脩厥德師古曰大雅文王之詩也無念念也聿述也孔子著
之孝經首章蓋至德之本也傳曰審好惡理情性
而王道畢矣能盡其性然後能盡人物之性能盡

人物之性可以贊天地之化(師古曰贊明也)治性之道必審己之所有餘而強其所不足(師古曰強勉也音其兩反)蓋聰明疏通者戒於大察寡聞少見者戒於雍蔽(師古曰雍讀曰壅)勇猛剛彊者戒於大暴仁愛溫良者戒於無斷湛靜安舒者戒於後時(師古曰湛讀曰沈)廣心浩大者戒於遺忘必審己之所當戒而齊之以義然後中和之化應而巧偽之徒不敢比周而望進(師古曰比頻寐反)唯陛下戒所以崇聖德臣又聞室家之道脩則天下之理得故詩始國風(師古曰關雎美后妃之德而為國風之首)禮本冠婚(師古曰禮記冠義曰冠者禮之始也昏義曰昏者禮之本也)始乎國風原情性而明人倫也本乎冠婚正基兆而防未然也福之興莫不本乎室家道之衰莫不始乎梱內(師古曰梱與閫同謂門橛也音苦本反)故聖王必慎妃后之際別適長之位(師古曰適讀曰嫡其下並同)禮之於內也卑不隃尊新不先故(師古曰隃與踰同)所以統人情而理陰氣也其尊適而卑庶也適子冠乎阼禮之用醴(師古曰阼主階也醴甘酒也貴於眾酒)眾子不得與列所以貴正體而明嫌疑也非虛加其禮文而已乃中心與之殊異故禮探其情而見之外也聖人動靜游燕所親物得其序(師古曰言凡物大小高卑皆有次序)得其序則海內自脩百姓從化如當親者疏當尊者卑(師古曰如若也)則佞巧之姦因時而

動以亂國家故聖人慎防其端禁於未然不以私恩害公義陛下聖德純備莫不脩正則天下無為而治詩云于以四方克定厥家(師古曰周頌桓之詩也言欲治四方者先當能定其家從內以及外)傳曰正家而天下定矣(師古曰易家人卦之彖辭)衡為少傅數年數上疏陳便宜及朝廷有政議傅經以對(師古曰傅讀曰附附依也)言多法義上以為任公卿(師古曰任堪也)由是為光祿勳御史大夫建昭三年代韋玄成為丞相封樂安侯食邑六百戶元帝崩成帝即位衡上疏戒妃匹勸經學威儀之則曰陛下秉至孝哀傷思慕不絕於心未有游虞弋射之宴(師古曰虞與娛同)誠隆於慎終追遠無窮已也(師古曰慎終慎孝道之終也追遠不忘本也論語稱孔子慎終追遠則民德歸厚矣故衡引之)竊願陛下雖聖性得之猶復加聖心焉(師古曰言天性已自然矣又當加意也)詩云煢煢在疚(師古曰周頌閔予小子之詩煢煢憂貌也疚病也)言成王喪畢思慕意氣未能平也蓋所以就文武之業崇大化之本也(師古曰就成也)臣又聞之師曰妃匹之際生民之始萬福之原婚姻之禮正然後品物遂而天命全(師古曰遂成也)孔子論詩以關雎為始言大上者民之父母(師古曰大上居尊上之位者)后夫人之行不侔乎天地則無以奉神靈之統而理萬物之宜(師古曰侔等也)故詩曰窈窕淑女君子好仇(師古曰周南關雎之詩也窈窕幽閒也仇匹也)言能致其貞淑不貳其

操情欲之感無介乎容儀服虔曰不見色於容儀也師古曰介繫也言不以情欲繫心而著於容儀者宴私之意不形乎動靜師古曰形見也夫然後可以配至尊而為宗廟主此綱紀之首王教之端也自上世已來三代興廢未有不由此者也願陛下詳覽得失盛衰之效以定大基采有德戒聲色近嚴敬遠技能師古曰無德之人雖有技能則斥遠之竊見聖德純茂專精詩書好樂無厭師古曰樂五教反臣衡材駑無以輔相善義宣揚德音師古曰相助也臣聞六經者聖人所以統天地之心著善惡之歸明吉凶之分通人道之正師古曰分扶問反使不悖於其本性者也師古曰悖乖也音布內反故審六藝之指則天

人之理可得而和草木昆蟲可得而育此永永不易之道也師古曰易變也及論語孝經聖人言行之要宜究其意師古曰究盡也臣又聞聖王之自為動靜周旋奉天承親臨朝享臣物有節文以章人倫師古曰物事也事事皆有節文蓋欽翼祗栗事天之容也溫恭敬遜承親之禮也正躬嚴恪臨衆之儀也師古曰嚴讀曰儼嘉惠和說饗下之顏也師古曰說讀曰悅饗宴饗也舉錯動作物遵其儀故形為仁義動為法則孔子曰德義可尊容止可觀進退可度以臨其民是以其民畏而愛之則而象之師古曰孝經載孔子之言也則法也象倣也大雅云敬慎威儀惟民之則師古曰大雅抑之詩諸侯正月

朝覲天子天子惟道德昭穆穆以視之師古曰昭明也穆穆天子之容也視讀曰示又觀以禮樂饗醴迺歸師古曰觀亦視也饗醴以醴酒饗也故萬國莫不獲賜祉福蒙化而成俗今正月初幸路寢臨朝賀置酒以饗萬方傳曰君子慎始願陛下留神動靜之節使羣下得望盛德休光師古曰休美也以立基楨天下幸甚上敬納其言頃之衡復奏正南北郊罷諸淫祀語在郊祀志初元帝時中書令石顯用事自前相韋玄成及衡皆畏顯不敢失其意至成帝初即位衡迺與御史大夫甄譚共奏顯追條其舊惡并及黨與於是司隸校尉王尊劾奏衡譚居大臣

位知顯等專權勢作威福為海內患害不以時白奏行罰而阿諛曲從附下罔上無大臣輔政之義既奏顯等不自陳不忠之罪而反揚著先帝任用傾覆之徒師古曰著明也罪至不道有詔勿劾衡慙懼上疏謝罪因稱病乞骸骨上丞相樂安侯印綬上報曰君以道德脩明位在三公先帝委政遂及朕躬君遵脩法度勤勞公家朕嘉與君同心合意庶幾有成今司隸校尉尊妄詆欺加非於君師古曰詆毁也音丁禮反朕甚閔焉方下有司問狀師古曰問司隸君何疑而上書歸侯乞骸骨是章朕之未燭也師古曰燭照也傳不云乎禮

義不㥾何恤人之言師古曰㥾過也恤憂也君其察焉專精神近醫藥强食自愛因賜上尊酒養牛師古曰上尊解在薛廣德傳衡起視事上以新即位褒優大臣然群下多是王尊者衡嘿嘿不自安每有水旱風雨不時連乞骸骨讓位上輒以詔書尉撫不許久之衡子昌爲越騎校尉醉殺人繫詔獄越騎官屬與昌弟且謀篡昌師古曰逆取曰篡事發覺衡免冠徒跣待罪天子使謁者詔衡冠履而有司奏衡專地盜土衡竟坐免初衡封僮之樂安鄉文穎曰僮縣臨淮郡鄉本田提封三千一百頃師古曰提封舉其封界內之總數南以閩佰爲界師古曰佰者田之東西界也閩者佰之名也佰音莫客反

初元元年郡圖誤以閩佰爲平陵佰積十餘歲衡封蘇林曰平陵佰在閩佰南誤十餘歲衡乃始封此鄉臨淮郡遂封眞平陵佰以爲界多四百頃至建始元年郡卽定國界上計簿更定圖言丞相府衡謂所親吏趙殷曰師古曰所親素所親任者主簿陸賜故居奏曹習事曉知國界署集曹掾明年治計時衡問殷國界事曹欲奈何殷曰賜以爲舉計令郡實之師古曰舉發上計之簿令郡改從平陵佰以爲定實恐郡不肯從實可令家丞上書衡曰顧當得不耳何至上書師古曰顧念也亦不告曹使舉也聽曹爲之後賜與屬明舉計曰案故圖樂安鄉南以平陵佰爲界不足故而以閩佰爲界解何師古曰不足故者不依故圖而滿足也解何者以分解此時意猶今言分疏也郡卽復以四百頃付樂安國衡遣從史之僮收取所還田租穀千餘石入衡家司隷校尉駿少府忠行廷尉事劾奏衡監臨盜所主守直十金以上師古曰十金以上當時律定罪之次若今律條言一尺以上一匹以上春秋之義諸侯不得專地所以壹統尊法制也衡位三公輔國政領計簿知郡實正國界計簿已定而背法制專地盜土以自益及賜明阿承衡意猥舉郡計亂減縣界師古曰猥曲也附下罔上擅以地附益大臣皆不道於是上可其奏勿治丞相免爲庶人終於家子咸亦明經歷位九卿家世多爲博士者

張禹字子文河內軹人也至禹父徒家蓮勺師古曰左馮翊縣名也音輦酌禹爲兒數隨家至市喜觀於卜相者前師古曰至其人之前而觀之喜許吏反父之頗曉其別蓍布卦意師古曰別分也音彼列反時從旁言卜者愛之又奇其面貌謂禹父是兒多知可令學經及禹壯至長安學從沛郡施讎受易琅邪王陽膠東庸生問論語旣皆明習有徒衆舉爲郡文學甘露中諸儒薦禹有詔太子大傅蕭望之問禹對易及論語大義望之善焉奏禹經學精習有師法可試事師古曰試以職事也奏寖罷歸故官師古曰寖不下也久

之試爲博士初元中立皇太子而博士鄭寬中以尚書授太子薦言禹善論語詔令禹授太子論語由是遷光祿大夫數歲出爲東平內史元帝崩成帝即位徵禹寬中皆以師賜爵關內侯寬中食邑八百戶禹六百戶拜爲諸吏光祿大夫秩中二千石給事中領尚書事是時帝舅陽平侯王鳳爲大將軍輔政專權而上富於春秋謙讓方鄉經學敬重師傅（師古曰鄉讀曰嚮）而禹與鳳並領尚書內不自安數病上書乞骸骨欲退避鳳上報曰朕以幼年執政萬機懼失其中君以道德爲師故委國政君何疑而數乞骸骨忽忘雅素欲避流言（師古曰雅素故也謂師傅故舊之恩）朕無聞焉（師古曰不聞有毀短之言）君其固心致思總秉諸事推以孳孳無違朕意加賜黃金百斤養牛上尊酒太官致餐侍醫視疾使者臨問（師古曰侍醫侍天子之醫）禹惶恐復起視事河平四年代王商爲丞相封安昌侯爲相六歲鴻嘉元年以老病乞骸骨上加優再三廼聽許賜安車駟馬黃金百斤罷就第以列侯朝朔望位特進見禮如丞相置從事史五人益封四百戶天子數加賞賜前後數千萬禹爲人謹厚內殖貨財（師古曰殖生也）家以田爲業及富貴多買田至四百頃皆

涇渭溉灌極膏腴上賈（師古曰賈讀曰價）它財物稱是禹性習知音聲內奢淫身居大第後堂理絲竹筦弦（如淳曰今樂家五日一習樂爲理樂師古曰筦亦管字）禹成就弟子尤著者淮陽彭宣至大司空沛郡戴崇至少府九卿宣爲人恭儉有法度而崇愷弟多智（師古曰愷樂也弟易也言性和樂而簡易）二人異行禹心親愛崇敬宣而疏之崇每候禹常責師宜置酒設樂與弟子相娛禹將崇入後堂飲食婦女相對優人筦弦鏗鏘極樂昏夜乃罷（師古曰極樂盡其歡樂之）而宣之來也禹見之於便坐（師古曰便坐謂非正寢在於旁側可以延賓者也坐音才卧反）講論經義日晏賜食不過一肉卮酒相對（師古曰一豆之肉一卮行酒）宣未嘗得至後堂及兩人皆聞知各自得也（服虔曰各自爲得宜）禹年老自治冢塋起祠室好平陵肥牛亭部處地（師古曰肥牛亭名欲得置亭處之地爲冢塋）又近延陵奏請求之上以賜禹詔令平陵徙亭它所曲陽侯根聞而爭之此地當平陵寢廟衣冠所出游道禹爲師傅不遵謙讓至求衣冠所游之道又徙壞舊亭重非所宜（師古曰重直用反）孔子稱賜愛其羊我愛其禮（師古曰論語云子貢欲去告朔之餼羊孔子曰賜也爾愛其羊我愛其禮故引之）宜更賜禹它地根雖爲舅上敬重之不如禹根言雖切猶不見從卒以肥牛亭地賜禹根由是害禹寵數毀惡之（師古曰惡謂言其過惡）天子愈益

敬厚禹禹每病輒以起居聞師古曰謂其食飲寢卧之增損車駕自臨問之上親拜禹牀下禹頓首謝恩歸誠言老臣有四男一女愛女甚於男遠嫁爲張掖太守蕭咸妻不勝父子私情思與相近上即時徙咸爲弘農大守又禹小子未有官上臨候禹禹數視其小子上即禹牀下拜爲黄門郎給事中禹雖家居以特進爲天子師國家每有大政必與定議師古曰與讀曰豫永始元延之間日蝕地震尤數吏民多上書言災異之應譏切王氏專政所致上懼變異數見意頗然之未有以明見迺車駕至禹弟辟左右師古曰辟讀曰闢親問

禹以天變因用吏民所言王氏事示禹禹自見年老子孫弱又與曲陽侯不平恐爲所怨禹則謂上曰春秋二百四十二年間日蝕三十餘地震五或爲諸侯相殺或夷狄侵中國災變之意深遠難見故聖人罕言命不語怪神師古曰罕希也論語云子罕言利與命與仁又曰子不語怪力亂神性與天道自子贛之屬不得聞師古曰論語云夫子之言性與天道不可得而聞也謂孔子未嘗言性命之事及天道何況淺見鄙儒之所言陛下宜修政事以善應之與下同其福喜此經義意也新學小生亂道誤人宜無信用以經術斷之上雅信愛禹由此不疑王氏後曲陽侯根及諸王子弟聞知禹

言皆喜説師古曰説讀曰悦遂親就禹禹見時有變異若上體不安擇日絜齋露蓍服虔曰露蓍於星宿下明日乃用言得天氣也師古曰蓍草名筮者所用也音式夷反正衣冠立筮得吉卦則獻其占如有不吉禹爲感動憂色成帝崩禹及事哀帝建平二年薨謚曰節侯禹四子長子宏嗣侯官至大常列於九卿三弟皆爲校尉散騎諸曹初禹爲師以上難數對己問經爲論語章句獻之始魯扶卿及夏侯勝王陽蕭望之韋玄成皆説論語篇弟或異禹先事王陽後從庸生采獲所安最後出而尊貴諸儒爲之語曰欲爲論念張文由是學者多

從張氏餘家寖微師古曰寖漸也

孔光字子夏孔子十四世之孫也孔子生伯魚鯉師古曰名鯉字伯魚先言其字者孔氏自爲譜諜示尊其先也下皆類此鯉生子思伋師古曰伋音級伋生子上帛帛生子家求求生子眞箕箕生子高穿穿生順順爲魏相順生鮒鮒爲陳涉博士死陳下鮒弟子襄爲孝惠博士長沙大傅襄生忠忠生武及安國武生延年延年生霸字次孺霸生光焉安國延年皆以治尚書爲武帝博士安國至臨淮大守霸亦治尚書事大傅夏侯勝昭帝末年爲博士宣帝時爲大中大夫以選授皇大子經遷詹事

高密相是時諸侯王相在郡守上元帝即位徵霸以師賜爵關內侯食邑八百戶號褒成君如淳曰爲帝師教令成就故曰褒成君給事中加賜黃金二百斤第一區徙名數于長安師古曰名數戶籍也霸爲人謙退不好權埶常稱爵位泰過何德以堪之上欲致霸相位自御史大夫貢禹卒及薛廣德免輒欲拜霸霸讓位自陳至三上深知其至誠廼弗用以是敬之賞賜甚厚及霸薨上素服臨弔者再至賜東園祕器錢帛策贈以列侯禮謚曰烈君霸四子長子福嗣關內侯次子捷捷弟喜皆列校尉諸曹光最少子也經學尤明

年未二十舉爲議郎光祿勳匡衡舉光方正爲諫大夫坐議有不合左遷虹長師古曰不合謂不合天子意也虹沛縣也音貢自免歸教授成帝初即位舉爲博士數使錄冤獄行風俗師古曰行下更反振贍流民奉使稱意由是知名是時博士選三科高爲尚書次爲刺史其不通政事以久次補諸侯大傅光以高第爲尚書觀故事品式數歲明習漢制及法令上甚信任之轉爲僕射尚書令師古曰先爲僕射後爲尚書令有詔光周密謹慎未嘗有過加諸吏官以子男放爲侍郎給事黃門數年遷諸吏光祿大夫秩中二千石給事中賜黃金百斤

領尚書事後爲光祿勳復領尚書諸吏給事中如故凡典樞機十餘年守法度修故事上有所問據經法以心所安而對不希指苟合師古曰希指希望天子之旨意如或不從不敢強諫爭以是久而安時有所言輒削草稾服虔曰言已繕書輒削壞其草以爲章主之過以奸忠直人臣大罪也師古曰奸求也奸忠直之名也奸音干有所薦舉唯恐其人之聞知沐日歸休兄弟妻子燕語終不及朝省政事或問光溫室省中樹皆何木也晉灼曰長樂宮中有溫室殿光嘿不應更荅以它語其不泄如是光帝師傅子少以經行自著進官蚤成師古曰蚤古早字不結黨友養游說有求

於人既性自守亦其埶然也師古曰言以名父之子學官早成不須黨援也徙光祿勳爲御史大夫綏和中上即位二十五年無繼嗣至親有同產弟中山孝王及同產弟子定陶王在定陶王好學多材於帝子行師古曰行胡浪反而王祖母傅大后陰爲王求漢嗣私事趙皇后昭儀及帝舅大司馬驃騎將軍王根故皆勸上上於是召丞相翟方進御史大夫光右將軍廉褒後將軍朱博皆引入禁中議中山定陶王誰宜爲嗣者方進根以爲定陶王帝弟之子禮曰昆弟之子猶子也爲其後者爲之子也定陶王宜爲嗣褒博皆如方

進根議光獨以爲禮立嗣以親中山王先帝之子
帝親弟也以尚書般庚殷之及王爲比（師古曰兄終弟及也比必寐反）
中山王宜爲嗣上以禮兄弟不相入廟又皇后昭
儀欲立定陶王故遂立爲大子光以議不中意左
遷廷尉（師古曰中當也）光又典尚書練法令號稱詳平時定
陵侯淳于長坐大逆誅長小妻迺始等六人皆以
長事未發覺時弃去或更嫁及長事發丞相方
進大司空武議（師古曰翟方進及何武）以爲令犯法者各以法
時律令論之（師古曰此具引令條之文也法時謂始犯法之時也）明有所訖也（師古曰訖止也）
長犯大逆時迺始等見爲長妻已有當坐之罪與

身犯法無異後迺弃去於法無以解（師古曰解免也）請論光
議以爲大逆無道父母妻子同產無少長皆弃市
欲懲犯法者也（師古曰懲創止也）夫婦之道有義則合無義
則離長未自知當坐大逆之法而弃去迺始等或
更嫁義已絕而欲以爲長妻論殺之名不正不當
坐有詔光議是是歲右將軍褒後將軍博坐定陵
紅陽侯（師古曰廉褒朱博坐與淳于長王立交厚也）皆免爲庶人以光爲左
將軍居右將軍官職執金吾王咸爲右將軍居後
將軍官職罷後將軍官數月丞相方進薨召左將
軍光當拜已刻侯印書贊（師古曰贊進也延進而拜之也書贊者書其辭於策也）上

暴崩即其夜於大行前拜受丞相博山侯印綬哀
帝初即位躬行儉約省減諸用政事由己出朝廷
翕然望至治焉褒賞大臣益封光千戶時成帝
母大皇大后自居長樂宮而帝祖母定陶傅大后
在國邸有詔問丞相大司空定陶共王大后宜當
何居光素聞傅大后爲人剛暴長於權謀自帝在
襁緥而養長教道至於成人帝之立又有力光心
恐傅大后與政事（師古曰與讀曰豫）不欲令與帝旦夕相近
即議以爲定陶太后宜改築宮大司空何武曰可
居北宮上從武言北宮有紫房復道通未央宮

（師古曰復讀曰複）傅大后果從復道朝夕至帝所求欲稱尊號
貴寵其親屬使上不得直道行（師古曰不得依正直之道）頃之大
后從弟子傅遷在左右尤傾邪上免官遣歸故郡
傅大后怒上不得已復留遷光與大司空師丹奏
言詔書侍中駙馬都尉遷巧佞無義漏泄不忠國
之賊也免歸故郡復有詔止天下疑惑無所取信
虧損聖德誠不小愆陛下以變異連見避正殿見
羣臣思求其故至今未有所改（師古曰舊有不善之事皆未改除）臣
請歸遷故郡以銷姦黨應天戒卒不得遣復爲
侍中脅於傅大后皆此類也又傅大后欲與成帝

母俱稱尊號群下多順指言母以子貴宜立尊號以厚孝道唯師丹與光持不可（蘇林曰執持不可也）上重違大臣正議（師古曰重難也）又內迫傅大后猗違者連歲（如淳曰不決事之言也師古曰猗違猶依違耳猗於奇反）丹以罪免而朱博代爲大司空光自先帝時議繼嗣有持異之隙矣又重忤傅大后指（師古曰重直用反）由是傅氏在位者與朱博爲表裏共毀譖光後數月遂策免光曰丞相者朕之股肱所與共承宗廟統理海內（師古曰共讀曰恭）輔朕之不逮以治天下也朕既不明災異重仍（師古曰仍頻也重直用反）日月無光山崩河決五星失行是章朕之不德而股肱之不良也（師古曰章明也）君前爲御史大夫輔翼先帝出入八年卒無忠言嘉謀今相朕出入三年憂國之風復無聞焉陰陽錯謬歲比不登（師古曰比頻也）天下空虛百姓飢饉父子分散流離道路以十萬數而百官群職曠廢（師古曰曠空也）姦軌放縱盜賊並起或攻官寺殺長吏數以問君君無怵惕憂懼之意對毋能爲（師古曰言盜賊不能爲害）是君卿大夫咸惰哉莫以爲意咎由君焉君秉社稷之重總百僚之任上無以匡朕之闕下不能綏安百姓書不云乎毋曠庶官天工人其代之（師古曰虞書咎繇謨之辭位非其人是爲空官言人代天理官不可以天官私非其材）於虖（師古曰於讀曰烏虖讀曰呼）君其

上丞相博山侯印綬罷歸（師古曰漢舊儀云丞相有它過使者奉策書即時步出府乘棧車歸田里）光退閭里杜門自守（師古曰杜塞也）而朱博代爲丞相數月坐承傅大后指妄奏事自殺平當代爲丞相數月薨王嘉復爲丞相數諫爭忤指旬歲間閱三相（師古曰閱猶歷也）議者皆以爲不及光上由是思之會元壽元年正月朔日有蝕之後十餘日傅大后崩是月徵光詣公車問日蝕事光對曰臣聞日者衆陽之宗人君之表至尊之象君德衰微陰道盛彊侵蔽陽明則日蝕應之書曰羞用五事建用皇極（師古曰周書洪範之言羞進也皇大也極中也）如貌言視聽思失（師古曰如若也）大中之道不立則咎徵著臻六極屢降皇之不極是爲大中不立其傳曰時則有日月亂行謂朓側匿（孟康曰朓行疾也側匿行遲也師古曰朓吐了反）甚則薄蝕是也又曰六沴之作（師古沴惡氣也音戾）歲之朝曰三朝（師古曰歲之朝月之朔日之朝故曰三朝）其應至重迺正月辛丑朔日有蝕之變見三朝之會上天聰明苟無其事變不虛生書曰惟先假王正厥事（師古曰商書高宗肜日之辭假至也言先代至道之王必正其事也）言異變之來起事有不正也臣聞師曰天左與王者（師古曰左讀曰佐佐助也）故災異數見以譴告之欲其改更若不畏懼有以塞除而輕忽簡誣則凶罰加焉其至可必（師古曰言輕忽天戒簡慠欺誣者其罰必至）

詩曰敬之敬之天惟顯思命不易哉師古曰周頌敬之篇顯明也思辭也言天甚明察宜敬之以承受天命甚難也又曰畏天之威于時保之師古曰周頌我將之詩言必敬天之威於是乃得安皆謂不懼者凶懼之則吉也陛下聖德聰明兢兢業業師古曰兢兢戒也業業危也承順天戒敬畏變異勤心虛己延見群臣思求其故然後敕躬自約總正萬事放遠讒說之黨援納斷斷之介師古曰援引也斷斷專壹之貌介謂一介之人援音爰退去貪殘之徒進用賢良之吏平刑罰薄賦斂恩澤加於百姓誠為政之大本應變之至務也天下幸甚書曰天既付命正厥德師古曰尚書高宗肜日之辭言既受天命宜正其德言正德以順天也又曰天棐諶辭師古曰周書大誥之辭棐輔也諶誠也諶辭至誠之辭也棐音匪諶上林反言有誠道天輔之也明承順天道在於崇德博施加精致誠孳孳而已師古曰孳孳不怠也孳音茲俗之祈禳小數終無益於應天塞異銷禍興福師古曰祈求福也禳除禍也較然甚明無可疑惑師古曰較明貌也音角書奏上說師古曰說讀曰悅賜光束帛拜為光祿大夫秩中二千石給事中位次丞相詔光舉可尚書令者封上光謝曰臣以朽材前所歷位典天職卒無尺寸之效師古曰卒終也幸免罪誅全保首領今復拔擢備內朝臣與聞政事師古曰與讀曰豫臣光智謀淺短犬馬齒臷師古曰臷老也臷與耋同今書本有作臷字者俗寫誤也誠恐一旦顛仆無以報稱師古曰稱副也

竊見國家故事尚書以久次轉遷非有踔絕之能不相踰越師古曰踔高遠也音竹角反尚書僕射敞公正勤職通敏於事可尚書令謹封上敞以舉故為東平大守敞姓成公東海人也光為大夫月餘丞相嘉下獄死師古曰王嘉也御史大夫賈延免光復為御史大夫二月為丞相復故國博山侯上迺知光前免非其罪以過近臣毀短光者免傅嘉曰前為侍中毀譖仁賢誣愬大臣令俊艾者久失其位師古曰艾讀曰乂嘉傾覆巧偽挾姦以罔上崇黨以蔽朝傷善以肆意師古曰肆極也詩不云乎讒人罔極交亂四國師古曰小雅青蠅之詩解在車千秋傳其免嘉為庶人歸故郡明年定三公官光更為大司徒會哀帝崩太皇太后以新都侯王莽為大司馬徵立中山王是為平帝帝年幼太后稱制委政於莽初哀帝罷黜王氏故太后與莽怨丁傅董賢之黨莽以光為舊相名儒天下所信太后敬之備禮事光所欲搏擊輒為草以太后指風光令上之師古曰謂文書之草也風讀曰諷次下亦同睚眥莫不誅傷師古曰睚音崖眥音漬睚又五懈反眥又仕懈反解具在杜欽傳莽權日盛光憂懼不知所出上書乞骸骨莽白太后帝幼少宜置師傅徙光為帝太傅位四輔給事中領宿衛供養行內師古曰行內行在所之內中猶言禁中也署

門戸省服御食物(師古曰省視也)明年徙爲大師而莽爲大傅光常稱疾不敢與莽並有詔朝朔望領城門兵莽又風群臣奏莽功德稱宰衡位在諸侯王上百官統焉光愈恐固稱疾辭位大后詔曰大師光聖人之後先師之子德行純淑道術通明居四輔職輔道于帝(師古曰道讀曰導)今年耆有疾後艾大臣惟國之重其猶不可以闕焉(師古曰艾讀曰乂)書曰無遺耉老(師古曰周書召誥之辭言不遺老成之人也)國之將興尊師而重傅其令大師毋朝十日一賜餐賜太師靈壽杖(孟康曰扶老杖也服虔曰靈壽木名師古曰木似竹有枝節長不過八九尺圍三四寸自然有合杖制不須削治也)黃門令爲大師省中坐置几大師入省中用杖賜餐十七物(師古曰食具有十七種物)然後歸老于第官屬按職如故(師古曰言十日一入朝受此寵禮它日則常在家自養而其屬官依常各行職務)光凡爲御史大夫丞相各再壹爲大司徒大傅大師歷三世居公輔位前後十七年自爲尚書止不教授後爲卿時會門下大生講問疑難舉大義云其弟子多成就爲博士大夫者見師居大位幾得其助力(師古曰幾讀曰冀)光終無所薦舉至或怨之其公如此光年七十元始五年薨莽白大后使九卿策贈以大師博山侯印綬賜乘輿秘器金錢雜帛少府供張諫大夫持節與謁者二人使護

喪事博士護行禮大后亦遣中謁者持節視喪公卿百官會弔送葬載以乘輿輼輬及副各一乘(師古曰輼輬車及副各一乘也輼輬解具在霍光傳)羽林孤兒諸生合四百人輓送車萬餘兩道路皆舉音以過喪(師古曰喪到之處行道之人皆舉音哭過止也)將作穿復土可甲卒五百人起墳如大將軍王鳳制度謚曰簡烈侯初光以丞相封後益封凡食邑萬一千戸疾甚上書讓還七千戸及還所賜一弟子放嗣莽篡位後以光兄子永爲大司馬封侯昆弟子至卿大夫四五人始光父霸以初元元年爲關內侯食邑霸上書求奉孔子祭祀元帝下詔曰其令師褒成君關內侯霸以所食邑八百戸祀孔子焉故霸還長子福名數於魯奉夫子祀霸薨子福嗣福薨子房嗣房薨子莽嗣元始元年封周公孔子後爲列侯食邑各二千戸莽更封爲褒成侯後避王莽更名均

馬宮字游卿東海戚人也治春秋嚴氏以射策甲科爲郎遷楚長史免官後爲丞相史司直師丹薦宮行能高絜遷廷尉平青州刺史汝南九江大守所在見稱徵爲詹事光祿勳右將軍代孔光爲大

司徒封扶德侯光爲太師𦆳宮復代光爲大師兼司徒官初宮哀帝時與丞相御史雜議帝祖母傅大后謚及元始中王莽發傅大后陵徙歸定陶以民葬之追誅前議者宮爲莽所厚獨不及內慚懼上書謝罪乞骸骨莽以大皇大后詔賜宮策曰太師大司徒扶德侯上書言前以光祿勳議故定陶共王母謚曰婦人以夫爵尊爲號謚宜曰孝元傅皇后稱渭陵東園臣知妾不得體君卑不得敵尊而希指雷同詭經辟說（師古曰詭違也辟讀曰僻）以惑誤上爲臣不忠當伏斧鉞之誅幸蒙洒心自新（師古曰洒先禮反）又令得保首領伏自惟念入稱四輔出備三公爵爲列侯誠無顏復望闕廷無心復居官府無宜復食國邑願上大師大司徒扶德侯印綬避賢者路下君章有司皆以爲四輔之職爲國維綱三公之任鼎足承君不有鮮明固守無以居位如君言至誠可聽惟君之惡在洒心前不敢文過朕甚多之（師古曰多猶重也）不奪君之爵邑以著自古皆有死之義（孟康曰以宮上書言不文過爲信不奪其爵邑師古曰論語載孔子言曰自古皆有死民無信不立故引之）其上大師大司徒印綬使者以侯就第王莽篡位以宮爲大子師卒官本姓馬矢宮仕學稱馬氏云

贊曰自孝武興學公孫弘以儒相其後蔡義韋賢玄成匡衡張禹翟方進孔光平當馬宮及當子晏咸以儒宗居宰相位服儒衣冠（師古曰方領逢掖之衣）傳先王語其醖藉可也（師古曰醖藉謂如醖釀及薦藉道其寬博重厚也醖於問反藉才夜反）然皆持祿保位被阿諛之譏彼以古人之迹見繩烏能勝其任乎（如淳曰迹謂旣明且哲也繩謂抨彈之也師古曰古人之迹謂直道以事人也烏何也抨普耕反）

匡張孔馬傳第五十一

王商史丹傅喜傳第五十二　班固　漢書八十二

秘書監上護軍琅邪縣開國子顏師古注

王商字子威涿郡蠡吾人也師古曰蠡音禮徙杜陵商父武武兄無故皆以宣帝舅封無故為平昌侯武為樂昌侯語在外戚傳商少為太子中庶子以肅敬敦厚稱父薨商嗣為侯推財以分異母諸弟身無所受居喪哀戚於是大臣薦商行可以厲群臣義足以厚風俗宜備近臣繇是擢為諸曹侍中中郎將師古曰繇讀與由同元帝時至右將軍光祿大夫是時定陶共王愛幸幾代太子師古曰共讀曰恭幾音鉅依反商為外戚重臣輔政擁

佑太子頗有力焉師古曰佑助也元帝崩成帝即位甚敬重商徙為左將軍而帝元舅大司馬大將軍王鳳顓權行多驕僭商論議不能平鳳鳳知之亦疏商建始三年秋京師民無故相驚言大水至百姓奔走相蹂躪師古曰蹂踐也躪轢也蹂人九反躪音藺老弱號呼師古曰呼火故反長安中大亂天子親御前殿召公卿議大將軍鳳以為太后與上及後宮可御船令吏民上長安城以避水群臣皆從鳳議左將軍商獨曰自古無道之國水猶不冒城郭師古曰冒蒙覆也今政治和平世無兵革上下相安何因當有大水一日暴至此必訛言也師古曰訛僞也

不宜令上城重驚百姓師古曰重直用反上迺止有頃長安中稍定問之果訛言上於是美壯商之固守數稱其議而鳳大慙自恨失言明年商代匡衡為丞相益封千戶天子甚尊任之為人多質有威重師古曰多質言不為文飾長八尺餘身體鴻大容貌甚過絕人河平四年單于來朝引見白虎殿師古曰在未央宮中丞相商坐未央廷中單于前拜謁商師古曰單于將見天子而經未央廷中過也商起離席與言單于仰視商貌大畏之遷延却退天子聞而歎曰此真漢相矣初大將軍鳳連昏楊肜為琅邪太守如淳曰連昏者婚家之婚親也其郡有災害十四已上商部屬按

問如淳曰部屬猶差次其屬令治之鳳以曉商師古曰曉告語也曰災異天事非人力所為肜素善吏宜以為後師古曰且勿按問也商不聽竟奏免肜奏果寑不下鳳重以是怨商師古曰重直用反陰求其短使人上書言商閨門內事天子以為暗昧之過不足以傷大臣鳳固爭下其事司隸先是皇太后嘗詔問商女欲以備後宮時女病商意亦難之以病對不入及商以閨門事見考自知為鳳所中師古曰中傷也音竹仲反惶怖更欲內女為援迺因新幸李婕妤家白見其女會日有蝕之太中大夫蜀郡張匡其人佞巧上書願對近臣陳日蝕咎下朝者文穎曰令

下朝者平之也孟康曰中朝臣也師古曰文說是也下胡稼反左將軍丹等問臣(師古曰史丹也)對曰竊見丞相商作威作福從外制中取必於上(師古曰意欲所行必果之)性殘賊不仁遣票輕吏微求人罪(師古曰票疾也微謂私求之也票頻妙反又匹妙反)欲以立威天下患苦之前頻陽耿定上書言商與父傅通及女弟淫亂(師古曰傅謂傅婢也)奴殺其私夫疑商教使(師古曰私夫女弟之私與姦通者)章下有司商私怨懟(師古曰懟直類反)商子俊欲上書告商俊妻左將軍丹女持其書以示丹丹惡其父子乖迕(師古曰迕違也)爲女求去商不盡忠納善以輔至德知聖主崇孝遠別不親(師古曰遠離女色而分別之故云不親也)後庭之事皆受命皇太后太后前聞商有女欲以備後宮商言有固疾後有耿定事更詭道因李貴人家內女(師古曰詭違也)執左道以亂政(師古曰左道謂僻左之道不正)誣罔誖大臣節(師古曰誖乖也音布內反)故應是而日蝕周書曰以左道事君者誅(師古曰逸書也)易曰日中見昧則折其右肱(蘇林曰日者君之象中者明之盛盛而昧折去右肱之臣用無咎也師古曰此豐卦九三爻辭也)往者丞相周勃再建大功及孝文時纖介怨恨而日爲之蝕於是退勃使就國卒無怵惄憂(師古曰卒終也惄古惕字)今商無尺寸之功而有三世之寵(師古曰自宣帝至成帝凡三主)身位三公宗族爲列侯吏二千石侍中諸曹給事禁門內連昏諸侯王權寵至盛審有內亂殺人怨懟之端宜窮

竟考問臣聞秦丞相呂不韋見王無子意欲有秦國即求好女以爲妻陰知其有身而獻之王產始皇帝及楚相春申君亦見王無子心利楚國即獻有身妻而產懷王自漢興幾遭呂霍之患(師古曰幾鉅依反)今商有不仁之性迺因怨以內女其姦謀未可測度前孝景世七國反將軍周亞夫以爲即得雒陽劇孟關東非漢之有今商宗族權勢合貲鉅萬計私奴以千數非特劇孟匹夫之徒也且失道之至親戚畔之閨門內亂父子相訐(師古曰訐告斥其罪也音居謁反)而欲使之宣明聖化調和海內豈不繆哉商視事五年官職陵夷而大惡著於百姓甚虧損盛德有鼎折足之凶(師古曰易鼎卦九四爻辭曰鼎折足覆公餗其形渥凶餗鼎實也謂所享之物也渥厚也言鼎折其足則覆喪其實喻大臣非其任則虧敗國典故當加以厚刑)臣愚以爲聖主富於春秋即位以來未有懲姦之威加以繼嗣未立大異並見尤宜誅討不忠以遏未然(師古曰遏止也未然謂未有其事恐將然也)行之一人則海內震動百姦之路塞矣於是左將軍丹等奏商位三公爵列侯親受詔策爲天下師不遵法度以翼國家(師古曰翼助也)而回辟下媚以進其私(師古曰回衺也辟讀曰僻)執左道以亂政爲臣不忠罔上不道甫刑之辟皆爲上戮罪名明白臣請詔謁者召商詣若盧詔獄(孟康

曰若盧獄名屬少府黃門北寺是也上素重商知臣言多險制曰勿治
鳳固爭之於是制詔御史蓋丞相以德輔翼國家
典領百寮協和萬國爲職任莫重焉今樂昌侯商
爲丞相出入五年未聞忠言嘉謀而有不忠執左
道之辜陷于大辟前商女弟內行不脩奴賊殺人
疑商教使爲商重臣故抑而不窮今或言商不以
自悔而反怨懟朕甚傷之惟商與先帝有外親未
忍致于理其赦商罪使者收丞相印綬商免相三
日發病歐血薨謚曰戾侯而商子弟親屬爲駙馬
都尉侍中中常侍諸曹大夫郎吏者皆出補吏莫

得留給事宿衛者有司奏商罪過未決請除國邑
有詔長子安嗣爵爲樂昌侯至長樂衛尉光祿勳
商死後連年日蝕地震直臣京兆尹王章上封事
召見訟商忠直無罪言鳳顓權蔽主鳳竟以法誅
章語在元后傳至元始中王莽爲安漢公誅不附
己者樂昌侯安見被以罪自殺國除師古曰被加也音皮義反
史丹字君仲魯國人也徙杜陵祖父恭有女弟武
帝時爲衛太子良娣產悼皇考皇考者孝宣帝
父也宣帝微時依倚史氏師古曰倚於綺反語在史良娣傳
及宣帝即位恭已死三子高曾玄曾玄皆以外屬

舊恩封曾爲將陵侯玄平臺侯高侍中貴幸以
發舉反者大司馬霍禹功封樂陵侯宣帝疾病拜
高爲大司馬車騎將軍領尚書事帝崩太子襲尊
號是爲孝元帝高輔政五年乞骸骨賜安車駟馬
黃金罷就弟薨謚曰安侯自元帝爲太子時丹以
父高任爲中庶子侍從十餘年元帝即位爲駙馬
都尉侍中出常驂乘甚有寵上以丹舊臣皇考外
屬親信之詔丹護太子家是時傅昭儀子定陶共
王有材藝子母俱愛幸而太子頗有酒色之失母
王皇后無寵建昭之後元帝被疾不親政事留好

音樂孟康曰留意於音樂或置鼙鼓殿下師古曰鼙騎上之鼓音步迷反天子
自臨軒檻上隤銅丸以擿鼓師古曰檻軒闌版也隤下也擿投也隤音頹擿持益反一曰擿
磓也音丁歷反磓丁回反聲中嚴鼓之節李奇曰莊嚴之鼓節也晉灼曰疾擊之鼓也師古曰李說是也後
宮及左右習知音者莫能爲而定陶王亦能之上
數稱其材丹進曰凡所謂材者敏而好學溫故知
新師古曰敏速疾也溫厚也溫故厚蓄故事皇太子是也若迺器人於絲竹
鼓鼙之間則是陳惠李微高於匡衡可相國也
如淳曰器人取人器能也陳惠李微是時好音者也服虔曰二人皆黃門鼓吹也於是上嘿然而咲師古
曰咲古笑字其後中山哀王薨太子前弔哀王者帝之少
弟與太子游學相長大師古曰同歲長養以至於壯大上望見太子感

念哀王悲不能自止太子旣至前不哀上大恨曰安有人不慈仁而可奉宗廟爲民父母者乎上以責謂丹（師古曰謂丹者告語也）丹免冠謝上曰臣誠見陛下哀痛中山王至以感損向者太子當進見臣竊戒屬毋涕泣感傷陛下（師古曰屬之欲反）罪迺在臣當死上以爲然意迺解丹之輔相皆此類也竟寧元年上寢疾傅昭儀及定陶王常在左右而皇后太子希得進見上疾稍侵意忽忽不平（師古曰稍侵言漸篤也平和也）數問尚書以景帝時立膠東王故事是時太子長舅陽平侯王鳳爲衛尉侍中與皇后太子皆憂不知所出（師古曰不知計所出）丹以親密臣得侍視疾候上間獨寢時丹直入臥內頓首伏青蒲上（服虔曰青緣蒲席也應劭曰以青規地曰青蒲自非皇后不得至此孟康曰以蒲青爲席用藪地也師古曰應說是也）涕泣言曰皇太子以適長立積十餘年（師古曰適讀曰嫡）名號繫於百姓天下莫不歸心臣子（師古曰自託爲臣子）見定陶王雅素愛幸今者道路流言爲國生意以爲太子有動搖之議審若此公卿以下必以死爭不奉詔臣願先賜死以示羣臣天子素仁不忍見丹涕泣言又切至上意大感喟然太息曰吾日困劣而太子兩王幼少意中戀戀亦何不念乎然無有此議且皇后謹慎先帝又愛太子吾豈

可違指駙馬都尉安所受此語（師古曰安焉也）丹即卻頓首曰愚臣妄聞罪當死（師古曰卻退也離青蒲上）上因納謂丹曰吾病寖加恐不能自還（師古曰寖漸也不自還者言當遂至崩亡也還讀曰旋）善輔道太子毋違我意（師古曰道讀曰導）丹噓唏而起（師古曰噓音虛唏許旣反）太子由是遂爲嗣矣元帝竟崩成帝初即位擢丹爲長樂衛尉遷右將軍賜爵關內侯食邑三百戶給事中後徙左將軍光祿大夫鴻嘉元年上遂下詔曰夫襃有德賞元功古今通義也左將軍丹往時導朕以忠正秉義醇壹舊德茂焉其封丹爲武陽侯國東海郯之武彊聚戶千一百（如淳曰聚字踰反聚邑居也）丹爲人足知愷弟愛人（師古曰愷樂也弟易也言有和樂簡易之德）貌若儻蕩不備（師古曰儻蕩疏誕無檢也）然心甚謹密故尤得信於上丹兄嗣父爵爲侯讓不受分丹盡得父財身又食大國邑重以舊恩數見襃賞（師古曰重直用反）賞賜累千金僮奴以百數後房妻妾數十人內奢淫好飲酒極滋味聲色之樂爲將軍前後十六年永始中病乞骸骨上賜策曰左將軍寢病不衰（師古曰言病不損也）願歸治疾朕愍以官職之事久留將軍使躬不瘳使光祿勳賜將軍黃金五十斤安車駟馬其上將軍印綬宜專精神務近醫藥以輔不衰丹歸第數月薨

論曰項侯有子男女二十人九男皆以丹任並為侍中諸曹親近在左右史氏凡四人侯至卿大夫二千石者十餘人皆訖王莽廼絕唯將陵侯曾無子絕於身云

傅喜字稚游河内溫人也哀帝祖母定陶傅太后從父弟少好學問有志行哀帝立為太子成帝選喜為太子庶子哀帝初即位以喜為衛尉遷右將軍是時王莽為大司馬乞骸骨避帝外家上既聽莽退衆庶歸望於喜喜從弟孔鄉侯晏親與喜等如淳曰俱傅太后從父弟也而女為皇后又帝舅陽安侯丁明皆親以外屬封喜執謙稱疾傅太后始與政事喜數諫之師古曰與讀曰豫由是傅太后不欲令喜輔政上於是用左將軍師丹代王莽為大司馬賜喜黃金百斤上將軍印綬以光祿大夫養病大司空何武尚書令唐林皆上書言喜行義修絜忠誠憂國内輔之臣也今以寑病一旦遣歸衆庶失望皆曰傅氏賢子以論議不合於定陶太后故退百寮莫不為國恨之忠臣社稷之衛魯以季友治亂師古曰謂季氏亡則魯曾不昌楚以子玉輕重師古曰謂楚殺子玉而晉侯喜可知魏以無忌折衝師古曰信陵君項以范增存亡故楚跨有南土帶甲百萬鄰國不以為難子玉為將則文公側席而坐及其死也君臣相慶師古曰已解在上也百萬之衆不如一賢故秦行千金以間廉頗師古曰趙孝成王七年秦與趙兵相距長平趙將廉頗固壁不戰秦廼使人反間於趙曰秦之所惡獨畏趙奢之子趙括為將耳趙王信之因以括為將代廉頗而括軍遂敗數十萬之衆降秦秦皆阬之漢散萬金以疏亞父師古曰事在陳平傳喜立於朝陛下之光煇傅氏之廢興也如淳曰傅喜賢則傅氏與其廢亦如之晉灼曰用喜於陛下有光明而傅氏之廢復得興也師古曰如說是也上亦自重之明年正月廼徙師丹為大司空而拜喜為大司馬封高武侯丁傅驕奢皆嫉喜之恭儉又傅太后欲求稱尊號與成帝母齊尊喜與丞相孔光大司空師丹共執正議傅太后大怒上不得已先免師丹以感動喜喜終不順後數月遂策免喜曰君輔政出入三年未有昭然匡朕不逮而本朝大臣遂其姦心師古曰遂成也申也咎由君焉其上大司馬印綬就第傅太后又自詔丞相御史大夫曰高武侯喜無功而封内懷不忠附下罔上與故大司空丹同心背畔放命圮族應劭曰放弃教令毀其族類虧損德化罪惡雖在赦前不宜奉朝請其遣就國後又欲奪喜侯上亦不聽喜在國三歲餘哀帝崩平帝即位王莽用事免傅氏官爵歸故郡晏將妻子徙合浦莽白太后下詔曰高武侯喜姿性端慤論議忠直師古曰慤謹也音口

角反 雖與故定陶太后有屬終不順指從邪介然守節以故斥逐就國傳不云乎歲寒然後知松柏之後凋也 師古曰論語載孔子之言以喻有節操之人也 其還喜長安以故高安侯莫府賜喜位特進奉朝請喜雖外見褒賞孤立憂懼後復遣就國以壽終莽賜謚曰貞侯子嗣莽敗乃絕 師古曰史不得其子名也

贊曰自宣元成哀外戚興者許史三王丁傅之家 師古曰三王謂邛成侯及商鳳三家也 皆重侯累將窮貴極富見其位矣未見其人也 師古曰言無善人也 陽平之王多有村能好事慕名其埶尤盛曠貴最久 師古曰陽平謂王鳳之家也言居非其位是為曠官故云曠貴 然

至於莽亦以覆國王商有剛毅節廢黜以憂死非其罪也史丹父子相繼高以重厚位至三公丹之輔道副主掩惡揚美傅會善意 師古曰道讀曰導傅讀曰附 雖宿儒達士無以加焉及其歷房闥入卧內推至誠犯顏色動寤萬乘轉移大謀卒成太子安毋后之位無言不讎終獲忠貞之報 師古曰大雅抑之詩曰無言不讎無德不報故贊引之以喻丹 傳喜守節不傾亦蒙後凋之賞哀平際會禍福速哉

王商史丹傅喜傳第五十二

薛宣朱博傳第五十三　班固　漢書八十三

秘書監上護軍琅邪縣開國子顔師古注

薛宣字贛君東海郯人也 師古曰贛音貢郯音談 少爲廷尉書佐都船獄史後以大司農斗食屬察廉補不其丞 師古曰斗食者禄少一歳不滿百石計日以斗爲數也不其縣名也其音基 琅邪太守趙貢行縣 師古曰行音下更反其下亦同 見宣甚說其能 師古曰說讀曰悅 從宣歷行屬縣 師古曰以宣自從也 還至府令妻子與相見戒曰贛君至丞相我兩子亦中丞相史察宣廉遷樂浪都尉丞 師古曰趙貢察舉宣故得遷也樂音洛浪音郎 幽州刺史舉茂材爲宛句令 師古曰樂浪屬幽州故爲刺史所舉也宛於元反句音劬 大將軍王鳳聞其能薦宣爲長安令治果有名

以明習文法詔補御史中丞是時成帝初即位宣爲中丞執法殿中外總部刺史上疏曰陛下至德仁厚哀閔元元躬有日仄之勞而亡佚豫之樂 師古曰周書亡逸之篇稱文王之德曰至于日中仄弗皇暇食宣引此言也仄古側字也佚與逸同 允執聖道刑罰惟中 師古曰允信也中竹仲反 然而嘉氣尚凝陰陽不和 師古曰凝謂不通也 是臣下未稱而聖化獨有不洽者也臣竊伏思其一端殆吏多苛政政教煩碎大率咎在部刺史或不循守條職 師古曰刺史所察本有六條今則踰越故事信意舉劾妄爲苛刻也六條解在百官公卿表 舉錯各以其意多與郡縣事 師古曰錯置也音千故反與讀曰豫豫干也 至開私門聽讒佞以求吏民過失譴呵及細微責義不量力

師古曰言求備於人 郡縣相迫促亦內相刻流至衆庶是故鄉黨闕於嘉賓之懽九族忘其親親之恩飲食周急之厚彌衰送往勞來之禮不行 師古曰勞郎到反來郎代反 夫人道不通則陰陽否鬲 師古曰否閉也音皮鄙反鬲與隔同 和氣不興未必不由此也詩云民之失德乾餱以愆 師古曰小雅伐木之詩也餱食也解在元紀餱音侯 鄙語曰苛政不親煩苦傷恩方刺史奏事時宜明申敕 師古曰申束也謂約束也 使昭然知本朝之要務臣愚不知治道唯明主察焉上嘉納之宣數言政事便宜舉奏部刺史郡國二千石所貶退稱進白黑分明 師古曰白黑猶言清濁也 繇是知名 師古曰繇讀與由同 出爲臨淮太守政教大

行會陳留郡有大賊廢亂 師古曰廢亂者政教不行也 上徙宣爲陳留太守盜賊禁止吏民敬其威信入守左馮翊滿歲稱職爲真始高陵令楊湛櫟陽令謝游皆貪猾不遜持郡短長前二千石數案不能竟 師古曰雖每案驗之不能窮竟其事 及宣視事詣府謁宣設酒飯與相對接待甚備已而陰求其罪臧具得所受取宣察湛有改節敬宣之效迺手自牒書條其姦臧 師古曰牒書謂書於簡牒也 封與湛曰吏民條言君如牒或議以爲疑於主守盜 孟康曰法有主守盜斷官錢自入 馮翊敬重令又念十金法重不忍相暴章 師古曰依當時律條臧直十金則至重罪 故密以手書相曉欲君自圖進

退可復伸眉於後 師古曰伸眉言無憂也且令自去職不發其後更爲官 即無其事復封還記得爲君分明之 師古曰記謂所與湛書也分明謂考問使知清白也宣恐其距諱即欲驗治之 湛自知罪臧皆應記 師古曰與宣書記相當 而宣辭語溫潤無傷害意湛即時解印綬付吏爲記謝宣終無怨言而櫟陽令游自以大儒有名輕宣宣獨移書顯責之曰告櫟陽令吏民言令治行煩苛適罰作使千人以上 師古曰適讀曰謫 賊取錢財數十萬給爲非法 師古曰言斂取錢財以供給興造非法之用 賣買聽任富吏賈數不可知 師古曰賈讀曰價 證驗以明白欲遣吏考案恐負舉者恥辱儒士 師古曰游本因薦舉得官而身又是儒者故云然 故使掾平鐫令 如淳曰平鐫激切使之自知過也晉灼曰王常爲光武鐫說其將帥此爲徐以微言鐫鑿遣之也師古曰平掾之名鐫謂琢鑿也鐫子全反

孔子曰陳力就列不能者止 師古曰論語載孔子之辭冉有季路之言也列位次也言自審己之力用而就官次不能則退 令詳思之方調守 師古曰言欲選人且代游守令職 游得檄亦解印綬去又頻陽縣北當上郡西河爲數郡湊多盜賊其令平陵薛恭本縣孝者功次稍遷未嘗治民職不辦而粟邑縣小辟在山中 師古曰辟讀曰僻 民謹樸易治令鉅鹿尹賞久郡用事吏爲樓煩長舉茂材遷在粟宣即以令奏賞與恭換縣 師古曰時令條有材不稱職得改之 二人視事數月而兩縣皆治宣因移書勞勉之曰昔孟公綽優於趙魏而不宜滕薛 師古曰孟公綽魯大夫也論語云孔子曰孟公綽爲趙魏老則優不可以爲滕薛大夫言賢才能各有所施也趙魏晉之卿族老謂家之長相也滕薛小國諸侯也 故或以德顯或以功舉君子之道焉可憮也 蘇林曰憮同也義也晉灼曰憮音誣師古曰論語載子夏之言謂行業不同所守各異唯聖人爲能體備之 屬縣各有賢君馮翊垂拱蒙成 師古曰自言端拱無爲而受縣之成功 願勉所職卒功業 師古曰卒終也 宣得郡中吏民罪名輒召告其縣長吏使自行罰曉曰府所以不自發舉者不欲代縣治奪賢令長名也長吏莫不喜懼免冠謝宣歸恩受戒者宣爲吏賞罰明用法平而必行所居皆有條教可紀多仁恕愛利 師古曰愛人而安利也 池陽令舉廉吏獄掾王立府未及召聞立受囚家錢宣責讓縣縣案驗獄掾乃其妻獨受繫者錢萬六千受之再宿獄掾實不知掾慙恐自殺宣聞之移書池陽曰縣所舉廉吏

獄掾王立家私受賕而立不知殺身以自明立誠廉士甚可閔惜其以府決曹掾書立之柩以顯其魂 師古曰以此職追贈 府掾史素與立相知者皆予送葬及日至休吏 師古曰冬夏至之日不省官事故休吏 賊曹掾張扶獨不肯休坐曹治事宣出教曰蓋禮貴和人道尚通日至吏以令休所繇來久 師古曰繇讀與由同由從也 曹雖有公職事家亦望私恩意掾宜從衆歸對妻子設酒肴請鄰里壹芺相樂 應劭曰以壺矢相樂也晉灼曰書芺字象形壺矢因曰壺矢此說非也師古曰晉說是也壹芺謂一爲歡芺耳芺古笑字也 斯亦可矣扶慙愧官屬善之宣爲人好威儀進止

雍容甚可觀也性密靜有思師古曰有智思也音先寺反思省吏職求其便安師古曰省視也下至財用筆研皆為設方略利用而省費師古曰利便也省減也便於用而減於費也省所領反吏民稱之郡中清靜遷為少府共張職辦師古曰共讀曰供居用反張竹亮反月餘御史大夫于永卒谷永上疏曰帝王之德莫大於知人知人則百僚任職天工不曠師古曰工官也曠空也故臯陶曰知人則哲能官人師古曰虞書臯陶謨之辭也哲智也無所不知故能官人也御史大夫內承本朝之風化外佐丞相統理天下任重職大非庸材所能堪今當選於群卿以充其缺得其人則萬姓欣喜百僚說服師古曰說讀曰悅不得其人則大職墮斁王功不興師古曰墮毀也斁壞也墮火規反斁丁固反虞帝之明在茲壹舉可不致詳竊見少府宣材茂行絜達於從政前為御史中丞執憲轂下師古曰言在天子輦轂之下不吐剛茹柔師古曰大雅烝人之詩云惟仲山甫柔亦不茹剛亦不吐言其平正也茹食也音人庶反舉錯時當師古曰言其合時而當理也當丁浪反出守臨淮陳留二郡稱治為左馮翊崇教養善威德並行眾職脩理姦軌絕息辭訟者歷年不至丞相府赦後餘盜賊什分三輔之一文穎曰減三輔之賊什九也功效卓爾自左內史初置以來未嘗有也師古曰馮翊本左內史之地故云然孔子曰如有所譽其有所試師古曰論語載孔子之言也所以言譽人者必當試之以事宣考績功課簡在兩府師古曰簡大也一曰明也兩府丞相御史府也不敢過稱以奸欺誣

之辠師古曰過稱謂踰其實而妄稱譽之也奸犯也音干臣聞賢材莫大於治人宣已有效其法律任廷尉有餘經術文雅足以謀王體斷國論身兼數器有退食自公之節師古曰自從也召南羔羊之詩美在位皆節儉正直其詩曰退食自公委蛇委蛇言卿大夫履行清絜減退膳食從公道也宣無私黨游說之助臣恐陛下忽於羔羊之詩舍公實之臣任華虛之譽是用越職陳宣行能唯陛下留神考察上然之遂以宣為御史大夫數月代張禹為丞相封高陽侯食邑千戶宣除趙貢兩子為史貢者趙廣漢之兄子也為吏亦有能名宣為相府辭訟例不滿萬錢不為移書後皆遵用薛侯故事然官屬譏其煩碎無大體不稱賢也時天子好儒雅宣經術又淺上亦輕焉久之廣漢郡盜賊群起丞相御史遣掾史逐捕不能克上迺拜河東都尉趙護為廣漢太守以軍法從事數月斬其渠帥鄭躬師古曰渠大也降者數千人迺平會邛成太后崩喪事倉卒吏賦斂以趨辦師古曰邛成太后宣帝王皇后也趨讀曰趣言苟取辦其後上聞之以過丞相御史遂冊免宣曰君為丞相出入六年忠孝之行率先百僚朕無聞焉師古曰不聞其有此行也朕既不明變異數見歲比不登倉廩空虛師古曰比頻也登成也年穀不成百姓飢饉流離道路疾疫死者以萬數人至相食盜賊

並與群職曠廢是朕之不德而股肱不良也迺
者廣漢羣盜橫恣殘賊吏民朕惻然傷之數以
問君君對輒不如其實西州鬲絕幾不為郡 師古曰鬲與隔
同幾鉅依反 三輔賦斂無度酷吏並緣為姦 師古曰並步浪反 侵擾
百姓詔君案驗復無欲得事實之意九卿以下咸
承風指同時陷于謾欺之辜咎繇君焉 師古曰謾誑也音慢又音莫干
反繇讀與由同 有司法君領職解嫚 師古曰法謂據法以劾也解讀曰懈嫚與慢同 開
謾欺之路傷薄風化無以帥示四方不忍致君于
理其上丞相高陽侯印綬罷歸初宣為丞相而翟
方進為司直宣知方進名儒有宰相器深結厚焉

後方進竟代為丞相思宣舊恩宣免後二歲薦宣
明習文法練國制度 師古曰練猶熟也言其詳熟 前所坐過薄可
復進用上徵宣復爵高陽侯加寵特進位次師安
昌侯給事中視尚書事宣復尊重任政數年後坐
善定陵侯淳于長罷就第初宣有兩弟明脩明至
南陽太守脩歷郡守京兆尹少府善交接得州里
之稱後母常從脩居官宣為丞相時脩為臨菑令
宣迎後母脩不遣後母病死脩去官持服宣謂脩
三年服少能行之者兄弟相駮不可 師古曰駮者執意不同猶如色之間雜
脩遂竟服繇是兄弟不和 師古曰繇讀與由同 久之哀帝初即

位博士申咸給事中亦東海人也毀宣不供養行
喪服薄於骨肉前以不忠孝免不宜復列封侯在
朝省宣子況為右曹侍郎數聞其語賕客楊明欲
令創咸面目使不居位 師古曰創謂傷之也音初良反其下並同 會司隸缺
況恐咸為之遂令明遮斫咸宮門外斷鼻脣身八
創事下有司御史中丞眾等奏況朝臣父故宰相
再封列侯不相敕丞化而骨肉相疑疑咸受脩言
以謗毀宣咸所言皆宣行迹眾人所共見公家所
宜聞況知咸給事中恐為司隸舉奏宣而公令明
等迫切宮闕要遮創戮近臣於大道人眾中欲以

鬲塞聰明杜絕論議之端 師古曰鬲與隔同杜塞也 桀黠無所畏
忌萬眾讙譁流聞四方不與凡民忿怒爭鬭者同
臣聞敬近臣為近主也禮下公門式路馬 師古曰過公門則下
車見路馬則撫式蓋崇敬也式車前橫木 君畜產且猶敬之春秋之義意惡
功遂不免於誅 師古曰遂成也言舉意不善雖有成功猶加誅 上浸之源不可長
也 師古曰浸近也言傷戮大臣有所逼近也浸字或作侵侵犯也其義兩通長竹兩反 況首為惡明手傷
功意俱惡 孟康曰手傷人為功使人行傷人者為意 皆大不敬明當以重論
及況皆弃市廷尉直以為律曰鬬以刃傷人完為
城旦其賊加罪一等與謀者同罪詔書無以詆欺
成罪 師古曰詆毀也音丁禮反 傳曰遇人不以義而見疻者與痏

人之罪鈞惡不直也應劭曰以杖手毆擊人剥其皮膚腫起青黑而無創瘢者律謂疻痏遇人不以
義爲不直雖見毆與毆人罪同也師古曰疻音侈痏音鮪咸厚善脩而數稱宣惡流聞
不誼不可謂直師古曰言咸爲脩而毀宣是不誼而不直況以故傷咸計謀已
定後聞置司隷因前謀而趣明師古曰趣讀曰促非以恐咸
爲司隷故造謀也本爭私變雖於掖門外傷咸道
中與凡民爭鬬無異殺人者死傷人者刑古今之
通道三代所不易也孔子曰必也正名名不正則至
於刑罰不中刑罰不中而民無所錯手足師古曰論語載孔子之言
也錯置也音千故反今以況爲首惡明手傷爲大不敬公私無
差春秋之義原心定罪師古曰原謂尋其本也原況以父見謗

發忿怒無它大惡加詆欺輯小過成大辟師古曰輯與集同集合也
陷死刑違明詔恐非法意不可施行聖王不以怒
增刑明當以賊傷人不直師古曰以其受賕也況與謀者皆爵
減完爲城旦師古曰以其身有爵級故得減罪而爲完也況身及同謀之人皆從此科上以問公
卿議臣丞相孔光大司空師丹以中丞議是自將
軍以下至博士議郎皆是廷尉況竟減罪一等徙
敦煌宣坐免爲庶人歸故郡卒於家宣子惠亦至
二千石始惠爲彭城令宣從臨淮遷至陳留過其
縣橋梁郵亭不脩師古曰郵行書之舍亦如今之驛及行道館舍也音尤宣心知惠
不能留彭城數日案行舍中處置什器師古曰處安也什器爲什物之具

也解在平紀觀視園菜終不問惠以吏事惠自知治縣不
稱宣意遣門下掾送宣至陳留令掾進見自從其
所問宣不教戒惠吏職之意師古曰若自出其意不云惠使之言宣笑曰
吏道以法令爲師可問而知及能與不能自有資
材何可學也衆人傳稱以宣言爲然初宣後封爲
侯時妻死而敬武長公主寡居上令宣尚焉及宣
免歸故郡公主留京師後宣卒主上書願還宣葬
延陵奏可況私從敦煌歸長安會赦因留與主私
亂哀帝外家丁傅貴主附事之而疏王氏元始中
莽自尊爲安漢公主又出言非莽而況與呂寬相

善及寬事覺時莽幷治況發揚其罪使使者以
太皇太后詔賜主藥主怒曰劉氏孤弱王氏擅朝
排擠宗室師古曰擠墜也音子詣反且嫂何與取妹披抉其閨門
而殺之師古曰敬武公主宣帝女也故謂元后爲嫂披發也抉挑也與讀曰豫豫干也言此事不干於嫂也抉一穴反挑它彫反
使者迫守主師古曰守而逼之遂飲藥死況梟首於市白大
后云主暴病薨大后欲臨其喪莽固爭乃止
朱博字子元杜陵人也家貧少時給事縣爲亭長
好客少年捕搏敢行師古曰好賓客及少年而追捕擊搏無所避也稍遷爲功
曹伉俠好交師古曰伉健也音口浪反隨從士大夫不避風雨是
時前將軍望之子蕭育御史大夫萬年子陳咸以

公卿子著材知名博皆友之矣時諸陵縣屬大常博以大常掾察廉補安陵丞後去官入京兆歷曹史列掾出爲督郵書掾所部職辦郡中稱之而陳咸爲御史中丞坐漏泄省中語下獄博去吏間步至廷尉下（師古曰去吏自解職也間步謂步行而伺間隙以去）候司咸事咸掠治困篤博詐得爲醫入獄得見咸具知其所坐罪博出獄又變姓名爲咸驗治數百（師古曰謂被掠笞也）卒免咸死罪咸得論出而博以此顯名爲郡功曹久之成帝即位大將軍王鳳秉政奏請陳咸爲長史咸薦蕭育朱博除莫府屬鳳甚奇之舉博櫟陽令徙雲

陽平陵三縣以高第入爲長安令京師治理遷冀州刺史博本武吏不更文法（師古曰更歷也音工衡反）及爲刺史行部（師古曰行下更反）吏民數百人遮道自言官寺盡滿從事白請且留此縣錄見諸自言者事畢乃發欲以觀試博博心知之告外趣駕（師古曰趣讀曰促）既白駕辦博出就車見自言者使從事明敕告吏民欲言縣丞尉者刺史不察黃綬各自詣郡（師古曰丞尉職卑皆黃綬）欲言二千石墨綬長吏者行部還詣治所（師古曰治所刺史所止理事處）其民爲吏所冤及言盜賊辭訟事各使屬其部從事（師古曰屬委也音之欲反）博駐車決遣四五百人比日罷去如神吏

民大驚不意博應事變乃至於此後博徐問果老從事教民聚會博殺此吏州郡畏博威嚴徙爲并州刺史護漕都尉遷琅邪太守齊部舒緩養名（師古曰言齊人之俗其性遲緩多自高大以養名聲）博新視事右曹掾史皆移病臥（師古曰右曹上曹也移病謂移書言病也一曰以病而移居也）博問其故對言惶恐（師古曰言懼新太守之威）故事二千石新到輒遣吏存問致意乃敢起就職博奮髯抵几曰（師古曰髯頰毛也抵擊也音紙）觀齊兒欲以此爲俗邪乃召見諸曹史書佐及縣大吏選視其可用者出教置之（師古曰皆新補置以代移病者）皆斥罷諸病吏白巾走出府門郡中大驚頃之門下掾贛遂耆老大儒教授數百

人拜起舒遲博出教主簿（師古曰以此教告主簿）贛老生不習吏禮主簿且教拜起閑習乃止又敕功曹官屬多褒衣大袑（孟康曰袑音紹謂大袴也）不中節度自今掾史衣皆令去地三寸博尤不愛諸生所至郡輒罷去議曹曰豈可復置謀曹邪文學儒吏時有奏記稱說云云博見謂曰如太守漢吏奉三尺律令以從事耳亡奈生所言聖人道何也（師古曰言不能用）且持此道歸堯舜君出爲陳說之其折逆人如此視事數年大改其俗掾史禮節如楚趙吏博治郡常令屬縣各用其豪桀以爲大吏文武從宜（師古曰各因其材而任之）縣有劇賊及它非

常博輒移書以詭責之其盡力有效必加厚賞懷
詐不稱誅罰輒行師古曰稱副也以是豪強慹服師古曰慹之涉反姑
幕縣有群輩八人報仇廷中皆不得師古曰於縣廷之中報仇殺人而其賊亡
捕不得也長吏自繫書言府賊曹掾史自白請至姑幕
事留不出功曹諸掾即皆自白復不出於是府丞
詣閤博迺見丞掾曰以爲縣自有長吏府未嘗與
也丞掾謂府當與之邪師古曰與讀曰豫閤下書佐入博口
占檄文曰師古曰隱度其言口授之占之贍反府告姑幕令丞言賊發不
得有書師古曰言已得縣之文書如此檄到令丞就職游徼王卿力有
餘如律令師古曰游徼職主捕盜賊故云如律令王卿得敕惶怖親屬失

色晝夜馳騖十餘日間捕得五人博復移書曰王
卿憂公甚效檄到齎伐閱詣府師古曰伐功勞也閱所經歷也部掾以
下亦可用漸盡其餘矣師古曰部掾所部之掾也其操持下皆此
類也以高弟入守左馮翊滿歲爲眞其治左馮翊
文理聰明殊不及薛宣而多武譎網絡張設少愛
利敢誅殺師古曰言少仁愛而不能便利於人然亦縱舍時有大貸師古曰縱
放也舍置也貸謂寬假於下也音吐戴反下吏以此爲盡力長陵大姓尚方
禁師古曰姓尚方名禁少時嘗盜人妻見斫創著其頰府功
曹受賂白除禁調守尉博聞知以它事召見視其
面果有瘢師古曰瘢創痕也音盤痕胡恩反博辟左右問禁師古曰辟讀曰闢是

何等創也禁自知情得師古曰言其得被斫之情狀叩頭服狀博咲
曰丈夫固時有是師古曰言情欲之事人所不免馮翊欲洒卿恥拔拭
用禁師古曰拔拭摩也洒先礼反拔文粉反能自效不禁且喜且懼對曰必
死師古曰言盡死力也博因敕禁毋得泄語有便宜輒記言師古
曰不令泄拔拭之言而外有便宜之事爲書記以言於博因親信之以爲耳目禁晨夜
發起部中盜賊及它伏姦有功效博擢禁連守縣
令久之召見功曹閉閤數責以禁等事與筆札使
自記積受取一錢以上無得有所匿師古曰積累前後受取之事欺
謾半言斷頭矣師古曰謾誑也音慢又莫連反功曹惶怖具自疏姦臧
大小不敢隱博知其對以實迺令就席受敕自改

而已投刀使削所記遣出就職功曹後常戰栗不
敢蹉跌師古曰蹉千何反跌徒結反博遂成就之師古曰言進達也遷爲大司
農歲餘坐小法左遷犍爲太守先是南蠻若兒數
爲寇盜師古曰若兒其豪長之名博厚結其昆弟使爲反間襲殺
之師古曰間居莧反郡中清徙爲山陽太守病免官復徵爲
光祿大夫遷廷尉職典決疑當讞平天下獄博恐
爲官屬所誣視事召見正監典法掾史謂曰廷尉
本起於武吏不通法律幸有衆賢亦何憂然廷尉
治郡斷獄以來且二十年亦獨耳剽日久師古曰剽劫也猶言行聽
也剽頻妙反三尺律令人事出其中師古曰言可以人情知之掾史試與正

監共撰前世決事吏議難知者數十事持以問廷尉得爲諸君覆意之（如淳曰但欲用意覆之不近法律事故也師古曰覆芳目反）正監以爲博苟強意未必能然即共條白焉博皆召掾史並坐而問爲平處其輕重十中八九（師古曰中竹仲反）官屬咸服博之疏略材過人也每遷徙易官所到輙出奇譎如此以明示下爲不可欺者久之遷後將軍與紅陽侯立相善立有罪就國有司奏立黨友博坐免後歲餘哀帝即位以博名臣召見起家復爲光祿大夫遷爲京兆尹數月超爲大司空初漢興襲秦官置丞相御史大夫太尉至武帝罷太尉

始置大司馬以冠將軍之號非有印綬官屬也及成帝時何武爲九卿建言古者民樸事約（師古曰立此議而奏之也約少也）國之輔佐必得賢聖然猶則天三光備三公官各有分職（師古曰則法也三光日月星也分扶問反）今末俗之弊政事煩多宰相之材不能及古而丞相獨兼三公之事所以久廢而不治也宜建三公官定卿大夫之任分職授政以考功效其後上以問師安昌侯張禹禹以爲然時曲陽侯王根爲大司馬票騎將軍而何武爲御史大夫於是上賜曲陽侯根大司馬印綬置官屬罷票騎將軍官以御史大夫何武爲大司空

封列侯皆增奉如丞相（師古曰奉扶用反）以備三公官焉議者多以爲古今異制漢自天子之號下至佐史皆不同於古而獨改三公職事難分明無益於治亂是時御史府吏舍百餘區井水皆竭又其府中列柏樹常有野烏數千棲宿其上晨去暮來號曰朝夕烏烏去不來者數月長老異之（師古曰史言此者著御史大夫之職當休廢也）後二歲餘朱博爲大司空奏言帝王之道不必相襲各繇時務（師古曰繇讀與由同）高皇帝以聖德受命建立鴻業置御史大夫位次丞相典正法度以職相參總領百官上下相監臨歷載二百年天下安寧今

更爲大司空與丞相同位未獲嘉祐故事選郡國守相高第爲中二千石選中二千石爲御史大夫任職者爲丞相位次有序所以尊聖德重國相也今中二千石未更御史大夫而爲丞相（師古曰更經也音工衡反）權輕非所以重國政也臣愚以爲大司空官可罷復置御史大夫遵奉舊制臣願盡力以御史大夫爲百僚率哀帝從之廼更拜博爲御史大夫會大司馬喜免以陽安侯丁明爲大司馬衛將軍置官屬大司馬冠號如故事後四歲哀帝遂改丞相爲大司徒復置大司空大司馬焉初何武爲大

司空又與丞相方進共奏言古選諸侯賢者以為州伯書曰咨十有二牧師古曰虞書舜典之辭也所以廣聰明燭幽隱也今部刺史居牧伯之位秉一州之統選第大吏所薦位高至九卿所惡立退任重職大春秋之義用貴治賤不以卑臨尊刺史位下大夫而臨二千石輕重不相準失位次之序臣請罷刺史更置州牧以應古制奏可及博奏復御史大夫官又奏言漢家至德溥大宇內萬里師古曰溥與普同立置郡縣部刺史奉使典州督察郡國吏民安寧故事居部九歲舉為守相其有異材功效著者輒登擢秩卑

而賞厚咸勸功樂進師古曰勸功自勸勉而立功也前丞相方進奏罷刺史更置州牧秩真二千石位次九卿九卿缺以高弟補其中材則苟自守而已恐功效陵夷師古曰陵夷頹替姦軌不禁臣請罷州牧置刺史如故奏可

博為人廉儉不好酒色游宴自微賤至富貴食不重味案上不過三柸夜寢早起妻希見其面有一女無男然好樂士大夫為郡守九卿賓客滿門欲仕宦者薦舉之欲報仇怨者解劍以帶之其趨事待士如是博以此自立然終用敗初哀帝祖母定陶太后欲求稱尊號太后從弟高武侯傅喜為大司馬與丞相孔光大司空師丹共持正議孔鄉侯傅晏亦太后從弟諂諛欲順指會博新徵用為京兆尹與交結謀成尊號以廣孝道繇是師丹先免師古曰繇讀與由同博代為大司空數燕見奏封事言丞相光志在自守不能憂國大司馬喜至尊至親阿黨大臣無益政治上遂罷喜遣就國免光為庶人以博代光為丞相封陽鄉侯食邑二千戶博上書讓曰故事封丞相不滿千戶而獨臣過制誠慙懼願還千戶許焉傅太后怨傅喜不已使孔鄉侯晏風丞相令奏免喜侯師古曰風讀曰諷博受詔與御史大夫趙玄

議玄言事已前決得無不宜師古曰得無猶言無乃也博曰已許孔鄉侯有指匹夫相要尚相得死何況至尊博唯有死耳玄即許可博惡獨斥奏喜以故大司空汜鄉侯何武前亦坐過免就國師古曰汜音凡事與喜相似即并奏喜武前在位皆無益於治雖已退免爵土之封非所當也請皆免為庶人上知傅太后素常怨喜疑博玄承指即召玄詣尚書問狀玄辭服有詔左將軍彭宣與中朝者雜問宣等劾奏博宰相玄上卿晏以外親封位特進股肱大臣上所信任不思竭誠奉公務廣恩化為百寮先皆知喜武

前已蒙恩詔決事更三赦師古曰詔已罷官事又經三赦更工衡反博執左道虧損上恩以結信貴戚背君鄉臣師古曰鄉讀曰嚮傾亂政治姦人之雄附下罔上爲臣不忠不道玄知博所言非法枉義附從大不敬晏與博議免喜失禮不敬臣請詔謁者召博玄晏詣廷尉詔獄制曰將軍中二千石二千石諸大夫博士議郎議右將軍蟜望等四十四人師古曰蟜音矯以爲如宣等言可許諫大夫龔勝等十四人以爲春秋之義姦以事君常刑不舍師古曰舍置也魯大夫叔孫僑如欲顓公室譖其族兄季孫行父於晉晉執囚行父以亂魯國春秋重而書之師古曰僑如叔孫宣伯也行父季文子也宣伯通於成公之母穆姜欲去季孟而取其室使告晉曰魯之有季孟猶晉之有欒范也政令於是乎成今其謀曰晉政多門不可從也若欲得志於魯請止行父而殺之不然歸必畔矣晉人執文子于苕丘事在成十六年今晏放命圮族干亂朝政要大臣以罔上本造計謀職爲亂階師古曰此引詩小雅巧言之章也職主也階者基之漸也宜與博玄同罪罪皆不道上減玄死罪三等削晏戶四分之一假謁者節召丞相詣廷尉詔獄博自殺國除初博以御史爲丞相封陽鄉侯玄以少府爲御史大夫並拜於前殿延登受策有音如鍾聲語在五行志

贊曰薛宣朱博皆起佐史歷位以登宰相宣所在而治爲世吏師及居大位以苛察失名師古曰苛細也器誠有極也博馳騁進取不師道德已亡可言師古曰言其事行不足可道也又見孝成之世委任大臣假借用權鄧展曰假音休假借借人以物世主已更好惡異前師古曰更改也復附丁傅稱順孔鄉師古曰稱副也副其所求而順其意也稱尺孕反事發見詰遂陷誣罔辭窮情得仰藥飲鴆師古曰仰藥謂仰頭而飲藥也孔子曰久矣哉由之行詐也博亦然哉師古曰論語云子疾病子路欲使門人爲臣子曰久矣哉由之行詐也無臣而爲有臣吾誰欺欺天乎故贊引之

薛宣朱博傳第五十三

翟方進傳第五十四　　漢書八十四

班固

秘書監上護軍琅邪縣開國子顏師古注

翟方進字子威汝南上蔡人也家世微賤至方進父翟公好學為郡文學方進年十二三失父孤學給事大守府為小史號遲頓不及事(師古曰頓讀曰鈍)數為掾史所詈辱方進自傷迺從汝南蔡父相問己能所宜(師古曰言從何術藝可以自達)蔡父大奇其形貌謂曰小史有封侯骨當以經術進努力為諸生學問方進既厭為小史聞蔡父言心喜因病歸家辭其後母欲西至京師受經母憐其幼隨之長安織屨以給方進讀經博士受春秋積十餘年經學明習徒衆日廣諸儒稱之以射策甲科為郎二三歲舉明經遷議郎是時宿儒有清河胡常(師古曰宿久舊也)與方進同經常為先進名譽出方進下(師古曰常官學雖在前而名譽不及方進)心害其能論議不右方進(師古曰毀短也)方進知之候伺常大都授時(師古曰都授謂總集諸生大講授也)遣門下諸生至常所問大義疑難因記其說如是者久之常知方進之宗讓己(師古曰宗尊也)內不自得其後居士大夫之間未嘗不稱述方進遂相親友河平中方進轉為博士數年遷朔方刺史居官不煩苛所察應條輒舉甚有威名再三奏事

(師古曰刺史歲盡輒奏事京師也)遷為丞相司直從上甘泉行馳道中司隸校尉陳慶劾奏方進沒入車馬既至甘泉宮會殿中慶與廷尉范延壽語時慶有章劾自道行事以贖論(師古曰當發奏時時行事有闕失罪合贖)今尚書持我事來當於此決前我為尚書時嘗有所奏事忽忘之留月餘(師古曰言此者與尚書忘己之事不奏)方進於是舉劾慶曰案慶奉使刺舉大臣故為尚書知機事周密壹統明主躬親不解(師古曰解讀曰懈)慶有罪未伏誅無恐懼心豫自設不坐之比(師古曰比例也音必寐反)又暴揚尚書事言遲疾無所在虧損聖德之聰明奉詔不謹皆不敬(師古曰既自云不坐又言遲疾無所在此之二條於法皆為不敬)臣謹以劾慶坐免官會北地浩商為義渠長所捕亡(師古曰義渠北地之縣也商被縣長捕而逃亡)長取其母與豭豬連繫都亭下(師古曰以豭豬辱之豭牡豕也音家)商兄弟會賓客自稱司隸掾長安縣尉殺義渠長妻子六人亡丞相御史請遣掾史與司隸校尉部刺史并力逐捕察無狀者(師古曰無狀謂商及義渠長本狀之違曲也)奏可司隸校尉涓勳奏言春秋之義王人微者序乎諸侯之上尊王命也臣幸得奉使以督察公卿以下為職(師古曰督視也)今丞相宣請遣掾史以宰士督察天子奉使命大夫(師古曰謂丞相掾史為宰士者言其宰相之屬官而位為士也奉使命大夫謂司隸也)甚誖逆順之理(師古曰誖乖也音布內反)宣本不師受經術因事以立姦威

案浩商所犯家之禍耳而宣欲專權作威乃害于國不可之大者師古曰周書洪範云臣之有作福作威乃凶于乃國害于厥躬故引之願下中朝特進列侯將軍以下正國法度議者以爲丞相掾不宜移書督趣司隸師古曰趣讀曰促會浩商捕得伏誅家屬徙合浦故事司隸校尉位在司直下初除謁兩府師古曰丞相及御史也其有所會居中二千石前與司直並迎丞相御史初方進新視事而涓勳亦初拜爲司隸不肯謁丞相御史大夫後朝會相見禮節又倨師古曰倨傲也方進陰察之勳私過光祿勳辛慶忌又出逢帝舅成都侯商道路下車立須過迺就車師古曰須待也於是

方進舉奏其狀因曰臣聞國家之興尊尊而敬長爵位上下之禮王道綱紀師古曰言王道綱紀以尊卑上下之禮爲大春秋之義尊上公謂之宰海內無不統焉丞相進見聖主御坐爲起在輿爲下師古曰漢舊儀云皇帝見丞相起謁者贊稱曰皇帝爲丞相起起立乃坐皇帝在道丞相迎謁謁者贊稱曰皇帝爲丞相下輿立乃升車羣臣宜皆承順聖化以視四方師古曰視讀曰示勳吏二千石幸得奉使不遵禮儀輕謾宰相賤易上卿師古曰謾讀與慢同易弋豉反而又詘節失度邪諂無常師古曰諂古諂字也私過辛慶忌見王商而下車是邪諂色厲內荏應劭曰荏屈撓也師古曰論語稱孔子曰色厲而內荏譬諸小人其猶穿窬之盜也與言外色莊厲而內懷荏弱故方進引以爲言墮國體師古曰墮毀也音火規反亂朝廷之序不宜處位臣請下丞相免勳時大

中大夫平當給事中奏言方進國之司直不自敕正以先羣下前親犯令行馳道中司隸慶平心舉劾方進不自責悔而內挾私恨伺記慶之從容語言師古曰從七容反以詆欺成罪師古曰詆毀也音丁禮反後丞相宣以一不道賊如淳曰律殺不辜一家三人爲不道請遣掾督趣司隸校尉勳自奏暴於朝廷今方進復舉奏勳議者以爲方進不以道德輔正丞相苟阿助大臣欲必勝立威師古曰必勝必取勝宜抑絕其原勳素行公直姦人所惡可少寬假使遂其功名上以方進所舉應科不得用逆詐廢正法師古曰逆詐者謂以詐意逆猜人也逆迎也論語曰子不逆詐遂貶勳爲昌陵

令方進旬歲閒免兩司隸師古曰旬徧也滿也旬歲猶言滿歲也若十日之一周朝廷由是憚之丞相宣甚器重焉常誡掾史謹事司直翟君必在相位不久是時起昌陵營作陵邑貴戚近臣子弟賓客多辜榷爲姦利者師古曰榷專也辜榷者言已自專之它人取者輒有辜罪方進部掾史覆案發大姦臧數千萬上以爲任公卿師古曰任堪也欲試以治民徙方進爲京兆尹搏擊豪彊京師畏之時胡常爲青州刺史聞之與方進書曰竊聞政令甚明爲京兆能則恐有所不宜師古曰言當犯迕貴戚而見毀方進心知所謂其後少弛威嚴師古曰弛解也居官三歲永始二年遷御史大夫數月會丞相薛宣坐廣

漢盜賊羣起及太皇太后喪時三輔吏並徵發爲
姦師古曰並步浪反 免爲庶人方進亦坐爲京兆尹時奉喪
事煩擾百姓左遷執金吾二十餘日丞相官缺羣
臣多舉方進上亦器其能遂擢方進爲丞相封高
陵侯食邑千戶身既富貴而後母尚在方進內行
脩飭供養甚篤師古曰飭謹也篤厚也 及後母終既葬三十六
日除服起視事以爲身備漢相不敢踰國家之制
師古曰漢制自文帝遺詔之後國家遵以爲常大功十五日小功十四日緦麻七日方進自以大臣故云不敢踰制 爲相公絜
請託不行郡國師古曰言不以私事託於四方郡國 持法刻深舉奏牧守
九卿峻文深詆師古曰詆毀也音丁禮反 中傷者尤多如陳咸朱博

蕭育逢信孫閎之屬皆京師世家以材能少歷牧
守列卿知名當世而方進特立後起十餘年間至
宰相據法以彈咸等皆罷退之初咸最先進自元
帝初爲御史中丞顯名朝廷矣成帝初即位擢爲
部刺史歷楚國北海東郡太守陽朔中京兆尹王
章譏切大臣而薦瑯邪太守馮野王可代大將軍
王鳳輔政東郡太守陳咸可御史大夫是時方進
甫從博士爲刺史云師古曰甫始也 後方進爲京兆尹咸從
南陽太守入爲少府與方進厚善先是逢信已從
高弟郡守歷京兆太僕爲衛尉矣官簿皆在方進

之右師古曰簿謂伐閱也簿音主簿之簿 及御史大夫缺三人皆名卿俱
在選中而方進得之會丞相宣有事與方進相連
上使五二千石雜問丞相御史晉灼曰大臣獄重故以秩二千石五人詰責之 咸
詰責方進冀得其處方進心恨初大將軍鳳奏除
陳湯爲中郎與從事師古曰每有政事皆與謀之而行 鳳薨後從弟車騎
將軍音代鳳輔政亦厚湯逢信陳咸皆與湯善
湯數稱之於鳳音所久之音薨鳳弟成都侯商復
爲大司馬衛將軍輔政商素憎陳湯白其罪過下
有司案驗遂免湯徙敦煌時方進新爲丞相陳咸
內懼不安迺令小冠杜子夏往觀其意微自解說

師古曰解說猶今言分疏 子夏既過方進揣知其指不敢發言師古
曰揣謂探求之音初委反 居亡何師古曰無何猶言無幾謂少時 方進奏咸與逢信邪
枉貪汙營私多欲皆知陳湯姦佞傾覆利口不軌
而親交賂遺以求薦舉後爲少府數饋遺湯信咸
幸得備九卿不思盡忠正身內自知行辟亡功效
師古曰辟讀曰僻 而官媚邪臣欲以徼幸苟得亡恥孔子曰
鄙夫可與事君也與哉師古曰論語載孔子之言也謂鄙夫不可與事君也與讀曰歟 咸
信之謂也過惡暴見不宜處位臣請免以示天下
奏可後二歲餘詔舉方正直言之士紅陽侯立舉
咸對策拜爲光祿大夫給事中方進復奏咸前爲

九卿坐爲貪邪免自知罪惡暴陳依託紅陽侯立徼幸有司莫敢擧奏冒濁苟容師古曰冒貪蔽也不顧恥辱不當蒙方正擧備內朝臣并劾紅陽侯立選擧故不以實有詔免咸勿劾立後數年皇太后姊子侍中衞尉定陵侯淳于長有罪上以太后故免官勿治罪有司奏請遣長就國長以金錢與立立上封事爲長求留曰陛下既託文以皇太后故蘇林曰託於詔文誠不可更有它計師古曰言不宜遣長就國後長陰事發下獄方進劾立懷姦邪亂朝政欲傾誤要主上狡猾不道請下獄上曰紅陽侯朕之舅不忍致法遣就國於

是方進復奏立黨友曰立素行積爲不善衆人所共知邪臣自結附託爲黨庶幾立與政事欲獲其利師古曰與讀曰豫今立斥逐就國所交結尤著者不宜備大臣爲郡守案後將軍朱博鉅鹿太守孫閎故光祿大夫陳咸與立交通厚善相與爲腹心有背公死黨之信師古曰死黨盡死力於朋黨也欲相攀援死而後已師古曰援引也已止也援音爰皆內有不仁之性而外有雋材過絕人倫勇猛果敢處事不疑所居皆尚殘賊酷虐苛刻慘毒以立威而亡纖介愛利之風師古曰愛利謂仁愛而欲安利人也天下所共知愚者猶惑孔子曰人而不仁如禮何人而

不仁如樂何師古曰論語載孔子之言也言用不仁之人則禮樂廢壞言不仁之人亡所施用不仁而多材國之患也此三人皆內懷姦猾國之所患而深相與結信於貴戚姦臣此國家大憂大臣所宜沒身而爭也師古曰沒盡也昔季孫行父有言曰見有善於君者愛之若孝子之養父母也見不善者誅之若鷹鸇之逐鳥爵也師古曰事見左氏傳行父魯卿季文子也鸇似鷂而小今謂之土鸇音之然反翅翼雖傷不避也貴戚彊黨之衆誠難犯犯之衆敵並怨善惡相冒師古曰冒覆蔽也臣幸得備宰相不敢不盡死請免博閎咸歸故郡以銷姦雄之黨絕羣邪之望奏可咸知廢錮復徙故郡以憂死方進知

能有餘兼通文法吏事以儒雅緣飾法律號爲通明相天子甚器重之奏事亡不當意內求人主微指以固其位初定陵侯淳于長雖外戚然以能謀議爲九卿新用事方進獨與長交稱薦之及長坐大逆誅諸所厚善皆坐長免上以方進大臣又素重之爲隱諱方進內慙上疏謝罪乞骸骨上報曰定陵侯長已伏其辜君雖交通傳不云乎朝過夕改君子與之師古曰與許也君何疑焉其專心壹意毋怠醫藥以自持方進迺起視事條奏長所厚善京兆尹孫寶右扶風蕭育刺史二千石以上免二十餘人

其見任如此方進雖受穀梁然好左氏傳天文星歷其左氏則國師劉歆星歷則長安令田終術師也 如淳曰劉歆及田終術二人皆受學於方進 厚李尋以為議曹為相九歲綏和二年春熒惑守心尋奏記言應變之權君侯所自明往者數白三光垂象變動見端 張晏曰九年之中而日三食月朓側匿星孛營室幷熒惑守心 山川水泉反理視患 張晏曰元延中岷山崩壅江江水不流山地之鎮宜固而崩水逆流反於常理所以示人患也師古曰視讀曰示 民人訛謠斥事感名 如淳曰斥事井水溢之事也有言溢者後果井溢感名燕燕尾涎涎是也 三者既效可為寒心今提揚眉矢貫中 服虔曰提攝提星也揚眉揚其芒角也矢枉矢也孟康曰綏和元年正月枉矢從東南入北斗攝提與北斗杓建寅貫攝提中是也張晏曰矢一星貫中者謂正直弧中也 狼奮角弓且張 張晏曰狼一星奮角者有芒角也狼芒角則盜賊起天弓九星不欲明明猶張也兵起之象

金歷庫土逆度 張晏曰庫二十星在軫南金太白也歷武庫則兵起土鎮星也逆度逆行也 輔湛沒火守舍 張晏曰北斗第四星旁一小星曰輔沈沒不見則天下之兵銷三十日為守舍謂日月所經宿舍也一曰火守舍熒惑守心師古曰湛讀曰沈 萬歲之期近慎朝暮 師古曰萬歲之期謂死也慎朝暮者言其事在朝夕 上無惻怛濟世之功下無推讓避賢之效欲當大位為具臣以全身難矣 師古曰具謂具位之臣無功德也 大責日加安得但保斥逐之勠 師古曰言其事重不但斥逐而已 闔府三百餘人唯君侯擇其中與盡節轉凶 師古曰三百餘人謂丞相之官屬也 方進憂之不知所出會郎賁麗善為星 師古曰賁姓也麗名賁音肥 言大臣宜當之上迺召見方進還歸未及引決上遂賜冊曰皇帝問丞相君有孔子之慮孟賁之勇朕嘉與君同心一意庶幾有成惟君登位于今十年災害並臻民被飢餓加以疾疫溺死關門牡開 張晏曰元延元年章門函谷門牡自亡 失國守備盜賊黨輩 師古曰黨眾多 吏民殘賊毆殺良民 師古曰毆擊也音一口反 斷獄歲歲多前上書言事交錯道路懷姦朋黨相為隱蔽皆亡忠慮群下兇兇更相嫉妬 師古曰更工衡反 其咎安在觀君之治無欲輔朕富民便安元元之念閒者郡國穀雖頗孰 師古曰閒謂近者以來 百姓不足者尚眾前去城郭未能盡還夙夜未嘗忘焉朕惟往時之用與今一也 師古曰謂財用也 百僚用度各有數君不量多少一聽群下言用度不足奏請一切增賦稅城郭堧及

園田過更筭馬牛羊 張晏曰一切權時堧城郭旁地也園田入多益其稅也百人為卒取一人所繇常為之月用二千使人直之謂之過更又牛馬羊頭數出稅筭千輸二十也師古曰堧人緣反解在食貨志 增益鹽鐵變更無常朕既不明隨奏許可後議者以為不便制詔下君君云賣酒醪後請止未盡月復奏議令賣酒醪朕誠怪君何持容容之計無忠固意 師古曰容容隨眾上下也 將何以輔朕帥道群下而欲久蒙顯尊之位豈不難哉 師古曰蒙冒也 傳曰高而不危所以長守貴也 師古曰孝經之言也 欲退君位尚未忍君其孰念詳計塞絕姦原憂國如家務便百姓以輔朕朕既已改君其自思強食慎職使尚書令賜君上尊酒十石養牛一君審處焉方

進即日自殺 如淳曰漢儀注有天地大變天下大過皇帝使侍中持節乘四白馬賜上尊酒十斛牛一頭策告殃咎使者去半道丞相即上病使者還未白事尚書以丞相不起病聞 上祕之遣九卿冊贈以丞相高陵侯印綬賜乘輿祕器少府供張柱檻皆衣素 師古曰柱屋柱也檻軒前闌版也皆以白素衣之 天子親臨弔者數至禮賜異於它相故事 師古曰漢舊儀云丞相有疾皇帝法駕親至問疾從西門入即薨移居第中車駕往弔賜棺斂具贈錢葬地葬日公卿已下會葬焉 謚曰恭侯長子宣嗣宣字大伯亦明經篤行君子人也及方進在爲關都尉南郡太守 師古曰言方進未死之時宣已爲此官 少子義字文仲少以父任爲郎稍遷諸曹年二十出爲南陽都尉宛令劉立與曲陽侯爲婚又素著名州郡輕義年少義行太守事行縣至宛 師古曰行音下更反其下並同 丞相史在傳舍立持酒肴謁丞相史對飲未訖會義亦往外吏白都尉方至立語言自若 師古曰自若言如故 須臾義至內謁徑入 師古曰內謁猶今之通名也 立迺走下義既還大怒陽以它事召立至以主守盜十金賊殺不辜部掾夏恢等收縛立傳送鄧獄 師古曰部分其掾而遣之鄧亦南陽之縣 恢亦以宛大縣恐見篡奪白義可因隨後行縣送鄧 師古曰因太守行縣以立自隨即送鄧之獄 義曰欲令都尉自送則如勿收邪 師古曰言若都尉自送至獄不如本不收治 載環宛市迺送 師古曰環繞也音下串反 吏民不敢動威震南陽立家輕騎馳從武關入語曲陽侯曲陽侯白成帝帝以問丞相方進遣吏敕義出宛令

宛令已出吏還白狀方進曰小兒未知爲吏也其意以爲入獄當輒死矣 師古曰謂其不知立有所恃挾以自免脫 後義坐法免起家而爲弘農太守遷河內太守青州牧所居著名有父風烈徙爲東郡太守數歲平帝崩王莽居攝義心惡之乃謂姊子上蔡陳豐曰新都侯攝天子位號令天下故擇宗室幼稚者以爲孺子依託周公輔成王之義且以觀望 師古曰言漸試天下人心 必代漢家其漸可見方今宗室衰弱外無彊蕃天下傾首服從莫能亢扞國難吾幸得備宰相子身守大郡父子受漢厚恩義當爲國討賊以安社稷欲舉兵西誅不當攝者選宗室子孫輔而立之設令時命不成死國埋名猶可以不慙於先帝 師古曰埋名謂身埋而名立 今欲發之乃肯從我乎 師古曰乃汝也 豐年十八勇壯許諾義遂與東郡都尉劉宇嚴鄉侯劉信信弟武平侯劉璜結謀及東郡王孫慶素有勇略以明兵法徵在京師義迺詐移書以重罪傳逮慶 師古曰追赴獄也 於是以九月都試日 如淳曰太守都尉令長丞尉會都試課殿最也 斬觀令 文穎曰觀縣名師古曰音工喚反 因勒其車騎材官士募郡中勇敢部署將帥嚴鄉侯信者東平王雲子也雲誅死信兄開明嗣爲王薨無子而信子匡復立爲王故義舉兵并東平立信爲

天子義自號大司馬柱天大將軍以東平王傅蘇隆爲丞相中尉皐丹爲御史大夫移檄郡國言莽鴆殺孝平皇帝矯攝尊號今天子已立共行天罰師古曰共讀曰恭郡國皆震比至山陽衆十餘萬師古曰比必寐反莽聞之大懼迺拜其黨親輕車將軍成武侯孫建爲奮武將軍光祿勳成都侯王邑爲虎牙將軍明義侯王駿爲彊弩將軍春王城門校尉王況爲震威將軍師古曰春王長安城東出北頭第一門也本名宣平門莽更改焉宗伯忠孝侯劉宏爲奮衝將軍中少府建威侯王昌爲中堅將軍中郎將震羌侯竇兄爲奮威將軍師古曰兄讀曰況凡七人自擇除關西人爲校尉軍吏將關東

甲卒發奔命以擊義焉復以大僕武讓爲積弩將軍屯函谷關將作大匠蒙鄉侯逯並爲橫壄將軍屯武關師古曰逯姓也並名也逯音錄又音鹿今東郡有逯姓二音並得書音本逯字或作逮今河朔有逮姓自呼音徒戴反其義兩通羲和紅休侯劉歆爲揚武將軍屯宛大保後丞丞陽侯甄邯爲大將軍屯霸上師古曰丞陽侯音烝常鄉侯王惲爲車騎將軍屯平樂館騎都尉王晏爲建威將軍屯城北城門校尉趙恢爲城門將軍皆勒兵自備莽日抱孺子會羣臣而稱曰昔成王幼周公攝政而管蔡挾祿父以畔師古曰祿父紂子也父讀曰甫今翟義亦挾劉信而作亂自古大聖猶懼此況臣莽之斗筲師古曰斗筲自喻材器小也解在公孫劉田傳羣臣皆曰不遭此變不章聖德莽於是

依周書作大誥師古曰武王崩周公相成王而三監淮夷叛周公作大誥莽自比周公故依放其事曰惟居攝二年十月甲子攝皇帝若曰大誥道諸侯王三公列侯于汝卿大夫元士御事應劭曰言以大道告於諸侯已下御事主事也不弔天降喪于趙傅丁董應劭曰趙飛燕傅太后丁太后董賢也師古曰不弔言不爲天所弔閔降下也洪惟我幼沖孺子當承繼嗣無疆大歷服事師古曰洪大也惟思也沖稚也大思幼稚孺子當承繼漢家無竟之歷服行政事予未遭其明悊能道民於安況其能往知天命師古曰予莽自稱也言不遭遇明智之人以自輔佐而道百姓於安蓋爲謙辭也道讀曰導熙我念孺子若涉淵水師古曰熙歎辭予惟往求朕所濟度奔走師古曰言我當求所以濟度之故奔走盡力不憚勤勞以傅近奉承高皇帝所受命師古曰傅讀曰附近其勤反予豈敢自比於前人乎師古曰前人謂周公天降威明用寧帝室遺我居攝寶龜師古曰威明猶言明威也遺弋季反大皇太

后以丹石之符迺紹天明意師古曰紹承也詔予即命居攝踐祚如周公故事反虜故東郡太守翟義擅興師動衆曰有大難于西土西土人亦不靖師古曰曰者述翟義之言云爾也西土謂京師也言在東郡之西也於是動嚴鄉侯信誕敢犯祖亂宗之序師古曰誕大也天降威遺我寶龜固知我國有呰災使民不安師古曰呰病也言天所以降威遺龜者知國有災病義信當反天下不安之故也呰讀與疵同是天反復右我漢國也師古曰復扶目反右讀曰祐粵其聞曰孟康曰翟義反書上聞曰也師古曰粵發語辭也宗室之儁有四百人孟康曰諸劉見在者民獻儀九萬夫孟康曰民之表儀謂賢者予敬以終於此謀繼嗣圖功師古曰我用此宗室之儁及獻儀者共謀圖國事終成其功我有大事休予卜并吉師古曰大事戎事也言人謀既從卜又并吉是爲美也故我出大將告郡太守諸侯相令長曰予得

吉卜予惟以汝于伐東郡嚴鄉逋播臣師古曰逋亡也播散也介國君或者無不反曰難大民亦不靜亦惟在帝官諸侯宗室於小子族父敬不可征師古曰言介等國君或有言曰禍難既大衆庶不安又劉信國之宗室於孺子爲族父當加禮敬不可征討帝不違卜師古卜既得吉天命不違故予爲沖人長思厥難曰烏虖義信所犯誠動鰥寡哀哉師古曰無妻鰥夫之人亦同受其害故可哀哉予遭天役遺大解難於予身以爲孺子不身自卹師古曰言天以漢家役事遺我而令身解其難故我征伐以爲孺子除亂非自憂己身予義彼國君泉陵侯上書應劭曰泉陵侯劉慶也上書令莽行天子事曰成王幼弱周公踐天子位以治天下六年朝諸侯於明堂制禮樂班度量而天下大服師古曰班謂布行也大皇大后承順天心成居攝之義皇大子爲孝平皇帝子師古曰皇大子卽謂孺子年在繈褓宜且爲子知爲人子道令皇大后得加慈母恩畜養成就加元服然後復子明辟師古曰辟君也以明君之事還孺子熙爲我孺子之故師古曰重歎而言予惟趙傅丁董之亂遏絕繼嗣變剥適庶危亂漢朝以成三阸晉灼曰古厄字服虔曰厄會也謂三七二百一十歲師古曰適讀曰嫡隊極厥命師古曰隊隕也極盡也烏虖害其可不旅力同心戒之哉師古曰害讀曰曷曷何也旅陳也予不敢僭上帝命師古曰僭不信也言順天命而征討天休于安帝室興我漢國惟卜用克綏受茲命師古曰言天美於興復漢國故我惟用卜吉能安受此命今天其相民況亦惟卜用師古曰言天道當思助人況更用卜吉可知矣大皇大后肇有元城

沙鹿之右張晏曰沙鹿在元城縣春秋時沙鹿崩王莽以爲元后之祥語在元后傳師古曰右讀曰祐陰精女主聖明之祥李奇曰李親懷元后夢月入懷陰精女主之祥配元生成以興我天下之符遂獲西王母之應孟康曰民傳祀西王母之應也神靈之徵師古曰徵證也以祐我帝室以安我大宗以紹我後嗣以繼我漢功厥害適統不宗元緒者辟不違親辜不避戚師古曰其有害國之正統不尊大緒者當速加刑辟不避親戚適讀曰嫡夫豈不愛亦惟帝室師古曰非不愛此人但爲帝室不得止是以廣立王侯並建曾玄俾屏我京師綏撫宇內師古曰屏謂蔽捍其難也博徵儒生講道于廷論序乖繆制禮作樂同律度量混壹風俗師古曰混亦同也音胡本反正天地之位昭郊宗之禮定五時廟祧咸秩亡文孟康曰諸廢祀無文籍皆祭之建靈臺立明堂設辟雍張大學尊中宗高宗之號服虔曰宣帝元帝也昔我高宗崇德建武克綏西域以受白虎威勝之瑞應劭曰元帝誅滅郅支單于懷輯西域時有獻白虎者所以威遠勝猛也天地判合乾坤序德師古曰言元帝既有威德大后又北符應則是天地乾坤夫妻之義相配合也判之言片也大皇大后臨政有龜龍麟鳳之應五德嘉符相因而備河圖雒書遠自昆侖出於重壄師古曰昆侖河所出重壄洛所出皆有圖書故本言之壄古野字古讖著言肆今享實師古曰肆故也言有其讖故今當其實此迺皇天上帝所以安我帝室俾我成就洪烈也師古曰洪大也烈業也烏虖天明威輔漢始而大大矣師古曰言因此難更以強大爾有惟舊人泉陵侯之言爾不克遠省爾豈知大皇大后

若此勤哉師古曰言爾當思父舊之人泉陵侯所言爾不能遠省識古事豈知大后之勤乎天毖勞我
成功所孟康曰天愼勞我國家成功之所在予不敢不極卒安皇帝之所
圖事師古曰卒終也言我不敢不終祖宗之業安帝室所謀之事肆予告我諸侯王公列
侯卿大夫元士御事師古曰肆陳也陳其理而告之天輔誠辭師古曰言有至誠之
辭則爲天所備天其累我以民予害敢不於祖宗安人圖功
所終師古曰累託也言天以百姓託我我曷敢不謀終祖宗安人之功也累力瑞反害讀曰曷下皆類此天亦惟勞
我民若有疾予害敢不於祖宗所受休輔師古曰言天欲撫勞
我衆衆若有疾苦我曷敢不順祖宗之意休息而輔助之勞來到反予聞孝子善繼人之意忠
臣善成人之事予思若考作室厥子堂而構之師古
曰父有作室之意則子當築堂而構勞搆以成之厥父菑厥子播而穫之師古曰父菑耕其田

子當布種而收穫之反土爲菑一曰田一歲曰菑予害敢不於身撫祖宗之所受大
命師古曰作室農人猶不弃其本業我於今日不得有避而不征討叛逆也若祖宗廼有效湯武
伐厥子民長其勸弗救師古曰譬有人來伐其子而長養彼心反勸助之弗救其子者止以子惡故也
言湯武疾惡其心亦然今所征討不得避親當以公義烏虖肆哉師古曰肆陳也勸令陳力諸侯王
公列侯卿大夫元士御事其勉助國道明師古曰道由也言當
由於明智之事以助國也亦惟宗室之俊民之表儀迪知上帝命師古
曰迪亦道也言當遵道而知天命粵天輔誠爾不得易定師古曰粵辭也天道輔誠爾不得改
易天之定命況今天降定于漢國惟大囏人翟義劉信大
逆欲相伐于厥室豈亦知命之不易乎師古曰言義信不知天命不可
改易乃大爲艱難以干國紀是自相謀誅伐其室也囏古艱字予永念曰天惟喪翟義劉信

若嗇夫予害敢不終予晦師古曰嗇夫治田志除草穢天之欲喪義信事亦如之我當順天以終竟
田晦之事天亦惟休于祖宗予害其極卜害敢不于從師古
曰言天美祖宗之事我何其極卜法敢不往從言必從也率寧人有旨疆土況今卜并
吉師古曰言循祖宗之業務在安人而美疆土況今卜亦吉乎言不可不從也故予大以爾東征命
不僭差師古曰言必信之矣卜陳惟若此師古曰卜兆陳列惟如此廼遣大夫桓
譚等班行諭告當反位孺子之意還封譚爲明告
里附城師古曰明告者以其出使能明告諭於外也附城云如古附庸也諸將東至陳留菑
孟康曰菑故戴國在梁後屬陳留今曰考城與義會戰破之斬劉璜首莽大喜
復下詔曰大皇大后遭家不造國統三絕師古曰謂成帝哀帝
平帝皆無子矣絕輒復續恩莫厚焉信莫立焉孝平皇帝短

命蚤崩師古曰蚤古早字幼嗣孺沖詔予居攝予承明詔奉
社稷之任持大宗之重養六尺之託受天下之
寄戰戰兢兢不敢安息伏念大皇大后惟經藝分
析王道離散師古曰惟思也漢家制作之業獨未成就故博
徵儒士大興典制備物致用立功成器以爲天下
利王道粲然基業既著千載之廢百世之遺於今
廼成道德庶幾於唐虞功烈比齊於殷周師古曰烈業也今
翟義劉信等謀反大逆流言惑衆欲以篡位賊害
我孺子罪深於管蔡惡甚於禽獸信父故東平王
雲不孝不謹親毒殺其父思王名曰鉅鼠師古曰鉅大也莽誣

(雲孚其父曰鉅鼠也)後雲竟坐大逆誅死義父故丞相方進險
詖陰賊(師古曰詖佞也音彼義反)兄宣靜言令色外巧內嫉(師古曰靜安也令善也言其陽爲安靜之言外有善色而實疾害也)所殺鄉邑汝南者數十人今積惡二
家迷惑相得此時命當殄天所滅也義始發兵上
書言宇信等與東平相輔謀反(師古曰輔者東平王相之名也)執捕
械繫欲以威民先自相被以反逆大惡(師古曰被加也音皮義反)轉
相捕械此其破殄之明證也已捕斬斷信二子穀
鄉侯章德廣侯鮪義母練兄宣親屬二十四人皆
磔暴于長安都市四通之衢當其斬時觀者重疊
(師古曰言人多而聚積)天氣和清可謂當矣命遣大將軍共行皇

天之罰(師古曰共讀曰恭)討海內之讎功效著焉予甚嘉之
司馬法不云乎賞不踰時欲民速覩爲善之利也
今先封車騎都尉孫賢等五十五人皆爲列侯戶
邑之數別下遣使者持黃金印赤韍縌朱輪車即
軍中拜授(服虔曰縌即今之綬也師古曰韍所以繫印也縌者系也謂遂受之也即就也韍音弗縌音逆)因大
赦天下於是吏士精銳遂攻圍義於圉城破之義
與劉信弃軍庸亡(孟康曰謂挺身逃亡如奴庸也)至固始界中捕得義
尸磔陳都市卒不得信初三輔聞翟義起自茂陵
以西至汧二十三縣盜賊並發趙明霍鴻等自稱
將軍攻燒官寺殺右輔都尉及斄令(師古曰斄讀曰邰)劫略

吏民衆十餘萬火見未央宮前殿莽晝夜抱孺子
禱宗廟復拜衛尉王級爲虎賁將軍大鴻臚望鄉
侯閻遷爲折衝將軍與甄邯王晏西擊趙明等正
月虎牙將軍王邑等自關東還便引兵西彊弩將
軍王駿以無功免揚武將軍劉歆歸故官復以邑
弟侍中王奇爲揚武將軍城門將軍趙恢爲彊弩
將軍中郎將李棽爲厭難將軍(師古曰棽音所林反)復將兵
西二月明等殄滅諸縣悉平還師振旅莽乃置酒
白虎殿勞饗將帥大封拜先是益州蠻夷及金城
塞外羌反畔時州郡擊破之莽迺并録以小大爲

差封侯伯子男凡三百九十五人曰皆以奮怒東
指西擊羌寇蠻盜反虜逆賊不得旋踵應時殄滅
天下咸服之功封云莽於是自謂大得天人之助
至其年十二月遂即眞矣初義所收宛令劉立聞
義舉兵上書願備軍吏爲國討賊內報私怨莽擢
立爲陳留太守封明德侯始義兄宣居長安先義
未發家數有怪(師古曰言義未發兵之前)夜聞哭聲聽之不知所
在宣教授諸生滿堂有狗從外入齧其中庭群鴈
數十比驚救之已皆斷頭(師古曰比必寐反)狗走出門求不
知處宣大惡之謂後母曰東郡太守文仲素儻

師古曰傲土歷反今數有惡怪恐有妄爲而大禍至也大夫人可歸爲弃去宣家者師古曰言歸其本族自絕於翟氏以避害毋不肯去後數月敗莽盡壞義第宅汙池之師古曰汙停水也音烏發父方進及先祖冢在汝南者燒其棺柩夷滅三族誅及種嗣至皆同坑以棘五毒并葬之如淳曰野葛狼毒之屬也而下詔曰蓋聞古者伐不敬取其鱷鯢築武軍封以爲大戮於是乎有京觀以懲淫慝師古曰此左傳載楚莊王辭也鱷鯢大魚爲害者也以比敵人之勇桀者京高丘也觀謂如闕形也懲創乂也慝惡也鱷古鯨字音其京反鯢五奚反觀工喚反廼者反虜劉信翟義誖逆作亂于東而芒竹羣盜趙明霍鴻造逆西土師古曰芒竹在盩厔南界芒水之曲而多竹林也即今司竹園是其地矣芒音亡遣武將征

討咸伏其辜惟信義等始發自濮陽結姦無鹽殄滅於圉趙明依阻槐里環隄師古曰槐里縣界其中有環曲之隄而明依之自固也固也霍鴻負倚盩厔芒竹師古曰負恃也倚於綺反咸用破碎亡有餘類其取反虜逆賊之鱷鯢聚之通路之旁濮陽無鹽圉槐里盩厔凡五所各方六丈高六尺築爲武軍封以爲大戮薦樹之棘師古曰薦讀曰荐荐重也聚也建表木高丈六尺師古曰表者所以標明也書曰反虜逆賊鱷鯢在所長吏常以秋循行師古曰行下更反勿令壞敗以懲淫慝焉初汝南舊有鴻隙大陂郡以爲饒師古曰鴻隙陂名藉其溉灌及魚鼈萑蒲之利以多財用成帝時關東數水陂溢爲害方進爲相與御史大夫孔光共遣掾行視師古曰行音下更反以爲決去陂水其地肥美省隄防費而無水憂遂奏罷之及翟氏滅鄉里歸惡言方進請陂下良田不得而奏罷陂云王莽時常枯旱郡中追怨方進童謠曰壞陂誰翟子威飯我豆食羹芋魁師古曰言田無溉灌不生秔稻又無黍稷但有豆及芋也豆食者豆爲飯也羹芋魁者以芋根爲羹也飯音扶晩反食音飤反乎覆陂當復師古曰事之反覆無常言禍兮福所倚誰云者兩黃鵠師古曰託言有神來告之

司徒掾班彪曰承相方進以孤童攜老母羈旅入京師身爲儒宗致位宰相盛矣當莽之起蓋乘天威雖有賁育奚益於敵師古曰賁謂孟賁育謂夏育皆古之勇士言得之無以益不能敵莽也賁音奔

義不量力懷忠憤發以隕其宗悲夫

翟方進傳第五十四

谷永杜鄴傳第五十五　班固　漢書八十五

祕書監上護軍琅邪縣開國子顏師古注

谷永字子雲長安人也父吉為衛司馬使送郅支
單于侍子師古曰為使而送之還本國也郅音質為郅支所殺語在陳湯傳
永少為長安小史後博學經書建昭中御史大夫
繁延壽師古曰即李延壽也一姓繁音蒲河反聞其有茂材除補屬舉為
太常丞數上疏言得失建始三年冬日食地震同
日俱發詔舉方正直言極諫之士太常陽城侯劉
慶忌舉永待詔公車對曰陛下秉至聖之純德懼
天地之戒異飭身修政納問公卿師古曰飭與敕同敕整也又下
明詔帥舉直言師古曰帥舉謂公卿守相皆令舉也帥字或作師師衆也燕見紬繹以
求咎愆師古曰紬讀曰抽紬繹者引其端緒也使臣等得造明朝承聖問
師古曰造至也音千到反臣材朽學淺不通政事竊聞明王即位正
五事建大中以承天心師古曰五事貌言視聽思也大中即皇極也解在五行志則庶
徵序於下日月理於上師古曰庶衆也徵證也如人君淫溺後宮
般樂游田師古曰如若也般讀與盤同五事失於躬大中之道不立
則咎徵降而六極至師古曰六極謂一曰凶短折二曰疾三曰憂四曰貧五曰惡六曰弱凡災
異之發各象過失以類告人乃十二月朔戊申日
食婺女之分地震蕭牆之內師古曰蕭牆屏牆也解在五行志二者同日
俱發以丁寧陛下師古曰丁寧謂再三告示也厥咎不遠宜厚求諸

身師古曰厚猶深也意豈陛下志在閨門未卹政事不慎舉
錯師古曰志在閨門謂留心於女色錯置也音千故反婁失中與師古曰婁古屢字也與讀曰歟下皆類此內
寵大盛女不遵道嫉妒專上妨繼嗣與古之王者
廢五事之中失夫婦之紀妻妾得意謁行於內勢
行於外至覆傾國家或亂陰陽師古曰謁請也內則所請必行外則擅其權力
言女寵盛也昔褒姒用國宗周以喪師古曰褒姒褒人所獻之女也幽王惑之卒有犬戎之禍
閻妻驕扇日以不臧師古曰閻嬖寵之族也扇熾也臧善也魯詩小雅十月之交篇曰此日而食于何不
臧又曰閻妻扇方處言厲王無道內寵熾盛政化失理故致災異日為之食為不善也此其效也經曰皇極
皇建其有極師古曰周書洪範之辭也皇大也極中也大立其有中所以行九疇之義也傳曰皇之
不極是謂不建時則有日月亂行陛下踐至尊之
祚為天下主奉帝王之職以統羣生方內之治亂
在陛下所執師古曰方內四方之內也誠留意於正身勉強於力
行損燕私之間以勞天下師古曰損減也間讀曰閑勞憂也放去淫溺
之樂罷歸倡優之关師古曰关古笑字絕郤不享之義慎節
游田之虞師古曰郤退也享當也言所為不善不當天心也一曰天不祐之不歆享其祀也虞與娛同起居
有常循禮而動躬親政事致行無倦安服若性師古
曰致至也安心而服行之如天性自然也經曰繼自今嗣王其毋淫于酒毋逸
于游田惟正之共師古曰周書無逸之辭也言從今以往繼業之王毋過欲於酒毋敖于田獵惟宜正
身恭己也共讀曰恭未有身治正而臣下邪者也夫妻之際王
事綱紀安危之機聖王所致慎也昔舜飭正二女

以崇至德師古曰虞書堯典云釐降二女于嬀汭嬪于虞謂堯以二女妻舜觀其治家欲使治國而舜能敕正躬以待二女其德益崇遂受堯禪也飭與敕同楚莊忍絕丹姬以成伯功應劭曰楚莊王得丹姬三月不聽朝保申諫忍絕不復見乃勤政事遂為盟主也師古曰丹姬是楚文王姬也莊王用申公巫臣之諫不納夏姬谷永集丹字作夏是也今此傳作丹轉寫誤耳應氏就而謬釋非本實也伯讀曰霸幽王惑於褒姒周德降亡魯桓脅於齊女社稷以傾師古曰解並在五行志誠修後宮之政明尊卑之序貴者不得嫉妬專寵以絕驕嫚之端抑褒閻之亂賤者咸得秩進各得厥職師古曰秩次也以次而進御也以廣繼嗣之統息白華之怨師古曰詩小雅白華之篇也幽王惑於褒姒而黜申后故國人作此詩以刺之永言此者譏成帝專寵趙昭儀也後宮親屬饒之以財勿與政事師古曰與讀曰豫以遠皇父之類損妻黨之權師古曰皇父周卿士也小雅十月之交詩曰皇父卿士番維司徒剌厲王淫於色故皇父之屬因嬖寵而為官也遠于萬反父讀曰甫未有閨門治而天下亂者也治遠自近始習善在左右昔龍筦納言而帝命惟允師古曰龍舜臣名也筦字與管同管主也虞書舜典曰帝曰龍命汝作納言夙夜出納朕命惟允允信也四輔既備成王靡有過事師古曰四輔謂左輔右弼前疑後承也周書洛誥稱成王曰誕保文武受命亂為四輔誠敕正左右齊栗之臣孟康曰左右謂尚書官齊栗言其整齊肅事常戰栗謹敬戴金貂之飾執常伯之職者師古曰常伯侍中也伯長也常使長事者也一曰常任使之人此為長也皆使學先王之道知君臣之義濟濟謹孚無敖戲驕恣之過師古曰孚信也則左右肅艾師古曰肅敬也艾讀曰乂乂治也群僚仰法化流四方經曰亦惟先正克左右師古曰周書君奭之辭也言王者欲正百官要在能先正其左右近臣也未有左右正而百官枉者也師古曰枉曲也治天下

者尊賢考功則治簡賢違功則亂師古曰簡略也謂輕慢也誠審思治人之術歡樂得賢之福論材選士必試於職明度量以程能考功實以定德師古曰程效也無用比周之虛譽毋聽寖潤之譖愬師古曰比周言阿黨親密也寖潤積漸之深也比頻寐反則抱功脩職之吏無蔽傷之憂比周邪僞之徒不得即工李奇曰即就也工官也小人日銷俊艾日隆師古曰艾讀曰乂其下亦同經曰三載考績三考黜陟幽明師古曰虞書舜典之辭也言居官者三年一考其功三考則退其幽闇無功者升其昭明有功者又曰九德咸事俊艾在官師古曰虞書咎繇謨之辭也言使九德之人皆用事俊桀治能之士並在官也九德謂寬而栗柔而立愿而恭亂而敬擾而毅直而溫簡而廉剛而塞彊而義未有功賞得於前眾賢布於官而不治者也堯遭洪水之災天下分絕為十二州制遠之道微孟康曰今九州洪水隔分更為十二州是所離遠相制之道微也師古曰十二州謂冀兗豫青徐荊揚雍梁幽并營也而無乖畔之難者德厚恩深無怨於下也秦居平土一夫大呼而海內崩析者師古曰呼火故反刑罰深酷吏行殘賊也夫違天害德為上取怨於下莫甚乎殘賊之吏誠放退殘賊酷暴之吏錮廢勿用益選溫良上德之士以親萬姓師古曰親謂愛養之平刑釋寃以理民命師古曰釋解也務省繇役毋奪民時薄收賦稅毋殫民財師古曰殫盡也音單使天下黎元咸安家樂業不苦踰時之役師古曰古者行役不踰時時謂三月是為一時不患苛暴之政不疢酷烈之吏師古曰言免此疢患雖有唐堯之大災民無

離上之心師古曰堯遭洪水故云大灾經曰懷保小人惠于鰥寡師古曰周書無逸之辭也懷和也保安也未有德厚吏良而民畔者也臣聞灾異皇天所以譴告人君過失猶嚴父之明誡畏懼敬改則禍銷福降忽然簡易則咎罰不除經曰饗用五福畏用六極師古曰周書洪範之辭饗當也言所行當於天心則降以五福若所為不善則以六極畏罰之五福一曰壽二曰富三曰康寧四曰攸好德五曰考終命六極之解已具於前傳曰六沴作見若不共御六罰既侵六極其下師古曰此洪範之傳也沴灾氣也共讀曰恭御讀曰禦言敬而修德以禦灾今三年之間灾異鋒起小大畢具所行不享上帝師古曰享當也不當天心上帝不豫師古曰豫悅也炳然甚著不求之身無所改正疏舉廣謀又不用其言晉灼曰疏遠也是循不享

之迹無謝過之實也天責愈深此五者王事之綱紀南面之急務唯陛下留神對奏天子異焉特召見永其夏皆令諸方正對策語在杜欽傳永對畢因曰臣前幸得條對灾異之效禍亂所極言關於聖聰書陳於前陛下委棄不納而更使方正對策背可懼之大異問不急之常論廢承天之至言角無用之虛文師古曰角覺也欲末殺灾異滿讕誣天師古曰末殺掃滅也滿讕謂欺罔也殺先葛反讕來亶反是故皇天勃然發怒甲己之間暴風三溱拔樹折木師古曰自甲至己凡六日也溱與臻同臻至也此天至明不可欺之效也上特復問永永對曰日食地震皇后貴妾專寵

所致語在五行志是時上初即位謙讓委政元舅大將軍王鳳議者多歸咎焉永知鳳方見柄用師古曰言任用之授以權也陰欲自託乃復曰方今四夷賓服皆為臣妾北無薰粥冒頓之患師古曰粥弋六反南無趙佗呂嘉之難三垂晏然靡有兵革之警師古曰晏安也諸侯大者乃食數縣漢吏制其權柄不得有為亡吳楚燕梁之埶百官盤互親疏相錯師古曰盤互盤結而交互也錯閒雜也互字或作牙言如豕牙之盤曲犬牙之相入也骨肉大臣有申伯之忠師古曰申伯周申后之父洞洞屬屬小心畏忌師古曰洞洞屬屬專謹也洞音動屬之欲反無重合安陽博陸之亂師古曰重合莽通安陽上官桀博陸霍禹也三者無毛髮之辜不可歸咎諸舅此欲

以政事過差丞相父子中尚書宦官檻塞大異皆瞽說欺天者也師古曰檻義取檻柙之檻檻猶閉也其字從木瞽說言不中道若無目之人也竊恐陛下舍昭昭之白過忽天地之明戒聽晻昧之瞽說師古曰舍謂留也晻字與暗同又音一感反歸咎乎無辜倚異乎政事師古曰倚依也音於綺反次下亦同重失天心師古曰重直用反不可之大者也師古曰此則為大不可也陛下即位委任遵舊未有過政元年正月白氣較然起乎東方師古曰較明貌也至其四月黃濁四塞覆冒京師申以大水著以震蝕師古曰申重也著明也各有占應相為表裏百官庶事無所歸倚陛下獨不怪與師古曰倚於綺反與讀曰歟白氣起東方賤人將興之表也黃濁冒京師王道微絕之

應也夫賤人當起而京師道微二者已醜師古曰醜甚也陛
下誠深察愚臣之言致懼天地之異長思宗廟之
計改往反過抗湛溺之意解偏駮之愛師古曰抗舉也湛讀曰沈駮不周普也奮乾剛之威平天覆之施使列妾得人人更
進猶尚未足也師古曰更互也音公衡反急復益納宜子婦人毋擇
好醜毋避嘗字如淳曰王鳳上小妻弟以納後宮以嘗字乳王章言之坐死今永及此爲鳳洗前過也毋論
年齒推法言之陛下得繼嗣於微賤之間乃反爲
福得繼嗣而已母非有賤也師古曰苟得子耳勿論其母之貴賤後宮女
史使令有直意者廣求於微賤之間師古曰直當也令力成反以遇
天所開右師古曰右讀曰佑佑助也慰釋皇太后之憂慍師古曰慍釋散也解謝

上帝之譴怒則繼嗣蕃滋災異訖息師古曰蕃多也訖止也蕃扶元反
陛下則不深察愚臣之言忽於天地之戒咎根不
除水雨之災山石之異將發不久發則災異已極
天變成形臣雖欲捐身關策不及事已師古曰言禍敗既成不可如何也已語終辭也
踈賤之臣至敢直陳天意斥譏帷幄之私欲
間離貴后盛妾師古曰間居莧反自知忤心逆耳必不免於
湯鑊之誅此天保右漢家使臣敢直言也師古曰右讀曰佑三
上封事然後得召待詔一旬然後得見夫由踈賤
納至忠甚苦師古曰由從也苦勞苦也由至尊聞天意甚難語不可
露願具書所言因侍中奏陛下以示腹心大臣如淳曰永爲鳳言而言示腹心大臣無不可矣腹心大臣以爲非天意臣當伏妄言
之誅即以爲誠天意也奈何忘國家大本背天意
而從欲師古曰從讀曰縱唯陛下省察孰念厚爲宗廟計時
對者數十人永與杜欽爲上第焉上皆以其書示
後宮後上嘗賜許皇后書采永言以責之語在外
戚傳永既陰爲大將軍鳳說矣能實寂高由是擢
爲光祿大夫永奏書謝鳳曰永斗筲之材師古曰筲竹器也斗筲言小而不大也解在公孫劉田傳筲所交反質薄學朽無一日之雅左右之介師古曰雅素也介紹也言非宿素之交又無紹介而進也將軍説其狂言師古曰説讀曰悅擢之皁
衣之吏廁之爭臣之末不聽浸潤之譖不食膚受

之愬師古曰食猶受納也膚受謂初入皮膚至骨髓言其深也雖齊桓晉文用士篤密
察父悊兄覆育子弟誠無以加師古曰察明也悊智也昔豫子吞
炭壞形以奉見異師古曰豫讓也爲智伯報讎欲殺趙襄子恐人識之故吞炭以變其聲釁身面以壞其形以智伯國士遇我故也齊客隕首公門以報恩施師古曰舍人魏子三收邑入不與孟嘗孟嘗怒之魏子曰假與賢者齊湣王受讒孟嘗出奔魏子所與粟賢者到宮門自剄以明孟嘗之心知氏孟嘗猶有死士何
況將軍之門鳳遂厚之數年出爲安定大守時上
諸舅皆修經書任政事平阿侯譚年次當繼大將
軍鳳輔政尤與永善陽朔中鳳甍鳳病困薦從弟
御史大夫音以自代上從之以音爲大司馬車騎
將軍領尚書事而平阿侯譚位特進領城門兵永

聞之與譚書曰君侯躬周召之德執管晏之操師古曰召讀曰邵其下亦同敬賢下士樂善不倦師古曰下胡亞反宜在上將久矣以大將軍在故抑鬱於家不得舒憤今大將軍不幸蚤薨師古曰蚤古早字絫親疏序材能宜在君侯師古曰絫古累字絫親疏謂積累其次而計之拜吏之日京師士大夫悵然失望此皆永等愚劣不能褒揚萬分師古曰言萬分之一屬聞以特進領城門兵師古曰屬近也音之欲反是則車騎將軍秉政雍容於內而至戚賢舅執管籥於外也愚竊不為君侯喜宜深辭職自陳淺薄不足以固城門之守收大伯之讓保謙謙之路師古曰大伯王季之兄也讓不為嗣而適吳越闔門高枕為知者

首願君侯與博覽者參之師古曰參詳其事小子為君侯安此譚得其書大感遂辭讓不受領城門職由是譚音相與不平永遠為郡吏恐為音所危病滿三月免音奏請永補營軍司馬永數謝罪自陳得轉為長史音用從舅越親輔政威權損於鳳時永復說音曰將軍履上將之位食膏腴之都任周召之職擁天下之樞師古曰擁持也可謂富貴之極人臣無二天下之責四面至矣將何以居之宜夙夜孳孳師古曰孳孳不怠也孳與孜同執伊尹之彊德以守職匡上誅惡不避親愛舉善不避仇讎以章至公立信四方師古曰章明也篤行三

者乃可以長堪重任久享盛寵師古曰篤厚也享當也大白出西方六十日法當參天今已過期服虔曰大白出當居天三分之一已過期言其行遲在戌亥之間尚在桑榆之間質弱而行遲形小而光微如淳曰言其行遲象王音也永見音為司馬以疏閒親自以位過故以大白喻司馬司馬主兵故也是永之佞曲從苟合也熒惑角怒明大逆行守尾其逆常也守尾變也意豈將軍忘湛漸之義委曲從順師古曰湛讀曰沈漸讀曰潛周書洪範曰沈潛剛克言人性沈審謂潛深者行之以剛則能堪也故激勸之云尒所執不彊不廣用士尚有好惡之忌蕩蕩之德未純師古曰此永自知有忤於音故以斯言自救解方與將相大臣乖離之萌也何故始襲司馬之號俄而金火並有此變上天至明不虛見異唯將軍畏之慎之深思其

故改求其路以享天意音猶不平薦永為護苑使者音薨成都侯商代為大司馬衛將軍永乃遷為涼州刺史奏事京師訖當之部時有黑龍見東萊上使尚書問永受所欲言師古曰永有所言令尚書即受之永對曰臣聞王天下有國家者患在上有危亡之事而危亡之言不得上聞如使危亡之言輒上聞師古曰如若也有即止聞則商周不易姓而迭興三正不變改而更用師古曰迭徒結反更工衡反夏商之將亡也行道之人皆知之師古曰凡在道路行者也晏然自以若天有日莫能危師古曰自謂如日在天而無有能傷危也是故惡日廣而不自知大命傾而不寤易曰危者有其安者也

亡者保其存者也師古曰下繫辭也言安必思危存不亡忘乃得保其安存陛下誠垂寬明之聽無忌諱之誅使芻蕘之臣得盡所聞於前不懼於後患直言之路開則四方衆賢不遠千里輻湊陳忠羣臣之上願社稷之長福也漢家行夏正夏正色黑黑龍同姓之象也張晏曰夏以建寅為正萬物在地中色黑今黑龍見同姓象也龍陽德由小之大師古曰言因小以至大故為王者瑞應未知同姓有見本朝無繼嗣之慶多危殆之隙欲因擾亂舉兵而起者邪將動心冀為後者殘賊不仁若廣陵昌邑之類臣愚不能處也師古曰處謂斷決也元年九月黑龍見其晦日有食之今年二月己未夜星隕乙酉日有食之六月之間大異四發二而同月三代之末春秋之亂未嘗有也臣聞三代所以隕社稷喪宗廟者皆由婦人與羣惡沈湎於酒書曰乃用婦人之言自絕于天師古曰今文周書泰誓之辭婦人妲己言紂用妲己之言自取於滅非天絕之四方之逋逃多罪是宗是長是信是使師古曰亦泰誓之辭也宗尊也言紂容納逃亡多罪之人親信使用尊而長之詩云燎之方陽寧或滅之赫赫宗周褒姒威之師古曰小雅正月之詩威亦滅也言火燎方盛寧有能滅之者乎而宗周之盛乃為褒姒所滅然其甚也威呼悅反易曰濡其首有孚失是師古曰未濟上九爻辭言耽樂無節飲酒濡首有信之道於是遂失也濡濕也秦所以二世十六年而亡者養生泰奢奉終泰厚也二者陛下兼而有之臣請略陳其效易曰在中餽無攸遂師古曰家人六二爻辭餽與饋同饋食也言婦人之道居中主食進順而已無所必遂言婦人不得與事也師古曰與讀曰豫詩

曰懿厥悊婦為梟為鴟匪降自天生自婦人師古曰大雅瞻卬之詩懿美也悊智也言幽王以悊婦為美實乃為梟鴟也婦謂褒姒也梟鴟惡聲之鳥故以諭焉又言此禍亂非從天而下以寵褒姒之故生此灾耳建始河平之際許班之貴頃動前朝師古曰許皇后及班婕好之家熏灼四方賞賜無量空虛內臧女寵至極不可上矣師古曰上猶加也今之後起天所不饗什倍于前如淳曰謂趙李本從卑賤起也廢先帝法度聽用其言官秩不當縱釋王誅師古曰縱放也釋解也王誅謂王法當誅者驕其親屬假之威權從橫亂政師古曰從子用反橫胡孟反刺舉之吏莫敢奉憲又以掖庭獄大為亂阱師古曰穿地為坑阱以拘繫人也亂阱者言其非正而又多也阱材性反榜箠瘠於炮格師古曰瘠痛也炮格紂所作刑也膏塗銅柱加之火上令罪人行其上輒墮炭中笑而以為樂瘠千感反絕滅人命主為趙李報德復怨師古曰復亦報也音扶福反反除白罪建治正吏師古曰反讀曰幡罪之明白者反而除之吏之公正者建議劾治也多繫無辜掠立迫恐師古曰掠笞服之立其罪名至為人起責分利受謝師古曰言富賈有錢假託其名代之為主放與它人以取利息而共分之或受報謝別取財物生入死出者不可勝數是以日食再既孟康曰既盡也以昭其辜師古曰昭明也王者必先自絕然后天絕之陛下棄萬乘之至貴樂家人之賤事師古曰謂私畜田及奴婢財物厭高美之尊號好匹夫之卑字孟康曰成帝好微行更作私字以相呼崇聚僄輕無義小人以為私客師古曰僄疾也音頻妙反又音匹妙反數離深宮之固挺身晨夜與羣小相隨師古曰挺引也音大鼎反烏集雜會飲醉吏民之家師古曰言聚散不恒如烏鳥之集亂服共坐流湎媟

嫚圂殺無別閔免遁樂晝夜在路(師古曰閔免猶黽勉也遁流遁也)典
門戶奉宿衛之臣執干戈而守空宮公卿百僚不
知陛下所在積數年矣王者以民爲基民以財爲
本財竭則下畔下畔則上亡是以明王愛養基本
不敢窮極使民如承大祭(師古曰言常畏慎)今陛下輕奪民
財不愛民力聽邪臣之計去高敞初陵捐十年功
緒(師古曰緒謂功作之端次)改作昌陵反天地之性因下爲高積土
爲山發徒起邑並治宮館大興繇役重增賦斂徵
發如雨(師古曰言其多也)役百乾谿費疑驪山(師古曰疑讀曰擬擬比也言勞役之功百倍
於楚靈王費財之廣比於秦始皇)靡敝天下(師古曰靡散也音武皮反)五年不成而後

反故又廣盱營表(晉灼曰盱音吁盱大也)發人冢墓斷截骸骨
暴揚尸柩百姓財竭力盡愁恨感天災異婁降饑
饉仍臻(師古曰婁古屢字也仍頻也)流散冗食餧死於道以百萬
數(師古曰冗亦散也餧餓也冗人勇反餧乃賄反)公家無一年之畜百姓無旬日之
儲(師古曰畜讀曰蓄)上下俱匱無以相救詩云殷監不遠在
夏后之世(師古曰大雅蕩之詩也)願陛下追觀夏商周秦所以
失之以鏡考己行(師古曰鏡鑒照之考校也)有不合者臣當伏妄
言之誅(師古曰言上之所爲違於御飾皆與永言同)漢興九世百九十餘載繼
體之主七皆承天順道遵先祖法度或以中興或
以治安至於陛下獨違道縱欲輕身妄行當盛壯之

隆無繼嗣之福有危亡之憂積失君道不合天意
亦已多矣爲人後嗣守人功業如此豈不負哉方
今社稷宗廟禍福安危之機在於陛下陛下誠肯
發明聖之德昭然遠寤畏此上天之威怒深懼危
亡之徵兆蕩滌邪辟之惡志(師古曰辟讀曰僻)厲精致政專
心反道(師古曰反謂還也)絕羣小之私客免不正之詔除(師古曰除
謂除補爲官者)悉罷北宮私奴車馬媠出之具(師古曰媠亦惰字耳惰出惰游也)克
己復禮毋貳微行出飲之過(師古曰貳謂重爲之也論語稱孔子云顏回不貳過)以
防迫切之禍深惟日食再既之意抑損椒房玉堂
之盛寵(師古曰椒房皇后所居玉堂嬖幸之舍也)毋聽後宮之請謁除掖庭之

亂獄去炮格之陷阱誅戮佞邪之臣及左右執左
道以事上者以塞天下之望且寢初陵之作止諸
繕治宮室闕更減賦盡休力役(師古曰闕亦謂減削之更謂更卒也音工衡反)存
卹振捄困乏之人以弭遠方(師古曰捄古救字也弭安也)厲崇忠直放
退殘賊無使素餐之吏久尸厚祿以次貫行固執
無違(師古曰貫聯續也謂上所陳衆條諸事宜次第相續行之不當更違異也貫工端反)夙夜孳孳婁省
無怠(師古曰婁古屢字也屢省自觀省也)舊愆畢改新德既章(師古曰章明也)纖介
之邪不復載心則赫赫大異庶幾可銷天命去就
庶幾可復(師古曰去就者言去離無德而就有德)社稷宗廟庶幾可保唯陛
下留神反覆熟省臣言臣幸得備邊部之吏不知

本朝失得昚言觸忌諱罪當萬死成帝性寬而好
文辭又久無繼嗣數爲微行多近幸小臣趙李從
微賤專寵皆皇大后與諸舅夙夜所常憂至親難
數言故推永等使因天變而切諫勸上納用之永
自知有內應展意無所依違師古曰展申也每言事輒見荅
禮師古曰加禮而荅之至上此對上大怒衛將軍商密擿永令
發去師古曰擿謂發動之音宅歷反上使侍御史收永敕過交道廄者
勿追晉灼曰交道廄去長安六十里近延陵御史不及永還上意亦解自悔
明年徵永爲大中大夫遷光祿大夫給事中元延
元年爲北地太守時災異尤數永當之官上使衛

尉淳于長受永所欲言永對曰臣永幸得以愚朽
之材爲太中大夫備拾遺之臣從朝者之後進不
能盡思納忠輔宣聖德退無被堅執銳討不義之
功猥蒙厚恩仍遷至北地大守絕命隕首身膏野
草不足以報塞萬分陛下聖德寬仁不遺易忘之
臣師古曰易忘言其微賤不足記垂周文之聽下及芻蕘之愚有詔使
衛尉受臣永所欲言臣聞事君之義有言責者盡
其忠師古曰謂職當諫爭有官守者脩其職臣永幸得免於言
責之辜有官守之任師古曰言不爲諫官但郡守耳當畢力遵職養綏
百姓而已師古曰綏安也不宜復關得失之辭忠臣之於上志

在過厚是故遠不違君死不忘國昔史魚既沒餘
忠未訖委柩後寢以屍達誠如淳曰禮大夫殯於正室士於適室韓非曰史魚卒委柩後寢
衛君弔而問之曰不能進遽伯玉退弥子瑕以屍諫也汲黯身外思內發憤舒憂遺言
李息師古曰謂論張湯也事見黯傳經曰雖爾身在外乃心無不在王
室師古曰周書康王之誥也言諸蕃屏之臣身雖在外其心常當忠蕩而在王室臣永幸得給事中
出入三年雖執干戈守邊垂思慕之心常存于省
闥是以敢越郡吏之職陳累年之憂臣聞天生蒸
民不能相治師古曰蒸衆也爲立王者以統理之方制海內
非爲天子列土封疆非爲諸侯皆以爲民也垂三
統列三正去無道開有德不私一姓明天下迺天

下之天下非一人之天下也王者躬行道德承順
天地博愛仁恕恩及行葦師古曰詩大雅行葦之篇曰敦彼行葦羊牛勿踐履言政化所及仁
道霑被雖草木至賤無所殘傷籍稅取民不過常法宮室車服不踰制
度事節財足黎庶和睦則卦氣理效五徵時序百
姓壽考庶屮蕃滋師古曰庶衆也屮古草字也蕃多也音扶元反符瑞並降以
昭保右師古曰保安也右助也言爲天所安助也右讀曰佑失道妄行逆天暴物窮
奢極欲湛湎荒淫師古曰湛讀曰沈婦言是從誅逐仁賢離
逖骨肉羣小用事師古曰逖遠也峻刑重賦百姓愁怨則卦
氣悖亂咎徵著郵師古曰悖乖也郵字與尤同尤過也悖布內反上天震怒災異
婁降日月薄食五星失行山崩川潰水泉踴出妖

孛並見茀星耀光(師古曰茀與孛同音步內反)飢饉荐臻百姓短折萬物夭傷終不改寤惡洽變備不復譴告更命有德詩云乃眷西顧此惟予宅(師古曰大雅皇矣之詩也言天以殷紂為惡不變乃眷然西顧見文王之德而與之宅居也)夫去惡奪弱遷命賢聖天地之常經百王之所同也加以功德有厚薄期質有脩短時世有中季天道有盛衰(師古曰中讀曰仲)陛下承八世之功業當陽數之標季(孟康曰陽九之末季也師古曰標必遥反)涉三七之節紀(孟康曰至平帝乃三七二百一十歲之厄今已涉向其節紀)遭无妄之卦運(應劭曰天必先雲而後雷雷而後雨而今無雲而雷无妄者無所望也萬物无所望於天災異之最大者也師古曰取易之无妄卦為義)直百六之災阸(師古曰直當也)三難異科雜焉同會(師古曰雜謂相參也一曰雜先合反雜焉總萃貌)建始元年以來二十載間羣災大異交錯鋒起多於春秋所書八世著記久不塞除(李奇曰高祖以來至元帝著記災異未塞除也)重以今年正月已亥朔日有食之(師古曰重直用反)三朝之會(師古曰歲月日三者之始故云三朝)四月丁酉四方衆星白晝流隕七月辛未彗星橫天乘三難之際會畜衆多之災異(師古曰畜讀曰蓄蓄積聚也)因之以飢饉接之以不贍彗星極異也土精所生流隕之應出於飢變之後兵亂作矣厥期不久隆德積善懼不克濟(師古曰惟德積善尚恐不濟況不隆不積者乎)內則為深宮後庭將有驕臣悍妾醉酒狂悖卒起之敗(師古曰卒讀曰猝)北宮苑囿街巷之中臣妾之家幽閒之處(師古曰閒讀曰閑)徵舒崔杼之

亂(師古曰陳夏徵舒殺其君平國齊崔杼殺其君光)外則為諸夏下土將有樊並蘇令陳勝項梁奮臂之禍內亂朝暮日戒諸夏(師古曰內亂則禍在朝暮諸夏則日戒有兵)舉兵以火角為期(張晏曰以熒惑芒角為期)安危之分界宗廟之至憂(師古曰分扶問反)臣永所以破膽寒心(師古曰言懼甚)豫言之累年下有其萌然后變見于上(師古曰萌謂事之始生如草木萌芽者也)可不致慎禍起細微姦生所易(師古曰易輕也音弋豉反)願陛下正君臣之義無復與羣小媟黷燕飲(師古曰媟狎也黷汙也)中黃門後庭素驕慢不謹嘗以醉酒失臣禮者悉出勿留勤三綱之嚴修後宮之政(師古曰三綱君臣父子夫婦也)抑遠驕妬之寵崇近婉順之行加惠失志之人懷柔怨恨之心(師古曰懷和也)保至尊之重秉帝王之威朝覲法出而後駕陳兵清道而後行無復輕身獨出飲食臣妾之家三者既除內亂之路塞矣諸夏舉兵萌在民飢饉而吏不卹興於百姓困而賦斂重發於下怨離而上不知易曰屯其膏小貞吉大貞凶(孟康曰膏者所以潤人肌膚爵祿亦所以養人者也小貞臣也大貞君也遭屯難飢荒君當開倉廩振百姓而反吝則凶臣吝嗇則吉論語曰出內之吝謂之有司師古曰易屯卦九五爻辭)傳曰飢而不損茲謂泰厥災水厥咎亡(師古曰洪範傳之辭)訞辭曰關動牡飛辟為無道臣為非厥咎亂臣謀篡(師古曰易訞占之辭也訞即妖字耳)王者遭衰難之世有飢饉之災不損用而大自潤故凶百姓困貧無以共求(師古曰共讀曰供無以供在上)

之所求愁悲怨恨故水城關守國之固固將去焉故牡飛往年郡國二十一傷於水災禾黍不入今年蠶麥咸惡百川沸騰江河溢決大水泛濫郡國五十有餘比年喪稼師古曰比頻也時過無宿麥師古曰時過者失時不得種也秋種夏收故云宿麥百姓失業流散群輩守關如淳曰欲人就賤穀也大異較炳如彼水災浩浩黎庶窮困如此宜損常稅小自潤之時師古曰言所潤益於已者當減小之而有司奏請加賦甚繆經義逆於民心布怨趨禍之道也壯飛之狀殆為此發古者穀不登虧膳災婁至損服凶年不塈塗明王之制也師古曰塈如今仰泥屋也音許既反詩云凡民有喪扶服救之師古曰鄁國谷風之詩服蒲北反救古教字論語曰百姓不足君孰予足師古曰論語載有若對魯哀公之辭也言百姓不足君安得獨足乎臣願陛下勿許加賦之奏益減大官導官中御府均官掌畜廩犧用度止尚方織室京師郡國工服官發輸造作以助大司農流恩廣施振贍困乏開關梁內流民恣所欲之師古曰之往也以救其急立春遣使者循行風俗宣布聖德師古曰行下更反存卹孤寡問民所苦勞二千石師古曰勞慰勉也二千石謂郡守諸侯相也音來到反敕勸耕桑毋奪農時以慰綏元元之心防塞大姦之隙師古曰綏安也諸夏之亂庶幾可息臣聞上主可與為善而不可與為惡下主可與為惡而不可與為善陛

下天然之性踈通聰敏上主之姿也師古曰姿材也少省愚臣之言感寤三難師古曰省視也深畏大異定心為善損忘邪志毋貳舊愆厲精致政至誠應天則積異塞於上禍亂伏於下何憂患之有竊恐陛下公志未專私好頗存尚愛羣小不肖為耳對奏天子甚感其言永於經書汎為踈達師古曰汎普也音敷劒反與杜欽杜鄴略等不能洽浹如劉向父子及揚雄也其於天官京氏易最密故善言災異前後所上四十餘事略相反覆專攻上身與後宮而已黨於王氏上亦知之不甚親信也永所居任職師古曰言所處之官皆稱職為北地大守歲餘衛將軍商薨曲陽侯根為票騎將軍薦永徵入為大司農歲餘永病三月有司奏請免故事公卿病輒賜告至永獨即時免數月卒於家本名並以尉氏樊並反更名永云

杜鄴字子夏本魏郡繁陽人也祖父及父積功勞皆至郡守武帝時徙茂陵鄴少孤其母張敞女鄴壯從敞子吉學問得其家書以孝廉為郎與車騎將軍王音善平阿侯譚不受城門職後薨上閔悔之乃復令譚弟成都侯商位特進領城門兵得舉吏如將軍府鄴見音前與平阿有隙即說音曰鄴

聞人情恩深者其養謹愛至者其求詳師古曰詳悉也夫戚
而不見殊孰能無怨師古曰戚近也殊謂異於疏也此棠棣角弓之詩
所為作也師古曰棠棣角弓皆小雅篇名也棠棣美燕兄弟角弓刺不親九族也昔秦伯有千
乘之國而不能容其母弟春秋亦書而譏焉師古曰秦景公母弟公子鍼有寵於其父桓公景公立鍼懼而奔晉事在昭元年故經書秦伯之弟鍼出奔晉傳曰稱弟罪秦伯也周召則不
然師古曰言周公召公無私怨也忠以相輔義以相匡同己之親等己
之尊不以聖德獨兼國寵又不為長專受榮任分
職於陝並為弼疑師古曰分職於陝謂自陝以東周公主之自陝以西召公主之陝即今陝州縣也音式冉反而說者妄云分郟是潁川郟縣謬矣弼疑謂左輔右弼前疑後承也故內無感恨之隙外無侵
侮之羞師古曰感胡闇反俱享天祐兩荷高名者蓋以此也

竊見成都侯以特進領城門兵復有詔得舉吏如
五府此明詔所欲寵也將軍宜承順聖意加異往
時每事凡議必與及之指為誠發出於將軍則孰
敢不說諭師古曰言此之意指皆出忠誠彼必和悅無憂乖異也說讀曰悅昔文侯寤大鴈
之獻而父子益親師古曰魏文侯廢大子擊立擊弟訢封擊於中山三年不往來擊因趙倉唐進大鴈於文侯應對以禮文侯感寤廢訢而召立擊父子更親也陳平共壹飯之饌而將相加驩師古曰陳平用陸賈說以五百金為絳侯具食是也共讀曰供所接雖在樞階俎豆之間其於
為國折衝厭難豈不遠哉師古曰厭一葉反竊慕倉唐陸子
之義所白奧內唯深察焉師古曰奧內室中隱奧之處也商甚嘉其言
由是與成都侯商親密二人皆重鄴後以病去郎

商為大司馬衛將軍除鄴主簿以為腹心舉侍御
史哀帝即位遷為涼州刺史鄴居職寬舒少威嚴
數年以病免是時帝祖母定陶傅太后稱皇太太
后帝母丁姬稱帝太后而皇后即傅太后從弟子
也傅氏侯者三人丁氏侯者二人又封傅太后同
母弟子鄭業為陽信侯傅太后尤與政專權師古曰與讀曰豫
元壽元年正月朔上以皇后父孔鄉侯傅晏為大
司馬衛將軍而帝舅陽安侯丁明為大司馬票騎
將軍臨拜日食詔舉方正直言扶陽侯韋育舉鄴方
正鄴對曰臣聞禽息憂國碎首不恨應劭曰禽息秦大夫薦百里奚而不

見納繆公出當車以頭擊闑腦乃播出曰臣生無補於國而不如死也繆公感寤而用百里奚秦以大治卞和獻寶刖
足願之師古曰解在鄒陽傳臣幸得奉直言之詔無二者之危
敢不極陳臣聞陽尊陰卑卑者隨尊尊者兼卑天
之道也是以男雖賤各為其家陽女雖貴猶為其
國陰故禮明三從之義師古曰謂婦人在家從父既嫁從夫夫死從子雖有文母之
德必繫於子師古曰文母文王之妃大姒也春秋不書紀侯之母陰義
殺也師古曰隱二年紀侯使履緰來逆女公羊傳曰婚禮不稱主人主人謂壻也不稱母母不通也殺謂減降也音所例反昔
鄭伯隨姜氏之欲終有叔段篡國之禍周襄王內
迫惠后之難而遭居鄭之危師古曰解並在前漢興呂太后
權私親屬又以外孫為孝惠后是時繼嗣不明凡

事多晻師古曰晻與暗同晝昏冬雷之變不可勝載竊見陛
下行不偏之政每事約儉非禮不動誠欲正身與
天下更始也然嘉瑞未應而日食地震民訛言行
籌詩傳相驚恐案春秋灾異以指象為言語師古曰謂天不言但
以景象指意告喻人故在於得一類而達之也日食明陽為陰
所臨坤卦乘離明夷之象應劭曰明夷之卦上六不明晦初登于天後入于地明夷者明傷也
初登于天者初為天子言以善聞於天也後入于地者傷賢害仁佞惡在朝必以惡終入于地也坤以法地為土
為母以安靜為德震不陰之效也師古曰言地當安靜而今乃震是為不遵陰道
占象甚明臣敢不直言其事昔曾子問從令之義
孔子曰是何言與師古曰曾子問子從父之令可謂孝乎孔子非之事見孝經與讀曰歟善閔

子騫守禮不苟從親所行無非理者故無可閒也
師古曰論語稱孔子曰孝哉閔子騫人不閒於其父母昆弟之言是也閒居莧反前大司馬新都侯莽
退伏弟家以詔策決復遣就國高昌侯宏去蕃自
絕猶受封土師古曰董宏也制書侍中駙馬都尉遷不忠巧
佞免歸故郡師古曰傅遷也閒未旬月則有詔還遷大臣奏正
其罰卒不得遣而反兼官奉使顯寵過故及陽信
侯業皆緣私君國非功義所止師古曰謂緣私恩而得封爵為一國之君耳非有功
而侯也諸外家昆弟無賢不肖並侍帷幄布在列位師古
曰不問賢與不肖皆親近在位或典兵衛或將軍屯寵意并於一家積
貴之埶世所希見所希聞也至乃並置大司馬將

軍之官皇甫雖盛三桓雖隆魯為作三軍無以甚
此當拜之日晻然日食師古曰晻烏感反不在前後臨事而
發者明陛下謙遜無專承指非一所言輒聽所欲
輒隨師古曰謂皆追於大后也有罪惡者不坐辜罰無功能者畢
受官爵流漸積猥正尤在是師古曰尤過也言過惡正在於此欲令昭
昭以覺聖朝昔詩人所刺春秋所譏指象如此殆
不在它由後視前忿邑非之師古曰由從也邑於邑也逮身所行
不自鏡見則以為可計之過者師古曰逮及也鏡鑒照也自以所行為可是計策之
誤也跡賤獨偏見疑內亦有此類如淳曰在外而賤舉錯有過失為主上所疑也師
古曰此說非也言天子不自見其過跡賤獨偏見鄴自謂傅遷而見之也疑內亦有此類謂後宮嬖幸非理寵遇亦有如傅遷鄭業等妄受恩賞者

天變不空保右世主如此之至柰何不應師古曰右讀曰佑應
謂應天戒而脩德政臣聞野雞著怪高宗深動師古曰謂雉升鼎耳故懼而脩德解在五行志
大風暴過成王怛然師古曰謂成王信流言而疑周公天乃雷電以風禾盡偃大木斯拔王乃啓金縢之
書悔而還周公願陛下加致精誠思承始初事稽諸古師古曰每事
皆考於古者以厭下心師古曰厭滿也音一贍反則黎庶羣生無不說喜
師古曰說讀曰悅上帝百神收還威怒禎祥福祿何嫌不報
師古曰嫌疑也鄴未拜病卒鄴言民訛言行籌及谷永言王
者買私田彗星隕石牡飛之占語在五行志初鄴
從張吉學吉子竦又幼孤從鄴學問亦著於世尤
長小學師古曰小學謂文字之學也周禮八歲入小學保氏教國子以六書故因名云鄴子林清靜好

古亦有雅材建武中歷位列卿至大司空其正文字過於鄴竦故世言小學者由杜公

贊曰孝成之世委政外家諸舅持權重於丁傅在孝哀時故杜鄴敢譏丁傅而欽永不敢言王氏其埶然也及欽欲挹損鳳權而鄴附會晉商永陳三七之戒斯爲忠焉至其引申伯以阿鳳隙平阿於車騎（師古曰謂勸王譚不受城門之職）指金火以求合（師古曰謂陳金火之變說音云蕩蕩之德未純巽音親已忘舊怨也）可謂諒不足而談有餘者（師古曰諒信也）孔子稱友多聞三人近之矣（師古曰孔子云友直友諒友多聞益矣贊言杜鄴杜欽谷永無直諒之德但多聞也）

谷永杜鄴傳第五十五

何武王嘉師丹傳第五十六　班固　漢書八十六

祕書監上護軍琅邪縣開國子顏師古注

何武字君公蜀郡郫縣人也（師古曰郫音疲）宣帝時天下和平四夷賓服神爵五鳳之間婁蒙瑞應（師古曰婁古屢字也）而益州刺史王襄使辯士王襃頌漢德作中和樂職宣布詩三篇（師古曰中和者言政教隆平得中和之道也樂職謂百官萬姓樂得其常道也宣布德化周洽徧於四海也）武年十四五與成都楊覆衆等共習歌之是時宣帝循武帝故事求通達茂異士召見武等於宣室（師古曰殿名也解在賈誼傳）上曰此盛德之事吾何足以當之哉以襃爲待詔武等賜帛罷武詣博士受業治易以射策甲科爲郎與翟方進交志相友光祿勳舉四行（師古曰元帝永光元年詔舉質樸敦厚遜讓有行義各一人時詔書又令光祿歲以此科第郎從官故武以此四行得舉之也）遷爲鄠令坐法免歸武兄弟五人皆爲郡吏郡縣敬憚之武弟顯家有市籍租常不入縣數負其課（師古曰以顯家不入租故每令負課殿也）市嗇夫求商捕辱顯家（師古曰求顯姓商名也）顯怒欲以吏事中商（師古曰中傷之也又音竹仲反）武曰以吾家租賦繇役不爲衆先奉公吏不亦宜乎武卒白太守召商爲卒史州里聞之皆服焉久之大僕王音舉武賢良方正徵對策拜爲諫大夫遷揚州刺史所舉奏二千石長吏必先露章服罪者爲虧除免之而已（師古曰虧減也

減除其狀直令免去也）不服極法奏之抵罪或至死九江太守戴聖禮經號小戴者也行治多不法前刺史以其大儒優容之及武爲刺史行部錄囚徒有所舉以屬郡（師古曰屬委也音之欲反）聖曰後進生何知迺欲亂人治（師古曰言武仕學未久故謂之後進生也）皆無所決武使從事廉得其罪（師古曰廉察也）聖懼自免後爲博士毀武於朝廷武聞之終不揚其惡而聖子賓客爲羣盜得（師古曰聚爲羣盜而吏捕得也）繫廬江聖自以子必死武平心決之卒得不死自是後聖慙服武每奏事至京師（師古曰刺史每歲盡則入奏事於京師也）聖未嘗不造門謝恩（師古曰造至也音千到反）武爲刺史二千石有罪應時舉奏其餘賢

與不肖敬之如一是以郡國各重其守相州中清平行部必先即學官見諸生（師古曰即就也學官學舍也）試其誦論問以得失然後入傳舍出記問墾田頃畝五穀美惡（師古曰記謂教命之書）已迺見二千石以爲常（師古曰常依次第也）初武爲郡吏時事大守何壽知武有宰相器以其同姓故厚之後壽爲大司農其兄子爲廬江長史時武奏事在邸壽兄子適在長安壽爲具召武弟顯及故人楊覆衆等（師古曰具謂酒食之具也）酒酣見其兄子（師古曰令出見顯等）曰此子揚州長史（師古曰言揚州部內長史也）材能駑下未嘗省見（師古曰省視也言不爲武所識拔也）顯等甚慙退以謂武武曰刺史古之

方伯上所委任一州表率也職在進善退惡吏治行有茂異民有隱逸廼當召見不可有所私問顯覆衆強之不得已召見賜卮酒師古曰對賜一卮之酒也歲中廬江大守舉之師古曰終得武之力助也其守法見憚如此爲刺史五歲入爲丞相司直丞相薛宣敬重之出爲清河大守數歲坐郡中被災害什四以上免久之大司馬曲陽侯王根薦武徵爲諫大夫遷兗州刺史入爲司隸校尉徙京兆尹二歲坐舉方正所舉者召見槃辟雅拜服虔曰行礼容拜也師古曰槃辟猶言槃旋也辟音闢有司以爲詭衆虛僞師古曰詭違也武坐左遷楚內史遷沛郡太守復入爲廷尉綏和元年御史大夫孔光左遷廷尉武爲御史大夫成帝欲修辟雍通三公官師古曰通開也謂更開置之即改御史大夫爲大司空師古曰就其所任之人而并官俱改不別拜授也武更爲大司空封氾鄉侯食邑千戶氾鄉在琅邪不其師古曰爲後又食博望鄉故此指言在琅邪不其也氾音凡其音基哀帝初即位褒賞大臣更以南陽犨之博望鄉爲氾鄉侯國師古曰犨音昌牛反增邑千戶武爲人仁厚好進士獎稱人之善師古曰獎勸也進而勸之爲楚內史厚兩龔在沛郡厚兩唐師古曰兩龔龔勝龔舍也兩唐唐林唐遵也及爲公卿薦之朝廷此人顯於世者何侯力也世以此多焉師古曰多重也重武進賢也然疾朋黨問文吏必於儒者問儒者必

於文吏以相參檢欲除吏先爲科例以防請託其所居亦無赫赫名去後常見思及爲御史大夫司空與丞相方進共奏言往者諸侯王斷獄治政內史典獄事相揔綱紀輔王中尉備盜賊今王不斷獄與政師古曰與讀曰豫中尉官罷職并內史郡國守相委任所以壹統信安百姓也師古曰令百姓信之而安附也令內史位卑而權重威職相踰不統尊者難以爲治臣請相如大守內史如都尉以順尊卑之序平輕重之權制曰可以內史爲中尉初武爲九卿時奏言宜置三公官又與方進共奏罷刺史更置州牧後皆復故師古曰又依其舊也下復扶目反語在朱博傳唯內史事施行多所舉奏號爲煩碎不稱賢公功名略比薛宣其材不及也而經術正直過之武後母在郡遣吏歸迎會成帝崩吏恐道路有盜賊後母留止左右或譏武事親不篤師古曰左右謂天子側近之臣哀帝亦欲改易大臣遂策免武曰君舉錯煩苛不合衆心師古曰錯置也音千故反孝聲不聞惡名流行無以率示四方其上大司空印綬罷歸就國後五歲諫大夫鮑宣數稱冤之天子感丞相王嘉之對而高安侯董賢亦薦武武由是復徵爲御史大夫月餘徙爲前將軍先是新都侯王莽就國數

年上以大皇大后故徵莽還京師莽從弟成都侯
王邑爲侍中矯稱大皇大后指白哀帝爲求特進
給事中哀帝復請之事發覺 師古曰哀帝反更以此事請於大后大后本無此言故矯
事發覺也 復扶目反 大后爲謝上以大后故不忍誅之左遷邑
爲西河屬國都尉削千戶後有詔舉大常莽私從
武求舉武不敢舉後數月哀帝崩大后即日引莽
入收大司馬董賢印綬詔有司舉可大司馬者莽
故大司馬辭位辟丁傅 師古曰辟讀曰避 衆庶稱以爲賢又
大后近親自大司徒孔光以下舉朝皆舉莽武爲
前將軍素與左將軍公孫祿相善二人獨謀以爲

往時孝惠孝昭少主之世外戚呂霍上官持權幾危
社稷 師古曰幾鉅依反 今孝成孝哀比世無嗣 師古曰比頻也 方當選
立親近輔幼主不宜令異姓大臣持權 師古曰異姓謂非宗室及外戚
親疏相錯爲國計便 師古曰錯謂間雜也 於是武舉公孫祿可
大司馬而祿亦舉武太后竟自用莽爲大司馬莽
風有司劾奏武公孫祿互相稱舉 師古曰風讀曰諷 皆免武
就國後莽寖盛爲宰衡 師古曰寖漸也 陰誅不附己者元始
三年呂寬等事起時大司空甄豐承莽風指 師古曰風謂風
采也指意也 遣使者乘傳案治黨與 師古曰傳音張戀反 連引諸所欲
誅上黨鮑宣南陽彭偉杜公子 師古曰彭偉及杜公子二人皆南陽人 郡

國豪桀坐死者數百人武在見詆中大理正檻車
徵武武自殺衆人多冤武者莽欲厭衆意令武子
況嗣爲侯 師古曰厭滿也音一贍反 謚武曰刺侯 師古曰刺音來曷反 莽篡位
免況爲庶人
王嘉字公仲平陵人也以明經射策甲科爲郎坐
戶殿門失闌免 師古曰戶止也嘉掌守殿門止不當入者而失闌入之故坐免也春秋左氏傳曰屈蕩戶之 光
祿勳于永除爲掾察廉爲南陵丞 師古曰南陵縣名屬宣城 復察
廉爲長陵尉鴻嘉中舉敦朴能直言召見宣室對
政事得失超遷大中大夫出爲九江河南大守治
甚有聲徵入爲大鴻臚徙京兆尹遷御史大夫建

平三年代平當爲丞相封新甫侯加食邑千一百
戶嘉爲人剛直嚴毅有威重上甚敬之哀帝初立
欲匡成帝之政多所變動 師古曰匡正也正其乖失者 嘉上疏曰臣
聞聖王之功在於得人孔子曰材難不其然與 師古
曰論語載孔子之言也材難謂有賢材者難得也與讀曰歟 故繼世立諸侯象賢也 師古曰象其先
父祖之賢耳非必其人皆有德也 雖不能盡賢天子爲擇臣立命卿以
輔之 師古曰命卿命於天子者也 居是國也累世尊重然後士民之
衆附焉是以教化行而治功立今之郡守重於古
諸侯往者致選賢材賢材難得拔擢可用者或起於囚
徒昔魏尚坐事繫文帝感馮唐之言遣使持節赦其

辠拜爲雲中大守匈奴憚之武帝擢韓安國於徒
中拜爲梁內史骨肉以安 師古曰言梁孝王得免罪也 張敞爲京兆
尹有罪當免黠吏知而犯敞敞收殺之其家自寃
使者覆獄劾敞賊殺人 師古曰覆芳目反 上逮捕不下 師古曰言使者上奏請逮捕敞而天子不下其事也下胡稼反 會免亡命數十日宣帝徵敞拜爲
冀州刺史卒獲其用前世非私此三人貪其材器
有益於公家也孝文時吏居官者或長子孫以官
爲氏倉氏庫氏則倉庫吏之後也其二千石長吏
亦安官樂職然後上下相望莫有苟且之意其後
稍稍變易公卿以下傳相促急又數改更政事 師古曰更亦變

司隸部刺史察過悉劾發揚陰私 師古曰悉盡也言事無大小皆舉劾過於所察之餘也 吏或居官數月而退送故迎新交錯道路
中材苟容求全 師古曰不敢操持群下也 下材懷危內顧 師古曰常恐獲罪專爲私計也
壹切營私者多二千石益輕賤吏民慢易之 師古曰易亦輕也音弋豉反 或持其微過增加成辠言於刺史司隸或至
上書章下 師古曰依其所上之章而下令治之 衆庶知其易危 師古曰言易可傾危也
小失意則有離畔之心前山陽亡徒蘇令等從橫 師古曰從子用反橫胡孟反 吏士臨難莫肯伏節死義以守相威權
素奪也 師古曰守郡守也相諸侯相也素奪謂先不假之威權也 孝成皇帝悔之下詔
書二千石不爲縱 孟康曰二千石不以故縱爲罪所以優也 遣使者賜金尉

厚其意誠以爲國家有急取辦於二千石二千石
尊重難危乃能使下孝宣皇帝愛其良民吏 師古曰良善也良人吏善治百姓者 有章劾事留中會赦壹解 師古曰不即下治其事恐爲擾動故每留中或經赦令一切皆解散也 故事尚書希下章爲煩擾百姓證驗繫治
或死獄中章文必有敢告之字迺下 師古曰所以丁寧告者之辭絕其相誣也
唯陛下留神於擇賢記善忘過容忍臣子勿責以
備 師古曰不求備於一人也 二千石部刺史三輔縣令有材任職者
人情不能不有過差宜可闊略 師古曰當寬恕其小罪也 令盡力
者有所勸此方今急務國家之利也前蘇令發 師古曰謂蘇令等初發起爲盜賊也 欲遣大夫使逐問狀時見大夫無可使

者 師古曰謂見在大夫皆不堪爲使也 召盩厔令尹逢拜爲諫大夫遣之
今諸大夫有材能者甚少宜豫畜養可成就者則
士赴難不愛其死臨事倉卒乃求非所以明朝廷
也嘉因薦儒者公孫光滿昌及能吏蕭咸薛脩等
皆故二千石有名稱天子納而用之會息夫躬孫
寵等因中常侍宋弘上書告東平王雲祝詛又與
后舅伍宏謀弒上爲逆雲等伏誅躬寵擢爲吏二
千石是時侍中董賢愛幸於上上欲侯之而未有
所緣傅嘉勸上因東平事以封賢上於是定躬寵
告東平本章 師古曰定謂改治也 掇去宋弘更言因董賢以聞

師古曰掇讀曰剟剟削也削去其名也剟竹劣反欲以其功侯之皆先賜爵關內侯
頃之欲封賢等上心憚嘉乃先使皇后父孔鄉侯
傅晏持詔書視丞相御史師古曰視讀曰示於是嘉與御史
大夫賈延上封事言竊見董賢等三人始賜爵衆
庶匈匈咸曰賢貴其餘并蒙恩師古曰言董賢以貴寵故妄得封而躬寵等遂蒙恩
至今流言未解陛下仁恩於賢等不已宜暴賢等
本奏語言師古曰暴謂章露也延問公卿大夫博士議郎考合
古今明正其義然後乃加爵土不然恐大失衆心
海內引領而議暴平其事必有言當封者在陛下
所從天下雖不說咎有所分師古曰說讀曰悅不獨在陛下

前定陵侯淳于長初封其事亦議大司農谷永
以長當封衆人歸咎於永先帝不獨蒙其譏師古
曰蒙被也臣嘉臣延材駑不稱死有餘責師古曰稱副也知順指不
迕可得容身須臾師古曰迕逆也所以不敢者思報厚恩也
上感其言止數月遂下詔封賢等因以切責公卿
曰朕居位以來寢疾未瘳師古曰瘳差也音丑留反反逆之謀相連
不絕賊亂之臣近侍帷幄前東平王雲與后謁祝
詛朕使侍醫伍宏等內侍案脈師古曰案謂切許也幾危社稷
殆莫甚焉師古曰幾鉅依反殆亦危也昔楚有子玉得臣晉文爲之
側席而坐師古曰已解於上近事汲黯折淮南之謀今雲等

至有圖弒天子逆亂之謀者是公卿股肱莫能悉
心務聰明以銷厭未萌之故師古曰悉盡也務聰明者廣視聽也厭一涉反賴宗
廟之靈侍中駙馬都尉賢等發覺以聞咸伏厥辜
書不云乎用德章厥善師古曰商書盤庚之辭也其封賢爲高安
侯南陽大守寵爲方陽侯左曹光祿大夫躬爲宜
陵侯後數月日食舉直言嘉復奏封事曰臣聞咎
繇戒帝舜曰亡敖佚欲有國兢兢業業一日二日萬
機師古曰虞書咎繇謩之辭也言有國之人不可敖慢逸欲但當戒慎危懼以理萬事之機也敖讀曰傲箕子戒武
王曰臣無有作威作福亡有玉食臣之有作威作福玉
食害于而家凶于而國人用側頗辟民用僭慝師古

曰周書洪範載箕子對武王之辭也玉食精好如玉也而汝也頗偏也僭不信也慝惡也言如此則逆尊卑之
序亂陰陽之統而害及王者其國極危國人傾仄
不正民用僭差不壹此君不由法度上下失序之
敗也武王躬履此道隆至成康師古曰言武王能履法度故至成康之時德化隆盛也
自是以後縱心恣欲法度陵遲師古曰陵遲即陵夷也言漸頹替也至於
臣弒君子弒父父子至親失禮患生何況異姓之
臣孔子曰道千乘之國敬事而信節用而愛人使
民以時師古曰論語載孔子之言也道治也千乘謂兵車千乘說在刑法志孝文皇帝備行此
道海內蒙恩爲漢大宗孝宣皇帝賞罰信明施與
有節記人之功忽於小過師古曰忽忘也以致治平孝元皇

帝奉承大業溫恭少欲都內錢四十萬萬水衡錢
二十五萬萬少府錢十八萬萬師古曰言不費用故蓄積也嘗幸上
林後宮馮貴人從臨獸圈猛獸驚出貴人前當之
元帝嘉美其義賜錢五萬師古曰此言雖嘉其義而賞亦不多掖庭見親
有加賞賜屬其人勿衆謝師古曰掖庭宮人有親戚來見而帝賜之者屬其家勿使於衆人中謝也屬之欲反
示平惡偏重失人心賞賜節約是時外戚貲
千萬者少耳故少府水衡見錢多也師古曰見在之錢也雖遭
初元永光凶年飢饉加有西羌之變外奉師旅內
振貧民終無傾危之憂以府臧內充實也孝成皇
帝時諫臣多言燕出之害師古曰燕出覊微行也及女寵專愛耽

於酒色損德傷年其言甚切然終不怨怒也寵臣
淳于長張放史育育數貶退家貲不滿千萬放斥
逐就國長榜死於獄師古曰榜笞擊也音彭不以私愛害公義故
雖多內譏朝廷安平師古曰雖有好內之譏而不害政也傳業陛下陛下
在國之時好詩書上儉節徵來所過道上稱誦德
美此天下所以回心也師古曰望爲治也初即位易帷帳去錦
繡乘輿席緣綈繒而已師古曰綈厚繒也音徒奚反共皇寢廟比比
當作師古曰恭皇哀帝之父即定陶恭王也比比猶頻頻也共讀曰恭憂閔元元惟用度不
足師古曰惟思也以義割恩輒且止息今始作治而駙馬都
尉董賢亦起官寺上林中又爲賢治大第開門鄉

北闕師古曰鄉讀曰嚮引王渠灌園池蘇林曰王渠官渠也由今御溝也晉灼曰渠名在城東覆盎門
外師古曰晉說是使者護作師古曰護監視也賞賜吏卒甚於治宗廟
賢母病長安廚給祠具師古曰長安有廚官主爲官食道中過者皆飲
食如淳曰禱於道中故行人皆得飲食爲賢治器器成奏御廼行或物好
特賜其工自貢獻宗廟三宮猶不至此師古曰三宮天子太后皇后也
賢家有賓婚及見親諸官並共師古曰見親親戚相見也並供言百官各以所掌事
及財物就供之共讀曰供賜及倉頭奴婢人十萬錢使者護視發
取市物百賈震動師古曰賈謂販賣之人也言百賈者非一之稱也賈音古道路讙譁
羣臣惶惑詔書罷苑而以賜賢二千餘頃均田之
制從此墮壞孟康曰自公卿以下至于吏民名曰均田皆有頃數於品制中令均等今賜賢二千餘頃則壞其等制也

師古曰芫古花字嚾火覜反奢僭放縱變亂陰陽災異衆多百姓訛
言持籌相驚師古曰言行西王母籌也被髮徒跣而走乘馬者馳天
惑其意不能自止或以爲籌者策失之戒也陛下
素仁智慎事今而有此大譏孔子曰危而不持顛
而不扶則將安用彼相矣師古曰論語稱季氏將伐顓臾冉有季路見於孔子孔子以此言責之以其不臣諫也
臣嘉幸得備位竊內悲傷不能通愚忠之
信身死有益於國不敢自惜唯陛下慎己之所獨
鄉察衆人之所共疑師古曰鄉讀曰嚮往者寵臣鄧通韓嫣
師古曰嫣音偃驕貴失度逸豫無厭小人不勝情欲卒陷罪
辜師古曰卒終也亂國亡軀不終其祿所謂愛之適足以害

之者也宜深覽前世以節賢寵全安其命於是上
寖不說師古曰寖漸也說讀曰悅而愈愛賢不能自勝會祖母傅
太后薨上因託傅太后遺詔令成帝母王太后下
丞相御史益封賢二千戶及賜孔鄉侯汝昌侯陽
新侯國師古曰傅晏傅商鄭業也嘉封還詔書師古曰還謂卻上之於天子也因奏封
事諫上及太后曰臣聞爵祿土地天之有也書云
天命有德五服五章哉師古曰虞書咎繇謨之辭也言皇天命於有德者以居列位天子諸侯卿大夫士尊卑之服采章各異也王者代天爵人尤宜慎之裂地而封不
得其宜則衆庶不服感動陰陽其害疾自深師古曰言且此氣損害故令天子聖體有疾也今聖體久不平此臣嘉所內懼也高安

侯賢佞幸之臣陛下傾爵位以貴之單貨財以富
之師古曰單盡也損至尊以寵之師古曰言上意傾慼爲下所窺也主威已黜府
臧已竭唯恐不足財皆民力所爲孝文皇帝欲起
露臺重百金之費克已不作今賢散公賦以施私
惠一家至受千金往古以來貴臣未嘗有此流聞
四方皆同怨之里諺曰千人所指無病而死臣常
爲之寒心今太皇太后以永信太后遺詔詔丞相
御史益賢戶賜三侯國臣嘉竊惑山崩地動日食
於三朝師古曰歲月日之朝也已解於上皆陰侵陽之戒也前賢已再封
晏商再易邑業緣私橫求恩已過厚師古曰橫胡孟反求索

自恣不知厭足甚傷尊尊之義不可以示天下爲
害痛矣臣驕侵罔陰陽失節師古曰罔謂誣蔽也氣感相動害
及身體陛下寢疾久不平繼嗣未立宜思正萬事
順天人之心以求福祐奈何輕身肆意師古曰肆放也不念
高祖之勤苦垂立制度欲傳之於無窮哉孝經曰
天子有爭臣七人雖無道不失其天下師古曰言上能納諫則免於過惡也
臣謹封上詔書不敢露見非愛死而不自法恐天
下聞之故不敢自劾愚戇數犯忌諱唯陛下省察
初廷尉梁相與丞相長史御史中丞及五二千石
雜治東平王雲獄時冬月未盡二旬而相心疑雲

冤獄有飾辭師古曰假飾之辭非其實也奏欲傳之長安師古曰傳謂移其獄事也
更下公卿覆治尚書令鞫譚僕射宗伯鳳以爲可許
師古曰鞫及宗伯皆姓也鞫居六反天子以相等皆見上體不平外內顧
望操持兩心師古曰操千高反幸雲踰冬無討賊疾惡主讎
之意制詔免相等皆爲庶人後數月大赦嘉奏封
事薦相等明習治獄相計謀深沈譚頗知雅文鳳
經明行修聖王有計功除過師古曰收采其功以免罪過也臣竊爲
朝廷惜此三人書奏上不能平師古曰心怒也後二十餘
日嘉封還益董賢戶事上乃發怒召嘉詣尚書責
問以相等前坐在位不盡忠誠外附諸侯操持兩

心背人臣之義今所稱相等材美足以相計除罪君以道德位在三公以摠方略一統萬類分明善惡爲職知相等罪惡陳列著聞天下時輒以自劾今又稱譽相等云爲朝廷惜之大臣舉錯恣心自在（師古曰錯置也）迷國罔上近由君始將謂遠者何（師古曰近臣尚然則遠者固宜尒也）對狀（師古曰敎令具對也）嘉免冠謝罪事下將軍中朝者光祿大夫孔光左將軍公孫祿右將軍王安光祿勳馬宮光祿大夫龔勝劾嘉迷國罔上不道請與廷尉雜治勝獨以爲嘉備宰相諸事並廢咎由嘉生嘉坐薦相等微薄以應迷國罔上（師古曰孔光以下衆共劾嘉而勝獨爲異議也）

不道恐不可以示天下遂可光等奏光等請謁者召嘉詣廷尉詔獄制曰票騎將軍御史大夫中二千石二千石諸大夫博士議郎議衞尉雲等五十人以爲如光等言可許議郎龔等以爲嘉言事前後相違無所執守不任宰相之職宜奪爵土免爲庶人永信少府猛等十人以爲聖王斷獄必先原心定罪探意立情故死者不抱恨而入地生者不銜怨而受罪明主躬聖德重大臣刑辟廣延有司議欲使海內咸服嘉罪名雖應法聖王之於大臣在輿爲下御坐則起（師古曰解在翟方進傳）疾病視之無數死

則臨弔之廢宗廟之祭進之以禮退之以義誅之以行（師古曰言大臣之死積累其行而爲誄也誄者累德行之文）案嘉本以相等爲罪罪惡雖著大臣括髮關械裸躬就笞（師古曰括結也關貫也裸露也）非所以重國褒宗廟也今春月寒氣錯繆霜露數降宜示天下以寬和臣等不知大義唯陛下察焉有詔假謁者節召丞相詣廷尉詔獄使者既到府掾史涕泣共和藥進嘉嘉不肯服主簿曰將相不對理陳冤相踵以爲故事（師古曰踵由躡也）君侯宜引決（師古曰令自殺也）使者危坐府門上（師古曰以逼促嘉也）主簿復前進藥嘉引藥杯以擊地謂官屬曰丞相幸得備位三公奉職負

國當伏刑都市以示萬衆丞相豈兒女子邪何謂咀藥而死（師古曰咀嚼也音才汝反）嘉遂裝出見使者再拜受詔乘吏小車去蓋不冠隨使者詣廷尉廷尉收嘉丞相新甫侯印綬縛嘉載致都船詔獄上聞嘉生自詣吏大怒使將軍以下與五二千石雜治吏詰問嘉嘉對曰案事者思得實竊見相等前治東平王獄不以雲爲不當死欲關公卿示重慎置驛馬傳囚埶不得踰冬月誠不見其外內顧望阿附爲雲驗復幸得蒙大赦相等皆良善吏臣竊爲國惜賢不私此三人獄吏曰茍如此則君何以爲罪猶當有以

負國不空入獄矣吏稍侵辱嘉嘉喟然卬天歎曰師古曰卬讀曰仰幸得充備宰相不能進賢退不肖以是負國死有餘責吏問賢不肖主名嘉曰賢故丞相孔光故大司空何武不能進惡高安侯董賢父子佞邪亂朝而不能退罪當死死無所恨嘉繫獄二十餘日不食歐血而死帝舅大司馬票騎將軍丁明素重嘉而憐之上遂免明以董賢代之語在賢傳嘉爲相三年誅國除死後上覽其對而思嘉言復以孔光代嘉爲丞相徵用何武爲御史大夫元始四年詔書追錄忠臣封嘉子崇爲新甫侯追謚嘉爲忠侯

師丹字仲公琅邪東武人也治詩事匡衡舉孝廉爲郎元帝末爲博士免建始中州舉茂材復補博士出爲東平王太傅丞相方進御史大夫孔光舉丹論議深博廉正守道徵入爲光祿大夫丞相司直數月復以光祿大夫給事中由是爲少府光祿勳侍中甚見尊重成帝末年立定陶王爲皇太子以丹爲太子太傅哀帝即位爲左將軍賜爵關內侯食邑領尚書事遂代王莽爲大司馬封高樂侯月餘徙爲大司空上少在國見成帝委政外家王氏

僭盛常內邑邑即位多欲有所匡正封拜丁傅奪王氏權丹自以師傅居三公位得信於上上書言古者諒闇不言聽於冢宰師古曰論語云子張曰書云高宗諒闇三年不言孔子曰何必高宗古之人皆然君薨百官總己以聽於冢宰三年諒信也闇默然也三年無改於父之道師古曰論語稱孔子曰父在觀其志父沒觀其行三年無改於父之道可謂孝矣前大行尸柩在堂而官爵臣等以及親屬赫然皆貴寵封舅爲陽安侯皇后尊號未定豫封父爲孔鄉侯出侍中王邑射聲校尉王邯等詔書比下變動政事師古曰比頻也卒暴無漸師古曰卒讀曰猝臣縱不能明陳大義復曾不能牢讓爵位師古曰牢堅也相隨空受封侯增益陛下之過間者郡國多

地動水出流殺人民日月不明五星失行此皆舉錯失中號令不定法度失理陰陽溷濁之應也師古曰溷胡頓反臣伏惟人情無子年雖六七十猶博取而廣求師古曰取讀曰娶孝成皇帝深見天命燭知至德師古曰燭照也至德指謂哀帝以壯年克己立陛下爲嗣先帝暴弃天下而陛下繼體四海安寧百姓不懼此先帝聖德當合天人之功也臣聞天威不違顏咫尺師古曰言常若在前宜自肅懼也願陛下深思先帝所以建立陛下之意且克己躬行以觀群下之從化天下者陛下之家也胏附何患不富貴不宜倉卒先帝不量臣愚以爲太傅陛下

以臣託師傅故亡功德而備鼎足封大國加賜黃金位為三公職在左右師古曰左右助也左讀曰佐右讀曰佑不能盡忠補過而令庶人竊議災異數見此臣之大罪也臣不敢言乞骸骨歸於海濱恐嫌於僞誠慙負重責義不得不盡死書數十上多切直之言初哀帝即位成帝母稱太皇太后成帝趙皇后稱皇太后而上祖母傅太后與母丁后皆在國邸自以定陶共王為稱高昌侯董宏上書言秦莊襄王母本夏氏而為華陽夫人所子師古曰莊襄王始皇之父也華陽夫人孝文王之夫人也子謂養以為子也及即位後俱稱太后宜立定陶共王后為皇太后事下有

司時丹以左將軍與大司馬王莽共劾奏宏知皇太后至尊之號天下一統而稱引亡秦以為比諭詿誤聖朝非所宜言大不道上新立謙讓納用莽丹言免宏為庶人傅太后大怒要上欲必稱尊號上於是追尊定陶共王為共皇帝尊傅太后為共皇太后丁后為共皇后郎中令泠褒黃門郎段猶等復奏言師古曰泠音零定陶共皇太后共皇后皆不宜復引定陶藩國之名以冠大號車馬衣服宜皆稱皇之意師古曰皇者至尊之號其服御宜皆副稱之也稱尺孕反置吏二千石以下各供厥職師古曰謂詹事大長少府等衆官也又宜為共皇立廟京師上復下

其議有司皆以為宜如褒猶言丹獨曰聖王制禮取法於天地故尊卑之禮明則人倫之序正人倫之序正則乾坤得其位而陰陽順其節人主與萬民俱蒙祐福尊卑者所以正天地之位不可亂也今定陶共皇太后共皇后以定陶共為號者母從子妻從夫之義也欲立官置吏車服與太皇太后並非所以明尊亡二上之義也定陶共皇號謚已前定義不得復改禮父為士子為天子祭以天子其尸服以士服子亡爵父之義尊父母也為人後者為之子故為所後服斬衰三年而降其父

母朞明尊本祖而重正統也孝成皇帝聖恩深遠故為共王立後奉承祭祀令共皇長為一國太祖萬世不毀恩義已備陛下既繼體先帝持重大宗承宗廟天地社稷之祀義不得復奉定陶共皇祭入其廟今欲立廟於京師而使臣下祭之是無主也又親盡當毀空去一國泰祖不墮之祀師古曰墮亦毀也音火規反而就無主當毀不正之禮非所以尊厚共皇也丹由是浸不合上意師古曰浸漸也會有上書言古者以龜貝為貨今以錢易之民以故貧宜可改幣上以問丹丹對言可改章下有司議皆以為行錢以來

又難卒變易師古曰卒讀曰猝丹老人忘其前語後從公卿
議又丹使吏書奏吏私寫其草丁傅子弟聞之使
人上書告丹上封事行道人徧持其書上以問將
軍中朝臣皆對曰忠臣不顯諫大臣奏事不宜徧
泄令吏民傳寫流聞四方臣不密則失身師古曰易上繫之辭
宜下廷尉治事下廷尉廷尉劾丹大不敬事未決
給事中博士申咸炔欽上書蘇林曰炔音桂言丹經行無比
師古曰比必寐反自近世大臣能若丹者少發憤懣奏封事
不及深思遠慮使主簿書漏泄之過不在丹以此
貶黜恐不厭衆心師古曰厭一贍反尚書劾咸欽幸得以儒

官選擢備腹心上所折中定疑師古曰折斷也取其言以斷事之中而定之所疑知
丹社稷重臣議罪處罰國之所慎咸欽初傳經義
以爲當治師古曰傳讀曰附事以暴列乃復上書妄稱譽丹
前後相違不敬上貶咸欽秩各二等遂策免丹曰
夫三公者朕之腹心也輔善相過匡率百僚和合
天下者也朕既不明委政於公間者陰陽不調寒
暑失常變異婁臻師古曰婁古屢字也山崩地震河決泉涌流
殺人民百姓流連無所歸心司空之職尤廢焉君
在位出入三年未聞忠言嘉謀而反有朋黨相進
不公之名乃者以挺力田議改幣章示君師古曰挺引拔也謂
特拔異力田之人優寵之也挺徒鼎反而説者以挺爲縣名失之遠矣君内爲朕建可改不疑師古
曰共立此議也以君之言博考朝臣君乃希衆雷同外以爲
不便令觀聽者歸非於朕朕隱忍不宣爲君受惡
朕疾夫比周之徒師古曰比頻寐反虛僞壞化寖以成俗故
屢以書飭君師古曰飭與敕同幾君省過求已師古曰省視也自求諸己不尤人也
幾音冀而反不受退有後言及君奏封事傳於道路
布聞朝市言事者以爲大臣不忠辜陷重辟獲虛
采名謗譏匈匈流于四方腹心如此謂疏者何殆
謬於二人同心之利焉師古曰易上繫辭曰二人同心其利斷金故詔書引之將何
以率示羣下附親遠方朕惟君位尊任重慮不周

密懷諼迷國師古曰諼詐也音虛袁反進退違命反覆異言甚爲君恥之
非所以共承天地永保國家之意師古曰共讀曰恭以君嘗託傳位
未忍考于理已詔有司赦君勿治其上大司空高樂侯印綬罷
歸尚書令唐林上疏曰竊見免大司空丹策書泰深痛切君
子作文爲賢者諱丹經爲世儒宗德爲國黃耇師古曰黃耇老人之稱也
黃謂白髮落更生黃者也耇老人面色不淨如垢親傳聖躬位在三公所坐者微海
内未見其大過事既已往免爵大重京師識者咸
以爲宜復丹邑爵使奉朝請師古曰識者謂有識之人也請材性反四方
所瞻卬也師古曰卬讀曰仰唯陛下財覽衆心有以尉復師
傳之臣師古曰財與裁同復報也音扶目反上從林言下詔賜丹爵關内

侯食邑三百戶丹既免數月上用朱博議尊傅太后為皇太太后丁后為帝太后與太皇太后及皇太后同尊又為共皇立廟京師儀如孝元皇帝博遷為丞相復與御史大夫趙玄奏言前高昌侯宏首建尊號之議而為丹所劾奏免為庶人時天下衰麤委政於丹（師古曰言新有成帝之喪斬衰麤服故天子不親政事也）丹不深惟褒廣尊親之義而妄稱說抑貶尊號虧損孝道不忠莫大焉陛下聖仁昭然定尊號宏以忠孝復封高昌侯丹惡逆暴著雖蒙赦令不宜有爵邑請免為庶人奏可丹於是廢歸鄉里者數年平帝即位新

都侯王莽白太皇太后發掘傅太后丁太后冢奪其璽綬更以民葬之定陶隳廢共皇廟（師古曰隳火規反）諸造議泠褒段猶等皆徙合浦復免高昌侯宏為庶人徵丹詣公車賜爵關內侯食故邑數月大皇太后詔大司徒大司空曰夫褒有德賞元功先聖之制百王不易之道也故定陶太后造稱僭號甚悖義理（師古曰悖乖也音布內反）關內侯師丹端誠於國不顧患難執忠節據聖法分明尊卑之制確然有柱石之固臨大節而不可奪可謂社稷之臣矣有司條奏邪臣建定稱號者已放退而丹功賞未加殆繆乎先賞後罰之義非所以章有德報厥功也其以厚丘之中鄉戶二千一百封丹為義陽侯月餘薨謚曰節侯子業嗣王莽敗廼絕

贊曰何武之舉王嘉之爭師丹之議（師古曰何武舉公孫祿為大司馬王嘉爭益董賢封邑師丹議丁傅不宜稱尊號）考其禍福乃效于後（師古曰終以王莽篡位董賢過禍丁傅喪敗）當王莽之作外內咸服董賢之愛疑於親戚（師古曰疑讀曰擬擬比也）武嘉區區以一蕢障江河用沒其身（師古曰蕢織草為器所以盛土也一蕢之土固不能障塞江河是以其身沈沒也蕢音匱）丹與董宏更受賞罰（師古曰更互也宏初建議尊號為丹所劾而免爵土及丹廢黜宏復獲封至王莽執政宏為庶人丹受國邑故云互受賞罰也更工衡反）哀哉故曰依世則廢道違俗則危殆（師古曰言隨時曲直則廢於正道違迕流俗則其身不安也）此古人所以難受爵位者也

何武王嘉師丹傳第五十六

揚雄傳上第五十七上 師古曰自長楊賦以後分爲下卷 班固 漢書八十七上

秘書監上護軍琅邪縣開國子顏師古注

原刊

揚雄字子雲蜀郡成都人也其先出自有周伯僑者以支庶初食采於晉之揚 師古曰采官也以官受地謂之采地 因氏焉不知伯僑周何別也 師古曰別謂分系緒也 揚在河汾之閒 應劭曰左傳霍揚韓魏皆姬姓也揚今河東揚縣 周衰而揚氏或稱侯號曰揚侯會晉六卿爭權韓魏趙興而范中行知伯弊當是時偪揚侯 晉灼曰漢名臣奏載張衡說云晉大夫食采於揚爲揚氏食我有罪而揚氏滅無揚侯有揚侯則非六卿所偪也師古曰晉說是也雄之自序譜諜蓋爲疎謬范中行不與知伯同時滅何得言當是時偪揚侯乎偪古逼字 揚侯逃於楚巫山因家焉 師古曰巫山今在荊州西南也 楚漢之興也揚氏遡江上

處巴江州 李奇曰江州縣名也巴郡所治也師古曰遡謂逆流而上也音素 而揚季官至廬江太守漢元鼎閒避仇復遡江上處㟭山之陽曰郫 師古曰㟭山江水所出也山南曰陽郫縣名也㟭音旻郫音疲 有田一壥有宅一區 晉灼曰周禮上地夫一壥一百畝也 世世以農桑爲業自季至雄五世而傳一子故雄亡它揚於蜀 師古曰蜀諸姓揚者皆非雄族故言雄無它揚 雄少而好學不爲章句訓詁通而已 師古曰詁謂指義也 博覽無所不見爲人簡易佚蕩 張晏曰佚音鐵蕩音讜晉灼曰佚蕩緩也 口吃不能劇談 鄭氏曰劇甚也晉灼曰或作遽遽疾也口吃不能疾言師古曰劇亦疾也無煩作遽也 默而好深湛之思 師古曰湛讀曰沈 清靜亡爲少耆欲 師古曰耆讀曰嗜 不汲汲於富貴不戚戚於貧賤 師古曰汲汲欲速之義如井汲之爲也 不脩廉隅以徼名當世 師古曰徼要也音工堯反徼字或作激激發也音工歷反 家產不過十金乏無儋石之儲晏如也 師古曰儋石解在蒯通傳 自有大度非聖哲之書不好也非其意雖富貴不事也顧嘗好辭賦 師古曰顧反也 先是時蜀有司馬相如作賦甚弘麗溫雅雄心壯之每作賦常擬之以爲式 師古曰擬謂比象也 又怪屈原文過相如至不容作離騷自投江而死悲其文讀之未嘗不流涕也以爲君子得時則大行不得時則龍蛇 應劭曰易曰龍蛇之蟄以存身也師古曰大行安步徐行 遇不遇命也何必湛身哉 師古曰湛讀曰沈謂投水而死 迺作書往往摭離騷文而反之 師古曰摭拾取也音之亦反 自㟭山投諸江流以弔屈原名曰反離騷

又旁離騷作重一篇名曰廣騷 師古曰旁依也音步浪反其下類此重直用反 又旁惜誦以下至懷沙一卷名曰畔牢愁 李奇曰畔離也牢聊也與君相畔愁而無聊也師古曰惜誦懷沙皆屈原所作九章中之名也 廣騷文多不載獨載反離騷其辭曰有周氏之蟬嫣兮或鼻祖於汾隅 應劭曰蟬嫣連也言與周氏親連也劉德曰鼻始也師古曰雄自言系出周氏而食采於揚故云始祖於汾隅也嫣於連反 靈宗初諜伯僑兮流于末之揚侯 應劭曰諜譜也言從伯僑以來可得而叙也 淑周楚之豐烈兮超旣離虖皇波 應劭曰淑善也去汾隅從巫山得周楚之美烈也超遠也晉灼曰皇大也師古曰言其先祖所歷經河及江四瀆之水故云大波也虖古乎字其下並同 因江潭而淮記兮欽弔楚之湘纍 蘇林曰淮水邊也鄭展曰淮往也李奇曰諸不以罪死曰纍荀息仇牧皆是屈原赴湘死故曰湘纍也師古曰記書記也謂弔文也言因江水之邊而投書記以往弔也欽敬也淮音往纍力追反 惟

天軌之不辟兮何純絜而離紛師古曰天軌猶言天路辟闢也離遭也紛難也言天
路不闢故使純善貞絜之人遭此難也易曰天地閉賢人隱也辟讀曰闢紛纍以其淟涊兮暗纍
以其繽紛應劭曰淟涊濁也師古曰繽紛交雜也淟土典反涊乃典反繽匹人反漢十世之陽朔
兮招搖紀于周正晉灼曰十世數高祖呂后至成帝也成帝八年改元陽朔應劭曰招搖斗杓星也主天時周正
十一月也蘇林曰言已以此時弔屈原也正皇天之清則兮度后土之方貞
應劭曰平正司法者莫過於天養物均調者莫過於地也父伯庸名我爲平以法天字我爲原以法地晉灼曰此雄取離騷辭反之應說是也
師古曰應晉二說皆非也自漢十世已下四句不道屈原也此乃自論己心所履行取法天地耳自圖纍已下方論屈原云也圖纍
承彼洪族兮又覽纍之昌辭師古曰圖案其本系之幽書也洪大也覽省視也昌美也
帶鉤矩而佩衡兮履欃槍以爲綦應劭曰鉤規也矩方也衡平也鄧展曰欃
槍妖星也晉灼曰綦履跡也此反屈原雖佩帶方平之行而蹈惡人跡以致放退也師古曰綦履下飾也欃初咸反槍初行反綦音其素初

貯厥麗服兮何文肆而質䫂應劭曰貯積也肆放也䫂狭也如淳曰文肆者楚辭遠游
乘龍之言也質䫂者恨世不用已而自沈也師古曰麗服謂佩江離與辟芷紉秋蘭以爲佩之類是也䫂音械資娵娃
之珍髢兮鬻九戎而索賴孟康曰娵閭娵也娃吳娃也髢髮也賴得也九戎被髮髢雖珍
好無所用也師古曰娵娃皆美女也賴利也言屈原以高行仕楚亦猶齎美女之髢賣於九戎而求其利必不得也娵子喻反娃烏佳反髢徒
計反鳳皇翔於蓬陼兮豈駕鵝之能捷應劭曰蓬陼蓬萊之陼在海中晉灼
曰捷及也師古曰駕鵝鳥名也解在司馬相如傳駕音加騁驊騮以曲囏兮驢騾連蹇
而齊足師古曰驊騮駿馬名也其色如華而赤也言使駿馬馳於屈曲艱阻之中則與驢騾齊足也驊音華連力展反囏古
艱字枳棘之榛榛兮蝯貁擬而不敢下師古曰榛榛梗穢皃也蝯善攀援貁
似猴卬鼻而長尾擬疑也榛音臻又士臻反貁弋授反靈脩既信椒蘭之唼佞兮吾
纍忽焉而不蚤睹服虔曰靈脩楚王也蘇林曰椒蘭令尹子椒子蘭也師古曰蚤古早字也唼佞讒言

也唼音妾衿芰茄之綠衣兮被夫容之朱裳應劭曰衿音衿系之衿衿帶也
芰蔆也師古曰衿其禁反茄亦荷字也見張揖古今字詁被音披又音皮義反芳酷烈而莫聞兮不
如襞而幽之離房師古曰襞疊衣也離房別房也襞音壁閨中容競淖約
兮相態以麗佳應劭曰衆士競善猶女競容也師古曰淖約善容止也相態以麗佳言競爲佳麗之態以
相傾也淖音綽知衆嫭之嫉妒兮何必颺纍之蛾眉晉灼曰離騷云衆女
嫉余之蛾眉師古曰嫭美皃也颺古揚字也蛾眉形若蠶蛾眉也此亦譏屈原自顯暴蛾眉令衆嫉之嫭胡故反眉古眉字懿神
龍之淵潛兮竢慶雲而將舉亡春風之被離兮孰焉知
龍之所處晉灼曰龍竢慶雲而後舉士須明君而後進國無道則愚龍知其所邪師古曰懿美也竢待也龍以潛居待雲
爲美以譏屈原不能隱德自取禍也被讀曰披愍吾纍之衆芬兮颺燁燁之芳
苓遭季夏之凝霜兮慶夭顇而喪榮晉灼曰此愍屈原光香奄先秋遇凋

生亦不辰也張晏曰慶辭也師古曰燁燁光盛苓香草名音零慶讀與羌同顇古悴字橫江湘以南淮兮
云走乎彼蒼吾馳江潭之汎溢兮將折衷虖重華
應劭曰舜葬蒼梧在湘之南屈原欲啟質聖人陳己情異也師古曰湘往也走趣也重華舜名也湘于放反走音奏潭音尋衷竹仲反
舒中情之煩或兮恐重華之不纍與張晏曰舜聖卒避父害以全身
資於事父以事君恐不與屈原爲黨與陵陽侯之素波兮豈吾纍之獨見
許應劭曰陽侯古之諸侯也有罪自投江其神爲大波陵乘也言屈原懷陽侯之罪而欲折中求舜未必獨見然許之也精
瓊靡與秋菊兮將以延夫天年臨汨羅而自隕兮
恐日薄於西山應劭曰精細靡屑也瓊玉之華也晉灼曰離騷云精瓊靡以爲糧兮夕餐秋菊之落英又曰老冉
冉其將至日忽忽其將暮師古曰此又譏屈原云瓊靡秋菊將以延年崦嵫忽迫喜於未暮何乃自投汨羅言行相反解扶桑
之總轡兮縱令之遂奔馳應劭曰總轡繼也扶桑日所拂木也晉灼曰離騷云總余轡於扶桑聊

消搖以相羊屈原言結我車轡於扶桑以留日之入人年得不老日以諭君而反離朝自沈解轡縱君使遂奔馳也纚鸞皇騰而不屬兮豈獨飛廉與雲師應劭曰楚辭云鸞皇為余先戒兮後飛廉使奔屬雲師告余以未具飛廉風伯也雲師豐隆也鸞皇俊鳥晉灼曰已縱其轡使之奔馳鸞皇迅飛亦無所及非獨飛廉雲師言莊嚴未具使君不適道也卷薜芷與若蕙兮臨湘淵而投之棍申椒與菌桂兮赴江湖而漚之師古曰離騷云貫薜荔之落蘂雜杜衡與芳芷又樹蕙之百畝雜申椒與菌桂皆以自諭德行芬芳也今何爲自投江湘而喪此芳乎棍大束也漚漬也今漚麻也棍下本反漚一構反又音一侯反費椒稰以要神兮又勤索彼瓊茅孟康曰椒稰以椒香米糈也離騷曰懷椒稰而要之晉灼曰離騷云索瓊茅以筳篿師古曰索求也瓊茅靈草也筳篿析竹所用卜也稰音所又音思呂反筳音廷篿音專違靈氛而不從兮反湛身於江皐晉灼曰靈氛古之善占者離騷曰欲從靈氛之吉占兮心猶豫而狐疑師古曰既不從靈氛之占何爲費椒稰而勤瓊茅也湛讀曰沈江皐江水邊之游地纍既𠬧夫傅說兮奚

不信而遂行晉灼曰𠬧慕也離騷曰說操築於傅巖兮武丁用之而不疑師古曰𠬧古攀字既攀援傅說何不信其所行自見用而遂去徒恐鷤鴂之將鳴兮顧先百草爲不芳師古曰離騷云鷤鴂之先鳴兮使夫百草爲不芳雄言終以自沈何惜芳草而憂鷤鴂也鴂字也鷤鴂鳥一名買䲻一名子規一名杜鵑常以立夏鳴鳴則衆芳皆歇鷤大系反鴂音桂鷤字或作鶗亦音題鴂又音決鶗音詭初纍棄彼虙妃兮更思瑤臺之逸女師古曰離騷云吾令豐隆乘雲兮求虙妃之所在又曰望瑤臺之偃蹇兮見有娀之佚女此又譏其執心不定也虙妃古神女有娀女即簡狄也虙讀曰伏抨雄鴆以作媒兮何百離而曽不壹耦師古曰離騷云吾令鴆爲媒兮鴆告余以不好雄鳩之鳴逝兮余猶惡其佻巧故云百離不一耦也抨使也耦合也抨普耕反乘雲蜺之旖柅兮望昆侖以樛流覽四荒而顧懷兮奚必云女彼高丘蘇林曰離騷云登閬風而緤馬忽反顧以流涕哀高丘之無女女以諭士高丘謂楚也師古曰離騷又云揚雲蜺之晻藹閬風在昆侖山上故云望昆侖也旖柅雲皃也樛流猶周流也女仕也何必要仕於楚也

旖於綺反柅女綺反樛居虯反女尼據反既亡鸞車之幽藹兮駕八龍之委蛇晉灼曰離騷云駕八龍之蜿蜿兮載雲旗之委蛇師古曰言既無鸞車則不得云駕八龍也幽藹猶晻藹也蛇音移臨江瀕而掩涕兮何有九招與九歌晉灼曰離騷云擥茹蕙以掩涕又曰奏九歌以舞韶師古曰此又譏其哀樂不相副也招讀曰韶夫聖哲之遭兮固時命之所有雖增欷以於邑兮吾恐靈脩之不纍改師古曰離騷云曽歔欷余鬱邑兮哀朕時之不當增重也雄言自古聖哲皆有不遇屈原雖自歎於邑而楚王終不改寤也於邑短氣也於音烏邑烏合反於邑亦讀如本字昔仲尼之去魯兮斐斐遲遲而周邁師古曰斐斐往來皃也音芳非反終回復於舊都兮何必湘淵與濤瀨師古曰言孔子去其本都遲遲系戀意在舊都裴回反覆屈原何獨不懷鄢郢而赴江湘也濤大波也瀨急流也濤大高反溷漁父之餔歠兮絜沐浴之振衣師古曰漁父云何不餔其糟而歠其釃屈原以爲圂濁不肯從之乃云新沐者必彈冠新浴者必振衣也餔必胡反

歠昌悅反弃由聃之所珍兮蹠彭咸之所遺師古曰由許由也聃老聃也二人守道不爲時俗所汙然保己全身無殘辱之醜彭咸殷之介士也不得其志投江而死此又非屈原不慕由聃高蹤而遵彭咸遺蹟蹠蹈也音之亦反

孝成帝時客有薦雄文似相如者上方郊祠甘泉泰畤汾陰后土以求繼嗣召雄待詔承明之庭師古曰承明殿在未央宮正月從上甘泉還奏甘泉賦以風師古曰風讀曰諷其辭曰惟漢十世將郊上玄定泰畤雍神休尊明號晉灼曰雍祐也休美也言見祐護以休美之祥也師古曰雍聚也明號謂揔三皇五帝之號而稱皇帝也雍讀曰擁同符三皇錄功五帝卹胤錫羨拓迹開統應劭曰卹憂也胤續也錫與也羨饒也拓廣也時成帝憂無繼嗣故脩祠泰畤后土言神明饒與福祥廣迹而開統也師古曰羨弋戰反拓音託於是迺命群僚歷吉日協靈辰師古曰歷選吉日而合善時也星陳而天行師古曰如星之陳象天之行也詔

招搖與泰陰兮伏鉤陳使當兵 張晏曰禮記云招搖在上急繕其怒大陰歲後三辰也服虔曰鉤陳紫宮外營陳星 屬堪輿以壁壘兮梢夔魖而抶獝狂 張晏曰堪輿天地總名也孟康曰堪輿神名造圖宅書者木石之怪曰夔夔神如龍有角人面魖耗鬼也獝狂亦惡鬼也今皆梢而去之師古曰堪輿張說是也屬委也以壁壘委之梢擊也抶笞也梢山交反魖音虛屬之欲反抶丑乙反獝音揆聿反 八神奔而警蹕兮振殷鱗而軍裝 師古曰自招搖至獝狂凡八神也殷鱗盛皃也軍裝為軍戎之飾裝也鱗來忍反 蚩尤之倫帶干將而秉玉戚兮飛蒙茸而走陸梁 張晏曰玉戚以玉為戚秘也晉灼曰飛者蒙茸而亂走者陸梁而跳也秘柄也音秘 齊總總撙撙其相膠轕兮猋駭雲訊奮以方攘 晉灼曰方攘半散也師古曰總總撙撙聚皃也膠轕猶言膠加也訊亦奮訊也撙子本反訊音信攘人羊反 駢羅列布鱗以雜沓兮柴虒參差魚頡而鳥䳄 師古曰柴虒參差不齊皃也頡䳄上下也柴初蟹反虒音豸參初林反頡胡結反䳄胡剛反 翕赫曶霍霧集而蒙合兮半散照爛粲以成章 師古曰翕赫曶霍開合之皃也霧地氣發也蒙天氣下也如霧之集如蒙之合也半散照爛言其分布而光明也曶讀與忽同 於是乘輿迺登夫鳳皇兮而翳華芝 師古曰鳳皇者車以鳳皇為飾也翳蔽也以華芝為蔽也 駟蒼螭兮六素虯 師古曰四六駕數也言或四或六也螭似龍一名螻虯即龍之無角者 蠖略蕤綏灕虖襂纚 師古曰蠖略蕤綏虯螭皃也灕虖襂纚車飾皃也蠖於縛反灕音離襂音森其字從巾纚所宜反 帥尒陰閉霅然陽開 晉灼曰帥聚也霅散也師古曰霅所甲反又先合反 騰清霄而軼浮景兮夫何旟旐郅偈之旖柅也 師古曰騰升也霄日旁氣也軼過也畫鳥隼曰旟龜蛇曰旐郅偈竿杠之狀旖柅旒縿之形也郅音吉又音質偈居桀反旖音猗柅女支反 流星旄以電燭兮咸翠蓋而鸞旗 師古曰如星之流如電之照也咸皆也 敦萬騎於中營兮方玉車之千乘 師古曰敦讀曰屯屯聚也方並也 聲駍隱以陸離兮輕先疾雷而馺遺風 師古曰駍然疾意也駍普萠反馺先合反 陵高衍之嵱嵷兮超紆譎之清澄 孟康曰衍無星也紆譎曲折也李奇曰嵱音踊嵷音竦如淳曰嵱嵷上下衆多皃師古曰衍即所謂墳衍也 登椽欒而羾天門兮馳閶闔而入淩兢 服虔曰椽欒甘泉南山也李奇曰羾音貢蘇林曰羾至也師古曰入淩兢者言寒涼戰栗之處也兢鉅陵反 是時未轃夫甘泉也迺望通天之繹繹 師古曰轃與臻同轃至也通天臺名也言雖未至甘泉則遙望見通天臺也繹繹相連皃 下陰潛以慘廩兮上洪紛而相錯 師古曰慘廩亦寒涼之意也洪大也紛亂雜也錯互也廩讀如本字又音來感反 直嶢嶢以造天兮厥高慶而不可虖疆度 師古曰嶢嶢高皃造至也慶發語辭也疆境也度量也言此臺至天其高不可究竟而量度也嶢音堯造千到反慶讀曰羌度大各反 平原唐其壇曼兮列新雉於林薄 鄭氏曰唐道也服虔曰新雉香草也雉夷聲相近師古曰言平原之道壇曼然廣大又列樹辛夷於林薄之閒也草叢生曰薄新雉即辛夷耳為樹甚大非香草也其木枝葉皆芳一名新矧壇徒旦反曼莫旦反 攢并閭與茇葀兮紛被麗其亡鄂 如淳曰并閭其葉隨時政政平則平政不平則傾也師古曰如氏所說自是平慮耳此并閭謂椶樹也茇葀草名也鄂垠也茇步末反葀音括被皮義反麗讀如本字被麗又音披離 崇丘陵之駊騀兮深溝嶔巖而為谷 蘇林曰駊騀音叵我師古曰駊騀高大狀也嶔巖深險皃也嶔已銜反 迬迬離宮般以相燭兮封巒石關施靡虖延屬 應劭曰言秦離宮三百武帝復往往脩治之師古曰迬古往字往往言所往之處則有之般連皃也燭照也封巒石關皆宮名也施靡相及皃屬連也般音盤施弋尔反屬之欲反 於是大夏雲譎波詭摧嶉而成觀 孟康曰言夏屋變巧為雲氣水波相譎詭也摧嶉材木之崇積皃也晉灼曰摧經水反師古曰嶉子水反觀謂形也音工喚反經丑成反 仰撟首以高視兮目冥眴而亡見 師古曰撟舉也冥眴視不諦也撟與矯同字從手冥莫見反眴音州縣之縣 正瀏濫以弘惝兮指東西之漫漫 服虔曰惝音敞師古曰瀏濫猶汎濫弘惝高大也漫漫長也瀏音劉 徒回回以徨徨兮魂固眇眇而昏亂

師古曰言駭其深博據軨軒而周流兮忽軮軋而亡垠師古曰軨軒謂前軒
之軨軨者軒間小木也字與櫺同周流周視軮軋遠相映也軨音零軮烏朗反軋於黠反翠玉樹之青葱兮璧
馬犀之瞵㻞應劭曰瞵音鄰晉灼曰㻞音幽師古曰玉樹者武帝所作集衆寶爲之用供神也非謂自然生之而左思不曉
其意以爲非本土所出蓋失之矣馬犀者馬腦及犀角也以此二種飾殿之壁瞵㻞文貌金人仡仡其承鍾
虡兮嵌巖巖其龍鱗師古曰仡仡勇健狀嵌開張皃言其鱗甲開張若眞龍之形也仡魚乙反又音其乞
反嵌火敢反揚光曜之燎燭兮乘景炎之炘炘師古曰炘炘光盛皃也炎弋贍
反炘音欣配帝居之縣圃兮象泰壹之威神服虔曰曾城縣圃閬風昆侖之
山三重也天帝神在其上洪臺掘其獨出兮㰌北極之嶟嶟應劭曰掘特皃也㰌
至也晉灼曰嶟嶟竦㰌也師古曰言高臺特出乃至北極其狀竦峭嶟嶟然也掘其勿反㰌竹指反嶟千旬反又音遵列宿乃
施於上榮兮日月纔經於柍桭服虔曰柍中央也桭屋梠也師古曰施延也榮屋翼

也凡此者言屋宇高大之甚施弋豉反柍音央桭音辰一曰施直謂安施之耳讀如本字雷鬱律而巖突兮
電儵忽於墻藩師古曰鬱律雷聲也儵忽電光也藩藩籬也儵式六反藩甫元反鬼魅不能
自還兮半長途而下顚師古曰言屋之高深雖鬼魅亦不能至其極而反故於長途之半而顚墜也還
讀曰旋或作遠遠及也歷倒景而絕飛梁兮浮蔑蠓而撇天晉灼
曰飛梁浮道之橋也蔑蠓疾也師古曰撇猶拂也蠓莫孔反撇匹列反又音普結反左欃槍右玄冥兮前
熛闕後應門晉灼曰大人賦攙搶以爲旌又曰左玄冥而右黔雷雄擬相如云尒熛闕赤色之闕南方之帝曰赤熛怒應
門正在熛闕之内也師古曰熛匹遙反陰西海與幽都兮涌醴汩以生川如淳
曰言闕之高遶陰西海也師古曰陰映西海也以及幽都幽都北方絕遠之地涌醴醴泉涌出汩汩然也汩于筆反蛟龍連蜷
於東厓兮白虎敦圉虖昆侖師古曰連蜷卷曲皃敦圉盛怒也言甘泉宮皆有此
象也蜷音拳敦音屯覽摎流於高光兮溶方皇於西清服虔曰高光宮名也

師古曰摎流屈折也溶然閑暇皃方皇彷徨也西清西箱淸閑之處也溶音容前殿崔巍兮和氏瓏
玲孟康曰以和氏璧爲梁璧帶也其聲玲瓏也晉灼曰以黃金爲璧帶合藍田璧瓏玲明也師古曰崔巍高皃瓏玲晉說是也崔才回反巍五回
反瓏音聾玲音零炕浮柱之飛榱兮神莫莫而扶傾師古曰炕與抗同抗
舉也榱屋椽也言舉立浮柱而駕飛榱其形危竦有神於闇莫之中扶持故不傾也閌閬閬其寥廓兮似
紫宮之崢嶸師古曰閌高門皃閬閬空虛也寥廓宏遠也紫宮天帝之室也崢嶸深遠也閌音抗閬音浪寥音僚崢仕
耕反嶸音宏駢交錯而曼衍兮崣嵲隗虖其相嬰師古曰言宮室臺觀
相連不絕也崣安施之皃嵲隗猶崔嵬也衍亦戰反崣它瞞反嵲音皐隗五賄反乘雲閣而上下兮紛
蒙籠以棍成師古曰乘登也雲閣亦言其高入於雲也蒙籠深通皃棍成言其有若自然也棍胡本反曳紅
采之流離兮颺翠氣之冤延師古曰言宮室曠大自然有紅翠之氣襲琁
室與傾宮兮若登高妙遠肅虖臨淵服虔曰襲繼也桀作琁室紂作傾宮以此

微諫也應劭曰登高遠望當以亡國爲戒若臨深淵也回猋肆其碭駭兮披桂椒鬱移
楊師古曰回猋回風也肆放也碭過也駭動也披古披字鬱聚也移唐棣也楊楊樹也言回風放起過動衆樹則桂椒披散而移楊鬱聚也碭
徒浪反移音移香芬茀以穹隆兮擊薄櫨而將榮師古曰言桂椒香氣乃擊薄
櫨及屋翼也薄枅也櫨音盧薌呹肸以棍根兮聲駍隱而歷鍾師古曰又言風
之動樹聲響振起衆根合駍隱而盛歷入殿上之鍾也棍猶株也薌讀與響同呹丑乙反肸許乙反棍下本反駍普耕反排玉戶而
颺金鋪兮發蘭蕙與穹窮李奇曰鋪門首也師古曰言風之所至又排門揚鋪擊動鋑鈕回旋入宮
發奮衆芳惟弸環其拂汩兮稍暗暗而靚深蘇林曰弸音石墮井弸尒之弸環音
宏孟康曰弸環風吹帷帳鼓皃師古曰拂汩亦風動皃暗暗幽隱靚即靜字耳弸普萌反拂普密反汩于密反暗烏感反陰陽淸
濁穆羽相和兮若夔牙之調琴張晏曰聲細不過羽穆然相和也師古曰夔舜典樂也牙
伯牙也般倕弃其剞劂兮王爾投其鉤繩應劭曰剞曲刀也劂曲鑿也師古曰

般公輸般也倕共工也王爾亦巧人也見淮南子言土木之功窮極巧麗故令般倕之徒弃其常法也般讀與班同倕音垂剞居尒反劂居衛反
雖方征僑與偓佺兮猶仿佛其若夢晉灼曰方常也征行也言宮觀之高
峻雖使仙人常行其上恐遽不識其形觀猶仿佛若夢也師古曰方謂並行僑姓征名伯僑仙人也偓佺亦仙人名偓音渥佺音銓仿佛即髣髴字
也征郊祀志作正字其音同於是事變物化目駭耳回師古曰言驚視駭聽也蓋天
子穆然珍臺閒館琁題玉英蜎蜎蠖濩之中
應劭曰題頭也榱椽之頭皆以玉飾言其英華相燭也張晏曰蜎蜎蠖濩刻鏤之形師古曰穆然天子之容也蜎蜎蠖濩言屋中之深廣也閒讀曰
閑蜎一兖反蛸下兖反蠖烏郭反濩胡郭反惟夫所以澄心清魂儲精垂思師古
曰言絜精以待其神降福感動天地逆釐三神者師古曰釐讀曰禧禧福也迺搜逑
索耦皐伊之徒冠倫魁應劭曰冠其群倫魁桀也師古曰言選擇賢臣可爾於古賢皋繇伊尹之類冠等
倫而魁桀能函甘棠之惠挾東征之意師古曰甘棠之惠邵公奭也東征之意周公旦也

相與齊虖陽靈之宮師古曰齊同也同集於此也祭天之處故曰陽靈之宮也靡薜荔而
爲席兮折瓊枝以爲芳師古曰靡纖密也謂纖纖之也一曰靡謂偃而靡之藉地也噏
清雲之流瑕兮飲若木之露英師古曰言其齋戒自新居處飲食皆芳絜也瑕
謂日旁赤气也露英言其英華之露集虖禮神之囿登乎頌祇之堂師古曰頌歌也
登以祭也地神曰祇建光燿之長旓兮昭華覆之威威服虔曰昭明也華覆華蓋
也師古曰威威猶威蕤也旓旗之旒也一曰燕尾旓所交反攀琁璣而下視兮行遊目虖
三危陳衆車於東阬兮肆玉釱而下馳漂龍淵而
還九垠兮窺地底而上回張晏曰三危山名也晉灼曰釱車轄也九垠九垓也師古曰假設言周流曠遠外降天
地爲神通一也肆放也阬大阜也讀與岡同釱音大又音弟還讀曰旋風傱傱而扶轄兮鸞鳳紛
其御蘂師古曰傱傱前進之意也御猶秉也蘂車之垂飾纓蘂也傱音竦今書御字或作銜者俗妄改也梁弱水

之濎濙兮蹶不周之逶蛇服虔曰昆侖之東有弱水度之若濎濙耳師古曰濎濙小水之皃不
周山名逶蛇亦言不艱難也濎吐挺反濙音熒又胡鎣反蛇音移想西王母欣然而上壽兮屛
玉女而卻虙妃師古曰西王母在西方周穆王所見者也玉女虙妃皆神女也虙讀曰伏玉女欣眺
其清盧兮虙妃曾不得施其蛾眉服虔曰盧目童子也方擥道
德之精剛兮侔神明與之爲資晉灼曰等天地之材量也師古曰擥撮也音覽其字從手
於是欽柴宗祈燎熏皇天師古曰欽敬也柴積柴也宗尊也祈求福也招繇泰
壹舉洪頤樹靈旗張晏曰招搖泰壹皆神名也服虔曰洪頤旗名也李奇曰欲伐南越告祈太一畫太一旗樹太一壇
上名靈旗以指所伐之國也見郊祀志樵蒸焜上配藜四施張晏曰配藜披離也師古曰樵木薪
也蒸麻幹也焜同也言以樵及蒸燒火炎上於天又披離四出東燭倉海西燿流沙北爌幽
都南煬丹厓服虔曰丹厓丹水之厓也師古曰爌古晃字煬熱也言柴燎之光遠及四表也煬弋向反玄瓚

觩鏐秬鬯泔淡服虔曰以玄玉飾之故曰玄瓚張晏曰瓚受五升口徑八寸以圭爲柄用灌鬯觩鏐其貌應劭曰泔
淡滿也師古曰觩音虯鏐力幽反泔胡感反淡大敢反肸蠁豐融懿懿芬芬師古曰言和盛之芬烈也
炎感黃龍兮熛訛碩麟師古曰言光炎熛盛感神物也訛化也碩大也熛必遙反選巫
咸兮叫帝閽開天庭兮延群神服虔曰令巫祝叫呼天門也師古曰巫咸古神巫之名
儐暗藹兮降清壇瑞穰穰兮委如山張晏曰儐贊也師古曰暗藹神之形
影也穰穰多也委積也暗烏感反於是事畢功弘回車而歸度三巒兮
偈棠棃師古曰三巒即封巒觀名也棠棃宮名偈讀曰憩天閫決兮地垠開八荒協
兮萬國諧師古曰天閫天門之閫也決亦開也言德澤普洽無極限也登長平兮雷鼓磕
天聲起兮勇士厲師古曰長平涇水上坂名也磕擊鼓聲也天聲聲至天也聲字或作嚴言擊嚴鼓也厲奮也
雲飛揚兮雨滂沛于胥德兮麗萬世師古曰于曰也胥皆也麗美也沛普大反

亂曰師古曰亂者理也總理一賦之終崇崇圜丘隆隱天兮師古曰言其高登降
峛崺單埢垣兮師古曰峛崺上下之道也單周也埢垣圜皃也峛力尒反崺弋尒反單音蟬埢音拳增宮
嵾差駢嵯峩兮師古曰增重也嵾差不齊也駢竝也嵾初林反駢步千反嵯材何反峩音娥岭巆嶙
峋洞亡厓兮師古曰岭巆深邃皃嶙峋節級皃岭音零巆音營嶙音鄰峋音荀上天之縡杳
旭卉兮師古曰縡事也杳高遠也旭卉幽也縡讀與載同聖皇穆穆信厥對兮李奇
曰對配也能與天地相配也詩云帝作邦作對師古曰穆穆美也信實也俠祇郊禋神所依兮師古曰言以祇
敬而來郊祭禋饗則神祇依附俳佪招搖靈遲迡兮師古曰言神久留安處不即去也招上遥反遲音栖
迡丈夷反煇光眩燿隆厥福兮師古曰眩音州縣之縣子子孫孫長亡
極兮甘泉本因秦離宮既奢泰師古曰本秦之林光宮也而武帝復
增通天高光迎風宮外近則洪厓旁皇儲胥弩阹
遠則石關封巒枝鵲露寒棠棃師得遊觀屈奇瑰
偉師古曰棠棃宮在甘泉苑垣外師得宮在櫟陽界其餘皆甘泉苑垣內之宮觀也阹音袪非木摩而不彫
牆塗而不畫周宣所考般庚所遷夏卑宮室唐虞
棌椽三等之制也師古曰小雅斯干之詩序曰宣王考室也考謂成也般庚殷王名也遷謂遷都亳也唐虞謂堯
舜也棌柞木也三等土增三等言不過也棌音采又音菜其字從木且其為已久矣非成帝所
造欲諫則非時欲默則不能已故遂推而隆之迺
上比於帝室紫宮師古曰帝室紫宮謂天也若曰此非人力之所為
黨鬼神可也師古曰黨宅莽反又是時趙昭儀方大幸每上
甘泉常法從師古曰法從者以言法當從耳非失禮一曰從法駕也在屬車間豹尾中
服虔曰大駕屬車八十一乘作三行尚書御史乘之最後一乘縣豹尾豹尾以前皆為省中故雄聊盛言車騎

之衆參麗之駕非所以感動天地逆釐三神師古曰參三神也麗偶也又言屛玉女卻虙妃以微戒齋肅之事賦成
奏之天子異焉其三月將祭后土上迺帥羣臣橫
大河湊汾陰師古曰橫橫度之也湊趣也既祭行遊介山回安邑師古
曰介山在汾陰東北回謂繞過顧龍門覽鹽池師古曰龍門山在今蒲州龍門縣北鹽池在今虞州安邑縣南
登歷觀師古曰歷山上有觀也晉灼曰在河東蒲阪縣陟西岳以望八荒迹殷周
之虛眇然以思唐虞之風師古曰陟升也西岳華山之上高峻故言以望八荒殷都河內周在
岐豐堯都平陽舜都蒲阪皆可相見故云迹殷周之墟思唐虞之風也虛讀曰墟雄以為臨川羨魚不
如歸而結罔師古曰言成帝追觀先代遺迹思欲齊其德號故雄勸令自興至治以擬帝皇之風還上
河東賦以勸其辭曰伊年暮春將瘞后土師古曰伊是也謂是
祠甘泉之年也祭地曰瘞埋之故云瘞后土瘞乙例反禮靈祇謁汾陰于東郊師古曰京師之東故曰東郊也
因茲以勒崇垂鴻發祥隤祉欽若神明者盛
哉鑠乎越不可載已師古曰勒崇垂鴻勒崇名而垂鴻業也隤降也祉福也欽敬也若順也鑠美也越曰也已辭也言發祥降福敬順神明其事盛美不可盡載於是命羣臣齊法服整靈輿
迺撫翠鳳之駕六先景之乘師古曰翠鳳之駕天子乘車為鳳形而飾以翠羽也先景為馬行速疾常在景前也
掉犇星之流旃彏天狼之威弧晉灼曰有狼弧之星也師古曰彏急張也音钁
張燿日之玄旄揚左纛縣被雲梢張晏曰雲梢稍雲也師古曰梢與旓同旓者旌旗之流以雲為旓也被音皮義反
奮電鞭驂雷輜師古曰輜衣車也淮南子云電以為鞭策雷以為車輪故雄用此言也
鳴洪鍾建五旗師古曰洪大也尚書大傳云天子左右五鍾天子將出則撞黃鍾之鍾左五鍾皆應入則撞蕤賓之鍾右五鍾皆應漢舊儀云皇帝車駕建五旗蓋謂五色之旗也以木牛承其下取其負重致遠
羲和司日

顏倫奉輿師古曰倫古善御者也羲和曰御名風發飈拂神騰鬼趡師古曰飈回風也趡走也飈必遙反趡千子笑反又作才笑反千乘霆亂萬騎屈橋師古曰霆亂言如雷霆之盛而亂動也屈橋壯捷皃屈其勿反橋其召反嘻嘻旭旭天地稠嶅服虔曰稠嶅動搖皃師古曰嘻嘻旭旭自得之皃嘻許其反稠徒弔反嶅五到反嶻丘跳巒涌渭躍涇師古曰山小而銳曰巒言車騎之威衝蹶之盛至於涌躍涇渭跳蹶丘山者也秦神下讋跖魂負沴蘇林曰秦文公時庭中有怪化為牛走到南山梓樹中伐梓樹後化入豐水文公惡之故作其象以厭焉今之旄頭是也故曰秦神服虔曰沴阿岸之坻也晉灼曰沴渚也師古曰跖蹈也言此神怖讋下入水中自蹈其魂而負沴渚蓋感懼之甚也跖之亦反坻直尸反河靈矍踢爪華蹈衰蘇林曰河靈巨靈也華華山也衰衰山也掌據之足蹈之也踢試郎反服虔曰踢石免反師古曰矍踢驚動之皃矍音钁又踢二音竝通爪古掌字凡言此者以車騎之衆羽旄之盛故秦神河靈莫不恐懼而自敓之遂臻陰宮穆穆肅肅蹲蹲如也師古曰陰宮汾陰之宮也穆穆靜也肅肅敬也蹲蹲行有節也蹲千旬反靈祇既鄉五位時叙師古曰鄉讀曰

嚮服虔曰位五方之神絪縕玄黃將紹厥後師古曰絪縕天地合氣也玄黃天地色也易下繫辭曰天地絪縕萬物化淳坤文言曰玄黃者天地之雜色也天玄而地黃將大也言天地之氣大興發於祭祀之後絪音因縕於云反於是靈輿安步周流容與師古曰靈輿天子之輿也容暇而安豫也與讀曰豫以覽虖介山嗟文公而愍推兮勤大禹於龍門師古曰龍門山禹鑿之以通河水故勤勞也灑沈菑於豁瀆兮播九河於東瀕師古曰灑分也菑古災字也豁空洪水也豁開也瀆謂江河淮濟也播布也九河名在地理志東瀕東海之瀕也禹分治洪水之災通之四瀆布散九河於東海之瀕也灑所宜反瀕音頻又音賓登歷觀而遙望兮聊浮游以經營樂往昔之遺風兮喜虞氏之所耕師古曰舜耕歷山故云然瞰帝唐之嵩高兮脈隆周之大寧師古曰瞰脈皆視也帝唐堯也嵩亦高也嵩高者謂孔子云巍巍乎唯天為大唯堯則之也一曰堯曾遊於陽城故嵩山瞰其遺蹤也大寧者詩大雅云濟濟多士文王以寧瞰苦濫反脈即覓字汨低回而不能去兮行睨陔下與彭城應劭曰睨不正視也彭城項羽所都也晉灼曰陔下項羽敗處也師古曰汨往意也低回猶言俳佪也行且也意且欲往觀也汨于筆反睨五系反濊南巢之坎坷兮易豳岐之夷平李奇曰南巢桀敗處也易樂也師古曰濊與穢同坎坷不平皃坎口紺反坷口賀反易弋豉反乘翠龍而超河兮陟西岳之嶢崝師古曰翠龍穆天子所乘馬也西岳即華山也嶢崝謂嶕嶢而崝嶸也嶢音堯崝士耕反雲霏霏而來迎兮澤滲灕而下降師古曰霏古霏字霏霏雲起貌澤雨露也滲灕流皃降下也滲音淋灕音離降胡江反鬱蕭條其幽藹兮滃汎沛以豐隆師古曰皆雲雨之皃滃烏孔反汎敷劒反沛普蓋反叱風伯於南北兮呵雨師於西東師古曰言皆從命也參天地而獨立兮廓湯湯其亡雙師古曰天地曰二儀王者大位與之合德故曰參天地參之言三也湯湯盛大皃也遵逝虖歸來師古曰遵路而旋京師也以函夏之大漢兮彼曾何足與比功服虔曰函夏函諸夏也師古曰

函包容也彼謂堯舜殷周也函讀與含同建乾坤之貞兆兮將悉總之以羣龍張晏曰乾六爻悉稱龍也麗鉤芒與驂蓐收兮服玄冥及祝融師古曰鉤芒東方神蓐收西方神玄冥北方神祝融南方神麗並駕也驂三馬也言皆役服敦衆神使式道兮奮六經以攄頌師古曰敦勉也式表也六經謂易詩書春秋禮樂也攄敷也頌謂詩頌所以美盛德之形容也言發其志而為歌頌也攄丑於反頌讀曰容隃於穆之緝熙兮過清廟之雝雝師古曰周頌清廟之詩云於穆清廟肅雝顯相昊天有成命之詩曰於緝熙言漢德之盛皆過之也隃讀與踰同於讀曰烏軼五帝之遐迹兮躡三皇之高蹤師古曰軼亦過也音逸既發軔於平盈兮誰謂路遠而不能從服虔曰軔止車之木將行故發去平盈之地無高下也師古曰軔音刃其十二月羽獵服虔曰士負羽雄從以為昔在二帝三王應劭曰二帝堯舜三王夏殷周宮館臺榭沼池苑囿林麓藪澤財足以奉郊廟御賓

客充庖廚而已（師古曰財讀與纔同御待也充當也）不奪百姓膏腴穀土桑柘之地女有餘布男有餘粟國家殷富上下交足故甘露零其庭醴泉流其唐（應劭曰爾雅廟中路謂之唐）鳳皇巢其樹黃龍游其沼麒麟臻其囿神爵棲其林昔者禹任益虞而上下和屮木茂（師古曰益臣名也任以爲虞虞主山澤之官也上山也下平地也屮古草字）成湯好田而天下用足文王囿百里民以爲尚小齊宣王囿四十里民以爲大裕民之與奪民也（師古曰裕饒也）武帝廣開上林南至宜春鼎胡御宿昆吾（晉灼曰鼎胡宮也黃圖以爲在藍田昆吾地名也有亭師古曰宜春近下杜御宿在樊川西也）旁南山而西至長楊五柞（師古曰旁步浪反）北繞黃山瀕渭而東（師古曰循渭水涯而東也瀕音頻又音賓）周袤數百里（師古曰袤長也音茂）穿昆明池象滇河（師古曰滇音丁賢反）營建章鳳闕神明馺娑（師古曰殿名也馺先合反娑先河反）漸臺泰液（師古曰漸臺在泰液池中漸浸也言爲池水所浸也）象海水周流方丈瀛洲蓬萊（服虔曰海中三山名法效象之）游觀侈靡窮妙極麗雖頗割其三垂以贍齊民（師古曰贍給也齊人解在食貨志）然至羽獵田車戎馬器械儲偫禁禦所營（師古曰營謂圍守也）尚泰奢麗誇詡（師古曰詡大也音許羽反）非堯舜成湯文王三驅之意也（師古曰三驅古射獵之等也一爲乾豆二爲賓客三爲充君之庖也）又恐後世復修前好不折中以泉臺（服虔曰魯莊公築泉臺非禮也至文公毀之公羊譏云先祖爲之而己毀之勿居而已今揚雄以宮觀之盛非成帝所造勿脩而已當以泉臺折中也）故聊因校獵賦以風（師古曰校獵謂圍守禽獸而大獵也風讀曰諷）其辭曰或稱戲農豈或帝王之彌文哉（師古曰設或人云言儉質者皆舉伏戲神農爲之首是則豈謂後代帝王彌加文飾乎故論者答之於下也論者雄自謂也彌猶稍稍也諸家之釋皆不當意徒爲煩雜故無所取）論者云否各亦並時而得宜奚必同條而共貫（師古曰所尚不必同也）則泰山之封烏得七十而有二儀（孟康曰言封禪各異也師古曰若不如是於何得七十二儀也）是以創業垂統者俱不見其爽遐邇五三孰知其是非（師古曰爽差也創業垂統皆無差忒五帝三王誰是誰非言文質政教各不同也）遂作頌曰麗哉神聖處於玄宮富既與地乎侔訾貴正與天乎比崇（師古曰頌漢德也玄宮言清靜也訾與貲同）齊桓曾不足使扶轂楚嚴未足以爲驂乘陿三王之阸辟嶠高舉而大興（師古曰辟亦僻字也嶠舉步負也去昭反）歷五帝之寥廓涉三皇之登閎（師古曰寥廓空曠也登閎高遠也寥音聊）建道德以爲師友

仁義與爲朋於是玄冬季月天地隆烈（師古曰北方色黑故曰玄冬隆烈者陰氣盛）萬物權輿於內徂落於外（師古曰權輿始也徂落死也言草木萌牙始生於內而枝葉凋殞死傷於外也）帝將惟田于靈之囿（師古曰靈囿靈德之苑囿也詩大雅靈臺之篇曰王在靈囿）開北垠受不周之制（孟康曰西北爲不周風謂冬時也師古曰垠厓也音銀）以終始顓頊玄冥之統（應劭曰顓頊玄冥皆北方神主殺戮也）廼詔虞人典澤東延昆鄰西馳闛闔（張晏曰東至昆明之邊也師古曰昆明池邊也闛闔門名也闛讀與闔同也又吐郎反）儲積共偫（師古曰共讀曰供偫丈紀反）戍卒夾道斬叢棘夷野草（師古曰夷平也）禦自汧渭經營酆鎬（應劭曰禦禁也師古曰將獵其中故止禁不得人及獸出也汧渭以東酆鎬以西皆爲獵圍也）章皇周流出入日月天與地沓（師古曰章皇周流言徧也謂苑囿之大遙望日月皆從中出入而天地之際沓然縣遠也說者反以沓爲沓解云重沓非唯乖理蓋以失韻）爾廼虎路三嵏以爲司馬圍

經百里而爲殿門晉灼曰路音落服虔曰以竹虎落此山也應劭曰外門爲司馬門殿門在內也師古曰落槊也以繩周繞之也三嵏三峯東之山也嵏子公反外則正南極海邪界虞淵應劭曰虞淵日所入

鴻濛沆茫碣以崇山師古曰鴻濛沆茫廣大皃碣山特立皃鴻胡孔反濛莫孔反沆胡浪反茫音莽碣音竭

營合圍會然后先置虖白楊之南昆明靈沼之東

張晏曰先置具供具於服虔曰白楊觀名賁育之倫蒙盾負羽杖鏌邪而羅

者以萬計師古曰賁孟賁也育夏育也皆古之勇士也鏌邪大戟也羅列遮陳也鏌音莫邪弋奢反其餘荷

垂天之畢張竟壄之罘靡日月之朱竿曳彗星之

飛旗如淳曰垂天言長大如天之垂也師古曰畢田罔也罘網車罔也青雲爲紛紅蜺爲繯

屬之虖昆侖之虛師古曰紛旄也繯系也屬綴也昆侖西極之山也繯下犬反屬之欲反虛讀曰墟渙

若天星之羅浩如濤水之波師古曰天星之羅言布列也濤水之波言廣大淫淫

與與前後要遮師古曰淫淫與與往來皃欃槍爲闉明月爲候孟康曰闉闉戰

自障蔽如城門外女垣也熒惑司命天弧發射張晏曰熒惑法使司不祥天弧虛危上二星也鮮

扁陸離駢衍佖路師古曰鮮扁輕疾皃駢衍言其並廣大也佖次比也一曰滿也扁音篇駢步千反佖頻一

反又步結反徽車輕武鴻絧緁獵師古曰徽車有徽幟鴻胡孔反絧徒孔反緁音捷殷殷

軫軫被陵緣阪窮冥極遠者相與迾虖高原之上師古曰殷

軫盛也冥幽深也殷讀曰隱羽騎營營昈分殊事蘇林曰昈明也師古曰營營周旋皃也言其服

飾分明各殊異也昈音戶繽紛往來轠轤不絕若光若滅者布虖

青林之下孟康曰轠轤連屬皃如淳曰轠音雷轤音盧師古曰繽紛衆疾也轠轤環轉也繽匹人反於是天

子迺以陽鼂始出虖玄宮師古曰陽朝日出之後也北方之宮故曰玄宮撞鴻

鍾建九旒六白虎載靈輿蚩尤並轂蒙公先驅服虔

曰蒙公蒙恬也孟康曰神名也師古曰服說是也並步浪反立歷天之旂曳捎星之旃師古

曰歷經也捎猶拂也歷天捎雲言其高也捎所交反辟歷列缺吐火施鞭應劭曰辟歷雷鞭也列缺天隙電

照也師古曰言獵火之耀及騎奮鞭如電吐光及象其疾萃從允溶淋離廓落戲八鎮

而開關應劭曰四方四隅爲八鎮如淳曰不言九者一鎮在中天子居之故也師古曰戲讀曰麾謂指麾八鎮使之開關也從先勇反

又音叢溶音容飛廉雲師吸嚊潚率鱗羅布列攢以龍翰師古曰

吸嚊開張也潚率聚斂也言布列則如魚鱗之羅攢聚則如龍之豪翰嚊音許異反潚音肅翰音韓秋秋蹌蹌入西

園切神光師古曰秋秋蹌蹌騰驤之皃切神光者言車之衆飾相切靡而光起有若神也蹌千羊反望平樂徑

竹林張晏曰平樂館名晉灼曰在上林中蹂蕙圃踐蘭唐師古曰蕙圃蕙草之圃也蘭唐蘭被唐之上多生

蘭也舉烽烈火轡者施技師古曰轡者御人執轡也方馳千駟校騎萬

師師古曰方馳並驅也校騎驍騎而爲部校者也虓虎之陳從橫膠輵猋泣雷厲

驞平令駍駖磕服虔曰虓音哮鄭展曰泣音粒師古曰哮虎之陳謂勇士奮怒狀如猛獸而爲行陳也泣猋風疾皃驞駍駖磕皆聲

響衆盛也哮火交反輵音葛驞匹人反駍普萌反駖力萌反磕音口盍反洶洶旭旭天動地岋蘇林曰岋音岌

岋動搖之岋師古曰洶音匈岋五合反羨漫半散蕭條數千萬里外師古曰羨弋戰反

若夫壯士忼慨殊鄉別趣師古曰鄉讀曰嚮東西南北騁耆

奔欲師古曰言隨其所欲而各馳騁取之也耆讀曰嗜欲合韻音弋樹反拕蒼豨跋犀犛蹶浮

麋張晏曰跋蹋也鄭氏曰蹶音馬蹶之蹶師古曰拕曳也跋反㹙也蹶躓也浮麋水上浮者也拕音佗跋步末反斮巨狿搏

玄蝯師古曰斮斬也狿獸名也解在司馬相如傳斮側略反騰空虛距連卷張晏曰連卷之木也師古曰距

即距字也卷音拳踔夭蟜娭澗門師古曰踔走也夭蟜亦木枝曲也娭戲也踔丑孝反又音徒釣反蟜音矯娭許

其反莫莫紛紛山谷爲之風猋林叢爲之生塵師古曰莫莫蒙塵

埃皃紛紛亂起皃及至獲夷之徒蹶松柏掌疾棃服虔曰獲夷能獲夷狄者也師

古曰掌以掌擊也獵蒙龍轔輕飛師古曰蒙龍草木所蒙蔽處也轔轢也輕飛猶言輕禽也轔音吝履
般首帶脩蛇如淳曰般音班班首虎之類也師古曰履謂踐履之也脩長也鉤赤豹擐象犀
師古曰擐古患反跇巒阬超唐陂師古曰跇度也巒阬並解於上唐陂陂之有隄唐者也阬音剛跇弋制反車
騎雲會登降闇藹師古曰闇鳥感反泰華爲旒熊耳爲綴師古曰旒旌旗之旒也綴所以縣旌也
木仆山還漫若天外如淳曰還音旋言山爲之回旋也儲與
虖大溥聊浪乎宇內師古曰儲與相羊也溥水崖也師古曰聊浪言游放也與音餘溥音普浪音頊
於是天清日晏師古曰晏無雲逢蒙列眥羿氏控弦師古曰逢蒙及羿皆古善射者列眥也控引也
皇車幽輵光純天地李奇曰純緣也師古曰幽輵車聲也輵一轄反純之允反
望舒彌轡師古曰望舒月御也彌斂也言天子之車斂轡徐行故假望舒爲言耳音莫爾反翼乎徐
至於上蘭晉灼曰上蘭觀在上林中移圍徙陳浸淫蹵部師古曰部軍之部校

也言稍稍聚逼而重蹵千欲反曲隊堅重各案行伍師古曰隊亦部也案依也隊徒內反行胡郎反
壁壘天旋神抶電擊師古曰言所抶擊如鬼神雷電也抶丑乙反逢之則碎近
之則破鳥不及飛獸不得過軍驚師駭刮野埽地
師古曰言殺獲皆盡無遺餘也埽先早反及至罕車飛揚武騎聿皇師古曰罕車畢罕之車也聿皇賁
蹈飛豹絹嘄陽師古曰嘄陽費費也人面黑身有毛反踵見人則笑脣蔽其目絹工犬反嘄工聊反費扶味反追
天寶出一方應劭曰天寶陳寶也晉灼曰天寶雞頭而人身應騁聲擊流光摲盡山
窮虛囊括其雌雄如淳曰陳寶神來下時騁然有聲又有光精也應劭曰下時窮極山川天地之間然後得其雌雄也師古曰
䗶在陳倉雌在南陽也故云野盡山窮也騁普鄭反沇沇容容遙噱虖紭中師古曰口內之上下名爲噱言
禽獸奔走倦極皆遙張噱吐舌於紭罔之中也師古曰噱其略反紭古紘字三軍芒然窮冘閼與孟康
曰冘行也閼止也言三軍之盛窮閼禽獸使不得逸漏也晉灼曰閼與容皃也師古曰閼與容服之皃也芒莫郎反冘音淫閼於庶反與音豫亶

觀夫票禽之紲隃犀兕之抵觸熊羆之拏攫虎豹
之凌遽師古曰亶讀曰但票禽輕疾之禽也紲與跇同紲度也隃與踰同拏牽引也攫搏持之也凌戰栗也遽惶也票頻妙反跇弋制
反觸合韻音昌樹反拏女居反攫音钁遽音詎徒角搶題注蹷竦讋怖魂亡魄失
觸輻關脰師古曰徒亦但也搶猶刺也題額也脰頸也言眾獸迫急以角搶地以額注地或自觸車輻關頸而死也搶千羊反
蹷子月反脰音豆妄發期中進退履獲師古曰言矢雖妄發而必有中進則履之退則獲之創
淫輪夷丘累陵聚師古曰淫過也夷平也言創過大血深平於車輪也丘累陵聚言其積多於是
禽殫中衰師古曰殫盡也中射中也音竹仲反相與集於靖冥之館晉灼曰靖冥深閑之館以臨珍池灌以岐梁溢以江河晉灼曰梁梁山也服虔曰珍池山下之流也
東瞰目盡西暢亡厓師古曰瞰視也目盡極望無厓言廣遠也隨珠和氏焯爍
其陂師古曰焯古灼字也焯爍光皃爍式藥反玉石嶜崟眩燿青熒師古曰玉石之似玉者也嶜

崟高銳皃青熒言其色青而有光熒也嶜仕金反崟牛林反漢女水潛怪物暗冥不可殫
形應劭曰漢女鄭交甫所逢二女弄大珠大如荊雞子師古曰不可殫形不能盡其形皃之狀玄鸞孔雀翡翠垂
榮師古曰言其毛羽有光華王雎關關鴻雁嚶嚶師古曰王雎雄鳩也關關和聲也嚶嚶相命聲也嚶於行反
群娭虖其中噍噍昆鳴師古曰娭戲也昆同也娭許其反噍子由反鳧鷖振鷺
上下砰磕聲若雷霆師古曰鳧水鳥即今之野鴨也鷖鳧屬也鷺白鳥也振者言振羽翼而飛也詩大雅
曰鳧鷖在涇周頌曰振鷺于飛三者皆水鳥也言其羣飛上下翅翼之聲若雷霆也鷖烏奚反砰普萌反乃使文身之技
水格鱗蟲服虔曰文身越人也能入水取物凌堅冰犯嚴淵探巖排碕薄
索蛟螭師古曰嚴言不可犯也巖水岸之嶔巖之處也碕曲岸也薄迫也索搜求也碕鉅依反嶔口銜反蹈獱獺據
黿鼉蘇林曰獱音賓師古曰獺形如狗在水中食魚獱小獺也獺它曷反抾靈蠵鄭氏曰抾音怯應劭曰蠵大龜也雄曰毒
冒雌曰觜蠵師古曰抾挹取也又音袪蠵弋隨反又音攜入洞穴出蒼梧晉灼曰洞穴禹穴也師古曰洞通也乘

鉅鱗騎京魚師古曰京大也或讀為鯨鯨大魚也浮彭蠡目有虞應劭曰彭蠡大澤在
豫章師古曰目猶視也望也有虞謂舜陟方在江南言過望也方椎夜光之流離剖明月之
珠胎師古曰珠在蛤中若懷妊然故謂之胎也椎直佳反其字從木鞭洛水之宓妃餉屈原
與彭胥師古曰彭彭咸胥伍子胥皆水死者宓讀曰伏於兹虖鴻生鉅儒俄軒冕
雜衣裳師古曰俄俄陳舉之皃雜者言衣與裳皆雜色也脩唐典匡雅頌揖讓於前
師古曰匡正也昭光振燿蠁曶如神師古曰蠁與嚮同曶與忽同仁聲惠於北
狄武義動於南鄰師古曰南方有金鄰之國遠也故云南鄰一曰鄰邑也是以旃裘之
王胡貉之長移珍來享抗手稱臣如淳曰以物與人曰移師古曰貉東北夷也享獻也
抗舉手也言其肅恭合掌而拜也貉莫百反前入圍口後陳盧山孟康曰單于南庭山也羣公
常伯楊朱墨翟之徒師古曰常伯侍中也解在谷永傳楊朱墨翟取古賢以為喻也喟然稱

曰師古曰喟歎息也音丘位反崇哉乎德雖有唐虞大夏成周之隆
何以侈兹太古之觀東嶽禪梁基舍此世也其
誰與哉上猶謙讓而未俞也張晏曰俞然也師古曰俞音踰方將上獵
三靈之流下決醴泉之滋如淳曰三靈日月星垂象之應也師古曰流者言其和液下流發
黃龍之穴窺鳳皇之巢臨麒麟之囿幸神雀之
林奢雲夢侈孟諸師古曰雲夢楚藪澤名也春秋昭公三年楚靈王與鄭伯田于江南之夢孟諸宋藪澤名
文公十年楚穆王欲伐宋昭公導以田孟諸言今皆以二者為奢侈而改也非章華是靈臺師古曰言以楚靈王
章華之臺為非而周文王靈臺之制為是也罕徂離宮而輟觀游師古曰罕希也徂往也輟止也土
事不飾木功不彫承民乎農桑師古曰承奉也勸之以弗迨
儕男女使莫違師古曰儕耦也違謂失嘗姻時也儕仕皆反恐貧窮者不徧被

洋溢之饒開禁苑散公儲創道德之囿弘仁惠之
虞師古曰虞與娛同馳弋乎神明之囿覽觀乎羣臣之有亡
放雉菟收罝罘麋鹿芻蕘與百姓共之師古曰芻所以飤牛馬蕘草薪
蓋所以臻兹也於是醇洪鬯之德豐茂世之規師古
曰洪大也鬯與暢同暢通也加勞三皇勗勤五帝不亦至乎乃祗莊
雍穆之徒師古曰祗莊敬也雍穆和也立君臣之節崇賢聖之業未
皇苑囿之麗游獵之靡也師古曰皇暇也因回軫還衡師古曰軫輿後
横木也衡轅前横木也背阿房反未央

揚雄傳第五十七上

揚雄傳下第五十七　班固　漢書八十七

祕書監上護軍琅邪縣開國子顏師古注

明年上將大誇胡人以多禽獸秋命右扶風發民入南山西自褒斜東至弘農南敺漢中師古曰褒斜南山二谷名也漢中今梁州也斜弋奢反張羅罔罝罘捕熊羆豪豬虎豹狖玃狐菟麋鹿師古曰狖似獼猴仰鼻而長尾玃亦獼猴類也長臂善搏攫身長金色狖弋授反玃音钁載以檻車輸長楊射熊館師古曰長楊宮名也在盩厔縣其中有射熊館以罔為周阹李奇曰阹遮禽獸圍陳也師古曰阹音祛縱禽獸其中令胡人手搏之自取其獲上親臨觀焉是時農民不得收斂雄從至射熊館還上長楊賦聊因筆墨之成文章故藉翰

林以為主人子墨為客卿以風師古曰藉借也風讀曰諷其辭曰

子墨客卿問於翰林主人曰蓋聞聖主之養民也仁霑而恩洽動不為身師古曰言憂百姓也今年獵長楊先命右扶風左太華而右褒斜師古曰太華即西嶽華山椓嶻嶭而為弋紆南山以為罝師古曰嶻嶭即所謂嵳峩山也在京師之北凡言此者示獵圍之寬廣也嶻嶭音截孽又才葛反又五葛反羅千乘於林莽列萬騎於山隅師古曰草平曰莽帥軍踤阹錫戎獲胡師古曰踤足蹴之也錫戎獲胡言以禽獸賦戎狄令胡人獲取之踤才恤反搤熊羆拕豪豬師古曰搤捉持之也豪豬一名帚豲也自為抴牡者也搤音戹拕音佗豲音桓木雍槍纍以為儲胥蘇林曰木擁攔其外又以竹槍纍為外儲也服虔曰儲胥猶言有餘也師古曰儲峙也胥須也以木擁槍及纍繩連結以為儲胥言有儲畜以待所須也槍子羊反纍力佳反此天下之窮覽極觀也雖然亦頗擾于農民三旬有餘其廑至矣師古曰廑古勤字而功不圖張晏曰不可圖畫以示後人師古曰此說非也圖謀也言百姓甚勤勞矣而不見謀膽恤之事恐不識者外之則以為娛樂之遊內之則不以為乾豆之事師古曰乾豆三驅之一也乾豆者言為腊羞以充實豆薦宗廟豈為民乎哉且人君以玄默為神澹泊為德師古曰澹泊安靜也澹徒濫反泊步各反又音魄今樂遠出以露威靈師古曰露謂顯暴不隱固數搖動以罷車甲師古曰罷讀曰疲本非人主之急務也蒙竊惑焉師古曰蒙自謂蒙蔽也

翰林主人曰吁謂之茲邪師古曰吁疑怪之辭也謂茲邪猶云何為如此也吁音于若客所謂知其一未睹其二見其外不識其內者也僕嘗倦談不能一二其詳師古曰詳悉也請略舉凡而客自覽其切焉師古曰凡大指也切要也

客曰唯唯主人曰昔有彊秦封豕其士窫窳其民鑿齒之徒相與摩牙而爭之應劭曰淮南子云堯之時窫窳封豨鑿齒皆為民害窫窳類貙虎爪食人服虔曰鑿齒長五尺似鑿亦食人李奇曰以喻秦貪婪殘食其民也師古曰封大也窫於黠反窳音俞豪俊麋沸雲擾羣黎為之不康師古曰黎衆康安也於是上帝眷顧高祖高祖奉命順斗極運天關橫鉅海票昆侖師古曰票亦猶言搖動也音匹昭反提劒而叱之所麾城摲邑下將降旗李奇曰摲音車幰之幰師古曰摲舉手擬之也一日之戰不可殫記師古曰殫盡也不可盡記言其多也當此之勤頭蓬不暇疏飢不及餐師古曰蓬謂髮亂如蓬也鞮鍪生蟣蝨介冑被霑汗師古曰鞮鍪即兜鍪也鞮丁奚反鍪音牟蟣居豈反以為萬姓請命虖皇天迺展民之所詘振民之所乏師古曰展申也振起

也規億載恢帝業七年之間而天下密如也 師古曰密靜也
逮至聖文隨風乘流方垂意於至寧躬服節儉綈
衣不敝革鞜不穿 師古曰言不穿敝而已無取紛華也鞜革履也音踏 大夏不居木
器無文 師古曰大夏夏屋也 於是後宮賤瑇瑁而疏珠璣卻翡
翠之飾除彫瑑之巧 師古曰瑑刻鏤也瑑音篆 惡麗靡而不近斥
芬芳而不御 師古曰斥卻也 抑止絲竹晏衍之樂憎聞鄭衛
幼眇之聲 師古曰衍弋戰反幼一笑反眇音妙 是以玉衡正而大階平也
師古曰玉衡天儀也大階解在東方朔傳 其後熏鬻作虐東夷橫畔 師古曰鬻音弋六
反橫胡孟反 羌戎睚眦閩越相亂 師古曰睚眦瞋目皃睚五懈反眦仕解反睚字或作啀啀者怒其目
音工喚反 遐萌為之不安中國蒙被其難 師古曰遐遠也 於是聖武

勃怒爰整其旅迺命票衛 應劭曰票票騎霍去病衛衛青也 汾沄沸
渭雲合電發 師古曰汾沄沸渭奮擊皃汾音紛沄音雲 猋騰波流機駭蠭軼
師古曰猋疾風也騰舉也蠭與鋒同軼過也如機之駭如蠭之過言其疾也軼與逸同 疾如奔星擊如震
霆 師古曰霆雷之急者音廷 砰轒轀破穹廬 應劭曰轒轀匈奴車也師古曰穹廬旃帳也轒扶云反轀
於云反 腦沙幕髓余吾 師古曰腦塗沙幕地髓入余吾水言其大破死亡髓古髓字 遂獵王
廷 孟康曰匈奴王廷也 敺橐它燒熐蠡 張晏曰熐蠡乾酪也以為酪母燒之壞其養生之具也師古曰熐音
覓蠡音黎又音來戈反 分梨單于磔裂屬國 師古曰梨與剺同謂剥析也剺力私反 夷
阬谷拔鹵莽刊山石 師古曰鹵莽淺草之地也阬口衡反莽莫戶反 蹂屍輿廝係
累老弱 師古曰言已死則蹂踐其屍破傷者則輿之而行也廝析也音斯累力追反 兗鋋瘢耆金鏃
淫夷者數十萬人 如淳曰兗括也孟康曰瘢耆馬脊創瘢處也蘇林曰以耆字為著字著音憤之著鏃著其頭也

師古曰鋋鐵矜小矛也淫夷過傷也據如孟康之說則箭括及鋋所中皆有
創瘢於耆而被金鋋過傷者復衆也蘇氏以耆字為著字依其所釋則括
及鋋所傷皆有瘢又著金鏃於頭上而過者亦多矣用字既別分句不
同據今書本多作耆字宜從孟說鋋音蟬又音延著竹略反矜巨巾反 皆
稽顙樹頷扶服蛾伏 如淳曰叩頭時頂下向則頷樹上向也師古曰樹豎也頷胡感反服蒲北反蛾與蟻同蛾伏者言其
伏如蟻也 二十餘年矣尚不敢惕息 師古曰惕息懼而小息也息出入氣也 夫天兵
四臨幽都先加 師古曰幽都北方謂匈奴 回戈邪指南越相夷 師古曰夷傷也一曰平
殄也 靡節西征羌僰東馳是以遐方疏俗殊鄰絕黨
之域 師古曰踈亦遠也鄰邑也 自上仁所不化茂德所不綏莫不蹻足抗
手請獻厥珍 師古曰蹻舉也音蹻 使海內澹然 師古曰澹安也音徒濫反 永亡邊城
之災金革之患今朝廷純仁遵道顯義并包書林
聖風雲靡 師古曰靡合韻音武義反 英華沈浮洋溢八區普天所覆

莫不沾濡士有不談王道者則樵夫笑之 師古曰樵夫采樵之人 故
意者以為事罔隆而不殺物靡盛而不虧 師古曰罔靡皆無也殺衰也音
所例反 故平不肆險安不忘危 服虔曰肆棄也師古曰肆放也不放心於險而言常思念也 迺
時以有年出兵整輿竦戎 師古曰有年有豐年也因豐年而時出兵也竦勸也 振師
五莋習馬長楊 師古曰振亦整也莋與柞同 簡力狡獸校武票禽 師古曰校計量也票
禽輕疾之禽也票頻妙反又匹妙反 迺萃然登南山瞰烏弋 晉灼曰萃集也服虔曰三十六國烏弋家在其
西師古曰瞰遠視也音口濫反 西厭月蜎東震日域 服虔曰蜎音窟穴月蜎月所生也師古曰日域日初出之
處也厭一涉反 又恐後世迷於一時之事常以此取國家之
大務淫荒田獵陵夷而不禦也 師古曰禦止也 是以車不安
軔日未靡旃從者仿佛骫屬而還 張晏曰從者見仿佛委驛迴旋師古

日車不安軔未及止也日未靡旃不移景也佛讀曰髴髴猶古悉字也屬之欲反還讀曰旋亦所以奉太宗之
列遡文武之度復三王之田反五帝之虞師古曰虞與娛同合
韻音牛具反使農不輟耰工不下機師古曰耰摩田之器也音憂婚姻以時
男女莫違師古曰已解於上也出愷弟行簡易矜劬勞休力役
師古曰易合韻音弋赤反見百年存孤弱帥與之同苦樂然後陳鍾
鼓之樂鳴鞀磬之和建碣磍之虡孟康曰碣磍刻猛獸爲之故其形碣磍而
盛怒也師古曰鞀古鼗字鞀小鼓也碣一轄反磍音轄拮隔鳴球掉八列之舞師古曰拮隔擊
考也鳴球玉磬也掉搖也搖身而舞也一曰拮隔彈鼓也鳴球以玉飾琴瑟也拮居黠反球音求又音虯掉徒釣反酌允鑠肴樂
胥張晏曰允信也鑠美也言酌信義以當酒師禮樂以爲肴也師古曰小雅車攻之詩曰允矣君子展也大成周頌酌之詩曰於鑠王師小
雅桑扈之詩曰君子樂胥故引之爲言也胥先呂反聽廟中之雍雍受神人之福祜
師古曰大雅思齊之詩曰雝雝在宮肅肅在廟小雅桑扈之詩曰受天之祜祜福也音戶歌投頌吹合雅其

勤若此故眞神之所勞也師古曰大雅旱麓之詩曰豈弟君子神所勞矣勞謂勞來之猶言勸勉也
故雄引之云勞郎到反方將俟元符師古曰元善也符瑞也以禪梁甫之基增
泰山之高延光于將來比榮乎往號豈徒欲淫覽
浮觀馳騁秔稻之地周流梨栗之林蹂踐芻蕘誇
詡衆庶盛狖玃之收多麋鹿之獲哉且盲不見咫
尺而離婁燭千里之隅師古曰離婁古明目者一號離朱燭照也客徒愛胡
人之獲我禽獸曾不知我亦已獲其王侯言未卒
墨客降席再拜稽首曰大哉體乎允非小子之所
能及也師古曰允信也迺今日發矇廓然已昭矣哀帝時丁

傅董賢用事諸附離之者或起家至二千石師古曰離著也
音麗時雄方草大玄有以自守泊如也師古曰泊安靜也音步各反或
謿雄以玄尚白師古曰玄黑色也言雄作之不成其色猶白故無祿位也而雄解之號
曰解謿其辭曰客謿揚子曰吾聞上世之士人綱
人紀師古曰爲衆人之綱紀也不生則已生則上尊人君下榮父
母析人之圭儋人之爵師古曰析亦分也儋荷負也懷人之符分
人之祿紆青拕紫朱丹其轂師古曰青紫謂綬色紆縈也拕曳也拕吐賀反又徒可反
今子幸得遭明盛之世處不諱之朝與群賢同
行師古曰同行謂同行列歷金門上玉堂有日矣應劭曰金門金馬門也晉灼曰黃圖有大玉堂小玉堂殿也

曾不能畫一奇出一策上說人主下談公
卿目如燿星舌如電光壹從壹衡論者莫當師古曰從子容反
顧而作太玄五千文師古曰顧反也支葉扶疏獨說十
餘萬言師古曰扶疏分布也深者入黃泉高者出蒼天大者含
元氣纖者入無倫師古曰纖微之甚無等倫然而位不過侍郎擢
纔給事黃門師古曰纔淺也言僅得之也纔音才意者玄得毋尚白乎
何爲官之拓落也師古曰拓落不耦也拓音託揚子笑而應之曰客
徒欲朱丹吾轂不知一跌將赤吾之族也師古曰跌足失厝
也見誅殺者必流血故云赤族跌徒結反往者周罔解結群鹿爭逸師古曰謂戰國時諸
侯也離爲十二合爲六七師古曰十二謂魯衞齊楚宋鄭陳秦韓趙魏中山也六七者齊趙韓魏燕楚六
國及秦爲七也四分五剖並爲戰國晉灼曰道其分離之意四分則交五而裂如田字士無

常君國亡定臣得士者富失士者貧矯翼厲翮恣意所存 師古曰言來去如鳥之飛各任所息也 故士或自盛以橐或鑿坏以遁 應劭曰自盛以橐謂范雎也鑿坏謂顏闔也魯君聞顏闔賢欲以爲相使者往聘因鑿後垣而亡坏壁也蘇林曰坏音陪師古曰又音普回反 是故騶衍以頡亢而取世資 應劭曰衍齊人也著書所言皆大事故齊人曰談天衍遊諸侯所言則以爲迂闊遠於事情然終不屈嘗仕於齊位至卿師古曰頡亢上下不定也頡下結反亢胡浪反 孟軻雖連蹇猶爲萬乘師 張晏曰連蹇難也言值世之屯難也師古曰連音輦 今大漢左東海右渠搜前番禺後陶塗 如淳曰小國也師古曰騊駼馬出北海上今此云後陶塗則是此方國名也本國出馬因以爲名今書本陶字有作椒者流俗所改 東南一尉 孟康曰會稽東部都尉也 西北一候 孟康曰燉煌玉門關候也 徽以糾墨製以質鈇 師古曰言有罪者則係於徽墨尤惡者則斬以鈇質也徽糾墨皆繩也質鍖也鈇莝刃也音膚鍖竹林反 散以禮樂風以詩書 師古曰風化也 曠以歲月結以倚廬 孟康曰在倚廬行服三年也應劭曰漢律以不爲親行三年服不得選舉師古曰倚廬倚牆至地而爲之無楣柱倚於綺反 天下之士雷動雲合魚鱗雜襲咸營于八區 師古曰八區八方也 家家自以爲稷契人人自以爲咎繇戴縰垂纓而談者皆擬於阿衡 師古曰縰韜髮者也音山爾反 五尺童子羞比晏嬰與夷吾 師古曰夷吾管仲也羞比之也以其不爲王者之佐 當塗者入青雲失路者委溝渠旦握權則爲卿相夕失埶則爲匹夫譬若江湖之雀勃解之鳥乘鴈集不爲之多雙鳧飛不爲之少 應劭曰乘鴈四鴈也師古曰雀字或作崖鳥字或作島島海中山其義兩通乘食證反 昔三仁去而殷虛 師古曰論語稱微子去之箕子爲之奴比干諫而死孔子曰殷有三仁焉虛空也一曰虛讀曰墟言其亡國爲丘墟 二老歸而周熾 應劭曰二老伯夷太公也 子胥死而吳亡種蠡存而粵伯 師古曰伯讀曰霸 五羖入而秦喜樂毅出而燕懼 師古曰五羖謂百里奚也買以羖羊之皮五故稱五羖也 范雎以折摺而危穰侯 晉灼曰摺古拉字也 蔡澤雖噤吟而笑唐舉 師古曰噤吟頷頤之貌澤從唐舉相謂之曰聖人不相殆先生乎澤曰吾自知富貴噤鉅錦反吟魚錦反舉合韻音居御反 故當其有事也非蕭曹子房平勃樊霍則不能安當其亡事也章句之徒相與坐而守之亦亡所患 師古曰章句小儒也患合韻胡關反 故世亂則聖哲馳騖而不足世治則庸夫高枕而有餘夫上世之士或解縛而相 孟康曰管仲也 或釋褐而傅 孟康曰甯戚也 或倚夷門而笑 應劭曰侯嬴也爲夷門卒秦伐趙趙求救無忌將十餘人往辭嬴嬴無所戒更還嬴笑之以謀告無忌也 或橫江潭而漁 師古曰漁父也師古曰江潭而漁潭音尋漁合韻音牛助反 或七十說而不遇 應劭曰孔丘也 或立談間而封侯 服虔曰薛公也 或枉千乘於陋巷 應劭曰齊有小臣稷桓公一日三至而不得見從者曰可以止矣桓公曰士之傲爵祿者固輕其主主傲霸王者亦輕其士縱彼傲爵祿吾庸敢傲霸王乎遂見之 或擁帚彗而先驅 應劭曰鄒衍之燕昭王郊迎擁彗爲之先驅也師古曰彗亦以埽者也音以歲反 是以士頗得信其舌而奮其筆 師古曰信讀曰申 窒隙蹈瑕而無所詘也 李奇曰君臣上下有釁鏬瑕隙乖離之漸則可抵而取也師古曰窒塞也鏬呼駕反 當今縣令不請士郡守不迎師羣卿不揖客將相不俛眉 師古曰自高抗也俛低也 言奇者見疑行殊者得辟 師古曰辟罪法 是以欲談者宛舌而固聲欲行者擬足而投迹 師古曰宛屈也固閉也擬疑也 鄉使上世之士處虖今 師古曰鄉讀曰嚮 策非甲科行非孝廉舉

非方正獨可抗跡時道是非師古曰抗舉也謂上之也跡者跡條其事而言之跡所據
反高得待詔下觸聞罷師古曰報聞而罷之又安得青紫且吾
聞之也炎炎者滅隆隆者絶觀雷觀火爲盈爲實
天收其聲地藏其熱師古曰炎炎火光也隆隆雷聲也人之觀火聽雷謂其盈實然以天收雷聲地
藏火熱則爲虛無言極盛者亦滅亡也高明之家鬼瞰其室李奇曰鬼神害盈而福謙也師
古曰瞰視也音口濫反攫拏者亡默默者存師古曰攫拏妄有搏執牽引也拏女居反位極
者宗危自守者身全是故知玄知默守道之極爰
清爰靜游神之廷師古曰靜合韻音才性反惟寂惟寞守德之宅
世異事變人道不殊彼我易時未知何如李奇曰或能勝之
今子廼以鴟梟而笑鳳皇執蝘蜓而嘲龜龍師古曰蝘

蜓蝴蝪也蝘鳥典反蜓音殄不亦病乎子徒笑我玄之尚白吾亦笑
子之病甚不遭臾跗扁鵲師古曰二人皆古之良醫也跗甫無反悲夫客
曰然則靡玄無所成名乎師古曰靡亦無范蔡以下何必玄
哉揚子曰范雎魏之亡命也折脅拉髂免於徽
索師古曰髂骨也徽繩也髂音格翕肩蹈背扶服入橐師古曰翕斂也服蒲北反激
卬萬乘之主如淳曰卬怒也言秦安得王獨大后穰侯耳師古曰卬讀曰仰界涇陽抵穰侯
而代之蘇林曰抵音紙界間其兄弟使疏應劭曰涇陽秦昭王弟貴用事也當也師古曰言當其際蔡澤
山東之匹夫也顉頤折頞涕唾流沫師古曰顉曲頤也音欽西
揖彊秦之相搤其咽炕其氣附其背而奪其位張晏
曰蔡澤說范雎以功成而退禍福之機適值其會有間於主因薦以代師古曰搤謂急持之咽頸也炕絕也咽一千反炕音抗時也

師古曰遇其時天下已定金革已平都於雒陽婁敬委輅脫
輓掉三寸之舌師古曰輅胡格反輓音晚掉徒釣反解在劉敬傳建不拔之策舉
中國徙之長安師古曰不拔謂其堅固不拔也中國謂京師適也師古曰中其適五帝垂
典三王傳禮百世不易叔孫通起於枹鼓之間師古
曰枹音孚解甲投戈遂作君臣之儀得也師古曰得其所甫刑靡
敝秦法酷烈師古曰靡散也音糜聖漢權制而蕭何造律宜也
師古曰合其宜故有造蕭何律於唐虞之世則誖矣師古曰誖乖也音布內反
有作叔孫通儀於夏殷之時則惑矣有建婁敬之策
於成周之世則繆矣有談范蔡之說於金張許史
之間則狂矣夫蕭規曹隨師古曰隨從也言蕭何始作規摸曹參因而從之留侯

畫策陳平出奇功若泰山嚮若阺隤師古曰阺音氏巴蜀人名山旁堆欲
墮落曰阺應劭以爲天水隴氏失之矣氐音丁禮反唯其人之贍知哉亦會其時之
可爲也師古曰非唯其人贍知乃會時之可爲也故爲可爲於可爲之時則從
爲不可爲於不可爲之時則凶夫藺先生收功於
章臺孟康曰秦昭王趙成王飲於此臺藺相如前折昭王也晉灼曰相如獻璧於此臺師古曰晉說是也謂齎璧入秦秦不與趙地
相如詭取其璧使人間以歸趙也史記始皇本紀云章臺在渭南而秦趙會飲迺在黽池非章臺也孟說失之四皓采榮
於南山師古曰榮者謂聲名也一曰榮謂草木之英采取以充食公孫創業於金馬孟康
曰公孫弘對策金馬門驃騎發迹於祁連司馬長卿竊訾於卓
氏東方朔割名於細君師古曰割損也言以肉歸遺細君是損割其名僕誠不
能與此數公者並故默然獨守吾太玄雄以爲賦

者將以風之師古曰風讀曰諷下以諷剌上也必推類而言極麗靡之辭閎侈鉅衍競於使人不能加也師古曰言專爲廣大之言既迺歸之於正然覽者已過矣師古曰言其末篇反從之正道故觀覽之者但得浮華而無益於諷諫也往時武帝好神仙相如上大人賦欲以風師古曰風讀曰諷帝反縹縹有陵雲之志師古曰縹匹昭反繇是言之賦勸而不止明矣師古曰繇讀與由同又頗似俳優淳于髡優孟之徒師古曰髡孟皆滑稽非法度所存賢人君子詩賦之正也於是輟不復爲師古曰輟止也而大潭思渾天師古曰潭深也渾天天象也渾胡昆反參摹而四分之蘇林曰三析而四分天之宿度甲乙也極於八十一旁則三摹九据晉灼曰据今據字也據猶位也處也極之七百二十九贊

亦自然之道也故觀易者見其卦而名之觀玄者數其畫而定之玄首四重者非卦也數也其用自天元推一晝一夜陰陽數度律歷之紀九九大運與天終始故玄三方九州二十七部八十一家二百四十三表七百二十九贊分爲三卷曰一二三與泰初歷相應亦有顓頊之歷焉揲之以三策蘇林曰三三而分之師古曰揲音食列反關之以休咎絣之以象類晉灼曰絣雜也師古曰絣幷也音并播之以人事師古曰播布也文之以五行擬之以道德仁義禮知無主知名要合五經苟非其事文不虛生爲其泰曼漶而不可知張晏曰曼音滿漶音緩師古曰曼漶不分別皃猶言蒙鴻也曼莫幹

反漶音奐故有首衝錯測攡瑩數文掜圖告十一篇晉灼曰攡音離服虔曰掜音睨師古曰攡音摛皆以解剝玄體離散其文章句尚不存焉師古曰玄中之文雖有章句其旨深妙尚不能盡存故解剝而離散也玄文多故不著觀之者難知學之者難成客有難玄大深衆人之不好也雄解之號曰解難其辭曰客難揚子曰凡著書者爲衆人之所好也美味期乎合口工聲調於比耳師古曰比和也音頻二反今吾子迺抗辭幽說閎意眇指師古曰眇讀曰妙獨馳騁於有亡之際而陶冶大鑪旁薄羣生師古曰旁薄猶言旁礴也歷覽者茲年矣而殊不寤師古曰茲益也茲年言其久也不寤不曉其意亶費精神於此而煩學者於彼師古曰亶讀曰但譬畫者畫

於無形弦者放於無聲殆不可乎師古曰放依也殆近也放甫往反揚子曰俞師古曰俞然也音踰若夫閎言崇議幽微之塗蓋難與覽者同也昔人有觀象於天視度於地察法於人者天麗且彌地普而深師古曰麗著也日月星辰之所著也彌廣也普遍也昔人之辭迺玉迺金師古曰言寶美麗如金玉也彼豈好爲艱難哉勢不得已也師古曰已止也獨不見夫翠虯絳螭之將登虖天師古曰虯螭解並在前必聳身於倉梧之淵不階浮雲翼疾風虛舉而上升則不能撠膠葛騰九閎師古曰撠揭也膠葛上清之氣也騰升也九閎九天之門撠音戟揭居足反日月之經不千里則不能燭六合燿八紘師古曰燭照也六合謂天地四方八紘八方之綱維也紘音宏泰山之高不嶕嶢則不能浮滯雲

而散歊烝（師古曰嶕嶢高皃也涬溟盛也溟雲氣皃歊烝氣上出也嶕嶢音樵堯涬音幼溟一孔反歊許昭反）是以宓犧氏之作易也（師古曰宓音伏）綿絡天地經以八卦文王附六爻（師古曰因而重之）孔子錯其象而彖其辭然後發天地之臧定萬物之基典謨之篇雅頌之聲不溫純深潤則不足揚鴻烈而章緝熙（師古曰造化鴻大也烈業也緝熙光明也）蓋胥靡為宰（李奇曰造化之神宰割萬物也張晏曰胥相也靡無也言相師以無為作宰者也）寂寞為尸（李奇曰萬化以寂寞為主）大味必淡大音必希（師古曰淡謂無味也音徒濫反）大語叫叫大道低回（師古曰叫叫遠聲也低回紆衍也）是以聲之眇者不可同於眾人之耳（眇讀曰妙）形之美者不可棍於世俗之目（師古曰棍亦同也音胡本反）辭之衍者不可齊於庸人之聽（師古曰衍旁廣也）

今夫弦者高張急徽追趨逐耆則坐者不期而附（師古曰徽琴徽也所以表發撫抑之處也追趨逐耆隨所趨嚮愛嗜而追逐之也趨讀曰趣耆讀曰嗜）試為之施咸池揄六莖發蕭韶詠九成則莫有和也（師古曰揄引也和應也揄音踰和胡臥反）是故鍾期死伯牙絕弦破琴而不肯與眾鼓（師古曰解在司馬遷傳）獿人亡則匠石輟斤而不敢妄斲（服虔曰獿古之善塗墍者也施廣領大袖以仰塗而領袖不汙有小飛泥誤著其鼻因令匠石揮斤而斲知石之善斲故敢使之也師古曰墍即今之仰泥也獿抆拭也故謂塗者為獿人獿音乃高反又乃回反今書本獿字有作獶者流俗改之墍許既反）師曠之調鍾竢知音者之在後也（應劭曰晉平公鑄鍾工者以為調矣師曠曰臣竊聽之知其不調也至於師涓而果知鍾之不調是師曠欲善調之鍾為後世之有知音者）孔子作春秋幾君子之前睹也（師古曰幾讀曰冀）老聃有遺言貴知我者希（師古曰老子德經云知我者希則我貴矣）

此非其操與（師古曰與讀曰歟）雄見諸子各以其知舛馳（師古曰舛相背）大氐詆訾聖人即為怪迂析辯詭辭以撓世事（師古曰大氐大歸也詆訾毀也迂遠也析分也詭異也言諸子之書大歸皆非毀周孔之教為巧辯異辭以撓亂時政也訾音紫迂音于撓火高反其字從手也）雖小辯終破大道而或眾使溺於所聞而不自知其非也及太史公記六國歷楚漢訖麟止不與聖人同是非頗謬於經（師古曰頗普我反）故人時有問雄者常用法應之譔以為十三卷（師古曰譔與撰同）象論語號曰法言法言文多不著獨著其目（師古曰雄有序著篇之意）

天降生民倥侗顓蒙（鄭氏曰童蒙無所知也師古曰倥音空侗音同顓與專同）恣于情性聰明不開訓諸理（師古曰訓告也）譔學行第一

降周迄孔成于王道（師古曰周周公旦也迄至也孔孔子言自周公以降至於孔子設教垂法皆帝王之道）終後誕章乖離諸子圖微（師古曰言其後澆末虛誕彰著乖於七十弟子所謀微妙之言）譔吾子第二

事有本真陳施於億（李奇曰布陳於億萬事也）動不克咸（李奇曰不能皆善也）本諸身譔修身第三

芒芒天道在昔聖考（師古曰聖人能成天道）過則失中不及則不至不可姦罔（蘇林曰罔誣也言不可作姦誣於聖道）譔問道第四

神心曶怳經緯萬方（師古曰曶讀與忽同）事繫諸道德仁誼禮譔問神第五

明哲煌煌旁燭亡疆（師古曰煌煌盛皃也燭照也無疆猶無極也）遜于不虞

以保天命李奇曰常行遜順備不虞譔問明第六
假言周于天地贊于神明師古曰假至也幽弘橫廣絕于邇
言李奇曰理遏近世人之言也譔寡見第七
聖人聰明淵懿繼天測靈冠于群倫經諸範師古曰經常也
範法也譔五百鄧展曰五百歲聖人一出第八
立政鼓衆動化天下莫上於中和鄧展曰鼓亦動也中和之
發在於哲民情師古曰哲知也譔先知第九
仲尼以來國君將相卿士名臣參差不齊師古曰言志業不同
也參初林反壹槩諸聖師古曰一以聖人大道槩平槩工代反譔重黎第十
仲尼之後訖于漢道德顏閔股肱蕭曹爰及

名將尊卑之條稱述品藻師古曰品藻者定其差品及文質譔淵騫第
十一
君子純終領聞李奇曰領理所聞也師古曰純善也領令也聞名也言君子之道能善於終而不失令名
蠢迪檢押師古曰蠢動也迪道也由也檢押猶隱括也言動由檢押也音押旁開聖則譔
君子第十二
孝莫大於寧親寧親莫大於寧神寧神莫大於四
表之驩心師古曰寧安也言大孝之在於尊嚴祖考安其神靈所以得然者以得四方之外驩心譔孝
至第十三
贊曰雄之自序云爾師古曰自法言目之前皆是雄本自序之文也初雄年四
十餘自蜀來至游京師大司馬車騎將軍王音奇

其文雅召以為門下史薦雄待詔歲餘奏羽獵賦
除為郎給事黃門與王莽劉歆並哀帝之初又與
董賢同官當成哀平閒莽賢皆為三公權傾人主
所薦莫不拔擢而雄三世不徙官及莽篡位談說
之士用符命稱功德獲封爵者甚衆雄復不侯以
耆老久次轉為大夫恬於勢利迺如是師古曰恬安也實好
古而樂道其意欲求文章成名於後世以為經莫
大於易故作太玄傳莫大於論語作法言史篇莫
善於倉頡作訓纂箴莫善於虞箴作州箴晉灼
曰九州之箴也賦莫深於離騷反而廣之辭莫麗於相如作

四賦皆斟酌其本相與放依而馳騁云師古曰放甫往反用
心於內不求於外於時人皆曶之師古曰曶與忽同謂輕也唯劉
歆及范逡敬焉師古曰逡千旬反而桓譚以為絕倫師古曰無比類王
莽時劉歆甄豐皆為上公莽既以符命自立即位
之後欲絕其原以神前事而豐子尋歆子棻復獻
之師古曰棻亦芬字也扶云反莽誅豐父子投棻四裔辭所連及便
收不請師古曰不須奏請時雄校書天祿閣上治獄使者來
欲收雄雄恐不能自免迺從閣上自投下幾死
師古曰幾鉅依反莽聞之曰雄素不與事何故在此師古曰與讀曰豫
閒請問其故師古曰使人密問之迺劉棻嘗從雄學作奇字師古

曰古文之異者雄不知情師古曰不知獻符命之事也有詔勿問然京師爲之
語曰惟寂寞自投閣爰清靜作符命師古曰以雄解謿之言譏之也今流俗本云惟寂惟寞自投於閣爰清爰靜作符命妄增之雄以病免復召爲大夫家素貧
耆酒師古曰耆讀曰嗜人希至其門時有好事者載酒肴從
游學而鉅鹿侯芭常從雄居服虔曰芭音葩受其大玄法
言焉劉歆亦嘗觀之謂雄曰空自苦今學者有祿
利然尚不能明易又如玄何師古曰言無柰之何吾恐後人用
覆醬瓿也師古曰瓿音部小甖也雄笑而不應年七十一天鳳
五年卒侯芭爲起墳喪之三年時大司空王邑納
言嚴尤聞雄死謂桓譚曰子常稱揚雄書豈能傳

於後世乎譚曰必傳顧君與譚不及見也師古曰顧見也凡
人賤近而貴遠親見揚子雲祿位容貌不能動人
故輕其書昔老聃著虛無之言兩篇師古曰謂道德經也薄仁
義非禮學然後好之者尚以爲過於五經自漢文
景之君及司馬遷皆有是言今揚子之書文義至
深而論不詭於聖人師古曰詭違也聖人謂周公孔子則必度越諸子
矣師古曰度過也諸儒或譏以爲雄非聖人而作經猶春秋吳
楚之君僭號稱王蓋誅絕之罪也師古曰絕謂無胤嗣也自雄
之沒至今四十餘年其法言大行而玄終不顯然
篇籍具存

揚雄傳第五十七卷下

揚雄傳長揚賦有云兖鋋瘢耆金鏃淫夷者數十
萬人臣佖按字書無兖字今俗以爲兖州字本作
沇此兖鋋合作鈗鋋許慎說文鈗字注云侍臣所
執兵從金允聲周書曰一人冕執鈗讀若允與鈗
字相次又案今文尚書一人冕執銳孔安國傳云
銳矛屬也疑孔安國之時舊是鈗字後傳寫作銳
耳說文銳芒也亦與矛不類矣漢書相承疑誤書

爲兖字如淳注釋乃云兖括也顏師古又依孟康
所說爲箭括即愈無所據且箭括非刃豈與鋋小
矛同可以傷夷人乎此兖字故合作鈗

儒林傳第五十八　班固　漢書八十八

祕書監上護軍琅邪縣開國子顏師古注

古之儒者博學虖六蓺之文師古曰六蓺謂易禮樂詩書春秋六蓺者王教之典籍先聖所以明天道正人倫致至治之成法也周道既衰壞於幽厲禮樂征伐自諸侯出陵夷二百餘年而孔子興師古曰陵夷言漸頹替以聖德遭季世知言之不用而道不行迺歎曰鳳鳥不至河不出圖吾已矣夫師古曰論語載孔子之言也鳳鳥河圖王者之瑞自傷有德而無位故云已矣文王既沒文不在茲乎師古曰言文王久已沒矣文章之事豈不在此乎蓋自謂也亦見論語於是應聘諸侯以荅禮行誼師古曰荅禮謂有問禮者則為應荅而申明之西入

周南至楚畏匡戹陳師古曰匡邑名即陳留匡城縣孔子自類陽貨陽貨嘗有怨於匡匡人見孔子以為陽貨也故圍而欲害之後得免耳戹陳謂在陳絕糧也奸七十餘君師古曰奸音干適齊聞韶三月不知肉味師古曰美舜樂之善自衛反魯然後樂正雅頌各得其所師古曰自衛反魯謂哀十一年也是時道衰樂廢孔子還修正之故雅頌各得其所究觀古今篇籍迺稱曰大哉堯之為君也唯天為大唯堯則之師古曰言堯所行皆法天巍巍乎其有成功也煥乎其有文章師古曰巍巍高貌煥明也又曰周監於二代郁郁乎文哉吾從周師古曰言周追視夏殷之制而損益之故禮文大備也郁郁文章盛貌自此以上孔子之言皆見論語於是敘書則斷堯典師古曰謂尚書起自堯典也稱樂則法韶舞師古曰論語云顏回問為邦子曰行夏之時乘殷之輅服周之冕樂則韶舞放鄭聲韶舜樂也孔子歎其盡善盡美故欲用之論詩則首

周南師古曰以關雎為始也綴周之禮因魯春秋舉十二公行事繩之以文武之道成一王法師古曰繩謂約正之至獲麟而止蓋晚而好易讀之韋編三絕而為之傳師古曰編聯次簡也言愛玩之甚故編簡之韋為之三絕也傳謂彖象繫辭文言說卦之屬皆因近聖之事㠯音以立先王之教故曰述而不作信而好古下學而上達知我者其天乎師古曰皆論語載孔子之言也作者之謂聖述者之謂明故孔子自謙言我但述者耳下學上達謂下學人事上達天命也行不違天故唯天知我也仲尼既沒七十子之徒散遊諸侯師古曰七十子謂弟子者七十七人也稱七十者但言其成數也大者為卿相師傅小者友教士大夫或隱而不見故子張居陳師古曰子張姓顓孫名師澹臺子羽居楚師古曰子羽姓澹臺名滅明澹徒甘反子夏居西河師古曰子夏姓

卜名商子貢終於齊師古曰子貢姓端木名賜如田子方段干木吳起禽滑氂之屬皆受業於子夏之倫為王者師師古曰子方以下皆魏人也滑于拔反氂音貍是時獨魏文侯好學天下並爭於戰國儒術既黜焉然齊魯之閒學者猶弗廢於威宣之際孟子孫卿之列咸遵夫子之業而潤色之以學顯於當世鄧展曰威宣齊二王及至秦始皇兼天下燔詩書殺術士師古曰燔焚也今新豐縣溫湯之處號愍儒鄉溫湯西南三里有馬谷谷之西岸有阬古老相傳以為秦阬儒處也衛宏詔定古文官書序云秦既焚書患苦天下不從所改更法而諸生到者拜為郎前後七百人迺密令冬種瓜於驪山阬谷中溫處瓜實成詔博士諸生說之人人不同乃命就視之為伏機諸生賢儒皆至焉方相難不決因發機從上填之以土皆壓終乃無聲此則閔儒之地其不諱矣燔扶元反六學從此缺矣陳涉之王也魯諸儒持孔

氏禮器往歸之於是孔甲為涉博士卒與俱死師古曰孔光傳云鮒為陳涉博士死陳下今此云孔甲將名鮒而字甲也陳涉起匹夫敺適戍以立
號師古曰敺與驅同適讀曰謫不滿歲而滅亡其事至微淺然而搢
紳先生負禮器往委質為臣者何也以秦禁其業
積怨而發憤於陳王也及高皇帝誅項籍引兵圍
魯魯中諸儒尚講誦習禮弦歌之音不絕豈非聖
人遺化好學之國哉於是諸儒始得修其經學講
習大射鄉飲之禮叔孫通作漢禮儀因為奉常諸
弟子共定者咸為選首然後喟然興於學師古曰喟然歎息皃音丘
位反然尚有干戈平定四海師古曰言陳豨盧綰韓信黥布之徒相次反叛征伐也

亦未皇庠序之事也師古曰皇暇也孝惠高后時公卿皆武
力功臣孝文時頗登用師古曰言少用文學之士然孝文本好刑
名之言及至孝景不任儒竇太后又好黃老術故
諸博士具官待問未有進者師古曰具官謂備具而已漢興言易
自菑川田生言書自濟南伏生言詩於魯則申培
公於齊則轅固生師古曰培固者其人名生者其號也它皆類此培音陪燕則韓太
傅師古曰名嬰也言禮則魯高堂生言春秋於齊則胡毋生
於趙則董仲舒及竇太后崩武安君田蚡為丞相
黜黃老刑名百家之言延文學儒者以百數而公
孫弘以治春秋為丞相封侯天下學士靡然鄉風

矣師古曰鄉讀曰嚮弘為學官悼道之鬱滯迺請曰丞相御
史言師古曰此以下皆弘奏請之辭制曰蓋聞導民以禮風之以樂師古
曰風化也婚姻者居室之大倫也師古曰倫理也今禮廢樂崩朕
甚愍焉故詳延天下方聞之士咸登諸朝師古曰詳悉也方道
也有道及博聞之士也其令禮官勸學講議洽聞舉遺興禮以
為天下先師古曰舉遺謂經典遺逸者求而舉之太常議予博士弟子崇
鄉里之化以厲賢材焉師古曰厲勸勉之也一曰砥厲也自此以上弘所引詔文謹與
太常臧博士平等議師古曰臧孔臧也曰聞三代之道鄉里
有教夏曰校殷曰庠周曰序師古曰教效也言可効道藝也其勸善也
顯之朝廷其懲惡也加之刑罰故教化之行也建

首善自京師始繇內及外師古曰繇音由由從也今陛下昭至
德開大明配天地本人倫勸學興禮崇化厲賢以
風四方太平之原也師古曰風化也古者政教未洽不備其
禮請因舊官而興焉為博士官置弟子五十人復
其身師古曰復方目反太常擇民年十八以上儀狀端正者
補博士弟子郡國縣官有好文學敬長上肅政教
順鄉里出入不悖師古曰悖乖也音布內反所聞令相長丞上屬
所二千石師古曰聞謂聞其部屬有此人也令縣令相侯相長縣長丞縣丞也二千石謂郡守及諸王相也二
千石謹察可者常與計偕師古曰與上計吏俱至京師詣太常得
受業如弟子一歲皆課能通一藝以上補文學掌

故鈌其高弟可以爲郎中太常籍奏師古曰爲名籍而奏即有秀才異等輒以名聞其不事學若下材及不能通一蓺罷之而請諸能稱者師古曰謂列其能通蓺業而稱任者奏請補用之也臣謹案詔書律令下者師古曰下謂班行也明天人分際通古今之誼師古曰分扶問反文章爾雅訓辭深厚師古曰爾雅近正也言詔辭雅正而深厚也恩施甚美小吏淺聞弗能究宣亡以明布諭下以治禮掌故以文學禮義爲官遷留滯師古曰言治禮掌故之官本以有文學習禮義而爲之又所以遷擢留滯之人請選擇其秩比二百石以上及吏百石通一蓺以上補左右內史大行卒史師古曰言左右內史後爲左馮翊右扶風而大行後爲大鴻臚也比百石以下補郡太守卒史皆

各二人師古曰內地之郡郡各補太守卒史二人也邊郡一人先用誦多者不足擇掌故以補中二千石屬蘇林曰屬亦曹史令縣令文書解言屬某甲也文學掌故補郡屬備員師古曰云備員者示以升擢之非藉其實用也請著功令師古曰新立此條請以著於功令功令篇名若今選舉令它如律令師古曰此外竝如舊律令制曰可自此以來公卿大夫士吏彬彬多文學之士矣師古曰彬彬文章貌音斌昭帝時舉賢良文學增博士弟子員滿百人宣帝末增倍之元帝好儒能通一經者復師古曰蠲其役賦也復方目反數年以用度不足更爲設員千人郡國置五經百石卒史成帝末或言孔子布衣養徒三千人今天子太學弟子少於是增弟子員三千人

歲餘復如故平帝時王莽秉政增元士之子得受業如弟子勿以爲員師古曰常員之外更開此路歲課甲科四十人爲郎中乙科二十人爲太子舍人丙科四十人補文學掌故云自魯商瞿子木受易孔子師古曰商瞿姓也瞿音衢以授魯橋庇子庸師古曰姓橋名庇字子庸它皆類此庇音必寐反子庸授江東馯臂子弓師古曰馯姓也音韓子弓授燕周醜子家子家授東武孫虞子乘子乘授齊田何子裝及秦禁學易爲筮卜之書獨不禁故傳受者不絕漢興田何以齊田徙杜陵號杜田生師古曰高祖用婁敬之言徙關東大族故何以舊齊田氏見徙也初徙時未爲杜陵蓋史家本其地追言也授東武王同子中雒陽周王孫丁寬齊

服生皆著易傳數篇師古曰田生授王同周王孫丁寬服生四人而四人皆著易傳也子中王同字也中讀曰仲同授淄川楊何字叔元元光中徵爲大中大夫齊即墨成至城陽相師古曰姓即墨名成廣川孟但爲太子門大夫魯周霸莒衡胡師古曰莒人姓衡名胡也臨淄主父偃皆以易至大官要言易者本之田何丁寬字子襄梁人也初梁項生從田何受易時寬爲項生從者讀易精敏材過項生遂事何學成何謝寬師古曰告令罷去寬東歸何謂門人曰易以東矣師古曰言丁寬得其法術以去寬至雒陽復從周王孫受古義號周氏傳景帝時寬爲梁孝王將軍距吳楚號丁將軍作易說三萬言訓故

學大誼而已師古曰故謂經之旨趣也它皆類此今小章句是也寬授同
郡碭田王孫師古曰碭者梁郡之縣也音唐又音宕王孫授施讎孟喜梁
丘賀繇是易有施孟梁丘之學師古曰繇與由同後類此
施讎字長卿沛人也沛與碭相近讎爲童子從田王
孫受易後讎徙長陵田王孫爲博士復從卒業師古曰卒終也
與孟喜梁丘賀竝爲人謙讓常稱學廢不教授及梁
丘賀爲少府事多迺遣子臨分將門人張禹等從讎
問讎自匿不肯見賀固請不得已乃授臨等於是賀
薦讎結髮事師數十年師古曰從結髮爲童小即從師學著其早也賀不能及
詔拜讎爲博士甘露中與五經諸儒雜論同異於

石渠閣師古曰三輔故事云石渠閣在未央殿北以藏祕書也讎授張禹琅邪魯伯
伯爲會稽太守禹至丞相禹授淮陽彭宣沛戴崇子
平崇爲九卿宣大司空禹宣皆有傳魯伯授太山
毛莫如少路師古曰姓毛名莫如字少路琅邪邴丹曼容著清名莫如
至常山守此其知名者也繇是施家有張彭之學
孟喜字長卿東海蘭陵人也父號孟卿師古曰時人以卿呼之若言公矣
善爲禮春秋授后蒼疏廣世所傳后氏禮疏氏
春秋皆出孟卿孟卿以禮經多春秋煩雜乃使喜
從田王孫受易喜好自稱譽得易家候陰陽災變
書詐言師田生且死時枕喜厀獨傳喜諸儒以此

耀之師古曰用爲光榮也同門梁丘賀疏通證明之師古曰同門同師學者也疏通猶言分別也證明明其僞也
曰田生絕於施讎手中時喜歸東海
安得此事又蜀人趙賓好小數書後爲易飾易文
以爲箕子明夷陰陽氣亡箕子箕子者萬物方荄
茲也師古曰易明夷卦彖曰內文明而外柔順以蒙大難文王以之利艱貞晦其明也內難而能正其志箕子以之而六五爻辭曰箕子之明夷利貞此箕子者謂殷父師說洪範者也而賓妄爲說耳荄茲言其根荄方滋茂也荄音該又音皆賓持論巧
慧易家不能難皆曰非古法也師古曰心不服云受孟喜喜
爲名之師古曰名之者承取其名云實授也後賓死莫能持其說喜因
不肯仞師古曰仞亦名也仞音刃以此不見信喜舉孝廉爲郎曲
臺署長師古曰曲臺殿名署者主供其事也病免爲丞相掾博士缺衆

人薦喜上聞喜改師法遂不用喜喜授同郡白光
少子沛翟牧子兄師古曰兄讀曰況皆爲博士繇是有翟孟
白之學　梁丘賀字長翁琅邪諸人也以能心
計爲武騎從太中大夫京房受易房者淄川楊何
弟子也師古曰自別一京房非焦延壽弟子爲課吏法者或書字誤耳不當爲京房房出爲齊
郡太守賀更事田王孫宣帝時聞京房爲易明求
其門人得賀賀時爲都司空令坐事論免爲庶人
待詔黃門數入說教侍中師古曰爲諸侍中說經爲教授以召賀賀入
說上善之師古曰說於天子之前以賀爲郎會八月飲酎行祠
孝昭廟師古曰行謂天子出先敺旄頭劍挺墯墜首垂泥中師古

曰挺引也劒自然拔出也埊古地字刃鄉乘輿車師古曰鄉讀曰嚮馬驚於是召賀
筮之有兵謀不吉上還使有司侍祠是時霍氏外
孫代郡太守任宣坐謀反誅師古曰霍光傳云任宣霍氏之壻此云外孫誤宣
子章爲公車丞亡在渭城界中夜玄服入廟居郎
閒師古曰郎皆皁衣故章玄服以廟也執戟立廟門待上至欲爲逆發覺
伏誅故事上常夜入廟其後待明而入自此始也
賀以筮有應繇是近幸爲太中大夫給事中至少
府爲人小心周密上信重之年老終官傳子臨亦
入說爲黃門郎甘露中奉使問諸儒於石渠臨學
精孰專行京房法琅邪王吉通五經聞臨說善之

時宣帝選高材郎十人從臨講吉乃使其子郎中
駿上疏從臨受易臨代五鹿充宗君孟爲少府駿
御史大夫自有傳充宗授平陵士孫張仲方師古曰姓士孫名張字仲方
沛鄧彭祖子夏齊衡咸長賓張爲博
士至揚州牧光祿大夫給事中家世傳業彭祖
眞定大傅咸王莽講學大夫繇是梁丘有士孫
鄧衡之學
京房受易梁人焦延壽師古曰延壽其字名贛延壽云嘗從孟
喜問易會喜死房以爲延壽易即孟氏學翟牧白
生不肯皆曰非也至成帝時劉向校書考易說以

諸易家說皆祖田何楊叔丁將軍大誼略同唯京
氏爲異黨焦延壽獨得隱士之說師古曰黨讀曰儻託之孟
氏不相與同房以明災異得幸爲石顯所譖誅自
有傳房授東海殷嘉河東姚平河南乘弘師古曰乘姓也音食
證反皆爲郎博士繇是易有京氏之學
費直字長翁東萊人也師古曰費扶味反治易爲郎至單父令師古
曰單音善父音甫長於卦筮亡章句徒以彖象繫辭十篇文言
解說上下經琅邪王璜平中能傳之師古曰中讀曰仲璜又
傳古文尚書
高相沛人也治易與費公同時其學亦亡章句專

說陰陽災異自言出於丁將軍傳至相相授子康
及蘭陵毋將永康以明易爲郎永至豫章都尉及
王莽居攝東郡太守翟誼舉兵誅莽事未發康候
知東郡有兵私語門人門人上書言之後數月翟
誼兵起莽召問對受師高康莽惡之以爲惑衆斬
康繇是易有高氏學高費皆未嘗立於學官
伏生濟南人也張晏曰名勝伏生碑云也故爲秦博士孝文時求
能治尚書者天下亡有聞伏生治之欲召時伏生
年九十餘老不能行於是詔太常使掌故朝錯往
受之師古曰衞宏定古文尚書序云伏生老不能正言言不可曉也使其女傳言教錯齊人語多與潁川異錯所不知者凡十二三

略以其意屬讀而已秦時禁書伏生壁藏之其後大兵起流亡漢定伏生求其書亡數十篇獨得二十九篇即以教于齊魯之閒齊學者由此頗能言尚書山東大師亡不涉尚書以教伏生教濟南張生及歐陽生張生爲博士而伏生孫以治尚書徵弗能明定是後魯周霸雒陽賈嘉頗能言尚書云師古曰嘉者賈誼之孫也

歐陽生字和伯千乘人也事伏生授倪寬寬又受業孔安國至御史大夫自有傳寬有俊材初見武帝語經學上曰吾始以尚書爲樸學弗好及聞寬說可觀乃從寬問一篇歐陽大小夏侯氏學皆出

於寬寬授歐陽生子世世相傳至曾孫高子陽爲博士師古曰名高字子陽高孫地餘長賓以太子中庶子授太子後爲博士論石渠元帝即位地餘侍中貴幸至少府戒其子曰我死官屬即送汝財物慎毋受汝九卿儒者子孫以廉絜著可以自成及地餘死少府官屬共送百萬其子不受天子聞而嘉之賜錢百萬地餘少子政爲王莽講學大夫由是尚書世有歐陽氏學

林尊字長賓濟南人也事歐陽高爲博士論石渠後至少府太子太傅授平陵平當梁陳翁生當至丞相自有傳翁生信都太傅家世傳業由是歐陽有平陳之學翁生授琅邪殷崇楚國龔勝崇爲博士勝右扶風自有傳而平當授九江朱普公文上黨鮑宣普爲博士宣司隸校尉自有傳徒衆尤盛知名者也

夏侯勝其先夏侯都尉從濟南張生受尚書以傳族子始昌始昌傳勝勝又事同郡蕑卿師古曰蕑音姦蕑卿者倪寬門人勝傳從兄子建又事歐陽高勝至長信少府建太子太傅自有傳由是尚書有大小夏侯之學

周堪字少卿齊人也與孔霸俱事大夏侯勝霸爲博士堪譯官

令論於石渠經爲最高後爲太子少傅而孔霸以太中大夫授太子及元帝即位堪爲光祿大夫與蕭望之並領尚書事爲石顯所譖皆免官望之自殺上愍之迺擢堪爲光祿勳語在劉向傳堪授牟卿及長安許商長伯牟卿爲博士霸以帝師賜爵號褒成君傳子光亦事牟卿至丞相自有傳由是大夏侯有孔許之學商善爲筭著五行論歷四至九卿號其門人沛唐林子高爲德行平陵吳章偉君爲言語重泉王吉少音爲政事齊炔欽幼卿爲文學師古曰依孔子弟子顏回以下爲四科也炔音桂王莽時林吉爲九卿自表

上師冢大夫博士郎吏爲許氏學者各從門人會車數百兩儒者榮之欽章皆爲博士徒衆尤盛章爲王莽所誅也

張山拊字長賓平陵人也師古曰拊音撫事小夏侯建爲博士論石渠至少府授同縣李尋鄭寬中少君山陽張無故子儒信都秦恭延君陳留假倉子驕無故善脩章句爲廣陵太傅守小夏侯說文恭增師法至百萬言師古曰言小夏侯本所說之文不多而秦恭又更增益故至百萬言爲城陽內史倉以謁者論石渠至膠東相尋善說災異爲騎都尉自有傳寬中有儁材以博士授太子成帝即位賜爵關內侯食邑八百戶遷光祿大夫領尚書事甚尊重會疾卒谷永上疏曰臣聞聖王尊師傅褒賢儁顯有功生則致其爵祿死則異其禮謚昔周公薨成王葬以變禮而當天心師古曰周公死成王欲葬之於成周天乃雷雨以風禾盡偃大木斯拔國大恐王乃葬周公於畢示不敢臣也事見尚書大傳而與古文尚書不同公叔文子卒衛侯加以美謚著爲後法師古曰公叔文子衛大夫公叔發也文子卒其子請謚於君君曰昔者衛國凶饑夫子爲粥與國之餓者不亦惠乎衛國有難夫子以其死衛寡人不亦貞乎夫子聽衛國之政修其班制以與四鄰交衛國社稷不辱不亦文乎謂夫子貞惠文子事見禮記檀弓近事大司空朱邑右扶風翁歸德茂天年孝宣皇帝愍冊厚賜贊命之臣靡不激揚師古曰贊佐也關內侯鄭寬中有顏子之美質包商偃之文

學師古曰論語云文學子游子夏商子夏名偃子游名嚴然總五經之眇論立師傅之顯位師古曰嚴與儼同眇讀曰妙入則鄉唐虞之闕道王法納乎聖聽師古曰鄉讀曰嚮闕大也言陳聖王之法聞於天子出則參冢宰之重職功烈施乎政事退食自公私門不開師古曰退食自公召南羔羊詩之辭言聚退所食之祿而從至公之道也散賜九族田畝不益德配周召忠合羔羊未得登司徒有家臣師古曰司徒掌禮教之官言寬中學行堪爲之也家臣若今諸公國官及府佐也卒然早終尤可悼痛師古曰卒讀曰猝臣愚以爲宜加其葬禮賜之令諡師古曰令善也以章尊師褒賢顯功之德上弔贈寬中甚厚由是小夏侯有鄭張秦假李氏之學寬中授東郡趙玄無故授沛唐尊恭授魯馮賓賓爲博士尊王莽太傅玄哀帝御史大夫至大官知名者也

孔氏有古文尚書孔安國以今文字讀之因以起其家逸書得十餘篇蓋尚書茲多於是矣遭巫蠱未立於學官安國爲諫大夫授都尉朝服虔曰朝名都尉姓而司馬遷亦從安國問故遷書載堯典禹貢洪範微子金縢諸篇多古文說都尉朝授膠東庸生庸生授清河胡常少子師古曰少子亦常字也以明穀梁春秋爲博士部刺史又傳左氏常授虢徐敖敖爲右扶風掾又傳毛詩授王璜平陵塗惲子眞子眞授河南桑

欽君長王莽時論學皆立劉歆爲國師璜惲等皆貴顯世所傳百兩篇者出東萊張霸分析合二十九篇以爲數十又采左氏傳書敘爲作首尾凡百二篇篇或數簡文意淺陋成帝時求其古文者霸以能爲百兩徵以中書校之非是（師古曰以霸加增私分析故與中書之文不同也中書天子所藏之書也）霸辭受父父有弟子尉氏樊並時太中大夫平當侍御史周敞勸上存之（師古曰存者立其學）後樊並謀反迺黜其書

申公魯人也少與楚元王交俱事齊人浮丘伯受詩漢興高祖過魯申公以弟子從師入見于魯南宮呂太后時浮丘伯在長安楚元王遣子郢與申公俱卒學（師古曰郢即郢客也）元王薨郢嗣立爲楚王令申公傅太子戊戊不好學病申公（師古曰患苦也）及戊立爲王胥靡申公（師古曰胥靡相係而作役解具在楚元王傳也）申公愧之歸魯退居家敎終身不出門復謝賓客（師古曰身既不出門非受業弟子其它賓客來者又謝遣之不與相見也）獨王命召之乃往弟子自遠方至受業者千餘人申公獨以詩經爲訓故以敎亡傳（師古曰口說其指不爲解說之傳）疑者則闕弗傳蘭陵王臧既從受詩已通事景帝爲太子少傅免去武帝初即位臧乃上書宿衞累遷一歲至郎中令及代趙綰亦嘗受詩申公爲御史大夫綰臧請立明堂

以朝諸侯不能就其事（師古曰就成也）乃言師申公於是上使使束帛加璧安車以蒲裹輪駕駟迎申公弟子二人乘軺傳從（師古曰傳張戀反）至見上上問治亂之事申公已八十餘老對曰爲治者不至多言顧力行何如耳（師古曰顧念也力行謂勉力爲行也）是時上方好文辭見申公對默然然已招致即以爲太中大夫舍魯邸（師古曰邸止息也）議明堂事太皇竇太后喜老子言不說儒術（師古曰喜許旣反說讀曰悅）得綰臧之過以讓上（師古曰讓責也）上因廢明堂事下綰臧吏皆自殺申公亦病免歸數年卒弟子爲博士十餘人孔安國至臨淮太守周霸膠西內史夏寬城陽內史碭魯賜東海太守蘭陵繆生長沙內史徐偃膠西中尉鄒人闕門慶忌膠東內史（李奇曰姓闕門名慶忌）其治官民皆有廉節稱其學官弟子行雖不備而至於大夫郎掌故以百數申公卒以詩春秋授而瑕丘江公盡能傳之徒衆最盛及魯許生免中徐公（蘇林曰免中縣名也李奇曰邑名也師古曰李說是也）皆守學敎授韋賢治詩事大江公及許生（晉灼曰大江公即瑕丘江公也以別下博士江公故稱大）又治禮至丞相傳子玄成以淮陽中尉論石渠後亦至丞相玄成及兄子賞以詩授哀帝至大司馬車騎將軍自有傳由是魯詩有韋氏

學

王式字翁思東平新桃人也事免中徐公及許生式爲昌邑王師昭帝崩昌邑王嗣立以行淫亂廢昌邑群臣皆下獄誅唯中尉王吉郎中令龔遂以數諫減死論式繫獄當死治事使者責問曰師何以亡諫書式對曰臣以詩三百五篇朝夕授王至於忠臣孝子之篇未嘗不爲王反復誦之也（師古曰復方目反）至於危亡失道之君未嘗不流涕爲王深陳之也臣以三百五篇諫是以亡諫書使者以聞亦得減死論歸家不教授山陽張長安幼君（李奇曰長安名）先事式後東平唐長賓沛褚少孫亦來事式問經數篇式謝曰聞之於師具是矣自潤色之（師古曰言所聞師說具盡於此若嫌簡略任更潤色）不肯復授唐生褚生應博士弟子選詣博士摳衣登堂頌禮甚嚴（師古曰摳衣謂以手內舉令離地也摳口侯反頌讀曰容）試誦說有法疑者丘蓋不言（蘇林曰丘蓋不言不知之意也如淳曰齊俗以不知爲丘師古曰二說皆非也論語載孔子曰蓋有不知而作之者我無是也欲遵此意故效孔子自稱丘耳蓋者發語之辭也）諸博士驚問何師對曰事式皆素聞其賢共薦式詔除下爲博士（師古曰下除官之書也下胡嫁反）式徵來衣博士衣而不冠曰刑餘之人何宜復充禮官既至舍中會諸大夫博士共持酒肉勞式皆注意高仰之（師古曰勞來到反）博士江公世爲魯詩宗（師古曰爲魯詩者所宗師也）至江公著孝

經說心嫉式謂歌吹諸生曰（如淳曰其學官自有此法酒坐歌吹以相樂也）歌驪駒（服虔曰逸詩篇名也見大戴禮客欲去歌之文穎曰其辭云驪駒在門僕夫具存驪駒在路僕夫整駕也）式曰聞之於師客歌驪駒主人歌客毋庸歸（文穎曰庸用也主人禮未畢且無用歸也）今日諸君爲主人日尚早未可也江翁曰經何以言之（師古曰於經何所有此言）式曰在曲禮江翁曰何狗曲也（師古曰意怒故妄發言言狗者輕賤之甚也今流俗書本云何曲狗妄改之也）式恥之陽醉遏墜（師古曰遏失據而倒也墜古地字遏音徒浪反）式客罷讓諸生曰我本不欲來（師古曰讓責也）諸生彊勸我竟爲豎子所辱遂謝病免歸終於家張生唐生褚生皆爲博士張生論石渠至淮陽中尉唐生楚太傅由是魯詩有張唐褚氏之學張生兄子游卿爲諫大夫以詩授元帝其門人琅邪王扶爲泗水中尉陳留許晏爲博士由是張家有許氏學初薛廣德亦事王式以博士論石渠授龔舍廣德至御史大夫舍泰山太守皆有傳

轅固齊人也以治詩孝景時爲博士與黃生爭論於上前黃生曰湯武非受命迺殺也固曰不然夫桀紂荒亂天下之心皆歸湯武湯武因天下之心而誅桀紂桀紂之民弗爲使而歸湯武湯武不得已而立非受命爲何（師古曰此非受命更何爲）黃生曰冠雖敝必加於首履雖新必貫於足（師古曰語見太公六韜也）何者上下之

分也（師古曰分扶問反）今桀紂雖失道然君上也湯武雖聖
臣下也夫主有失行臣不正言匡過以尊天子反
因過而誅之代立南面非殺而何固曰必若云（師古曰謂必如黃生之言）
是高皇帝代秦即天子之位非邪於是上
曰食肉毋食馬肝未為不知味也言學者毋言湯
武受命不為愚（師古曰馬肝有毒食之憙殺人幸得無食言湯武為殺是背經義故以為喻也）遂罷
竇太后好老子書召問固固曰此家人言矣（師古曰家人言僮隸之屬）
太后怒曰安得司空城旦書乎（服虔曰道家以儒法為急比之於律令也）
迺使固入圈擊彘上知太后怒而固直言無辠
迺假固利兵（師古曰假給與也利兵兵刃之利者）下固刺彘正中其心彘

應手而倒太后默然亡以復辠後上以固廉直拜
為清河太傅疾免武帝初即位復以賢良徵諸儒
多嫉毀曰固老罷歸之時固已九十餘矣公孫弘
亦徵仄目而事固（師古曰言深憚之）固曰公孫子務正學以
言無曲學以阿世諸齊以詩顯貴皆固之弟子也
昌邑太傅夏侯始昌最明自有傳
后蒼字近君東海郯人也事夏侯始昌始昌通五
經蒼亦通詩禮為博士至少府授翼奉蕭望之匡
衡奉為諫大夫望之前將軍衡丞相皆有傳衡授
琅邪師丹伏理斿君潁川滿昌君都君都為詹事

理高密太傅家世傳業丹大司空自有傳由是齊
詩有翼匡師伏之學滿昌授九江張邯琅邪皮容
皆至大官徒眾尤盛
韓嬰燕人也孝文時為博士景帝時至常山太傅
嬰推詩人之意而作外傳數萬言其語頗與齊魯
閒殊然歸一也淮南賁生受之（師古曰賁音肥）燕趙閒言
詩者由韓生韓生亦以易授人推易意而為之傳
燕趙閒好詩故其易微唯韓氏自傳之武帝時嬰
嘗與董仲舒論於上前其人精悍處事分明（師古曰悍勇銳）
仲舒不能難也後其孫商為博士孝宣時涿郡韓

生其後也以易徵待詔殿中曰所受易即先太傅
所傳也嘗受韓詩不如韓氏易深太傅故專傳之
司隸校尉蓋寬饒本受易於孟喜見涿韓生說易
而好之即更從受焉　趙子河內人也事燕韓
生授同郡蔡誼誼至丞相自有傳誼授同郡食子
公與王吉吉為昌邑王中尉自有傳食生為博士
授泰山栗豐吉授淄川長孫順順為博士豐部刺
史由是韓詩有王食長孫之學豐授山陽張就順
授東海髮福皆至大官徒眾尤盛
毛公趙人也治詩為河間獻王博士授同國貫長

卿長卿授解延年延年爲阿武令授徐敖敖授九江陳俠爲王莽講學大夫由是言毛詩者本之徐敖漢興魯高堂生傳士禮十七篇而魯徐生善爲頌（蘇林曰漢舊儀有二郎爲此頌皃威儀事有徐氏徐氏後有張氏不知經但能盤辟爲禮容天下郡國有容史皆詣魯學之師古曰頌讀與容同下皆類此）孝文時徐生以頌爲禮官大夫傳子至孫延襄（師古曰延及襄二人）襄其資性善爲頌不能通經延頗能未善也襄亦以頌爲大夫至廣陵內史延及徐氏弟子公戶滿意桓生單次皆爲禮官大夫（師古曰姓公戶名滿意也與桓生及單次凡三人單音善）而瑕丘蕭奮以禮至淮陽太守諸言禮爲頌者由徐氏

孟卿東海人也事蕭

奮以授后倉魯閭丘卿倉說禮數萬言號曰后氏曲臺記（服虔曰在曲臺校書著記因以爲名師古曰曲臺殿在未央宮）授沛聞人通漢子方（如淳曰聞人姓也名通漢字子方）梁戴德延君戴聖次君沛慶普孝公孝公爲東平太傅德號大戴爲信都太傅聖號小戴以博士論石渠至九江太守由是禮有大戴小戴慶氏之學通漢以太子舍人論石渠至中山中尉普授魯夏侯敬又傳族子咸爲豫章太守大戴授琅邪徐良斿卿爲博士州牧郡守家世傳業小戴授梁人橋仁季卿楊子榮子孫（師古曰子孫子榮之字也）仁爲大鴻臚家世傳業榮琅邪太守由是大戴有徐氏小戴有橋楊氏之學

胡母生字子都齊人也治公羊春秋爲景帝博士與董仲舒同業仲舒著書稱其德年老歸教於齊齊之言春秋者宗事之公孫弘亦頗受焉而董生爲江都相自有傳弟子遂之者蘭陵褚大東平嬴公廣川段仲溫呂步舒（師古曰遂謂名位成達者）大至梁相步舒丞相長史唯嬴公守學不失師法爲昭帝諫大夫授東海孟卿魯眭孟孟爲符節令坐說災異誅自有傳

嚴彭祖字公子東海下邳人也與顏安樂俱事眭孟孟弟子百餘人唯彭祖安樂爲明

質問疑誼各持所見孟曰春秋之意在二子矣孟死彭祖安樂各顓門教授（師古曰顓與專同專門言各自名家）由是公羊春秋有顏嚴之學彭祖爲宣帝博士至河南東郡太守以高第入爲左馮翊遷太子太傅廉直不事權貴或說曰天時不勝人事君以不修小禮曲意亡貴人左右之助經誼雖高不至宰相願少自勉强彭祖曰凡通經術固當修行先王之道何可委曲從俗苟求富貴乎彭祖竟以太傅官終授琅邪王中爲元帝少府（師古曰中讀爲仲）家世傳業中授同郡公孫文東門雲雲爲荊州刺史文東平太傅徒衆

尤盛雲坐爲江賊拜辱命下獄誅(師古曰逢見賊而拜也)
顏安樂字公孫魯國薛人眭孟姊子也家貧爲學
積力官至齊郡太守丞後爲仇家所殺安樂授淮
陽泠豐次君(師古曰泠音零)淄川任公公爲少府豐淄川太
守由是顏家有泠任之學始貢禹事嬴公成於眭
孟至御史大夫疏廣事孟卿至太子太傅皆自有
傳廣授琅邪筦路(師古曰筦亦管字也)路爲御史中丞禹授潁
川堂谿惠(師古曰姓堂谿也)惠授泰山冥都(師古曰冥音莫庚反)都爲丞
相史都與路又事顏安樂故顏氏復有筦冥之學
路授孫寶爲大司農自有傳豐授馬宮琅邪左咸

咸爲郡守九卿徒衆尤盛官至大司徒自有傳
瑕丘江公受穀梁春秋及詩於魯申公傳子至孫
爲博士武帝時江公與董仲舒並仲舒通五經能
持論善屬文江公吶於口(師古曰屬之欲反吶古訥字)上使與仲
舒議不如仲舒而丞相公孫弘本爲公羊學比輯
其議卒用董生(師古曰比次也輯合也比頻寐反輯與集同)於是上因尊公
羊家詔太子受公羊春秋由是公羊大興太子既
通復私問穀梁而善之其後浸微(師古曰浸漸也)唯魯榮
廣王孫皓星公二人受焉廣盡能傳其詩春秋高
材捷敏與公羊大師眭孟等論數困之(師古曰孟等窮屈也)故

好學者頗復受穀梁沛蔡千秋少君梁周慶幼君
丁姓子孫(師古曰姓丁名姓字子孫)皆從廣受千秋又事皓星公
爲學最篤宣帝即位聞衛太子好穀梁春秋以問
丞相韋賢長信少府夏侯勝及侍中樂陵侯史高
皆魯人也言穀梁子本魯學公羊氏迺齊學也宜
興穀梁時千秋爲郎召見與公羊家並說上善穀
梁說擢千秋爲諫大夫給事中後有過左遷平陵
令復求能爲穀梁者莫及千秋上愍其學且絕迺
以千秋爲郎中戶將(師古曰戶將官名解在楊惲蓋寬饒傳)選郎十人從
受汝南尹更始翁君本自事千秋能說矣會千秋

病死徵江公孫爲博士劉向以故諫大夫通達待
詔受穀梁欲令助之江博士復死迺徵周慶丁姓
待詔保宮(師古曰保宮少府之屬官也本名居室)使卒授十人自元康中
始講至甘露元年積十餘歲皆明習迺召五經名
儒太子太傅蕭望之等大議殿中平公羊穀梁同
異各以經處是非時公羊博士嚴彭祖侍郎申輓
伊推宋顯(師古曰輓音晚)穀梁議郎尹更始待詔劉向周慶
丁姓並論公羊家多不見從願請內侍郎許廣使
者亦並內穀梁家中郎王亥各五人(師古曰使者謂當時詔遣監議者也內謂引入議所也公羊家既請內許廣而使者因並內王亥也)議三十餘事望之等十一人

各以經誼對多從穀梁由是穀梁之學大盛慶姓皆爲博士（師古曰周慶丁姓二人也）姓至中山傅授楚申章昌曼君（李奇曰姓申章名昌字曼君）爲博士至長沙太傅徒衆尤盛尹更始爲諫大夫長樂戶將又受左氏傳取其變理合者以爲章句傳子咸及翟方進琅邪房鳳咸至大司農方進丞相自有傳

房鳳字子元不其人也（師古曰琅邪之縣也其音基）以射策乙科爲大夫掌故太常舉方正爲縣令都尉失官大司馬票騎將軍王根奏除補長史薦鳳明經通達擢爲光祿大夫遷五官中郎將時光祿勳王龔以外

屬內卿（如淳曰卭成太后親也內卿光祿勳治宮中）與奉車都尉劉歆共校書三人皆侍中歆白左氏春秋可立哀帝納之以問諸儒皆不對歆於是數見丞相孔光爲言左氏以求助光卒不肯唯鳳龔許歆遂共移書責讓太常博士語在歆傳大司空師丹奏歆非毀先帝所立上於是以龔等補吏龔爲弘農歆河內鳳九江太守至青州牧始江博士授胡常常授梁蕭秉君房王莽時爲講學大夫由是穀梁春秋有尹胡申章房氏之學

漢興北平侯張蒼及梁太傅賈誼京兆尹張敞太中大夫劉公子皆修春秋左氏傳誼爲左氏傳訓故授趙人貫公爲河閒獻王博士子長卿爲蕩陰令（師古曰蕩陰河內縣也蕩音湯）授淸河張禹長子（如淳曰非成帝師張禹也）禹與蕭望之同時爲御史數爲望之言左氏望之善之上書數以稱說後望之爲太子太傅薦禹於宣帝徵禹待詔未及問會疾死授尹更始（師古曰禹先授更始）更始傳子咸及翟方進胡常常授黎陽賈護季君哀帝時待詔爲郎授蒼梧陳欽子佚以左氏授王莽至將軍而劉歆從尹咸及翟方進受由是言左氏者本之賈護劉歆

贊曰自武帝立五經博士

開弟子員設科射策勸以官祿訖於元始百有餘年傳業者寖盛支葉蕃滋（師古曰寖漸也蕃多也滋益也）一經說至百餘萬言大師衆至千餘人蓋祿利之路然也（師古曰言爲經學者則受爵祿而獲其利所以益勸）初書唯有歐陽禮后易楊春秋公羊而已至孝宣世復立大小夏侯尚書大小戴禮施孟梁丘易穀梁春秋至元帝世復立京氏易平帝時又立左氏春秋毛詩逸禮古文尚書所以罔羅遺失兼而存之是在其中矣（如淳曰雖有虛妄之說是當在其中故兼而存之）

儒林傳第五十八

循吏傳第五十九 師古曰循順也上順公法下順人情也 班固 漢書八十九

秘書監上護軍琅邪縣開國子顔師古注

漢興之初反秦之敝與民休息凡事簡易禁罔疏闊而相國蕭曹以寬厚清靜爲天下帥 師古曰帥帥遵也 民作畫一之歌 師古曰謂歌曰蕭何爲法講若畫一曹參代之守而勿失 孝惠垂拱高后女主不出房闥而天下晏然民務稼穡衣食滋殖 師古曰滋益也殖生也 至于文景遂移風易俗是時循吏如河南守吳公蜀守文翁之屬皆謹身帥先居以廉平不至於嚴而民從化孝武之世外攘四夷內改法度 師古曰攘卻也 民用彫敝姦軌不禁 師古曰不可禁 時少能以化治稱者唯江都相董仲舒內史公孫弘兒寬居官可紀三人皆儒者通於世務明習文法以經術潤飾吏事天子器之仲舒數謝病去弘寬至三公孝昭幼冲霍光秉政承奢侈師旅之後海內虛耗光因循守職無所改作至於始元元鳳之間匈奴鄉化百姓益富 師古曰鄉讀曰嚮 舉賢良文學問民所疾苦於是罷酒榷而議鹽鐵矣及至孝宣繇仄陋而登至尊 師古曰仄古側字仄陋言非正統而身經微賤也繇與由同次下類此 興于閭閻 師古曰閭里門也閻里中門也言從里巷而即大位也 知民事之艱難自霍光薨後始躬萬機厲精爲治五日一聽事自丞相已下各奉職而

進及拜刺史守相輒親見問觀其所繇退而考察所行以質其言 師古曰質正也 有名實不相應必知其所以然常稱曰庶民所以安其田里而亡歎息愁恨之心者政平訟理也 師古曰訟理言所訟見理而無寃滯也 與我共此者其唯良二千石乎 師古曰謂郡守諸侯相 以爲太守吏民之本數變易則下不安民知其將久不可欺罔乃服從其教化故二千石有治理效輒以璽書勉厲增秩賜金或爵至關內侯公卿缺則選諸所表以次用之 師古曰所表謂增秩賜金爵也 是故漢世良吏於是爲盛稱中興焉若趙廣漢韓延壽尹翁歸嚴延年張敞之屬皆稱其位然任刑罰或抵罪誅 師古曰抵至也音丁禮反 王成黃霸朱邑龔遂鄭弘召信臣等 師古曰召讀曰邵 所居民富所去見思生有榮號死見奉祀此廩廩庶幾德讓君子之遺風矣 師古曰廩廩言有風采也

文翁廬江舒人也少好學通春秋以郡縣吏察舉景帝末爲蜀郡守仁愛好教化見蜀地辟陋有蠻夷風 師古曰辟讀曰僻 文翁欲誘進之乃選郡縣小吏開敏有材者張叔等十餘人親自飭厲 師古曰飭與敕同 遣詣京師受業博士或學律令減省少府用度買刀布蜀物齎計吏以遺博士 如淳曰金馬書刀今賜計吏是也作馬形刀環內以金鏤之晉灼曰刀書刀布布刀也舊時蜀郡工官作金馬書刀似佩刀形金錯其拊布刀謂蜀

人割裂財布刀也師古曰少府郡掌財物之府以供太守者也刀凡蜀刀有環者也布蜀布細密也二者蜀人作之皆善故賚以爲貨無限於晉刀布刀也如晉二說皆煩而不當也數歲蜀生皆成就還歸文翁以爲右職師古曰郡中高職也用次察舉官有至郡守刺史者又修起學官於成都市中師古曰學官學之官舍招下縣子弟以爲學官弟子師古曰下縣四郊之縣非郡所治也爲除更繇師古曰不令從役也更工衡反繇讀曰傜高者以補郡縣吏次爲孝弟力田常選學官僮子使在便坐受事師古曰便坐別坐可以視事非正廷也坐財卧反每出行縣益從學官諸生明經飭行者與俱師古曰益多也飭整也讀與敕同使傳教令出入閨閤師古曰閨閤內中小門也縣邑吏民見而榮之數年爭欲爲學官弟子富人至出錢以求之繇

是大化師古曰繇讀曰由蜀地學於京師者比齊魯焉至武帝時乃令天下郡國皆立學校官自文翁爲之始云文翁終於蜀吏民爲立祠堂歲時祭祀不絕至今巴蜀好文雅文翁之化也師古曰文翁學堂于今猶在益州城內

王成不知何郡人也爲膠東相治甚有聲宣帝最先褒之地節三年下詔曰蓋聞有功不賞有罪不誅雖唐虞不能以化天下今膠東相成勞來不怠師古曰勞來謂勸勉招懷百姓也勞郎到反來郎代反流民自占八萬餘口師古曰隱度名數而來附業也占之贍反治有異等之效師古曰異於常等其賜成爵關內侯秩中二千石未及徵用會病卒官後詔使丞相御史問郡國上計長吏守丞以政令得失或對言前膠東相成僞自增加以蒙顯賞是後俗吏多爲虛名云

黃霸字次公淮陽陽夏人也師古曰夏工雅反以豪桀役使徙雲陵師古曰身爲豪桀而役御里人也霸少學律令喜爲吏師古曰喜謂愛好也音許吏反武帝末以待詔入錢賞官補侍郎謁者孟康曰賞官主賞賜之官也師古曰此說非也因入錢而見賞官坐同產有劾免師古曰同產謂兄弟也後復入穀沈黎郡補左馮翊二百石卒史如淳曰三輔郡得仕用它郡人而卒史獨二百石所謂尤異者馮翊以霸入財爲官不署右職師古曰輕其爲人也右職高職也使領郡錢穀計師古曰計謂出入之數也簿

書正以廉稱師古曰言無所侵隱故簿書皆正不虛謬察補河東均輸長師古曰以廉見察而遷補復察廉爲河南太守丞霸爲人明察內敏師古曰內敏言心思捷疾也又習文法然溫良有讓足知善御衆爲丞處議當於法合人心太守甚任之吏民愛敬焉自武帝末用法深昭帝立幼大將軍霍光秉政大臣爭權上官桀等與燕王謀作亂光既誅之遂遵武帝法度以刑罰痛繩群下繇是俗吏上嚴酷以爲能師古曰繇讀與由同而霸獨用寬和爲名會宣帝即位在民間時知百姓苦吏急也聞霸持法平召以爲廷尉正數決疑獄庭中稱平師古曰此廷中謂廷尉之中守丞相

長史坐公卿大議庭中（師古曰大議揔會議也此廷中謂朝廷之中）知長信少府夏侯勝非議詔書大不敬霸阿從不舉劾皆下廷尉（師古曰勝及霸俱下廷尉）繫獄當死霸因從勝受尚書獄中再踰冬（師古曰踰與踰同）積三歲廼出語在勝傳勝出復為諫大夫令左馮翊宋畸舉霸賢良勝又口薦霸於上上擢霸為楊州刺史三歲宣帝下詔曰制詔御史其以賢良高弟揚州刺史霸為潁川太守秩比二千石居官時上垂意於治數下恩澤詔書吏不奉宣（師古曰不令百姓皆知也）太守霸為選擇良吏分部宣布詔令（師古曰分扶問反）令民咸知上意使郵亭鄉官皆畜雞豚（師古曰郵行書舍謂傳送文書所止處亦如今之驛館矣鄉官者鄉所治處也）以贍鰥寡貧窮者然後為條教置父老師帥伍長班行之於民間勸以為善防姦之意及務耕桑節用殖財種樹畜養去食穀馬米鹽靡密初若煩碎（師古曰米鹽言雜而且細）然霸精力能推行之吏民見者語次尋繹（師古曰繹謂紬引而出也）問它陰伏以相參考嘗欲有所司察擇長年廉吏遣行屬令周密（師古曰屬戒也周密不泄漏也屬之欲反）吏出不敢舍郵亭（師古曰舍止也）食於道旁烏攫其肉（師古曰攫搏持之也攫音钁）民有欲詣府口言事者適見之霸與語道此後日吏還謁霸霸見迎勞之曰甚苦食於道旁乃為烏所盜肉吏大驚以

霸具知其起居所問豪氂不敢有所隱鰥寡孤獨有死無以葬者鄉部書言霸具為區處（師古曰區處謂分別而處置也音昌呂反）某所大木可以為棺某亭豬子可以祭吏往皆如言其識事聰明如此（師古曰識記也音式二反）吏民不知所出（師古曰不知其用何術也）咸稱神明姦人去入它郡盜賊日少霸力行教化而後誅罰（師古曰力猶勤也言先以德教化於下若有弗從然後用刑罰也）務在成就全安長吏（師古曰不欲易代及損傷）許丞老病聾（如淳曰許縣丞）督郵白欲逐之霸曰許丞廉吏雖老尚能拜起送迎正頗重聽何傷且善助之毋失賢者意或問其故霸曰數易長吏送故迎新之費及姦吏緣絕簿書盜財物（師古曰緣因也因交代之際而弃匿簿書以盜官物也）公私費耗甚多皆當出於民所易新吏又未必賢或不如其故徒相益為亂凡治道去其泰甚者耳霸以外寬內明得吏民心戶口歲增治為天下第一徵守京兆尹秩二千石坐發民治馳道不先聞又發騎士詣北軍馬不適士（孟康曰關西人謂補滿為適馬少士多不相補滿也）劾之軍興連貶秩有詔歸潁川太守官以八百石居治如其前前後八年郡中愈治是時鳳皇神爵數集郡國潁川尤多天子以霸治行終長者下詔稱揚曰潁川太守霸宣布詔令百姓鄉化（師古曰鄉讀曰嚮下亦同）孝子弟弟

貞婦順孫日以衆多田者讓畔道不拾遺養視鰥寡贍助貧窮獄或八年亡重罪囚吏民鄉于教化興於行誼可謂賢人君子矣書不云乎股肱良哉師古曰虞書益稷之辭已解於上 其賜爵關內侯黃金百斤秩中二千石而潁川孝弟有行義民三老力田皆以差賜爵及帛後數月徵霸爲太子太傅遷御史大夫五鳳二年代邴吉爲丞相封建成侯食邑六百戶霸材長於治民及爲丞相總綱紀號令風采不及丙魏于定國功名損於治郡時京兆尹張敞舍鶡雀飛集丞相府蘇林曰今虎賁所著鶡也師古曰蘇說非也此鶡音芬字本作鳻此通用耳鳻雀大而色青出羌中非武賁所著也武賁鶡者色黑出上黨以其鬬死不止故用其尾飾武臣首云今時俗人所謂鶡鷄者也音曷非此鳻雀也 霸以爲神雀議欲以聞敞奏霸曰竊見丞相請與中二千石博士雜問郡國上計長吏守丞爲民興利除害成大化條其對有耕者讓畔男女異路道不拾遺及舉孝子貞婦者爲一輩先上殿師古曰丞相所坐屋也古者屋之高嚴通呼爲殿不必宮中也 舉而不知其人數者次之不爲條教者在後叩頭謝丞相雖口不言而心欲其爲之也長吏守丞對時臣敞舍有鶡雀飛止丞相府屋上丞相以下見者數百人邊吏多知鶡雀者問之皆陽不知丞相圖議上奏師古曰圖謀也 曰臣問上計長

吏守丞以興化條師古曰凡言條者一一而疏舉之若木條然也 皇天報下神雀後知從臣敞舍來乃止郡國吏竊笑丞相仁厚有知略微信奇怪也昔汲黯爲淮陽守辭去之官謂大行李息曰御史大夫張湯懷詐阿意以傾朝廷公不早白與俱受戮矣息畏湯終不敢言後湯誅敗上聞黯與息語乃抵息罪而秩黯諸侯相取其思竭忠也臣敞非敢毀丞相也誠恐群臣莫白而長吏守丞畏丞相指歸舍法令各爲私教師古曰舍廢也 務相增加澆淳散樸師古曰不雜爲淳以水澆之則味離薄樸大質也割之散也 並行僞貌有名亡實傾搖解怠甚者爲妖師古曰解讀曰懈 假令京師先行讓畔異路道不拾遺其實亡益廉貪貞淫之行而以僞先天下固未可也即諸侯先行之僞聲軼於京師非細事也師古曰軼過也音逸 漢家承敝通變造起律令所以勸善禁姦條貫詳備不可復加宜令貴臣明飭長吏守丞師古曰飭讀與敕同次下類此 歸告二千石舉三老孝弟力田孝廉廉吏務得其人郡事皆以義法令撿式師古曰撿局也音居儉反 毋得擅爲條教敢挾詐僞以奸名譽者必先受戮師古曰奸求也音干 以正明好惡天子嘉納敞言召上計吏使侍中臨飭如敞指意霸甚慚又樂陵侯史高以外屬舊恩侍中貴重霸薦高可

太尉天子使尚書召問霸太尉官罷久矣丞相兼之所以偃武興文也如國家不虞邊境有事師古曰如若也左右之臣皆將率也夫宣明教化通達幽隱使獄無寃刑邑無盜賊君之職也將相之官朕之任焉師古曰言欲拜將相事自在朕也侍中樂陵侯高帷幄近臣朕之所自親師古曰具知其材質君何越職而舉之尚書令受丞相對霸免冠謝罪數日乃決師古曰乃得免罪自是後不敢復有所請然自漢興言治民吏以霸為首為相五歲甘露三年薨謚曰定侯霸死後樂陵侯高竟為大司馬師古曰史著此者亦言霸奏高為太尉適事宜也霸子思侯賞嗣為關都尉薨子忠侯輔嗣至衞尉九卿薨子忠嗣侯訖王莽迺絕子孫為吏二千石者五六人始霸少為陽夏游徼師古曰游徼主徼巡盜賊者也與善相人者共載出師古曰同乘車見一婦人相者言此婦人當富貴不然相書不可用也霸推問之乃其鄉里巫家女也霸即取為妻與之終身為丞相後徙杜陵

朱邑字仲卿廬江舒人也少時為舒桐鄉嗇夫廉平不苛以愛利為行師古曰仁愛於人而安利也未嘗笞辱人存問耆老孤寡遇之有恩所部吏民愛敬焉遷太守卒史舉賢良為大司農丞遷北海太守以治行第一入為大司農為人惇厚篤於故舊然性公正不可交以私天子器之朝廷敬焉是時張敞為膠東相與邑書曰明主游心太古廣延茂士師古曰茂美也此誠忠臣竭思之時也直敞遠守劇郡馭於繩墨師古曰直讀曰值匈臆約結固亡奇也師古曰約屈也雖有亦安所施師古曰言在遠郡無足展效也足下以清明之德掌周稷之業師古曰司農主百穀故云周稷之業猶飢者甘糟糠穰歲餘粱肉師古曰穰歲豐穰之歲穰音攘何則有亡之勢異也昔陳平雖賢須魏倩而後進蘇林曰魏無知也韋昭曰無知字也師古曰倩士之美稱故云魏倩也而韋氏便以為無知之字非也譬猶汲直為汲黯豈為字直乎且次下句云賴蕭公而後信亦非何之字也韓信雖奇賴蕭公而後信師古曰信謂為君上所信任也一說信讀曰伸得伸其材用也故事各達其時之英俊若必伊尹呂望而後薦之則此人不因足下而進矣師古曰言能自達也邑感敞言貢薦賢士大夫多得其助者身為列卿居處儉節祿賜以共九族鄉黨師古曰共讀曰供家亡餘財神爵元年卒天子閔惜下詔稱揚曰大司農邑廉絜守節退食自公亡彊外之交束脩之餽師古曰餽與饋同可謂淑人君子遭離凶災朕甚閔之師古曰離亦遭其賜邑子黃金百斤以奉其祭祀初邑病且死屬其子師古曰屬之欲反曰我故為桐鄉吏其民愛我必葬我桐鄉後世子孫奉嘗我不如桐鄉民師古曰嘗謂蒸嘗之祭及死其子葬之桐鄉西郭

外民果共爲邑起冢立祠歲時祠祭至今不絕

龔遂字少卿山陽南平陽人也以明經爲官至昌邑郎中令事王賀賀動作多不正遂爲人忠厚剛毅有大節內諫爭於王外責傅相引經義陳禍福至於涕泣蹇蹇亡已師古曰蹇蹇不阿順之意也易蹇卦曰王臣蹇蹇面刺王過王至掩耳起走曰郎中令善媿人師古曰媿古愧字愧辱也及國中皆畏憚焉師古曰王及國人皆憚之王嘗久與騶奴宰人游戲飲食賞賜亡度遂入見王涕泣膝行左右侍御皆出涕王曰郎中令何爲哭遂曰臣痛社稷危也願賜清閒竭愚王辟左右師古曰閒讀曰閑辟音闢遂曰大王知

膠西王所以爲無道亡乎王曰不知也曰臣聞膠西王有諛臣侯得王所爲擬於桀紂也師古曰擬比也得以爲堯舜也王說其諂諛嘗與寢處師古曰說讀曰悅唯得所言以至於是師古曰唯用得之邪言故至亡今大王親近群小漸漬邪惡所習存亡之機不可不慎也臣請選郎通經術有行義者與王起居坐則誦詩書立則習禮容宜有益王許之遂迺選郎中張安等十人侍王居數日王皆逐去安等久之宮中數有妖怪王以問遂遂以爲有大憂宮室將空語在昌邑王傳會昭帝崩亡子昌邑王賀嗣立官屬皆徵入王相安樂遷長樂衛尉遂見安樂流涕謂曰王立爲天子日益驕溢諫之不復聽今哀痛未盡師古曰謂新居喪服日與近臣飲食作樂鬬虎豹召皮軒車九流驅馳東西所爲誖道師古曰誖乖也音布內反古制寬大臣有隱退今去不得陽狂恐知身死爲世戮柰何君陛下故相宜極諫爭王即位二十七日卒以淫亂廢昌邑群臣坐陷王於惡不道皆誅死者二百餘人唯遂與中尉王陽以數諫爭得減死髡爲城旦宣帝即位久之勃海左右郡歲飢盜賊並起師古曰左右謂側近相次者二千石不能禽制上選能治者丞相御史舉遂可用上以爲勃海

太守時遂年七十餘召見形貌短小宣帝望見不副所聞心內輕焉謂遂曰勃海廢亂朕甚憂之君欲何以息其盜賊以稱朕意遂對曰海瀕遐遠不霑聖化師古曰瀕涯也音頻又音賓其民困於飢寒而吏不恤故使陛下赤子盜弄陛下之兵於潢池中耳師古曰赤子猶言初生幼小之意也積水曰潢音黃今欲使臣勝之邪將安之也師古曰勝謂以威力克而殺之也安謂以德化撫而安之上聞遂對甚說師古曰說讀曰悅荅曰選用賢良固欲安之也遂曰臣聞治亂民猶治亂繩不可急也唯緩之然後可治臣願丞相御史且無拘臣以文法得一切便宜從事上許焉加賜黃金贈遣乘

傳至勃海界 師古曰傳張戀反 郡聞新太守至發兵以迎遂皆遣還移書勑屬縣悉罷逐捕盜賊吏諸持鉏鉤田器者皆爲良民吏毋得問 師古曰鉤鎌也 持兵者廼爲賊遂單車獨行至府郡中翕然盜賊亦皆罷 師古曰罷讀曰疲言爲盜賊久心亦疲厭 勃海又多刦略相隨聞遂教令即時解散棄其兵弩而持鉤鉏盜賊於是悉平民安土樂業遂廼開倉廩假貧民 師古曰假謂給與 選用良吏尉安牧養焉遂見齊俗奢侈好末技不田作廼躬率以儉約勸民務農桑令口種一樹榆百本薤五十本葱一畦韭 師古曰每一口即如此種也 家二母彘五雞 師古曰每一家則如此養之也 民有

帶持刀劒者使賣劒買牛賣刀買犢曰何爲帶牛佩犢春夏不得不趨田畝 師古曰趨讀曰趣趣嚮也 秋冬課收斂益畜果實菱芡勞來循行郡中皆有畜積 師古曰菱芰也芡雞頭也勞來勸勉也畜讀曰蓄芡音儉勞盧到反來盧代反 吏民皆富實獄訟止息數年上遣使者徵遂議曹王生願從功曹以爲王生素耆酒亡節度不可使 師古曰耆讀曰嗜 遂不忍逆從至京師王生日飲酒不視太守 師古曰日日恒飲酒也 會遂引入宮王生醉從後呼 師古曰呼火故反 曰明府且止願有所白遂還問其故 師古曰還回也 王生曰天子即問君何以治勃海君不可有所陳對宜曰皆聖主之德非小臣之力

也遂受其言既至前上果問以治狀遂對如王生言天子說其有讓 師古曰說讀曰悅 笑曰君安得長者之言而稱之遂因前曰臣非知此乃臣議曹教戒臣也上以遂年老不任公卿拜爲水衡都尉議曹王生爲水衡丞以褒顯遂云水衡典上林禁苑共張宮館 師古曰共居用反張知亮反下亦同 爲宗廟取牲官職親近上甚重之以官壽卒 師古曰以壽終而卒於官也

召信臣字翁卿九江壽春人也 師古曰召讀曰劭 以明經甲科爲郎出補穀陽長舉高第遷上蔡長其治視民如子所居見稱述超爲零陵太守病歸復徵爲諫

大夫遷南陽太守其治如上蔡信臣爲人勤力有方略好爲民興利務在富之躬勸耕農出入阡陌止舍離鄉亭 師古曰言休息之時皆在野次 稀有安居時行視郡中水泉 師古曰行下更反 開通溝瀆起水門提閼凡數十處 師古曰閼所以壅水音一曷反 以廣溉灌歲歲增加多至三萬頃民得其利畜積有餘 師古曰畜讀曰蓄 信臣爲民作均水約束 師古曰言用之有次弟也 刻石立於田畔以防分爭禁止嫁娶送終奢靡務出於儉約府縣吏家子弟好遊敖不以田作爲事輒斥罷之甚者案其不法以視好惡 師古曰視讀曰示 其化大行郡中莫不耕稼力田百姓歸之

戶口增倍盜賊獄訟衰止吏民親愛信臣號之曰召父荊州刺史奏信臣為百姓興利郡以殷富賜黃金四十斤遷河南太守治行常為第一復數增秩賜金竟寧中徵為少府列於九卿奏請上林諸離遠宮館稀幸御者勿復繕治共張又奏省樂府黃門倡優諸戲及宮館兵弩什器減過泰半太官園種冬生葱韭菜茹覆以屋廡(師古曰廡周室也茹人庶反廡音舞)晝夜難蘊火待溫氣乃生(師古曰難古然字蘊火蓄火也蘊於云反)信臣以為此皆不時之物有傷於人不宜以奉供養及它非法食物悉奏罷省費歲數千萬(師古曰素所費者今皆省也)信臣年老以官卒元始四年詔書祀百辟卿士有益於民者(師古曰百辟百官)蜀郡以文翁九江以召父應詔書歲時郡二千石率官屬行禮奉祠信臣冢而南陽亦為立祠

循吏傳第五十九

酷吏傳第六十　班固　漢書第九十

秘書監上護軍琅邪縣開國子顏師古注

孔子曰導之以政齊之以刑民免而無恥導之以德齊之以禮有恥且格師古曰論語載孔子之言也格至也謂御以政刑則人思苟免不恥於惡化以德禮則下知愧辱而至於治也老氏稱上德不德是以有德下德不失德是以無德法令滋章盜賊多有師古曰老子德經之言上德體合自然是以爲德下德務於僞建更以喪之法令繁則巧詐益起故多盜賊也信哉是言也法令者治之具而非制治清濁之原也師古曰言爲治之體亦須法令而法令非治之本昔天下之罔嘗密矣謂秦時師古曰然姦軌愈起其極也上下相遁至於不振師古曰遁避也言吏避於君萌避於吏至乎喪敗不可振救也當是之時吏治若救火揚沸師古曰言迫急也本不除則其末難正非武健嚴酷惡能勝其任而愉快乎師古曰惡讀曰烏烏於何也愉苟且也言道德者溺於職矣師古曰溺謂沈滯而不舉也故曰聽訟吾猶人也必也使無訟乎師古曰論語載孔子之辭也言使我聽獄訟猶凡人耳然而立政施德則能使其絕於爭訟下士聞道大笑之師古曰老子道經之言也大道玄深非其所及故致笑也非虛言也漢興破觚而爲圜斲琱而爲樸孟康曰觚方也師古曰去嚴刑而從簡易抑巧僞而務敦厚也琱謂刻鏤也字與彫同號爲罔漏吞舟之魚師古曰言其疏也而吏治烝烝不至於姦師古曰烝烝純壹之皃也黎民艾安師古曰黎衆也艾讀曰乂乂治也由是觀之在彼不在此師古曰言不在於嚴酷也高后時酷吏獨有侯封刻轢宗室侵辱功臣師古曰轢謂陵踐也音來的反呂氏已敗遂

夷侯封之家師古曰誅除也孝景時鼂錯以刻深頗用術輔其資師古曰資材也而七國之亂發怒於錯錯卒被戮師古曰卒終也其後有郅都寗成之倫師古曰郅之日反郅都河東大陽人也以郎事文帝景帝時爲中郎將敢直諫面折大臣於朝嘗從入上林賈姬在廁師古曰賈姬即賈夫人生趙敬肅王彭祖中山靖王勝者野彘入廁上目都師古曰動目以使也都不行上欲自持兵救賈姬都伏上前曰亡一姬復一姬進天下所少寧姬等邪陛下縱自輕柰宗廟太后何上還彘亦不傷賈姬太后聞之賜都金百斤上亦賜金百斤由此重都濟南瞯氏宗人三百餘家豪猾應劭曰瞯音馬瞯眼之瞯師古曰音閑二千石莫能制於是景帝拜都爲濟南守至則誅瞯氏首惡餘皆股栗師古曰言懼之甚至於股脚戰栗也居歲餘郡中不拾遺旁十餘郡守畏都如大府師古曰言猶如統屬之都爲人勇有氣公廉不發私書問遺無所受請寄無所聽常稱曰已背親而出身固當奉職死節官下終不顧妻子矣都遷爲中尉丞相條侯至貴居也師古曰居怠傲讀與倨同而都揖丞相是時民樸畏罪自重而都獨先嚴酷致行法不避貴戚列侯宗室見都側目而視號曰蒼鷹師古曰言其摯擊之甚臨江王徵詣中尉府對簿師古曰簿謂文書也音步戶反臨江王

欲得刀筆爲書謝上師古曰刀所以削治書也古者書於簡牘故必用刀焉而都禁
吏弗與魏其侯使人間予臨江王師古曰伺間隙而私與也臨江
王既得爲書謝上因自殺竇太后聞之怒以危法
中都師古曰謂構成其罪也中竹仲反次下亦同都免歸家景帝廼使使即
拜都爲鴈門太守師古曰就家拜便道之官師古曰不令至闕陳謝也得以
便宜從事匈奴素聞郅都節居邊爲引兵去竟都
死不近鴈門匈奴至爲偶人象都師古曰以木爲人象都之形也偶對也
令騎馳射莫能中其見憚如此匈奴患之乃中都
以漢法景帝曰都忠臣欲釋之師古曰釋置也解也謂放免也竇太
后曰臨江王獨非忠臣乎於是斬都也

甯成南陽穰人也以郎謁者事景帝好氣爲小吏
必陵其長吏爲人上操下急如束溼師古曰操執持也束溼言其急之甚
也溼物則易束操千高反猾賊任威稍遷至濟南都尉而郅都爲
守始前數都尉步入府因吏謁守如縣令其畏都
如此及成往直凌都出其上都素聞其聲善遇與
結驩久之都死後長安左右宗室多犯法師古曰長安左右京
邑之中也上召成爲中尉其治效郅都其廉弗如然宗
室豪傑人皆惴恐師古曰惴戰栗也人人皆戰恐也惴之瑞反武帝即位徙爲
內史外戚多毀成之短抵罪髡鉗是時九卿死即
死少被刑而成刑極自以爲不復收如淳曰以被重刑將不復見收用也

師古曰刑極者言殘毀之重也廼解脫詐刻傳出關歸家師古曰輒解脫鉗釱亡去也傳所以
出關之符也音張戀反稱曰仕不至二千石賈不至千萬安可
比人乎師古曰賈謂販賣之廼貰貣陂田千餘頃師古曰貰貣假取之也貣吐得反
假貧民役使數千家師古曰假雇賃也數年會赦致產數千
萬爲任俠持吏長短出從數十騎其使民威重於
郡守周陽由其父趙兼以淮南王舅侯周陽師古曰封爲周
陽侯故因氏焉師古曰遂改趙姓而爲周陽也由以宗家任爲郎事文帝
景帝時由爲郡守武帝即位吏治尚循謹然由居
二千石中最爲暴酷驕恣所愛者撓法活之所憎
者曲法滅之師古曰撓亦屈曲也音女教反所居郡必夷其豪師古曰爲平除之

守視都尉如令爲都尉陵太守奪之治及贖爲伎
師古曰伎意堅也音章豉反司馬安之文惡孟康曰以文法傷害人也俱在二千
石列同車未嘗敢均茵馮師古曰茵車中蓐也馮車中所馮者也言此二人皆下讓由故
同車之時自處其偏側不均敵也馮讀曰凭後由爲河東都尉與其守勝屠
公爭權相告言師古曰勝屠姓也勝屠公當抵罪義不受刑
自殺而由弃市自甯成周陽由之後事益多民巧
法大抵吏治類多成由等矣師古曰大抵大歸也音丁禮反
趙禹斄人也師古曰斄讀曰邰扶風縣也音胎以佐史補中都官師古曰京師諸
官爲吏也用廉爲令史事大尉周亞夫亞夫爲丞相禹
爲丞相史府中皆稱其廉平然亞夫弗任曰極知

禹無害師古曰無害言無人能勝也然文深應劭曰禹持文法深刻不可以居
大府武帝時禹以刀筆吏積勞遷爲御史上以爲
能至中大夫與張湯論定律令作見知吏傳相監
司以法盡自此始禹爲人廉裾師古曰裾亦傲也讀與倨同爲吏以
來舍無食客公卿相造請禹終不行師古曰造千到反報謝
務在絶知友賓客之請師古曰以此意告報公卿孤立行一意而
已見法輒取亦不覆案求官屬陰罪師古曰不見知者無所捜求也嘗
中發巳爲廷尉始條侯以禹賊深及禹爲少府九
卿酷急至晚節事益多吏務爲嚴峻而禹治加緩
名爲平王温舒等後起治峻禹禹以老徙爲燕相
數歲誖亂有罪免歸師古曰悖惑也言其心意昏惑也誖音布內反後十餘

年以壽卒于家

義縱河東人也少年時常與張次公俱攻剽爲群
盜師古曰剽劫也音頻妙反縱有姊以醫幸王太后師古曰武帝母太后問
有子兄弟爲官者乎姊曰有弟無行不可太后迺
告上上拜義姁弟縱爲中郎孟康曰姁縱姊名也師古曰姁許于反補上
黨郡中令治敢往少温籍服虔曰敢行暴害之政師古曰少温籍言無所含容也温於問反籍才夜反縣無逋事師古曰逋亡也負也音必胡反舉第一遷爲長陵及
長安令直法行治不避貴戚以捕按太后外孫脩
成子中師古曰脩成君王太后所生金氏女也中者其子名也讀曰仲上以爲能遷爲河
內都尉至則族滅其豪穰氏之屬河內道不拾遺
而張次公亦爲郎以勇悍從軍師古曰悍胡旦反敢深入有
功封爲岸頭侯寧成家居上欲以爲郡守御史大
夫弘曰師古曰公孫弘臣居山東爲小吏時寧成爲濟南都
尉其治如狼牧羊成不可令治民上迺拜成爲關
都尉歲餘關吏稅肄郡國出入關者李奇曰肄閱也師古曰肄弋二反
號曰寧見乳虎無直寧成之怒師古曰猛獸産乳養護其子則搏噬過常故以喻也直讀曰值一曰直當其暴如此義縱自河內遷爲南陽太守聞
寧成家居南陽及至關寧成側行送迎然縱氣盛
弗爲禮至郡遂按寧氏破碎其家成坐有罪及孔
暴之屬皆奔亡南陽師古曰孔氏暴氏二家素豪猾者吏民重足一

迹而平氏朱彊杜衍杜周爲縱爪牙之吏任用師古曰平氏杜衍二縣名也
遷爲廷尉史軍數出定襄定襄吏民亂敗
於是徙縱爲定襄太守縱至掩定襄獄中重罪二
百餘人及賓客昆弟私入相視者亦二百餘人縱
壹切捕鞠曰爲死罪解脫孟康曰壹切皆捕之也律諸因徒私解脫桎梏鉗赭加罪一等爲人解脫與同罪縱鞠相賂餉者二百人以爲解脫死罪盡殺之師古曰鞠窮也謂窮治也是日皆報殺四
百餘人師古曰奏請得報而論殺郡中不寒而栗猾民佐吏爲治師古曰百姓有素豪猾爲罪惡者今畏縱之嚴反爲吏耳目助治公務以自效是時趙禹張湯爲
九卿矣然其治尚寬輔法而行縱以鷹擊毛摯爲治

師古曰言如鷹隼之擊奮毛羽執取飛鳥也後會更五銖錢白金起師古曰更改也民爲姦京師尤甚迺以縱爲右內史王溫舒爲中尉溫舒至惡所爲弗先言縱縱必以氣陵之師古曰言溫舒雖酷惡而縱又甚也敗壞其功其治所誅殺甚多然取爲小治姦益不勝晉灼曰取音趣直指始出矣吏之治以斬殺縛束爲務閻奉以惡用矣師古曰閻奉以嚴惡之故而見任用言時政尚急刻也縱廉其治效鄴都上幸鼎湖病久已而卒起幸甘泉師古曰已謂病愈也言帝久病既得愈而忽然即幸甘泉卒讀曰猝道不治上怒曰縱以我爲不行此道乎銜之師古曰銜含也藏含在心以爲過也至冬楊可方受告緡縱以爲此亂民部吏捕其爲可使者天

子聞使杜式治以爲廢格沮事孟康曰武帝使楊可主告緡沒入其財物縱捕爲可使者此爲廢格詔書沮已成之事也師古曰沮壞也音材汝反格讀曰閣弃縱市後一歲張湯亦死

王溫舒陽陵人也少時椎埋爲姦師古曰椎殺人而埋之椎直追反其字從木已而試縣亭長師古曰試補也數廢數爲吏以治獄至廷尉史事張湯遷爲御史督盜賊殺傷甚多稍遷至廣平都尉擇郡中豪敢往吏十餘人爲爪牙師古曰豪桀而性果敢一往無所顧者以爲吏也皆把其陰重罪師古曰把布馬反而縱使督盜賊師古曰縱放也督察視也快其意所欲得此人雖有百罪弗法師古曰言所捕盜賊得其人而快溫舒意者則不問其先所犯罪也法謂行法也即有避回夷之亦滅宗師古曰避回謂不盡意捕擊也回胡內反以故齊趙之郊盜不敢近廣平廣平聲爲道不拾遺上聞遷爲河內太守素居廣平時皆知河內豪姦之家及往以九月至令郡具私馬五十疋爲驛自河內至長安師古曰以私馬於道上往往置驛也部吏如居廣平時方略捕郡中豪猾相連坐千餘家上書請大者至族小者乃死家盡沒入償臧師古曰以臧致罪者既沒入之又令出倍臧或收入官或還其主也奏行不過二日得可事論報至流血十餘里師古曰天子可其奏而論決之殺人既多故血流十餘里河內皆怪其奏以爲神速盡十二月郡中毋犬吠之盜其頗不得失之旁郡追求會春溫舒頓足歎曰嗟乎令冬月

益展一月足吾事矣師古曰立春之後不復行刑故云然展伸也其好殺行威不愛人如此上聞之以爲能遷爲中尉其治復放河內師古曰放依也音甫往反徒請召猜禍吏與從事應劭曰徒但也猜疑也取吏好猜疑作敺害者任用之河內則楊皆麻戊關中楊贛成信等師古曰比皆猜敺者義縱爲內史憚之未敢恣治師古曰言溫舒憚縱不得恣其酷暴及縱死張湯敗後徙爲廷尉而尹齊爲中尉坐法抵罪溫舒復爲中尉爲人少文居它惽惽不辯師古曰言爲餘官則心意蒙蔽職事不舉惽音昏至於中尉則心開素習關中俗知豪惡吏豪惡吏盡復爲用吏苛察淫惡少年投缿購告言姦師古曰缿所以受投書也音項解在趙廣漢傳也置伯落長以收

司姦（師古曰伯亦長帥之稱也置伯又邑落之長以收捕司察姦人也）溫舒多諂善事有
埶者即無埶視之如奴有埶家雖有姦如山弗犯
無埶雖貴戚必侵辱（師古曰謂不居權要之職者）舞文巧請下戸
之猾以動大豪（師古曰弄法爲巧而治下戸之狡猾者用諷動大豪之家所以然者爲大豪中有權要不可治故也諷謂奏請）其治中尉如此姦猾窮治大氐盡靡爛獄
中（師古曰大氐大歸也靡碎也氐丁禮反靡非武皮反）行論無出者其爪牙吏虎
而冠（師古曰言其殘暴之甚也非有人情）於是中尉部中中猾以下皆
伏有埶者爲游聲譽稱治數歲其吏多以權貴富
（師古曰爲權貴之家所擁佑故積受取致富者也）溫舒擊東越還議有不中意
（師古曰不當天子意也中竹仲反）坐以法免是時上方欲作通天臺而

未有人溫舒請覆中尉脫卒得數萬人作（師古曰覆校脫漏未爲卒者也脫它活反）
上說（師古曰說讀曰悅）拜爲少府徙右內史治如其
故姦邪少禁坐法失官復爲右輔行中尉如故操
歲餘會宛軍發（孟康曰發兵伐大宛）詔徵豪吏溫舒匿其吏華
成及人有變告溫舒受員騎錢它姦利事罪至族
自殺（師古曰員騎騎之有正員也）其時兩弟及兩婚家亦各自坐
它罪而族光祿勳徐自爲曰悲夫夫古有三族而
王溫舒罪至同時而五族乎（師古曰溫舒與弟同三族而兩妻家各一故爲五也）
溫舒死家絫千金（師古曰絫古累字）
尹齊東郡茌平人也（師古曰茌仕疑反）以刀筆吏稍遷至御

史事張湯湯數稱以爲廉武帝使督盜賊斬伐不
避貴埶遷關都尉聲甚於甯成上以爲能拜爲中
尉吏民益彫敝輕齊木强少文（師古曰木質也言如木石之爲也）豪惡
吏伏匿而善吏不能爲治（師古曰惡吏不肯爲用獨善吏在故不能治事也）以
故事多廢抵罪（師古曰以職事多廢故至於坐罪也）後復爲淮陽都尉
王溫舒敗後數年病死家直不滿五十金所誅滅
淮陽甚多及死仇家欲燒其尸妻亡去歸葬
楊僕宜陽人也以千夫爲吏（孟康曰千夫若五大夫武帝以軍用不足令民出錢穀爲之師古曰所謂武功賞官以寵戰士）
河南守舉爲御史使督盜賊關東治
放尹齊以敢擊行（師古曰果敢摶擊而行其治也）稍遷至主爵郡尉

上以爲能南越反拜爲樓船將軍有功封將梁侯
東越反上欲復使將爲其伐前勞（師古曰伐謂矜恃也）以書
敕責之曰將軍之功獨有先破石門尋陿（劉德曰南越中陿地名也）
非有斬將騫旗之實也（師古曰騫與搴同搴拔取之）烏足以驕人
哉（師古曰烏於何也）前破番禺捕降者以爲虜掘死人以爲
獲是一過也建德呂嘉逆罪不容於天下（師古曰建德南越王名也尉佗玄孫也呂嘉其相也）
將軍擁精兵不窮追超然以東越爲
援是二過也（師古曰以僕不窮追之故令建德得以東越爲援也）士卒暴露連歲
爲朝會不置酒將軍不念其勤勞而造佞巧請乘
傳行塞（師古曰傳張戀反行下更反）因用歸家懷銀黃垂三組夸

鄉里是三過也師古曰銀銀印也黃金印也僕爲主爵都尉又爲樓船將軍并將梁侯三印故三組也組即綬
也失期内顧以道惡爲解師古曰内顧言思妻妾也解謂自解說也若今言分踈
失尊尊之序是四過也欲請蜀刀問君賈幾何對
曰率數百孟康曰僕嘗爲將請官蜀刀詔問賈若言比率數百也師古曰賈讀曰價武庫日出
兵而陽不知挾僞千君是五過也師古曰千犯也受詔不
至蘭池宮如淳曰本出軍時欲使之蘭池宮頓而不去蘭池宮在渭城明日又不對假
令將軍之吏問之不對令之不從其罪何如推此
心以在外江海之間可得信乎今東越深入將軍
能率衆以掩過不僕惶恐對曰願盡死贖罪與王溫
舒俱破東越後復與左將軍荀彘俱擊朝鮮爲彘
所縛語在朝鮮傳還免爲庶人病死

咸宣楊人也師古曰咸音減省之減楊河東之邑以佐史給事河東守
衞將軍青使買馬河東師古曰將軍衞青充使而於河東買馬也見宣無害
言上徵爲廄丞官事辨稍遷至御史及丞使治主
父偃及淮南反獄所以微文深詆殺者甚衆師古曰詆誣也
稱爲敢決疑數廢數起爲御史及中丞者幾二十
歲師古曰幾音鉅依反王溫舒爲中尉而宣爲左内史其治
米鹽師古曰米鹽細雜也事小大皆關其手自部署縣名曹寶
物官吏令丞弗得擅搖痛以重法繩之居官數年
壹切爲小治辯然獨宣以小至大能自行之難以

爲經師古曰經常也不可爲常法也中廢爲右扶風坐怒其吏成信
信亡藏上林中宣使郿令將吏卒師古曰郿扶風縣也音媚闌入上
林中蠶室門攻亭格殺信射中苑門師古曰中竹仲反宣下
吏爲大逆當族自殺而杜周任用是時郡守尉諸
侯相二千石欲爲治者大抵盡效王溫舒等而吏
民益輕犯法盜賊滋起師古曰滋亦益也南陽有梅免百政
師古曰梅百皆姓也楚有段中杜少師古曰中讀曰仲齊有徐勃燕趙之
閒有堅盧范主之屬大群至數千人擅自號攻城
邑取庫兵釋死罪師古曰釋解也縛辱郡守都尉殺二千
石爲檄告縣趣具食師古曰趣讀曰促小群以百數掠鹵鄉

里者不可稱數於是上始使御史中丞丞相長史
使督之師古曰出爲使者督察也猶弗能禁師古曰禁居禽反乃使光祿大
夫范昆諸部都尉及故九卿張德等衣繡衣持節
虎符發兵以興擊師古曰以軍興之法而討擊也斬首大部或至萬
餘級及以法誅通行飲食坐相連郡甚者數千人
數歲迺頗得其渠率師古曰渠大也散卒失亡復聚黨阻山
川往往而群無可奈何於是作沈命法應劭曰沈沒也敢蔽匿盜賊者
沒其命也孟康曰沈藏匿也命亡逃也師古曰應說是曰群盜起不發覺發覺而弗
捕滿品者師古曰品率也以人數爲率也二千石以下至小吏主者皆
死其後小吏畏誅雖有盜弗敢發恐不能得坐

課累府府亦使不言孟康曰縣有盜賊府亦并坐使縣不言之也師古曰府郡府也累力瑞反
故盜賊寖多師古曰寖漸也上下相為匿以避文法焉
田廣明字子公鄭人也師古曰京兆鄭縣即今之華州以郎為天水
司馬功次遷河南都尉以殺伐為治郡國盜賊並
起遷廣明為淮陽太守歲餘故城父令公孫勇與
客胡倩等謀反師古曰倩千見反倩詐稱光祿大夫從車騎
數十言使督盜賊止陳留傳舍太守謁見欲收取
之廣明覺知發兵皆捕斬焉而公孫勇衣繡衣
乘駟馬車至圉師古曰陳留圉縣圉使小史侍之亦知其非
是守尉魏不害與廄嗇夫江德尉史蘇昌共收捕

之上封不害為當塗侯德轑陽侯師古曰轑音遼昌蒲侯
初四人俱拜於前小史竊言武帝問言何對曰為
侯者得東歸不上曰女欲不貴矣師古曰言汝意欲歸不吾今貴汝謂賜之爵也
女鄉名為何對曰名遺鄉上曰用遺汝矣師古曰遺弋季反
於是賜小史爵關內侯食遺鄉六百戶上以廣明
連禽大姦徵入為大鴻臚擢廣明兄雲中代為淮
陽太守昭帝時廣明將兵擊益州還賜爵關內侯
徙衛尉後出為左馮翊治有能名宣帝初立代蔡
義為御史大夫以前為馮翊與議定策師古曰與讀曰豫封
昌水侯歲餘以祁連將軍將兵擊匈奴出塞至受

降城受降都尉前死喪柩在堂廣明召其寡妻與
姦既出不至質服虔曰質所期處也引軍空還下太僕杜延年
簿責師古曰簿步戶反廣明自殺闕下國除兄雲中為淮陽
守亦敢誅殺吏民守闕告之竟坐棄市
田延年字子賓先齊諸田也徙陽陵師古曰高祖時徙之其地後為陽陵
縣延年以材略給事大將軍莫府霍光重之遷為
長史出為河東太守選拔尹翁歸等以為爪牙誅
鉏豪彊姦邪不敢發以選入為大司農會昭帝崩
昌邑王嗣立淫亂霍將軍憂懼與公卿議廢之莫敢
發言延年按劒廷叱群臣師古曰止於朝廷之中而叱之也若言廷爭矣即日

議決語在光傳宣帝即位延年以決疑定策封陽
成侯先是茂陵富人焦氏賈氏以數千萬陰積貯
炭葦諸下里物孟康曰死者歸蒿里葬地故曰下里師古曰以數千萬錢為本而貯此物也昭帝
大行時方上事暴起師古曰方上謂壙中也昭帝暴崩故其事倉猝用度未
辦延年奏言商賈或豫收方上不祥器物冀其疾
用欲以求利師古曰疾速也非民臣所當為請沒入縣官奏
可富人亡財者皆怨出錢求延年罪初大司農取
民牛車三萬兩為僦師古曰一乘為一兩僦謂賃之與顧直也音子就反載沙便
橋下送致方上車直千錢延年上簿詐增僦直車
二千凡六千萬盜取其半焦賈兩家告其事下丞

相府丞相議奏延年主守盜三千萬不道霍將軍召延年欲爲道地師古曰爲之開通道路使有安全之地也延年抵曰師古曰抵拒諱也音丁禮反本出將軍之門蒙此爵位師古曰延年嘗給事莫府又爲大將軍長史故云然也無有是事光曰即無事當窮竟師古曰既無實事當令有司窮治盡其理御史大夫田廣明謂太僕杜延年春秋之義以功覆過當廢昌邑王時非田子賓之言大事不成今縣官出三千萬自乞之何哉師古曰自謂乞與之也乞音氣願以愚言白大將軍延年言之大將軍大將軍曰誠然實勇士也當發大議時震動朝廷光因舉手自撫心曰使我至今病悸師古曰悸心動也音揆謝田大夫曉大

司農通往就獄得公議之師古曰曉者告白意指也通者從公家通理也光忿其拒諱故不佑之田大夫使人語延年延年曰幸縣官寬我耳何面目入牢獄使衆人指笑我卒徒唾吾背乎即閉閤獨居齋舍師古曰齋讀曰齋偏袒持刀東西步數日使者召延年詣廷尉聞鼓聲自刎死晉灼曰使者至司農司農發詔書故鳴鼓也師古曰刎謂斷頸也國除

嚴延年字次卿東海下邳人也其父爲丞相掾延年少學法律丞相府歸爲郡吏以選除補御史掾舉侍御史是時大將軍霍光廢昌邑王尊立宣帝宣帝初即位延年劾奏光擅廢立主無人臣禮不道奏雖寢然朝庭肅焉敬憚延年後劾大司農田延年持兵干屬車師古曰干犯也屬車天子後車也之欲反大司農自訟不干屬車事下御史中丞譴責延年何以不移書宮殿門禁止大司農而令得出入宮於是覆劾延年闌內罪人法至死張晏曰故事有所劾奏並移宮門禁止不得入師古曰覆反也反以此事劾之覆芳目反延年亡命會赦出丞相御史府徵書同日到延年以御史書先至詣御史府復爲掾宣帝識之張晏曰識其前劾霍光擅廢立拜爲平陵令坐殺不辜去官後爲丞相掾復擢好畤令神爵中西羌反彊弩將軍許延壽請延年爲長史從軍敗西羌還爲涿郡太守時

郡比得不能太守師古曰比頻也涿人畢野白等由是廢亂師古曰廢公法而狡亂也大姓西高氏東高氏師古曰兩高氏各以所居東西爲號者自郡吏以下皆畏避之莫敢與牾師古曰牾逆也音悟咸曰寧負二千石無負豪大家賓客放爲盜賊師古曰放縱也發輒入高氏吏不敢追浸浸日多師古曰浸漸也道路張弓拔刃然後敢行其亂如此延年至遣掾蠡吾趙繡按高氏得其死罪繡見延年新將師古曰新爲郡將也謂郡守爲郡將者以其兼領武事也心內懼爲兩劾欲先白其輕者觀延年意怒迺出其重劾延年已知其如此矣趙掾至白其輕者延年索懷中得重劾師古曰索搜也音山客反即收送獄夜入晨將

至市論殺之先所按者死師古曰在高氏前死吏皆股弁師古曰股戰若弁弁謂撫手也更遣吏分考兩高窮竟其姦誅殺各數十人郡中震恐道不拾遺三歲遷河南太守賜黃金二十斤豪彊脅息師古曰脅歛也屏氣而息野無行盜威震旁郡其治務在摧折豪彊扶助貧弱貧弱雖陷法曲文以出之其豪桀侵小民者以文內之師古曰飾文而入之爲罪衆人所謂當死者一朝出之所謂當生者詭殺之師古曰詭違正理而殺也吏民莫能測其意深淺戰栗不敢犯禁按其獄皆文致不可得反師古曰致至密也言其文案整密也反音幡延年爲人短小精悍敏捷於事師古曰悍勁也雖子貢冉有通蓺於

政事不能絕也吏忠盡節者厚遇之如骨肉皆親鄉之師古曰鄉讀曰嚮出身不顧以是治下無隱情然疾惡泰甚中傷者多尤巧爲獄文善史書所欲誅殺奏成於手中主簿親近史不得聞知奏可論死奄忽如神冬月傳屬縣囚會論府上師古曰總集郡府而論殺流血數里河南號曰屠伯鄧展曰言延年殺人如屠兒之殺六畜伯長也令行禁止郡中正清是時張敞爲京兆尹素與延年善敞治雖嚴然尚頗有縱舍聞延年用刑刻急迺以書諭之曰昔韓盧之取菟也上觀下獲應劭曰韓盧六國時韓氏之黑犬也孟康曰言良犬之取菟仰觀人之意而獲之喻不妄殺不甚多殺願次卿少緩誅罰

思行此術延年報曰河南天下喉咽二周餘斃師古曰喉咽言其所在襟要如人體之有喉咽也二周東西周君國也咽一千反莠盛苗穢何可不鉏也師古曰莠粃穀所生也苗粟苗也莠音誘自矜伐其能終不衰止時黃霸在潁川以寬恕爲治郡中亦平婁蒙豐年師古曰婁古屢字鳳皇下上賢焉下詔稱揚其行加金爵之賞延年素輕霸爲人及比郡爲守褒賞反在己前師古曰比接近也音頻二反心內不服河南界中又有蝗蟲府丞義出行蝗還見延年延年曰此蝗豈鳳皇食邪義又道司農中丞耿壽昌爲常平倉利百姓延年曰丞相御史不知爲也當避位去壽昌安得權此師古曰作此倉非奇異之

功也公卿不知爲之是曠官也壽昌安得擅此以爲權乎後左馮翊缺上欲徵延年符已發爲其名酷復止應劭曰符竹使符也臧在符節臺欲有所拜召治書御史符節令發符下太尉也延年疑少府梁丘賀毀之心恨會琅邪太守以視事久病滿三月免延年自知見廢謂丞曰此人尚能去官我反不能去邪師古曰與丞言云爾又延年察獄史廉臧不入身師古曰延年察舉其獄史爲廉而此人乃有臧罪然臧不入身也延年坐選舉不實貶秩笑曰後敢復有舉人者矣師古曰言已濫被貶秩後人寧敢復舉人乎丞義年老頗悖師古曰心思惑亂悖布內反素畏延年恐見中傷延年本嘗與義俱爲丞相史實親厚之無意毀傷也饋遺之甚厚義愈益恐自筮得死卦

忽忽不樂取告至長安師古曰取休假上書言延年罪名十
事已拜奏因飲藥自殺以明不欺事下御史丞按
驗有此數事以結延年師古曰結正其罪也坐怨望非謗政治
不道弃市初延年母從東海來欲從延年臘師古曰建丑之
月爲臘祭因會飲若今之蜡節到雒陽適見報囚師古曰奏報行決也母大驚便
止都亭不肯入府延年出至都亭謁母母閉閤不
見延年免冠頓首閤下良久母乃見之因數責延
年師古曰數所具反幸得備郡守專治千里不聞仁愛教化
有以全安愚民顧乘刑罰多刑殺人師古曰顧反也乘因也欲
以立威豈爲民父母意哉延年服罪重頓首謝師古

曰重直用反因自爲母御歸府舍母畢正臘師古曰臘及正歲禮畢也正之盈反
謂延年天道神明人不可獨殺師古曰言多殺人者己亦當死我不
意當老見壯子被刑戮也師古曰言素意不自謂如此也行矣去女
東歸埽除墓地耳師古曰言待其喪至也遂去歸郡見昆弟宗
人復爲言之後歲餘果敗東海莫不賢知其母師古
曰稱其賢智也延年兄弟五人皆有吏材至大官東海號
曰萬石嚴嫗師古曰一門之中五二千石故揔云萬石次弟彭祖至太子太
傅在儒林傳
尹賞字子心鉅鹿楊氏人也以郡吏察廉爲樓煩
長舉茂材粟邑令左馮翊薛宣奏賞能治劇徙爲

頻陽令坐殘賊免後以御史舉爲鄭令永始元延
閒上怠於政貴戚驕恣紅陽長仲兄弟交通輕俠
臧匿亡命鄧展曰紅陽姓長仲字也如淳曰紅陽南陽縣也長姓仲字也師古曰姓紅陽而兄字長弟字仲今書長
字或作張者非也後人所改耳一曰紅陽侯王立之子兄弟長少也而北地大豪浩商等報
怨殺義渠長妻子六人往來長安中丞相御史遣
掾求逐黨與詔書召捕久之迺得長安中姦猾浸
多閭里少年群輩殺吏受賕報仇師古曰或有自怨於吏或受人賕賂報仇
讎也相與探丸爲彈師古曰爲彈丸作赤黑白三色而共探取之也彈徒旦反得赤丸
者斫武吏得黑者斫文吏白者主治喪師古曰其黨與有爲吏及它人
所殺者則主其喪事也城中薄暮塵起剽劫行者死傷橫道枹

鼓不絕師古曰枹擊鼓椎也音孚其字從木賞以三輔高弟選守長安
令得壹切便宜從事賞至修治長安獄穿地方深
各數丈致令辟爲郭師古曰致謂積累之也令辟甎甓也郭謂四周之內也致讀如本字又音曰緻令
音零辟避歷反以大石覆其口名爲虎穴乃部戶曹掾史
與鄉吏亭長里正父老伍人師古曰五家爲伍伍人者各其同伍之人也雜
舉長安中輕薄少年惡子師古曰惡子不丞父母教命者無市籍商
販作務而鮮衣凶服被鎧扞持刀兵者悉籍記之
師古曰凶服危險之服鎧甲也扞臂衣也籍記爲名籍以記之得數百人賞一朝會長安
吏車數百兩分行收捕皆劾以爲通行飲食群盜
師古曰飲於禁反食讀曰飤賞親閱見十置一師古曰置放也其餘盡以次

内虎穴中百人爲輩覆以大石數日壹發視皆相枕藉死便輿出瘞寺門桓東如淳曰瘞埋也舊亭傳於四角面百步築土四方上有屋屋上有柱出高丈餘有大板貫柱四出名曰桓表縣所治夾兩邊各一桓陳宋之俗言桓聲如和今猶謂之和表師古曰即華表也楬著其姓名師古曰楬杙也椓杙於瘞處而書死者名也楬音竭杙音弋字並從木百日後迺令死者家各自發取其尸親屬號哭道路皆歔欷長安中歌之曰安所求子死桓東少年場師古曰安猶焉也死謂尸也生時諒不謹枯骨後何葬師古曰諒信也葬字合韻子郎反賞所置皆其魁宿師古曰魁根本也宿久舊也或故吏善家子失計隨輕黠願自改者財數十百人師古曰財與纔同皆貰其罪師古曰貰緩也詭令立功以自贖師古曰詭責也盡力有效者因親用之爲爪牙追捕甚精甘耆姦惡甚於凡吏師古曰耆讀曰嗜賞視事數月盜賊止郡國亡命散走各歸其處不敢闚長安江湖中多盜賊以賞爲江夏太守捕格江賊及所誅吏民甚多坐殘賊免南山群盜起以賞爲右輔都尉遷執金吾督大姦猾三輔吏民甚畏之數年卒官疾病且死戒其諸子曰丈夫爲吏正坐殘賊免追思其功效則復進用矣一坐軟弱不勝任免終身廢弃無有赦時其羞辱甚於貪汙坐臧慎毋然賞四子皆至郡守長子立爲京兆尹皆尚威嚴有治辯名

贊曰自郅都以下皆以酷烈爲聲然都抗直引是非爭大體張湯以知阿邑人主與俱上下蘇林曰邑音人相悒納之悒師古曰如蘇氏之說邑字音烏合反然今之書本或作色字此言阿諛觀人主顏色而上下也其義兩通時辯當否國家賴其便趙禹据法守正師古曰据音據杜周從諛以少言爲重張湯死後罔密事叢師古曰叢謂衆也寖以耗廢師古曰寖漸也耗亂也音莫報反九卿奉職救過不給師古曰給供也何暇論繩墨之外乎自是以至哀平酷吏衆多然莫足數此知名見紀者其廉者足以爲儀表師古曰謂有儀形可表明者其汙者方略教道一切禁姦師古曰汙濁也道讀曰導亦質有文武焉雖酷稱其位矣師古曰稱尺孕反湯周子孫貴盛故別傳師古曰言所以不列於酷吏之篇也

漢書酷吏傳第六十

貨殖傳第六十一　班固　漢書九十一

祕書監上護軍琅邪縣開國子顏師古注

昔先王之制自天子公侯卿大夫士至于皁隸抱
關擊㭬者師古曰皁養馬者也隸之言著也屬著於人也抱關守門者也擊㭬守夜擊木以警衆也㭬音土各反
其爵祿奉養宮室車服棺槨祭祀死生之制各有
差品小不得僭大賤不得踰貴夫然故上下序而
民志定於是辯其土地川澤丘陵衍沃原隰之宜
師古曰衍謂地平延者也沃水之所灌沃也廣平曰原下溼曰隰教民種樹畜養師古曰樹殖也五
穀六畜及至魚鼈鳥獸雚蒲材幹器械之資師古曰雚
亂也即今之荻也械者器之總名也萑音桓亂音五官反荻音敵所以養生送終之具

靡不皆育育之以時而用之有節屮木未落斧斤
不入於山林師古曰禮記月令季秋之月草木黃落乃伐薪為炭豺獺未祭罝網
不布於壄澤師古曰禮記王制云獺祭魚然後虞人入澤梁豺祭獸然後田獵月令孟春之月獺祭魚季秋之月
豺乃祭獸戮禽罝兔網也音嗟鷹隼未擊矰弋不施於徯隧師古曰隼亦鷙鳥即
今所呼為鶻者也月令孟秋之月鷹乃祭鳥用始行戮弋繳射也矰者弋之矢也徯隧徑道也矰音曾徯音奚隧音遂鶻音胡骨反
既順時而取物然猶山不茬櫱澤不伐夭師古曰茬古槎字也
槎邪斫木也櫱髡斬之也此夭謂草木之方長未成者也槎音士牙反櫱音五葛反夭音烏老反蝝魚麛卵
咸有常禁師古曰蝝小蟲也麛鹿子也卵鳥卵也月令孟春之月毋殺孩蟲毋麛毋卵蝝音弋全反麛音莫奚反
所以順時宣氣蕃阜庶物師古曰蕃多也阜盛也蕃音扶元反穡足功
用如此之備也師古曰備即蓄字然後四民因其土宜各任

智力夙興夜寐以治其業相與通功易事交利而
俱贍師古曰言以其所有交易所無而不匱乏非有徵發期會而遠近咸足
故易曰后以財成輔相天地之宜以左右民師古曰泰卦象
辭也后君也左右助也言王者資財用以成教贊天地之化育以救助其衆庶也左右讀曰佐佑備物致用立
成器以為天下利莫大乎聖人師古曰上繫之辭也備物致用謂備取百物而極其
功用此之謂也管子云古之四民不得雜處師古曰管仲之書也
士相與言仁誼於閒宴師古曰閒讀曰閑工相與議技巧於
官府商相與語財利於市井師古曰凡言市井者市交易之處井共汲之所故總而言
之也說者云因井而為市其義非也農相與謀稼穡於田壄朝夕從事
不見異物而遷焉師古曰言非本業則弗覩視故能各精其事不移易故其父兄

之教不肅而成子弟之學不勞而能各安其居而
樂其業甘其食而美其服雖見奇麗紛華非其所
習辟猶戎翟之與于越不相入矣孟康曰于越南方越名也師古曰于發語
聲也戎蠻之語則然于越猶句吳耳辟讀曰譬是以欲寡而事節財足而不爭
於是在民上者道之以德齊之以禮師古曰道讀曰導故民
有恥而且敬貴誼而賤利此三代之所以直道而
行不嚴而治之大略也師古曰直道而行謂以德禮率下不飾僞也及周室
衰禮法墮師古曰墮毀也音火規反諸侯刻桷丹楹大夫山節藻
梲師古曰桷椽也楹柱也節栭也山刻為山形也梲侏儒柱也藻謂刻鏤為水藻之文也刻桷丹楹魯桓宮也山節藻梲臧文仲
也八佾舞於庭雍徹於堂師古曰八列舞於庭謂季氏也以雍樂徹食三家則然事見論

語其流至乎士庶人莫不離制而棄本稼穡之民少商旅之民多穀不足而貨有餘陵夷至乎桓文之後師古曰齊桓晉文也禮誼大壞上下相冒國異政家殊俗耆欲不制僭差亡極師古曰耆讀曰嗜其下並同極止也於是商通難得之貨工作亡用之器士設反道之行以追時好而取世資師古曰追逐也僞民背實而要名姦夫犯害而求利篡弒取國者為王公圉奪成家者為雄桀師古曰圉謂禁守其人也禮誼不足以拘君子刑戮不足以威小人富者木土被文錦犬馬餘肉粟而貧者裋褐不完唅菽飲水師古曰裋布長襦也褐編枲衣也裋音豎唅亦含字也菽豆也其為編戶齊民同列而以財力相君雖為僕虜猶亡慍色故夫飾變詐為姦軌者自足乎一世之間守道循理者不免於飢寒之患其教自上興繇法度之無限也師古曰繇讀與由同故列其行事以傳世變云

昔粵王句踐困於會稽之上廼用范蠡計然孟康曰姓計名然越臣也蔡謨曰計然者范蠡所著書篇名耳非人也謂之計然者所計而然也羣書所稱句踐之賢佐種蠡為首豈聞復有姓計名然者乎若有此人越但用半策便以致霸是功重於范蠡蠡之師也焉有如此而越國不記其事書籍不見其名史遷不述其傳乎師古曰蔡說謬矣據古今人表計然列在第四等豈是范蠡書篇乎計然一號計研故賓戲云研桑心計於無垠即謂此耳計然者濮上人也博學無所不通尤善計筭嘗南遊越范蠡卑身事之其書則有萬物錄著五方所出皆述之事見皇覽及晉中經簿又吳越春秋及越絕書並作計倪此則倪研及然聲皆相近實一人耳何云書籍不見哉計然曰知鬭則修備時用則知物二者形則萬貨之情可得見矣師古曰形顯見故旱則資舟水則資車物之理也師古曰旱極則水水極則旱故於旱時而預蓄舟水時預蓄車以待其貴收其利也推此類而脩之十年國富厚賂戰士遂報彊吳刷會稽之恥師古曰刷謂拭除之也音所劣反范蠡歎曰計然之策十用其五而得意既以施國吾欲施之家廼乘扁舟孟康曰特舟也師古曰音匹延反浮江湖變名姓適齊為鴟夷子皮師古曰自號鴟夷者言若盛酒之鴟夷多所容受而可卷懷與時張弛也鴟夷皮之所為故曰子皮之陶為朱公孟康曰陶即今定陶也以為陶天下之中諸侯四通貨物所交易也廼治產積居與時逐孟康曰逐時而居買也師古曰此說非也言豫居貨物隨時而逐利而不責於人故善治產者能擇人而任時十九年之間三致千金再散分與貧友昆弟後年衰老聽子孫脩業而息之師古曰息生也遂至鉅萬故言富者稱陶朱

子贛既學於仲尼退而仕衛師古曰孔子弟子姓端木名賜也發貯鬻財曹魯之間師古曰多有積貯趣時而發鬻賣之也鬻音弋六反七十子之徒賜最為饒師古曰言於弟子之中最為富而顏淵簞食瓢飲在于陋巷師古曰簞笥也食飯也瓢瓠勺也一簞之飯一瓢之飲至貧也簞音丁安反食音似瓢音頻遥反子贛結駟連騎束帛之幣聘享諸侯所至國君無不分庭與之亢禮師古曰為賓主之禮然孔子賢顏淵而譏子贛曰回也其庶乎屢空賜不受命而貨殖焉意則屢中師古曰論語載孔子

之言也顏回庶幾聖道雖數空匱而樂在其中子贛不受教命唯財是殖億度是非幸而中耳意讀曰億中音竹仲反白圭周人也當魏文侯時李克務盡地力而白圭樂觀時變故人棄我取人取我予能薄飲食忍嗜欲節衣服與用事僮僕同苦樂趨時若猛獸摯鳥之發故曰吾治生猶伊尹呂尚之謀孫吳用兵商鞅行法是也故智不足與權變勇不足以決斷仁不能以取予彊不能以有守雖欲學吾術終不告也蓋天下言治生者祖白圭師古曰祖始也以其法為本始也猗頓用盬鹽起師古曰猗頓魯之窮士也盬鹽池也於盬造鹽故曰盬鹽盬音古邯鄲郭縱以鑄冶成業與王者埒富師古曰埒等也

烏氏嬴畜牧師古曰氏音支烏氏姓也嬴名也其人為畜牧之業也及衆斥賣師古曰畜牧蕃盛其數多則出而賣之也求奇繒物閒獻戎王師古曰避時之禁故伺閒隙私遺戎王戎王十倍其償予畜畜至用谷量牛馬師古曰言其數饒不可計筭故以山谷多少言之秦始皇令嬴比封君以時與列臣朝請師古曰與讀曰豫請音才姓反巴寡婦清師古曰以其行絜故號曰清也其先得丹穴而擅其利數世師古曰丹丹沙也穴者山谷之穴出丹也家亦不訾師古曰言資財衆多無限數訾音子移反清寡婦能守其業用財自衛人不敢犯始皇以為貞婦而客之為築女懷清臺

秦漢之制列侯封君食租稅歲率戶二百千戶之君則二十萬朝覲聘享出其中庶民農工商賈率亦歲萬息二千百萬之家即二十萬而更繇租賦出其中師古曰更音工衡反繇讀曰徭衣食好美矣故曰陸地牧馬二百蹏孟康曰五十匹也師古曰蹏古蹄字牛千蹏角孟康曰百六十七頭也馬貴而牛賤以此為率也師古曰百六十七頭牛則為蹄與角凡一千二也言千者舉成數也千足羊師古曰凡言千足者二百五十頭也澤中千足彘水居千石魚陂師古曰陂讀曰陂言有大陂養魚一歲收千石魚也說者不曉乃改其波字為皮又讀為披皆失之矣山居千章之萩孟康曰萩任方章者千枚也師古曰大材曰章解在百官公卿表萩即楸樹字也其下並同也安邑千樹棗燕秦千樹栗蜀漢江陵千樹橘淮北滎南河濟之閒千樹萩師古曰滎亦水名濟水所溢作也即今所謂滎澤也陳夏千畝桼師古曰陳陳縣也夏夏縣也皆屬淮陽種桼樹而取其汁夏音𨚗齊

魯千畝桑麻渭川千畝竹及名國萬家之城帶郭千畝畝鍾之田孟康曰一鍾受六斛四斗師古曰一畝收鍾者凡千畝也若千畝卮茜孟康曰茜草卮子可用染也師古曰茜音千見反千畦薑韭師古曰畦音攜此其人皆與千戶侯等諺曰以貧求富農不如工工不如商刺繡文不如倚市門此言末業貧者之資也師古曰言其易以得利也通邑大都酤一歲千釀師古曰千瓮以釀酒醯醬千瓨師古曰瓨長頸罌也受十升瓨音胡雙反漿千儋孟康曰儋罌也師古曰儋人儋之也一儋兩罌儋音丁濫反屠牛羊彘千皮穀糴千鍾師古曰謂常糴取而居之薪槀千車船長千丈師古曰總積船之丈數也木千章竹竿萬个孟康曰个者一个兩个師古曰个讀曰箇箇枚也軺車百乘師古曰軺車輕小之車也軺音弋昭反牛車千兩師古曰車一乘曰一兩謂之兩者言其輛

輪兩兩而耦 木器髤者千枚銅器千鈞 器康曰三十斤爲一鈞 素木鐵器若巵茜千石 孟康曰百二十斤爲石素木素器也 馬蹏噭千 師古曰噭口也蹏與口共千則爲馬二百也噭音江釣反又口釣反 牛千足羊彘千雙 師古曰彘即豕 童手指千 孟康曰童奴婢也古者無空手游口皆有作務作務須手指故曰手指以別馬牛蹏角也師古曰手指謂有巧伎者指千則人百 筋角丹沙千斤其帛絮細布千鈞文采千匹 師古曰文文繒也帛之有色者曰采 荅布皮革千石 孟康曰荅布白疊也師古曰麤厚之布也其價賤故與皮革同其量耳非白疊也荅者重厚之貌而讀者妄爲榻音非也 桼千大斗 師古曰大斗者異於量米粟之斗也今俗猶有大量 糱麴鹽豉千合 師古曰麴糱以斤石稱之輕重齊則爲合鹽豉則斗斛量之多少等亦爲合合者相配耦之言耳今西楚荊沔之俗賣鹽豉者鹽豉各一斗則各爲裹而相隨焉此則合也說者不曉迺讀爲升合之合又改作台競爲解說失之遠矣 鮐鮆千斤 師古曰鮐海魚也鮆刀魚也飲而不食者鮐音胎又音菭鮆音薺又音才爾反而說者妄讀鮐爲夷非唯失於訓物

亦不知音矣 鯫鮑千鈞 師古曰鯫膊魚也即今不著鹽而乾者也鮑今之鮑魚也鯫音輒膊音普各反鮑音於業反而說者乃讀鮑爲鮑魚之鮑音五回反失義遠矣鄭康成以爲鮑於煏室乾之亦非也煏室乾之即鯫耳蓋今巴荊人所呼鰎魚者是也音居偃反秦始皇載鮑亂臭則是鮑魚耳而煏室乾者本不臭也煏音蒲北反 棗栗千石者三之 師古曰三千石 狐貂裘千皮羔羊裘千石 師古曰狐貂貴故計其數羔羊賤故稱其量也 旃席千具它果采千種 師古曰果采謂於山野采取果實也 子貸金錢千貫節駔儈 孟康曰節節物貴賤也謂除估儈其餘利比於千乘之家也師古曰儈者合會二家交易者也駔者其首率也駔音子朗反儈音工外反 貪賈三之廉賈五之 孟康曰貪賈未當賣而賣未當買而買故得利少而十得其三廉賈貴乃賣賤乃買故十得五也 亦比千乘之家此其大率也

蜀卓氏之先趙人也用鐵冶富秦破趙遷卓氏之蜀夫妻推輦行 師古曰步車曰輦 諸遷虜少有餘財爭與吏求近處處葭萌 師古曰縣名也地理志屬廣漢葭音家 唯卓氏曰此地陿薄吾聞㟭山之下沃壄下有踆鴟至死不飢 孟康曰踆音蹲水鄉多鴟其山下有沃野灌溉師古曰孟說非也踆鴟謂芋也其根可食以充糧故無飢年華陽國志曰汶山郡都安縣有大芋如蹲鴟也 民工作布易賈乃求遠遷致之臨邛大喜即鐵山鼓鑄 師古曰鑄即就也 運籌筭賈滇蜀民 師古曰行販賣於滇蜀之間也滇音丁賢反 富至童八百人田池射獵之樂擬於人君

程鄭山東遷虜也亦冶鑄賈椎結民富埒卓氏 師古曰椎結西南夷也言程鄭行賈求利於其人也埒等也椎音直追反結讀曰髻 程卓既衰至成哀閒成都羅裒訾至鉅萬初裒賈京師隨身數十百萬 師古曰言其自有數十萬且至百萬 爲平陵石氏持錢其人彊力石氏訾

次如苴 孟康曰平陵如氏苴氏也石氏勤力故訾次二人也師古曰孟說非也其人彊力謂羅裒耳訾次如苴自謂石氏之饒財也苴音側于反 親信厚資遣之令往來巴蜀數年閒致千餘萬裒舉其半賂遺曲陽定陵侯 師古曰謂王根淳于長也 依其權力賒貸郡國人莫敢負 師古曰貸音吐戴反 擅鹽井之利期年所得自倍 師古曰期音基 遂殖其貨

宛孔氏之先梁人也用鐵冶爲業秦滅魏遷孔氏南陽大鼓鑄規陂田連騎游諸侯因通商賈之利有游閒公子之名 師古曰閒讀曰閑言其志寬大不在急促公子者公侯貴人之子也言其舉動性行有似之也若今言諸郎矣 然其贏得過當瘉於孅嗇 師古曰瘉讀爲愈愈勝也孅細也嗇愛也言其於利雖不汲汲苟得然所獲贏餘多於細悉者也孅與纖同下云周人既纖義亦類此 家致數千金

故南陽行賈盡法孔氏之雍容

魯人俗儉嗇而丙氏尤甚以鐵冶起富至鉅萬然家自父兄子弟約頫有拾卬有取師古曰頫古俯字也俯卬必有所取拾無鉅細好惡也貰貸行賈徧郡國鄒魯以其故多去文學而趨利　齊俗賤奴虜而刀閒獨愛貴之師古曰刀姓閒名也刀音貂桀黠奴人之所患唯刀閒收取使之逐魚鹽商賈之利或連車騎交守相然愈益任之終得其力起數千萬故曰寧爵無刀孟康曰刀閒能畜豪奴奴或有連車騎交守相奴自謂寧欲免去作民有爵邪無將止為刀氏作奴乎無發聲助也言能使豪奴自饒而盡其力也刀閒既衰至成哀閒臨菑姓偉訾五千萬師古曰姓姓名偉

周人既纖而師史尤甚轉轂百數師古曰轉轂謂以車載物而逐利者賈郡國無所不至雒陽街居在齊秦楚趙之中富家相矜以久賈孟康曰謂街巷居民無田地皆相矜久賈在此諸國也師古曰此說非也言雒陽之地居任諸國之中要衝之所若大街衢故其賈人無所不至而多得利不憚久行也中音竹仲反過邑不入門設用此等故師史能致十千萬師古曰十千萬即萬萬也言其財至萬萬也一曰至千萬者十焉師史既衰至成哀王莽時雒陽張長叔薛子仲訾亦十千萬莽皆以為納言士欲法武帝然不能得其利師古曰法武帝者言用卜式東郭咸陽孔僅等為官也

宣曲任氏其先為督道倉吏孟康曰若今吏督租穀使上道輸在所也師古曰於京師四方諸道督其租耳道者非謂上道也秦之敗也豪桀爭取金玉任氏獨窖倉粟師古曰取倉粟而窖藏之也窖音工孝反楚漢相距滎陽民不得耕種米石至萬而豪桀金玉盡歸任氏任氏以此起富富人奢侈而任氏折節為力田畜人爭取賤賈任氏獨取貴善師古曰言其居買之物不計貴賤唯在良美也賈讀曰價富者數世師古曰折節力田務於本業先公後私率道閭里故云善富然任公家約非田畜所生不衣食公事不畢則不得飲酒食肉師古曰任公任氏之父也言家為此私約制也晉灼以為任用公家之約此說非也以此為閭里率故富而主上重之

塞之斥也唯橋桃以致馬千匹牛倍之羊萬粟以萬鍾計孟康曰邊塞主斥候卒也唯此一人能致富若此師古曰此說非也塞斥者言國家斥開邊塞更令寬廣故橋桃得恣其畜牧也姓橋名桃以萬鍾計者不論斗斛千萬之數每率舉萬鍾而計之著其饒多也

吳楚兵之起長安中列侯封君行從軍旅齎貸子錢家師古曰行者須齎糧而出於子錢家貸之也貸謂求假之也音吐得反子錢家以為關東成敗未決莫肯予唯毋鹽氏出捐千金貸師古曰貸謂假與之音吐戴反其息十之三月吳楚平一歲之中則毋鹽氏息十倍用此富關中關中富商大賈大氐盡諸田師古曰氐讀曰抵抵歸也牆田蘭韋家栗氏安陵杜氏亦鉅萬前富者既衰自元成訖王莽京師富人杜陵樊嘉茂陵摯網平陵如氏苴氏長安丹王君房豉樊少翁王孫大卿為天下高訾師古曰王君房賣丹樊少翁及王孫大卿賣豉亦致高訾言訾讀與貲同高訾謂多資財

樊嘉五千萬其餘皆鉅萬矣王孫卿以財養士與
雄傑交王莽以為京司市師漢司東市令也此其
章章尤著者也其餘郡國富民兼業顓利師古曰顓與專同
以貨賂自行取重於鄉里者不可勝數故秦揚以
田農而甲一州孟康曰以田地過限從此而富為州中第一也翁伯以販脂而
傾縣邑張氏以賣醬而隃侈質氏以洒削而鼎食
服虔曰治刀劒者也如淳曰作刀劒削者師古曰二說皆非也洒濯也削謂刀劒室也謂人有刀劒削故惡者主為洒刷之去其垢穢更
飾令新也洒音先禮反削音先召反濁氏以胃脯而連騎晉灼曰今太官常以十月作沸湯燖羊胃
以末椒薑坋之暴使燥是也師古曰燖音似兼反坋音蒲頓反張里以馬醫而擊鍾皆越
法矣然常循守事業積累贏利漸有所起至於蜀

卓宛孔齊之刀閒公擅山川銅鐵魚鹽市井之入
運其籌策上爭王者之利下錮齊民之業師古曰錮亦謂專取
之也皆陷不軌奢僭之惡又況掘冢搏掩犯姦成富
師古曰搏掩謂搏擊掩襲取人物者也搏字或作博一說博六博也掩意錢之屬也皆戲而賭取財物曲叔稽發
雍樂成之徒師古曰姓曲名叔姓稽名發姓雍名樂成也稽音工奚反猶復齒列師古曰身
為罪惡尚復與良善之人齊齒並列傷化敗俗大亂之道也

貨殖傳卷第六十一

游俠傳第六十二　班固　漢書九十二

秘書監上護軍琅邪縣開國子顏　師古注

古者天子建國諸侯立家自卿大夫以至于庶人各有等差是以民服事其上而下無覬覦（師古曰覬幸也覦欲也覬謂幸得其所欲也覬音冀覦音踰又音諭）孔子曰天下有道政不在大夫（師古曰論語載孔子之言謂權不移於下也）百官有司奉法承令以脩所職失職有誅侵官有罰夫然故上下相順而庶事理焉

周室既微禮樂征伐自諸侯出桓文之後大夫世權陪臣執命（師古曰齊桓晉文周之二霸也陪重也）陵夷至於戰國合從連衡力政爭彊（師古曰力政者棄背禮義專任威力也從音子容反）繇是列國公子魏有信陵趙有平原齊有孟嘗楚有春申（師古曰繇讀與由同信陵君魏無忌平原君趙勝孟嘗君田文春申君黃歇）皆藉王公之埶競為游俠雞鳴狗盜無不賓禮（師古曰謂孟嘗君用雞鳴而得亡出關因狗盜而取狐白裘也）而趙相虞卿棄國捐君以周窮交魏齊之戹（師古曰魏齊虞卿之交也將為范睢所殺卿救之也）信陵無忌竊符矯命戮將專師以赴平原之急（師古曰秦兵圍趙趙相平原君告急於無忌無忌因如姬以竊兵符矯魏信侯命代晉鄙為將而令朱亥鎚殺晉鄙遂率兵救趙秦兵以卻而趙得全）皆以取重諸侯顯名天下搤掔而游談者以四豪為稱首（師古曰搤捉持也掔古手腕字四豪即魏信陵以下也搤音戹）於是背公死黨之議成守職奉上之義廢矣及至漢興禁網疏闊未之匡改也（師古曰匡正也）是故代相陳豨從車千乘而吳

濞淮南皆招賓客以千數外戚大臣魏其武安之屬競逐於京師布衣游俠劇孟郭解之徒馳騖於閭閻權行州域力折公侯眾庶榮其名迹覬而慕之雖其陷於刑辟自與殺身成名若季路仇牧死而不悔（師古曰季路孔子弟子也姓仲名由衛人也衛有蒯聵之亂季路聞之故入赴難遇孟黶石乞以戈擊之斷纓季路曰君子死冠不免結纓而死仇牧宋大夫也宋萬殺閔公仇牧聞之趨而至手劍而叱之萬臂擊仇牧碎首齒著于門闔言游俠之徒自許節操同於季路仇牧）故曾子曰上失其道民散久矣（師古曰論語載曾子之言也解在刑法志）非明王在上視之以好惡齊之以禮法民曷繇知禁而反正乎（師古曰視讀曰示繇讀曰由）古之正法五伯三王之辠人也（師古曰伯讀曰霸下皆類此）而六國五伯之辠人也夫四豪者又六國之辠人也況於郭解之倫以匹夫之細竊殺生之權其辠已不容於誅矣觀其溫良泛愛振窮周急謙退不伐亦皆有絕異之姿惜乎不入於道德苟放縱於末流殺身亡宗非不幸也自魏其武安淮南之後天子切齒衛霍改節然郡國豪桀處處各有京師親戚冠蓋相望亦古今常道莫足言者唯成帝時外家王氏賓客為盛而樓護為帥及王莽時諸公之間陳遵為雄閭里之俠原涉為魁（師古曰魁者斗之所用盛而杓之本也故言根本者皆云魁）朱家魯人高祖同時也魯人皆以儒教而朱家用

俠聞所臧活豪士以百數其餘庸人不可勝言然終不伐其能飲其德孟康曰有德於人而不自美也師古曰飲沒也謂不稱顯諸所嘗施唯恐見之振人不贍先從貧賤始家亡餘財衣不兼采食不重味乘不過軥牛晉灼曰軥軥挽也軥牛小牛也師古曰軥重挽也音工豆反晉說是也專趨人之急甚於己私師古曰趨讀曰趣趣向也既陰脫季布之厄及布尊貴終身不見自關以東莫不延頸願交楚田仲以俠聞父事朱家自以為行弗及也田仲死後有劇孟

劇孟者洛陽人也周人以商賈為資劇孟以俠顯吳楚反時條侯為太尉乘傳東將師古曰乘傳車而東出為大將也傳音張戀反至河南得劇孟喜曰吳楚舉大事而不求劇孟

吾知其無能為已師古曰已語終辭天下騷動大將軍得之若一敵國云劇孟行大類朱家而好博多少年之戲然孟母死自遠方送喪蓋千乘及孟死家無十金之財而符離王孟亦以俠稱江淮之間師古曰符離沛郡之縣也是時濟南瞯氏陳周膚亦以豪聞師古曰瞯音閑景帝聞之使使盡誅此屬其後代諸白梁韓毋辟陽翟薛況陝寒孺紛紛復出焉師古曰代郡白姓非一家也故稱諸焉梁國人姓韓名毋辟陽翟屬潁川陝即今陝州陝縣也薛況寒孺皆人姓名也辟讀曰避郭解河內軹人也師古曰軹音只溫善相人許負外孫也解父任俠孝文時誅死解為人靜悍師古曰性沈靜而勇悍不飲酒少時陰賊感槩師古曰陰賊者陰懷賊害之意也感槩者感意氣而立節槩也不快意所殺甚眾以軀耤友報仇師古曰耤古藉字也藉謂借助也臧命作姦剽攻師古曰臧命臧亡命之人也剽劫也攻謂穿窬而盜也剽音匹妙反休乃鑄錢掘冢師古曰不報仇剽攻則鑄錢發冢也不可勝數適有天幸窘急常得脫若遇赦及解年長更折節為儉以德報怨厚施而薄望然其自喜為俠益甚師古曰自好喜為此名也喜音許吏反既已振人之命不矜其功師古曰振謂舉救也矜夸恃也陰賊著於心本發於睚眦如故云師古曰著音直略反心本猶言本心也睚音崖眦音漬睚眦又音五懈反解具在杜欽傳而少年慕其行亦輒為報讎不使知也解姊子負解之埶師古曰負持也與人飲使之釂非其任彊灌之師古曰盡爵曰釂其人不飲而使盡爵乃彊灌之故怨怒也釂音子笑反彊音其兩反人怒

刺殺解姊子去亡解姊怒曰以翁伯時人殺吾子賊不得師古曰公翁伯解字也棄其尸道旁弗葬欲以辱解解使人微知賊處師古曰微伺問之也賊窘自歸師古曰窘困急具以實告解解曰公殺之當吾兒不直遂去其賊師古曰除去其罪也去音丘呂反辠其姊子收而葬之諸公聞之皆多解之義師古曰多猶重益附焉解出人皆避有一人獨箕踞視之解問其姓名客欲殺之解曰居邑屋不見敬是吾德不脩也師古曰邑屋猶今人言村舍也彼何辠乃陰請尉史曰是人吾所重至踐更時脫之師古曰踐更為踐更之卒也脫免也更音工衡反脫音它活反

毋至直更數過吏弗求〔師古曰直當也次當爲更也數音所角反〕怪之問其故解使脫之箕踞者迺肉袒謝辠少年聞之愈益慕解之行洛陽人有相仇者邑中賢豪居閒以十數終不聽〔師古曰居中閒爲道地和輯之而不見許也〕客迺見解解夜見仇家仇家曲聽〔師古曰屈曲從其言〕解謂仇家吾聞洛陽諸公在閒多不聽今子幸而聽解解柰何從它縣奪人邑賢大夫權乎迺夜去不使人知曰且毋庸待我去令洛陽豪居閒迺聽〔師古曰庸用也且無用休待洛陽豪更言之迺從其言也〕解爲人短小恭儉出未嘗有騎〔師古曰不以騎自隨也〕不敢乘車入其縣庭〔師古曰所屬之縣也〕之旁郡國爲人請求事事可出

出之〔如淳曰事可爲免出者出之〕不可者各令厭其意〔師古曰厭滿也一瞻反〕然後迺敢嘗酒食諸公以此嚴重之爭爲用邑中少年及旁近縣豪夜半過門常十餘車請得解客舍養之〔師古曰舍止也言解多藏亡命喜事少年與解同志者知亡命者多歸解故夜將車來迎取其人居止而養之〕及徙豪茂陵也解貧不中訾〔師古曰中充也言訾財不充合徙之數也中音竹仲反其下亦同〕吏恐不敢不徙衛將軍爲言郭解家貧不中徙上曰解布衣權至使將軍此其家不貧〔師古曰將軍爲之言是爲其所使也〕解徙諸公送者出千餘萬軹人楊季主子爲縣掾禹之〔師古曰禹塞其送不令解得之也禹與擧同〕解兄子斷楊掾頭解入關關中賢豪知與不知聞聲爭交驩〔師古曰知謂先相知〕邑

人又殺楊季主季主家上書人又殺闕下〔師古曰於闕下殺上書人〕上聞迺下吏捕解解亡置其母家室夏陽身至臨晉臨晉籍少翁素不知解解因出關〔師古曰出解於關也〕籍少翁已出解解傳太原所過輒告主人處吏逐迹至籍少翁少翁自殺口絕久之得解窮治所犯爲而解所殺皆在赦前軹有儒生侍使者坐客譽郭解生曰解專以姦犯公法何謂賢解客聞之殺此生斷舌吏以責解解實不知殺者殺者亦竟莫知爲誰吏奏解無辠御史大夫公孫弘議曰解布衣爲任俠行權以睚眦殺人解不知此辠甚於解知殺

之當大逆無道〔師古曰當謂處斷其罪〕遂族解自是之後俠者極衆而無足數者然關中長安樊中子槐里趙王孫長陵高公子西河郭公翁中〔師古曰中讀皆曰仲〕太原魯翁孺臨淮兒長卿〔師古曰兒音五奚反〕東陽陳君孺雖爲俠而恂恂有退讓君子之風〔師古曰恂恂謹信之貌也音荀〕至若北道姚氏西道諸杜南道仇景東道佗羽公子〔師古曰據京師而言指其東西南北謂也〕〔姓佗名羽字公子佗古他字〕南陽趙調之徒盜跖而居民閒者耳曷足道哉此迺鄉者朱家所羞〔師古曰鄉讀曰嚮〕萬章字子夏長安人也〔師古曰萬音坧〕長安熾盛街閭各有豪俠章在城西柳市〔師古曰漢宮闕疏云細柳倉有柳市〕號曰城西萬

子夏爲京兆尹門下督從至殿中師古曰章從京兆也侍中諸侯貴人爭欲揖章莫與京兆尹言者章逡循其懼其後京兆不復從也師古曰更不以章自隨也與中書令石顯相善亦得顯權力門車常接轂至成帝初石顯坐專權擅埶免官歸故郡顯貲巨萬當去留牀席器物數百萬直欲以與章章不受賓客或問其故章歎曰吾以布衣見哀於石君師古曰言爲石顯所哀憐石君家破不能有以安也師古曰言亦不能救而受其財物此爲石氏之禍萬氏反當以爲福邪諸公以是服而稱之河平中王尊爲京兆尹捕擊豪俠殺章及箭張回服虔曰作箭者姓張名回酒市趙君都賈子光服虔曰酒市中人也皆長安名豪報仇怨養刺客者也

樓護字君卿齊人父世醫也護少隨父爲醫長安出入貴戚家護誦醫經本草方術數十萬言長者咸愛重之共謂曰以君卿之材何不宦學乎繇是辭其父學經傳師古曰繇讀與由同爲京兆吏數年甚得名譽是時王氏方盛賓客滿門五侯爭名其客各有所厚不得左右師古曰不相經過也唯護盡入其門咸得其驩心結士大夫無所不傾其交長者尤見親而敬衆以是服爲人短小精辯論議常依名節聽之者皆竦與谷永俱爲五侯上客長

安號曰谷子雲筆札樓君卿脣舌言其見信用也母死送葬者致車二三千兩閭里歌之曰五侯治喪樓君卿久之平阿侯舉護方正師古曰王譚也爲諫大夫使郡國護假貸師古曰官以物假貸貧人令護監之貸音吐戴反多持幣帛過齊上書求上先人冢因會宗族故人各以親疏與束帛一日散百金之費使還奏事稱意擢爲天水太守數歲免家長安中時成都侯商爲大司馬衞將軍罷朝欲候護其主簿諫將軍至尊不宜入閭巷商不聽遂往至護家家狹小官屬立車下久住移時天欲雨主簿謂西曹諸掾曰不肯彊諫反雨立閭巷商還或白主簿語商恨以它職事去主簿終身廢錮後護復以薦爲廣漢太守元始中王莽爲安漢公專政莽長子宇與妻兄呂寬謀以血塗莽第門欲懼莽令歸政發覺莽大怒殺宇而呂寬亡寬父素與護相知寬至廣漢過護不以事實語也到數日名捕寬詔書至師古曰舉姓名而捕之也護執寬莽大喜徵護入爲前煇光師古曰莽分三輔置前煇光後丞烈以護爲之煇音暉封息鄉侯列於九卿莽居攝槐里大賊趙朋霍鴻等群起延入前煇光界護坐免爲庶人其居位爵祿賂遺所得亦緣手盡既退居里巷時五侯皆已死年老

失執賓客益衰至王莽簒位以舊恩召見護封爲樓舊里附城 師古曰莽爲此爵名放古之附庸也 而成都侯商子邑爲大司空貴重而故人皆敬事邑唯護自安如舊節邑亦父事之不敢有闕時請召賓客邑居樽下稱賤子上壽 師古曰言以父禮事 坐者百數皆離席伏護獨東鄉正坐 師古曰鄉讀曰嚮 字謂邑曰公子貴如何 蘇林曰邑字公子也 初護有故人呂公無子歸護護身與呂公妻與嫗同食及護家居妻子頗厭呂公護聞之流涕責其妻子曰呂公以故舊窮老託身於我義所當奉遂養呂公終身護卒子嗣其爵

陳遵字孟公杜陵人也祖父遂字長子宣帝微時與有故相隨博弈 師古曰博六博弈圍棊也 數負進 師古曰進者會禮之財也謂博所賭也解在高紀一說進勝也帝博而勝故遂有所負 及宣帝即位用遂稍遷至太原太守迺賜遂璽書曰制詔太原太守官尊祿厚可以償博進矣妻君寧時在旁知狀 師古曰史皇孫名進而此詔不諱之蓋史家追書故有其字耳君寧遂妻名也云妻知負博之狀者著舊恩之深也 遂於是辭謝因曰事在元平元年赦令前其見厚如此元帝時徵遂爲京兆尹至廷尉遵少與張竦伯松俱爲京兆史竦博學通達以廉儉自守而遵放縱不拘操行雖異然相親友哀帝之末俱著名字爲後進冠 如淳曰爲後進人士之冠首也 並入公府公府掾史率皆羸車小馬不上鮮明而遵獨極輿馬衣服之好門外車騎交錯又日出醉歸 師古曰言每日必出飲也 曹事數廢西曹以故事適之 師古曰案舊法令而罰之也適讀曰謫此下皆同 侍曹輒詣寺舍白遵曰陳卿今日以某事適遵曰滿百乃相聞故事有百適者斥滿百西曹白請斥大司徒馬宮大儒優士又重遵 師古曰優禮賢士而尤敬重遵 謂西曹此人大度士柰何以小文責之迺舉遵能治三輔劇縣補郁夷令 師古曰右扶風之縣 久之與扶風相失 師古曰意不相得也 自免去槐里大賊趙朋霍鴻等起遵爲校尉擊朋鴻有功封嘉威侯居長安中列侯近臣貴戚皆貴

重之牧守當之官及郡國豪桀至京師者莫不相因到遵門遵耆酒 師古曰耆讀曰嗜 每大飲賓客滿堂輒關門取客車轄投井中雖有急終不得去 師古曰既關閉門又投車轄也而說者便欲改轄字爲館云門之館籥妄穿鑿耳館自主人所執何煩投井也 嘗有部刺史奏事過遵值其方飲刺史大窮候遵霑醉時突入見遵母 師古曰霑洽言其大醉也霑音竹占反 叩頭自白當對尚書有期會狀母迺令從後閤出去 師古曰以其前門關閉故從後閤出之也 遵大率常醉然事亦不廢長八尺餘長頭大鼻容貌甚偉略涉傳記贍於文辭性善書與人尺牘主皆藏去以爲榮 師古曰去亦臧也音丘呂反又音舉 請求不敢逆所到衣冠

懷之唯恐在後師古曰懷來也謂招來而禮之時列侯有與遵同姓
字者每至人門曰陳孟公坐中莫不震動既至而
非因號其人曰陳驚坐云王莽素奇遵材在位多
稱譽者繇是起爲河南太守師古曰繇讀與由同既至官當遣
從史西召善書吏十人於前治私書謝京師故人
遵馮几師古曰馮讀曰憑口占書吏且省官事師古曰占隱度也口隱其辭以授吏
也占音之贍反書數百封親疏各有意河南大驚數月
免初遵爲河南太守而弟級爲荊州牧當之官俱
過長安富人故淮陽王外家左氏飲食作樂後司
直陳崇聞之劾奏遵兄弟幸得蒙恩超等歷位遵

爵列侯備郡守級州牧奉使皆以舉直察枉宣揚
聖化爲職不正身自慎始遵初除乘藩車入閭巷
師古曰藩車車之有屏蔽者過寡婦左阿君置酒謌謳遵起舞跳
梁頓仆坐上暮因留宿爲侍婢扶臥遵知飲酒飫
宴有節師古曰宴食曰飫飫音於庶反禮不入寡婦之門而湛酒溷肴
師古曰湛讀曰沈又音躭亂男女之別輕辱爵位羞汙印韍師古曰此韍謂
印之組也惡不可忍聞臣請皆免遵既免歸長安賓客
愈盛飲食自若師古曰言自如其故久之復爲九江及河內都
尉凡三爲二千石而張竦亦至丹陽太守封淑德
侯後俱免官以列侯歸長安竦居貧無賓客時時

好事者從之質疑問事論道經書而已師古曰質正也而遵
晝夜呼號師古曰呼音火故反車騎滿門酒肉相屬師古曰屬連續也音之欲反
先是黃門郎楊雄作酒箴以諷諫成帝其文爲酒
客難法度士譬之於物曰子猶瓶矣觀瓶之居居
井之眉師古曰眉井邊地若人目上之有眉處高臨深動常近危酒醪不
入口臧水滿懷不得左右牽於纆徽一旦叀礙爲
瓽所轠師古曰纆徽井索也叀縣也瓽井以甎爲甃者也轠擊也言瓶忽縣礙不得下而爲井瓽所擊則破碎也叀音上絹反瓽音丁浪反轠音雷諸家之說或以叀爲疐或音衞又以瓽爲甃皆失之甃音側救反身提黃泉骨肉
爲泥師古曰提擲也擲入黃泉之中也提音徒計反自用如此不如鴟夷師古曰鴟夷韋
囊以盛酒即今鴟夷滕鴟夷滑稽腹如大壺師古曰滑稽圜轉縱捨無窮之狀滑音骨稽音

雞盡日盛酒人復借酤師古曰盡酤猶音曰也常爲國器託於屬
車師古曰天子屬車常載酒食故有鴟夷也屬音之欲反出入兩宮經營公家繇
是言之酒何過乎師古曰繇讀與由同其下類此遵大喜之師古曰喜好愛也音
許吏反常謂張竦吾與爾猶是矣足下諷誦經書苦
身自約師古曰約猶束也不敢差跌師古曰跌音徒結反而我放意自恣
浮湛俗間師古曰湛讀曰沈官爵功名不減於子而差獨樂
顧不優邪師古曰顧念也竦曰人各有性長短自裁子欲
爲我亦不能吾而效子亦敗矣雖然學我者易持
效子者難將吾常道也及王莽敗二人俱客於池
陽師古曰左馮翊之縣也竦爲賊兵所殺李奇曰竦知有賊當去會反支日不去因爲賊所殺桓譚

以爲通人之藪也更始至長安大臣薦遵爲大司馬護軍與歸德侯劉颯俱使匈奴鄧展曰颯音立單于欲脅詘遵遵陳利害爲言曲直單于大奇之遣還會更始敗遵留朔方爲賊所敗時醉見殺

原涉字巨先祖父武帝時以豪桀自陽翟徙茂陵師古曰陽翟潁川之縣也涉父哀帝時爲南陽太守天下殷富大郡二千石死官賦斂送葬皆千萬以上妻子通共受之以定產業時又少行三年喪者及涉父死讓還南陽賻送行喪冢廬三年繇是顯名京師禮畢扶風謁請爲議曹師古曰禮畢行喪終服也衣冠慕之輻輳爲大司徒史丹舉能治劇爲谷口令師古曰左馮翊之縣今之雲陽谷口是其處也時年二十餘谷口聞其名不言而治先是涉季父爲茂陵秦氏所殺涉居谷口半歲所自劾去官欲報仇谷口豪桀爲殺秦氏亡命歲餘逢赦出郡國諸豪及長安五陵諸爲氣節者皆歸慕之師古曰五陵謂長陵安陵陽陵茂陵平陵也班固西都賦曰南望杜霸北眺五陵是知霸陵杜陵非此五陵之數也而說者以爲高祖以至茂陵爲五陵失其本意涉遂傾身與相待人無賢不肖闐門師古曰闐字與窴同音大千反在所閭里盡滿客或譏涉曰子本吏二千石之世結髮自脩以行喪推財禮讓爲名正復讎取仇猶不失仁義何故遂自放縱爲輕俠之徒乎涉應曰子獨不見家人寡婦邪始自約敕之時意乃慕宋伯姬及陳孝婦師古曰伯姬魯宣公女嫁於宋恭公恭公卒伯姬寡居至景公時伯姬之宮夜火左右曰夫人少避火伯姬曰婦人之義保傅不具夜不下堂遂逮於火而死陳孝婦者其夫當行戍屬孝婦曰幸有老母吾若不來汝善養吾母孝婦曰諾夫果死孝婦養姑愈固其父母將取嫁之孝婦固欲自殺父母懼而不取遂使養姑淮陽太守以聞朝廷高其義賜黃金四十斤復之終身號曰孝婦不幸壹爲盜賊所汙遂行淫失師古曰失讀曰泆知其非禮然不能自還吾猶此矣師古曰還讀曰旋謂反歸故操涉自以爲前讓南陽賻送身得其名而令先人墳墓儉約非孝也迺大治起冢舍周閣重門初武帝時京兆尹曹氏葬茂陵民謂其道爲京兆仟涉慕之迺買地開道立表署曰南陽仟人不肯從謂之原氏仟費用卬富人長者師古曰卬音牛向反然身衣服車馬纔具妻子內困專以振施貧窮赴人之急爲務人嘗置酒請涉涉入里門客有道涉所知母病避疾在里宅者師古曰在此里之中宅上涉即往候叩門家哭涉因入弔問以喪事家無所有涉曰但潔埽除沐浴待涉還至主人對賓客歎息曰人親臥地不收涉何心鄉此師古曰鄉讀曰向願徹去酒食賓客爭問所當得涉迺側席而坐師古曰禮有憂者側席而坐今涉聞人之喪故側席削牘爲疏師古曰牘木簡也疏音所慮反具記衣被棺木下至飯含之物分付諸客師古曰飯音扶晚反含音胡紺反諸客奔走市買至日昳皆會師古曰昳音徒結反涉親

閱視已謂主人願受賜矣既共飲食涉獨不飽廼載棺物從賓客往至喪家為棺斂勞俠畢葬（師古曰勞俠謂慰勉賓客也棺音工喚反斂音力贍反勞音郎到反俠音郎代反）其周急待人如此後人有毀涉者曰姦人之雄也喪家子即時刺殺言者賓客多犯法辠過數上聞王莽數收繫欲殺輒復赦出之涉懼求為卿府掾史欲以避客文母太后喪時守復土校尉（蘇林曰文母太后元后也）已為中郎后免官涉欲上冢不欲會賓客密獨與故人期會涉單車毆上茂陵（師古曰毆與驅同）投暮入其里宅因自匿不見人遣奴至市買肉奴乘涉氣與屠爭言斫傷屠者亡是時茂

陵守令尹公（師古曰守茂陵令未真為之）新視事涉未謁也聞之大怒知涉名豪欲以示眾厲俗遣兩吏脅守涉至日中奴不出吏欲便殺涉去涉迫窘不知所為會涉所與期上冢者車數十乘到皆諸豪也共說尹公尹公不聽諸豪則曰原巨先奴犯法不得使肉袒自縛箭貫耳詣廷門謝辠於君威亦足矣尹公許之涉如言謝復服遣去（師古曰令涉如故著衣服也復音扶目反）初涉與新豐富人祁大伯為友大伯同母弟王游公素嫉涉時為縣門下掾說尹公曰君以守令辱原涉如是一旦真令至君復單車歸為府吏涉刺客如雲

殺人皆不知主名可為寒心涉治冢舍奢僭踰制辠惡暴著主上知之今為君計莫若墮壞涉冢舍條奏其舊惡（師古曰墮毀也音火規反）君必得真令如此涉亦不敢怨矣尹公如其計莽果以為真令涉繇此怨王游公選賓客遣長子初從車二十乘劫王游公家游公母即祁大伯母也諸客見之皆拜傳曰無驚祁夫人遂殺游公父及子斷兩頭去（師古曰殺游公及其父）涉性略似郭解外溫仁謙遜而內隱（師古曰隱匿其情也）好殺睚眦於塵中獨死者甚多王莽末東方兵起諸王子弟多薦涉能得士死可用莽廼召見責以辠惡赦貰（師古曰貰謂寬其罪）拜鎮戎大尹天水太守涉至官無幾長

安敗（師古曰無幾言無多時也幾音居豈反）郡縣諸假號起兵攻殺二千石長吏以應漢諸假號素聞涉名爭問原尹何在拜謁之時莽州牧使者依附涉者皆得活傳送致涉長安更始西屏將軍申徒建請涉與相見大重之故茂陵令尹公壞涉冢舍者為建主簿涉本不怨也涉從建所出尹公故遮拜涉謂曰易世矣宜勿復相怨涉曰尹君何壹魚肉涉也（師古曰言以涉為魚肉不以人遇之）涉用是怒使客刺殺主簿涉欲亡去申徒建內恨恥之陽言吾欲與原巨先共鎮三輔豈以一吏易

之哉賓客通言令涉自繫獄謝建許之賓客車數千乘共送涉至獄建遣兵道徼取涉於車上（師古曰徼要也音工堯反）送車分散馳遂斬涉縣之長安市（師古曰縣其首）自哀平閒郡國處處有豪桀然莫足數其名聞州郡者霸陵杜君敖池陽韓幼孺馬領繡君賓西河漕中叔皆有謙退之風（師古曰馬領北地之縣繡漕皆姓也漕音才到反中讀曰仲）王莽居攝誅鉏豪俠名捕漕中叔不能得（師古曰指其名而捕之）素善強弩將軍孫建莽疑建藏匿泛以問建（師古曰泛者以常語問之不切責也泛音敷劔反）建曰臣名善之誅臣足以塞責莽性果賊無所容忍然重建不竟問遂不得也中叔子少遊復以俠聞於世云

游俠傳第六十二

佞幸傳第六十三　班固　漢書九十三

秘書監上護軍琅邪縣開國子顏　師古　注

漢興佞幸寵臣高祖時則有籍孺孝惠有閎孺此兩人非有材能但以婉媚貴幸師古曰婉順也媚悅也與上臥起公卿皆因關說師古曰關說者言由之而納說亦如行者之有關津故孝惠時郎侍中皆冠鵔鸃貝帶師古曰以鵔鸃毛羽飾冠海貝飾帶鵔鸃即鷩鳥也鵔音峻鸃音儀說在司馬相如傳傅脂粉化閎籍之屬也兩人徙家安陵其後寵臣孝文時士人則鄧通宦者則趙談北宮伯子師古曰姓北宮名伯子孝武時士人則韓嫣師古曰嫣音偃宦者則李延年孝元時宦者則弘恭石顯孝成時士人則張放淳于長孝哀時則有董賢孝景昭宣時皆無寵臣景帝唯有郎中令周仁昭帝時駙馬都尉秺侯金賞師古曰秺音丁護反嗣父車騎將軍日磾爵為侯二人之寵取過庸不篤師古曰纔過於常人耳不能大厚也宣帝時侍中中郎將張彭祖少與帝微時同席研書及帝即尊位彭祖以舊恩封陽都侯出常參乘號為愛幸其人謹敕無所虧損師古曰敕整也為其小妻所毒薨國除

鄧通蜀郡南安人也以濯船為黃頭郎師古曰濯船能持濯行船也土勝水其色黃故刺船之郎皆著黃帽因號曰黃頭郎也濯讀曰櫂音直孝反文帝嘗夢欲上天不能有一黃頭郎推上天顧見其衣尻帶後穿師古曰衣尻帶後謂衣當尻上而居革帶之下處覺而之漸臺師古曰覺謂寢寤之寤也未央殿西南有蒼池池中有漸臺音工孝反以夢中陰目求推者郎師古曰默而視之求所夢者見鄧通其衣後穿夢中所見也召問其名姓姓鄧名通鄧猶登也文帝甚說師古曰說讀曰悅尊幸之日日異通亦愿謹不好外交師古曰專謹曰愿音原願又音原雖賜洗沐不欲出於是文帝賞賜通鉅萬以十數師古曰每賜輒鉅萬如此者十數官至上大夫文帝時間如通家游戲師古曰間謂投隙私行不公顯也如往也然通無他技能不能有所薦達獨自謹身以媚上而已上使善相人者相通曰當貧餓死上曰能富通者在我何說貧於是賜通蜀嚴道銅山得自鑄錢師古曰嚴道屬蜀郡縣有蠻夷曰道鄧氏錢布天下其富如此文帝嘗病癰鄧通常為上嗽吮之師古曰嗽音山角反吮音自兗反上不樂從容問曰天下誰最愛我者乎通曰宜莫若太子太子入問疾上使太子齰癰師古曰齰齧也謂出其膿血齰音仕客反太子齰癰而色難之已而聞通嘗為上齰之太子慙繇是心恨通師古曰繇讀與由同其下類此及文帝崩景帝立鄧通免家居居無何人有告通盜出徼外鑄錢師古曰徼猶塞也東北謂之塞西南謂之徼塞者以障塞為名徼者取徼遮之義也徼音工釣反下吏驗問頗有遂師古曰遂成之也成其罪狀竟案盡沒入之通家尚負責數鉅萬張晏曰顧人采銅鑄錢未還庸直而會沒入故也師古曰此說非也積其前後所犯合沒官者數多除其見在財物以外尚負官數鉅萬故云吏輒隨沒入之耳非負顧庸之私直長公主賜鄧通師古

師古曰館陶長公主文帝之女 吏輒隨沒入之一簪不得著身於是長公主乃令假衣食 晉灼曰使假貸而私為償之也師古曰此說非也公主給其衣食也而號云假借之耳非通自有也恐吏沒入故託云然此所謂不得名一錢 竟不得名一錢寄死人家

趙談者以星氣幸北宮伯子長者愛人故親近然皆不比鄧通

韓嫣字王孫弓高侯穨當之孫也武帝為膠東王時嫣與上學書相愛及上為太子愈益親嫣嫣善騎射聰慧上即位欲事伐胡而嫣先習兵 師古曰言舊自便習 以故益尊貴官至上大夫賞賜儗鄧通 師古曰儗比也 始時嫣常與上共卧起江都王入朝從上獵上林中天

子車駕蹕道未行 師古曰已稱蹕止行人然而天子未出也 先使嫣乘副車從數十百騎馳視獸江都王望見以為天子辟從者伏謁道旁 師古曰辟去其從者而身獨伏謁也辟音闢 嫣驅不見既過江都王怒為皇太后泣請得歸國 師古曰還爵封於天子也 入宿衞比韓嫣太后繇此銜嫣嫣侍出入永巷不禁 師古曰言上恣其出入也 以姦聞皇太后太后怒使使賜嫣死上為謝終不能得嫣遂死嫣弟說亦愛幸 師古曰說讀曰悅 以軍功封案道侯巫蠱時為戾太子所殺子增封龍雒侯 師古曰雒字或作額 大司馬車騎將軍自有傳 師古曰在韓信傳末

李延年中山人身及父母兄弟皆故倡也 師古曰倡樂人也 延年坐法腐刑給事狗監中 師古曰掌天子之狗於其中供事也 女弟得幸於上號李夫人列外戚傳延年善歌為新變聲是時上方興天地祠欲造樂令司馬相如等作詩頌延年輒承意弦歌所造詩為之新聲曲而李夫人產昌邑王延年繇是貴為協律都尉佩二千石印綬而與上卧起其愛幸埒韓嫣 師古曰埒等齊也 久之延年弟季與中人亂出入驕恣及李夫人卒後其愛弛 師古曰弛解也音式爾反 上遂誅延年兄弟宗族是後寵臣大氐外戚之家也 師古曰氐歸也音丁禮反 衞青霍去病皆愛幸然亦以功能自進

石顯字君房濟南人弘恭沛人也皆少坐法腐刑為中黃門以選為中尚書宣帝時任中書官恭明習法令故事善為請奏能稱其職恭為令顯為僕射元帝即位數年恭死顯代為中書令是時元帝被疾不親政事方隆好於音樂以顯久典事中人無外黨 師古曰少骨肉之親無婚姻之家也 精專可信任遂委以政事無小大因顯白決貴幸傾朝百僚皆敬事顯顯為人巧慧習事能探得人主微指內深賊持詭辯以中傷人 師古曰詭違也違道之辯 忤恨睚眦輒被以危法 師古曰被加也音皮義反 初元中前將軍蕭望之及光祿大夫周堪宗正劉更

生皆給事中望之領尚書事知顯專權邪辟（師古曰辟讀曰僻）
建白以為尚書百官之本國家樞機（師古曰立此議而白之）宜
以通明公正處之武帝游宴後庭故用宦者非古
制也宜罷中書宦官應古不近刑人（師古曰禮刑人不在君側故云應古）
元帝不聽繇是大與顯忤後皆害焉望之自殺堪
更生廢錮不得復進用語在望之傳後太中大夫
張猛魏郡太守京房御史中丞陳咸待詔賈捐之
皆嘗奏封事或召見言顯短顯求索其辠房捐之
棄市猛自殺於公車咸抵辠髡為城旦及鄭令蘇
建得顯私書奏之後以它事論死自是公卿以下

畏顯重足一迹（師古曰言極恐懼不敢自寬縱）顯與中書僕射牢梁少
府五鹿充宗結為黨友諸附倚者皆得寵位（師古曰倚依也音於綺反）
民歌之曰牢邪石邪五鹿客邪印何纍纍綬若
若邪（師古曰纍纍重積也若若長貌纍音力追反）言其兼官據埶也顯見左
將軍馮奉世父子為公卿著名女又為昭儀在內
顯心欲附之薦言昭儀兄謁者逡（師古曰逡音千旬反）脩敕宜
侍幄帷（師古曰敕整也）天子召見欲以為侍中逡請閒言事
上聞逡言顯顓權（師古曰顓與專同其下類此）天子大怒罷逡歸
郎官其後御史大夫缺羣臣皆舉逡兄大鴻臚野
王行能第一天子以問顯顯曰九卿無出野王者

然野王親昭儀兄臣恐後世必以陛下度越衆賢
（師古曰度過也）私後宮親以為三公上曰善吾不見是（師古曰言不見此理）
迺下詔嘉美野王廢而不用語在野王傳顯內
自知擅權事柄在掌握恐天子一旦納用左右耳
目有以閒己（師古曰閒音工莧反）迺時歸誠取一信以為驗顯
嘗使至諸官有所徵發顯先自白恐後漏盡宮門
閉請使詔吏開門上許之顯故投夜還稱詔開門
入後果有上書告顯顓命矯詔開宮門天子聞之
笑以其書示顯顯因泣曰陛下過私小臣屬任以
事（師古曰過猶誤也屬委也屬音之欲反）羣下無不嫉妬欲陷害臣者事

類如此非一唯獨明主知之愚臣微賤誠不能以
一軀稱快萬衆（師古曰稱音尺孕反）任天下之怨（師古曰任猶當也）臣願
歸樞機職受後宮埽除之役死無所恨唯陛下哀
憐財幸（師古曰財與裁同）以此全活小臣天子以為然而憐
之數勞勉顯加厚賞賜賞賜及賂遺訾一萬萬（師古曰賂遺謂百官羣下所遺也訾讀與貲同）
初顯聞衆人匈匈言已殺前將軍
蕭望之望之當世名儒顯恐天下學士姍己（師古曰姍古訕字訕謗也音所諫反）
病之是時明經著節士琅邪貢禹為諫大
夫顯使人致意深自結納顯因薦禹天子歷位九
卿至御史大夫禮事之甚備議者於是稱顯以為

不妒譖望之矣顯之設變詐以自解免取信人主者皆此類也元帝晚節寢疾師古曰晚節猶言末時也定陶恭王愛幸顯擁祐太子頗有力元帝崩成帝初即位遷顯爲長信中大僕秩中二千石顯失倚離權數月丞相御史條奏顯舊惡及其黨牢梁陳順皆免官顯與妻子徙歸故郡憂滿不食道病死師古曰滿讀曰懣音悶諸所交結以顯爲官皆廢罷少府五鹿充宗左遷玄菟太守御史中丞伊嘉爲鴈門都尉長安謠曰伊徙鴈鹿徙菟去牢與陳實無賈師古曰賈讀曰價

淳于長字子鴻魏郡元城人也少以太后姊子爲

黃門郎未進幸會大將軍王鳳病長侍病晨夜扶丞左右甚有甥舅之恩鳳且終以長屬託太后及帝師古曰屬音之欲反帝嘉長義拜爲列校尉諸曹遷水衡都尉侍中至衛尉九卿久之趙飛燕貴幸上欲立以爲皇后太后以其所出微難之長主往來通語東宮師古曰主猶專歲餘趙皇后得立上甚德之迺追顯長前功下詔曰前將作大匠解萬年奏請營作昌陵罷獘海內師古曰罷讀曰疲侍中衛尉長數白宜止徙家反故處師古曰陵置邑徙人以實之長奏令止所徙之家各還本處朕以長言下公卿議者皆合長計首建至策民以康寧師古曰康安也其賜長爵關內

侯後遂封爲定陵侯大見信用貴傾公卿外交諸侯牧守賂遺賞賜亦絫鉅萬師古曰絫古累字也其下亦同多畜妻妾淫於聲色不奉法度初許皇后坐執左道廢處長定宮而后姊孊爲龍頟思侯夫人晉灼曰孊音靡寡居長與孊私通因取爲小妻許后因孊賂遺長欲求復爲倢伃長受許后金錢乘輿服御物前後千餘萬詐許爲白上立以爲左皇后孊每入長定宮輒與孊書戲侮許后嫚易無不言師古曰嫚褻汙也易輕也易音弋豉反交通書記賂遺連年是時帝舅曲陽侯王根爲大司馬票騎將軍輔政數歲久病數乞骸骨長以外親居九

卿位次第當代根根兄子新都侯王莽心害長寵私聞長取許孊受長定宮賂遺莽侍曲陽侯疾因言長見將軍久病意喜自以當代輔政至對衣冠議語署置師古曰自謂當輔政故豫言某人爲某官某人主某事具言其辠過根怒曰即如是何不白也莽曰未知將軍意故未敢言根曰趣白東宮師古曰趣讀曰促莽求見太后具言長驕佚師古曰佚讀與逸同欲代曲陽侯對莽母上車師古曰莽母於長舅之妻也上車當於異輿便於前上言不敬私與長定貴人姊通受取其衣物太后亦怒曰兒至如此往白之帝莽白上上迺免長官遣就國初長爲侍中奉兩宮使親密師古曰言爲使者傳言語於太后及帝若

（立趙飛燕之類）紅陽侯立獨不得爲大司馬輔政立自疑爲長毀譖常怨毒長上知之及長當就國也立嗣子融從長請車騎（師古曰嗣子謂嫡長子當爲嗣者也）長以珍寶因融重遺立立因爲長言於是天子疑焉下有司案驗吏捕融立令融自殺以滅口上愈疑其有大姦遂逮長繫洛陽詔獄窮治長具服戲侮長定宮（師古曰侮古侮字）謀立左皇后皐至大逆死獄中妻子當坐者徙合浦母若歸故郡（師古曰若者其母名）紅陽侯立就國將軍卿大夫郡守坐長免罷者數十人莽遂代根爲大司馬久之還長母及子酺於長安（師古曰酺音蒲）後酺有皐莽復殺之徙其家屬歸故郡始長以外親親近（師古曰親近謂近幸於天子近音其斬反）其愛幸不及富平侯張放放常與上臥起俱爲微行出入

董賢字聖卿雲陽人也父恭爲御史任賢爲太子舍人哀帝立賢隨太子官爲郎（師古曰東宮官屬隨例遷）二歲餘賢傳漏在殿下（師古曰傳漏奏時刻）爲人美麗自喜（師古曰喜音許吏反）哀帝望見說其儀貌（師古曰說讀曰悅）識而問之曰是舍人董賢邪因引上與語拜爲黃門郎繇是始幸問及其父爲雲中侯即日徵爲霸陵令遷光祿大夫賢寵愛日甚爲駙馬都尉侍中出則參乘入御左右旬

月間賞賜絫鉅萬貴震朝廷常與上臥起嘗晝寢偏藉上褎（師古曰藉謂身臥其上也褎古袖字）上欲起賢未覺（師古曰覺寤也音工效反）不欲動賢迺斷褎而起其恩愛至此賢亦性柔和便辟善爲媚以自固每賜洗沐不肯出常留中視醫藥上以賢難歸詔令賢妻得通引籍殿中止賢廬（師古曰廬謂殿中所宿止處也）若吏妻子居官寺舍又召賢女弟以爲昭儀位次皇后更名其舍爲椒風以配椒房云（師古曰皇后殿稱椒房欲配其名故云椒風）昭儀及賢與妻旦夕上下並侍左右賞賜昭儀及賢妻亦各千萬數遷賢父爲少府賜爵關內侯食邑復徙爲衛尉又以賢妻父爲將作大匠弟爲執金吾詔將作大匠爲賢起大第北闕下重殿洞門（師古曰重殿謂有前後殿洞門謂門門相當也皆僭天子之制度）木土之功窮極技巧柱檻衣以綈錦（師古曰檻謂軒闌之板也綈厚繒也音徒奚反）下至賢家僮僕皆受上賜及武庫禁兵上方珍寶其選物上弟盡在董氏而乘輿所服迺其副也及至東園祕器珠襦玉柙豫以賜賢無不備具（師古曰東園署名也漢舊儀云東園祕器作棺梓素木長二丈崇廣四尺珠襦以珠爲襦如鎧狀連縫之以黃金爲縷要以下玉爲柙至足亦縫以黃金爲縷）又令將作爲賢起冢塋義陵旁內爲便房剛柏題湊（孟康曰堅剛之柏也師古曰題湊解在霍光傳）外爲徼道周垣數里門闕罘罳甚盛上欲侯賢而未有緣會待詔孫寵息夫

躬等告東平王雲后謁祠祀祝詛（師古曰謁者后之名）下有司治皆伏其辜上於是令躬寵爲因賢告東平事者迺以其功下詔封賢爲高安侯躬宜陵侯寵方陽侯食邑各千戶頃之復益封賢二千戶丞相王嘉內疑東平事寃甚惡躬等數諫爭以賢爲亂國制度嘉竟坐言事下獄死上初即位祖母傅太后母丁太后皆在兩家先貴傅太后從弟喜先爲大司馬輔政數諫失太后指免官上舅丁明代爲大司馬亦任職頗害賢寵及丞相王嘉死明甚憐之上寖重賢欲極其位（師古曰寖益也）而恨明如此遂冊免明曰

前東平王雲貪欲上位祠祭祝詛雲后舅伍宏以醫待詔與校祕書郎楊閎結謀反逆禍甚迫切賴宗廟神靈董賢等以聞咸伏其辜將軍從弟侍中奉車都尉吳族父左曹屯騎校尉宣皆知宏及栩丹諸侯王后親（師古曰栩姓也音許羽反）而宣除用丹爲御屬吳與宏交通厚善數稱薦宏宏以附吳得興其惡心因醫技進幾危社稷（師古曰幾音巨依反）朕以恭皇后故不忍有云（師古曰恭皇后謂丁后即哀帝母）將軍位尊任重既不能明威立義折消未萌（師古曰未萌謂禍難之未生者）又不深疾雲宏之惡而懷非君上阿爲宣吳（師古曰以君上爲非讎此心也）反痛恨雲等揚言爲

羣下所寃又親見言伍宏善醫死可惜也（師古曰見見天子）賢等獲封極幸嫉妬忠良非毀有功於戲傷哉（師古曰於讀曰烏戲讀曰呼）蓋君親無將將而誅之（師古曰將謂將爲逆亂）是以季友鴆叔牙春秋賢之趙盾不討賊謂之弒君（師古曰季友魯桓公少子莊公母弟也叔牙亦桓公子莊公有疾叔牙欲立其同母兄慶父故季友使鍼季鴆之公羊傳曰季子殺兄何善爾誅不得避兄君臣之義也趙盾晉大夫趙宣子也靈公欲殺之宣子將出奔而趙穿攻靈公於桃園宣子未出山而復太史書曰趙盾弒其君宣子曰不然曰子爲正卿亡不越境反不討賊非子而誰孔子曰董狐古之良史也書法不隱趙宣子古之良大夫也爲法受惡）朕閔將軍陷于重刑故以書飭（師古曰飭與勑同）將軍遂非不改復與丞相嘉相比（師古曰比謂比同也音頻寐反）今嘉有依得以罔上有司致法將軍請獄治朕惟噬膚之恩未忍（孟康曰易曰噬膚滅鼻噬食也膚膏也喻爵祿恩澤加之不忍誅也師古曰孟說非也易噬嗑卦九二爻辭曰噬膚滅鼻噬膚者言自齧其肌膚詔云爲明是恭后之親有肌膚之愛是以不忍加法故引噬膚之言也）其上票騎將軍印綬罷歸就第遂以賢代明爲大司馬衞將軍冊曰朕承天序惟稽古建爾于公以爲漢輔往悉爾心統辟元戎（師古曰悉盡也統領也辟君也元戎大衆也言爲元戎之主而統之也辟音必亦反）折衝綏遠匡正庶事允執其中天下之衆受制於朕以將爲命以兵爲威可不愼與（師古曰與讀曰歟）是時賢年二十二雖爲三公常給事中領尚書百官因賢奏事以父恭不宜在卿位徙爲光祿大夫秩中二千石弟寬信代賢爲駙馬都尉董氏親屬皆侍中諸曹奉朝請寵在

丁傅之右矣(師古曰右上也)明年匈奴單于來朝宴見羣臣在前單于怪賢年少以問譯(師古曰傳語之人也)上令譯報曰大司馬年少以大賢居位單于迺起拜賀漢得賢臣初丞相孔光爲御史大夫時賢父恭爲御史事光及賢爲大司馬與光並爲三公上故令賢私過光光雅恭謹知上欲尊寵賢及聞賢當來也光警戒衣冠出門待望見賢車迺却入賢至中門光入閤既下車迺出拜謁送迎甚謹不敢以賓客鈞敵之禮賢歸上聞之喜立拜光兩兄子爲諫大夫常侍賢繇是權與人主侔矣(師古曰侔等也)是時成帝外家王

氏衰廢唯平阿侯譚子去疾哀帝爲太子時爲庶子得幸及即位爲侍中騎都尉上以王氏亡在位者遂用舊恩親近去疾復進其弟閎爲中常侍閎妻父蕭咸前將軍望之子也空爲郡守病免爲中郎將兄弟並列賢父恭慕之欲與結婚姻閎爲賢弟駙馬都尉寬信求咸女爲婦咸惶恐不敢當私謂閎曰董公爲大司馬册文言允執其中此迺堯禪舜之文非三公故事長老見者莫不心懼此豈家人子所能堪邪(師古曰家人猶言庶人也蓋咸自謂)閎性有知略聞咸言心亦悟迺還報恭深達咸自謙薄之意恭歎曰

我家何用負天下而爲人所畏如是意不說(師古曰說讀曰悅)後上置酒麒麟殿(師古曰在未央宮)賢父子親屬宴飲王閎兄弟侍中中常侍皆在側上有酒所(師古曰言酒在體中)從容視賢笑(師古曰從音千容反)曰吾欲法堯禪舜何如閎進曰天下迺高皇帝天下非陛下之有也陛下承宗廟當傳子孫於亡窮統業至重天子亡戲言上默然不說(師古曰說讀曰悅)左右皆恐於是遣閎出後不得復侍宴賢第新成功堅(師古曰言盡功力而作之極堅牢也功字或作攻攻治也言作治之甚堅牢)其外大門無故自壞賢心惡之後數月哀帝崩太皇太后召大司馬賢引見東箱問以喪事調度賢內憂

不能對免冠謝太后曰新都侯莽前以大司馬奉送先帝大行曉習故事吾令莽佐君賢頓首幸甚太后遣使者召莽既至以太后指使尚書劾賢帝病不親醫藥禁止賢不得入出宮殿司馬中賢不知所爲詣闕免冠徒跣謝莽使謁者以太后詔即闕下册賢(師古曰即就也)曰閒者以來陰陽不調菑害並臻(師古曰菑古災字)元元蒙辜(師古曰蒙被也)夫三公鼎足之輔也高安侯賢未更事理(師古曰更歷也音工衡反)爲大司馬不合衆心非所以折衝綏遠也其收大司馬印綬罷歸第即日賢與妻皆自殺家惶恐夜葬莽疑其詐死有司奏

請發賢棺至獄診視師古曰謂發冢取其棺柩也診驗也音軫莽復風大司徒光奏賢師古曰風讀曰諷光孔光也質性巧佞翼姦以獲封侯師古曰翼進也父子專朝兄弟並寵多受賞賜治第宅造冢壙放效無極不異王制師古曰放依也音甫往反費以萬萬計國家爲空虛父子驕蹇至不爲使者禮師古曰言不敬天子之使受賜不拜辠惡暴著賢自殺伏辜死後父恭等不悔過乃復以沙畫棺師古曰以朱砂塗之而又彫畫也四時之色左蒼龍右白虎上著金銀日月玉衣珠璧以棺師古曰以此物棺斂也棺音工喚反至尊無以加恭等幸得免於誅不宜在中土臣請收沒入財物縣官諸以賢爲官者皆免父恭弟寬信

胡恭

與家屬徙合浦母別歸故郡鉅鹿長安中小民讙譁鄉其第哭幾獲盜之師古曰陽往哭之實欲竊盜也鄉讀曰嚮幾讀曰冀縣官斥賣董氏財凡四十三萬萬賢既見發贏診其尸師古曰贏露形也音郎果反因埋獄中賢所厚吏沛朱詡自劾去大司馬府買棺衣收賢尸葬之王莽聞之而大怒以它辠擊殺詡詡子浮建武中貴顯至大司馬司空封侯而王閎王莽時爲牧守所居見紀莽敗乃去官世祖下詔曰武王克殷表商容之閭師古曰商容殷賢人閎修善謹敕兵起吏民獨不爭其頭首今以閎子補吏至墨綬卒官蕭咸外孫云

贊曰柔曼之傾意師古曰曼澤也言其質柔而色理光澤也非獨女德蓋亦有男色焉觀籍閎鄧韓之徒非一而董賢之寵尤盛父子並爲公卿可謂貴重人臣無二矣然進不繇道師古曰言本不以德進繇讀與由同位過其任莫能有終所謂愛之適足以害之者也漢世衰於元成壞於哀平哀平之際國多釁矣師古曰釁謂閒隙也主疾無嗣弄臣爲輔鼎足不彊棟幹微撓師古曰撓弱也音女教反一朝帝崩姦臣擅命董賢縊死丁傅流放辜及母后奪位幽廢師古曰謂貶皇太后趙氏爲孝成皇后退居北宮哀皇后傅氏退居桂宮咎在親便嬖所任非仁賢故仲尼著損者三友師古曰論語稱孔子曰損者三友友便辟友善柔友便佞損矣王者不私人以官殆爲此也師古曰殆近也

佞幸傳第六十三

匈奴傳卷第六十四上　班固　漢書九十四

秘書監上護軍琅邪縣開國子顏　師古　注

匈奴其先夏后氏之苗裔曰淳維師古曰以殷時始奔北邊唐虞以上有山戎獫允葷粥師古曰皆匈奴別號獫音險粥音弋六反居于北邊隨草畜牧而轉移其畜之所多則馬牛羊其奇畜則橐佗驢驘駃騠騊駼驒奚師古曰橐佗言能負橐囊而馱物也驘驢種而馬生也駃騠俊馬也生七日而超其母騊駼馬類也生北海驒奚駏驉類也佗音徒何反駃音決騠音提騊音桃駼音塗驒音顛逐水草遷徙無城郭常居耕田之業然亦各有分地師古曰分音扶問反其下亦同無文書以言語為約束兒能騎羊引弓射鳥鼠師古曰言其幼小則能射少長則射狐菟師古曰少長言漸大肉食師古曰言無米粟唯食肉士力能彎弓盡為甲騎其俗寬則隨畜田獵禽獸為生業急則人習戰攻以侵伐師古曰人人皆習之其天性也其長兵則弓矢短兵則刀鋋師古曰鋋鐵把小矛也音蟬利則進不利則退不羞遁走苟利所在不知禮義自君王以下咸食畜肉衣其皮革被旃裘壯者食肥美老者飲食其餘貴壯健賤老弱父死妻其後母兄弟死皆取其妻妻之其俗有名不諱而無字夏道衰而公劉失其稷官變于西戎師古曰公劉后稷之曾孫也變化也謂行化於其俗邑于豳師古曰即今之豳州是其地也其後三百有餘歲戎狄攻大王亶父師古曰自公劉至亶父承九君也父讀曰甫亶父亡走于岐下師古曰岐山之下豳人

悉從亶父而邑焉作周師古曰始作周國也其後百有餘歲周西伯昌伐畎夷師古曰西伯昌即文王也畎音工犬反畎夷即畎戎也又曰昆夷昆字或作混又作緄二字並工本反昆緄畎聲相近耳亦曰犬戎也山海經云黃帝生苗龍苗龍生融吾融吾生弄明弄明生白犬白犬有二牝牡是為犬戎許氏說文解字曰赤狄本犬種也故字從犬後十有餘年武王伐紂而營雒邑復居于酆鎬放逐戎夷涇洛之北師古曰此洛即漆沮水也本出上郡雕陰泰冒山而東南入于渭以時入貢名曰荒服其後二百有餘年周道衰而周穆王伐畎戎師古曰穆王成王孫康王子也得四白狼四白鹿以歸自是之後荒服不至於是作呂刑之辟師古曰即尚書呂刑篇是也辟法也音闢至穆王之孫懿王時王室遂衰戎狄交侵暴虐中國中國被其苦詩人始作疾而歌之曰靡室靡家獫允之故豈不日戒獫允孔棘師古曰小雅采薇之詩也孔甚也棘急也言征役踰時靡有室家夫婦之道者以有獫允之難故也豈不日日相警戒乎獫允之難甚急至懿王曾孫宣王興師命將以征伐之詩人美大其功曰薄伐獫允至于太原師古曰小雅六月之詩也薄伐言逐出之出車彭彭城彼朔方師古曰小雅出車之詩也彭彭盛也朔方北方也言獫允既去北方安靜乃築城以守是時四夷賓服稱為中興至于幽王用寵姬褒姒之故與申侯有隙師古曰幽王宣王之子申侯怒而與畎戎共攻殺幽王于麗山之下師古曰麗讀曰驪遂取周之地鹵獲而居于涇渭之間侵暴中國秦襄公救周於是周平王去酆鎬而東徙于雒邑師古曰平王幽王之子當時秦襄公伐戎至郊師古曰郊古岐字始

列爲諸侯後六十有五年而山戎越燕而伐齊齊釐公與戰于齊郊師古曰釐讀曰僖後四十四年而山戎伐燕燕告急齊齊桓公北伐山戎山戎走後二十餘年而戎翟至雒邑伐周襄王師古曰襄王惠王之子襄王出奔于鄭之氾邑蘇林曰氾音凡今潁川襄城是也師古曰以襄王嘗處之因號襄城初襄王欲伐鄭故取翟女爲后與翟共伐鄭已而黜翟后翟后怨而襄王繼母曰惠后有子帶欲立之於是惠后與翟后子帶爲內應開戎翟戎翟以故得入破逐襄王而立子帶爲王於是戎翟或居於陸渾師古曰今伊闕南陸渾山川是其地東至于衛侵盜尤甚周襄王既居外四年

迺使使告急於晉晉文公初立欲脩霸業迺興師伐戎翟誅子帶迎內襄王于雒邑當是時秦晉爲彊國晉文公攘戎翟居于西河圁洛之間晉灼曰圁音銀三倉作圁地理志圁水出上郡白土縣西東流入河師古曰圁水即今銀州銀水是也舊本作圁晉說是也後轉寫者誤爲圊耳洛水亦謂漆沮號曰赤翟白翟師古曰春秋所書晉師滅赤狄潞氏郤缺獲白狄子者而秦穆公得由余西戎八國服於秦故隴以西有緜諸畎戎狄獂之戎師古曰皆在天水界即縣諸道及獂道是也獂音桓在岐梁涇漆之北有義渠大荔烏氏朐衍之戎師古曰此涇漆水在新平荔音隸氏音支朐音許于反而晉北有林胡樓煩之戎燕北有東胡山戎服虔曰烏桓之先也後爲鮮卑各分散谿谷自有君長往往而聚者百有餘戎然莫

能相壹自是之後百有餘年晉悼公使魏絳和戎翟戎翟朝晉後百有餘年趙襄子踰句注而破之幷代以臨胡貉師古曰貉音莫伯反後與韓魏共滅知伯分晉地而有之則趙有代句注以北而魏有西河上郡以與戎界邊其後義渠之戎築城郭以自守而秦稍蠶食之至於惠王遂拔義渠二十五城惠王伐魏魏盡入西河及上郡于秦秦昭王時義渠戎王與宣太后亂有二子師古曰即昭王母也宣太后詐而殺義渠戎王於甘泉遂起兵伐滅義渠於是秦有隴西北地上郡築長城以距胡而趙武靈王亦變俗胡服習

騎射北破林胡樓煩自代並陰山下至高闕爲塞師古曰並音步浪反高闕解在衛青霍去病傳而置雲中鴈門代郡其後燕有賢將秦開爲質於胡胡甚信之歸而襲破東胡東胡卻千餘里師古曰卻退也音丘略反與荊軻刺秦王秦舞陽者開之孫也燕亦築長城自造陽至襄平師古曰造陽地名在上谷界襄平即遼東所治也置上谷漁陽右北平遼西遼東郡以距胡當是時冠帶戰國七而三國邊於匈奴如淳曰燕趙秦其後趙將李牧時匈奴不敢入趙邊後秦滅六國而始皇帝使蒙恬將數十萬之衆北擊胡悉收河南地因河爲塞築四十四縣城臨河徙適戍以充之師古曰適讀曰

（謫有罪謫合徙之者令徙居之）而通直道自九原至雲陽因邊山險塹谿谷可繕者繕之（師古曰繕補也）起臨洮至遼東萬餘里又度河據陽山北假中（師古曰北假地名）當是時東胡彊而月氏盛（師古曰氏音支）匈奴單于曰頭曼（師古曰曼音莫安反）頭曼不勝秦北徙十有餘年而蒙恬死諸侯畔秦中國擾亂諸秦所徙適邊者皆復去（師古曰適音謫）於是匈奴得寬復稍度河南與中國界於故塞單于有太子名曰冒頓後有愛閼氏生少子（師古曰閼氏匈奴皇后號也閼音於連反氏音支）頭曼欲廢冒頓而立少子迺使冒頓質於月氏冒頓既質而頭曼急擊月氏月氏欲殺冒頓冒頓盜其善馬騎亡

歸頭曼以為壯令將萬騎冒頓迺作鳴鏑（應劭曰髐箭也師古曰鏑音嫡髐音呼交反）習勒其騎射（師古曰勒其所部騎皆習射也）令曰鳴鏑所射而不悉射者斬行獵獸有不射鳴鏑所射輒斬之已而冒頓以鳴鏑自射善馬左右或莫敢射冒頓立斬之居頃之復以鳴鏑自射其愛妻左右或頗恐不敢射復斬之頃之冒頓出獵以鳴鏑射單于善馬左右皆射之於是冒頓知其左右可用從其父單于頭曼獵以鳴鏑射頭曼其左右皆隨鳴鏑而射殺頭曼盡誅其後母與弟及大臣不聽從者於是冒頓自立為單于冒頓既立時東胡彊聞冒

頓殺父自立迺使使謂冒頓曰欲得頭曼時號千里馬冒頓問羣臣皆曰此匈奴寶馬也勿予冒頓曰柰何與人鄰國愛一馬乎遂與之頃之東胡以為冒頓畏之使使謂冒頓曰欲得單于一閼氏冒頓復問左右左右皆怒曰東胡無道迺求閼氏請擊之冒頓曰柰何與人鄰國愛一女子乎遂取所愛閼氏予東胡東胡王愈驕西侵與匈奴中間棄地莫居千餘里各居其邊為甌脫（服虔曰甌脫作土室以伺也師古曰境上候望之處若今之伏宿舍也甌音一侯反脫音土活反）東胡使使謂冒頓曰匈奴所與我界甌脫外棄地匈奴不能至也吾欲有之冒

頓問羣臣或曰此棄地予之於是冒頓大怒曰地者國之本也柰何予人諸言與者皆斬之冒頓上馬令國中有後者斬遂東襲擊東胡東胡初輕冒頓不為備及冒頓以兵至大破滅東胡王虜其民眾畜產既歸西擊走月氏南幷樓煩白羊河南王（師古曰二王之居在河南）悉復收秦所使蒙恬所奪匈奴地者與漢關故河南塞至朝那膚施（師古曰朝那屬安定膚施屬上郡）遂侵燕代是時漢方與項羽相距中國罷於兵革（師古曰罷讀曰疲）以故冒頓得自彊控弦之士三十餘萬（師古曰控引也控弦言能引弓者）自淳維以至頭曼千有餘歲時大時小別散分離

尚矣（師古曰尚久遠）其世傳不可得而次然至冒頓而匈奴
最彊大盡服從北夷而南與諸夏爲敵國其世姓
官號可得而記云單于姓攣鞮氏（師古曰攣音力全反鞮音丁奚反）其
國稱之曰撐犁孤塗單于（蘇林曰撐音牚距之牚師古曰音丈庚反）匈奴謂
天爲撐犁謂子爲孤塗單于者廣大之貌也言其
象天單于然也置左右賢王左右谷蠡（師古曰谷音鹿蠡音盧奚反）
左右大將左右大都尉左右大當戶左右骨都
侯匈奴謂賢曰屠耆故常以太子爲左屠耆王自
左右賢王以下至當戶大者萬餘騎小者數千凡
二十四長立號曰萬騎其大臣皆世官呼衍氏蘭

氏（師古曰呼衍即今鮮卑姓呼延者是也蘭姓今亦有之）其後有須卜氏此三姓其貴
種也諸左王將居東方直上谷以東（師古曰直當也其下亦同也）接
穢貉朝鮮右王將居西方直上郡以西接氐羌而
單于庭直代雲中各有分地逐水草移徙而左右
賢王左右谷蠡最大國左右骨都侯輔政諸二十
四長亦各自置千長百長什長裨小王（師古曰裨音頻
移反）相都尉當戶且渠之屬（師古曰且音子餘反今之沮渠姓蓋本因此官）歲正月
諸長小會單于庭祠五月大會龍城祭其先天地
鬼神秋馬肥大會蹛林課校人畜計（服虔曰蹛音帶匈奴秋社八月中皆
會祭處也師古曰蹛者遶林木而祭也鮮卑之俗自古相傳秋天之祭無林木者尚豎柳枝衆騎馳遶三周迺止此其遺法計者人畜之數）

其法拔刃尺者死坐盜者沒入其家有罪小者軋（服虔曰刃刻其面也如淳曰軋撾杖也師古曰二說皆非也軋
謂輾轢其骨節若今之厭踝者也軋音於黠反輾音女展反）大者死
獄久者不滿十日一國之囚不過數人而單于朝
出營拜日之始生夕拜月其坐長左而北向（師古曰左者以
左爲尊）日上戊己其送死有棺槨金銀衣裳而無封樹
喪服近幸臣妾從死者多至數十百人（師古曰或數十人或百人）
舉事常隨月盛壯以攻戰月虧則退兵其攻戰斬
首虜賜一卮酒而所得鹵獲因以予之得人以爲
奴婢故其戰人人自爲趨利（師古曰趨讀曰趣趣向也）善爲誘兵
以包敵（師古曰包裹取之）故其逐利如鳥之集其困敗瓦解

雲散矣戰而扶轝死者盡得死者家財後北服渾
窳屈射丁零隔昆龍新犂之國（師古曰五小國也渾音胡昆反窳音弋主反犂音犁）
於是匈奴貴人大臣皆服以冒頓爲賢是時漢初
定徙韓王信於代都馬邑匈奴大攻圍馬邑韓信
降匈奴匈奴得信因引兵南踰句注攻太原至晉
陽下高帝自將兵往擊之會冬大寒雨雪（師古曰雨音于具反）
卒之墮指者十二三於是冒頓陽敗走誘漢兵漢
兵逐擊冒頓冒頓匿其精兵見其羸弱於是漢悉
兵多步兵三十二萬北逐之高帝先至平城步兵
未盡到冒頓縱精兵三十餘萬騎圍高帝於白登

七日師古曰白登在平城東南去平城十餘里漢兵中外不得相救餉匈奴
騎其西方盡白東方盡駹北方盡驪南方盡騂馬
師古曰駹青馬驪深黑騂赤馬也駹音尨騂先營反高帝迺使使閒厚遺閼氏師古曰求閒隙
而私遺之閼氏迺謂冒頓曰兩主不相困今得漢地單于
終非能居之且漢主有神單于察之冒頓與韓信
將王黃趙利期而兵久不來疑其與漢有謀亦取
閼氏之言迺開圍一角於是高皇帝令士皆持滿
傅矢外鄉從解角直出師古曰傅讀曰附鄉讀曰嚮言滿引弓弩注矢外捍從解圍之隅直角以
出去得與大軍合而冒頓遂引兵去漢亦引兵罷使
劉敬結和親之約是後韓信為匈奴將及趙利王
黃等數背約侵盜代鴈門雲中居無幾何陳豨反
師古曰無幾何言無多時也幾音居豈反與韓信合謀擊代漢使樊噲往擊
之復收代鴈門雲中郡縣不出塞是時匈奴以漢
將數率衆往降師古曰即謂韓信陳豨之屬耳故冒頓常往來侵盜代
地於是高祖患之迺使劉敬奉宗室女翁主為單
于閼氏師古曰諸王女曰翁主者言其父自主婚歲奉匈奴絮繒酒食物各
有數約為兄弟以和親冒頓迺少止後燕王盧綰
復反率其黨且萬人降匈奴往來苦上谷以東終
高祖世孝惠高后時冒頓寖驕師古曰寖漸也迺為書使使
遺高后曰孤僨之君如淳曰僨仆也猶言不能自立也師古曰僨音方問反生於沮

澤之中師古曰沮澤之地音子豫反長於平野牛馬之域數至邊境
願遊中國陛下獨立孤僨獨居兩主不樂無以自
虞師古曰虞與娛同願以所有易其所無高后大怒召丞相
及樊噲季布等議斬其使者發兵而擊之樊噲曰
臣願得十萬衆橫行匈奴中問季布布曰噲可斬
也前陳豨反於代漢兵三十二萬噲為上將軍時
匈奴圍高帝於平城噲不能解圍天下歌之曰平
城之下亦誠苦七日不食不能彀弩師古曰彀張也音工豆反今
歌唫之聲未絕傷痍者甫起師古曰唫古吟字痍創也甫始也痍音夷而噲
欲搖動天下妄言以十萬衆橫行是面謾也師古曰謾欺誑
也音慢又音莫連反且夷狄譬如禽獸得其善言不足喜惡言
不足怒也高后曰善令大謁者張澤報書曰單于
不忘弊邑賜之以書弊邑恐懼退日自圖師古曰圖謀也年
老氣衰髮齒墮落行步失度單于過聽不足以自
汙師古曰過誤也弊邑無罪宜在見赦竊有御車二乘馬二
駟以奉常駕冒頓得書復使使來謝曰未嘗聞中國
禮義陛下幸而赦之因獻馬遂和親至孝文即位
復脩和親其三年夏匈奴右賢王入居河南地為
寇於是文帝下詔曰漢與匈奴約為昆弟無侵害
邊境所以輸遺匈奴甚厚今右賢王離其國將衆

居河南地非常故師古曰言異於常非舊事往來入塞捕殺吏卒
敺侵上郡保塞蠻夷令不得居其故師古曰敺與驅同保塞蠻夷謂本來
屬漢而居邊塞自保守陵轢邊吏入盜甚驁無道師古曰轢音來各反驁與傲同非
約也其發邊吏車騎八萬詣高奴師古曰上郡之縣也遣丞相
灌嬰將擊右賢王右賢王走出塞文帝幸太原是
時濟北王反文帝歸罷丞相擊胡之兵其明年單
于遺漢書曰天所立匈奴大單于敬問皇帝無恙
前時皇帝言和親事稱書意合驩師古曰稱副也言與所遺書意相副而共
結驩親漢邊吏侵侮右賢王右賢王不請師古曰不告單于也聽
後義盧侯難支等計與漢吏相恨絕二主之約離

昆弟之親皇帝讓書再至發使以書報不來漢使
不至師古曰讓書有責讓之言也謂匈奴再得漢書而發使將書以報漢漢留其使不得來還而漢又更不發使至匈奴也漢
以其故不和鄰國不附今以少吏之敗約師古曰少吏猶言小
吏故罰右賢王使至西方求月氏擊之以天之福
吏卒良馬力強以滅夷月氏師古曰夷平也盡斬殺降下定
之樓蘭烏孫呼揭及其旁二十六國皆已為匈奴
師古曰皆入匈奴國也揭音丘列反諸引弓之民并為一家北州以定願
寢兵休士養馬除前事復故約師古曰復音扶目反以安邊民
以應古始使少者得成其長老者得安其處世世
平樂未得皇帝之志故使郎中係虖淺奉書請師古

曰虖音火姑反獻橐佗一騎馬二駕二駟師古曰騎馬堪為騎也駕可駕車也二駟八匹皇
帝即不欲匈奴近塞則且詔吏民遠舍師古曰舍居止也使
者至即遣之六月中來至新望之地服虔曰漢界上塞下之地書至
漢議擊與和親孰便公卿皆曰單于新破月氏乘
勝不可擊也且得匈奴地澤鹵非可居也和親甚
便漢許之孝文前六年遺匈奴書曰皇帝敬問匈
奴大單于無恙使係虖淺遺朕書云願寢兵休士
除前事復故約以安邊民世世平樂朕甚嘉之此
古聖王之志也漢與匈奴約為兄弟所以遺單于
甚厚背約離兄弟之親者常在匈奴然右賢王事

已在赦前勿深誅單于若稱書意明告諸吏使無
負約有信敬如單于書使者言單于自將并國有
功甚苦兵事服繡袷綺衣長襦錦袍各一師古曰服者言天子
自所服也袷者衣無絮也繡袷綺衣以繡為表綺為裏也袷音工洽反比疏一師古曰辮髮之飾也以金為之比音頻寐反疏
字或作余黃金飭具帶一黃金犀毗一孟康曰要中大帶也張晏曰鮮卑郭洛帶瑞獸名也
東胡好服之師古曰犀毗胡帶之鉤也亦曰鮮卑亦謂師比總一物也語有輕重耳繡十匹錦二十匹赤
綈綠繒各四十匹師古曰繒者帛之總稱綈厚繒也音徒奚反使中大夫意謁
者令肩遺單于後頃之冒頓死子稽粥立師古曰稽音雞粥音
育號曰老上單于老上稽粥單于初立文帝復遣
宗人女翁主為單于閼氏師古曰宗人女亦諸侯王之女使宦者燕

人中行說傅翁主師古曰姓中行名說也行音胡郎反說讀曰悅說不欲行漢強
使之說曰必我也爲漢患者師古曰言我必於漢生患中行說旣
至因降單于單于愛幸之初單于好漢繒絮食物
中行說曰匈奴人衆不能當漢之一郡然所以強
之者以衣食異無卬於漢師古曰卬音牛向反今單于變俗好
漢物漢物不過什二則匈奴盡歸於漢矣師古曰言漢費物十
分之二則盡得匈奴之衆也其得漢絮繒以馳草棘中衣袴皆裂敝
以視不如旃裘堅善也師古曰視讀曰示下皆類此得漢食物皆去
之師古曰去棄也音丘呂反以視不如重酪之便美也師古曰重乳汁也重音竹用反字本
作湩其音則同於是說教單于左右疏記以計識其人衆畜

牧師古曰說者舉中行說之名也疏分條之也識亦記音式志反漢遺單于書以尺一牘辭
曰皇帝敬問匈奴大單于無恙所以遺物及言語
云云中行說令單于以尺二寸牘及印封皆令廣
長大倨驁其辭師古曰倨慢也驁與傲同曰天地所生日月所置匈
奴大單于敬問漢皇帝無恙所以遺物言語亦云
云漢使或言匈奴俗賤老中行說窮漢使曰而漢
俗屯戍從軍當發者其親豈不自奪溫厚肥美齎
送飲食行者乎師古曰而汝也飲音於禁反食音似其下亦同漢使曰然說曰
匈奴明以攻戰爲事老弱不能鬬故以其肥美飲
食壯健以自衛如此父子各得相保何以言匈奴

輕老也漢使曰匈奴父子同穹廬卧師古曰穹廬旃帳也其形穹隆故曰
穹廬父死妻其後母兄弟死盡妻其妻無冠帶之飾
闕庭之禮中行說曰匈奴之俗食畜肉飲其汁衣
其皮畜食草飲水隨時轉移故其急則人習騎射
寬則人樂無事約束徑易行君臣簡可久師古曰徑直也簡率
也一國之政猶一體也父兄死則妻其妻惡種姓之
失也故匈奴雖亂必立宗種今中國雖陽不取其
父兄之妻親屬益疏則相殺至到易姓皆從此類
也且禮義之敝上下交怨而室屋之極生力屈焉
師古曰言忠信衰薄強爲禮義故其末流怨恨彌起棟宇之作土木競勝勞役旣重所以力屈屈盡也音其勿反夫力耕桑

以求衣食師古曰力謂竭力也築城郭以自備故其民急則不
習戰攻緩則罷於作業師古曰罷讀曰疲嗟土室之人顧無
喋喋佔佔冠固何當師古曰嗟者歎愍之言也喋喋利口也佔佔衣裳貌也言漢人且當思念無爲喋喋
佔佔耳雖自謂著冠何所當益也喋音牒佔音昌占反自是之後漢使欲辯論者中
行說輒曰漢使毋多言顧漢所輸匈奴繒絮米糱
令其量中必善美而已師古曰顧念也中猶滿也量中者滿其數也中音竹仲反何以
言爲乎且所給備善則已不備善而苦惡則候秋
孰以騎馳蹂迺稼穡也師古曰苦猶麤也蹂踐也迺汝也蹂音人九反日夜教單
于候利害處孝文十四年匈奴單于十四萬騎入
朝那蕭關殺北地都尉卬虜人民畜產甚多遂

至彭陽服虔曰安定縣也師古曰即今彭原縣是使騎兵入燒回中宮師古曰回中地
在安定其中有宮也候騎至雍甘泉於是文帝以中尉周舍郎
中令張武為將軍發車千乘十萬騎軍長安旁以
備胡寇而拜昌侯盧卿為上郡將軍甯侯魏遬為
北地將軍師古曰遬古速字隆慮侯周竈為隴西將軍師古曰慮音廬
東陽侯張相如為大將軍成侯董赤為將軍師古曰文紀言
建成侯此言成侯紀傳不同當有誤大發車騎往擊胡單于留塞內月餘
漢逐出塞即還不能有所殺匈奴日以驕歲入邊
殺略人民甚眾雲中遼東最甚郡萬餘人漢甚患
之迺使使遺匈奴書單于亦使當戶報謝復言和

親事孝文後二年使使遺匈奴書曰皇帝敬問匈
奴大單于無恙使當戶且渠彫渠難郎中韓遼遺
朕馬二匹已至敬受師古曰當戶且渠者一人為二官彫渠難者其姓名先帝制長
城以北引弓之國受令單于長城以內冠帶之室
朕亦制之使萬民耕織射獵衣食父子毋離臣主
相安俱無暴虐今聞渫惡民貪降其趨晉灼曰渫音渫水之渫邪
惡不正之民師古曰渫音先列反降下也謂下意於利也趨讀曰趣背義絕約忘萬民之命離
兩主之驩然其事已在前矣書云二國已和親兩
主驩說師古曰說讀曰悅寢兵休卒養馬師古曰寢息也世世昌樂翕
然更始朕甚嘉之聖者日新改作更始使老者得

息幼者得長各保其首領而終其天年朕與單于
俱由此道師古曰由從也用也順天恤民世世相傳施之無窮
天下莫不咸嘉使漢與匈奴鄰敵之國匈奴處北
地寒殺氣早降故詔吏遺單于秫蘖金帛綿絮它
物歲有數今天下大安萬民熙熙師古曰和樂貌獨朕與單
于為之父母朕追念前事薄物細故謀臣計失皆
不足以離昆弟之驩師古曰細故小事也朕聞天不頗覆地不
偏載師古曰頗亦偏也音普何反朕與單于皆捐細故俱蹈大道也
師古曰捐棄也墮壞前惡以圖長久師古曰墮毀也墮音火規反使兩國之
民若一家子元元萬民下及魚鱉上及飛鳥跂行

喙息蠕動之類師古曰跂行凡有足而行者也喙息凡以口出氣者也蠕蠕動貌跂音岐喙音許穢反蠕人兗
反莫不就安利避危殆故來者不止天之道也俱
去前事師古曰去除也音丘呂反朕釋逃虜民師古曰謂漢人逃入匈奴者令不追單于
毋言章尼等師古曰背單于降漢者朕聞古之帝王約分明而
不食言師古曰凡云食言者終為不信棄其前言如食而盡單于留志天下大安師古
曰留志謂計念和親和親之後漢過不先師古曰言更不負約單于其察之
單于既約和親於是制詔御史匈奴大單于遺朕
書和親已定亡人不足以益眾廣地匈奴無入塞
漢無出塞犯今約者殺之可以久親後無咎俱便
朕已許其布告天下使明知之後四年老上單于

死子軍臣單于立而中行說復事之漢復與匈奴和親軍臣單于立歲餘匈奴復絶和親大入上郡雲中各三萬騎所殺略甚衆於是漢使三將軍軍屯北地代屯句注趙屯飛狐口（師古曰險阸之處在代郡之南南衝燕趙之中）緣邊亦各堅守以備胡寇又置三將軍軍長安西細柳渭北棘門霸上以備胡胡騎入代句注邊烽火通於甘泉長安數月漢兵至邊匈奴亦遠塞（師古曰遠離也音于萬反）漢兵亦罷後歲餘文帝崩景帝立而趙王遂迺陰使於匈奴吳楚反欲與趙合謀入邊漢圍破趙匈奴亦止自是後景帝復與匈奴和親通關市給

遺單于遣翁主如故約終景帝世時時小入盜邊無大寇武帝即位明和親約束厚遇關市饒給之匈奴自單于以下皆親漢往來長城下漢使馬邑人聶翁壹（師古曰姓聶名壹翁者老人之稱也）間闌出物與匈奴交易（孟康曰私出塞交易）陽爲賣馬邑城以誘單于單于信之而貪馬邑財物迺以十萬騎入武州塞漢伏兵三十餘萬馬邑旁御史大夫韓安國爲護軍將軍護四將軍以伏單于（師古曰伏兵而待單于也）單于既入漢塞未至馬邑百餘里見畜布野而無人牧者怪之迺攻亭時鴈門尉史行徼見寇保此亭（師古曰漢律近塞郡皆置尉百里一人士史尉史各二人巡行徼塞也行音下孟反）單于得欲刺之尉史知漢謀迺下（師古曰尉史在亭樓上虜欲以矛戟刺之懼迺自下以謀告）具告單于單于大驚曰吾固疑之迺引兵還出曰吾得尉史天也以尉史爲天王漢兵約單于入馬邑而縱兵（師古曰放兵以擊單于）單于不至以故無所得將軍王恢部出代擊胡輜重（師古曰重音直用反）聞單于還兵多不敢出漢以恢本建造兵謀而不進誅恢自是後匈奴絶和親攻當路塞（師古曰當行道處者）往往入盜於邊不可勝數然匈奴貪尚樂關市耆漢財物（師古曰耆讀曰嗜）漢亦通關市不絶以中之（師古曰以關市中其意中音竹仲反）自馬邑軍後五歲之秋漢使四將各萬騎擊胡關市下將

軍衛青出上谷至龍城得胡首虜七百人公孫賀出雲中無所得公孫敖出代郡爲胡所敗七千李廣出鴈門爲胡所敗匈奴生得廣廣道亡歸（師古曰於道上亡還）漢囚敖廣敖廣贖爲庶人其冬匈奴數千人盜邊漁陽尤甚漢使將軍韓安國屯漁陽備胡其明年秋匈奴二萬騎入漢殺遼西太守略二千餘人又敗漁陽太守軍千餘人圍將軍安國（師古曰即韓安國也）安國時千餘騎亦且盡會燕救之至匈奴迺去又入鴈門殺略千餘人於是漢使將軍衛青將三萬騎出鴈門李息出代郡擊胡得首虜數千其明年衛

青復出雲中以西至隴西擊胡之樓煩白羊王於
河南得胡首虜數千羊百餘萬於是漢遂取河南
地築朔方復繕故秦時蒙恬所為塞因河而為固
漢亦棄上谷之斗辟縣造陽地以予胡孟康曰縣斗辟曲近胡師古曰
斗絕也縣之斗曲入匈奴界者其中造陽地也辟讀曰僻是歲元朔二年也其後冬軍
臣單于死其弟左谷蠡王伊稺斜自立為單于攻
敗軍臣單于太子於單亡降漢漢封於單為
陟安侯數月死伊稺斜單于既立其夏匈奴數萬
騎入代郡殺太守共友師古曰共友太守姓名也共讀曰龔略千餘人秋
又入鴈門殺略千餘人其明年又入代郡定襄上

郡各三萬騎殺略數千人匈奴右賢王怨漢奪之
河南地而築朔方數寇盜邊及入河南侵擾朔方
殺略吏民甚衆其明年春漢遣衛青將六將軍十
餘萬人出朔方高闕右賢王以為漢兵不能至飲
酒醉漢兵出塞六七百里夜圍右賢王右賢王大
驚脫身逃走精騎往往隨後去漢將軍得右賢王
人衆男女萬五千人裨小王十餘人其秋匈奴萬
騎入代郡殺都尉朱央略千餘人其明年春漢復
遣大將軍衛青將六將軍十餘萬騎仍再出定襄
數百里師古曰仍頻也擊匈奴得首虜前後萬九千餘級而

漢亦亡兩將軍三千餘騎右將軍建得以身脫而
前將軍翕侯趙信兵不利降匈奴趙信者故胡小
王降漢漢封為翕侯以前將軍與右將軍并軍介
獨遇單于兵故盡沒晉灼曰介音戛師古曰介特也本雖并軍至遇單于時特也介讀如本字單
于既得翕侯以為自次王師古曰自次者尊重次於單于用其姊妻之
與謀漢信教單于益北絕幕師古曰直度曰絕以誘罷漢兵
徼極而取之師古曰罷讀曰疲徼要也誘令疲要其困極然後取之徼音工堯反毋近塞師古曰不近塞
居所以疲勞漢兵也單于從之其明年胡數萬騎入上谷殺數
百人明年春漢使票騎將軍去病將萬騎出隴西
過焉耆山千餘里得胡首虜八千餘級得休屠王

祭天金人孟康曰匈奴祭天處本在雲陽甘泉山下秦奪其地後徙之休屠王右地故休屠有祭天金人象也師古
曰作金人以為天神之主而祭之即今佛像是其遺法其夏票騎將軍復與合騎侯數
萬騎出隴西北地二千里過居延攻祁連山得胡
首虜三萬餘級裨小王以下十餘人是時匈奴亦
來入代郡鴈門殺略數百人漢使博望侯及李將
軍廣出右北平擊匈奴左賢王左賢王圍李廣廣
軍四千人死者過半殺虜亦過當會博望侯軍救
至李將軍得脫盡亡其軍合騎侯後票騎將軍期
及博望侯皆當死贖為庶人其秋單于怒昆邪王
休屠王居西方為漢所殺虜數萬人欲召誅之昆

邪休屠王恐謀降漢漢使票騎將軍迎之昆邪王
殺休屠王并將其衆降漢凡四萬餘人號十萬於
是漢已得昆邪則隴西北地河西益少胡寇徙關
東貧民處所奪匈奴河南地新秦中以實之（師古曰新秦解
在食貨志）西減北地以西戍卒半明年春匈奴入右北平
定襄各數萬騎殺略千餘人其年春漢謀以爲翕
侯信爲單于計居幕北以爲漢兵不能至乃粟馬（師古曰以
粟秣馬也）發十萬騎私負從馬凡十四萬匹（師古曰私負衣裝者
及私將馬從者皆非公家發與之限）糧重不與焉（師古曰負戴糧食者重音直用反與讀曰豫）令大
將軍青票騎將軍去病中分軍大將軍出定襄票

騎將軍出代咸約絕幕擊匈奴（師古曰約謂爲其要）單于聞之
遠其輜重（師古曰徙其輜重令遠去）以精兵待於幕北與漢大將軍
接戰一日會暮大風起漢兵縱左右翼圍單于單
于自度戰不能與漢兵（師古曰與猶如也度音徒各反）遂獨與壯騎數
百潰漢圍西北遁走漢兵夜追之不得行捕斬首
虜凡萬九千級（師古曰且行且捕斬之）北至窴顏山趙信城而還（孟康曰趙信所作因以名
城師古曰窴音徒千反）單于之走其兵往往與漢軍相
亂而隨單于單于久不與其大衆相得右谷蠡王
以爲單于死乃自立爲單于眞單于復得其衆右
谷蠡乃去號復其故位票騎之出代二千餘里與

左王接戰漢兵得胡首虜凡七萬餘人左王將皆
遁走票騎封於狼居胥山禪姑衍臨翰海而還是
後匈奴遠遁而幕南無王庭漢度河自朔方以西
至令居（師古曰令音零下亦類此）往往通渠置田官吏卒五六萬人
稍蠶食地接匈奴以北（師古曰其地相接不絕）初漢兩將大出圍
單于所殺虜八九萬而漢士物故者亦萬數（師古曰物故謂
死也）漢馬死者十餘萬匹匈奴雖病遠去而漢馬亦
少無以復往單于用趙信計遣使好辭請和親天
子下其議或言和親或言遂臣之丞相長史任敞
曰匈奴新困宜使爲外臣朝請於邊（師古曰請音材性反）漢使

敞使於單于單于聞敞計大怒留之不遣先是漢
亦有所降匈奴使者單于亦輒留漢使相當漢方
復收士馬會票騎將軍去病死於是漢久不北擊
胡數歲伊穉斜單于立十三年死子烏維立爲單
于是歲元鼎三年也烏維單于立而漢武帝始出
巡狩郡縣其後漢方南誅兩越不擊匈奴匈奴亦
不入邊烏維立三年漢已滅兩越遣故大僕公孫
賀將萬五千騎出九原二千餘里至浮苴井（師古曰苴音子
餘反武紀苴字作沮其音同）從票侯趙破奴萬餘騎出令居數千里
至匈奴河水（臣瓚曰水名也去令居千里）皆不見匈奴一人而還是

時天子巡邊親至朔方勒兵十八萬騎以見武節
師古曰見示也而使郭吉風告單于師古曰風讀曰諷既至匈奴匈奴
主客問所使師古曰主客主接諸客者也問以何事而來郭吉卑體好言曰吾
見單于而口言單于見吉吉曰南越王頭已縣於
漢北闕下今單于即能前與漢戰天子自將兵待
邊即不能亟南面而臣於漢師古曰亟急也音居力反何但遠走
亡匿於幕北寒苦無水草之地為師古曰但空也語卒單于
大怒立斬主客見者而留郭吉不歸遷辱之北海
上而單于終不肯為寇於漢邊休養士馬習射獵
數使使好辭甘言求和親漢使王烏等闚匈奴匈

奴法漢使不去節不以墨黥其面不得入穹廬師古
曰以墨黥面也王烏北地人習胡俗去其節黥面入廬單于
愛之陽許曰吾為遣其太子入質於漢以求和親
師古曰言為王烏故遣太子入質漢使楊信使於匈奴是時漢東拔濊
貉朝鮮以為郡師古曰濊與穢同亦或作薉而西置酒泉郡以隔絕
胡與羌通之路又西通月氏大夏以翁主妻烏孫
王以分匈奴西方之援國又北益廣田至眩雷為
塞服虔曰眩雷地在烏孫北也眩音州縣之縣而匈奴終不敢以為言是歲翕
侯信死漢用事者以匈奴已弱可臣從也楊信為
人剛直屈強素非貴臣也師古曰屈音其勿反強音其兩反單于不親

欲召入不肯去節迺坐穹廬外見楊信楊信說單
于曰即欲和親以單于太子為質於漢單于曰非
故約故約漢常遣翁主給繒絮食物有品以和親
師古曰品謂等差也而匈奴亦不復擾邊今乃欲反古師古曰反違也令
吾太子為質無幾矣師古曰言遣太子為質則匈奴國中所餘者無幾皆當盡也幾音居豈反匈
奴俗見漢使非中貴人其儒生以為欲說折其辭
辯少年以為欲刺折其氣每漢兵入匈奴匈奴輒
報償漢留匈奴使匈奴亦留漢使必得當迺止楊
信既歸漢使王烏等如匈奴匈奴復讇以甘言師古
曰讇古諂字欲多得漢財物紿王烏曰吾欲入漢師古曰紿誑也見

天子面相結為兄弟王烏歸報漢為單于築邸于
長安匈奴曰非得漢貴人使吾不與誠語師古曰誠實也匈
奴使其貴人至漢病服藥欲愈之不幸而死漢使
路充國佩二千石印綬使送其喪厚幣直數千金
單于以為漢殺吾貴使者迺留路充國不歸諸所
言者單于特空紿王烏師古曰特但也殊無意入漢遣太子
來質於是匈奴數使奇兵侵犯漢邊漢迺拜郭昌
為拔胡將軍及浞野侯屯朔方以東備胡師古曰浞野侯趙破
奴也浞音仕角反烏維單于立十歲死子詹師盧立年少號
為兒單于是歲元封六年也自是後單于益西北

左方兵直雲中右方兵直酒泉燉煌兒單于立漢使兩使一人弔單于一人弔右賢王欲以乖其國使者入匈奴匈奴悉將致單于單于怒而悉留漢使漢使留匈奴者前後十餘輩而匈奴使來漢亦輒留之相當是歲漢使貳師將軍西伐大宛而令因杅將軍築受降城師古曰杅音于其冬匈奴大雨雪師古曰雨音于具反畜多飢寒死而單于年少好殺伐國中多不安左大都尉欲殺單于使人閒告漢師古曰私來報曰我欲殺單于降漢漢遠漢即來兵近我我即發師古曰來兵言以兵來也初漢聞此言故築受降城猶以為遠其明年春漢

使浞野侯破奴將二萬騎出朔方北二千餘里師古曰以迎左大都尉期至浚稽山而還師古曰浚音峻稽音雞在武威北浞野侯既至期左大都尉欲發而覺單于誅之發兵擊浞野侯浞野侯行捕首虜數千人還未至受降城四百里匈奴八萬騎圍之浞野侯夜出自求水匈奴生得浞野侯因急擊其軍軍吏畏亡將而誅莫相勸而歸軍遂沒於匈奴單于大喜遂遣兵攻受降城不能下乃侵入邊而去明年單于欲自攻受降城未到病死兒單于立三歲而死子少匈奴迺立其季父烏維單于弟右賢王句黎湖為單于師古曰句音鉤是

歲太初三年也句黎湖單于立漢使光祿徐自為出五原塞數百里遠者千里築城障列亭至盧朐師古曰盧朐山名也朐音劬而使游擊將軍韓說長平侯衛伉屯其旁師古曰說讀曰悅伉音抗即衛青子使彊弩都尉路博德築居延澤上其秋匈奴大入雲中定襄五原朔方殺略數千人敗數二千石而去行壞光祿所築亭障又使右賢王入酒泉張掖略數千人會任文擊救服虔曰任文漢將也師古曰擊救者擊匈奴而自救漢人盡復失其所得而去聞貳師將軍破大宛斬其王還單于欲遮之不敢其冬病死句黎湖單于立一歲死其弟左大都尉且鞮侯立為單于師古

曰且子余反鞮音丁奚反漢既誅大宛威震外國天子意欲遂困胡迺下詔曰高皇帝遺朕平城之憂師古曰遺留也高后時單于書絕悖逆昔齊襄公復九世之讎春秋大之師古曰公羊傳莊四年春齊襄公滅紀復讎也襄公之九世祖昔為紀侯所譖而亨殺于周故襄公滅紀也九世猶可以復讎乎曰雖百世可也是歲太初四年也且鞮侯單于初立恐漢襲之盡歸漢使之不降者路充國等於漢單于迺自謂我兒子安敢望漢天子漢天子我丈人行師古曰丈人尊老之稱也行音胡浪反漢遣中郎將蘇武厚幣賂遺單于單于益驕禮甚倨非漢所望也明年浞野侯破奴得亡歸漢其明年漢使貳師將軍將三萬騎出酒泉擊右賢王

於天山得首虜萬餘級而還匈奴大圍貳師幾不
脫師古曰幾音鉅依反漢兵物故什六七師古曰物故謂死也漢又使因杅
將軍出西河與強弩都尉會涿邪山亡所得使騎
都尉李陵將步兵五千人出居延北千餘里與單
于會合戰陵所殺傷萬餘人兵食盡欲歸單于圍
陵陵降匈奴其兵得脫歸漢者四百人單于迺貴
陵以其女妻之後二歲漢使貳師將軍六萬騎步
兵七萬出朔方強弩都尉路博德將萬餘人與貳
師會游擊將軍說步兵三萬人出五原師古曰即上韓說也因
杅將軍敖將騎萬步兵三萬人出鴈門匈奴聞悉

遠其累重於余吾水北師古曰累重謂妻子資產也累音力瑞反重音直用反而單
于以十萬待水南與貳師接戰貳師解而引歸與
單于連鬬十餘日游擊亡所得因杅與左賢王戰
不利引歸明年且鞮侯單于死立五年長子左賢
王立為狐鹿姑單于是歲太始元年也初且鞮侯
兩子長為左賢王次為左大將病且死言立左賢
王左賢王未至貴人以為有病更立左大將為單
于左賢王聞之不敢進左大將使人召左賢王而
讓位焉左賢王辭以病左大將不聽謂曰即不幸
死傳之於我左賢王許之遂立為狐鹿姑單于狐

鹿姑單于立以左大將為左賢王數年病死其子
先賢撣不得代師古曰撣音纏更以為日逐王日逐王者賤
於左賢王單于自以其子為左賢王單于既立六
年而匈奴入上谷五原殺略吏民其年匈奴復入
五原酒泉殺兩部都尉於是漢遣貳師將軍七萬
人出五原御史大夫商丘成將三萬餘人出西河
重合侯莽通將四萬騎出酒泉千餘里單于聞漢
兵大出悉遣其輜重徙趙信城北邸郅居水師古曰邸至也
音丁禮反郅音之日反左賢王驅其人民度余吾水六七百里居
兜銜山單于自將精兵左安侯度姑且水師古曰且音子余反

御史大夫軍至追邪徑無所見還師古曰從疾道而追之不見虜而還也邪音似
嗟反匈奴使大將與李陵將三萬餘騎追漢軍至浚
稽山合轉戰九日漢兵陷陳卻敵殺傷虜甚眾至
蒲奴水虜不利還去重合侯軍至天山匈奴使大
將偃渠與左右呼知王將二萬餘騎要漢兵見漢
兵強引去重合侯無所得失是時漢恐車師兵遮
重合侯迺遣闓陵侯將兵別圍車師師古曰闓讀與開同盡得
其王民眾而還貳師將軍將出塞匈奴使右大都
尉與衛律將五千騎要擊漢軍於夫羊句山狹服虔
曰夫羊地名也師古曰句山西山也句音鉤貳師遣屬國胡騎二千與戰虜兵

壞散死傷者數百人漢軍乘勝追北至范夫人城應劭曰本漢將築此城將亡其妻率餘衆完保之因以為名也張晏曰范氏能胡詛者匈奴奔走莫敢距敵會貳師妻子坐巫蠱收聞之憂懼其掾胡亞夫亦避罪從軍說貳師曰夫人室家皆在吏若還不稱意適與獄會郅居以北可復得見乎如淳曰以就誅後雖復欲降匈奴不可得貳師由是狐疑欲深入要功遂北至郅居水上虜已去貳師遣護軍將二萬騎度郅居之水一日逢左賢王左大將將二萬騎與漢軍合戰一日漢軍殺左大將虜死傷甚衆軍長史與決眭都尉煇渠侯謀晉灼曰本匈奴官也功臣表歸義侯僕多子雷後以屬國都尉擊匈奴封煇渠煇渠魯陽縣也師古曰眭音息隨反煇音暉僕多者字當為朋曰將軍懷異心欲危衆求功恐必敗謀共執貳師貳師聞之斬長史引兵還至速邪烏燕然山師古曰速邪烏地名也燕然山在其中燕音一千反單于知漢軍勞倦自將五萬騎遮擊貳師相殺傷甚衆夜塹漢軍前深數尺從後急擊之軍大亂敗貳師降單于素知其漢大將貴臣以女妻之尊寵在衛律上其明年單于遣使遺漢書云南有大漢北有强胡胡者天之驕子也不為小禮以自煩今欲與漢闓大關取漢女為妻師古曰闓讀與開同歲給遺我糱酒萬石稷米五千斛師古曰以糱為酒味尤甜稷米稷粟米也雜繒萬匹它如故約則邊不相盜矣

漢遣使者報送其使單于使左右難漢使者曰漢禮義國也貳師道前太子發兵反何也使者曰然迺丞相私與太子爭鬬太子發兵欲誅丞相丞相誣之故誅丞相此子弄父兵罪當笞小過耳孰與冒頓單于身殺其父代立常妻後母禽獸行也單于留使者三歲迺得還貳師在匈奴歲餘衛律害其寵會母閼氏病師古曰單于之母也律飭胡巫師古曰飭與敕同言先單于怒曰胡故時祠兵常言得貳師以社師古曰以祠社何故不用於是收貳師貳師罵曰我死必滅匈奴遂屠貳師以祠會連雨雪數月畜産死人民疫病穀稼不孰師古曰北方早寒雖不宜禾稷匈奴中亦種黍穄單于恐為貳師立祠室自貳師沒後漢新失大將軍士卒數萬人不復出兵三歲武帝崩前此者漢兵深入窮追二十餘年匈奴孕重惰殰罷極苦之師古曰孕重懷任者也惰落也殰敗也音讀罷讀曰疲極困也苦之心厭苦也自單于以下常有欲和親計後三年單于欲求和親會病死初單于有異母弟為左大都尉賢國人鄉之師古曰鄉讀曰嚮謂悉皆附之母閼氏恐單于不立子而立左大都尉也迺私使殺之左大都尉同母兄怨遂不肯復會單于庭又單于病且死謂諸貴人我子少不能治國立弟右谷蠡王及單于死衛律等與

顓渠閼氏謀匿單于死詐撟單于令（師古曰撟與矯同其字從手矯託也）與貴人飲盟更立子左谷蠡王為壼衍鞮單于是歲始元二年也壼衍鞮單于既立風謂漢使者言欲和親（師古曰風讀曰諷諷謂不正言也）左賢王右谷蠡王以不得立怨望率其衆欲南歸漢恐不能自致即脅盧屠王欲與西降烏孫謀擊匈奴盧屠王告之單于使人驗問右谷蠡王不服反以其罪罪盧屠王國人皆冤之於是二王去居其所未甞肯會龍城（師古曰各自居其本處不復會龍城祭）後二年秋匈奴入代殺都尉單于年少初立母閼氏不正國內乖離常恐漢兵襲之於是衛律為

單于謀穿井築城治樓以藏穀與秦人守之（師古曰秦時有人亡入匈奴者今其子孫尚號秦人）漢兵至無柰我何即穿井數百伐材數千或曰胡人不能守城是遺漢糧也（師古曰遺音弋季反）衛律於是止迺更謀歸漢使不降者蘇武馬宏等馬宏者前副光祿大夫王忠使西國為匈奴所遮忠戰死馬宏生得亦不肯降故匈奴歸此二人欲以通善意是時單于立三歲矣明年匈奴發左右部二萬騎為四隊（師古曰隊部也音徒內反）並入邊為寇漢兵追之斬首獲虜九千人生得甌脫王漢無所失亡匈奴見甌脫王在漢恐以為道擊之（師古曰道讀曰導）即西北

遠去不敢南逐水草發人民屯甌脫明年復遣九千騎屯受降城以備漢北橋余吾令可度（師古曰於余吾水上作橋）以備奔走（師古曰擬有迫急北走避漢從此橋度也）是時衛律已死衛律在時常言和親之利匈奴不信及死後兵數困國益貧單于弟左谷蠡王思衛律言欲和親而恐漢不聽故不肯先言常使左右風漢使者（師古曰風讀曰諷）然其侵盜益希遇漢使愈厚欲以漸致和親漢亦羈縻之其後左谷蠡王死明年單于使犁汙王窺邊言酒泉張掖兵益弱出兵試擊與可復得其地時漢先得降者聞其計天子詔邊警備後無幾右賢

王犁汙王四千騎（師古曰無幾謂不多時也幾音居豈反）分三隊入日勒屋蘭番和（師古曰皆張掖縣也番音盤）張掖太守屬國都尉發兵擊大破之得脫者數百人屬國千長義渠王騎士射殺犁汙王（師古曰千長者千人之長）賜黃金二百斤馬二百匹因封為犁汙王屬國都尉郭忠封成安侯自是後匈奴不敢入張掖其明年匈奴三千餘騎入五原略殺數千人後數萬騎南旁塞獵（師古曰旁音步浪反）行攻塞外亭障略取吏民去是時漢邊郡烽火候望精明匈奴為邊寇者少利希復犯塞漢復得匈奴降者言烏桓甞發先單于冢匈奴怨之方發二萬騎擊烏桓

大將軍霍光欲發兵邀擊之師古曰邀迎而擊之邀音古堯反以問護軍都尉趙充國充國以為烏桓間數犯塞師古曰間即中間也猶言比日也今匈奴擊之於漢便又匈奴希寇盜北邊幸無事蠻夷自相攻擊而發兵要之招寇生事非計也光更問中郎將范明友明友言可擊於是拜明友為度遼將軍將二萬騎出遼東匈奴聞漢兵至引去初光誡明友兵不空出即後匈奴遂擊烏桓師古曰後匈奴者言兵還後匈奴不及烏桓時新中匈奴兵師古曰中為匈奴所中傷明友既後匈奴因乘烏桓敝擊之斬首六千餘級獲三王首還封為平陵侯匈奴繇是恐師古曰繇讀與由同

不能出兵即使使之烏孫求欲得漢公主擊烏孫取車延惡師地烏孫公主上書下公卿議救未決昭帝崩宣帝即位烏孫昆彌復上書言連為匈奴所侵削昆彌願發國半精兵人馬五萬匹盡力擊匈奴唯天子出兵哀救公主本始二年漢大發關東輕銳士選郡國吏三百石伉健習騎射者皆從軍師古曰伉音古浪反遣御史大夫田廣明為祁連將軍四萬餘騎出西河度遼將軍范明友三萬餘騎出張掖前將軍韓增三萬餘騎出雲中後將軍趙充國為蒲類將軍三萬餘騎出酒泉雲中太守田順為虎牙將軍三萬餘騎出五原凡五將軍兵十餘萬騎出塞各二千餘里及校尉常惠使護發兵烏孫西域昆彌自將翕侯以下五萬餘騎從西方入與五將軍兵凡二十餘萬眾匈奴聞漢兵大出老弱奔走毆畜產遠遁逃師古曰奔古奔字毆與驅同是以五將少所得度遼將軍出塞千二百餘里至蒲離候水斬首捕虜七百餘級鹵獲馬牛羊萬餘前將軍出塞千二百餘里至烏員師古曰烏員地名也音云斬首捕虜至候山百餘級師古曰候山山名也於此山斬捕得人鹵馬牛羊二千餘蒲類將軍兵當與烏孫合擊匈奴蒲類澤烏孫先期至而去漢兵不與相

及蒲類將軍出塞千八百餘里西去候山斬首捕虜得單于使者蒲陰王以下三百餘級鹵馬牛羊七千餘聞虜已引去皆不至期還天子薄其過寬而不罪祁連將軍出塞千六百里至雞秩山斬首捕虜十九級獲牛馬羊百餘逢漢使匈奴還者冉弘等言雞秩山西有虜眾祁連即戒弘使言無虜欲還兵御史屬公孫益壽諫以為不可祁連不聽遂引兵還虎牙將軍出塞八百餘里至丹余吾水上即止兵不進斬首捕虜千九百餘級鹵馬牛羊七萬餘引兵還上以虎牙將軍不至期詐增鹵

獲而祁連知虜在前逗遛不進孟康曰律語也謂軍行頓止稽留不進也師古曰逗讀與住同又音豆皆下吏自殺擢公孫益壽為侍御史校尉常惠與烏孫兵至右谷蠡庭獲單于父行師古曰行音胡浪反及嫂居次名王犂汙都尉千長將以下三萬九千餘級虜馬牛羊驢贏橐駝七十餘萬漢封惠為長羅侯然匈奴民眾死傷而去者及畜產遠移死亡不可勝數於是匈奴遂衰耗師古曰耗減也音呼到反怨烏孫其冬單于自將數萬騎擊烏孫頗得老弱欲還會天大雨雪師古曰雨音于具反一日深丈餘人民畜產凍死還者不能什一於是丁令乘弱攻其北師古曰令音零烏桓入其

東烏孫擊其西凡三國所殺數萬級馬數萬匹牛羊甚眾又重以餓死師古曰重音直用反人民死者什三畜產什五匈奴大虛弱諸國羈屬者皆瓦解攻盜不能理其後漢出三千餘騎為三道並入匈奴捕虜得數千人還匈奴終不敢取當師古曰當者報其直茲欲鄉和親師古曰茲益也鄉讀曰嚮而邊境少事矣壺衍鞮單于立十七年死弟左賢王立為虛閭權渠單于是歲地節二年也虛閭權渠單于立以右大將女為大閼氏而黜前單于所幸顓渠閼氏顓渠閼氏父左大且渠怨望是時匈奴不能為邊寇於是漢罷外城以休百

姓師古曰外城塞外諸城單于聞之喜召貴人謀欲與漢和親左大且渠心害其事曰前漢使來兵隨其後今亦效漢發兵先使使者入迺自請與呼盧訾王各將萬騎南旁塞獵相逢俱入師古曰訾音子移反旁音步浪反行未到會三騎亡降漢言匈奴欲為寇於是天子詔發邊騎屯要害處使大將軍軍監治眾等四人師古曰治眾者軍監之名將五千騎分三隊師古曰隊音徒內反出塞各數百里捕得虜各數十人而還時匈奴亡其三騎不敢入即引去是歲也匈奴飢人民畜產死十六七又發兩屯各萬騎以備漢其秋匈奴前所得西嗕居左地者孟康

曰嗕音辱匈奴種也師古曰嗕音奴獨反其君長以下數千人皆驅畜產行與甌脫戰所戰殺傷甚眾遂南降漢其明年西域城郭共擊匈奴取車師國師古曰城郭謂諸國為城居者得其王及人眾而去單于復以車師王昆弟兜莫為車師王收其餘民東徙不敢居故地而漢益遣屯士分田車師地以實之其明年匈奴怨諸國共擊車師遣左右大將各萬餘騎屯田右地欲以侵迫烏孫西域後二歲匈奴遣左右奧鞬各六千騎師古曰奧音郁鞬音居言反與左大將再擊漢之田車師城者不能下其明年丁令比三歲入盜匈奴師古曰比頻也殺略人民數千驅馬畜去

匈奴遣萬餘騎往擊之無所得其明年單于將十餘萬騎旁塞獵師古曰旁音步浪反欲入邊寇未至會其民題除渠堂亡降漢言狀漢以為言兵鹿奚盧侯而遣後將軍趙充國將兵四萬餘騎屯緣邊九郡備虜月餘單于病歐血因不敢入還去即罷兵迺使題王都犁胡次等入漢請和親未報會單于死是歲神爵二年也虛閭權渠單于立九年死自始立而黜顓渠閼氏顓渠閼氏即與右賢王私通右賢王會龍城而去顓渠閼氏語以單于病甚且勿遠後數日單于死郝宿王刑未央使人召諸王未至師古曰郝音呼各反顓渠閼氏與其弟左大且渠都隆奇謀立右賢王屠耆堂為握衍朐鞮單于握衍朐鞮單于者代父為右賢王師古曰朐音劬烏維單于耳孫也握衍朐鞮單于立復修和親遣弟伊酋若王勝之入漢獻見師古曰酋音才由反單于初立凶惡殺虛閭權渠時用事貴人刑未央等而任用顓渠閼氏弟都隆奇又盡免虛閭權渠子弟近親而自以其子弟代之虛閭權渠單于子稽侯狦既不得立師古曰狦音先安反又所姦反亡歸妻父烏禪幕師古曰禪音蟬烏禪幕者本烏孫康居閒小國數見侵暴率其眾數千人降匈奴狐鹿姑單于以其弟子日

逐王姊妻之使長其眾居右地師古曰長眾為之長帥日逐王先賢撣其父左賢王當為單于讓狐鹿姑單于狐鹿姑單于許立之國人以故頗言日逐王當為單于日逐王素與握衍朐鞮單于有隙即率其眾數萬騎歸漢漢封日逐王為歸德侯單于更立其從兄薄胥堂為日逐王師古曰胥音先余反明年單于又殺先賢撣兩弟烏禪幕請之不聽心恚其後左奧鞬王死單于自立其小子為奧鞬王留庭奧鞬貴人共立故奧鞬王子為王與俱東徙單于遣右丞相將萬騎往擊之失亡數千人不勝時單于已立二歲暴虐殺伐國中不附及太子左賢王數讒左地貴人左地貴人皆怨其明年烏桓擊匈奴東邊姑夕王頗得人民單于怒姑夕王恐即與烏禪幕及左地貴人共立稽侯狦為呼韓邪單于發左地兵四五萬人西擊握衍朐鞮單于至姑且水北師古曰且音子余反未戰握衍朐鞮單于兵敗走使人報其弟右賢王曰匈奴共攻我若肯發兵助我乎師古曰若汝也其下亦同右賢王曰若不愛人殺昆弟諸貴人各自死若處無來汙我師古曰言於汝所居處自死握衍朐鞮單于恚自殺左大且渠都隆奇亡之右賢王所其民眾盡降呼韓邪單于是

歲。稱爵四年也。握衍朐鞮單于立三年而敗。

匈奴傳卷第六十四上

匈奴傳第六十四下　班固　漢書九十四下

秘書監上護軍琅邪縣開國子顔　師古　注

呼韓邪單于歸庭數月罷兵使各歸故地乃收其兄呼屠吾斯在民閒者立爲左谷蠡王使人告右賢貴人欲令殺右賢王其冬都隆奇與右賢王共立日逐王薄胥堂爲屠耆單于發兵數萬人東襲呼韓邪單于呼韓邪單于兵敗走屠耆單于還以其長子都塗吾西爲左谷蠡王少子姑瞀樓頭爲右谷蠡王師古曰瞀音莫搆反留居單于庭明年秋屠耆單于使日逐王先賢撣兄右奥鞬王爲烏藉都尉師古曰撣音纏奥音郁鞬音居言反各二萬騎屯東方以備呼韓邪單于是時西方呼揭王來與唯犂當戶謀師古曰揭音丘例反唯音弋癸反共讒右賢王言欲自立爲烏藉單于屠耆單于殺右賢王父子後知其冤復殺唯犂當戶於是呼揭王恐遂畔去自立爲呼揭單于右奥鞬王聞之即自立爲車犂單于烏藉都尉亦自立爲烏藉單于凡五單于屠耆單于自將兵東擊車犂單于使都隆奇擊烏藉烏藉車犂皆敗西北走與呼揭單于兵合爲四萬人烏藉呼揭皆去單于號共并力尊輔車犂單于屠耆單于聞之使左大將都尉將四萬騎

分屯東方以備呼韓邪單于自將四萬騎西擊車犂單于車犂單于敗西北走屠耆單于即引西南留闟敦地師古曰闟音蹋敦音頓又音對其明年呼韓邪單于遣其弟右谷蠡王等西襲屠耆單于屯兵殺略萬餘人屠耆單于聞之即自將六萬騎擊呼韓邪單于行千里未至嗕姑地師古曰嗕音乃穀反逢呼韓邪單于兵可四萬人合戰屠耆單于兵敗自殺都隆奇乃與屠耆少子右谷蠡王姑瞀樓頭亡歸漢車犂單于東降呼韓邪單于呼韓邪單于左大將烏厲屈與父呼遬累烏厲溫敦師古曰呼遬累者其官號也遬古速字也累音力追反皆見匈奴亂率其衆數萬人南降漢封烏厲屈爲新城侯烏厲溫敦爲義陽侯是時李陵子復立烏藉都尉爲單于呼韓邪單于捕斬之遂復都單于庭然衆裁數萬人屠耆單于從弟休旬王將所主五六百騎擊殺左大且渠并其兵至右地自立爲閏振單于在西邊其後呼韓邪單于兄左賢王呼屠吾斯亦自立爲郅支骨都侯單于在東邊其後二年閏振單于率其衆東擊郅支單于郅支單于與戰殺之并其兵遂進攻呼韓邪呼韓邪破其兵走郅支都單于庭呼韓邪之敗也左伊秩訾王爲呼韓邪計勸令

稱臣入朝事漢從漢求助如此匈奴乃定呼韓邪議問諸大臣皆曰不可匈奴之俗本上氣力而下服役師古曰以服役於人爲下以馬上戰鬬爲國故有威名於百蠻戰死壯士所有也師古曰言人皆有此事耳今兄弟爭國不在兄則在弟雖死猶有威名子孫常長諸國師古曰爲諸國之長帥也漢雖强猶不能兼并匈奴柰何亂先古之制臣事於漢卑辱先單于師古曰言忝辱之更令卑下也爲諸國所笑雖如是而安何以復長百蠻左伊秩訾曰不然彊弱有時今漢方盛烏孫城郭諸國皆爲臣妾師古曰謂西域諸國爲城郭而居也自且鞮侯單于以來匈奴日削不能取復師古曰且音子餘反復音扶目反雖屈彊於此未嘗一日安也師古曰屈音其勿反今事

漢則安存不事則危亡計何以過此諸大人相難久之呼韓邪從其計引衆南近塞遣子右賢王銖婁渠堂入侍師古曰婁音力于反郅支單于亦遣子右大將駒于利受入侍是歲甘露元年明年呼韓邪單于款五原塞師古曰款叩也願朝三年正月師古曰會正旦之朝賀也漢遣車騎都尉韓昌迎發過所七郡郡二千騎爲陳道上師古曰所過之郡每爲發兵陳列於道以爲寵衛也單于正月朝天子于甘泉宮漢寵以殊禮位在諸侯王上贊謁稱臣而不名賜以冠帶衣裳黃金璽盭綬師古曰盭古戾字戾草名也以戾染綬亦諸侯王之制也玉具

劍孟康曰摽首鐔衛盡用玉爲之也師古曰鐔劍口旁橫出者也衛劍鼻也鐔音尋摽字本作𢳰其音同耳佩刀弓一張矢四發服虔曰發十二矢也韋昭曰射禮三而止每射四矢故以十二爲一發也師古曰發猶今言箭一放兩放也今則以一矢爲一發也棨戟十師古曰棨戟有衣之戟也棨音啓安車一乘鞌勒一具師古曰勒馬轡也馬十五匹黃金二十斤錢二十萬衣被七十七襲師古曰一稱爲一襲猶今人之言一副衣服也錦繡綺縠雜帛八千匹絮六千斤禮畢使使者道單于先行宿長平師古曰道讀曰導長平涇水上坂也解在宣紀上自甘泉宿池陽宮上登長平詔單于毋謁師古曰不令拜也其左右當戶之羣臣皆得列觀及諸蠻夷君長王侯數萬咸迎於渭橋下夾道陳上登渭橋咸稱萬歲單于就邸留月餘遣歸國單于自請願

留居光祿塞下師古曰徐自爲所築者也有急保漢受降城師古曰保守也於此自守漢遣長樂衛尉高昌侯董忠車騎都尉韓昌將騎萬六千又發邊郡士馬以千數送單于出朔方雞鹿塞師古曰在朔方窳渾縣西北詔忠等留衛單于助誅不服又轉邊穀米糒師古曰糒乾飯也音備前後三萬四千斛給贍其食是歲郅支單于亦遣使奉獻漢遇之甚厚明年兩單于俱遣使朝獻漢待呼韓邪使有加明年呼韓邪單于復入朝禮賜如初加衣百一十襲錦帛九千匹絮八千斤以有屯兵故不復發騎爲送始郅支單于以爲呼韓邪降漢兵弱不能復自還

即引其衆西欲攻定右地又屠耆單于小弟本侍呼韓邪亦亡之右地收兩兄餘兵得數千人自立為伊利目單于道逢郅支合戰郅支殺之并其兵五萬餘人聞漢出兵穀助呼韓邪即遂留居右地自度力不能定匈奴（師古曰度音徒各反）乃益西近烏孫欲與并力遣使見小昆彌烏就屠烏就屠見呼韓邪為漢所擁郅支亡虜欲攻之以稱漢（師古曰稱漢朝之意也稱音尺孕反）乃殺郅支使持頭送都護在所發八千騎迎郅支郅支見烏孫兵多其使又不反勒兵逢擊烏孫破之（師古曰以兵逆之相逢即擊故云逢擊）因北擊烏揭（師古曰揭音丘例反）烏揭降發其兵

西破堅昆北降丁令（師古曰令音零）并三國數遣兵擊烏孫常勝之堅昆東去單于庭七千里南去車師五千里郅支留都之元帝初即位呼韓邪單于復上書言民衆困乏漢詔雲中五原郡轉穀二萬斛以給焉郅支單于自以道遠又怨漢擁護呼韓邪遣使上書求侍子漢遣谷吉送之郅支殺吉漢不知吉音問而匈奴降者言聞甌脫皆殺之（師古曰於甌脫得聲問云殺之）呼韓邪單于使來漢輒簿責之甚急（師古曰簿責以文簿一一責之也簿音步戶反）明年漢遣車騎都尉韓昌光祿大夫張猛送呼韓邪單于侍子求問吉等因赦其罪勿令自疑（師古曰疑者疑漢欲討伐）昌猛見單于民衆益盛塞下禽獸盡單于足以自衛不畏郅支聞其大臣多勸單于北歸者恐北去後難約束（師古曰不可更共為言要）昌猛即與為盟約曰自今以來漢與匈奴合為一家世世毋得相詐相攻有竊盜者相報行其誅償其物（師古曰漢人為盜於匈奴匈奴人為盜於漢皆相告報而誅賞）有寇發兵相助漢與匈奴敢先背約者受天不祥令其世世子孫盡如盟昌猛與單于及大臣俱登匈奴諾水東山（師古曰諾水即今突厥地諾真水也）刑白馬單于以徑路刀金留犁撓酒（應劭曰徑路匈奴寶刀也金契金也留犁飯匕也撓和也契金著酒中撓攪飲之師古曰契刻撓攪也音呼高反）以老上單于所

破月氏王頭為飲器者共飲血盟昌猛還奏事公卿議者以為單于保塞為藩雖欲北去猶不能為危害昌猛擅以漢國世世子孫與夷狄詛盟令單于得以惡言上告于天羞國家傷威重（師古曰羞辱也）不可行宜遣使往告祠天與解盟昌猛奉使無狀罪至不道（師古曰無狀蓋無善狀）上薄其過（師古曰以其罪過為輕薄）有詔昌猛以贖論勿解盟其後呼韓邪竟北歸庭人衆稍稍歸之國中遂定郅支既殺使者自知負漢又聞呼韓邪益強恐見襲擊欲遠去會康居王數為烏孫所困與諸翕侯計以為匈奴大國烏孫素服屬之今郅

支單于困阨在外可迎置東邊使合兵取烏孫以立之（師古曰言與郅支并力共滅烏孫以其地立郅支令居之也）長無匈奴憂矣即使使至堅昆通語郅支郅支素恐又怨烏孫聞康居計大說（師古曰說讀曰悅）遂與相結引兵而西康居亦遣貴人橐它驢馬數千匹迎郅支郅支人衆中寒道死（師古曰中寒傷於寒也道死死於道上也）餘財三千人到康居（師古曰財與纔同）其後都護甘延壽與副陳湯發兵即康居誅斬郅支（師古曰即就也）語在延壽湯傳郅支既誅呼韓邪單于且喜且懼上書言曰常願謁見天子誠以郅支在西方恐其與烏孫俱來擊臣以故未得至漢今郅支已伏誅

願入朝見竟寧元年單于復入朝禮賜如初加衣服錦帛絮皆倍於黃龍時單于自言願壻漢氏以自親（師古曰言欲取漢女而身爲漢家壻）元帝以後宮良家子王牆字昭君賜單于單于驩喜上書願保塞上谷以西至敦煌（師古曰保守也自請保守之令無寇盜）傳之無窮請罷邊備塞吏卒以休天子人民天子令下有司議議者皆以爲便郎中侯應習邊事以爲不可許上問狀應曰周秦以來匈奴暴桀寇侵邊境漢興尤被其害臣聞北邊塞至遼東外有陰山東西千餘里草木茂盛多禽獸本冒頓單于依阻其中治作弓矢來出爲寇是其苑囿也至孝武世出師征伐斥奪此地攘之於幕北（師古曰斥開也攘卻也音人羊反）建塞徼起亭隧（師古曰隧謂深開小道而行避敵鈔寇也隧音遂）築外城設屯戍以守之然後邊境得用少安幕北地平少草木多大沙匈奴來寇少所蔽隱從塞以南徑深山谷往來差難邊長老言匈奴失陰山之後過之未嘗不哭也如罷備塞戍卒示夷狄之大利不可一也今聖德廣被天覆匈奴（師古曰如天之覆也）得蒙全活之恩稽首來臣夫夷狄之情困則卑順彊則驕逆天性然也前以罷外城省亭隧今裁足以候望通烽火而已古者安不忘危不可復罷二

也中國有禮義之教刑罰之誅愚民猶尚犯禁又況單于能必其衆不犯約哉三也（師古曰必極也極保之也）自中國尚建關梁以制諸侯所以絕臣下之覬欲也（師古曰覬音冀）設塞徼置屯戍非獨爲匈奴而已亦爲諸屬國降民本故匈奴之人恐其思舊逃亡四也近西羌保塞與漢人交通吏民貪利侵盜其畜產妻子以此怨恨起而背畔世世不絕今罷乘塞則生嫚易分爭之漸五也（師古曰乘塞登之而守也嫚易猶相欺侮也易音弋豉反）往者從軍多沒不還者子孫貧困一旦亡出從其親戚六也又邊人奴婢愁苦欲亡者多曰聞匈奴中樂無柰候望

急何然時有亡出塞者七也盜賊桀黠羣輩犯法
如其窘急亡走北出則不可制八也起塞以來百
有餘年非皆以土垣也或因山巖石木柴僵落谿
谷水門（師古曰僵落謂山上樹木摧折或立死枯僵墯落者僵音薑）稍稍平之卒徒築治
功費久遠不可勝計臣恐議者不深慮其終始欲
以壹切省繇戍（師古曰一切謂權時也解在平紀繇讀曰傜）十年之外百歲之
內卒有它變障塞破壞亭隧滅絕當更發屯繕治
累世之功不可卒復九也（師古曰卒讀皆曰猝）如罷戍卒省候
望單于自以保塞守御必深德漢（師古曰於漢自稱恩德也）請求
無已小失其意則不可測開夷狄之隙虧中國之

固十也非所以永持至安威制百蠻之長策也對
奏天子有詔勿議罷邊塞事使車騎將軍口諭單
于（師古曰將軍許嘉也諭謂曉告）曰單于上書願罷北邊吏士屯戍子
孫世世保塞單于鄉慕禮義（師古曰鄉讀曰嚮）所以為民計
者甚厚此長久之策也朕甚嘉之中國四方皆有
關梁障塞非獨以備塞外也亦以防中國姦邪放
縱出為寇害故明法度以專衆心也敬諭單于之
意（師古曰言已曉知其意也）朕無疑焉為單于怪其不罷故使大
司馬車騎將軍嘉曉單于單于謝曰愚不知大計
天子幸使大臣告語甚厚初左伊秩訾為呼韓邪

畫計歸漢竟以安定其後或讒伊秩訾自伐其功
常鞅鞅（師古曰伐謂矜其功力）呼韓邪疑之左伊秩訾懼誅將
其衆千餘人降漢漢以為關內侯食邑三百戶令
佩其王印綬（師古曰雖於漢為關內侯而依匈奴王號與印綬）及竟寧中呼韓邪
來朝與伊秩訾相見謝曰王為我計甚厚令匈奴
至今安寧王之力也德豈可忘我失王意使王去
不復顧留（師古曰言不復顧念而留住匈奴中）皆我過也今欲白天子請
王歸庭伊秩訾曰單于賴天命自歸於漢得以安
寧單于神靈天子之祐也我安得力既已降漢又
復歸匈奴是兩心也願為單于侍使於漢不敢聽

命（師古曰言為單于充使留侍於漢不能還匈奴）單于固請不能得而歸王昭君
號寧胡閼氏（師古曰言胡得之國以安寧也）生一男伊屠智牙師為右
日逐王呼韓邪立二十八年建始二年死始呼韓
邪嬖左伊秩訾兄呼衍王女二人長女顓渠閼氏
生二子長曰且莫車（師古曰且音子餘反）次曰囊知牙斯少女
為大閼氏生四子長曰雕陶莫皐次曰且糜胥（師古曰且音子餘反胥音先於反）皆小於
囊知牙斯又它閼氏子十餘人顓渠閼氏貴且莫
車愛呼韓邪病且死欲立且莫車其母顓渠閼氏
曰匈奴亂十餘年不絕如髮賴蒙漢力故得復安

今平定未久人民創艾戰鬬（師古曰創初亮反艾讀曰乂）且莫車年少百姓未附恐復危國我與大閼氏一家共子（師古曰一家言親姊妹也共子兩人所生恩慈無別也）不如立雕陶莫皋大閼氏曰且莫車雖少大臣共持國事今舍貴立賤後世必亂（師古曰舍謂棄置也）單于卒從顓渠閼氏計立雕陶莫皋約令傳國與弟呼韓邪死雕陶莫皋立爲復株絫若鞮單于（師古曰復音服絫音力追反）復株絫若鞮單于立遣子右致盧兒王醞諧屠奴侯入侍以且麋胥爲左賢王且莫車爲左谷蠡王囊知牙斯爲右賢王復株絫單于復妻王昭君生二女長女云爲須卜居次（李奇曰居次者女之號若漢言公主也文穎曰須卜氏匈奴貴族也）小女爲當于居次（文穎曰當于亦匈奴大族也師古曰須卜當于皆其夫家氏族）河平元年單于遣右皋林王伊邪莫演等奉獻朝正月（師古曰演音衍）既罷遣使者送至蒲反（師古曰河東之縣也）伊邪莫演言欲降即不受我我自殺終不敢還歸使者以聞下公卿議議者或言宜如故事受其降光祿大夫谷永議郎杜欽以爲漢興匈奴數爲邊害故設金爵之賞以待降者今單于詘體稱臣列爲北藩遣使朝賀無有二心漢家接之宜異於往時今既享單于聘貢之質（師古曰享當也質誠也）而更受其逋逃之臣是貪一夫之得而失一國之心擁有罪之

臣而絕慕義之君也假令單于初立欲委身中國未知利害（師古曰假令猶言或當也）私使伊邪莫演詐降以卜吉凶受之虧德沮善（師古曰沮壞也音材汝反）令單于自疏不親邊吏或者設爲反間欲因而生隙（師古曰間音居莧反）受之適合其策使得歸曲而直責（師古曰歸曲於漢而以直義來責也）此誠邊竟安危之原師旅動靜之首（師古曰竟讀曰境）不可不詳也不如勿受以昭日月之信抑詐諼之謀懷附親之心便（師古曰諼詐辭也音許遠反）對奏天子從之遣中郎將王舜往問降狀伊邪莫演曰我病狂妄言耳遣去歸到官位如故不肯令見漢使明年單于上書願朝河平四年正月遂入朝加賜錦繡繒帛二萬匹絮二萬斤它如竟寧時復株絫單于立十歲鴻嘉元年死弟且麋胥立爲搜諧若鞮單于搜諧單于立遣子左祝都韓王朐留斯侯入侍（師古曰朐音許于反）以且莫車爲左賢王搜諧單于立八歲元延元年爲朝二年發行（師古曰欲會二年歲首之朝禮故豫發其國而行）未入塞病死弟且莫車立爲車牙若鞮單于車牙單于立遣子右於涂仇撣王烏夷當入侍（師古曰涂音徒撣音纏）以囊知牙斯爲左賢王車牙單于立四歲綏和元年死弟囊知牙斯立爲烏珠留若鞮單于烏珠留單于立以第二閼氏子樂爲左賢

王以第五閼氏子輿爲右賢王師古曰此二人皆烏珠留之弟也第二閼氏即上所謂大閼氏也第五閼氏亦呼韓邪單于之閼氏遣子右股奴王烏鞮牙斯入侍漢遣中郎將夏侯藩副校尉韓容使匈奴時帝舅大司馬票騎將軍王根領尚書事或說根曰匈奴有斗入漢地直張掖郡師古曰斗絕也直當也生奇材木箭竿就羽師古曰就大鵰也黃頭赤目其羽可爲箭竿音工旱反如得之於邊甚饒國家有廣地之實將軍顯功垂於無窮根爲上言其利上直欲從單于求之師古曰直猶正爾爲有不得傷命損威師古曰詔命不行故云傷命也根即但以上指曉藩令從藩所說而求之師古曰自以藩意說單于而求之藩至匈奴以語次說單于曰竊見匈奴

斗入漢地直張掖郡漢三都尉居塞上士卒數百人寒苦候望久勞單于宜上書獻此地直斷閼之省兩都尉士卒數百人以復天子厚恩師古曰復亦報其報必大師古曰漢得此地必厚報賞單于單于曰此天子詔語邪將從使者所求也藩曰詔指也然藩亦爲單于畫善計耳單于曰孝宣孝元皇帝哀憐父呼韓邪單于從長城以北匈奴有之此溫偶駼王所居地也師古曰偶音五口反駼音塗又下亦同未曉其形狀所生請遣使問之師古曰所生謂山之所出草木鳥獸爲用者藩容歸漢後復使匈奴至則求地單于曰父兄傳五世漢不求此地至知獨求何也已問溫偶

駼王匈奴西邊諸侯作穹廬及車皆仰此山材木師古曰謂諸小王爲諸侯者效中國之言耳仰音牛向反且先父地不敢失也藩還遷爲太原太守單于遣使上書以藩求地狀聞詔報單于曰藩擅稱詔從單于求地法當死更大赦二師古曰更經也音功衡反今徙藩爲濟南太守不令當匈奴明年侍子死歸葬復遣子左於駼仇撣王稽留昆入侍師古曰撣音纏稽音雞至哀帝建平二年烏孫庶子卑援疐師古曰援音爰疐音竹二反翕侯人衆入匈奴西界寇盜牛畜頗殺其民單于聞之遣左大當戶烏夷泠師古曰泠音零將五千騎擊烏孫殺數百人略千餘人敺牛畜去師古曰敺與驅同卑

援疐恐遣子趨逯爲質匈奴師古曰逯音錄單于受以狀聞漢遣中郎將丁野林副校尉公乘音使匈奴責讓單于告令還歸卑援疐質子單于受詔遣歸建平四年單于上書願朝五年時哀帝被疾或言匈奴從上游來厭人服虔曰游猶流也河水從西北來故曰上游也師古曰上游亦惣謂地形耳不必係於河水也厭音一涉反自黃龍竟寧時單于朝中國輒有大故師古曰大故謂國之大喪上由是難之以問公卿亦以爲虛費府帑師古曰府物所聚也帑藏金帛之所也音它莽反又音奴可且勿許單于使辭去未發黃門郎楊雄上書諫曰臣聞六經之治貴於未亂兵家之勝貴於未戰師古曰已亂而後治之戰鬬而後獲勝則不足貴二者皆微師古曰微謂精

妙也然而大事之本不可不察也今單于上書求朝國家不許而辭之臣愚以為漢與匈奴從此隙矣本北地之狄五帝所不能臣三王所不能制其不可使隙甚明臣不敢遠稱請引秦以來明之以秦始皇之彊蒙恬之威帶甲四十餘萬然不敢窺西河迺築長城以界之會漢初興以高祖之威靈三十萬衆困於平城士或七日不食時奇譎之士石畫之臣甚衆鄧展曰石大也師古曰石言堅固如石也畫計策也音獲卒其所以脫者世莫得而言也師古曰卒終也莫得而言謂自免之計其事醜惡故不傳又高皇后嘗忿匈奴羣臣庭議樊噲請以十萬衆橫行匈奴中季布曰噲可斬也妄阿順指於是大臣權書遺之師古曰以權道為書順辭以荅之然後匈奴之結解中國之憂平及孝文

時匈奴侵暴北邊候騎至雍甘泉京師大駭發三將軍屯細柳棘門霸上以備之數月迺罷孝武即位設馬邑之權欲誘匈奴使韓安國將三十萬衆徼於便墬師古曰徼要也音工堯反墬古地字匈奴覺之而去徒費財勞師一虜不可得見況單于之面乎其後深惟社稷之計規恢萬載之策師古曰恢大也迺大興師數十萬使衞青霍去病操兵前後十餘年師古曰操持也音千高反於是浮西河絕大幕破寘顏襲王庭窮極其地追奔逐北封狼居胥山禪於姑衍以臨翰海師古曰積土為封而又禪祭也虜名王貴人以百數自是之後匈奴震怖益求和親然而未肯稱臣也且夫前世豈樂傾無量之費役無罪之人快心於狼望之北哉師古曰匈奴中地名也以為不壹勞者不久佚不暫費者不永寧師古曰佚與逸同是以忍百萬之師以摧餓虎之喙運府庫之財塡盧山之壑而不悔也師古曰喙口也摧百萬之師於餓虎之口也盧山匈奴中山也壑音許穫反至本始之初匈奴有桀心師古曰桀堅也言其起立不順欲掠烏孫侵公主迺發五將之師十五萬騎獵其南而長羅侯以烏孫五萬騎震其西皆至質而還師古曰質信也謂所期處時鮮有所獲師古曰鮮少也音先踐反

徒奮揚威武明漢兵若雷風耳雖空行空反尚誅兩將軍故北狄不服中國未得高枕安寢也逮至元康神爵之間大化神明鴻恩溥洽而匈奴內亂五單于爭立日逐呼韓邪攜國歸死扶伏稱臣師古曰伏音蒲北反然尚羈縻之計不顓制師古曰顓與專同專制謂以為臣妾也自此之後欲朝者不距不欲者不彊師古曰彊音其兩反何者外國天性忿鷙師古曰鷙很也音竹二反形容魁健師古曰魁大也負力怙氣師古曰負恃也難化以善易隸以惡師古曰隸謂附屬之也惡謂威也其彊難詘其和難得故未服之時勞師遠攻傾國殫貨伏尸流血破堅拔敵如彼之難也既服之後慰薦撫循交

接賂遺威儀俯仰如此之備也往時嘗屠大宛之城蹈烏桓之壘探姑繒之壁（師古曰姑繒謂西南夷種也在益州見昭紀也）藉蕩姐之場（劉德曰羌屬也師古曰藉猶蹈也姐音紫）艾朝鮮之旃拔兩越之旗（師古曰艾讀曰刈刈絕也）近不過旬月之役遠不離二時之勞（師古曰離歷也三月爲一時）固已犂其庭掃其閭（師古曰犂耕也）郡縣而置之雲徹席卷後無餘菑（師古曰菑古災字也）唯北狄爲不然眞中國之堅敵也三垂比之懸矣前世重之茲甚（師古曰茲益也）未易可輕也今單于歸義懷款誠之心欲離其庭陳見於前此迺上世之遺策神靈之所想望國家雖費不得已者也（師古曰已止也）柰何距以來厭之辭疏以無

日之期消往昔之恩開將來之隙夫款而隙之使有恨心負前言緣往辭（師古曰言單于因緣往昔和好之辭以怨漢也）歸怨於漢因以自絕終無北面之心威之不可諭之不能焉得不爲大憂乎夫明者視於無形聰者聽於無聲誠先於未然即蒙恬樊噲不復施棘門細柳不復備馬邑之策安所設衛霍之功何得用五將之威安所震（師古曰先於未然謂計策素定豫辯折衝）不然壹有隙之後雖智者勞心於內辯者轂擊於外（師古曰轂擊言使車交馳其轂相擊也）猶不若未然之時也且往者圖西域制車師（師古曰圖謀也）置城郭都護三十六國費歲以大萬計者（師古曰財用之費一歲數百萬也）豈

爲康居烏孫能踰白龍堆而寇西邊哉（孟康曰龍堆形如土龍身無頭有尾高大者二三丈埤者丈餘皆東北向相似也在西域中）迺以制匈奴也夫百年勞之一日失之費十而愛一臣竊爲國不安也唯陛下少留意於未亂未戰以遏邊萌之禍書奏天子寤焉召還匈奴使者更報單于書而許之賜雄帛五十匹黃金十斤單于未發會病復遣使願朝明年故事單于朝從名王以下及從者二百餘人單于又上書言蒙天子神靈人民盛壯願從五百人入朝以明天子盛德上皆許之元壽二年單于來朝上以太歲厭勝所在（師古曰厭音一涉反）舍之上林苑蒲陶

宮（師古曰舍止宿）告之以加敬於單于（師古曰云以敬於單于故令止上林）單于知之加賜衣三百七十襲錦繡繒帛三萬匹絮三萬斤它如河平時既罷遣中郎將韓況送單于單于出塞到休屯井北度車田盧水道里回遠（師古曰回音胡內反）況等乏食單于迺給其粮失期不還五十餘日初上遣稽留昆隨單于去到國復遣稽留昆同母兄右大且方與婦入侍（師古曰且音子閭反）還歸復遣且方同母兄左日逐王都與婦入侍是時漢平帝幼太皇太后稱制新都侯王莽秉政欲說太后以威德至盛異於前（師古曰說讀曰悅以此事取悅於太后）迺風單于（師古曰風讀曰諷）令遣王

昭君女須卜居次云入侍（師古曰云者其女名）太后所以賞賜
之甚厚會西域車師後王句姑（師古曰句音鉤）去胡來王唐
兜（師古曰爲其去胡而來降漢故以爲王號）皆怨恨都護校尉將妻子人民
亡降匈奴語在西域傳單于受置左谷蠡地遣使
上書言狀曰臣謹已受詔遣中郎將韓隆王昌副
校尉甄阜侍中謁者帛敞長水校尉王歙使匈奴
（師古曰歙音翕）告單于曰西域內屬不當得受（師古曰既屬漢家不得復臣匈奴）
今遣之（師古曰今即遣還）單于曰孝宣孝元皇帝哀憐爲作
約束自長城以南天子有之長城以北單于有之
有犯塞輒以狀聞有降者不得受臣知父呼韓邪

單于蒙無量之恩死遺言曰有從中國來降者勿
受輒送至塞以報天子厚恩此外國也得受之使
者曰匈奴骨肉相攻國幾絕（師古曰幾音鉅依反）蒙中國大恩
危亡復續妻子完安累世相繼宜有以報厚恩單
于叩頭謝罪執二虜還付使者詔使中郎將王萌
待西域惡都奴界上逆受（服虔曰惡都奴西域之谷名也師古曰逆迎也迎而受之）單
于遣使送到國因請其罪使者以聞有詔不聽（師古
曰不免其罪）會西域諸國王斬以示之迺造設四條（師古曰更新爲
此制也）中國人亡入匈奴者烏孫亡降匈奴者西域諸
國佩中國印綬降匈奴者烏桓降匈奴者皆不得

受遣中郎將王駿王昌副校尉甄阜王尋使匈奴
班四條與單于雜函封（師古曰與璽書同一函而封之）付單于令奉
行因收故宣帝所爲約束封函還時莽奏令中國
不得有二名因使使者以風單于（師古曰風讀曰諷）宜上書
慕化爲一名漢必加厚賞單于從之上書言幸得
備藩臣竊樂太平聖制臣故名囊知牙斯今謹更
名曰知莽大說（師古曰說讀曰悅）白太后遣使者荅諭厚賞
賜焉漢既班四條後護烏桓使者告烏桓民毋得
復與匈奴皮布稅匈奴以故事遣使者責烏桓稅
（師古曰故時常稅是以求之）匈奴人民婦女欲賈販者皆隨往焉烏

桓距曰奉天子詔條不當予匈奴稅匈奴使怒收
烏桓酋豪縛到縣之酋豪昆弟怒共殺匈奴使及
其官屬收略婦女馬牛單于聞之遣使發左賢王
兵入烏桓責殺使者因攻擊之烏桓分散或走上
山或東保塞匈奴頗殺人民毆婦女弱小且千人
去（師古曰毆與驅同）置左地告烏桓曰持馬畜皮布來贖之
烏桓見略者親屬二千餘人持財畜往贖匈奴受
留不遣（師古曰受其皮布而留人不遣）王莽之篡位也建國元年遣五
威將王駿率甄阜王颯陳饒帛敞丁業六人（師古曰颯音立）
多齎金帛重遺單于諭曉以受命代漢狀因易單

于故印故印文曰匈奴單于璽莽更曰新匈奴單
于章師古曰新者莽自係其國號將率既至授單于印紱師古曰紱者印之組也音弗
詔令上故印紱單于再拜受詔譯前欲解取故印
紱單于舉掖授之左姑夕侯蘇從旁謂單于曰未
見新印文宜且勿與單于止不肯與請使者坐穹
廬單于欲前爲壽五威將曰故印紱當以時上單
于曰諾復舉掖授譯蘇復曰未見印文且勿與單
于曰印文何由變更遂解故印紱奉上將率受著
新紱不解視印飲食至夜迺罷右率陳饒謂諸將
率曰鄉者姑夕侯疑印文幾令單于不與人師古曰鄉讀曰嚮

幾音鉅依反如今視印見其變改必求故印此非辭說所
能距也既得而復失之辱命莫大焉不如椎破故
印以絕禍根將率猶與莫有應者師古曰與讀曰豫饒燕士
果悍師古曰果決也悍勇也音胡幹反即引斧椎壞之明日單于果遣
右骨都侯當白將率曰漢賜單于印言璽不言章
又無漢字諸王已下迺有漢言章今即去璽加新
與臣下無別願得故印將率示以故印謂曰新室
順天制作故印隨將率所自爲破壞單于宜承天
命奉新室之制當還白單于知已無可柰何又多
得賂遺即遣弟右賢王輿奉馬牛隨將率入謝因

上書求故印將率還到左犂汙王咸所居地見烏
桓民多以問咸咸具言狀師古曰謂前驅略得婦女弱小贖之不還者將率
曰前封四條不得受烏桓降者亟還之師古曰亟急也音居力反
咸曰請密與單于相聞得語歸之單于使咸報曰
當從塞內還之邪從塞外還之邪將率不敢顓決
以聞詔報從塞外還之單于始用夏侯藩求地有
距漢語後以求稅烏桓不得因寇略其人民釁由
是生重以印文改易師古曰重音直用反故怨恨迺遣右大且
渠蒲呼盧訾等十餘人將兵衆萬騎以護送烏桓
爲名師古曰陽言云護送烏桓人衆實來爲寇勒兵朔方塞下朔方太守以

聞明年西域車師後王須置離謀降匈奴都護但
欽誅斬之置離兄狐蘭支將人衆二千餘人敺畜
產舉國亡降匈奴師古曰敺與驅同舉其一國之人皆亡降也單于受之狐
蘭支與匈奴共入寇擊車師殺後成長師古曰後成車師小國名
也長其長帥也傷都護司馬復還入匈奴時戊己校尉史陳
良終帶司馬丞韓玄右曲候任商等見西域頗背
叛聞匈奴欲大侵恐并死即謀劫略吏卒數百人
共殺戊己校尉刀護師古曰刀音貂遣人與匈奴南犂汙王
南將軍相聞匈奴南將軍二千騎入西域迎良等
良等盡脅略戊己校尉吏士男女二千餘人入匈

奴玄商留南將軍所良帶徑至單于庭人衆別置
零吾水上田居單于號良帶曰烏桓都將軍留居
單于所數呼與飲食西域都護但欽上書言匈奴
南將軍右伊秩訾將人衆寇擊諸國莽於是大分
匈奴爲十五單于遣中郎將藺苞副校尉戴級將
兵萬騎多齎珍寶至雲中塞下招誘呼韓邪單于
諸子欲以次拜之使譯出塞誘呼右犂汗王咸咸
子登助三人至則脅拜咸爲孝單于賜安車鼓車
各一黃金千斤雜繒千匹戲戟十師古曰戲戟有旗之戟也戲音許宜反又
音麾拜助爲順單于賜黃金五百斤傳送助登長安

莽封苞爲宣威公拜爲虎牙將軍封級爲揚威公
拜爲虎賁將軍單于聞之怒曰先單于受漢宣帝
恩不可負也今天子非宣帝子孫何以得立遣左
骨都侯右伊秩訾王呼盧訾及左賢王樂將兵入
雲中益壽塞大殺吏民是歲建國三年也是後單
于歷告左右部都尉諸邊王入塞寇盜大輩萬餘
中輩數千少者數百殺鴈門朔方太守都尉略吏
民畜產不可勝數緣邊虛耗莽新即位怙府庫之
富欲立威迺拜十二部將率發郡國勇士武庫精
兵各有所屯守轉委輸於邊議滿三十萬衆齎三

百日糧同時十道並出窮追匈奴內之于丁令師古
曰逐之遣入丁令地令音零因分其地立呼韓邪十五子莽將嚴尤
諫曰臣聞匈奴爲害所從來久矣未聞上世有必
征之者也後世三家周秦漢征之然皆未有得上
策者也周得中策漢得下策秦無策焉當周宣王
時獫允內侵至于涇陽命將征之盡境而還其視
戎狄之侵譬猶蟁䖟之螫毆之而已師古曰蟁古蚊字也䖟音盲螫音式
亦反毆與驅同故天下稱明是爲中策漢武帝選將練兵約
齎輕糧深入遠戍師古曰約少也少齎衣裝雖有克獲之功胡輒
報之兵連禍結三十餘年中國罷耗匈奴亦創艾

師古曰罷讀曰疲耗損也創音初向反艾讀曰乂次下亦同而天下稱武是爲下策秦始
皇不忍小恥而輕民力築長城之固延袤萬里師古
曰袤長也音茂轉輸之行起於負海疆境既完中國內竭以
喪社稷是爲無策今天下遭陽九之戹比年飢饉
西北邊尤甚發三十萬衆具三百日糧東援海代
南取江淮然後乃備師古曰援引也音爰計其道里一年尚未
集合兵先至者聚居暴露師老械弊埶不可用此
一難也邊既空虛不能奉軍糧內調郡國不相及
屬此二難也師古曰調發也音徒釣反屬音之欲反計一人三百日食用糒十
八斛非牛力不能勝牛又當自齎食加二十斛重

矣胡地沙鹵多乏水草以往事揆之軍出未滿百日牛必物故且盡（師古曰物故謂死也）餘糧尚多人不能負此三難也胡地秋冬甚寒春夏甚風多齎鬴鍑薪炭（師古曰鬴古釜字也鍑釜之大口者也鍑音富）重不可勝食糒飲水以歷四時師有疾疫之憂是故前世伐胡不過百日非不欲久埶力不能此四難也輜重自隨則輕鋭者少（師古曰重直用反其下亦同）不得疾行虜徐遁逃埶不能及幸而逢虜又累輜重（師古曰累音力瑞反）如遇險阻銜尾相隨（師古曰銜馬銜也尾馬尾也言前後單行不得並驅）虜要遮前後危殆不測此五難也大用民力功不可必立臣伏憂之今既發兵宜縱先至

者令臣尤等深入霆擊且以創艾胡虜（師古曰請以見到之兵且以擊虜）莽不聽尤言轉兵穀如故天下騷動咸既受莽孝單于之號馳出塞歸庭具以見脅狀白單于單于更以為於粟置支侯匈奴賤官也後助病死莽以登代助為順單于厭難將軍陳欽（師古曰厭音一涉反）震狄將軍王巡屯雲中葛邪塞是時匈奴數為邊寇殺將率吏士略人民歐畜產去甚眾（師古曰歐與驅同）捕得虜生口驗問皆曰孝單于咸子角數為寇兩將以聞四年莽會諸蠻夷斬咸子登於長安市初北邊自宣帝以來數世不見煙火之警人民熾盛牛馬

布野及莽撓亂匈奴與之構難（師古曰撓攪也音火高反）邊民死亡係獲又十二部兵久屯而不出吏士罷弊（師古曰罷讀曰疲）數年之間北邊虛空野有暴骨矣烏珠留單于立二十一歲建國五年死匈奴用事大臣右骨都侯須卜當即王昭君女伊墨居次云之壻也云常欲與中國和親又素與咸厚善見咸前後為莽所拜故遂越輿而立咸為烏累若鞮單于（師古曰累音力追反）烏累單于咸立以弟輿為左谷蠡王烏珠留單于子蘇屠胡本為左賢王以弟屠耆閼氏子盧渾為右賢王（師古曰渾音胡昆反）烏珠留單于在時左賢王數死以為

其號不祥更易命左賢王曰護于護于之尊最貴次當為單于故烏珠留單于授其長子以為護于欲傳以國咸怨烏珠留單于貶賤己號不欲傳國及立貶護于為左屠耆王云當遂勸咸和親天鳳元年云當遣人之西河虎猛制虜塞下（師古曰武猛縣名制虜塞在其界）告塞吏曰欲見和親侯和親侯王歙者王昭君兄子也（師古曰歙音翕）中部都尉以聞莽遣歙歙弟騎都尉展德侯颯使匈奴（師古曰颯音立）賀單于初立賜黃金衣被繒帛紿言侍子登在因購求陳良終帶等單于盡收四人及手殺校尉刁護賊芝音妻子以下二十

七人皆械檻付使者遣廚唯姑夕王富等四十人送歙颯莽作焚如之刑燒殺陳良等（應劭曰易有焚如死如棄如之言莽依此作刑名也如淳曰焚如死如棄如者謂不孝子也不畜於父母不容於朋友故燒殺棄之莽依此作刑名也師古曰易離卦九四爻辭也）罷諸將率屯兵但置游擊都尉單于貪莽賂遺故外不失漢故事然內利寇掠又使還知子登前死怨恨寇虜從左地入不絕（師古曰入爲寇而虜掠）使者問單于輒曰烏桓與匈奴無狀黠民共爲寇入塞譬如中國有盜賊耳咸初立持國威信尚淺盡力禁止不敢有二心天鳳二年五月莽復遣歙與五威將王咸率伏黯丁業等六人使送右廚唯姑夕王因奉歸

前所斬侍子登及諸貴人從者喪皆載以常車（劉德曰縣易車也舊司農出錢市車縣次易牛也）至塞下單于遣云當子男大且渠奢等至塞迎咸等至多遺單于金珍因諭說改其號號匈奴曰恭奴單于曰善于賜印綬封骨都侯當爲後安公當子男奢爲後安侯單于貪莽金幣故曲聽之然寇盜如故咸歙又以陳良等購金付云當令自差與之（師古曰差其次第多少）十二月還入塞莽大喜賜歙錢二百萬悉封黯等單于咸立五歲天鳳五年死弟左賢王輿立爲呼都而尸道皋若鞮單于匈奴謂孝曰若鞮自呼韓邪後與漢親密見漢謚帝爲孝慕之故皆爲若鞮呼都而尸單于輿既立貪利賞賜遣大且渠奢與云女弟當戶居次子醯櫝王（師古曰櫝音讀）俱奉獻至長安莽遣和親侯歙與奢等俱至制虜塞下與云當會因以兵迫脅將至長安云當小男從塞下得脫歸匈奴當至長安莽拜爲須卜單于欲出大兵以輔立之兵調度亦不合而匈奴愈怒並入北邊北邊由是壞敗會當病死莽以其庶女陸逯任妻後安公奢（李奇曰陸逯邑也莽改公主曰任奢本爲侯莽以女妻之故進爵爲公師古曰逯音錄任音壬）所以尊寵之甚厚終爲欲出兵立之者（師古曰言爲此計意不止）會漢兵誅莽云奢亦死更始二

年冬漢遣中郎將歸德侯颯大司馬護軍陳遵使匈奴授單于漢舊制璽綬王侯以下印綬因送云當餘親屬貴人從者單于輿驕謂遵颯曰匈奴本與漢爲兄弟匈奴中亂（師古曰言中間之時也亂讀如本字又音竹仲反）孝宣皇帝輔立呼韓邪單于故稱臣以尊漢今漢亦大亂爲王莽所篡匈奴亦出兵擊莽空其邊境令天下騷動思漢莽卒以敗而漢復興亦我力也當復尊我遵與相掌距（師古曰掌謂支柱也音丈庚反又丑庚反）單于終持此言其明年夏還會赤眉入長安更始敗

贊曰書戒蠻夷猾夏（師古曰虞書舜典載舜命皋陶作士之言也猾亂也夏謂中夏諸國也）

詩稱戎狄是膺(師古曰魯頌閟宮之詩美僖公與師與齊桓討難膺當也)春秋有道守在四夷(師古曰春秋左氏傳昭三十二年楚囊瓦爲令尹城郢沈尹戌曰古者天子守在四夷言德及遠)久矣夷狄之爲患也故自漢興忠言嘉謀之臣曷嘗不運籌策相與爭於廟堂之上乎高祖時則劉敬呂后時樊噲季布孝文時賈誼朝錯孝武時王恢韓安國朱買臣公孫弘董仲舒人持所見各有同異然總其要歸兩科而已縉紳之儒則守和親介冑之士則言征伐皆偏見一時之利害而未究匈奴之終始也自漢興以至于今曠世歷年多於春秋其與匈奴有脩文而和親之矣有用武而克伐之矣

有卑下而承事之矣(師古曰下音胡亞反)有威服而臣畜之矣詘伸異變強弱相反是故其詳可得而言也昔和親之論發於劉敬是時天下初定新遭平城之難故從其言約結和親賂遺單于冀以救安邊境孝惠高后時遵而不違匈奴寇盜不爲衰止而單于反以加驕倨逮至孝文與通關市妻以漢女增厚其賂歲以千金而匈奴數背約束邊境屢被其害是以文帝中年赫然發憤遂躬戎服親御鞌馬從六郡良家材力之士(師古曰六郡謂隴西天水安定北地上郡西河也其安定天水西河武帝所置耳史本其土地而追言之也)馳射上林講習戰陳聚天下精兵軍於廣

武顧問馮唐與論將帥喟然歎息思古名臣此則和親無益已然之明效也仲舒親見四世之事猶復欲守舊文頗增其約以爲義動君子利動貪人如匈奴者非可以仁義說也(師古曰此說謂勸諭)獨可說以厚利結之於天耳(師古曰此說讀曰悅)故與之厚利以沒其意(師古曰沒溺也)與盟於天以堅其約質其愛子以累其心(師古曰累音力端反)匈奴雖欲展轉柰失重利何柰欺上天何柰殺愛子何(師古曰展轉謂移動其心)夫賦斂行賂不足以當三軍之費城郭之固無以異於貞士之約(晉灼曰堅城固守不勝遣貞士爲和約也)而使邊城守境之民父兄緩帶稚子咽哺(師古曰咽吞也哺謂所食在口者也咽音宴哺音捕)

胡馬不窺於長城而羽檄不行於中國不亦便於天下乎察仲舒之論考諸行事迺知其未合於當時而有闕於後世也當孝武時雖征伐克獲而士馬物故亦略相當雖開河南之野建朔方之郡亦棄造陽之北九百餘里匈奴人民每來降漢單于亦輒拘留漢使以相報復(師古曰復音扶目反)其桀驁尚如斯(師古曰驁與傲同)安肯以愛子而爲質乎此不合當時之言也若不置質空約和親是襲孝文既往之悔而長匈奴無已之詐也(師古曰襲重也重疊爲其事)夫邊城不選守境武略之臣脩障隧備塞之具厲長戟

勁弩之械恃吾所以待邊寇而務賦斂於民遠行貨賂割剝百姓以奉寇讎信甘言守空約而幾胡馬之不窺不已過乎師古曰幾讀曰冀至孝宣之世承武帝奮擊之威直匈奴百年之運師古曰直當也因其壞亂幾亡之阸師古曰幾近也音鉅依反權時施宜覆以威德然後單于稽首臣服遣子入侍三世稱藩賓於漢庭是時邊城晏閉牛馬布野師古曰晏晚也三世無犬吠之警藜庶亡干戈之役師古曰藜古黎字後六十餘載之間遭王莽簒位始開邊隙單于由是歸怨自絕莽遂斬其侍子邊境之禍構矣故呼韓邪始朝於漢漢議其儀而蕭望

之曰戎狄荒服言其來服荒忽無常時至時去宜待以客禮讓而不臣如其後嗣遯逃竄伏師古曰遯古遁字使於中國不爲叛臣及孝元時議罷守塞之備侯應以爲不可可謂盛不忘衰安必思危遠見識微之明矣至單于咸棄其愛子昧利不顧師古曰昧貪也音妹侵掠所獲歲鉅萬計而和親賂遺不過千金安在其不棄質而失重利也仲舒之言漏於是矣夫規事建議不圖萬世之固而媮恃一時之事者未可以經遠也師古曰媮與偷同若乃征伐之功秦漢行事嚴尤論之當矣故先王度土中立封畿師古曰度音大各反中音竹仲反分九州列五服師古曰九州五服解並在前物土貢制外內師古曰物土貢者各因其土所生之物而貢之也制外內謂五服之差遠近異制或脩刑政或昭文德遠近之埶異也是以春秋內諸夏而外夷狄師古曰春秋成十五年諸侯會吳于鍾離公羊傳曰曷爲殊會吳外吳也曷爲外也春秋內其國而外諸夏內諸夏而外夷狄也夷狄之人貪而好利被髮左衽人面獸心其與中國殊章服異習俗飲食不同言語不通辟居北垂寒露之野師古曰辟讀曰僻逐草隨畜射獵爲生隔以山谷雍以沙幕師古曰雍讀曰壅天地所以絕外內也是故聖王禽獸畜之不與約誓不就攻伐約之則費賂而見欺攻之則勞師而招寇其地不可耕而食也其民不可臣而畜也是以外

而不內疏而不戚師古曰戚近也政教不及其人正朔不加其國來則懲而御之去則備而守之師古曰懲謂使其創乂其慕義而貢獻則接之以禮讓羈縻不絕使曲在彼蓋聖王制御蠻夷之常道也

匈奴傳卷第六十四下

西南夷兩粵朝鮮傳第六十五　班固　漢書九十五

秘書監上護軍琅邪縣開國子顏　師古　注

南夷君長以十數夜郎最大（師古曰後爲縣屬牂柯郡）其西靡莫之屬以十數滇最大（師古曰地有滇池因爲名也滇音顚）自滇以北君長以十數邛都最大（師古曰今之邛州本其地）此皆椎結（師古曰椎音直追反結讀曰髻爲髻如椎之形也陸賈傳及貨殖傳皆作魋字音義同耳此下朝鮮傳亦同）耕田有邑聚其外西自桐師以東北至葉榆（師古曰葉榆澤名因以立號後爲縣屬益州郡）名爲嶲昆明（師古曰嶲即今之嶲州也昆明又在其西南即今之南寧州諸爨所居是其地也嶲音髓）編髮（師古曰編讀曰辮音步典反）隨畜移徙亡常處亡君長地方可數千里自嶲以東北君長以十數徙莋都最大（師古曰徙及莋都二國也徙後爲徙縣屬蜀郡莋都後爲沈黎郡徙音斯莋音材各反）自莋以東北君長以十數冉駹最大（師古曰今夔州開州首領多姓冉者本皆冉種也駹音尨）其俗或土著或移徙（師古曰土著謂有常居著於土地也著音直略反）在蜀之西自駹以東北君長以十數白馬最大皆氐類也此皆巴蜀西南外蠻夷也始楚威王時使將軍莊蹻將兵循江上（師古曰循順也謂緣江而上也蹻音居略反）略巴黔中以西（師古曰黔中即今黔州是其地本巴人也）莊蹻者楚莊王苗裔也蹻至滇池方三百里（師古曰地理志益州滇池縣其澤在西北華陽國志云澤下流淺狹狀如倒池故曰滇池）旁平地肥饒數千里（師古曰池旁之地也）以兵威定屬楚欲歸報會秦擊奪楚巴黔中郡道塞不通因迺以其衆王滇變服從其俗以長之（師古曰爲其長帥也）秦時嘗破

略通五尺道（師古曰其處險阸故道纔廣五尺）諸此國頗置吏焉十餘歲秦滅及漢興皆棄此國而關蜀故徼（師古曰西南之徼猶北方塞也徼音工釣反）巴蜀民或竊出商賈取其莋馬僰僮旄牛以此巴蜀殷富建元六年大行王恢擊東粵東粵殺王郢以報恢因兵威使番陽令唐蒙風曉南粵（師古曰番音蒲何反風讀曰諷）南粵食蒙蜀枸醬（晉灼曰枸音矩劉德曰枸樹如桑其椹長二三寸味酢取其實以爲醬美蜀人以爲珍味師古曰劉說非也子形如桑椹耳緣木而生非樹也子又不長二三寸味尤辛不酢今宕渠則有之食讀曰飤）蒙問所從來曰道西北牂柯江（師古曰道由也由此而來）江廣數里出番禺城下（師古曰番音普安反禺音隅）蒙歸至長安問蜀賈人獨蜀出枸醬多持竊出市夜郎夜郎者臨牂柯江江廣百餘步足以行船南粵以財物役屬夜郎西至桐師然亦不能臣使也蒙迺上書說上曰南粵王黃屋左纛（師古曰言爲天子之車服）地東西萬餘里名爲外臣實一州主今以長沙豫章往水道多絕難行竊聞夜郎所有精兵可得十萬浮船牂柯出不意此制粵一奇也誠以漢之强巴蜀之饒通夜郎道爲置吏甚易上許之乃拜蒙以郎中將將千人食重萬餘人（師古曰食糧及衣重也重音直用反）從巴苻關入遂見夜郎侯多同（師古曰多同其侯名也）厚賜諭以威德約爲置吏使其子爲令（師古曰比之於漢縣也）夜郎旁小邑皆貪漢繒帛以爲漢道險

終不能有也迺且聽蒙約還報迺以爲犍爲郡發巴蜀卒治道自僰道指牂柯江蜀人司馬相如亦言西夷邛莋可置郡使相如以郎中將往諭皆如南夷爲置一都尉十餘縣屬蜀當是時巴蜀四郡通西南夷道載轉相饟（師古曰饟古餉字）數歲道不通士罷餓餧離暑溼死者甚衆（師古曰罷讀曰疲餧飢也離遭也餧音能賄反）西南夷又數反發兵興擊秏費亡功（師古曰秏損也音呼到反）上患之使公孫弘往視問焉還報言其不便及弘爲御史大夫時方築朔方據河逐胡弘等因言西南夷爲害（師古曰言通西南夷大爲損害）可且罷專力事匈奴上許之罷西夷獨置南

夷兩縣一都尉稍令犍爲自保就（師古曰令自保守且脩成其郡縣）及元狩元年博望侯張騫言使大夏時見蜀布邛竹杖問所從來曰從東南身毒國（師古曰即天竺也亦曰捐篤也）可數千里得蜀賈人市或聞邛西可二千里有身毒國騫因盛言大夏在漢西南慕中國患匈奴隔其道誠通蜀身毒國道便近又亡害於是天子迺令王然于柏始昌呂越人等十餘輩閒出西南夷（師古曰求閒隙而出也）指求身毒國至滇滇王當羌迺留爲求道（師古曰當羌滇王名）四歲餘皆閉昆明莫能通（師古曰爲昆明所閉塞）滇王與漢使言漢孰與我大（師古曰猶如）及夜郎侯亦然各自以一州王不知漢廣大使者還因盛言滇大國足事親附（師古曰言可專事招來之令其親附）天子注意焉及至南粵反上使馳義侯因犍爲發南夷兵且蘭君恐遠行旁國虜其老弱（師古曰恐發兵與漢行後其國空虛而旁國來寇鈔取其老弱也且音子餘反）乃與其衆反殺使者及犍爲太守漢迺發巴蜀罪人當擊南粵者八校尉擊之會越已破漢八校尉不下中郎將郭昌衞廣引兵還行誅隔滇道者且蘭（師古曰言因軍行而便誅之也）斬首數萬遂平南夷爲牂柯郡夜郎侯始倚南粵南粵已滅還誅反者（師古曰謂軍還而誅且蘭）夜郎遂入朝上以爲夜郎王南粵破後及漢誅且蘭邛君幷殺莋侯冉

駹皆震恐請臣置吏以邛都爲粵巂郡莋都爲沈黎郡冉駹爲文山郡廣漢西白馬爲武都郡使王然于以粵破及誅南夷兵威風諭滇王入朝（師古曰風讀曰諷）滇王者其衆數萬人其旁東北勞深靡莫皆同姓相杖未肯聽（師古曰杖猶倚也相依倚爲援而不聽滇王入朝也杖音直亮反）勞莫數侵犯使者吏卒元封二年天子發巴蜀兵擊滅勞深靡莫以兵臨滇滇王始首善以故弗誅（師古曰言初始以來常有善意）滇王離西夷（師古曰言東鄉事漢）滇舉國降請置吏入朝於是以爲益州郡賜滇王王印復長其民（師古曰爲之長帥）西南夷君長以百數獨夜郎滇受王印滇小邑也最寵

焉後二十三歲孝昭始元元年益州廉頭姑繒民反殺長吏牂柯談指同並等二十四邑凡三萬餘人皆反師古曰並音伴遣水衡都尉發蜀郡犍爲犇命萬餘人師古曰犇古奔字犇命解在昭紀擊牂柯大破之後三歲姑繒葉榆復反遣水衡都尉呂辟胡將郡兵擊之師古曰辟音闢辟胡不進蠻夷遂殺益州太守乘勝與辟胡戰士戰及溺死者四千餘人明年復遣軍正王平與大鴻臚田廣明等並進大破益州斬首捕虜五萬餘級獲畜産十餘萬上曰鉤町侯亡波率其邑君長人民擊反者師古曰鉤音鉅于反町音大鼎反斬首捕虜有功其立亡波爲

鉤町王大鴻臚廣明賜爵關内侯食邑三百戶後閒歲武都氐人反師古曰閒歲隔一歲遣執金吾馬適建龍頟侯韓增與大鴻臚廣明將兵擊之至成帝河平中夜郎王興與鉤町王禹漏臥侯俞孟康曰漏臥夷邑名後爲縣師古曰俞音踰更舉兵相攻師古曰更音工衡反牂柯太守請發兵誅興等議者以爲道遠不可擊迺遣太中大夫蜀郡張匡持節和解興等不從命刻木象漢吏立道旁射之杜欽說大將軍王鳳曰太中大夫匡使和解蠻夷王侯王侯受詔已復相攻輕易漢使不憚國威其效可見恐議者選耎復守和解師古曰選耎怯不前之意也選音息兗反耎音人兗反太守察動靜有變迺以聞如此則復曠一時師古曰曠空也一時三月也言空廢一時不早發兵也王侯得收獵其衆申固其謀黨助衆多各不勝忿必相殄滅自知罪成狂犯守尉師古曰言起狂勃之心而殺守尉也遠臧溫暑毒草之地雖有孫吳將賁育士師古曰孫孫武也吳吳起也賁孟賁也育夏育也若入水火往必焦沒知勇亡所施屯田守之費不可勝量宜因其罪惡未成未疑漢家加誅陰敕旁郡守尉練士馬師古曰練簡也大司農豫調穀積要害處師古曰調發也要害者在我爲要於敵爲害也調音徒釣反選任職太守往以秋涼時入誅其王侯尤不軌者即以爲不毛之地亡用之民聖王不以勞中國師古曰即猶若也不毛言不生

草木宜罷郡放棄其民絕其王侯勿復通如以先帝所立累世之功不可墮壞師古曰如亦若也墮毀也音火規反亦宜因其萌牙早斷絕之及已成形然後戰師則萬姓被害大將軍鳳於是薦金城司馬陳立爲牂柯太守立者臨邛人前爲連然長不韋令蘇林曰皆益州縣也蠻夷畏之及至牂柯諭告夜郎王興興不從命立請誅之未報迺從吏數十人出行縣師古曰行音下更反至興國且同亭師古曰且音子餘反召興興將數千人往至亭從邑君數十人入見立立數責因斷頭師古曰數音所具反邑君曰將軍誅亡狀爲民除害願出曉士衆以興頭示之皆釋兵降

師古曰釋解也鉤町王禹漏臥侯俞震恐入粟千斛牛羊勞吏士立還歸郡興妻父翁指與子邪務收餘兵迫脅旁二十二邑反至冬立奏募諸夷與都尉長史分將攻翁指等翁指據阸為壘立使奇兵絕其饟道縱反閒以誘其衆師古曰閒音居莧反都尉萬年曰兵久不決費不可共師古曰共讀曰供引兵獨進敗走趨立營師古曰趨讀曰趨趨向也立怒叱戲下令格之師古曰戲音許宜反又音麾解在高紀及灌夫傳都尉復還戰立引兵救之時天大旱立攻絕其水道蠻夷共斬翁指持首出降立已平定西夷徵詣京師會巴郡有盜賊復以立為巴郡太守秩中二千石

居賜爵左庶長師古曰第十爵也徙為天水太守勸民農桑為天下最賜金四十斤入為左曹衞將軍護軍都尉卒官王莽篡位改漢制貶鉤町王以為侯王邯怨恨師古曰邯其王名也邯音酣牂柯大尹周歆詐殺邯邯弟承攻殺歆州郡擊之不能服三邊蠻夷愁擾盡反復殺益州大尹程隆莽遣平蠻將軍馮茂發巴蜀犍為吏士賦斂取足於民以擊益州出入三年疾疫死者什七巴蜀騷動莽徵茂還誅之更遣寧始將軍廉丹與庸部牧史熊孟康曰莽改益州為庸部大發天水隴西騎士廣漢巴蜀犍為吏民十萬人轉輸者合二十萬人擊之始至頗斬首數千其後軍糧前後不相及士卒飢疫三歲餘死者數萬而粵巂蠻夷任貴亦殺太守枚根自立為邛穀王師古曰枚根太守之姓名會莽敗漢興誅貴復舊號云師古曰此漢興者謂光武中興也

南粵王趙佗眞定人也師古曰眞定本趙國之縣也佗音徒何反秦并天下略定揚粵師古曰本揚州之分故云揚粵置桂林南海象郡以適徙民與粵雜處師古曰適讀曰讁讁有罪者徙之於越地與其土人雜居十三歲至二世時南海尉任囂師古曰囂音敖病且死召龍川令趙佗師古曰龍川南海之縣也即今之循州語曰聞陳勝等作亂豪桀叛秦相立南海辟遠恐盜兵侵此師古曰辟讀曰僻吾欲興兵絕新道師古曰秦所開越道自備待諸侯變會疾甚且番禺負山險阻師古曰負倚也

南北東西數千里頗有中國人相輔此亦一州之主可為國郡中長吏亡足與謀者故召公告之即被佗書行南海尉事師古曰被加也音皮義反囂死佗即移檄告橫浦陽山湟谿關師古曰湟音皇曰盜兵且至急絕道聚兵自守因稍以法誅秦所置吏以其黨為守假師古曰令為郡縣之職或守或假也秦已滅佗即擊并桂林象郡自立為南粵武王高帝已定天下為中國勞苦故釋佗不誅師古曰釋置也十一年遣陸賈立佗為南粵王與剖符通使使和輯百粵師古曰輯與集同也毋為南邊害與長沙接境高后

時有司請禁粵關市鐵器佗曰高皇帝立我通使
物今高后聽讒臣別異蠻夷鬲絕器物師古曰鬲與隔同此
必長沙王計欲倚中國師古曰倚音於綺反擊滅南海并王之
自為功也於是佗乃自尊號為南武帝發兵攻長
沙邊敗數縣焉高后遣將軍隆慮侯竈擊之師古曰周竈也
慮音盧會暑溼士卒大疫兵不能隃領師古曰隃與踰同下皆類此歲
餘高后崩即罷兵佗因此以兵威財物賂遺閩粵
西甌駱役屬焉師古曰西甌即駱越也言西者以別東甌也東西萬餘里迺乘
黃屋左纛稱制與中國侔師古曰侔等也文帝元年初鎮撫
天下使告諸侯四夷從代來即位意諭盛德焉師古

曰言不以威武加於遠方也迺為佗親冢在真定置守邑師古曰親謂父母也歲
時奉祀召其從昆弟尊官厚賜寵之詔丞相平舉
可使粵者平言陸賈先帝時使粵上召賈為大中
大夫謁者一人為副使賜佗書曰皇帝謹問南粵
王甚苦心勞意朕高皇帝側室之子師古曰言非正嫡所生也棄
外奉北藩于代道里遼遠壅蔽樸愚未嘗致書師古
曰言未得通使於越高皇帝棄群臣孝惠皇帝即世高后自臨
事不幸有疾日進不衰師古曰言疾病益甚也以故誖暴乎治
師古曰誖乖也音布內反諸呂為變故亂法不能獨制迺取它姓子
為孝惠皇帝嗣賴宗廟之靈功臣之力誅之已畢

朕以王侯吏不釋之故孟康曰謝讓帝位不見置也不得不立今即
位乃者聞王遺將軍隆慮侯書求親昆弟請罷長
沙兩將軍師古曰佗之昆弟在故鄉者求訪之而兩將軍將兵擊越者請罷之以實附於漢也言親昆弟者謂有服屬者
也朕以王書罷將軍博陽侯親昆弟在真定者已
遣人存問脩治先人冢前日聞王發兵於邊為寇
災不止當其時長沙苦之南郡尤甚雖王之國庸
獨利乎師古曰言越兵寇邊長沙南郡皆厭苦之而漢軍亦當相拒方有戰鬭於越亦非利也必多殺士
卒傷良將吏寡人之妻孤人之子獨人父母得一
亡十朕不忍為也朕欲定地犬牙相入者以問吏
吏曰高皇帝所以介長沙土也師古曰介隔也朕不得擅變

焉吏曰得王之地不足以為大得王之財不足以
為富服領以南王自治之蘇林曰山領名也如淳曰長沙南界也雖然王
之號為帝兩帝並立亡一乘之使以通其道是爭
也爭而不讓仁者不為也願與王分棄前患師古曰彼此共
棄故云分終今以來通使如故師古曰從今通使至於終久故云終今以來也故使賈
馳諭告王朕意王亦受之毋為寇災矣上褚五十
衣中褚三十衣下褚二十衣遺王師古曰以綿裝衣曰褚上中下者綿之多
少薄厚之差也褚音竹呂反願王聽樂娛憂存問鄰國師古曰謂東越及甌駱等陸
賈至南粵王恐乃頓首謝願奉明詔長為藩臣奉
貢職於是下令國中曰吾聞兩雄不俱立兩賢不

並世漢皇帝賢天子自今以來去帝制黃屋左纛
因爲書稱蠻夷大長老夫臣佗昧死再拜上書皇
帝陛下老夫故粵吏也高皇帝幸賜臣佗璽以爲
南粵王使爲外臣時內貢職師古曰言以時輸入貢職孝惠皇帝
即位義不忍絕所以賜老夫者厚甚高后自臨用
事近細士信讒臣師古曰細士猶言小人也別異蠻夷出令曰毋
予蠻夷外粵金鐵田器馬牛羊師古曰言非中國故云外越即予予
牡毋與牝師古曰恐其蕃息老夫處辟馬牛羊齒已長師古曰辟讀曰
僻齒已長謂老也自以祭祀不脩有死罪使內史藩中尉高
御史平凡三輩上書謝過皆不反又風聞老夫父

母墳墓已壞削兄弟宗族已誅論師古曰風聞聞風聲吏相與
議曰今內不得振於漢外亡以自高異師古曰振起也故更
號爲帝自帝其國非敢有害於天下高皇后聞之
大怒削去南粵之籍使使不通老夫竊疑長沙王
讒臣故敢發兵以伐其邊且南方卑溼蠻夷中西
有西甌其衆半羸師古曰羸謂劣弱也南面稱王東有閩粵其
衆數千人亦稱王西北有長沙其半蠻夷亦稱王
師古曰言長沙之國半雜蠻夷之人老夫故敢妄竊帝號聊以自娛老夫
身定百邑之地東西南北數千萬里帶甲百萬有
餘然北面而臣事漢何也不敢背先人之故老夫

處粵四十九年于今抱孫焉然夙興夜寐寢不安
席食不甘味目不視靡曼之色耳不聽鍾鼓之音
者以不得事漢也今陛下幸哀憐復故號師古曰復音扶目反
通使漢如故老夫死骨不腐改號不敢爲帝矣謹
北面因使者獻白璧一雙翠鳥千犀角十紫貝五
百桂蠹一器應劭曰桂樹中蝎蟲也蘇林曰漢舊常以獻陵廟載以赤轂小車師古曰此蟲食桂故味辛而漬之以蜜
食之也蠹音丁故反生翠四十雙孔雀二雙昧死再拜以聞皇
帝陛下陸賈還報文帝大說師古曰說讀曰悅遂至孝景時
稱臣遣使入朝請師古曰請音才性反然其居國竊如故號其
使天子稱王朝命如諸侯至武帝建元四年佗孫

胡爲南粵王立三年閩粵王郢興兵南擊邊邑粵
使人上書曰兩粵俱爲藩臣毋擅興兵相攻擊今
東粵擅興兵侵臣臣不敢興兵唯天子詔之於是
天子多南粵義師古曰多猶重也守職約師古曰守藩臣之職而不踰約制爲興
師遣兩將軍往討閩粵兵未踰領閩粵王弟餘善
殺郢以降於是罷兵天子使嚴助往諭意南粵王
胡頓首曰天子迺興兵誅閩粵死亡以報德遣太
子嬰齊入宿衛謂助曰國新被寇使者行矣胡方
日夜裝入見天子助去後其大臣諫胡曰漢興兵
誅郢亦行以驚動南粵且先王言事天子期毋失

禮要之不可以怵好語入見師古曰怵誘也不可被誘怵以好語而入漢朝也怵音先聿反入見則不得復歸亡國之勢也於是胡稱病竟不入見後十餘歲胡實病甚太子嬰齊請歸胡薨諡曰文王嬰齊嗣立即藏其先武帝文帝璽李奇曰去其僭號嬰齊在長安時取邯鄲摎氏女師古曰摎音居虬反生子興及即位上書請立摎氏女爲后興爲嗣漢數使使者風諭師古曰風讀曰諷諷諭令入朝嬰齊嬰齊猶尚樂擅殺生自恣懼入見要以用漢法比內諸侯固稱病遂不入見遣子次公入宿衛嬰齊薨諡爲明王太子興嗣立其母爲太后太后自未爲嬰齊妻時嘗與霸陵人安國少季通師古曰姓安國字少季及嬰齊薨後元鼎四年漢使安國少季諭王王太后入朝令辯士諫大夫終軍等宣其辭勇士魏臣等輔其決師古曰助令決策也衛尉路博德將兵屯桂陽待使者王年少太后中國人安國少季往復與私通國人頗知之多不附太后太后恐亂起亦欲倚漢威師古曰倚音於綺反勸王及幸臣求內屬即因使者上書請比內諸侯三歲壹朝除邊關於是天子許之賜其丞相呂嘉銀印及內史中尉太傅印餘得自置師古曰丞相內史中尉太傅之外皆任其國自選置不受漢之印綬除其故黥劓刑用漢法諸使者留塡撫之師古曰塡音竹刃反王王太后飭治行

裝重資爲入朝具相呂嘉年長矣相三王宗族官貴爲長吏七十餘人男盡尚王女女盡嫁王子弟宗室及蒼梧秦王有連孟康曰蒼梧越中王自名爲秦王連親婚也晉灼曰秦王即下趙光也趙本與秦同姓故曰秦王其居國中甚重粵人信之多爲耳目者得衆心愈於王師古曰愈勝也王之上書數諫止王王不聽有畔心數稱病不見漢使者使者注意嘉埶未能誅王王太后亦恐嘉等先事發欲介使者權謀誅嘉等師古曰介恃也置酒請使者大臣皆侍坐飲嘉弟爲將將卒居宮外酒行太后謂嘉南粵內屬國之利而相君苦不便者何也以激怒使者使者狐疑相杖遂莫敢發師古曰杖音直亮反嘉見耳目非是師古曰異於常也即趨出太后怒欲鏦嘉以矛師古曰鏦謂撞刺之也音窓王止太后嘉遂出介弟兵就舍李奇曰介被也師古曰介甲也被甲而自衛也弟兵即上所云弟將卒居外者稱病不肯見王及使者迺陰謀作亂王素亡意誅嘉嘉知之以故數月不發太后獨欲誅嘉等力又不能天子聞之罪使者怯亡決又以爲王王太后已附漢獨呂嘉爲亂不足以興兵欲使莊參以二千人往參曰以好往數人足以武往二千人亡足以爲也辭不可天子罷參兵郟壯士故濟北相韓千秋師古曰潁川郟縣人也郟音夾奮曰以區區粵又有王應獨相嘉爲害願得

勇士三百人必斬嘉以報於是天子遣千秋與王太后弟摎樂將二千人往入粵境呂嘉迺遂反下令國中曰王年少太后中國人又與使者亂專欲內屬盡持先王寶入獻天子以自媚多從人行至長安虜賣以為僮取自脫一時利亡顧趙氏社稷為萬世慮之意迺與其弟將卒攻殺太后王盡殺漢使者遣人告蒼梧秦王及其諸郡縣立明王長男粵妻子術陽侯建德為王而韓千秋兵之入也破數小邑其後粵直開道給食師古曰縱之令深入然後誅滅之未至番禺四十里粵以兵擊千秋等滅之使人函封漢

使節置塞上好為謾辭謝罪師古曰謾誑也音慢又音莫連反發兵守要害處於是天子曰韓千秋雖亡成功亦軍鋒之冠師古曰言最為首也封其子延年為成安侯摎樂其姊為王太后首願屬漢封其子廣德為龔侯晉灼曰龔古龐字乃赦天下曰天子微弱諸侯力政譏臣不討賊師古曰力政謂以兵力相加也譏臣不討賊者春秋之義呂嘉建德等反自立晏如師古曰言自相置立而心安泰無恐懼令粵人及江淮以南樓船十萬師往討之元鼎五年秋衛尉路博德為伏波將軍出桂陽下湟水師古曰湟音皇主爵都尉楊僕為樓船將軍出豫章下橫浦故歸義粵侯二人為戈船下瀨將軍師古曰從粵來歸義而漢封之出

零陵或下離水或抵蒼梧使馳義侯因巴蜀罪人發夜郎兵下牂柯江咸會番禺六年冬樓船將軍將精卒先陷尋陿破石門得粵船粟因推而前挫粵鋒以粵數萬人待伏波將軍伏波將軍將罪人道遠後期與樓船會迺有千餘人遂俱進樓船居前至番禺建德嘉皆城守樓船自擇便處居東南面伏波居西北面會暮樓船攻敗粵人縱火燒城粵素聞伏波莫不知其兵多少師古曰莫讀曰暮也伏波迺為營師古曰設營壘以待降者遣使招降者賜印綬復縱令相招師古曰來降者即賜以侯印而放令還更相招諭樓船力攻燒敵師古曰力盡力也反敺而入

伏波營中師古曰敺與驅同遲旦城中皆降伏波師古曰遲音丈二反解在高紀呂嘉建德以夜與其屬數百人亡入海伏波又問降者知嘉所之遣人追故其校司馬蘇弘得建德為海常侯師古曰校之司馬若今行軍總管司馬也粵郎都稽得嘉為臨蔡侯孟康曰越中所自置郎也師古曰稽音雞蒼梧王趙光與粵王同姓聞漢兵至降為隨桃侯及粵揭陽令史定降漢為安道侯蘇林曰揭音羯南海縣粵將畢取以軍降為膫侯師古曰越將姓畢名取也功臣表膫屬南陽音來彫反粵桂林監居翁服虔曰桂林郡監也姓居名翁諭告甌駱四十餘萬口降為湘城侯戈船下瀨將軍兵及馳義侯所發夜郎兵未下南粵已平遂以其地為儋

耳珠崖南海蒼梧鬱林合浦交阯九眞日南九郡伏波將軍益封樓船將軍以推鋒陷堅爲將梁侯

自尉佗王凡五世九十三歲而亡

閩粵王無諸及粵東海王搖其先皆粵王句踐之後也姓騶氏秦并天下廢爲君長以其地爲閩中郡（師古曰即今之泉州建安是也）及諸侯畔秦無諸搖率粵歸番陽令吳芮所謂番君者也（師古曰吳芮號也番音蒲河反）從諸侯滅秦當是時項羽主命不王也（孟康曰主號令諸侯不王無諸搖等也）以故不佐楚漢擊項籍無諸搖帥粵人佐漢漢五年復立無諸爲閩粵王王閩中故地都冶（師古曰地名即候官縣是也冶音弋者反）孝惠三

年舉高帝時粵功（師古曰追論其功）曰閩君搖功多其民便附迺立搖爲東海王都東甌世號曰東甌王后數世（師古曰后與後同古通用字）孝景三年吳王濞反欲從閩粵（師古曰招閩粵令從之）閩粵未肯行獨東甌從及吳破東甌受漢購殺吳王丹徒以故得不誅吳王子駒亡走閩粵怨東甌殺其父常勸閩粵擊東甌建元三年閩粵發兵圍東甌東甌使人告急天子天子問太尉田蚡蚡對曰粵人相攻擊固其常不足以煩中國往救也中大夫嚴助詰蚡言當救天子遣助發會稽郡兵浮海救之語具在助傳漢兵未至閩粵引兵去東

粵請舉國徙中國迺悉與衆處江淮之間六年閩粵擊南粵南粵守天子約不敢擅發兵而以聞上遣大行王恢出豫章大司農韓安國出會稽皆爲將軍兵未踰領閩粵王郢發兵距險其弟餘善與宗族謀曰王以擅發兵不請故天子兵來誅漢兵衆强即幸勝之後來益多（師古曰言漢地廣大兵衆盛强今雖勝之後更來也）滅國乃止今殺王以謝天子天子罷兵固國完不聽迺力戰不勝即亡入海皆曰善即鏦殺王（師古曰鏦音初江反）使使奉其頭致大行大行曰所爲來者誅王王頭至不戰而殞利莫大焉迺以便宜案兵告大司農軍

而使使奉王頭馳報天子詔罷兩將軍兵曰郢等首惡獨無諸孫繇君丑不與謀（張晏曰繇邑號也師古曰繇音搖與讀曰豫）乃使郎中將立丑爲粵繇王奉閩粵祭祀餘善以殺郢威行國中民多屬竊自立爲王繇王不能制上聞之爲餘善不足復興師曰餘善首誅郢師得不勞因立餘善爲東粵王與繇王並處至元鼎五年南粵反餘善上書請以卒八千從樓船擊呂嘉等兵至揭陽以海風波爲解（師古曰解者自解說若今言分疏）不行持兩端陰使南粵（師古曰遣使與相和）及漢破番禺樓船將軍僕上書願請引兵擊東粵上以士卒勞倦不許罷兵令

諸校留屯豫章梅領待命師古曰聽詔命也明年秋餘善聞
樓船請誅之漢兵留境且往師古曰言兵在境首恐將來討之迺遂發
兵距漢道號將軍騶力等爲吞漢將軍入白沙武
林梅領殺漢三校尉是時漢使大司農張成故山
州侯齒將屯師古曰齒城陽恭王子也舊封山州侯不敢擊卻就便處師古
曰卻退也音丘略反皆坐畏懦誅餘善刻武帝璽自立詐其民
爲妄言師古曰妄自尊大也上遣橫海將軍韓說出句章師古曰說
讀曰悅句章會稽之縣浮海從東方往樓船將軍僕出武林師古
曰楊僕也中尉王溫舒出梅領粵侯爲戈船下瀨將軍出
如邪白沙元封元年冬咸入東粵東粵素發兵距

嶮使徇北將軍守武林敗樓船軍數校尉殺長史
樓船軍卒錢唐棣終古斬徇北將軍師古曰錢唐會稽縣也棣姓終古名
也棣音表爲語兒侯孟康曰越中地也今吳南亭是師古曰語字或作禦或作籞其音同自兵未往
故粵衍侯吳陽前在漢漢使歸諭餘善不聽及橫
海軍至陽以其邑七百人反攻粵軍於漢陽及故
粵建成侯敖與繇王居服謀俱殺餘善以其衆降
橫海軍封居服爲東成侯萬戶封敖爲開陵侯師古
曰功臣表云開陵侯建成以故東粵建成侯斬餘善侯二千戶而此傳云名敖疑表誤封陽爲卯石侯師古
曰功臣表作外石與此不同疑表誤橫海將軍說爲按道侯橫海校尉福
爲繚嫈侯師古曰繚音遼嫈音於耕反福者城陽王子故爲海常

侯坐法失爵從軍亡功以宗室故侯及東粵將多
軍李奇曰多軍名漢兵至棄軍降封爲無錫侯故甌駱將
左黃同斬西于王封爲下鄜侯師古曰鄜音郭於是天子曰
東粵陿多阻閩粵悍數反覆師古曰悍勇也詔軍吏皆將其
民徙處江淮之間東粵地遂虛
朝鮮王滿燕人自始燕時嘗略屬眞番朝鮮師古曰戰
國時燕國略得此地爲置吏築障師古曰障所以自障蔽也音之亮反秦滅燕屬遼東
外徼漢興爲遠難守復脩遼東故塞至浿水爲界
師古曰浿水在樂浪縣音普蓋反屬燕燕王盧綰反入匈奴滿亡命聚
黨千餘人椎結蠻夷服而東走出塞度浿水居秦

故空地上下障稍役屬眞番朝鮮蠻夷及故燕齊
亡在者王之師古曰燕齊之人亡居此地及眞番朝鮮蠻夷皆屬滿也都王險李奇曰地名也會
孝惠高后天下初定遼東太守即約滿爲外臣保
塞外蠻夷毋使盜邊蠻夷君長欲入見天子勿得
禁止以聞上許之以故滿得以兵威財物侵降其
旁小邑眞番臨屯皆來服屬方數千里傳子至孫
右渠師古曰滿死傳子子死傳孫右渠者其孫名也所誘漢亡人滋多師古曰滋益也又未
嘗入見師古曰不朝見天子也眞番辰國欲上書見天子又雍閼
弗通師古曰辰謂辰韓之國也雍讀曰壅元封二年漢使涉何譙諭右渠
終不肯奉詔師古曰譙責讓也音才笑反何去至界臨浿水使馭

刺殺送何者朝鮮裨王長師古曰長者裨王名也送何至浿水何因刺殺之即度水馳入塞遂歸報天子曰殺朝鮮將上爲其名美弗詰拜何爲遼東東部都尉朝鮮怨何發兵襲攻殺何天子募罪人擊朝鮮其秋遣樓船將軍楊僕從齊浮勃海兵五萬左將軍荀彘出遼東誅右渠右渠發兵距險左將軍卒多率遼東士如淳曰遼東兵多也兵先縱敗散多還走坐法斬師古曰於法合斬樓船將齊兵七千人先至王險右渠城守窺知樓船軍少即出擊樓船樓船軍敗走將軍僕失其衆遁山中十餘日稍求收散卒復聚左將軍擊朝鮮浿水西軍未能

破天子爲兩將未有利乃使衛山因兵威往諭右渠右渠見使者頓首謝願降恐將詐殺臣今見信節請服降遣太子入謝獻馬五千疋及餽軍糧師古曰餽亦饋字人衆萬餘持兵方度浿水使者及左將軍疑其爲變謂太子已服降宜令人毋持兵太子亦疑使者左將軍詐之遂不度浿水復引歸山報天子誅山左將軍破浿水上軍迺前至城下圍其西北樓船亦往會居城南右渠遂堅城守數月未能下左將軍素侍中幸師古曰親幸於天子將燕代卒悍乘勝軍多驕樓船將齊卒入海已多敗亡其先與右渠戰困

辱亡卒卒皆恐將心慙其圍右渠常持和節左將軍急擊之朝鮮大臣迺陰間使人私約降樓船師古曰與樓船爲要約而請降往來言尚未肯決左將軍數與樓船期戰樓船欲就其約不會左將軍亦使人求間隙降下朝鮮不肯心附樓船以故兩將不相得左將軍心意樓船前有失軍罪師古曰意疑也今與朝鮮和善而又不降疑其有反計未敢發天子曰將率不能前乃使衛山諭降右渠不能顓決與左將軍相誤卒沮約師古曰顓與專同卒終也沮壞也今兩將圍城又乖異以故久不決使故濟南太守公孫遂往正之有便宜得以從事遂

至左將軍曰朝鮮當下久矣不下者樓船數期不會具以素所意告遂曰今如此不取恐爲大害非獨樓船又且與朝鮮共滅吾軍遂亦以爲然而以節召樓船將軍入左將軍軍計事即令左將軍戲下執縛樓船將軍師古曰戲讀與麾同并其軍以報天子許遂遂左將軍已并兩軍即急擊朝鮮朝鮮相路人相韓陶尼谿相參將軍王唊應劭曰凡五人也戎狄不知官紀故皆稱相師古曰相路人一也相韓陶二也尼谿相參三也將軍王唊四也應氏乃云五人誤讀爲句謂尼谿人名失之矣不當尋下文乎唊音頰相與謀曰始欲降樓船樓船今執獨左將軍并將戰益急恐不能與如淳曰不能與左將軍相持也師古曰此說非也不能與猶言不如也王又不肯降陶唊路

人皆亡降漢路人道死元封三年夏尼谿相參迺使人殺朝鮮王右渠來降王險城未下故右渠之大臣成已又反復攻吏左將軍使右渠子長師古曰右渠之子名長降相路人子最師古曰相路人前已降漢而死於道故謂之降相最者其子名告諭其民誅成已故遂定朝鮮為眞番臨屯樂浪玄菟四郡封參為澅清侯師古曰澅音獲陶為秋苴侯晉灼曰功臣表秋苴屬勃海師古曰苴音千餘反唊為平州侯長為幾侯最以父死頗有功為沮陽侯左將軍徵至坐爭功相嫉乖計棄市樓船將軍亦坐兵至列口當待左將軍蘇林曰列口縣名也度海先得之擅先縱失亡多當誅贖為庶人

贊曰楚粵之先歷世有土及周之衰楚地方五千里而句踐亦以粵伯師古曰伯讀曰霸秦滅諸侯唯楚尚有滇王漢誅西南夷獨滇復寵及東粵滅國遷衆繇王居股等猶為萬戶侯三方之開皆自好事之臣故西南夷發於唐蒙司馬相如兩粵起嚴助朱買臣朝鮮由涉何遭世富盛動能成功然已勤矣師古曰已甚也言其事甚勤勞追觀太宗塡撫尉佗師古曰言文帝以恩德安撫之也塡音竹刃反豈古所謂招攜以禮懷遠以德者哉師古曰春秋左氏傳僖七年諸侯盟于寗毋管仲言於齊侯曰臣聞之招攜以禮懷遠以德攜謂離貳者也懷來也言有離貳者則招集之恃險遠者則懷來之也故贊引之

西南夷兩粵朝鮮列傳第六十五

西域傳卷第六十六上（師古曰烏孫國已後分為下卷）　班固　漢書九十六

秘書監上護軍琅邪縣開國子顏師古注

西域以孝武時始通，本三十六國，其後稍分至五十餘，（師古曰司馬彪續漢書云至于哀平有五十五國也）皆在匈奴之西，烏孫之南。南北有大山，中央有河，東西六千餘里，南北千餘里。東則接漢，阸以玉門、陽關，（孟康曰二關皆在燉煌西界師古曰阸塞也）西則限以蔥嶺。（師古曰西河舊事云蔥嶺其山高大上悉生蔥故以名焉）其南山東出金城，與漢南山屬焉。（師古曰屬聯也音之欲反）其河有兩原：一出蔥嶺山，一出于闐。（師古曰闐字與寘同音徒賢反又徒見反）于闐在南山下，其河北流，與蔥嶺河合，東注蒲昌海。蒲昌海一名鹽澤者也，去玉門、陽關三百餘里，廣袤三百里。（師古曰袤長也音茂）其水亭居，冬夏不增減，皆以為潛行地下，南出於積石，為中國河云。自玉門、陽關出西域有兩道。從鄯善傍南山北，波河西行至莎車，為南道；（師古曰波河循河也鄯音上扇反傍音步浪反波音彼義反此下皆同也）南道西踰蔥嶺則出大月氏、安息。（師古曰氏音支）自車師前王廷隨北山，波河西行至疏勒，為北道；北道西踰蔥嶺則出大宛、康居、奄蔡焉。西域諸國大率土著，（師古曰言著土地而有常居不隨畜牧移徙也著音直略反）有城郭田畜，與匈奴、烏孫異俗，故皆役屬匈奴。（師古曰服屬於匈奴為其所役使也）匈奴西邊日逐王置僮僕都尉，使領西域，常居焉

耆、危須、尉黎間，賦稅諸國，取富給焉。（師古曰給足也）自周衰，戎狄錯居涇渭之北。（師古曰錯雜也）及秦始皇攘卻戎狄，築長城，界中國，（師古曰為中國之竟界也）然西不過臨洮。（師古曰洮音土高反）漢興至于孝武，事征四夷，廣威德，而張騫始開西域之迹。其後驃騎將軍擊破匈奴右地，降渾邪、休屠王，遂空其地，始築令居以西，（師古曰令音鈴）初置酒泉郡，後稍發徙民充實之，分置武威、張掖、敦煌，（師古曰敦音徒門反）列四郡，據兩關焉。自貳師將軍伐大宛之後，西域震懼，多遣使來貢獻，漢使西域者益得職。（師古曰賞其勤勞皆得拜職也）於是自敦煌西至鹽澤，往往起亭，而輪臺、渠犂皆有田卒數百人，置使者校尉領護，（師古曰統領保護營田之事也）以給使外國者。（師古曰收其所種五穀以供之）至宣帝時，遣衛司馬使護鄯善以西數國。及破姑師，未盡殄，（師古曰雖破其國未能滅之）分以為車師前後王及山北六國。時漢獨護南道，未能盡并北道也，然匈奴不自安矣。其後日逐王畔單于，將衆來降，護鄯善以西使者鄭吉迎之。既至漢，封日逐王為歸德侯，吉為安遠侯。是歲，神爵三年也。乃因使吉并護北道，故號曰都護。都護之起，自吉置矣。（師古曰都猶總也言總護南北之道）僮僕都尉由此罷，匈奴益弱，不得近西域。於是徙屯田，田於北胥鞬，（師古曰胥鞬地名也胥音先餘

反犍音居言反披莎車之地師古曰披分也屯田校尉始屬都護都護
督察烏孫康居諸外國師古曰督視也動靜有變以聞可安
輯安輯之可擊擊之師古曰輯與集同都護治烏壘城去
陽關二千七百三十八里與渠犂田官相近土地
肥饒於西域爲中故都護治焉至元帝時復置戊
己校尉屯田車師前王庭是時匈奴東蒲類王茲
力支將人衆千七百餘人降都護都護分車師後
王之西爲烏貪訾離地以處之自宣元後單于稱
藩臣西域服從其土地山川王侯戶數道里遠近
翔實矣師古曰翔與詳同假借用耳出陽關自近者始曰婼羌孟康

曰婼音兒師古曰音而遮反婼羌國王號去胡來王師古曰言去離胡戎來附漢也去陽
關千八百里去長安六千三百里辟在西南不當
孔道師古曰辟讀曰僻孔道者穿山險而爲道猶今言穴徑耳戶四百五十口千七百
五十勝兵者五百人西與且末接師古曰且音子餘反隨畜逐
水草不田作仰鄯善且末穀師古曰賴以自給也仰音牛向反山有鐵
自作兵兵有弓矛服刀劍甲劉德曰服刀拍髀也師古曰拍音珀髀音俾又音陛西北
至鄯善乃當道云鄯善國本名樓蘭王治扜泥城
師古曰扜音一胡反去陽關千六百里去長安六千一百里戶
千五百七十口萬四千一百勝兵二千九百十二
人輔國侯卻胡侯師古曰卻音丘略反其字從卩卩音節下皆類此鄯善都尉

擊車師都尉左右且渠擊車師君各一人譯長二
人西北去都護治所千七百八十五里至山國千
三百六十五里師古曰此國山居故名山國也西北至車師千八百九
十里地沙鹵少田寄田仰穀旁國師古曰寄於它國種田又糴旁國之穀也
仰音牛向反國出玉多葭葦檉柳胡桐白草孟康曰白草草之白者胡桐似桑而
多曲師古曰檉柳河柳也今謂之赤檉白草似莠而細無芒其乾孰時正白色牛馬所嗜也胡桐亦似桐不類桑也蟲食其樹而沫出下流者俗名
爲胡桐淚言似眼淚也可以汗金銀工匠皆用之淚俗語訛呼淚爲律檉音丑成反民隨畜牧逐水草有
驢馬多橐它師古曰它古他字也音徒何反能作兵與婼羌同初武帝
感張騫之言甘心欲通大宛諸國使者相望於道
一歲中多至十餘輩樓蘭姑師當道苦之師古曰苦供給使者

受其勞費故厭苦也攻劫漢使王恢等又數爲匈奴耳目令其
兵遮漢使漢使多言其國有城邑兵弱易擊於是
武帝遣從票侯趙破奴將屬國騎師古曰屬國謂諸外國屬漢也及
郡兵數萬擊姑師王恢數爲樓蘭所苦上令恢佐
破奴將兵破奴與輕騎七百人先至虜樓蘭王遂
破姑師因暴兵威以動烏孫大宛之屬師古曰暴謂顯揚也還
封破奴爲浞野侯恢爲浩侯蘇林曰浩音昊於是漢列亭
障至玉門矣樓蘭既降服貢獻匈奴聞發兵
擊之於是樓蘭遣一子質匈奴一子質漢後貳
師軍擊大宛匈奴欲遮之貳師兵盛不敢當

即遣騎因樓蘭候漢使後過者欲絕勿通時漢軍正任文將兵屯玉門關為貳師後距（師古曰後距者居後以距敵）捕得生口知狀以聞上詔文便道引兵捕樓蘭王將詣闕簿責王（師古曰以文簿一一責之簿音步戶反）對曰小國在大國間不兩屬無以自安願徙國入居漢地上直其言遣歸國（師古曰以其言為直）亦因使候司匈奴匈奴自是不甚親信樓蘭征和元年樓蘭王死國人來請質子在漢者欲立之質子常坐漢法下蠶室宮刑故不遣報曰侍子天子愛之不能遣其更立其次當立者樓蘭更立王漢復責其質子亦遣一子質匈奴後王

又死匈奴先聞之遣質子歸得立為王（師古曰匈奴在漢前聞樓蘭王死故即遣質子還也）漢遣使詔新王令入朝天子將加厚賞樓蘭王後妻故繼母也謂王曰先王遣兩子質漢皆不還柰何欲往朝乎王用其計謝使曰新立國未定願待後年入見天子然樓蘭國最在東垂近漢當白龍堆乏水草常主發導負水儋糧送迎漢使又數為吏卒所寇懲艾不便與漢通（師古曰艾讀曰乂）後復為匈奴反閒（師古曰閒音居莧反）數遮殺漢使其弟尉屠耆降漢具言狀元鳳四年大將軍霍光白遣平樂監傅介子往刺其王介子輕將勇敢士齎金幣揚言以

賜外國為名既至樓蘭詐其王欲賜之王喜與介子飲醉將其王屏語壯士二人從後刺殺之貴人左右皆散走介子告諭以王負漢罪天子遣我誅王當更立王弟尉屠耆在漢者漢兵方至毋敢動自令滅國矣介子遂斬王嘗歸首（師古曰嘗歸者其王名也昭紀言安歸今此作嘗歸紀傳不同當有誤者）馳傳詣闕（師古曰傳音張戀反）縣首北闕下封介子為義陽侯乃立尉屠耆為王更名其國為鄯善為刻印章賜以宮女為夫人備車騎輜重（師古曰重音直用反）丞相將軍率百官送至橫門外（孟康曰橫音光）祖而遣之（師古曰為設祖道之禮也）王自請天子曰身在漢久今歸單弱而

前王有子在恐為所殺國中有伊循城其地肥美願漢遣一將屯田積穀令臣得依其威重於是漢遣司馬一人吏士四十人田伊循以塡撫之（師古曰塡音竹刃反）其後更置都尉伊循官置始此矣鄯善當漢道衝西通且末七百二十里自且末以往皆種五穀土地草木畜產作兵略與漢同有異乃記云

且末國王治且末城去長安六千八百二十里戶二百三十口千六百一十勝兵三百二十人輔國侯左右將譯長各一人西北至都護治所二千二百五十八里北接尉犂南至小宛可三日行有蒲

陶諸果西通精絕二千里。小宛國王治扜零城師古曰扜音烏去長安七千二百一十里戶百五十口千五十勝兵二百人輔國侯左右都尉各一人西北至都護治所二千五百五十八里東與婼羌接辟南不當道師古曰辟讀曰僻下皆類此

精絕國王治精絕城去長安八千八百二十里戶四百八十口三千三百六十勝兵五百人精絕都尉左右將譯長各一人北至都護治所二千七百二十三里南至戎盧國四日行地阸陿西通扜彌四百六十里師古曰扜音烏

戎盧國王治卑品城去長安八千三百里戶二百

四十口千六百一十勝兵三百人東北至都護治所二千八百五十八里東與小宛南與婼羌西與渠勒接辟南不當道

扜彌國王治扜彌城去長安九千二百八十里戶三千三百四十口二萬四十勝兵三千五百四十輔國侯左右將左右都尉左右騎君各一人譯長二人東北至都護治所三千五百五十三里南與渠勒東北與龜茲西北與姑墨接師古曰龜音丘茲音慈西通于闐三百九十里今名寧彌

渠勒國王治鞬都城師古曰鞬音居言反去長安九千九百五十里戶三百一十口二千一百七十勝兵三百人東北至都護治所三千八百五十二里東與戎盧西與婼羌北與扜彌接

于闐國王治西城去長安九千六百七十里戶三千三百口萬九千三百勝兵二千四百人輔國侯左右將左右騎君東西城長譯長各一人東北至都護治所三千九百四十七里南與婼羌接北與姑墨接于闐之西水皆西流注西海其東水東流注鹽澤河原出焉蘇林曰即中國河也多玉石師古曰玉石玉之璞也一曰石之似玉也西通皮山三百八十里

皮山國王治皮山城去長安萬五十里戶五百口三千五百勝兵五百人左右將左右都尉騎君譯

長各一人東北至都護治所四千二百九十二里西南至烏秅國千三百四十里鄭氏曰烏秅音鷃拏師古曰烏音一加反秅音直加反急言之聲如鷃拏耳非正音也南與天篤接北至姑墨千四百五十里西南當罽賓烏弋山離道西北通莎車三百八十里

烏秅國王治烏秅城去長安九千九百五十里戶四百九十口二千七百三十三勝兵七百四十人東北至都護治所四千八百九十二里北與子合蒲犂西與難兜接山居田石閒有白草累石為室民接手飲師古曰自高山下谿澗中飲水故接連其手如蝯之為出小步馬孟康曰種小能步也師古曰此說非也小細也細步言其能蹀足即今所謂百步千跡者也豈謂其小種乎有驢無

牛其西則有縣度師古曰縣繩而度也縣古懸字耳去陽關五千八
百八十八里去都護治所五千二十里縣度者石
山也谿谷不通以繩索相引而度云
西夜國王號子合王治呼犍谷師古曰犍音鉅言反去長安萬
二百五十里戶三百五十口四千勝兵千人東北
到都護治所五千四十六里東與皮山西南與烏
秅北與莎車西與蒲犂接蒲犂及依耐無雷國
師古曰耐音奴代反皆西夜類也西夜與胡異其種類羌氐行
國師古曰言不土著也隨畜逐水草往來而子合土地出玉石
蒲犂國王治蒲犂谷去長安九千五百五十里戶

六百五十口五千勝兵二千人東北至都護治所
五千三百九十六里東至莎車五百四十里北至
疏勒五百五十里南與西夜子合接西至無雷五
百四十里侯都尉各一人寄田莎車種俗與子合
同
依耐國王治去長安萬一百五十里戶一
百二十五口六百七十勝兵三百五十人東北至
都護治所二千七百三十里至莎車五百四十里
至無雷五百四十里北至疏勒六百五十里南與
子合接俗相與同師古曰與子合同風俗也少穀寄田疏勒莎車
無雷國王治盧城去長安九千九百五十里戶千

口七千勝兵三千人東北至都護治所二千四百
六十五里南至蒲犂五百四十里南與烏秅北與
捐毒西與大月氏接師古曰捐毒即身毒天篤也本皆一名語有輕重耳衣服類烏
孫俗與子合同
難兜國王治去長安萬一百
五十里戶五千口三萬一千勝兵八千人東北至
都護治所二千八百五十里西至無雷三百四十
里西南至罽賓三百三十里南與婼羌北與休循
西與大月氏接種五穀蒲陶諸果有銀銅鐵作兵
與諸國同屬罽賓
罽賓國王治循鮮城去
長安萬二千二百里不屬都護戶口勝兵多大國

也東北至都護治所六千八百四十里東至烏秅
國二千二百五十里東北至難兜國九日行西北
與大月氏西南與烏弋山離接昔匈奴破大月氏
大月氏西君大夏而塞王南君罽賓師古曰君謂爲之君也塞音先得反
塞種分散往往爲數國師古曰即所謂釋種者也亦語有輕重耳自疏勒以
西北休循捐毒之屬皆故塞種也罽賓地平溫和
有目宿雜草奇木檀櫰梓竹漆師古曰櫰音懷即槐之類也葉大而黑也種
五穀蒲陶諸果糞治園田地下溼生稻冬食生菜
其民巧雕文刻鏤治宮室織罽刺文繡好治食有
金銀銅錫以爲器市列師古曰市有列肆亦如中國也以金銀爲錢文

為騎馬幕為人面張晏曰錢文面作騎馬形漫面作人面目也如淳曰幕音漫師古曰幕即漫耳無勞借音今所呼幕皮者亦謂其平而無文也出封牛水牛象大狗沐猴孔爵師古曰封牛項上隆起者也郭義恭廣志云罽賓大狗大如驢赤色數里搖鞞以呼之沐猴即獮猴也珠璣珊瑚虎魄璧流離孟康曰流離青色如玉師古曰魏略云大秦國出赤白黑黃青綠縹紺紅紫十種流離孟言青色不博通也此蓋自然之物采澤光潤踰於眾玉其色不恒今俗所用皆銷冶石汁加以眾藥灌而為之尤虛脆不貞實非真物它畜與諸國同自武帝始通罽賓自以絕遠漢兵不能至其王烏頭勞數剽殺漢使師古曰剽劫也音頻妙反烏頭勞死子代立遣使奉獻漢使關都尉文忠送其使王復欲害忠忠覺之乃與容屈王子陰末赴共合謀攻罽賓殺其王立陰末赴為罽賓王授印綬後軍候趙德使罽賓

與陰末赴相失師古曰相失意也陰末赴鎖琅當德師古曰琅當長鎖也若今之禁繫人鎖矣琅音郎殺副已下七十餘人遣使者上書謝孝元帝以絕域不錄放其使者於縣度絕而不通成帝時復遣使獻謝罪漢欲遣使者報送其使杜欽說大將軍王鳳曰前罽賓王陰末赴本漢所立後卒畔逆師古曰卒終也夫德莫大於有國子民罪莫大於執殺使者所以不報恩不懼誅者自知絕遠兵不至也有求則卑辭無欲則嬌嫚終不可懷服凡中國所以為通厚蠻夷㥦快其求者為壤比而為寇師古曰比近也為其土壤接近能為寇也㥦音苦頰反比音頻寐反今縣度之阸非罽賓所能

越也其鄉慕不足以安西域師古曰鄉讀曰嚮雖不附不能危城郭師古曰城郭謂西域諸國也前親逆節惡暴西域師古曰暴謂章示露也故絕而不通今悔過來而無親屬貴人奉獻者皆行賈賤人欲通貨市買以獻為名故煩使者送至縣度恐失實見欺凡遣使送客者欲為防護寇害也起皮山南更不屬漢之國四五師古曰言經歷不屬漢者凡四五國也更音工衡反斥候士百餘人五分夜擊刁斗自守師古曰夜有五更故分而持之也刁斗解在李廣傳尚時為所侵盜驢畜負糧須諸國稟食得以自贍師古曰稟給也贍足也食讀曰飤下並同國或貧小不能食或桀黠不肯給擁彊漢之節餒山谷之閒師古曰餒飢也音能賄反乞

匄無所得師古曰匄亦乞也音工大反離一二旬則人畜棄捐曠野而不反師古曰離亦歷也曠空也又歷大頭痛小頭痛之山赤土身熱之阪令人身熱無色頭痛嘔吐驢畜盡然師古曰嘔音一口反又有三池盤石阪道陿者尺六七寸長者徑三十里臨崢嶸不測之深師古曰崢嶸深險之貌也崢音仕耕反嶸音宏行者騎步相持繩索相引二千餘里乃到縣度畜隊未半阬谷盡靡碎師古曰隊亦墮也靡散也隊音直類反靡音糜人墮埶不得相收視險阻危害不可勝言聖王分九州制五服師古曰九州冀兗豫青徐荊揚梁雍也五服甸侯綏要荒務盛內不求外今遣使者承至尊之命送蠻夷之賈勞吏士之眾涉危難之路

罷獘所恃以事無用師古曰罷讀曰皮所恃謂中國之人也無用謂遠方蠻夷之國非久長計也使者業已受節可至皮山而還師古曰言已立計遣之不能即止可至皮山也於是鳳白從欽言罽賓實利賞賜賈市其使數年而壹至云

烏弋山離國王去長安萬二千二百里不屬都護戶口勝兵大國也東北至都護治所六十日行東與罽賓北與撲桃西與犂靬條支接師古曰撲音布木反犂讀與驪同靬音鉅連反又鉅言反行可百餘日乃至條支國臨西海暑溼田稻有大鳥卵如甕師古曰甕汲水缾也音於龍反人衆甚多往往有小君長安息役屬之以為外國師古曰安息以條支為外國如言蕃國也善眩師古曰眩讀與幻同解在張騫傳安息長老傳聞條支有弱水西王母亦未嘗見也師古曰玄中記云昆侖之弱水鴻毛不能起也爾雅曰觚竹北戶西王母日下謂之四荒也自條支乘水西行百餘日近日所入云烏弋地暑熱莽平師古曰言有草莽而平坦也一曰莽莽平野之貌其草木畜產五穀果菜食飲宮室市列錢貨兵器金珠之屬皆與罽賓同而有桃拔師子犀牛孟康曰桃拔一名符拔似鹿長尾一角者或為天鹿兩角者或為辟邪師子似虎正黃有顛耏尾端茸毛大如斗師古曰師子即爾雅所謂狻猊也狻音酸猊音倪拔音步葛反耏亦頰旁毛也音而茸音人庸反俗重妄殺師古曰重難也言其仁愛不妄殺也其錢獨文為人頭幕為騎馬以金銀飾杖師古曰杖謂所持兵器也音直亮反絕遠漢使希至自玉門陽關出南道歷鄯善而南行至烏弋山離南道極矣轉北而東得安息

安息國王治番兜城蘇林曰番音盤去長安萬一千六百里不屬都護北與康居東與烏弋山離西與條支接土地風氣物類所有民俗與烏弋罽賓同亦以銀為錢文獨為王面幕為夫人面王死輒更鑄錢有大馬爵師古曰廣志云大爵頸及身蹄似橐駝色蒼舉頭高八九尺張翅丈餘食大麥其屬小大數百城地方數千里最大國也臨嬀水商賈車船行旁國書革旁行為書記服虔曰橫行為書記也師古曰今西方胡國及南方林邑之徒書皆橫行不直下也革為皮之不柔者武帝始遣使至安息王令將將二萬騎迎於東界東界去王都數千里行比至過數十城人民相屬師古曰屬聯也音之欲反因發使隨漢使者來觀漢地以大鳥卵及犂靬眩人獻於漢天子大說師古曰說讀曰悅安息東則大月氏

大月氏國治監氏城去長安萬一千六百里不屬都護戶十萬口四十萬勝兵十萬人東至都護治所四千七百四十里西至安息四十九日行南與罽賓接土地風氣物類所有民俗錢貨與安息同出一封橐駝師古曰脊上有一封也封言其隆高若封土也今俗呼為封牛封音峯大月氏本行國也隨畜移徙與匈奴同俗控弦十餘萬故彊輕匈奴師古曰自恃其彊盛而輕易匈奴也本居敦煌祁連閒至冒頓單于攻破月氏而老上單于殺月氏以其頭為飲器月氏乃遠去過大宛西擊大夏而臣之師古

日解在張騫傳 都嬀水北爲王庭其餘小衆不能去者保南山羌號小月氏大夏本無大君長城邑往往置小長民弱畏戰故月氏徙來皆臣畜之共稟漢使者 師古曰同受節度也 有五翖侯 師古曰翖即翕字 一曰休密翖侯治和墨城去都護二千八百四十一里去陽關七千八百二里 二曰雙靡翖侯治雙靡城去都護三千七百四十一里去陽關七千七百八十二里三曰貴霜翖侯治護澡城 師古曰澡音藻 去都護五千九百四十里去陽關七千九百八十二里四曰肹頓翖侯 師古曰肹音許乙反 治薄茅城去都護五千九百六十二里去陽關八千二百二里五曰高附翖侯治高附城去都護六千四十一里去陽關九千二百八十三里凡五翖侯皆屬大月氏

康居國王冬治樂越匿地 師古曰樂音來各反 到卑闐城 師古曰闐音徒千反 去長安萬二千三百里不屬都護至越匿地馬行七日至王夏所居蕃内九千一百四里 師古曰王每冬寒夏暑則徙別居不一處 戶十二萬口六十萬勝兵十二萬人東至都護治所五千五百五十里與大月氏同俗東羈事匈奴 師古曰爲匈奴所羈牽也 宣帝時匈奴乖亂五單于並爭漢擁立呼韓邪單于而郅支單于怨望

殺漢使者西阻康居 師古曰依其險阻以自保固也 其後都護甘延壽副校尉陳湯發戊己校尉西域諸國兵至康居誅滅郅支單于語在甘延壽陳湯傳是歲元帝建昭三年也至成帝時康居遣子侍漢貢獻然自以絶遠獨驕嫚不肯與諸國相望都護郭舜數上言本匈奴盛時非以兼有烏孫康居故也及其稱臣妾非以失二國也漢雖皆受其質子然三國内相輸遺交通如故亦相候司見便則發合不能相親信離不能相臣役以今言之結配烏孫竟未有益反爲中國生事然烏孫旣結在前今與匈奴俱稱臣義不可距而康居驕黠訖不肯拜使者 師古曰訖竟也 都護吏至其國坐之烏孫諸使下王及貴人先飲食已乃飲啗都護吏 師古曰飲音於禁反啗音徒濫反 故爲無所省以夸旁國 師古曰言故不省視漢使也 以此度之何故遣子入侍其欲賈市爲好辭之詐也匈奴百蠻大國 師古曰於百蠻之中最大國也 今事漢甚備聞康居不拜且使單于有自下之意 師古曰言單于見康居不事漢以之爲高自以事漢爲大卑而欲改志也 宜歸其侍子絶勿復使 師古曰不通使於其國也 以章漢家不通無禮之國敦煌酒泉小郡及南道八國給使者往來人馬驢橐駞食皆苦之 師古曰言二郡八國皆以此事爲困苦 空罷耗所過送迎驕黠絶遠之國 師古曰所

過所經過之處驕黠謂康居使也罷讀曰疲耗音呼到反非至計也漢爲其新通重致
遠人師古曰以此聲名爲重也終羈縻而未絕其康居西北可二
千里有奄蔡國控弦者十餘萬大與康居同俗臨
大澤無崖蓋北海云康居有小王五　一曰蘇
䪥王治蘇䪥城師古曰䪥音下戒反去都護五千七百七十六
里去陽關八千二十五里　二曰附墨王治附
墨城去都護五千七百六十七里去陽關八千二
十五里　三曰窳匿王師古曰窳音庾治窳匿城去都護
五千二百六十六里去陽關七千五百二十五里
四曰罽王治罽城去都護六千二百九十六里去

陽關八千五百五十五里　五曰奧鞬王師古曰奧音於
六反鞬音居言反治奧鞬城去都護六千九百六里去陽關
八千三百五十五里凡五王屬康居　大宛國
王治貴山城去長安萬二千五百五十里戶六萬
口三十萬勝兵六萬人副王輔國王各一人東至
都護治所四千三十一里北至康居卑闐城千五
百一十里西南至大月氏六百九十里北與康居
南與大月氏接土地風氣物類民俗與大月氏安
息同大宛左右以蒲陶爲酒富人藏酒至萬餘石
久者至數十歲不敗俗耆酒馬耆目宿師古曰耆讀曰嗜宛別

邑七十餘城多善馬馬汗血言其先天馬子也孟康
曰言大宛國有高山其上有馬不可得因取五色母馬置其下與集生駒皆汗血因號曰天馬子云張騫始爲武
帝言之上遣使者持千金及金馬以請宛善馬宛
王以漢絕遠大兵不能至愛其寶馬不肯與漢使
妄言師古曰謂罵辱宛王宛遂攻殺漢使取其財物於是天子
遣貳師將軍李廣利將兵前後十餘萬人伐宛
連四年宛人斬其王毋寡首獻馬三千匹漢軍乃
還語在張騫傳貳師既斬宛王更立貴人素遇漢
善者名昧蔡爲宛王師古曰昧音秣蔡音千曷反後歲餘宛貴人以
爲昧蔡諂使我國遇屠師古曰諂古諂字相與共殺昧蔡立

毋寡弟蟬封爲王遣子入侍質於漢漢因使使賂
賜鎮撫之又發使十餘輩抵宛西諸國師古曰抵至也求奇
物因風諭以伐宛之威師古曰風讀曰諷宛王蟬封與漢約歲
獻天馬二匹漢使采蒲陶目宿種歸天子以天馬
多又外國使來衆益種蒲陶目宿離宮館旁極望
焉師古曰今北道諸州舊安定北地之境往往有目宿者皆漢時所種也自宛以西至安息國
雖頗異言然大同自相曉知也其人皆深目多須
頿善賈市爭分銖貴女子女子所言丈夫乃決正
其地皆絲漆不知鑄鐵器及漢使亡卒降教鑄作
它兵器師古曰漢使至其國及有亡卒降其國者皆教之也得漢黃白金輒以爲器

不用爲幣自烏孫以西至安息近匈奴匈奴嘗困
月氏師古曰困苦也故匈奴使持單于一信到國國傳送食
師古曰言畏之甚也食讀曰飤不敢留苦師古曰不敢留連及困苦之也又至漢使非出幣
物不得食不市畜不得騎所以然者以漢遠而漢多
財物師古曰遠音于萬反故必市乃得所欲及呼韓邪單于朝
漢後咸尊漢矣　桃槐國王去長安萬一千八十里
師古曰槐音回戶七百口五千勝兵千人　休循國王治
鳥飛谷在蔥領西去長安萬二百一十里戶三百
五十八口千三十勝兵四百八十人東至都護治
所三千一百二十一里至捐毒衍敦谷二百六十

里西北至大宛國九百二十里西至大月氏千六
百一十里民俗衣服類烏孫因畜隨水草本故塞
種也　捐毒國王治衍敦谷去長安九千八百
六十里戶三百八十口千一百勝兵五百人東至
都護治所二千八百六十一里至疏勒南與蔥領
屬師古曰屬聯也音之欲反無人民西上蔥領則休循也西北至
大宛千三十里北與烏孫接衣服類烏孫隨水草
依蔥領本塞種也　莎車國王治莎車城去長
安九千九百五十里戶二千三百三十九口萬六
千三百七十三勝兵三千四十九人輔國侯左右

將左右騎君備西夜君各一人都尉二人譯長四
人東北至都護治所四千七百四十六里西至疏
勒五百六十里西南至蒲犂七百四十里有鐵山
出青玉宣帝時烏孫公主小子萬年莎車王愛之
莎車王無子死死時萬年在漢莎車國人計欲自
託於漢又欲得烏孫心即上書請萬年爲莎車王
漢許之遣使者奚充國送萬年萬年初立暴惡國
人不說師古曰說讀曰悅莎車王弟呼屠徵殺萬年并殺漢
使者自立爲王約諸國背漢會衞候馮奉世使送
大宛客即以便宜發諸國兵擊殺之更立它昆弟

子爲莎車王還拜奉世爲光祿大夫是歲元康元
年也　疏勒國王治疏勒城去長安九千三百
五十里戶千五百一十口萬八千六百四十七勝
兵二千人疏勒侯擊胡侯輔國侯都尉左右將左
右騎君左右譯長各一人東至都護治所二千二
百一十里南至莎車五百六十里有市列西當大
月氏大宛康居道也　尉頭國王治尉頭谷去
長安八千六百五十里戶三百口二千三百勝兵
八百人左右都尉各一人左右騎君各一人東至
都護治所千四百一十一里南與疏勒接山道不

通西至捐毒千三百一十四里徑道馬行二日田
畜隨水草衣服類烏孫

西域傳卷第六十六上

西域傳卷第六十六下　班固　漢書九十六

秘書監上護軍琅邪縣開國子顏師古注

烏孫國大昆彌治赤谷城師古曰烏孫於西域諸戎其形最異今之胡人青眼赤須狀類獼猴者本其種去長安八千九百里戶十二萬口六十三萬勝兵十八萬八千八百人相大祿大將二人侯三人大夫將都尉各一人大監二人大吏一人舍中大吏二人騎君一人東至都護治所千七百二十一里西至康居蕃內地五千里地莽平多雨寒山多松樠師古曰莽平謂有草莽而平坦也一曰莽平野之貌樠木名其心似松音武元反不田作種樹師古曰樹植也隨畜逐水草與匈奴同俗國多馬富人至四五千匹民剛惡貪狼無信多寇盜最為彊國故服匈奴師古曰故謂舊時也服屬於匈奴也後盛大取羈屬不肯往朝會師古曰言羈縻屬之而已東與匈奴西北與康居西與大宛南與城郭諸國相接本塞地也大月氏西破走塞王塞王南越縣度大月氏居其地後烏孫昆莫擊破大月氏大月氏徙西臣大夏而烏孫昆莫居之故烏孫民有塞種大月氏種云始張騫言烏孫本與大月氏共在燉煌閒今烏孫雖彊大可厚賂招令東居故地妻以公主與為昆弟以制匈奴語在張騫傳武帝即位令騫齎金幣往昆莫見騫如單于

禮師古曰昆莫自比於單于騫大慙謂曰天子致賜王不拜則還賜師古曰還賜謂將賜物還歸漢也昆莫起拜其它如故初昆莫有十餘子中子大祿彊善將師古曰言其材力優彊能為將將衆萬餘騎別居大祿兄太子太子有子曰岑陬師古曰岑音仕林反陬音子侯反太子蚤死師古曰蚤古早字謂昆莫曰必以岑陬為太子昆莫哀許之大祿怒迺收其昆弟將衆畔謀攻岑陬昆莫與岑陬萬餘騎令別居昆莫亦自有萬餘騎以自備國分為三大總羈屬昆莫昆莫既致賜諭指曰烏孫能東居故地則漢遣公主為夫人結為昆弟共距匈奴不足破也烏孫遠漢未知其大小師古曰遠音于萬反又近匈奴服屬日久其大臣皆不欲徙昆莫年老國分不能專制迺發使送騫因獻馬數十匹報謝其使見漢人衆富厚歸其國其國後迺益重漢匈奴聞其與漢通怒欲擊之又漢使烏孫乃出其南抵大宛月氏相屬不絕師古曰抵至也屬音之欲反烏孫於是恐使使獻馬願得尚漢公主為昆弟天子問羣臣議許曰必先內聘然後遣女烏孫以馬千匹聘師古曰入聘財漢元封中遣江都王建女細君為公主以妻焉賜乘輿服御物為備官屬宦官侍御數百人贈送甚盛烏孫昆莫以為右夫人匈奴亦遣女妻昆莫昆

莫以為左夫人公主至其國自治宮室居歲時一
再與昆莫會置酒飲食以幣帛賜王左右貴人昆
莫年老言語不通公主悲愁自為作歌曰吾家嫁
我兮天一方遠託異國兮烏孫王穹廬為室兮旃
為牆以肉為食兮酪為漿師古曰食謂飯音飤居常土思兮心
內傷師古曰土思謂憂思而懷本土願為黃鵠兮歸故鄉師古曰鵠音下督反天子
聞而憐之間歲遣使者持帷帳錦繡給遺焉師古曰間
歲者謂每隔一歲而往也昆莫年老欲使其孫岑陬尚公主公主
不聽上書言狀天子報曰從其國俗欲與烏孫共
滅胡岑陬遂妻公主昆莫死岑陬代立岑陬者官

號也名軍須靡昆莫王號也名獵驕靡後書昆彌云
師古曰昆莫本是王號而其人名獵驕靡故書云昆彌昆取昆莫彌取驕靡彌靡音有輕重耳蓋本一也後遂以昆彌為王號也岑
陬尚江都公主生一女少夫師古曰少夫名公主死漢復以
楚王戊之孫解憂為公主妻岑陬岑陬胡婦子泥
靡尚小岑陬且死以國與季父大祿子翁歸靡曰
泥靡大以國歸之翁歸靡既立號肥王復尚楚主
解憂生三男兩女長男曰元貴靡次曰萬年為莎
車王次曰大樂為左大將長女弟史為龜茲王絳
賓妻小女素光為若呼翎侯妻師古曰弟史素光皆女名昭帝時
公主上書言匈奴發騎田車師車師與匈奴為一

共侵烏孫唯天子幸救之漢養士馬議欲擊匈奴
會昭帝崩宣帝初即位公主及昆彌皆遣使上書
言匈奴復連發大兵侵擊烏孫取車延惡師地收
人民去使使謂烏孫趣持公主來師古曰趣讀曰促欲隔絕
漢昆彌願發國半精兵自給人馬五萬騎盡力擊
匈奴唯天子出兵以救公主昆彌漢兵大發十五
萬騎五將軍分道並出語在匈奴傳遣校尉常惠
使持節護烏孫兵昆彌自將翎侯以下五萬騎從
西方入至右谷蠡王庭獲單于父行及嫂居次名
王犂汙都尉千長騎將以下四萬級馬牛羊驢橐

駝七十餘萬頭烏孫皆自取所虜獲還封惠為長
羅侯是歲本始三年也漢遣惠持金幣賜烏孫貴
人有功者元康二年烏孫昆彌因惠上書願以漢
外孫元貴靡為嗣得令復尚漢公主結婚重親畔
絕匈奴願聘馬驘各千匹詔下公卿議大鴻臚蕭
望之以為烏孫絕域變故難保不可許上美烏孫
新立大功又重絕故業師古曰重難也故業謂先與烏孫昏親也遣使者至
烏孫先迎取聘昆彌及太子左右大將都尉皆遣
使凡三百餘人入漢迎取少主上乃以烏孫主解
憂弟相夫為公主置官屬侍御百餘人舍上林中

學烏孫言（師古曰舍止也）天子自臨平樂觀會匈奴使者外國君長大角抵設樂而遣之使長羅侯光祿大夫惠為副凡持節者四人送少主至敦煌未出塞聞烏孫昆彌翁歸靡死烏孫貴人共從本約立岑陬子泥靡代為昆彌號狂王惠上書願留少主敦煌惠馳至烏孫責讓不立元貴靡為昆彌還迎少主事下公卿望之復以為烏孫持兩端難約結前公主在烏孫四十餘年恩愛不親密邊竟未得安（師古曰竟讀曰境）此已事之驗也今少主以元貴靡不立而還信無負於夷狄中國之福也少主不止繇役將興其原起此天子從之徵還少主狂王復尚楚主解憂生一男鴟靡不與主和又暴惡失眾漢使衛司馬魏和意副候任昌送侍子公主言狂王為烏孫所患苦易誅也遂謀置酒會罷使士拔劍擊之劍旁下（師古曰不正下）狂王傷上馬馳去其子細沈瘦（師古曰瘦音搜）會兵圍和意昌及公主於赤谷城數月都護鄭吉發諸國兵救之乃解去漢遣中郎將張遵持醫藥治狂王賜金二十斤采繒因收和意昌係瑣從尉犂檻車至長安斬之車騎將軍長史張翁留驗公主與使者謀殺狂王狀主不服叩頭謝張翁捽主頭

罵詈（師古曰捽持其頭音村兀反）主上書翁還坐死副使季都別將醫養視狂王狂王從十餘騎送之都還坐知狂王當誅見便不發下蠶室初肥王翁歸靡胡婦子烏就屠狂王傷時驚與諸翖侯俱去居北山中揚言母家匈奴兵來故眾歸之後遂襲殺狂王自立為昆彌漢遣破羌將軍辛武賢將兵萬五千人至敦煌遣使者案行表穿卑鞮侯井以西（孟康曰大井六通渠也下泉流湧出在白龍堆東土山下）欲通渠轉穀積居廬倉以討之初楚主侍者馮嫽（師古曰音了嫽者慧也故以為名）能史書習事嘗持漢節為公主使行賞賜於城郭諸國敬信之號曰馮夫人為烏孫右大將妻右大將與烏就屠相愛都護鄭吉使馮夫人說烏就屠以漢兵方出必見滅不如降烏就屠恐曰願得小號宣帝徵馮夫人自問狀遣謁者竺次期門甘延壽為副送馮夫人馮夫人錦車持節（服虔曰錦車以錦衣車也）詔烏就屠詣長羅侯赤谷城立元貴靡為大昆彌烏就屠為小昆彌皆賜印綬破羌將軍不出塞還後烏就屠不盡歸諸翖侯民眾漢復遣長羅侯惠將三校屯赤谷因為分別其人民地界大昆彌戶六萬餘小昆彌戶四萬餘然眾心皆附小昆彌元貴靡鴟靡皆病死公主

上書言年老土思願得歸骸骨葬漢地天子閔而迎之公主與烏孫男女三人俱來至京師是歲甘露三年也時年且七十賜以公主田宅奴婢奉養甚厚朝見儀比公主後二歲卒三孫因留守墳墓云元貴靡子星靡代為大昆彌弱（師古曰言其尚幼少）馮夫人上書願使烏孫鎮撫星靡漢遣之卒百人送焉都護韓宣奏烏孫大吏大祿大監皆可以賜金印紫綬以尊輔大昆彌漢許之後都護韓宣復奏星靡怯弱可免更以季父左代將樂代為昆彌漢不許後段會宗為都護招還亡畔安定之（師古曰有人衆亡畔者皆招而還之故安定也）

星靡死子雌栗靡代小昆彌烏就屠死子拊離代立（師古曰拊讀與撫同）為弟日貳所殺漢遣使者立拊離子安日為小昆彌日貳亡阻康居漢徙己校屯姑墨（師古曰有戊己兩校兵此直徙己校也）欲候便討焉安日使貴人姑莫匿等三人詐亡從日貳刺殺之（師古曰詐畔亡而投之因得以刺殺）都護廉褒賜姑莫匿等金人二十斤繒三百匹後安日為降民所殺漢立其弟末振將代時大昆彌雌栗靡健翎侯皆畏服之告民牧馬畜無使入牧（師古曰勿入昆彌牧中恐其相擾也）國中大安和翁歸靡時（師古曰勝於翁歸靡時也）小昆彌末振將恐為所并使貴人烏日領詐降刺殺雌栗靡漢

欲以兵討之而未能遣中郎將段會宗持金幣與都護圖方略立雌栗靡季父公主孫伊秩靡為大昆彌漢沒入小昆彌侍子在京師者久之大昆彌翎侯難栖殺末振將末振將兄安日子安犁靡代為小昆彌（師古曰末振將之兄名安日安日之子名安犁靡）漢恨不自誅末振將復使段會宗即斬其太子番丘（師古曰番音盤）還賜爵關內侯是歲元延二年也會宗以翎侯難栖殺末振將雖不指為漢合於討賊奏以為堅守都尉責大祿大吏大監以雌栗靡見殺狀奪金印紫綬更與銅墨云末振將弟卑爰疐（師古曰疐音竹二反）本共謀殺大昆彌

將衆八萬餘口北附康居謀欲藉兵（師古曰藉借也）兼并兩昆彌兩昆彌畏之親倚都護（師古曰倚依附也音於綺反）哀帝元壽二年大昆彌伊秩靡與單于並入朝漢以為榮至元始中卑爰疐殺烏日領以自效漢封為歸義侯兩昆彌皆弱卑爰疐侵陵都護孫建襲殺之自烏孫分立兩昆彌後漢用憂勞且無寧歲（師古曰言或鎮撫或威制之故多事也）

姑墨國王治南城去長安八千一百五十里戶三千五百口二萬四千五百勝兵四千五百人姑墨侯輔國侯都尉左右將左右騎君各一人譯長二

人東至都護治所二千二十一里南至于闐馬行十五日北與烏孫接出銅鐵雌黃東通龜茲六百七十里王莽時姑墨王丞殺溫宿王并其國

溫宿國王治溫宿城（師古曰今雍州醴泉縣北有山名溫宿嶺者本因漢時得溫宿國人令居此地田牧因以爲名）去長安八千三百五十里戶二千二百口八千四百勝兵千五百人輔國侯左右將左右都尉左右騎君譯長各二人東至都護治所二千三百八十里西至尉頭三百里北至烏孫赤谷六百一十里土地物類所有與鄯善諸國同東通姑墨二百七十里

龜茲國王治延城去長安七千四百八十里戶六千九百七十口八萬一千三百一十七勝兵二萬一千七十六人大都尉丞輔國侯安國侯擊胡侯卻胡都尉擊車師都尉左右將左右都尉左右騎君左右力輔君各一人東西南北部千長各二人卻胡君三人譯長四人南與精絕東南與且末西南與杅彌北與烏孫西與姑墨接（師古曰杅音烏）能鑄冶有鉛東至都護治所烏壘城三百五十里

烏壘戶百一十口千二百勝兵三百人城都尉譯長各一人與都護同治其南三百三十里至渠犂

渠犂城都尉一人戶百三十口千四百八十勝兵百五十人東北與尉犂東南與且末南與精絕接西有河至龜茲五百八十里自武帝初通西域置校尉屯田渠犂是時軍旅連出師行三十二年海內虛耗征和中貳師將軍李廣利以軍降匈奴上既悔遠征伐而搜粟都尉桑弘羊與丞相御史奏言故輪臺東捷枝渠犂皆故國地廣饒水草有溉田五千頃以上處溫和田美可益通溝渠種五穀與中國同時孰其旁國少錐刀貴黃金采繒可以易穀食宜給足不可乏（師古曰言以錐刀及黃金綵繒與此旁國易穀食可以給田卒不憂乏糧）

臣愚以爲可遣屯田卒詣故輪臺以東置校尉三人分護各舉圖地形通利溝渠務使以時益種五穀張掖酒泉（師古曰益多也）遣騎假司馬爲斥候屬校尉事有便宜因騎置以聞（師古曰騎置即今之驛馬也）田一歲有積穀募民壯健有累重敢徙者詣田所（師古曰累重謂妻子家屬也累音力瑞反重音直用反）就畜積爲本業（師古曰畜讀曰蓄）益墾溉田稍築列亭連城而西以威西國輔烏孫爲便臣謹遣徵事臣昌分部行邊（師古曰分音扶問反行音下更反）嚴敕太守都尉明烽火選士馬謹斥候蓄茭草願陛下遣使使西國以安其意臣昧死請上遂下詔深陳既往之悔曰前有司奏

欲益民賦三十助邊用（師古曰：三十者每口轉增三十錢也）是重困老弱孤獨也（師古曰：重音直用反）而今又請遣卒田輪臺輪臺西於車師千餘里前開陵侯擊車師時（晉灼曰：開陵侯匈奴介和王來降者）危須尉犂樓蘭六國子弟在京師者皆先歸發畜食迎漢軍（師古曰：畜謂馬牛羊等也）又自發兵凡數萬人王各自將共圍車師降其王諸國兵便罷力不能復至道上食漢軍（師古曰：食讀曰飤）漢軍破城食至多然士自載不足以竟師（師古曰：士雖各自載糧而在道已盡至於歸塗尚苦乏食不足不能終師旅之事也）彊者盡食畜產羸者道死數千人朕發酒泉驢橐駝負食出玉門迎軍吏卒起張掖不甚遠然尚廝留甚衆（師古曰：廝留言其前後離斷不相逮及也廝音斯）曩者朕之不明以軍候弘上書

言匈奴縛馬前後足置城下馳言秦人我匄若馬（師古曰：謂中國人爲秦人習故言也匄乞與也若汝也乞音氣）又漢使者久留不還故興遣貳師將軍（師古曰：興軍而遣之）欲以爲使者威重也古者卿大夫與謀（師古曰：與讀曰豫）參以蓍龜不吉不行（師古曰：謂共卿大夫謀事尚不專決猶雜問蓍龜也）迺者以縛馬書徧視丞相御史二千石諸大夫郎爲文學者（師古曰：視讀曰示爲文學謂學經書之人）迺至郡屬國都尉成忠趙破奴等皆以虜自縛其馬不祥甚哉爲欲以見彊（師古曰：見顯示）夫不足者視人有餘（師古曰：言其夸張也視亦讀曰示）易之卦得大過爻在九五（孟康曰：其繇曰枯楊生華象曰枯楊生華何可久也謂匈奴破不久也）匈奴困敗公車方士大史治星望氣及大卜龜蓍皆以爲吉匈奴必破時不可再得也（師古曰：今便利之時後不可再得也）又曰北伐行將於鬴山必克（師古曰：行將謂遣將率行也鬴山山名也鬴古釜字）卦諸將貳師最吉（師古曰：上遣諸將而於卦中貳師最吉也）故朕親發貳師下鬴山詔之必毋深入今計謀卦兆皆反繆（師古曰：言其不效也繆妄也）重合侯得虜候者言聞漢軍當來匈奴使巫埋羊牛所出諸道及水上以詛軍（師古曰：於軍所行之道及水上埋牛羊）單于遺天子馬裘常使巫祝之縛馬者詛軍事也又卜漢軍一將不吉匈奴常言漢極大然不能飢渴（師古曰：能音耐）失一狼走千羊迺者貳師敗軍士死略離散（師古曰：言死及被虜略并自離散也）

悲痛常在朕心今請遠田輪臺欲起亭隧（師古曰：隧者依深險之處開通行道也）是擾勞天下非所以優民也今朕不忍聞大鴻臚等又議欲募囚徒送匈奴使者明封侯之賞以報忿五伯所弗能爲也（師古曰：伯讀曰霸五霸尚恥不爲況今大漢也）且匈奴得漢降者常提掖搜索問以所聞（師古曰：搜索者恐其或私齎文書也）今邊塞未正闌出不禁障候長吏使卒獵獸以皮肉爲利卒苦而烽火乏失亦上集不得（師古曰：言邊塞有闌出逃亡之人而主者不禁又長吏利於皮肉多使障候之卒獵獸故令烽火有乏又其人勞苦因致奔亡凡有此失皆不集於所上文書）後降者來若捕生口虜迺知之（師古曰：既不上書所以當時不知至有降者來及捕生口或虜得匈奴人言之乃知此事）當今務在禁苛暴止擅賦

力本農脩馬復令孟康曰先是令長吏各以秩養馬亭有牝馬民養馬皆復不事後馬多絕乏至此復脩之也師古曰此說非也馬復因養馬以免徭賦也復音方目反以補缺毋乏武備而已郡國
二千石各上進畜馬方略補邊狀與計對師古曰與上計者同來赴對也由是不復出軍而封丞相車千秋為富民侯
以明休息思富養民也初貳師將軍李廣利擊大
宛還過扜彌扜彌遣太子賴丹為質於龜茲廣利
責龜茲曰外國皆臣屬於漢龜茲何以得受扜彌
質即將賴丹入至京師昭帝乃用桑弘羊前議以
扜彌太子賴丹為校尉將軍田輪臺輪臺與渠犂
地皆相連也龜茲貴人姑翼謂其王曰賴丹本臣

屬吾國今佩漢印綬來迫吾國而田必為害王即
殺賴丹而上書謝漢漢未能征宣帝時長羅侯常
惠使烏孫還便宜發諸國兵師古曰以便宜擅發兵也合五萬人
攻龜茲責以前殺校尉賴丹龜茲王謝曰迺我先
王時為貴人姑翼所誤我無罪執姑翼詣惠惠斬
之時烏孫公主遣女來至京師學鼓琴漢遣侍郎
樂奉送主女過龜茲龜茲前遣人至烏孫求公主
女未還會女過龜茲龜茲王留不遣復使使報公
主主許之後公主上書願令女比宗室入朝而龜
茲王絳賓亦愛其夫人上書言得尚漢外孫為昆

弟願與公主女俱入朝元康元年遂來朝賀王及
夫人皆賜印綬夫人號稱公主賜以車騎旗鼓歌
吹數十人綺繡雜繒琦珍凡數千萬師古曰琦音奇留且一
年厚贈送之後數來朝賀樂漢衣服制度歸其國
治宮室作徼道周衞出入傳呼撞鍾鼓如漢家儀
外國胡人皆曰驢非驢馬非馬若龜茲王所謂驘
也絳賓死其子丞德自謂漢外孫成哀帝時往來
尤數漢遇之亦甚親密東通尉犂六百五十里
尉犂國王治尉犂城去長安六千七百五十里戶
千二百口九千六百勝兵二千人尉犂侯安世侯
左右將左右都尉擊胡君各一人譯長二人西至
都護治所三百里南與鄯善且末接

危須國王治危須城去長安七千二百九十里戶
七百口四千九百勝兵二千人擊胡侯擊胡都尉
左右將左右都尉左右騎君擊胡君譯長各一人
西至都護治所五百里至焉耆百里
焉耆國王治貟渠城師古曰貟音于權反去長安七千三百里
戶四千口三萬二千一百勝兵六千人擊胡侯卻
胡侯輔國侯左右將左右都尉擊胡左右君擊車
師君歸義車師君各一人擊胡都尉擊胡君各二

人譯長三人西南至都護治所四百里南至尉犂
百里北與烏孫接近海水多魚
烏貪訾離國王治于婁谷去長安萬三百三十里
戶四十一口二百三十一勝兵五十七人輔國侯左
右都尉各一人東與單桓南與且彌西與烏孫接
（師古曰且音子余反）
卑陸國王治天山東乾當國（師古曰乾音干）去長安八千六
百八十里戶二百二十七口千三百八十七勝兵
四百二十二人輔國侯左右將左右都尉左右譯
長各一人西南至都護治所千二百八十七里

卑陸後王國治番渠類谷（師古曰番音盤）去長安八千七百
一十里戶四百六十二口千一百三十七勝兵三
百五十人輔國侯都尉譯長各一人將二人東與
郁立師北與匈奴西與劫國南與車師接
郁立師國王治內咄谷（師古曰咄音丁忽反）去長安八千八百
三十里戶百九十口千四百四十五勝兵三百三
十一人輔國侯左右都尉譯長各一人東與車師
後城長西與卑陸北與匈奴接
單桓國王治單桓城去長安八千八百七十里戶
二十七口百九十四勝兵四十五人輔國侯將左

右都尉譯長各一人
蒲類國王治天山西疏榆谷去長安八千三百六
十里戶三百二十五口二千三十二勝兵七百九
十九人輔國侯左右將左右都尉各一人西南至
都護治所千三百八十七里
蒲類後國王去長安八千六百三十里戶百口千
七十勝兵三百三十四人輔國侯將左右都尉譯
長各一人
西且彌國王治天山東于大谷（師古曰且音子余反）去長安八
千六百七十里戶三百三十二口千九百二十六

勝兵七百三十八人西且彌侯左右將左右騎君
各一人西南至都護治所千四百八十七里
東且彌國王治天山東兊虛谷去長安八千二百
五十里戶百九十一口千九百四十八勝兵五百
七十二人東且彌侯左右都尉各一人西南至都
護治所千五百八十七里
劫國王治天山東丹渠谷去長安八千五百七十
里戶九十九口五百勝兵百一十五人輔國侯都
尉譯長各一人西南至都護治所千四百八十七里
狐胡國王治車師柳谷去長安八千二百里戶

五十五口二百六十四勝兵四十五人輔國侯左右都尉各一人西至都護治所千一百四十七里至焉耆七百七十里

山國王去長安七千一百七十里（師古曰常在山下居不爲城治也）戶四百五十口五千勝兵千人輔國侯左右將左右都尉譯長各一人西至尉犂二百四十里西北至焉耆百六十里西至危須二百六十里東南與鄯善且末接山出鐵民山居寄田糴穀於焉耆危須

車師前國王治交河城河水分流繞城下故號交河去長安八千一百五十里戶七百口六千五十

勝兵千八百六十五人輔國侯安國侯左右將都尉歸漢都尉車師君通善君鄉善君各一人（師古曰鄉讀曰嚮）譯長二人西南至都護治所千八百七里至焉耆八百三十五里

車師後王國治務塗谷去長安八千九百五十里戶五百九十五口四千七百七十四勝兵千八百九十人擊胡侯左右將左右都尉道民君譯長各一人（師古曰道讀曰導）西南至都護治所千二百三十七里

車師都尉國戶四十口三百三十三勝兵八十四人車師後城長國戶百五十四口九百六十勝兵

二百六十人武帝天漢二年以匈奴降者介和王爲開陵侯將樓蘭國兵始擊車師匈奴遣右賢王將數萬騎救之漢兵不利引去征和四年遣重合侯馬通將四萬騎擊匈奴道過車師北復遣開陵侯將樓蘭尉犂危須凡六國兵別擊車師勿令得遮重合侯諸國兵共圍車師車師王降服臣屬漢昭帝時匈奴復使四千騎田車師宣帝即位遣五將將兵擊匈奴（師古曰謂本始二年御史大夫田廣明爲祁連將軍後將軍趙充國爲蒲類將軍雲中太守田順爲武牙將軍及度遼將軍范明友前將軍韓增凡五將也）車師田者驚去車師復通於漢匈奴怒召其太子軍宿欲以爲質軍宿焉耆外孫不欲質匈奴亡走焉耆車師王更立子烏貴爲

太子及烏貴立爲王與匈奴結婚姻教匈奴遮漢道通烏孫者地節二年漢遣侍郎鄭吉校尉司馬憙（師古曰憙音許吏反）將免刑罪人田渠犂積穀欲以攻車師至秋收穀吉憙發城郭諸國兵萬餘人自與所將田士千五百人共擊車師攻交河城破之王尚在其北石城中未得會軍食盡吉等且罷兵歸渠犂田收秋畢復發兵攻車師王於石城王聞漢兵且至北走匈奴求救匈奴未爲發兵王來還與貴人蘇猶議欲降漢恐不見信蘇猶教王擊匈奴邊國

小蒲類斬首略其人民以降吉車師旁小金附國
隨漢軍後盜車師車師王復自請擊破金附匈奴
聞車師降漢發兵攻車師吉憙引兵北逢之匈奴
不敢前吉憙即留一候與卒二十人留守王吉等
引兵歸渠犂車師王恐匈奴兵復至而見殺也迺
輕騎奔烏孫吉即迎其妻子置渠犂東奏事至酒
泉有詔還田渠犂及車師益積穀以安西國侵匈
奴吉還傳送車師王妻子詣長安賞賜甚厚每朝
會四夷常尊顯以示之於是吉始使吏卒三百人
別田車師得降者言單于大臣皆曰車師地肥美

近匈奴使漢得之多田積穀必害人國不可不爭
也果遣騎來擊田者吉迺與校尉盡將渠犂田士
千五百人往田匈奴復益遣騎來漢田卒少不能
當保車師城中匈奴將即其城下謂吉曰師古曰即就也單
于必爭此地不可田也圍城數日迺解後常數千
騎往來守車師吉上書言車師去渠犂千餘里間
以河山師古曰間隔也音居莧反北近匈奴漢兵在渠犂者埶不
能相救願益田卒公卿議以為道遠煩費可且罷
車師田者詔遣長羅侯師古曰常惠也將張掖酒泉騎出
車師北千餘里揚威武車師旁胡騎引

去吉迺得出歸渠犂凡三校尉屯田車師王之走
烏孫也烏孫留不遣遣使上書願留車師王備國
有急可從西道以擊匈奴漢許之於是漢召故車
師太子軍宿在焉耆者立以為王盡徙車師國民
令居渠犂遂以車師故地與匈奴車師王得近漢
田官與匈奴絕亦安樂親漢後漢使侍郎殷廣德
責烏孫求車師王烏貴將詣闕師古曰烏孫遣其將之貴者入漢朝賜
第與其妻子居是歲元康四年也其後置戊己校
尉屯田居車師故地元始中車師後王國有新道
出五船北通玉門關往來差近戊己校尉徐普欲

開以省道里半避白龍堆之阸車師後王姑句師古曰句音鉤
以道當為拄置師古曰拄者支拄也言有所置立而支拄於己故心不便也拄音竹羽反又竹具反其字從手而讀之者或不曉以拄為梁柱之柱及分破其句言置柱於心皆失之矣心不便也地又頗
與匈奴南將軍地接普欲分明其界然後奏之召
姑句使證之不肯繫之姑句數以牛羊賕吏求出
不得姑句家矛端生火其妻股紫陬師古曰陬音子侯反謂姑
句曰矛端生火此兵氣也利以用兵前車師前王
為都護司馬所殺今又繫必死不如降匈奴即馳
突出高昌壁入匈奴又去胡來王唐兜國比大種
赤水羌師古曰比近也音頻寐反數相寇不勝告急都護都護但

欽不以時救助唐兜困急怨欽東守玉門關玉門關不內即將妻子人民千餘人亡降匈奴匈奴受之而遣使上書言狀是時新都侯王莽秉政遣中郎將王昌等使匈奴告單于西域內屬不當得受單于謝罪執二王以付使者莽使中郎王萌待西域惡都奴界上逢受（師古曰逢受謂先至待之逢見即受取也）單于遣使送因請其罪（師古曰請免其罪也）使者以聞莽不聽詔下會西域諸國王陳軍斬姑句唐兜以示之至莽篡位建國二年以廣新公甄豐為右伯當出西域車師後王須置離聞之與其右將股鞮左將尸泥支謀曰（師古曰鞮音丁奚反）聞甄公為西域太伯當出故事給使者牛羊穀芻茭導譯前五威將過所給使尚未能備今太伯復出國益貧恐不能稱（師古曰不副所求也）欲亡入匈奴戊己校尉刀護聞之（師古曰刀音彫）召置離驗問辭服乃械致都護但欽在所埒婁城（師古曰埒婁城名埒音劣婁音樓）置離人民知其不還皆哭而送之至欽則斬置離置離兄輔國侯狐蘭支將置離眾二千餘人驅畜產舉國亡降匈奴（師古曰盡率一國之眾也）是時莽易單于璽單于恨怒遂受狐蘭支降遣兵與共寇擊車師殺後城長傷都護司馬及狐蘭兵復還入匈奴時戊己校尉刀護

病遣史陳良屯桓且谷備匈奴寇（師古曰且音子余反）史終帶取糧食司馬丞韓玄領諸壁右曲候任商領諸壘相與謀曰西域諸國頗背叛匈奴欲大侵要死可殺校尉將人眾降匈奴（如淳曰言匈奴來侵會當死耳可降匈奴也師古曰要音一妙反）即將數千騎至校尉府脅諸亭令燔積薪（師古曰示為寇火也）分告諸壁曰匈奴十萬騎來入吏士皆持兵後者斬得三四百人去校尉府數里止晨火難（師古曰難古然字）校尉開門擊鼓收吏士良等隨入遂殺校尉刀護及子男四人諸昆弟子男獨遺婦女小兒（師古曰遺留也置不殺也）止留戊己校尉城遣人與匈奴南將軍相聞南將軍以二千騎迎良等良等盡脅略戊己校尉吏士男女二千餘人入匈奴單于以良帶為烏賁都尉（師古曰賁音奔）後三歲單于死弟烏絫單于咸立（師古曰絫音力追反）復與莽和親莽遣使者多齎金幣賂單于購求陳良終帶等單于盡收四人及手殺刀護者芝音妻子以下二十七人皆械檻車付使者到長安莽皆燒殺之其後莽復欺詐單于和親遂絕匈奴大擊北邊而西域亦瓦解焉耆國近匈奴先叛殺都護但欽莽不能討天鳳三年廼遣五威將王駿西域都護李崇將戊己校尉出西域諸國皆郊迎送兵穀

焉耆詐降而聚兵自備駿等將莎車龜茲兵七千餘人分爲數部入焉耆焉耆伏兵要遮駿及姑墨尉犂危須國兵爲反閒還共襲擊駿等皆殺之唯戊己校尉郭欽別將兵後至焉耆焉耆兵未還欽擊殺其老弱兵還莽封欽爲剼胡子鄧展曰剼音衫師古曰剼絕也音子小反字本作剿轉寫誤耳李崇收餘士還保龜茲數年莽死崇遂沒西域因絕最凡國五十自譯長城長君監吏大祿百長千長都尉且渠當戶將相至侯王皆佩漢印綬凡三百七十六人而康居大月氏安息罽賓烏弋之屬皆以絕遠不在數中其來貢獻則相與報不督錄總領也

贊曰孝武之世圖制匈奴患其兼從西國結黨南羌師古曰圖謀也從音子容反迺表河曲列四郡開玉門通西域以斷匈奴右臂隔絕南羌月氏單于失援由是遠遁而幕南無王庭遭值文景玄默養民五世天下殷富財力有餘士馬彊盛故能睹犀布瑇瑁則建珠崖七郡師古曰瑇音代瑁音妹感枸醬竹杖則開牂柯越巂師古曰枸音矩聞天馬蒲陶則通大宛安息自是之後明珠文甲通犀翠羽之珍盈於後宮如淳曰文甲即瑇瑁也通犀中央色白通兩頭蒲梢龍文魚目汗血之馬充於黃門孟康曰四駿馬名也師古曰梢馬音所交反鉅象師子猛犬大雀之羣食於外囿師古曰鉅亦大殊方異物四面而至於是廣開上林穿昆明池營千門萬戶之宮立神明通天之臺興造甲乙之帳師古曰其數非一以甲乙次第名之落以隨珠和璧師古曰落與絡同天子負黼依襲翠被馮玉几而處其中師古曰依讀曰扆扆如小屏風而畫爲黼文也白與黑謂之黼又爲斧形襲重衣也被音皮義反設酒池肉林以饗四夷之客作巴俞都盧海中碭極漫衍魚龍角抵之戲以觀視之晉灼曰都盧國名也李奇曰都盧體輕善緣者也碭極樂名也師古曰巴人巴州人也俞水名今渝州也巴俞之人所謂賨人也勁銳善舞本從高祖定三秦有功高祖喜觀其舞因令樂人習之故有巴俞之樂漫衍者即張衡西京賦所云巨獸百尋是爲漫延者也魚龍者爲舍利之獸先戲於庭極畢乃入殿前激水化成比目魚跳躍漱水作霧障日畢化成黃龍八丈出水敖戲於庭炫燿日光西京賦云海鱗變而成龍即爲此色也俞音踰碭音大浪反衍音弋戰反視讀曰示觀示者視之令觀也

及賂遺贈送萬里相奉師旅之費不可勝計至於用度不足迺榷酒酤筦鹽鐵鑄白金造皮幣筭至車舩租及六畜民力屈財用竭師古曰屈音其勿反因之以凶年寇盜並起道路不通直指之使始出衣繡杖斧斷斬於郡國然後勝之是以末年遂棄輪臺之地而下哀痛之詔豈非仁聖之所悔哉且通西域近有龍堆遠則蔥嶺身熱頭痛縣度之阸淮南杜欽揚雄之論皆以爲此天地所以界別區域絕外內也書曰西戎即序師古曰禹貢之辭也序次也禹既就而序之非上威服致其貢物也西域諸國各有君長兵衆

分弱無所統一雖屬匈奴不相親附匈奴能得其馬畜旃罽而不能統率與之進退與漢隔絕道里又遠得之不爲益棄之不爲損威德在我無取於彼故自建武以來西域思漢威德咸樂内屬唯其小邑鄯善車師界迫匈奴尚爲所拘而其大國莎車于闐之屬數遣使置質于漢願請屬都護聖上遠覽古今因時之宜羈縻不絕辭而未許雖大禹之序西戎周公之讓白雉太宗之卻走馬義兼之矣亦何以尚兹師古曰西戎即序説以在前昔周公相成王越裳氏重九譯而獻白雉至王問周公公曰德不加焉則君子不饗其質政不施焉則君子不臣其遠吾何以獲此物也譯曰吾受命國之黄耇曰久矣天之無烈風雨雷也意中國有聖人乎盍往朝之然後歸之王稱先王之神所致以薦宗廟太宗漢文帝也卻走馬謂有人獻千里馬不受還之賜道路費也老子德經曰天下有道卻走馬以糞故贊引也

西域傳卷第六十六下

秘書監上護軍琅邪縣開國子顏師古注

自古受命帝王及繼體守文之君師古曰繼體謂嗣位也守文言遵成法不用武功也非獨內德茂也蓋亦有外戚之助焉夏之興也以塗山師古曰禹娶塗山氏之女而生啓也而桀之放也用末喜師古曰末喜桀之妃有施氏女也美於色薄於德女子行丈夫心桀常置末喜於膝上聽用其言昏亂失道於是湯伐之遂放桀與末喜死於南巢殷之興也以有娀及有㜪師古曰有娀國名其女簡狄吞燕卵而生禼為殷始祖有㜪氏女湯妃也娀音嵩㜪音詵而紂之滅也嬖妲己師古曰妲己紂之妃有蘇氏女也美好辯辭興於姦宄嬖幸於紂紂用其言毒虐衆庶於是武王伐紂戰于牧野紂師倒戈不為之戰武王克殷致天之罰斬妲己頭縣之於小白旗以為紂之亡者由此女也周之興也以姜嫄及大任大姒師古曰姜嫄有邰氏之女帝嚳之妃也履大人迹而生后稷為周始祖大任文王母大姒武王母也嫄音原而幽王之禽也淫褒姒師古曰謂黜申后而致犬戎舉偽烽而諸侯莫救也

故易基乾坤詩首關雎師古曰基亦始書美釐降師古曰釐理也尚書堯典釐舜之美云釐降二女于媯汭言堯欲觀舜治迹以己二女妻之舜能以治降下二女以成其德春秋譏不親迎師古曰春秋公羊經隱二年紀履須來逆女傳曰譏女不書此何以書譏也何譏爾始不親迎也夫婦之際人道之大倫也師古曰倫理也禮之用唯昏姻為兢兢師古曰兢兢戒慎也夫樂調而四時和陰陽之變萬物之統也可不慎與師古曰與讀曰歟人能弘道末如命何師古曰末無也論語載孔子曰人能弘道非道弘人又稱子路曰道之將興命也道之將廢命也公伯寮其如命何故引之甚哉妃匹之愛君不能得之臣父不能得之子況卑下乎師古曰言雖君父之尊不能奪其所好而移其本意既驩合矣或不能成子姓師古曰姓生也成子姓矣而不能要其終

豈非命也哉孔子罕言命師古曰論語曰子罕言利與命與仁罕者希也蓋難言之非通幽明之變惡能識乎性命師古曰惡音烏謂於何也論語稱子貢曰夫子之文章可得而聞也夫子之言性與天道不可得而聞也已矣謂孔子不言性命及天道而學者誤讀謂孔子之言自然與天道合非唯失於文句實乃大乖意旨漢興因秦之稱號帝母稱皇太后祖母稱太皇太后適稱皇后師古曰適讀曰嫡后亦君也天曰皇地曰后故天子之妃以后為稱取象二儀妾皆稱夫人又有美人良人八子七子長使少使之號焉師古曰良善也八七祿秩之差也長使少使主供使者至武帝制倢伃娙娥傛華充依各有爵位師古曰倢言接幸於上也伃美稱也娙娥皆美貌也傛傛猶言弈弈也便習之意也充依言充後庭而依秩序也倢音接伃音予字或從女其音同耳娙音五經反傛音容而元帝加昭儀之號師古曰昭顯其儀示隆重也凡十四等云師古曰除皇后自昭儀以下至秩百石十四等昭儀位視丞

相爵比諸侯王倢伃視上卿比列侯娙娥視中二千石比關內侯師古曰中二千石實得二千石也中之言滿也月得百八十斛是為一歲凡得二千一百六十石言二千者舉成數耳傛華視眞二千石比大上造師古曰眞二千石月得百五十斛一歲凡得千八百石耳大上造第十六爵美人視二千石比少上造師古曰二千石月得百二十斛一歲凡得一千四百四十石耳少上造第十五爵八子視千石比中更師古曰中更第十三爵也更音公衡反其下亦同充依視千石比左更師古曰左更第十二爵七子視八百石比右庶長師古曰右庶長第十一爵良人視八百石比左庶長師古曰左庶長第十爵長使視六百石比五大夫師古曰五大夫第九爵少使視四百石比公乘師古曰公乘第八爵五官視三百石師古曰五官所掌亦象外之五官也順常視二百石無涓共和娛靈保林良使夜者皆視百石師古曰涓絜也無涓言無所不絜也共讀曰恭言恭順而和柔也娛靈可

以娛樂情靈也保安也保林言其可安衆如林也良使使令之善者也夜者主職夜事令音力成反上家人子中家
人子視有秩斗食云師古曰家人子者言采擇良家子以入宮未有職號但稱家人子也斗食謂佐
史也謂之斗食者言一歲不滿百石日食一斗二升五官以下葬司馬門外服虔曰陵上司馬門
之外高祖呂皇后父呂公單父人也師古曰單音善父音甫
好相人高祖微時呂公見而異之乃以女妻高祖
生惠帝魯元公主高祖爲漢王元年封呂公爲臨
泗侯二年立孝惠爲太子後漢王得定陶戚姬愛
幸生趙隱王如意太子爲人仁弱高祖以爲不類
已常欲廢之而立如意如意類我戚姬常從上之
關東日夜啼泣欲立其子呂后年長常留守希見

益疏如意且立爲趙王留長安幾代太子者數師古
曰幾音鉅依反數音所角反賴公卿大臣爭之及叔孫通諫用留侯
之策得無易呂后爲人剛毅佐高帝定天下兄二
人皆爲列將從征伐長兄澤爲周呂侯次兄釋之
爲建成侯逮高祖而侯者三人高祖四年臨泗侯
呂公薨高祖崩惠帝立呂后爲皇太后廼令永巷
囚戚夫人髡鉗衣赭衣令舂戚夫人舂且歌曰子
爲王母爲虜終日舂薄暮常與死爲伍師古曰與死罪者爲伍也
相離三千里當誰使告女師古曰女讀曰汝此下皆同太后聞之大
怒曰乃欲倚子邪師古曰乃亦汝乃召趙王誅之使者三反

師古曰反還也三還猶今言三回也趙相周昌不遣太后召趙相相徵至
長安使人復召趙王王來惠帝慈仁知太后怒自
迎趙王霸上入宮挾與起居飲食數月帝晨出射
趙王不能蚤起太后伺其獨居使人持鴆飲之遲
帝還趙王死師古曰遲音直二反解在高紀太后遂斷戚夫人手足去
眼熏耳飲瘖藥師古曰去其眼精以藥熏耳令聾也瘖不能言也以瘖藥飲之也飲音於禁反瘖音於今反使
居鞠域中師古曰鞠域如蹋鞠之域謂窟室也鞠音巨六反名曰人彘居數月廼
召惠帝視人彘帝視而問知其戚夫人廼大哭因
病歲餘不能起使人請太后曰此非人所爲臣爲
太后子終不能復治天下師古曰令太后視事已自如太子然以此日飲

爲淫樂不聽政七年而崩太后發喪哭而泣不下
師古曰泣謂淚留侯子張辟彊爲侍中年十五謂丞相陳平
曰太后獨有帝今哭而不悲君知其解未師古曰解猶解說其
意陳平曰何解辟彊曰帝無壯子太后畏君等今
請拜呂台呂產爲將將兵居南北軍及諸呂皆官
居中用事如此則太后心安君等幸脫禍矣師古曰脫免也
丞相如辟彊計請之太后說其哭迺哀師古曰說讀曰悅呂氏
權由此起迺立孝惠後宮子爲帝太后臨朝稱制
復殺高祖子趙幽王友共王恢師古曰共讀曰恭及燕王建
子遂立周呂侯子台爲呂王師古曰台音土來反台弟產爲梁

王建城侯釋之子祿爲趙王台子通爲燕王又封諸呂凡六人皆爲列侯追尊父呂公爲呂宣王兄周呂侯爲悼武王太后持天下八年病犬禍而崩語在五行志病困以趙王祿爲上將軍居北軍梁王產爲相國居南軍戒產祿曰高祖與大臣約非劉氏王者天下共擊之今王呂氏大臣不平我即崩恐其爲變必據兵衞宮愼毋送喪爲人所制太后崩太尉周勃丞相陳平朱虛侯劉章等共誅產祿悉捕諸呂男女無少長皆斬之而迎立代王是爲孝文皇帝

孝惠張皇后宣平侯敖尚帝姊魯元公主有女惠帝即位呂太后欲爲重親以公主女配帝爲皇后欲其生子萬方終無子迺使陽爲有身取後宮美人子名之師古曰名爲皇后子殺其母立所名子爲太子惠帝崩太子立爲帝四年迺自知非皇后子出言曰太后安能殺吾母而名我我壯即爲所爲師古曰爲其所爲謂所生之母也並音于僞反太后聞而患之恐其作亂迺幽之永巷言帝病甚左右莫得見太后下詔廢之語在高后紀遂幽死更立恒山王弘爲皇帝而以呂祿女爲皇后欲連根固本牢甚師古曰牢堅也然而無益也呂太后崩大臣正之卒滅呂氏少帝恒山淮南濟川王皆以非孝惠子誅獨置孝惠皇后廢處北宮師古曰置留也北宮在未央宮之北孝文後元年薨葬安陵不起墳

高祖薄姬文帝母也父吳人秦時與故魏王宗女魏媼通生薄姬而薄姬父死山陰因葬焉師古曰山陰會稽之縣及諸侯畔秦魏豹立爲王而魏媼內其女於魏宮許負相薄姬當生天子是時項羽方與漢王相距滎陽天下未有所定豹初與漢擊楚及聞許負言心喜因背漢而中立與楚連和師古曰自謂當得天下漢使曹參等虜魏王豹以其國爲郡而薄姬輸織室豹

已死漢王入織室見薄姬有詔內後宮歲餘不得幸始姬少時與管夫人趙子兒相愛約曰先貴毋相忘已而管夫人趙子兒先幸漢王漢王四年坐河南成皐靈臺此兩美人侍相與笑薄姬初時約漢王問其故兩人俱以實告漢王心悽然憐薄姬是日召欲幸之對曰昨暮夢龍據妾胷上曰是貴徵也吾爲汝成之遂幸有身歲中生文帝年八歲立爲代王自有子後希見高祖崩諸幸姬戚夫人之屬呂后怒皆幽之不得出宮而薄姬以希見故得出從子之代爲代太后太后弟薄昭從如代師古

曰如往也代王立十七年高后崩大臣議立後疾外家呂氏彊暴皆稱薄氏仁善故迎立代王爲皇帝尊太后爲皇太后封弟昭爲軹侯（師古曰軹音只）太后母亦前死葬櫟陽北迺追尊太后父爲靈文侯會稽郡致園邑三百家長丞以下使奉守寢廟上食祠如法櫟陽亦置靈文夫人園令如靈文侯園儀太后蚤失父其奉太后外家魏氏有力（師古曰言太后爲外家所養也）迺召復魏氏（師古曰優復之也復音方目反）賞賜各以親疏受之薄氏侯者一人太后後文帝二歲孝景前二年崩（師古曰言文帝崩後二歲太后乃崩）葬南陵（師古曰薄太后陵在霸陵之南故稱南陵即今所謂薄陵）用呂后不合葬長陵（師古曰以呂后是正嫡故薄不得合葬也）故特自起陵近文帝

孝文竇皇后景帝母也呂太后時以良家子選入宮太后出宮人以賜諸王各五人竇姬與在行中（師古曰與讀曰豫）家在清河願如趙近家（師古曰如往也）請其主遣宦者吏（師古曰主遣宦者吏謂宦者爲吏而主發遣宮人者也籍謂名簿也伍猶列也）必置我籍趙之伍中宦者忘之誤置籍代伍中籍奏詔可當行竇姬涕泣怨其宦者不欲往相彊迺肯行至代代王獨幸竇姬生女嫖（師古曰嫖音匹昭反）孝惠七年生景帝代王王后生四男先代王未入立爲帝而王后卒及代王立爲帝後王后所生四男更病死（師古曰更互也音公衡反）文帝

立數月公卿請立太子而竇姬男最長立爲太子竇姬爲皇后女爲館陶長公主（師古曰年最長故謂長公主）明年封少子武爲代王後徙梁（師古曰初封代王後更爲梁王）是爲梁孝王竇皇后親蚤卒葬觀津（師古曰觀津清河之縣也觀音工喚反）於是薄太后迺詔有司追封竇后父爲安成侯母曰安成夫人令清河置園邑二百家長丞奉守比靈文園法竇后兄長君弟廣國字少君年四五歲時家貧爲人所略賣其家不知處傳十餘家至宜陽爲其主人入山作炭暮臥岸下百餘人岸崩盡厭殺臥者（師古曰厭音一甲反）少君獨脫不死（師古曰脫免也）自卜數日當爲侯從其家之長安（師古曰從其主家之往也）

聞皇后新立家在觀津姓竇氏廣國去時雖少識其縣名及姓又嘗與其姊采桑墮（師古曰墮謂墮樹）用爲符信上書自陳皇后言帝召見問之具言其故果是復問其所識（師古曰識記也音式志反）曰姊去我西時與我決傳舍中匄沐沐我已飯我乃去（師古曰乞沐具而爲之沐沐訖又飯食之也飯音扶晚反）於是竇皇后持之而泣侍御左右皆悲迺厚賜之家於長安絳侯灌將軍等曰吾屬不死命乃且縣此兩人（師古曰恐其後擅權則將相大臣當被害）此兩人所出微不可不爲擇師傅又復放呂氏大事也（師古曰放音甫往反）於是乃選長者之有節行者與居竇長君少君由此爲

退讓君子不敢以富貴驕人竇皇后疾失明文帝幸邯鄲愼夫人尹姬皆無子文帝崩景帝立皇后爲皇太后乃封廣國爲章武侯長君先死封其子彭祖爲南皮侯吳楚反時太后從昆弟子竇嬰俠喜士（師古曰喜音許吏反）爲大將軍破吳楚封魏其侯竇氏侯者凡三人竇太后好黃帝老子言景帝及諸竇不得不讀老子尊其術太后後景帝六歲凡立五十一年元光六年崩（師古曰武紀建元六年太皇太后崩此傳云後景帝六歲是也而以建元爲元光則是參錯又當言凡立四十五年而云五十一再三乖謬皆是此傳誤）合葬霸陵遺詔盡以東宮金錢財物賜長公主嫖（師古曰東宮太后所居）至武帝時魏其侯竇嬰爲丞相後誅

孝景薄皇后孝文薄太后家女也景帝爲太子時薄太后取以爲太子妃景帝立立薄妃爲皇后無子無寵立六年薄太后崩皇后廢廢後四年薨葬長安城東平望亭南

孝景王皇后武帝母也父王仲槐里人也母臧兒故燕王臧荼孫也爲仲妻生男信與兩女而仲死臧兒更嫁爲長陵田氏婦生男蚡勝臧兒長女嫁爲金王孫婦生一女矣而臧兒卜筮曰兩女當貴欲倚兩女（師古曰冀其貴而依倚之得尊寵也倚音於綺反）奪金氏金氏怒不肯

與決乃內太子宮太子幸愛之生三女一男男方在身時王夫人夢日入其懷以告太子太子曰此貴徵也未生而文帝崩景帝即位王夫人生男是時薄皇后無子後數歲景帝立齊栗姬男爲太子而王夫人男爲膠東王長公主嫖有女欲與太子爲妃栗姬妬而景帝諸美人皆因長公主見得貴幸栗姬日怨怒謝長主不許長主欲與王夫人王夫人許之會薄皇后廢長公主日譖栗姬短景帝嘗屬諸姬子（師古曰諸姬子諸姬所生之子也屬音之欲反此下皆同）曰吾百歲後善視之栗姬怒不肯應言不遜景帝心銜之而未發也長公主日譽王夫人男之美帝亦自賢之又耳曩者所夢日符（師古曰耳常聽聞而記之也符猶瑞應）計未有所定王夫人又陰使人趣大臣立栗姬爲皇后（師古曰趣音曰促）大行奏事文曰子以母貴母以子貴今太子母號宜爲皇后帝怒曰是乃所當言邪（師古曰乃汝也言此事非汝所當得言）遂案誅大行而廢太子爲臨江王栗姬愈恚不得見以憂死卒立王夫人爲皇后（師古曰卒終也）男爲太子封皇后兄信爲蓋侯初皇后始入太子家後女弟兒姁亦復入（師古曰姁音許于反諸婦人之名字音皆同）生四男兒姁蚤卒四子皆爲王（師古曰謂廣川惠王越膠東康王寄清河哀王乘常山憲王舜）皇后長女爲平陽公主次

南宮公主次隆慮公主師古曰慮音盧皇后立九年景帝崩武帝即位爲皇太后尊太后母臧兒爲平原君封田蚡爲武安侯勝爲周陽侯王氏田氏侯者凡三人蓋侯信好酒田蚡勝貪巧於文辭蚡至丞相追尊王仲爲共侯師古曰共讀曰恭槐里起園邑二百家長丞奉守及平原君薨從田氏葬長陵亦置園邑如共侯法初皇太后微時所爲金王孫生女俗在民間蓋諱之也師古曰言隨淺俗而在閭巷未顯貴武帝始立韓嫣白之師古曰嫣音偃帝曰何爲不蚤言乃車駕自往迎之其家在長陵小市直至其門使左右入求之家人驚恐女逃匿

扶將出拜帝下車立曰大姊何藏之深也載至長樂宮與俱謁太后太后垂涕女亦悲泣帝奉酒前爲壽錢千萬奴婢三百人公田百頃甲第以賜姊太后謝曰爲帝費因賜湯沐邑號修成君男女各一人女嫁諸侯男號修成子仲以太后故橫於京師師古曰橫音胡孟反太后凡立二十五年後景帝十五歲元朔三年崩合葬陽陵

孝武陳皇后長公主嫖女也曾祖父陳嬰與項羽俱起後歸漢爲堂邑侯傳子至孫午午尚長公主生女初武帝得立爲太子長主有力取主女爲妃及帝即位立爲皇后擅寵驕貴十餘年而無子聞衞子夫得幸幾死者數焉師古曰幾音鉅依反數音所角反上愈怒后又挾婦人媚道頗覺元光五年上遂窮治之女子楚服等坐爲皇后巫蠱祠祭祝詛大逆無道相連及誅者三百餘人楚服梟首於市使有司賜皇后策曰皇后失序惑於巫祝師古曰言失德義之序而妄祝詛也不可以承天命其上璽綬罷退居長門宮明年堂邑侯午薨主男須嗣侯主寡居私近董偃十餘年主薨須坐淫亂兄弟爭財當死自殺國除後數年廢后乃薨葬霸陵郎官亭東

孝武衞皇后字子夫生微也其家號曰衞氏出平陽侯邑子夫爲平陽主謳者師古曰謳齊歌也謳音一侯反武帝即位數年無子平陽主求良家女十餘人飾置家帝祓霸上孟康曰祓除也於霸水上自祓除今三月上巳祓禊也師古曰祓音廢禊音系還過平陽主主見所偫美人師古曰偫儲偫也偫音丈紀反帝不說既飲謳者進帝獨說子夫師古曰說皆讀曰悅帝起更衣子夫侍尚衣如淳曰以帷帳障尊者也晉灼曰代侍五尚之衣師古曰二說皆非也尚主也時於軒中侍帝權主衣裳軒中得幸師古曰軒謂軒車即今車之施幰者還坐驩甚賜平陽主金千斤主因奏子夫送入宮子夫上車主拊其背曰行矣師古曰拊謂摩循之也行矣猶今言好去彊飯勉之師古曰彊音其兩反飯音扶晚反即貴願無相忘入宮歲餘不復幸

武帝擇宮人不中用者斥出之子夫得見涕泣請出上憐之復幸遂有身尊寵召其兄衛長君弟青侍中而子夫生三女元朔元年生男據遂立爲皇后先是衛長君死乃以青爲將軍擊匈奴有功封長平侯青三子在襁褓中皆爲列侯及皇后姊子霍去病亦以軍功爲冠軍侯至大司馬票騎將軍青爲大司馬大將軍衛氏支屬侯者五人青還尚平陽主皇后立七年而男立爲太子後色衰趙之王夫人中山李夫人有寵皆蚤卒後有尹倢伃鉤弋夫人更幸師古曰更互也音工衡反衛后立三十八年遭巫蠱事起江充爲姦太子懼不能自明遂與皇后共誅充發兵兵敗太子亡走詔遣宗正劉長樂執金吾劉敢奉策收皇后璽綬自殺黃門蘇文姚定漢輿置公車令空杏盛以小棺瘞之城南桐栢師古曰瘞薶也桐栢亭名也瘞音於例反衛氏悉滅宣帝立乃改葬衛后追謚曰思后置園邑三百家長丞周衛奉守焉師古曰葬在杜門外大道東以倡優雜伎千人樂其園故號千人聚其地在今長安城内金城坊西北隅是

孝武李夫人本以倡進師古曰倡樂人音昌初夫人兄延年性知音善歌舞武帝愛之每爲新聲變曲聞者莫不感動延年侍上起舞歌曰北方有佳人絶世而獨立一顧傾人城再顧傾人國寧不知傾城與傾國佳人難再得師古曰非不愛惜城與國也但以佳人難得愛悅之深不覺傾覆上嘆息曰善世豈有此人乎平陽主因言延年有女弟上乃召見之實妙麗善舞由是得幸生一男是爲昌邑哀王李夫人少而蚤卒上憐閔焉圖畫其形於甘泉宮及衛思后廢後四年武帝崩大將軍霍光緣上雅意以李夫人配食師古曰緣因也雅意素舊之意追上尊號曰孝武皇后初李夫人病篤上自臨候之夫人蒙被謝曰妾久寢病形貌毀壞不可以見帝願以王及兄弟爲託上曰夫人病甚殆將不起一見我屬託王及

兄弟豈不快哉夫人曰婦人貌不修飾不見君父妾不敢以燕媠見帝師古曰媠與惰同謂不嚴飾上曰夫人弟一見我師古曰弟但也將加賜千金而予兄弟尊官夫人曰尊官在帝不在一見上復言欲必見之夫人遂轉鄉歔欷而不復言師古曰鄉讀曰嚮轉面而嚮裏也歔音虛欷音許旣反於是上不說而起師古曰說讀曰悅夫人姊妹讓之曰師古曰讓責也貴人獨不可一見上屬託兄弟邪何爲恨上如此夫人曰所以不欲見帝者乃欲以深託兄弟也我以容貌之好得從微賤愛幸於上夫以色事人者色衰而愛弛師古曰弛解也音式爾反愛弛則恩絶上所以攣攣顧念我者乃以

平生容貌也師古曰攣音力全反又讀曰戀今見我毀壞顏色非故必畏惡吐棄我意尚肯復追思閔錄其兄弟哉及夫人卒上以后禮葬焉其後上以夫人兄李廣利為貳師將軍封海西侯延年為協律都尉上思念李夫人不已方士齊人少翁言能致其神迺夜張燈燭設帷帳陳酒肉而令上居他帳遙望見好女如李夫人之貌還幄坐而步師古曰夫人之神於幄中坐又出而徐步又不得就視上愈益相思悲感為作詩曰是邪非邪師古曰言所見之狀定是夫人以否立而望之偏何姍姍其來遲師古曰姍姍行貌音先安反令樂府諸音家絃歌之上又自為作賦以傷悼夫人

其辭曰

美連娟以修嫮兮師古曰嫮美也連娟纖弱也嫮音互娟音一全反命樔絕而不長師古曰樔截也音子小反飾新宮以延貯兮泯不歸乎故鄉師古曰新宮待神之處貯與佇同佇待也泯然滅絕意慘鬱鬱其蕪穢兮隱處幽而懷傷釋輿馬於山椒兮奄修夜之不陽孟康曰山椒山陵也置輿馬於山陵也師古曰自慘鬱鬱以下皆言夫人身歿墳墓而隱翳也修長也陽明也秋氣憯以淒淚兮桂枝落而銷亡師古曰淒淚寒涼之意也桂枝芳香亦喻夫人也憯音千感反淚音戾神煢煢以遙思兮精浮游而出畺託沈陰以壙久兮惜蕃華之未央師古曰沈陰言在地下也壙與曠同未央猶未半也言年歲未半而早落蕃華故痛惜之蕃音扶元反念窮極之不還兮惟幼眇之相羊師古曰惟思也幼眇猶窈窕也相羊翱翔也幼音一小反相音襄函菱荴以俟風兮芳雜襲以彌章李奇曰荴音敷孟康曰菱音綏華中齊也夫人之色如春華含菱敷散以待風也師古曰雜襲重積也的容與以猗靡兮縹飄姚虖愈莊孟康曰言夫人之顏色的然盛美雖在風中縹姚愈益端嚴也師古曰縹音匹妙反燕淫衍而撫楹兮連流視而娥揚師古曰追述平生歡宴之時也娥揚揚其娥眉既激感而心逐兮包紅顏而弗明晉灼曰包藏也謂夫人藏其顏色不肯見帝屬其家室也師古曰此說非也心逐者帝自言中心追逐夫人不能已也包紅顏者言在墳墓之中不可見也歡接狎以離別兮宵寤夢之芒芒師古曰言絕接狎之權而遂離別也宵夜也芒芒無知之貌也芒音莫郎反忽遷化而不反兮魄放逸以飛揚何靈魂之紛紛兮哀裴回以躊躇師古曰躊躇猶躊佇足也躊音疇躇音丈預反勢路日以遠兮遂荒忽而辭去師古曰荒音呼廣反超兮西征屑兮不見師古曰屑然疾意也以日為喻故言西征寖淫敞克寂兮無音師古曰克古怳字思若流波怛兮在心師古曰流波言思寵不絕也怛悼也音丁曷反

亂曰師古曰亂理也總理賦中之意佳俠函光隕朱榮兮孟康曰佳俠猶佳麗也嫉妒闒茸將安程兮師古曰言嫉妒闒茸之徒不足與夫人為程品也闒茸眾賤之稱也闒音吐盍反茸音人勇反方時隆盛年夭傷兮師古曰傷合韻音式向反弟子增欷洿沫悵兮應劭曰弟夫人弟兄也子昌邑王也孟康曰洿沫澆泣也晉灼曰沫音水沫面之沫言涕淚洿集覆面下也師古曰晉說是也悵惘悵也洿音烏洿下也沫音呼內反字從午未之未也悲愁於邑喧不可止兮師古曰朝鮮之閒謂小兒泣不止名為喧音許遠反嚮不虛應亦云已兮師古曰嚮讀曰響響之隨聲必當有應而今涕泣從自己耳夫人不知之是虛其應嫶妍太息歎稚子兮孟康曰夫人蒙被歔欷不見帝哀其子小而孤也晉灼曰三輔謂憂愁面省瘦曰嫶冥嫶冥猶嫶妍也師古曰嫶音在消反懰慄不言倚所恃兮孟康曰恃平日之恩知上必感念之也師古曰懰慄哀愴之意也懰音劉慄音栗仁者不誓豈約親兮

如淳曰仁者之行惠尚一不以爲恩施豈有親親而反當以言約乎既往不來申以信兮師古曰死者一往不返情念酷痛重以此心爲信不有怨忘也信合韻音新去彼昭昭就冥冥兮既下新宮不復故庭兮師古曰故庭謂平生所居室之庭也復音扶目反嗚呼哀哉想魂靈兮其後李延年弟季坐姦亂後宮廣利降匈奴家族滅矣

孝武鉤弋趙倢伃昭帝母也家在河閒武帝巡狩過河閒望氣者言此有奇女天子亟使使召之既至女兩手皆拳上自披之手即時伸由是得幸號曰拳夫人先是其父坐法宮刑爲中黃門死長安葬雍門師古曰雍門在長安西北孝里西南去長安三十里廣記云趙父冢在門西也拳夫人進爲

倢伃居鉤弋宮師古曰黃圖鉤弋宮在城外漢武故事曰在直門南也大有寵太始三年生昭帝號鉤弋子任身十四月迺生上曰聞昔堯十四月而生今鉤弋亦然迺命其所生門曰堯母門後衞太子敗而燕王旦廣陵王胥多過失寵姬王夫人男齊懷王李夫人男昌邑哀王皆蚤薨鉤弋子年五六歲壯大多知師古曰壯大者言其形體偉大上常言類我又感其生與衆異甚奇愛之心欲立焉以其年穉母少恐女主顓恣亂國家猶與久之師古曰與讀曰豫鉤弋倢伃從幸甘泉有過見譴以憂死師古曰譴責也音口羨反因葬雲陽師古曰在甘泉宮南今土俗人呼爲女陵後上疾病乃立鉤弋子爲皇太子拜奉車都尉霍光爲大司馬大將軍輔少主明日帝崩昭帝即位追尊鉤弋倢伃爲皇太后發卒二萬人起雲陵邑三千戶追尊外祖趙父爲順成侯詔右扶風置園邑二百家長丞奉守如法順成侯有姊君姁賜錢二百萬奴婢第宅以充實焉諸昆弟各以親疏受賞賜趙氏無在位者唯趙父追封

孝昭上官皇后祖父桀隴西上邽人也少時爲羽林期門郎從武帝上甘泉天大風車不得行解蓋授桀桀奉蓋雖風常屬車師古曰屬連也音之欲反雨下蓋輒御

上奇其材力遷未央廄令上嘗體不安及愈見馬師古曰見謂呈見之音胡電反馬多瘦上大怒令以我不復見馬邪欲下吏桀頓首曰臣聞聖體不安日夜憂懼意誠不在馬師古曰誠實也言未卒泣數行下上以爲忠由是親近爲侍中稍遷至太僕武帝疾病以霍光爲大將軍太僕桀爲左將軍皆受遺詔輔少主以前捕斬反者莽通功封桀爲安陽侯初桀子安取霍光女結婚相親光每休沐出桀常代光入決事昭帝始立年八歲帝長姊鄂邑蓋長公主居禁中共養帝師古曰共音居用反養音弋亮反蓋主私近子客河閒丁外人師古曰子客子之賓客也外人

其名也 上與大將軍聞之不絕主驩有詔外人侍長
主長主內周陽氏女令配耦帝時上官安有女即
霍光外孫安因光欲內之光爲尚幼不聽安素與
丁外人善說外人曰聞長主內女安子容貌端正
誠因長主時得入爲后 師古曰以時得入 以臣父子在朝而
有椒房之重 師古曰椒房殿名在未央宮皇后所居 成之在於足下漢家
故事常以列侯尚主足下何憂不封侯乎外人喜
言於長主長主以爲然詔召安女入爲倢伃安爲
騎都尉月餘遂立爲皇后年甫六歲 師古曰甫始也 安以后
父封桑樂侯食邑千五百戶遷車騎將軍日以驕

淫受賜殿中出對賓客言與我壻飲大樂見其服
飾使人歸欲自燒物安醉則裸行內與後母及父
諸良人侍御皆亂 師古曰良人謂妾也侍御則兼婢矣 子病死仰而罵天
數守大將軍光爲丁外人求侯 師古曰守求請之 及桀欲妄
官祿外人 師古曰不由德故云妄 光執正皆不聽又桀妻父所幸
充國爲大醫監闌入殿中下獄當死冬月且盡蓋
主爲充國入馬二十匹贖罪廼得減死論於是桀
安父子深怨光而重德蓋主知燕王旦帝兄不得
立亦怨望桀安即記光過失予燕王令上書告之
又爲丁外人求侯燕王大喜上書稱子路喪姊朞

而不除孔子非之子路曰由不幸寡兄弟不忍除
之 師古曰事見禮記由子路之名 故曰觀過知仁 師古曰論語云孔子曰人之過也各於其黨觀過斯知仁矣
引此言者謂子路厚於骨肉雖違禮制是其仁愛 今臣與陛下獨有長公主爲姊陛
下幸使丁外人侍之外人宜蒙爵號書奏上以問
光光執不許及告光罪過上又疑之愈親光而疏
桀安桀安寖恚 師古曰寖漸也 遂結黨與謀殺光誘徵
燕王至而誅之因廢帝而立桀或曰當如皇后何
安曰逐麋之狗當顧菟邪 師古曰言所求者大不顧小也 且用皇后
爲尊一旦人主意有所移雖欲爲家人亦不可得
師古曰家人言凡庶匹夫 此百世之一時也事發覺燕王蓋主皆自

殺語在霍光傳桀安宗族既滅皇后以年少不與
謀 師古曰與讀曰預 亦光外孫故得不廢皇后母前死葬茂
陵郭東追尊曰敬夫人置園邑二百家長丞奉守
如法皇后自使私奴婢守桀安冢 師古曰廟記云上官桀安冢並在霍光冢東
去夏侯勝冢二十步 光欲皇后擅寵有子帝時體不安左右及
醫皆阿意言宜禁內雖宮人使令皆爲窮絝多其
帶 服虔曰窮絝有前後當不得交通也師古曰使令所使之人也絝古袴字也窮絝即今之緄襠袴也令音力征反緄音下昆反 後
宮莫有進者皇后立十歲而昭帝崩后年十四五
云昌邑王賀徵即位尊皇后爲皇太后光與太后
共廢王賀立孝宣帝宣帝即位爲太皇太后凡立

四十七年年五十二建昭二年崩合葬平陵

衞太子史良娣宣帝祖母也太子有妃有良娣有孺子妻妾凡三等子皆稱皇孫史良娣家本魯國有母貞君兄恭以元鼎四年入爲良娣生男進號史皇孫（師古曰進者皇孫之名）武帝末巫蠱事起衞太子及良娣史皇孫皆遭害史皇孫有一男號皇曾孫時生數月猶坐太子繫獄積五歲乃遭赦治獄使者邴吉憐皇曾孫無所歸載以付史恭恭母貞君年老見孫孤甚哀之自養視焉後曾孫收養於掖庭遂登至尊位是爲宣帝而貞君及恭已死恭三子皆以舊恩封長子高爲樂陵侯曾爲將陵侯玄爲平臺侯及高子丹以功德封武陽侯侯者凡四人高至大司馬車騎將軍丹左將軍自有傳

史皇孫王夫人宣帝母也名翁須太始中得幸於史皇孫皇孫妻妾無號位皆稱家人子征和二年坐宣帝帝生數月衞太子皇孫敗家人子皆坐誅莫有收葬者唯宣帝得全即尊位後追尊母王夫人謚曰悼后祖母史良娣曰戾后皆改葬起園邑長丞奉守語在戾太子傳地節三年求得外祖母王媼媼男無故無故弟武皆隨使者詣闕時乘黃

牛車故百姓謂之黃牛嫗初上即位數遣使者求外家久遠多似類而非是既得王媼令太中大夫任宣與丞相御史屬雜考問鄉里識知者皆曰王媼媼言名妄人家本涿郡蠡吾平鄉（師古曰蠡音禮）年十四嫁爲同鄉王更得妻更得死嫁爲廣望王迺始婦（師古曰廣望亦涿郡之縣）產子男無故武女翁須翁須年八九歲時寄居廣望節侯子劉仲卿宅仲卿謂迺始曰予我翁須自養長之媼爲翁須作縑單衣（師古曰縑即今之絹也音兼）送仲卿家仲卿教翁須歌舞往來歸取冬夏衣居四五歲翁須來言邯鄲賈長兒求歌舞者仲卿欲以我與之媼即與翁須逃走之平鄉（師古曰之往也）仲卿載迺始共求媼媼惶急將翁須歸曰兒居君家非受一錢也（師古曰言不嘗得其聘幣）奈何欲予它人仲卿詐曰不也後數日翁須乘長兒車馬過門呼曰我果見行（師古曰呼音火故反）當之柳宿（蘇林曰聚邑名也在中山盧奴東北三十里）媼與迺始之柳宿見翁須相對涕泣謂曰欲爲汝自言（師古曰言自訟理不肯行）翁須曰毋置之（師古曰毋置之猶言任聽之不須自言）何家不可以居（師古曰言所去處皆可安也）自言無益也媼與迺始還求錢用隨逐至中山盧奴見翁須與歌舞等比五人同處（師古曰比音必寐反）媼與翁須共宿明日迺始留視翁須媼還求錢欲隨至

邯鄲媼歸糴買未具迺始來歸曰翁須巳去我無錢用隨也因絕至今不聞其問賈長兒妻貞及從者師遂辭師古曰辭對辭往二十歲太子舍人侯明從長安來求歌舞者請翁須等五人長兒使遂送至長安皆入太子家及廣望三老更始劉仲卿妻其等四十五人辭皆驗師古曰其者仲卿妻之名宣奏王媼悼后母明白上皆召見賜無故武爵關内侯旬月間賞賜以鉅萬計頃之制詔御史賜外祖母號為博平君以博平蠡吾兩縣戶萬一千為湯沐邑封舅無故為平昌侯武為樂昌侯食邑各六千戶初迺始以本始

四年病死後三歲家迺富貴追賜謚曰思成侯詔涿郡治冢室置園邑四百家長丞奉守如法歲餘博平君薨謚曰思成夫人詔徙思成侯合葬奉明顧成廟南置園邑長丞師古曰本號廣明故戾太子傳云皇孫及王夫人皆葬廣明其後以置園邑奉守改曰奉明罷涿郡思成園王氏侯者二人無故子接為大司馬車騎將軍而武子商至丞相自有傳

孝宣許皇后元帝母也父廣漢昌邑人少時為昌邑王郎從武帝上甘泉誤取它郎鞍以被其馬發覺吏劾從行而盜當死有詔募下蠶室孟康曰死罪囚欲就宮者聽之後為宦者丞上官桀謀反時廣漢部索師古曰部分搜索罪人也索音山客反其殿中廬有索長數尺可以縛人者數千枚滿一篋緘封師古曰殿中廬桀所止宿廬舍在宮中者也緘束篋也音工咸反廣漢索不得它吏往得之師古曰須得此繩索者用為桀之反具廣漢坐論為鬼薪輸掖庭後為暴室嗇夫時宣帝養於掖庭號皇曾孫與廣漢同寺居師古曰寺者掖庭之官舍時掖庭令張賀本衛太子家吏及太子敗賀坐下刑以舊恩養視皇曾孫甚厚及曾孫壯大賀欲以女孫妻之是時昭帝始冠長八尺二寸賀弟安世為右將軍與霍將軍同心輔政聞賀稱譽皇曾孫欲妻以女安世怒曰曾孫迺衛太子後也幸得以庶人衣食縣官足

矣勿復言予女事於是賀止時許廣漢有女平君年十四五當為内者令歐侯氏子婦師古曰歐侯姓也歐音烏溝反臨當入歐侯氏子死其母將行卜相師古曰將領也自隨而行卜言當大貴母獨喜賀聞許嗇夫有女迺置酒請之師古曰請召也召嗇夫飲酒也酒酣為言曾孫體近下人乃關内侯師古曰言曾孫之身於帝為近親縱其人材下劣尚作關内侯書本或無人字可妻也廣漢許諾明日嫗聞之怒師古曰廣漢之妻不欲與曾孫廣漢重令為介師古曰更令人作媒而結婚姻重音直用反遂與曾孫一歲生元帝數月曾孫立為帝平君為倢伃是時霍將軍有小女與皇太后有親公卿議更立皇后皆心儀霍將軍女服虔曰儀音螘晉灼曰儀向也師古曰晉說是也謂附向之亦

未有言上乃詔求微時故劒大臣知指白立許倢伃為皇后既立霍光以后父廣漢刑人不宜君國歲餘乃封為昌成君霍光夫人顯欲貴其小女道無從(師古曰從因也由也無由得內其女)明年許皇后當娠病女醫淳于衍者霍氏所愛嘗入宮侍皇后疾衍夫賞為掖庭戶衞謂衍可過辭霍夫人行(師古曰過辭夫人乃行入宮也)為我求安池監衍如言報顯顯因生心辟左右(師古曰辟音闢謂屏去之)字謂衍少夫幸報我以事(如淳曰稱衍字曰少夫親之也晉灼曰報我以事謂求池監也)我亦欲報少夫可乎(晉灼曰報少夫謀弒許后事)衍曰夫人所言何等不可者(師古曰無事而不可)顯曰將軍素愛小女成君欲奇貴之

願以累少夫(師古曰累託也音力瑞反)衍曰何謂邪顯曰婦人免乳大故十死一生(師古曰免乳為產子也大故大事也乳音人喻反)今皇后當免身可因投毒藥去也(師古曰去謂除去皇后也音丘呂反)成君即得為皇后矣如蒙力事成富貴與少夫共之衍曰藥雜治當先嘗安可(師古曰雜謂眾醫共雜治之又有先嘗者何可行毒)顯曰在少夫為之耳將軍領天下誰敢言者緩急相護但恐少夫無意耳衍良久曰願盡力即擣附子齎入長定宮皇后免身後衍取附子并合大醫大丸以飲皇后(晉灼曰大丸今澤蘭丸之屬)有頃曰我頭岑岑也藥中得無有毒(師古曰岑岑痺悶之意)對曰無有遂加煩懣崩(師古曰懣音滿又音悶)衍出過見顯

相勞問(師古曰勞音來到反)亦未敢重謝衍(師古曰恐人知覺之)後人有上書告諸醫侍疾無狀者皆收繫詔獄劾不道顯恐急即以狀具語光因曰既失計為之無令吏急衍光驚鄂默然不應其後奏上署衍勿論(李奇曰光題其奏也師古曰言之於帝故解釋耳光不自署也)許后立三年而崩謚曰恭哀皇后葬杜南是為杜陵南園(師古曰即今之所謂小陵者去杜陵十八里)後五年立皇太子迺封太子外祖父昌成君廣漢為平恩侯位特進後四年復封廣漢兩弟舜為博望侯延壽為樂成侯許氏侯者凡三人廣漢薨謚曰戴侯無子絕葬南園旁置邑三百家長丞奉守如法宣帝以延

壽為大司馬車騎將軍輔政元帝即位復封延壽中子嘉為平恩侯奉戴侯後亦為大司馬車騎將軍

孝宣霍皇后大司馬大將軍博陸侯光女也母顯既使淳于衍陰殺許后顯因為成君衣補(師古曰謂縫作嫁時衣被也為音千偽反)治入宮具勸光內之果立為皇后初許后起微賤登至尊日淺從官車服甚節儉五日一朝皇太后於長樂宮親奉案上食以婦道共養及霍后立亦修許后故事而皇太后親霍后之姊子故常竦體敬而禮之皇后輿駕侍從甚盛賞賜官屬以千萬計與許后時縣絕矣上亦寵之顓房燕(師古

曰顓與專同立三歲而光薨後一歲上立許后男爲太子昌成君
者爲平恩侯顯怒恚不食歐血曰此乃民間時子
安得立即后有子反爲王邪復教皇后令毒太子
皇后數召太子賜食保阿輒先嘗之后挾毒不得
行後殺許后事頗泄顯遂與諸壻昆弟謀反發覺
皆誅滅使有司賜皇后策曰皇后熒惑失道懷不
德挾毒與母博陸宣成侯夫人顯謀欲危太子無
人母之恩不宜奉宗廟衣服不可以承天命烏呼
傷哉其退避宮上璽綬有司霍后立五年廢處昭
臺宮師古曰在上林中後十二歲徙雲林館迺自殺葬昆吾

亭東師古曰昆吾地名在藍田初霍光及兄驃騎將軍去病皆自以
功伐封侯居位宣帝以光故封去病孫山山弟雲
皆爲列侯侯者前後四人孝宣王皇后其先高祖
時有功賜爵關內侯自沛徙長陵傳爵至后父奉
光奉光少時好鬭雞宣帝在民間數與奉光會相
識奉光有女年十餘歲每當適人所當適輒死故
久不行及宣帝即位召入後宮稍進爲倢伃是時
館陶王母華倢伃師古曰華音戶化反及淮陽憲王母張倢伃
楚孝王母衞倢伃皆愛幸霍皇后廢後上憐許太
子蚤失母師古曰許后所生故曰許太子幾爲霍氏所害師古曰幾音巨依反於是

乃選後宮素謹慎而無子者遂立王倢伃爲皇后
令母養太子自爲后後希見無寵封父奉光爲邛
成侯立十六年宣帝崩元帝即位爲皇太后封太
后兄舜爲安平侯後二年奉光薨謚曰共侯葬長
門南置園邑三百家長丞奉守如法元帝崩成帝
即位爲太皇太后復爵太皇太后弟駿爲關內侯
食邑千戶王氏列侯二人關內侯一人舜子章章
從弟咸皆至左右將軍時成帝母亦姓王氏故世
號太皇太后爲邛成太后邛成太后凡立四十九
年年七十餘永始元年崩合葬杜陵稱東園師古曰雖同塋

兆而別爲墳王后陵次宣帝陵東故曰東園也奉光孫勳坐法免元始中成帝太
后下詔曰孝宣王皇后朕之姑深念奉質共修之
義恩結于心師古曰質讀曰贄惟邛成共侯國廢祀絕朕甚
閔焉其封共侯曾孫堅固爲邛成侯至王莽乃絕

外戚傳卷第六十七上

外戚傳卷第六十七下　班固　漢書九十七

秘書監上護軍琅邪縣開國子顏　師古　注

孝元王皇后成帝母也家凡十侯五大司馬師古曰十侯者陽平頃侯禁禁子敬侯鳳安成侯崇平阿侯譚成都侯商紅陽侯立曲陽侯根高平侯逢時安陽侯音新都侯莽也五大司馬者鳳音商根莽也一日鳳嗣禁爲侯不當重數而十人者淳于長即其一也外戚莫盛焉自有傳

孝成許皇后大司馬車騎將軍平恩侯嘉女也元帝悼傷母恭哀后居位日淺而遭霍氏之辜故選嘉女以配皇太子初入太子家上令中常侍黃門親近者侍送還白太子懽說狀師古曰說讀曰悅元帝喜謂左右酌酒賀我左右皆稱萬歲久之有一男失之

及成帝即位立許妃爲皇后復生一女失之初后父嘉自元帝時爲大司馬車騎將軍輔政已八九年矣及成帝立復以元舅陽平侯王鳳爲大司馬大將軍與嘉並杜欽以爲故事后父重於帝舅乃說鳳曰車騎將軍至貴將軍宜尊之敬之無失其意蓋輕細微眇之漸必生乖忤之患師古曰眇亦細也忤違也不可不慎衞將軍之日盛於蓋侯師古曰衞將軍衞青也武帝衞皇后之弟蓋侯王信也武帝之舅近世之事語尚在於長老之耳唯將軍察焉久之上欲專委任鳳廼策嘉曰將軍家重身尊不宜以吏職自絫師古曰絫古累字也音力瑞反賜黃金二百斤以特進

侯就朝位後歲餘薨謚曰恭侯后聰慧善史書自爲妃至即位常寵於上後宮希得進見皇太后及帝諸舅憂上無繼嗣時又數有災異劉向谷永等皆陳其咎在於後宮上然其言於是省減椒房掖廷用度師古曰椒房殿皇后所居皇后廼上跡曰妾誇布服糲食孟康曰誇大也大布之衣也糲粗米也師古曰言在家時野賤也誇音夸糲音刺加以幼稚愚惑不明義理幸得免離茅屋之下備後宮埽除蒙過誤之寵居非命所當託洿穢不脩曠職尸官師古曰洿與汙同曠空也尸主也妾主其官數逆至法踰越制度當伏放流之誅不足以塞責廼壬寅日大長秋受詔椒房儀法御服輿

駕所發諸官署及所造作遺賜外家羣臣妾師古曰外家謂后之家族言在外也皆如竟寧以前故事妾伏自念入椒房以來遺賜外家未嘗踰故事每輒決上師古曰每事皆奏決於天子乃敢行也上音時掌反可覆問也師古曰覆音芳目反今誠時世異制長短相補不出漢制而已纖微之間未必可同若竟寧前與黃龍前豈相放哉晉灼曰竟寧元帝時也黃龍宣帝時也言二帝奢儉不同豈相放哉師古曰放依也音甫往反家吏不曉師古曰家吏皇后之官屬今壹受詔如此且使妾摇手不得今言無得發取諸宮殆謂未央宮不屬妾不宜獨取也師古曰未央宮天子之宮故其財物皇后不得取也今言者謂詔書新有所限約之言言妾家府亦不當得妾竊惑焉師古曰此言謂家吏之言幸得賜湯沐

邑以自奉養亦小發取其中何害於誼而不可哉又詔書言服御所造皆如竟寧前吏誠不能揆其意即且今妾被服所爲不得不如前（師古曰詔書本云奢儉之制如竟寧耳而吏乃謂衣服數置二如之也被音皮義反）設妾欲作某屛風張於某所曰故事無有或不能得則必繩妾以詔書矣（師古曰言或有所求吏不肯備因云詔書不許也）此二事誠不可行唯陛下省察官吏忮佷必欲自勝（師古曰宦吏奄人爲皇后吏也忮堅也忮之豉反）幸妾尚貴時猶以不急事操人（師古曰尚貴時謂昔被寵遇之時也操持也音千高反次下亦同）況今日日益侵又獲此詔其操約人豈有所訴陛下見妾在椒房終不肯給妾纖微（師古曰言皇后自有湯沐故更無它纖毫給賜）內邪若不私

府小取將安所仰乎（師古曰內邪言內中所須者也邪語辭也仰音牛向反）舊故中宮乃私奪左右之賤繒及發乘輿服繒言爲待詔補已而貿易其中（師古曰託言此繒擬待別詔有所補浣而私換易取其好者以自用）左右多竊怨者甚恥爲之又故事以特牛祠大父母戴侯敬侯皆得蒙恩以太牢祠今當率如故事唯陛下哀之今吏甫受詔讀記（師古曰甫始也）直豫言使后知之非可復若私府有所取也（師古曰若謂如未奉詔之前也）其萌牙所以約制妾者恐失人理（師古曰萌牙言其初始發意若艸木之方生也）今但損車駕及母若未央宮有所發遺賜衣服如故事則可矣（師古曰言今止當減損車馬制度及不得同未央宮輒有發取妾遺賜人於事則可而后之衣服自當如舊也）其餘誠太

迫急柰何妾薄命端遇竟寧前（師古曰端正也言不得以它時爲比例而正依竟寧前）竟寧前於今世而比之豈可邪（師古曰言今時國家制度與衆事比竟寧前不肯皆同也）故時酒肉有所賜外家輒上表延決又故杜陵梁美人歲時遺酒一石肉百斤耳（蘇林曰宣帝美人也）妾甚少之遺田八子誠不可若是（師古曰當多於梁美人也）事率衆多不可勝以文陳（師古曰率猶計也類也言以文書陳之不可勝盡）俟自見索言之（師古曰俟待也自見后自見於天子也索盡也見音胡電反索音先各反）唯陛下深察焉上於是采劉向谷永之言以報曰皇帝問皇后所言事聞之夫日者衆陽之宗天光之貴王者之象人君之位也夫以陰而侵陽虧其正體是非下陵上妻乘夫賤

踰貴之變與（師古曰與讀曰歟）春秋二百四十二年變異爲衆莫若日蝕大自漢興日蝕亦爲呂霍之屬見以今揆之豈有此等之效與（師古曰與讀曰歟）諸侯拘迫漢制牧相執持之也（師古曰牧州牧也相諸侯王相也）又安獲齊趙七國之難將相大臣褱誠秉忠唯義是從（師古曰褱古懷字）又惡有上官博陸宣成之謀（師古曰惡於何也上官上官桀安也博陸博陸侯霍禹也宣成宣成侯夫人顯也惡音烏）若乃徒步豪桀非有陳勝項梁之羣也匈奴夷狄非有冒頓郅支之倫也方外內鄉百蠻賓服（師古曰鄉讀曰嚮內嚮皆嚮中國也）殊俗慕義八州懷德雖使其褱挾邪意猶不足憂又況其無乎求於夷狄無有求於臣

下無有微後宮也當何以塞之師古曰微無也猶言非也塞當也日者建始元年正月師古曰日者猶言往日也白氣出於營室營室者天子之後宮也正月於尚書為皇極皇極者王氣之極也白者西方之氣其於春當廢今正於王極之月興廢氣於後宮視后妾無能懷任保全者師古曰視讀曰示以著繼嗣之微賤人將起也師古曰著明也至其九月流星如瓜出于文昌貫紫宮尾委曲如龍臨於鉤陳此又章顯前尤著在內也師古曰尤過也其後則有北宮井溢南流逆理數郡水出流殺人民後則訛言傳相驚震女童入殿咸莫覺知師古曰謂陳持弓也夫河者水陰四瀆之長今乃大決沒漂陵邑師古曰大阜曰陵斯昭陰盛盈溢違經絕紀之應也廼昔之月鼠巢于樹野鵲變色五月庚子鳥焚其巢太山之域易曰鳥焚其巢旅人先咲後號咷喪牛于易凶師古曰咲古笑字也咷音桃解並在谷永傳言王者處民上如鳥之處巢也不顧卹百姓百姓畔而去之若鳥之自焚也雖先快意說咲師古曰說讀曰悅其後必號而無及也百姓喪其君若牛亡其毛也故稱凶泰山王者易姓告代之處今正於岱宗之山甚可懼也三月癸未大風自西搖祖宗寢廟揚裂帷席折拔樹木頓僵車輦毀壞檻屋災及宗

廟足為寒心四月己亥日蝕東井轉旋且索與既無異師古曰轉旋且索言須臾之間則欲盡也既亦盡耳春秋書日有食之既故詔引以為言也索音先各反己猶戊也亥復水也張晏曰己戊皆中宮為君亥為水陰氣也明陰盛咎在內於戊己虧君體著絕世於皇極顯禍敗及京都於東井變怪眾備末重益大來數益甚成形之禍月以迫切不救之患日寖婁深師古曰寖漸也婁古屢字咎敗灼灼若此豈可以忽哉師古曰灼灼明白貌也忽怠忘也書云高宗肜日粵有雊雉師古曰肜音弋中反祖己曰惟先假王正厥事又曰雖休勿休惟敬五刑以成三德師古曰解並在谷永傳即飭椒房及掖庭耳師古曰謂祖己所言皆以戒後宮也飭與敕同今皇后有所疑便不便其條刺

使大長秋來白之師古曰條謂分條之也刺謂書之於刺板也刺音千賜反吏拘於法亦安足過蓋矯枉者過直古今同之師古曰矯正也枉曲也言意在正曲遂過於直且財幣之省特牛之祠其於皇后所以扶助德美為華寵也咎根不除災變相襲師古曰襲重累也祖宗且不血食何戴侯也傳不云乎以約失之者鮮師古曰論語載孔子之言也鮮少也謂能行儉約而有過失之事如此者少也鮮音先踐反審皇后欲從其奢與師古曰與讀曰歟朕亦當法孝武皇帝也如此則甘泉建章可復興矣世俗歲殊時變日化遭事制宜因時而移舊之非者何可放焉師古曰放音甫往反君子之道樂因循而重改作昔魯人為長府閔子騫曰仍舊貫如

之何何必改作師古曰事見論語長府藏貨之府也閔子騫孔子弟子也名損仍因也貫事也言因舊事則可何乃復更改作乎蓋惡之也詩云雖無老成人尚有典刑曾是莫聽大命以傾師古曰大雅蕩之詩也老成人舊故之臣也典刑常法也言闇亂之時不用舊法以至傾危孝文皇帝朕之師也皇太后皇后成法也假使太后在彼時不如職今見親厚又惡可以踰乎師古曰言假令太后昔時不得其志不依常理而皇后今被親厚何可踰於太后制度乎婦不可踰姑也惡音烏皇后其刻心秉德毋違先后之制度力誼勉行稱順婦道師古曰稱副也減省群事謙約為右師古曰以謙約為先其孝東宮毋闕朔望師古曰東宮太后所居也朔望朝謁之禮也推誠永究爰何不臧師古曰究竟也爰于也臧善也于何不善言何事而不善也養名顯行以息眾讙師古曰讙譁眾議也音許元反

垂則列妾使有法焉師古曰言垂法於後宮使皆遵行也皇后深惟毋忽是時大將軍鳳用事威權尤盛其後比三年日蝕師古曰比頻也言事者頗歸咎於鳳矣而谷永等遂著之許氏許氏自知為鳳所不佑師古曰佑助也久之皇后寵亦益衰而後宮多新愛后姊平安剛侯夫人謁等為媚道祝詛後宮有身者王美人及鳳等師古曰謯古詛字事發覺太后大怒下吏考問謁等誅死許后坐廢處昭臺宮師古曰在上林苑中親屬皆歸故郡山陽后弟子平恩侯旦就國凡立十四年而廢在昭臺歲餘還徙長定宮師古曰三輔黃圖林光宮有長定宮後九年上憐許氏下詔曰蓋聞仁

不遺遠誼不忘親前平安剛侯夫人謁坐大逆罪家屬幸蒙赦令歸故郡朕惟平恩戴侯先帝外祖魂神廢棄莫奉祭祀念之未嘗忘于心其還平恩侯旦及親屬在山陽郡者是歲廢后敗先是廢后姊孊寡居與定陵侯淳于長私通師古曰孊者后姊之名也音靡因為之小妻長紿之曰師古曰紿誑也我能白東宮復立許后為左皇后廢后因孊私賂遺長數通書記相報謝長書有誖謾師古曰誖惑亂也謾欺誑也誖音布內反謾與慢同發覺天子使廷尉孔光持節賜廢后藥自殺葬延陵交道廄西

孝成班倢伃帝初即位選入後宮始為少使蛾而

大幸如淳曰蛾無幾之頃也師古曰蛾與俄同古字通用為倢伃居增成舍應劭曰後宮有八區增成第三也再就館蘇林曰外舍產子也晉灼曰謂賜祿與柘觀有男數月失之成帝遊於後庭嘗欲與倢伃同輦載倢伃辭曰觀古圖畫賢聖之君皆有名臣在側三代末主迺有嬖女師古曰嬖愛也音必計反今欲同輦得無近似之乎師古曰近音鉅靳反上善其言而止太后聞之喜曰古有樊姬今有班倢伃張晏曰楚王好田樊姬為不食禽獸之肉倢伃誦詩及窈窕德象女師之篇師古曰詩謂關雎以下也窈窕德象女師之篇皆古箴戒之書也故傳云誦詩及窈窕以下諸篇明詩外別有此篇耳而說者便謂窈窕等即是詩篇蓋失之矣每進見上疏依則古禮師古曰則法也自鴻嘉後上稍隆於內寵倢伃進侍者李平平得幸立為倢伃上曰

始衛皇后亦從微起迺賜平姓曰衛所謂衛倢伃也其後趙飛燕姊弟亦從自微賤興踰越禮制寖盛於前師古曰踰與踰同寖漸也班倢伃及許皇后皆失寵稀復進見鴻嘉三年趙飛燕譖告許皇后班倢伃挾媚道祝詛後宮詈及主上許皇后坐廢考問班倢伃倢伃對曰妾聞死生有命富貴在天師古曰論語載子貢對司馬牛之言也脩正尚未蒙福為邪欲以何望使鬼神有知不受不臣之愬師古曰祝詛主上是不臣也如其無知愬之何益故不為也上善其對憐閔之賜黃金百斤趙氏姊弟驕妒倢伃恐久見危求共養太后長信宮師古曰共音居用反養音弋向反上

県

許焉倢伃退處東宮作賦自傷悼其辭曰承祖考之遺德兮何性命之淑靈師古曰何任也負也登薄軀於宮闕兮充下陳於後庭師古曰陳列也蒙聖皇之渥惠兮當日月之盛明師古曰渥厚也揚光烈之翕赫兮奉隆寵於增成既過幸於非位兮竊庶幾乎嘉時師古曰嘉時善也每寤寐而絫息兮申佩離以自思師古曰絫息言懼而喘息也離桂衣之帶也女子適人父親結其離而戒之故云自思也絫古累字陳女圖以鏡監兮顧女史而問詩悲晨婦之作戒兮張晏曰書云牝雞之晨惟家之索喻婦人無男事也哀褒閻之為郵師古曰小雅刺幽王之詩曰赫赫宗周褒姒烕之閻妻煽方處故云為郵郵過也美皇英之女虞兮榮任姒之母周師古曰皇娥皇英女英堯之二女也女妻也虞虞舜也任大任文王之母姒大姒武王之母也女虞女音尼據反雖愚

陋其靡及兮敢舍心而忘茲師古曰舍息也歷年歲而悼懼兮閔蕃華之不滋師古曰滋益也言時逝不留華色落也蕃音扶元反痛陽祿與柘館兮仍襁褓而離災服虔曰二館名也生子此館皆失之也師古曰觀並在上林中仍頻也離遭也豈妾人之殃咎兮將天命之不可求白日忽已移光兮遂晻莫而昧幽師古曰晻與暗同又音烏感反莫讀曰暮一曰莫靜也讀如本字猶被覆載之厚德兮不廢捐於罪郵師古曰言主上之恩比於天地雖有罪過不廢棄也被音皮義反奉共養于東宮兮託長信之末流師古曰末流謂恩顧之末也一曰流謂等列也共音居用反養音弋向反共洒埽於帷幄兮永終死以為期師古曰共音居容反洒音灑又所寄反埽音先到反願歸骨於山足兮依松柏之餘休師古曰山足謂陵下也休蔭也重曰師古曰重者情志未申更作賦也音直用反潛玄宮兮幽以清應

陳慧

門閉兮禁闥扃師古曰正門謂之應門扃短關也音工熒反華殿塵兮玉階菭中庭萋兮綠草生師古曰菭水氣所生也萋萋青草貌也菭音臺萋音妻廣室陰兮帷幄暗房櫳虛兮風泠泠師古曰櫳疏檻也音來東反泠音零感帷裳兮發紅羅紛綷縩兮紈素聲師古曰感動也言風動發帷裳羅綺也綷縩衣聲也綷音千晦反縩音蔡神眇眇兮密靚處君不御兮誰為榮師古曰靚字與靜同俯視兮丹墀思君兮履綦孟康曰丹墀赤地也師古曰綦履下飾也言視殿上之地則想君履綦之跡也綦音其仰視兮雲屋雙涕兮橫流師古曰雲屋言其黮䨴狀若雲也黮音徒感反䨴音徒對反顧左右兮和顏酌羽觴兮銷憂劉德曰酒行疾如羽也孟康曰羽觴爵也作生爵形有頭尾羽翼如淳曰以瑇瑁覆翠羽於下徹上見師古曰孟說是也惟人生兮一世忽一過兮若浮已獨享兮高明處生民兮極休

師古曰享當也休美也勉虞精兮極樂與福祿兮無期師古曰此虞與娛同綠衣兮白華自古兮有之師古曰綠衣詩邶風刺妾上僭夫人失位白華小雅篇周人刺幽王黜申后也至成帝崩倢伃充奉園陵薨因葬園中

孝成趙皇后本長安宮人師古曰本宮人以賜陽阿主家也宮人者省中侍使官婢名曰宮人非天子掖庭中也事見漢舊儀言長安者以別甘泉等諸宮省也初生時父母不舉三日不死迺收養之及壯屬陽阿主家師古曰陽阿平原之縣也今俗書阿字作阿又或為河陽皆後人所妄改耳學歌舞號曰飛燕師古曰以其體輕故也成帝嘗微行出過陽阿主作樂上見飛燕而說之師古曰說讀曰悅召入宮大幸有女弟復召入俱為倢伃貴傾後宮許后之廢也上欲立趙倢伃皇太后嫌其所出微

甚難之太后姊子淳于長為侍中數往來傳語得太后指上立封趙倢伃父臨為成陽侯後月餘乃立倢伃為皇后追以長前白罷昌陵功封為定陵侯皇后既立後寵少衰而弟絕幸為昭儀居昭陽舍其中庭彤朱而殿上髹漆師古曰以漆漆物謂之髹音許求反又許昭反今關東俗器物一再著漆者謂之捎漆捎即髹聲之轉重耳髹字或作髤音義亦與髹同今關西俗云黑髹盤朱髹盤其音如此兩義並通切皆銅沓黃金塗師古曰切門限也音千結反沓冒其頭也塗以金塗銅上也沓音它合反白玉階師古曰階所由升殿陛也壁帶往往為黃金釭函藍田璧明珠翠羽飾之服虔曰釭壁中之橫帶也晉灼曰以金環飾之也師古曰壁帶壁之橫木露出如帶者也於壁帶之中往往以金為釭若車釭之形也其釭中著玉璧明珠翠羽耳藍田山名出美玉釭音工俗讀之音江非也自後宮未嘗有焉姊弟

顓寵十餘年卒皆無子師古曰顓與專同卒終也末年定陶王來朝王祖母傅太后私賂遺趙皇后昭儀定陶王竟為太子明年春成帝崩帝素彊無疾病是時楚思王衍梁王立來朝明旦當辭去上宿供張白虎殿師古曰白虎殿在未央宮中供音居用反張音竹亮反又欲拜左將軍孔光為丞相已刻侯印書贊師古曰贊謂延拜之文昏夜平善鄉晨傅綺韤應劭曰傅著也師古曰鄉讀曰嚮傅讀曰附綺古綺字也韤音武伐反欲起因失衣不能言晝漏上十刻而崩民間歸罪趙昭儀皇太后詔大司馬莽丞相大司空曰皇帝暴崩羣衆讙譁怪之掖庭令輔等在後庭左右侍燕迫近雜與御史丞

相廷尉治問皇帝起居發病狀趙昭儀自殺哀帝既立尊趙皇后為皇太后封太后弟侍中駙馬都尉欽為新成侯趙氏侯者凡二人後數月司隸解光奏言臣聞許美人及故中宮史曹宮皆御幸孝成皇帝產子子隱不見臣遣從事掾業史望師古曰業者掾之名望者史之名也皆不言其姓驗問知狀者掖庭獄丞籍武故中黃門王舜吳恭靳嚴官婢曹曉道房張棄故趙昭儀御者于客子王偏臧兼等皆曰宮即曉子女前屬中宮為學事史通詩授皇后房與宮對食應劭曰宮人自相與為夫婦名對食甚相妒忌也元延元年中宮語房曰陛下幸宮

後數月曉入殿中見宮腹大問宮宮曰御幸有身其十月中宮乳掖庭牛官令舍師古曰乳產也音而具反下皆類此有婢六人中黃門田客持詔記盛綠綈方底師古曰綈厚繒也綠其色也方底盛書囊形若今之筭幐耳綈音大奚反封御史中丞印予武曰取牛官令舍婦人新產兒婢六人盡置暴室獄毋問兒男女誰兒也武迎置獄宮曰善臧我兒胞師古曰胞謂胎之衣也音苞丞知是何等兒也師古曰意言是天子兒耳後三日客持詔記與武問兒死未手書對牘背師古曰牘木簡也時以為詔記問之故令於背上書對辭武即書對兒見在未死有頃客出曰上與昭儀大怒柰何不殺武叩頭啼曰不殺兒自知當死殺之亦死

即因客奏封事曰陛下未有繼嗣子無貴賤唯留意奏入客復持詔記予武曰今夜漏上五刻持兒與舜會東交掖門武因問客陛下得武書意何如曰憆也服虔曰憆直視貌也師古曰憆音丑庚反字本作瞠其音同耳武以兒付舜舜受詔內兒殿中為擇乳母告善養兒且有賞毋令漏泄舜擇棄為乳母時兒生八九日後三日客復持詔記封如前予武中有封小綠篋記曰告武以篋中物書予獄中婦人武自臨飲之師古曰飲音於禁反武發篋中有裹藥二枚赫蹏書孟康曰蹏猶地也染紙素令赤而書之若今黃紙也鄧展曰赫音兒弟鬩牆之鬩應劭曰赫蹏薄小紙也晉灼曰今謂薄小物為鬩蹏鄧音應說是也師古曰孟說非也今書本赫字或作擊曰告偉能努

力飲此藥不可復入女自知之師古曰女讀曰汝偉能即宮宮讀書已曰果也欲姊弟擅天下我兒男也額上有壯髮類孝元皇帝師古曰壯髮當額前侵下而生今俗呼為圭頭者是也今兒安在危殺之矣師古曰危險也猶今人言險不殺耳柰何令長信得聞之師古曰謂太后宮飲藥死後宮婢六人召入出語武曰昭儀言女無過師古曰言我知汝無罪過也女讀曰汝寧自殺邪若外家也晉灼曰寧便自殺出至外舍死也我曹言願自殺師古曰曹輩也即自繆死晉灼曰繆音繆縛之繆鄭氏曰自縊也師古曰繆絞也居虯反武皆表奏狀棄所養兒十一日師古曰棄謂張棄也宮長李南以詔書取兒去晉灼曰漢儀注有女長御比侍中宮長豈此邪不知所置師古曰繇音不知置何所也

許美人前在上林涿沐館數召入飾室中若舍師古曰或暫入或留止也一歲再三召留數月或半歲御幸元延二年褱子師古曰褱古懷字其十一月乳師古曰乳謂產子也音而樹反其下亦同詔使嚴持乳醫及五種和藥丸三送美人所後客子偏兼聞昭儀謂成帝曰常紿我言從中宮來師古曰紿誑也中宮皇后所居即從中宮來許美人兒何從生中許氏竟當復立邪晉灼曰昭儀前要帝不得立許美人為皇后而今有子中許氏竟當復立為皇后邪此前約之言也師古曰此說非也言美人在內中何從得兒而生也故言何從生中次此下乃始言約耳懟以手自擣師古曰懟怨也擣築也懟音直類反以頭擊壁戶柱從牀上自投地啼泣不肯食曰今當安置我欲歸耳帝曰今故告之反怒為師古曰故以許美人產子告汝何為反怒殊不可曉也師古曰言其不可告語也帝亦

不食昭儀曰陛下自知是不食爲何 師古曰何爲不食也 陛下常自言約不負女 師古曰汝讀曰汝下亦同 今美人有子竟負約謂何帝曰約以趙氏故不立許氏使天下無出趙氏上者毋憂也後詔使嚴持綠囊書予許美人告嚴曰美人當有以予女受來置飾室中簾南 師古曰簾戶簾也音廉 美人以葦篋一合盛所生兒緘封及綠囊報書予嚴嚴持篋書置飾室簾南去帝與昭儀坐使客子解篋緘未已 師古曰緘束篋之繩也音居咸反 帝使客子偏兼皆出自閉戶獨與昭儀在須臾開戶嘑客子偏兼使緘封篋及綠綈方底推置屏風東恭受詔持篋

方底予武皆封以御史中丞印曰告武篋中有死兒埋屏處勿令人知武穿獄樓垣下爲坎埋其中故長定許貴人及故成都平阿侯家婢王業任孋公孫習前免爲庶人 師古曰孋音麗 詔召入屬昭儀爲私婢成帝崩未幸梓宮 師古曰言未大斂也 倉卒悲哀之時昭儀自知罪惡大知業等故許氏王氏婢恐事泄而以大婢羊子等賜予業等各且十人以慰其意屬無道我家過失 師古曰屬音之欲反 元延二年五月故掖庭令吾丘遵謂武曰 師古曰姓吾丘名遵 掖庭丞吏以下皆與昭儀合通無可與語者獨欲與武有所言我無子武有子是家輕族人得無不敢乎 蘇林曰是家謂成帝也不敢斥故言是家師古曰遵自以無子故無所顧懼武既有子恐禍相及當止不敢言也 掖庭中御幸生子者輒死又飲藥傷墮者無數欲與武共言之大臣票騎將軍貪耆錢不足計事 師古曰耆讀曰嗜 柰何令長信得聞之遵後病困謂武今我已死前所語事武不能獨爲也慎語 師古曰言汝脫不能獨爲勿漏泄其語 皆在今年四月丙辰赦令前臣謹案永光三年男子忠等發長陵傅夫人冢事更大赦 師古曰更音工衡反 孝元皇帝下詔曰比朕不當所得赦也窮治盡伏辜天下以爲當魯嚴公夫人殺世子齊桓召而誅焉春秋予之 師古曰嚴公夫人謂哀姜也予謂許予之也解具在五行志 趙昭儀

傾亂聖朝親滅繼嗣家屬當伏天誅前妄平剛侯夫人謁坐大逆同產當坐以蒙赦令歸故郡今昭儀所犯尤誖逆罪重於謁而同產親屬皆在尊貴之位迫近帷幄 師古曰近音鉅靳反 羣下寒心非所以懲惡崇誼示四方也請事窮竟丞相以下議正法哀帝於是免新成侯趙欽欽兄子成陽侯訢皆爲庶人將家屬徙遼西郡時議郎耿育上疏言臣聞繼嗣失統廢適立庶 師古曰適讀曰嫡次下亦同 聖人法禁古今至戒然大伯見歷知適逡循固讓 師古曰歷謂王季即文王之父也知適謂知其當爲適嗣 委身吳粵權變所設不計常法致位王季以崇聖嗣卒

有天下（師古曰卒終也）子孫承業七八百載功冠三王道德最備是以尊號追及大王故世必有非常之變然後迺有非常之謀孝成皇帝自知繼嗣不以時立念雖未有皇子萬歲之後未能持國（師古曰未晚暮也萬歲言晏駕也）權柄之重制於女主女主驕盛則耆欲無極（師古曰耆讀曰嗜）少主幼弱則大臣不使（師古曰不使不可使從命也）世無周公抱負之輔恐危社稷傾亂天下知陛下有賢聖通明之德仁孝子愛之恩懷獨見之明內斷於身故廢後宮就館之漸絕微嗣禍亂之根（師古曰微嗣者謂幼主也）乃欲致位陛下以安宗廟愚臣旣不能深援安危定金匱之計（師古曰愚臣謂解光等也援引也金匱言長久之法可藏於金匱石室者也援音爰）又不知推演聖德述先帝之志（師古曰演廣也音弋善反）迺反覆校省內暴露私燕（師古曰私燕謂成帝閒宴之私也覆音芳目反）誣汙先帝傾惑之過成結寵妾妬媚之誅甚失賢聖遠見之明逆負先帝憂國之意夫論大德不拘俗立大功不合眾此迺孝成皇帝至思所以萬萬於眾臣陛下聖德盛茂所以符合於皇天也豈當世庸庸斗筲之臣所能及哉且褒廣將順君父之美匡捄銷滅旣往之過（師古曰捄古救字）古今通義也事不當時固爭防禍於未然各隨指阿從以求容媚晏駕之後尊號已定萬事已

訖迺探追不及之事訐揚幽昧之過（師古曰訐音居謁反）此臣所深痛也願下有司議即如臣言宜宣布天下使咸曉知先帝聖意所起不然空使謗議上及山陵下流後世遠聞百蠻近布海內甚非先帝託後之意也蓋孝子善述父之志善成人之事唯陛下省察哀帝為太子亦頗得趙太后力遂不竟其事傅太后恩趙太后趙太后亦歸心（師古曰恩謂以厚恩接遇之一曰恩謂銜其立哀帝為嗣之恩也）故成帝母及王氏皆怨之哀帝崩王莽白太后詔有司曰前皇太后與昭儀俱侍帷幄姊弟專寵錮寢執賊亂之謀殘滅繼嗣以危宗廟誖天犯祖（師古曰誖違也祖先帝也）無為天下母之義貶皇太后為孝成皇后（晉灼曰使哀帝不母罪之也）徙居北宮後月餘復下詔曰皇后自知罪惡深大朝請希闊（師古曰請謁也闊猶闕也）失婦道無共養之禮而有狼虎之毒（師古曰共讀曰供音居用反養弋向反其下並同）宗室所怨海內之讎也而尚在小君之位誠非皇天之心夫小不忍亂大謀恩之所不能已者義之所割也（師古曰言以義割恩也）今廢皇后為庶人就其園是日自殺凡立十六年而誅先是有童謠曰燕燕尾涎涎（師古曰涎涎光澤之貌也音徒見反）張公子時相見木門倉琅根燕飛來啄皇孫皇孫死燕啄矢成帝每微行出常與張放俱

而稱富平侯家故曰張公子倉琅根宮門銅鍰也師古曰鍰讀與環同

孝元傅昭儀哀帝祖母也父河内溫人蚤卒母更嫁爲魏郡鄭翁妻生男惲昭儀少爲上官太后才人自元帝爲太子得進幸元帝即位立爲倢伃甚有寵爲人有材略善事人下至宮人左右飲酒酹地皆祝延之師古曰酹以酒沃地也祝延祝之使長年也酹音來外反祝音之受反產一男一女女爲平都公主男爲定陶恭王恭王有材藝尤愛於上元帝既重傅倢伃及馮倢伃亦幸生中山孝王上欲殊之於後宮以二人皆有子爲王上尚

在未得稱太后乃更號曰昭儀賜以印綬在倢伃上昭其儀尊之也至成哀時趙昭儀董昭儀皆無子猶稱焉元帝崩傅昭儀隨王歸國稱定陶太后後十年恭王薨子代爲王王母曰丁姬傅太后躬自養視既壯大成帝無繼嗣時中山孝王在元延四年孝王及定陶王皆入朝傅太后多以珍寶賂遺趙昭儀及帝舅票騎將軍王根陰爲王求漢嗣皆見上無子欲豫自結爲久長計更稱譽定陶王師古曰更音工衡反上亦自器之明年遂徵定陶王立爲太子語在哀紀月餘天子立楚孝王孫景爲定陶王奉

恭王後太子議欲謝少傅閻崇以爲春秋不以父命廢王父命師古曰王父謂祖也爲人後之禮不得顧私親不當謝太傅趙玄以爲當謝太子從之詔問所以謝狀尚書劾奏玄左遷少府以光祿勳師丹爲太傅詔傅太后與太子母丁姬自居定陶國邸下有司議皇太子得與傅太后丁姬相見不有司奏議不得相見頃之成帝母王太后欲令傅太后丁姬十日一至太子家成帝曰太子丞正統當共養陛下不得復顧私親王太后曰太子小而傅太后抱養之今至太子家以乳母恩耳不足有所妨於是令

傅太后得至太子家丁姬以不安　養太子獨不得成帝崩哀帝即位王太后詔令傅太后丁姬十日一至未央宮高昌侯董宏希指師古曰希望天子意指也上書言宜立丁姬爲帝太后師丹劾奏宏懷邪誤朝不道上初即位謙讓從師丹言止後廼白令王太后下詔尊定陶恭王爲恭皇哀帝因是曰春秋母以子貴尊傅太后爲恭皇太后丁姬爲恭皇后各置左右詹事食邑如長信宮中宮追尊恭皇太后父爲崇祖侯恭皇后父爲褒德侯後歲餘遂下詔曰漢家之制推親親以顯尊尊定陶恭皇之號不宜

復稱定陶共皇太后爲帝太太后丁后爲帝
太后後又更號帝太太后爲皇太太后稱永信宮
帝太后稱中安宮而成帝母太皇太后本稱長信
宮成帝趙后爲皇太后並四太后各置少府太僕
秩皆中二千石爲共皇立寢廟於京師比宣帝父
悼皇考制度序昭穆於前殿（如淳曰廟之前曰殿半以後曰寢）傅太后
父同産弟四人曰子孟中叔子元幼君（師古曰中讀曰仲）子
孟子喜至大司馬封高武侯中叔子晏亦大司馬
封孔鄉侯幼君子商封汝昌侯爲太后父崇祖侯
後更號崇祖曰汝昌哀侯太后同母弟鄭惲前死

以惲子業爲陽信侯追尊惲爲陽信節侯鄭氏傅
氏侯者凡六人大司馬二人九卿二千石六人侍
中諸曹十餘人傅太后既尊後尤驕與成帝母語
至謂之嫗與中山孝王母馮太后並事元帝追怨
之陷以祝詛罪令自殺元壽元年崩合葬渭陵稱
孝元傅皇后云定陶丁姬哀帝母也易祖師丁將
軍之玄孫（師古曰祖始也儒林傳丁寬易家之始師）家在山陽瑕丘父至廬
江太守始定陶共王先爲山陽王而丁氏內其女
爲姬王后姓張氏其母鄭禮即傅太后同母弟也
太后以親戚故欲其有子然終無有唯丁姬河平

四年生哀帝丁姬爲帝太后兩兄忠明明以帝舅
封陽安侯忠蚤死封忠子滿爲平周侯太后叔父
憲望望爲左將軍憲爲太僕明爲大司馬票騎將
軍輔政丁氏侯者凡二人大司馬一人將軍九卿
二千石六人侍中諸曹亦十餘人丁傅以一二年
間暴興尤盛然哀帝不甚假以權勢權勢不如王
氏在成帝世也建平二年丁太后崩上曰詩云穀
則異室死則同穴（師古曰王國大車之詩也穀生也）昔季武子成寢杜
氏之墓在西階下請合葬而許之（師古曰事見禮記）附葬之
禮自周興焉孝子事亡如事存帝太后宜起陵恭

皇之園遣大司馬票騎將軍明東送葬于定陶貴
震山東哀帝崩王莽秉政使有司舉奏丁傅罪惡
莽以太皇太后詔皆免官爵丁氏徙歸故郡莽奏
貶傅太后號爲定陶共王母丁太后號曰丁姬元
始五年莽復言共王母丁姬前不臣妾（師古曰不遵臣妾之道）
至葬渭陵冢高與元帝山齊懷帝太后皇太太后
璽綬以葬（師古曰懷謂挾之以自隨也）不應禮禮有改葬請發共
王母及丁姬冢取其璽綬消滅從共王母及丁姬
歸定陶葬共王冢次而葬丁姬復其故（師古曰復音扶目反）太
后以爲既已之事不須復發莽固爭之太后詔曰

因故棺為致槨作冢（師古曰致謂累也）祠以太牢謁者護既發傅太后冢崩壓殺數百人開丁姬槨戶火出炎四五丈（師古曰炎音弋贍反）吏卒以水沃滅迺得入燒燔槨中器物莽復奏言前共王母生僭居桂宮皇天震怒災其正殿丁姬死葬踰制度今火焚其槨此天見變以告當改如媵妾也臣前奏請葬丁姬復故非是（師古曰言尚太優僭也）共王母及丁姬棺皆名梓宮珠玉之衣非藩妾服請更以木棺代去珠玉衣葬丁姬媵妾之次奏可既開傅太后棺臭聞數里公卿在位皆阿莽指入錢帛遣子弟及諸生四夷凡十餘萬人操持作具助將作掘平共王母丁姬故冢二旬間皆平莽又周棘其處以為世戒云（師古曰以棘周繞也）時有羣燕數千銜土投丁姬穿中（師古曰穿謂壙中也）丁傅既敗孔鄉侯晏將家屬徙合浦宗族皆歸故郡唯高武侯喜得全自有傳

孝哀傅皇后定陶太后從弟子也哀帝為定陶王時傅太后欲重親取以配王王入為漢太子傅氏女為妃哀帝即位成帝大行尚在前殿而傅太后封傅妃父晏為孔鄉侯與帝舅陽安侯丁明同日俱封時師丹諫以為天下自王者所有親戚何患不富貴而倉卒若是其不久長矣晏封後月餘傅妃立為皇后傅氏既盛晏最尊重哀帝崩王莽白太皇太后下詔曰定陶共王太后與孔鄉侯晏同心合謀背恩忘本專恣不軌與至尊同稱號終沒至迺配食於左坐（應劭曰若禮以其妃配者也坐於左而並食師古曰坐音材卧反）誖逆無道令孝哀皇后退就桂宮後月餘復與孝成趙皇后俱廢為庶人就其園自殺

孝元馮昭儀平帝祖母也元帝即位二年以選入後宮時父奉世為執金吾昭儀始為長使數月至美人後五年就館生男拜為倢伃時父奉世為右將軍光祿勳奉世長男野王為左馮翊父子並居朝廷議者以為器能當其位非用女寵故也而馮倢伃內寵與傅昭儀等建昭中上幸虎圈鬬獸後宮皆坐熊佚出圈（師古曰佚字與逸同）攀檻欲上殿左右貴人傅昭儀等皆驚走馮倢伃直前當熊而立左右格殺熊上問人情驚懼何故前當熊倢伃對曰猛獸得人而止妾恐熊至御坐故以身當之元帝嗟歎以此倍敬重焉傅昭儀等皆慙明年夏馮倢伃男立為信都王尊倢伃為昭儀元帝崩為信都太后與王俱居儲元宮（師古曰黃圖在上林苑中）河平中隨王之國後徙

中山是爲孝王後徵定陶王爲太子封中山王舅參爲宜鄉侯參馮太后少弟也是歲孝王薨有一男嗣爲王時未滿歲有眚病孟康曰災眚之眚謂妖病也服虔曰身盡青也蘇林曰名爲肝厥發時嚼口手足十指甲皆青師古曰下云禱祠解舍孟説是也未滿歲者謂爲王未滿歲也眚音所領反字不作青服蘇誤矣太后自養視數禱祠解師古曰解音懈哀帝即位遣中郎謁者張由將醫治中山小王由素有狂易病師古曰狂易者狂而變易常性也病發怒去西歸長安尚書簿責擅去狀師古曰簿責以文簿一一責問也由恐因誣言中山太后祝詛上及太后太后即傅昭儀也素常怨馮太后因是遣御史丁玄案驗盡收御者官吏及馮氏昆弟在國者百餘人分繫雒

陽魏郡鉅鹿數十日無所得更使中謁者令史立師古曰官爲中謁者令姓史名立與丞相長史大鴻臚丞雜治立受傅太后指幾得封侯師古曰幾讀曰冀治馮太后女弟習及寡弟婦君之死者數十人巫劉吾服祝詛醫徐遂成言習君之日武帝時醫脩氏刺治武帝得二千萬耳師古曰刺治謂箴之今愈上不得封侯不如殺上令中山王代可得封立等劾奏祝詛謀反大逆責問馮太后無服辭立曰熊之上殿何其勇今何怯也太后還謂左右此廼中語前世事師古曰中語謂宮中之言語也吏何用知之欲陷我效也師古曰效徵驗也廼飲藥自殺先未死有司請

誅之上不忍致法廢爲庶人徙雲陽宮既死有司復奏太后死在未廢前有詔以諸侯王太后儀葬之宜鄉侯參君之習夫及子當相坐者或自殺或伏法參女弁爲孝王后有兩女有司奏免爲庶人與馮氏宗族徙歸故郡張由以先告賜爵關内侯史立遷中太僕哀帝崩大司徒孔光奏由前誣告骨肉立陷人入大辟爲國家結怨於天下以取秩遷獲爵邑幸蒙赦令請免爲庶人徙合浦云

中山衛姬平帝母也父子豪中山盧奴人官至衛尉子豪女弟爲宣帝倢伃生楚孝王長女又爲元

帝倢伃生平陽公主成帝時中山孝王無子上以衛氏吉祥以子豪少女配孝王元延四年生平帝平帝年二歲孝王薨代爲王哀帝崩無嗣太皇太后與新都侯莽迎中山王立爲帝莽欲顓國權懲丁傅行事師古曰懲創艾也以帝爲成帝後母衛姬及外家不當得至京師廼更立宗室桃鄉侯子成都爲中山王奉孝王後遣少傅左將軍甄豐賜衛姬璽綬即拜爲中山孝王后以苦陘縣爲湯沐邑又賜帝舅衛寶寶弟玄爵關内侯賜帝三妹謁臣號脩義君哉皮爲承禮君鬲子爲尊德君師古曰鬲音歷食邑各

二千戶莽長子宇非莽鬲絕衞氏恐久後受禍即私與衞寶通書記教衞后上書謝恩因陳丁傅舊惡幾得至京師（師古曰幾讀曰冀）莽白太皇太后詔有司曰中山孝王后深分明爲人後之義條陳故定陶傅太后丁姬誖天逆理上僭位號（師古曰誖違也）徙定陶王於信都爲共王立廟於京師如天子制不畏天命侮聖人言（師古曰論語稱孔子曰君子有三畏畏天命畏大人畏聖人之言小人不知天命而不畏也狎大人侮聖人之言故此文引之也侮古侮字）壞亂法度居非其制稱非其號是以皇天震怒火燒其殿六年之間大命不遂禍殃仍重（師古曰遂猶延也重音直用反）竟令孝哀帝受其餘災大失天心天命暴崩又令共王祭祀絕廢精魂無所依歸朕惟孝王后深說經義明鏡聖法懼古人之禍敗近事之咎殃畏天命奉聖言是迺久保一國長獲天祿而令孝王永享無疆之祀福祥之大者也朕甚嘉之夫褒義賞善聖王之制其以中山故安戶七千益中山后湯沐邑加賜及中山王黃金各百斤增傅相以下秩衞后日夜啼泣思見帝而但益戶邑宇復教令上書求至京師會事發覺莽殺宇盡誅衞氏支屬衞寶女爲中山王后免后徙合浦（師古曰黜其后位而徙也）唯衞后在（師古曰中山孝王后也）王莽簒國廢爲家人後歲餘卒

葬孝王旁

孝平王皇后安漢公太傅大司馬莽女也平帝即位年九歲成帝母太皇太后稱制而莽秉政莽欲依霍光故事以女配帝太后意不欲也莽設變詐令女必入因以自重事在莽傳太后不得已而許之遣長樂少府夏侯藩宗正劉宏少府宗伯鳳尚書令平晏納采（師古曰官爲少府姓宗伯名鳳也納采者禮記云婚禮納采問名謂采擇其可者）太師光大司徒馬宮大司空甄豐左將軍孫建執金吾尹賞行太常事太中大夫劉歆及太卜太史令以下四十九人賜皮弁素績（師古曰皮弁以鹿皮爲冠形如人手之弁合也素績謂素裳也朱衣而素裳績字或作積積謂襞績之若今之襵爲也）以禮雜卜筮太牢祠宗廟待吉月日明年春遣大司徒宮大司空豐左將軍建右將軍甄邯光祿大夫歆奉乘輿法駕迎皇后於安漢公第宮（師古曰本自莽第以皇后在是因呼曰宮）豐歆授皇后璽紱（師古曰紱所以繫璽音弗）登車稱警蹕便時上林延壽門（師古曰取時日之便也音頻面反）入未央宮前殿群臣就位行禮大赦天下益封父安漢公地滿百里賜迎皇后及行禮者自三公以下至騶宰執事長樂未央宮安漢公第者皆增秩賜金帛各有差皇后立三月以禮見高廟尊父安漢公號曰宰衡位在諸侯王上賜公夫人號曰功顯

君食邑封公子安爲褒新侯臨爲賞都侯后立歲餘
平帝崩莽立孝宣帝玄孫嬰爲孺子莽攝帝位尊
皇后爲皇太后三年莽即眞以嬰爲定安公改皇太
后號爲定安公太后太后時年十八矣爲人婉瘱有
節操師古曰婉順也瘱靜也音烏計反自劉氏廢常稱疾不朝會莽敬憚
傷哀欲嫁之乃更號爲黃皇室主師古曰莽自謂土德故云黃皇室主者若漢之稱公
主令立國將軍成新公孫建世子襐飾將醫往問
疾師古曰襐盛飾也音丈又音象一曰襐首飾也在兩耳後剌鏤而爲之后大怒笞鞭其傍侍御
因發病不肯起莽遂不復彊也及漢兵誅莽燔燒
未央宮后曰何面目以見漢家自投火中而死

贊曰易著吉凶而言謙盈之效天地鬼神至于人
道靡不同之師古曰易謙卦曰天道虧盈而益謙地道變盈而流謙鬼神害盈而福謙人道惡盈而好謙夫
女寵之興繇至微而體至尊師古曰繇與由同窮富貴而不
以功此固道家所畏禍福之宗也序自漢興終于
孝平外戚後庭色寵著聞二十有餘人然其保位
全家者唯文景武帝太后及邛成后四人而已至
如史良娣王悼后許恭哀后身皆夭折不辜而家
依託舊恩不敢縱恣是以能全其餘大者夷滅小
者放流烏嘑鑒茲行事變亦備矣

外戚傳卷第六十七下

元后傳卷第六十八　班固　漢書九十八

祕書監上護軍琅邪縣開國子顔師古注

孝元皇后王莽姑也莽自謂黃帝之後其自本曰（師古曰述其本系）黃帝姓姚氏八世生虞舜舜起嬀汭以嬀爲姓（師古曰嬀水名水曲曰汭言因水爲姓汭音而銳反）至周武王封舜後嬀滿於陳是爲胡公十三世生完完字敬仲犇齊（師古曰犇古奔字）齊桓公以爲卿姓田氏十一世田和有齊國二世稱王至王建爲秦所滅項羽起封建孫安爲濟北王至漢興安失國齊人謂之王家因以爲氏文景閒安孫遂字伯紀處東平陵（師古曰濟南之縣）生賀字翁孺爲武帝繡衣御史逐捕魏郡羣盜堅盧等黨與及吏畏懦逗遛當坐者（師古曰懦音乃喚反逗音住又音豆）翁孺皆縱不誅它部御史暴勝之等奏殺二千石誅千石以下（師古曰二千石者奏而殺之其千石以下則得專誅）及通行飲食坐連及者大部至斬萬餘人語見酷吏傳翁孺以奉使不稱免（師古曰不稱謂不副所委）歎曰吾聞活千人有封子孫吾所活者萬餘人後世其興乎翁孺既免而與東平陵終氏爲怨迺徙魏郡元城委粟里爲三老魏郡人德之元城建公曰（服虔曰元城人年老者也）昔春秋沙麓崩晉史卜之曰陰爲陽雄土火相乘（李奇曰此龜繇文也陰元后也陽漢也王氏舜後土也漢火也故曰土火相乘陰盛而沙麓崩）故有

沙麓崩後六百四十五年宜有聖女興其齊田乎（張晏曰陰數八八八六十四土數五故六百四十五歲春秋僖十四年沙麓崩歲在乙亥至哀帝元壽二年哀帝崩元后始攝政歲在庚申沙麓崩後六百四十五歲）今王翁孺徙正直其地（師古曰直亦當）日月當之元城郭東有五鹿之虛即沙鹿地也（師古曰虛讀曰墟）後八十年當有貴女興天下云翁孺生禁字稚君少學法律長安爲廷尉史本始三年生女政君即元后也禁有大志不脩廉隅好酒色多取傍妻凡有四女八男長女君俠次即元后政君次君力次君弟長男鳳孝卿次曼元卿譚子元崇少子商子夏立子叔根稚卿逢時季卿唯鳳崇與元后政君同母母適妻魏郡李氏女也（師古曰適讀曰嫡）後以妬去更嫁爲河內苟賓妻初李親任政君在身（師古曰任懷任）夢月入其懷及壯大婉順得婦人道嘗許嫁未行所許者死後東平王聘政君爲姬未入王薨禁獨怪之使卜數者相政君（師古曰數計也若言今之祿命書也數音所具反）當大貴不可言禁心以爲然迺教書學鼓琴五鳳中獻政君年十八矣入掖庭爲家人子歲餘會皇大子所愛幸司馬良娣病且死謂大子曰妾死非天命迺諸娣妾良人更祝詛殺我（師古曰更音工衡反）大子憐之且以爲然及司馬良娣死大子悲恚發病忽忽不樂因以過怒諸娣妾

莫得進見久之宣帝聞太子恨過諸娣妾欲順適
其意廼令皇后擇後宮家人子可以虞侍太子者
師古曰此虞與娛同 政君與在其中 師古曰與讀曰豫 及太子朝皇后廼
見政君等五人微令旁長御問知太子所欲太子
殊無意於五人者不得已於皇后 師古曰恐不副皇后意故言不得已 彊
應曰此中一人可 師古曰非其本心故曰彊 是時政君坐近太子又
獨衣絳緣諸于 師古曰諸于大掖衣即袿衣之類也 長御即以爲是皇后
使侍中杜輔掖庭令濁賢交送政君太子宮 師古曰濁姓也
交送謂侍中掖庭令雜爲使 見丙殿得御幸有身先是者太子後宮
娣妾以十數御幸久者七八年莫有子及王妃壹

幸而有身甘露三年生成帝於甲館畫堂爲世適
皇孫 師古曰適讀曰嫡 宣帝愛之自名曰驁字大孫常置左
右後三年宣帝崩太子即位是爲孝元帝立太孫
爲太子以母王妃爲倢伃封父禁爲陽平侯後三
日倢伃立爲皇后禁位特進禁弟弘至長樂衞尉
永光二年禁薨謚曰頃侯長子鳳嗣侯爲衞尉侍
中皇后自有子後希復進見太子壯大寬博恭慎
語在成紀其後幸酒樂燕樂 師古曰幸酒好酒也樂宴樂好宴私之樂也解具在成紀
元帝不以爲能而傅昭儀有寵於上生定陶共王
王多材藝上甚愛之坐則側席行則同輦 師古曰側席謂付近

御坐 常有意欲廢太子而立共王時鳳在位與皇后
太子同心憂懼賴侍中史丹擁右太子 師古曰右讀曰佑助也 語
在丹傳上亦以皇后素謹慎而太子先帝所常留
意故得不廢元帝崩太子立是爲孝成帝尊皇后
爲皇大后以鳳爲大司馬大將軍領尚書事益封
五千戶王氏之興自鳳始又封大后同母弟崇爲
安成侯食邑萬戶鳳庶弟譚等皆賜爵關內侯食
邑其夏黃霧四塞終日 師古曰塞滿也言四方皆滿 天子以問諫大
夫楊興博士駟勝等對皆以爲陰盛侵陽之氣也
高祖之約也非功臣不侯今大后諸弟皆以無功

爲侯非高祖之約外戚未曾有也故天爲見異 師古曰見
顯示 言事者多以爲然鳳於是懼上書辭謝曰陛下
即位思慕諒闇 師古曰商書云高宗諒闇諒信闇默也言居父喪信默三年不言也 故詔臣
鳳典領尚書事上無以明聖德下無以益政治今
有茀星天地赤黃之異 師古曰茀與孛同 咎在臣鳳當伏顯
戮以謝天下今諒闇已畢大義皆舉宜躬親萬機
以承天心因乞骸骨辭職上報曰朕承先帝聖緒
涉道未深不明事情是以陰陽錯繆日月無光赤
黃之氣充塞天下咎在朕躬今大將軍廼引過自
予欲上尚書事歸大將軍印綬罷大司馬官是明

朕之不德也朕委將軍以事誠欲庶幾有成顯先
祖之功德將軍其專心固意輔朕之不逮毋有所
疑後五年諸吏散騎安成侯崇薨謚曰共侯有遺
腹子奉世嗣侯大后甚哀之明年河平二年上悉
封舅譚爲平阿侯商成都侯立紅陽侯根曲陽侯
逢時高平侯五人同日封故世謂之五侯大后同
產唯曼蚤卒 張晏曰同父則爲同產不必同母也上言唯鳳崇同母也 餘畢侯矣太后
母李親苟氏妻生一男名參寡居頃侯禁在時太
后令禁還李親 師古曰召還王氏 太后憐參欲以田蚡爲比
而封之 李奇曰田蚡與孝景王后同母異父得封故也師古曰比例也音必寐反 上曰封田氏非正

也以參爲侍中水衡都尉王氏子弟皆卿大夫侍
中諸曹分據埶官滿朝廷大將軍鳳用事上遂謙
讓無所顓 師古曰顓與專同凡事皆不自專也 左右常薦光祿大夫劉向
少子歆通達有異材上召見歆誦讀詩賦甚說之
師古曰說讀曰悅 欲以爲中常侍召取衣冠臨當拜左右
皆曰未曉大將軍 師古曰曉猶白 上曰此小事何須關大將
軍左右叩頭爭之上於是語鳳鳳以爲不可廼止
其見憚如此上即位數年無繼嗣體常不平 師古曰言多疾
疾定陶共王來朝大后與上承先帝意遇共王甚
厚賞賜十倍於它王不以往事爲纖介 師古曰往事謂先帝時欲以代

大子也言無纖介之嫌怒 共王之來朝也天子留不遣歸國上謂共
王我未有子人命不諱 師古曰人命無常不可諱 一朝有它且不復
相見 師古曰它謂晏駕也 爾長留侍我矣其後天子疾益有瘳
共王因留國邸旦夕侍上上甚親重大將軍鳳心
不便共王在京師會日蝕鳳因言日蝕陰盛之象
爲非常異定陶王雖親於禮當奉藩在國今留侍
京師詭正非常 師古曰詭違也 故天見戒 師古曰見顯示 宜遣王之國
上不得已於鳳而許之 師古曰言迫於鳳不得止 共王辭去上與相
對涕泣而決京兆尹王章素剛直敢言以爲鳳建
遣共王之國非是 師古曰建立其議也 廼奏封事言日蝕之咎

矣天子召見章延問以事章對曰天道聰明佑善
而災惡以瑞異爲符效今陛下以未有繼嗣引近
定陶王 師古曰近音巨靳反 所以承宗廟重社稷上順天心下
安百姓此正議善事當有祥瑞何故致災異災異
之發爲大臣顓政者也今聞大將軍猥歸日蝕之
咎於定陶王 師古曰猥猶曲也 建遣之國苟欲使天子孤立
於上顓擅朝事以便其私非忠臣也且日蝕陰侵
陽臣顓君之咎今政事大小皆自鳳出天子曾不
壹舉手鳳不內省責反歸咎善人推遠定陶王 師古
曰遠音于萬反 且鳳誣罔不忠非一事也前丞相樂昌侯商

（師古曰王商也）本以先帝外屬內行篤有威重位歷將相國家柱石臣也其人守正不肯詘節隨鳳委曲卒用閨門之事爲鳳所罷身以憂死衆庶愍之又鳳知其小婦弟張美人已嘗適人（師古曰小婦妾也弟謂女弟即妹也）於禮不宜配御至尊託以爲宜子內之後宮苟以私其妻弟聞張美人未嘗任身就館也（師古曰是則不爲宜子明鳳所言非實）且羌胡尚殺首子以盪腸正世（師古曰盪洗滌也言婦初來所生之子或它姓）況於天子而近已出之女也此三者皆大事陛下所自見足以知其餘及它所不見者（師古曰以所見者辟之則不見者可知）鳳不可令久典事宜退使就第選忠賢以代之自

鳳之白罷商後遣定陶王也上不能平及聞章言天子感寤納之謂章曰微京兆尹直言吾不聞社稷計（師古曰微無也）且唯賢知賢君試爲朕求可以自輔者於是章奏封事薦中山孝王舅琅邪大守馮野王先帝時歷二卿忠信質直知謀有餘野王以王舅出以賢復入明聖主樂進賢也上自爲大子時數聞野王先帝名卿聲譽出鳳遠甚方倚欲以代鳳初章每召見上輒辟左右（師古曰辟讀曰闢）時大后從弟長樂衞尉弘子侍中音（師古曰弘者大后之叔父也音則從父弟）獨側聽具知章言以語鳳鳳聞之稱病出就第上疏乞骸骨謝

上曰臣材駑愚戇得以外屬兄弟七人封爲列侯宗族蒙恩賞賜無量輔政出入七年國家委任臣鳳所言輒聽薦士常用無一功善陰陽不調災異數見咎在臣鳳奉職無狀此臣一當退也五經傳記師所誦說咸以日蝕之咎在於大臣非其人易曰折其右肱（師古曰豐卦九三爻辭也肱臂也）此臣二當退也河平以來臣久病連年數出在外曠職素餐此臣三當退也（師古曰空廢職任徒受祿秩也）陛下以皇大后故不忍誅廢臣猶自知當遠流放又重自念（師古曰重音直用反）兄弟宗族所蒙不測當殺身靡骨死輦轂下（師古曰靡碎也音武皮反）不當以無益

之故有離寢門之心誠歲餘以來所苦加侵（師古曰誠實也）日日益甚不勝大願願乞骸骨歸自治養冀賴陛下神靈未埋髮齒期月之閒幸得瘳愈復望帷幄不然必寘溝壑臣以非材見私天下知臣受恩深也以病得全骸骨歸天下知臣被恩見哀重巍巍也（師古曰巍巍高貌重音直用反）進退於國爲厚萬無纖介之議（師古曰論者不云譏斥外戚也）唯陛下哀憐其辭指甚哀大后聞之爲垂涕不御食上少而親倚鳳弗忍廢迺報鳳曰朕秉事不明政事多闕故天變婁臻咸在朕躬（師古曰婁古屢字）將軍迺深引過自予欲乞骸骨而退則朕將何嚮焉

書不云乎公毋困我師古曰周書洛誥載成王告周公辭也言公必須留京師毋得遠去而令我乏務專精神安心自持期於亟瘳稱朕意焉師古曰亟急也瘳差也於是鳳起視事上使尚書劾奏章知野王前以王舅出補吏而私薦之欲令在朝阿附諸侯又知張美人體御至尊而妄稱引羌胡殺子盪腸非所宜言遂下章吏廷尉致其大逆罪以為比上夷狄欲絕繼嗣之端背畔天子私為定陶王章死獄中妻子徙合浦自是公卿見鳳側目而視郡國守相刺史皆出其門師古曰言為其家所舉薦者皆得大官又以侍中大僕音為御史大夫列於三公而五侯羣弟爭為奢侈賂遺珍

寶四面而至後庭姬妾各數十人僮奴以千百數羅鐘磬舞鄭女作倡優狗馬馳逐大治第室起土山漸臺洞門高廊閣道連屬彌望師古曰彌竟也言望之極目也屬音之欲反百姓歌之曰五侯初起曲陽最怒壞決高都連竟外杜服虔曰壞決高都水入長安高都水在長安西也孟康曰杜鄠二縣之間田畝一金言其境自長安至杜陵也李奇曰長安有高都外杜里既壞決高都作殿復衍及外杜里師古曰成都侯商自擅穿帝城引水耳曲陽無此事又雖大作第宅不得從長安至杜陵也李奇說為是土山漸臺西白虎師古曰皆放效天子之制也其奢僭如此然皆通敏人事好士養賢傾財施予以相高尚鳳輔政凡十一歲陽朔三年秋鳳疾天子數自臨問親執其手涕泣曰將軍病如有不可言平阿侯譚

次將軍矣師古曰不可言謂死也不欲斥言之鳳頓首泣曰譚等雖與臣至親行皆奢僭無以率導百姓不如御史大夫音謹敕師古曰敕整也臣敢以死保之及鳳且死上疏謝上復固薦音自代言譚等五人必不可用天子然之初譚倨不肯事鳳師古曰倨慢也音據而音敬鳳卑恭如子故薦之鳳薨天子臨弔贈寵送以輕車介士軍陳自長安至渭陵諡曰敬成侯子襄嗣侯為衞尉御史大夫音代鳳為大司馬車騎將軍而平阿侯譚位特進領城門兵谷永說譚令讓不受城門職由是與音不平語在永傳音既以從舅越親用事小心

親職歲餘上下詔曰車騎將軍音宿衞忠正勤勞國家前為御史大夫以外親宜典兵馬入為將軍不獲宰相之封朕甚慊焉其封音為安陽侯食邑與五侯等俱三千戶初成都侯商嘗病欲避暑從上借明光宮師古曰黃圖云明光宮在城內近桂宮也後又穿長安城引內灃水注第中大陂以行船立羽蓋張周帷輯濯越歌師古曰輯與楫同濯與櫂同皆所以行船也令執楫櫂人為越歌也輯謂櫂之短者也今吳越之人呼為楫音集越歌為越之歌上幸商第見穿城引水意恨內銜之未言後微行出過曲陽侯第又見園中土山漸臺似類白虎殿師古曰黃圖云在未央宮於是上怒以讓車騎將軍音商根兄弟欲

自黥劓謝大后上聞之大怒廼使尚書責問司隸校尉京兆尹知成都侯商擅穿帝城決引灃水曲陽侯根驕奢僭上赤墀青瑣孟康曰以青畫戶邊鏤中天子制也如淳曰門楣格再重如人衣領再重裏者青名曰青瑣天子門制也師古曰孟說是青瑣者刻爲連瑣文而青塗之也紅陽侯立父子臧匿姦猾亡命賓客爲羣盜司隸京兆皆阿縱不舉奏正法二人頓首省戶下又賜車騎將軍音策書曰外家何甘樂禍敗師古曰言此罪過並身自爲之而欲自黥劓相戮辱於大后前傷慈母之心以危亂國外家宗族彊上一身寖弱日久師古曰寖漸也今將一施之師古曰行刑罰君其召諸侯令待府舍師古曰令總集音之府舍待詔命是日詔尚書奏文帝

時誅將軍薄昭故事車騎將軍音藉稾請罪師古曰自坐槀上言就刑戮也商立根皆負斧質謝上不忍誅然後得已久之平阿侯譚薨謚曰安侯子仁嗣侯大后憐弟曼蚤死獨不封曼寡婦渠供養東宮子莽幼孤不及等比師古曰比音必寐反常以爲語平阿侯譚成都侯商及在位多稱莽者久之上復下詔追封曼爲新都哀侯而子莽嗣爵爲新都侯後又封大后姊子淳于長爲定陵侯王氏親屬侯者凡十人上悔廢平阿侯譚不輔政而薨也廼復進成都侯商以特進領城門兵置幕府得舉吏如將軍杜鄴說車騎將軍音

令親附商語在鄴傳王氏爵位日盛唯音爲修整數諫正有忠節輔政八年薨弔贈如大將軍謚曰敬侯子舜嗣侯爲大僕侍中特進成都侯商代音爲大司馬衞將軍而紅陽侯立位特進領城門兵商輔政四歲病乞骸骨天子閔之更以爲大將軍益封二千戶賜錢百萬商薨弔贈如大將軍故事謚曰景成侯子況嗣侯紅陽侯立次當輔政有罪過語在孫寶傳上廼廢立而用光祿勳曲陽侯根爲大司馬票騎將軍歲餘益封千七百戶高平侯逢時無材能名稱是歲薨謚曰戴侯子買之嗣侯

綏和元年上即位二十餘年無繼嗣而定陶共王已薨子嗣立爲王王祖母定陶傅大后重賂遺票騎將軍根爲王求漢嗣根爲言上亦欲立之遂徵定陶王爲大子時根輔政五歲矣乞骸骨上廼益封根五千戶賜安車駟馬黃金五百斤罷就第先是定陵侯淳于長以外屬能謀議爲衞尉侍中在輔政之次是歲新都侯莽告長伏罪與紅陽侯立相連師古曰伏罪謂舊罪隱伏未發者也長下獄死立就國語在長傳故曲陽侯根薦莽以自代上亦以爲莽有忠直節遂擢莽從侍中騎都尉光祿大夫爲大司馬歲餘成

帝崩哀帝即位大后詔莽就第避帝外家哀帝初
優莽不聽莽上書固乞骸骨而退上廼下詔曰曲
陽侯根前在位建社稷策侍中大僕安陽侯舜往
時護大子家導朕忠誠專壹有舊恩新都侯莽憂
勞國家執義堅固庶幾與爲治大后詔休就第朕
甚閔焉其益封根二千戶舜五百戶莽三百五十
戶以莽爲特進朝朔望又還紅陽侯立京師哀帝
少而聞知王氏驕盛心不能善以初立故優之後
月餘司隸校尉解光奏曲陽侯根宗重身尊三世
據權五將秉政天下輻湊自效 師古曰效獻也獻其款誠 根行貪

邪臧累鉅萬縱橫恣意 師古曰橫音胡孟反 大治室第第中起
土山立兩市殿上赤墀戶青瑣遊觀射獵使奴從
者被甲持弓弩陳爲步兵止宿離宮水衡共張 師古
曰共音居用反張竹亮反 發民治道百姓苦其役內懷姦邪欲筦
朝政 師古曰筦與管同 推親近吏主簿張業以爲尚書蔽上
壅下內塞王路外交藩臣驕奢僭上壞亂制度案
根骨內至親社稷大臣 師古曰至親謂於成帝爲舅 先帝棄天下根
不悲哀思慕山陵未成公聘取故掖庭女樂五官
殷嚴王飛君等 如淳曰五官官名也外戚傳曰五官視三百石 置酒歌舞捐忘先
帝厚恩背臣子義及根兄子成都侯況幸得以外

親繼父爲列侯侍中不思報厚恩亦聘取故掖庭
貴人以爲妻皆無人臣禮大不敬不道於是天子
曰先帝遇根況父子至厚也今廼背忘恩義以根
嘗建社稷之策 師古曰謂立哀帝爲嗣也 遣就國免況爲庶人歸
故郡根及況父商所薦舉爲官者皆罷後二歲傅
大后帝母丁姬皆稱尊號有司奏新都侯莽前爲
大司馬貶抑尊號之議虧損孝道及平阿侯仁臧
匿趙昭儀親屬皆就國天下多冤王氏諫大夫楊
宣上封事言孝成皇帝深惟宗廟之重稱述陛下
至德以承天序聖策深遠恩德至厚惟念先帝之

意豈不欲以陛下自代奉承東宮哉 師古曰言供養太后 太皇
太后春秋七十數更憂傷 師古曰更經也音工衡反 敕令親屬引
領以避丁傅 師古曰引領自引首領而退也 行道之人爲之隕涕況於
陛下時登高遠望獨不慙於延陵乎哀帝深感其
言復封商中子邑爲成都侯元壽元年日蝕賢良
對策多訟新都侯莽者上於是徵莽及平阿侯仁
還京師侍大后曲陽侯根薨國除明年哀帝崩無
子大皇大后以莽爲大司馬與共徵立中山王奉
哀帝後是爲平帝帝年九歲當年被疾大后臨朝
委政於莽莽顓威福紅陽侯立莽諸父平阿侯仁

素剛直莽内憚之令大臣以罪過奏遣立仁就國
莽日誑燿大后言輔政致太平羣臣奏請尊莽爲
安漢公後遂遣使者迫守立仁令自殺賜立謚曰
荒侯子柱嗣仁謚曰剌侯子術嗣是歲元始三年
也明年莽風羣臣奏立莽女爲皇后師古曰風讀曰諷又奏
尊莽爲宰衡莽母及兩子皆封爲列侯語在莽傳
莽既外壹羣臣令稱已功德又内媚事旁側長御
以下賂遺以千萬數白尊大后姊妹君俠爲廣恩
君君力爲廣惠君君弟爲廣施君皆食湯沐邑日
夜共譽莽莽又知大后婦人厭居深宮中莽欲虞

樂以市其權張晏曰以遊觀之樂易其權若市買師古曰此虞與娛同廼令大后四時
車駕巡狩四郊師古曰邑外謂之郊近二十里也存見孤寡貞婦春幸
繭館師古曰漢宮閣疏云上林苑有繭觀蓋蠶繭之所也率皇后列侯夫人桑遵
霸水而祓除師古曰桑採桑也遵循也謂緣水邊夏遊御宿鄠杜之間
師古曰御宿苑在長安城南今之御宿川是也秋歷東館望昆明集黃山宮冬
饗飲飛羽師古曰黃山宮在槐里飛羽殿在未央宮中羽字或作雨校獵上蘭師古曰上蘭觀名也
在上林中登長平館師古曰在長平坂也臨涇水而覽焉大后所至屬
縣輒施恩惠賜民錢帛牛酒歲以爲常大后從容
言曰師古曰從音千容反我始入大子家時見於丙殿至今五
六十歲尚頗識之師古曰識記也音式志反莽因曰大子宮幸近

可壹往遊觀不足以爲勞於是大后幸大子宮甚
說師古曰說讀曰悅大后旁弄兒病在外舍服虔曰官婢侍史生兒取以作弄兒也莽
自親候之其欲得太后意如此平帝崩無子莽徵
宣帝玄孫選最少者廣戚侯子劉嬰年二歲託以
卜相爲最吉廼風公卿奏請立嬰爲孺子師古曰風讀曰諷
令宰衡安漢公莽踐祚居攝如周公傅成王故事
大后不以爲可力不能禁於是莽遂爲攝皇帝改
元稱制焉俄而宗室安衆侯劉崇及東郡大守翟
義等惡之更舉兵欲誅莽師古曰更音工衡反大后聞之曰人
心不相遠也師古曰言所見者同我雖婦人亦知莽必以是自

危不可其後莽遂以符命自立爲真皇帝先奉諸
符瑞以白太后太后大驚初漢高祖入咸陽至霸
上秦王子嬰降於軹道奉上始皇璽及高祖誅項
籍即天子位因御服其璽世世傳受號漢傳國璽
以孺子未立璽藏長樂宮及莽即位請璽太后不
肯授莽莽使安陽侯舜諭指舜素謹敕太后雅愛
信之舜既見太后知其爲莽求璽怒罵之曰而屬
父子宗族蒙漢家力富貴累世師古曰而汝也既無以報受
人孤寄乘便利時奪取其國師古曰孤寄言以孤寄託之不復顧
恩義人如此者狗豬不食其餘師古曰言惡賤天下豈有而

兄弟邪且若自以金匱符命爲新皇帝(師古曰若亦汝)變更正朔服制亦當自更作璽傳之萬世何用此亡國不祥璽爲而欲求之我漢家老寡婦旦暮且死欲與此璽俱葬終不可得太后因涕泣而言旁側長御以下皆垂涕舜亦悲不能自止良久迺仰謂太后臣等已無可言者(師古曰言不可諫止)莽必欲得傳國璽太后寧能終不與邪太后聞舜語切恐莽欲脅之迺出漢傳國璽投之地以授舜曰我老已死如而兄弟今族滅也舜既得傳國璽奏之莽大說(師古曰說讀曰悅)迺爲太后置酒未央宮漸臺大縱衆樂莽又欲改

太后漢家舊號易其璽綬恐不見聽而莽疏屬王諫欲諂莽上書言皇天廢去漢而命立新室太皇太后不宜稱尊號當隨漢廢以奉天命莽迺車駕至東宮親以其書白太后太后曰此言是也(師古曰恚怨之辭也)莽因曰此誖德之臣也(師古曰誖乖也音布內反)罪當誅於是冠軍張永獻符命銅璧文言太皇太后當爲新室文母太皇太后(服虔曰銅璧如璧形以銅爲之也)莽迺下詔曰予視羣公咸曰休哉(師古曰視讀曰示休美也)其文字非刻非畫厥性自然予伏念皇天命予爲子更命太皇太后爲新室文母皇太后協于新室故交代之際信于漢氏哀

帝之代世傳行詔籌爲西王母共具之祥(師古曰共音居用反)當爲歷代爲母昭然著明予祗畏天命敢不欽承謹以令月吉日親率羣公諸侯卿士奉上皇太后璽紱(師古曰此紱謂璽之組也)以當順天心光于四海焉太后聽許莽於是鴆殺王諫而封張永爲貢符子初莽爲安漢公時又諂太后奏尊元帝廟爲高宗太后晏駕後當以禮配食云及莽改號太后爲新室文母絕之於漢不令得體元帝墮壞孝元廟(師古曰墮毀也音火規反)更爲文母太后起廟獨置孝元廟故殿以爲文母篹食堂(孟康曰篹音撰晉灼曰篹具也)既成名曰長壽宮以太后在

故未謂之廟莽以太后好出遊觀迺車駕置酒長壽宮請太后既至見孝元廟廢徹塗地太后驚泣曰此漢家宗廟皆有神靈與何治而壞之(師古曰與音曰預言此何罪於汝無所干預何爲毀壞之)且使鬼神無知又何用廟爲如令有知我迺人之妃妾豈宜辱帝之堂以陳饋食哉私謂左右曰此人嫚神多矣能久得祐乎飲酒不樂而罷自莽篡位後知太后怨恨求所以媚太后無不爲然愈不說(師古曰說音曰悅)莽更漢家黑貂著黃貂(孟康曰侍中所著貂也師古曰更亦改)又改漢正朔伏臘日太后令其官屬黑貂至漢家正臘日獨與其左右相對飲酒食太后

素剛直莽內憚之令大臣以罪過奏遣立仁就國莽日誑燿大后言輔政致太平羣臣奏請尊莽爲安漢公後遂遣使者迫守立仁令自殺賜立謚曰荒侯子柱嗣仁謚曰剌侯子術嗣是歲元始三年也明年莽風羣臣奏立莽女爲皇后師古曰風讀曰諷又奏尊莽爲宰衡莽母及兩子皆封爲列侯語在莽傳莽既外壹羣臣令稱已功德又內媚事旁側長御以下賂遺以千萬數白尊大后姊妹君俠爲廣恩君君力爲廣惠君君弟爲廣施君皆食湯沐邑日夜共譽莽莽又知大后婦人厭居深宮中莽欲虞

樂以市其權張晏曰以遊觀之樂易其權若市買師古曰此虞與娛同迺令大后四時車駕巡狩四郊師古曰邑外謂之郊近二十里也存見孤寡貞婦春幸繭館師古曰漢宮閣疏云上林苑有繭觀蓋蠶繭之所也率皇后列侯夫人桑遵霸水而祓除師古曰桑採桑也遵循也謂緣水邊夏遊御宿鄠杜之間師古曰御宿苑在長安城南今之御宿川是也秋歷東館望昆明集黃山宮冬饗飲飛羽師古曰黃山宮在槐里飛羽殿在未央宮中羽字或作雨校獵上蘭師古曰上蘭觀名也在上林中登長平館師古曰在長平坂也臨涇水而覽焉大后所至屬縣輒施恩惠賜民錢帛牛酒歲以爲常大后從容言曰師古曰從音千容反我始入大子家時見於丙殿至今五六十歲尚頗識之師古曰識記也音式志反莽因曰大子宮幸近

可壹往遊觀不足以爲勞於是大后幸大子宮甚說師古曰說讀曰悅大后旁弄兒病在外舍服虔曰官婢侍史生兒取以作弄兒也莽自親侯之其欲得大后意如此平帝崩無子莽徵宣帝玄孫選最少者廣戚侯子劉嬰年二歲託以卜相爲最吉迺風公卿奏請立嬰爲孺子師古曰風讀曰諷令宰衡安漢公莽踐祚居攝如周公傅成王故事大后不以爲可力不能禁於是莽遂爲攝皇帝改元稱制焉俄而宗室安衆侯劉崇及東郡大守翟義等惡之更舉兵欲誅莽師古曰更音工衡反大后聞之曰人心不相遠也師古曰言所見者同我雖婦人亦知莽必以是自

危不可其後莽遂以符命自立爲眞皇帝先奉諸符瑞以白太后太后大驚初漢高祖入咸陽至霸上秦王子嬰降於軹道奉上始皇璽及高祖誅項籍即天子位因御服其璽世世傳受號漢傳國璽以孺子未立璽臧長樂宮及莽即位請璽太后不肯授莽莽使安陽侯舜諭指舜素謹敕太后雅愛信之舜既見太后知其爲莽求璽怒罵之曰而屬父子宗族蒙漢家力富貴累世師古曰而汝也既無以報受人孤寄乘便利時奪取其國師古曰孤寄言以孤寄託之不復顧恩義人如此者狗豬不食其餘師古曰言惡賤天下豈有而

兄弟邪且若自以金匱符命為新皇帝（師古曰若亦汝）變更正朔服制亦當自更作璽傳之萬世何用此亡國不祥璽為而欲求之我漢家老寡婦旦暮且死欲與此璽俱葬終不可得太后因涕泣而言旁側長御以下皆垂涕舜亦悲不能自止良久迺仰謂太后臣等已無可言者（師古曰言不可諫止）莽必欲得傳國璽太后寧能終不與邪太后聞舜語切恐莽欲脅之迺出漢傳國璽投之地以授舜曰我老已死如而兄弟今族滅也舜既得傳國璽奏之莽大說（師古曰說讀曰悅）迺為太后置酒未央宮漸臺大縱眾樂莽又欲改

太后漢家舊號易其璽綬恐不見聽而莽疏屬王諫欲諂莽上書言皇天廢去漢而命立新室太皇太后不宜稱尊號當隨漢廢以奉天命莽迺車駕至東宮親以其書白太后太后曰此言是也（師古曰恚怒之辭也）莽因曰此誖德之臣也（師古曰誖乖也音布內反）罪當誅於是冠軍張永獻符命銅璧文言太皇太后當為新室文母太皇太后（服虔曰銅璧如璧形以銅為之也）莽迺下詔曰予視羣公咸曰休哉（師古曰視讀曰示休美也）其文字非刻非畫厥性自然予伏念皇天命予為子更命太皇太后為新室文母皇太后協于新室故交代之際信于漢氏哀

帝之代世傳行詔籌為西王母共具之祥（師古曰共音居用反）當為歷代為母昭然著明予祗畏天命敢不欽承謹以令月吉日親率羣公諸侯卿士奉上皇太后璽紱（師古曰此紱謂璽之組也）以當順天心光于四海焉太后聽許莽於是鴆殺王諫而封張永為貢符子初莽為安漢公時又諂太后奏尊元帝廟為高宗太后晏駕後當以禮配食云及莽改號太后為新室文母絕之於漢不令得體元帝墮壞孝元廟（師古曰墮毀也音火規反）更為文母太后起廟獨置孝元廟故殿以為文母篹食堂（孟康曰篹音撰晉灼曰篹具也）既成名曰長壽宮以太后在

故未謂之廟莽以太后好出遊觀迺車駕置酒長壽宮請太后既至見孝元廟廢徹塗地太后驚泣曰此漢家宗廟皆有神靈與何治而壞之（師古曰與音曰豫言此何罪矣汝無所干預何為毀壞之）且使鬼神無知又何用廟為如令有知我迺人之妃妾豈宜辱帝之堂以陳饋食哉私謂左右曰此人嫚神多矣能久得祐乎飲酒不樂而罷自莽篡位後知太后怨恨求所以媚太后無不為然愈不說（師古曰說音曰悅）莽更漢家黑貂著黃貂（孟康曰侍中所著貂也莽更漢制也師古曰更亦改）又改漢正朔伏臘日太后令其官屬黑貂至漢家正臘日獨與其左右相對飲酒食太后

年八十四建國五年二月癸丑崩三月乙酉合葬
渭陵莽詔大夫楊雄作誄曰太陰之精沙麓之
靈作合於漢配元生成著其協於元城沙麓泰
陰精者謂夢月也太后崩後十年漢兵誅莽初
紅陽侯立就國南陽與諸劉結恩立少子丹為
中山太守世祖初起丹降為將軍戰死上閔之封
丹子泓為武桓侯至今（師古曰泓音於宏反）
司徒掾班彪曰三代以來春秋所記王公國君與
其失世稀不以女寵漢興后妃之家呂霍上官幾
危國者數矣（師古曰幾音巨依反數音所角反）及王莽之興由孝元后

歷漢四世為天下母饗國六十餘載群弟世權更
持國柄（師古曰更音工衡反）五將十侯卒成新都位號已移於
天下而元后卷卷猶握一璽（師古曰卷音其圓反解在劉向傳）不欲以授
莽婦人之仁悲夫

元后傳卷第六十八

王莽傳第六十九上　班固　漢書九十九上

祕書監上護軍琅邪縣開國子顏師古注

王莽字巨君孝元皇后之弟子也元后父及兄弟皆以元成世封侯居位輔政家凡九侯五大司馬語在元后傳師古曰外戚傳言十侯此云九者鳳本嗣禁爲侯唯莽父曼蚤死不侯師古曰蚤古早字莽群兄弟皆將軍五侯子乘時侈靡師古曰乘因也因貴戚之時以輿馬聲色佚游相高師古曰佚字與逸同莽獨孤貧因折節爲恭儉受禮經師事沛郡陳參勤身博學被服如儒生師古曰被音皮義反事母及寡嫂養孤兄子行甚敕備師古曰敕整也又外交英俊內事諸父曲有禮意陽朔中世父大將軍鳳病師古曰謂伯父也以居長嫡而繼統也莽侍疾親嘗藥亂首垢面不解衣帶連月鳳且死以託太后及帝拜爲黃門郎遷射聲校尉久之叔父成都侯商上書願分戶邑以封莽及長樂少府戴崇侍中金涉胡騎校尉箕閎上谷都尉陽並中郎陳湯皆當世名士咸爲莽言上由是賢莽永始元年封莽爲新都侯國南陽新野之都鄉千五百戶遷騎都尉光祿大夫侍中宿衛謹敕爵位益尊節操愈謙散輿馬衣裘振施賓客師古曰振舉也家無所餘收贍名士交結將相卿大夫甚衆故在位更推薦

之師古曰更音工衡反游者爲之談說虛譽隆洽傾其諸父矣敢爲激發之行處之不慙恧師古曰激急動也恧愧也激音工歷反恧音女六反莽兄永爲諸曹蚤死有子光莽使學博士門下莽休沐出振車騎師古曰振整也一曰振張起也奉羊酒勞遺其師恩施下竟同學師古曰竟周徧也諸生縱觀長老歎息光年小於莽子宇莽使同日內婦賓客滿堂須臾一人言太夫人苦某痛當飲某藥比客罷者數起焉師古曰比音必寐反數音所角反嘗私買侍婢昆弟或頗聞知莽因曰後將軍朱子元無子師古曰謂朱博莽聞此兒種宜子師古曰此兒謂所買婢也爲買之即日以婢奉子元其匿情求名如此是時太后姊子淳于長以材能爲九卿先進在莽右師古曰名位居其右右前也莽陰求其罪過因大司馬曲陽侯根白之長伏誅莽以獲忠直語在長傳根因乞骸骨薦莽自代上遂擢爲大司馬是歲綏和元年也年三十八矣莽既拔出同列繼四父而輔政師古曰鳳商音根四人皆爲大司馬而莽之諸父也欲令名譽過前人遂克己不倦聘諸賢良以爲掾史賞賜邑錢悉以享士愈爲儉約母病公卿列侯遣夫人問疾莽妻迎之衣不曳地布蔽膝見之者以爲僮使問知其夫人皆驚輔政歲餘成帝崩哀帝即位尊皇太后爲太皇太后太后詔

莽就第避帝外家莽上疏乞骸骨哀帝遣尚書令
詔莽曰先帝委政於君而棄群臣朕得奉宗廟誠
嘉與君同心合意今君移病求退師古曰移書言病也一曰以病而移居也
以著朕之不能奉順先帝之意師古曰著明也朕甚悲傷
焉已詔尚書待君奏事又遣丞相孔光大司空何
武左將軍師丹衛尉傅喜白太后曰皇帝聞太后
詔甚悲大司馬即不起皇帝即不敢聽政太后復
令莽視事時哀帝祖母定陶傅太后母丁姬在高
昌侯董宏上書言春秋之義母以子貴丁姬宜上
尊號莽與師丹共劾宏誤朝不道語在丹傳後日

未央宮置酒內者令為傅太后張幄坐於太皇太
后坐旁師古曰坐並音材卧反莽案行責內者令曰定陶太后
藩妾何以得與至尊並撤去更設坐傅太后聞之
大怒不肯會重怨恚莽師古曰會謂至置酒所也重音直用反莽復
乞骸骨哀帝賜莽黃金五百斤安車駟馬罷就第
公卿大夫多稱之者上乃加恩寵置使家中黃門
蘇林曰使黃門在其家中為使令十日一賜餐下詔曰新都侯莽憂
勞國家執義堅固朕庶幾與為治太皇太后詔莽
就第朕甚閔焉其以黃郵聚戶三百五十益封服虔
曰黃郵在南陽棘陽縣位特進給事中朝朔望見禮如三公師古
曰見天子之禮也見音胡電反車駕乘綠車從師古曰綠車皇孫之車天子出行令莽乘之以從所
以寵也後二歲傅太后丁姬皆稱尊號丞相朱博奏
莽前不廣尊尊之義抑貶尊號虧損孝道當伏顯
戮幸蒙赦令不宜有爵土請免為庶人上曰以莽
與太皇太后有屬勿免遣就國莽杜門自守其中
子獲殺奴師古曰獲者莽子之名也今書本有作護字者流俗所改耳莽切責獲令自
殺在國三歲吏上書冤訟莽者以百數師古曰言其合管朝政不
當就國也元壽元年日食賢良周護宋崇等對策深訟
莽功德上於是徵莽始莽就國南陽太守以莽貴
重選門下掾宛孔休守新都相師古曰姓孔名休宛縣人休謁見

莽莽盡禮自納休亦聞其名與相答後莽疾休候
之莽緣恩意進其玉具寶劍欲以為好師古曰結歡好也音呼到
反休不肯受莽因曰誠見君面有瘢師古曰瘢創痕也痕音下恩反
美玉可以滅瘢欲獻其瑑即解其瑑服虔曰瑑音衛蘇林曰劍鼻也
師古曰瑑字本作璏從王彘聲後轉寫者訛也瑑自雕瑑字耳音篆也休復辭讓莽曰君嫌
其賈邪師古曰賈讀曰價言其所有價直也遂椎碎之師古曰椎音直追反其字從木自
裹以進休休乃受及莽徵去欲見休休稱疾不見
莽還京師歲餘哀帝崩無子而傅太后丁太后皆
先薨太皇太后即日駕之未央宮收取璽綬遣使
者馳召莽詔尚書諸發兵符節百官奏事中黃門

期門兵皆屬莽莽白大司馬高安侯董賢年少不
合衆心收印綬賢即日自殺太后詔公卿舉可大
司馬者大司徒孔光大司空彭宣舉莽前將軍何
武後將軍公孫祿互相舉太后拜莽爲大司馬與
議立嗣安陽侯王舜莽之從弟其人修飭師古曰飭讀與
敕同敕整也太后所信愛也莽白以舜爲車騎將軍使迎
中山王奉成帝後是爲孝平皇帝帝年九歲太后
臨朝稱制委政於莽莽白趙氏前害皇子傅氏驕
僭遂廢孝成趙皇后孝哀傅皇后皆令自殺語在
外戚傳莽以大司徒孔光名儒相三主太后所敬

天下信之於是盛尊事光引光女壻甄邯爲侍中
奉車都尉諸哀帝外戚及大臣居位素所不說者
師古曰說讀曰悅莽皆傅致其罪師古曰傅讀曰附附益而引致之令入罪爲請奏
令邯持與光光素畏慎不敢不上之莽白太后輒
可其奏於是前將軍何武後將軍公孫祿坐互相
舉免丁傅及董賢親屬皆免官爵徙遠方紅陽
侯立太后親弟雖不居位莽以諸父內敬憚之畏
立從容言太后令己不得肆意師古曰肆放也乃復令光奏
立舊惡前知定陵侯淳于長犯大逆罪多受其賂
爲言誤朝師古曰妄稱譽之誤惑朝廷也後白以官婢楊寄私子

爲皇子衆言曰呂氏少帝復出紛紛爲天下所疑
難以示來世成繈褓之功請遣立就國太后不聽莽
曰今漢家衰比世無嗣師古曰比頻也太后獨代幼主統政
誠可畏懼力用公正先天下尚恐不從師古曰力勉力今以
私恩逆大臣議如此羣下傾邪亂從此起宜可且
遣就國安後復徵召之師古曰安猶徐也太后不得已遣立
就國莽之所以脅持上下皆此類也於是附順者
拔擢忤恨者誅滅王舜王邑爲腹心甄豐甄邯主
擊斷平晏領機事劉歆典文章孫建爲爪牙豐子
尋歆子棻師古曰棻或作棶字音扶云反涿郡崔發南陽陳崇皆以

材能幸於莽莽色厲而言方師古曰外示寡欲之色而假爲方直之言欲
有所爲微見風采師古曰見音胡電反黨與承其指意而顯奏
之莽稽首涕泣固推讓焉上以惑太后下用示信
於衆庶始風益州令塞外蠻夷獻白雉師古曰風讀曰諷下
皆類此元始元年正月莽白太后下詔以白雉
薦宗廟羣臣因奏言太后委任大司馬莽
定策安宗廟故大司馬霍光有安宗廟之功益封
三萬戶疇其爵邑比蕭相國莽宜如光故事太后
問公卿曰誠以大司馬有大功當著之邪師古曰著明也將
以骨肉故欲異之也於是羣臣乃盛陳莽功德致

周成白雉之瑞千載同符聖王之法臣有大功則生有美號故周公及身在而託號於周莽有定國安漢家之大功宜賜號曰安漢公益戶疇爵邑上應古制下準行事以順天心太后詔尚書具其事莽上書言臣與孔光王舜甄豐甄邯共定策今願獨條光等功賞寢置臣莽勿隨輩列甄邯白太后下詔曰無偏無黨王道蕩蕩師古曰尚書洪範之言也蕩蕩廣平之貌也故引之屬有親者義不得阿君有安宗廟之功不可以骨肉故蔽隱不揚君其勿辭莽復上書讓太后詔謁者引莽待殿東箱莽稱疾不肯入太后使尚書

令恂詔之曰君以選故而辭以疾師古曰選善也國家欲褒其善加號疇邑乃以疾辭君任重不可闕以時亟起師古曰亟急也音居力反莽遂固辭太后復使長信太僕閎承制召莽莽固稱疾左右白太后宜勿奪莽意但條孔光等莽乃肯起太后下詔曰太傅博山侯光宿衛四世世為傅相忠孝仁篤行義顯著建議定策益封萬戶以光為太師與四輔之政師古曰與讀曰豫車騎將軍安陽侯舜積累仁孝使迎中山王折衝萬里功德茂著益封萬戶以舜為太保左將軍光祿勳豐宿衛三世忠信仁篤師古曰篤厚也使迎中山王輔導共養以安宗

廟師古曰共音居用反養音弋亮反封豐為廣陽侯食邑五千戶以豐為少傅皆授四輔之職疇其爵邑各賜第一區侍中奉車都尉甄邯宿衛勤勞建議定策封邯為承陽侯食邑二千四百戶師古曰承音蒸四人既受賞莽尚未起羣臣復上言莽雖克讓朝所宜章以時加賞明重元功無使百僚元元失望太后乃下詔曰大司馬新都侯莽三世為三公典周公之職建萬世策功德為忠臣宗化流海內遠人慕義越裳氏重譯獻白雉其以召陵新息二縣戶二萬八千益封莽復其後嗣疇其爵邑師古曰復音方目反封功如蕭相國以莽為

太傅幹四輔之事號曰安漢公以故蕭相國甲第為安漢公第定著於令傳之無窮於是莽為惶恐不得已而起受策策曰漢危無嗣而公定之四輔之職三公之任而公幹之羣僚眾位而公宰之功德茂著宗廟以安蓋白雉之瑞周成象焉師古曰詒致白雉之瑞有周公相成王之象故賜嘉號曰安漢公輔翼于帝期於致平師古曰致太平毋違朕意莽受太傅安漢公號讓還益封疇爵邑事云願須百姓家給然後加賞師古曰給足也家給家家自足羣公復爭太后詔曰公自期百姓家給是以聽之其令公奉舍人賞賜皆倍故師古曰奉所食之奉也舍人私府吏員也倍故數多

於故各一倍也奉音扶用反百姓家給人足大司徒大司空以聞莽復讓不受而建言宜立諸侯王後及高祖以來功臣子孫大者封侯或賜爵關內侯食邑然後及諸在位各有第序上尊宗廟增加禮樂下惠士民鰥寡恩澤之政無所不施語在平紀莽既說衆庶師古曰說讀曰悅又欲專斷知太后猒政乃風公卿師古曰風讀曰諷奏言往者吏以功次遷至二千石及州部所舉茂材異等吏率多不稱宜皆見安漢公又太后不宜親省小事令太后下詔曰皇帝幼年朕且統政比加元服師古曰比至平帝加元服以來太后且統政也比音必寐反今衆事煩碎朕春秋

高精氣不堪殆非所以安躬體而育養皇帝者也故選忠賢立四輔羣下勸職永以康寧孔子曰巍巍乎舜禹之有天下而不與焉師古曰論語載孔子之言也巍巍高貌也言舜禹之治天下委任賢人以成其功而不身親其事也與讀曰預自今以來非封爵乃以聞他事安漢公四輔平決州牧二千石及茂材吏初除奏事者輒引入至近署對安漢公考故官問新職以知其稱否於是莽人人延問致密恩意厚加贈送其不合指顯奏免之權與人主侔矣莽欲以虛名說太后師古曰說讀曰悅白言新承孝哀丁傅奢侈之後百姓未贍者多太后宜且衣繒練頗損膳以視天下師古

曰繒練謂帛無文者視讀曰示莽因上書願出錢百萬獻田三十頃付大司農助給貧民於是公卿皆慕效焉莽帥羣臣奏言陛下春秋尊久衣重練減御膳誠非所以輔精氣育皇帝安宗廟也臣莽數叩頭省戶下白爭未見許今幸賴陛下德澤間者風雨時甘露降神芝生蓂莢朱草嘉禾休徵同時並至師古曰休美也徵證也臣莽等不勝大願願陛下愛精休神闊略思慮師古曰闊寬也略簡也遵帝王之常服復太官之法膳使臣子各得盡驩心備共養唯哀省察莽又令太后下詔曰蓋聞母后之義思不出乎門閾師古曰閾門橛也音域國不蒙佑皇帝

年在繈褓未任親政戰戰兢兢懼於宗廟之不安國家之大綱微朕孰當統之師古曰微無也是以孔子見南子周公居攝蓋權時也師古曰南子衛靈公夫人孔子欲說靈公以治道故見南子也勤身極思憂勞未綏故國奢則視之以儉師古曰視讀曰示矯枉者過其正而朕不身帥將謂天下何夙夜夢想五穀豐孰百姓家給比皇帝加元服委政而授焉師古曰比音必寐反今誠未皇于輕靡而備味師古曰皇暇也靡細也庶幾與百僚有成其勗之哉師古曰勗勉也每有水旱莽輒素食師古曰素食菜食解在霍光傳左右以白太后遣使者詔莽曰聞公菜食憂民深矣今秋幸孰公勤於職以時食肉愛身爲

國莽念中國已平唯四夷未有異乃遣使者齎黃金幣帛重賂匈奴單于使上書言聞中國譏二名故名囊知牙斯今更名知慕從聖制又遣王昭君女須卜居次入侍所以誑燿媚事太后下至旁側長御方故萬端莽既尊重欲以女配帝為皇后以固其權奏言皇帝即位三年長秋宮未建液廷媵未充師古曰液與掖同音通用乃者國家之難本從亡嗣配取不正請考論五經定取禮師古曰取讀曰娶正十二女之義以廣繼嗣博采二王後及周公孔子世列侯在長安者適子女師古曰適讀曰嫡謂妻所生也事下有司上眾女名王氏

女多在選中者莽恐其與已女爭即上言身亡德子材下不宜與眾女並采太后以為至誠乃下詔曰王氏女朕之外家其勿采庶民諸生郎吏以上守闕上書者日千餘人公卿大夫或詣廷中或伏省戶下咸言明詔聖德巍巍如彼安漢公盛勳堂堂若此今當立后獨奈何廢公女天下安所歸命願得公女為天下母莽遣長史以下分部曉止公卿及諸生師古曰分音扶問反而上書者愈甚太后不得已聽公卿采莽女莽復自白宜博選眾女公卿爭曰不宜采諸女以貳正統師古曰言皇后之位當在莽女莽白願見女太

后遣長樂少府宗正尚書令納采見女還奏言公女漸漬德化有窈窕之容師古曰窈窕幽閑也宜承天序奉祭祀有詔遣大司徒大司空策告宗廟雜加卜筮皆曰兆遇金水王相卦遇父母得位孟康曰金水相生也張晏曰金王則水相也遇父母謂泰卦乾下坤上天下於地是配享之卦師古曰王音于放反所謂康強之占逢吉之符也信鄉侯佟上言師古曰王子侯表清河綱王子豹始封新鄉侯傳爵至曾孫佟王莽篡位賜姓王即謂此也而此傳作信鄉侯古者新信同音故耳佟音徒冬反春秋天子將娶於紀則褒紀子稱侯師古曰解在外戚恩澤侯表也安漢公國未稱古制師古曰稱副也音尺孕反其下亦同事下有司皆曰古者天子封后父百里尊而不臣以重宗廟孝之至也佟言應禮可許請以新

野田二萬五千六百頃益封莽滿百里莽謝曰臣莽子女誠不足以配至尊復聽眾議益封臣莽伏自惟念得託肺腑獲爵土如使子女誠能奉稱聖德臣莽國邑足以共朝貢師古曰共讀曰供不須復加益地之寵願歸所益太后許之有司奏故事聘皇后黃金二萬斤為錢二萬萬莽深辭讓受四千萬而以其三千三百萬予十一媵家群臣復言今皇后受聘踰群妾亡幾師古曰亡幾不多也亡讀曰無幾音居豈反其下並同有詔復益二千三百萬合為三千萬莽復以其千萬分予九族貧者陳崇時為大司徒司直與張敞孫竦相善竦

者博通士爲崇草奏稱莽功德師古曰草謂創立其文也崇奏之
曰竊見安漢公自初束脩師古曰束脩謂初學官之時值世俗隆
奢麗之時蒙兩宮厚骨肉之寵師古曰兩宮謂成帝及太后被諸父
赫赫之光師古曰被音皮義反財饒埶足亡所啎意師古曰啎逆也無人能逆其意
也啎音五故反然而折節行仁克心履禮拂世矯俗確然特
立師古曰拂違也矯正也拂音佛惡衣惡食陋車駑馬妃匹無二閨門
之內孝友之德衆莫不聞清靜樂道溫良下士師古
曰下音胡稼反惠于故舊篤于師友孔子曰未若貧而樂富
而好禮師古曰論語子貢問曰貧而無諂富而無驕何如孔子曰可也未若貧而樂富而好禮者也公之謂矣
及爲侍中故定陵侯淳于長有大逆罪公不敢私

建白誅討師古曰首立其事也周公誅管蔡季子鴆叔牙師古曰解並在前
公之謂矣是以孝成皇帝命公大司馬委以國統
孝哀即位高昌侯董宏希指求美造作二統晉灼曰欲令丁姬爲
帝太后公手劾之以定大綱建白定陶太后不宜在
乘輿幄坐師古曰坐音才卧反以明國體詩曰柔亦不茹剛亦
不吐不畏強圉師古曰大雅烝人之詩美仲山甫之德茹食也強圉強梁圉扞也公之謂矣
深執謙退推誠讓位定陶太后欲立僭號憚彼面
刺幄坐之義佞惑之雄朱博之疇懲此長宏手劾
之事上下壹心讒賊交亂詭辟制度遂成簒號
師古曰詭違也辟讀曰僻斥逐仁賢誅殘戚屬而公被胥原之訴

遠去就國應劭曰胥原子胥屈原也師古曰遠去朝廷而就其侯國朝政崩壞綱紀廢
弛危亡之禍不隧如髮師古曰弛解也音式爾反隧音直類反詩云人之
云亡邦國殄顇師古曰大雅瞻仰之詩也殄盡也顇病也言爲政不善賢人奔亡矣天下邦國盡困病也顇與萃同
音才醉反公之謂矣當此之時宮亡儲主董賢據重加
以傅氏有女之援師古曰謂哀帝傅皇后皆自知得罪天下結
讎中山張晏曰傅太后譖中山馮太后陷以祝詛之罪則必同憂斷金相翼師古
曰引易繫辭二人同心其利斷金也翼助也藉假遺詔頻用賞誅先除所憚急
引所附遂誣往冤更懲遠屬事埶張見其不難矣
師古曰言哀帝既崩丁傅董賢欲稱遺詔樹立黨親共立幼主以據國權也遠屬國之宗室疏遠者也賴公立入即
時退賢及其黨親當此之時公運獨見之明奮亡

前之威師古曰無前謂無有敢當之者盱衡厲色振揚武怒孟康曰眉上曰衡盱
衡舉眉揚目也師古曰盱音許于反乘其未堅厭其未發師古曰厭音一涉反震起
機動敵人摧折雖有賁育不及持刺師古曰孟賁夏育皆古勇士也
持刺謂持兵刃以刺雖有樗里不及回知師古曰樗里子名疾秦惠王之弟也爲秦相時人號曰智囊
雖有鬼谷不及造次師古曰鬼谷先生蘇秦之師善讒說是故董賢喪其
魂魄遂自絞殺人不還踵日不移晷師古曰還讀曰旋晷景也言其速疾
霍然四除更爲寧朝非陛下莫引立公非公莫克
此禍詩云惟師尚父時惟鷹揚亮彼武王師古曰大雅大
明之詩也師尚父太公也亮助也言太公武毅若鷹之飛揚佐助武王以克殷也孔子曰敏則有功師古曰論
語載孔子對子張之言也敏疾也言應事速疾乃能成功公之謂矣於是公乃白內故

泗水相豐䕫令郡師古曰䕫豐䕫郡也䕫讀曰部與大司徒光車騎將軍舜建定社稷奉節東迎皆以功德受封益土為國名臣書曰知人則哲師古曰虞書咎繇謨之辭也哲智也公之謂也公卿咸歎公德同盛公勳皆以周公為比師古曰比音必寐反宜賜號安漢公益封二縣公皆不受傳曰申包胥不受存楚之報晏平仲不受輔齊之封師古曰申包胥楚大夫也吳師入郢楚昭王出奔包胥如秦乞師秦出師以救楚昭王反國欲賞包胥辭曰吾為君也非為身也遂不受晏平仲齊大夫晏嬰也以道佐齊景公景公欲封之讓而不受孔子曰能以禮讓為國乎何有師古曰論語載孔子之言也解在董仲舒傳公之謂也將為皇帝定立妃后有司上名公女為首公深辭讓迫不得已然後受詔父子之親

天性自然欲其榮貴甚於為身皇后之尊侔於天子當時之會千載希有然而公惟國家之統揖大福之恩師古曰揖謂讓而不當也事事謙退動而固辭書曰舜讓于德不嗣書曰虞書舜典之辭言舜自讓德薄不足以繼帝堯之事也公之謂矣自公受策以至于今亹亹翼翼日新其德師古曰亹亹勉也翼翼敬也亹音武匪反增修雅素以命下國逡儉隆約以矯世俗師古曰逡退也矯正也逡音千旬反其字從彳割財損家以帥羣下彌躬執平以逮公卿師古曰彌讀與弭同教子尊學以隆國化僮奴衣布馬不秣穀食飲之用不過凡庶詩云溫溫恭人如集于木師古曰小雅小宛之詩溫溫柔貌也如集于木恐墜也孔子曰食無求飽居無求安

師古曰論語載孔子之言也謂君子好學樂道故志不在安飽公之謂矣克身自約糴食逮給師古曰纔得粗及僅足而已物物卬市日闋亡儲師古曰物物卬市言其衣食所須皆買之於市不自營作而不奪工商利也闋盡也日闋言當日即盡不蓄積也卬音牛向反闋音空穴反又上書歸孝哀皇帝所益封邑入錢獻田殫盡舊業為衆倡始師古曰倡音尺尚反於是小大鄉和承風從化師古曰鄉讀曰嚮外則王公列侯內則帷幄侍御翕然同時各竭所有或入金錢或獻田畝以振貧窮收贍不足者昔令尹子文朝不及夕魯公儀子不茹園葵張晏曰令尹子文自毀其家以紓楚國之難仕而進祿朝不及夕也師古曰子文楚令尹鬭穀於菟也公儀子魯國相公儀休也拔其園葵不奪園夫之利食葉曰茹音人諸反公之謂矣開門延士下及白屋師古曰白屋謂庶人以白茅覆屋者也婁省朝政綜

管衆治師古曰婁古屢字親見牧守以下考迹雅素審知白黑詩云夙夜匪解以事一人師古曰大雅烝人之詩也一人天子也解讀曰懈易曰終日乾乾夕惕若厲師古曰乾卦九三爻辭也乾乾自強之意惕懼厲病也公之謂矣比三世為三公再奉送大行師古曰比頻也秉冢宰職填安國家師古曰填音竹刃反四海輻湊靡不得所書曰納于大麓列風雷雨不迷師古曰虞書舜典敘舜之德也麓錄也言堯使舜大錄萬機之政一曰山足曰麓言有聖德雖遇風雷不迷惑也公之謂矣此皆上世之所鮮禹稷之所難師古曰鮮音先踐反而公包其終始一以貫之可謂備矣師古曰論語稱孔子謂曾子曰參乎吾道一以貫之謂忠恕是以三年之間化行如神嘉瑞疊累豈非陛下知人之效得賢之致哉故非獨君之

受命也臣之生亦不虛矣是以伯禹賜玄圭周公
受郊祀師古曰尚書禹貢云禹錫玄圭告厥成功言賞治水功成也禮記明堂位曰成王幼弱周公踐天子之位以治天下
七年乃致政於成王成王以周公爲有勲勞於天下封周公於曲阜地方七百里革車千乘命魯公世世祀周公以天子禮樂是以魯君孟春
乘大路旂十有二旒日月之章祀帝于郊配以后稷天子之禮也蓋以達天之使不敢擅
天之功也師古曰言天降賢材以助王者王者當申達其用而不敢自專揆公德行爲天下
紀師古曰揆度也紀理也觀公功勲爲萬世基基成而賞不配
紀立而襃不副師古曰配對也誠非所以厚國家順天心也
高皇帝襃賞元功相國蕭何邑戶既倍又蒙殊禮
奏事不名入殿不趨封其親屬十有餘人樂善無
厭班賞亡遴師古曰遴與吝同苟有一策即必爵之是故公

孫戎位在充郎選繇旄頭壹明樊噲封二千戶孟康曰公
孫戎奴也高帝時爲旄頭郎晉灼曰楚漢春秋上東圍項羽聞樊噲反旄頭公孫戎明之卒不反封戎二千戶師古曰此公孫戎耳非戎
奴也戎奴自武帝時人孟說誤矣繇讀與由同孝文皇帝襃賞絳侯益封萬戶賜
黃金五千斤孝武皇帝卹錄軍功裂三萬戶以封
衞青青子三人或在繈褓皆爲通侯孝宣皇帝顯
著霍光增戶命疇封者三人延及兄孫夫絳侯即
因漢藩之固杖朱虛之鯁依諸將之遞據相扶之
埶其事雖醜要不能遂李奇曰言勃之功不遂而霍光據席常任也晉灼曰醜衆也言勃欲誅諸
呂其事雖衆要不能以呂后在時而遂意也師古曰二說皆非也遞繞也謂相圍繞也言絳侯之時漢之強漢藩外有藩屛盤石之固內有朱虛
骨鯁之強諸將同心圍繞扶翼呂氏之黨雖欲作亂心懷醜惡事必不成言勃之功不足多也遞音帶霍光即席

常任之重乘大勝之威未嘗遭時不行陷假離朝
服虔曰言光未嘗陷假不遇而離去朝也莽嘗退就國是陷假也師古曰假升也陷假者被陷害而去所升之位朝之執
事亡非同類割斷歷久統政曠世雖曰有功所因
亦易然猶有計策不審過徵之累師古曰光誤徵昌邑王不得其人也累音
力瑞反及至青戎摽末之功服虔曰摽音刀末之摽謂衞青一公孫戎也師古曰摽音匹遙反
言之勞然猶皆蒙丘山之賞課功絳霍造之與因
也比於青戎地之與天也而公又有宰治之效乃
當上與伯禹周公等盛齊隆兼其襃賞豈特與若
云者同日而論哉師古曰若云謂若向者所云絳霍青戎也然曾不得蒙青
等之厚臣誠惑之臣聞功亡原者賞不限德亡首

者襃不檢師古曰無原謂不可測其本原也無首謂無出其上者也檢局也是故成王之
於周公也度百里之限師古曰度亦踰越也越九錫之檢開七
百里之宇師古曰解並在前也兼商奄之民師古曰商奄二國名賜以附
庸殷民六族師古曰謂條氏徐氏蕭氏索氏長勺氏尾勺氏也大路大旂師古曰解已在前也
封父之繁弱夏后之璜師古曰封父古諸侯也繁弱大弓名也半璧曰璜父讀曰甫祝宗
卜史師古曰太祝太宗太卜太史凡四官備物典策師古曰既有備物而加之策書也一曰典策春秋之制也
官司彝器師古曰官司百官也彝器常用之器也一曰彝尊宗廟酒器也周禮有六彝彝法也言器有所法象之貌耳
白牡之牲師古曰明堂位曰季夏六月以禘禮祀周公於太廟牲用白牡郊望之禮師古曰郊即上
祀帝于郊也望謂望山川而祭之也王曰叔父建爾元子師古曰魯頌閟宮之詩曰王曰叔父建爾元子
俾侯于魯謂命周公以封伯禽爲魯公也子父俱延拜而受之師古曰謂周公拜前魯公拜後可

謂不檢亡原者矣非特止此六子皆封師古曰周公六子伯禽之弟也
詩曰亡言不讎亡德不報師古曰大雅抑之詩也讎用也有善言則用之有德者必報之一曰讎對也賞當其言也報當如之不如非報也服虔曰報賞當如其德不如德者非報也近觀
行事高祖之約非劉氏不王然而番君得王長沙
下詔稱忠定著於令師古曰謂吳芮也解在芮傳番音蒲河反明有大信不
拘於制也春秋晉悼公用魏絳之策諸夏服從鄭
伯獻樂悼公於是以半賜之絳深辭讓晉侯曰微
子寡人不能濟河夫賞國之典不可廢也子其受
之魏絳於是有金石之樂春秋善之師古曰事見左傳襄十一年微無也
取其臣竭忠以辭功君知臣以遂賞也今陛下既

知公有周公功德不行成王之褒賞遂聽公之固
辭不顧春秋之明義則民臣何稱萬世何述誠非
所以為國也臣愚以為宜恢公國令如周公師古曰恢大也
建立公子令如伯禽所賜之品亦皆如之諸子之封
皆如六子即羣下較然輸忠黎庶昭然感德師古曰較明貌也
臣誠輸忠民誠感德則於王事何有師古曰言臻其極無闕遺
唯陛下深惟祖宗之重敬畏上天之戒儀形虞周
之盛師古曰儀形謂則而象之敕盡伯禽之賜無遴周公之報師古曰敕備也遴與吝同
令天法有設後世有祖師古曰祖始也以此為法之始天下幸甚
太后以視羣公師古曰視讀曰示羣公方議其事會呂寬事

起初莽欲擅權白太后前哀帝立背恩義自貴外
家丁傅撓亂國家幾危社稷師古曰撓擾也音火高反幾音巨依反今帝
以幼年復奉大宗為成帝後宜明一統之義以戒
前事為後代法於是遣甄豐奉璽綬即拜帝母衛
姬為中山孝王后賜帝舅衛寶寶弟玄爵關內侯
皆留中山不得至京師莽子宇非莽隔絕衛氏恐
帝長大後見怨宇即私遣人與寶等通書教令帝
母上書求入語在衛后傳莽不聽宇與師吳章及
婦兄呂寬議其故章以為莽不可諫而好鬼神可
為變怪以驚懼之章因推類說令歸政於衛氏宇

即使寬夜持血灑莽第門吏發覺之莽執宇送獄
飲藥死宇妻焉懷子師古曰焉其名繫獄須產子已殺之
師古曰須待也莽奏言宇為呂寬等所詿誤流言惑衆與管
蔡同罪臣不敢隱其誅甄邯等白太后下詔曰夫
唐堯有丹朱周文王有管蔡此皆上聖亡柰下愚
子何以其性不可移也公居周公之位輔成王之
主而行管蔡之誅不以親親害尊尊朕甚嘉之昔
周公誅四國之後大化乃成至於刑錯師古曰四國謂三監及淮夷耳
公其專意翼國期於致平師古曰翼助也莽因是誅滅衛
氏窮治呂寬之獄連引郡國豪桀素非議己者內

及敬武公主師古曰元帝女弟也梁王立紅陽侯立平阿侯仁
使者迫守皆自殺死者以百數海內震焉大司馬
護軍褒奏言安漢公遭子宇陷於管蔡之辜子愛
至重爲帝室故不敢顧私惟宇遭辜喟然憤發作
書八篇以戒子孫宜班郡國令學官以教授事下
羣公請令天下吏能誦公戒者以著官簿比孝經
師古曰著官簿言用之得選舉也四年春郊祀高祖以配天宗祀孝
文皇帝以配上帝四月丁未莽女立爲皇后大赦
天下遣大司徒司直陳崇等八人分行天下覽觀
風俗師古曰行音下更反太保舜等奏言春秋列功德之義太

上有立德其次有立功其次有立言唯至德大賢
然後能之其在人臣則生有大賞終爲宗臣殷之
伊尹周之周公是也及民上書者八千餘人咸曰
伊尹爲阿衡周公爲太宰周公享七子之封有過
上公之賞宜如陳崇言章下有司有司請還前所
益二縣及黃郵聚新野田采伊尹周公稱號加公
爲宰衡位上公掾史秩六百石三公言事稱敢言
之羣吏毋得與公同名出從期門二十人羽林三
十人前後大車十乘賜公太夫人號曰功顯君食
邑二千戶黃金印赤韍師古曰比韍印之組也封公子男二人

安爲褒新侯臨爲賞都侯加后聘三千七百萬合
爲一萬萬以明大禮太后臨前殿親封拜安漢公
拜前二子拜後如周公故事莽稽首辭讓出奏封
事願獨受母號還安臨印韍及號位戶邑事下太
師光等皆曰賞未足以直功師古曰直當也謙約退讓公之
常節終不可聽莽求見固讓太后下詔曰公每見
叩頭流涕固辭今移病固當聽其讓令眡事邪師古
曰眡古視字將當遂行其賞遣歸就第也光等曰安臨親
受印韍策號通天其義昭昭黃郵召陵新野之田
爲入尤多師古曰召讀邵皆止於公公欲自損以成國化宜

可聽許治平之化當以時成宰衡之官不可世及
納徵錢乃以尊皇后非爲公也功顯君戶止身不
傳褒新賞都兩國合三千戶甚少矣忠臣之節亦
宜自屈而信主上之義師古曰信讀曰申宜遣大司徒大司
空持節承制詔公亟入眡事師古曰亟急也音居力反詔尚書勿
復受公之讓奏奏可莽乃起眡事上書言臣以元
壽二年六月戊午倉卒之夜以新都侯引入未央
宮庚申拜爲大司馬充三公位元始元年二月丙
辰拜爲太傅賜號安漢公備四輔官今年四月甲
子復拜爲宰衡位上公臣莽伏自惟爵爲新都侯

號爲安漢公官爲宰衡太傅大司馬爵貴號尊官重一身蒙大寵者五誠非鄙臣所能堪據元始三年天下歲已復官屬宜皆置 如淳曰前時飢省官職今豐宜復之也師古曰復音扶目反 穀梁傳曰天子之宰通于四海 師古曰宰治也治衆事者謂大臣也 臣愚以爲宰衡官以正百僚平海內爲職而無印信名實不副臣莽無兼官之材今聖朝既過誤而用之臣請御史刻宰衡印章曰宰衡太傅大司馬印成授臣莽上太傅與大司馬之印太后詔曰可㦸如相國 師古曰㦸亦謂組也 朕親臨授焉莽乃復以所益納徵錢千萬遺與長樂長御奉共養者 師古曰太后之長御也共音居用反

養音弋亮反 太保舜奏言天下聞公不受千乘之土辭萬金之幣散財施予千萬數莫不鄉化 師古曰鄉讀曰嚮 蜀郡男子路建等輟訟慙怍而退雖文王卻虞芮何以加 師古曰卻退也虞芮二國名也並在河之東二國之君相與爭田久而不平聞文王之德乃往焉入周之境則耕者讓畔行者讓路乃相謂曰我小人也不可以履君子之庭遂相讓以其所爭爲閒田而退 宜報告天下奏可宰衡出從大車前後各十乘直事尚書郎侍御史謁者中黃門期門羽林 師古曰自此以上皆從宰衡出 宰衡常持節所止謁者代持之 師古曰相代而持也 宰衡掾史秩六百石三公稱敢言之是歲莽奏起明堂辟雍靈臺爲學者築舍萬區作市常滿倉制度甚盛立樂經益博士員經各

五人徵天下通一藝教授十一人以上及有逸禮古書毛詩周官爾雅天文圖讖鍾律月令兵法史篇文字 孟康曰史籀所作十五篇古文書也師古曰周宣王大史史籀所作大篆書也籀音直救反 通知其意者皆詣公車網羅天下異能之士至者前後千數皆令記說廷中將令正乖謬壹異說云羣臣奏言昔周公奉繼體之嗣據上公之尊然猶七年制度乃定夫明堂辟雍墮廢千載莫能興 師古曰墮毀也音火規反 今安漢公起於第家輔翼陛下四年于茲功德爛然 師古曰爛然章明之貌 公以八月載生魄庚子 師古曰載始也魄月魄也 奉使朝用書 孟康曰賦功役之書 臨賦營築越若翊辛丑 師古曰翊明也辛丑者庚子之明日也越

發語辭也 諸生庶民大和會十萬衆並集平作二旬大功畢成 師古曰平作謂不促遽也平字或作丕丕亦大也 唐虞發舉成周造業誠亡以加宰衡位宜在諸侯王上賜以束帛加璧大國乘車安車各一 服虔曰大國乘車如大國王之乘車也 驪馬二駟 師古曰四馬驪馬併駕也 詔曰可其議九錫之法冬大風吹長安城東門屋瓦且盡五年正月祫祭明堂諸侯王二十八人列侯百二十人宗室子九百餘人徵助祭禮畢封孝宣曾孫信等三十六人爲列侯餘皆益戶賜爵金帛之賞各有數是時吏民以莽不受新野田而上書者前後四十八萬七千五百七十二人及

諸侯王公列侯宗室見者皆叩頭言宜亟加賞於
安漢公師古曰亟急也於是莽上書曰臣以外屬越次備
位未能奉稱師古曰稱音尺證反伏念聖德純茂承天當古
制禮以治民作樂以移風四海奔走百蠻竝轃師古
曰轃即臻字也辭去之日莫不隕涕非有款誠豈可虛致自
諸侯王已下至于吏民咸知臣莽上與陛下有葭
莩之故師古曰葭蘆也莩者其筩裏白皮也言其輕薄而附著也故以為喻葭音加莩音孚又得典
職每歸功列德者輒以臣莽為餘言臣見諸侯面
言事於前者未嘗不流汗而慙愧也雖性愚鄙至
誠自知德薄位尊力少任大夙夜悼栗常恐汙辱

聖朝今天下治平風俗齊同百蠻率服皆陛下聖
德所自躬親太師光太保舜等輔政佐治羣卿大
夫莫不忠良故能以五年之間至致此焉臣莽實
無奇策異謀奉承太后聖詔宣之于下不能得什
一受羣賢之籌畫而上以聞不能得什伍師古曰言皆不曉又
遺忘也當被無益之辜所以敢且保首領須臾者誠
上休陛下餘光而下依羣公之故也師古曰休庇廕也陛下
不忍衆言輒下其章於議者臣莽前欲立奏止恐
其遂不肯止今大禮已行助祭者畢辭不勝至願
願諸章下議者皆寢勿上使臣莽得盡力畢制禮

作樂事事成以傳示天下與海內平之即有所閒
非則臣莽當被詿上誤朝之罪師古曰閒音居莧反如無他譴
得全命賜骸骨歸家避賢者路是臣之私願也惟
陛下哀憐財幸師古曰此財與裁同通用也甄邯等白太后詔曰
可唯公功德光于天下是以諸侯王公列侯宗室
諸生吏民翕然同辭連守闕庭故下其章諸侯宗
室辭去之日復見前重陳師古曰重音直用反雖曉喻罷遣猶
不肯去告以孟夏將行厥賞莫不驩悅稱萬歲而
退今公每見輒流涕叩頭言願不受賞賞即加不
敢當位方制作未定事須公而決故且聽公制作

畢成群公以聞究于前議師古曰究竟也其九錫禮儀亟
奏師古曰亟急也於是公卿大夫博士議郎列侯張純等
九百二人皆曰聖帝明王招賢勸能德盛者位高
功大者賞厚故宗臣有九命上公之尊則有九錫
登等之寵張晏曰宗臣有勳勞為上公國所宗者也周禮上公九命九命九賜也師古曰登等謂升於常等也今九
族親睦百姓既章萬國和協黎民時雍師古曰章明也時是也雍亦和
也自此已上皆取堯典敘堯德之言也聖瑞畢溱太平已洽師古曰溱亦與臻同帝者
之盛莫隆於唐虞而陛下任之忠臣茂功莫著於
伊周而宰衡配之所謂異時而興如合符者也謹
以六蓺通義經文所見周官禮記宜於今者為九

命之錫 師古曰禮含文嘉云九錫者車馬衣服樂懸朱戶納陛武賁鈇鉞弓矢秬鬯也 臣請命錫奏
可策曰惟元始五年五月庚寅太皇太后臨于前
殿延登親詔之曰公進虛聽朕言 師古曰進前虛己而聽也 前公
宿衛孝成皇帝十有六年納策盡忠白誅故定陵
侯淳于長以彌亂發姦 師古曰彌讀曰弭弭止也 登大司馬職在
內輔孝哀皇帝即位驕妾窺欲姦臣萌動公手劾
高昌侯董宏改正故定陶共王母之僭坐自是之
後朝臣論議靡不據經以病辭位歸于第家為賊
臣所陷就國之後孝哀皇帝覺寤復還公長安臨
病加劇猶不忘公復特進位是夜倉卒國無儲主

姦臣充朝危殆甚矣朕惟定國之計莫宜於公引
納于朝即日罷退高安侯董賢轉漏之間忠策輒建
綱紀咸張綏和元壽再遭大行萬事畢舉禍亂不
作輔朕五年人倫之本正天地之位定 張晏曰定冠婚之儀徙南北之
郊也 欽承神祇經緯四時復千載之廢矯百世之失
張晏曰封先代之後立古文經定迭毀之禮也 天下和會大眾方輯 師古曰輯與集字同 詩之
靈臺書之作雒鎬京之制商邑之度於今復興 師古
曰靈臺所以觀氣象者也文王受命作邑于豐立此臺兆庶自勸就其功作故大雅靈臺之詩曰經始靈臺經之營之庶人攻之不日
成之作雒謂周公營洛邑以為王都所謂成周也周書洛誥曰召公既相宅周公往營成周使來告卜作洛誥豐鎬相近故總曰鎬京成周既
城遷殷頑民使居之故云商邑之度也 昭章先帝之元功明著祖宗之令

德推顯嚴父配天之義修立郊禘宗祀之禮以光
大孝是以四海雍雍萬國慕義蠻夷殊俗不召自
至漸化端冕奉珍助祭 師古曰蠻夷漸染朝化而正衣冠奉其國珍來助祭 尋舊本
道遵術重古動而有成事得厥中至德要道通於
神明祖考嘉享光耀顯章天符仍臻元氣大同麟
鳳龜龍眾祥之瑞七百有餘遂制禮作樂有綏請
宗廟社稷之大勳普天之下惟公是賴官在宰衡
位為上公今加九命之錫其以助祭共文武之職
師古曰共讀曰供 乃遂及厥祖 師古曰榮寵之命上延其先祖也 於戲豈不休
哉 師古曰於戲讀曰烏呼休美也 於是莽稽首再拜受綠韍袞冕衣

裳 師古曰此韍謂蔽膝也或謂韍韠韍音弗韠音畢 瑒琫瑒珌 孟康曰瑒玉名也佩刀之飾上曰琫下曰珌詩云鞞
琫有珌是也師古曰瑒音蕩琫音布孔反珌音必 句履 孟康曰今齊祀履舄頭飾也出履三寸師古曰其形歧頭句音
巨俱反 鸞路乘馬 師古曰鸞鸞路車之施鸞者也解在禮樂志四馬曰乘音食證反其下亦同 龍
旂九旒皮弁素積 師古曰素積素裳也 戎路乘馬 師古曰戎路戎車也 彤弓
矢盧弓矢 師古曰彤赤色盧黑色 左建朱鉞右建金戚 師古曰鉞戚皆斧屬
甲冑一具 師古曰冑兜鍪 秬鬯二卣 師古曰秬鬯香酒也卣中樽也音攸又羊九反 圭瓚
二 師古曰以圭為勺末 九命青玉珪二 師古曰青者春色東方生而長育萬物也 朱戶納
陛 孟康曰納內也謂鑿殿基際為陛不使露也師古曰孟說是也尊者不欲露而升陛故內之於霤下也諸家之釋文句雖煩義皆不
了故無取云 署宗官祝官卜官史官虎賁三百人家令
丞各一人宗祝卜史官皆置嗇夫佐安漢公在中

府外第虎賁爲門衛當出入者傅籍師古曰傅猶著也音附自四輔三公有事府第皆用傳孟康曰傳符也師古曰音張戀反以楚王邸爲安漢公第大繕治通周衛祖禰廟及寢皆爲朱戶納陛陳崇又奏安漢公祠祖禰出城門城門校尉宜將騎士從入有門衛出有騎士所以重國也奏可其秋莽以皇后有子孫瑞通子午道張晏曰時年十四始有婦人之道也子水午火也水以天一爲牡火以地二爲牝故火爲水妃今通子午以協之子午道從杜陵直絕南山徑漢中師古曰子北方也午南方也言通南北道相當故謂之子午耳今京城直南山有谷通梁漢道者名子午谷又宜州西界慶州東界有山名子午領計南北直相當此則北山者是子南山者是午共爲子午道風俗使者八人還言天下風俗齊同詐爲郡國造

歌謠頌功德凡三萬言莽奏定著令又奏爲市無二賈師古曰言純質也賈音價官無獄訟邑無盜賊野無飢民道不拾遺男女異路之制犯者象刑師古曰象刑解在武紀及刑法志劉歆陳崇等十二人皆以治明堂宣教化封爲列侯莽既致太平北化匈奴東致海外南懷黃支唯西方未有加迺遣中郎將平憲等多持金幣誘塞外羌使獻地願內屬憲等奏言羌豪良願等種人口可萬二千人願爲內臣獻鮮水海允谷鹽池平地美草皆予漢民自居險阻處爲藩蔽問良願降意對曰太皇太后聖明安漢公至仁天下太平

五穀成孰或禾長丈餘或一粟三米或不種自生或繭不蠶自成甘露從天下醴泉自地出鳳皇來儀神爵降集從四歲以來羌人無所疾苦故思樂內屬宜以時處業置屬國領護事下莽莽復奏曰太后秉統數年恩澤洋溢和氣四塞絕域殊俗靡不慕義越裳氏重譯獻白雉黃支自三萬里貢生犀東夷王度大海奉國珍匈奴單于順制作去二名今西域良願等復舉地爲臣妾昔唐堯橫被四表亦亡以加之今謹案已有東海南海北海郡未有西海郡請受良願等所獻地爲西海郡臣又聞

聖王序天文定地理因山川民俗以制州界漢家地廣二帝三王服虔曰唐虞及周要服之內方七千里夏殷方三千里漢地南北萬三千里也凡十三州州名及界多不應經堯典十有二州後定爲九州漢家廓地遼遠州牧行部遠者三萬餘里不可爲九謹以經義正十二州名分界以應正始奏可又增法五十條犯者徙之西海徙者以千萬數民始怨矣泉陵侯劉慶上書師古曰王子侯年表泉陵節侯賢長沙定王子本始四年戴侯眞定嗣二十二年薨黃龍元年頃侯慶嗣此則是也此傳及翟義傳並云泉陵地理志泉陵屬零陵郡而表作衆陵表爲誤也言周成王幼少稱孺子周公居攝今帝富於春秋宜令安漢公行天子事如周公羣臣皆曰宜如慶言

冬熒惑入月中平帝疾莽作策請命於泰時戴璧
秉圭願以身代藏策金縢置于前殿敕諸公勿敢
言師古曰詐依周公爲武王請命作金縢也十二月平帝崩大赦天下莽徵
明禮者宗伯鳳等與定天下吏六百石以上皆服
喪三年奏尊孝成廟曰統宗孝平廟曰元宗時元
帝世絕而宣帝曾孫有見王五人師古曰王之見在者列侯廣
戚侯顯等四十八人莽惡其長大曰兄弟不得相
爲後迺選玄孫中最幼廣戚侯子嬰年二歲託以
爲卜相最吉是月前煇光謝囂奏武功長孟通浚
井得白石師古曰浚抒治之也囂音許驕反浚音峻抒音直呂反上圓下方有丹書

著石師古曰著音直略反文曰告安漢公莽爲皇帝符命之起
自此始矣莽使羣公以白太后太后曰此誣罔天
下不可施行太保舜謂太后事已如此無可奈何
沮之力不能止師古曰沮壞也音才汝反又莽非敢有它但欲稱
攝以重其權塡服天下耳師古曰塡音竹刃反太后聽許舜等
即共令太后下詔曰蓋聞天生衆民不能相治爲
之立君以統理之君年幼稚必有寄託而居攝焉
然後能奉天施而成地化羣生茂育書不云乎天
工人其代之師古曰虞書咎繇謨之辭也言人代天理治工事也朕以孝平皇帝
幼年且統國政幾加元服委政而屬之師古曰屬付也幾音曰冀屬音

之欲反今短命而崩嗚呼哀哉已使有司徵孝宣皇帝
玄孫二十三人差度宜者以嗣孝平皇帝之後師古
曰差度謂擇也度音大各反玄孫年在繦褓不得至德君子孰能安
之安漢公莽輔政三世比遭際會安光漢室師古曰比
頻也遂同殊風至于制作與周公異世同符今前煇
光囂武功長通上言丹石之符朕深思厥意云爲
皇帝者乃攝行皇帝之事也夫有法成易非聖人
者亡法其令安漢公居攝踐祚如周公故事以武
功縣爲安漢公采地師古曰采官也以官受地故謂之采名曰漢光邑具
禮儀奏於是羣臣奏言太后聖德昭然深見天意

詔令安漢公居攝臣聞周成王幼少周道未成成
王不能共事天地修文武之烈師古曰共讀曰恭烈業也周公權
而居攝則周道成王室安不居攝則恐周隊失天命
師古曰隊音直類反書曰我嗣事子孫大不克共上下遏失前人
光在家不知命不易天應棐諶乃亡隊命師古曰周書君奭之
篇也邵公爲保周公爲師相成王爲左右邵公不說周公作君奭以告之奭邵公名也尊而呼之故曰君也言我恐後嗣子孫大不能恭承天
地絕失先王光大之道不知受命之難天所應輔唯在有誠所以亡失其命也共音恭棐音匪說曰師古曰謂說經義也周
公服天子之冕南面而朝羣臣發號施令常稱王
命召公賢人不知聖人之意故不說也師古曰召讀曰邵說讀曰悅次
下並同禮明堂記曰周公朝諸侯於明堂天子負斧

依南面而立（師古曰依讀曰扆此下亦同）謂周公踐天子位六年朝諸侯制禮作樂而天下大服也召公不說時武王崩縗麤未除（師古曰縗音千回反）由是言之周公始攝則居天子之位非乃六年而踐阼也書逸嘉禾篇曰周公奉鬯立于阼階延登贊曰假王莅政勤和天下此周公攝政贊者所稱（師古曰贊謂祭祀之贊辭也）成王加元服周公則致政書曰朕復子明辟（師古曰周書洛誥載周公告成王之辭言我復還明君之政於子也復音扶目反）周公常稱王命專行不報故言我復子明君也臣請安漢公居攝踐阼服天子韍冕（師古曰韍亦謂蔽膝也）背斧依于戶牖之間南面朝羣臣聽政事車

服出入警蹕民臣稱臣妾皆如天子之制郊祀天地宗祀明堂共祀宗廟享祭羣神贊曰假皇帝（師古曰贊謂祭祀之辭也共音恭）民臣謂之攝皇帝自稱曰予平決朝事常以皇帝之詔稱制以奉順皇天之心輔翼漢室保安孝平皇帝之幼嗣遂寄託之義隆治平之化（師古曰遂成也）其朝見太皇太后帝皇后皆復臣節自施政教於其宮家國采如諸侯禮儀故事臣昧死請太后詔曰可明年改元曰居攝居攝元年正月莽祀上帝於南郊迎春於東郊行大射禮于明堂養三老五更成禮而去（師古曰更音工衡反）置柱下五史秩如御史

聽政事侍旁記疏言行三月己丑立宣帝玄孫嬰為皇太子號曰孺子以王舜為太傅左輔甄豐為大阿右拂（師古曰拂讀曰弼）甄邯為太保後承又置四少秩皆二千石四月安衆侯劉崇與相張紹謀曰（師古曰安衆康侯丹長沙定王子崇即丹之玄孫子也見王子侯表）安漢公莽專制朝政必危劉氏天下非之者乃莫敢先舉此宗室恥也吾帥宗族為先海內必和紹等從者百餘人遂進攻宛不得入而敗紹者張竦之從兄也竦與崇族父劉嘉詣闕自歸莽赦弗罪竦因為嘉作奏曰建平元壽之間大統幾絕宗室幾弃（師古曰幾亦音巨依反）賴蒙陛下聖德

扶服振救（師古曰陛下謂莽也服音蒲北反）遮扞匡衛國命復延宗室明目臨朝統政發號施令動以宗室為始登用九族為先並錄支親建立王侯南面之孤計以百數收復絕屬存亡續廢（師古曰復音扶目反）得比肩首復為人者嬪然成行（師古曰嬪然多貌也行列也嬪音匹人反行音下郎反）所以藩漢國輔漢宗也建辟雍立明堂班天法流聖化朝羣后昭文德宗室諸侯咸益土地天下喁喁引領而歎（師古曰喁喁衆口向上也音顒）頌聲洋洋滿耳而入（師古曰論語載孔子曰師摯之始關雎之亂洋洋乎盈耳哉故竦引之也洋音羊又音翔也）國家所以服此美膺此名饗此福受此榮者豈非太皇太后日昊之思陛下夕惕之念哉何謂（師古曰先為設問復陳其事也）亂則統其理危則致其安禍則引其

福絕則繼其統幼則代其任晨夜屑屑寒暑勤勤（師古曰屑屑猶切切動作之意也）
無時休息孳孳不已者（師古曰孳孳不怠之意也音與孜同）
凡以爲天下厚劉氏也（師古曰爲音于僞反）臣無愚智民無男
女皆諭至意（師古曰諭曉也）而安衆侯崇乃獨懷悖惑之心
操畔逆之慮（師古曰悖乖也）興兵動衆欲危宗廟惡不忍聞
罪不容誅誠臣子之仇宗室之讎國家之賊天下
之害也是故親屬震落而告其罪民人潰畔而弃
其兵進不跬步退伏其殃（師古曰半步曰跬謂一舉足也音空蘂反）百歲之母
孩提之子（師古曰嬰兒始孩人所提挈故曰孩提也孩者小兒笑也）同時斷斬懸頭竿
杪（師古曰杪末也音莫小反）珠珥在耳首飾猶存爲計若此豈不

誖哉（師古曰誖惑也音布内反）臣聞古者畔逆之國既以誅討則
豬其宮室以爲汙池納垢濁焉（李奇曰掘其宮以爲池用貯水也師古曰豬謂畜水
汙下也汙音烏）名曰凶虛（師古曰虛讀曰墟墟故居也言凶人所居也）雖生菜茹而人不
食（師古曰所食之菜曰茹音人庶反）四牆其社覆上棧下示不得通（師古
曰棧謂以竹木蔽之也下則棧之上則覆之所以隔塞不通陰陽之氣）辨社諸侯（孟康曰辨布也布崇社國國各作一見以爲
戒也師古曰辨讀曰班）出門見之著以爲戒（師古曰著明也）方今天下聞
崇之反也咸欲騫衣手劍而叱之其先至者則拂
其頸（師古曰拂戾也音佛）衝其匈刃其軀切其肌後至者欲撥
其門仆其牆（師古曰仆倒也）夷其屋焚其器（師古曰夷平也）應聲滌
地則時成創（師古曰滌地猶言塗地則時即時也創傷也音初良反）而宗室尤甚言

必切齒焉何則以其背畔恩義而不知重德之所
在也宗室所居或遠嘉幸得先聞不勝憤憤之願
願爲宗室倡始（師古曰倡音先向反）父子兄弟負籠荷鍤馳之
南陽（師古曰籠所以盛土也鍤鍫也）豬崇宮室令如古制及崇社宜如
亳社以賜諸侯用永監戒願下四輔公卿大夫議
以明好惡視四方（師古曰視讀曰示）於是莽大說（師古曰說讀曰悅）公卿曰
皆宜如嘉言莽白太后下詔曰惟嘉父子兄弟雖
與崇有屬不敢阿私或見萌牙相率告之及其禍
成同共讎之應合古制忠孝著焉其以杜衍戶千
封嘉爲師禮侯嘉子七人皆賜爵關内侯後又封

竦爲淑德侯長安爲之語曰欲求封過張伯松（師古曰竦之字）
力戰鬭不如巧爲奏莽又封南陽吏民有功者
百餘人汙池劉崇室宅後謀反者皆汙池云羣臣
復白劉崇等謀逆者以莽權輕也宜尊重以塡海
内（師古曰塡音竹刃反）五月甲辰太后詔莽朝見太后稱假皇
帝冬十月丙辰朔日有食之十二月羣臣奏請益安
漢公宮及家吏置率更令廟廄廚長丞中庶子虎
賁以下百餘人又置衛士三百人安漢公廬爲
攝省府爲攝殿弟爲攝宮奏可莽白太后
下詔曰故太師光雖前薨功効巳列太保舜

大司空豐輕車將軍邯步兵將軍建皆爲誘進單于籌策又典靈臺明堂辟雍四郊定制度開子午道與宰衡同心說德師古曰說音悅次下亦同合意并力功德茂著封舜子匡爲同心侯林爲說德侯光孫壽爲合意侯豐孫匡爲并力侯益邯建各三千戶是歲西羌龐恬傅幡等師古曰幡音普元反其字從巾怨莽奪其地作西海郡反攻西海太守程永永奔走莽誅永遣護羌校尉竇況擊之二年春竇況等擊破西羌五月更造貨錯刀一直五千契刀一直五百大錢一直五十與五銖錢並行民多盜鑄者禁列侯以下不得

挾黃金輸御府受直然卒不與直九月東郡太守翟義都試勒車騎因發犇命立嚴鄉侯劉信爲天子師古曰東平煬王之子移檄郡國言莽毒殺平帝攝天子位欲絕漢室今共行天罰誅莽師古曰共讀曰恭郡國疑惑衆十餘萬莽惶懼不能食晝夜抱孺子告禱郊廟放大誥作策師古曰放依也大誥周書篇名周公所作也放音甫往反遣諫大夫桓譚等班於天下諭以攝位當反政孺子之意師古曰諭曉告之遣王邑孫建等八將軍擊義分屯諸關守阸塞槐里男子趙明霍鴻等起兵以和翟義師古曰和音胡卧反相與謀曰諸將精兵悉東京師空可攻長安衆稍多至且

十萬人莽恐遣將軍王奇王級將兵距之以太保甄邯爲大將軍受鉞高廟領天下兵左杖節右把鉞屯城外王舜甄豐晝夜循行殿中師古曰行音下更反十二月王邑等破翟義於圉司威陳崇使監軍師古曰爲使而監軍於外上書言陛下奉天洪範心合寶龜師古曰心與龜合也膺受元命豫知成敗咸應兆占是謂配天配天之主慮則移氣言則動物施則成化臣崇伏讀詔書下日竊計其時聖思始發而反虜仍破師古曰思慮也詔文始書反虜大敗制書始下反虜畢斬衆將未及齊其鋒芒臣崇未及盡其愚慮而事已決矣莽大說師古曰說讀曰悅三

年春地震大赦天下王邑等還京師西與王級等合擊明鴻皆破滅語在翟義傳莽大置酒未央宮白虎殿勞賜將帥詔陳崇治校軍功第其高下莽乃上奏曰明聖之世國多賢人故唐虞之時可比屋而封至功成事就則加賞焉至于夏后塗山之會執玉帛者萬國諸侯執玉附庸執帛周武王孟津之上尚有八百諸侯周公居攝郊祀后稷以配天宗祀文王於明堂以配上帝是以四海之內各以其職來祭蓋諸侯千八百矣禮記王制千七百餘國是以孔子著孝經曰不敢遺小國之臣而況

於公侯伯子男乎故得萬國之歡心以事其先王此天子之孝也秦爲亡道殘滅諸侯以爲郡縣欲擅天下之利故二世而亡高皇帝受命除殘考功施賞建國數百後稍衰微其餘僅存太皇太后躬統大綱廣封功德以勸善興滅繼絕以永世是以大化流通旦暮且成遭羌寇害西海郡反虜流言東郡逆賊惑衆西土忠臣孝子莫不奮怒所征殄滅盡備厥辜天下咸寧制禮作樂實考周爵五等地四等有明文蘇林曰爵五等公侯伯子男也地四等公一等侯伯二等子男三等附庸四等殷爵三等有其說無其文師古曰公一等侯二等伯子男三等孔子曰周監於

二代郁郁乎文哉吾從周師古曰論語載孔子之言也監視也二代夏殷也郁郁文章貌臣請諸將帥當受爵邑者爵五等地四等奏可於是封者高爲侯伯次爲子男當賜爵關內侯者更名曰附城凡數百人擊西海者以羌爲號槐里以武爲號翟義以虜爲號羣臣復奏言太后脩功錄德遠者千載近者當世或以文封或以武爵深淺大小靡不畢舉今攝皇帝皆依踐阼宜異於宰國之時制作雖未畢已師古曰已止也宜進二子爵皆爲公春秋善善及子孫賢者之後宜有土地成王廣封周公庶子六人皆有茅土及漢家名相大將蕭霍之屬

咸及支庶兄子光可先封爲列侯諸孫制度畢已大司徒大司空上名如前詔書太后詔曰進攝皇帝子褒新侯安爲新舉公賞都侯臨爲褒新公封光爲衍功侯是時莽還歸新都國羣臣復白以封莽孫宗爲新都侯莽既滅翟義自謂威德日盛獲天人助遂謀即眞之事矣九月莽母功顯君死意不在哀令太后詔議其服少阿羲和劉歆與博士諸儒七十八人皆曰居攝之義所以統立天功興崇帝道成就法度安輯海內也師古曰輯字與集同昔殷成湯既沒而太子蚤夭其子太甲幼少不明伊尹放諸

桐官而居攝以興殷道周武王既沒周道未成成王幼少周公屏成王而居攝以成周道師古曰屏猶擁也是以殷有翼翼之化師古曰商頌殷武之詩曰商邑翼翼四方之極言商邑禮俗翼翼然可則效乃四方之中正也周有刑錯之功師古曰謂成康之世囹圄空虛今太皇太后比遭家之不造師古曰比頻也周頌閔予小子之篇曰遭家不造造成也故議者引之委任安漢公宰尹羣僚衡平天下師古曰宰治也尹正也衡平也言如稱之衡遭遇孺子幼少未能共上下師古曰共讀曰恭上下謂天地皇天降瑞出丹石之符是以太后則天明命詔安漢公居攝踐阼將以成聖漢之業與唐虞三代比隆也攝皇帝遂開祕府會羣儒制禮作樂卒定庶官茂成天功師古曰茂美也聖心周悉卓爾

獨見發得周禮以明因監李奇曰殷因於夏禮周監於二代則天稽古而損益焉猶仲尼之聞韶師古曰孔子至齊郭門之外遇一嬰兒挈一壺相與俱行其視精其心正其行端孔子謂御曰趣驅之趣驅之韶樂方作孔子至彼而及韶聞之三月不知肉味言天縱多能而識微也故取喻耳日月之不可階師古曰論語載子貢叙孔子德云它人賢者丘陵也猶可踰也仲尼日月也無得而踰焉又曰夫子之不可及猶天之不可階而升也非聖哲之至孰能若茲綱紀咸張成在一匱師古曰論語云孔子曰譬如爲山未成一匱止吾止也譬如平地雖覆一匱進吾往也匱者織草爲器所以盛土也言人脩行道德有若爲山譬於平地始覆一匱之土而作不止可以得成故吾欲往觀之今此議者云莽脩行政化致於太平本由一匱也此其所以保佑聖漢安靖元元之効也今功顯君薨禮庶子爲後爲其母緦傳曰與尊者爲體不敢服其私親也攝皇帝以聖德承皇天之命受太后之詔居攝踐阼奉漢大宗之後上有天地社稷之重下有元元萬機之憂不得顧其私親故太皇太后建厥元孫俾侯新都師古曰建立也元長也謂立莽孫宗爲新都侯也俾使也爲哀侯後明攝皇帝與尊者爲體承宗廟之祭奉共養太皇太后不得服其私親也周禮曰王爲諸侯緦縗弁而加環經師古曰於弁上加環經也謂之環者言其輕細如環之形同姓則麻異姓則葛攝皇帝當爲功顯君緦縗弁而加麻環經如天子弔諸侯服以應聖制莽遂行焉凡壹弔再會而令新都侯宗爲主服喪三年云司威陳崇奏衍功侯光私報執金吾竇況令殺人況爲收繫致其法莽大怒切

責光光母曰女自眡孰與長孫中孫師古曰長孫中孫莽子宇及獲字也皆爲莽所殺故云然中讀曰仲遂母子自殺及況皆死初莽以事母養嫂撫兄子爲名及後悖虐復以示公義焉服虔曰不舍光罪爲公義令光子嘉嗣爵爲侯莽下書曰遏密之義訖于季冬張晏曰平帝以元始五年十二月崩至此再期年也師古曰虞書放勳乃徂百姓如喪考妣三載四海遏密八音遏止也密靜也謂不作樂也故莽引之正月郊祀八音當奏王公卿士樂凡幾等五聲八音條各云何其與所部儒生各盡精思悉陳其義是歲廣饒侯劉京車騎將軍千人扈雲太保屬臧鴻奏符命師古曰千人官名也屬車騎將軍扈其姓雲其名京言齊郡新井雲言巴郡石牛鴻言扶風雍石莽皆迎受十一月甲子莽奏太后曰陛下至聖遭家不造遇漢十二世三七之阸承天威命詔臣莽居攝受孺子之託任天下之寄臣莽兢兢業業懼於不稱師古曰兢兢慎也業業危也宗室廣饒侯劉京上書言七月中齊郡臨淄縣昌興亭長辛當一暮數夢曰吾天公使也天公使我告亭長曰攝皇帝當爲真即不信我此亭中當有新井亭長晨起視亭中誠有新井師古曰誠實也入地且百尺十一月壬子直建冬至師古曰壬子之日冬至而其日當建巴郡石牛戊午雍石文皆到于未央宮之前殿臣與太保安陽侯舜等視天風起塵冥風止得銅符帛圖

於石前文曰天告帝符獻者封侯承天命用神令騎都尉崔發等眡說 師古曰眡古視字也視其文而說其意也 及前孝哀皇帝建平二年六月甲子下詔書更爲太初元將元年案其本事甘忠可夏賀良讖書臧蘭臺 師古曰蘭臺掌圖籍之所 臣莽以爲元將元年者大將居攝改元之文也於今信矣尚書康誥王若曰孟侯朕其弟小子封 師古曰孟長也孟侯者言爲諸侯之長也封者衞康叔名 此周公居攝稱王之文也春秋隱公不言即位攝也此二經周公孔子所定蓋爲後法孔子曰畏天命畏大人畏聖人之言 師古曰論語載孔子之言也已解在上 臣莽敢不承用臣請共事神祇宗廟奏言

太皇太后孝平皇后皆稱假皇帝 師古曰共音曰恭 其號令天下天下奏言事毋言攝以居攝三年爲初始元年漏刻以百二十爲度用應天命臣莽夙夜養育隆就孺子 師古曰隆長也成就之使其長大也 令與周之成王比德宣明太皇太后威德於萬方期於富而教之孺子加元服復子明辟如周公故事奏可衆庶知其奉符命指意羣臣博議別奏以視即眞之漸矣 師古曰視讀曰示 期門郎張充等六人謀共劫莽立楚王發覺誅死梓潼人哀章 師古曰梓潼廣漢之縣也潼音童 學問長安素無行好爲大言見莽居攝即作銅匱爲兩檢署其一曰天帝行璽金匱圖其一署曰赤帝璽某傳予黃帝金策書某者高皇帝名也書言王莽爲眞天子皇太后如天命圖書皆書莽大臣八人又取令名王興王盛章因自竄姓名 師古曰竄謂廁著也 凡爲十一人皆署官爵爲輔佐章聞齊井石牛事下即日昏時衣黃衣持匱至高廟以付僕射僕射以聞戊辰莽至高廟拜受金匱神嬗 師古曰嬗古禪字言有神命使漢禪位於莽也 御王冠謁太后還坐未央宮前殿下書曰予以不德託于皇初祖考黃帝之後皇始祖考虞帝之苗裔而太皇太后之末屬皇天上帝隆顯大佑成命統序符契圖文金

匱策書神明詔告屬子以天下兆民 師古曰屬委付也音之欲反 赤帝漢氏高皇帝之靈承天命傳國金策之書予甚祇畏敢不欽受以戊辰直定 師古曰於建除之次其日當定 御王冠即眞天子位定有天下之號曰新其改正朔易服色變犧牲殊徽幟異器制 師古曰徽幟通謂旌旗之屬也幟音式志反 以十二月朔癸酉爲建國元年正月之朔以雞鳴爲時服色配德上黃犧牲應正用白使節之旄幡皆純黃其署曰新使五威節以承皇天上帝威命也

王莽傳第六十九上

王莽傳卷第六十九中　班固　漢書九十九

秘書監上護軍琅邪縣開國子顏師古注

始建國元年正月朔莽帥公侯卿士奉皇太后璽韍師古曰韍謂璽之組音弗上太皇太后順符命去漢號焉初莽妻宜春侯王氏女立為皇后師古曰王訢為丞相初封宜春侯傳爵至孫咸莽妻咸之女本生四男宇獲安臨二子前誅死安頗荒忽師古曰荒音呼廣反廼以臨為皇太子安為新嘉辟師古曰辟君也謂之辟者取為國君之義音璧封宇子六人千為功隆公壽為功明公吉為功成公宗為功崇公世為功昭公利為功著公大赦天下莽乃策命孺子曰咨爾嬰昔皇天右乃太祖師古曰右讀曰佑佑助也歷世十二享國二百一十載曆數在于予躬詩不云乎侯服于周天命靡常師古曰大雅文王之詩也言殷之後嗣乃為諸侯服事周室天命無常也謂殷子為宋公封爾為定安公永為新室賓於戲師古曰於戲音曰嗚呼敬天之休師古曰休美也往踐乃位毋廢予命又曰其以平原安德漯陰鬲重丘凡戶萬師古曰五縣也漯音它合反鬲音與隔同地方百里為定安公國立漢祖宗之廟於其國與周後並行其正朔服色世世以事其祖宗永以命德茂功享歷代之祀焉以孝平皇后為定安太后讀策畢莽親執孺子手流涕歔欷師古曰歔音虛欷音許氣反曰昔周公攝位終得復子明辟今予

獨迫皇天威命不得如意哀歎良久中傅將孺子下殿北面而稱臣百僚陪位莫不感動又按金匱輔臣皆封拜以太傅左輔驃騎將軍安陽侯王舜為太師封安新公大司徒就德侯平晏為太傅就新公少阿羲和京兆尹紅休侯劉歆為國師嘉新公廣漢梓潼哀章為國將美新公是為四輔位上公太保後承承陽侯甄邯師古曰承音丞為大司馬承新公丕進侯王尋為大司徒章新公步兵將軍成都侯王邑為大司空隆新公是為三公大阿右拂大司空衛將軍廣陽侯甄豐師古曰拂讀曰弼為更始將軍廣新公京兆王興為衛將軍奉新公輕車將軍成武侯孫建為立國將軍成新公京兆王盛為前將軍崇新公是為四將凡十一公王興者故城門令史王盛者賣餅莽按符命求得此姓名十餘人兩人容貌應卜相徑從布衣登用以視神焉師古曰視讀曰示餘皆拜為郎是日封拜卿大夫侍中尚書官凡數百人諸劉為郡守皆徙為諫大夫改明光宮為定安館定安太后居之以大鴻臚府為定安公第皆置門衛使者監領敕阿乳母不得與語常在四壁中孟康曰令定安公居四壁中不得有所見至於長大不能名六畜後莽以女

孫宇子妻之恭策羣司曰歲星司肅東嶽太師典
致時雨應劭曰貌之不恭是謂不肅肅敬也厥罰常雨常雨水也故申戒厥任欲使雨澤以時也晉灼曰衆物生於
東方故戒太師也青煒登平考景以晷服虔曰煒音暉如淳曰青氣之光輝也晉灼曰
言青陽之氣始升而上以成萬物也春秋分立表以正東西東日之始出也考景以晷屬焉熒惑司悊南
嶽太傅典致時奧應劭曰視之不明是謂不悊悊智也厥罰常燠燠暑也晉灼曰南方盛陽之位
太傅師尊之稱故戒之也師古曰奧音於六反赤煒頌平考聲以律晉灼曰頌寬也夏
假也物假大乃宣平也六月陰氣之始故爲地統地之中數六六爲律律有形有色色尚黃故考聲以律屬焉師古曰頌讀曰
容太白司艾西嶽國師典致時陽應劭曰言之不從謂之不艾艾安也
厥罰常陽陽旱也師古曰艾讀曰乂白煒象平考量以銓應劭曰量斗斛也銓權衡也晉
灼曰象形也萬物無不成形於西方大小輕重皆可知故稱量屬焉辰星司謀北嶽國將典

致時寒應劭曰聽之不聰是謂不謀謀圖也厥罰常寒晉灼曰北伏也陽氣伏於下陰主殺故戒國將玄煒
和平考星以漏應劭曰推五星行度以漏刻也晉灼曰和合也萬物皆合藏於北方水又主平故曰和平
歷度起於斗分日月紀於攝提攝提值斗杓所指以建時節故考星屬焉月刑元股左司馬典
致武應考方法矩張晏曰月爲刑司馬主武又典天故使主威刑也主司天文
欽若昊天敬授民時力來農事以豐年穀師古曰欽敬也
若順也力來勸勉之也來音郎代反日德元厷右司徒典致文瑞考圜合
規張晏曰日爲陽位晉灼曰肱圜也五教在寬則和氣感物四靈見象故文瑞屬焉師古曰厷古肱字主司人道
五教是輔帥民承上宣美風俗五品乃訓師古曰五教謂父義
母慈兄友弟恭子孝也五品即五常謂仁義禮智信斗平元心中司空典致物圖
考度以繩張晏曰斗北斗也主齊七政司空主水土土爲中故責之孟康曰昜河出圖洛出書司空主水土責以其

物也晉灼曰中央爲四季土土者信信者直故爲繩主司地里平治水土掌名山
川衆殖鳥獸蕃茂草木各策命以其職如典誥之
文置大司馬司允師古曰允信也大司徒司直大司空司
若師古曰若順也位皆孫卿更名大司農曰羲和後更爲
納言大理曰作士太常曰秩宗大鴻臚曰典樂少
府曰共工師古曰共音曰龔水衡都尉曰予虞與三公司卿
凡九卿分屬三公每一卿置大夫三人一大夫置
元士三人凡二十七大夫八十一元士分主中都官
諸職更名光祿勳曰司中太僕曰太御衛
尉曰大衛執金吾曰奮武中尉曰軍正又置大贅

官主乘輿服御物師古曰贅貲聚也言財物所聚也音之鋭反後又典兵秩
位皆上卿號曰六監改郡太守曰大尹都尉曰大
尉縣令長曰宰御史曰執法公車司馬曰王路四
門長樂宮曰常樂室未央宮曰壽成室前殿曰王
路堂服虔曰如言路寢也長安曰常安更名秩百石曰庶士三
百石曰下士四百石曰中士五百石曰命士六百
石曰元士千石曰下大夫比二千石曰中大夫二
千石曰上大夫中二千石曰卿車服黻冕各有差
品師古曰此黻謂衣裳之黻又置司恭司徒司明司聰司中大夫及
誦詩工徹膳宰以司過策曰予聞上聖欲昭厥德

罔不慎修厥身用綏于遠是用建爾司于五事毋隱尤毋將虛（師古曰尤過也將助也虛謂虛美也言勿隱吾過而助爲虛美）好惡不愆立于厥中（師古曰愆違也）於戲勗哉（師古曰於戲讀曰烏呼勗勉也）令王路設進善之旌非謗之木敢諫之鼓（師古曰非音曰誹）諫大夫四人常坐王路門受言事者封王氏齊縗之屬爲侯大功爲伯小功爲子緦麻爲男其女皆爲任（師古曰任充也男服之義男亦任也音壬）男以睦女以隆爲號焉（師古曰睦隆皆其受封邑之號取嘉名）皆授印韍（師古曰韍亦印之組次下並同）令諸侯立大夫人夫人世子亦受印韍又曰天無二日土無二王百王不易之道也漢氏諸侯或稱王至于四夷亦如之違於古典繆於一

統其定諸侯王之號皆稱公及四夷僭號稱王者皆更爲侯又曰帝王之道相因而通盛德之祚百世享祀予惟黃帝帝少昊帝顓頊帝嚳帝堯帝舜帝夏禹皐陶伊尹咸有聖德假于皇天（師古曰假至也升也音工雅反）功烈巍巍光施于遠予甚嘉之營求其後將祚厥祀惟王氏虞帝之後也出自帝嚳劉氏堯之後也出自顓頊於是封姚恂爲初睦侯奉黃帝後（服虔曰姚舜姓故封爲黃帝後）梁護爲脩遠伯奉少昊後（服虔曰以爲伯益之後故封之）皇孫功隆公千奉帝嚳後劉歆爲祁烈伯奉顓頊後國師劉歆子疊爲伊休侯奉堯後（師古曰上言紅休侯劉歆爲國師嘉新公今此云劉歆爲祁烈伯又言國師劉歆子爲伊休侯是則祁烈伯自別一劉歆非國師也）嬀昌爲始睦侯奉虞帝後山遵爲褒謀子奉皐陶後伊玄爲褒衡子奉伊尹後漢後定安公劉嬰位爲賓周後衛公姬黨更封爲章平公亦爲賓殷後宋公孔弘運轉次移更封爲章昭侯位爲恪（師古曰恪敬也言待之加敬亦如賓也周以舜後并杞宋爲三恪也）夏後遼西姒豐封爲章功侯亦爲恪（服虔曰姒夏姓）四代古宗宗祀于明堂以配皇始祖考虞帝周公後褒魯子姬就宣尼公後褒成子孔鈞已前定焉莽又曰予前在攝時建郊宮定祧廟立社稷（師古曰遠祖曰祧音吐堯反）神祇報況（師古曰況賜也）或光自上復于下流爲烏（師古曰復音扶目反）或黃氣熏烝

昭燿章明以著黃虞之烈焉（師古曰烈餘業也自云承黃虞之後）自黃帝至于濟南伯王而祖世氏姓有五矣（師古曰濟南伯王莽之高祖）黃帝二十五子分賜厥姓十有二氏虞帝之先受姓曰姚其在陶唐曰嬀在周曰陳在齊曰田在濟南曰王予伏念皇初祖考黃帝皇始祖考虞帝以宗祀于明堂宜序於祖宗之親廟其立祖廟五親廟四后夫人皆配食郊祀黃帝以配天黃后以配地（孟康曰黃帝之后也）以新都侯東弟爲大禖歲時以祀（師古曰禖祀也立此大祠常以歲時祀其先也）家之所尚種祀天下（師古曰言國已立大禖祠先祖矣其衆庶之家所尚者各令傳祀勿絕普天之下同其法）姚嬀陳田王氏凡五姓者皆黃虞苗裔

予之同族也書不云乎惇序九族(師古曰虞書咎繇謨之辭也惇厚也)其令天下上此五姓名籍于秩宗皆以為宗室世世復無有所與(師古曰復音方目反與讀曰預)其元城王氏勿令相嫁娶(師古曰元城王氏不得與四姓昏娶以其同祖也餘它王氏則不禁焉)以別族理親焉封陳崇為統睦侯奉胡王後(孟康曰追王陳胡公)田豐為世睦侯奉敬王後(孟康曰追王陳敬仲)天下牧守皆以前有翟義趙明等領州郡懷忠孝封牧為男守為附城又封舊恩戴崇金涉箕閎楊並等子皆為男遣騎都尉囂等(師古曰囂音許驕反)分治黃帝園位於上都橋時(師古曰橋山之上故曰橋時也)虞帝於零陵九疑胡王於淮陽陳敬王於齊臨淄愍王於城陽莒(服虔曰齊愍王)伯王於濟南東平陵孺王於魏郡元城(師古曰莽之高祖名遂字伯紀曾祖名賀字翁孺故謂之伯王孺王)使者四時致祠其廟當作者以天下初定且祫祭於明堂太廟以漢高廟為文祖廟(師古曰欲法舜受終於文祖)莽曰予之皇始祖考虞帝受嬗于唐(師古曰嬗古禪字)漢氏初祖唐帝世有傳國之象(師古曰堯傳舜漢傳莽自以舜後故言有傳國之象)予復親受金策於漢高皇帝之靈惟思襃厚前代何有忘時漢氏祖宗有七(蘇林曰漢本祀祖宗有四莽以元帝成帝平帝為宗故有七)以禮立廟于定安國其園寢廟在京師者勿罷祠薦如故予以秋九月親入漢氏高元成平之廟諸劉更屬籍京兆大尹勿解其復各

終厥身(師古曰復音方目反)州牧數存問勿令有侵冤又曰予前在大麓至于攝假(師古曰大麓者謂為大司馬宰衡時安引舜納于大麓烈風雷雨不迷也攝假謂初為攝皇帝又為假皇帝)深惟漢氏三七之阸赤德氣盡思索廣求(師古曰索亦求也音山客反)所以輔劉延期之術靡所不用以故作金刀之利幾以濟之(師古曰幾讀曰冀)然自孔子作春秋以為後王法至于哀之十四而一代畢協之於今亦哀之十四也(張晏曰漢哀帝即位六年平帝五年居攝三年凡十四年)赤世計盡終不可強濟皇天明威黃德當興隆顯大命屬予以天下(師古曰屬之欲反)今百姓咸言皇天革漢而立新(師古曰革改也)廢劉而興王夫劉之為字卯金刀也正月剛卯金刀之利皆不得行(服虔曰剛卯以正月卯日作佩之長三寸廣一寸四方或用玉或用金或用桃著革帶佩之今有玉在者銘其一面曰正月剛卯金刀莽所鑄之錢也晉灼曰剛卯長一寸廣五分四方當中央從穿作孔以采絲葺其底如冠纓頭蕤刻其上面作兩行書文曰正月剛卯既央靈殳四方赤青白黃四色是當帝令祝融以教夔龍庶疫剛癉莫我敢當其一銘曰疾日嚴卯帝令夔化順爾固伏化茲靈殳既正既直既觚既方庶疫剛癉莫我敢當師古曰今往往有土中得玉剛卯者案大小及文服說是也莽以劉字上有卯下有金旁又有刀故禁剛卯及金刀也)博謀卿士僉曰天人同應昭然著明其去剛卯莫以為佩除刀錢勿以為利承順天心快百姓意乃更作小錢徑六分重一銖文曰小錢直一與前大錢五十者為二品並行欲防民盜鑄乃禁不得挾銅炭四月徐鄉侯劉快結黨數千人起兵於其國(師古曰快膠東恭王子也而王子侯表作炔字從火與此不同疑表誤)快兄殷故漢膠東王時

敃爲扶崇公快舉兵攻即墨殷閉城門自繫獄吏民距快快敗走至長廣死莽曰昔予之祖濟南愍王困於燕冦自齊臨淄出保于莒宗人田單廣設奇謀獲殺燕將復定齊國今即墨士大夫復同心殄滅反虜予甚嘉其忠者憐其無辜其赦殷等非快之妻子它親屬當坐者皆勿治弔問死傷賜亡者葬錢人五萬殷知大命深疾惡快以故輒伏厥辜其滿殷國戶萬地方百里又封符命臣十餘人莽曰古者設廬井八家一夫一婦田百畝什一而稅則國給民富而頌聲作（師古曰給足也）此唐虞之道三

代所遵行也秦爲無道厚賦稅以自供奉罷民力以極欲（師古曰罷讀曰疲）壞聖制廢井田是以兼并起貪鄙生強者規田以千數弱者曾無立錐之居又置奴婢之市與牛馬同蘭（師古曰蘭謂遮蘭之若牛馬蘭圈也）制於民臣顓斷其命姦虐之人因緣爲利至略賣人妻子逆天心誖人倫（師古曰誖亂也誖音布內反）繆於天地之性人爲貴之義（師古曰孝經稱孔子曰天地之性人爲貴故引之性生也）書曰予則奴戮女（師古曰夏書甘誓之辭也奴戮戮之以爲奴也說書者以爲帑子也戮及妻子此說非也秦誓云囚奴正士豈及子之謂乎女讀曰汝）唯不用命者然後被此辜矣漢氏減輕田租三十而稅一常有更賦罷癃咸出（師古曰更音工衡反罷音疲癃音隆）而豪民侵陵分田

劫假厥名三十稅一實什稅五也（師古曰解並在食貨志）父子夫婦終年耕芸（師古曰芸字與耘同）所得不足以自存故富者犬馬餘菽粟驕而爲邪貧者不厭糟糠窮而爲姦（師古曰厭飽也）俱陷于辜刑用不錯（師古曰錯置也音千故反）予前在大麓始令天下公田口井（師古曰計口而爲井田）時則有嘉禾之祥遭反虜逆賊且止今更名天下田曰王田奴婢曰私屬皆不得賣買其男口不盈八而田過一井者分餘田予九族鄰里鄉黨故無田今當受田者如制度敢有非井田聖制無法惑衆者投諸四裔以禦魑魅（師古曰魑山神也魅老物精也魑音螭魅音媚）如皇始祖考虞帝故事是時

百姓便安漢五銖錢以莽錢大小兩行難知又數變改不信皆私以五銖錢市買訛言大錢當罷莫肯挾莽患之復下書諸挾五銖錢言大錢當罷者比非井田制投四裔於是農商失業食貨俱廢民人至涕泣於市道及坐賣買田宅奴婢鑄錢自諸侯卿大夫至于庶民抵罪者不可勝數秋遣五威將王奇等十二人班符命四十二篇於天下德祥五事符命二十五福應十二凡四十二篇其德祥言文宣之世黃龍見于成紀新都高祖考王伯墓門梓柱生枝葉之屬符命言井石金匱之屬福應

言䧳雞化爲雄之屬其文爾雅依託皆爲作說師古曰爾雅近正也謂近於正經依古義而爲之說大歸言莽當代漢有天下云總而說之曰帝王受命必有德祥之符瑞協成五命申以福應師古曰五命謂五行之次相承以受命也申重也然後能立巍巍之功傳于子孫永享無窮之祚故新室之興也德祥發於漢三七九世之後蘇林曰二百一十歲九天子也肇命於新都受瑞於黃支孟康曰黃支獻生犀開王於武功定命於子同孟康曰梓潼縣也莽改也成命於巴宕晉灼曰巴郡宕渠縣也申福於十二應天所以保祐新室者深矣固矣武功丹石出於漢氏平帝末年火德銷盡土德當代皇天眷然去漢與新以丹石始命於皇帝皇帝謙讓以攝居之未當天意故其秋七月天重以三能文馬服虔曰三台星也晉灼曰許慎說文馬縞身金精周成王時犬戎獻之師古曰能音台皇帝復謙讓未即位故三以鐵契四以石龜五以虞符六以文圭七以玄印八以茂陵石書九以玄龍石十以神井十一以大神石十二以銅符帛圖申命之瑞寖以顯著師古曰寖漸也至于十二以昭告新皇帝皇帝深惟上天之威不可不畏故去攝號猶尚稱假改元爲初始欲以承塞天命克厭上帝之心師古曰塞當也厭滿也然非皇天所以鄭重降符命之意師古曰鄭重猶言頻煩也重音直用反故是日天復決其以勉書孟康曰哀章所作策

書也言數有瑞應莽自謙居攝天復決其疑勸勉令爲真也晉灼曰勉字當爲龜是日自復有龜書及天下金匱圖策事也師古曰孟說是又侍郎王盱見人衣白布單衣赤繢方領師古曰繢者會五采也以布爲單衣以赤加繢爲其方領也盱音許于反繢胡內反冠小冠立于王路殿前謂盱曰今日天同色以天下人民屬皇帝師古曰同色者言五方天神共齊其謀同其顏色也字或作包包者言天總包括天下人衆而與莽也其義兩通屬委也音之欲反盱怪之行十餘步人忽不見至丙寅暮漢氏高廟有金匱圖策高帝承天命以國傳新皇帝明旦宗伯忠孝侯劉宏以聞乃召公卿議未決而大神石人談曰趣新皇帝之高廟受命毋留師古曰趣讀曰促於是新皇帝立登車之漢氏高廟受命受命之日丁卯也丁火漢氏之德也卯劉姓所以爲字也明漢劉火德盡而傳於新室也皇帝謙謙既備固讓十二符應迫著命不可辭師古曰迫促也著明也懼然祗畏葦然閔漢氏之終不可濟師古曰懼音瞿瞿然自失之意也葦然變動之貌也瞿音居具反亹亹在左右之不得從意師古曰亹亹自勉之意左右助也言欲助漢室而迫天命不得從其本意也左右音曰佐佑也爲之三夜不御寢三日不御食延問公侯卿大夫僉曰宜奉如上天威命於是乃改元定號海內更始新室既定神祇懽喜申以福應吉瑞累仍師古曰申重也仍頻也詩曰宜民宜人受祿于天保右命之自天申之師古曰大雅假樂之詩也言有功德宜於衆人者則受天之福祿天乃保安而佑助之命以邦國也申謂重其意也右讀曰佑此之謂也五威將奉

符命齎印綬王侯以下及吏官名更者 師古曰更改也 外及
匈奴西域徼外蠻夷皆即授新室印綬因收故漢
印綬賜吏爵人二級民爵人一級女子百戶羊酒
蠻夷幣帛各有差大赦天下五威將乘乾文車 鄭氏
曰畫天文象於車也 駕坤六馬 鄭氏曰坤為牝馬六地數 背負鷩鳥之毛服飾
甚偉 師古曰鷩鳥雉屬即鵕鸃也今俗呼之山雞非也鷩音鼈 每一將各置左右前後
中帥凡五帥衣冠車服駕馬各如其方面色數 師古
曰色者東方青南方赤也數者若木數三火數二之類 將持節稱太一之使帥持幢稱
五帝之使莽命曰普天之下迄于四表 師古曰迄至也 靡
所不至其東出者至玄菟樂浪高句驪夫餘 師古曰夫
餘亦東北夷也樂音洛浪音郎夫音扶 南出者喻徼外歷益州 師古曰喻與踰同 貶句

町王為侯西出者至西域盡改其王為侯北出者
至匈奴庭授單于印改漢印文去璽曰章單于欲
求故印陳饒椎破之語在匈奴傳單于大怒而句
町西域後卒以此皆畔饒還拜為大將軍封威德
子冬靁 師古曰靁古雷字 桐華置五威司命中城四關將軍司
命司上公以下中城主十二城門策命統睦侯陳
崇曰咨爾崇夫不用命者亂之原也大姦猾者賊
之本也鑄偽金錢者妨寶貨之道也驕奢踰制者
凶害之端也漏泄省中及尚書事者機事不密則

害成也 師古曰易上繫之辭曰君不密則失臣臣不密則失身機事不密則害成故引之 拜爵王庭謝
恩私門者祿去公室政從亡矣凡此六條國之綱
紀是用建爾作司命柔亦不茹剛亦不吐不侮鰥
寡不畏強圉 師古曰引詩大雅美仲山甫之辭其義並解於上 帝命帥繇統睦于
朝 師古曰帥循也繇讀與由同 命說符侯崔發曰重門擊柝以待暴
客 師古曰易下繫之辭也擊柝謂擊木以守夜也暴客謂姦暴之人來為寇害者也柝音他各反 女作五威中
城將軍 師古曰女讀曰汝其下並同 中德既成天下說符 師古曰說音悅 命
明威侯王級曰繞霤之固南當荊楚 服虔曰隘險之道 師古曰謂之繞霤
者言四面塞阸其道屈曲谿谷之水回繞而霤也其處即今之商州界七盤十二繞是也霤力救反 女作五威前關將
軍振武奮衛明威于前命尉睦侯王嘉曰羊頭之阸

北當燕趙 師古曰羊頭山名在上黨壺關縣 女作五威後關將軍壺口捶阸尉睦
于後 師古曰壺口亦山名也捶阸謂據險阸而扼擊也捶音之藥反 命堂威侯王奇曰肴黽之險
東當鄭衛 師古曰肴肴山也黽黽池也皆在陝縣之東黽音莫善反 女作五威左關將軍函谷批
難掌威于左 師古曰批謂糾關之也函谷故關今在桃林縣界批音步結反 命懷羌子王福曰汧隴之
阻西當戎狄 師古曰汧扶風汧縣有吳山汧水之阻隴謂隴阺也汧隴相連汧音苦堅反阺丁禮反 女作五威右關將
軍成固據守懷羌于右又遣諫大夫五十人分鑄錢於郡
國是歲長安狂女子碧呼道中 師古曰碧者女子名也呼叫也音火故反 曰高皇帝大怒趣歸
我國不者九月必殺汝 師古曰趣讀曰促 莽收捕殺之治者掌
寇大夫陳成自免去官 師古曰狂妄之職在掌寇故云治者 真定劉都等
謀舉兵發覺皆誅真定常山大雨雹 師古曰雨音于具反 二年

二月赦天下五威將帥七十二人還奏事漢諸侯王爲公者悉上璽綬爲民無違命者封將爲子帥爲男初設六筦之令(師古曰筦亦管字也管主也)命縣官酤酒賣鹽鐵器鑄錢諸采取名山大澤衆物者稅之又令市官收賤賣貴賒貸予民收息百月三(如淳曰出百錢與民用月收其息三錢也師古曰貸音吐戴反)犧和置酒士郡一人乘傳督酒利(師古曰督視察之傳音張戀反)禁民不得挾弩鎧徙西海匈奴單于求故璽莽不與遂寇邊郡殺略吏民十一月立國將軍建奏西域將欽上言(師古曰但欽也)九月辛巳戊己校尉史陳良終帶共賊殺校尉刁護(師古曰刁音貂)劫略吏士自稱廢漢大將軍亡入匈奴又今月癸酉不知何一男子遮臣建車前自稱漢氏劉子輿成帝下妻子也(師古曰下妻猶言小妻)劉氏當復(師古曰復音扶福反)趣空宮(師古曰趣讀曰促)收繫男子即常安姓武字仲皆逆天違命大逆無道請論仲及陳良等親屬當坐者奏可漢氏高皇帝比著戒云罷吏卒爲賓食(師古曰比頻也言高帝頻戒云勿使吏卒守漢廟欲爲寄食之賓於王氏廟中)誠欲承天心全子孫也其宗廟不當在常安城中及諸劉爲諸侯者當與漢俱廢陛下至仁久未定前故安衆侯劉崇徐鄉侯劉快(師古曰並解於上)陵鄉侯劉曾扶恩侯劉貴等(師古曰不知誰子孫)更聚衆謀反(師古曰更音工

衡反)今狂狡之虜或妄自稱亡漢將軍或稱成帝子子輿至犯夷滅連未止者此聖恩不蚤絕其萌牙故也臣愚以爲漢高皇帝爲新室賓享食明堂成帝異姓之兄弟平帝壻也皆不宜復入其廟元帝與皇太后爲體(師古曰夫婦一體也)聖恩所隆禮亦宜之臣請漢氏諸廟在京師者皆罷諸劉爲諸侯者以戶多少就五等之差其爲吏者皆罷待除於家(師古曰罷黜其職各使退歸而言在家待遷除)上當天心稱高皇帝神靈(師古曰稱音尺孕反)塞狂狡之萌莽曰可嘉新公國師以符命爲予四輔明德侯劉龔率禮侯劉嘉等凡三十二人皆知天命或獻天符或貢昌言(師古曰昌當也)或捕告反虜厥功茂焉諸劉與三十二人同宗共祖者勿罷賜姓曰王唯國師以女配莽子故不賜姓改定安太后號曰黃皇室主絕之於漢也冬十二月雷更名匈奴單于曰降奴服于莽曰降奴服于知(師古曰知者莽改單于之名也本名囊知牙斯)威侮五行(師古曰引夏書甘誓之文)背畔四條(師古曰四條莽所與作制者事在匈奴傳)侵犯西域延及邊垂爲元元害辠當夷滅命遣立國將軍孫建等凡十二將十道並出共行皇天之威罰于知之身(師古曰共讀曰恭)惟知先祖故呼韓邪單于稽侯狦(師古曰狦音刪又音先安反)累世忠孝保塞守徼不忍以一知之

罷滅稽侯狦之世令分匈奴國土人民以爲十五立稽侯狦子孫十五人爲單于遣中郎將藺苞戴級馳之塞下召拜當爲單于者諸匈奴人當坐虜知之法者皆赦除之遣五威將軍苗訢虎賁將軍王況出五原厭難將軍陳欽震狄將軍王廵出雲中（師古曰厭音一涉反）振武將軍王嘉平狄將軍王萌出代郡相威將軍李棽鎮遠將軍李翁出西河（師古曰棽音所林反）誅貉將軍陽俊討穢將軍嚴尤出漁陽奮武將軍王駿定胡將軍王晏出張掖及偏裨以下百八十人募天下囚徒丁男甲卒三十萬人轉衆郡委輸五

大夫衣裘兵器糧食長吏送自負海江淮至北邊使者馳傳督趣以軍興法從事（師古曰傳音張戀反趣音促）天下騷動先至者屯邊郡須畢具乃同時出莽以錢幣訖不行（師古曰訖竟也）復下書曰民以食爲命以貨爲資是以八政以食爲首寶貨皆重則小用不給皆輕則僦載煩費（師古曰僦送也一曰賃也音子就反）輕重大小各有差品則用便而民樂於是造寶貨五品語在食貨志百姓不從但行小大錢二品而已盜鑄錢者不可禁迺重其法一家鑄錢五家坐之沒入爲奴婢吏民出入持布錢以副符傳（師古曰舊法行者持符傳即不稽留今更令持布錢與符相副乃得過也傳音張戀反其下亦同）

不持者廚傳勿舍關津苛留（師古曰廚行道飲食處傳置驛之舍也苛問也音何）公卿皆持以入宮殿門欲以重而行之是時爭爲符命封侯其不爲者相戲曰獨無天帝除書乎司命陳崇白莽曰此開姦臣作福之路而亂天命宜絕其原莽亦厭之遂使尚書大夫趙並驗治非五威將率所班皆下獄初甄豐劉歆王舜爲莽腹心倡導在位（師古曰倡音赤上反）褒揚功德安漢宰衡之號及封莽母兩子兄子皆豐等所共謀而豐舜歆亦受其賜並富貴矣非復欲令莽居攝也居攝之萌出於泉陵侯劉慶前煇光謝囂長安令田終術莽羽翼

已成意欲稱攝豐等承順其意莽輒復封舜歆兩子及豐孫豐等爵位已盛心意既滿又實畏漢宗室天下豪桀而疏遠欲進者並作符命莽遂據以即眞舜歆內懼而已豐素剛強莽覺其不說（師古曰說讀曰悅）故徙大阿右拂大司空豐託符命文爲更始將軍（師古曰拂讀曰弼）與賣餅兒王盛同列豐父子默默時子尋爲侍中京兆大尹茂德侯即作符命新室當分陝立二伯（師古曰分陝者欲依周公召公故事自陝以東周公主之自陝以西召公主之陝即今陝州是其地也伯長也陝音式冉反）以豐爲右伯太傅平晏爲左伯如周召故事莽即從之拜豐爲右伯當述職西出未行尋復作符命

言故漢氏平帝后黃皇室主為尋之妻莽以詐立心疑大臣怨謗欲震威以懼下因是發怒曰黃皇室主天下母此何謂也收捕尋尋亡豐自殺尋隨方士入華山歲餘捕得辭連國師公歆子侍中東通靈將五司大夫隆威侯棻棻弟右曹長水校尉伐虜侯泳大司空邑弟左關將軍掌威侯奇及歆門人侍中騎都尉丁隆等牽引公卿黨親列侯以下死者數百人尋手理有天子字莽解其臂入視之曰此一大子也或曰一六子也六者戮也明尋父子當戮死也迺流棻于幽州放尋于三危殛隆于羽山（師古曰效舜之罰共工等也殛誅也音居力反）皆驛車載其屍傳致云莽為人侈口蹷顄（師古曰侈大也蹷短也顄頤也蹷音其月反顄音胡感反）露眼赤精大聲而嘶（師古曰嘶聲破也音先奚反）長七尺五寸好厚履高冠以氂裝衣（師古曰毛之強曲者曰氂以裝褚衣中令其張起也氂音力之反字或作犛音義同）反膺高視瞰臨左右（師古曰瞰謂遠視也音口濫反）是時有用方技待詔黃門者或問以莽形貌待詔曰莽所謂鴟目虎吻豺狼之聲者也故能食人亦當為人所食問者告之莽誅滅待詔而封告者後常翳雲母屏面（師古曰屏面即便面蓋扇之類也解在張敞傳）非親近莫得見也是歲以初睦侯姚恂為寧始將軍三年莽曰百官改更職事分移律令儀法

未及悉定且因漢律令儀法以從事令公卿大夫諸侯二千石舉吏民有德行通政事能言語明文學者各一人詣王路四門遣尚書大夫趙並使勞北邊還言五原北假膏壤殖穀（師古曰北假地名也膏壤言其土肥美也殖生也）異時常置田官乃以並為田禾將軍發戍卒屯田北假以助軍糧是時諸將在邊須大眾集（師古曰須待也）吏士放縱而內郡愁於徵發民棄城郭流亡為盜賊并州平州尤甚莽令七公六卿號皆兼稱將軍遣著武將軍逯並等填名都（師古曰逯音錄填音竹刃反此下亦同）中郎將繡衣執法各五十五人分填緣邊大郡督大姦猾擅弄兵者皆便為姦於外撓亂州郡（師古曰撓音火高反其字從手）貨賂為市侵漁百姓莽下書曰虜知罪當夷滅故遣猛將分十二部將同時出一舉而決絕之矣內置司命軍正外設軍監十有二人誠欲以司不奉命令軍人咸正也今則不然各為權埶恐猲良民（師古曰猲以威力脅之也音呼葛反）妄封人頸得錢者去（如淳曰權臣妄以法枉良人為僮僕封其頸以別之也得顧錢乃去封）毒蠚並作（師古曰蠚音呼各反）農民離散司監若此可謂稱不（師古曰稱音尺孕反）自今以來敢犯此者輒捕繫以名聞然猶放縱自若而蘭苞戴級到塞下招誘單于弟咸咸子登入塞脅拜咸為孝單于賜黃金千斤錦

縕甚多遣去將登至長安拜爲順單于留邸太師
王舜自莽篡位後病悸寖劇死師古曰心動曰悸寖漸也悸音葵季反莽
曰昔齊太公以淑德累世爲周氏太師蓋予之所
監也師古曰監謂視見也其以舜子延襲父爵爲安新公延弟
襃新侯匡爲太師將軍永爲新室輔爲太子置師
友各四人秩以大夫以故大司徒馬宮爲師疑故
少府宗伯鳳爲傅丞博士袁聖爲阿輔京兆尹王
嘉爲保拂師古曰拂讀曰弼是爲四師故尚書令唐林爲胥
附博士李充爲犇走師古曰犇古奔字諫大夫趙襄爲先後
中郎將廉丹爲御侮是爲四友又置師友祭酒及

侍中諫議六經祭酒各一人凡九祭酒秩上卿琅
邪左咸爲講春秋潁川滿昌爲講詩長安國由爲
講易平陽唐昌爲講書沛郡陳咸爲講禮崔發爲
講樂祭酒遣謁者持安車印綬即拜楚國龔勝爲
太子師友祭酒勝不應徵不食而死寧始將軍姚
恂免侍中崇祿侯孔永爲寧始將軍是歲池陽縣
有小人景長尺餘或乘車馬或步行操持萬物小
大各相稱師古曰車馬及物皆稱其人之形三日止瀕河郡蝗生師古曰謂緣河南北
諸郡瀕音頻又音賓河決魏郡泛清河以東數郡先是莽恐河
決爲元城冢墓害及決東去元城不憂水故遂不

堤塞四年二月赦天下夏赤氣出東南竟天厭難
將軍陳歆言捕虜生口虜犯邊者皆孝單于咸子
角所爲莽怒斬其子登於長安以視諸蠻夷師古曰視讀曰示
大司馬甄邯死寧始將軍孔永爲大司馬侍中
大贅侯輔爲寧始將軍莽每當出輒先搜索城中
名曰橫搜師古曰索音山客反橫音胡孟反是月橫搜五日莽至明堂
授諸侯茅土下書曰予以不德襲于聖祖爲萬國
主思安黎元在于建侯分州正域以美風俗追監
前代爰綱爰紀惟在堯典十有二州衛有五服師古
曰並解在上詩國十五抪徧九州師古曰謂周南召南衛王鄭齊魏唐秦陳鄶曹豳魯商凡十五國也

一曰周南召南邶鄘衛王鄭齊魏唐秦陳鄶曹豳是爲十五國抪音普胡反殷頌有奄有九有之
言師古曰商頌玄鳥之詩美湯有功德故能覆有九州禹貢之九州無并幽周禮司馬
則無徐梁帝王相改各有云爲或昭其事或大其
本厥義著明其務一矣昔周二后受命故有東都
西都之居予之受命蓋亦如之其以洛陽爲新室
東都常安爲新室西都邦畿連體各有采任州從
禹貢爲九爵從周氏有五諸侯之員千有八百附
城之數亦如之以俟有功諸公一同有衆萬戶土方
百里侯伯一國衆戶五千土方七十里子男一則
衆戶二千有五百土方五十里附城大者食邑九成

衆戶九百土方三十里自九以下降殺以兩（師古曰兩兩而降殺音所例反）至於一成（如淳曰十里為成）五差備具合當一則今已受茅土者公十四人侯九十三人伯二十一人子百七十一人男四百九十七人凡七百九十六人附城千五百一十一人九族之女為任者八十三人及漢氏女孫中山承禮君遵德君脩義君更以為任十有一公九卿十二大夫二十四元士定諸國邑采之處使侍中講理大夫孔秉等與州部衆郡曉知地理圖籍者共校治于壽成朱鳥堂予數與群公祭酒上卿親聽視咸已通矣夫褒德賞功所以顯仁賢也九族和睦所以褒親親也予永惟匪解思稽前人（師古曰解音懈稽考也）將章黜陟以明好惡安元元焉以圖簿未定未授國邑且令受奉都內月錢數千（師古曰奉音扶用反）諸侯皆困乏至有庸作者中郎區博諫莽曰（師古曰區姓也音一侯反）井田雖聖王法其廢久矣周道既衰而民不從秦知順民之心可以獲大利也故滅廬井而置阡佰遂王諸夏訖今海內未厭其敝今欲違民心追復千載絕迹（師古曰復音扶目反）雖堯舜復起而無百年之漸弗能行也天下初定萬民新附誠未可施行莽知民怨迺下書曰諸名食王田皆得賣

之勿拘以法犯私買賣庶人者且一切勿治初五威將帥出改句町王以為侯王邯怨怒不附（師古曰邯句町王之名也音下甘反）莽諷牂柯大尹周歆詐殺邯邯弟承起兵攻殺歆先是莽發高句驪兵當伐胡不欲行郡強迫之皆亡出塞因犯法為寇遼西大尹田譚追擊之為所殺州郡歸咎於高句驪侯騶嚴尤奏言貉人犯法不從騶起正有它心宜令州郡且尉安之（師古曰假令騶有惡心亦當且尉安）今猥被以大罪恐其遂畔（師古曰猥多也被加也音皮義反）夫餘之屬必有和者（師古曰和應也音胡卧反）匈奴未克夫餘穢貉復起此大憂也莽不尉安穢貉遂反詔尤擊之尤誘高句驪侯騶至而斬焉傳首長安莽大說下書曰迺者命遣猛將共行天罰（師古曰共讀曰恭）誅滅虜知分為十二部或斷其右臂或斬其左腋或潰其胸腹或紬其兩脅（師古曰紬音與抽同）今年刑在東方（張晏曰是歲在壬申刑在東方）誅貉之部先縱焉捕斬虜騶平定東域虜知殄滅在于漏刻此乃天地群神社稷宗廟祐助之福公卿大夫士民同心將率虓虎之力也（師古曰虓音火交反）予甚嘉之其更名高句驪為下句驪布告天下令咸知焉於是貉人愈犯邊東北與西南夷皆亂云莽志方盛以為四夷不足吞滅專念稽古之事復下書

曰尖念予之皇始祖考虞帝受終文祖在琁璣玉衡以齊七政遂類于上帝禋于六宗望秩于山川徧于羣神巡狩五嶽羣后四朝敷奏以言明試以功師古曰解並在前予之受命即眞到于建國五年已五載矣陽九之阸既度百六之會已過歲在壽星塡在明堂倉龍癸酉德在中宮服虔曰倉龍太歲也張晏曰太歲起於甲寅爲龍東方倉癸德在中宮也晉灼曰壽星角亢也東宮倉龍房心也心爲明堂塡星所在其國昌莽自謂土也土行主塡星癸德在中宮宮又土也觀晉掌歲龜策告從孟康曰觀辰星進退掌主也晉灼曰國語晉文公以卯出酉入過五鹿得土歲在壽星其日戊申莽欲法之以爲吉祥正以二月建寅之節東巡狩者取萬物生之始也視晉識太歲所在宿度所合卜筮皆吉故法之其以此年二月建寅之節東巡狩具禮儀調度師古曰調音徒鈞反

羣公奏請募吏民人馬布帛綿又請內郡國十二買馬發帛四十五萬匹輸常安前後毋相須師古曰須待也至者過半莽下書曰文母太后體不安其且止待後是歲改十一公號以新爲心後又改心爲信五年二月文母皇太后崩葬渭陵與元帝合而溝絕之如淳曰葬於司馬門內作溝絕之立廟於長安新室世世獻祭元帝配食坐於牀下莽爲太后服喪三年大司馬孔永乞骸骨賜安車駟馬四馬以特進就朝位同風侯逯並爲大司馬是時長安民聞莽欲都雒陽不肯繕治室宅師古曰繕補也或頗徹之莽曰玄龍石文曰定帝德國

雒陽符命著明敢不欽奉以始建國八年歲纏星紀孟康曰纏居也星紀在斗牽牛閒師古曰纏踐歷也音直連反在雒陽之都其謹繕脩常安之都勿令壞敗敢有犯者輒以名聞請其罪是歲烏孫大小昆彌遣使貢獻大昆彌者中國外孫也其胡婦子爲小昆彌而烏孫歸附之莽見匈奴諸邊並侵意欲得烏孫心廼遣使者引小昆彌使置大昆彌使上保成師友祭酒滿昌劾奏使者曰夷狄以中國有禮誼故詘而服從大昆彌君也今序臣使於君使之上非所以有夷狄也奉使大不敬莽怒免昌官西域諸國以莽積失恩信焉耆

先畔殺都護但欽十一月彗星出二十餘日不見是歲以犯挾銅炭者多除其法明年改元曰天鳳天鳳元年正月赦天下莽曰予以二月建寅之節行巡狩之禮太官齎糒乾肉內者行張坐臥師古曰糒乾飯也張坐臥謂帷帳茵席也糒音備所過毋得有所給師古曰言自齎食及帷帳以行在路所經過不須供費也予之東巡必躬載耒每縣則耕以勸東作師古曰耒耕曲木也音力對反予之南巡必躬載耨每縣則薅以勸南僞師古曰耨鉏也薅拔去草也耨音奴豆反薅音火高反僞音曰訛訛化也予之西巡必躬載銍每縣則穫以勸西成予之北巡必躬載拂每縣則粟以勸蓋臧師古曰拂音佛所以擊治禾者也今謂之連枷粟謂治粟畢北巡狩之禮即于土中居雒陽之都焉敢有趨讙犯法輒以軍法從事劉德曰趨讙走呼也羣公奏

言皇帝至孝往年文母聖體不豫躬親供養衣冠
稀解因遭弃羣臣悲哀顏色未復飲食損少今一
歲四巡道路萬里春秋尊非糒乾肉之所能堪且
無巡狩須闋大服以安聖體師古曰闋盡也音口決反臣等盡力
養牧兆民奉稱明詔師古曰稱副也莽曰羣公羣牧羣司
諸侯庶尹願盡力相帥養牧兆民欲以稱予繇此
敬聽師古曰繇讀與由同其勗之哉毋食言焉更以天鳳七年
歲在大梁倉龍庚辰行巡狩之禮厥明年歲在實
沈倉龍辛巳即土之中雒陽之都迺遣太傅平晏
大司空王邑之雒陽營相宅兆圖起宗廟社稷郊

兆云三月壬申晦日有食之大赦天下策大司馬
逯並曰日食無光干戈不戢其上大司馬印韍就
侯氏朝位太傅平晏勿領尚書事省侍中諸曹兼
官者以利苗男訢為大司馬如淳曰利苗邑名莽即眞尤備
大臣抑奪下權朝臣有言其過失者輒拔擢孔仁
趙博費興等以敢擊大臣故見信任師古曰費音扶味反擇名
官而居之公卿入宮吏有常數太傅平晏從吏過
例掖門僕射苛問不遜師古曰僕射苛問平日安其言不遜戊曹士收繫
僕射應劭曰莽自以土行故使太傅置戊曹士士掾也蘇林曰士者曹掾屬公府諸曹次第之名也師古曰應說是莽大
怒使執法發車騎數百圍太傅府捕士即時死大

司空士夜過奉常亭亭長苛之告以官名亭長醉
曰寧有符傳邪師古曰傳音張戀反士以馬箠擊亭長師古曰箠策也
音止蘂反亭長斬士亡郡縣逐之家上書師古曰亭長家上書自治莽
曰亭長奉公勿逐大司空邑斥士以謝國將哀章
頗不清莽為選置和叔師古曰持為置此官敕曰非但保國將
閨門當保親屬在西州者諸公皆輕賤而章尤甚
四月隕霜殺屮木師古曰屮古草字海瀕尤甚師古曰邊海之地也瀕音
頻又音賓六月黃霧四塞七月大風拔樹飛北闕直城
門屋瓦師古曰北闕直城門瓦皆飛也直城門長安城門名也解在成紀雨雹殺牛羊莽以
周官王制之文置卒正連率大尹職如太守屬令

屬長職如都尉置州牧部監二十五人見禮如三公
監位上大夫各主五郡公氏作牧侯氏卒正伯氏
連率子氏屬令男氏屬長皆世其官其無爵者
為尹分長安城旁六鄉置帥各一人分三輔為六
尉郡師古曰三輔黃圖云渭城安陵以西北至栒邑義渠十縣屬京尉大夫府居故長安寺高陵以北十縣屬師尉大夫府居
故廷尉府新豐以東至湖十縣屬翊尉大夫府居城東霸陵杜陵
東至藍田西至武功郁夷十縣屬光尉大夫府居城南茂陵槐里以
西至汧十縣屬扶尉大夫府居城西長陵池陽
以北至雲陽祋祤十縣屬列尉大夫府居城北河東河內弘農
河南潁川南陽為六隊郡師古曰隊音遂置大夫職如太守
屬正職如都尉更名河南大尹曰保忠信卿益河
南屬縣滿三十置六郊州長各一人人主五縣及它

官名悉改大郡至分爲五郡縣以亭爲名者三百六十以應符命文也緣邊又置竟尉以男爲之師古曰竟音境諸侯國閒田爲黜陟增減云師古曰閒音閑以擬有功封賜有罪黜陟也莽下書曰常安西都曰六鄉衆縣曰六尉義陽東都曰六州衆縣曰六隊粟米之內曰內郡師古曰禹貢去王城四百里納粟五百里納米皆在甸服之內其外曰近郡有鄣徼者曰邊郡合百二十有五郡九州之內縣二千二百有三公作甸侯是爲惟城諸在侯服是爲惟寧在采任諸侯是爲惟翰師古曰采采服也任男服也在賓服是爲惟屏師古曰賓服即古衞服也取諸侯賓服以爲名在揆文教奮武衞是爲惟垣在九州之

外是爲惟藩師古曰凡此惟城以下取詩大雅板之篇云价人惟藩太師惟垣大邦惟屏大宗惟翰懷德惟寧宗子惟城以爲名號也解在諸侯王表各以其方爲稱總爲萬國焉其後歲復變更一郡至五易名而還復其故吏民不能紀每下詔書輒繫其故名曰制詔陳留大尹大尉其以益歲以南付新平蘇林曰陳留圉縣莽改曰益歲新平故淮陽以雍丘以東付陳定陳定故梁郡以封丘以東付治亭治亭故東郡以陳留以西付祈隧祈隧故滎陽陳留已無復有郡矣大尹大尉皆詣行在所其號令變易皆此類也令天下小學戊子代甲子爲六旬首冠以戊子爲元日師古曰冠音工喚反元善也昏以戊寅之旬

爲忌日師古曰昏謂娶妻也百姓多不從者匈奴單于知死弟咸立爲單于求和親莽遣使者厚賂之詐許還其侍子登因購求陳良終帶等單于即執良等付使者檻車詣長安莽燔燒良等於城北令吏民會觀之緣邊大飢人相食諫大夫如普行邊兵師古曰行音下更反還言軍士久屯塞苦邊郡無以相贍今單于新和宜因是罷兵校尉韓威進曰以新室之威而吞胡虜無異口中蚤蝨臣願得勇敢之士五千人不齎斗粮飢食虜肉渴飲其血可以橫行莽壯其言以威爲將軍然采普言徵還諸將在邊者免陳欽等

十八人又罷四關塡都尉諸屯兵會匈奴使還單于知侍子登前誅死發兵寇邊莽復發軍屯於是邊民流入內郡爲人奴婢迺禁吏民敢挾邊民者弃市益州蠻夷殺大尹程隆三邊盡反遣平蠻將軍馮茂將兵擊之寧始將軍侯輔免講易祭酒戴參爲寧始將軍二年二月置酒王路堂公卿大夫皆佐酒師古曰助行酒大赦天下是時日中見星大司馬苗訢左遷司命以延德侯陳茂爲大司馬訛言黃龍墯死黃山宮中百姓犇走往觀者有萬數莽惡之師古曰莽自謂黃德故有此妖捕繫問語所從起不能得單于咸

既和親求其子登晃莽欲遣使送致恐咸怨恨害使者迺收前言當誅侍子者故將軍陳欽以他辠繫獄欽曰是欲以我為說於匈奴也師古曰說解說也託言以其前建議誅侍子令故殺之遂自殺莽選儒生能顓對者師古曰顓與專同專對謂應對無方能專其事濟南王咸為大使五威將琅邪伏黯等為帥使送登晃柩令掘單于知墓棘鞭其屍又令匈奴却塞於漠北責單于馬萬匹牛三萬頭羊十萬頭及稍所略邊民生口在者皆還之莽好為大言如此咸到單于庭陳莽威德責單于背畔之辠應敵從橫單于不能詘遂致命而還之入塞咸病死封其子為伯伏黯等皆為子莽意以為制定則天下自平故銳思於地理制禮作樂講合六經之說公卿旦入暮出論議連年不決不暇省獄訟冤結民之急務縣宰缺者數年守兼師古曰不拜正官權令人守兼一切貪殘日甚中郎將繡衣執法在郡國者並乘權埶傳相舉奏又十一公士分布勸農桑班時令案諸章冠蓋相望交錯道路召會吏民逮捕證左郡縣賦斂遞相賕賂白黑紛然師古曰白黑謂清濁也紛然亂意也言清濁不分也守闕告訴者多莽自見前顓權以得漢政故務自攬衆事師古曰攬與擥同其字從手有司受成苟免師古曰莽事事自決成熟乃以付吏吏苟免罪責而已諸寶物名帑藏錢穀官皆宦者領之

師古曰帑音他莽反又音奴吏民上封事書宦官左右開發尚書不得知其畏備臣下如此又好變改制度政令煩多當奉行者輒質問乃以從事師古曰質正也前後相乘憒眊不渫師古曰乘積也登也憒眊不明也渫散也徹也憒音工內反眊音莫報反莽常御燈火至明猶不能勝尚書因是為姦寢事上書待報者連年不得去拘繫郡縣者逢赦而後出衞卒不交代三歲矣穀常貴邊兵二十餘萬人仰衣食縣官愁苦師古曰仰音牛向反五原代郡尤被其毒起為盜賊數千人為輩轉入旁郡莽遣捕盜將軍孔仁將兵與郡縣合擊歲餘迺定邊郡亦略將盡師古曰言其逃亡結為盜賊在者少也邯鄲以北大雨霧水出深者數丈流殺數千人立國將軍孫建死司命趙閎為立國將軍寧始將軍戴參歸故官南城將軍廉丹為寧始將軍三年二月乙酉地震大雨雪師古曰雨音于具反關東尤甚深者一丈竹柏或枯大司空王邑上書言視事八年功業不效司空之職尤獨廢頓至迺有地震之變願乞骸骨莽曰夫地有動有震震者有害動者不害春秋記地震易繫坤動動靜辟脅萬物生焉師古曰辟音闢闢開也脅收斂也易上繫之辭曰夫坤其動也闢其靜也翕是以廣生焉故莽引之也翕脅之聲相近義則同災異之變各有云為天地動威以戒予躬公何辜焉而乞

骸骨非所以助予者也使諸吏散騎司祿大衛脩寧男遵諭予意焉五月莽下吏祿制度曰予遭陽九之阸百六之會國用不足民人騷動自公卿以下一月之祿十緵布二匹（孟康曰緵八十縷也師古曰緵音子公反）或帛一匹予每念之未嘗不戚焉今阸會已度府帑雖未能充略頗稍給其以六月朔庚寅始賦吏祿皆如制度四輔公卿大夫士下至輿僚凡十五等僚祿一歲六十六斛稍以差增上至四輔而爲萬斛云莽又因普天之下莫非王土率土之賓莫非王臣（師古曰莽引小雅北山之詩也）蓋以天下養焉周禮膳羞百有二十品

今諸侯各食其同國則（師古曰謂公食同侯伯食國子男食則也）辟任附城食其邑（師古曰辟君也任公主也辟音壁任音壬）公卿大夫元士食其采（師古曰謂因官職而食地也）多少之差咸有條品歲豐穰則充其禮（師古曰穰音人掌反）有災害則有所損與百姓同憂喜也其用上計時通計天下幸無災害者太官膳羞備其品矣即有災害以什率多少而損膳焉東岳太師立國將軍保東方三州一部二十五郡南嶽太傅前將軍保南方二州一部二十五郡西嶽國師寧始將軍保西方一州二部二十五郡北嶽國將衛將軍保北方二州一部二十五郡大司馬保納卿言卿仕卿作卿京尉扶尉兆隊右隊中部左洎前七部（服虔曰大司馬保此官皆如郡守也晉灼曰左與前故特七部師古曰洎亦泉字也泉及也隊音遂此下皆同）大司徒保樂卿典卿宗卿秩卿翼尉光尉左隊前隊中部右部有五郡大司空保予卿虞卿共卿工卿師尉列尉祈隊後隊中部洎後十郡（師古曰共讀曰龔）及六司六卿皆隨所屬之公保其災害亦以十率多少而損其祿郎從官中都官吏食祿都內之委者以太官膳羞備損而爲節（師古曰言隨其多少）諸侯辟任附城羣吏亦各保其災害幾上下同心（師古曰幾音曰冀）勸進農業安元元焉莽之制度煩碎如此課計不可理吏終不得祿

各因官職爲姦受取賕賂以自共給（師古曰共讀曰供）是月戊辰長平館西岸崩邕涇水不流毀而北行（師古曰邕讀曰壅）遣大司空王邑行視（師古曰行音下更反）還奏狀羣臣上壽以爲河圖所謂以土填水（師古曰填讀與鎮同）匈奴滅亡之祥也乃遣并州牧宋弘游擊都尉任萌等將兵擊匈奴至邊止屯七月辛酉霸城門災民間所謂青門也（師古曰三輔黃圖云長安城東出南頭名霸城門俗以其色青名曰青門）戊子晦日有食之大赦天下復令公卿大夫諸侯二千石舉四行各一人（師古曰依漢光祿之四科）大司馬陳茂以日食免武建伯嚴尤爲大司馬（如淳曰莽之伯子男號也）十月戊辰王路朱鳥門鳴晝夜不絕

崔發等曰虞帝闢四門通四聰（師古曰虞書敘舜之德也闢四門明四目達四聰故引之）門鳴者明當修先聖之禮招四方之士也於是令羣臣皆賀所舉四行從朱鳥門入而對策焉平蠻將軍馮茂擊句町士卒疾疫死者什六七賦斂民財什取五益州虛耗而不克徵還下獄死更遣寧始將軍廉丹與庸部牧史熊擊句町頗斬首有勝莽徵丹熊丹熊願益調度必克乃還復大賦斂就都大尹馮英不肯給上言自越巂遂久仇牛同亭邪豆之屬反畔以來積且十年（服虔曰遂久縣名也仇牛等越巂旁夷）郡縣距擊不已續用馮茂苟施一切之政僰道以南山險高深茂多毆眾遠居（師古曰毆讀曰驅同）費以億計吏士離毒氣死者什七（師古曰離遭也）今丹熊懼於自詭期會（師古曰詭責也自以爲憂責）調發諸郡兵穀復訾民取其十四（師古曰發人訾財十取其四也）空破梁州功終不遂（師古曰遂成也）宜罷兵屯田明設購賞莽怒免英官後頗覺寤曰英亦未可厚非復以英爲長沙連率翟義黨王孫慶捕得莽使太醫尚方與巧屠共刳剝之（師古曰刳剝也音口胡反）量度五藏（師古曰度音徒各反）以竹筳導其脈知所終始（師古曰筳竹挺也音庭）云可以治病（師古曰以知血脈之原則盡攻療之道也）是歲遣大使五威將王駿西域都護李崇將戊己校尉出西域諸國皆郊迎貢獻焉諸

國前殺都護但欽駿欲襲之命佐帥何封戊己校尉郭欽別將（師古曰別領兵在後也將音子亮反）焉耆詐降伏兵擊駿等皆死欽封後到襲擊老弱從車師還入塞莽拜欽爲填外將軍（師古曰填音竹刃反）封剝胡子（師古曰剝音子小反）何封爲集胡男西域自此絕

王莽列傳第六十九中

王莽傳第六十九下　班固　漢書九十九下

秘書監上護軍琅邪縣開國子顏　師古　注

四年五月莽曰保成師友祭酒唐林故諫議祭酒琅邪紀逡師古曰逡音千旬反字或從彳其音同耳孝弟忠恕敬上愛下博通舊聞德行醇備至於黃髮靡有愆失師古曰黃髮老稱謂白髮盡落更生黃者其封林爲建德侯逡爲封德侯位皆特進見禮如三公師古曰朝見之禮賜第一區錢三百萬授几杖焉六月更授諸侯茅土於明堂曰予制作地理建封五等考之經藝合之傳記通於義理論之思之至於再三自始建國之元以來九年于茲廼今定矣

予親設文石之平陳菁茅四色之土師古曰尚書禹貢苞匭菁茅儒者以爲菁菜名也茅三脊茅也而莽此言以菁茅爲一物則是謂善茅爲菁茅也土有五色而此云四者中央之土不以封也菁音精欽告于岱宗泰社后土先祖先妣以班授之師古曰欽敬也班布也各就厥國養牧民人用成功業其在緣邊若江南非詔所召遣侍于帝城者納言掌貨大夫且調都內故錢予其祿師古曰調謂發取之音徒釣反次下亦同公歲八十萬侯伯四十萬子男二十萬然復不能盡得莽好空言慕古法多封爵人性實遴嗇師古曰遴讀與吝同託以地理未定故且先賦茅土用慰喜封者是歲復明六筦之令每一筦下爲設科條防禁犯者罪至死吏民抵罪者浸衆又一切調上公以下諸有奴婢者率一口出錢三千六百天下愈愁盜賊起納言馮常以六筦諫莽大怒免常官置執法左右刺姦選用能吏侯霸等分督六尉六隊師古曰督察也隊音遂如漢刺史與三公士郡一人從事臨淮瓜田儀等爲盜賊依阻會稽長州服虔曰姓瓜田名儀師古曰長州即枚乘所云長州之苑琅邪女子呂母亦起初呂母子爲縣吏爲宰所冤殺師古曰宰縣令母散家財以酤酒買兵弩師古曰酤音姑陰厚貧窮少年得百餘人遂攻海曲縣殺其宰以祭子墓引兵入海其衆浸多後皆萬數莽遣使者即赦盜賊還言盜賊解輒復合

問其故皆曰愁法禁煩苛不得舉手大作所得不足以給貢稅閉門自守又坐鄰伍鑄錢挾銅姦吏因以愁民民窮悉起爲盜賊莽大怒免之其或順指言民驕黠當誅及言時運適然且滅不久莽說輒遷之師古曰說讀曰悅是歲八月莽親之南郊鑄作威斗威斗者以五石銅爲之李奇曰以五色藥石及銅爲之蘇林曰以五色銅鑛冶之師古曰李說是也若今作鍮石之爲若北斗長二尺五寸欲以厭勝衆兵師古曰厭音一葉反既成令司命負之莽出在前入在御旁鑄斗日大寒百官人馬有凍死者五年正月朔北軍南門災以大司馬司允費興爲荊州牧見問到部方略

興對曰荆楊之民率依阻山澤以漁采爲業師古曰漁謂捕魚也采謂采取蔬果之屬閒者國張六筦稅山澤妨奪民之利連年久旱百姓飢窮故爲盜賊興到部欲令明曉告盜賊歸田里假貸犂牛種食師古曰貸音土戴反闊其租賦師古曰闊寬也幾可以解釋安集師古曰幾讀曰冀莽怒免興官天下吏以不得奉祿並爲姦利郡尹縣宰家累千金莽下詔曰詳考始建國二年胡虜猾夏以來諸軍吏及緣邊吏大夫以上爲姦利增產致富者收其家所有財產五分之四以助邊急公府士馳傳天下考覆貪饕師古曰傳音張戀反饕音土高反開吏告其將奴婢告其主幾以禁姦師古曰幾讀曰冀姦愈甚皇孫功崇公宗坐自畫容貌被服天子衣冠刻印三一曰維祉冠存已夏處南山臧薄冰文穎曰祉福祚也冠存已欲襲代也應劭曰夏處南山就陰涼也臧薄冰亦以除暑也二曰肅聖寶繼應劭曰莽自謂承聖舜後能肅敬得天寶龜以立宗欲繼其緒三曰德封昌圖蘇林曰宗自言以德見封當遂昌熾受天下圖籍又宗舅呂寬家前徙合浦私與宗通發覺按驗宗自殺莽曰宗屬爲皇孫爵爲上公知寬等叛逆族類而與交通刻銅印三文意甚害不知厭足窺欲非望春秋之義君親毋將將而誅焉師古曰春秋公羊傳之辭也以公子牙將爲殺逆而誅之故云然也親謂父母也迷惑失道自取此辜烏呼哀哉宗本名會宗以制作去二名今

復名會宗貶厥爵改厥號賜謚爲功崇繆伯以諸伯之禮葬于故同穀城郡師古曰同者宗所封一同之地宗姊妨爲衛將軍王興夫人祝詛姑殺婢以絕口事發覺莽使中常侍䞃惲責問妨師古曰䞃音帶又音徒蓋反并以責興皆自殺事連及司命孔仁妻亦自殺仁見莽免冠謝莽使尚書劾仁乘乾車駕巛馬左蒼龍右白虎前朱雀後玄武右杖威節左負威斗號曰赤星非以驕仁迺以尊新室之威命也仁擅免天文冠大不敬有詔勿劾更易新冠其好怪如此師古曰言莽性好爲鬼神怪異之事以直道侯王涉爲衛將軍涉者曲陽侯根子也根成帝世爲大司馬薦莽自代莽恩之師古曰懷其舊恩也以爲曲陽非令稱師古曰令善也曲陽之名非善稱也乃追謚根曰直道讓公涉嗣其爵是歲赤眉力子都樊崇等以飢饉相聚起於琅邪轉鈔掠衆皆萬數遣使者發郡國兵擊之不能克六年春莽見盜賊多乃令太史推三萬六千歲歷紀六歲一改元布天下下書曰紫閣圖曰太一黃帝皆僊上天師古曰僊古仙字上外也張樂崑崙虔山之上後世聖主得瑞者當張樂秦終南山之上服虔曰長安南山詩所謂終南故秦地故言秦也予之不敏奉行未明乃今諭矣復以寧始將軍爲更始將軍以順符命易不云乎日新之謂盛德生

生之謂易（李奇曰易道生生當生者也師古曰下繫之辭體化合變故曰日新）予其饗哉欲以誑燿百姓銷解盜賊衆皆笑之初獻新樂於明堂大廟羣臣始冠麟韋之弁（李奇曰鹿皮冠）或聞其樂聲曰清厲而哀非興國之聲也是時關東飢旱數年力子都等黨衆寖多（師古曰寖漸也）更始將軍廉丹擊益州不能克徵還更遣復位後大司馬護軍郭興庸部牧李曅擊蠻夷若豆等太傅犧叔士孫喜清潔江湖之盜賊而匈奴寇邊甚莽乃大募天下丁男及死罪囚吏民奴名曰豬突豨勇以為銳卒一切稅天下吏民訾三十取一縑帛皆輸長安令公卿以

下至郡縣黃綬皆保養軍馬（師古曰保者言不許其有死失）多少各以秩為差又博募有奇技術可以攻匈奴者將待以不次之位言便宜者以萬數或言能度水不用舟檝（師古曰檝所以刺舟也音集其字從木）連馬接騎濟百萬師或言不持斗糧服食藥物三軍不飢或言能飛一日千里可窺匈奴莽輒試之取大鳥翮為兩翼（師古曰翮本曰翮音胡隔反）頭與身皆著毛通引環紐飛數百步墮莽知其不可用苟欲獲其名皆拜為理軍賜以車馬待發初匈奴右骨都侯須卜當其妻王昭君女也嘗內附莽遣昭君兄子和親侯王歙誘呼當至塞下脅將詣長

安強立以為須卜善于後安公（師古曰善于者匈奴之號也後安公者中國之爵兩加之）始欲誘迎當大司馬嚴尤諫曰當在匈奴右部兵不侵邊單于動靜輒語中國此方面之大助也于今迎當置長安槀街一胡人耳（師古曰槀街蠻夷館所在也解在陳湯傳槀音工早反）不如在匈奴有益莽不聽既得當欲遣尤與廉丹擊匈奴皆賜姓徵氏號二徵將軍當誅單于輿而立當代之（師古曰輿者時見為單于之名）出車城西橫廄未發尤素有智略非莽攻伐四夷數諫不從著古名將樂毅白起不用之意及言邊事凡三篇奏以風諫莽（師古曰風讀曰諷）及當出廷議尤固言匈奴可且以為後先憂

山東盜賊莽大怒乃策尤曰視事四年蠻夷猾夏不能遏絕寇賊姦宄不能殄滅不畏天威不用詔命皃佷自臧持必不移（師古曰皃古貌字也皃佷言其佷戾見於容貌也臧善也自以為善而固持其所見不可移易）懷執異心非沮軍議（師古曰沮壞也音材汝反）未忍致于理其上大司馬武建伯印韍（師古曰韍者印之組）歸故郡以降符伯董忠為大司馬翼平連率田況奏郡縣訾民不實（師古曰訾百姓貲財不以實數）莽復三十稅一以況忠言憂國進爵為伯賜錢二百萬衆庶皆詈之青徐民多弃鄉里流亡老弱死道路壯者入賊中夙夜連率韓博上言有奇士長丈大十圍來至臣府曰欲奮擊胡虜自

謂巨毋霸出於蓬萊東南五城西北昭如海瀕師古曰昭如海名也瀕涯也音頻又音賓軺車不能載三馬不能勝即日以大車四馬建虎旗載霸詣闕霸卧則枕鼓以鐵箸食此皇天所以輔新室也願陛下作大甲高車賁育之衣遣大將一人與虎賁百人迎之於道京師門戶不容者開高大之以視百蠻師古曰視讀曰示鎮安天下博意欲以風莽晉灼曰諷言毋得篡盜而霸莽聞惡之留霸在所新豐師古曰在所謂其見到之處更其姓曰巨毋氏謂因文母太后而霸王符也師古曰莽字巨君若言文母出此人使我致霸王徵博下獄以非所宜言弃市明年改元曰地皇從三萬六千歲曆號也地皇

元年正月乙未赦天下下書曰方出軍行師敢有趨讙犯法者輒論斬毋須時師古曰趨讙謂趨走而讙譁也須待也盡歲止師古曰至此歲盡而止於是春夏斬人都市百姓震懼道路以目二月壬申日正黑莽惡之下書曰廼者日中見眛陰薄陽黑氣爲變百姓莫不驚怪兆域大將軍王匡遣吏考問上變事者欲蔽上之明是以適見于天師古曰適音謫謫責也徒厄反見音胡電反以正于理塞大異焉莽見四方盜賊多復欲厭之師古曰厭音一葉反又下書曰予之皇初祖考黃帝定天下將兵爲上將軍建華蓋立斗獻師古曰獻音犧謂斗魁及杓末如勺之形也內設大將外置大司馬五人

大將軍二十五人偏將軍百二十五人裨將軍千二百五十人校尉萬二千五百人司馬三萬七千五百人候十一萬二千五百人當百二十二萬五千人晉灼曰當亦官名也師古曰當百官名百非其數士吏四十五萬人士千三百五十萬人晉灼曰自五大司馬至此皆以五乘之也師古曰晉說非也從上計之或五或十或兩或三應協於易弧矢之利以威天下師古曰易下繫辭曰弦木爲弧剡木爲矢弧矢之利以威天下言所立將率以合此意木弓曰弧予受符命之文稽前人將條備焉師古曰稽考也考法於前人也於是置前後左右中大司馬之位賜諸州牧號爲大將軍郡卒正連帥大尹爲偏將軍屬令長裨將軍縣宰爲校尉乘傳使者經歷郡國日

且十輩師古曰傳音張戀反次下亦同倉無見穀師古曰見謂見在也以給傳車馬不能足賦取道中車馬師古曰於道中行者即執取之以充事也取辦於民七月大風毀王路堂復下書曰乃壬午餔時有列風雷雨發屋折木之變師古曰列風列暴之風予甚弁焉予甚栗焉予甚恐焉師古曰弁疾也一曰弁撫手也言驚懼也伏念一旬迷廼解矣師古曰先言列風雷雨後言迷廼解矣蓋取舜納于大麓列風雷雨不迷以爲言也昔符命文立安爲新遷王服虔曰安莽第三子也遷音仙莽改汝南新蔡曰新遷師古曰遷猶僊耳不勞假借音臨國雒陽爲統義陽王是時予在攝假謙不敢當而以爲公其後金匱文至議者皆曰臨國雒陽爲統謂據土中爲新室統也宜爲皇太子自此後臨久病雖瘳

不平朝見挈茵輿行服虔曰有疾以執茵輿之行也晉灼曰
人舉以行豈今之板輿而鋪茵乎師古曰晉說非也此直謂
坐茵褥之上而令四人對擧茵之四角輿而行何謂板輿乎見王
路堂者張於西廂及後閤更衣中李奇曰張帳也晉灼曰更衣中謂朝賀易衣服處
室屋名也又以皇后被疾臨且去本就全妃妾在東永巷
師古曰言臨侍疾故去其本所居而來就此止息是以妃妾在東永巷也壬午列風毀王路西廂
及後閤更衣中室昭寧堂池東南榆樹大十圍東
僵擊東閤閤即東永巷之西垣也皆破折瓦壞發
屋拔木予甚驚焉又候官奏月犯心前星厥有占
予甚憂之伏念紫閣圖文太一黃帝皆得瑞以僊
後世褒主當登終南山李奇曰褒大主也所謂新遷王者乃

太一新遷之後也服虔曰太一黃帝欲令安追繼其後也統義陽王乃用
五統以禮義登陽上遷之後也臨有兄而稱太子
名不正宣尼公曰名不正則言不順至於刑罰不
中民無所錯手足師古曰論語載孔子對子路之言錯安置也音千故反莽追謚孔子為褒成宣尼公惟即
位以來陰陽未和風雨不時數遇枯旱蝗螟為災
穀稼鮮耗百姓苦飢師古曰鮮少也耗虛也鮮音先踐反耗音火到反蠻夷猾夏
寇賊姦宄人民正營無所錯手足師古曰正營惶恐不安之意正音征深惟
厥咎在名不正焉其立安為新遷王臨為統義陽
王幾以保全二子師古曰幾讀曰冀子孫千億外攘四夷內
安中國焉是月社陵便殿乘輿虎文衣廢臧在室

匣中者師古曰匣匱也音狎出自樹立外堂上師古曰樹豎也良久乃委
地吏卒見者以聞莽惡之下書曰寶黃廝赤服虔曰以黃為
寶自用其行氣也廝赤廝役賤者皆衣赤賤漢行也其令郎從官皆衣絳望氣為
數者多言有土功象莽又見四方盜賊多欲視為
自安能建萬世之基者師古曰視讀曰示乃下書曰予受命遭
陽九之阸百六之會府帑空虛百姓匱乏宗廟未
脩且祫祭於明堂太廟夙夜永念非敢寧息深惟
吉昌莫良於今年予乃卜波水之北郎池之南惟
玉食劉德曰長安南也晉灼曰黃圖波浿二水名也在甘泉苑中師古曰晉說非也黃圖有西波池郎池皆在石城南上林中玉食謂龜
為玉兆之文而墨食也波音彼皮反予又卜金水之南明堂之西亦惟玉

食予將親築焉於是遂營長安城南師古曰蓋所謂金水之南明堂之西
提封百頃九月甲申莽立載行視師古曰立載謂立而乘車也行音下更反
親舉築三下司徒王尋大司空王邑持節及侍中
常侍執法杜林等數十人將作師古曰將領築作之人崔發張
邯說莽曰德盛者文縟師古曰文禮文也縟繁也音辱宜崇其制度
宣視海內師古曰視讀曰示且令萬世之後無以復加也莽
乃博徵天下工匠諸圖畫以望法度筭及吏民以
義入錢穀助作者駱驛道路師古曰駱驛言不絕壞徹城西苑
中建章承光包陽大臺儲元宮及平樂當路陽祿
館凡十餘所師古曰自建章以下至陽祿皆上林苑中館取其材瓦以起九

廟是月大雨六十餘日令民入米六百斛爲郎其
郎吏增秩賜爵至附城九廟一曰黃帝太初祖廟
二曰帝虞始祖昭廟三曰陳胡王統祖穆廟四曰
齊敬王世祖昭廟五曰濟北愍王王祖穆廟凡五
廟不墮云師古曰墮毀也音火規反六曰濟南伯王尊禰昭廟七
曰元城孺王尊禰穆廟八曰陽平頃王戚禰昭廟
九曰新都顯王戚禰穆廟殿皆重屋太初祖廟東
西南北各四十丈高十七丈餘廟半之爲銅薄櫨
師古曰薄櫨柱上枅即今所謂楷也櫨音盧飾以金銀琱文師古曰琱字與彫同窮極百工
之巧帶高增下師古曰本因高地而建立之其旁下者更增築功費數百鉅萬卒

徒死者萬數鉅鹿男子馬適求等謀舉燕趙兵以
誅莽師古曰馬適姓也求名也大司空士王丹發覺以聞莽遣三
公大夫逮治黨與師古曰逮逮捕之也已解於上連及郡國豪傑數
千人皆誅死封丹爲輔國侯自莽爲不順時令百
姓怨恨莽猶安之又下書曰惟設此壹切之法以
來常安六鄉巨邑之都枹鼓稀鳴盜賊衰少師古曰巨大也
枹所以擊鼓者也音浮其字從木百姓安土歲以有年此乃立權之
力也今胡虜未滅誅蠻僰未絕焚江湖海澤麻沸
盜賊未盡破殄師古曰麻沸言如亂麻而沸涌又興奉宗廟社稷之
大作民衆動搖今復壹切行此令盡二年止之以

全元元救愚姦是歲罷大小錢更行貨布長二寸
五分廣一寸直貨錢二十五貨錢徑一寸重五銖
枚直一兩品竝行敢盜鑄錢及偏行布貨伍人知
不發舉皆沒入爲官奴婢師古曰伍人同伍之人若今伍保者也太傅平晏
死以予虞唐尊爲太傅尊曰國虛民貧咎在奢泰
乃身短衣小褎乘牡馬柴車師古曰柴車即棧車藉槀瓦器師古
曰藉槀去蒲蒻也瓦器以瓦爲食器又以歷遺公卿師古曰以瓦器盛食遺公卿也出見男
女不異路者尊自下車以象刑赭幡汙染其衣師古
曰赭幡以赭汁漬巾幡莽聞而說之師古曰說讀曰悅下詔申敕公卿思
與厥齊師古曰令與尊同此操行也論語稱孔子曰見賢思齊故莽云然封尊爲平化侯

是時南郡張霸江夏羊牧王匡等起雲杜綠林號
曰下江兵晉灼曰本起江夏雲杜縣後分西上入南郡屯藍口故號下江兵也衆皆萬餘人武
功中水鄉民三舍墊爲池師古曰墊陷也音丁念反二年正月以
州牧位三公刺舉怠解師古曰解讀曰懈更置牧監副秩
元士冠法冠行事如漢刺史是月莽妻死謚曰孝
睦皇后葬渭陵長壽園西令永侍文母名陵曰億
年初莽妻以莽數殺其子涕泣失明莽令太子臨
居中養焉莽妻旁侍者原碧莽幸之後臨亦通焉
恐事泄謀共殺莽臨妻愔國師公女師古曰愔音一尋反能爲
星語臨宮中且有白衣會臨喜以爲所謀且成後

賢爲統義陽王出在外第愈憂恐會莽妻病困臨予書曰上於子孫至嚴前長孫中孫年俱三十而死師古曰中讀曰仲今臣臨復適三十誠恐一旦不保中室則不知死命所在李奇曰中室臨之母也晉灼曰長樂宮中殿也師古曰二說皆非也中室室中也臨自言欲於室中自保全不可得耳莽候妻疾見其書大怒疑臨有惡意不令得會喪既葬收原碧等考問具服姦謀殺狀莽欲祕之使殺案事使者司命從事埋獄中家不知所在賜臨藥臨不肯飲自刺死使侍中票騎將軍同說侯林賜魂衣璽韍師古曰韍讀曰紱策書曰符命文立臨爲統義陽王此言新室即位三萬六千歲後爲臨之後者乃當龍陽而起前過聽議者以臨爲太子有列風之變輒順符命立爲統義陽王在此之前自此之後不作信順弗蒙厥佑夭年隕命嗚呼哀哉迹行賜謚謚曰繆王又詔國師公臨本不知星事從愔起愔亦自殺是月新遷王安病死初莽爲侯就國時幸侍者增秩懷能開明懷能生男興增秩生男匡女曅開明生女捷皆留新都國以其不明故也師古曰言侍者或與外人私通所生子女不可分明也及安疾甚莽自病無子爲安作奏使上言興等母雖微賤屬猶皇子不可以弃章視羣公師古曰視讀曰示以所上之章徧示之皆曰安友于兄弟師古

曰友愛也善兄弟曰友宜及春夏加封爵於是以王車遣使者迎興等封興爲功脩公匡爲功建公曅爲睦脩任捷爲睦逮任孫公明公壽病死旬月四喪焉莽壞漢孝武孝昭廟分葬子孫其中魏成大尹李焉與卜者王況謀況謂焉曰新室即位以來民田奴婢不得賣買數改錢貨徵發煩數軍旅騷動四夷並侵百姓怨恨盜賊並起漢家當復興君姓李李者徵徵火也師古曰徵音竹里反當爲漢輔因爲焉作讖書言文帝發怒居地下趣軍北告匈奴南告越人師古曰趣讀曰促江中劉信執敵報怨復續古先四年當發軍江湖有盜自稱樊王姓爲劉氏萬人成行師古曰行音胡浪反不受赦令欲動秦雒陽十一年當相攻太白揚光歲星入東井其號當行師古曰號謂號令也又言莽大臣吉凶各有日期會合十餘萬言焉令吏寫其書吏亡告之莽遣使者即捕焉獄治皆死三輔盜賊麻起師古曰言起者如亂麻也乃置捕盜都尉官令執法謁者追擊長安中建鳴鼓攻賊幡而使者隨其後遣太師犧仲景尚更始將軍護軍王黨將兵擊青徐國師和仲曹放助郭興擊句町轉天下穀幣詣西河五原朔方漁陽每一郡以百萬數欲以擊匈奴秋隕霜殺菽關東大

飢蝗民犯鑄錢伍人相坐沒入爲官奴婢其男子檻車兒女子步以鐵瑣琅當其頸傳詣鍾官以十萬數（師古曰琅當長鎖也鍾官鑄錢之官也）到者易其夫婦（師古曰改相配匹不依其舊也）愁苦死者什六七孫喜景尚曹放等擊賊不能克軍師放縱百姓重困（師古曰重音直用反）莽以王況讖言荆楚當興李氏爲輔欲厭之（師古曰厭音一葉反）廼拜侍中掌牧大夫李棽爲大將軍揚州牧賜名聖（師古曰改其舊名以聖代讖棽音所林反）使將兵奮擊上谷儲夏自請願說瓜田儀（服虔曰儲夏人姓也）莽以爲中郎使出儀（師古曰說之令自出）儀文降未出而死（師古曰上文書言降而身未出）莽求其尸葬之爲起家祠室謚曰瓜寧殤男幾以招來其餘（師古曰幾讀曰冀）然無肯降者閏月丙辰大赦天下天下大服民私服在詔書前亦釋除（張晏曰莽妻本以此歲死天下大服也私服自喪其親皆除之）郎陽成脩獻符命言繼立民母又曰黃帝以百二十女致神僊莽於是遣中散大夫謁者各四十五人分行天下（師古曰行音下更反）博采鄉里所高有淑女者上名莽夢長樂宮銅人五枚起立莽惡之念銅人銘有皇帝初兼天下之文即使尚方工鐫滅所夢銅人膺文（師古曰鐫鑿也音子全反）又感漢高廟神靈（師古曰謂夢見譴責）遣虎賁武士入高廟拔劒四面提擊（師古曰提擲也音徒計反）斧壞戶牖（師古曰以斧斫壞之）桃湯赭鞭鞭灑屋

壁（師古曰桃湯灑之赭鞭鞭之也赭赤也）令輕車校尉居其中又令中軍北壘居高寢（師古曰從北軍壘之兵士於高廟寢中屯居也）或言黃帝時建華蓋以登僊莽乃造華蓋九重高八丈一尺金瑵羽葆（師古曰瑵讀曰爪謂蓋弓頭爲爪形）載以祕機四輪車（服虔曰蓋高八丈其杠皆有屈膝可上下屈申也師古曰言潛爲機關不使外見故曰祕機也）駕六馬力士三百人黃衣幘車上人擊鼓輓者皆呼登僊莽出令在前百官竊言此似輀車非僊物也（師古曰輀車載喪車音而）是歲南郡秦豐衆且萬人平原女子遲昭平能說經博以八投（服虔曰博弈經以八箭投之）亦聚數千人在河阻中莽召問羣臣禽賊方略皆曰此天囚行尸命在漏刻故左將軍公孫祿

徵來與議（師古曰與讀曰豫）祿曰太史令宗宣典星歷候氣變以凶爲吉亂天文誤朝廷太傅平化侯飾虛僞以媮名位賊夫人之子（師古曰論語稱子路使子羔爲費宰孔子曰賊夫人之子言羔未知政道而使宰邑所以爲賊害也故祿引此而言）國師嘉信公顛倒五經毀師法令學士疑惑明學男張邯地理侯孫陽造井田使民弃土業犧和魯匡設六筦以窮工商說符侯崔發阿諛取容令下情不上通宜誅此數子以慰天下又言匈奴不可攻當與和親臣恐新室憂不在匈奴而在封域之中也莽怒使虎賁扶祿出然頗采其言左遷魯匡爲五原卒正以百姓怨非故六筦

非臣所獨造莽厭眾意而出之師古曰厭滿也音一豔反初四方皆以飢寒窮愁起為盜賊稍稍羣聚常思歲熟得歸鄉里眾雖萬數亶稱巨人從事三老祭酒師古曰亶讀曰但言不為大號不敢略有城邑轉掠求食日闋而已師古曰闋盡也隨日而盡也闋音空穴反諸長吏牧守皆自亂鬭中兵而死師古曰中傷也賊非敢欲殺之也而莽終不諭其故師古曰不曉此意也是歲大司馬士按章豫州師古曰有上章相告者就而按治之為賊所獲賊送付縣士還上書具言狀莽大怒下獄以為誣罔因下書責七公曰夫吏者理也宣德明恩以牧養民仁之道也抑強督姦捕誅盜賊義之節也師古曰督謂察視也今則不然盜發不輒得至成羣黨遮略乘傳宰士師古曰傳音張戀反士得脫者又妄自言我責數賊何故為是師古曰數音所具反賊曰以貧窮故耳賊護出我今俗人議者率多若此惟貧困飢寒犯法為非大者羣盜小者偷穴不過二科師古曰穴謂穿牆為盜也今乃結謀連黨以千百數是逆亂之大者豈飢寒之謂邪七公其嚴敕卿大夫卒正連率庶尹謹牧養善民急捕殄盜賊有不同心并力疾惡黜賊而妄曰飢寒所為輒捕繫請其罪於是羣下愈恐莫敢言賊情者亦不得擅發兵賊由是遂不制唯翼平連率田況素果

敢發民年十八以上四萬餘人授以庫兵與刻石為約赤糜聞之不敢入界師古曰糜眉也以朱塗眉故曰赤眉古字通用況自劾奏莽讓況師古曰讓責也未賜虎符而擅發兵此弄兵也厥辠乏興師古曰擅發之罪與乏軍興同科也以況自詭必禽滅賊故且勿治師古曰詭責也自以為憂責後況自請出界擊賊所向皆破莽以璽書令況領青徐二州牧事況上言盜賊始發其原甚微非部吏伍人所能禽也咎在長吏不為意縣欺其郡郡欺朝廷實百言十實千言百朝廷忽略不輒督責遂至延曼連州師古曰延音弋戰反曼與蔓同乃遣將率多發使者傳相監趣師古曰趣讀曰促郡縣力事上官應塞詰對師古曰力勤也塞當也共酒食具資用以救斷斬師古曰交斷斬死之刑也共讀曰供不給復憂盜賊治官事師古曰給假也將率又不能躬率吏士戰則為賊所破吏氣寖傷徒費百姓師古曰寖漸也前幸蒙赦令賊欲解散或反遮擊恐入山谷轉相告語故郡縣降賊皆更驚駭恐見詐滅因飢饉易動旬日之閒更十餘萬人此盜賊所以多之故也今雒陽以東米石二千竊見詔書欲遣太師更始將軍二人爪牙重臣多從人眾道上空竭少則亡以威視遠方師古曰視讀曰示宜急選牧尹以下明其賞罰收合離鄉小國無城郭者徙其老弱置大城

中積臧穀食并力固守賊來攻城則不能下所過
無食埶不得羣聚如此招之必降擊之則滅今空
復多出將率郡縣苦之反甚於賊宜盡徵還乘傳
諸使者以休息郡縣委任臣況以二州盜賊必平
定之莽畏惡況陰爲發代遣使者賜況璽書使者
至見況因令代監其兵況隨使者西到拜爲師尉
大夫況去齊地遂敗三年正月九廟蓋構成納神
主莽謁見大駕乘六馬以五采毛爲龍文衣著角
長三尺師古曰以被馬上也華蓋車元戎十乘在前因賜治廟
者司徒大司空錢各千萬侍中中常侍以下皆封

封都匠仇延爲邯淡里附城師古曰都匠大匠也邯音胡敢反淡音大敢反豐盛之意二
月霸橋災數千人以水沃救不滅莽惡之下書曰
夫三皇象春五帝象夏三王象秋五伯象冬皇王
德運也伯者繼空續乏以成歷數故其道駁師古曰伯皆讀
曰霸惟常安御道多以所近爲名迺二月癸巳之夜甲
午之辰火燒霸橋從東方西行至甲午夕橋盡火
滅大司空行視考問師古曰行音下更反或云寒民舍居橋下
師古曰舍止宿也疑以火自燎爲此災也師古曰燎謂炙令煖也其明旦
即乙未立春之日也予以神明聖祖黃虞遺統受
命至于地皇四年爲十五年正以三年終冬絕滅

霸駮之橋欲以興成新室統壹長存之道也又戒
此橋空東方之道今東方歲荒民飢道路不通東
岳太師亟科條師古曰亟急也音己力反開東方諸倉賑貸窮乏
以施仁道其更名霸館爲長存館霸橋爲長存橋
是月赤眉殺太師犧仲景尚關東人相食四月遣
太師王匡更始將軍廉丹東師古曰東謂東出也祖都門外師古
曰祖道送匡丹於都門外天大雨霑衣止長老歎曰是爲泣軍莽
曰惟陽九之阸與害氣會究于去年枯旱霜蝗飢饉
薦臻師古曰薦讀曰荐荐仍也百姓困乏流離道路於春尤甚予
甚悼之今使東岳太師特進褒新侯開東方諸倉

賑貸窮乏太師公所不過道分遣大夫謁者並開
諸倉以全元元太師公因與廉丹大使五威司命
位右大司馬更始將軍平均侯之兗州填撫所掌
師古曰之往也填音竹刃反及青徐故不軌盜賊未盡解散後復屯
聚者皆清潔之期於安兆黎矣師古曰黎衆也太師更始合
將銳士十餘萬人所過放縱東方爲之語曰寧逢
赤眉不逢太師太師尚可更始殺我卒如田況之
言莽又多遣大夫謁者分教民煑草木爲酪酪不
可食重爲煩費師古曰重音直用反莽下書曰惟民困乏雖溥
開諸倉以賑贍之師古曰溥與普同猶恐未足其且開天下

山澤之防諸能采取山澤之物而順月令者其恣聽之勿令出稅至地皇三十年如故是王光上戊之六年也(孟康曰戊土也莽所作曆名)如令豪吏猾民辜而攉之小民弗蒙非予意也(師古曰辜攉謂獨專其利而令它人犯者得罪辜辜也)易不云虖損上益下民說無疆(師古曰益卦彖辭也言損上以益下則人皆歡悅無窮竟)書云言之不從是謂不艾(師古曰洪範之言艾讀曰乂乂治也)咨虖羣公可不憂哉(師古曰咨者嘆息之言)是時下江兵盛新市朱鮪平林陳牧等皆復聚衆攻擊鄉聚莽遣司命大將軍孔仁部豫州納言大將軍嚴尤秩宗大將軍陳茂擊荆州各從吏士百餘人乘船從渭入河至華陰迺出乘

傳到部募士尤謂茂曰遣將不與兵符必先請而後動是猶紲韓盧而責之獲也(師古曰紲繫也韓盧古韓國之名犬也黑色曰盧)夏蝗從東方來蜚蔽天(師古曰蜚古飛字也)至長安入未央宮緣殿閣莽發吏民設購賞捕擊莽以天下穀貴欲厭之(師古曰厭音一葉反)爲大倉置衛交戟名曰政始掖門流民入關者數十萬人迺置養贍官稟食之(師古曰稟給也食讀曰飤)使者監領與小吏共盜其稟飢死者十七八先是莽使中黃門王業領長安市買賤取於民民甚患之業以省費爲功賜爵附城莽聞城中飢饉以問業業曰皆流民也乃市所賣粱飦肉羹持入視莽(師古曰視讀曰示)曰居民食咸如此莽信之冬無鹽索盧恢等舉兵反城(師古曰索盧姓也恢名也反城據城以反也一曰反音幡今語賊猶曰幡城索音先各反)廉丹王匡攻拔之斬首萬餘級莽遣中郎將奉璽書勞丹匡進爵爲公封吏士有功者十餘人赤眉別校董憲等衆數萬人在梁郡王匡欲進擊之廉丹以爲新拔城罷勞(師古曰罷讀曰疲)當且休士養威匡不聽引兵獨進丹隨之合戰成昌(師古曰成昌地名也)兵敗匡走丹使吏持其印韍節付匡曰小兒可走吾不可遂止戰死校尉汝雲王隆等二十餘人別鬬聞之皆曰廉公已死吾誰爲生馳犇賊皆戰死(師古曰犇古奔字也)莽傷之

下書曰惟公多擁選士精兵衆郡駿馬倉穀帑藏皆得自調(師古曰調謂發取也音徒釣反)忽於詔策離其威節騎馬呵譟(師古曰忽謂怠也譟羣呼也音先到反)爲狂刃所害烏呼哀哉賜謚曰果公國將哀章謂莽曰皇祖考黃帝之時中黃直爲將破殺蚩尤今臣居中黃直之位願平山東莽遣章馳東與太師匡幷力又遣大將軍陽浚守敖倉司徒王尋將十餘萬屯雒陽塡南宮(師古曰塡音竹刃反)大司馬董忠養士習射中軍北壘大司空王邑兼三公之職司徒尋初發長安宿霸昌廄(師古曰霸昌觀之廄也三輔黃圖曰在城外也)亡其黃鉞尋士房楊素狂直迺哭曰此經

所謂喪其齊斧者也應劭曰齊利也亡其利斧言無以復斷斬也師古曰此易巽卦上九爻辭
自劾去莽擊殺揚四方盜賊往往數萬人攻城邑
殺二千石以下太師王匡等戰數不利莽知天下
潰畔事窮計迫迺議遣風俗大夫司國憲等分行
天下師古曰行音下更反除井田奴婢山澤六筦之禁即位以
來詔令不便於民者皆收還之待見未發會世祖
與兄齊武王伯升宛人李通等師古曰世祖謂光武皇帝帥舂陵
子弟數千人招致新市平林朱鮪陳牧等合攻拔
棘陽是時嚴尤陳茂破下江兵成丹王常等數千
人別走入南陽界十一月有星孛于張東南行五

日不見莽數召問太史令宗宣諸術數家皆繆對
言天文安善羣賊且滅莽差以自安四年正月漢
兵得下江王常等以為助兵擊前隊大夫甄阜屬
正梁丘賜皆斬之殺其衆數萬人初京師聞青徐
賊衆數十萬人訖無文號旌旗表識師古曰文謂文章號謂大位號也一
曰號謂號令也識讀與幟同音式志反咸怪異之好事者竊言此豈如古
三皇無文書號諡邪師古曰欲其事成故云然也莽亦心怪以問
羣臣羣臣莫對唯嚴尤曰此不足怪也自黃帝湯
武行師必待部曲旌旗號令今此無有者直飢寒
羣盜犬羊相聚不知為之耳莽大說師古曰說讀曰悅羣臣

盡服及後漢兵劉伯升起皆稱將軍攻城略地既
殺甄阜移書稱說莽聞之憂懼漢兵乘勝遂圍宛
城初世祖族兄聖公先在平林兵中三月辛巳朔
平林新市下江兵將王常朱鮪等共立聖公為帝
改年為更始元年拜置百官莽聞之愈恐欲外視
自安師古曰視讀曰示廼染其須髮進所徵天下淑女杜陵
史氏女為皇后聘黃金三萬斤車馬奴婢雜帛珍
寶以巨萬計莽親迎於前殿兩階間成同牢之禮
于上西堂備和嬪美御和人三位視公嬪人九視卿
美人二十七視大夫御人八十一視元士凡百二

十人皆佩印韍執弓韣師古曰禮記月令仲春之月玄鳥至之日以太牢祠于高禖天子親往后
妃率九嬪御乃禮天子所御帶以弓韣授以弓矢于高禖之前韣弓衣也帶之者求男子之祥也故莽依放之焉韣音獨封皇
后父諶為和平侯拜為寧始將軍諶子二人皆侍
中是日大風發屋折木羣臣上壽曰迺庚子雨水
灑道辛丑清靚無塵師古曰靚即靜字也其夕穀風迅疾從東
北來師古曰穀風即谷風辛丑巽之宮日也巽為風為順后誼
明母道得溫和慈惠之化也易曰受茲介福于其
王母師古曰晉卦六二爻也介大也王母君母禮曰承天之慶萬福無疆師古
曰禮之祝詞諸欲依廢漢火劉皆沃灌雪除殄滅無餘雜
矣百穀豐茂庶草蕃殖師古曰蕃滋也殖生也元元驩喜兆

民賴福天下幸甚莽日與方士涿郡昭君等於後
宮考驗方術縱淫樂焉大赦天下然猶曰故漢氏
春陵侯羣子劉伯升與其族人婚姻黨與妄流言
惑衆悖畔天命及手害更始將軍廉丹前隊大夫
甄阜屬正梁丘賜及北狄胡虜逆輿洎南僰虜若
豆孟遷不用此書（師古曰輿匈奴單于名也洎及也若豆孟遷蠻僰之名也言伯升已下孟遷以上不在赦令之
限也）有能捕得此人者皆封爲上公食邑萬戶賜寶
貨五千萬又詔太師王匡國將哀章司命孔仁兗
州牧壽良卒正王閎揚州牧李聖亟進所部州郡
兵（師古曰亟急也）凡三十萬衆迫措青徐盜賊（師古曰措讀與笮同音壯客反下亦放此）

納言將軍嚴尤秩宗將軍陳茂車騎將軍王巡左
隊大夫王吳亟進所部州郡兵凡十萬衆迫措前
隊醜虜明告以生活丹青之信（師古曰生活謂來降者不殺之也丹青之信言明著也）
復迷惑不解散皆并力合擊殄滅之矣大司空隆
新公宗室威屬前以虎牙將軍東指則反虜破壞
西擊則逆賊靡碎（師古曰靡散也音武皮反）此迺新室威寶之臣
也如黠賊不解散將遣大司空將百萬之師征伐
剿絕之矣（師古曰剿截也音子小反）遣七公幹士隗囂等七十二
人分下赦令曉諭云囂等旣出因逃亡矣四月世祖
與王常等別攻潁川下昆陽郾定陵（師古曰三縣之名也郾音一扇反）

莽聞之愈恐遣大司空王邑馳傳至雒陽（師古曰傳音張戀反）
與司徒王尋發衆郡兵百萬號曰虎牙五威兵平
定山東得顓封爵政決於邑除用徵諸明兵法六
十三家術者各持圖書受器械備軍吏傾府庫以
遣邑多齎珍寶猛獸欲視饒富用怖山東（師古曰視讀曰示）
邑至雒陽州郡各選精兵牧守自將定會者四十
二萬人餘在道不絕車甲士馬之盛自古出師未
嘗有也六月邑與司徒尋發雒陽欲至宛道出潁
川過昆陽昆陽時已降漢漢兵守之嚴尤陳茂與
二公會二公縱兵圍昆陽嚴尤曰稱尊號者在宛

下宜亟進（師古曰亟急也）彼破諸城自定矣邑曰百萬之師
所過當滅今屠此城喋血而進（師古曰喋音牒）前歌後舞顧
不快邪遂圍城數十重城中請降不許嚴尤又曰
歸師勿遏圍城爲之闕（師古曰此兵法之言也遏遮也闕不合也）可如兵法
使得逸出以怖宛下邑又不聽會世祖悉發郾定
陵兵數千人來救昆陽尋邑易之（師古曰輕易之也易音弋豉反）自將
萬餘人行陳（師古曰巡行軍陳也行音下更反）勑諸營皆按部毋得動
獨迎與漢兵戰不利大軍不敢擅相救漢兵乘勝
殺尋昆陽中兵出並戰邑走軍亂天風蜚瓦（師古曰蜚古飛字）
雨如注水大衆崩壞號謼（師古曰謼音火故反）虎豹股栗（師古曰言戰懼甚）

士卒犇走各還歸其郡邑獨與所將長安勇敢數千人還雒陽關中聞之震恐盜賊竝起又聞漢兵言莽鴆殺孝平帝莽迺會公卿以下於王路堂開所爲平帝請命金縢之策泣以視羣臣（師古曰視讀曰示）命明學男張邯稱說其德及符命事因曰易言伏戎于莽升其高陵三歲不興（師古曰同人卦九三爻辭也莽平草也言伏兵戎於草莽之中升高陵而望不敢前進至于三歲不能起也）莽皇帝之名升謂劉伯升高陵謂高陵侯子翟義也言劉升翟義爲伏戎之兵於新皇帝世猶殄滅不興也羣臣皆稱萬歲又令東方檻車傳送數人言劉伯升等皆行大戮民知其詐也

先是衞將軍王涉素養道士西門君惠君惠好天文讖記爲涉言星孛掃宮室劉氏當復興國師公姓名是也涉信其言以語大司馬董忠數俱至國師殿中廬道語星宿（師古曰廬者宿止之處道謂說之也）國師不應後涉特往對歆涕泣言誠欲與公共安宗族（師古曰誠實也）柰何不信涉也歆因爲言天文人事東方必成涉曰新都哀侯小被病功顯君素耆酒（師古曰耆讀曰嗜）疑帝本非我家子也（如淳曰言莽母洛薄嗜酒淫逸得莽耳非王氏子也設此詐欲以自別不受誅也）董公主中軍精兵涉領宮衞伊休侯主殿中如同心合謀共劫持帝東降南陽天子可以全宗族不者俱夷滅矣伊休侯者歆長子也爲侍中五官中郎將莽素愛之歆怨莽殺其三子又畏大禍至遂與涉忠謀欲發歆曰當待太白星出迺可忠以司中大贅起武侯孫伋亦主兵復與伋謀伋歸家顏色變不能食妻怪問之語其狀妻以告弟雲陽陳邯邯欲告之七月伋與邯俱告莽莽遣使者分召忠等時忠方講兵都肄（師古曰肄習也大習兵也肄音亦二反）護軍王咸謂忠謀久不發恐漏泄不如遂斬使者勒兵入忠不聽遂與歆涉會省戶下莽令𧡧惲責問皆服中黃門各拔刃將忠等送廬忠拔劒欲自刎侍中王望傳言大司馬

反黃門持劒共格殺之省中相驚傳勒兵至郎署皆拔刃張弩更始將軍史諶行諸署（師古曰行音下更反）告郎吏曰大司馬有狂病發已誅皆令弛兵（師古曰弛放也）莽欲以厭凶（師古曰厭當也音一葉反）使虎賁以斬馬劒挫忠（師古曰挫讀曰剉音千臥反）盛以竹器傳曰反虜出下書赦大司馬官屬吏士爲忠所詿誤謀反未發覺者收忠宗族以醇醯毒藥尺白刃叢棘幷一坎而埋之劉歆王涉皆自殺莽以二人骨肉舊臣惡其內潰（師古曰王涉骨肉也劉歆舊臣）故隱其誅伊休侯疊又以素謹歆訖不告（師古曰訖猶竟也歆竟不以所謀告之）但免侍中中郎將更爲中散大夫後日殿中鉤

盾土山僊人掌旁有白頭公青衣（鄭氏曰僊人以掌承露盤也）郎吏見者私謂之國師公衍功侯喜素善卦莽使筮之曰憂兵火莽曰小兒安得此左道是乃予之皇祖叔父子僑欲來迎我也莽軍師外破大臣內畔左右亡所信不能復遠念郡國欲謼邑與計議（師古曰謼古呼字）崔發曰邑素小心今失大衆而徵恐其執節引決宜有以大慰其意於是莽遣發馳傳諭邑（師古曰諭告之傳音張戀反）我年老毋適子（師古曰適讀曰嫡）欲傳邑以天下敕亡得謝見勿復道邑到以爲大司馬大長秋張邯爲大司徒崔發爲大司空司中壽容苗訢爲

國師同說侯林爲衛將軍莽憂懣不能食（師古曰懣音滿又音悶）亶飲酒啗鰒魚（師古曰亶音但下亦類此鰒海魚也音雹）讀軍書倦因馮几寐不復就枕矣（師古曰馮讀曰憑）性好時日小數及事迫急亶爲厭勝遣使壞渭陵延陵園門罘罳曰毋使民復思也又以墨洿色其周垣（師古曰洿染之變其舊色也洿音一故反）號將至曰歲宿申水爲助將軍右庚刻木校尉前丙燿金都尉又曰執大斧伐枯木流大水滅發火如此屬不可勝記秋太白星流入太微燭地如月光成紀隗崔兄弟共劫大尹李育（師古曰成紀隴西之縣）以兄子隗囂爲大將軍攻殺雍州牧陳慶安定卒正王旬幷其

衆移書郡縣數莽罪惡萬於桀紂是月析人鄧曄于匡起兵南鄉百餘人（師古曰析南陽之縣南鄉析縣之鄉名析音先歷反）時析宰將兵數千屯鄡亭備武關（師古曰鄡音口堯反）曄匡謂宰曰劉帝已立君何不知命也宰請降盡得其衆曄自稱輔漢左將軍匡右將軍拔析丹水攻武關都尉朱萌降進攻右隊大夫宋綱殺之西拔湖（師古曰湖弘農之縣也本屬京兆）莽愈憂不知所出崔發言周禮及春秋左氏國有大災則哭以厭之（師古曰周禮春官之屬女巫氏之職曰凡邦之大災歌哭而請哭者所以告哀也春秋左氏傳宣十二年楚子圍鄭旬有七日鄭人卜行成不吉卜臨于太宮且巷出車吉國人大臨守陴者皆哭故發引之以爲言也厭音一葉反）故易稱先號咷後笑（師古曰同人九五爻辭號咷哭也咷音逃）宜呼嗟告天以求救莽自知敗迺率羣臣

至南郊陳其符命本末仰天曰皇天既命授臣莽何不殄滅衆賊即令臣莽非是願下雷霆誅臣莽因搏心大哭氣盡伏而叩頭又作告天策自陳功勞千餘言諸生小民會旦夕哭爲設飧粥（師古曰飧古飡字音千安反）甚悲哀及能誦策文者除以爲郎至五千餘人[illegible]憚將領之莽拜將軍九人皆以虎爲號號曰九虎將北軍精兵數萬人東內其妻子宮中以爲質時省中黃金萬斤者爲一匱尚有六十匱黃門鉤盾臧府中尚方處處各有數匱長樂御府中御

府及都內平準帑臧錢帛珠玉財物甚眾師古曰御府有令丞
少府之屬官也掌珍物中御府者皇后之府臧也平準令丞屬大司農亦珍貨所在也莽愈憂之賜九
虎士人四千錢眾重怨無鬬意師古曰重音直用反九虎至華
陰回谿距隘北從河南至山于匡持數千弩乘堆
挑戰鄧曄將二萬餘人從閿鄉南出棗街作姑師古
曰閿讀與閺同作姑邪道所由也破其一部北出九虎後擊之六虎敗
走史熊王況詣闕歸死莽使使責死者安在皆自
殺其四虎亡師古曰六人敗走二人詣闕自殺四人亡三虎郭欽陳翬成重
收散卒保京師倉師古曰九人之中六人敗走三人保倉也京師倉在華陰灌北渭口也翬音暉鄧
曄開武關迎漢丞相司直李松將二千餘人至湖

與曄等共攻京師倉未下曄以弘農掾王憲為校
尉將數百人北度渭入左馮翊界降城略地李松
遣偏將軍韓臣等徑西至新豐與莽波水將軍戰
波水走韓臣等追奔遂至長門宮王憲北至頻陽
所過迎降師古曰所至之處皆來迎而降附也大姓櫟陽申碭下邽王大
皆率眾隨憲屬縣斄嚴春師古曰屬縣三輔諸縣也斄屬右扶風斄讀與郃
同其人姓嚴名春茂陵董喜藍田王孟槐里汝臣盩厔王扶
陽陵嚴本杜陵屠門少之屬師古曰姓屠門名少眾皆數千人
假號稱漢將時李松鄧曄以為京師小小倉尚未
可下何況長安城當須更始帝大兵到即引軍至

華陰治攻具而長安旁兵四會城下聞天水隗氏
兵方到皆爭欲先入城貪立大功鹵掠之利莽遣
使者分赦城中諸獄囚徒皆授兵殺豨飲其血與
誓曰有不為新室者社鬼記之更始將軍史諶將
度渭橋皆散走諶空還眾兵發掘莽妻子父祖冢
燒其棺槨及九廟明堂辟雍火照城中或謂莽曰
城門卒東方人不可信莽更發越騎士為衛門置
六百人各一校尉十月戊申朔兵從宣平城門入
民間所謂都門也師古曰長安城東出北頭第一門張邯行城門逢兵
見殺師古曰行音下更反王邑王林王巡𨟵惲等分將兵距擊

北闕下漢兵貪莽封力戰者七百餘人師古曰獲莽當得封故貪之而
力戰會日暮官府邸第盡犇亡二日己酉城中少年
朱弟張魚等恐見鹵掠趨讙並和師古曰眾羣行讙而自相和也和音乎卧反
燒作室門斧敬法闥師古曰敬法殿名也闥小門也謂斧斫之也謼曰反虜王
莽何不出降師古曰謼音火故反其下亦同火及掖庭承明黃皇室
主所居也莽避火宣室前殿火輒隨之宮人婦女
諕謼曰當柰何時莽紺袀服師古曰諕古嗁字也紺深青而揚赤色袀純也純為紺服也袀
音均又弋旬反帶璽韍持虞帝匕首天文郎桉栻於前師古曰栻
所以占時日天文郎今之用栻者也音式曰時加某莽旋席隨斗柄而坐曰
天生德於予漢兵其如予何師古曰論語稱孔子曰天生德於予桓魋其如予何故莽引之

以爲言也莽時不食少氣困矣三日庚戌晨旦明羣臣
扶掖莽自前殿南下椒除服虔曰邪行閤道下者也師古曰除殿陛之道也椒取芬香之名也西出白虎門和新公王揖奉車待門外莽就車之
漸臺欲阻池水猶抱持符命威斗公卿大夫侍中黃
門郎從官尚千餘人隨之王邑晝夜戰罷極師古曰罷音疲士死傷略盡馳入宮閒關至漸臺師古曰閒關猶言崎嶇展轉也見
其子侍中睦解衣冠欲逃邑叱之令還父子共守莽
軍人入殿中譁曰反虜王莽安在有美人出房曰
在漸臺眾兵追之圍數百重臺上亦弓弩與相射
稍稍落去矢盡無以復射短兵接王邑父子蕢惲

王巡戰死莽入室下餔時眾兵上臺王揖趙博苗
訢唐尊王盛中常侍王參等皆死臺上商人杜吳
殺莽取其綬校尉東海公賓就故大行治禮師古曰公賓姓也就名也以先經治禮故識天子綬也見吳問綬主所在曰室中西北陬間師古曰陬隅也音子侯反又音鄒就識斬莽首軍人分裂莽身支節肌
骨臠分爭相殺者數十人師古曰三輔舊事云臠切千段公賓就持莽
首詣王憲憲自稱漢大將軍城中兵數十萬皆屬
焉舍東宮師古曰舍止宿也妻莽後宮乘其車服六日癸
丑李松鄧曄入長安將軍趙萌申屠建亦至以王
憲得璽綬不輒上多挾宮女建天子鼓旗收斬之

傳莽首詣更始縣宛市百姓共提擊之師古曰提擲也音徒計反或
切食其舌莽揚州牧李聖司命孔仁兵敗山東聖
格死仁將其眾降已而歎曰吾聞食人食者死其
事拔劒自刺死及曹部監杜普陳定大尹沈意九
江連率賈萌皆守郡不降爲漢兵所誅賞都大尹
王欽及郭欽守京師倉聞莽死乃降更始義之皆
封爲侯太師王匡國將哀章降雒陽傳詣宛斬之
嚴尤陳茂敗昆陽下走至沛郡譙自稱漢將召會
吏民尤爲稱說王莽篡位天時所亡聖漢復興狀
茂伏而涕泣聞故漢鍾武侯劉聖聚眾汝南稱尊

號尤茂降之以尤爲大司馬茂爲丞相十餘日敗
尤茂并死郡縣皆舉城降天下悉歸漢初申屠建
嘗事崔發爲詩師古曰就發學詩建至發降之後復稱說師古曰妄言符命不順漢建令丞相劉賜斬發以徇史諶王延王林
王吳趙閎亦降復見殺初諸假號兵人人望封侯
申屠建既斬王憲又揚言三輔黠共殺其主吏民
惶恐屬縣屯聚建等不能下馳白更始二年二月
更始到長安下詔大赦非王莽子他皆除其罪故
王氏宗族得全三輔悉平更始都長安居長樂宮
府藏完具獨未央宮燒攻莽三日死則案堵復故

更始至歲餘政教不行明年夏赤眉樊崇等衆數十萬人入關立劉盆子稱尊號攻更始更始降之赤眉遂燒長安宮室市里害更始民飢餓相食死者數十萬長安為虛師古曰虛讀曰墟城中無人行宗廟園陵皆發掘唯霸陵杜陵完六月世祖即位然後宗廟社稷復立天下艾安師古曰艾讀曰乂

贊曰王莽始起外戚折節力行以要名譽宗族稱孝師友歸仁及其居位輔政成哀之際勤勞國家直道而行動見稱述豈所謂在家必聞在國必聞色取仁而行違者邪師古曰論語載孔子對子張之言也不仁之人假仁者之色而所行則違之朋黨比周故能在家在國皆有名譽故贊引之莽既不仁而有佞邪之材又乘四父歷世之權遭漢中微國統三絕而太后壽考為之宗主故得肆其姦慝以成篡盜之禍師古曰肆放也極也推是言之亦天時非人力之致矣及其竊位南面處非所據顛覆之勢險於桀紂而莽晏然自以黃虞復出也廼始恣睢奮其威詐師古曰睢音呼季反滔天虐民窮凶極惡師古曰滔漫也毒流諸夏亂延蠻貉猶未足逞其欲焉是以四海之內囂然喪其樂生之心師古曰囂然衆口愁貌也音五高反中外憤怨遠近俱發城池不守支體分裂遂令天下城邑為虛師古曰虛讀曰墟丘壠發掘害徧生民辜及朽骨自書傳所載亂臣賊子無道之人考其禍敗未有如莽之甚者也昔秦燔詩書以立私議莽誦六藝以文姦言師古曰以六經之事文飾姦言同歸殊塗俱用滅亡皆炕龍絕氣非命之運服虔曰易曰亢龍有悔謂無德而居高位也蘇林曰非命非天命之命也紫色鼃聲餘分閏位應劭曰紫閒色鼃邪音也服虔曰言莽不得正王之命知歲月之餘分為閏也師古曰鼃者樂之淫聲非正曲也近之學者便謂鼃之鳴已失其義又欲改此贊鼃聲為蠅聲引詩匪雞則鳴蒼蠅之聲尤穿鑿矣聖王之驅除云爾蘇林曰聖王光武也為光武驅除也師古曰言驅逐蠲除以待聖人也

王莽傳第六十九下

敍傳第七十上 師古曰敍漢書以後分爲下卷 漢書一百

秘書監上護軍琅邪縣開國子顏師古注 班固

班氏之先與楚同姓令尹子文後也子文初生棄於瞢中而虎乳之師古曰瞢雲瞢澤也春秋左氏傳曰楚若敖娶於邧生鬬伯比若敖卒從其母畜於邧淫於邧子之女生子文焉邧夫人使棄諸瞢中獸乳之邧子田見之懼而歸夫人以告遂使收之瞢與夢同並音莫風反又音莫鳳反楚人謂乳穀謂虎於檡如淳曰穀音構牛羊乳汁之構師古曰穀讀如本字又音乃茍反於音烏檡字或作菟並音塗故名穀於檡字子文楚人謂虎班其子以爲號師古曰子文之子鬬班亦爲楚令尹子曰遂以班爲姓秦之滅楚遷晉代之間因氏焉師古曰子文之子始皇之末班壹避墬於樓煩師古曰墬古地字樓煩鴈門之縣致馬牛羊數千羣值漢初定與民無禁當孝惠高后時以財雄邊師古曰國家不設衣服車旗之禁故班氏以多財而爲邊地之雄豪出入弋獵旌旗鼓吹年百餘歲以壽終故北方多以壹爲字者師古曰馬邑人聶壹之類也今流俗書本多改此傳壹字爲懿非也壹生孺孺爲任俠州郡歌之孺生長官至上谷守長生回以茂材爲長子令師古曰上黨之縣長讀如本字回生況舉孝廉爲郎積功勞至上河農都尉師古曰上河地名農都者與農事大司農奏課連最入爲左曹越騎校尉成帝之初女爲倢伃致仕就第貲累千金徙昌陵昌陵後罷大臣名家皆占數于長安師古曰占度也自隱度家之口數而著名籍也占音之贍反況生三子伯斿穉伯少受詩於師丹大將軍王鳳薦伯宜勸學召見宴昵殿張晏曰親戚宴

前漢傳七十上 一 旌

飲會同之殿容貌甚麗誦說有法拜爲中常侍時上方鄉學師古曰鄉讀曰嚮鄭寬中張禹朝夕入說尚書論語於金華殿中師古曰金華殿在未央宮詔伯受焉既通大義又講異同於許商遷奉車都尉數年金華之業絕出與王許子弟爲羣在於綺襦紈袴之間非其好也晉灼曰白綺之襦冰紈之袴也師古曰紈素也綺今細綾也並貴戚子弟之服家本北邊志節忼慨數求使匈奴河平中單于來朝上使伯持節迎於塞下會定襄大姓石李羣輩報怨殺追捕吏師古曰報私怨而殺人吏追捕之又殺吏伯上狀因自請願試守期月師古曰欲守定襄太守期音基上遣侍中中郎將王舜馳傳代伯護單于師古曰傳音張戀反并奉璽書印綬即拜伯爲定襄太守師古曰即就也就其所居而拜定襄聞伯素貴年少自請治劇畏其下車作威吏民竦息伯至請問耆老父祖故人有舊恩者師古曰請召也迎延滿堂日爲供具師古曰酒食之具也供音居用反執子孫禮郡中益弛師古曰弛解也見伯不用威刑故自解縱諸所賓禮皆名豪懷恩醉酒共諫伯宜頗攝錄盜賊具言本謀亡匿處伯曰是所望於父師矣師古曰齒爲諸父尊之如師故曰父師迺召屬縣長吏選精進掾史師古曰精明而進趨也分部收捕師古曰分音扶問反及它隱伏旬日盡得郡中震㮚咸稱神明師古曰㮚古栗字歲餘上徵伯伯上書願過故郡上父祖冢有詔太守都尉以下會師古曰同赴其所

前漢傳七十上 二 元

因召宗族各以親疎加恩施散數百金北州以為榮長老紀焉師古曰紀記也道病中風師古曰中傷也為風所傷既至以侍中光祿大夫養病師古曰受其秩俸而在家自養也賞賜甚厚數年未能起會許皇后廢班倢伃供養東宮李奇曰元后成帝母進侍者李平為倢伃而趙飛燕為皇后伯遂稱篤久之上出過臨候伯伯惶恐起眂事師古曰眂古視字自大將軍薨後師古曰王鳳富平定陵侯張放淳于長等始愛幸出為微行行則同輿執轡入侍禁中設宴飲之會及趙李諸侍中皆引滿舉白服虔曰舉滿桮有餘白瀝者罰之也孟康曰舉白見驗飲酒盡不也師古曰謂引取滿觴而飲飲訖舉觴告白盡不也一說白者罰爵之名也飲有不盡者則以此爵罰之魏文侯與大夫飲酒令曰不釂者浮以大白於是公乘不仁舉白浮君是也談笑大噱師古曰笑古笑字也噱噱笑聲也音其略反或曰噱謂脣口之中大笑則見此說非時乘輿幄坐張畫屏風師古曰坐音才卧反畫紂醉踞妲己作長夜之樂上以伯新起數目禮之師古曰目視而敬之因顧指畫而問伯紂為無道至於是虖伯對曰書云迺用婦人之言師古曰今文尚書泰誓之辭何有踞肆於朝師古曰肆放也陳也所謂眾惡歸之不如是之甚者也師古曰論語稱孔子曰紂之不善不如是之甚也是以君子惡居下流天下之惡皆歸焉故伯引此為言上曰苟不若此此圖何戒伯曰沈湎于酒微子所以告去也師古曰微子殷之卿士封於微爵稱子也殷紂錯亂天命微子作誥告箕子比干而去紂其誥曰用沈酗于酒用亂敗厥德于下我其發出狂吾家耄遜于荒事見尚書微子篇式號式謼大雅所以流連也師古曰大雅蕩之詩曰式號式謼俾晝作夜言醉酒號呼以

晝為夜也流連言作詩之人嗟歎而泣涕流連也而說者乃以流連為荒亡蓋失之矣大雅所以流連不謂飲酒之人也謼音火故反詩書淫亂之戒其原皆在於酒上迺喟然歎曰吾久不見班生今日復聞讜言師古曰讜言善言也音黨放等不懌師古曰懌悅也音亦稍自引起更衣因罷出時長信庭林表適使來聞見之孟康曰長信太后宮名也庭林表宮中婦人官名也師古曰長信宮庭之林表也林表宮名耳庭非官稱也後上朝東宮太后泣曰帝間顏色瘦黑師古曰間謂比日也班侍中本大將軍所舉宜寵異之益求其比以輔聖德師古曰比類也音必寐反宜遣富平侯且就國上曰諾車騎將軍王音聞之以風丞相御史師古曰風讀曰諷奏富平侯罪過上迺出放為邊都尉後復徵又太后與上書曰前所道尚未效張晏曰謂上所言班侍中本大將軍所舉宜寵異之富平侯反復來其能默虖如淳曰富平侯張放復來太后安能默然不以為言上謝曰請今奉詔是時許商為少府師丹為光祿勳上於是引商丹入為光祿大夫伯遷水衡都尉與兩師並侍中如淳曰兩師許商師丹皆秩中二千石每朝東宮常從及有大政俱使諭指於公卿上亦稍厭游宴復脩經書之業太后甚悅丞相方進復奏富平侯竟就國會伯病卒年三十八朝廷愍惜焉斿博學有俊材左將軍史丹舉賢良方正以對策為議郎遷諫大夫右曹中郎將與劉向校祕書每奏事師古曰斿每奏校書之事斿以選受詔進

讀羣書師古曰於天子前讀書上器其能賜以祕書之副時書不布師古曰謂不出之於羣下自東平思王以叔父求太史公諸子書大將軍白不許語在東平王傳師古曰此言東平王求書不得而斿獲賜祕書明見寵異斿亦早卒有子曰嗣顯名當世穉少爲黃門郎中常侍方直自守成帝季年立定陶王爲大子數遣中盾請問近臣師古曰盾讀曰允百官表云詹事之屬官也漢舊儀云秩四百石主徼巡宮中穉獨不敢荅師古曰言其慎哀帝即位出穉爲西河屬國都尉遷廣平相王莽少與穉兄弟同列友善兄事斿而弟畜穉師古曰事斿如兄遇穉如弟斿之卒也脩緦麻賻賵甚厚師古曰送終者布帛曰賻車馬曰賵賻音附賵音芳鳳反平帝即位

太后臨朝莽秉政方欲文致太平師古曰言欲以文教致太平使使者分行風俗采頌聲師古曰行音下更反而穉無所上師古曰不稱符瑞及歌頌琅邪太守公孫閎言災害於公府大司空甄豐遣屬馳至兩郡諷吏民師古曰遣言祥應而隱除災害而刻閎空造不祥穉絕嘉應嫉害聖政皆不道太后曰不宜德美宜與言災害者異罰且後宮賢家我所哀也師古曰班倢伃有賢德故哀閔其家閎獨下獄誅穉懼上書陳恩謝罪願歸相印入補延陵園郎太后許焉食故祿終身由是班氏不顯莽朝亦不罹咎師古曰罹遭也初成帝性寬進入直言是以王音翟方進等繩法舉過師古曰論天子之過失

而劉向杜鄴王章朱雲之徒肆意犯上師古曰肆極也故自帝師安昌侯諸舅大將軍兄弟及公卿大夫後宮外屬史許之家有貴寵者莫不被文傷詆師古曰詆毀也音丁禮反唯谷永嘗言建始河平之際許班之貴傾動前朝熏灼四方賞賜無量空虛內臧女寵至極不可尚矣今之後起天所不饗什倍於前永指以駁譏趙李亦無間云師古曰雖谷永嘗有此言而意專在趙李耳自餘劉向之徒又皆不論班氏也間非也音居莧反穉生彪彪字叔皮幼與從兄嗣共遊學家有賜書內足於財好古之士自遠方至父黨楊子雲以下莫不造門師古曰造至也音千到反嗣雖脩儒學然貴老嚴之術

師古曰老老子嚴莊周也桓生欲借其書師古曰桓譚嗣報曰若夫嚴子者絕聖棄智脩生保眞清虛澹泊歸之自然師古曰澹泊安靜也澹音徒濫反泊音步各反又音魄獨師友造化而不爲世俗所役者也漁釣於一壑則萬物不奸其志師古曰奸犯也音干棲遲於一丘則天下不易其樂不絓聖人之罔師古曰絓讀與挂同聖人謂周孔不齅驕君之餌應劭曰齅音六畜之畜師古曰齅古嗅字也餌謂爵祿君所以制使其臣亦猶釣魚之餌蕩然肆志談者不得而名焉師古曰肆放也故可貴也今吾子已貫仁誼之羈絆繫名聲之韁鎖師古曰韁如馬韁也音薑伏周孔之軌躅鄭氏曰躅迹也三輔謂牛蹄也處爲躅師古曰躅音丈欲反馳顏閔之極摯劉德曰摯至也人行之所極至既繫攣於世教矣何用大道爲自

眩矐師古曰言用老子莊周之道何爲但欲以名自眩矐耳眩音州縣之縣昔有學步於邯
鄲者曾未得其髣髴又復失其故步遂匍匐而
歸耳師古曰匍音扶匐音蒲北反恐似此類故不進師古曰言不與其書嗣之行
已持論如此叔皮唯聖人之道然後盡心焉張晏曰固不欲
言父諱舉其字耳年二十遭王莽敗世祖即位於冀州時隗
囂擁衆招輯英俊師古曰輯與集同而公孫述稱帝於
蜀漢天下雲擾師古曰言盜賊擾亂如雲而起大者連州郡小者據
縣邑囂問彪曰往者周之戰國並爭天下分裂數
世然後迺定其抑者從横之事復起於今乎師古曰抑語辭
將承運迭興在於一人也師古曰迭互也音大結反願先生論之對曰

周之廢興與漢異昔周立爵五等諸侯從政師古曰言諸侯
之國各別爲政本根既微枝葉強大師古曰本根謂王室也枝葉謂諸侯故其末流
有從横之事其埶然也漢家承秦之制並立郡縣
主有專己之威臣無百年之柄至於成帝假借外
家師古曰假音工暇反借音子夜反哀平短祚國嗣三絕危自上起傷不
及下故王氏之貴傾擅朝庭能竊號位而不根於
民師古曰言無據援是以即眞之後天下莫不引領而歎十餘
年間外内騷擾遠近俱發假號雲合咸稱劉氏不
謀同辭方今雄桀帶州城者皆無七國世業之資
詩云皇矣上帝臨下有赫鑒觀四方求民之莫師古

曰大雅皇矣之詩也皇大也上帝天也莫定也言大矣天之視下赫然甚明監察衆國求人所定而受之今民皆謳吟
思漢鄉仰劉氏已可知矣師古曰鄉讀曰嚮囂曰先生言周
漢之埶可也至於但見愚民習識劉氏姓號之故
而謂漢家復興踈矣昔秦失其鹿劉季逐而掎之
師古曰掎偏持其足也音居蟻反時民復知漢虖既感囂言又愍狂狡
之不息迺著王命論以救時難其辭曰　昔在帝
堯之禪曰咨爾舜天之歷數在爾躬舜亦以命禹
師古曰事見論語臮于稷契咸佐唐虞師古曰契讀與离同字本作偰光濟
四海奕世載德師古曰載乘也言相因不絕至于湯武而有天下雖
其遭遇異時禪代不同至乎應天順民其揆一也

師古曰言堯舜以文德相禪湯武以征伐代興各上應天命下順人心是故劉氏承堯之祚氏
族之世著乎春秋師古曰謂士會歸晉其處者爲劉氏唐據火德而漢
紹之始起沛澤則神母夜號以章赤帝之符由是
言之帝王之祚必有明聖顯懿之德豐功厚利積
絫之業師古曰絫古累字然後精誠通於神明流澤加於生
民故能爲鬼神所福饗天下所歸往未見運世無本
功德不紀師古曰不紀不爲人所識而得屈起在此位者也師古曰屈起特起也
屈音其勿反世俗見高祖興於布衣不達其故以爲適遭
暴亂得奮其劒游說之士至比天下於逐鹿幸捷
而得之不知神器有命不可以智力求也劉德曰神器璽也李

奇曰帝王賞罰之柄也師古曰李說是也悲夫此世所以多亂臣賊子者也若然者豈徒闇於天道哉又不覩之於人事矣夫餓饉流隸飢寒道路師古曰隸賤隸思有裋褐之褻儋石之畜師古曰褻謂親身之衣也音先列反一說云衣破壞之餘曰褻儋石解在蒯通傳音丁濫反畜讀曰蓄所願不過一金然終於轉死溝壑何則貧窮亦有命也況虖天子之貴四海之富神明之祚可得而妄處哉故雖遭罹阸會竊其權柄師古曰罹亦遭也音離勇如信布彊如梁籍成如王莽然卒潤鑊伏質亨醢分裂師古曰質鍖也伏於鍖上而斬之也鍖音竹林反又況幺髍尚不及數子鄭氏曰髍音麼小也晉灼曰此骨偏髍之髍也師古曰鄭音是也幺麽皆微小之稱也幺音一堯反麽音莫可反骨偏髍自音麻與此義不相合晉說失之而欲

闚奸天位者虖師古曰奸音干是故駑蹇之乘不騁千里之塗燕雀之疇不奮六翮之用楶梲之材不荷棟梁之任師古曰楶即薄櫨所謂枅也梲梁上短柱也楶音節字亦或作節梲音之說反斗筲之子不秉帝王之重師古曰斗筲言小器也解在公孫劉田傳筲音山交反易曰鼎折足覆公餗師古曰鼎卦九四爻辭也餗食也音速不勝其任也當秦之末豪桀共推陳嬰而王之嬰母止之曰自吾爲子家婦而世貧賤師古曰而汝也卒富貴不祥不如以兵屬人師古曰屬委也音之欲反事成少受其利不成禍有所歸嬰從其言而陳氏以寧王陵之母亦見項氏之必亡而劉氏之將興也是時陵爲漢將而母獲於楚有漢使來陵

母見之謂曰願告吾子漢王長者必得天下子謹事之無有二心遂對漢使伏劍而死以固勉陵其後果定於漢陵爲宰相封侯夫以匹婦之明師古曰凡言匹夫匹婦謂凡庶之人一夫一婦當相配匹猶能推事理之致探禍福之機而全宗祀於無窮垂策書於春秋師古曰春秋史書記事之總稱而況大丈夫之事虖是故窮達有命吉凶由人嬰母知廢陵母知興審此四者帝王之分決矣師古曰分音扶問反蓋在高祖其興也有五師古曰王命論敘高祖之德及班氏漢書敘目所稱引事皆具見本書不煩更解以穢篇籍其有辭句隱互尋覽難知者則具釋焉浮汎之說蓋無取也一曰帝堯之苗裔二曰體貌多奇異三曰神武有徵應四曰寬明而仁恕五曰

知人善任使加之以信誠好謀達於聽受見善如不及用人如由己從諫如順流趣時如嚮赴師古曰嚮讀曰響如響之赴聲也當食吐哺納子房之策拔足揮洗揖酈生之說寤戍卒之言斷懷土之情師古曰洛陽近沛高祖本都關中故云斷懷土之情也斷音丁喚反高四皓之名割肌膚之愛晉灼曰不立戚夫人子舉韓信於行陳收陳平於亡命英雄陳力羣策畢舉此高祖之大略所以成帝業也若廼靈瑞符應又可略聞矣初劉媼任高祖而夢與神遇師古曰任謂懷任也震電晦冥有龍蛇之怪及其長而多靈有異於衆是以王武感物而折券呂公覩形而進女秦皇東游以厭

其氣呂后望雲而知所處師古曰處音一葉反始受命則白蛇分西入關則五星聚故淮陰留侯謂之天授非人力也歷古今之得失驗行事之成敗稽帝王之世運考五者之所謂取舍不厭斯位符瑞不同斯度劉德曰厭當也師古曰音一涉反而苟昧於權利越次妄據師古曰昧貪也外不量力內不知命則必喪保家之主失天年之壽遇折足之凶伏鈇鉞之誅師古曰鈇音方于反英雄誠知覺寤畏若禍戒師古曰若順也超然遠覽淵然深識收陵嬰之明分絕信布之覬覦師古曰分音扶問反覬音冀覦音踰距逐鹿之瞽說審神器之有授毋貪不可幾為二母之所笑師古曰不可幾謂不可庶幾而望也一說幾讀曰冀則福祚流于子孫天祿其永終矣知隗囂終不寤迺避墬於河西師古曰墬古地字河西大將軍竇融嘉其美德訪問焉師古曰每事皆與謀舉茂材為徐令以病去官後數應三公之召仕不為祿所如不合師古曰如往也不苟得祿故所往之處不合其意學不為人博而不俗言不為華述而不作有子曰固弱冠而孤師古曰謂年二十也作幽通之賦以致命遂志劉德曰致極也陳吉凶性命遂明己之志其辭曰系高頊之玄胄兮氏中葉之炳靈應劭曰系連也胄緒也言己高陽顓頊之連緒也顓頊北方水位故稱玄中葉謂令尹子文也虎乳之故曰炳靈繇凱風而蟬蛻兮雄朔野以颺聲應劭曰凱風南風也朔北方也言先祖自楚遷北若蟬之蛻也師古曰繇讀與由同由從也蛻音稅颺讀與揚同皇十紀而鴻漸兮

有羽儀於上京應劭曰十紀漢十世也張晏曰易曰鴻漸于陸其羽可以為儀成帝時班況女為倢伃父子並在京師為朝臣也晉灼曰皇漢皇也巨滔天而泯夏兮考遘愍以行謠應劭曰巨王莽字巨君也張晏曰彪遇王莽之敗夏憂思歌謠也師古曰滔漫也言不畏天也泯滅也夏諸夏也考班固自言其父也遘遇也愍憂也徒歌曰謠終保己而貽則兮里上仁之所廬師古曰言其父遭時濁亂以道自安終遺盛法而處仁者所居也論語稱孔子曰里仁為美擇不處仁焉得智故引以為辭懿前烈之純淑兮窮與達其必濟師古曰因自言美前人之餘業窮則獨善達能兼濟也濟合韻音子齊反咨孤矇之眇眇兮將圮絕而罔階師古曰眇眇微細也圮毀也罔自言孤弱懼將毀絕先人之跡無階路以自成豈余身之足殉兮愇世業之可懷師古曰殉營也愇字與違同違是也懷思也愇音于匪反靖潛處以永思兮經日月而彌遠匪黨人之敢拾兮庶斯言之不玷蘇林曰拾音負拾應劭曰拾更也自謙不敢與鄉人更進也師古曰靖古靜字也拾音其業反玷缺也更音工衡反魂煢煢與神交兮精誠發於宵寐夢登山而迥眺兮覿幽人之髣髴張晏曰幽人神人也師古曰覿見也音迪攬葛藟而授余兮眷峻谷曰勿墜師古曰攬執取也言入峻谷者當攀葛藟可以免於顛墜猶處時俗者當據道義然後得用自立故設此喻託以夢也藟葛蔓也一說藟葛屬也葛之與藟皆有蔓焉攬音攬其字從手藟音力水反昒昕寤而仰思兮心矇矇猶未察孟康曰昒昕早旦也覺寤思念未知其吉凶也師古曰昒音忽昕音欣黃神邈而靡質兮儀遺讖以臆對應劭曰黃帝善占夢久遠無從得問準其讖書以意求其象也賈誼曰讖言其度應劭曰臆胷臆也師古曰對合韻音丁忽反曰乘高而遌神兮道遐通而不迷師古曰登山見神故曰乘高也遌遇也音五故反又音五各反葛緜緜於樛木兮詠南風以為綏應劭曰周南國風其詩曰南有樛木葛藟纍之樂只君子福履綏之師古曰樛木下垂之木也綏安也樛音居虬反纍音力追反蓋惴

惴之臨深兮乃二雅之所祗師古曰詩小雅小宛之篇曰惴惴小心如臨于谷惴惴恐懼之貌也小旻篇曰戰戰兢兢如臨深淵如履薄冰言恐懼危也故云二雅之所祗惴音之瑞反既詒爾以吉象兮又申之以炯戒師古曰詒告也炯明也詒音辝炯音公迥反盍孟晉以迨羣兮辰倏忽其不再服虔曰盍何不也孟勉也晉進也迨及也何不早進仕以及輩也師古曰辰時也倏忽疾也言時疾過不再來也倏音式六反承靈訓其虛徐兮竚盤桓而且俟孟康曰虛徐懷疑也張晏曰竚久也俟待也惟天墬之無窮兮鱻生民之晦在晉灼曰鱻古鮮字也應劭曰晦無幾也師古曰墬古地字也鱻少也言天地長久而人壽短促也鱻音先踐反紛屯亶與蹇連兮何艱多而智寡孟康曰世艱難多智者少故遇禍也師古曰易屯卦六二爻辭曰屯如亶如蹇卦六四爻辭曰往蹇來連皆謂險難之時也亶音竹延反連音力善反上聖寤而後拔兮豈羣黎之所御師古曰黎衆也言上聖之人猶遇紛難覩幾能寤然後自拔文王羑里孔子於匡是也至於衆庶豈能豫禦之哉

昔衞叔之御昆兮昆爲寇而喪予孟康曰御迎也昆兄也衞叔武迎兄成公成公令前驅射殺之師古曰御音五駕反衞叔解在五行志管彎弧欲斃讎兮讎作后而成己師古曰謂管仲射桓公中帶鉤桓公反國以爲相也變化故而相詭兮孰云豫其終始師古曰詭違也雍造怨而先賞兮丁繇惠而被戮師古曰雍雍齒也丁丁公也繇讀與由同栗取弔于逌吉兮王膺慶於所慼應劭曰栗孝景栗姬也有子而以妬見廢王宣帝王倢伃也以無子爲憂而以謹敕得母元帝也師古曰逌古攸字也攸亦所也畔回穴其若茲兮北叟頗識其倚伏師古曰畔亂貌也回穴轉旋之意也叟老人稱也淮南子曰北塞上之人其馬無故亡入胡中人皆弔之其父曰此何詎不爲福居數月其馬將胡駿馬而歸人皆賀之對曰此何詎不爲禍家富馬良其子好騎墮而折髀人皆弔之對曰此何詎不爲福居一年胡夷大入丁壯者皆控弦而戰塞上之人死者十九此獨以跛之故父子相保老子德經曰禍兮福所倚福兮禍所伏故頗

識其倚伏倚音於綺反單治裏而外凋兮張修襮而內逼應劭曰單單豹也靜居其所以理五內處深山爲虎所食張張毅也外脩恭敬斯徒馬圉皆與亢禮不勝其勢內熱而死師古曰襮表也單音善襮音布各反欥中龢爲庶幾兮顏與冉又不得師古曰欥古聿字也龢古和字也聿曰也曰中和之道可以庶幾免於禍難而顏回早死冉耕惡疾爲善之人又不得其報也溺招路以從己兮謂孔氏猶未可安慆慆而不萉兮卒隕身虖世旤鄧展曰慆慆亂貌也萉避也師古曰溺桀溺也路子路也論語稱長沮桀溺耦而耕孔子過之使子路問津焉桀溺曰子孔丘之徒與對曰然曰慆慆者天下皆是也而誰以易之且而與其從避人之士豈若從辟世之士哉言天下皆亂汝將用誰變易之乎避人之士謂孔子避世之士溺自謂也而子路安之卒不能避乃遇蒯聵之亂身死敵也慆音土高反萉音扶味反字本作腓其音同游聖門而靡救兮顧覆醢其何補師古曰禮記云孔子哭子路於中庭既哭進使者而問故使者曰醢之矣遂命覆醢賦言子路游於聖人之門而孔子不能救之以免於難雖爲覆醢無所補益固行行

其必凶兮免盜亂爲賴道師古曰論語稱閔子侍側誾誾如也子路行行如也子樂曰若由也不得其死然又稱子路曰君子上勇乎曰君子有勇而無義爲亂小人有勇而無義爲盜賦言子路稟行行之性其凶必也所以免爲亂盜者有賴聞道於孔子也行行剛強之貌也行音胡浪反形氣發于根柢兮柯葉彙而靈茂師古曰柢本也彙盛也靈善也言草木本根氣強則枝葉盛而善美人之先祖有大功德則胤緒亦蕃昌也柢音丁計反茂合韻音莫口反恐罔蜽之責景兮慶未得其云已師古曰慶發語辭讀與羌同已止也莊子云罔兩問景曰曩子行今子止曩子坐今子起何其無持操歟景曰吾有待而然吾所待又有待而然賦言景之行止皆隨於形草木枝葉各稟根柢人之餘慶資於積善亦猶此也黎淳耀于高辛兮羋彊大於南汜應劭曰黎楚之先也醇美也高辛帝嚳之號羋楚姓汜崖也師古曰言黎在高辛之時爲火正有美光耀故其後嗣霸有楚國於南方也汜江水之別也音祀邵南之詩曰江有汜羋音弭嬴取威於百儀兮姜本支虖三止應劭曰嬴秦姓也伯益之後也伯益爲虞有儀鳥獸百物

之功秦所由取㕓於六國也姜齊姓也止禮也齊伯夷之後伯夷爲秩宗典天地人鬼之禮也既仁得其信然
兮卬天路而同軌劉德曰人道既然仰視天道又同法也師古曰仁得謂求仁而得仁卬讀曰仰東厶
虐而殲仁兮王合位虖三五應劭曰東厶紂也殲盡也王武王也欲合五位三所即國
語歲日月星辰之所在也師古曰厶古鄰字也仁即三仁也國語稱泠州鳩對景王曰昔武王伐紂歲在鶉火月在天駟日在析木之津
辰在斗杓星在天黿星與日辰之位皆在北維顓頊之所建也我姬氏出自天黿及析木者有建星及牽牛焉則我皇妣大姜之姪伯陵
之後逢公之所憑神也歲之所在則我有周之分野也月之所在辰爲農祥也我太祖后稷之所經緯也王欲合是五位三所而用之五位謂
歲日月辰星也三所謂逢公所憑神周分野所在后稷所經緯也戎女烈而喪孝兮伯祖歸
於龍虎孟康曰伯晉文公也歲在卯出歷十九年過一周歲在酉入卯爲龍酉爲虎也師古曰戎女驪戎之女謂驪姬也烈
酷也孝謂太子申生也伯讀曰霸言文公霸諸侯也徂往也言以龍往出以獸歸戎也發還師以成性
兮重醉行而自耦師古曰發武王名也性命也武王初觀兵於孟津八百諸侯不期而會皆曰紂可伐矣武

王曰爾未知天性還師二年紂殺比干囚箕子武王乃伐克之於是成天命也重謂重耳晉文公名也耦合也文公初出奔至齊齊桓公
妻之有馬二十乘文公欲安之齊姜乃與子犯謀醉而遣之後遂反國與時會也震鱗漦于夏庭兮
帀三正而滅周應劭曰易震爲龍鱗蟲之長也漦沫也師古曰謂㠶也解在五行志三正歷夏殷
周也漦音丑之反正音之盈反巽羽化于宣宮兮彌五辟而成災應劭曰易巽爲
雞羽蟲也宣帝時未央宮路軨廄中雌雞化爲雄元后統政之祥也至平帝歷五世而王莽篡位道悠長而世
短兮敻冥默而不周劉德曰敻遠也周至也冥默玄深不可通至也胥仍物而鬼
諏兮迺窮宙而達幽應劭曰胥須也仍因也諏謀也易曰人謀鬼謀百姓與能往古來今曰宙聖人
須因卜筮然後謀鬼神極古今通幽微也嬀巢姜於孺筮兮旦算祀于挈龜
應劭曰嬀陳姓也巢居也姜齊姓也孺少也陳完少時其父厲公使周史卜得居有齊國之卦也李奇曰算數也祀年也周公卜居洛
得世三十年七百也師古曰挈刻也詩大雅緜之篇曰爰挈我龜言刻開之灼而卜之挈音口計反宣曹興

敗於下夢兮魯衛名諡於銘謠應劭曰周宣王牧人夢衆魚與旟旐之祥而中興
曹伯陽國人夢衆君子立于社宮謀亡曹而曹亡也孟康曰魯昭文成之世童謠言稠父喪勞宋父以驕後昭公名稠遂死於野
井定公名宋即位而歸衛靈公掘地得石槨其銘曰靈公遂以爲諡妣聆吘而刻石兮許相
理而鞫條應劭曰妣叔向之母也石叔向之子也聽其啼聲刻知其後必滅羊舌氏許負相周亞夫從理入口當餓死鞫
窮也條亞夫所封也師古曰鞫告也道混成而自然兮術同原而分流師古曰大
道混壹歸於自然人之所趨雖有流別本則同耳神先心以定命兮命隨行以消
息師古曰言神明之道雖在人心之前巳定命矣然亦隨其所行以致禍福斡流遷其不濟兮
故遭罹而嬴縮師古曰斡轉也言人之生各有遭遇不能必濟免於困厄各隨其所逢以致嬴虧也
三欒同於一體兮雖移盈然不忒孟康曰晉大夫欒書書子黶黶子盈書賢
而黶驕黶惡而害盈也師古曰欒書欒武子也黶欒桓子也盈欒懷子也春秋左氏傳稱秦伯問於士鞅曰晉大夫其誰先亡對曰其欒氏乎欒黶汰虐

以甚猶可以免其在盈乎武子之德在人如周人之思邵公愛其甘棠況其子乎欒黶死盈之善未能及人武子所施沒矣黶之惡實彰
將於是乎在其後至襄公二十一年終爲范宣子所逐而出奔楚自楚適齊二十三年自齊入于晉晉人遂滅欒氏也洞參
差其紛錯兮斯衆兆之所惑師古曰衆兆兆庶也周賈盪而貢
憤兮齊死生與禍福孟康曰莊周賈誼也貢惑也憤亂也故盪惑亂死生禍福之正也抗
爽言以矯情兮信畏犧而忌服孟康曰莊周不欲爲犧牛賈誼忌服鳥也師古
曰抗舉也爽差也謂二人雖舉言齊死生壹禍福而心實不然是差繆也所貴聖人之至論兮
順天性而斷誼師古曰斷謂以誼斷之斷音丁奐反物有欲而不居兮
亦有惡而不避師古曰言富貴人之所欲不以其道則君子不居死亡人之所惡與得其節則君子不避也
守孔約而不貳兮迺輶德而無累師古曰孔甚也輶輕也言守其甚約執心不貳
舉德至輕無所累惡斯爲可矣詩大雅烝人之篇曰德輶如毛人鮮克舉之輶音弋九反又音猶三仁殊而一

致兮夷惠舛而齊聲師古曰三仁紂賢臣也論語稱微子去之箕子爲之奴比干諫而死孔子曰
殷有三仁焉夷伯夷也惠柳下惠也賦言微子箕子比干所行各異而並稱仁伯夷不義武王伐殷至于不食周粟而死柳下
惠三黜不去懸父母之邦志執乖舛俱有令名木偃息以蕃魏兮申重繭以存
荆師古曰木段干木也各居魏魏文侯敬而禮之過其閭未嘗不軾也秦欲伐魏或諫曰魏君賢者是禮國人稱仁未可圖
也秦遂止兵申謂申包胥也繭足下傷起如繭也楚昭王時吳師入郢昭王出奔申包胥如秦乞師蹦越險阻曾繭重胝立於
秦庭號哭七日秦哀公出師救楚而敗吳師昭王反國將賞包胥包胥辭曰吾所以重繭爲君耳非爲身也逃不受賞紀焚
躬以衞上兮皓頤志而弗營師古曰紀紀信也脫漢王於難而爲項羽所燒皓四皓也避秦
洛深山高祖求之不得自養其志無所營屈侯中木之區別兮苟能實而必榮
要沒世而不朽兮廼先民之所程應劭曰侯維也張晏曰苟能有仁義之道
必有榮名也師古曰侯發語辭也爾雅曰伊維侯也程正也言人之操行所尚不同立德立言期於不朽亦猶蘭蕙松栝各有本性馨香烈

材榦並植貞芳此乃古昔賢人以爲正道也論語稱子夏曰君子之道辟諸草木區以別矣故賦引之觀天罔之
紘覆兮實棐諶而相順應劭曰棐輔也諶誠也相助也師古曰尚書大誥曰天棐諶辭詩
大雅蕩之篇曰天生烝人其命匪諶易上繫辭曰天之所助者順也賦言天道惟誠是輔唯順是助故引以爲辭也棐讀與匪同諶
音上林反謨先聖之大繇兮亦邇㥁而助信劉德曰邇近也師古曰謨謀也繇
道也邇古邇字詩小雅巧言之篇曰秩秩大繇聖人謨之論語稱孔子曰德不孤必有鄰易上繫辭曰人之所助者信也賦言此者能
謨聖人之大道有德者必爲同志所依履信者必獲他人之助謨音莫虞韶美而儀鳳兮孔忘
味於千載師古曰韶舜樂名也虞書舜典曰簫韶九成鳳皇來儀論語云孔子在齊聞韶三月不知肉味賦言
孔子去舜千歲也素文信而底麟兮漢賓祚于異代應劭曰底致也孔子
作春秋素王之文有視明禮脩之信而致麟漢封其後爲褒成及紹嘉公係殷後爲二代之客精通靈而感
物兮神動氣而入微養游睇而猨號兮李虎發而

石開師古曰養養由基也楚之善射者游睇流眄也楚王使由基射猨操弓而眄之猨抱木而號知其必見中也李李廣
也夜遇石以爲猛獸而射之中石沒羽也非精誠其焉通兮苟無實其孰
信師古曰信合韻音新操末技猶必然兮矧湛躬於道真師古曰矧況也
湛讀曰耽躬親也射者微技猶能精誠感於猨石況立身種德親耽大道而不登者乎登孔顥而上
下兮緯群龍之所經應劭曰顥太顥也孔孔子也群聖也自伏羲下訖孔子終始天道
備矣孟康曰孔甚也顥大也聖人作經賢者緯之也師古曰應說孔顥是也孟說經緯是也顥音胡老反朝貞觀
而夕化兮猶諠己而遺形應劭曰貞正也觀見也諠忘也易曰天地之道貞觀者也張晏
曰言朝觀大道而夕死可也師古曰形己尚可遺忘況外物者哉諠音許元反又許遠反若胤彭而偕老兮
訴來哲以通情師古曰彭彭祖也老老聃也言有繼續彭祖老聃之志外於老聃之壽者則可與言至道而通
情也亂曰天造屮昧立性命兮應劭曰天造始造萬物草創於冥昧中皆立其性命也

師古曰易屯卦彖辭曰天造草昧故賦引之復心弘道惟賢聖兮應劭曰易曰復其見天地
之心乎論語曰人能弘道師古曰復音扶目反渾元運物流不處兮師古曰渾元天地之氣也處止也渾
音胡昆反保身遺名民之表兮舍生取誼亦道用兮
應劭曰孟子曰生我所欲也義我所欲也二者不可得兼舍生而取義也師古曰舍置也憂傷夭物忝莫
痛兮晉灼曰忝沒也言死莫痛於是也師古曰此說非也忝辱也言不達性命自取憂傷爲物所夭既辱且痛莫過於是
昊爾太素曷渝色兮服虔曰守死善道不涂流俗是爲浩爾太素向有變渝者哉師古曰渝音踰
尚粵其義諭神域兮應劭曰尚上也粵於也易曰知幾其神乎諭入也師古曰尚庶幾也願也
永平中爲郎典校祕書專篤志於博學以著述爲
業或譏以無功又感東方朔揚雄自諭以不遭蘇
張范蔡之時曾不折之以正道明君子之所守故

聊復應焉其辭曰賓戲主人曰蓋聞聖人有壹定
之論列士有不易之分亦云名而已矣如淳曰唯貴得名也故
太上有立德其次有立功夫德不得後身而特盛
功不得背時而獨章是以聖喆之治棲棲皇皇師古曰不安之意也孔席不煗墨突不黔師古曰孔孔子墨墨翟也突竈突也黔黑也言志在明道不暇
安居由此言之取舍者昔人之上務著作者前列之
餘事耳劉德曰取者施行道德舍者守靜無爲也今吾子幸游帝王之世躬
帶冕之服師古曰帶大帶也冕冠也浮英華湛道德師古曰湛讀曰沈華謂名譽也言外
則有美名善譽內則履道崇德也矕龍虎之文舊矣孟康曰矕被也易曰大人虎變其文
炳也言文章之盛久也晉灼曰矕視也言目厭見其文久矣師古曰尋其下句孟說是也矕音莫限反卒不能攄

首尾奮翼鱗振拔洿塗跨騰風雲師古曰攄申也洿停水塗泥也以龍爲喻也洿
音一故反又音烏使見之者景駭聞之者嚮震師古曰嚮讀曰響見景則駭聞
響則震合韻音之人反徒樂枕經籍書紆體衡門師古曰紆屈也衡門橫一
木於門上上無所帶下無所根獨攄意虖宇宙之外銳
思於豪芒之內潛神默記恒以年歲如淳曰恒音亘竟之亘師古曰宇宙
之外言宏廣也豪芒之內諭纖微也恒工贈反然而器不賈於當己用不效於
一世劉德曰賈讎也師古曰當己謂及己身尚在猶言當年也賈音古又音工暇反雖馳
辯如濤波摛藻如春華師古曰大波曰濤摛布也藻文辭也猶無益於殿
最師古曰殿音丁見反意者且運朝夕之策定合會之計使存
有顯號亡有美諡不亦優虖主人逌爾而咲曰師古曰逌

古攸字也攸咲貌也若賓之言斯所謂見埶利之華闇道德之實
守窔奧之熒燭未卬天庭而覩白日也應劭曰爾雅東南隅謂之窔西
南隅謂之奧師古曰窔奧室中之二隅也熒熒小光之燭也卬讀曰仰窔音烏了反其字從穴天聲也曩者王塗
蕪穢周失其御侯伯方軌戰國橫騖於是七雄虓
闞分裂諸夏應劭曰七雄秦及六國也師古曰虓音呼交反闞音呼敢反龍戰而虎爭
游說之徒風颺電激並起而救之師古曰颺讀與揚同其餘猋
飛景附煜霅其間者蓋不可勝載師古曰猋疾風也煜霅光貌也煜音
于及反霅音下甲反煜又音育當此之時搦朽摩鈍鉛刀皆能壹斷
師古曰搦按也音女角反斷音丁爨反是故魯連飛一矢而蹶千金虞卿
以顧眄而捐相印也應劭曰魯連齊人也齊圍燕燕將保於聊城魯連係帛書於矢射與

之寫陳利害燕將得之泣而自殺譏切魏新垣衍使不尊秦爲帝秦時圍邯鄲爲却五十里趙遂以安趙王以千金爲魯連壽不受
魏齊爲秦所購迫急走趙趙相虞卿與齊有故然慭其窮於是解相印間行與奔魏公子無忌也李奇曰蹶躡也距也師古曰
蹶音厥又音其月反夫啾發投曲感耳之聲合之律度淫蠅而
不可聽者非韶夏之樂也李奇曰蠅不正之音也師古曰啾發啾啾小聲而發也投曲趣合
曲也感耳動應衆庶之耳也然而合律度君子所不聽也淫蠅非正之聲也不謂蠅黽之鳴也啾音子由反因埶
合變偶時之會風移俗易乖迕而不可通者非君
子之法也師古曰雖偶當時之會而不可以移風易俗及至從人合之衡人
散之師古曰從音子容反亡命漂說羇旅騁辭師古曰漂浮也音匹遙反商鞅
挾三術以鑽孝公李斯奮時務而要始皇應劭曰王伯富國強
兵爲三術也師古曰王一也霸二也富國強兵三也彼皆躡風雲之會履顛沛之埶

師古曰顛沛僵仆也據徼乘邪以求一日之富貴師古曰徼要也據可以要迎之
時也徼音工堯反徼字或作激激發也朝為榮華夕而焦瘁師古曰焦音在消反瘁與
悴同福不盈眦禍溢於世李奇曰當富貴之閒視不滿目故言不盈眥也凶人且
以自悔況吉士而是賴虖師古曰賴利也且功不可以虛成
名不可以為立韓設辯以徼君呂行詐以賈國師古
曰賈市賣也音古說難既酋其身廼囚秦貨既貴厥宗亦
墜應劭曰酋音酋豪之酋酋雄也說難韓非書篇名也呂不韋効千金於秦立子楚為王封十萬戶侯以侯事
自殺也師古曰呂不韋初見子楚在趙而云此奇貨可居故陳氏謂子楚為秦貨耳安說效千金乎應說失之矣是故
仲尼抗浮雲之志孟軻養浩然之氣張晏曰孔子云不義而富且貴
於我如浮雲孟軻曰我善養吾浩然之氣而無害則塞乎天地之閒也師古曰浩然純壹之氣也彼豈樂為

迂闊哉道不可以貳也師古曰迂遠也音于方今大漢洒埽羣
穢夷險芟荒師古曰洒所蟹反汛也汛音信廓帝紘恢皇綱基隆於
羲農規廣於黃唐其君天下也炎之如日威之如神
函之如海養之如春師古曰函容也讀與含同是以六合之內莫
不同原共流沐浴玄德師古曰原水泉之本也流者其末流也稟卬太和
枝附葉著師古曰卬讀曰仰著音直略反譬猶屮木之殖山林鳥魚
之毓川澤師古曰殖生也毓長也毓與育同得氣者蕃滋失時者苓落
師古曰苓與零同參天墬而施化豈云人事之厚薄哉師古曰墬古
地字今子處皇世而論戰國耀所聞而疑所覿師古曰覿見也
音徒歷反欲從堥敦而度高虖泰山懷氿濫而測深

虖重淵亦未至也應劭曰爾雅前高曰旄丘如覆敦者敦丘側出曰氿泉正出曰濫泉師古曰敦
音丁回反度音徒各反氿音軌賓曰若夫鞅斯之倫衰周之凶人既
聞命矣敢問上古之士處身行道輔世成名可述
於後者默而已虖主人曰何為其然也昔咎繇謨
虞箕子訪周師古曰訪亦謀言通帝王謀合聖神殷說夢
發於傅巖周望兆動於渭濱師古曰說傅說也解已在前望謂太公望呂尚也釣
於渭水文王將出獵卜之曰所得非龍非螭非豹非羆乃帝王之輔果遇呂尚於渭陽與語大悅曰吾太公望子久矣故號曰太公望
齊甯激聲於康衢漢良受書於邳沂鄭氏曰五達曰康四
達曰衢晉灼曰沂崖也下邳水之崖也師古曰齊甯甯戚也聲激謂叩角所歌也沂音牛斤反皆俟命而神
交匪詞言之所信師古曰信合韻音新故能建必然之策展無

窮之勳也近者陸子優繇新語以興鄭氏曰優繇不仕也師古曰繇讀與由同
董生下帷發藻儒林劉向司籍辯章舊聞楊雄
覃思法言大玄師古曰覃大也深也皆及時君之門闈究先聖
之壼奧應劭曰宮中門謂之闈宮中巷謂之壼師古曰壼音苦本反婆娑虖術蓺
之場休息虖篇籍之囿以全其質而發其文用納
虖聖聽列炳於後人斯非其亞與師古曰亞次也與讀曰歟若迺夷
抗行於首陽惠降志於辱仕師古曰夷伯夷也惠柳下惠也辱仕謂為士師三黜也
顏耽樂於簞瓢孔終篇於西狩師古曰謂作春秋止於獲麟也狩合韻音守
聲盈塞於天淵真吾徒之師表也且吾聞之壹陰
壹陽天墬之方師古曰墬古地字迺文迺質王道之綱有同

有異聖喆之常故曰愼修所志守爾天符委命共
已味道之腴師古曰共讀曰恭腴肥也神之聽之名其舍諸師古曰舍盛
諸之也言修志委命則明神聽之祐以福祿自然有名永不廢也賓又不聞龢氏之璧韞於
荆石師古曰龢古和字也韞亦藏也音於粉反隨侯之珠臧於蜯蛤虖師古曰蜯即蚌
字也音平項反蛤音工合反歷世莫眡不知其將含景耀吐英精
曠千載而流光也應龍潛於潢汙魚黿媟之師古
曰應龍龍有翼者潢汙停水也媟謂慢狎之也潢音黃汙音烏不覩其能奮靈德合
風雲超忽荒而躆顥蒼也師古曰躆以足據持也顥顥天也元氣顥汗故曰顥天其
色蒼蒼故曰蒼天躆音據故夫泥蟠而天飛者應龍之神也先賤
而後貴者龢隨之珍也旹闇而久章者君子之眞
也師古曰時闇有時而闇也若迺牙曠清耳於管絃離婁眇目於
毫分師古曰牙伯牙也曠師曠也離婁明目者也眇細視也逢蒙絕技於弧矢班輸
榷巧於斧斤師古曰逢蒙古善射者也班輸即魯公輸班也一說班魯班也與公輸氏爲二人也皆有巧藝也
故樂府云誰能爲此器公輸與魯班榷專也一曰競也榷音角良樂軼能於相馭烏獲
抗力於千鈞師古曰良王良也樂伯樂也軼與逸同相相馬也馭善馭也烏獲壯士也龢鵲發
精於鍼石研桑心計於無垠孟康曰研古之善計者也桑桑弘羊也師古曰和秦醫和也
鵲扁鵲也研計研也一號計倪亦曰計然垠堐也僕亦不任廁技於彼列故密
爾自娛於斯文師古曰密靜也安也

漢書敘傳第七十上

敘傳第七十下　　班固　漢書一百

祕書監上護軍琅邪縣開國子顏師古注

固以爲唐虞三代詩書所及世有典籍故雖堯舜之盛必有典謨之篇然後揚名於後世冠德於百王 師古曰德爲百王之上也 故曰巍巍乎其有成功煥乎其有文章也 師古曰此篇論語載孔子美堯舜之言也 漢紹堯運以建帝業至於六世史臣乃追述功德私作本紀 師古曰謂武帝時司馬遷作史記 編於百王之末廁於秦項之列太初以後闕而不錄故探篹前記綴輯所聞 師古曰篹與撰同輯與集同 以述漢書起元高祖終于孝平王莽之誅十有二世二百三十年綜

其行事旁貫五經上下洽通 師古曰固所撰諸表序及志經典之義在於是也 爲春秋考紀表志傳凡百篇 師古曰春秋考紀謂帝紀也而俗之學者不詳此文乃云漢書一名春秋考紀蓋失之矣 其敘曰 師古曰自皇矣漢祖以下諸敘皆班固自論撰漢書意此亦依放史記之敘目耳史遷則云爲其事作某本紀某列傳班固謙不言作而改言述蓋避作者之謂聖而取述者之謂明也但後之學者不曉此爲漢書敘目見有述字因謂此文追述漢書之事乃呼爲漢書述失之遠矣摯虞尚有此惑其餘曷足怪乎 皇矣漢祖纂堯之緒實天生德聰明神武秦人不綱罔漏于楚 師古曰言秦失綱維故高祖因時而起罔漏于楚謂項羽雖有害虐之心終免於患也一說楚王陳涉初起後又破滅也 爰茲發迹斷蛇奮旅神母告符朱旗迺舉粵蹈秦郊嬰來稽首革命創制三章是紀應天順民五星同晷 師古曰晷景也 項氏畔換黜我巴漢 孟康曰畔反也換易也不用義帝要換易與高祖漢中也師古曰此說非也畔換強恣之貌猶言跋扈也詩大雅皇矣篇曰無然畔換 西土宅心戰士憤怨 劉德曰宅居也西方人皆居心於高祖猶係心也書曰惟衆宅心晉灼曰西土關西也高祖入關約法三章秦民大說皆宅心高祖 乘釁而運席卷三秦割據河山保此懷民 師古曰保安也懷民懷德之人也 股肱蕭曹社稷是經爪牙信布腹心良平龔行天罰赫赫明明述高紀第一　孝惠短世高后稱制罔顧天顯呂宗以敗 劉德曰罔無也顧念也顯明也言呂氏無念天之明道者徒念王諸呂以至於敗亡矣 述惠紀第二高后紀第三　太宗穆穆允恭玄默化民以躬帥下以德農不供貢辠不收孥 張晏曰除民田租之稅是不供貢也 宮不新館陵不崇墓 師古曰墓合韻音謨 我德如風民應如屮 師古曰論語稱孔子曰君子之德風小人之德屮也故引以爲辭 國富刑清登我漢道

師古曰登成也 述文紀第四　孝景涖政諸侯方命 孟康曰尚書云方命圮族言鯀之惡壞其族類吳楚七國亦然 克伐七國王室以定匪怠匪荒務在農桑著于甲令民用寧康 晉灼曰甲令即景紀令甲也 述景紀第五　世宗曄曄思弘祖業 師古曰曄曄盛貌也 疇咨熙載髦俊並作 師古曰疇誰也咨謀也熙興也載事也謀於衆賢誰可任用故能興其事業也作起也 厥作伊何百蠻是攘 師古曰攘卻也 恢我疆宇外博四荒 師古曰恢廣也博大也 武功既抗亦迪斯文 劉德曰迪進也 憲章六學統壹聖真封禪郊祀登秩百神協律改正饗茲永年 張晏曰改正謂從建寅之月也 述武紀第六　孝昭幼沖冢宰惟忠燕蓋譸張實叡實聰 如淳曰譸音輈應劭曰譸張誑也 辠人斯得邦家和同述昭

紀第七　中宗明明夤用刑名劉德曰夤敬也時舉傅納聽
斷惟精李奇曰時是也於是時也選用賢者師古曰傅讀曰敷虞書舜典曰敷納以言敷陳也謂有陳言者則納而用之
柔遠能邇燀燿威靈師古曰虞書舜典柔遠能邇柔安也能善也故引之云燀燿也音充善反
龍荒幕朔莫不來庭孟康曰謂白龍堆荒服沙幕也師古曰龍匈奴祭天龍城非謂白龍堆也朔北
方也丕顯祖烈尚於有成師古曰丕大也烈業也　述宣紀第八
孝元翼翼高明柔克師古曰翼翼敬也尚書洪範云高明柔克謂人雖有高明之度而當執柔
乃能成德也叙言元帝有柔克之姿也賓禮故老優繇亮直師古曰故老謂貢禹薛廣德也優繇
謂寬容也亮直謂朱雲也繇讀與由同外割禁囿內損御服離宫不衛山
陵不邑張晏曰不徙民著縣閹尹之呰穢我明德如淳曰任弘恭石顯使為政以病其治也
師古曰謂宦人為閹閹者言其精氣奄閉不泄也一曰主奄閉門者尹正也呰與疵同　述元紀第九　孝成

煌煌臨朝有光威儀之盛如圭如璋壼闈恣趙朝
政在王師古曰趙謂趙皇后及昭儀也王謂外家王鳳王音等　炎炎燎火亦允不陽
張晏曰天子盛威若燎火之陽今委政王氏不炎爍矣師古曰允信也　述成紀第十　孝哀彬
彬克攬威神師古曰彬彬文質備也言哀帝忿孝成之時權在臣下故自攬持其威神也攬執取也其字從手
彫落洪支底劉鼎臣服虔曰彫落洪支廢退王氏也底致也周禮有屋誅誅大臣於屋下不露也易曰
鼎折足其形渥凶謂誅朱博王嘉之屬也晉灼曰劉刑也師古曰劉者厚刑謂重誅也音握服言屋下失其義也　婉孌董
公惟亮天功大過之困實橈實凶應劭曰以董賢為三公乃欲共成天功也
易大過卦棟橈凶言以小材而為棟梁不堪其任至於折橈而凶也師古曰婉孌美貌亮助也尚書舜典曰亮天功故引之也橈曲
也音女教反　述哀紀第十一　孝平不造新都作宰不周不
伊喪我四海師古曰造成也遭家不成周頌曰閔予小子遭家不造故引之也宰其官號宰衡而無周公伊尹

之忠信也　述平紀第十二　漢初受命諸侯竝政制自項
氏十有八姓　述異姓諸侯王表第一　太祖元勳
啟立輔臣支庶藩屏侯王竝尊　述諸侯王表第二
侯王之祉祚及宗子公族蕃滋支葉碩茂師古曰茂合韻音莫
口反　述王子侯表第三　受命之初贊功剖符奕世弘
業爵土逈昭師古曰贊功佐命之功也奕大也　述高惠高后孝文功臣
侯表第四　景征吳楚武興師旅後昆承平亦猶
有紹師古曰言景武之時以軍功故封侯者多昭宣以後雖承平尚有以勳獲爵土者　述景武昭
宣元成哀功臣侯表第五　亡德不報爰存二代應劭
曰二代三王後也師古曰二代謂殷周也言德澤深遠故至漢朝其子孫又受茅土以奉祭祀　宰相外戚昭韙

見戒張晏曰韙是也明其是者戒其非也　述外戚恩澤侯表第六　漢迪
于秦有革有因劉德曰迪至也　觕舉僚職竝列其人晉灼曰觕音麤
觕之觕師古曰觕音才戶反謂大略也　述百官公卿表第七　篇章博舉通
于上下略差名號九品之叙　述古今人表第八　元元
本本數始於一張晏曰數之元本起於初九之一也　産氣黃鍾造計秒忽
劉德曰秒禾芒也忽蜘蛛網細者也師古曰秒音眇其字從禾　八音七始五聲六律劉德曰七始天
地四方人之始也師古曰解在禮樂志　度量權衡曆算逌出師古曰逌古攸字也攸所也　官
失學微六家分乖劉德曰六家謂黃帝顓頊夏殷周魯曆也　壹彼壹此庶研
其幾　述律曆志第一　上天下澤春靁奮作劉德曰兌
下乾上履坤下震上豫履禮也豫樂也取易象制禮作樂師古曰易象曰上天下澤履雷出地奮豫故具引其文　先王

觀象爰制禮樂厥後崩壞鄭衛荒淫風流民化湎湎紛紛（師古曰言上風既流下人則化也湎湎猶泯泯移也紛紛亂也湎音莫踐反）略存大綱以統舊文述禮樂志第二　靁電皆至天威震耀五刑之作是則是效（劉德曰震下離上噬嗑利用獄雷電取象天威也師古曰易象辭曰雷電噬嗑先王以明罰敕法故引之）威實輔德刑亦助教季世不詳背本爭末（師古曰不詳謂不盡用刑之理也周書呂刑曰告爾祥刑）吳孫狙詐申商酷烈（師古曰狙音千豫反）漢章九法太宗改作（張晏曰改除肉刑也）輕重之差世有定籍述刑法志第三　厥初生民食貨惟先割制廬井定爾土田什一供貢下富上尊商以足用茂遷有無貨自龜貝至此五銖揚搉古今監世盈虛（師古曰揚舉也搉引也揚搉者舉而引之陳其趣也搉音居學反）述食貨志第四　昔在上聖昭事百神類帝禋宗望秩山川明德惟馨永世豐年季末淫祀營信巫史（鄧展曰營惑也）大夫臚岱侯伯僭時（鄭氏曰臚岱季氏旅於太山是也應劭曰僭時秦文公造四時祭天是也師古曰旅陳也臚亦陳也臚旅聲相近其義一耳）放誕之徒緣間而起（師古曰謂方士言神仙之術也）瞻前顧後正其終始述郊祀志第五　炫炫上天縣象著明（師古曰炫炫光耀之貌音胡眄反縣古懸字）日月周輝星辰垂精百官立法宮室混成（張晏曰星辰有宮室百官各應其象以見咎徵也）降應王政景以燭形（張晏曰王政失於此星辰變於彼猶景之象形）三季之後厥事放紛（師古曰三季三代之末也放失也紛亂也）舉其占應覽故考新述天文志第六　河圖命庖洛書賜禹八卦成列九疇

逌敘（李奇曰河圖即八卦也洛書即洪範九疇也師古曰庖庖犧也逌古攸字）世代寔寶光演文武春秋之占咎徵是舉告往知來王事之表述五行志第七　坤作墬埶高下九則（張晏曰易曰地埶坤劉德曰九則九州土田上中下九等也師古曰墬古地字易象曰地埶坤君子以厚德載物高下謂地形也一曰地之肥瘠也）自昔黃唐經略萬國燮定東西疆理南北（師古曰燮和也疆理謂立封疆而統理也）三代損益降及秦漢革剗五等制立郡縣（晉灼曰剗音剗削之剗師古曰音初限反）略表山川彰其剖判述地理志第八　夏乘四載百川是導（師古曰四載解在溝洫志）唯河為難災及後代商竭周移秦決南涯（服虔曰河竭而商亡移亦河移徙也如淳曰秦始皇本紀決河灌大梁遂滅之通為溝入淮泗）自茲距漢北亡八支（服虔曰本有九河今塞餘有一也）文陻棗野武作瓠歌（服虔曰陻音因文帝塞河於酸棗也張晏曰河決瓠子武帝親臨悼功不成而作歌）成有平年後遂滂沱（劉德曰成帝治河已平改元曰河平元年）爰及溝渠利我國家述溝洫志第九　虙羲畫卦書契後作（師古曰虙讀曰伏同）虞夏商周孔纂其業篹書刪詩綴禮正樂（師古曰篹與撰同）彖系大易因史立法（師古曰謂修春秋定帝王之文）六學既登遭世罔弘（師古曰罔無也無能弘大正道也）羣言紛亂諸子相騰（師古曰騰馳也）秦人是滅漢修其缺劉向司籍九流以別（應劭曰儒道陰陽法名墨從橫雜農凡九家）爰著目錄略序洪烈（師古曰洪大也烈業也）述藝文志第十　上嫚下暴惟盜是伐（師古曰易上繫辭云小人而乘君子之器盜思奪之矣上嫚下暴盜思伐之矣引此言者謂秦胡亥之時）勝廣熛起梁籍扇烈（師古曰飛火曰熛扇熾也烈猛也言陳勝初起而項羽烈盛也熛音必遙反）

赫赫炎炎遂焚咸陽宰割諸夏命立侯王誅嬰放
懷詐虐以亡述陳勝項籍傳第一　張陳之交斿如
父子攜手遂秦拊翼俱起 應劭曰遂逃也師古曰遂古遯字也拊翼以雞爲喻言知將且則
鼓擊其翼而鳴也　據國爭權還爲豺虎 師古曰言反相吞噬也　耳謀甘公
作漢藩輔述張耳陳餘傳第二　三枿之起本根既
朽 劉德曰詩云包有三枿爾雅曰烈枿餘也謂木斫髡而復枿生也喻魏齊韓皆滅而復起若髡木更生也師古曰枿音五葛反　枯楊
生華曷惟其舊 應劭曰易云枯楊生華暫貴之意也曷惟其舊言不能久也師古曰枯楊華大過卦九五爻辭也舊
合韻音臼　橫雖雄材伏于海隝沐浴尸鄉北面奉首旅人
慕殉義過黃鳥 劉德曰黃鳥之詩刺秦穆公要之從死言今橫不要而有從者故曰過之　述魏豹
田儋韓信傳第三　信惟餓隸布實黥徒越亦狗

盜芮尹江湖 張晏曰吳芮爲番陽令在江湖之間尹主也　雲起龍襄化爲侯
王 師古曰襄舉也　割有齊楚跨制淮梁 張晏曰韓信前王齊徙楚英布王淮南彭越王梁也
綰自同閈鎮我北疆 應劭曰閈音扞盧綰與高祖同里楚名里門爲扞師古曰左氏傳云高其閈
閎舊通語耳非專楚也　德薄位尊非胙惟殃吳克忠信胤嗣迺
長述韓彭英盧吳傳第四　賈廑從旅爲鎮淮楚
張晏曰劉賈晚乃從軍也晉灼曰廑無幾也師古曰二說皆非也廑古以爲勤字言賈從軍有勤勞也　澤王琅邪權
激諸呂濞之受吳疆土踰矩 師古曰矩法制也　雖戒東南終
用齊斧 張晏曰齊斧越斧也以整齊天下也晉灼曰雖戒勿反而反竟用此斧於吳也師古曰易云喪其齊斧故引以爲辭
述荊燕吳傳第五　犬上四子伯兮早夭仲氏王
代弃宅于楚 師古曰詩衛風云伯兮朅兮邶風又曰仲氏任只此序方論高祖兄伯及仲故引二句爲之辭也

戊實淫虐平陸迺紹 師古曰楚戊爲薄太后服姦削東海郡遂與吳共反而誅景帝更立平陸侯禮
續元王之後也　其在于京弈世宗正 師古曰正合韻音征　劬勞王室用侯
陽成子政博學三世成名 師古曰謂劉德劉向劉歆俱有名聞　述楚元王
傳第六　季氏之詘辱身毀節信于上將議臣震
栗 張晏曰申意於上將上將樊噲也欲以十萬衆橫行匈奴中布曰噲可斬也時議臣皆恐師古曰信讀曰申　欒公哭
梁田叔殉趙見危授命誼動明主布歷燕齊叔亦
相魯民思其政或金或社 李奇曰魯人愛田叔死送之以金齊貴欒布爲生立社　述季
布欒布田叔傳第七　高祖八子二帝六王三趙
不辜淮厲自亡燕靈絕嗣齊悼特昌掩有東土自
岱徂海支庶分王前後九子六國誅斃適齊亡祀

城陽濟北後承我國 張晏曰濟北王恐吳楚反後徙王菑川元朔中齊國絕悼惠王後唯有城陽菑川
武帝乃割臨菑環悼惠王冢以與菑川令奉祀也師古曰適讀曰嫡　赳赳景王匡漢社稷 師古曰赳
赳武貌音糾　述高五王傳第八　猗與元勳包漢舉信 劉德
曰包取也師古曰包漢謂勸高祖且王漢中也舉信謂韓信也信合韻音新　鎮守關中足食成軍
營都立宮定制脩文平陽玄默繼而弗華 師古曰華改也言曹
參爲相守靜無爲一遵蕭何約束不變改也　民用作歌化我淳德漢之宗臣
是謂相國述蕭何曹參傳第九　留侯龔秦作漢
腹心 劉德曰龔秦椎始皇於博狼沙中　圖折武關解阸鴻門 師古曰圖折武關謂從
沛公入武關說令爲疑兵又啗秦將以利嚮因其怠懈擊之類也　推齊銷印敺致越信 師古曰敺
與驅同越彭越也信亦韓信也謂於垓下圍項羽時也信合韻音新　招賓四老惟寧嗣君陳

公擾𢷎歸漢迺安師古曰擾音人養反斃范亡項走狄禽韓師古曰走狄謂解平城之圍也禽韓謂爲游雲夢也六奇既設我罔艱難師古曰罔無也安國廷爭致仕杜門絳侯矯矯誅呂尊文亞夫守節吳楚有勳述張陳王周傳第十舞陽鼓刀滕公廄騶師古曰鼓刀謂屠狗也潁陰商販曲周庸夫攀龍附鳳竝乘天衢師古曰衢乘登也述樊酈滕灌傅靳周傳第十一北平志古司秦柱下師古曰志記也謂多記古事也司主也定漢章程律度之緒建平質直犯上干色師古曰周昌先封建成侯蓋謂此也平字當爲成傳寫誤耳廣阿之廑食厥舊德張晏曰任敖也吏遇呂后不謹敖擊傷主吏也師古曰廑亦勤字也易訟卦六三爻辭曰食舊德食猶饗也故安執節責通請錯蹇蹇帝臣匪躬之故師古曰易蹇卦六二爻辭曰王臣蹇蹇匪躬之故此言申屠嘉召責鄧通請誅朝錯皆不爲己身實有蹇蹇之節也述張周趙任申屠傳第十二食其監門長揖漢王畫襲陳留進收敖倉塞隘杜津王基以張師古曰杜亦塞也謂說令塞白馬津賈作行人百越來賓從容風議博我以文李奇曰作新語也師古曰論語稱顏回喟然歎曰夫子博我以文謂以文章開博我也此言陸賈嘗之越也從音千容反風讀曰諷敬繇役夫遷京定都師古曰繇讀與由同言劉敬由戍卒而來納說內強關中外和匈奴叔孫奉常與時抑揚稅介免胄禮義是創師古曰稅舍也介甲也創始造之也創合韻初良反或悊或謀觀國之光師古曰詩小雅小旻之篇曰或悊或謀言有智者有謀者易觀卦六四爻辭曰觀國之光利用賓于王故合而爲言也述酈陸朱婁叔孫傳第十三師古曰本傳作朱劉終書其賜姓也此言朱婁本其舊族耳淮南僭狂二子受殃安辯而邪賜頊

以荒敢行稱亂窘世薦亡師古曰窘仍也薦讀曰荐荐若再也長遭死難其子安又自殺也述淮南衡山濟北傳第十四蒯通壹說三雄是敗覆酈驕韓田橫顚沛被之拘係迺成患害師古曰言伍被初不從王反王繫其父母乃進邪謀終以遇害也充躬罔極交亂弘大師古曰小雅青蠅之詩云讒言罔極交亂四國此敘言江充息夫躬之惡引以爲辭也述蒯伍江息夫傳第十五萬石溫溫幼寤聖君鄧展曰爾雅寤逢遇也師古曰此說非也言萬石幼而恭謹感寤高祖以見識拔也爾雅云遻遇也非謂寤也詩小雅小宛之篇曰溫溫恭人宜爾子孫夭夭伸伸師古曰詩周南螽斯之篇曰宜爾子孫振振兮論語稱孔子燕居伸伸如也夭夭如也謂和舒之貌此言萬石子孫既多又皆和睦故引以爲辭也夭音於驕反慶社于齊不言動民鄧展曰爲齊相齊爲立社也衛直周張淑慎其身師古曰衛詩燕燕之篇曰終溫且惠淑慎其身淑善也引此詩言以美四人也述萬石衛直周張傳第十六孝文三王代孝二梁師古曰代孝王參及梁孝王武梁懷王揖懷折亡嗣孝乃尊光師古曰折謂夭也孝亦謂梁孝王也內爲母弟外扞吳楚怙寵矜功僭欲失所思心既霿牛𩲡告妖師古曰霿謂霧也音莫侯反解在五行志帝庸親親厥國五分師古曰庸用也用親親之道故分梁爲五國立孝王男五人爲王太子買爲梁王次子明爲濟川王彭離爲濟東王定爲山陽王不識爲濟陰王德不堪寵四支不傳晉灼曰子父母之四支也師古曰此說非也謂孝王支子四人封爲王者皆絕於身不傳胤嗣唯梁恭王買有後耳其事具在本傳述文三王傳第十七賈生矯矯弱冠登朝師古曰矯矯高舉之貌也合韻音驕遭文叡聖屢抗其疏暴秦之戒三代是據建設藩屏以強守圉師古曰圉合韻音御吳楚合從賴誼之慮師古曰勸文帝大封梁淮陽梁卒距吳楚不得令西也從音子容反述賈誼傳第十八子絲慷

慨激辭納說（師古曰爰盎字絲此加子者子是嘉稱以偶句耳）擥轡正席顯陳
成敗（師古曰擥執取也其字從手亦或作擥）錯之瑣材智小謀大（師古曰易下繫辭曰
德薄而位尊智小而謀大力少而任重鮮不及矣此叙言朝錯所以及禍）亂如發機先寇受害（師古
曰發機言其速也吳楚未敗之前錯已誅死）述爰盎朝錯傳第十九　釋之典
刑國憲以平馮公矯魏增主之明（張晏曰矯辭以免魏尚也師古曰張說非
也矯正也正言其事）長孺剛直義形于色下折淮南上正元服
（師古曰淮南王謀反憚黯正直武帝不冠不見黯故云下折淮南上正元服也元首也故謂冠爲元服）莊之推賢
於茲爲德述張馮汲鄭傳第二十　榮如辱如有
機有樞（劉德曰易曰樞機之發榮辱之主也張晏曰乍榮乍辱如辭也）自下摩上惟德之隅
（師古曰詩大雅抑之篇曰抑抑威儀惟德之隅言有廉隅也此叙言賈山直詞剌上亦爲方正也一曰隅謂得道德之一隅也）賴依

忠正君子采諸（師古曰諸之也）述賈鄒枚路傳第二十一
魏其翩翩好節慕聲（師古曰翩翩自喜之貌）灌夫矜勇武安驕
盈凶德相挻亂敗用成（師古曰挻謂柔挻也音式延反）安國壯趾王
恢兵首（孟康曰易壯于趾征凶安國臨當爲丞相墯車蹇後爲將多所傷失而憂死此爲不宜征行而有凶也師古曰壯
于趾大壯初九爻辭也壯傷也趾足也直謂墯車蹇耳不言不宜征行也）彼若天命此近人咎（師古曰彼韓安
國也此王恢也壯趾天命也謀兵人咎也）述竇田灌韓傳第二十二　景十三王
承文之慶（師古曰言景帝庸主耳所以子皆得王者由文帝之德慶流子孫也慶合韻音卿）魯恭館
室江都訬輕（師古曰訬謂輕狡也音初教反）趙敬險詖中山淫醟（師古曰詖
辯也一曰佞也醟酗酒也音詠合韻音榮）長沙寂漠廣川亡聲膠東不亮
常山驕盈（如淳曰亮信也聞淮南謀反作戰具守備後辭及之發病死是爲不信於漢朝）四國絕祀河

閒賢明（李奇曰臨江哀王閼臨江閔王榮膠西于王端清河哀王乘皆無子國除）禮樂是修爲漢
宗英述景十三王傳第二十三　李廣恂恂實獲士
心控弦貫石威動北鄰（師古曰北鄰謂匈奴也）躬戰七十遂死
于軍敢怨衞青見討去病陵不引決忝世滅姓（師古曰忝辱
也）蘇武信節不詘王命（師古曰信讀曰申）述李廣蘇建傳第
二十四　長平桓桓上將之元（師古曰桓桓武貌也元首也）薄伐獫允
恢我朔邊（師古曰恢廣也）戎車七征衝輣閑閑（鄧展曰輣兵車名也師古曰輣音彭）
合圍單于北登闐顏票騎冠軍猋勇紛紜（師古曰如猋之勇紛
紜然盛也）長驅六舉電擊雷震（師古曰六舉凡六出擊匈奴也震合韻音之人反）飲
馬翰海封狼居山西規大河列郡祁連（張晏曰置郡至祁連山）述

衞青霍去病傳第二十五　抑抑仲舒再相諸侯（師古
曰爾雅云抑抑密也）身脩國治致仕縣車下帷覃思論道屬書（師古曰屬
音之欲反）讜言訪對爲世純儒（師古曰讜善言也訪對謂對所訪也讜音黨）述董
仲舒傳第二十六　文豔用寡子虛烏有寓言淫麗
託風終始（師古曰寓寄也風讀曰諷）多識博物有可觀采蔚爲辭
宗賦頌之首（師古曰蔚文綵盛也音鬱）述司馬相如傳第二十七
平津斤斤晚躋金門（師古曰斤斤明察也躋升也金門金馬門也）既登爵位祿
賜頤賢（師古曰頤養也謂引招賢人而養也）布衾踈食用儉飭身（師古曰飭整也讀與
敕同）卜式耕牧以求其志忠寤明君廼爵廼試兒生
亹亹束髮脩學（師古曰亹亹勉也）偕列名臣從政輔治述公孫

弘卜式兒寬傳第二十八　張湯遂達用事任職媚茲一人日旰忘食師古曰詩大雅下武之篇曰媚茲一人應侯慎德一人天子也媚愛也此敘言張湯見愛於武帝既成寵禄亦羅咎慝安世溫良塞淵其德師古曰詩鄘風燕燕之篇曰仲氏任只其心塞淵淵深也實塞也謂其德既實且深也此敘言子孫亦有之　子孫遵業全祚保國述張湯傳第二十九　杜周治文唯上淺深師古曰言觀天子之意也　用取世資幸而免身延年寬和列于名臣欽用材謀有異厥倫師古曰倫類也言異其本類　述杜周傳第三十

博望杖節收功大夏貳師秉鉞身釁胡社李奇曰李廣利胡殺之以其血塗社也師古曰釁者以血祭耳非塗也　致死為福每生作咼師古曰每貪也咼張騫致死封侯李廣利求生而死也　述張騫李廣利傳第三十一　烏呼史遷

薰胥以刑晉灼曰齊韓魯詩作薰薰師也從人得罪相坐之刑也師古曰晉說近是矣詩小雅雨無正之篇曰若此無罪淪胥以鋪胥相也鋪徧也言無罪之人橫相牽率徧得罪也韓詩淪字作薰薰者謂相薰蒸亦漸及之義耳此敘言史遷因坐李陵橫得罪也　幽而發憤廼思廼精錯綜羣言古今是經勒成一家大略孔明師古曰孔甚也　述司馬遷傳第三十二　孝武六子昭齊亡嗣如淳曰昭帝及齊王無嗣也師古曰嗣合韻音祚　燕剌謀逆廣陵祝詛昌邑短命昏賀失據戾園不幸宣承天序師古曰序合韻音似豫反　述武五子傳第三十三　六世眈眈其欲浟浟師古曰六世謂武帝也易頤卦六四爻辭曰虎視眈眈其欲浟浟眈眈威視之貌也浟浟欲利之貌也眈音丁含反浟音滌今易浟字作逐　文武方作是庸四克晉灼曰方並也師古曰言並任文武之臣是用克開四方也　助偃淮南數子之德不忠其身善謀於國師古曰淮南謂淮南王安諫武帝不宜興兵討越也　述嚴朱吾丘主父徐嚴終王賈傳第三十四

東方贍辭詼諧倡優師古曰詼音恢　譏苑扞偃正諫舉郵師古曰郵與尤同尤過也　懷肉汙殿弛張沈浮　述東方朔傳第三十五

葛繹內寵屈氂王子師古曰公孫賀以衛皇后姊故云內寵也　千秋時發宜春舊仕張晏曰千秋訟衛太子冤發言值時也師古曰宜春侯王訢也　敞義依霍庶幾云已如淳曰若此人等無益於治可為庶幾而已也師古曰敞楊敞義蔡義　弘惟政事萬年容己咸睡厥誨孰為不子　述公孫劉田楊王蔡陳鄭傳第三十六

王孫臝葬建廼斬將雲廷訐禹福逾刺鳳師古曰逾遠也　是謂狂狷敞近其衷師古曰衷中也論語稱孔子曰不得中行而與之必也狂狷乎此言朱雲以上蓋狂狷耳云敞之操近於中行也衷音竹仲反　述楊胡朱梅云傳第三十七

博陸堂堂受遺武皇師古曰論語稱孔子曰堂堂乎張也蓋美子張儀形盛也故引之　擁毓孝昭末命導揚劉德曰武帝臨終之命也光能導達顯揚也　遭家不造立帝廢王權定社稷配忠阿衡懷祿眈寵漸化不詳陰妻之逆至子而亡師古曰陰謂覆蔽之　秺侯狄孥虔恭忠信師古曰匈奴休屠王之子故曰狄孥秺音妒信合韻音新　弈世載德貽于子孫師古曰貽延也音弋豉反　述霍光金日磾傳第三十八

兵家之策惟在不戰營平皤皤立功立論師古曰皤皤白髮貌也音蒲河反　以不濟可上諭其信師古曰春秋左氏傳晏子對齊景公曰君所謂可而有不焉臣獻其不以成其可此敘言宣帝令擊西羌充國不從固上屯田之策也　武賢父子武人之俊　述趙充國辛慶忌傳第三十九

義陽樓蘭長羅昆彌安遠日逐義成郅支陳湯

誕節救在三悊鄭氏曰三悊謂劉向谷永耿育皆訟救湯也師古曰誕節言其放縱不拘也會宗
勤事疆外之桀述傅常鄭甘陳段傳第四十　不
疑虜敵應變當理劉德曰膚美也敏疾也言於闕下卒變定方遂詐非衛太子也師古曰詩大雅文王
之篇曰殷士膚敏謂雋子也故引以為辭辭霍不婚逡遁致仕師古曰遁讀與巡同跡克有
終散金娛老定國之祚于其仁考廣德當宣近於
知恥晉灼曰當宣帝時始仕至元帝時以歲惡民流便乞骸骨去此為知恥師古曰此說非也當為平當也宣彭宣也言廣德平當彭
宣三人不苟於祿位並為知恥也本傳贊曰薛廣德保懸車之榮平當逡巡有恥彭宣見險而止異乎苟患失之者矣述嶲
跡于薛平彭傳第四十一　四皓遯秦古之逸民不
營不拔嚴平鄭真應劭曰爵祿不能營其志威武不能拔其身也易曰不可榮以祿又曰確乎不可拔也
吉困于賀涅而不緇禹既黃髮以德來仕師古曰論語稱孔子

曰不曰白乎涅而不緇涅汙泥也可以染皁緇黑色也言天性絜白者雖處汙泥之中其色不變也緇合韻音側其反舍惟正身
勝死善道郭欽蔣詡近遯之好應劭曰易曰好遯君子吉言遭暴亂之世好以和順
遯去不罹其害也述王貢兩龔鮑傳第四十二　扶陽濟濟聞
詩聞礼玄成退讓仍世作相師古曰仍頻也漢之宗廟叔孫是謨
革自孝元諸儒變度如淳曰造遂要之義也師古曰謨謀也合韻音慕國之誕章
博載其路師古曰誕大也謂章之大者故廣載之述韋賢傳第四十三　高
平師師惟辟作威圖黜凶害天子是毗鄧展曰師師相師法也師古曰
尚書洪範云惟辟作威言威權者唯人君得作之耳詩小雅節南山之篇曰尹氏太師惟周之氐秉國之鈞四方是維天子是毗言大臣
之職輔佐天子者也此敘言魏相欲崇君道而黜私權故引書詩以為言也博陽不伐含弘光大天
誘其衷慶流苗裔述魏相丙吉傳第四十四　占往知

來幽贊神明師古曰易上繫辭曰神以知來知以藏往言蓍卦之德兼神知也說卦曰昔者聖人之作易也幽贊
於神明而生蓍言欲深致神明之道助以成教故為蓍卜也苟非其人道不虛行師古曰下繫之
辭也言人能弘道非其人則不能傳學微術昧或見仿佛疑殆匪闕違眾
迕世師古曰論語稱孔子曰多聞闕疑慎言其餘則寡尤多見闕殆慎行其餘則寡悔殆危也謂有疑則闕之也此敘言術士不闕
疑殆故遭禍難也浸為尤悔深作敦害師古曰尤過也敦厚也述眭兩夏侯
京翼李傳第四十五　廣漢尹京克聰克明延壽作
翊既和且平矜能訐上俱陷極刑翁歸承風帝揚
厥聲張晏曰受任為右扶風卒宣帝下詔褒揚賜金百斤敞亦平平文雅自贊師古曰讀便便
辨也贊助也以文雅助治術也一說贊進也以文雅自進也尊實赳赳邦家之彥師古曰赳赳材
勁貌也音糾章死非辠士民所歎述趙尹韓張兩王傳第四

十六　寬饒正色國之司直豐繄好剛輔亦慕直
師古曰繄是也音烏奚反皆陷狂狷不典不式師古曰典經也式法也崇執言責
隆持官守如淳曰崇為尚書僕射是言責之官也哀帝及傅太后欲封從弟商崇諫不聽也晉灼曰隆諫武庫兵不宜以
給董賢家此為持官守也寶曲定陵並有立志鄧展曰孫寶曲橈定陵侯淳于長也晉灼何並斬侍
中王林卿奴是立志也述蓋諸葛劉鄭毋將孫何傳第四十七師古曰本
傳毋將隆在孫寶下今此敘云毋將孫何是敘誤也長倩懊懊覬霍不舉蘇林曰懊懊行步安
舒也師古曰不肯露索而見霍光故不得大官也懊音弋於反遇宣乃拔傳元作輔不圖不
慮見讚石許師古曰詩小雅雨無正之篇云旻天疾威不慮不圖此慮思也圖謀也言幽王見天之威不思謀也此敘言
望之思謀不詳卒為石顯及許史所讚讚也讚音竹二反述蕭望之傳第四十八　子明
光光發跡西疆列於禦侮厥子亦良述馮奉世傳

第四十九　宣之四子淮陽聰敏師古曰敏疾也合韻音美舅氏蘧蒢
幾陷大理師古曰蘧蒢口柔觀人顏色而為辭佞者也言淮陽憲王舅張博為諂辭幾陷王於大罪也蘧音渠蒢音除
幾音鉅依反　楚孝惡疾東平失軌師古曰惡疾謂瘖病也軌法則也　中山凶短
母歸戎里張晏曰戎氏女歸戎氏之里也　元之二王孫後大宗孟康曰謂哀平帝
昭而不穆大命更登鄧展曰昭而不穆有父無子張晏曰大命帝位也師古曰更音工衡反　述
宣元六王傳第五十　樂安褎褎古之文學師古曰褎褎盛
貌也音弋救反學合韻音下教反　民具爾瞻困于二司師古曰詩小雅節南山之篇曰赫赫師尹民具
爾瞻言師尹之任位尊職重下所瞻望而乃為不善乎深責之也此敘言匡衡失德不終相位故引以為辭耳二司者司隸校尉王尊劾
奏衡追奏石顯揚著先帝任用傾覆之臣司隸校尉王駿劾奏衡專地盜土也司合韻音先寺反　安昌貨殖朱雲
作娸晉灼曰娸醜也師古曰朱雲廷言欲斬張禹是為醜惡之娸音欺合韻音丘吏反　博山惇慎受莽之
疚師古曰疚病也孔光後更曲意從莽之欲以病其德行也　述匡張孔馬傳第五十一　樂昌
篤實不橈不詘遘閔既多是用廢黜師古曰詩邶柏舟曰遘閔既多受侮
不少遘遇也閔病也謂見病害甚衆也此敘言王商深為王鳳所排陷也　武陽殷勤輔導副君既
忠且謀饗茲舊勳高武守正因用濟身師古曰言傅喜不阿附傅太后
故得免禍　述王商史丹傅喜傳第五十二　高陽文法揚鄉
武略政事之材道德惟薄位過厥任鮮終其祿師古曰鮮少也
音先淺反　博之翰音鼓妖先作劉德曰易曰翰音登于天貞凶上九爻非其位亢極故何可長也位在上高故
曰翰音博拜時聞有鼓聲也師古曰翰音登于天中孚卦上九爻辭也翰音高飛而且鳴翰居非其位聲過其實也　述薛宣
朱博傳第五十三　高陵修儒任刑養威用合時宜
器周世資義得其勇如虎如貔進不跬步宗為鯨

鯢師古曰半步曰跬音空蘂反　述翟方進傳第五十四　統微政缺災
眚屢發永陳厥咎戒在三七鄴指丁傅略窺占術述
谷永杜鄴傳第五十五　哀平之卹丁傅莽賢武嘉
戚之乃喪厥身高樂廢黜咸列貞臣述何武王嘉
師丹傳第五十六　淵哉若人實好斯文初擬相如
獻賦黃門輟而覃思草法篹玄師古曰輟止也篹與撰同言止不復作賦草創
法言及撰太玄經也　斟酌六經放易象論師古曰放音甫往反論論語也　潛于篇籍
以章厥身師古曰章明也　述揚雄傳第五十七　獷獷亡秦滅
我聖文師古曰獷獷麤惡之貌言無親也獷音礦又九永反　漢存其業六學析分是
綜是理是綱是紀師徒彌散著其終始師古曰散謂分析也　述儒
林傳第五十八　誰毀誰譽譽其有試師古曰論語稱孔子曰吾之於人誰毀誰譽如有所譽其有所試此敘言人之從政可試而知故引以為辭也　泯泯羣黎化成良吏師古曰黎
衆也言羣衆無知從吏之化而成俗也　淑人君子時同功異沒世遺愛民有
餘思述循吏傳第五十九　上替下陵姦軌不勝猛
政橫作刑罰用興曾是強圉掊克為雄師古曰詩大雅蕩之篇曰曾是
強圉曾是掊克強圉強梁禦善也掊克好聚斂克害人也言任用此人為虐於下也掊音平侯反　報虐以威殃亦
凶終師古曰尚書呂刑曰皇帝哀矜庶戮之不辜報虐以威言哀閔不辜之人橫被殺戮乃報答為虐者以威而誅絕也　述
酷吏傳第六十　四民食力罔有兼業大不淫侈
細不匱乏蓋均無貧遵王之法師古曰論語稱孔子曰蓋均無貧言為政平均不相陵奪
則無貧匱之人也故引之　靡法靡度民肆其詐師古曰肆極也　偪上并下荒

殖其貨師古曰殖蕃大也侯服玉食敗俗傷化張晏曰玉食珍食也述貨殖傳第六十一

開國承家有法有制家不臧甲國不專殺師古曰殺合韻音所例反矧乃齊民作威作惠師古曰矧況也齊人齊等之人也如台不臣禮法是謂如淳曰台我也我國家也師古曰臣正也台音怡述游俠傳第六十二

彼何人斯竊此富貴營損高明作戒後世師古曰詩小雅巧言之篇刺讒人也其詩曰彼何人斯居河之麋職而惡之也此叙亦深疾佞幸之人故引詩文以譏之營惑也述佞幸傳第六十三

於惟帝典戎夷猾夏師古曰於歎辭也帝典虞書舜典也載舜命咎繇作士戒之曰蠻夷猾夏猾亂也夏諸夏也於讀曰烏周宣攘之亦列風雅師古曰攘卻也宗幽既昏淫于褒女師古曰宗幽幽王居宗周也戎敗我驪遂亡酆鄗張晏曰申侯與戎共伐周敗於驪山下遂殺幽王平王東徙都成周大漢初定匈奴強盛圍我平城寇侵邊境師古曰境合韻音竟至于孝武爰赫斯怒王師雷起霆擊朔野師古曰霆疾雷也音廷宣承其末乃施洪德震我威靈五世來服師古曰自宣至平凡五帝王莽竊命是傾是覆備其變理為世典式述匈奴傳第六十四

西南外夷種別域殊南越尉佗自王番禺攸攸外寓閩越東甌師古曰攸攸遠貌爰洎朝鮮燕之外區漢興柔遠與爾剖符師古曰柔安也剖符謂封之也皆恃其岨乍臣乍驕孝武行師誅滅海隅述西南夷兩越朝鮮傳第六十五

西戎即序夏后是表張晏曰表外也禹就叙以為外國也師古曰此說非也表明也明以德化也周穆觀兵荒服不旅張晏曰觀示也旅陳也犬戎終王而周穆王不享征之是以荒服不陳於廷也

漢武勞神圖遠甚勤王師驒驒致誅大宛鄭氏曰驒驒盛也師古曰此說非也小雅四牡之詩曰四牡騑騑驒驒駱馬驒驒喘息之貌馬勞則喘此叙言漢遠征西域人馬疲弊也驒音它丹反娉娉公主乃女烏孫孟康曰娉音題娉娉娉揚揚愛也師古曰此說非也娉音上支反娉娉好貌也魏詩葛屨之篇曰好人提提提音義同耳女妻也音乃據反言漢以好女配烏孫也使命乃通條支之瀕師古曰瀕涯也瀕音頻又音賓昭宣乘業都護是立總督城郭三十有六修奉朝貢各以其職述西域傳第六十六

詭矣禍福刑于外戚師古曰詭違也言禍福相違終始不一也高后首命呂宗顛覆薄姬殹魏宗文產德如淳曰薄姬在魏許負相當生天子魏豹聞負言不與漢遂禽而死也師古曰殹古墜字竇后違意考盤于代師古曰詩衛風曰考盤在澗考成也盤樂也此叙言竇姬初欲適趙而向代違其本意卒以成樂也王氏仄微世武作嗣子夫既興扇而不終師古曰扇熾也鉤弋憂傷孝昭以登上官幼尊類禡厥宗應劭曰詩云是類是禡禮將征伐告天而祭謂之類告以事類也至所征伐之地表而祭之謂之禡禡者馬也馬者兵之首故祭其先神也言上官后雖幼尊貴家族以惡逆誅滅也師古曰禡音莫暇反史娣王悼身遇不祥及宣饗國二族後光恭哀產元天而不遂卬成乘序履尊三世張晏曰至成帝乃崩也師古曰乘序謂登至尊之處也飛燕之妖禍成厥妹丁傅僭恣自求凶害中山無辜乃喪馮衛師古曰馮昭儀中山孝王母也為傅氏所陷衛姬中山孝王后也為王莽所賊惠張景薄武陳宣霍成許哀傳平王之作人事歆羨非天所度師古曰作起也度居也言惠帝至平帝王皇后七人時雖歘尊位人心羨慕以非天意所居故終用不昌也度音徒各反怨咎若茲如何不恪師古曰恪敬也述外戚傳第六十七

元后娠母月精

見表師古曰嫄音身遭成之逸政自諸舅師古曰言成帝會自逸豫而委政於王氏
陽平作威誅加卿宰師古曰謂王商及王章也成都煌煌假我明
光師古曰煌煌盛貌曲陽歊歊亦朱其堂師古曰歊歊氣盛也音許驕反新都亢
極作亂以亡述元后傳第六十八　咨爾賊臣篡漢
滔天行驕夏癸虐烈商辛張晏曰桀名癸紂名辛僞稽黃虞繆
稱典文師古曰稽考也衆怨神怒惡復誅臻張晏曰復周也臻至也十二歲歲星一復
莽稱帝十三歲而見誅也左氏傳曰美惡周必復師古曰復音扶目反百王之極究其姦昏述
王莽傳第六十九　凡漢書敘帝皇張晏曰十二紀也列官司
建侯王張晏曰百官表及諸侯王表也準天地統陰陽張晏曰準天地天文志也統合也陰陽五行志也
闡元極步三光張晏曰闡大也元始也極至也三光日月星也大推上極元始以來及星辰度數謂律曆志分州

域物土疆張晏曰地理志及溝洫志也窮人理該萬方張晏曰人理古今人表萬方謂郊祀志有日月
星辰天下山川人鬼之神緯六經綴道綱張晏曰蓺文志也總百氏贊篇章師古
曰贊明也函雅故通古今張晏曰包含雅訓之故及古今之語正文字惟學林師古
曰信惟文學之林藪也凡此總說帝紀表志列傳備有天地鬼神人事政治道德術藝文章汎而書之盡在漢書耳亦不皆如張氏所說也
述敘傳第七十
漢書列傳卷第七十下

班固前漢書凡百篇總一百二十卷
十二帝紀一十三卷　八表一十卷
十志一十八卷　七十列傳七十九卷

景祐元年九月秘書丞余靖上言國子監所印兩
漢書文字舛譌恐誤後學臣謹參括眾本旁据它
書列而辨之望行刊正
詔遣翰林學士張觀等詳定聞奏又命國子監直
講王洙與靖皆赴崇文院讎對二年三月靖又上
言案顏師古敘例云班固漢書舊無注解唯服虔
應劭等各著音義自名其家至西晉晉灼集為一
部凡十四卷又頗以意增益時辨二學當否號曰
漢書集注永嘉之亂此書不至江左有臣瓚者莫
知氏族考其時代亦在晉初又揔集諸家音義稍
以己見續廁其末捃摭前說多引汲冢竹書凡二
十四卷分為兩帙凡稱集解音義即其書也蔡謨
全取此書散入眾篇自是以來始有注本至唐太
宗時皇太子承乾命顏師古更加刊整刪繁補略
裁以己說儒者伏其詳博遂成一家揔先儒注解名
姓可見者二十有五人而爵里年代史闕載者殆半
考其附著及舊說所承注釋源流名爵年次謹條件
以聞望德刻于本書之末庶令學者啟卷具知奏
可今列之如左
荀悅字仲豫潁川人後漢秘書監（撰漢紀三十卷其事皆出漢書後人取悅所書入於注本）

飛建

服虔字子慎滎陽人後漢尚書侍郎高平令九
江太守（初名重改名祇後定名虔）
應劭字仲瑗（一作仲援又作仲遠）汝南南頓人後漢蕭令御
史營令泰山太守
伏儼字景宏琅邪人
劉德北海人
鄭氏晉灼集注云北海人不知其名而臣
瓚以為鄭德今書但稱鄭氏
李斐不詳所居郡縣
李奇南陽人
鄧展南陽人魏建安中為奮威將軍封高樂鄉侯
文穎字叔良南陽人後漢末荊州從事魏建安
中為甘陵府丞
張揖字稚讓清河人（一云河間人）魏太和中為博士（止解司馬相如傳一卷）
蘇林字孝友（一云彥友）陳留外黃人魏給事中領秘書
監散騎常侍永安衛尉太中大夫黃初中
遷博士封安成侯
張晏字子博中山人
如淳馮翊人魏陳郡丞
孟康字公休安平廣宗人魏散騎侍郎弘農太

孫

守領典農校尉勃海太守給事中散騎常侍
中書令後轉爲監封廣陵亭侯
瓚昭不詳何郡縣人
韋昭字洪嗣吳郡雲陽人爲吳尚書郎太史令
中書郎博士祭酒中書僕射封高陵亭侯
晉灼河南人晉尚書郎
劉寶字道真高平人晉吏部侍郎
臣瓚不知何姓案裴駰史記序云莫知氏姓韋
稜續訓又言未詳而劉孝標類苑以爲干瓚
鄭元注水經以爲薛瓚姚察訓纂云案庾翼

集干瓚爲翼主簿兵曹參軍後爲建威將軍
晉中興書云翼病卒而大將干瓚等作亂翼
長史江彪誅之干瓚乃是翼將不載有注解
漢書然瓚所采衆家音義自服虔孟康以外
並因晉亂湮滅不傳江左而高紀中瓚案茂
陵書文紀中案漢祿秩令此二書亦復亡失
不得過江明此瓚是晉中朝人未喪亂之前
故得具其先輩音義及茂陵書漢令等耳蔡
謨之江左以瓚二十四卷散入漢書今之注
也若謂爲干瓚乃是東晉人年代前後了不
相會此瓚非干足可知矣又案穆天子傳目
錄亡秘書郎中傳瓚校古文穆天子傳
已記穆天子傳者汲縣人不準盜發古塚所
得書今漢書音義臣瓚所案多引汲書以駁
衆家訓義此瓚疑是傳瓚瓚時職典校書故
稱臣也顏師古曰後人斟酌瓚姓附之傳族
耳既無明文足取信
郭璞字景純河東人晉贈洪農太守 止注相如傳
蔡謨字道明陳留考城人東晉侍中五兵尚書太
常領秘書監都督徐兗青三州諸軍事領徐

州刺史左光祿大夫開府儀同三司領揚州
牧侍中司徒不拜贈侍中司空謚文穆公
崔浩字伯淵清河人後魏侍中特進撫軍大將
軍左光祿大夫司徒東郡公 撰荀悅漢紀音義
顏籀字師古雍州萬年人唐中書侍郎兼通直
散騎常侍秘書監洪文館學士封琅邪縣子
二年九月校書畢凡增七百四十一字損二百一十二
字攺正一千三百三字

右宋景文公以諸本參校手所是正並附古注之末
至正癸丑三月十六日雲林倪瓚在疑香閣謹閱

此北宋精刊景祐本漢書為余旨宋一廛
中史部之冠藏篋中三十來年矣非至
好不輕示人郡中 皋齋都轉偶過小
齋曾一出示繼於朋好中時一及之余
念惜書癖深未忍輕棄并不敢以議
價致蔑視寶物因思 都轉崇儒重
道昔年出資數萬敬脩
文廟其誠執摯為何如知 天必曰大
其後以振家聲故近日收藏古
籍嗜好之篤訪求之勤一至于此則
余又何敢自秘所藏獨寶其寶耶
君家當必有能讀是書者敢以鎮
庫之物輟贈為預兆云
乙亥季冬 士礼居主人識

顏注班書行世諸刻大約源於南宋槧本文句或用三劉
宋子京之說或據刊者用意添改種種致誤而刻字尤
多此以後人文理讀前人書之病然惟是刻乃景祐二
年監本猶存北宋時面目楮補版及剜換處無從辨
正然據是可以求其添改之跡識今日希世寶從此後之
讀者幸知所珍重之嘉慶戊午用校時本一過於讀未
見書齋其所取正文多別記並不論 澗薲顧廣圻

跋

此爲百宋一廛中史部之冠今藏瞿氏鐵琴銅劍樓錢曉徵黃蕘圃顧千里均定爲北宋景祐刊本原闕溝洫藝文二志配以大德覆本又殘損漫漶者十餘葉亦以元刻補配是本之勝瞿氏藏書目錄紀述綦詳茲可不贅卷中原有明人周迂叟朱墨校語蠅頭細楷不可縮印且所錄爲宋劉之問刊本（王鳴盛十七史商榷吳縣愚谷文存楊紹和楹書隅錄均作之同瞿氏書目作之同惟王先謙漢書補注作之問嘉靖南監本同但字稍模胡余見初印宋本實作之問）宋祁校語今武英殿本悉已采入人盡獲見故悉芟削昔全謝山錢警石均於宋祁校語有所不滿謝山至斥爲南渡末年麻沙坊中不學之徒依托爲之所舉五疑言之成理後人依托事或可信然竟謂所引南本浙本越本邵本信口捏造則未免過甚其詞按武英殿本齊召南跋凡監本脫漏並据慶元舊本補缺訂譌又卷一上考證謂監本脫宋祁一段今從宋本凡三劉刊誤宋祁朱子文諸說別以一圈脫者俱補是則殿本所采悉出之問刊本無疑綜計所引有淳化本景德本景本監本學官本學本史館本江南本江本南本南浙本江浙本兩浙本浙本吳越舊本越本建本邵本唐本韋本趙本晏本王本楊本謝本郭本姚本李本別本舊本古本新本並景祐本或同名異稱或渾言泛指

實亦不過二十餘種景祐元年余靖上言已有參括衆本之語崇文總目亦云宋祁余靖等讐對三史悉取三館諸本以相參校此二十餘種者安知不卽在所謂衆本諸本之中卽有非宋祁及見之本而景祐刊成至之問刻跋之慶元閱歲中更百六十載當時剞劂盛行班史人所必讀公私各家安知無好事之徒私淑宋說參以己見競爲流通災及梨棗遂致精麤美惡並行於一時也是本爲宋祁余靖諸人校定增損改正凡若干字俱有紀錄至極精審核之宋祁校語與相印合者凡四百九十餘條則其所引之本亦必各有由來愼選精擇而非無知妄作者之所能爲高郵王念孫精於讎勘之學其校漢書往往引宋祁校語以糾正時本瞿氏目錄所舉二條外如武紀征和三年丞相屈氂下獄要斬妻子梟首是本無子字與所謂舊本合元紀永光元年賜吏六百石以上爵五大夫勤事吏二級爲父後者民一級是本無爲父後者四字與所謂越本合禮樂志四時舞者孝文所作以明示天下之安和也是本無明字與所謂邵本合郊祀志上以牡荊畫幡日月北斗登龍以象大一三星爲泰一鋒旗是本無旗字與所謂越本新本合又作二十五弦及空侯瑟自此起是本空作坎與所謂邵本合又遂至東萊東萊宿留之是本不疊東萊二字與所謂淳化本合地理志上桂陽郡桂陽匯水南至四會入鬱林

是本無林字與所謂景本合王陵傳平日各有主者是本無各字酈商傳得丞相守相大將軍各一人小將軍二人是本無二軍字周昌傳於是苛昌自卒史從沛公是本自作以皆與所謂越本合任敖傳蒼尤好書無所不觀無所不通而尤邃律歷是本尤好作凡好與所謂學官本合申屠嘉傳其見寵如是是本無見字與所謂越本合鼂錯傳前擊後解與金鼓之音相失是本音作指與所謂學官本越本合鄭當時傳客至亡貴賤亡留門下者是本無下字與所謂邵本合枚乘傳此愚臣之所以爲大王惑也是本無以爲王三字與所謂景德本合又上書北闕自陳枚乘之子上得之大喜是本無之字霍去

病傳元狩二年春爲票騎將軍是本二年作二年皆與所謂越本合公孫敖附傳以將軍出北地後票騎失期是本無失字與所謂景德本合司馬相如傳子虛賦其山則盤紆岪鬱隆崇律崒是本無隆崇律崒四字又諭告巴蜀民檄今奉幣使至南夷是本使作役司馬遷傳及如左邱明無目孫子斷足是本無明字武五子燕剌王旦傳是時天雨虹下屬宮中飲井水井水泉竭是本無泉字嚴助傳留軍屯守空地曠日持久是本持作引皆與所謂越本合匡衡傳賢者在位能者在職是本在職作布職與所謂越本別本合孔光傳故霸還長安子福名數於魯奉夫子祀是本無安字與所謂浙本合南粵傳大

后怨鐙嘉以矛是本鐙上有欲字與所謂別本合敘傳下後昆承平亦有紹土是本作亦猶有紹與所謂監本浙本越本合此皆時本誤而景祐本不誤宋祁所舉各本亦不誤者其他訛文脫字衍文俗字爲景祐本所不免且賴所舉各本以是正者亦尚不尠經王氏之甄錄而原有之價值益明平心論之之問鑴刻之時既見景祐本而又見同時通行之本意在集取衆長襄謬沿訛遂亦並至所舉各本今無一存而猶得考見一二爲讀班史者之助且以補景祐本之不及不可謂非之問功也余夙爲之問不平因校是本而爲之辨護如右海鹽張元濟

百衲本二十四史

漢書　二冊

撰　者◆班固
注　者◆顏師古
發行人◆王學哲
總編輯◆方鵬程
編印者◆本館古籍重印小組
承製者◆辰皓國際出版製作有限公司

出版發行：臺灣商務印書館股份有限公司
台北市重慶南路一段三十七號
電話：(02)2371-3712
讀者服務專線：0800056196
郵撥：0000165-1
網路書店：www.cptw.com.tw
E-mail：ecptw@cptw.com.tw
網址：www.cptw.com.tw

局版北市業字第 993 號
初版一刷：1937 年 01 月
臺一版一刷：1970 年 01 月
pod 版一刷：2008 年 05 月
臺二版一刷：2010 年 07 月
定價：新台幣 2800 元

ISBN：978-957-05-2505-2

漢書 ／ 班固撰：顏師古注. --臺二版. -- 臺
北市 ： 臺灣商務， 2010. 07
面 ； 公分. --（百衲本二十四史）

ISBN 978-957-05-2505-2（全套：精裝）

1. 西漢史

622. 101 99009632